湖北民族学院南方少数民族研究中心成果

中南民族大学中国土家族研究中心成果

湖北省民族宗教事务委员会资助课题

# 土家族哲学通史

萧洪恩　著

人民出版社

# 目　录

# 中篇　土家族传统哲学

# 下篇　土家族近现代哲学

# 序

李 维 武

　　萧洪恩教授著《土家族哲学通史》是土家族第一部哲学通史著作。这部近八十万字的专著,是一个土家族儿子对自己民族哲学智慧的礼赞,是一个土家族学者对自己民族心路历程的反思。在这礼赞与反思之中,洪恩以他的真挚民族情感和严肃理性思考,为我们展开了土家族精神生活和智慧追求的绚丽历史长卷,使我们直接感触到土家族由远古走向现代的生命跃动和思想足迹。

　　土家族是生存在荆楚巴蜀之间的古老民族,从先秦的先民巴人到成为新中国 56 个民族之一,经历了漫长的历史岁月。中国内陆地区的这一片高山流水养育了土家族,使他们在世世代代的生息劳作中形成了自己的精神生活世界,形成了自己的思维特点与价值取向、提问方式与表达方式,开启了自己的智慧追求和哲学发展。在这漫长的追求和发展中,土家族既保持了自己的精神传统,又吸纳了来自汉族的儒道思想。这种与汉族文化的联系,导致了改土归流后土家族向华夏文化、特别是向儒家文化的认同。正是在这种认同的基础上,土家族的先进人物与中华各民族的先进人物一起,面对鸦片战争后的中国文化历史大变局,向西方寻找救国救民的真理,吸纳了包括马克思主义在内的新思想新哲学,促成了土家族哲学由传统形态向现代形态的转换。这种哲学的现代转型,使土家族出现了一批求索于中西古今文化与哲学之间的思想人物,他们的思想创造既对土家族的精神生活世界产生了深刻影响,又对 20 世纪中国哲学的开展投下了深刻影响。而与这一哲学的转型相伴随,土家族也逐渐走出了长期封闭的状况,加入到中国现代化进程中来。今天,当土家族与中华各民族一道建设社会主义现代中国,迎接中华民族伟大复兴的时候,回溯这一民族的心路历程,发掘并阐释其间的思想成果,清理并描述其间的思想环节,记录并衡论其间的思想人物,使这过去的本来的历史转化为现在的书写的历史,传之于今天与后世,播之于国中与海外,无疑是一项有重要意义的哲学史研究工作。洪恩的《土家族哲学通史》,可以说在这方面做了开拓性的工作,既填补了中国哲学史研究的一个空白,又填补了土家族研究的一个空白。

洪恩之所以能完成这一开拓性的工作,我想主要有两个因素最为重要:一是他对自己民族有着真挚的情感和深切的了解;二是他对哲学史研究有着良好的训练和厚实的基础。对于一个民族的思想历史的自觉书写者来说,这两者是缺一不可的,而在洪恩身上获得了难得的统一。洪恩是出生于鄂西农村的土家族子弟,自幼就生活在土家族文化氛围之中,直接感受着土家人的精神生活世界。改革开放的新时期和自己的刻苦努力,又使洪恩走出鄂西的大山,获得了到武汉大学接受高等教育和哲学训练的宝贵机会。洪恩于 1979 年考入武汉大学哲学系本科,继而于 1983 年成为武汉大学哲学系中国哲学专业硕士生,师承萧萐父、唐明邦、李德永诸先生,前后经过连续 7 年的严格哲学训练,打下很好的哲学与哲学史基础。洪恩在毕业后毅然返回故乡,在鄂西从事理论和行政工作十多年,在与父老乡亲朝夕相处中,对自己民族有了更为深刻的了解和思考,开始研究土家族哲学历史,先后有《土家族口承文化哲学研究》和《土家族仪典文化哲学研究》两部专著问世。但洪恩更希望获得一个潜心钻研的环境,更深入地开展土家族哲学历史研究,于是在成为教授后,又于 2002 年考入武汉大学哲学学院中国哲学专业,随我攻读哲学博士学位。我对于洪恩致力土家族哲学史研究十分赞成,支持他继续在博士生期间从事这一研究,同时希望他能结合我所开展的 20 世纪中国哲学研究,由土家族传统哲学研究转入土家族哲学现代转型研究。洪恩很赞成这一构想,经过 4 年发奋努力、刻苦写作,终于在 2006 年完成博士学位论文《20 世纪前半叶土家族知识分子对新哲学观念的接受与阐释》。这篇博士学位论文受到评审专家和答辩委员会成员的一致好评,认为对于中国哲学史研究和对于土家族研究都具有开拓性。正是这样的生命历程和学问功底,使洪恩能够为自己的民族撰写出第一部哲学通史著作。

　　洪恩在《土家族哲学通史》成稿后,希望我写一序,由此我成为这部书的第一个读者。通读之后,我感到全书从研究框架、总体思路到史料运用、文字叙述,都显示出一种历史的深度和理论的力度,蕴涵着民族的情感、严谨的学风和哲学史研究的功力。我感受最深的主要有三个方面:

　　一是洪恩继承了老一辈中国哲学史家的通史家风,自觉运用于土家族哲学史的研究,从而以通古今之变的精神和成一家之言的气度,大气磅礴地书写出土家族精神生活和智慧追求的绚丽历史长卷。书中的上篇即从土家族精神生活世界入手,对土家族精神传统的生成与变迁进行了总体性说明,揭示了土家族精神传统所经历的历史发生、趋新动向、脱蛮入儒、现代转化诸重要环节。正是以这种精神传统的生成与变迁为背景,书中的中篇和下篇分论土家族传统哲学和土家族近现代哲学,从土家族哲学思维萌芽入手,中经鹖冠子的哲学思想、渝湘地区土家族学者的哲学思想、《田氏一家言》的哲学思想及封建社会末世的历史批判与哲学反思,落脚于土家族哲学的近现代转型,包括辛亥革命前后土家族哲学的新变化,土家族学者对唯物史观的接受与阐释,沈从文的自由主义与文化保守主义。这些疏释与衡论,虽分篇进行,但读后却有一以贯之的明晰线索可以把握。

　　二是洪恩通过对史料的艰苦搜集、细致发掘、深入分析、平心衡论,对自己民族中的众多思想人物予以了在哲学史上的定位,从而使土家族精神生活和智慧追求的绚丽历史长卷不只是粗线条的勾画,而具有了精彩的细节和丰富的内涵。例如,对于土家族哲学思维的萌芽,洪恩就下了很大功夫,着力探讨,考察了旧石器时代土家族地区先民的思维特征、新石器时代土家族哲学思维的萌芽、土家族神话中的哲学思维、传说时代的土家族哲学诸环节,十分具体地说明了史前期土家族先民的精神生活和智慧追求。又如,对于土家族历史上的容美土司田氏世家诗文集《田氏一家言》,洪恩在书中以整整一章的篇幅进行了细致深入的富有历史感的解读,阐发出其中所蕴涵的哲学思想。所论及的田氏世家,包括田九龄、田宗文、田玄、田霈霖、田既霖、田甘霖、田舜年几代人物。这几代人物所跨越的时间,始于16世纪上半叶,止于18世纪初始期,长达近一个半世纪之久。而这些人物的哲学思想,伴随明清之际的时代大变迁,从田九龄的"为读《南华》慨古今"的道家形上境界,而最后转化为田舜年的"江山待人而显"的阳明式心学追求。通过这一解读,以一种典型形式,展示出土家族传统哲学思想的思维特点和表达特点。再如,洪恩对于20世纪土家族思想人物多有细致而深入的论析,特别是对朱和中、温朝钟、席正铭、向警予、赵世炎、卓炯、沈从文的思想尤为着力探讨,将其中的哲学内涵及其特色揭示出来。正是书中的这些精彩的细节和丰富的内涵,使我们直接感触到土家族由远古走向现代的生命跃动和思想足迹。在这些地方,可以说包含了洪恩多年来研究土家族哲学的多方面成果,尤能显示他的深厚的哲学史功力。

三是洪恩对于土家族哲学发展中的一些关键性问题进行了深入的思考,形成了自己对土家族哲学发展的独到见解,从而使他所书写的土家族精神生活和智慧追求的绚丽历史长卷又具有鲜明的个性化特征。书中对于鹖冠子其人与《鹖冠子》其书的研究即是一例。在最近三十年间,《鹖冠子》随着其书为伪书说被否定,而成为中国文献学研究和中国思想史研究的一大热点,引起中外不少学者的关注和探讨,研究成果已有许多。洪恩在此基础上,衡论诸家的观点,再作自己的推进,明确地提出"鹖冠子为土家先民赀人"说,并进而阐发了《鹖冠子》与土家族文化的联系,指出《鹖冠子》的基本思想特征在于"从边地出发的综合文化选择"。这就为土家族哲学在先秦时代的开展找到了最为重要的文本根据。书中对土家族哲学由传统形态向现代形态转变的背景的说明亦是一例。土家族哲学原本是在一个相对落后的边地环境中形成的,对中国哲学开展难以产生全局性的重大影响;而至20世纪,土家族却有一批杰出的思想人物站在时代大潮的前头,成为中华民族新思想新哲学的代表者。这里的原因,洪恩做了深入的探讨,发现其中一个很重要的原因,在于土家族思想世界在明代出现了趋新动向,而至清代中叶经历了脱蛮入儒的重要转变,实现了对华夏文化的认同;正是以此为基础,面对鸦片战争后的中国文化历史大变局,土家族与汉族一样产生了近代民族国家意识,表现出强烈的爱国主义精神,进而产生出寻求救国救民真理的先进思想人物,开启了土家族哲学的现代转型。这样一来,土家族哲学的古今之变就得到了一种富有历史感的合理解释。上述二例,都是洪恩多年思考探索所得,也是他在中国哲学史研究中所提出的具有独创性的见解。

　　洪恩的《土家族哲学通史》,从学问方面看,还有一个显著的特点和优点,即他在哲学史方法论上下了很大功夫,做了很多探讨。重视哲学史方法论研究,是武汉大学哲学史研究的一个很好的传统。我当年在武汉大学哲学系读硕士研究生时,所上"哲学史方法论"一课,即由陈修斋老师和萧萐父老师两位著名哲学史家主持讲授,所受教益延及至今。洪恩当然也是如此。正是这样,洪恩在全书"导论"中,集中探讨了"土家族哲学何以可能"与"土家族哲学如何研究"两个问题,从而在方法论上为全书奠定了研究框架。在这里,我想从洪恩对这两个问题的探讨进一步谈一点自己的感想。

　　先看关于"土家族哲学何以可能"问题。

　　这个问题,我觉得实际上包含了三个子问题。第一个子问题是近些年来中国哲学研究者所讨论的中国哲学合法性问题,土家族哲学作为中国哲学的一部分,其合法性当然也难免受到质疑。第二个子问题是土家族思想世界经历过脱蛮入儒的转变,再加之土家族的书写文字使用的是汉字,因此与汉族哲学相区别的土家族哲学是否存在,同样是一个问题。第三个子问题是土家族哲学在 20 世纪的开展,主要表现为对新哲学观念的接受,这些新哲学观念当然不是土家族传统哲学中所具有的,因此在大量吸纳了新哲学观念以后,土家族哲学是否还能继续成立,又是一个问题。这三个子问题,除第二个子问题是土家族哲学研究中的特殊问题外,第一个子问题和第三个子问题都是近十多年来中国哲学研究中的普遍性问题。对于第二个子问题,洪恩的书中已经做了很有说服力的回答,不用我在这里多言。第一个子问题和第三个子问题,含义当然不相同,但也有相通之处,就是都关涉如何来看待中国哲学发展中的中西古今关系。第一个子问题所提出的中国哲学合法性问题,实际上是讨论中国有没有西方"philosophy"意义上的"哲学",能不能采用西方哲学的研究范式研究中国哲学,以及如何更好地借鉴西方哲学来研究中国哲学等问题。第三个子问题则是如何看待中西古今哲学的碰撞与交流所引发的中国哲学、包括土家族哲学的形态转换与传统更新问题。

　　对于这些问题的解答,我想需要有一种开放的包容心态,看到人类精神文化在不同地域、不同民族国家的开展,既有其差异性,也有其共同点。这种共同点,用古人的话说,叫"人同此心,心同此理";用今人的话说,叫"同一个世界,同一个梦想"。因此,我们可以吸纳来自西方的科学技术、市场经济、民主政治、奥林匹克精神,也可以吸纳西方的哲学思想。西方的哲学思想与奥林匹克精神都是古代希腊人精神生活的产物,既然我们可以举国传递来自雅典的圣火,成功地在自己的首都举办源自希腊的奥运会,为何非要在自己的哲学领域中做一种非此即彼的僵硬划界呢? 古代希腊人的火是来自天国,所以有普罗米修斯的神话;古代中国人的火取自生活劳作,所以有燧人氏的传说;在这里实际上体现着两种不同的文化传统和精神取向。但在今天的中国,有谁会因为迎来了雅典的圣火,昭示了古代希腊人的精神,就说这是遮蔽了或消解了我们自己的民族精神呢? 我们亲历的历史已经证明,正是通过对奥林匹克精神的吸纳,我们的民族精神在今天得到了空前的发扬光大。文化保守主义者们以为,中国需要学习西方的科学技术,西方的市场经济、民主政治也可以加以考虑吸纳,唯独对西方的精神传统是非抵制不可的,否则我们中国人就会失去自己的民族根性和身份认同。但今天中国对外开放的实际历史进程,使我们实实在在地感受到西方的精神传统也是可以而且必须加以吸纳的;而这种吸纳,并不就会失去自己的民族根性和身份认同。

对于这些问题的解答,我想还需要有一种宏通的历史眼光,看到中国哲学在过去一个半世纪中,正是通过中西古今哲学的碰撞与交流,正是通过西方哲学中国化与中国哲学现代化双向合一的哲学运动,使得中国哲学由传统形态经过近代形态而转入现代形态,使得中国哲学在古代传统之后又形成了近现代传统。在古代形态中国哲学发展中,也曾于明清之际孕育了近代形态的新因素,生发出早期启蒙哲学思潮,但由于诸多历史因素的限制,最终未能从中接生出近代形态的中国哲学。只有到19世纪中叶鸦片战争发生后,由于中国文化历史的大变迁,出现了中西古今哲学的碰撞与交流,才使得中国哲学发生历史性转变,出现了哲学形态的转换和哲学传统的更新。这种哲学形态的转换和哲学传统的更新,当然使中国哲学中的传统因素减少了,甚至会与传统形态中国哲学呈现出巨大反差,但却使得中国哲学家能够面对近现代中国所遭遇的重大问题,如中国现代化道路的选择问题、中国文化传统与现代化关系问题、中国向何处去问题等,做出深入的思考和有效的回答。对于这些问题,仅靠中国传统哲学的资源,显然是不足以应对的。其实,只要是环绕中国问题进行思考和解答,中国哲学所吸纳的种种外来的新思想,都会或迟或早经历中国化的过程,只是这个过程有时需要花费很长的时间,不可能很快就达到圆融的程度。这一点,对于20世纪中国哲学是如此,对于20世纪土家族哲学也是如此。

有了这种开放的包容心态与宏通的历史眼光,才能为看待中国哲学发展中的中西古今关系提供一个基本的立足点。从这个基本的立足点出发,才能对有关中国哲学发展中的中西古今关系诸问题做出合理的回答。在洪恩的书中,我是感到他正是从这一基本的立足点出发,来看待、来总结、来书写自己民族的哲学历史的。

再看关于"土家族哲学如何研究"的问题。

洪恩在书中很重视研究方法的筛选,主张重视唯物史观、历史主义诸方法的运用,这些我都很赞成。在这里,我只想谈一谈他说到的"以哲学史为中心的思想史研究"。因为这一方法,是我近年来在开展19—20世纪中国哲学研究中提出来的。这一方法的提出,是受到萧萐父老师的思想启示。萧老师有一篇很短的文章,题为《哲学史研究中的纯化和泛化》,只有数百字,占一页篇幅,收录在他的《吹沙集》(巴蜀书社1991年出版)中。文章指出:"鉴于哲学史研究曾羼入许多非哲学的思想资料,往往与一般思想史、学说史浑杂难分,我们曾强调应当净化哲学概念,厘清哲学史研究的特定对象和范围,把一些伦理、道德、宗教、政法等等非哲学思想资料筛选出去,使哲学史纯化为哲学认识史,以便揭示哲学矛盾运动的特殊规律。但进一步考虑哲学与文化的关系,文化是哲学赖以生长的土壤,哲学是文化的活的灵魂,哲学所追求的是人的价值理想在真、善、美创造活动中的统一实现;哲学,可以广义地界定为'人学',文化,本质地说就是'人化'。因而这些年我们又强调哲学史研究可以泛化为哲学文化史。以哲学史为核心的文化史或以文化史为铺垫的哲学史,更能充分反映人的智慧创造和不断自我解放的历程。"这段话虽然再未作进一步展开,但我却从中受到很大启发,进而具体到哲学史与思想史关系的反思,发现在哲学史与思想史之间,在过去二十多年中经历过了一个由浑杂难分到互为他者的过程,而现在又需要由互为他者而加以沟通,使哲学史研究更多地吸取思想史研究的内容,使"思"与"史"结合起来。因而我提出开展"以哲学史为中心的思想史研究",运用这一方法研究19—20世纪中国哲学。

开展"以哲学史为中心的思想史研究",对于19—20世纪中国哲学研究来说,有其具体的内涵。首先,这一研究在于扩大19—20世纪中国哲学研究的问题域,把那些处于哲学史与思想史之间的问题凸显出来,使之成为哲学史研究的重要问题,尤其是使那些直接来自中国文化历史大变迁的特殊提问方式和特殊问题,如全球性现代化运动在近现代中国所引发的中西古今文化关系问题、中国现代化道路问题、全球化问题、现代性问题、中国向何处去问题,进入到哲学史研究的问题域,得到凸显和研究。其次,这一研究又在于扩大19—20世纪中国哲学研究的视野,关注这一时期中国哲学与中国思想世界的联系,而这一联系涉及中国思想世界三个层面的思想形态:一是属于精英文化的观念形态的思想内容;二是观念形态与实际运动相结合的社会思潮;三是属于下层民间文化的群体意识与观念。再次,这一研究还在于凸显19—20世纪中国哲学与中国文化历史环境的联系,这种联系既集中表现为近现代中国文化历史大变迁,所给予中国哲学发展的巨大而深刻的影响,又包括近现代中国文化历史中的一些具体的新因素新内容,特别是文化教育领域的新因素新内容,如近现代出版业的出现与发展,近现代报刊的出现与发展,现代大学及其哲学系的出现与发展,对中国哲学发展投下的多方面影响。这一方法的理论阐述与实际运用,集中体现在我的论文集《中国哲学的现代转型》(中华书局2008年出版)和专著《长江流域文化与近代中国哲学》(湖北教育出版社2005年出版)中。

洪恩在随我读博士生时,就对这一方法很有兴趣,在博士学位论文中即加以运用。在这部书中,洪恩进一步把这一方法加以推广,运用于全部土家族哲学史研究。我感到洪恩的工作是十分成功的,集中体现在三个方面。其一,土家族哲学思想,往往不是由专业的哲学家提出,也往往不是由专门的哲学著述阐发,而是与其他思想内容、其他表达形式交织结合在一起,这就需要从一般意义的思想史文献中发掘出其中所蕴涵的哲学思想。洪恩在这方面用力甚深，十分重视对诗文、史籍、方志、书信、日记、公文等文献的搜集和解读，发掘其中的哲学思想。如《田氏一家言》，本是由田氏几代人的十二卷诗集组成，并不是严格意义上的哲学著述。但洪恩正是通过对这些诗作的深入解读，发掘出蕴涵于其间的哲学思想，揭示出土家族哲学中的一个有代表性的思想传承。其二，20世纪土家族哲学的开展，其代表人物或为政治家或为文学家，他们所接触和探讨的哲学问题，往往不是哲学自身发展所提出的形上问题，而是中国文化历史大变迁所提出的现实问题。对于这种哲学文化现象，洪恩没有硬把这些人物的思想往形上问题上拉，以加强其哲学味，而是明确指出，这些人物哲学思想的特点首先就在于：悬置本体论与认识论问题，重点关注历史观、文化观及政治哲学问题。这就使这些原本处于哲学史与思想史之间的问题得以凸显，成为20世纪土家族哲学的主要问题，显示出20世纪土家族哲学的特点。特别是对于向警予、赵世炎、沈从文的思想研究，洪恩都能很好地运用这一方法，揭示出他们所关注和探讨的政治哲学问题及文化哲学问题，从而对他们的哲学思想做出深入的阐发和恰当的评价。其三，对于土家族知识分子的哲学思想与下层民间社会的精神生活的联系，洪恩予以了关注和研究，使之成为土家族哲学史的一个有机构成部分。书中在论述土家族学者对唯物史观的接受与阐释时，就对中国共产党人以马克思主义对土家族神兵运动社会理想的改造，做了专门的考察和衡论。这种考察和衡论，不仅对土家族哲学史的书写很有意义，而且对马克思主义中国化研究也有其价值。

总之，洪恩的《土家族哲学通史》值得一读。在这种阅读中，阅读者当然会各有心得、各有评说，但有一点我想可以达到共识，这就是从中可以看到一个民族由远古走到今天的思想足迹，也可以看到这个民族已开始有了自己思想历史的自觉书写者。

2008年8月20日于武汉大学

/

# 导　论

# 土家族哲学的研究方法

20 世纪 80 年代以来,哲学研究,其中包括哲学史研究在中国发生了深刻的变化,其中影响最为深远的变化就是哲学观的日益多样化,即使按照恩格斯对哲学基本问题即思维与存在关系问题的论述①,也存在着不同哲学观的分野。对于哲学观的这种多样化,有学者已就业已存在的不同哲学观进行过分类。② 对于中国哲学研究,从而对于土家族哲学研究来说,哲学观的多样化提出的问题恰在于会形成不同的哲学史建构风貌。作为人类的一般认识或人类认识,哲学体现着时代精神、民族形式和个人风格。作为人类把握世界的基本方式之一,哲学既是属人的世界,体现着人类的共性、民族的共性,也是属己的世界,与个人的生命体验紧密相联,体现着哲学家个人对自己、对民族、对人类的终极追求及相应体验。因此,考察土家族哲学,自然离不开考察者的哲学观,通常强调哲学研究就是哲学史研究,哲学史研究就是哲学研究,都说明了这一特殊性。由于自然、历史及社会的原因,湘、鄂、渝、黔交界处的武陵山区一带成了中华民族文化的沉积带,因而使居住在这一带的土家族及其哲学具有古朴、深沉、开放、趋新的特色。为什么要研究土家族哲学? 如何揭示出土家族的属人世界,而不是某种西方哲学或中国哲学在土家族? 如何分梳土家族哲学的民族特性、时代精神与个人风格,而不是某种哲学原理与土家族文化例证的结合? ⋯⋯这些都是研究土家族哲学必须率先搞清楚的一系列基本理论问题。笔者对这些问题的解

---

① 参见恩格斯:《路德维希·费尔巴哈和德国古典哲学的终结》,《马克思恩格斯选集》第 4 卷,人民出版社 1995 年版,第 223—224 页。

② 参见孙正聿:《哲学通论》第二章,复旦大学出版社 2005 年版。

决,在一定程度上也即说明笔者的哲学视野。

## 第一节　土家族哲学研究的缘起

作为追求智慧的学问,哲学的历史非常久远,因为"早期人类即以与今人基本相似的思想(虽然表面上有不少差异)阐述了人类最初的朴素的人生哲学"①。据此,进行土家族研究,当然少不了研究其哲学,否则就难以真正认识土家族。对于笔者来说,研究土家族哲学的使命正在于:揭示土家族为什么会在历史发展中,特别是在近现代历史发展中走得相对前沿、相对主动? 其基本的精神内质或时代精神是什么? 土家族的哲学如何塑造了土家族人民的奋斗精神及民族性格与文化风貌? ……总之,笔者力求从哲学上解读土家族文化。

### 一、"著书正华年,研几难为驭"的意志

1982 年暑假回到家乡,读到堂兄抗日战争时期写的一篇题为《感想战线上的苦衷》②的作文:"近来我感想战线上的苦衷就是怀着忠勇爱国的诚心。现在,我们的敌人就是日本,自从中华民国二十六年七月七日卢沟桥事变发生以来,引起很大的纠纷,时常侵略我国,到处杀人放火,又还炸毁市镇及民间的房屋,并及许多学校,所以我们的兵士们在战场上打仗是很忍苦又耐劳的,白日在炎热地上,夜晚就露宿野外,没有一分钟快乐的时间,这是他们爱国的热心,故能长期抗战。要争取最后胜利,但是苦战不息,不知死了多少同胞,要把失去的土地赶快收回,能使国家永久生存,这就是全国的光荣了。那么我们后方加紧工作,有钱出钱,有力出力,饥送食,寒送衣③,莫使前方将士受冷受饿,何愁敌人不灭、国家不宁呢?"老师对此文的批语是:"言洁语欢,节略分明;果能勇往,自入佳境。"堂兄还有《儿童的竞争》、《后方工作》、《我的志趣》、《慰劳壮丁出行歌》等作文留存,笔者一口气读完后即大发感慨:

---

① [英]詹·乔·弗雷泽著,徐育新等译:《金枝》(上),新世界出版社 2006 年版,第3页。

② 堂兄的作文本现存于堂侄萧大元处(现居重庆黔江区),笔者现存有复印本。

③ 此句原作"饥送衣,寒送食",今改。——引者

一个小孩子，居然心怀国家大事，并且有独到见解，其中不泛"哲学"之思，下以《抽壮丁派民工抽谷硕派银钱对国家对家庭的感想如何？》为例：

> 现在，国家已到生死关头，我们这么大的国家，被小日本来欺侮，到这时才知道抽壮丁、派民工、抽谷硕、派银钱这几种都是对国家很有益的工作。抽壮丁是为国家很有光荣的事情，他能训练好了，就能替国家打仗，我们希望把所有的失地全收回来，叫陷在敌方面的同胞们重见青天白日，又能保着家庭，这是抽壮丁的辛苦［好处］，又因为了国家的事，朝暮饥寒非常辛苦，所以才派民工、抽谷硕、派银钱。派民工去修飞机场，又是什么原因呢？就是修来准备飞机休息的，这些民工在飞机场［上的工作］很是辛苦，我们在本地应该服务，替他们抽些谷硕来供给他们食用，不论谁人都该出的，这是派民工、抽谷硕的感想。出银钱才是国家的好男子，这时候前线的将士穿着的服装很是简单，所以我们必须派银钱给他们缝衣，但是在这抽壮丁、派民工、抽谷硕、派银钱的当中，对国家对家庭都很有光荣［的举动］，所以说，先有国，然而后有家哟。

老师的批语是："议论正大堂皇，无愧高级学生；倘若不能成功，我还有总感想。"说明这老师正是从这幼小的心灵中看出了国家与民族的希望。作文本的封面上写的是"一年级，萧洪钟"；"导师，罗济先生授"。值得注意的是，在内页每题作文后面，作者自署的私章却改为了"萧洪范"，说明堂兄的理想与价值取向。堂兄生于 1926 年，1944 年因病卒于学校，所保留下来的作文应写于 1939 年前后一年内。这是我看到的第一件抗战遗物，它是那样真切地感动我，以至于我当即到县民委问我是什么民族，得到的回答是："土家族"。自此而后，我始终把自己的关注点放在了"土家族"上，以至于时时想"说说我的民族"①。

1989 年，笔者开始接触到土家族的文人作品，视野由民间走向精英，由小传统走向大传统，其中最先受到震撼的是川东（今重庆）土家诗人哲学家陈景星。1910 年，陈景星给自己的人生经历和心路历程进行了一个初步的历史总结："克承祖砚心稍慰，开笔居然写性灵。"作为一个出生并致仕于清

---

① 1987 年，笔者与恩施州人民政府经济研究中心童浩等先生一起创办了《鄂西民族经济》，上面即开辟了"说说我的民族"栏目。

朝的儒生,在近现代的时代脉动中,不仅批判封建社会,探讨中华民族的出路,而且自己也与时俱进,在中华民国成立后还置身于民国政界,本身即是一个民族的了不起的成就。当笔者20世纪80年代初接触到陈景星及其诗文时,特别是其写于1867年的《壮志》诗,便给我以强烈的震撼:"虎子未成班,已具食牛气。烈士当华年,跅弛难为驭。结客试青萍,读书穷绿字。纵横遍古今,踟蹰小天地。肯学龌龊儒,埋头死章句。蠖屈有伸时,昂头天外去。"因缘际会,我读到此诗时也正好是28岁,与陈景星写此诗时正好同岁。问题在于,陈景星在以后的历程中,正好体现了这种"壮志",我当时即想探讨其文化根源,因为我从其诗中已分明看到了一个"巴人劲勇自强"的影子在摇动。受此激励,当时即改写下《壮志》:"虎子已成班,应具食牛气。著书正华年,研几难为驭。橐笔御青萍,究学穷哲字。中西合古今,纵横弥天地。坚学致世儒,超越死章句。合族更趋时,昂首寰宇去。"自此而后,笔者即下决心进行土家族哲学研究以揭示土家族民族精神的内核。

马克思曾说:"在科学的入口处,正像在地狱的入口一样,必须提出这样的要求:'这里必须根绝一切犹豫;这里任何怯懦都无济于事。'"①我也正是以这样的坚决态度来进行土家族哲学思想研究的。

我深知,时至今日,"土家族"、"土家族文化"、"土家族哲学"这类术语已日益成为中国人的日常语素,以至于"土苗姐妹"、"山路十八湾"、"西兰卡普"、"吊脚楼"都逐渐地进入了中国人的日常生活,形成了所谓的"日常生活的非日常化,非日常生活的日常化"景观。但是,作为具有特定内涵的这些概念、范畴(不是指一般的语词),对于大多数中国人来说,直到现在也还并不十分清晰,因为"土家族"被中华人民共和国正式承认毕竟才仅仅半个多世纪,其间又有"左"祸的影响而禁锢人们去了解这一特定的民族。但是,作为一个历史悠久的民族,在数千年的历史长河中,为什么能始终走在前列,却必须从精神内质上、从哲学上加以揭示:在黄帝"大合鬼神"于泰山之时,"虎狼在前";在大禹治洪水时,涂山氏女"候人倚兮";在殷商之时,"武丁妇好伐巴方";在武王伐纣时,"实得巴蜀之师";在汉王刘邦的军队

---

① 马克思:《〈政治经济学批判〉序言》,《马克思恩格斯选集》第2卷,人民出版社1995年版,第35页。

中,达观地冲锋陷阵,奏"武王伐纣之歌",以至刘邦"乃命乐人习之";明代湖广士兵抗倭,获"东南战功第一";南明时期的抗清,成为"夔东十三家"、"西山寇"的重要力量;清代长阳、巴东、来凤的白莲教起义,曾震撼当时的封建统治者;在"酉阳教案"、"施南教案"和长阳、五峰、巴东的反不法洋教士的武装斗争中,土家族人民不畏强暴,坚持斗争,显示出强烈的爱国热忱;在鸦片战争、中法战争、抗击八国联军的战争中,土家族将士用命,陈连升、陈景星、孙开华、罗荣光等的忠烈,惊天地泣鬼神;辛亥革命中,邓玉麟、朱和中、吕大森、席正铭等都是重要的骨干力量;在 1927 年至 1937 年第二次国内革命期间,土家族人民以无比的热情参加了创建湘鄂西和湘鄂川黔革命根据地的伟大斗争,成为红二方面军的摇篮,对中国革命作出了重大贡献;抗日战争时期既是抗日的前哨与后方,又有大批爱国志士投入于其中,出现了郑洞国、向敏思等大批抗日名将……从土家先民在过去始终走在历史前列起始,到 19—20 世纪土家族仍然始终走在历史前列为止,难道不能说明近现代土家族的历史发展不只是为因应全球性现代化运动而作的被动选择吗? 是否应该探寻该民族本身即有的某种走向近现代的内在力量?

　　牟宗三在分析中国近现代的所谓因应反映模式时曾批评说:西方人有许多观念、许多主义,这些观念与主义只是学术上的主张,或是政治上的个人见解,在西方社会是司空见惯的不会引起什么骚动。但这些观念与主义一到中国就不得了,每一个主义就成了一个宗教,都想以之治国平天下。就这样地生命固结在某些观念上,而排斥其他的观念,终于对我们的生命造成骚乱。乾嘉年间以来知识分子的意识形态是清客,故清末民初西方帝国主义侵入中国,我们就完全无法应付。因平常不讲义理,不讲思想,故脑子里就没有观念,没有学问传统,在这样的情形下靠什么来应付呢? 只靠一时的聪明是没用的,这种聪明的中国人是很有的,清末民初那些人也都有,但只是这种聪明不足以应付。因为我们丧失了我们的学问传统,丧失了学问传统就不会表现观念,不会运用思想。在这样不会运用思想的情形下,就以直接反应来应付问题,有一个与动(action)就有一个反动(reaction),这种反应都是直接反映(immediate response)。直接反映能解决什么问题呢?[①] 正是

---

　　① 参见牟宗三:《中西哲学之会通十四讲》,上海古籍出版社 2007 年版,第 19 页。

有此认知,所以我们应揭示土家族的"思想"。

如果说土家族哲学精神与民族生命积淀在上述土家族的尚武崇功、忠勇能战中还只是其民族生命的外显样式的话,那么,土家族在与大自然和社会的斗争中创造的丰富的物质财富和优美的民族文化就特别凸显其富有智慧、能歌善舞的生命体验,因而是其内秀生命本质的表现,是其思想:

巴渝舞:"周武王伐纣,实得巴蜀之师,著乎《尚书》,巴师勇锐,歌舞以凌,殷人前徒倒戈,故世称之曰:'武王伐纣,前歌后舞'也。"汉王刘邦因巴人"锐气喜舞。帝善之,曰:'此武王伐纣之歌也。'乃令乐人习学之。今所谓《巴渝舞》也。"①《太平御览》卷五百七十四也记载:"渝水,賨民锐气喜舞,高祖乐其猛锐,使乐人习之,故名《巴渝舞》。"据《乐府诗集》卷五十二记载,魏晋间,魏文帝黄初二年(公元 221 年),改《巴渝舞》为《昭武舞》:"《正德》、《大豫》二舞,即出《宣武》、《宣文》,魏《大武》三舞也。《宣武》,魏《昭武舞》也。《宣文》,魏《武始舞》也。魏改《巴渝》为《昭武》,《五行》曰《大武》。今《凯容舞》执籥秉翟,即魏《武始舞》也。《宣烈舞》有矛弩、有干戚。矛弩,汉《巴渝舞》也;……宋世止革其辞与名,不变其舞。舞相传习,至今不改。"唐人杜佑在《通典》卷一百四十五中也记载:巴渝舞"舞曲有矛渝、安台、弩渝、行辞,本歌曲有四篇,其辞既古,莫能晓其句度"。

踏蹄舞:土家先民巴人喜歌善舞,《史记·司马相如列传》曾记"巴渝宋蔡,淮南于遮,文成颠歌,族举递奏,金鼓迭起,铿枪铛㗂,洞心骇耳";扬雄因曾生活于巴东夔峡一带,深悉巴歌,在所作《蜀志》中记载了夔、归"讴歌"为巴人之歌;左思《魏都赋》中记载有巴人"明发而耀歌"之盛,李善注曰:"耀,讴歌,巴土人之歌也。何晏曰,巴子讴歌,相引牵连手而跳歌也。"据《夔府图经》等记载:魏晋南北朝至唐宋时代,包括酉溪、石堤土人在内的"五溪蛮",沿袭了巴人精神:"巴人尚武,击鼓踏歌以兴衰;父母死……打鼓踏歌,亲戚饮宴舞戏,一月有余。""巴氏祭其祖,击鼓而祭,白虎之后也。"②《晏公类要》也记载:"巴人好踏啼(蹄),……伐鼓以祭祀,叫啸以兴衰,故人号'巴歌'曰'踏啼'。"

---

① 常璩撰,刘琳校注:《华阳国志校注》,巴蜀书社 1984 年版,第 21、37 页。
② 樊绰:《蛮书》卷十。

竹枝词:"竹枝"源出巴人踏啼之歌,是巴人七言诗歌体裁,上四下三相随和声,牵手踏啼,悠扬婉转,充满着土家族的风雅气息。早在刘禹锡之前,土家族民歌已被汉人知晓记录。南北朝时,郦道元曾任北魏东荆州刺史,漫游过夔峡地区,曾以汉语记录有一首巴歌:"巴东三峡巫峡长,猿啼三声泪沾裳。"①唐中叶以后,刘禹锡吸收土家族民歌的丰富营养,创作出独具一格的"竹枝词",名震诗坛。唐时顾况、白居易、刘禹锡、李涉、孙光宪等都居住或来往路经土家族地区,创作了不少反映土家族风土人情的竹枝词,如顾况的《竹枝词》:"……巴人夜唱竹枝后,肠断晓猿声渐稀。"并正式提出了"竹枝词"②曲牌。刘禹锡被贬官流放时,因被贬居的地方是"杂以蛮蜒"的地区,"蛮俗好巫,每淫词鼓舞,必歌俚辞。禹锡或从事于其间,乃依骚人作为新辞,以教巫祝。故武陵溪洞间夷歌,率多(禹)锡之辞也"③。

仅此上数例即可说明土家族的文化精神,从而表明其哲学精神与民族生命是自成传统的。笔者曾作有《先秦至汉晋时期土家族哲学的核心价值观研究》、《入世与超越——15—17世纪土家族的文化选择与哲学转型》、《明代土家族文人思想的趋新动向》、《脱蛮入儒:19世纪土家族的文化认同与社会转型》、《20世纪上半叶土家族对儒家文化的反思与重构》④等文,先后对土家族的文化精神、哲学精神的历史流变进行了讨论。笔者研究表明,土家族在与自然、与社会的关系中表现有一种特殊的哲学思想内质。本书的目的就是要探讨这种哲学内质的历史发展。

**二、"人缘山骄堪垂范,业拟物候赛春秋"的体验**

在哲学研究中,特别是在少数民族文化研究中,至今都存在着两种截然分

---

① 《水经注》卷三十四。
② 《全唐诗》第4函第10册。
③ 《旧唐书》卷一百六十。
④ 萧洪恩:《先秦至汉晋时期土家族哲学的核心价值观研究》,《湖北民族学院学报》2007年第6期;《入世与超越——15—17世纪土家族的文化选择与哲学转型》,《湖北民族学院学报》2008年第6期;《明代土家族文人思想的趋新动向》,《巴文化研究》,湖北人民出版社,2005年版;《脱蛮入儒:19世纪土家族的文化认同与社会转型》,《中南民族大学学报》2006年第5期;《20世纪上半叶土家族对儒家文化的反思与重构》,《武汉科技大学学报》2008年第3期。

别的观点:一是强调哲学是发生在人类认识的较高发展阶段,不是所有民族都有自己的哲学。因为"哲学是关于真理的客观科学,是对于真理之必然性的科学,是概念或认识,它不是意见,也不是意见的产物"①。二是强调只要各民族奋斗过、抗争过,都有自己的哲学,如中国少数民族即有反映本民族特点的哲学思想。② 因此,要研究土家族哲学,必须先行解决土家族有无哲学的问题。

事实上,一个民族有无哲学的问题,并不只是一个理论问题,而且还是一个实践问题,特别是对一个民族的生成体验问题。而且,对一个民族哲学的研究,还包含着研究者自身的哲学体验。

在西方哲学史上,恩斯特·卡西尔给我们提供了这种体验的较好例证。卡西尔的哲学道路,可以说根源于一次特殊的图书馆之行,"他于1919年任新汉堡大学教授这一事实,为他的一生提供了出乎意料的,并且可能是转折性的机遇"。F. 萨克斯尔(Saxl)博士曾忆及1920年的一件事,当时他首次向卡西尔介绍瓦尔堡学院的藏书。后来他回忆说:

> 他是一位谦和的来访者,专心致志地倾听我解释为什么瓦尔堡学院把哲学类书籍置于占星术、巫术、民间传说类书籍之后,并且把艺术类与文学、宗教和哲学类结合在一起。在瓦尔堡学院看来,哲学研究与所谓的原始思维是不可分割的:两者的研究工作都与宗教、文学和艺术的形象化描述的探讨相联系。这种观点已经从书架上书籍的非正统排列中表现出来。卡西尔立即领悟到这一点,但当他离去时,他以自己特有的谦和、明朗的态度说:"这座图书馆非同寻常。我将完全躲开它,或把自己关在这里几年。其中所包括的哲学问题与我有关联,但瓦尔堡学院已经搜集到的具体资料胜过他处。"

后来,"卡西尔对瓦尔堡图书馆非同寻常的编排所产生的惊奇心,表现出他的内心已经受到震撼,并且以适当的途径表达出来——'一旦时机成熟,卡西尔就成为我们最勤奋的读者'。"③后来在《神话思维》的"序言"中,卡西

---

① [德]黑格尔著,贺麟等译:《哲学史讲演录》第1卷,三联书店1956年版,第17—18页。
② 参见萧万源、伍雄武、阿不都秀库尔主编:《中国少数民族哲学史》,安徽人民出版社1992年版,第1页。
③ [德]恩斯特·卡西尔著,黄龙保、周振选译:《神话思维》英译者序,中国社会科学出版社1992年版,第3—4页。

尔自己也特别指出："在汉堡，我找到了丰富的、几乎无可比拟的、有关神话领域及宗教通史的资料，瓦尔堡图书馆对资料的编排和选择，对资料所作的特殊分类，使它们都围绕着一个统一的中心问题，这与我的研究工作的主要课题紧密相关。这样的环境使我重新鼓足勇气，继续我已开始的路程，因为它意味着，我这本书所从事的系统性任务，与各种趋向和要求密切相关，这些趋向和要求是文化科学本身具体研究工作的成果，是这些学科努力深化和加强其历史基础的结果。"①一个图书馆图书的排列受着一种特殊哲学观的影响，而这种特殊的哲学观又影响着卡西尔。卡西尔的这种体验，促成了他后来的研究领域，并进而促成了哲学上的"卡西尔建构"。

对于土家族及其哲学体验，可以刘禹锡为最好的例证。刘禹锡在土家族地区的文化与哲学体验，不仅使"竹枝词"成为中华民族历史上的特殊文化现象，而且也揭示了土家族的文化风格与文化精神。

刘禹锡于永贞元年(805 年)由尚书外郎贬为连州刺史，尚未到任，复遭贬朗州(治今湖南常德)司马。在朗州留居十年，于元和十年(815 年)奉召回京师。刘禹锡初次听到竹枝歌不在峡江地带，而在朗州。但更进一步地了解竹枝歌则是在峡江地带，新旧唐书将刘禹锡所作竹枝词误为作于朗州。② 其实，刘禹锡在他的《竹枝词九首》"引"中已明确说明了其写作处③：

> 四方之歌，异音而同乐。岁正月，余来建平。里中儿联袂歌竹枝，吹短笛，击鼓以赴节。歌者扬袂睢舞，以曲多为贤。聆其音中黄钟之羽，卒章激讦如吴声。虽伧佇不可分，而含思宛(婉)转，有淇澳之艳音。昔屈原居沅、湘间，其民迎神，词多鄙陋，乃为作《九歌》，到于今荆楚歌舞之。故余亦作《竹枝》九篇，俾善歌者扬之，附于末。后之聆巴歈，知变风之自焉。

"建平"在历史上有二：一为汉时郡名。据《汉书·地理志》记载："武陵郡，

---

① ［德］恩斯特·卡西尔著，黄龙保、周振选译：《神话思维》序言，中国社会科学出版社 1992 年版，第 7 页。

② 《旧唐书·刘禹锡传》："禹锡在朗州十年……蛮俗好巫，每淫祠鼓舞，必歌俚辞。禹锡或从事于其间，乃依骚人之作，为新辞以教巫祝，故武陵溪洞间夷歌，率多禹锡之辞也。"《新唐书·刘禹锡传》："州(引者按，此指朗州)接夜郎诸夷，风俗陋甚，家喜鬼卜。每祠，歌竹枝，鼓吹裴回，其声伧佇。禹锡谓屈原居沅、湘间作《九歌》，使楚人以迎送神，乃倚其声，作《竹枝辞》十余篇。于是，武陵夷俚悉歌之。"

③ 参见王启兴主编：《校编全唐诗》，湖北人民出版社 2001 年版，第 1917 页。

高帝置,莽曰建平,属荆州。[领]县十三:索、孱陵、临沅、沅陵、镡成、无阳、迁陵、辰阳、酉阳、义陵、很山、零阳、充。"若古今地名对照,知此"建平"实包括了现今的整个土家族地区,而常德一带当时即属土家先民活动地区。二指三国吴置"建平",治今重庆巫山。即使刘禹锡"引"中所指"建平"为吴所置,隋时已废,但刘禹锡袭用旧名仍符合古代文人的作文习惯。由"引"可知刘禹锡《竹枝词九首》写于建平;此外,长庆二年(822年),刘禹锡转任夔州,至长庆四年(824年)离任,共留居夔州三年,其《别夔州官吏》诗①谓"唯有《九歌》词数首,里中留与赛蛮神",亦可作旁证。

刘禹锡到当时的土家先民地区,开始的心情并不是很好,与其宦海浮沉的阴霾相伴。但一到土家族地区生活一段以后,即为之一振,故在后来的《酬乐天扬州初逢席上见赠》中谈到了自己的这种哲学文化体验:

  巴山楚水凄凉地,二十三年弃置身。

  怀旧空吟闻笛赋,到乡翻似烂柯人。

  沉舟侧畔千帆过,病树前头万木春。

  今日听君歌一曲,暂凭杯酒长精神。

最耀眼的"沉舟侧畔千帆过,病树前头万木春"一联已成为著名的哲学诗。有了这种哲学体验,刘禹锡的竹枝词即是一种清新愉快的感觉,我们以其十一首竹枝词为例加以说明。

  白帝城头春草生,白盐山下蜀江清。

  南人上来歌一曲,北人莫上动乡情。

  山桃红花满上头,蜀江春水拍山流。

  花红易衰似郎意,水流无限似侬愁。

  江上朱楼新雨晴,瀼西春水縠纹生。

  桥东桥西好杨柳,人来人去唱歌行。

  日出三竿春雾消,江头蜀客驻兰桡。

---

① 王启兴主编:《校编全唐诗》,湖北人民出版社2001年版,第1904页。

欲寄狂夫书一纸,家住成都万里桥。

两岸山花似雪开,家家春酒满银杯。
昭君坊中多女伴,永安宫里踏青来。

城西门外滟滪堆,年年波浪不能摧。
懊恼人心不如石,少时东去复西来。

瞿塘嘈嘈十二滩,人言道路古来难。
长恨人心不如水,等闲平地起波澜。

巫峡苍苍烟雨时,清猿啼在最高枝。
个里愁人肠自断,由来不是此声悲。

山上层层桃李花,云间烟火是人家。
银钏金钗来负水,长刀短笠去烧畲。

杨柳青青江水平,闻郎江上唱歌声。
东边日出西边雨,道是无晴却有晴。

楚水巴山江雨多,巴人能唱本乡歌。
今朝北客思归去,回入纥那披绿罗。①

对于刘禹锡的体验,白居易在其所作《忆梦得》中自注曰:"梦得能唱竹枝,听者愁绝。"并在尾联有"几时红烛下,闻唱竹枝歌"的思恋。笔者也正是依于刘禹锡的体验而以"体验"的角度生活在土家族族群中,并以此眼光来看待土家族民众的吃、穿、住、行、娱及其生成环境等方面的。土家族哲学研究的动力也来于这种哲学文化体验。

有了一种"体验"的视野,你在土家族地区获得的就是一种特殊的生存

---

① 王启兴主编:《校编全唐诗》,湖北人民出版社 2001 年版,第 1916—1917 页。

哲学。早在 1987 年,笔者刚有某种"体验"的自觉,即对自己长期居住的老屋及周边环境有了感悟,并写在了《吊脚楼》中:"土人结屋貌如舟,借来苍山树为绸。屋因地脉常转角,户随仙居拥村轴。杆栏豁朗传祺韵,窗棂岚薰羁闲愁。人缘山骄堪垂范,业拟物候赛春秋。"人的性格与山的性格、基于适用的生存原则……都可从"吊脚楼"中得到反映。1992 年春,笔者在乡下工作时,到五峰土家族自治县去买制茶机械,曾路过千丈岩,当即有了一种对土家族生存环境的更为强烈的生存体验,随即写了《过千丈岩》的感受:"峡谷幽幽卧龙蟠,岩涛轰轰唱云天。云锁巇巘吹物语,雾舞沉香摩佛缘。天工何由比规模,万美无样境自鲜。奇险华岳何须比,千丈原来为自谦。"土家人生活在这样的环境中,不"劲勇自强"、"达观生死",又当如何? 为了写好本书,2008 年暑假,笔者又一次深入到土家族地区,不过,随着土家族的近现代社会转型,其精神面貌也大为改观,随行人员的畅叙及自身的感受又具有了现代人文景观,其生存哲学已为之一变,故于《阿塔峡行记》中谓:"山色伏林莽,水云韵集翔。紫氛同飞舞,照影接天光。人天不为累,吁嗟果何伤? 漫赏阿塔峡,长忆野竹香。"笔者的这种体验完全得益于当地土家族人民生活方式的转变。可以说,《土家族哲学通史》一书,记录的不是笔者研究的结果,而是笔者的心灵体验。

### 三、探寻"千里之外哑谜"的理想

关于研究各民族哲学对于认识各该民族的意义,西方学者曾有过非常深刻的论述。如1834 年,德国诗人海涅曾说:"法国人最近读了一些我们的文学作品,就以为能够理解德国了,然而他们借此只不过从完全无知的状态,刚刚上升到问题的表面。因为他们只要不理解德国宗教和哲学的意义,我们的文学作品,对他们仍是一些默默无言的花朵,整个德国思想对他们仍是一个拒之于千里之外的哑谜。"[1]马克思也曾经提出:"每个原理都有其出现的世纪。例如,与权威原理相适应的是 11 世纪,与个人主义原理相适应的是 18 世纪。……但是,如果为了顾全原理和历史,我们再进一步自问一

① [德]亨利希·海涅著,海安译:《论德国宗教和哲学的历史》,商务印书馆 1974 年版,第 11 页。

下,为什么该原理出现在 11 世纪或者 18 世纪,而不出现在其他某一世纪,我们就必然要仔细研究一下:11 世纪的人们是怎样的,18 世纪的人们是怎样的。在每个世纪中,人们的需求、生产力、生产方式以及生产中使用的原料是怎样的;最后,由这一切生存条件所产生的人与人之间的关系是怎样的。……但是,只要你们把人们当成他们本身历史的剧中人物和剧作者,你们就是迂回曲折地回到真正的出发点,因为你们抛弃了最初作为出发点的永恒的原理。"[①]根据这一思想,我们完全可以明确的是,通过哲学可以认识该民族,认识该民族的不同的时代。也就是说,在考察土家族社会历史发展时,除根本地从经济基础中去找原因而外(特别是对于前现代社会),亦须向思想本身,特别是从哲学思想中去探索,也就是说,需要研究土家族哲学史。从土家族哲学史的探讨中,人们不但有可能了解在特定历史时期土家族人民社会活动的思想源渊,即他们的活动是在怎样的哲学思想指导下进行的,或者说,哲学思想是如何反作用于人们的社会实践和自然界的实践的,从而了解到为什么有些历史经历取得了成功,而另外的活动却终于告败;而且也有可能使他们了解到某种哲学思想本身又是在怎样的思想影响下形成的,从而使人们有可能了解到土家族哲学思想的连续性和与其他各民族思想的关联性。[②] 正是土家族哲学史的研究,才可能有助于把握土家族的民族意识与传统的形成和特点;也正是土家族哲学史的研究,才可能有助于去鉴别和扬弃历史上积累起来的那些理性的精神财富或糟粕。

　　牟宗三曾从记得历史与了解历史的角度分析哲学思维对民族生命的重要作用,认为明朝的体制大体是模仿汉朝,其实是模仿不来的,究竟是不同的。明朝这一个朝代是不容易了解的,其间三百年从朝政及皇帝方面看,大体都是很乖戾的,讲历史的人就不懂其中的道理,故了解历史是一个问题,记得历史又是另一个问题。一般的是记得历史而不能了解历史,尤其是那些专重考据的。他们知道而且记得历史上发生的许多事情,但是小事情不是大事情。但了解历史与记得历史是不一样的,这两种能力显然不同。记

　　① 马克思:《哲学的贫困》,《马克思恩格斯全集》第 4 卷,人民出版社 1958 年版,第 148—149 页。
　　② 参见陶克涛:《谈蒙古族哲学史的研究》,见《蒙古族哲学及社会思想史论稿》编委会编:《蒙古族哲学及社会思想史论稿》,内部资料 1982 年版,第 6 页。

忆当然有价值,但了解也有价值,不了解而念历史有何用处?一步一步的变化都有其历史的必然性。清朝是异族的军事统治,对民族生命有很大的挫折,因而对文化生命亦有很大的歪曲。凡是一个时代,一个国家,民族生命与文化生命不能得到谐和的统一,这时代一定是恶劣的时代,悲剧的时代。清朝的军事统治把中国几千年来的政治传统体制完全破坏了,以前设有宰相,到满清就变成军机衙门,成了军事统治,此与元朝一样,都是来自异族统治。不管以前的宰相能做到什么程度,但他是代表治权,宰相负责政治的措施。到清朝就成为军事第一,中国传统知识分子的责任感与理想丧失了。所以清朝的知识分子没事可干,成就乾嘉年间的考据。此根本与汉学不同,精神也不一样,不是传统文化的顺适调畅的发展形态,这是在异族统治下的变态。乾隆皇帝就表示以往的知识分子以天下为己任是坏习气,如果这样,我们皇帝干什么?故清朝时,由孔子传下来的知识分子的愿望与理想都没有了。① 由此可见,一个时代的哲学对于认识民族、认识历史多么重要。

其实,笔者研究土家族哲学,还有一个重要目的,就是要提高自己及民族的理论思维能力,因为学习哲学史有助于提高理论思维能力,这已是一个公认的事实。对此,恩格斯曾说:"一个民族要想登上科学的高峰,究竟是不能离开理论思维的。""但是理论思维无非是才能方面的一种生来就有的素质。这种才能需要发展和培养,而为了进行这种培养,除了学习以往的哲学,直到现在还没有别的办法。"②恩格斯还从正反两方面总结经验教训说:轻视理论的自然主义、经验主义的思维道路必然要受到历史的惩罚:"蔑视辩证法是不能不受惩罚的。对一切理论思维尽可以表示那么多的轻视,可是没有理论思维,的确无法使自然界中的两件事实联系起来,或者洞察二者之间的既有的联系。在这里,问题只在于思维得正确或不正确,而轻视理论显然是自然主义地进行思维的,因而是错误地进行思维的最可靠的道路。但是,根据一个自古就为人们所熟知的辩证法规律,错误的思维贯彻到底,必然走向原出发点的反面。所以,经验主义者蔑视辩证法便受到惩罚:连某些最清醒

---

① 参见牟宗三:《中西哲学之会通十四讲》,上海古籍出版社 2007 年版,第 18 页。
② 恩格斯:《自然辩证法》,《马克思恩格斯选集》第 4 卷,人民出版社 1995 年版,第 285、284 页。

的经验主义者也陷入最荒唐的迷信中,陷入现代唯灵论中去了。"①

正是由于理论思维的这种重要性,致使恩格斯强调说:"理论上的无知是一切年轻民族的特色"②。而那些"在理论和久经考验的策略方面毫不动摇"的民族,"如果那里存在着理论头脑清醒的人,能预先告诉他们,自己的错误会造成什么后果",那就不会误入歧途而遭致失败,"那么,许多蠢事都可以避免,整个过程也将大大地缩短"③。因为理论本身不是教条,"而是对包含着一连串互相衔接的阶段的发展过程的阐明"④。所以,一个民族要进步,就不能不没有哲学思维。

## 第二节　土家族哲学何以可能

土家族的哲学研究,起于20世纪80年代。当时发表的是一些单篇文献,在国内并没有引起大的反映,于是在佟德富等的《中国少数民族哲学概论》⑤,萧万源、伍雄武、阿不都秀库尔主编的《中国少数民族哲学史》⑥中都还没有土家族哲学的地位。但是,土家族哲学研究毕竟已在进行了。除了有一系列的论文问世外,还出版了一批研究专著。也正由于此,土家族哲学何以可能、土家族哲学如何可能的问题就成了进一步研究土家族哲学的一个前提性问题。

### 一、问题的提出

土家族哲学研究,并不是一个因为"爱族主义"或"文化保守主义"思想

---

① 恩格斯:《自然辩证法》,《马克思恩格斯选集》第4卷,人民出版社1995年版,第300—301页。

② 《恩格斯致弗·阿·左尔格》,《马克思恩格斯选集》第4卷,人民出版社1972年版,第455页。按:1995年版的《马克思恩格斯选集》第4卷未收入此信。

③ 《恩格斯致弗·阿·左尔格》,《马克思恩格斯选集》第4卷,人民出版社1995年版,第678页。

④ 《恩格斯致弗·凯利-威士涅基威茨夫人》,《马克思恩格斯选集》第4卷,人民出版社1995年版,第680页。

⑤ 佟德富:《中国少数民族哲学概论》,中央民族大学出版社1997年版。

⑥ 萧万源、伍雄武、阿不都秀库尔主编:《中国少数民族哲学史》,安徽人民出版社1992年版。

作秀而产生的问题,而是对一个民族的属人世界进行深度阐释的现实课题。因此,"土家族哲学何以可能"的问题,也就成了一个具有历史必然性的问题。这种必然性,既有研究深化的问题,也有学术影响的问题,根本的则是哲学范式的问题。

从人类把握世界的方式上讲,哲学是人类的一种从总体上把握世界的智慧。在汉字世界,"哲"为聪明、智慧之义,即聪明睿智曰哲;"学"则表明一种追求"知"的活动,即与"思"相对的认知活动。汉语以"哲学"翻译源自于古希腊文的"philosophia",把"爱"(philem)和"智慧"(sophia)统一进行诠释,说明"哲学"即"爱智"。古希腊哲学的集大成者亚里士多德把"爱智"定义为"寻求最高原因的基本原理",恰好与中国先哲"究天人之际,通古今之变"的旨趣相一致。因此,以汉语的"哲学"翻译西文的"爱智",在一定程度上已说明了哲学这一人类认识的共性或哲学的普遍性。

但是,从哲学范式上讲,研究土家族哲学实际上经历了两层哲学范式的转换:"中学西范"与"土家学中(汉)范"。由于"哲学"一词是根据西文philosophy而经日本人西周翻译过来的,中国人没有取得"哲学"的初次命名权,所以要在中国讲"中国哲学",就有一个"名副其实"的问题。尽管目前"中国哲学"在学科上已成立,中外课堂上都已开了中国哲学课并有众多的硕士、博士学位点,产生了众多的专家学者,但是在学理上的成立,却仍然是一个还在继续讨论的问题。特别是"中国哲学"的研究者,似乎也总忘不了在自己的研究中找寻这样一个根据,借以确立"中国哲学"的合法性,如胡适在《中国哲学大纲》中以哲学问题为根据①、冯友兰以哲学内容相似来论证②、韦政通以哲学起源来论证③、牟宗三以文化要素来论证④等,直到2004年还有学者在讨论这个问题⑤。可见,"中学西范"带给"中国哲学"合

---

① 参见胡适:《中国哲学史大纲》,东方出版社1996年版,第1页。
② 参见冯友兰:《中国哲学史》上册,中华书局1961年版,第1页。
③ 参见韦政通:《中国历代哲学思想简编》,载《中国哲学思想批判》,台北水牛出版社1988年版,第71页。
④ 参见牟宗三:《牟宗三学术论著集·讲座系列·中国哲学的特质》,上海古籍出版社1997年版。
⑤ 参见高秀昌:《"中学西范"仍然是治中国哲学史的基本模式》,《光明日报》2004年3月2日。

法性问题的心病,实际上已成为一个世纪心病。①

　　一波未平,一波又起。当笔者进行土家族哲学研究时,就又遇到了"土家学中(汉)范"的问题。一本有关少数民族哲学资料的书,"各编材料统一按'宇宙观'、'方法论'、'认识论'、'社会观'四个方面归类。材料较多的,每个方面又分为若干部分,如'宇宙观'方面分为宇宙起源、人类起源、时空历法、天人关系、无神论等诸部分;'方法论'方面分为运动发展观、关于规律和范畴的朴素思想、人与规律的关系等诸部分;'认识论'方面分为意识的本质、世界的可知性、知行观、真理观、关于认识发展规律的朴素思想等诸部分;'社会观'方面分为对劳动生产和经济生活的看法、对政治国家和法律的看法、伦理观、宗教观、斗争史等诸部分。"并在书中从宇宙观、方法论、认识论、社会观方面收录了土家族哲学史料。② 不难看出,这是运用了的"中国哲学"的通行范式,而过去的"中国哲学"又实际上是汉族哲学,于是发生了"土家学中(汉)范"的问题,即你讲的是土家族哲学吗? 和汉族哲学如何划界?

　　我们无法考证最初的土家族哲学研究者的研究心态与研究动机,但从他们的研究结论可知他们所用的"西范"或"中范",比如划分哲学唯物与唯心阵营等即是。但是,更进一步的研究则向我们提出:有土家族哲学吗? 这是土家族哲学吗? 这些"哲学"与汉族哲学有何区别? 如果我们借助前辈哲学家冯友兰的话说,土家族的文化中有与"哲学"相似的内容吗? 若有这些内容,是"哲学在土家族"呢? 还是"土家族底哲学"③? 目前,这些问题已成了一个更进一步研究如何必要的问题。

**二、回答问题的理论视点**

　　为了有效解决"土家族哲学何以可能"的问题,首先必须有一定的理论视点作为理论支撑。有这些理论视点吗? 回答是肯定的。

---

　　① 参见陈坚:《中国哲学何以能成立——四位学者对中国哲学成立的证明》,《中国哲学史》1999 年第 3 期。

　　② 参见民族院校公共哲学课教材编写组:《中国少数民族哲学和社会思想资料选编》,天津教育出版社 1988 年版。

　　③ 参见冯友兰:《三松堂全集》第 5 卷,河南人民出版社 1986 年版,第 306—308 页。

首先,哲学既具有一般性与又具有民族性。哲学的民族性是通过共同的民族语言"储存"于共同的历史与文化中的,具体体现于各该民族的共同经验、思维方式、价值观念、审美情趣和终极关怀中,并形成相应于宗教传统、道德传统、艺术传统等其他文化传统的哲学传统。因此,"一个音符无法表达出优美的旋律,一种颜色难以描绘出多彩的画卷。世界是一座丰富多彩的艺术殿堂,各国人民创造的独特文化都是这座殿堂里的瑰宝。一个民族的文化,往往凝聚着这个民族对世界和生命的历史认知和现实感受,也往往积淀着这个民族最深层的精神追求和行为准则。人类历史发展的过程,就是各种文明不断交流、融合、创新的过程。人类历史上各种文明都以各自的独特方式为人类进步作出了贡献。"①

目前,不少学者都对这个问题进行了阐明,并形成了一些理论上的共识:民族性是哲学的存在方式和基本特征,哲学是以民族的生命实践为源泉和基础的。虽然有超越于具体的民族性的哲学价值和观念,但任何现实的哲学都必须以民族哲学的形式才能存在。无论是哲学观念还是哲学形态,都有其特定的民族归宿和民族性格,即使在当代,虽然哲学的非民族性趋势日益增强,但要理解和体验具有非民族性的哲学观念和哲学价值,也仍然要从特定的民族背景出发②。

哲学的民族特色集中地体现在各该民族的哲学所探索的具有民族特色的哲学问题之中。对哲学问题的概括和总结,结晶为特定的哲学范畴;对哲学问题的系统论证及由此构成的特定的哲学范畴体系,则构成具有民族特色的哲学理论体系。哲学的民族性是个性,民族性的哲学体系中所包含的普遍性问题,如本体论、认识论、人生观、价值观等,则是哲学的共性。真正伟大的哲学思想是以民族性的个性揭示出普遍性的哲学问题。正是在这个意义上,一个民族的哲学,越是民族的,也越是世界的③。这正像胡适所说,若从哲学是关于宇宙和人生问题的终极思考看,那么凡是表达了关于宇宙和人生问题的终极之思就都是哲学。从人的本性来看,人为了

---

① 胡锦涛:《在美国耶鲁大学的演讲》,《人民日报》2006年4月23日。
② 参见曾凡跃:《略论哲学的民族性》,《广西社会科学》2003年第8期。
③ 参见孙正聿:《哲学的目光》,吉林人民出版社2007年版,第149页。

安身立命,不能不思考宇宙的本质、人的本质等这些终极性的问题,由此而形成了普遍的一般哲学。同时,由于人的主、客观条件的差异,特别是身处于不同民族精神文化及语言等特殊环境条件下,哲学思维主体的哲学就有了各不相同的表现形式及特点,这些具体的哲学形态就是表达了特定的民族性的民族哲学。所以,任何个别都是一般,任何一般也都是个别的体现。

如此看来,"西方哲学"虽然是特殊哲学,但其包含并体现着一般哲学;同样,土家族哲学也是特殊哲学,也同样包含并体现着一般哲学。当然,可能由于对哲学的仁者见仁、智者见智,而对哲学普遍与特殊的区分、对哲学一般性与哲学民族性的区分的见解不同,各自写出的"哲学"会有不同。但这不能成为这一"哲学"是否合法的障碍。

其次,哲学问题的展开方式具有不同的层次性。哲学之思本身就具有层次性,如在 20 世纪的中华大地上,至少在哲学思潮和哲学问题上,涉及三个层面的问题,并相应地产生了多种多样的思潮。第一个层面的问题即哲学本体论问题、哲学认识论问题,围绕这个层面的问题产生了人文主义、科学主义及中国化的马克思主义哲学等哲学思潮。第二个层面即历史观和文化观上的问题,围绕着这个层面的问题,形成了唯物史观和进化史观、民生史观等多种历史观,在历史观上产生了复杂交错的争鸣局面,形成了文化保守主义、西化思潮、马克思主义的文化观等多种文化观的复杂交错的局面;历史观讨论的当然是历史发展的基本规律问题,而文化观讨论的则主要是文化上的中西古今之争问题。第三个层面即政治哲学层面,这是围绕着中国向何处去的问题展开的。在这个层面,产生了自由主义、三民主义和马克思主义政治哲学。一个民族的哲学之思,在任何时代都具有层次性,不能因为不具有某个层次而否认其整体。对土家族进行哲学研究当然也应作如是观①。

再次,哲学思维有理论表达与文学表达、历史表达之分。哲学的理论表达是理论化的哲学思维,这本身就意味着还有非理论化的哲学思维。也就

---

① 参见李维武:《形态、问题与思潮:20 世纪中国哲学研究的方法论思考》,《学术月刊》2004 年第 9 期。

是说,哲学思维的形式是多种多样的,它可以用概念的形式来表现,也可以用文学的形式来表现。用文学的形式来表现的哲学思维,就是一种非理论化的哲学思维。这种哲学思维,大量地存在于"哲学"专著之外,如恩格斯在研究哲学辩证思维的形式时,就没有忽略这种情况。他说:"近代哲学虽然也有辩证法的卓越代表(例如笛卡儿和斯宾诺莎),但是特别由于英国的影响却日益陷入所谓形而上学的思维方式;18 世纪的法国人也几乎全都为这种思维方式所支配,至少也在他们的专门哲学著作中是如此。可是,在本来意义的哲学之外,他们同样也能够写出辩证法的杰作,我们只要提一下狄德罗的《拉摩的侄子》和卢梭的《论人间不平等的起源》就够了。"①这两部"辩证法的杰作"不是专门的哲学专著,却富有哲学的辩证思维。中国古代文献《山海经》中所说的"夸父追日",《淮南子》中所说的"羿射九日",《西游记》中所说的孙悟空七十二变,《聊斋志异》中的许多鬼狐变人的故事,《韩非子》中所讲的"自相矛盾",西方文献《伊索寓言》中所讲的"快乐是懊恼的姊妹"等,都在不同程度上反映了矛盾的相互转化,具有哲学辩证思维色彩。对此,毛泽东曾举例说:"《水浒传》上宋江三打祝家庄,两次都因情况不明,方法不对,打了败仗。后来改变方法,从调查情形入手,于是熟悉了盘陀路,拆散了李家庄、扈家庄和祝家庄的联盟,并且布置了藏在敌人营盘里的伏兵,用了和外国故事中所说木马计相像的方法,第三次就打了胜仗。《水浒传》上有很多唯物辩证法的事例,这个三打祝家庄,算是最好的一个。"②虽然像《水浒传》中的这类例子很难说是《水浒传》作者或作品中的英雄的思想,但却可以说明,在文学作品中,哲学思维是大量存在的。从历史上看,哲学的文学表达反映出的正是哲学与文学的关系,这种关系至少可从三方面理解:首先,有些哲学作品具有较高的文采,使用了诗、对话、故事、寓言等体裁,可称为文学的哲学(literary philosophy)。或者说有些文学作品具有较高的哲学味,或者说本身就是文史哲不分的,如先秦许多哲学家,如孟子、庄子、荀子、韩非等诸子,以其在诸子散文上的成就,开创了中国古代

---

① 恩格斯:《反杜林论》,《马克思恩格斯选集》第 3 卷,人民出版社 1995 年版,第358—359 页。

② 毛泽东:《矛盾论》,《毛泽东选集》第一卷,人民出版社 1991 年版,第 313 页。

散文的先河,完全可以说就是文学家。他们的哲学著作,同时也就是文学作品。其次,可以对文学的意义、解释、批评作理论性的反省而形成文学哲学(philosophy of literature)或文学理论。第三,有些文学作品具有丰富的哲学意味,堪称为哲学的文学(philosophical literature)①。正如卡西尔所说:"萨福的诗歌,平德尔的赞歌,但丁的《新生》和彼特拉克的十四行诗,以及歌德、荷尔德林和莱奥帕尔迪——这些作品并非只给我们带来许多轻轻掠过的、苍白无力地呈现在我们面前又复消失而化为乌有的激情。所有这些作品都是'在'和'恒在';它向我们展示了一种无法以抽象概念去把握的知识,不过,这种知识却作为某种崭新的、从未被认识和了解的事物之启示呈现在我们面前。"②也正如美国哲学家桑塔亚那所说:"哲学的眼界是崇高的,它揭示的世界秩序是美的、悲剧性的,与人的思想相互共鸣。这正是每位诗人在不同程度上一直企图抓住的东西。……对于每位哲学诗人来说,人的全部世界都聚为一体。他一声呐喊,召来了宇宙中与他互相共鸣、赞颂他的最终命运的所有一切,这时,他比任何时候都更是诗人。理解生活就是生活的顶点。而诗的顶点便是说出众神的语言。"③

　　哲学除文学表达之外,还可通过历史表达来呈现。对此,恩格斯曾说:"历史就是我们的一切,我们比其他任何一个先前的哲学学派,甚至比黑格尔,都更重视历史;在黑格尔看来,历史归根结底也只是用来检验逻辑运算问题。"④马克思和恩格斯在《德意志意识形态》中也说:"德国哲学从天国降到人间;和它完全相反,这里我们是从人间升到天国。这就是说,我们不是从人们所说的、所设想的、所想象的东西出发,也不是从口头说的、思考出来的、设想出来的、想象出来的人出发,去理解有血有肉的人。我们的出发点是从事实际活动的人,而且从他们的现实生活过程中还可以描绘出这一

---

①　参见刘昌元:《文学中的哲学思想序言》,联经出版公司2002年版。

②　[德]恩斯特·卡西尔著,沉晖等译:《人文科学的逻辑》,中国人民大学出版社1991年版,第72页。

③　[美]乔治·桑塔亚那著,华明译:《诗与哲学:三位哲学诗人卢克莱修、但丁及歌德》,广西师范大学出版社2002年版,第6—9页。

④　恩格斯:《英国状况——评托马斯·卡莱尔的〈过去和现在〉》,《马克思恩格斯全集》第3卷,人民出版社2002年版,第520页。

生活过程在意识形态上的反射和反响的发展。……不是意识决定生活,而是生活决定意识。……只要描绘出这个能动的生活过程,历史就不再像那些本身还是抽象的经验论者所认为的那样,是一些僵死的事实的汇集,也不再像唯心主义者所认为的那样,是想象的主体的想象活动。"①

关于哲学的史学表达,法国历史哲学家雷蒙·阿隆也有过说明:"如果对于过去的探究,是由现实利益、价值体系所引起和确定方向的,那么在所有的历史解释中,难道不就会呈现出某种哲学来吗? 事实上,已经有证据证明,从那些伟大的历史学家那里去找出隐藏着的哲学来是可能的。不管涉及个人与集体的关系、政治单位或经济制度的相对的重要性、观念依存于还是独立于社会基础结构以及历史的各种因素之间的相互影响,人们都能够从所有的历史著作中找出一种理论;这种理论,部分地可以由探讨本身引发出来,但部分地也是先于探讨而且是指导这种探讨的。循着这个方向,人们曾试图消除历史科学和历史哲学的区别,历史科学会发现,只有深信哲学才能完成工作,历史哲学也会发现,只有和事实接触,才能达到具体的真理。"②事实也正是这样,在中外众多的历史学著述中,都直接或间接地体现出对哲学的表达:一是在史学著述中记录了大量的前人的哲学思想,二是在史学著述中表达了作史者的哲学观念,三是在史学评论中表达了评论者的历史哲学③。

第四,哲学理论的阐明有理论阐释和理论运用两种形式。我们在对某哲学是否具有合法性进行讨论时,一个重要方面就是看其是否有专门的"哲学论著"。其实,这是一个假问题。因为哲学理论的阐明本身就有两种方式,一种是专门的哲学专著,如《反杜林论》等;一种是在解决某一或某些具体问题中通过运用某一理论来体现这种理论,如《资本论》等。人们可能谁也不否认《资本论》是马克思主义哲学著作,但并未因此而重视马克思主义哲学的这种表达形式,没有注意到这种形式也是马克思主义经典作家阐

---

① 马克思、恩格斯:《德意志意识形态》,《马克思恩格斯选集》第 1 卷,人民出版社 1995 年版,第 73 页。

② [法]雷蒙·阿隆:《历史哲学》,见田汝康、金重远选编:《现代西方史学流派文选》,上海人民出版社 1982 年版,第 102—103 页。

③ 参见李维武:《人文科学概论》,人民出版社 2007 年版,第 326 页。

发其哲学世界观的重要形式。其实,任何哲学理论都可以通过这两种方式来表述。对此,中国早期马克思主义理论家李大钊曾加以研究:"迄兹所陈是历史的唯物论者共同一致的论旨。今当更进而述马氏独特的唯物史观。马氏的经济论,因有他的名著《资本论》详为阐发,所以人都知道他的社会主义系根据于一定的经济论的。至于他的唯物史观,因为没有专书论这个问题,所以人都不甚注意。他的《资本论》,虽然彻头彻尾以他那特有的历史观作基础,而却不见有理论的揭出他的历史观的地方。"①可以看出,李大钊在这里明确区别了这两种不同的表达方式。我们国内的一些学者,之所以对土家族精英人物如向警予、赵世炎、卓炯等人的著作没有从哲学上去研究,一个重要的方面,就是没有区别这两种哲学的阐明方式。

第五,哲学在存在形式上可分为学术的和日常的两部分。别林斯基曾说,哲学在存在形式上可分为两部分,可以分为两类,即"任何一个民族都有两种哲学:一种是学术性的,书本上的,庄严而堂皇的;另一种是日常的、家常的、平常的。这两种哲学往往或多或少地相互关联着,谁要描绘社会,那就要熟悉这两种哲学,而研究后者尤为重要"②。高尔基也说:"人民不仅是创造一切物质价值的力量,人民也是精神价值的唯一的永不枯竭的源泉。无论是就时间、就美或创造天才来说,他们总是第一个哲学家和诗人。"③革命导师列宁哲学观时也曾对此有所述及。可见,我们研究哲学,不宜只专注于学术性的"哲学家",还要关注于这些"第一个哲学家"。

### 三、土家族哲学的历史与现实根据

当我们关注土家族哲学研究时,也正是中国少数民族哲学研究在全国兴起之时。笔者注意到,其他的有关少数民族哲学研究,似都还没有发生这个问题,至少在目前还没有看见对其哲学是否具有合法性问题的专门讨论,如李宗桂在《二十世纪中国哲学研究的审视和新世纪的展望》(下)④中,即

---

①　李大钊:《我的马克思主义观》,《李大钊文集》3,人民出版社1999年版,第23页。
②　引自谢尔盖叶夫斯基:《普希金的童话诗》,新文艺出版社1954年版,第5页。
③　[俄]高尔基:《个性的毁灭》,《论文学续集》,人民文学出版社1979年版,第54页。
④　李宗桂:《二十世纪中国哲学研究的审视和新世纪的展望》(下),《学术界》2002年第2期。

肯定了少数民族哲学史研究取得了不少成绩,强调少数民族哲学研究成果的出现,拓展了传统中国哲学研究的领域,深化了人们对中国传统哲学的认识,丰富了中国哲学研究的成果。但如果更进一步深问:为什么会没有土家族哲学的地位?则"土家族哲学何以可能"的问题就立即呈现了出来。

直接标明土家族哲学研究的文章,初见于1985年。1985年第3期《湘潭大学学报》刊载了雷安平的《土家先民哲学思想初探》①一文,这是最早以"土家族哲学"命名的土家族哲学研究文献。此后,先后有:吴善茂、黄清茹的《从〈开天辟地与伏羲姊妹〉看古代土家族的朴素哲学思想》②,萧洪恩的《浅谈土家先民的哲学思想》③、《日常的、家常的、平常的哲学——鄂西民间传说中的哲学问题》④、《史前期土家先民哲学思维的萌芽》⑤、《土家族〈摆手歌〉的哲理思维初论》⑥、《土家族〈梯玛歌〉的哲理思维初论》⑦,田清旺的《土家族神话传说中的哲学思想初探》⑧,杨昌鑫的《浅析土家族"贺生"、"哭嫁"、"歌丧"的哲理性》⑨,张应斌的《土家族的古代哲学》⑩、《土家族天地再造及其哲学观念》⑪等论文。并且,除以上的这种专论文章以外,还产生了综述性文献,其中如萧洪恩的《土家族哲学研究现状评述》⑫、陈正

① 雷安平:《土家先民哲学思想初探》,《湘潭大学学报》1985年第3期。

② 吴善茂、黄清茹:《从〈开天辟地与伏羲姊妹〉看古代土家族的朴素哲学思想》,《吉首大学学报》1986年第2期。

③ 萧洪恩:《浅谈土家先民的哲学思想》,《湖北少数民族》1987年第2期。

④ 萧洪恩:《日常的、家常的、平常的哲学——鄂西民间传说中的哲学问题》,《鄂西大学学报》1988年第1期。

⑤ 萧洪恩:《史前期土家先民哲学思维的萌芽》,《湖北民族学院学报》1995年第1期。

⑥ 萧洪恩:《土家族〈摆手歌〉的哲理思维初论》,《土家学刊》1997年第2期。

⑦ 萧洪恩:《土家族〈梯玛歌〉的哲理思维初论》,《湖北民族学院学报》1997年第4期。

⑧ 田清旺:《土家族神话传说中的哲学思想初探》,中国南方少数民族哲学及社会思想史学会第三次学术讨论会论文,1988年5月。

⑨ 杨昌鑫:《浅析土家族"贺生"、"哭嫁"、"歌丧"的哲理性》,《中央民族学院学报》1991年第1期。

⑩ 张应斌:《土家族的古代哲学》,《民族论坛》1993年第2期。

⑪ 张应斌:《土家族天地再造及其哲学观念》,《湖北民族学院学报》1994年第3期。

⑫ 萧洪恩:《土家族哲学研究现状述评》,《土家学刊》1998年第1期。

慧的历年之土家族研究综述①等。到了20世纪末和21世纪初，还产生了一些土家族哲学研究的专著，如胡炳章的《土家族文化精神》②、萧洪恩的《土家族口承文化哲学研究》③及《土家族仪典文化哲学研究》④等，这样看来，土家族哲学研究在土家族研究中的地位应已确立起来。

但是，问题也正由此而发生。因为从上述研究文献可见，不仅土家族哲学研究的学科地位没有确立起来，而且学理地位也还没有明确申明。所以，当笔者进一步开展这一工作时，立即有人提出了土家族哲学合法性的问题。笔者认为，解决这个问题，除了以上所选理论视点以外，根据土家族历史实际，似还可从历史与现实的角度提供土家族哲学合法性的支撑，特别是从当代哲学视域来确立土家族哲学合法性的依据。

首先，土家族哲学的合法性有土家族的历史成熟性支撑。无论是韦政通以哲学起源来论证⑤，还是牟宗三以文化要素来论证⑥，都是以民族的历史成熟性为依据的。哲学起源的论证把目光投放到原始的宗教等领域，文化要素论证则以任何文化都有哲学要素来立论，这些论证的前提都是因为各民族有"史"。但是，人们却可能说，任何哲学都有民族性，但并不是任何民族都有哲学。⑦ 因为"理论上的无知是一切年轻民族的特色"⑧。

如果我们翻开历史，则一定会发现，土家族并不是年轻民族，土家族的历史成熟性是得到国内外专家学者认同的。在已出版的几套有关土家族研

---

① 从1993年起，陈正慧对当年的土家族研究进行综述，一般刊在下年的《湖北民族学院学报》末期。

② 胡炳章：《土家族文化精神》，民族出版社1999年版。

③ 萧洪恩：《土家族口承文化哲学研究》，中央民族大学出版社1999年版。

④ 参见萧洪恩：《土家族仪典文化哲学研究》，中央民族大学出版社2002年版。

⑤ 参见韦政通：《中国历代哲学思想简编》，载《中国哲学思想批判》，台北水牛出版社1988年版，第71页。

⑥ 参见牟宗三：《牟宗三学术论著集·讲座系列·中国哲学的特质》，上海古籍出版社1997年版。

⑦ 参见任继愈主编：《中国哲学史·先秦》，人民出版社1983年版，第5页。

⑧ 《恩格斯致弗·阿·左尔格》，《马克思恩格斯选集》第4卷，人民出版社1972年版，第455页。

究的丛书,特别是各序言中,都有明确载明①。在这里,我们想到了一个美国人关于中华民族历史成熟性的阐明,这个美国人是 E. A. 罗斯。1911 年,在中国的那一极为关键的一年,他出版了《变化中的中国人》一书,对中华民族的成熟性做了精彩阐述,最引人注意的是说:"那些历史悠久、经历复杂的民族却不同,它们不像新兴民族那样冲动,它们不仅能够有效地把握自己前进的步伐,而且能够将推动历史前进的各种因素融会贯通,形成稳定的信仰和思想。所以决定这些民族行为的关键不是那些模糊不定的观念,而是它们的思想和信仰。"②"假如中国人改变了他们的思想观念,他们的行为肯定会作出相应的变化。假如用一种新的哲学武装中国人的头脑,这种哲学必须使他们怀疑过去,同时使他们对未来充满信心,他们肯定会像今天的德国人那样不断地取得进步。"③这种论述,包括了中国的土家族吗? 回答是肯定的,因为在辛亥革命、中国共产党的创立、土地革命等 20 世纪的中国历史剧变中,土家族的精英分子都做了先锋,这本身就是土家族历史成熟性的标志。

其次,土家族哲学的合法性有土家族哲学史传统的支撑。冯友兰曾说:"民族哲学之所以为民族底,不在于其内容,而在于其表面。我们以为民族哲学之所以为民族底,某民族的哲学之所以不仅是某民族的,而且是某民族底,其显然底理由,是因为某民族的哲学是接着某民族的哲学史讲底,是用某民族底语言说底。"④正是从这个层面,我们也发现,土家族哲学是接着土家族的哲学史讲的,这种土家族哲学史支撑了土家族哲学的合法性,并使土家族哲学在 20 世纪获得发展。

土家族哲学史如何? 雷安平论及了"白云假说"的自然观,"卵生假说"的起源论⑤;萧洪恩研究了土家族"人物共本的创生说","以白云为基础的

① 目前出版的土家族研究丛书,如《土家族研究丛书》,中央民族大学出版社 1999 年和 2002 年分两次出版;《土家族问题研究丛书》,民族出版社 2000 年版。

② [美]E. A. 罗斯著,公茂虹、张皓译:《变化中的中国人》,时事出版社 1998 年版,第 55 页。

③ 同上书,第 58 页。

④ 冯友兰:《三松堂全集》第 5 卷,河南人民出版社 1986 年版,第 309 页。

⑤ 参见雷安平:《土家先民哲学思想初探》,《湘潭大学学报》1985 年第 3 期。

宇宙演化论","助生说的人类起源论","俱事鬼神的自然观"①;张应斌则阐释了土家族古代哲学的特征,他认为:土家族的古代哲学是在宗教形式中形成的,带有很浓厚的宗教色彩。张应斌明确地认定:在宇宙本体观方面,土家族认为,天和地原本是客观存在的物质实体;在宇宙结构方面,土家族以大地与苍天较近的物理距离表现出人与自然尤其是人与天上界的较近的心理距离;在宇宙变化方面,土家族认为天地经历了初始阶段、黑暗阶段、再造阶段,表现出进化论的思想;在人类起源方面,他提出了"二劫人"的概念。他认为土家族"二劫人"的起源观实质上是民族人和社会人的起源观,"二劫人"在土家族的历史上具有民族起源论的意义,从"二劫人"开始,土家族人民才拥有了民族历史感和民族归宿感,从"初劫人"到"二劫人"的过程,是从自然人到社会人的变化过程,也是从抽象人到民族人的历史过程,标志着土家族历史观在人类起源观的发展中演进;在认识论方面,张应斌认为土家族以寻找和确立认识原点为认识论的起点,以宇宙可知论为认识精神,以原始思维为主要的认识方法,创造了土家族独特的认识论体系。张应斌还分析了土家族哲学中的"原点意识",认为其反映了土家人追根溯源的意识特别强烈,由认识原点出发,土家族追溯到天地起源、人类起源、民族起源、动植物起源、风俗礼仪起源等,并以这些丰富的起源论文化构成土家族的认识体系,成为土家族掌握自然和社会的思想工具。② 在《土家族"天地再造"及其哲学观念》中,张应斌还认为在天地再造神话中,包含了土家族古代哲学中的一个重要观念,即"再次观念",并通过"长子禁忌"、"处女禁忌"、"二劫人"、"二次葬"等文化现象,指出忌头禁初观念与重二重再观念从正反两方面反映出土家族原始认识方面的丰富内容;表现为认识过程中多次观念,行动过程中多次实践后的最后选择。这种观念极大地参与了原始文化的生成建构过程,产生了原始宗教的多神现象,可以帮助人们认识和了解不同于汉民族宗古法古的文化历史观的土家族古代原始文化的真实面貌。③ 其他的学者也从不同的层面对土家族哲学特殊性进行了研究。由此

---

① 萧洪恩:《浅谈土家先民的哲学思想》,《湖北少数民族》1987 年第 2 期。

② 参见张应斌:《土家族的古代哲学》,《民族论坛》1993 年第 2 期。

③ 参见张应斌:《土家族天地再造及其哲学观念》,《湖北民族学院学报》1994 年第 3 期。

我们不难看出，只要不用孤立的单一的哲学范式去看待一个民族的哲学，则不是这个民族有没有哲学的问题，而是这个民族的哲学如何的问题。

再次，土家族哲学的实际功能对土家族哲学合法性的支撑。当我们翻开 20 世纪土家族历史时，我们会惊奇地发现，在反清朝专制的辛亥革命中，走在前列的土家族精英占了很大比例，不少是核心人物，这与"改土归流"后形成了土家族人民的反清思想有关①；从 1918 年开始至 1949 年的数十年的神兵运动的神圣正义观，正好是几千年来的土家人重神的传统，其中包括神兵传统的体现②；赵世炎、向警予等中国共产党的早期领导人，能远涉重洋，求救国救民真理，除当时时代因素以外，也正好是土家族传统哲学中的开放精神的有力体现；至于向警予作为一个女性能有如此作为，也恰好可看成是土家族传统观念中的女子自主观念的折射……当然，我们还可以列举很多。所有这些都可以表明：土家族的哲学，在实际上对土家族的发展，甚至对整个中华民族的发展都起了重要作用。

此外，如果站在当代哲学视野下，则经济、政治、文化、生活等，无不具有哲学问题，有的学者甚至说是哲学帝国主义，如以现代哲学的眼光看，则土家族哲学的合法性就更不成为问题。③

总之，"土家族哲学"是"土家族底哲学"，它的成立是有多方面根据的。在新的世纪，承认其合法性，并开展深入研究，不仅对于土家族研究，而且对于中国哲学史的学科建设，甚至是对于建设先进文化，都有不可限量的意义。

## 四、土家族哲学的民族性与主体构成

黑格尔曾强调指出："哲学是最敌视抽象的，它引导我们回复到具体。"④这个观点同样适用于我们研究土家族哲学，这就是要以"具体"为原则。而要把握这种"具体"，则土家族哲学的民族性与主体构成的复杂性就

---

① 参见中国人民政治协商会议恩施州委员会文史资料委员会编《鄂西文史资料》第 4 集胡楚藩、甘绩熙的文章，内部资料 1986 年版。

② 参见常璩撰，刘琳校注：《华阳国志校注》，巴蜀书社 1984 年版，第 52—53 页。

③ 参见陶德麟主编：《当代哲学前沿问题专题研究》，武汉大学出版社 1998 年版。

④ ［德］黑格尔著，贺麟等译：《哲学史讲演录》第 1 卷，三联书店 1956 年版，第 29 页。

同样成了"土家族哲学何以可能"的根据。

黑格尔曾认为,"某一特定哲学之出现,是出现于某一特定的民族里面的。而这种哲学思想或观点所有的特性,亦即是那贯穿在民族精神一切其他历史方面的同一特性,这种特性与其他方面有很紧密的联系并构成它们的基础。因此,一定的哲学形态与它所基以出现的一定的民族形态是同时并存的;它与这个民族的法制和政体、伦理生活、社会生活、社会生活中的技术、风俗习惯和物质享受是同时并存的;而且哲学的形态与它所隶属的民族在艺术和科学方面的努力与创作,与这个民族的宗教、战争胜败和外在境遇———一般讲来,与受这一特定原则支配的旧国家的没落和新国家的兴起(在这新国家中一个较高的原则得到了诞生和发展)也是同时并存的。"①哲学的这种民族性,一方面给我们提供了研究土家族哲学的明确方向和丰富的材料,这就是具有土家族民族特色的文化现象,包括黑格尔列举的艺术、科学、风俗习惯、社会生活、伦理生活等都可成为土家族哲学研究的材料。另一方面也看到,由于这种民族特性,也会为我们研究土家族哲学带来某些不方便的地方,比如土家族哲学的分期研究,就是一个"剪不断,理还乱"的问题。

由于土家族形成本身的复杂性,因而土家族哲学研究也具有复杂性。在土家族地区,由于"时代艰苦使人对于日常生活中平凡的琐屑兴趣予以太大的重视,现实上很高的利益和为了这些利益而作的斗争,曾经大大地占据了精神上的一切的能力和力量以及外在的手段,因而使人们没有自由的心情去理会那较高的内心生活和较纯洁的精神活动。"②以致"单纯"的哲学创造少之又少。这样,就给我们去寻找土家族哲学的史料增大了许多的难度。因此,要研究土家族哲学,就不得不需要我们去发现。所以,"追求真理的勇气和对于精神力量的信仰"是研究土家族哲学的第一条件。"人既然是精神,则他必须而且应该自视为配得上最高尚的东西,切不可低估或小视他本身精神的伟大和力量,人有了这样的信心,没有什么东西会坚硬顽固到不对他展开。那最初隐蔽蕴藏着的宇宙本质,并没有力量可以抵抗求

---

① ［德］黑格尔著,贺麟等译:《哲学史讲演录》第1卷,三联书店1956年版,第55页。
② 同上书,第1页。

知的勇气。它必然会向勇敢的求知者揭开它的秘密,而将它的财富和宝藏公开给他,让他享受。"①

土家族哲学的创造主体也具有特殊性,并与土家族只有语言而无流传到今的文字有关,因而就必须将土家族哲学的创造主体分为个体和群体,而一般意义上的个体即社会分子——个人,群体则是指人们按照一定的社会关系所结成的有共同生活活动的集体。作为一个人群的结合体,这种结合体除了一般的动物本能而外,还能够主动地、创造性地改造自然环境以适应自己生活的需要;作为一个人群的结合体,以人们经过反复交往而形成的稳定而具体的社会关系为组成纽带;作为一个人群的结合体,其成员数额有定数限制,其活动则有范围的限制。

显然,我们研究土家族哲学的个体与群体时,其个体与群体的内涵要深刻得多,其外延要狭窄得多。就个体而论,它应是指历史上存在的卓然成家的学者哲学,即史籍有明确记载其思想归宿的。在文明史时期,由于受"中域"②文化的熏染,产生了颇知文书的樊敏③、冉駹夷④;到隋代,湘鄂川黔一带的土家族人民,虽然被称为"蛮左","其僻居山谷者则言语不通,嗜好居处全异",仍"颇与巴渝同俗",但"其与夏人杂居者,则与诸华不别"⑤。唐宋以后,单就鄂西的恩施县就"历千余年,皆有学,人材(才)炳蔚,已代有传人矣"⑥。当然,我们无法全部稽考钩沉土家族的学者哲学,也难于就已人才炳蔚的学者哲学作出全面评述,但像田九龄、田宗文、田甘霖、田泰斗、彭秋潭等卓然成家的学者哲学,则是应大书而特书的,这也就是我们所说的土家族哲学的个体。

就群体哲学而论,首先应指土家族作为一个民族的共同哲学创造。根

---

① [德]黑格尔著,贺麟等译:《哲学史讲演录》第1卷,三联书店1956年版,第3页。
② 清康熙年间所作《卯峒土司志序》将汉文明区域称为"中域",这应是土家族文人的文化地理概念。见张兴文、周益顺、田紫云、张震:《卯峒土司志校注》,民族出版社2001年版,第2页。
③ 徐中舒:"樊敏之先,必出于巴郡蛮之樊氏。"引自《论巴蜀文化》,四川人民出版社1982年版,第102页。
④ 范晔:《后汉书·西南蛮夷列传》。
⑤ 魏征:《隋书·地理志》下。
⑥ 同治《恩施县志》,恩施县地方志编纂委员会1982年重印版,第257页。

据斯大林的民族定义所强调的"民族是人们在历史上形成的有共同语言、共同地域、共同经济生活以及表现于共同的民族文化特点上的共同的心理素质这四个基本特征的稳定的共同体"①。依此,土家族哲学作为群体创作就具有地域性、民族性,它以土家族的民族文化及其共同心理素质为其赖以生存的土壤,并成为这种文化及其心理素质的活的灵魂。作为民族文化的深层结构——人们在长期实践中形成的社会心理、价值体系、思维模式、人伦观念、审美情趣等等有理论结晶的群体哲学,其发展中的相对独立性和历史稳固性深刻地影响着个体哲学,如史前期的土家族群体哲学中人物共本的创生说、俱事鬼神的自然观直到改土归流时期仍有反映。

诚然,研究和探讨土家族群体哲学,除从各个体学者哲学中择取共性以外,笔者将更加着眼于以严肃、慎重的分析态度去甄别评判那些广为传颂的民间哲学、史诗哲学等。我们这样做,并不是降低哲学的身份,而是做一个诚实的哲学工作者,去发现"许多世纪以来,人民的创作"所反映的"各个时代他们的世界观"②,去发现其中所包含的"民主主义的和社会主义的即使是不发达的文化成分"③,去发现劳动人民的真正历史,并借以弥补书本知识的局限。

值得注意的是,人们习惯于把氏族、部落、部族(古代民族)、现代民族当做民族发展的四个阶段,但这并不说明我们在研究土家族群体哲学时也应遵循这四个阶段,因为哲学本身的固有历史进程排除了我们这样做的必要。

## 第三节 土家族哲学如何研究

土家族哲学研究兴起于 20 世纪 80 年代,最初发表的是一些单篇文章,最后则逐渐形成了研究专著,并在相关学术著作中立定了章节;最初是个别学者的研究,最后则形成了一个研究群体;最初是研究个别文化现象,最后

① 斯大林:《马克思主义和民族问题》,《斯大林全集》第 11 卷,人民出版社 1955 年版,第 286 页。

② [俄]邦奇-布鲁耶维奇著,刘辽逸等译:《列宁论民间口头文学》,《苏联民间文学论集》,作家出版社 1958 年版,第 6 页。

③ 列宁:《关于民族问题的批评意见》,《列宁选集》第 2 卷,人民出版社 1995 年版,第 336 页。

是广泛研究土家族多种文化形式中的哲学意蕴。然而,研究中虽然强调了土家族传统哲学,但对20世纪土家族哲学研究却有某种忽略,特别是对土家族全面融入全球性现代化进程中发生的新哲学观念有某种忽略,对西方哲学中国化与中国哲学现代化两种哲学运动中的土家族哲学的新变化有某种忽略。这种忽略直到近年来才有某种改变。

**一、土家族哲学研究的哲学自觉**

在20世纪80年代的"文化热"中,土家族哲学研究得以展开。土家族哲学研究的展开主要是由土家族的本民族学者开启的,这本身就说明了新时代土家族的哲学自觉。

首先,从"土家族哲学"研究的提出很快发展到形成研究队伍群体。前述已表明,自1985年雷安平以《土家先民哲学思想初探》为题,直接而明确地开启了自觉而专门的土家族哲学研究后,吴善茂(土家族)、黄清茹、萧洪恩(土家族)、田清望、杨昌鑫(土家族)、张应斌(土家族)、胡炳章(土家族)、曹毅(土家族)等先后开展了土家族哲学研究,使土家族哲学研究在不长的时间内实现了从最初的提出到形成一支比较稳定的研究队伍,这至少说明土家族哲学研究的必要性,说明土家族有哲学并应进行深入研究,说明土家族哲学的丰富性并体现在各种土家族文献中,而且也同时说明了新时期土家族的哲学自觉,特别是土家族学者的哲学自觉。

其次,土家族传统哲学源流的存在已成为学界共识。研究者在最初的土家族哲学研究中,大都使用的是哲理、哲学观念、哲学思想、哲理思维等概念。随着研究的深入,逐渐在研究土家族哲学的专著及其他相关研究中亮出了"土家族哲学"的牌子。虽然研究的领域宽,涉及的范围广,但总的趋势是日益坚信土家族传统哲学的存在,并进行自觉的研究与阐明。1988年,在民族院校公共哲学课教材编写组编的《中国少数民族哲学和社会思想资料选编》中选入了土家族的哲学和社会思想资料,并区分为宇宙观、方法论、认识论、社会观,使"土家族哲学"初次具有了走入课堂的可能①;1994

---

① 参见民族院校公共哲学课教材编写组:《中国少数民族哲学和社会思想资料选编》,天津教育出版社1988年版。

年,熊家良、陈正慧(土家族)在《1993 年土家族文化研究综述》中首次对土家族哲学研究进行了综述①,反映了土家族哲学研究的广泛性;1998 年,田发刚(土家族)、谭笑(土家族)在《鄂西土家族传统文化概观》中,列专章讨论了土家族哲学,分析了土家族关于天地起源问题及土家族民俗中的哲学思想,使土家族哲学的存在性成为人们的基本共识。以后,彭英明主编的《土家族文化通志新编》、彭继宽主编的《土家族传统文化小百科》②等书中即有了土家族哲学的专论。因此,从 20 世纪末期到 21 世纪初,土家族哲学研究已是蔚然成风,不断有新成果问世,还出现了多部专著,诸如前述的《土家族文化精神》、《土家族口承文化哲学研究》及《土家族仪典文化哲学研究》等。并且,在国家"十一五"重点出版规划项目《中国少数民族哲学思想史》中,已列入了土家族哲学思想的专章,改变了通行本《中国少数民族哲学史》中土家族哲学的缺位状况。正是在这些研究的基础上,萧洪恩对土家族哲学存在的现实性问题进行了综论,从哲学内部构成的角度,即从土家族哲学的思维主题、思维方式及运思工具等方面对土家族哲学进行了申论③,并探讨了土家族哲学的形态。同时,土家族哲学研究的重点也开始转向 20 世纪土家族哲学研究,向警予、赵世炎等的哲学都开始成为研究对象。④

再次,土家族哲学研究形成了自己的研究风格。土家族哲学研究虽然还是一个很年轻的领域,但在专家学者的努力下形成了自己的研究风格。

一是广泛研究多种文化形式中的哲学意蕴。各研究者都力图以马克思主义为指导,特别是以辩证唯物主义与历史唯物主义为指导,结合自己的实

① 参见熊家良、陈正慧:《1993 年土家族文化研究综述》,《湖北民族学院学报》1994 年第 4 期。

② 田发刚、谭笑:《鄂西土家族传统文化概观》,长江文艺出版社 1998 年版;彭英明主编:《土家族文化通志新编》,民族出版社 2001 年版;彭继宽主编:《土家族传统文化小百科》,岳麓书社 2007 年版。

③ 参见萧洪恩:《土家族哲学成立的可能与现实》,《湖北民族学院学报》2004 年第 5 期。

④ 参见萧洪恩:《论赵世炎的文化哲学研究》,《武汉大学学报》2005 年第 3 期;《向警予的妇女文化解放思想研究》,载胡茂成等主编《巴文化研究》,湖北人民出版社 2005 年版。

际情况,对土家族各种文化形式中的哲学意蕴进行研究。为了对这些研究成果进行综合评价,学者们将其称为"土家族文化哲学研究"①。作为"文化哲学",根据别林斯基的说法,又可以分为两类:"一种是学术性的、书本上的、庄严而堂皇的;另一种是日常的、家常的、平常的。"②由于古代的土家族没有文字,因而第一种类型的哲学只有在受中域文化影响较深并熟悉汉字的学者中才存在,这就决定对这类哲学的研究要以土家族本身的众多学者、思想家的存在为前提,但目前对这一类哲学的研究成果还不是很多,特别是直接研究土家族哲学思想的还不多。不过,已有学者对土家族的学者哲学进行初步研究,如萧洪恩即对土家族先民赛人哲学家鹖冠子进行了研究概述③、对赛民思想家政治家范长生的《易》学思想进行了研究,④等等;不少学者还对近现代的土家族学者进行了哲学思想研究,如对赵世炎、向警予的研究等。但从总体上说,研究者关注的重心主要在第二类文化哲学上。而第二类事实上又可分为三个子类,即民间文学类、民间仪典类、民间物态类。就目前的情况看,在土家族哲学研究中,对这三个子类都已有一定程度的研究。正是由于研究对象上的这种分布,土家族哲学研究中强化了土家族传统哲学的"民间"性质而淡化了"学术"性。这就是说,研究的总体对象是民间文化,如史前期土家族先民哲学思维的萌芽、土家族神话传说中的哲学思想、土家族民间传说中的哲学问题、道教与土家族的关系、古代土家族哲学的朴素特征等都是如此。正是由于有这一"民间"性质,即使是从自然观、方法论、认识论等角度进行的研究成果,也都表明土家族传统哲学不能超越日常生活中的所见、所闻、所用,没有对那种抽象的起源本体的终极性认识,即使是在中域传统哲学中的"气本论"传入以后,土家族传统哲学的创生本源都主要来于生活与实践,缺少对形上本体的追寻,即使是在17——

---

① "土家族文化哲学"这个概念由陈正慧、熊家良在《1994年土家族文化研究综述》中提出,该文刊于《湖北民族学院学报》1995年第4期。

② 引自谢尔盖叶夫斯基《普希金的童话诗》,新文艺出版社1954年版,第5页。

③ 参见萧洪恩:《巴族古代思想家鹖冠子研究综述》,见萧洪恩主编《巴文化研究》,北京出版社2002年版;又见萧洪恩《鹖冠子研究概述》,《湖北民族学院学报》2002年第3期。

④ 参见萧洪恩:《先秦至汉晋时期土家族哲学的核心价值观研究》,《湖北民族学院学报》2007年第6期。

18世纪的土家族学者中,主要也只是把"气"当成一种潜在的前提而不是进行本体论阐明,如田甘霖等的"絪缊"、彭秋潭的"积气"之类即是。但是,如果把视野扩大,如果把土家先民中的"士"阶层纳入研究视野,则会改变土家族传统哲学的整体面貌,则会体现出土家族传统哲学的"学术"性,如鹖冠子、范长生、谯定等,都已有学者考证其为土家族先民,他们的哲学即具有较强的学术性;又如,明代以后,土家族上层即出现了知识分子群体,他们都留下了不少文献,其中不乏哲学思想,具有一定的"学术"性,像容美田氏文人群落中,文人们就广泛地使用了"太素"、"太初"、"太极"、"絪缊"等极具哲学意义的范畴。因此,土家族传统哲学实际上存在着"二元"结构,但目前主要只关注了"民间"性。事实上,"民间"性与"学术"性的区分,在一定程度上反映了土家族在把握世界的基本方式上的差异,即常识的、哲学的、文学的、宗教的等方面的差异。

二是重视揭示土家族古代哲学的基本特征。由于研究者大多只涉及土家族的古代哲学,因而重视探讨土家族古代哲学的基本特征,例如,前述雷安平、萧洪恩、张应斌、胡炳章等都对土家族传统哲学的特征有所阐明。邓红蕾则在对道家与土家族文化关系的剖判中阐明了土家族哲学受道家影响的问题。[①] 其他不少研究成果都从不同的角度进行了各有会心的研究。在深入研究土家族哲学的过程中,哲理思维成了研究的重点。萧洪恩于1996年对土家族地区先民在石器时代的哲学思维萌芽并结合民间神话传说,通过考古发现的各种文化遗址而研究了土家族初民旧石器时代的美的观念、原始宗教观念、联系观念等较低层次的思维萌芽,分析了新石器时代土家族先民形象思维、灵魂观念、图腾观念等的发展,探讨了民间神话传说中的三才合一思想、世界起源论、人定胜天、图腾崇拜的自然观、和则生力的社会观等辩证思维因素。同时还揭示了土家先民的认识论具有明显的认识直观性、联系的幻想性、价值取向的实用性特征。[②] 此后,萧洪恩还先后发表了专论土家族哲理思维的文章,以《摆手歌》、《梯玛歌》为专门研究对象,着重

---

① 参见邓红蕾:《道家与土家族文化》,民族出版社2000年版。
② 参见萧洪恩:《史前期土家先民哲学思维的萌芽》,《湖北民族学院学报》1995年第1期。

从思维方面进行研究,认为:在《摆手歌》中包含了土家族以下的哲理思维:假譬取喻的思维方法、取象比类的思维定格、以果求因的思维程序、反复体认的思维实践等特色;研究了《摆手歌》的起源论及其对劳动价值的肯定:自我创造显示了人的力量,人类再造确认了人类自身的力量,劳动创造显示了人的力量;探讨了《摆手歌》追求的普遍和谐的哲学境界,包括人与自然、人与社会、人与人、人的自我身心等多方面的平衡。在对《梯玛歌》哲理思维进行的评论中,分析了其灵魂需求的动力机制、臆造探索的心理激活、完整构建的思维模型、动态反对的思维定格;探讨了《梯玛歌》哲理思维的功能目标,即重塑自我中心、阐释终极答案、延伸生物本能;论述了《梯玛歌》中为实现上述目标而体认的组合途径,即坚强的信心和决心、完善和谐的社会、艰苦奋斗的努力等。① 应当说,从思维方法的角度来研究土家族哲学思维,这是一种新的研究思路。

三是重视研究土家族民间仪典、物态文化的哲学意蕴。应当说,这是土家族传统哲学研究的一个重要领域。胡炳章论述了土家族建筑的“神化性的空间”和“空间的宇宙化”,强调了土家族建筑具有的“宇宙中心观念”、“宇宙起源观念”、“相通相融观念”和“空间的无限拓展性”。他认为房屋不仅仅是人类物质文化的创造,而且也是人类精神文化得以再现的一种含义丰富的文化现象。在土家人的观念意识中,吊脚楼这种建筑格局不仅仅是作为世俗居住空间而存在,它更是神人共居的神圣空间,是充满神性的处所。这种空间神性观念不但表现为居住空间的泛神化,也表现其外部空间的泛神意识,还表现其整个建筑过程的种种仪式、种种禁忌所隐含的巫文化观念。这种民居形式的神圣空间与世俗空间的同一性,正是土家人居住文化的空间价值观念的再次展示。土家居住文化的空间价值观还表现在相通相融观念上,其中对宅基高峻与视野开阔的选择也很看重。因为他们认为家业发达、子孙兴旺甚至男婚女嫁都与此有相当重要的关系。空间视野的拓展与开放在此得到具体体现。胡炳章还认为:在土家族的内在民族性格和民族精神中,存在着一种永恒的冲动,一种积极进取、奋发向上的优良基

---

① 参见萧洪恩:《土家族〈梯玛歌〉的哲理思维初论》,《湖北民族学院学报》1997 年第 4 期;《土家族〈摆手歌〉的哲理思维初论》,《土家学刊》1997 年第 2 期。

因。这种内在的积极进取的永恒冲动构成其生命的主旋律,不断地使其生命的总体运动形成新的高潮。而那表现在他们居住文化中拓展与开放性的空间价值观念,正是这一生命基因在社会历史的发展过程中蒸发和映射出的一道灿烂的彩虹。① 杨昌鑫的文章则指出,在土家族的各种仪式中,土家族在人的生死观上具有朴素的、自然辩证的唯物观;"感力孕"的神话故事,应是唯物论的;与摸蛋相关的蛋的仪典,实际是朴素的唯物的生育科学的演示,是原始的朴素的唯物观的记录;"贺生"则是庆祝新陈代谢的胜利,"哭嫁"既是将喜中的忧揭示出来,又是将忧转为喜,是真正的大喜。土家族丧葬乐而不哀的观念,是土家族采取的历史唯物的态度去看待他的昨天、死后的今天和未来的明天。② 在总结前人研究的基础上,萧洪恩完成了对土家族口承文化、仪典文化的专门哲学研究,并拓展了研究领域,对哭嫁、跳丧等民间歌谣中的哲学思维等进行了解剖。③

第四,研究成效显著,但有待深入研究的问题仍然不少。回顾以往的研究,可以肯定土家族哲学研究取得了显著成效。但也应看到,研究中的问题也不容忽视。通观这些研究,笔者明显地感到对土家族哲学的宏观把握不够。一是土家族传统哲学的整体面貌如何? 目前还没有专门的学者研究,虽然有胡炳章的《土家族文化精神》④之类著作,但终究不是专门的土家族哲学研究,不属宏观把握土家族哲学总体面貌的著作。二是研究多止于土家族传统哲学自身,而缺少对土家族哲学现代化的研究,特别是对 20 世纪土家族哲学所发生的新变化研究不够。三是研究力量未形成集体协作的优势,往往是各自为战。在当前学术研究特别重视集团优势的情况下,这是一个迫切需要解决的问题。四是研究方法有待创新,在对哲学性质的判定、文献资料的选择等方面显得有某种单一化趋向……如在上述研究中,根据所

---

① 参见胡炳章:《论土家族居住文化中的空间价值观念》,《湖北民族学院学报》1995 年第 1 期。

② 参见杨昌鑫:《浅析土家族"贺生"、"哭嫁"、"歌丧"的哲理性》,《中央民族学院学报》1991 年第 1 期。

③ 参见萧洪恩:《土家族口承文化哲学研究》,中央民族大学出版社 1999 年版;萧洪恩:《土家族仪典文化哲学研究》,中央民族大学出版社 2002 年版。

④ 胡炳章:《土家族文化精神》,民族出版社 1999 年版。

发表作品可见,几乎每一个作者都还停留在哲学的阵线划分上,要么是唯物主义,要么是唯心主义;要么是可知论,要么又是不可知论;要么是辩证法,要么是形而上学。如果只此一种研究方法,则肯定难于把握土家族哲学的丰富内容。当然,如何寻找一种新的方法,则还需要进行反复探讨。不少非专门研究土家族哲学的学者,在研究土家族文化时,利用了一些新的方法,足资借鉴。上述这些问题的存在表明,在对土家族哲学进行的进一步研究中,应特别强调研究土家族哲学的特殊性,强调近现代土家族新哲学的不断发生,强调在西方哲学中国化过程中土家族哲学的现代化进程,强调探讨多种多样的哲学研究方法等。因此,本书力求对土家族哲学进行宏观把握,并力求研究 20 世纪土家族知识分子对马克思主义、自由主义等新哲学的接受与阐释,力求对研究方法进行某些探索,正好是为了站在前人肩上前进的一种深化与升华。

## 二、土家族哲学研究的基本方法

科学是随着研究方法所获得的成就而前进的,研究方法是研究课题的重要支撑因素,但只有与内容相一致的方法才是最好的方法。① 根据本书的内容,本书的根本方法是运用历史唯物主义,具体方法则主要是运用以哲学史为中心的思想史研究方法、历史主义方法、历史与逻辑相一致的方法等。

历史唯物主义作为方法论有一个逐渐完善的过程。西方学者习惯于把历史唯物论称为"经济决定论",事实上有极大的误解,即使像罗素、韦伯这样的大学者似也都没有逃出这种误解,如马克斯·韦伯在《新教伦理与资本主义精神》等书中所作的批判即是。韦伯在《社会科学方法论》中曾说:

> 我们不再具有文化现象的总体可以还原为"物质"利益状况的产物或者功能这样的陈旧观念,但我们仍然相信,按照其经济上的受制约性和影响范围的特殊观点来对社会现象和文化事件进行分析,依然是一个具有创造性成果的科学原则,只要谨慎地使用并摆脱教条主义的

① 参见[德]黑格尔著,贺麟译:《小逻辑》,商务印书馆 2003 年版,第 1 页。

偏见,它在所有可预见的时代都将仍然是这样一个原则。作为"世界观"或者作为对历史现实进行因果说明的所谓"唯物史观",是必须予以断然拒斥的——推进对历史的经济学解释,这是我们这份杂志的最根本的目的之一。这需要作出进一步的说明。①

韩水法编《韦伯文集》中将"推进对历史的经济学解释,这是我们这份杂志的最根本的目的之一"翻译为"从事经济史的解释是我们杂志一个最重要的目的"②。相比之下,二者都表明了韦伯拒斥"唯物史观"的态度。但问题在于:韦伯仍然对唯物史观有所肯定,虽然韩本有异,但总体精神是一致的。韦伯说:

> 在《共产党宣言》旧有的天才素朴意义上的所谓"唯物史观",如今只是还支配着那些门外汉和浅尝辄止的人们的头脑。在他们那里,当然还始终盛行着一种独特的现象,即只要不以某种方式或在某个地方证明(或看起来证明)经济原因在起作用,他们在解释一个历史现象时的因果需求就不能得到满足;但如果是这种情况,他们就又满足于陈旧乏味的假设和最一般的套话,因为此时他们的教条主义需求,即经济的"动力"是"真正的"、唯一"真实的"、"归根结底到处起决定作用的"动力,得到了满足。这种现象并不是绝无仅有的。几乎所有的科学,从语言文献学到生物学,偶尔都声称不仅仅是专业知识的产物,而且也是"世界观"的产物。在现代经济变革的巨大文化意义,特别是"劳动问题"的巨大影响的压力下,任何无自我批判的认识的根深蒂固的一元论倾向都会走上这条道路。③

综观韦伯的思想,特别是韦伯关于宗教对资本主义发展的影响,我们就会分明看出其与唯物史观的高度一致:

首先是总体指导思想的一致。韦伯的《新教伦理与资本主义精神》着

---

① 〔德〕马克斯·韦伯著,李秋零等译:《社会科学方法论》,中国人民大学出版社1999年版,第13页。

② 〔德〕马克斯·韦伯著,韩水法等译:《社会科学认识和社会政策认识中的"客观性"》,韩水法编:《韦伯文集》上,中国广播电视出版社2000年版,第23页。

③ 〔德〕马克斯·韦伯著,李秋零等译:《社会科学方法论》,中国人民大学出版社1999年版,第13页。

眼于揭示新教伦理对资本主义精神形成的作用,从而揭示新教伦理对资本主义发展的推动,而这是恩格斯早已阐明了的。恩格斯在《家庭、私有制和国家的起源》中说:"只有能够自由地支配自己的人身、行动和财产并且彼此权利平等的人们才能缔结契约。创造这种'自由'而'平等'的人们,正是资本主义生产的主要工作之一。虽然这在最初不过是半自觉地发生的,并且穿上了宗教的外衣,但是自路德和加尔文的宗教改革以来,就牢固地确立了一个原则,即一个人只有在他握有意志的完全自由去行动时,他才能对他的这些行动负完全的责任,而对于任何强迫人从事不道德行为的做法进行反抗,乃是道德上的义务。"①如果不是有偏见,我们完全有理由说明韦伯的思想是恩格斯上述思想的具体化!

其次,韦伯是在承认经济的根本作用基础上探讨其他因素的综合作用的。在《新教伦理与资本主义精神》中,韦伯强调的问题是:"在西方文明中而且仅仅在西方文明中才显现出来的那些文化现象——这些现象(正如我们常爱认为的那样)存在于一系列具有普遍意义和普遍价值的发展中,——究竟应归结为哪些事件的合成作用呢?"②也就是说,他要研究的是"合成作用"。但是,韦伯对这些因素的分析还是有层次的,首先在于承认经济因素的根本作用,即"在试图作出这种说明时必须首先考虑经济状况,因为我们承认经济因素具有根本的重要性"。只是在此基础上才考虑其他因素,即"与此同时,与此相反的关联作用也不可不加考虑"③。韦伯在多处强调经济的重要作用,如在分析经济秩序决定于经济时说:近代经济秩序"现在却深受机器生产的技术和经济条件的制约。今天这些条件正以不可抗拒的力量决定着降生于这一机制之中的每一个人的生活,而且不仅仅是那些直接参与经济获利的人的生活。也许这种决定性作用会一直持续到人类烧光最后一吨煤的时刻"。"自从禁欲主义着手重新塑造尘世并树立起它在尘世的理想起,物质产品对人类的生存就开始获得了一种前所未有的

①　恩格斯:《家庭、私有制和国家的起源》,《马克思恩格斯选集》第4卷,人民出版社1995年版,第78页。

②　[德]马克斯·韦伯著,于晓等译:《新教伦理与资本主义精神》,陕西师范大学出版社2006年版,第1页。

③　同上书,第11页。

控制力量,这力量不断增长,且不屈不挠。"①事实上,只要一读恩格斯《致约·布洛赫》的信即可看出唯物史观的真正诉求。恩格斯强调:

……根据唯物史观,历史过程中的决定性因素归根到底是现实生活的生产和再生产。无论马克思或我都从来没有肯定过比这更多的东西。如果有人在这里加以歪曲,说经济因素是唯一决定性的因素,那么他就是把这个命题变成毫无内容的、抽象的、荒诞无稽的空话。经济状况是基础,但是对历史斗争的进程发生影响并且在许多情况下主要是决定着这一斗争的形式的,还有上层建筑的各种因素:阶级斗争的政治形式及其成果——由胜利了的阶级在获胜以后确立的宪法等等,各种法的形式以及所有这些实际斗争在参加者头脑中的反映,政治的、法律的和哲学的理论,宗教的观点以及它们向教义体系的进一步发展。这里表现出这一切因素间的相互作用,而在这种相互作用中归根到底是经济运动作为必然的东西通过无穷无尽的偶然事件(即这样一些事物和事变,它们的内部联系是如此疏远或者是如此难于确定,以致我们可以认为这种联系并不存在,忘掉这种联系)向前发展。否则把理论应用于任何历史时期,就会比解一个最简单的一次方程式更容易了。②

此外,恩格斯还在《致约·布洛赫》、《致弗·梅林》、《致瓦·博尔吉乌斯》等信中对此有所阐明:

青年们有时过分看重经济方面,这有一部分是马克思和我应当负责的。我们在反驳我们的论敌时,常常不得不强调被他们否认的主要原则,并且不是始终都有时间、地点和机会来给其他参与相互作用的因素以应有的重视。但是,只要问题一关系到描述某个历史时期,即关系到实际的运用,那情况就不同了,这里就不容许有任何错误了。……在这方面,我是可以责备许多最新的"马克思主义者"的;而他们也的确造成过惊人的混乱……③

---

① [德]马克思·韦伯著,于晓等译:《新教伦理与资本主义精神》,陕西师范大学出版社2006年版,第105页。
② 《恩格斯致约·布洛赫》,《马克思恩格斯选集》第4卷,人民出版社1995年版,第695—696页。
③ 同上书,第698页。

只有一点还没有谈到,这一点在马克思和我的著作中通常也强调得不够,在这方面我们大家都有同样的过错。这就是说,我们大家首先是把重点放在从基本经济事实中引出政治的、法的和其他意识形态的观念以及以这些观念为中介的行动,而且必须这样做。但是我们这样做的时候为了内容方面而忽略了形式方面,即这些观念等等是由什么样的方式和方法产生的。这就给了敌人以称心的理由来进行曲解或歪曲,保尔·巴尔特就是个明显的例子。①

我们把经济条件看作归根到底制约着历史发展的东西。而种族本身就是一种经济因素。……政治、法、哲学、宗教、文学、艺术等等的发展是以经济发展为基础的。但是,它们又都互相作用并对经济基础发生作用。并非只有经济状况才是原因,才是积极的,其余一切都不过是消极的结果。这是在归根到底总是得到实现的经济必然性的基础上的互相作用。例如,国家就是通过保护关税、自由贸易、好的或者坏的财政制度发生作用的,甚至德国庸人的那种从 1648—1830 年德国经济的可怜状况中产生的致命的疲惫和软弱(最初表现于虔诚主义,尔后表现于多愁善感和对诸侯贵族的奴颜婢膝),也不是没有对经济起过作用。这曾是重新振兴的最大障碍之一,而这一障碍只是由于革命战争和拿破仑战争把慢性的穷困变成了急性的穷困才动摇了。所以,并不像人们有时不加思考地想象的那样是经济状况自动发生作用,而是人们自己创造自己的历史,但他们是在既定的、制约着他们的环境中,在现有的现实关系的基础上进行创造的,在这些现实关系中,经济关系不管受到其他关系——政治的和意识形态的——多大影响,归根到底还是具有决定意义的,它构成一条贯穿始终的、唯一有助于理解的红线。②

通过对比以后,人们还会说些什么?

再次,在对一些具体事象的分析上表现出高度的一致性。通过对比,我

---

① 《恩格斯致弗·梅林》,《马克思恩格斯选集》第 4 卷,人民出版社 1995 年版,第 726 页。

② 《恩格斯致瓦·博尔吉乌斯》,《马克思恩格斯选集》第 4 卷,人民出版社 1995 年版,第 732 页。

们还发现,在对许多细节的论述上,如对技术、对劳动的论述上,韦伯的观点并不与唯物史观冲突,只是与被曲解了的唯物史观有冲突而已,如:关于劳动发展阶段与家庭发展阶段的关系问题,韦伯强调:"不自由的劳动组织方式甚至也曾达到过相当程度的理智性,但只是在种植园内以及在非常有限的程度上存在于古代奴隶工场中。在封建贵族的采邑内,在采邑工场和使用农奴劳动的庄园家庭工业中,这种理智性差不多没怎么发展过。可以确证的是,使用自由劳动的真正家庭工业在西方以外的其他地方只是极为个别地存在过。只有在很少的情况下,一般是在国家垄断企业(但也完全不同于现代工业组织)中,频繁地使用日间劳动者才导致过生产组织的产生,但也从未产生过我们在中世纪就业已有过的那种理性的手工业学徒组织。""资本主义企业的现代理性组织在其发展过程中如若没有其他两个重要因素就是不可能的,这两个因素就是:把事务与家庭分离开来,以及与之密切相关的合乎理性的簿记方式;前一个因素绝对地支配着现代经济生活。"①这不正是说明恩格斯关于劳动发展阶段与家庭发展阶段关系的思想吗? 恩格斯在《家庭、私有制和国家的起源》1884 年第一版序言中说:

> 根据唯物主义观点,历史中的决定性因素,归根结蒂是直接生活的生产和再生产。但是,生产本身又有两种。一方面是生活资料即食物、衣服、住房以及为此所必需的工具的生产;另一方面是人自身的生产,即种的蕃衍。一定历史时代和一定地区内的人们生活于其下的社会制度,受着两种生产的制约:一方面受劳动的发展阶段的制约,另一方面受家庭的发展阶段的制约。劳动越不发展,劳动产品的数量、从而社会的财富越受限制,社会制度就越在较大程度上受血族关系的支配。然而,在以血族关系为基础的这种社会结构中,劳动生产率日益发展起来;与此同时,私有制和交换、财产差别、使用他人劳动力的可能性,从而阶级对立的基础等等新的社会成分,也日益发展起来;这些新的社会成分在几个世代中竭力使旧的社会制度适应新的条件,直到两者的不相容性最后导致一个彻底的变革为止。以血族团体为基础的旧社会,

---

①　[德]马克斯·韦伯著,于晓等译:《新教伦理与资本主义精神》,陕西师范大学出版社 2006 年版,第 7 页。

由于新形成的各社会阶级的冲突而被炸毁;代之而起的是组成为国家的新社会,而国家的基层单位已经不是血族团体,而是地区团体了。在这种社会中,家庭制度完全受所有制的支配,阶级对立和阶级斗争从此自由开展起来,这种阶级对立和阶级斗争构成了直到今日的全部成文史的内容。①

关于技术的决定作用问题,韦伯说:"资本主义的独特的近代西方形态一直受到各种技术可能性的发展的强烈影响。其理智性在今天从根本上依赖于最为重要的技术因素的可靠性。然而,这在根本上意味着它依赖于现代科学,特别是以数学和精确的理性实验为基础的自然科学的特点。另一方面,这些科学的和以这些科学为基础的技术的发展又在其实际经济应用中从资本主义利益那里获得重要的刺激。西方科学的起源确实不能归结于这些利益。"②这是否即是 1894 年 1 月 25 日恩格斯在《致瓦·博尔吉乌斯》的信中所深刻说明的思想呢? 恩格斯说:

我们视之为社会历史的决定性基础的经济关系,是指一定社会的人们生产生活资料和彼此交换产品(在有分工的条件下)的方式。因此,这里包括生产和运输的全部技术。这种技术,照我们的观点看来,也决定着产品的交换方式以及分配方式,从而在氏族社会解体后也决定着阶级的划分,决定着统治和被奴役的关系,决定着国家、政治、法等等。此外,包括在经济关系中的还有这些关系赖以发展的地理基础和事实上由过去沿袭下来的先前各经济发展阶段的残余(这些残余往往只是由于传统或惰性才继续保存着),当然还有围绕着这一社会形式的外部环境。

如果像您所说的,技术在很大程度上依赖于科学状况,那么科学却在更大得多的程度上依赖于技术的状况和需要。社会一旦有技术上的需要,这种需要就会比十所大学更能把科学推向前进。整个流体静力学(托里拆利等)是由于 16 世纪和 17 世纪意大利治理山区河流的需

---

① 恩格斯:《家庭、私有制和国家的起源》,《马克思恩格斯选集》第 4 卷,人民出版社 1995 年版,第 2 页。

② [德]马克斯·韦伯著,于晓等译:《新教伦理与资本主义精神》,陕西师范大学出版社 2006 年版,第 9 页。

要而产生的。关于电,只是在发现它在技术上的实用价值以后,我们才知道了一些理性的东西。在德国,可惜人们撰写科学史时习惯于把科学看作是从天上掉下来的。①

若不带偏见,有谁会怀疑这不是与恩格斯的思想一致呢?

我之所以作以上引述并证明,只是想说明唯物史观并没有过时,西方学者也并没有超越唯物史观。也正是在这个意义上说,我们研究土家族哲学应坚持唯物史观的指导地位。

以哲学史为中心的思想史研究方法,是从厘定哲学史研究的问题入手来凸显哲学观念与文化历史之间的联系,强调文化历史确定哲学观念的特殊性及其在哲学史上的重要性,抽象的哲学观念根源于文化历史之中,是经验世界的升华物。因此,应研究的思想除了严格系统的哲学思想外,也包括散播在各社会阶层之间的通俗思想及其隐含的哲学意义,应尽量把土家族思想传统和它渊源所自的价值系统与生活方式紧密地结合在一起。土家族的价值系统和生活方式是在长期的历史演变过程中逐渐形成的,思想传统也是同一历史过程的产品。思想史、文化史和社会史之间存在着交相辉映的关系,不应孤立地划分界限。土家族思想传统必须安置在它的文化脉络之中才能获得比较全面的理解。因此,应从不同时代、不同问题和不同问题层次来讨论土家族哲学思想,并以此为基础找到传统与现代的接榫点。②至于哲学观念,则有一般与特殊两种类型。哲学观念的一般类型是哲学自身的提问方式和自身的问题,是哲学与科学、宗教、政治相分离而形成的,它起着过滤器的作用,使经验世界的内容升华为哲学的内容,从而构成哲学发展的内在逻辑进程。哲学观念的特殊类型是不同时代、不同民族的提问方式和问题,这里不仅有基于时代和传统的不同对哲学自身的提问方式和问题的不同理解,而且还有直接来自具体时代、具体民族文化历史的特殊提问方式和特殊问题,它们使哲学发展呈现出不同的时代特征和各异的民族风格,若不关注后者,就会使哲学史研究缺乏由形上世界走向生活世界的兴

---

① 《恩格斯致瓦·博尔吉乌斯》,《马克思恩格斯选集》第 4 卷,人民出版社 1995 年版,第 731—732 页。

② 参见余英时:《〈余英时文集〉序》,见沈志佳编《余英时文集》第 2 卷,广西师范大学出版社 2004 年版,第 1—3 页。

趣,特别是根据文化历史进程所作的直接的哲学提问,就会为哲学史家所忽视而被摒弃于他们的视域之外。其实,这些哲学问题同样值得重视、值得研究,同样应成为哲学史研究的一个有机组成部分。并且可以说,正是由于这些问题进入到哲学史研究中,哲学史研究才能与人的文化历史、生活世界保持更为密切更为鲜活的联系,才能保持鲜明的时代气息和民族根性,也才能不断丰富自己的研究内容、拓展自己的思维空间。所以,为重视和加强这方面研究,李维武提出并强调了以哲学史为中心的思想史研究方法。[1]

历史主义方法是相对于逻辑主义方法而言的,是贯彻以哲学史为中心的思想史研究方法的必然要求。逻辑主义方法是以从文化历史中抽象出的概念范畴作为研究的中心,通过概念范畴的推演来揭示思想史的进程;历史主义的方法则是关注哲学发展中不同时代特征和各异的民族风格,通过哲学问题的变化来解释哲学思想的历史进程。所谓哲学史研究要有历史感,就是说哲学史研究要运用历史主义方法。所谓哲学史研究中的逻辑与历史的一致,从历史主义方法来看,就是强调哲学的逻辑演进应当以文化历史的展开为基础,而不是文化历史的展开以哲学的逻辑推演为基础。因此,衡论哲学史上各种思想体系的标准,也必须遵循历史主义的方法。特别是对于文化历史进程中直接提出的哲学问题,对于围绕这些问题所展开的思考与探讨当然更应如此。王夫之的"只在势之必然处见理"[2],即是说历史的合理性存在于现实的历史运动之中,不应当离开现实的历史运动来谈历史的合理性。土家族思想家彭秋潭则强调"盖有出乎自然与不得不然之故"[3]。所以,在哲学研究中,"以历史主义叙述人的创造性活动有内容和形式之分。历史主义叙述的内容是对叙述对象的选择;历史主义叙述的形式则是叙述人的创造性活动的原则。"[4]

对历史主义方法也会有不同的理解和表述,如在维科那里,历史主义叙述主要是以考察由宗教、婚姻和丧葬三种基本习俗决定的民族社会来发掘

---

① 参见李维武:《转型、问题、思潮:20 世纪中国哲学研究的方法论思考》,《学术月刊》2004 年第 9 期。
② 王夫之:《读四书大全说》卷九。
③ 杨发兴、陈金祥编注:《彭秋潭诗注》,中国三峡出版社 1997 年版,第 204 页。
④ 何萍:《马克思主义哲学与文化哲学》,武汉大学出版社 2002 年版,第 38 页。

"诗性的智慧";在李凯尔特那里则用于叙述文化价值,由这种历史主义叙述,人的创造性活动呈现为一个价值创造的过程;在马克思那里叙述的内容又被转换为对工业文明及与之相联系的资本主义生产方式的批判。① 笔者这里主要依据文德尔班的历史主义方法。在他那里,公认的历史方法并不存在。他的历史主义注意的是哲学种种观念的演变,即放在问题和概念的历史上。② 所以,他的《哲学史教程》有一个副题:《特别关于哲学问题和哲学概念的形成和发展》。③ 根据这种理念,他不仅厘清了哲学由追求智慧到获得科学的意义,直到后来获得"基于科学原则的生活艺术的实践意义"的过程。④ 他认为:无论哲学在外貌上怎样变化,哲学的职责仍然是古代规定的,即从科学的洞见中提供宇宙观和人生观的理论基础。正是从这个意义上,他强调,从历史的比较中要想获得哲学的普遍概念似乎是不现实的。因为哲学对一般文化的关系不但是"受"的关系,而且还是"给"的关系。⑤ 换言之,哲学会因文化的形态变化而有不同的形态。他强调哲学的外部形式会因社会关系的变化而有区别,如"在近代时期开始取得独立的'世俗哲学',其特点是,创立和拥护它的完全不是学派中的人物,而是世俗生活中的人物"。"他们作品的外部形式不是采取教科书的形式或学术辩论的形式,而是采取自由的文学创作——小品文的形式。"⑥他还分析说:"因为有了近现代哲学,各特殊民族的特性才开始表现出决定性的影响。"⑦只有从这种历史意义上,他才确定"哲学史是一个发展过程"⑧。据此,笔者理解的历史主义就从以下四方面展开:一是以哲学问题为中心;二是结合文化形态进行哲学问题研究;三是用世界历史眼光看土家族思想家 20 世纪新哲学的"民族性";四是把文学作品一类也纳入考察哲学内在形态的依据。

---

① 参见何萍:《马克思主义哲学与文化哲学》,武汉大学出版社 2002 年版,第 34 页。
② 参见[德]文德尔班著,罗达仁译:《哲学史教程》上册,商务印书馆 1997 年版,第 3—4 页。
③ 参见同上书,扉页。
④ 参见同上书,第 9 页。
⑤ 参见同上书,第 14 页。
⑥ 同上书,第 15 页。
⑦ 同上书,第 16 页。
⑧ 同上书,第 18 页。

历史与逻辑相一致的方法在不同的研究者那里也有不同的认识。根据本书的运用,笔者认为这一方法可分为三个不同的层面。第一个层面即是社会史与思想史的一致,也就是马克思主义经典作家笔下的"历史从哪里开始,思想进程也应当从哪里开始,而思想进程的进一步发展不过是历史过程在抽象的、理论上前后一贯的形式上的反映;这种反映是经过修正,然而是按照现实的历史过程本身的规律修正的,这时,每一个要素可以在它完全成熟而具有典型性的发展点上加以考察"①。有学者强调这一方法是根据存在的历史决定思想的历史这一规律而得出的科学方法论原则,是马克思主义经典作家改造黑格尔哲学史观的重要成果。这一规律揭示了逻辑认识的过程同整个社会历史过程的一致性,它要求对于哲学思想的研究,必须从它产生、发展和消亡的历史条件,即从它的历史发展中去研究,去陈述历史,再现历史。只有这样才能得到正确的逻辑认识。② 第二个层面是思想的历史与人们所描述的思想的历史一致,按照冯友兰的理解,历史与逻辑的统一实质是本来的历史与写的历史的统一。③ 在这里,写的历史剔除本来历史中的偶然性,揭示其必然性,关键是如何通过偶然性来揭示必然性。第三个层面应是从写的思想史的更进一步理解而言的,即列宁所说:"是否一定要以人物的年代先后为顺序呢? 不!"④在这一层面处理思想史材料就可能打破时间界限。按韦伯的话说,即因为"科学的研究领域不以'事物'的'实际'联系为依据,而是以'问题'的'思想'联系为依据"⑤。根据历史与逻辑相统一的方法,我们特别注意到在土家族哲学发展史上的一个特殊思维现象,这就是人们特别善于从对历史事件的反思中阐发自己的哲学思考,也就是把历史事件上升为思想文化事件,并进一步上升为哲学文化事件,笔者将

---

① 恩格斯:《卡尔·马克思〈政治经济学批判·第一分册〉》,《马克思恩格斯选集》第2卷,人民出版社1995年版,第43页。

② 参见萧汉明:《谈谈〈论一元论历史观之发展〉一书中历史方法与逻辑方法的统一问题》,陈修斋、萧萐父主编:《哲学史方法论研究》,武汉大学出版社1984年版,第407—424页。

③ 参见冯友兰:《中国哲学史新编》第1册,全书绪论第1节,人民出版社1982年版。

④ 列宁:《列宁全集》第55卷,人民出版社1990年版,第308页。

⑤ 〔德〕马克斯·韦伯著,韩水法等译:《社会科学认识和社会政策认识中的"客观性"》,韩水法编:《韦伯文集》,中国广播电视出版社2000年版,第23页。

其称为"事件隐喻",并从中提取其哲学内蕴。

此外,对近现代哲学的历史研究,目前有"革命史观"与"现代化史观"两种主要视野,本书在清理土家族近现代哲学的历史进程时,力求把这二者结合起来进行研究;过去在对土家族哲学进行的研究中,主要以"教科书体系"的马克思主义哲学原理为研究范式,并且不具有"史"的意义(没有从历史发展的角度),本书在综合运用上述方法的基础上,还运用了"以土家族文化为中心的地域文化研究,以土家族思想为中心的区域思想研究"的方法;根据土家族近现代哲学发展的实际,本书以全球性现代化运动为社会背景,以西方哲学中国化与中国哲学现代化两种哲学运动为哲学背景,以土家族的传统哲学与文化性格为历史文化的背景,以土家族地区的区域文化为地域文化背景等四大背景相结合为本书研究的基本视阈。据此,本书在对改土归流后土家族文化发展的水平、土家族传统哲学的特征、土家族的文化性格、土家族近现代哲学的问题与思潮的分梳等方面,都作出了不少新的探索。

### 三、土家族哲学研究的时代特征

哲学具有时代性,是时代精神的体现,是在"思想中所把握到的时代"。所以,美国出版的《导师哲学家丛书》将中世纪以来的各个时代的哲学界定为:"信仰的时代"(中世纪哲学);"冒险的时代"(文艺复兴时期的哲学);"理性的时代"(17世纪哲学);"启蒙的时代"(18世纪哲学);"思想体系的时代"(19世纪哲学);"分析的时代"(20世纪哲学)。从哲学观的层面来分析问题,哲学的时代性问题就是哲学与时代精神的关系问题。在这里,吸取黑格尔及马克思对时代精神的论述对我们进行土家族哲学研究是有帮助的。

在《哲学史讲演录》中,黑格尔曾指出:"哲学作为一个时代的精神的思维和认识,无论是怎样先验的东西,本质上却也是一种产物;思想是一种结果,是被产生出来的,思想同时是生命力、自身产生其自身的活动力。"①"因此,每一哲学属于它的时代,受它的时代的局限性的限制,即因为它是某一

---

① [德]黑格尔著,贺麟等译:《哲学史讲演录》第1卷,三联书店1956年版,第53—54页。

特殊的发展阶段的表现。个人是他的民族、他的世界的产儿。[它的民族和世界的结构和性格都表现在他的形体里]。个人无论怎样为所欲为地飞扬伸张,——他也不能超越他的时代、世界。"①"每一种哲学都代表一特定的发展阶段,在它里面只有在它那一阶段范围内的精神的形式和需要才被揭示出来。"②这里,黑格尔事实上给我们提出了一个研究哲学的方法问题。我们研究土家族哲学,实质上也是一种历史科学,同样要有这种认识和评价,即从哲学与时代精神的关系的角度来加以研究。

按照黑格尔的理解,所谓"时代精神,是一个贯穿着所有各个文化部门的特定的本质和性格,它表现它自身在政治里面以及别的活动里面,把这一方面作为它的不同的部分"。在所有这些方面中,哲学,"它是最盛开的花朵。它是精神的整个形态的概念,它是整个客观环境的自觉和精神本质,它是时代的精神、作为自己正在思维的精神。"因此,"可以推知哲学与它的时代是不可分的。所以,哲学并不站在它的时代以外,它就是对它的时代的实质的知识。同样,个人作为时代的产儿,更不是站在他的时代以外,他只在他自己的特殊形式下表现时代的实质——这也就是他自己的本质。没有人能够真正地超出他的时代,正如没有人能够超出他的皮肤。"③

在马克思那里,哲学的真正使命在于捕捉自己时代的迫切问题并以之作为哲学思考的聚焦点:"问题是时代的格言,是表现时代自己内心状态的最实际的呼声。"④哲学只有准确地捕捉和深刻地回答自己时代的迫切问题才能够成为"自己时代的精神上的精华"⑤。在马克思看来,以人类自身的存在为尺度的话,人类历史表现为三大历史形态,即"人的依赖关系"、"以物的依赖性为基础的人的独立性"和"建立在个人全面发展和他们共同的、社会生产能力成为从属于他们的社会财富这一基础上的自由个性"⑥。与

---

① [德]黑格尔著,贺麟等译:《哲学史讲演录》第1卷,三联书店1956年版,第48页。
② 同上书,第51页。
③ 同上书,第56—57页。
④ 马克思:《集权问题》,《马克思恩格斯全集》第1卷,人民出版社1995年版,第203页。
⑤ 马克思:《〈科隆日报〉第179号社论》,《马克思恩格斯全集》第1卷,人民出版社1995年版,第220页。
⑥ 马克思:《经济学手稿(1857—1858年)》,《马克思恩格斯全集》第30卷,人民出版社1995年版,第107—108页。

此相应,哲学也就可以划分为相应的三种历史形态。不过,人类目前还处在第二种形态并走向第三种形态的途中,相应的哲学表现也还处在第二种形态向第三种形态的转换过程中。这也就是本书将土家族哲学划分为传统哲学与近现代哲学的原因。

正是由于时代、哲学、时代精神的这种关系,我们研究土家族哲学时要正确认识和评价这种关系,正确把握土家族哲学的历史联系。从历史的自然发展来讲,皮亚杰发生认识论认为:人类的认识不管其内容多么复杂高深,形式如何多种多样,都可以追溯到胚胎时期,追溯到人类的童年时期。对此,列宁也曾有过明确的论述:要了解人类认识的发生、发展的过程和规律,就需要研究儿童智力发展的规律。① 不难看出,历史的连续性发展要求找出土家族哲学的历史联系。

从哲学本身的发展来讲,虽然哲学作为时代精神的精华,在不同时代有不同的内容,因而要研究哲学的不同的时代特征。但是我们也应看到,哲学发展中的历史联系,诸如在古希腊哲学中,虽然"他们还没有进步到对自然界进行肢解、分析——自然界还被当着整体、从总体上来进行观察。自然现象的总联系还没有从细节上加以证明"②。但是,一方面应看到古希腊哲学的精神是"朴素、深刻、过渡—转化";"因其孩童般的稚气,简直妙不可言"。③ 另一方面应看到"在希腊哲学的多种多样的形式中,几乎可以发现以后的所有观点的胚胎、萌芽"。因此,为研究哲学,"不得不回到希腊人那里去"④。同理,哲学发展的这种时代性、连续性要求我们研究土家族哲学时,既要看到不同的时代特征,又要看到历史联系。因为"最重要的,那就是不要忘记基本的历史联系,考察每个问题都要看某种现象在历史上怎样产生、在发展中经过了哪些主要阶段,并根据它的这种发展去考察这一事物

---

① 参见列宁:《列宁全集》第 55 卷,人民出版社 1990 年版,第 302 页。

② 恩格斯:《自然辩证法》,《马克思恩格斯选集》第 4 卷,人民出版社 1995 年版,第 287 页。

③ 列宁:《列宁全集》第 55 卷,人民出版社 1990 年版,第 295、293—294、293 页。

④ 恩格斯:《自然辩证法》,《马克思恩格斯选集》第 4 卷,人民出版社 1995 年版,第 287 页。

现在是怎样的"①。正是基于列宁所揭示的这一要求,我们把土家族哲学发展分为土家族传统哲学与土家族近现代哲学两个阶段,其中还可将土家族哲学具体划分为以下几个历史时期:

第一,人神共营:传说时代或史前时代。土家族的传说时代,上限是远古,下限应是廪君称君夷城的完成。主要思想史料是长期流传于土家族民间的神话、长篇叙事古诗,诸如《余氏婆婆》、《洪水滔天歌》、《梯玛歌·开天辟地》及在中域历史文献所记的有关土家族的神话传说等,其叙述天地起源、人类创生、万物生成等,这是萌芽时代的土家族哲学思维。为了更深刻地理解土家族哲学的萌芽形态,本书在中篇清理了土家族地区的远古先民思维的发展进程并从新旧石器时代的思维发展、神话思维的哲学意蕴、传说时代土家族哲学思维的总体内涵与思维水平方面进行了阐明。

第二,遵命尚力:先秦至14世纪的土家族哲学。从中域历史进程划定的从先秦到14世纪,应是从先秦到朱明王朝建立的漫长历史时期。从理论上说,这一时期应以土家族脱离原始社会进入阶级社会为初始,即约五六千年前,土家族进入了奴隶社会。奴隶制度的彻底炸毁应以土司制度的确立与完善为标志。这一时期的哲学已形成了双轨互动趋向,形成了两条哲学发展线索,一条是受中域文化影响的土家族先民,他们的哲学思想事实了已成为中域文化的一部分,如本书所讨论的鹖冠子、范长生、谯定等。另一条线索则是一般民众的哲学思想发展,其中心史料可通过中域文献、土家族民间口承文化、仪典文化、物态文化等来再现,因为"人民不仅是创造一切物质价值的力量,人民也是精神价值的唯一的永不枯竭的源泉。无论就时间、就美和就创造天才来说,他们总是第一个哲学家和诗人"②。他们的创造,我们可称之为民间文化哲学。③ 笔者已对这后一方面进行了专文论述,并出版了专著。④从总的哲学内涵与思维特征来说,民间文化哲学以"尊命尚力"为基本特征。

---

① 列宁:《论国家》,《列宁选集》第4卷,人民出版社1995年版,第26页。
② [俄]高尔基:《论文学续集》,人民文学出版社1979年版,第54页。
③ 参见[俄]高尔基:《论文学续集》,人民文学出版社1979年版,第55页。
④ 参见萧洪恩:《先秦至汉晋时期土家族哲学的核心价值观研究》,《湖北民族学院学报》2007年第6期;萧洪恩:《土家族口承文化哲学研究》,中央民族大学出版社1999年版;萧洪恩:《土家族仪典文化哲学研究》,中央民族大学出版社2002年版。

第三,儒道共融:15—17 世纪的土家族哲学转型。从 15 世纪开始,在土家族的不同地域都先后共同将文化选择的方向指向中域文化,其中特别是儒家文化和道家文化。这一时期,土家族在接受中域文化的过程中,有一个逐渐从上层走向大众的过程。因此,在一般民众的哲学还没有更多变化的情况下,却在同期产生了一批卓然成家的文人学者,产生了所谓的文人文化哲学。而且,在土司制度下,特别是明朝至清朝初年,在土家族地区都先后产生了文人世家,从而形成了具有较高哲学素养的土家族文人哲学。从哲学内涵来看,这一时期的哲学具有入世与超越、儒与道共融的哲学性格,具体表现在土家族学者同时既是儒士又属道流,反映出对中域文化的超然态度。我们所分析的土家族传统哲学的主要学者,大都属这一时期的学者。

第四,末世反思:18—19 世纪的土家族哲学。18—19 世纪,主要是从改土归流后至 19 世纪末。在这一时期,全球性现代化运动已影响了土家族地区,土家族民众与精英思想家的哲学社会思考已有了空前的互动。这一时期的哲学内涵是把土家族文化与中域文化,甚至与西方文化对举,从而形成了强烈的民族自性与社会批判思潮。同时,这一时期的哲学还具有功利主义、民族国家意识等现代性因素,土家族哲学的主题在深度、广度上都有空前扩展。

第五,现代转型:20 世纪的土家族现代哲学。这一时期的哲学在前期具有鲜明的革命内容,在后期则具有明显的土家族哲学自我建构的意义。从辛亥革命到 1949 年中华人民共和国的成立是近现代哲学发展的初始阶段,主题是反帝反封建反官僚资本主义,最后是土家族人民在古今中外的思潮激荡中接受了马克思主义哲学及其他西方近现代哲学。1949 年以后属现代哲学的发展阶段,是土家族人民在马列主义毛泽东思想指引下从胜利走向胜利的新阶段。由于土家族现代哲学还在建构过程中,因而我们研究土家族哲学发展时,暂不讨论这一阶段的哲学发展。

从土家族民族发展的角度说,研究土家族哲学,总结并吸取哲学认识发展中的经验教训,可以锻炼和提高整个民族的理论思维能力。这正如恩格斯所指出:"一个民族要想登上科学的高峰,究竟是不能离开理论思维的。"[1]但

---

[1]　恩格斯:《自然辩证法》,《马克思恩格斯选集》第 4 卷,人民出版社 1995 年版,第285 页。

理论思维的锻炼与提高,除了学习以往的哲学,直到现在还没有别的手段。列宁在谈到哲学辩证法发展时也强调:"辩证法是思想史的概括。从各门科学的历史来更具体地更详尽地研究这点,会是一个极有裨益的任务。总的说来,在逻辑中思想史应当与思维规律相吻合。"①这样,哲学就"不仅是对思维形式的描述,不仅是对思维现象的自然历史的描述(这跟对形式的描述有什么区别呢??),而且是和真理的符合,也就是(??)思想史的精华,或者说得简单些,思想史的结果和总结??"②由此不难看出,研究土家族哲学,揭示其历史进程有多么的重要。

### 四、土家族哲学研究的求实态度

研究土家族哲学还要求我们要有正确的、求实的态度。

第一,应肯定土家族在其历史发展中的哲学创造。黑格尔在《哲学史讲演录》中讲:"既然文化上的区别一般地基于思想范畴的区别,则哲学上的区别更是基于思想范畴的区别。"③这样,我们根据不同的时代,将不同的文化区别开来,并将哲学区别开来。这显然是必须做的工作。但是,我们在做这些工作的时候,切忌把全部哲学的发展史看成是一个古今往而不返的、堆满着死人骨骼的可悲战场。在这里,纯粹是一个死人的王国,这王国不过是充满着肉体死亡的个人,而且充满着已经推翻了的和精神上的死亡的系统。④ 也就是说,不要割断基本的历史联系,要看到"在哲学里,我们必须感谢过去的传统,这传统有如赫尔德所说:通过一切变化的因而过去了的东西,结成一条神圣的链子,把前代的创获给我们保存下来,并传给我们"。"这种传统并不是一尊不动的石像,而是生命洋溢的,有如一道洪流,离开它的源头愈远,它就膨胀得愈大。"⑤

第二,应客观分析土家族在其历史发展中的哲学创造。我们现在感到

---

① 列宁:《列宁全集》第 55 卷,人民出版社 1990 年版,第 289 页。

② 同上书,第 146 页。

③ 〔德〕黑格尔著,贺麟等译:《哲学史讲演录》第 1 卷,三联书店 1956 年版,第 47 页。

④ 参见同上书,第 21—22 页。

⑤ 同上书,第 8 页。

的是,在分析评价土家族哲学时,往往欠缺某种客观性,把它本来还没有的东西强加给了它。在这个问题上,黑格尔的态度是应该借鉴的。一方面是,"我们不要动辄去责备过去的一些哲学家,假如我们在他们的哲学里面找不着他们的文化水平里尚没有出现的思想"。即对过去的哲学家提出过高的要求;另一方面是,"我们不致妄加一些结论和论断给过去的哲学家,这些结论和论断他们从没有做过,也从没有想到过,虽然我们可以很正确地从他们的哲学思想里面推演出来"。也就是说,我们不应按我们现在的思考去推导古代哲学,比如提出一些古人根本没有想到过的范畴。"我们只需忠于历史去进行工作,对于过去的哲学我们只应归给他那些直接给予我们的材料。"①

第三,应对土家族的哲学创造给以正确的科学的评价。因为作为一项拓荒开路、引发人们更深入地研究土家族哲学的起步工作,严肃、谨慎、准确地评价土家族哲学的发展水平,应是一项十分艰巨而有意义的工作。基于此,笔者认为,辛亥革命前的土家族哲学尚处于古代朴素哲学的发展阶段。

首先,按照马克思主义经典作家对哲学发展阶段的评判,直到文艺复兴以后的哲学发展方始步入近代。奴隶制、封建制以前的哲学均可看做是古代朴素哲学发展阶段。这一阶段的哲学以想象、直观为特征,带有明显的自发性,朴素性,尤其对社会以外的事物的认识更是这样。近代哲学是伴随资产阶级的兴起而兴起的,现代哲学则是以包括马克思主义哲学在内的新哲学的产生发展为标尺。综观土家族近现代以前的哲学创造,由于没有成型的资产阶级时代,因而没有相应的精神分泌物,没有以机械性、形而上学性、不彻底性为特征的近代哲学创造;至于现代哲学,只是在吸收、消化、运用包括马克思主义哲学在内的中西方近现代哲学成果的基础上进行转型式探索,其发展工作至今尚在进行中。

其次,就中国自身的历史发展而论,如果基于列宁肯定的"哲学史……简略地说,就是整个认识的历史",并以为"全部认识的领域",包括"各门科学的历史,儿童智力发展的历史,动物智力发展的历史,语言的历史",再加

---

① ［德］黑格尔著,贺麟等译:《哲学史讲演录》第 1 卷,三联书店 1956 年版,第 45—46 页。

上"心理学"、"感觉器官的生理学"等,"这就是认识论和辩证法应当从中形成的知识领域"①。那么,就以上这些知识领域而论,都还不足以构成产生中国近代成型资产阶级哲学的土壤,当然更不要说在边远的土家族地区具备这种土壤了。同时,由于早熟的中国奴隶制,导致封建中世纪在中国的漫长历史发展,并最终导致中国近代的长期难产。在中国近代的难产过程中,资产阶级晚生早熟,无法深入地进行自己的哲学思维锻造,造成理论畸形,结果是在借鉴西方学术理论过程中鱼龙混杂,泥沙俱下。最后是在"五四"以后的中西文化思潮的汇合激荡中发展起来的现代哲学运动,其中包括马克思主义初步中国化在内的世界哲学的中国化与中国哲学的现代化所引起的中国哲学革命的新纪元。土家族哲学发展作为整个中国哲学发展的有机组成部分,走过的也有与之相近似的历史进程,有一个由古代朴素哲学直接进入现代哲学的历史跨越,并需要方家、学者、同仁的更进一步探索与创获。

再次,就土家族哲学发展的历史实际而论,无论是传说时代的起源论、人生观、认识论,还是文明时代的社会认识论,中世纪的功利主义哲学倾向;无论是作为个体出现的哲学学说,还是以群体出现的哲学学说,都始终未脱离古代朴素哲学的巢穴。这种哲学都是天生的自发的辩证论者,它们也都是以各种形式的直观描述来展示社会、自然及人生图景。

总之,历史从哪里开始,思想进程也就从哪里开始。伴随着一个民族走过的历史进程,也必然有这个民族的相应的思想探索。从传说时代、传统社会到近现代社会的历史流变中,土家族哲学虽然经历了各个不同的发展阶段,但无论是就其内容还是就其形式说,都处在不断发展的过程之中。

千里之行,始于足下;不畏崎岖,始能攀登;晴空鹤唳,企望未来。我们正是本着这种谈古论今,言天征人的精神来研究、探索土家族哲学通史的。

---

① 列宁:《列宁全集》第 55 卷,人民出版社 1990 年版,第 302 页。

# 上篇　土家族哲学总论

# 第　一　章

# 土家族及其哲学传统

　　土家族是中华民族大家庭中的重要一员,是一个古老而又年轻的民族。土家族具有土家语"毕兹卡"和汉语"土家"两种族称,有本民族的语言且兼通汉文。在长期的历史发展中,土家族形成了自己独特的哲学传统。然而,凡是研究一个问题,都需要与研究对象相应的概念与话语系统。在生活中,话语系统是塑造并反映社会习俗、观念、规范的指标;在研究中,塑造社会的话语系统转而为研究的对象、规范。而且,在一种研究中,"越重要的术语越可能被滥用"①。因此,有必要先对作为本书研究对象的"土家族"等进行必要的界定,并据此对土家族文化性格及土家族传统哲学思想做一总体把握。

## 第一节　作为文化范畴的"土家族"

　　土家族是中国目前已确认的 55 个少数民族之一,主要聚居于湖南、湖北、重庆、贵州四省(市)毗连地区,据 2000 年第五次全国人口普查统计,土家族共有 802 万余人,人口总数在全国少数民族中居第六位。在古代,无论是中域文明还是土家族自身,都有对土家族自身存在性的共识,并获得了"土家"的指谓;在中华民国时期,土家族曾不被当局承认,甚至把说土家语的土家人诬称为说黑话的"匪",从而造成了严重的民族伤害;在中华人民共和国成立后不久,即有不少土家族同胞多次向中共中央及各级地方党政

---

　　① 〔英〕彼德·卡尔佛特著,张长东译:《革命与反革命》,吉林人民出版社 2005 年版,第 1 页。

组织反映,要求承认土家族是一个单一民族。中央及各级调查组的研究人员经过多次调查研究,先后写出了《湘西北的"土家"与古代的巴人》(潘光旦)①、《关于湘西土家语言的初步意见》(王静如)及《湘西土家概况》(汪明瑀)②等论著,从各方面证明土家族是一个单一民族。据此,1956年10月,中共中央确认土家族是一个单一民族。中共中央统战部于1957年1月电告湖南、湖北、四川、贵州,确定土家族为单一民族。1957年3月15日,土家族作为一个单一民族在《光明日报》上公布并配发了简介。从此,土家族获得了新中国的政治与法律承认,并且在1957年成立了"湘西土家族苗族自治州",1983年又成立了"鄂西(现改名"恩施")土家族苗族自治州",其间还成立了一批自治县与民族乡。

## 一、土家族与中域文化的关系

从历史文化序列看,土家族地区自古就是一个古人类活动活跃的地区,"南方古猿"、"巫山人"、"长阳人"及"资阳人"、"桐梓人"等的发现,向人们展现了远古时代整个土家族地区的历史文化面貌,其文化内涵与后来的土家族文化有相因关系。③ 进入文明时代以后,无论是"巴人"时期,还是以后的历史时代,中域王朝一直在土家族地区实行有别于中域统治方式的"分封"制度、"羁縻州郡"制度、土司制度等,体现了"因俗而治"的治理原则。据容美土司《田氏族谱·田武靖公父子合传》所称,维系土家族地区与中域王朝关系的主要是两条,即"忠"与"文":"疑乎不得而臣也,则贵其忠,忠则旌焉";"臣焉而后待以不臣也,又疑乎三代之学弗共也,则贵其文,文则著焉。""忠"与"文"的内涵是:"惟忠也,故安上而厚下。""惟文也,故周礼六德、六行、六艺咸备,而风以移。"只要具备这两条就能达到与中域中央王朝的和平共处:"惟忠且文也,故保世亢宗而赏以延,爰是考绩录异,加恤加衔

---

① 潘光旦:《湘西北的"土家"与古代的巴人》,潘乃谷等编:《潘光旦选集》Ⅱ,光明日报出版社1999年版。

② 二文并见彭继宽选编:《湖南土家族社会历史调查资料精选》,岳麓书社2002年版。

③ 参见邓辉:《土家族区域的考古文化》,中央民族大学出版社1999年版,第10—32页。

一与郡县不殊。"①自清雍正十三年（1735 年）完成改土归流，使土家族逐渐由"边夷"化外之民进而为以儒家文化为核心价值观念的中域文明主流社会，实现了华夏文化认同。1840 年后，土家族又同整个中华民族一道被卷入了全球性现代化运动的洪流。在历史发展中，土家族的族称经历了一个由"巴"而"蛮"、由"蛮"而"土"、由"土"而"土家"的历史转变过程，土家族的文化也经历了一个由"蛮"而"熟夷"、由"熟夷"而"儒"、由"儒"而"现代"的过程，土家族与中域文明、与全球性现代化运动的关系则经历一个由"边缘"到"中心"的不断努力过程。在这个过程中，除短期外，无论是土家族自身的民族认同，还是中央政权的治理原则，认同土家族的历史线条都清晰可寻。

从中域文化主流价值观的角度看，"汉民族自古以来，只以文化之异同辨夷夏，不以血统之差别歧视他族。凡他族之与华夏杂居者，但须习我衣冠，沐我文教，即不复以异族视之，久而其人遂亦不自知其为异族矣。"②因此，土家族在民国时期即因其已认同中域主流文化而不为统治当局承认。但严格来说，不管是否承认，"土家族"事实上的存在是一个不容否认的现实。中华人民共和国成立后对土家族作为一个少数民族的承认，正是承认了各级调查组分梳的这样一个事实。

从居住地域看，土家族生活的居住区是一个让人失去"戒心"的地方，那里以土家族为主体的人民，实让人感受到的是慈母般的人民，这里即是《桃花源记》中的"桃花源"。现今土家族的主要分布区域，总面积约十万平方公里，相当于一个浙江省，其中湖南、湖北、重庆、贵州的毗邻地区是土家族的主要分布区。从居住区域的特点看：首先是相对地聚居于祖国内陆腹地，是真正的"中国之中"；其他一些人口较多的民族居住一般较为分散，而土家族则不然，虽然人口较多，但居住基本集中。其次是与苗、汉等族的大杂居，在土家族地区内形成了由这三个民族的大杂居小聚居状况，彼此密切交往，水乳相融，谁也离不开谁。再次是受中域文化影响较深，尤其是改土

---

① 鹤峰县委统战部等编：《容美土司史料汇编》，内部资料 1983 年版，第 97 页。

② 谭其骧：《近代湖南人中之蛮族血统》，《长水粹编》，河北教育出版社 2000 年版，第 234 页。

归流后受儒家文化的影响更大,从而使土家族的文化观具有较多的开放性和包容性,较少固执的排他性。① 此外,土家族居住区从气候评价的尺度说,还被称为"南中国之瑞士";由于洞穴密布,土家族自汉、晋以来即有诸"峒"民之称;还由于有"长江之沱"的清江溪河等遍布境内,因而又有以水为称的诸多称谓……所有这些,都反映土家族的"共同地域"特征。

从族称的角度说,土家族可以被称为"历史隐没"的民族,连自称的"毕兹卡"都是在中华人民共和国成立以后,经过多方爬梳才得以厘清。现已明确,土家族有两种族称,一种是原有土家语的自称"毕兹卡",一种是后来的汉语称谓"土家"(最初为他称)。"毕兹卡"因汉字记音的不同,有"比基卡"、"密兹卡"、"毕机卡"、"贝其卡"、"贝锦卡"等。对于"土家族"族称的来源与意义,通行的观点是:"毕兹卡"就是"土家",二者为一。其原因在于土家族呼汉族为"白卡"或"巴卡",意为"客人";呼苗族为"帕卡"或"辟卡",意为"邻近的人",故而"毕兹卡"即本地人。当然,从学术探讨的角度看,对于"毕兹卡"和"土家"的意义,目前还有不同的看法。②

从土家族族源的角度说,时至今日都还没有完全厘清,研究者提出了众多的看法,以起源的地域而论,有江西迁入说、西北说、湘西说、鄂西说、西南说、边区说等;以起源的种族而论,有伏羲说、巫载说、庸国说、巴人后裔说、土著先民说、乌蛮说、氐羌说、濮人说、东夷说、板楯蛮说、综合说及其他并不具有代表性的种种说法,笔者认同多源一体、巴賨为主的土家族族源说。③

## 二、土家族的文化特点

土家族具有自己独特的民族文化特点,这些特点可以从文化传统、民族关系、发展程度等方面考察。从土家族的语言、风俗习惯、民族意识等的保

---

① 李绍明语,参见陈国安:《土家族近百年史·序》,贵州人民出版社 1999 年版,第1—2 页。

② 据笔者归纳,对于"毕兹卡"意义的主要看法有:不定说、乌蛮"比跻"说、土家人说、"毕兹卡"是土家族自称的标准汉字记音说、狩猎说、伏羲说、濮人说、毕方与兹方综合说等。对于"土家"意义的主要观点有"于菟说"、"土龙地主说"和"多因说"等。

③ 参见萧洪恩:《土家族口承文化哲学研究》第三章,中央民族大学出版社 1999 年版。

承情况看,有些地方保持完整、民族意识很强;有些地方基本消失,只保留了部分词汇,还有一些风俗习惯,民族意识还较强;有些地方只保留了某些风俗习惯和一定的民族意识。不管情形如何,他们都明确地认定自己是土家族。

首先是有自己的民族语言。土家族有自己的民族语言,用自己的语言自称为"毕兹卡",称自己的语言为"毕兹煞",具有"主—宾—谓"的语法结构和四个声调等特点,属汉藏语系藏缅语族,是接近于彝语支的一种独立语言。① 现在还有30多万土家人操此语言作为本民族内部的交际工具,且集中在湘西地区。

其次是有自己的民族节日。土家族的独特节日主要是提前一天过年,有些地方叫做过赶年,传说为纪念明代土兵奉调到东南沿海抗倭,军令紧急,故提前过年,后立下东南第一战功的军事行动。② 六月六,即农历六月初六,相传茅岗土司覃垕为反抗专制统治举行武装斗争而在这一天蒙难,土家族人民曾把其血染的战袍洗晒干净,所以又把这一天叫做晒龙袍日,以表示对民族英雄覃垕的怀念。社巴节,即摆手节或称调年节,在农历正月初三至十五日之间举行。其他如清明、四月八、端午、七月半、中秋、重阳等节日则与其他民族相同。当然,其中也渗透了土家族文化的内容,如"四月八"即有了"牛王节"等多重内涵。

再次是有自己的民族饮食。土家族的独特食品和饮料主要有过年糍

---

① 关于土家族语言的支属问题,目前仍然存在争论:早在20世纪50年代,著名的语言学家罗常培、王静如等人认为,土家语属汉藏语系藏缅语族彝语支,或接近彝语支。近年来,中南民族大学何天贞教授通过考察土家语和藏缅语族的亲缘关系,就语法范畴问题同羌语支语言做了异同比较,提出了土家语属于羌语支的结论。也有学者认为土家语属未定语系,甚至有的学者还认为土家语就是土家语系。参见周兴茂:《土家学概论》,贵州民族出版社2004年版,第133页。

② 关于这一问题也有争论,萧洪恩在《土家族仪典文化哲学研究》第三章中有专门考证,中央民族大学出版社2002年版。另,笔者曾于1983年作有《竹枝词·赶年》,对此问题有所阐明,今录于下:"世传倭奴犯东南,征战情急过赶年。儿童不解先人事,还道大人望过年。""团年时节夜深深,悬门击柝屋外巡。凭说路人露军机,拽入席间酒满斟。""明灯晕悬只为战,桂火长夜伴无眠。柏酒辛盘还如旧,换了慷慨若等闲。""灯光不媚隐战情,频敲杯盘似鼓声。鸿钧玉历还未改,椒柏自把节序新。""鸡声喔喔破晓啼,双柑斗酒举激激。岁运趋新人来定,隔宿新旧亦择时。"

粑、油炸团馓、火炕腊肉和甜酒、油茶汤、咂酒等。明、清以来的土家族文人如彭秋潭、田泰斗等为彰显自己的民族认同即对诸多土家族饮食现象有所描述。

第四是有自己的民族居住方式。土家族人喜在背山面水的地方聚族而居,皆为木屋瓦房,一般为四排三间吊脚木楼,即造型别致、飞檐翘角的"转角楼",又称"吊脚楼",被认为是中华建筑文化的重要源头。考古学已证明,这种建筑样式在土家族地区的大溪文化(距今5505±105年)中已有发现,在屈家岭文化(距今5020±235—4600年)期已十分普遍。①

第五是有自己的民族服饰。土家族的服饰,古代男女同为一个式样,清代改土归流后,始男女有别,至今只保留有部分老人和妇女仍习惯穿着的满襟衣。一般穿着打扮,如男人头包青丝帕、身穿短满襟衣;妇女头绾粑粑髻、身穿花边长满襟衣;闺女长发独辫扎红头绳、耳穿银环、手戴银圈和戒指。

第六是有自己的民族文化艺术。土家族喜好歌舞,其歌有称为长篇史诗的《摆手歌》、祭祀还愿的《梯玛歌》和情趣浓郁的《哭嫁歌》、《丧鼓歌》等;其舞,有规模宏大、场面热烈的《摆手舞》,还有古老原始的《毛古斯舞》、《八宝铜铃舞》等。土家族的独特器乐有打击乐"土家镏子"和吹奏乐"咚咚喹"。土家族的独特工艺品,驰名的有"西兰卡普"(即土家织锦)、木雕、石刻及竹制花背篓等。此外,还有丰富多彩的民间传说和神话。风行世界的《龙船调》即是土家族民歌之一。

第七是有自己的民族农事。土家族有独特的农猎形式,最具有情趣的是"挖土锣鼓"(或"薅草锣鼓")和聚众"赶仗"(即打猎),以劳动与娱乐相结合的形式减轻劳累,催人奋进。不少土家族地区方志如同治《来凤县志》对诸农事有所反映,不少明清时代的土家族文人如彭秋潭、田泰斗等也于诗作中有所赞颂。

第八是有自己的民族信仰。土家族的传统信仰,主要是与佛教、道教信仰有别的崇敬祖先、敬奉土王、相信梯玛(即土老司)法事等。但历史研究也同时表明,道教信仰的一些支系即产生于古巴蜀地区,若据《华阳国志·巴志》等的记载,亦应看成是土家族传统宗教信仰的一部分。明清以来的

---

① 参见邓辉:《土家族区域的考古文化》,中央民族大学出版社1999年版,第64页。

土家族文人诗作中，即使在佚失严重的情况下，"道化"诗文较多而其他诗文较少，也说明了这种信仰的普遍性。

第九是土家族的民族意识特别强烈。关于这一点，史籍曾不绝于书，《华阳国志·巴志》曾说晋初的巴人"人性质直，虽徙他所，风俗不变"。《隋书·地理志》（中）说巴人"风俗不改其壤，其人自巴来者，风俗犹同巴郡"。《太平寰宇记》卷一百四十一有同样记载。其他如《宋史》卷四百九十三、明邝露《赤雅》卷上等也有记载。到近现代，具有土家族血统、深受土家族文化影响的贺龙（1896—1969 年）即曾说土家族地区的"湘西各县""民族观念非常浓厚"[1]；中华人民共和国成立以后，在民族识别过程中，土家族人民为自己的民族被承认，曾多次吁请，在《历史的见证——土家族确认的前前后后》[2]一书中收录有这方面的丰富资料。而且，人们还发现土家族民间流行有土家族的民族认同之歌，如《胡氏家传密歌》[3]："昔峙珍文，海吾实谆，此经必读，汉墨弗遵，世代被蹂，切勿夭听，望贤辈出，与日惧增，雪耻之仇，切齿之恨，见天何日，有待奋争，土氏弱小，指日旺兴，惟冀我衍，万代绵延，汉者虽强，何能永保，温柔有益，强暴灾生，有功之日，群贤必廪，欢聚庭前，各抒论天，一策稿算，一镇乾坤，攸攸汝草，共歌清平。"[4]此外，土家族长期坚持自己的族称"毕兹卡"，并在族群意义上使用"帕卡"（苗族）、"白卡"（汉族）以确立自己的民族特性，即使在《梯玛歌》中也以族群文化来辨识"土老司"、"苗老司"、"客老司"的身份，从而说明土家族对自己独特民族特性和强烈民族意识的坚守。同样，明清时代在整个土家族文化置于中域文化的大背景后，土家族知识分子则通过彰显自己的文化认同来表明自己的民族身份，如彭秋潭、覃远进、冉天育、冉正维、田泰斗、田宗文等，都留下了自己有关民族认同的诗文，并把这种认同置于华夏认同的大背景之下。

---

[1] 中国人民革命军事博物馆编：《贺龙元帅丰碑永存》，上海人民出版社 1985 年版，第 29 页。
[2] 黄柏权主编：《历史的见证——土家族确认的前前后后》，内部资料 1999 年版。
[3] 笔者按："胡氏"，似应为"胡氏"。下文中"与日惧增"，"惧"似应为"俱"；"永保"，"保"似应为"葆"；"攸攸"，似应为"悠悠"。
[4] 龚发达主编：《长阳土家族自治县歌谣分册》，内部资料 1988 年版，第 241—242 页。

### 三、"土家族"的文化意涵

当我们研究土家族哲学时，我们强调的是，"土家族"主要不是为了强调种族差异，而是强调其文化差异，而文化差异，正如列维-斯特劳斯所言，其产生并不是由于某种内部需要或有利的偶然事件，而仅仅是为了区别于那些相邻近的社群的愿望。因此，文化多样性与使社群联系起来的关系有关。① 彭勇行的《竹枝词》谓"新春上庙敬祖公，唯有土家大不同。各地咿嗬同摆手，歌声又伴呆呆嘟"②，即说明了这种文化差异。彭勇功还从民族区别的意义上来阐明这个问题："苗客土家住溪州，质朴淳良境最优。听得康衢歌一曲，采风人爱古风流。"③正是从这个意义上说，"土家族"本身是一种文化，因为表述"土家族"的语言（行为、活动方式、仪式等），既因其是一种表征思想的工具（世界观、人生观、价值观等）而具有模式化的意义，又因其是一种阐释的工具（政治与社会的理想及建构）而具有历史沉淀的批判价值，还因其是一种自在的技巧（文学、艺术的创造）而形成语法或规则。这就从根本上导出了主体的多样性，即除了个体的自然生命之外，还会形成多种多样的文化生命：作为意识主体，个体有其观念和理性；作为历史载体，个体有其文化和历史的维度；作为社会传承者和建构者，个体还有其建构和创造的维度。据这些"土家族"的文化内蕴可以发现，在近现代历史发展中，根据人的自然生命与文化生命相统一原则，则受"土家族"文化影响的通常包括以下三类人员：一是指有土家族血统（自然生命），现仍以"土家族"为民族成分而又接受和传承土家族思想文化（文化生命）的成员；二是指有土家族血统（自然生命），但未以"土家族"为民族成分而又接受和传承土家族思想文化（文化生命）的成员；三是一部分既无土家族血统（自然生命），也未以"土家族"为民族成分而又接受和传承土家族思想文化（文化生命）的成员，如生活在土家族聚居区的汉族人、苗族人。这三类成员都同时承载着土家族的文化传统，具有土家族的文化生命，其中既有对土家族传统

---

① 参见［法］克洛德·列维-斯特劳斯著，于秀英译：《种族与文化》，中国人民大学出版社 2006 年版，第 2 页。
② 彭勃、祝注先注：《历代土家族文人诗选》，岳麓书社 1992 年版，第 208 页。
③ 沈阳选注：《土家族地区竹枝词三百首》，民族出版社 2003 年版，第 143 页。

思想文化的固守,又有对外来新文化的接受。

从"土家族"的"文化"意义上说,"土家族"既是思想,也是实践,能使其个体成员获得意义和认同,并把各种认识、表达以及评估要素结合在一起。因此,"土家族"可以被认作是某种盛有各种实践活动或事例的工具箱,可以帮助我们如运用科学、宗教、常识、艺术等一样去理解这个世界,或如运用技术、巫术等对这个世界采取实践行动;"土家族"也能被看做是民族认同的情感象征和自由、正义、平等等价值观的表征工具,人们可以据此确定自己的行动方向、为自己的行动辩护。尽管"土家族"成员的文化实践在各社会集团之间或多或少地有所差异,并且,这些差异可能与社会变化的其他方面有关。① 但从总体上看,正是作为文化的"土家族"使我们看到了不是历史属于我们,而是我们属于历史的"事实性"。这正如马克思所说:"人们自己创造自己的历史,但是他们并不是随心所欲地创造,并不是在他们自己选定的条件下创造,而是在直接碰到的、既定的、从过去承继下来的条件下创造。一切已死的先辈们的传统,像梦魔一样纠缠着活人的头脑。"②这也就表明,作为哲学思想创造主体的土家族近现代知识分子在"土家族"文化中获得的并不只是生命个体及其所占有的场所、所使用的物件和他们的行为(自然生命及其行为),而首先是"土家族"关于它自身的观念(文化生命)。"土家族"构成了"模型",而近现代土家族知识分子就在这种模型中得到塑造,因而他们就总是被抛入历史所形成的"成见"和"惯习"中。因此,"土家族"是我们研究的真正起点。

## 第二节　作为哲学创造主体的"土家族知识分子"

前面提到,在土家族哲学发展中有两类创造主体,即群体与个体。这里只就作为个体的"土家族知识分子"进行分梳,以此讨论土家族哲学的历史

① 参见[澳]霍尔顿著,倪峰译:《全球化与民族国家》,世界知识出版社2006年版,第165页。
② 马克思:《路易·波拿巴的雾月十八日》,《马克思恩格斯选集》第1卷,人民出版社1995年版,第585页。

发展。从本书的总体结构看,本书讨论的也主要是作为个体哲学的土家族学者哲学。至于群体哲学,笔者曾在《土家族口承文化哲学研究》《土家族仪典文化哲学研究》中有专论。因此,本书即特别探讨作为土家族哲学创造主体之一的土家族知识分子,并进行界定与识别。

## 一、对"土家族知识分子"的界定

根据土家族历史文化发展的实际,笔者把土家族历史上的知识分子分为三类:一类是民间知识分子,其中包括巫师一类的土家族民间知识分子及相应的技能之士。土家族巫师有男女性别之分,其主要职司是为民间主持祭典、生育婚嫁丧葬等人生仪式、祈福禳灾、驱邪治病,并兼事占卜预测之术。民间技能之士则涉及土家族生活的方方面面,可暂借用"九老十八匠"来指称。民间知识分子中也有些是从中域文化评价尺度所认定的"士",如在修谱过程中,这些"士"一方面既自觉地划分土汉界限,像长阳磨市谭姓族谱即力辨土汉关系,直接指认"吾巴族",而且对"巴东别有谭氏,乃汉王陈友谅庶子亡国奔此,易姓成族者。吾巴族多与通谱,吾斥之"[1];另一方面又强调一心向化,即在承认民族自性的基础上承认自己对中域文化的认同,"以边方远臣,慕义向化",即如五峰《张氏族谱》所强调的"百姓归诚向化"[2]。修谱是民间行为,但主事者主要是民间知识分子。这类知识分子的存在一直持续到 20 世纪末,有的还持续至今。二类是有一定官爵的知识分子,这些人的民族自性与向化之诚都非常明显,如明崇祯二年(1629年)十月二十三日,崇祯皇帝曾在《奉天诰命》中肯定容美土司"帅苗夷向化";康熙元年(1662 年)十二月二十五日,田甘霖在《倡义奏疏》中称自己为"西南首倡""慕义向化"者;康熙二十年(1682 年),容美宣慰司田舜年作《披陈忠赤疏》,肯定"使殊方异俗,知臣首倡,蒙恩,因之慕义向化,稽首天朝也"[3]。三类是接受中域文化教育,甚至参加过科举考试的土家族知识分

---

[1] 长阳民族宗教事务委员会等编:《长阳宗谱资料初编》,内部资料 2001 年版,第177 页。

[2] 鹤峰县委统战部等编:《容美土司史料汇编》,内部资料 1984 年版,第 4、394 页。

[3] 鄂西土家族苗族自治州民族事务委员会编:《鄂西少数民族史料辑录》,内部资料1986 年版,第 182 页。

子,他们承认自己对包括儒家文化在内的中域文化的重视,可直接指认为土家族"儒士"、"道士"、"释士"等。从土家族文化的创造与传承主体来看,土家族知识分子无疑是除民间口承文化的创造与传承主体外的主要主体。

## 二、"土家族知识分子"的发展简史

如果考虑土家族社会发展的阶段性,土家族知识分子中的"士"也可划分为几种历史形态:一是古代之"士"。从土家族先民的角度看,这类知识分子在周代前已存在,如周代以前有土家先民巴竇天文学家苌弘,周代有竇人知识分子鹖冠子①并著有《鹖冠子》一书,汉代有天文学家落下闳,成汉时代有易学家范长生并撰有《周易蜀才注》②等。《华阳国志》曾肯定巴人知识分子"播名立事,言行表世者,不胜次载也",如其中所载即有东汉孝安帝时传世的"名儒陈髦"③。在历史上,至迟在唐代,土家先民已有自己的诗人如庸州人(今贵州沿河、德江一带)田宗显,现存诗一首④;宋代有历史地理学家富州(故城在今湖南麻阳自治县东北)刺史向通汉,著有《五溪地理图》。据记载,唐宋以来在土家族地区已形成了中域文化视野下的土家族上层"士"群体,如仅恩施一地而言,即"历千余年,皆有学,人材(才)炳蔚,已代有传人矣"⑤;重庆则有开创宋代《易》学"涪陵学派"的谯定⑥及其传人,正是谯定上承程颐,下启朱熹、张栻、吕祖谦,成为中国《易》学发展的重要中介人物。

二是中古之"士"。土家族传统知识分子的中古之"士"迅速扩大,并在土司制度下形成了众多土家族知识分子群落,如在重庆酉阳有冉氏群落、重庆石柱有马氏群落、湖北恩施有容美田氏群落、湖北宜昌有五峰张氏群落、

---

① 参见萧洪恩:《巴族古代思想家鹖冠子研究综述》,萧洪恩主编《巴文化研究》,北京出版社 2002 年版;又参见陈久金等:《彝族天文学史》第二章,云南人民出版社 1984 年版。

② 田荆贵主编:《中国土家族历史人物》,民族出版社 1993 年版,第 6 页。

③ 常璩撰,刘琳校注:《华阳国志校注》,巴蜀书社 1984 年版,第 44 页。

④ 诗曰:"石马归槽生得好,风水处处有峥嵘。一程来自石马地,鱼水之乡好安身。"段超:《土家族文化史》,民族出版社 2000 年版,第 89 页。

⑤ 同治《恩施县志》,恩施县地方志编纂委员会 1982 年重印版,第 257 页。

⑥ 脱脱:《宋史·谯定传》。

湖南湘西有彭氏群落等。冉氏是土家先民巴人望姓，宋以前多属“天性劲勇”的武夫，明代以后则在冉氏子弟中形成了一个代有才人雅士的文人群落，且各有汉文作品传世。容美田氏历史悠久，“自汉历唐，世守容阳”。从明代田九龄以诗名家开始，先后有六代九大诗人，人人有集，成为影响较大的田氏诗派。彭氏也在明代改变了“一介武夫”形象，有了诗文名家传世。正是这些土司中出现的有较高文化水平的知识分子，留下了一些“谱书”、“志书”和“碑文”之类的作品，如明正德年间，永顺土司彭世麒①著有《永顺宣慰司志》记世袭、山川、景物，是研究湖广土司制度的重要著作之一；其子彭明道著有《逃世逸史》②，族人彭世麟、彭飞等并有佳作传世。另有乡人张汉杰著有《南渭州土知州谱》③。此外还有石柱马氏宗族的马宗大、马斗斛等，都有汉文作品传世。这些都说明土家族地区已形成了传统知识分子阶层。

三是近古“儒士”。改土归流后至1840年鸦片战争前的土家族知识分子具有与其先辈的不同特点：首先，人数激增，才人迭现，且出身更有等差，不像改土归流以前那样完全限于土司或土司子弟这样一些社会上层。其次，伴随着整个土家族地区的“脱蛮入儒”，知识分子的儒家情怀更加自觉，如贵州思南县人冉中涵，系清嘉庆壬戌（1802年）登科，尝揭“求仁”二字于书院斋舍，与同窗共勉，品行醇正，为后进景仰④；主要生活在18世纪的彭秋潭（1746—1807年）则“欢娱、愁苦，又必有发乎情止乎礼义之则”。再次，知识分子与民众的联系更紧，更具有儒士精神，形成了关心民命的儒学风气，如彭秋潭曾作《摸桩行》、《夜闻邻船语》，以反映社会现实⑤；长乐县田泰斗（1824—1863年）甚至有“人民诗人”之称，其《山农吟》及《荒年行》⑥等作品，都体现出土家族“儒士”的民本情怀。彭淦（1738—1811年）

① 张廷玉：《明史》卷三百一十记有其事。
② 民国《永顺县志》卷二十二。
③ 湘西土家族苗族自治州《民族志》编纂小组编：《民族志》，湖南人民出版社1999年版，第74页。
④ 参见彭勃、祝注先注：《历代土家族文人诗选》，岳麓书社1992年版，第138页。
⑤ 参见杨发兴、陈金祥编注：《彭秋潭诗注》，中国三峡出版社1997年版，第204、436、123页。
⑥ 参见彭勃、祝注先注：《历代土家族文人诗选》，岳麓书社1992年版，第169—170页。

发"瘠民罪薄邀天鉴,不共荆人一夜休"①之叹,有同样的儒士民本情怀。最后,土家族知识分子明确认同中域统治,对国家统一与民族团结持认同态度,如1800年,彭秋潭不仅把当时的清朝比作"九重拱尧舜,四海望皋夔"②,而且本身即在江西为官达20余年。乾隆己亥(1779年)举人冉永焘怀"医家国天下"之志,即此可见当时土家族"儒士"的家国情怀③。相比而言,龚自珍言有心"医国"已是1839年,其《乙亥杂诗》曰:"霜豪掷罢倚天寒,任作淋漓淡墨看。何敢自矜医国手,药方只贩古时丹。"④只不过所医之国的意境不同而已。

四是近代的过渡性知识分子。鸦片战争后至19世纪末的土家族知识分子具有明显的过渡性特征。一方面是对封建社会的末世悲哀及对帝国主义入侵的感伤,另一方面是在不断探索而又苦于找不到社会的出路,如酉阳冉崇文(1810—1867年)虽作《遣怀》却难以遣怀,生"不如观花且衔杯"⑤之叹;长阳晏卓甫(1862—? 年)在戊戌变法失败后回归故里,作《沿头溪》七言排律诗畅述襟怀,感叹"纸上谈兵成画饼"⑥;田泰斗总感"轻身何事触危机"⑦,甚至是"宠辱于今都不着"⑧。这一代知识分子已有了对儒家社会的不满,如陈汝燮(约1830—? 年)感叹:"如今几卷书,多被人读坏。胸先入势利,出处一蜂虿。举世趋其风,毒痛无不届。此辈占富贵,操术特狡狯。山鸟尔何干,乃呼咄咄怪?"在面对外国入侵的关键问题上,这些知识分子都表现出强烈的民族关怀,他们不仅感受到当时世界"我约黄花同醉死,世界如斯几知己"的变局,而且愤世嫉俗、满怀忧国之思,如陈汝燮在《和萧雨

---

① 彭继宽、姚继彭主编:《土家族文学史》,湖南文艺出版社1989年版,第295页。
② 杨发兴、陈金祥编注:《彭秋潭诗注》,中国三峡出版社1997年版,第300页。
③ 参见彭继宽、姚继彭主编:《土家族文学史》,湖南文艺出版社1989年版,第305页。
④ 龚自珍:《龚自珍全集》,上海古籍出版社1975年版,第513页。
⑤ 彭继宽、姚继彭主编:《土家族文学史》,湖南文艺出版社1989年版,第307—308页。
⑥ 长阳土家族自治县地方志编纂委员会编纂:《长阳县志》,中国城市出版社1992年版,第700页。
⑦ 田泰斗著,田登云整理:《望鹤楼诗抄》,内部资料1998年版,第180页。
⑧ 同上书,第163页。

根孝廉镇江感怀元韵》诗中言："吁嗟乎！通商议定门大开，谁信开门盗不来？"在《题皇朝统一中外舆真地图》诗中感叹："星查细纂环瀛志，洋教洋商遍市廛，……漫将揖盗学忧天，时务不知非杰俊。"①陈景星（1839—1916年）还于 1885 年以 46 岁之年投笔请缨到中法战争的前线，怀着一颗拳拳的爱国之心，希望能在金戈铁马中为国建功立业。其他如永顺唐仁汇，咸丰壬子、乙卯（1852、1855 年）两科举人，作《咏溪州铜柱二首》，表现了反对土司割据的政治态度，坚持倡导国家的统一和各民族的友好团结；慈利田金楠（1856—1925 年），虽蛰处山林，却能关注世情，以寓言诗《虎变鼠吊台湾》痛吊台湾失陷。② 但从总体上看，这一代知识分子都体现出某种过渡性特征，特别是在儒家治国理念与现实民族危机、土家族文化与当时的"先进"文明之间显示出某种难以调和的心态。

### 三、"土家族知识分子"的现代转型

在 19 世纪末 20 世纪初，已形成了土家族的近现代知识分子群体，本书所讨论的土家族现代哲学思想即主要是指这些新型知识分子的哲学思想。对于这些知识分子的具体分析，本书将在下篇中进行详细讨论。黑格尔曾说："没有人能够真正超出他的时代，正如没有人能够超出他的皮肤。"③因此，20 世纪土家族知识分子因 20 世纪中国社会发展进程中不同阶段的时代差异而有了自身的代差，辛亥革命前后期的知识分子围绕着反帝反清而在民族民主革命原则指导下，对国家问题（反专制而求共和、反殖民地而求民族独立等）、革命道路问题（反改良而主张革命、从师法法美而至以俄为师等）、文化建构问题（由风俗改良以至文化重建、教育先行或多种救国道路等）进行了探索；辛亥革命后，土家族知识分子逐渐分化，一批追随孙中山三民主义的知识分子继续进行暴力反抗军阀政府的斗争，并在斗争中丰富自己的哲学思想；一批不赞成暴力革命的知识分子则先后探索了多种救

---

① 彭继宽、姚继彭主编：《土家族文学史》，湖南文艺出版社 1989 年版，第 317—318、322 页。

② 参见同上书，第 340、348、302 页。

③ ［德］黑格尔著，贺麟等译：《哲学史讲演录》第 1 卷，三联书店 1956 年版，第 57 页。

国之路,其至到中华人民共和国成立时也未改变其思想信仰。五四运动前后期的知识分子在当时诸思潮激荡中接受了不同的社会思潮,并体现出不同的哲学思想倾向,土家族知识分子也同受影响,在其中进行了艰苦探索,形成了自由主义、文化保守主义和马克思主义等不同层次的哲学思潮,并在20世纪30—40年代获得发展。中华人民共和国成立后,特别是改革开放以后,土家族知识分子更是具有了新的哲学思想自觉,并正在建构自己的哲学形态。

## 第三节　土家族的文化性格与传统哲学的特色

哲学史研究必须"揭示民族和时代的一般性格和一般情况",并且因此成为哲学史陈述的"最高点"。从这一意义上说,"属于某一时代的一定的哲学形态,本身只是那个时代一般性格的一个方面、一个环节"。① 从中域文史的记载看,除通过对"土家族"文化的称谓由"蛮夷"而"熟夷"而"土民"而"土家"的变化过程来彰显土家族的文化性格外,还着力于多种陈述以反映土家族具体而独特的文化性格。土家族在漫长的历史发展中逐渐成为一个多源头多根系的民族。在与各民族的交往中,既有抗争,又有交融,并因抗争和融合形成了民族精神的丰富内涵,使这里成了"历史冰箱"②,形成了土家族文化的开放发展模式,并在历史进程中消化、吸收、运用、发展着独特的民族文化。这种文化在中华民国时期还非常显现,有关史志以"土家"这个族称来区别于其他族类,即证明"土家"仍然是聚居区内各民族的一种文化认同与文化类别。

### 一、土家族的生存环境与文化性格

土家族的文化性格与土家族的生存环境有必然联系。土家族地区山崇

---

① [德]黑格尔著,贺麟等译:《哲学史讲演录》第1卷,三联书店1956年版,第52页。

② 张良皋等:《武陵土家》,三联书店2001年版,第105页。

岭峻,连绵起伏,人们"皆在群山万壑之中,然道路险侧,不可以舟车,虽贵人至此,亦舍马而徒行,或令土人背负。其险处一夫当关,万人莫入"①。土家族就是在这种恶劣环境中进行长期的生存搏杀,因而练就了土家人无畏的胆量和矫健的体魄,"履险陟岭,捷足如飞"②;同时也熔铸着土家族文化性格的另一面:剽悍与进取,故左思称:"刚悍生其方,风谣尚其武。奋之则賨旅,玩之则渝舞。"③乾隆《永顺县志》卷四则记土民"恒带刀弩,长枪,性强悍"。这种"刚悍尚武"的精神正表明土家族文化性格刚强进取的一面,从而也产生了特有的土家族哲学思想,形成了执著、强悍的文化性格和刚烈、奋勇、进取的民族文化精神,并且使群体生存在整个土家族文化精神中得到彰显④,甚至可以称之为"生存本体论",正如马克思所说:"历史的全部活动,既是它的现实的产生活动——它的经验存在的诞生活动,——同时,对它的思维着的意识来说,又是它的被理解和被认识到的生成运动。"⑤

　　无论土家族文化怎样吸收其他的文化传统,其自身的内在同一性都非常明显——在特定生存环境下,以群体生存为共同的首要目的。在土家族文化的初始阶段,这种价值追求是以神与人的共存共营为特征的。在土家族神话传说中,这种共存共荣表现在自然、社会、神灵、人类等的和谐友好并共谋生存发展。当多民族融入以后,新文化形态又具有了群己共存的特征。到了近现代,民族生存问题突出,又使生存问题具有了更深厚的意义,正是这种文化精神使土家族文化具有了特殊的文化性格。

### 二、土家族文化性格的特殊表征

　　土家族的文化性格可以从不同的方面加以展现,根据笔者研究,土家族的文化性格主要体现在:

---

① 顾彩著,吴柏森校注:《容美纪游校注》,湖北人民出版社1999年版,第267页。
② 严如熤:《苗防备览》卷九。
③ 左思:《蜀都赋》。
④ 土家人的这一文化特征,在方志中多有记载,如道光《施南府志》第160页引杜少陵《郑典设自施州归》诗曰:"其俗则淳朴,不知有主客"。"乃闻风土质,又重田畴辟。"
⑤ 马克思:《1844年经济学哲学手稿》,《马克思恩格斯全集》第3卷,人民出版社2002年版,第297页。

　　首先,土家族文化有一种"尚力"的自我发展观,使土家族文化在总体风貌上表现为一种抗争精神。在土家族文化中,初始形态的世界观是一种"尊命尚力"的世界观,在行为或事件发生前,"命"是信仰,是支撑;在行为或事件发生后,甚至失败后,"命"又成了一种解释,一种解脱。正由于此,"力"即成了土家族先民的基本存在形式,诸史记载土家族先民"有悍风"、"轻于战斗"、"俗嗜暴悍"等,都表明这种对"力"的崇奉,按清《卯洞司志·明授参将明良公传》的概括是"诸司中之徒以角力胜",毛奇龄《蛮司合志》序则谓其"犷悍桀骜,其性猜忌仇杀,其习烙蹄善走,其力枵腹善斗"。如据《华阳国志》等的记载,这种结合即培养了土家人的特别能战斗的"神兵",以至于在历史上多次发生"以暴制暴"的"仇杀"、"反抗"、"暴动"等。15世纪以后,土家族先民的世界观虽然发生了重大变化,即把对象化世界转化为思想文化世界,从而转化为哲学文化世界,由"尊命尚力"转化为"尊儒尚礼",从而开启了土家族15—17世纪的文化选择与哲学思想转型的历史进程,并由此奠定了改土归流后的全民族文化选择与哲学思想转型。但是,这也没有遮蔽对"力"的崇奉,并由此使土家族文化在总体风貌上表现为一种抗争精神,借以在抗争中最大限度地激发民族的智慧与力量,不断地塑造自己,壮大自己,以适应生存环境并消融外来民族文化的浸染,借用美国传教士何天爵的话说:"作为一个民族,他们是吃苦耐劳、忠信可靠、善于忍耐的劳动者。"①

　　本尼迪克曾在《文化模式》中讲到个人在应对失败时有三种模式,并因此影响了各该民族的发展:新墨西哥的风俗习惯于把发生严重挫折的情绪减少到最低限度,部分印第安人习惯于疯狂的报复,多布人则用了另一种补偿。② 显然,土家族在与环境的抗争中使用的是另一种方式:为生存而奋斗。

　　土家族的抗争精神同其民族渊源相联。《世本》等书曾记载巴人迁徙、奋斗、抗争历史中体现的抗争精神,即早在部落时代,就有一种内部竞争与

---

　　①　[美]何天爵著,鞠方安译:《真正的中国佬》,光明日报出版社1998年版,第63页。

　　②　参见[美]露丝·本尼迪克著,何锡章等译:《文化模式》,华夏出版社1987年版,第197—199页。

外部抗争有机统一的文化传统;《摆手歌》等土家族传世史诗,则显示出了土家先民与天斗、与地斗、与神斗、与坏人坏事斗的民族之"思"。正是这种传统培养了土家人的强悍性格和进取精神,即如元人周致中《异域志》在讲到土家先民时说:"种类甚多,喜战斗,不畏死,其诸洞惟散毛洞最大。"土家族的这种文化性格,在一般民众那里表现为"习勤力苦"、"悍而直"、"民皆勤俭"①;在社会精英那里,无论是上层精英还是下层精英,则因其"有功于民"、"各有勇力"、"性犷而悍"等,成为人们崇奉的对象。② 在土家族历史上,可以随意摭取这样的社会精英:巴蛮子、田九霄、陈连升(1775—1841年)、罗荣光(1834—1900年)……为民族国家捐躯;覃垕、徐廷杰、林之华……数举反专制义旗;温朝钟(1878—1911年)、邓玉麟(1879—1951年)、席正铭(1884—1920年)……高扬民主;赵世炎(1901—1927年)、向警予(1895—1928年)……远赴欧洲求学追寻马克思主义,所有这些,都无不体现着一种抗争与奋斗精神。

从人类学观点看,一个民族在其生存斗争的历史中,若其挫折远大于成功,痛苦远多于喜悦,固然可以激起其更强烈的反抗精神,但其群体心灵深处,或多或少地也会有某种过于谦卑的阴影。事实也正是如此。不少地方志都曾记:"土民淳直,畏官长。"③"乡民咸知循礼向化。……又知畏敬,官长至村落,咸罗拜,争送酒浆。或有事传呼,及期而至。无汉人狡诈之习,亦无苗人悍恶之风,其循良易治,非内地所能及也。"④"其俗纯朴","土人稍知礼义"⑤。土家人的这种循良知礼,知敬畏,或许正是其过于谦卑心理的表现。从辛亥革命武昌起义元勋邓玉麟谢绝作起义军都督⑥等往事中,都

① 同治《来凤县志》,来凤县志办公室1981年重印版,第245—246页。
② 参见鄂西土家族苗族自治州民族事务委员会编:《鄂西少数民族史料辑录》,内部资料1986年版,第364—367页。
③ 嘉庆《龙山县志》卷七。
④ 同治《保靖县志》卷十二。
⑤ 李贤、彭时等:《大明一统志》卷六十六《施州卫》。
⑥ 据1911年10月14日路透社消息,邓玉麟曾于13日接见该社记者,消息说:"昨天,记者会见了起义军都督邓玉麟。……邓说:起义的目的是要创立共和。"这一记载除说明了起义的目的而外,还说明了邓当时的地位。但他后来以兵阶过低而谢绝了都督职务。参见傅冠群主编:《土家族百年实录》,中国文史出版社2002年版,第883—884页。

可找到这种心态的阴影。

其次,土家族文化有一种进化取向的历史观,使土家族展现出一种不断超越自我的民族精神。从历史观层面看,退化史观几乎是近现代进化论产生前各民族的共同的历史观。在中国汉民族的神话中,历史退化和堕落是其历史观的主题,即以"三皇步、五帝趋、三王驰、五霸骛"("皇帝王霸")为历史退化进程,这种历史观与先秦阴阳家"三五循环论"思想结合,成为中国近现代接受进化论历史观之前的主流历史观。在"西方"各民族中,由神话开启的这种退化史观,也几乎是共同的历史观主题;犹太—基督教创世纪神话中的"失乐园"神话是如此;古希腊神话中由黄金世纪、白银世纪、青铜世纪、英雄世纪、黑铁世纪的演进如此;摩尼教的"二宗三际论"所认肯的人类历史在"初际"发生光明国与黑暗国相分离,"中际"进入人类的历史状态或文明状态而致光明与黑暗、美好与罪恶混存的历史观是如此;佛教佛法的正、象、末三法期每况愈下、日益衰败的历史观也是如此。按照人类社会的自然历史进程,在从旧石器时代晚期进入新石器时代的过程中,的确发生过"文明每前进一步,不平等也同时前进一步"①的"退化"状况,因而产生了有如中国诸子百家时期所论的"道德沦丧"、"礼崩乐坏"、"道术分裂"的历史感悟。可是,当我们翻检相关的土家族历史文献时,特别是发掘其隐喻的历史文献时,我们却没有发现这种倒退的历史观,无论是从自然的原初宇宙到再创宇宙,还是从"初劫人"到"二劫人"的人类自身进化,看到的都是不断的前向史,有如《摆手歌》中所强调的不断获得新的天地:"山路走到尽头,绿水挡住去路,看着,着着,漂来一条小船,浮在水面飘荡,……上了船,开了船。人多了,船满了,驾起小船开走了。"只是到了近现代革命理性展现时,为给革命彰势而有某种倒退的历史观,其目的则是为了通过革命而推动历史前进,如言:"叫我唱歌就唱歌,肚里山歌几大箩。如今世道我不唱,留起精神做什么?""自从清朝皇帝来,土司王爷赶下台。土王下台我欢喜,指望有个好世界。朝廷派下官儿来,八字衙门朝南开。'有理没钱莫进来',一朝更比一朝坏。到了民国更荒唐,日子好比烂泥塘。收的粮食给财

---

① 恩格斯:《反杜林论》,《马克思恩格斯选集》第3卷,人民出版社1995年版,第482页。

主,养的儿子归老蒋。"①这类民歌把对改土归流以来的历史认知从"指望有个好世界"转变为"一朝更比一朝坏",已经不只是在表现一种民族的反抗本能,而是一种深层的历史反思,彰显的是一种革命的历史必然性。正是这种批判使他们勇于反抗:"板栗扎针针对针,如今世道不公平;天上雷公若有卖,买个雷公炸豪绅。"②因此,这种历史反思,恰好成了近现代土家族历史转型的思想动力,体现的也恰好是土家族的自我超越精神。

再次,土家族文化存在着一种人类文明的中心化趋向,表现在对外形象上则是一种开放融合的宽容吸纳精神。从文化空间的角度看,土家族作为一个祖居于祖国内陆腹地的少数民族,面对恶劣的环境、面对强势的中域文明,其中包括在近现代面对西方文明,都有一种强烈的边缘感,并形成了土家族的中心朝向。③ "边缘"与"中心"是基于中域文明与土家族文明的关系而立论的,以中域文明为中心,土家族文明为边域,既是对中域文明的认识,也是土家族的自我认识。土家族的文化史就是一个不断地"从边地出发"的历史,如神话中的人与神的关系、人类与宇宙的关系,羁縻郡县时期的土家族与中域统治者的关系,土司时期土司政权与中央政权的关系,改土归流后土家族地区与"华国"④的关系、土家族与满族的关系,近现代以来的土家族、中华民族与外国的关系等,通过土家族的各种把握世界的方式内化为具有价值意义的隐喻事件,并形成了具有思想意义的文化空间观,如人类与宇宙的关系被内化为人类从宇宙的边缘走向中心,土家族与中域的关系等被内化为文明与野蛮、中心与边缘、先进与落后等多重关系。这样,通过文明差异内化而出现的表述、表达和表征,就构成了土家族不断地从边缘走

---

① 彭继宽、姚继彭主编:《土家族文学史》,湖南文艺出版社 1989 年版,第 367 页。

② 利川市民族民间文学三套集成编委会编:《利川市民族民间歌谣集》,内部资料 1990 年版,第 70 页。

③ 此处借用美国学者伊曼纽尔·沃勒斯坦在《现代世界体系》一书提出的"边缘区"、"中心区"概念。参见[美]伊曼纽尔·沃勒斯坦著,尤来寅等译、罗荣渠校:《现代世界体系》第 1 卷,高等教育出版社 1998 年版,第 194 页。此外,还可参见[美]卡尔·A.魏特夫著,徐式谷等译:《东方专制主义》,中国社会科学出版社 1989 年版,第 163—208 页。

④ 改土归流后,土家族因逐步从文化上融入到了以儒家文化为主流的中域文明中,这时土家族知识分子的国家认同即表现为"华国"认同。参见顾彩著,吴柏森校注:《容美纪游校注》,湖北人民出版社 1999 年版,第 272 页。

向中心的奋进历程：神话历史是土家族从宇宙边缘走向宇宙中心的历史，后神话阶段至19世纪中叶是土家族由中华民族历史边缘走向文明中心的历史——其内部又有若干发展阶段，鸦片战争后至今是土家族从全球性现代化运动的边缘走向近现代文明中心的历史……总之，由边缘到中心、由野蛮到文明、由落后到先进、由弱到强……构成了土家族社会历史、思想历史、哲学历史。"边民"、"边夷"、"蛮"、"中域"、"华夏"、"汉籍"、"华国"等一系列由土家族知识分子自己以"汉语化"的方式表现的概念系统则成了这一进程中的思维纽结。

如果以自成系列的土家族文化发展为线索，土家族文化在发展过程中的时代更新就是一个不断开放融合其他文化的过程，通过这一过程，形成了土家族文化的融合性特征。这种特征可从其他文化与土家族文化的多次叠加上得到体现。在这一进程中，每一个大的时期，每一次大的文化叠加，都既有外来文化的土家化，也有土家族文化的"他"化。

土家族文化传统的生成足迹表明，它每接受一种新的文化因子以后，都经过了一段长时间的消化融会，借以变成自己的文化传统。所以，土家族的文化传统是一种开放发展的文化传统，并因此而形成了土家族文化的开放融合精神。

最后，土家族文化凸显一种"事件"反思思维，直接促成了土家族文化的实践精神与现实理性、求实情感与世俗意志。从土家族传统文化看，土家族的思维总是围绕某类事件展开，具有事件隐喻的特征。由于事件隐喻的思维方式，土家族根据"事件"反思决定行为方式的现实理性得到凸显，如14—15世纪土司制度的内乱事件，直接促成了当时贵州、四川、湖广等不同区域的土家族土司上层发生思想文化转向，即以儒家文化教育作为防止类似事件的根本方法，显示出选择儒家文化的实用理性，而儒家文化本身所强调的"内圣外王"即具有强烈的世俗关怀。此后的明清世运之变、改土归流、鸦片战争等，都由历史事件转而为哲学事件，彰显事件隐喻的现实理性，从而对土家族哲学的历史发展发生了重要影响，如明末农民起义、清军入关，对于中国历史来说，是一个重大历史事件，因而被土家族隐喻为一个重大的哲学文化事件：明朝灭亡了，清朝进来了，如何"忠"？儒家文化为何没有治好国家，反而亡国了呢？如何让这些土家族的上层人物进行决策？在此情况下,甲申年除夕,田玄父子四人开始了第一次正面的思想讨论。田玄是明清世运转换之时的司主,当时已有一种哲学思想自觉,并且作为长者、作为司主,事件的利害关系促使他思考。在《甲申除夕感怀诗有序》中,他除表明"岁运趋于维新,老人每多怀旧"的复杂心态外,对"隔宿分新旧,斯时匪往时"的世局变化表示出一种无奈,对于"来朝真面目,另是一番新"也有一定的认知,所以,告诫自己的子女要"待价求知己,刜匏寄此身"。是"忠"吗?他确实对明朝的灭亡表示了"痛":"旧恩难遽释,孤愤岂徒悬。""曾饱谁家粟,难看改岁桃。"甚至表达了"矢志终身晋,宁忘五世韩"的决心。但是,现实的问题是不能通过说空话来对待的,对这些问题,他只能是"许多慷慨意,寂寂压双眉",故其进行的现实选择是:"向夜订诸子,疾呆休鬻人。聪明终有累,倏忽漫多神。待价求知己,刜匏寄此身。来朝真面目,另是一番新。"①这种思维取向在"改土归流"、"三藩之乱"中都得到了反映。当然,这种策略选择与文化选择是相并而生的。

土家族文化性格在近现代的呈现形式是以中华民族的生存为己任,以民族国家重建为鹄的,以开放的心态对伴随全球性现代化运动而来的"西化"折衷其间,谋求救国救民之道。具体说,土家族文化性格的近现代呈现主要有以下方面:一是坚持自我,认同华夏。二是为国效命,浴血沙场。三是艰苦求索,谋划救国。此外,土家族人民在近现代还通过反抗黑暗统治、成立各种组织、运用多种具有现代意义的新工具新方法等多种途径为民族生存发展而斗争。

### 三、土家族传统哲学思维的特征

哲学是人类把握世界的基本方式,建构一种哲学就是建构一种世界。当我们探讨土家族传统哲学时,实际上也就是探讨土家族先民所建构的世界。在这里,"除非预先假定某些确定的事实,否则就不可能有科学,就不可能进行一次论证,甚至是不可能进行一次谈话。"②

---

① 陈湘锋、赵平略:《〈田氏一家言〉诗评注》,中央民族大学出版社 1999 年版,第 208—210 页。

② [匈]阿格尼斯·赫勒著,李瑞华译:《现代性理论》,商务印书馆 2005 年版,第 25 页。

那么,探讨土家族传统哲学应如何假定"某些确定的事实"呢?这实际上也就是如何确定土家族哲学研究的范式问题,如彭英明主编的《土家族文化通志新编》中既以传统教科书哲学体系为模本,写出了土家族"哲学思想",从宇宙观、认识论和方法论方面加以阐明;又分析了土家族的伦理、法制、政治、军事等多种"社会"思想。① 彭继宽主编的《土家族传统文化小百科》则在第四章专门讨论了土家族"哲学思想",概括了土家族主要哲学观点,包括"两仪""三春"宇宙发展说、宇宙层次说、文明再创说、阴阳交合说、植物造人说、万物有灵观、灵魂不灭观等,并认为土家族的古代哲学思想对后世的某些民俗、节庆、仪式及至生产生活方式都产生过较大的影响,有的延续至今。同时,该书还介绍了冯壶川和范长生两个哲学学者。② 胡炳章则以文化精神为尺度在《土家族文化精神》中写出了自己对土家族哲学的思考。③ 其他诸家也都有自己的独特探讨视角。笔者认为,土家族传统哲学思想的特征与土家族的文化性格紧密相联。在特定的文化建构中,土家族人民追求一种理想的生活状态,正是这种现实环境与理想状态的冲突形成了土家族传统哲学的特殊性,并通过其特定的思维方式和理性工具构成了传统哲学形态。"所以哲学对于思想所开始破坏的世界要予以调和。哲学开始于一个现实世界的没落。……因此哲学所作的调和工作不是现实的调和而只是在理想世界里的调和。"④

从历史发展的角度说,土家族传统哲学同样经历了由朴素形态向近现代形态逐步转型的过程。在土家族传统哲学形态下,本体论和认识论都有其独特特色,实践活动中的创造性、探索性受到广泛重视,并因此而体现了土家族传统哲学的实践特征;到了元明清时代,社会政治经济问题成了土家族文人及一般民众关注的焦点,因而在文人作品及民间传说故事、民间叙事长诗中都明显关注着与生存相关的社会政治、经济问题,并塑造了相应的人物形象。与上述哲学价值取向相联系,形成了土家族传统哲学的特殊思维

---

① 参见彭英明主编:《土家族文化通志新编》,民族出版社 2000 年版,第 126—134 页。

② 参见彭继宽主编:《土家族传统文化小百科》,岳麓书社 2007 年版,第 83—89 页。

③ 参见胡炳章:《土家族文化精神》,民族出版社 1999 年版。

④ 参见[德]黑格尔著,贺麟等译:《哲学史讲演录》第 1 卷,三联书店 1956 年版,第54 页。

方式,这一传统直接影响了 20 世纪的土家族哲学。

首先,土家族传统哲学的传承形式具有多重的表征样态。土家族传统哲学的特征,可以从形式与内容两方面考察。从形式上看,土家族传统哲学首先在语言样态上就有其特殊性,即土家语与汉语并存,且汉语哲学文献是在土家族上层知识分子接受了汉语并能用汉字书写以后出现的。这样,按成中英对中西哲学语言样态的分析,一方面因"中国哲学比较强调用图形来表达重要的理念及其关系;⋯⋯而中文本身就具有世界图像开拓的意义"。相对而言,"英语则是用抽象的声音代替事物,因而是非图像化的,但并非是反图像化的。这两种语言类型的特质,都是人类所需要的,人类的语言和人类的思考,一方面是抽象导向的,另一方面是具象导向的,因而,代表抽象导向的英语系统和代表具象导向的中文系统,都是理想的世界语言所不可或缺的部分。"①从这个角度说,土家族哲学的语言表现形态就具有了双重特质,即既具有"类英语"的土家语表现形式,又具有汉语表现形式。也就是说,由于土家族语言本身而存在一些特殊的表现形式。除语言样态而外,土家族哲学的形式特征还表现在其亚文化类型的表述方式上的区别,据笔者分析,承载土家族传统哲学的文化形式至少可分为四类:Ⅰ.学术上的、书本上的、庄严而堂皇的作家哲学,可简称为学者文化哲学;Ⅱ.民间口承文化哲学,这通常是指民间口耳相传承继发展的文化样式,如《摆手歌》、《梯玛歌》等,这个类型的文化,现在有许多翻译整理成汉语书面文字的东西,有的还有待更进一步的整理,但无论是何种情况,它们都是口承文化,也都具有哲学内蕴;Ⅲ.仪典文化哲学,仪典应作广义的理解,比如节日文化、婚嫁仪式、丧葬仪式等,这部分应从其实在的仪式中去理解和研究其中的哲学内蕴;Ⅳ.物态文化,这类通常是以实物形态存在的,比如居住的房舍,埋人的墓葬,生产工具的变化等,其中也隐含有丰富的哲学内蕴。此外,与中西哲学的存在形式比,一般都认为西方哲学的出发点是泰勒士、中国哲学的出发点是《易经》②,但对于土家族哲学来说,则很难穷究出其哲学的明确的出发点。

---

① 成中英:《论中西哲学精神》,东方出版中心 1991 年版,第 20—21 页。
② 同上书,第 2 页。

其次,关注人类生存是土家族传统思维方式的核心价值取向。对生存的不同态度会直接影响哲学的样态,从而影响民族精神的展现和科学文化的发展,如"埃及的神学和巴比伦的神学颇为不同。埃及人主要的关怀是死亡,他们相信死者的灵魂要进入阴间,在那里,奥西里斯要根据他们在地上的生活方式来审判他们。他们以为灵魂终会回到身体里面来的;这就产生了木乃伊以及豪华的陵墓建筑"①。而"巴比伦的宗教与埃及的宗教不同,它更关心的是现世的繁荣而不是来世的幸福。巫术、卜筮和占星术虽然并不是巴比伦所特有的,然而在这里却比在其他地方更为发达,并且主要地是通过巴比伦它们才在古代的后期获得了它们的地位。从巴比伦也流传下来了某些属于科学的东西:一日分为 24 小时,圆周分为 360 度;以及日月食周期的发现"②。相比之下,土家族传统哲学走的是后一路向,即罗素在讲述哲学关注生存问题时所引述的:"形而上学隐退到幕后去了,个人的伦理现在变成了具有头等意义的东西。哲学不再是引导着少数一些大无畏的真理追求者们前进的火炬,它毋宁是跟随着生存斗争的后面在收拾病弱与伤残的一辆救护车。"③

"某一特定哲学之出现,是出现于某一特定的民族里面的。而这种哲学或观点所具有的特性,亦即是那贯穿在民族精神一切其他历史方面的同一特性,这种特性与其他方面有很紧密的联系并构成它们的基础。"④土家族传统哲学也正是这样,无论是土家族口承文化作品还是文人作品,在哲学的传统形态上,本体论上关于"世界的终极存在"、"意义的终极解释"问题都不是关注的重点,而把关注点聚焦在"人类何以可能"、"社会何以可能"、"人的终极价值为何"等方面,提升出了体现人类主体性范畴的"看"、社会价值论范畴的"直"、历史观范畴的"根巴"、本体论范畴的"事"⑤,与之相应的认识论则专注于现实实践中的经验积累、方法论则是以指导原则的意义

---

①　[英]罗素著,马元德译:《西方哲学史》上卷,商务印书馆 1997 年版,第 25 页。

②　同上书,第 27 页。

③　拉斯特主编:《剑桥古代史》第 7 卷,剑桥大学出版社 1928 年版,第 231 页。

④　[德]黑格尔著,贺麟等译:《哲学史讲演录》第 1 卷,三联书店 1956 年版,第 55 页。

⑤　参见彭勃、彭继宽整理:《摆手歌》,岳麓书社 1989 年版。

存在于人们的行为、作品甚至心理中。这样,在土家族传统哲学中,对世界终极存在问题的探寻就只是在追寻人或物的起源时,作为人或物起源的一个环节来讨论而降解了其形上意义,比如《开天劈(辟)地与伏羲姊妹传说》中以"白云"为自然及人的最初本源;笔者在民间采集到的由"气"而生"日"、"月","日"、"月"合而生"土"(太易),"土"又依次生出"金(太初)"、"水"(太始)、"木(太素)"、"火(太极)",最后生存万物等都如此。关于人的终极存在问题,《摆手歌》实质上止于"初劫人",对于"初劫人"的终极性探寻也止于天地最初的存在状态,不涉及"本根"或"存在"本身。然而,像变化、运动、矛盾、联系诸方法论意义的思维成果却始终体现于其中。

为什么土家族传统哲学会有这种风貌?

一是土家族传统哲学的关注点是生存。如果说西方哲学根源于其开放的自然环境和航海实践,并因有"惊异"的好奇心而在"闲暇"时思考"世界何以可能"、中域汉族哲学家是因特殊的"华夏中心观念"而思考"华夏何以可能"的话,那么土家族哲学则因其艰难的生存环境和生存实践,并因危机意识而忙里偷闲地思考着生命的生存;因吃、穿、住、行等家庭日用的羁累而始终面向生活,只是在解释生活的终极意义时才把"自然"纳入视野,并且也只取用了"自然"的工具意义,而不是终极意义,并从"吃肉先要喂好猪,吃饭先要种好禾"①的意义上来阐明。直到 20 世纪,土家族思想家对"玄学"、对"宇宙观"都放在了次要地位,如土家族第一代马克思主义者主张把本体论问题"悬置"起来,或者持一般的反对态度。据 1920 年 8 月初《萧旭东给毛泽东的信》记载,向警予和蔡和森等一道,认为"人生观不必产生于宇宙观,即现在可置宇宙问题于不顾,先行解决人生问题"②。赵世炎强调

---

① 彭勃、彭继宽整理《摆手歌》,岳麓书社 1989 年版,第 6 页。

② 萧旭东:《萧旭东给毛泽东》,见中国革命博物馆等编《新民学会资料》,人民出版社 1980 年版,第 136 页。按:1919 年秋,向警予与蔡和森在同船赴法勤工俭学的旅途中确立恋爱关系,形成"向蔡同盟";1920 年 5 月在法国蒙达尼正式结婚,其结婚照为二人同读一本打开的《资本论》;这一时期,他们共同研究马克思主义,如蔡和森翻译,向警予抄录《共产党宣言》以供大家学习。故此把这一思想看成是蔡和森与向警予的共同思想。这一问题,在后面有具体分析。另可参见任贵祥等:《周恩来邓小平在法兰西》,吉林人民出版社 1999 年版,第 56 页。

列宁哲学"不是玄学式的神秘,是时代的产物,是经济的变动与革命的必然"①。由此可见,20世纪土家族马克思主义者哲学取向的民族特质,并因此而与当时中国马克思主义的总体特征相契合。这样,土家族哲学关注的是对生存问题的本源性讨论,面向生活世界认识生存,面向生存危机关注人类自身的生产即种的繁衍,因而对一切与生命紧密相关的现象及事件都充满着强烈的激情,有的甚至上升为宗教崇拜的仪式,有的则作为习俗的形式而代代相传,即前述的所谓"生存本体论"。人们常说人的认识根源于社会实践,按照毛泽东的划分,这种社会实践包含了阶级斗争、生产斗争和科学实验。按照冯契对此的分析,阶级斗争主要通过政治思想斗争影响哲学发展,生产斗争和科学实验主要通过科学发展来影响哲学发展。而且,和平时期主要受生产斗争和科学实验的影响,革命时期主要受阶级斗争的影响。②土家族传统哲学之关注生存,也证实了上述分析。也正是在这里,土家族"所强调和崇敬的往往是自然界的普遍的生命力"③,因为其体现了生存的愿望。

傅佩荣认为:"要了解一个民族,不能不认识其信仰;正如要明白一个人的真相,不能不知道他相信什么。"④事实上,土家族正是把"生存"作为信仰来对待的。在这种信仰中,文化形式可能多样,"生存"的出发点也可能多样,但"生存"的目的性追求却始终一样,比如,道家文化与土家族关系十分密切,邓红蕾曾著《道家与土家族文化》进行考论。⑤ 土家族之所以与道家关系密切,休斯顿·史密斯的阐明或可提供答案:道家有三种意义——哲学道家、宗教道家、活力道家。哲学道家主要是一种对生命的态度,追求用一种保存生命活力的方式来生活,不要将它浪费在无益的、耗损的方式上;活力道家则强调增强活力来使道在人体中产生更大作用,是努力增加外

---

① 赵世炎:《列宁》,《赵世炎选集》,四川人民出版社1984年版,第92—93页。

② 参见冯契:《中国近代哲学的革命进程》,《冯契文集》第7卷,华东师范大学出版社1997年版,第4页。

③ [德]黑格尔著,朱光潜译:《美学》第3卷上册,商务印书馆1979年版,第40页。

④ [美]休斯顿·史密斯著,刘安云译:《人的宗教》导读,海南出版社2001年版,第1页。

⑤ 邓红蕾:《道家与土家族文化》,民族出版社2000年版。

在的有效供应;至于宗教道家则是为寻求某种替代性力量,是"基于较高力量存在的假设——精致的统治了粗重的;能量统治物质,意识统治能量,超意识统治意识"①。所以,如果从生存的角度考察,就抓住了土家族文化的关键所在,因此也就抓住了土家族重视道家文化的关键所在。

在文化发展中,在特定的文化发展阶段,尽管文化形式具有多样性,但又总可找出其一致性,信仰一致性即其中之一。在土家族传统文化中,群体生存作为土家族文化的目的性,在一定程度上说即是该文化的信仰同一性。并且,正如耶尔·塔米尔说:"'生存'这个术语常常被用以压制个体权利。"但是,"对于大多数国家而言,主要关注的不是生存,而是共享的公共空间……的发展问题。"②

二是土家族传统哲学的兴奋点是技术性创造而不是探索性认识,即非知识论取向而呈现出现实实践取向。按照马克思的说法,"人类在地球上获得统治地位的问题完全取决于他们(即人们)在这方面——生存的技术方面——的巧拙。一切生物之中,只有人类可以说达到了绝对控制(?!)食物生产的地步。"③由于土家族哲学关注生存,因而其兴奋点在于人的技术性创造而不是探索性认识,因为在土家族的生存环境中,技术具有更重要的地位。从土家族口承文化中可以看到,他们崇尚的是懂"法"、懂"术"的技能之士,因为"力大养一人,智大养千口";即使是对"神"的评价,也都离不开其技术性创造能力,如张果老与李古老补天制地、道教与佛教在土家族地区得到混同式敬重④,都与技能相关。正是从这个角度,土家人崇尚的是人性而不是神性。从宇宙观方面看,土家族认知的原初宇宙同中国其他众多民族一样,是混沌,土家族史诗《摆手歌》记载了宇宙混沌后人类的技术性

----

① [美]休斯顿·史密斯著,刘安云译:《人的宗教》,海南出版社2001年版,第219页。

② [以]耶尔·塔米尔著,陶东风译:《自由主义的民族主义》,上海译文出版社2005年版,第4、5页。

③ 马克思:《路易斯·亨·摩尔根〈古代社会〉一书摘要》,《马克思恩格斯全集》第45卷,人民出版社1985年版,第331—332页。

④ 道教与佛教在土家族地区得到混同式敬重问题,笔者在生活中有所体验,雷翔在《"佛教道士"的度职仪式》中有深入分析。参见胡茂成等主编:《巴文化研究》,湖北人民出版社2005年版,第355—356页。

创造。① 这是一种明显淡化神创意识的人的技术性创造。在这种现实价值取向下,"各种宇宙演化论都把人重新放回到自然中来对待,它们最深的核心无非是理性主义。试图对于人与事物自然秩序认同的任何理论也都如此,它们的原则都是以理念为基础。"②在人的起源与发展中,人的技术性创造更得到了张扬。土家人认为:最初的宇宙是神人同在的,后来人类遇到了毁灭性灾难,人类自身进行了再创造,有了"初劫人"、"二劫人",并在每次的劫难以后,形成土家人的精英传承下来。③ 除了自然和人的生存强调了技术性创造而外,在日常生活中,土家族也强调技术性创造,其谚语有"路不行不到,事不为不成","路是走熟的,事是做顺的"等说法。④ 在其他众多的文化现象中,都处处强调了这种创造性技术的意义。元明清时代,民间长诗与土家族文人作品,除即景之作外,对社会苦难的申诉与摆脱苦难的谋划,也都体现着技术性创造的意义,强调"尽教沧海为桑土"⑤的工具价值。直到20世纪初的土家族马克思主义者赵世炎、向警予也仍然沿着这一理路来对待马克思列宁主义,强调马克思列宁主义的战略、战术意义。向警予和蔡和森一道,在法国即确认无产阶级革命运动的四种利器——党、工团、合作社、苏维埃,强调了社会主义的上述意义⑥;赵世炎还是工读主义者时,探寻的即是一种"创造性技术";在探寻列宁主义时,也特别重视列宁的"战术"⑦,同样是沿着土家族传统哲学的理路走的。

三是土家族传统哲学的立足点是求实务实。如何实现生存?如何获得创造性技术?土家族人民立足于"务实"、"求实"。在土家族传统文化中,

---

① 参见彭勃、彭继宽整理:《摆手歌》,岳麓书社1989年版,第23—24页。

② [法]阿兰·图雷纳:《现代性与文化特殊性》,中国社会科学杂志社编:《社会转型:多文化多民族社会》,中国社会科学文献出版社2000年版,第17页。

③ 参见刘黎光主编:《中国民间故事集成·湖南省卷·自治州分卷》,内部资料1990年版,第4页。

④ 鄂西土家族苗族自治州民族事务委员会等:《鄂西谚语集》,四川民族出版社1991年版,第37页。

⑤ 陈湘锋、赵平略:《〈田氏一家言〉诗评注》,中央民族大学出版社1999年版,第373页。

⑥ 参见蔡和森:《蔡林彬给毛泽东》,《蔡和森文集》,人民出版社1980年版,第49—50页。

⑦ 参见赵世炎:《列宁》,《赵世炎选集》,四川人民出版社1984年版,第93页。

从实中找寻出路,从实中获取力量,从实中实现目标,正是土家族传统哲学的出发点、着眼点,如《梯玛歌》除通篇讲"技术"以外,一个重要的内涵即是根据对象,有针对性地采取对策,具有求实务实的精神内质①;在民间传说、民间歌谣等其他形式的口承文化中,"崇实"的精神也总相伴随。所以,方志记载土家族民众有"民皆勤俭,不事华美"的生活之"实",有"俗尤戆朴"的民性之"实",有"皆本躬行"的实践之"实",有"取物酬直"的实在之"实"……总之,是"民亦崇实"②。所以,就土家族文化而言,其主旋律是务实精神,即对群体或个体生存利益的渴盼和不屈不挠的追求精神。在这种渴盼与追求中,他们所有的文化行为,同质的或异质的、对立的或同一的、固有的或外来的,都在这种文化目的的强大力量中得到整合,融贯为一。无论是神灵观念、祭祀仪式、巫术行为,还是文化禁忌等,也无不在其文化演进的历程中不断地发生着变异和调适,以适应其文化主旋律的整合趋向,从而使务实精神这一思想特质得到凸显和强化。③

再次,关注历史事件的文化内蕴是土家族传统思维模式的多元路径取向。黑格尔曾指出:"哲学思想或观点所具有的特性,亦即是那贯穿在民族精神一切其他历史方面的同一特性,这种特性与其他方面有很紧密的联系并构成它们的基础。因此一定的哲学形态与它所基以出现的一定的民族形态是同时并存的:它与这个民族的法制和政体、伦理生活、社会生活、社会生活中的技术、风俗习惯和物质享受是同时并存的。而且哲学的形态与它所隶属的民族在艺术和科学方面的努力与创作,与这个民族的宗教、战争胜败和外在境遇———一般讲来,与受过一特定原则支配之旧国家的没落和新国家的兴起(在这新国家中一个较高的原则得到了诞生和发展)也是同时并存的。"④土家族哲学也不例外,这就是土家族传统哲学的思维方式因其特定的生存环境与文化性格而具有其独特性。土家族是内陆而居的少数民族,使其更具有开放性,因而也更具有"对抗—反应"的生存环境特征;土家

① 参见彭荣德、王承尧整理:《梯玛歌》,岳麓书社1989年版。
② 同治《来凤县志》,来凤县志办公室1981年重印版,第245—246页。
③ 参见胡炳章:《土家族文化精神》,民族出版社1999年版,第118页。
④ [德]黑格尔著,贺麟等译:《哲学史讲演录》第1卷,三联书店1956年版,第55页。

族生存的自然环境是山峦起伏、江河纵横、地瘠民贫的环境,生存压力特别巨大,具有"压力—反弹"的生存环境特征;土家族长期生活的政治环境是一个极为残酷的政治统治环境,因而形成一种"压迫—反抗"的生存环境特征;土家族生活的整个人文地理环境是一个变动不居的多变世界,因而形成一种"变化—终始"的循环环境特征。① 这样的生存环境,使人们更容易形成与环境相适应的思维特征,其中特别是把不断发生的历史事件作为人们的反思对象,并不断地把历史事件上升为历史文化事件,并进一步上升为哲学文化事件,从而产生多元路径的事件反思取向。

一是古今关系上的追寻"根把"的叙事模式。哲学的一个重要叙事原则即"必须从它所处理的题材开始处开始"。对文化研究,"研究起点应该是这些动物开始以人的思维方式来思维的时候。"②这种历史追寻,在文德尔班那里即强调问题与观念的历史,强调哲学问题受到"来自文明史的因素"的影响,因文化史不仅提供了问题,而且提供了解决问题的材料;不仅提供了哲学的动力,而且限制了"哲学兴趣的方向"③。也就是说,"历史主义"在文德尔班那里成了探讨个性而不是揭示一般性的工具。胡适则就历史主义做了他的阐明:强调对于一种事物,总想寻出他的前因后果,不把他当做一种来无踪去无影的孤立东西,这种态度就是历史的态度。他还希望中国学者对于一切学理、一切主义,都能运用这种历史的态度。④

无论是上述的哪一种理解,都可从土家族传统哲学形态中找到文献根据,这就是土家族传统哲学中所特别强调的"根把"、"根由"、"原由"追寻,因为"毕兹卡的根子长,先从根把开口唱"⑤。古文献《摆手歌》、《梯玛歌》

---

① 沈从文在《长河》等作品中描写了土家族地区人民的这种思维方式,如"世界既然老在变,变来变去如像十八年的革命,轮到乡下人还只是出钱。这一家人之长的滕长顺,就明白了这个道理。"参见沈从文:《长河》,《沈从文全集》第 10 卷,北岳文艺出版社 2002 年版,第 45 页。

② 〔意〕维柯著,朱光潜译:《新科学》上册,商务印书馆 1997 年版,第 158 页。

③ 〔德〕文德尔班著,罗达仁译:《哲学史教程》上册,商务印书馆 1997 年版,第 22 页。

④ 参见胡适:《问题与主义》,《胡适文存》卷二,上海亚东图书馆 1924 年版,第 196—197 页。

⑤ 彭勃、彭继宽整理:《摆手歌》,岳麓书社 1989 年版,第 323 页。

等记载,土家族先民不仅从人的原初状态说起,而且从整个宇宙的原初状态说起(不是从"是什么"的角度,而是从"是什么状态"的角度),这一"根把"追寻凸显了叙述"必须从就连最野蛮最奇怪的人们也不缺乏的某种天神观念开始",因为这是"人堕落到对自然的一切救济都绝望了,就希望有某种超自然的力量来救济他。这种超自然的力量就是天神,而这个道理就是天神放射给全人类的光亮"①。到了中古时代,在土家族的《哭嫁歌》、《丧鼓歌》中,不仅通过"盘花"的形式,而且通过"摆古"的形式,进行深入的"根把"追寻,给人们展现出一种幽远的历史场景。在民间传说故事中,无论是风物传说,还是自然景物,"哪里来"的问题都始终是探寻的主题。时至近现代,这种"根把"追寻更是通过历史决定论、历史进化论的形式得到彰显,甚至走向了历史决定论、历史进化论的反面。

"根把"追寻的叙述模式既注意历时性特征,又注意共时性特征。历时性方面主要探讨历史动因、历史功能、历史趋势;共时性方面则主要强调相互影响、相互交融,如《哭嫁歌》的历史叙述,一方面关注婚姻的历史根源(媒人的作用、爹妈的"心肠"、社会的原因等)、历史过程(婚姻的诸环节变化、对原有自由婚姻形态的向往等)、历史影响(对未来命运的茫然、恐慌、向往等复杂心态);另一方面也关注婚姻与周边环境的关系(十姊妹、十兄弟、送亲、接亲诸环节中有不少的共时性要求),由此构成一幅土家族女子的生存斗争画面。事实上,正是善于从"根把"追寻中找到生存的动力,所以在土家族,不管是一般民众还是精英人物,都具备这种"根把"追寻的思维传统,如《咿罗娘娘》、《水杉的传说》、《涨齐天大水的故事》、《洛羽射日》、《巴务相》、《虎儿娃》、《土家人的祖先》、《佘氏婆婆》等,从"根把"叙述中找寻生命动力;《哭嫁歌》、《摆手歌》、《丧鼓歌》等则从"根把"叙述中追寻民族发展的动力;《薅草锣鼓歌》、《狩猎歌》、《合欢树》等则从对人们共同行为的"根把"叙述中探寻民族的生存动力等。总之,在"根把"追寻叙事模式的后面是整个民族生存发展的希望。也正是从这里可发现"根把"追寻的叙事模式在土家族传统哲学中的普遍性。这种"根把"追寻的叙事模式,应该就是徐复观笔下的"高次元传统"所具有的"价值世界",因为"人

---

① [意]维柯著,朱光潜译:《新科学》上册,商务印书馆1997年版,第159页。

生的价值,是在历史中间启发出来,并且是由历史来测定的。当我们谈到价值问题,我们常要回到历史中间来测定这个价值问题"①。

二是在神人关系上的人神共营的发展模式。土家族传统哲学的一个重要思维特征是神与祖先、英雄等共同经营的生存世界,可称之为"人神共营的发展模式"。

土家族文化中有一个多神的世界,王逸《楚辞章句》、《后汉书·南蛮西南夷列传》、沈亚之《屈原外传》、樊绰《蛮书》、朱熹《楚辞集注》等都对土家族地区的多神世界有所记载。土家族地区方志则记载更多,如:"(将士出征前)系牛于神前,以刀断牛首卜胜负。牛进则胜,退则败;而复进者先败而后胜,以此为胜。""疾病服药之外,惟听命于巫。幸而愈,则巫之功;不愈,则医之过。""永俗酬神,必延辰郡顺巫唱演傩戏,设傩王男女二神像于上。顺巫设咒礼神,讨答,以卜吉凶。至晚,演傩戏,敲锣击鼓,人各纸面。……相以为常,不知所自。"②巴东"信鬼尚巫"③。凡此等等,无不体现出土家族文化中的多神世界图景。

但是,在土家族文化中,神与人的关系表明,神是因人而设的。人不仅能嬉神娱神,而且能封神辱神;人不仅能用神事神,而且能请神驭神。土家族巫师则始终是人化了的神与神化了的人的中介。对于巫师的职能、对于巫师所行之巫术,用弗雷泽的话说,其可以在人们的头脑中产生强烈的吸引力以刺激人们对于知识的追求;可以对未来充满无限美好的憧憬以引诱那疲倦了的探索者、困乏了的追求者,让他穿越对当今现实感到失望的荒野;可以将人们带到极高的山峰之巅,使他们越过脚下的滚滚浓雾和层层乌云,看到天国之都的美景,沐浴在理想的光辉之中,放射着超凡的灿烂光华④。也正如著名人类学家马林诺夫斯基所说:"巫术信仰与巫术行为的基础,不

---

① 徐复观:《徐复观先生谈中国文化》,见李维武编《徐复观文集》第1卷,湖北人民出版社2002年版,第6页。
② 王承尧、罗午、彭荣德辑录:《土家族土司史录》,岳麓书社1991年版,第281、282页。
③ 光绪《重修巴东县志》卷一。
④ [英]詹·乔·弗雷泽著,徐育新等译:《金枝》(上),新世界出版社2006年版,第52页。

是凭空而来的,乃是来自实际生活过的几种经验;因为在这种经验里面他得到了自己力量的启示,说他有达到目的物的力量。"①

事实上,土家族文化的这种人神共同构筑现实生存世界的观念,产生既古,流传亦远。即使到了20世纪上半期,土家族地区广泛兴起的"神兵"运动、沈从文(1902—1988年)把生命的本质认定为"神的本质"等,都可以看成是这一生存形态的传承。

三是在群己关系上的社会和谐共存的生存模式。社会和谐共存的核心是个人与社会的关系,作为对社会认知而形成的哲学内容,如果细分,有构成关系、功能关系、轻重关系等多方面内容。在土家族传统文化中,这一关系的总体价值取向是社会本位观——不仅个人价值在文化中没有得到彰显,就是小团体的价值也没有得到彰显。有西方学者认为:与西方强调个人主义相比,"东方人则强调集体主义、和谐、一致。他们把自己看成是与其他人相互关联的,他们敬佩那些能够表现出自制力并建立起与他人的纽带的人。"②土家人作为东方人,当然也有这一文化传统。但是,如果古代中国人,真如钱穆所说:"一面并不存着极清楚极显明的民族界线,一面又信有一个昭赫在上的上帝,他关心于整个下界整个人类之大群全体,而不为一部一族所私有,从此两点上,我们可以推想出他对于国家观念之平淡或薄弱。因此他们常有一个天下观念超乎国家观念之上。他们常愿超越国家的疆界,来行道于天下,来求天下太平。"③那么,土家族人就正好相反,他们是在承认人与我、个人与群体、个人与社会界限基础上来强调和谐共存价值的,是在"分"的基础上强调"和"。

土家族这种文化精神在土家族的文化形态中随处可见,如生产上的"薅草锣鼓"等集体协作场景④,唐代诗人刘禹锡在《竹枝词九首》中描写的

---

① [英]马林诺夫斯基著,李安宅译:《巫术科学宗教与神话》,中国民间文艺出版社1986年版,第69页。

② [美]唐纳德·西尔著,涂欣等译:《全球化思维的艺术》,新华出版社2004年版,第2页。

③ 钱穆:《中国文化史导论》,商务印书馆1994年版,第47—48页。

④ 参见王承尧、罗午、彭荣德辑录《土家族土司史录》中的此类资料,岳麓书社1991年版,第297页。

土家族地区生产中的集体劳动场面①;渔猎中,清人顾彩有诗记其"一夫跃入众夫继"的情形②;其围猎情形则是"每冬行猎,谓之赶仗。先令舍把头目视虎所居,率数十百人用大网环之,旋铲其草,以犬惊兽,兽奔,则鸟铳标枪立毙之,无一脱者"③。而且,在日常生活中也是如此,如"乾隆三四十年间,邑中夜不闭户,道不拾遗,买日用饮食之物者,取物酬直,恒不俟主人,主人亦不问也";"邑中风气,乡村厚于城市,过客不裹粮,投宿寻饭无不应者。入山愈深,其俗愈厚。"④

正是由于这种和谐共存的文化精神,土家族地区有一种视人若己的传统。沈从文《长河》中描写的土家族地区"可以吃,不买"的传统是这种精神的体现;明末土家族诗人冉天育《出山海关》一诗所吟"男儿死国当生还"则可看成是文人思虑;诗人田星六激情澎湃地写下《嘉定军中呈熊秉三先生》,吟唱"好索河山还故国,誓从水火救苍生";其《北征》诗吟唱"艰难念民役,孑立望承平"⑤;诗人田名瑜的《沙场》吟唱"倭奴喷血满江山,马革沙场恨愤间。弹雨枪林存性命,当时不意可生还"⑥,则可看成是这种和谐共存的近现代形式——一种融我于群,融小群于大群的优秀精神。⑦

四是在人际关系上的仁义认同的人格模式。哲学在西方特别强调人格问题,因为文化说到底即是人的生存样态。按克鲁柯亨的认识,文化是历史上所创造的生存式样系统,既包含显型式样又包含隐型式样;它具有为整个群体共享的倾向,或是在一定时期中为群体特定部分所共享。纯粹的文化形态都具有传统要素或随意性要素,它们在某种程度上都由历史偶然事变

---

① 参见潘百齐编著:《全唐诗精华分类鉴赏集成》,河海大学出版社 1989 年版,第 1134 页。

② 参见顾彩著,吴柏森校注:《容美纪游校注》,湖北人民出版社 1999 年版,第 319 页。

③ 王承尧、罗午、彭荣德辑录:《土家族土司史录》,岳麓书社 1991 年版,第 300 页。

④ 同治《来凤县志》,来凤县志办公室 1981 年重印版,第 247 页。

⑤ 田星六著,丘陵、张应和、周平波选注:《晚秋堂诗词选》,岳麓书社 1992 年版,第 74、122 页。

⑥ 彭勃、祝注先注:《历代土家族文人诗选》,岳麓书社 1992 年版,第 307 页。

⑦ 参见萧洪恩:《土家族传统和谐思想与当代和谐社会的构建》,《传统文化与和谐社会》,天马出版有限公司 2005 年版。

造成——既包括内部事件的偶发也包括与其他民族的接触。① 李凯尔特则认为:自然是那些从自身中成长起来的、诞生出来的和任其自生自长的东西的总和。与自然相对立,文化或者是人们按照预计目的直接生产出来的,或者是虽然已经是现成的,但至少是由于它所固有的价值而为人们特意地保存着的。② 因此,人格问题在哲学中就具有了当然的意义——什么人才是够格的人,够格的人是如何生存与发展的? 涂尔干说:"人格是一种神圣事物;人们既不敢侵犯人格,也不敢擅越人格的界限,与此同时,最伟大的善也就是与他人共有的。"人格,"一方面她能激起一种宗教的崇敬,使我们对她敬而远之,……不过,人格同时亦是我们同情感的主要对象,我们竭力去发展她。"③由此可见,"人格"具有一种非功利性,具有"与他人共有的善",具有可追求性。说到底,"人格"就是个人在社会关系中如何自处的问题。

据记载,土家人"最称易治。隶土籍者,悍而直。……可以理遣,可以情恕,无顽梗不化者,故讼狱少,而囹圄常虚"④。正是这种民族本性培育了土家族哲学崇尚仁义的人格追求。⑤ "物阜土膏,四方之山川清淑;父慈子孝,八里之风俗循良。各安其业,各守其居,彬彬乎礼乐教化,郅治之隆焉。"⑥"男耕女织,不事奢华,颇有古风。"⑦

在正直基础上的仁义人格追求,表现在日常生活中即是守望相助,有民谣谓:"一家有事,百家帮忙;一家出事,百家不安"。如《来凤县志》等方志

---

① 参见庄锡昌等编:《多维视野中的文化理论》,浙江人民出版社 1987 年版,第 119—120 页。

② 参见[德]H. 李凯尔特著,涂纪亮译:《文化科学和自然科学》,商务印书馆 1986 年版,第 20 页。

③ [法]爱弥尔·涂尔干著,梁栋译:《社会学与哲学》,上海人民出版社 2002 年版,第 39、52 页。

④ 同治《来凤县志》,来凤县志办公室 1981 年重印版,第 246 页。

⑤ 从民族渊源所自看,土家族信仰白虎,并以之为图腾,而在中国汉文化中,白虎具有"仁义"的一面,是仁义、仁德、仁政的象征。《毛诗正义》:"驺虞,白虎黑文,不食生物,有仁义。"驺虞又称驺吾,是白虎的别名。明朝陈继儒在其编辑的《虎荟》中说:"白虎者,仁兽也。"若据《华阳国志》等对土家族先民巴人"仁义"的评价看,则知"白虎"与"仁义"的挂钩应与巴人信仰有关。

⑥ 同治《咸丰县志》,咸丰县志编纂委员会 1983 年重印版,第 5 页。

⑦ 民国《永顺县志》卷六。

则言:"四五月耘草,数家共聚一家,多至三四十人。一家耘毕,复趋一家。一人击鼓,以作气力;一人鸣钲,以节劳逸,随耘随歌,自叶音节,谓之薅草鼓。"①"四月,秧长五六寸,农人通功栽插,疏密成行。耘御麦,以二人司钲鼓,田歌相应,以节劳而趣工,曰'打闹'。"②在社会关系上也是直而好义,如"辰州风尚劲直,俗多愿朴,人文虽少,弦诵之声不绝。痌瘝即虚,公家之赴必急"③。"赛人剽勇,民风淳朴……好义多儒。"④对此,《华阳国志》说"其民质而好义",同治《咸丰县志》则言:"虽无高爵显秩之可书,而忠奋者有人,纯孝者有人,守义高隐者有人……何在无梗楠杞梓之材也。"⑤在近现代中华民族革命斗争史上,土家族这种质而好义之风得到了深刻体现。不过,现代意义上的社会关系已转化为国家、社会与个人的关系。

五是在对人生际遇的认知中坚持寓达于穷的变通模式。由于土家族生存环境的严酷性,因而总有一种在极端困难的情况下获得再生的希望,这就是寓达于穷的变通模式。以土司统治为例,史志记载土司残酷统治的情形较多,如说土司收取的钱帛数比朝廷规定的收取数要高出百倍以上,且"其刑法重者径斩。……次宫刑,次断一指,次割耳。盖奸者宫,盗者斩,慢客及失期会者割耳,窃物者断指,皆亲决。余罪则发管事人棍责,亦有死杖下者"⑥。这种严酷的统治,每每使土家先民有一种"置之死地而后生"的渴望,形成了一种特殊的变通式思维方式,甚至可以说是一种特殊的生存意志。

土家族的这种思维方式,可以从婚姻与丧事这两个极端个案来体现。按照维柯的观点,这两种文化现象与宗教一样,是人类文化的核心构成部分,是"起源于互不相识的各民族之间的一致的观念"⑦,如婚姻,本来是相当喜庆的大喜之事,但土家族却用哭的方式来表现,从一开始,直到上轿,整

---

① 同治《来凤县志》,来凤县志办公室 1981 年重印版,第 248 页。
② 黔江地区民族事务委员会编:《川东南少数民族史料辑》,四川民族出版社 1996 年版,第 225 页。
③ 王承尧、罗午、彭荣德辑录:《土家族土司史录》,岳麓书社 1991 年版,第 277 页。
④ 李贤、彭时等:《大明一统志》卷六十九。
⑤ 同治《咸丰县志》,咸丰县志编纂委员会 1983 年重印版,第 4 页。
⑥ 顾彩著,吴柏森校注:《容美纪游校注》,湖北人民出版社 1999 年版,第 314 页。
⑦ [意]维柯著,朱光潜译:《新科学》上册,商务印书馆 1997 年版,第 154 页。

个过程都包含哭的因素,通过哭,把未来的生活希望投射出来,即让喜从悲中来;丧葬,本是悲事,人死众人哀,但土家人表示这种哀的方法却不是痛哭流涕,而是通过"喜"来展现,通过手之舞之、足之蹈之的歌唱,即跳丧或歌丧,如樊绰《蛮书》所谓:"初丧,击鼓以道哀,其歌必狂,其众必跳。"通过这种跳唱来渲染悲苦的情怀,借以激起新的斗志,唤起更强烈的生存意识。这种寓达于穷的变通模式,在土家族的文化形式中随处可举,如偷梁,土家人修屋造房,屋梁要去偷人家的。本来,修屋造房是好事,但却要以偷这种"坏"渗入其间;偷的行为本身是坏事,但却要以"挂红"的喜事气息渗入其间。给小孩取名,按严格的程序,本来应取吉祥、美丽的名字,可是在土家人心目中,至今仍保留有传统的思维方法,这就是将小孩的名字取得并不好听,诸如取为阿猫、阿狗、阿丑等,认为这样就好培养一些。偷瓜送子,即"中秋节,……是夜,有偷瓜具鼓乐以送子者。倘失瓜人从而骂之,其验甚速"①。凡此等等,不一而足。

　　一个民族的特定思维方式应是其民族性的核心表现,因而并不会被完全抛弃。因为传统"是某一集团或某一民族,代代相传的生活方式和观念。因为是代代相传,所以从时间上看,有其统绪性;因为是某集团的,所以从空间上看,有其统一性"②。

---

　　① 黔江地区民族事务委员会编:《川东南少数民族史料辑》,四川民族出版社1996年版,第234页。
　　② 徐复观:《徐复观先生谈中国文化》,见李维武编《徐复观文集》第1卷,湖北人民出版社2002年版,第11—12页。

# 第 二 章
## 土家族精神传统的生成与转型

　　探讨土家族哲学,有必要先明确土家族传统思想文化达到的发展程度。因此,本章追寻土家族精神传统的历史生成,阐明明代土家族思想世界的趋新动向,揭示土家族 18 世纪以来的脱蛮入儒的思想进程①,论述土家族现代知识分子及现代意识的产生。正是这种思想文化的发展形成了土家族近现代哲学发展的历史文化背景。

### 第一节　土家族精神传统的历史生成

　　土家族思想文化的发展一直存在着两个精神传统,一个是始终坚持本民族的自我意识,保持民族自性的传统;另一个是不断在开放纳新中进行文化再创造,吸收、消化、运用其他民族,其中特别是中域先进文化的传统。究其原因,即本于土家族的生存地域一直处于祖国内陆腹地(全国的中心地带),处于中域与西南之交通要道上,且具有长江这一黄金水道。此外,除土家先民本身是一个多族群复合体而外,还因四周之民与土家先民有不同的文化传统,特别是中域文化传统。土家族人民在这种文化环境下,必然面对着文化发展的双重任务:既要坚守民族自我的文化传统,又要消化吸收周边的民族文化,特别是中域文化,于是形成了土家族文化发展的两种思想传统。

　　较早系统研究土家族这两种精神传统的是东晋史学家常璩所著《华阳

----

　　①　"脱蛮"是据美国学者摩耳著《蛮性的遗留》取义而得。该书由李小峰译,周作人等作序,海南出版社 1994 年再版重印。摩耳认为,人类的进步过程即是一个逐渐的脱蛮过程,但总会有蛮性的遗留。

国志》,这是一部专记晋代以前西南少数民族历史生活的地方史志。从《华阳国志》对土家先民巴人地域的生存背景、社会历史与历史人物等的记载中,既可以领略到巴人强悍、勇武、质朴、尚义的固有民族精神和思想传统,感受到土家先民巴文化的独特魅力;又可从中领略到土家先民巴人文化在开放纳新中的新创造,常璩还特别对此强调,汉晋以后,土家先民巴人已达到了很高的文明程度,即"自时厥后,五教雍和,秀茂挺逸。英伟既多,而风谣旁作。故朝廷有忠贞尽节之臣,乡党有主文歌咏之音"①。研究晋代以前土家族两种精神传统的形成,必以《华阳国志》的分析为不可逾越的基础。自《华阳国志》以后,历代史志虽然也有对土家先民文化的多种论说,但都没有《华阳国志》的论说系统。直至20世纪20年代开始巴文化研究逐渐兴起,特别是20世纪下半叶土家族研究高潮兴起以来,对土家族精神传统的研究与揭示才又受到重视。但到目前为止,都还没有直接指认土家族精神传统的本质特征。

**一、土家族区域考古文化与精神传统**

从考古学成果来看,土家族的文化承续很早,并体现了固守文化自性与开放纳新的思想文化自觉。

土家族地区的考古文化,远自巫山人、长阳人,直到土司时代都自成系列。从目前的发现看,旧石器时代的遗址遍布土家族聚居的广大地区,已被专家确认的原始文化有城背溪文化、大溪文化、屈家岭文化、石家河文化、魏家梁子文化等,并呈现出明确的地层叠压关系。在土家族聚居的腹心地区,夏商周时期文化遗址总计已不下百处,专家学者多认定为早期巴文化。此后从春秋战国时期起直到明清时代,都有丰富的考古发现,且不少是十分典型的土家族先民文化遗址。

从考古成果看,巴文化即有两种明显的精神传统,如原始文化中的陶器在质地、形制、纹饰等方面具有一致性,且显出对异质文化的吸收。像圜底器类从距今7000多年以前的城背溪文化一直延续至大溪文化、屈家岭文化、石家河文化及至商周时期的巴文化遗址中;尖底器类从鄂西的大溪文化

---

① 常璩撰,刘琳校注:《华阳国志校注》,巴蜀书社1984年版,第39页。

延续到屈家岭文化、石家河文化、关庙山文化。据研究,夏商时期巴文化遗存遗物的特点与新石器时代原始文化的特点具有相似之处。同时,在土家族地区相当于夏商时期的巴文化还与中域二里头文化(夏文化)有相似之处,与《华阳国志》等史籍记载的巴夏关系相映照;在巴文化分布的宜都、枝江、当阳等遗址中发现了商文化成分,与甲骨文中多次提到的"巴方"相应。到春秋、战国时代,在秭归庙坪墓葬中,陶罐、墓葬形制等接近于春秋中期楚文化,而铜剑、铜矛、箭镞则具有明显的巴式风格;巴人墓葬与楚人墓葬在巴东雷家坪则共处一地;在宜昌前坪墓葬中,楚文化为主而含有明显的巴文化因素;在湖南溆浦等地的战国墓葬中,巴人文化材料常有发现,战国及其以后则常常发现巴族的兵器、军乐器等;从重庆涪陵到巫山,发现了大批春秋战国时期的巴人墓葬①,从巴人墓葬中多出土巴氏剑等短兵器可看出"巴有将"体现的巴人精神一脉相承。

**二、土家族族源文化与精神传统**

土家族文化的主源是巴人文化,如果以保存巴文化为固守民族精神传统自性的话,那接收其他族群文化则可看成是开放纳新的另一传统。"巴人"在《山海经》等史籍中已有记载,考古学上的"早期巴文化"多分布在江边地势较低处,属水居民族。巴人文化的基本特征是劲勇尚武、锐气喜舞、崇虎敬虎、信鬼事道、行船棺葬、构木为居、制盐善酿等。② 据《华阳国志》记载,土家先民巴人的文化至少可以从以下几方面体现,而且一直延续到近现代。

首先是"天性劲勇"。"阆中有渝水,賨民多居水左右,天性劲勇;初为汉前锋,陷阵。"③"其人勇敢能战。昔羌数入汉中,郡县破坏,不绝若线。后得板楯,来虏弥[殄]尽。"④"郡与楚接,人多劲勇。"⑤"种党劲勇。"⑥正是这

① 参见邓辉:《土家族区域的考古文化》,中央民族大学出版社1999年版,第180—260页。
② 参见段超:《土家族文化史》,民族出版社2000年版,第16—19页。
③ 常璩撰,刘琳校注:《华阳国志校注》,巴蜀书社1984年版,第37页。
④ 同上书,第52页。
⑤ 同上书,第83页。
⑥ 同上书,第661页。

种民族精神,使常璩大赞之曰:"若蔓子之忠烈,范目之果毅,风淳俗厚,世挺名将,斯乃江、汉之含灵,山岳之精爽乎!观其俗足以知其敦壹矣。"①巴人的"天性劲勇"是土家族先民面对艰难生存环境表现出的积极改造自然、迎接挑战的强悍民族精神;也正是这种"天性劲勇"的坚韧、顽强的民族精神发展了土家先民"土植五谷,牲具六畜"②的农耕文明。

其次是"质直好义"。《华阳国志》说巴域"其民质直好义,有先民之流。故其诗曰:'川崖惟平,其稼多黍。旨酒嘉谷,可以养父。野惟阜丘,彼稷多有。嘉谷旨酒,可以养母。'其祭祀之诗曰:'惟月孟春,獭祭彼崖。永言孝思,享祀孔嘉。彼黍既洁,彼牺惟泽。蒸命良辰,祖考来格。'"③在该书中还直接指认土家先民巴人"本为义民"。《华阳国志》还通过对巴人历史人物事迹及民族风俗来揭示这一巴人精神传统,最典型的是对巴蔓子将军壮烈殉国事迹体现的巴人忠勇爱国民族大义的记载:"周之季世,巴国有乱,将军有蔓子请师于楚,许以三城。楚王救巴。巴国既宁,楚使请城。蔓子曰:'藉楚之灵,克弭祸难。诚许楚王城,将吾头往谢之,城不可得也!'乃自刎,以头授楚使。王叹曰:'使吾得臣若巴蔓子,用城何为!'乃以上卿礼葬其头;巴国葬其身,亦以上卿礼。"④还有其他人物如"巴郡谯君黄,仕成哀之世,为谏议大夫,数进忠言"。"巴郡陈纪山,为汉司隶校尉,严明正直。西房献眩,王庭试之,分公卿以为嬉。纪山独不视。""巴郡严王思为扬州刺史,惠爱在民。每当迁官,吏民塞路攀辕,诏遂留之。居官十八年。卒,百姓若丧考妣"⑤等,都可说明巴人的"质而好义"。

再次是"俗好鬼巫"。《华阳国志》说巴人"俗好鬼巫",并举例说"汉末,张鲁居汉中,以鬼道教百姓,賨人敬信";⑥"鱼复县……又有泽水神,天旱,鸣鼓于旁即雨也。"⑦巴人的这种"俗好鬼巫",以至于铸造的军

---

① 常璩撰,刘琳校注:《华阳国志校注》,巴蜀书社1984年版,第101页。
② 同上书,第23页。
③ 同上书,第28页。
④ 同上书,第32页。
⑤ 同上书,第39—40页。
⑥ 同上书,第661页。
⑦ 同上书,第77页。

魂也有了神气,即"号为神兵"①。这"神兵"一风还在 20 世纪初得到回应。

第四是"锐气喜舞"。《华阳国志》强调巴人"锐气喜舞"并举例明之:一则是"周武王伐纣,实得巴、蜀之师,著乎《尚书》,巴师勇锐,歌舞以凌,殷人前徒倒戈,故世称之曰'武王伐纣,前歌后舞'也"②。一则是汉王刘邦因巴人"锐气喜舞。帝善之,曰:'此武王伐纣之歌也。'乃令乐人习学之。今所谓《巴渝舞》也"③。除《太平御览》对此有相似记载外,唐人杜佑在《通典》卷一百四十五中也有记载④。这里记载的巴人军前歌舞或巴渝舞,即是土家族摆手舞的前身,是反映土家族民族精神的重要窗口,它典型地表现了巴人"勇武"或"天性劲勇"、生死无惧的战斗精神。

第五是"好古乐道"。《华阳国志》肯定巴人"好古乐道"并以诗为证:"其好古乐道之诗曰:'日月明明,亦惟其名。谁能长生,不朽难获。'又曰:'惟德实宝,富贵何常。我思古人,令问令望。'"⑤"好古乐道"本身就是一种精神传统的紧守。

《华阳国志》对这种精神传统的总评价是"土风敦厚,有先民之流。……而其失在于重迟鲁钝,俗素朴,无造次辨丽之气"⑥。从"土风敦厚,有先民之流"一句来看,明显说明土家先民巴人对自己精神传统的固守。故又说:"涪陵郡……土地山险水滩,人多戆勇,多獽、蜑之民。县邑阿党,斗讼必死。少文学,无蚕桑。惟出茶、丹、漆、蜜、蜡。……车骑将军邓芝……乃移其豪徐、蔺、谢、范五千家于蜀,为猎射官。……其人性质直,虽徙他所,风俗不变,故迄今在蜀、汉、关中、涪陵;其为军在南方者犹存"⑦。应该说,这是固守民族自性的绝好说明。当然,《华阳国志》也对土家先民巴人文化精神的不足进行了批评,即"其失在于重迟鲁钝"。

---

① 常璩撰,刘琳校注:《华阳国志校注》,巴蜀书社 1984 年版,第 52 页。
② 同上书,第 21 页。
③ 同上书,第 37 页。
④ 该书记曰:巴渝舞"舞曲有矛渝、安台、弩渝、行辞,本歌曲有四篇,其辞既古,莫能晓其句度"。
⑤ 常璩撰,刘琳校注:《华阳国志校注》,巴蜀书社 1984 年版,第 28 页。
⑥ 同上。
⑦ 同上书,第 83—84 页。

在固守民族自性的过程中,土家先民巴人还发展了另一精神传统,即开放纳新,吸收、消化外来文化并创造新的文化内容。据《华阳国志》记载,约唐尧、鲧、禹时代,土家先民巴人已"盖时雍之化东被西渐矣"①,即具有了开放纳新的精神传统。其间"禹娶于涂山,……生子启,呱呱啼,不及视,三过其门而不入室,务在救时——今江州涂山是也"②。这至少应看成是巴人与中域文化关系的深化,无疑会加速巴人对中域文化的了解,以至为支持大禹治水,巴还作为"执玉帛者万国"之一而进行物质支持;在参加周武王伐纣后,"武王既克殷,以其宗姬封于巴,爵之以子,——古者,远国虽大,爵不过子,故吴、楚及巴皆曰子。"③正是在这一时段,土家先民巴人有两点文化特色在与中域文化的比较中得到了彰显:一是"巴师勇锐",二是"歌舞以凌",且这两点使殷人"前徒倒戈"。可以说正是在巴文化与周文化的互较中使各自的思想文化内涵得到了彰显。

从《华阳国志》的记载看,巴人的开放纳新包括两个方面:

一方面是巴域内部各族群之间的开放,即"其属有濮、賨、苴、共、奴、獽、夷、蜑之蛮"④。说明了巴人区域的多族群共居状况,并因此成为文化开放纳新的种群基础。从现有的研究成果看,古代乌蛮的文化融进了巴人文化中,如乌蛮的贱白虎与土家族的赶白虎、乌蛮的语言与土家族语言等都有亲缘关系。越、濮文化也融进了巴人文化中,并从婚俗、丧葬、椎髻、居住等方面影响了后来的土家族文化;楚文化也从信仰、图腾、节庆等方面影响了后来的土家人。对这些文化的吸纳也主要是在"巴人"时期实现的。⑤

另一方面则是对中域文化的纳新。巴文化与夏商周文化的关系数见于史。至秦代则"发教封内,而巴人致贡。施德诸侯,而八戎来服"⑥。这一传统发展到汉晋之际,巴文化即发生了一次重大的文化转折:此前以"巴有将"为文化特色,以后则有了"文学"。《华阳国志》的这一分析是最早对巴

---

① 常璩撰,刘琳校注:《华阳国志校注》,巴蜀书社1984年版,第1页。
② 同上书,第20—21页。
③ 同上书,第21页。
④ 同上书,第28页。
⑤ 参见段超:《土家族文化史》第一章,民族出版社2000年版。
⑥ 司马迁:《史记·商君列传》。

人思想文化发生转变进行的揭示。此前,土家先民巴人"少文学",并与"人多戆勇"①、"有将才"相对应,强调"少文学,有将帅材"②。汉晋以后则有了"文学":"故曰'巴有将,蜀有相'也。及晋,谯侯修文于前,陈君焕炳于后,并迁双固,倬群颖世,甄在传记,缙绅之徒,不胜次载焉。"③"其德操、仁义、文学、政干,若洛下闳、任文公、冯鸿卿、庞宣孟、玄文和、赵温柔、龚升侯、杨文义等,播名立事,言行表世者不胜次载也。"如孝安帝时已有"名儒陈髦"④传世。可以看出这开放求新的传统已显出雏形。在《李特雄期寿势志》中还讲到賨人李雄"乃虚己受人,宽和政役,远至迩安,年丰谷登。乃兴文教,立学官"。⑤ 李班则"好学爱士。每观书传,谓其师友天水文夔、陇西董融等曰:'吾见周【景】〔灵〕王太子晋、魏太子丕、吴太子孙登,文章鉴识,超然卓绝,未尝不有惭色。何古人之难及乎!'"⑥《华阳国志》的这些记载还可以得到其他史料的印证,如汉"文景之治"以后,汉武帝诏令全国推行蜀郡守文翁设立官学的措施,各地方官吏,或稍有建树;东汉光武帝建武年间,宋均为辰阳(今湖南辰溪县)长,见"其俗少学者而信巫鬼",即"为立学校"⑦。又和帝永兴年间,应奉为武陵太守,也"兴学校,举侧陋"⑧。这些开发民智的措施,对于土家族地区文化状况的变化无疑产生了积极影响。所以,徐中舒即认为:像巴人始祖廪君五姓中的樊姓,文化纳新即较早,今尚保存在四川芦山县的《樊敏碑》,即叙述樊姓先世由来。徐中舒说:"樊敏之先,必出于巴郡蛮之樊氏"⑨,且《后汉书·冉駹夷传》说:冉駹夷⑩'王侯颇

① 常璩撰,刘琳校注:《华阳国志校注》,巴蜀书社 1984 年版,第 83 页。
② 同上。
③ 同上书,第 90 页。
④ 同上书,第 44 页。
⑤ 同上书,第 668 页。
⑥ 同上书,677 页。
⑦ 范晔:《后汉书·钟离宋寒列传附宋均传》:"宋均字叔庠,南阳安众人也。父伯,建武初为五官中郎将。均以父任为郎,时年十五,好经书,每休沐日,辄受业博士,通《诗》《礼》,善论难。至二十余,调补辰阳长。其俗少学者而信巫鬼,均为立学校,禁绝淫祀,人皆安之。"
⑧ 刘珍等:《东观汉纪》卷十九。
⑨ 徐中舒:《论巴蜀文化》,四川人民出版社 1982 年版,第 102 页。
⑩ 范晔:《后汉书》卷八十六:"冉駹夷者,武帝所开。""其王侯颇知文书,而法严重。"

知文书',像樊敏这样的王侯,不但颇知文书,而是深知文书的"①。正是由于这一传统,使巴人地区获得发展,以至于不少地方"可比汉人"。这一传统到宋元以后已有了根本显现,体现出土家族先民不断开放纳新,进行思想文化创造传统的真正形成。

据研究,把土家族先民"巴人"作为一个民族与"汉人"对称,即起于后汉,并引起了治理政策之争。当时,"宋均为置吏以司之,群蛮遂平。历章、和、安、顺四朝,累反叛,攻劫郡县,旋讨平之。永和初,武陵太守上书以蛮夷率服,可比汉人,增其租赋。议者皆以为可。尚书令虞诩独奏曰:自古圣王不臣异俗,非德不能及,威不能加,知其兽心贪婪,难率以礼,是故羁縻而抚绥之。附则受而不逆,叛则弃而不追。先帝旧典,贡赋多少,所由来久矣。"②这"可比汉人"一句,是最早的对应词,既说明土家族地区当时的发展状况,也说明土家先民的民族特性。其中一个重要的方面就是要尊重民俗,故翦伯赞在《中国史纲要》中即说:汉末时"巴人与汉人关系很密切,两者在经济生活上的差异大致已消失"③。向达(土家族)、潘光旦也认为"从东汉到南北朝在此地带以外的,基本上都与汉人无别,只有四省边区的巴人后裔,则迟到隋唐以来,由于中域政权与文化不断深入,才陆续失去他们原有的民族特征与民族意识"④。

《华阳国志》最先揭示的土家族思想文化发展的这两种传统,都是以坚信自己的民族身份为基础的,前述巴蔓子将军故事说明巴人的自我意识,即明确的区分自己与其他族群;其所记秦与巴人"刻石为盟要"、"汉

① 徐中舒:《论巴蜀文化》,四川人民出版社1982年版,第106页。
② 乐史:《太平寰宇记·江南西道十八》。
③ 翦伯赞:《中国史纲要》第二册,人民出版社1965年版,第31—32页。其中说:"东汉时今鄂西、川东的廪君蛮与板楯蛮,到西晋时已逐渐融合,称为巴人或賨人。汉末一部分巴人北上,归附汉中的张鲁;以后宕渠的巴人也北入汉中。曹操把巴人迁到略阳,与氐人杂居,所以他们又被称为巴氐。巴人与汉人关系很密切,两者在经济生活上的差异大致已消失了。"
④ 向达、潘光旦:《湘西北、鄂西南、川东南的一个兄弟民族——土家》,原载《人民日报》,1957年3月24日。此见彭继宽选编《湖南土家族社会历史调查资料精选》,岳麓书社2002年版,第255页。

复因之"①等情况也说明了这种民族意识。

这种紧守民族自我意识的例子,从范目之例更可清晰看出:

> 汉高帝灭秦,为汉王,王巴、蜀。阆中人范目有恩信方略,知帝必定天下,说帝,为募发賨民,要与共定秦。秦地既定,封目为长安建章乡侯。帝将讨关东,賨民皆思归;帝嘉其功而难伤其意,遂听还巴。谓目曰:"富贵不归故乡,如衣绣夜行耳。"徙封阆中慈[凫]乡侯。目固辞。乃封渡沔【县】侯。故世谓:"三秦亡,范三侯"也。目复除民罗、朴、昝、鄂、度、夕、龚七姓不供租赋。②

从中反映的思乡、思利,都是民族自我意识的表现。此前的"巴、楚数相攻伐,故置扞关、阳关及沔关③,已可说明这一界限。《巴志》更以人说事,通过对谯君黄"违避王莽,又不仕公孙述"的事迹及其他人的事迹进行评述④,与汉代土家族先民首领田强"吾辈汉臣,又不事他"的反莽心理相同⑤。当然,这并不否认当时的巴人居住区域已有了地域文化差异⑥,这是在承认巴人文化统一性基础上强调巴文化的地域性特征,这一特征也一直延缓

---

① 其曰:"乃刻石为盟,要复夷人顷田不租、十妻不算,伤人者不论,煞人雇死倓钱。盟曰:'秦犯夷,输黄龙一双;夷犯秦,输清酒一钟。'夷人安之。汉兴,亦从高祖定秦有功。高祖因复之,专以射白虎为事。户岁出賨钱口四十,故世号'白虎复夷',一曰'板楯蛮',今所谓'弜头虎子'者也。"并言"朐忍县……〔其属〕有'弜头白虎复夷'者也。"见常璩撰、刘琳校注《华阳国志校注》,巴蜀书社1984年版,第35、78页。

② 常璩撰,刘琳校注:《华阳国志校注》,巴蜀书社1984年版,第37页。

③ 同上书,第58页。

④ 同上书,第39页。

⑤ 王莽篡权后,遣五威将军王奇等人"驰传天下,班行符命"。"外及匈奴、西域、徼外蛮夷","皆即授新室印绶,因收故汉印绶"(司马光:《资治通鉴》卷三十七《汉纪二十九》,长城出版社1999年版,第234页),可在土家族地区却遭到了"蛮夷"族的抵制。据记载:"五威至五溪蛮,授莽所铸铜印。蛮酋田强有子十人,雄勇过人,皆曰:'吾辈汉臣,誓不事莽'。遂于沅东筑三城,居三子,屯五万人,以拒莽,烽火相应。长子居上城,次子居中城,三子居下城。"又据方志记载:田强者,"五溪酋长,威信素著。王莽欲招徕之,赐以铜印,义不肯受。曰:'吾汉臣,誓不二姓。'"(同治《沅陵县志》卷三十八)《酉阳杂俎》卷一:"武溪夷田强,遣长子鲁居上城,次子玉居中城,小子仓居下城。三垒相次(一曰望),以拒王莽。"又,严如煜《苗防备览》卷十六亦有记载。

⑥ 如说"江州以东,滨江山险,其人半楚,精敏轻疾;垫江以西,土地平敞,姿态敦重。上下殊俗,情性不同。"参见常璩撰,刘琳校注:《华阳国志校注》,巴蜀书社1984年版,第49页。此处据任乃强校注做了调整。

到现在。

### 三、汉土文化的关系与土家族精神传统

五代时期在湘西地区发生了有名的"溪州之战",战后订立了"溪州铜柱"以明确汉土文化界限;宋真宗天禧元年(1017 年),溪州蛮彭儒猛在明溪与辰州通判刘中录歃血盟誓议和。① 同样在宋朝,在今恩施宣恩境内立有"咸平石柱"。这说明,在五代至宋元时期,不仅土家先民的民族意识强烈,而且在与中域王朝的交往中逐步确立了自己的地位,并习惯于通过"订约"来明确汉土界限。事实也正是这样,宋元以后土兵、土丁、土人等称呼逐渐成为对土家先民的专有称谓,一个重要原因即是土家族两种精神传统都获得了发展。据此,同治《恩施县志》卷七虽曾以"汉晋以前无稽"为叹,但以隋唐为"风俗之一变"为荣,其根本标志即是"论文学则骎骎大国风"。精神传统的固守体现的是土家族文化精神的固守,并在土家族文人作品中每每体现出民族自性。

首先,土家族对自我精神传统的固守。大约发生于这一时期的民间文学已把土家族对自我精神传统的固守体现出来了,如在多篇土家族神话中,土家族都没有泯没自我。这些神话传说,一是把自己放在整个中华民族的大家庭中思考,如《涨齐天大水的故事》②中罗公罗娘两人成亲之后,生下一个肉坨坨,帕帕 ma 妈叫他们砍碎,然后用三背细砂子和匀撒出去,就成了客家;用三背糯泥巴和匀撒出去,就成了土家;用三背嫩苗苗和匀撒出去,就变成了苗家。不仅说明客家、土家、苗家共生于肉坨坨,反映湘鄂渝黔边区土家和苗、汉的友好杂处关系;而且也把自己与苗家、客家区别开来。在《合欢树》中,同样以苗、土家、汉的关系为建构素材。《罗汉菩萨与百家姓》③则更以整个中华民族文化为背景,对百家姓的来源进行了说明。这类神话传说还有《猴子为么子上不了天》、《"四月八"敬牛王菩萨》、《人是嘟

---

① 参见脱脱:《宋史》中的《本纪》及《诸蛮传》。

② 彭继宽、姚继彭主编:《土家族文学史》,湖南文艺出版社 1989 年版,第 62 页。

③ 《容美》编辑室编:《细柳城——鹤峰民族民间故事·传说续集》,内部资料 1983年版,第 48 页。

么来的》①等。二是只思考土家族自身,如《土家族的祖先》解释的是土家族的来源,是兄妹俩成亲后生下一个血坨坨,他俩将其剁成18块,用泥巴包住放在18棵树杈里,后变成土家18大姓。土家族的民间舞蹈如摆手舞、毛古斯舞等,也都成为土家族自我精神传统固守的文化形式,特别是"凝滞"的毛古斯舞,更是土家族民族意识的一个侧面。在《巴蔓子》、《向老官人》、《田好汉》、《覃垕王》、《科斗毛人》②等脍炙人口的土家族民间传说中,通过对本民族历史英雄人物高尚品德的歌颂,不仅再现了土家族的生活习俗和地方特点,而且在人民心中铭刻了土家族自身的民族性格和民族感情。梯玛神歌用土家语演唱,如为死人祭祀时唱《补此思歌》(汉语即《送亡人歌》)、为村寨挨家逐户贴避火符咒时唱《迷鸡沙》(汉语即《避火咒语歌》),与人消灾、招魂、求子时唱《服司妥歌》(汉语即《还愿歌》),赶鬼驱邪时唱《杰卵番案歌》(汉语即《解邪歌》),这本身即是一种民族自我意识的固守。其他如猎歌、渔歌、劳动号子、生产歌等也有同样的功能。至于土家族的创世歌,则更是与土家族的民族自性有关。据研究,土家族这一时期的文化自性还表现在信奉竹王、悬棺葬、跳丧、敬巫鬼重淫祀等方面。

土家族的民族自我意识还可从土家语中得到体现,如土家族的自称,并不是后来的"土家",而是"毕兹卡",尽管不同的学者对如何翻译"毕兹卡"有不同的看法,但在"毕兹卡"强调了土家族的民族认同这一点上是没有分歧的。只是后来随中域文化对土家族的称谓日渐集中于"土家",土家族即接受了这一称谓,如《大明一统志》卷六十六"永顺宣慰使司"条记"土民……身服五彩斑衣,刀耕火种,猎渔为生,不晓文字,刻木为识"。"保靖州军民宣慰使司"条记"土民服花衣短裙……刀耕火种为业"。《永顺府志》卷十记土民"于二、三月间薙草伐木,纵火焚之;暴雨锄土撒种,熟时摘穗而归"。正是这类称呼日渐强化了土家族的民族意识,但也并没有忘记原有的自称"毕兹卡"。

土家族这种对自己民族精神传统的固守也得到了中域文化的认同,并在汉语文献中有所反映。早在《隋书·地理志》中已记载今湘西、鄂西一带

① 黔江县民间文学三套集成编委会:《黔江土家族苗族自治县民间故事》,内部资料1987年版。

② 参见彭继宽、姚继彭主编:《土家族文学史》第一篇第三章,湖南文艺出版社1989年版。

及其毗邻地段,"多杂蛮左,其与夏人杂居者,则与诸华不别,其僻居山谷者,则言语不通,嗜好居处全异,颇与巴渝同俗。""自汉高发巴、蜀之人,定三秦,迁巴之渠率七姓,居于商、洛之地,由是风俗不改其壤。"至《宋史》记载"巴俗尚鬼而废医,唯巫言是用,娶妇必责财,贫人女至老不得嫁"(卷四五六)。"汉中、巴东,俗尚颇同,沦于偏方,殆将百年。"(卷八十九)"除知开州,开在巴东,俗鄙陋,……为兴学,俾民知孝义。"(卷二百四十七)此外,唐宋时期的中域文人作品中还保留了不少反映土家先民固守民族自性的诗文,如《全唐诗》中有常建《空灵山应田叟》言:"牧童唱巴歌,野老亦献嘲。泊舟问溪口,言语皆哑咬。土俗不尚农,岂暇论肥硗?"刘长卿《赴巴南书情寄故人》言:"南过三湘去,巴人此路偏";刘长卿《重推后却赴岭外待进止,寄元侍郎》言:"却访巴人路……,来往落湘沅";韩翃《送李中丞赴辰州》言:"巴人迎道路,蛮帅引旌旗";顾况《竹枝词》言:"帝子苍梧不复归,洞庭叶下楚云飞,巴人夜唱《竹枝》后,肠断晓猿声渐稀";窦庠《酬韩愈侍郎登岳阳楼见赠》言:"巨浸连空阔,危楼在杳冥,稍分巴子国,欲近老人星"①等,都可看成是对巴人思想文化自性的认肯。不管中域文化如何评价这些精神传统,但在没有否定其存在这一点上则是共同的。后来,由流官撰修的土家族地区方志对这些问题的看法也说明了这一点,如道光《施南府志》在阐明了"修教其政,不易其俗"的指导思想后,对保留至当时的土家族风俗即加以了论述。遗憾的是,目前还没有清理出唐宋以前土家先民文人作品对自己民族自性的论述。②

其次,在开放纳新中发展土家族精神传统。从文化纳新再造层面看,土家族上层精英已较早地进行了文化纳新再造,最明显的可由土官的名称变化来说明。文化纳新再造的主要表现是形成了土家族文人群落,说明土家族地区另一精神传统的发展。

---

① 上引唐诗见潘光旦:《湘西北的"土家"与古代的巴人》,潘乃谷等编《潘光旦选集》Ⅱ,光明日报出版社1999年版,第354—355页。

② 常璩《华阳国志·巴志》记有十一首无名诗作,作"巴人歌曰"、"国人作诗曰"、"诗曰",无法认定作者;另一首署名应季先的是汝南人,时任巴郡太守。所以,土家族最早的文人作品当属何人,还需更进一步考证。祝注先:《中国古代民族诗论·巴汉文学融合的早产儿》对此有专门研究,广西人民出版社1989年版。

除文人文学以外,中域文化的其他文化形式也开始被土家族吸收,并在吸收中形成自己的新传统,如宋景德元年,"羁縻州刺史向通汉遣使至潭州(今长沙)营佛寺,以报朝廷存恤之惠。"①可能建于前蜀咸康元年(925年)的来凤仙佛寺,其大佛造像已具有了鲜明的土家族特色。② 其他如各地的司城建设、亭台建筑等都已在土家族地区出现,说明土家族地区这一时期开放纳新文化传统的丰富内涵。事实上,唐宋以来在土家族地区文化纳新再造的传统已有较大的发展。当然,土家族文人在文化纳新创造过程中并没有忘却自己的民族记忆:田宗文的诗作因书斋而名《楚骚馆诗集》,可看出其对楚文化的态度,但他是以"愿同文物入薰弦"③的心态来看待土家族文化与中域文化关系的,所以对自己的民族文化给予了较多的关注,同时也对祖国统一表示了认同。在田宗文作品中涉及的中域文化名人有庄子、屈原、邹阳、枚乘、司马相如、东方朔、张衡、阮籍、阮咸、刘琨、陶潜、庾信等人。在这些他心"交"的人物中,有不少都与祖国命运相联,如屈原、阮咸等即是。田楚产说他是"嗣是见贤思齐,淘洗一切,勉步学芳躅躅,余于后世小子有深望焉"④。诗人冉天育在表示"肯教仇葛犯边来"的中域认同情感时,也没忘记自己是"编头儿女诵诗来"⑤。田舜年在《田氏一家言跋》中把这种纳新创造与民族自性的关系表示为"荒裔远徼"一样有中域文明,就正如

---

① 脱脱:《宋史·西南溪峒诸蛮传》。

② 有学者研究指出:"作为最高礼拜对象的弥勒佛,各地有明显的审美差异。敦煌大佛,圆、熟、壮、厚,像一位财大气粗的地主豪绅;乐山大佛,平、雅、弱、薄,像一名文弱秀气的小书生;龙门奉先寺卢舍那佛,温慈与睿智,像一位洋溢着活力的女主人。弥勒在土家族的腹心地区受宠时,完全换上佛的袈裟,以初唐时期那种雄心勃勃的气势,蕴涵着土家人男性特有的生机与魅力——方圆结实的脸庞,扁平憨厚的鼻梁,锐利凝神的双眼,高深莫测的微笑嘴角,饱满而高挺的胸脯,丰满壮实的双臂和肩膀,健康、豪爽、强悍、坚毅和老成持重的气质——威凛大度的民族英雄首领。这是印度各种流派的佛像乃至中原及四川地区的摩崖造像不能望其项背的。从石窟流布系统及相貌上看,间于洛阳龙门石窟的宾阳洞造像与四川乐山大佛造像之间。"(满益德:《外来文化对早期土家族文化的影响》,见胡茂成等主编《巴文化研究》,湖北人民出版社2005年版,第458—459页。)

③ 陈湘锋、赵平略:《〈田氏一家言〉诗评注》,中央民族大学出版社1999年版,第186页。

④ 同上书,第436页。

⑤ 《冉氏族谱·总谱》编委会编:《冉氏族谱·总谱》,内部资料2007年版,第392页。

"山鸡之羽文彩可观,泽雉之性耿介足重"①一样。

## 四、改土归流后至鸦片战争前的土家族精神传统

在对少数民族治理方面,历来存在着两种对待少数民族文化的方式,一是"以其故俗治"或"达其志而通其俗"②;一是"风移俗易,故先王著其教"③。围绕改土归流后土家族地区的治理,清政府内部曾有争论,魏源《圣武记·雍正西南夷改流记》即记有张英与鄂尔泰的争论。④ 通观改土归流后土家族地区流官统治的治理措施,显系鄂尔泰之"修其教不易其俗,齐其政不易其宜"⑤的政策,与某些地方的"革教易俗"不同⑥。当然,这种治理是通过区别"教"与"俗",进行"服教从风"的改造后实现的⑦,即通过"化民成俗"来实现治理目标⑧。按章太炎的说法,这是一个"因政教而成风俗,因风俗而成心理"⑨的逐渐变革过程,从而使土家族人民既能接受儒家文化及其他先进文化,又能保持自己的民族文化传统,把华夏认同与民族自我意识统一起来,实现了所谓"因俗而治,得其宜已"⑩的双赢。

由于土家族地区在改土归流后实行"教俗"分治,上层统治者改变了原

---

① 陈湘锋、赵平略:《〈田氏一家言〉诗评注》,中央民族大学出版社1999年版,第445页。

② 陈寿:《三国志·魏书·南蛮传》卷一〇一:"史臣曰:氐、羌、蛮、僚,风俗各异,嗜欲不同,言语不通,圣人因时设教,所以达其志而通其俗也。然而外宁必有内忧,览之者不可不诚慎也。"

③ 司马迁:《史记·平准书》第八、《史记·乐书》第二记有其事。

④ 王承尧、罗午、彭荣德辑录:《土家族土司史录》,岳麓书社1991年版,第349—350页。

⑤ 《礼记·王制》曰:"凡居人材,必因天地寒暖燥湿,广谷大川异制,人居其间异俗。修其教不易其俗,齐其政不易其宜。"

⑥ 赵尔巽等:《清史稿》卷四百六十九:"尔丰请乘胜一举平藏,革教易俗"。

⑦ 赵尔巽等:《清史稿》卷一百三十一:刘坤一、张之洞有奏汰绿营之议,以是否"服教从风"为标准加以衡定,此处借用其说。

⑧ 赵尔巽等:《清史稿》卷二百八十八:"上褒鄂尔泰化民成俗,格天致瑞,寻加少保。"

⑨ 章太炎:《四惑论》,《章太炎全集》第4卷,上海人民出版社1985年版,第445页。

⑩ 赵尔巽等:《清史稿》卷一百一十四。

中域王朝对该地区完全"因俗而治"的政策,用"以教化俗"来限制"恶俗"①,并把"恶俗"用"恶习"指称,以至最后实现了教变俗醇的社会改革,既保存了土家族的部分思想文化,又因"服教变风"而使土家族思想文化获得了改良与发展。

首先,辨教别俗:流官对统治方式的区分。站在清朝统治者的角度,对改土归流有一些明确的目标设定,归纳当时的奏章等文献,其目的可概括为:一是从民族关系的角度建构一种新的民族关系,对国内民族关系进行调整。基于清政府对国内民族关系主要矛盾的认识,强调"苗患甚于土司"②。这是理解清初为何不改土归流而雍正年间进行改土归流的基本依据;基于开疆拓土的认识,即"因之拓开疆宇,盖增版图,而为此举也"。二是促成国内各民族的文化认同,实现思想文化统一,即"令其改土归流,共遵王化"③,使土家族等少数民族"倾心向化"④,从而实现"内外一体"⑤。三是使土民"出水火而登衽席"⑥,即从土司制度的残酷统治下解放土民。所以,鄂尔泰⑦、鹤峰首任知州毛峻德等都对土司制度的残酷统治有所揭露⑧,表明改土归流的必然性与必要性,问题只在于改土归流后如何治理。

改土归流后如何治理土家族地区,从治理方式的角度说,施南府同知商盘曾有《蛮村秋千曲》一诗,在描述了当时土家族风俗后,提出了"相沿何用移风俗"的尊重民俗的治理原则;在《蛮刀歌》中还以"蛮刀"为例加以说明⑨。如果仔细阅读同治《来凤县志·土司志》,则知当时的统治方式"或土或流,亦因其俗也",在流官统治地区,"皆设儒学、教授、训导,以流官为

① 司马迁:《史记》卷二十四:"桀纣之后,文王之风被于纣民,易前之恶俗,从今之善俗。"班固:《汉书》卷二十二、二十七下,欧阳修等:《新唐书》卷一百七十九、一百八十,赵尔巽等:《清史稿》卷三〇九等有此类记载。
② 王承尧、罗午、彭荣德辑录:《土家族土司史录》,岳麓书社1991年版,第303—304页。
③ 同上书,第303页。
④ 同上书,第309页。
⑤ 同上书,第325页。
⑥ 同上书,第307页。
⑦ 同上书,第304页。
⑧ 同上书,第350页。
⑨ 同治《来凤县志》,来凤县志办公室1981年重印版,第334页。

之"。立"教"旨在"雅化"以"文教";"因俗"旨在让"世职之子孙,不至数典而忘其祖",这也是清朝"厚泽深仁"①。据《清史稿》记载:"道光三年临雍,命荫生豫听宣讲,谕监官曰:'化民成俗,基于学校,兴贤育德,责在师儒。士先器识,渐摩濡染,厥有由来。尔监臣式兹多士,尚其端教术,正典型,毋即于华,毋邻于固。入孝出弟,择友亲师。庶几成风,绍休圣绪。'"②这实际上是对清朝统治者重"教""化民"的总结,其中也包括在土家族地区的实践。

按照清朝统治者对少数民族地区治理经验的总结,在"教"而言,"《孝经》与《五经》并重,为化民成俗之本。"③这从土家族民间传说故事中"孝"的成分特别丰富即可看出其效果。在"俗"而言,他们深知辽、金、元"初未尝不循其国俗,后乃改用汉、唐仪式。其因革次第,原非出于一时"。所以,"亦深维乎根本至计,未可轻革旧俗"④。以此强调"变俗"的长期性,并因而使土家族地区固有风俗得以保存。

其实,在土家族上层精英中,"教"的历史很早就已发生,只不过改土归流以前都只局限于上层而已。并且,在土司上层之"教"的功效已分别在宋元明清时代显现。至于对民众之"教"则在改土归流后才得到实施,如土家先民"蛮语"的长期存在即可为证,据《中华全国风俗志》⑤上篇卷五引旧《县志》言:"在前代,多为蛮语,清江南北,各为一种,桃符口又一种,总谓之草语。虽本县世籍,亦所不释。自西山之乱,县民寄居枝江、宜都,十余年始归,声音遂变。"反映出异地之"教"的影响,虽属民间,但在当时也属无奈。笔者在与原利川市人大民主法制委员会潘顺福主任交谈时,也听说一则有关"蛮语"的小诗(顺口溜),说的是流官听不懂的"乡谈":"清早起来面朝南,南方有个土老蛮。何以识得土老蛮,格里嘎拉打乡谈。"这种"乡谈"在

---

① 同治《来凤县志》,来凤县志办公室1981年重印版,第233页。
② 赵尔巽等:《清史稿》卷八十九。
③ 赵尔巽等:《清史稿》卷一○八。
④ 赵尔巽等:《清史稿》卷一○三。
⑤ 胡朴安编:《中华全国风俗志》,初版于1923年,上海书店1986年4月据广益书局本影印再版。全书为上下二编。上编十卷,采录方志中所载之风俗;下编十卷,采录笔记、杂志与日报中所载之风俗。

一些偏远地方至今还有。潘光旦在其长文《湘西北的"土家"与古代的巴人》中曾有详说。与"教"相应，"俗"却未有什么更改，同治《来凤县志》曾在《风俗志》中论其"皆缘土司旧俗"，"至今犹有存者"。这些记载，与古史所记巴人风俗一致，如明朝"正统初，蛮夷长官司奏土官衙门婚姻，皆从土俗，乞颁恩命"①。

　　按流官的治法，应区别"俗"与"习"。"习"依"教"而定，非"教"之"习"为"恶习"，于是有去"恶习"等说，有如中域历史上的"因政教而施刑法"同例，如同治《来凤县志》曾在《风俗志》中说："从前土民间有同姓为婚，及停丧火化等恶习，自改设以后，土民劝勉，今皆草薄从忠"。有些地方官实行"教""俗"分治，两手并重，"皆本躬行，敦本善俗之事，起而图之，无难色"。

　　按照儒家文化，"教"与"性"相关，《礼记·王制》谓"中国戎夷五方之人，皆有性也，不可推移"，即其例。从中域文化视野看，诸史所记少数民族地区，其中包括土家族地区之民，其"性"均异于中域，如《北史·僚传》讲土家先民"性又无知，殆同禽兽"，"天性暴乱，旋致扰动"等即是。《魏书·南蛮传》甚至说是"祉性酷虐，不得物情"。王阳明也曾论"蛮夷"之"性"："盖蛮夷之性，譬犹禽兽麋鹿，必欲制以中土之郡县，而绳之以流官之法，……故必放之闲旷之区，以顺适其犷野之性，今所以仍土官之旧者，是顺适其犷野之性也。"②王阳明是以明代土司制度为评价尺度的。改土归流之期，官方也以"性"纠核，谓"此辈性类犬羊，自当恩威并施"③。而改土归流以后，以流官制度的尺度则又有所区别，故同治《来凤县志》在《文庙碑记》中强调修文庙是"今皇上洽治重光，尤加意文教……而大圣人明善复性之教"。通过"教"的功夫，让人民"俗亦浸变"。这一"教""俗"分治的思想在有关"学校"的论说中体现得特别明显，如在《朝阳书院碑记》中强调学校、书院之设，"以养以教，风气渐开"，也是"以蛮荒之服教畏神也"。在《移建卯洞义学碑记》中则把"崇儒重道，育士兴贤"的"文风教"与"风气日开，俗亦浸

---

① 张廷玉：《明史·贵州土司列传》卷三百一十六。
② 王阳明：《王文成公全书》卷十四《别录六·处置平复地方以图久安疏》。
③ 王承尧、罗午、彭荣德辑录：《土家族土司史录》，岳麓书社 1991 年版，第 328 页。

变"并举,突出了二者的区别及相因关系。"蛮云呼不醒,独立忆文翁"①,正可看成是二者关系的写照。由此即可理解为什么在改土归流后,随着经济及政治制度的变化,土家族习俗在清代中叶以后也发生了广泛、深刻而急剧的变化,如在语言上,汉语逐渐成为土家族地区沟通的共同语言,汉族的年节、祭祀或婚姻、丧葬等习俗,也为土家族社区所吸取、效法。由于各民族和睦相处,生产、生活日益接近,民族之间的通婚日渐频繁,因之"俗亦浸变"。

正因有这种区分,当时在选择流官时即立了一个要懂民族地区风俗习惯的标准。改土归流前的"以夷治夷"是因"未习风土,故因地制宜"②,需要有熟悉民族风俗的人来治理,如唐代有"牂牁苗裔"赵国珍(学者称之为土家先民),即因"中书舍人张渐荐国珍有武略,习知南方地形,杨国忠遂奏用之。在五溪几十余年,中原兴师,唯黔中封境无虞,代宗嘉之,召拜工部尚书"③。改土归流后的治理同样要悉风俗,故雍正十三年(1735年)四月十四日,湖广总督迈柱奏"容美改土归流,新设府厅州县等官,准部咨行,令拣选熟悉苗疆,才守谦优之员,具题补授"④。应该说,这是因俗治民的必要措施。

其次,立教化民:土家族两种精神传统的丰富。在改土归流前后,土家族地区的部分上层精英已认识到自己文化与中域文化差异,如土官们即自认"且弁等山野,不通律例,凡办理土务,陋习相沿,违悖国典",于是"公吁归流,情词恳切"⑤。"惟有益矢忠诚,奉公守法,随事谨慎,教养土民,恪遵圣训周详,痛改前人积习,务使臣司一草一木咸沐浴于圣恩浩荡之中。"⑥正是这些土家族上层精英把对中域文化的认同看得很重,且把"教"与"俗"做了区分,并努力探寻二者的相因关系,如土司时期,卯洞安抚司向同廷有

①  同治《来凤县志》,来凤县志办公室1981年重印版,第290、295、345页。

②  王承尧、罗午、彭荣德辑录:《土家族土司史录》,岳麓书社1991年版,第304页。

③  《嘉庆重修一统志·酉阳直隶州》,《中国古代地理总志丛刊》,中华书局1986年版。

④  王承尧、罗午、彭荣德辑录:《土家族土司史录》,岳麓书社1991年版,第340页。

⑤  同上书,第325页。

⑥  同上书,第320页。

《广修学舍告示》及《学校序》，其中所论足见土家族在改土归流前达到的文化认同与民族自性水平：

> 尝思学校之设，原以作育人才，以备国家之用。余素有志，缘例请设，奈司内自余明辅祖时，遭向嵩等谋叛后，人民寥落，有志读书者，百不得一，几置斯文于不讲矣。余因思人不学不如物，且士不通经，果不足用。先王图治，庠序必居井田之后。卯洞虽属僻壤，而人性皆善。任有土之责者，亦宜法先王以立教也，讵得于衰微，而遂无振兴之志也耶？所以余于司内及新江各处，均建学舍外，示谕各地，就近多设，以便延师课读。俾肄业者，得以居肄成事，朝斯夕斯，文理通畅，暂送荆州附考。文风日盛，另行缘例请设，以广作育焉。①

这是土家族上层精英表现出的文化认同与民族自性，不仅把"教"与"俗"做了区分并讨论其内在关系，而且把自己的民族（"边夷"）与中华民族（"国家"）做了区分并讨论其关系。从文化属性上看，主要是认同儒家文化。

改土归流后的流官治理强调了实现"教""俗"分治的过程性，强调不能操之过急："土人归化之初，非比内地百姓咸知国法，若遽以财物赏赍，恐不能遍及，而受赏者未免矜能肆志，将来难以约束。"②"土民新附，正须抚恤宁谧"③，初期应该谨慎。湖广总督迈柱还在奏中批评了"过于急躁"④现象。

从清朝统治者的目的说，改土归流是为了"剪除夷官，清查田土，以增赋税，以靖地方"⑤，最终实现在政治上打破土司分散割据的局面，在经济、军事及文化上实现中央王朝的直接控制。因此，从"立教""化民"的角度说，改土归流后的治理主要体现在政治、经济、军事、文化等方面所立之"教"，还包括对"能晓大义，闻风向化之长官土民，详细查明，分别等次，通行赏赍"⑥等措施。

政治上，通过改土归流，统一行政区划，打破了各土司分散割据的"封

① 同治《来凤县志》，来凤县志办公室1981年重印版，第304—305页。
② 王承尧、罗午、彭荣德辑录：《土家族土司史录》，岳麓书社1991年版，第327页。
③ 同上书，第307页。
④ 同上书，第308页。
⑤ 赵尔巽等：《清史稿》卷二百八十八。
⑥ 王承尧、罗午、彭荣德辑录：《土家族土司史录》，岳麓书社1991年版，第326页。

建"状况,体现了"今日腹地土司不可置,亦如封建之不可行"①的历史趋势,加强了地区开放与民族交往,强化了华夏认同与民族自性,如湖北施南地区的"商贾多江西、湖南之人","川、鄂、湘交界各族人民互通有无,密切交往,湖广、四川、江西、陕西、江、浙、闽、粤的商人和官吏皆来湖北,有的还定居下来,形成了一个多民族汇合的地区"②。这种政治上的立"教",反映了"土民""莫不望风归响,愿入版图"③的国家认同意识。当然,在民族自性上,他们并没有忘记自己的民族身份:"依山面水一家家,风土人情大不差。唯有来客沿旧俗,常须咂酒与油茶。"④

文化上,以儒家文化为标准,革除了一些恶习陋规,如革除土司自定的刑律、私设的公堂;革除了某些民族的陋俗,如禁革"骨种之习"⑤、同族婚姻;还禁止端公邪术、禁乘丧讹诈、禁轻生等。同时还推行了不少中域地区先进的生产方式,如"区田法"、桑蚕养植技术等,像"向来刀耕火种,不用灰粪"地区则始"积粪和灰","多收草粪",引进铁犁、铁耙、铁镰等,使"高低田地,皆用牛耕"⑥。通过这些措施,不仅有利于各民族的繁荣和发展,而且直接促进了土家族的文化认同和民族自性,以至于"设县归流仅百年,城乡人民遍歌弦。蛮云獐雨今非昔,寄语文翁后至贤"⑦。

经济上,以儒家"官僚—地主"社会的经济结构为范本,革除了土司的苛派和特权剥削火坑钱、锄头钱、烟户钱、年岁钱、鞋脚钱等,解放了土民,土民的生产积极性高涨;引进外地人民开垦土地,并允许土地买卖,使大量无

---

① 王承尧、罗午、彭荣德辑录:《土家族土司史录》,岳麓书社1991年版,第349页。
② 黄柏权:《鄂西土家族地区改土归流的必要性和进步性》,《湖北少数民族》1985年第2期。
③ 鄂西土家族苗族自治州民族事务委员会编:《鄂西少数民族史料辑录》,内部资料1986年版,第236页。
④ 同治《咸丰县志》,咸丰县志编纂委员会1983年重印版,第190页。
⑤ "骨种之习"为永顺等土家族地区古时的一种落后婚俗,即无论年龄大小,凡姑家之女必嫁舅家之子。从土家语的称谓可反映这一点:土家语"姑父"、"岳父"都为kha²¹khe²¹(卡客),"姑母"、"岳母"都为ma²¹ma³⁵(麻马),即姑父就是岳父,姑母就是岳母。原因即如乾隆《永顺府志》所谓"凡姑氏之女,必嫁舅氏之子,名曰'还骨种'"。
⑥ 李世愉:《清雍正朝改土归流善后措施初探》,《民族研究》1984年第3期。
⑦ 同治《咸丰县志》,咸丰县志编纂委员会1983年重印版,第160页。

主土地得以开垦,耕地面积大幅度增长,如乾隆十九年至三十九年(1754—1774 年),施南府垦出荒地 55396 亩;手工业和商业有了较快的发展,"女勤于织,户有机声",木匠、铜匠、裁缝各业俱有,施南府"百工多系本地居民,有精于艺者,或居肆置物";鹤峰州则是舟楫之往来,联络不绝;商贾之货殖,各种俱全;人事之繁华,已至其极。工商业的发展改变了当地的社会结构。①

教育上,儒化教育由精英教育转化为大众教育。土司制度下曾以"恐土民向学有知,不便于彼之苛政,不许读书","向来土官不容夷人应考,恐其入学,与之抗衡"②。改土归流废除了"禁部中夷人不许读书"的旧规,遍设学校,于是"文治日兴,人知向学",形成了"读书明大义,临难识真儒"③的共识。更为重要的是通过学校教育强化了儒化教育与国家认同,如同治《咸丰县志》所载,当时的教学目的与宗旨即"全要养成贤才,以供朝廷之用,诸生皆当上报国恩,下立人品",并规定"生员"应读书明理、学为忠臣清官、居心忠厚正直、心善德全、爱身忍性、尊敬先生等。教学内容为"四书、周易折衷、书经传说汇纂、诗经传说汇纂、春秋传说汇纂、三礼义疏、孝经注、性理精义、十三经注疏、二十一史、明史、朱子全书、通鉴纲目、资治通鉴纲目三编、唐宋文醇、渊鉴古文"④等。

军事上,清王朝利用强大的军事力量和军事控制网,并通过八旗和绿营兵布防于土家族地区周边各地,是迫使土家族地区进行改土归流的重要力量。禁革土兵制,建立营训制,用清朝的政府军代替土兵,如雍正十三年(1735 年)改土归流后,改设施南协,辖左右 2 营,设兵额 1777 名。驻军多数驻守在原土司署地,以防止土司残余势力的反抗。清王朝还在永顺、保靖、桑植等土司改土归流后相继设立了严格置于当地驻军和政府控制下的土弁专管民事。⑤

---

① 参见黄柏权:《鄂西土家族地区改土归流的必要性和进步性》,《湖北少数民族》1985 年第 2 期。

② 李世愉:《清雍正朝改土归流善后措施初探》,《民族研究》1984 年第 3 期。

③ 同治《来凤县志》,来凤县志办公室 1981 年重印版,第 342 页。

④ 同治《咸丰县志》,咸丰县志编纂委员会 1983 年重印版,第 71—72 页。

⑤ 参见石亚洲:《土家族军事史研究》,民族出版社 2003 年版,第 160 页。

当然,清朝改土归流后所立之"教"还有不少具体的规定。其基本特点是:以服从国家的统一为基本宗旨,故诸土司"先后纳土"、"纳土归流";以儒学为依归,如《清史稿》卷一百一十六记载:雍正元年(1723 年)允"湖南永绥等处建立义学,嗣是改土归流,塞外荒区渐次俱设儒学",并已成为后来通例;以民族平等为基本目标,因改土归流前即有土家族人士以"不得与内地臣民之列,深自惭愧"①,于是改土归流后即按"内地臣民"之标准对土家族地区进行改造,实现了"儒教日兴而悍俗渐变"的目标,其典型表现即是"慕义向化",坚持中域国家认同。据《清史稿》卷五百一十二记载:"雍正年间,施南、容美、永顺、保靖先后纳土。"雍正五年(1727 年)有彭宗国、田永丰、张汉儒、田中和、黄正乾、向锡爵、汪文丰、张宗略、田蹭臣等纳土。雍正六年(1728 年)"宣慰使彭肇槐纳土","慕义向化,怀献土之诚"②,雍正帝下旨嘉奖。雍正十二年(1734 年)有覃纯一、田璋、"田光祖纠十五土司呈请纳土归流"。雍正十三年(1735 年)有覃烜、覃楚梓、田昭、田应鼎、田正元、田封疆、覃梓桂、田贵龙、向舜、向庭官纳土。正是这些"纳土"之举,加速了中国统一多民族国家的形成。

立教化俗的成果在土家族知识分子那里得到了回应,如田泰斗《竹枝词》对改土归流后的社会环境持赞扬态度:"风无淫靡政无苛,鸡犬桑麻尽太和。问是桃源君信否? 出山人少进山多。"③这"政无苛"、"尽太和"及"出山人少进山多",即说明了改土归流后的良好环境。笔者曾在民间采集到一首痛恨土司制度的民歌,从反面印证了改土归流的好处,其言曰:"管家只问羊多少,土司只问羊多壮;谁管春歌饥寒苦,只有长工问寒暖。"④这与上述文人诗词相照应,说明了改土归流后的文化认同。另有土家族诗人向裕福作了《容阳杂韵》,从历史大视野描写了改土归流前后的容美变迁:"宣慰兹专阃,蛮王尚故宫。山垂城似网,水抱市如弓。古柏沿溪缘,仙桃映谷红。赚地千年鹤,栖老画屏中。""东道毗巴子,西封逼夜郎。土输茶作

---

① 严如熤:《苗防备览》卷十六。
② 同上。
③ 田泰斗著,田登云整理:《望鹤楼诗抄》,内部资料 1998 年版,第 94 页。
④ 这是多年前记录的,由于当时只是随意记录,现已不记得出自何地。当时的笔记本取名《鄂西风俗歌》,此首歌名列第一,无歌名。约记录于 1988 年左右。

贡,农挽草分庄。避世秦兼汉,民居媲汉唐。尚多遗父老,往事话容阳。"①反映了对改土归流后的社会认可。

但是,土家族在华夏认同中,并没有迷失自己的民族自性。

一是汉土疆界碑传袭的土家族地域认同意识。土家族自我认知的一个重要表现即是地域认知,其最明显的表现是在土家族与其周边的汉族地区形成了一条鲜明的土汉疆界,通过这条疆界,既可看到历史上土家先民的自我认知,也可看到土家族在地域认同与华夏认同的互动中走向近现代民族的进程。

立"汉土疆界碑"在土汉关系史上有历史传统。从目前的发现看,最早的要算湘西北的"溪州铜柱",立于后晋天福五年(940年),在古丈会溪坪酉水对岸,记录的是楚王马希范与溪州刺史彭士愁一场大战后双方和谈的结果。铭文规定"不许(楚国)管界团保军人百姓乱入诸州四界……"据乾隆《辰州府志》卷十二记载,这条疆界到元至元三十一年(1294年)还在遵守,即"禁约省民(汉)洞蛮(土)止于会溪交易",不得逾越界限。宋代有"咸平石柱,宋丁谓立,距城(施南城)三百里"。这是一个以"食盐"换土汉和平的石柱:"天子济我食盐,我愿输以兵食"②,于是相与盟约刻在石柱上。明代在利川,"(万历)四十年(1612年)忠路土官覃寅化霸占民(汉)田,仇杀,抚夷章守愚檄指挥唐符勘明,伏辜,立土汉界碑。"③另据民国《沿河县志》卷十七记载,在沿河的洪渡靠近酉阳龚滩处,有名叫"军门禁约"的界碑,立于万历四十三年(1615年),碑文开宗明义第一条就是"汉人入夷,勾引夷人入汉,酿起边衅,为害地方者,依律处斩",并严格规定在"通夷关隘","严加盘诘",不准汉夷自由出入。清代,在改土归流时期,据同治《宜昌府志》卷二记载,在长乐(今五峰土家族自治县)白溢保有一块雍正九年(1731年)立的"汉土分疆碑"。碑文主要是记录因土人到汉区买田、汉人到土司境内种地而起争端,官府决定土人在汉区所买之地一律退赎,汉人也不得越种土司境内之地,即"白溢、麦庄与汉土接壤之地方,竖立石碣,分定

① 湘西土家族苗族自治州《民族志》编纂小组编:《民族志》,湖南人民出版社1999年版,第582页。
② 道光《施南府志》,恩施地区博物馆等1982年重印版,第223页。
③ 同上书,第211页。

疆界",是为了"汉土攸分"、"永息争端"①。事实上,同治《长阳县志》卷一也清楚地记载着这条历史形成的疆界,明代还在长阳县旧关堡等地设有三个巡检司,派兵把守,确立"土蛮不许出境,汉人不许入峒"的区划秩序。民国《长阳县志》卷四对此也有专门记载,其中还引旧志记录了一个弹压土官的官员张世瑛"为土司所杀"之事。据《容美土司史料汇编》"汉土疆界"碑记载,此碑有两块,分别在五峰红渔坪与谢家坪,内容完全相同。关于此汉土疆界之争,雍正七年(1729年)七月二十七日,湖广总督迈柱曾在奏中论及,即所谓"钦奉上谕,勘明汉土界址,设立汛防一案"②,保留这一立汉土界碑的传统说明,坚持华夏认同与固守民族自性是统一的。

二是固守"风俗犹同巴郡"的文化认同。关于土家族的风俗问题,唐宋以前的史籍多有记载:《史记》卷一百一十六记秦夺楚巴地后"从其俗,以长之";《汉书》卷二十八记"民俗略与巴、蜀同,而武都近天水,俗颇似焉","汉中⋯⋯与巴蜀同俗";《汉书》卷五十七记"蜀不变服而巴不化俗";《后汉书》卷四十记"巴、汉之人,其俗习于逐兽";《三国志·魏书》卷十九记"后征拜巴郡太守,率身正下,以礼化俗";《北史》卷六十六记"巴俗事道,尤重老子之术";《隋书》卷三十记"其人自巴来者,风俗犹同巴郡","其僻处山谷者,则言语不通,嗜好居处全异,颇与巴、渝同俗";《宋史》卷六记"丁卯,遣使巴蜀,廉察风俗"。这些宋以前正史中关于土家先民巴人风俗的主要记载,已有不少学者将其与土家族风俗进行对比研究,结论是土家族风俗是巴人风俗的传承,只是在儒家文化传入土家族民间以后才有所改变,从明清两史关于"土俗"的对比即可明了这一变化过程,如《明史·湖广土司传》载:宣德四年(1429年)兵部建议,"保靖旧二宣慰,一为人所杀,一以杀人当死,其同知以下官皆缺,请改流官治之。"宣宗朱瞻基"以蛮性难驯,流官不谙土俗,令都督萧授择众所推服者以闻"。而《清史稿》卷二百七十三则记赵廷臣疏言:对于贵州土人"臣以为教化无不可施之地。请自后应袭土官年十三以上者,令入学习礼,由儒学起送承袭。其族属子弟愿入学读书者,

---

① 王承尧、罗午、彭荣德辑录:《土家族土司史录》,岳麓书社1991年版,第271—272页。

② 同上书,第310页。

亦许其仕进,则儒教日兴而悍俗渐变。土官私袭,支系不明,争夺易起,酿成变乱,令岁终录其世次籍上布政司达部。有争袭者,按籍立辨,豫杜衅端",以至于道光《遵义府志》卷二十还说"正安(今道真)……土人……尚未尽变故习"。

正是由于土家族风俗的这种历史传承,显示出土家族的自我文化认同。因为土家族民俗文化是在其历史发展过程中创造并沉淀在其观念体系、价值取向和文化传统心理中的,虽然受中域文化的冲击,但在重构文化体制的时候,诸如服饰、饮食、宗教、葬俗等方面的民俗文化观念仍然是土家族特征的核心、源头和主体。

三是从"土"而至"土家"的民族自我意识。宋元以后,"土"的称呼逐渐代替"巴",说明中域王朝对土家族的文化认同。据潘光旦考证,"土兵"一词始见于北宋宝元二年(1039年),"土丁"一词始见于北宋庆历五年(1045年),"土人"一词始见于南宋绍兴四年(1134年),"土军"一词始见于南宋乾道六年(1170年)。① 按宋制,土家族地区"四面皆王土",宋朝在该地区招当地人当兵为"土丁","州县籍税户充,或自溪洞归投。分隶边砦,习山川道路,遇蛮入寇,遣使袭讨,官军但据险策应之。其校长之名,随州县补置,所在不一。职级已上,冬赐绵袍,月给食盐、米麦、铁钱;其次紫绫绵袍,月给盐米;其次月给米盐而已,有功者以次迁"。仅当时"施、黔、思三州义军土丁,总隶都巡检司。施州诸砦有义军指挥使、把截将、砦将,并土丁总一千二百八十一人"②。

尽管宋代将"土"作为"土著"之称而具有普遍性,但把本来称为"蛮"的少数民族时常称为"土"如土官、土民、土丁等,则反映出中域王朝对少数民族认识的变化,至少比用"蛮"要来得人文一些,这既说明土家族族群的形成进程,也在一定程度上说明了土家族的自我认知。如果说这只是一种初步转变的话,那么至改土归流后再获得"民"的地位,则标志着中域文明对土家族"用夏变夷"使命的完成。

① 参见潘光旦:《湘西北的"土家"与古代的巴人》,见潘乃谷等编《潘光旦选集》Ⅱ,光明日报出版社1999年版,第461页。
② 脱脱:《宋史》卷一百四十四。

元明清以后又出现了新的情况，"土"转化成了湘鄂渝黔土家族的族称。因为随着汉族人口的迁入，特别是"卫所"在土家族聚居区周边的发展，"土"逐渐取得了与"汉"相对的意义，甚至有了用"土"专称土家族的趋势，其重要标志就是"土"与苗、瑶、侗、仡佬等其他少数民族并列，基本趋于固定，使"土"在民族文化交往中具有了民族识别功能。作为被指称的民族，这就是一种自我意识，是一种民族认同；中域王朝作为指称者，也是对被指称民族的一种文化认同。如雍正七年（1729年）七月二十七日，湖广总督迈柱奏即特别提到田旻如所论"粟谷坝等处地方居民系土苗安置，合将土众撤回，从此改过迁善等情"①，把"土""苗"对应，且强调土官之义在约束苗众②；同年中的另一奏折还就一个名叫田良臣的"是土是民"进行争论，一方称"原系土民"，一方称"真假未定"，朱批还批上奏之人"毫无定见"③。此外，在田旻如奏中也有"土人入民地"之争④，且把"土民"与"汉民"对举，可见当时的民族识别已是一个极端关键的问题。民国《咸丰县志》对这一历史作了如下明确说明："矧施属边疆，风俗强悍，自元迄明，五百年中，汉土杂处。"⑤其他相应称谓有土人、土目、土府、土官、土兵等，举凡一切与土家相关的都以"土"称之，如《大明一统志》卷一百一十四是仡佬、洞（侗）人、苗人、土人并举；《天下郡国利病书》卷七十一、六十五则用"土汉相杂"，"土"、"汉"对称；康熙《九溪卫志》及嘉庆《澧志举要》记有采取"土"、"汉"相对配置所官的办法，以"土"与"汉"对举；康熙《平溪卫志》是"土彝"并举；乾隆《永顺府志》卷一把"汉、苗、土"并举；嘉庆《苗防备览》卷十七、卷九、卷五、卷三等都有"土、蛮与苗"并举之例；同治《巴东县志》卷十五把"土、蛮"并举，且"土人"与"汉人"对称；同治《酉阳直隶州志》卷首是"汉土"并称。由此可见，明清时期，"土"已逐渐成为与汉族及其他少数民族相对的民族专称，这至少说明：有这样一种特殊的民族存在；这一民族自己对自己的存在是有意识的，不然不能得到对方的认同；无论是中域王朝还是其

① 王承尧、罗午、彭荣德辑录：《土家族土司史录》，岳麓书社1991年版，第311页。
② 同上书，第319页。
③ 同上书，第313页。
④ 同上书，第321页。
⑤ 民国《咸丰县志》，咸丰县志编纂委员会1983年重印版，第30页。

他少数民族对这一民族都有民族认同。可以这样说，土家族的民族自我意识，特别是"族群意识"非常明显。

如果说"土"、"汉"、"苗"的对称还是一种传统"族群意识"的话，那么改土归流后出现的以"土"、"客"对称，并进而发展至"土家"与"客家"对称，则有了更深刻的文化认同意义：共同的地域意识。乾隆《永顺府志》卷十已说府属之内有土民、苗民、客户，称"外来民人附居落籍者为客家"。乾隆六十年(1795年)，严如熤在《平苗议十二事》中说要进攻乾州道泸溪，"必先得大小章，大小章者，故土司遗民"[1]，建议利用其酋首入乾州为内应。《苗防备览·要略》云：大小章者，"其子孙习蛮俗，似苗非苗，似土非土，盖边徼中另一种类"。同书《风俗》云：大小章人"经商贸易者，能言客话，与外人无异。居村寨中未尝至城市者，则专力土语，又其自相问答俱不作客语"。于是，在土家族地区，"客家"成为外来汉人的代称、"土家"则成为本地人。乾隆《桑植县志》卷二、光绪《龙山县志》卷十一、同治《永顺府志》卷十三引《龙山县志稿》、道光《施南府志》卷十、民国《永顺县志》卷六等都有记载。

如果把"土汉"对称认定为具有民族身份认同意义的话，那"土客"对称则有了地域文化意义，反映了近现代民族形成的历史进程。如果说共同的经济生活主要由地理环境决定并从古而来的话；共同的语言则由于历史文化因素所致，而真正可作为近现代民族特征的恐怕是身份认同与地域认同了。而且，这种以"土家"为族称的民族，还有一定的民族优惠政策，如乾隆《永顺府志》卷五记载，雍正十一年(1733年)，永顺府开始设立府学和县学，通过考试后所取的学生规定多取土童，少取客童，比例是"土三客一"。这反映了清政府的民族政策，即优惠少数民族，其中肯定有土家族的自我争取，然后才上升为一种政策。

四是谋求"汉籍"的价值取向与华夏认同。土家族的身份认识，最早可从秦昭襄王时与土家先民板楯蛮的订约开始考察。汉时，也订有约，并得享受"不供租赋"的待遇。到了清代，特别是改土归流前后，则出现了两个特别有民族身份意义的词汇："汉奸"与"汉籍"。

---

[1]　赵尔巽等：《清史稿》卷三百六十一。

"汉奸"一词在改土归流过程中经常使用。这个词在《清史稿》中凡18见,有的是指在与外国如英国的交往中产生了某种个人品质,有的是指在与国内少数民族的交往中产生的个人品质,其总体特征是指出卖或不顾民族总体利益者。在与外国的交往中出卖国家和民族利益的"汉奸"在《清史稿》卷一百五十四、三百七十、三百七十一、三百七十八、三百八十五、四百七十八等有记载。在与国内少数民族的交往中出卖国家和民族利益的"汉奸"在《清史稿》卷一百九十六、一百九十七、三〇七、三〇八、三百五十七、三百五十八、三百六十七、三百八十四、五百一十二、五百一十四、五百一十五、五百二十二等均有记载。"汉奸"一词的使用,说明清朝统治者以汉人正统地位来看待整个国家与民族利益,故才有"汉奸"这个指标。并且,这个"指标"既使用在对国际的民族关系上,又使用在对国内的民族关系上,且在改土归流时期具有高使用率,这至少说明当时清朝统治者的国家、民族意识。

清朝统治者把少数民族地区的改土归流放在国家、民族的总体利益中思考,其中在土家族地区的"民族"又涉及土司、汉奸、土民、苗民等。且对"汉奸"的批评特别严厉:"此辈粗知文义,为之主文办事,助恶逞强,无所不至,诚可痛恨……"①又"今忠峒处十五土弁齐集省城,公恳归流,实有不得已之情,非由汉奸之播弄,亦非土民之怂恿也,缘各土司鲜知法纪,所属土民滥行科派,甚至取其牛马,夺其子女,生杀任性,无所不至,土民敢怒而不敢言。今土民见永、保、桑诸处改土以来,抚绥安缉,共登衽席,莫不望风归响,愿入版图"②。

与"汉奸"一词的使用相对,站在中域的立场讲"汉奸",站在少数民族的立场讲则是"汉籍",这说明在文化认同上体现了一个共同的价值取向。对于土家族来说,则说明了土家族对国家与中域文化的认同,因而即有了加入"汉籍"的追求,如田旻如在为自己作无罪辩护时,一个重要的理由即是"臣幼入汉籍":"臣幼入汉籍,长侍替谷,薰(熏)陶之渐,素知遵循。承职以来,惟以敬谨自守,不敢有越王章。况自雍正五年(1727年)十月内,蒙我皇

---

① 王承尧、罗午、彭荣德辑录:《土家族土司史录》,岳麓书社1991年版,第303页。
② 同上书,第324—325页。

上恩旨训诫,而后愈益冰竞,惟遵职守。"①应注意,在《二十五史》中,"汉籍"一词凡三见,基本上没有人种学意义上的民族身份内涵,但在土家人作品中发现这一词的特殊使用,这是一个重要信息:清朝统治者治理少数民族地区、进行改土归流的目标与价值取向即是"汉化",因而才有以"汉籍"自辩的举措。所以,"汉奸"与"汉籍"可以看成是改土归流时期的一种价值标准或价值取向,而"汉籍"追求则说明了土家族的中域文化认同。

## 第二节　明代土家族思想的趋新动向

在土家族思想发展史上,人们更多地关注于改土归流以后思想转化的积极意义。可是,如果把土家族地区放在整个中华民族发展的大环境中考察,则会发现明代由于其自身在中国历史发展中的转折意义——思想史上的异动及其前其后都是非汉族统治、后期资本主义萌芽及清朝入主中域引发的历史事变,对土家族地区的思想世界也打上了深刻的时代印迹。正是在明代,由于民族关系的加强、民族文化的渗入,既对土家族自身的发展史又对明朝的发展史产生了重要影响。从思想发展的角度看,由于明代以前很少发现土家族精英人物的文献资料,因而难以把握土家族一般民众的思想与土家族精英思想的分化。但是到了明代,这一分化已成为土家族思想发展的重要动态,不仅一般民众的思想在延续土家族自身传统文化的基础上有了一些新的思想因素,有了某种异动;而且土家族文人在汉化教育中也产生了趋新动向,在传统思维方式中增加了对儒家、对社会的新认知,产生了"趋新"的自觉,形成了新的思想史观,并增强了民族认同意识。土家族思想的这种分化,为后世土家族人民的反抗斗争,甚至为辛亥革命都积淀了丰厚的养料。从精英层面看,当时的文人既有"低头思往哲,托意自匪夷"②、"冥搜玄索,追踪先哲"③的理性自觉,又有"岁运趋于维新"④的理想

① 王承尧、罗午、彭荣德辑录:《土家族土司史录》,岳麓书社1991年版,第322页。
② 陈湘锋、赵平略:《〈田氏一家言〉诗评注》,中央民族大学出版社1999年版,第313页。
③ 同上书,第435页。
④ 同上书,第206页。

向往,更有"风月狂挑吟担,江山养就豪骨"①的英雄豪气。当然,在土家族文人的思想世界里,也出现了民族传统文化与引入的中域文化汇通且拉锯的情况。

## 一、土家族一般民众的思想异动

明代是土家族历史上的一个重要转折期。在明代,由于时代转换,土家族思想上发生了一定分化。这种分化,在一些明代方志中已有反映,如明弘治《贵州图经·思南府》记载:"沿河,务州曰土人,有土语,彼此不开请,惟在官应役者为汉语耳。"明景泰《寰宇通志·思南府》则记载:"土人昔为夷僚,渐被国朝德化,效中华之俗,务本力穑。"明嘉靖《思南府志》卷一则说:"郡西北,水德蛮夷,若婺川,若沿河,号曰土人,有土蛮,稍平易近俗。"第一条讲思想分化,第二条讲思想进化,第三条讲民族自性("号曰土人"),从不同层面介绍了当时土家族的思想状况。

明代以后,由于土家族与中域文化的交流,一是中域地区的生产方式如牛耕、水利、区别耕地与作物等先进技术大量传到土家族地区,使土家族文化有了新的内容,故在传统的猎歌、渔歌、劳动号子等口承文化中增加了农业生产技术歌,歌中不仅唱各种农作物的来源,而且唱各种生产技术,诸如唱做秧田的"七犁七耙"耕作要求一类。二是传说故事中有了反抗土司统治、反抗中域封建统治的内容,诸如反映土司残暴、野蛮和人民不甘忍受而进行反抗斗争的故事《锁"飞牙角"》、《鸡腿哪里去了》、《玩火龙》、《计除蛇精》、《火烧覃侯伯》、《锦鸡姑娘》等。三是民众思想中的重农观念取代了过去的狩猎等传统经济观念②,如民间传说中有《巧女选婿》,道士、教书先生都被比下去了,剩下的是农民入选;《讲"四要"》中,状元、秀才等也是被农民比下。在土家族地区,在涉及各业人员的比试中,最终都是农夫取胜,甚至包括与孔子比试。四是不少中域文化区的地方戏如南戏、荆河戏、阳戏、花灯戏等先后传入了土家族地区,它们在与土家族民情、风俗与语言相结合

---

① 陈湘锋、赵平略:《〈田氏一家言〉诗评注》,中央民族大学出版社1999年版,第428页。

② 摩耳认为狩猎即是人的蛮性的遗留,见摩耳著、李小峰译《蛮性的遗留》,海南出版社1994年版。

以后，不仅形成了土家族地区有特色的地方剧种，充实了土家人民的精神文化生活，丰富发展了土家族文化样式；而且为土家族民众带来了新的思想营养，促成了部分土家族民众思想的趋新动向，例如容美土司定期举行戏会，"十三日，以关公诞，演戏于细柳城，大会将吏宾客，乡民有百里赴会者，十五日乃罢。"这种民众习戏的盛况使得改土归流后清政府还下令禁止："旧日民间子女，缘土弁任意取进学戏，男女混杂，廉耻罔闻，因相沿成俗，宜禁止。"①当然，土家族民众是以固守民族自性为底色的，像《西兰卡普》、《西兰卡普与兽皮》、《咚咚喹》等即是这种固守民族底色的民族风情故事，从内容到形式都与本民族的传统文化紧密相关，具有浓郁的民族色彩。而且从总体上讲，由于大众的思想只能从口承文化中发掘，而口承文化又在不断增衍，因而难于准确把握，故此只就明显的变化作简要叙述。

### 二、土家族思维对象的新变化

从历史上看，土家族先民巴人早在殷商末年就参加了武王伐纣的战争。春秋时期，巴楚数相攻伐。战国时期，巴楚又通婚，楚平王之母即是一名"巴姬"。"及七国称王，巴亦称王。"②这种文化交流，使巴人丧葬歌"下里巴人"广为传扬。汉定天下以后，曾采取了一些开发民智的措施，对该地区文化状况的变化产生了积极影响。但从总体上看，无论是政治统治，还是文化统治，在土家族地区实行的羁縻州郡制度都是一种松散的统治，且来去任便。而元代，特别是明代的土司制度则不然，除加强政治统治而外，还普遍设置学校等。土家族地区的上层统治者既往外游学，也请汉人名士到土家族地区进行友好的文化活动。这样，土家族地区与中域王朝的关系发生了重大变化。虽然这种变化并没有改变土家族在特定环境条件下形成的思维传统，但确实具有了新的时代内容。

首先，对儒家文化的态度变好。不少文人都有一种"一事不可知，足为儒者耻"③的自觉，且在接受儒家思想时融进了土家族的传统文化因素。例

---

① 乾隆《鹤峰州志》卷首。
② 常璩撰，刘琳校注：《华阳国志校注》，巴蜀书社1984年版，第32页。
③ 陈湘锋、赵平略：《〈田氏一家言〉诗评注》，中央民族大学出版社1999年版，第313页。

如,农耕文明进入到土家族地区以后,从精英到大众都非常认肯,所以土家族文人对孔子贱农提出了理性的批评,如田圭在他的《治圃》中言:"从来葵藿与香秾,亦是儒家一饱需。尽道宣尼无不可,却将学圃小樊须。"①同样,在土家族文化中,天与人并没有什么距离感,故儒家文化中的"天"的职责在土家族文化中就只能由多种多样的神来承担,土家语的"墨"(即"天")的基本意境是"人之上",主要是时空、方位、地位感,并没有什么神圣意义,如事情的开始叫"架墨",强调其初始的意义;"墨达山"是非常高的山;称土司王为"墨来送"是说其是"我们之上的人"等。所有这些都与"我们"有非常亲近的关系。但是,土家族文人却引入了儒家所信奉之"天":"生才天作忌才天,才鬼才人两独贤。朗朗玉山空著土,庸庸散木尚顽仙。王戎悲自情难及,顾恺痴应憾独遍。转眼韶华伤吊客,余生一任钓鱼船。"②本来,土家族文化特别重视人力,哪怕是各路神仙,最终也依于人力。但土家族文人却在信赖人力时,也引入了儒家的天意,说"石头曾斩病王敦,天意助人除乱根。"③获取职位的问题,在土家族历史上,主要是以力胜或兄弟相传,这从巴务相比武得胜任职等可以看出。在儒家文化传入后则发生了庶嫡之争,并出现庶嫡兄弟继位的复杂局面,容美土司的司主传位、酉阳冉氏司主传位都有这种情况。而且,随着时代变迁,儒家地位也日益巩固。田霂霖在《封侯篇》中已自认为"山中儒生":"呜呼鬼神何弄人,变尽将来与往古。山中儒生苦难时,放眼欲歌挥泪雨。"④田舜年则因儒家根深蒂固的家族正统观念而编《田氏一家言》,已不按照田氏诗人群落的辈分与时间先后顺序来进行卷次安排,而是"爰辑高曾以来,傍及群从,著为《田氏一家言》"⑤。到田舜年之子田旻如则已追求"汉籍"了。儒家文化作为一种信仰已开始在土家族上层精英中普遍化。

其次,对道家的信念有了动摇。在明代,儒家思想的影响主要是道德理

---

① 陈湘锋、赵平略:《〈田氏一家言〉诗评注》,中央民族大学出版社1999年版,第245页。
② 同上书,第253页。
③ 同上书,第424页。
④ 同上书,第268页。
⑤ 同上书,第431页。

想层面。在社会理想层面,土家族文人却更倾心于道家。一个有趣或有意义的现象是,早期土家族文人的作品,保留下来的主要也是"道"化作品,如冉天章仅存一首诗,即《题仙人洞》,冉舜臣存诗、文各一均与"道"有关,冉仪《题大酉洞》、彭明道的《白竹山石刻》等,还可以列出不少。文人多感于"一山犹白一山青,疑是寒温气未平。吾亦无心难作解,闭门且去叩庄生"。"青山难将双眼开,告予齐物且平怀。山光未有参差意,明日俱将紫翠来。"①"学得寻仙法,无烦一念中。直觉诗难尽,还将画比工。逡巡无事酒,斟酌喜花风。静约烟萝月,残霞未敛红。""性不欺云壑,情憨境自新。山山堪作画,岸岸可垂纶。兀坐琴三弄,闲吟酒一巡。红尘都不染,即是古皇民。"②所有这些都与"道"有关。

　　道家思想的一些宗支本身就产生于土家先民的生活区域,因而应看成是土家族传统思想的一部分,如冉仪于明武宗正德二年(1507 年)袭酉阳土司司主之职,因其信道还被道流推为铁鹤海阳真人。他于幽僻之所谈玄览胜、烧丹炼汞,其诗作亦充溢着"道"气。冉御龙于明万历二十四年(1596年)袭司主职,曾"寄语世人如学道,满斟玉液洗凡心"③,与酉阳土司诗人的重道重神一致。容美土司诗人田宗文也钟情重道重神:"采药来青嶂,寻真不记年。芒鞋时步月,竹枝迥凌烟。楼阁云霄外,岩峦水石边。长生吾所慕,从此欲栖玄。"④土司诗人田玄则更明显地崇尚道家,其《春游作歌招欧阳子》曰:"吾辈意气堪千古,不谓朝英暮就腐。我今为赋好春歌,东皇靡丽盈烟浦。好景专待韵人笔,奚翅神工与鬼斧?癖诗癖酒癖烟霞,佳容焉可负圣主!欧阳子,吾与子游,从来相伴楚庄周。何如策非马之马,乘虚无不系之舟?来共溪光泛绿蚁,泉声迎籁和鸣鸠!子有才有学,得山川之艳冶益优;子病渴病愁,得山川之蕃变以瘳。慎勿效水上之慵鸥,骋志于吴桐蜀弦,

---

①　陈湘锋、赵平略:《〈田氏一家言〉诗评注》,中央民族大学出版社 1999 年版,第 326页。

②　同上书,第 418—419 页。

③　《冉氏族谱·总谱》编委会编:《冉氏族谱·总谱》,内部资料 2007 年版,第 382页。

④　陈湘锋、赵平略:《〈田氏一家言〉诗评注》,中央民族大学出版社 1999 年版,第 147页。

负此明媚不再之春游,徒使吾对孤榻而长讴!"其他的土家族文人,也都有重道倾向。但尽管如此,明代土家族地区的文人重道重神,却因儒家文化的传入而有了动摇,如土家族较早留下诗作的诗人——西阳土司冉天章,就在信道中出现了"花自无拘开又落,云如有约去还来。谁能静习长生术,向此烧丹扫绿苔"①的疑问。

再次,对社会的认识增加了新内容。在《华阳国志》所录的"巴人诗曰"等作品中已有对社会的认知问题,此后直到元明之际,这方面的土家族文献都不很多。在明代,由于复杂的社会现实,特别是由于环境的复杂性及由此而引发的认知困难,在对社会认知方面,土家族文人都多感社会变迁的难以把握,没有了传统社会的稳定:"万事逡巡谁得料,但逢侑酒莫言醒。"②"可怜今昔兴亡易,赤日沧波万古流。"③"世事变迁惊岁月,人情翻覆失疏亲。"④"兴亡亦偶尔,怀古独沾襟。"⑤到了明末这一社会末世,土家族文人更是感到"谗夫守高位,文士且无名。伊此林下物,何关枯与荣。一曲洗我肠,幽涧冷泉声。凭尔听不听,何必苦相倾"⑥。"西望莫言秦法重,咸阳烟火也堪怜。"⑦"痛惜朝中党,相倾枉自劳。文人夸御李,勇士但争桃。"⑧"不忍分阴随意过,服劳何处是王家?"⑨"此日邯郸方入梦,当时傀儡再登坛。伤心莫话黔中事,王气萧萧不忍看。"⑩"秋色随鸿到,人情逐水流。沧浪洲上月,身世两悠悠。鸿雁天边度,流年暗里过。黄金与白发,莫漫怨蹉跎。"⑪"露浥风翻迥出尘,孤亭紫气蔼芳春。光从勾曲偏宜夜,秀茁天台总

---

① 《冉氏族谱·总谱》编委会编:《冉氏族谱·总谱》,内部资料 2007 年版,第 380 页。

② 陈湘锋、赵平略:《〈田氏一家言〉诗评注》,中央民族大学出版社 1999 年版,第 60 页。

③ 同上书,第 84 页。

④ 同上书,第 188 页。

⑤ 同上书,第 304 页。

⑥ 同上书,第 215 页。

⑦ 同上书,第 410 页。

⑧ 同上书,第 284 页。

⑨ 同上书,第 342 页。

⑩ 同上书,第 359 页。

⑪ 同上书,第 17 页。

向晨。浪羡青精曾是饭,虚传玉液强为醇。藏真已自依山饵,不待桃花始避秦。"①正是这种对"人情"与"身世"的感受,**使得诗人总在"入尘"与"出尘"之间难于决策**,最终更愿"霞外独尝忘世味,丛中深构避喧亭"②。虽然也有某种早期民主意识,即"安危永勿忘,上下期同勖"③,但总的来讲,土家族文人有感于在逐渐中域化过程中的快速变化难于把握,没有了土家族传统社会的稳定。从价值取向上看则是在儒道之间徘徊,并可认作是既坚持了土家族传统思维方式,又逐渐在吸收新的文化因素。

值得提出的是,在土家族文人思想中,儒家的入世责任与道家的"功成身退"思想在一定程度上得到了统一:一方面是在任何情况下都不忘却入世的责任,即使像田九龄、田宗文那样被抛出红尘的知识分子,也都还存在着"江湖"之忧,像田甘霖一类的庙堂之士就更不用说了。但是,另一方面,"功成"并不是为了享受,只是"身退"的条件,这就像父亲老了由儿子当家一样自然。所以,"退"只是一种生活方式。正是由于这种生活方式,土家族的一些上层知识分子也生活贫困,如田圭,字信夫,是田楚产次子,田玄胞弟。田舜年在《田信夫诗集》"小引"中说:"武靖公时,内外诸务多俾总摄,历佐先伯先考,咸以仪刑见重。"但就是这样一位总摄政务,且属四朝元老的知识分子,却还有避债的问题,如其《冬日睡熟惊闻索债使至疾起漫赋》诗言:"高卧日三竿,自忘囊底干。惊传债使至,倏增老身寒。米桶吟方苦,笔床兴亦阑。谁为焚券者,使我梦魂安。"④可见其道心之强,或言其入则为儒,出则为道,正是土家族知识分子对儒道都有所怀疑的原因。

### 三、土家族文化内容的新变化

趋新,特别是在两种文化选择中趋新,在新旧国是的选择中趋新,已是明代土家族文人,特别是明清之际土家族文人的自觉意识。田玄有"岁运趋于维新"之感悟,其子田既霖也有"不堪过夜半,春事又重新"的首肯;田

① 陈湘锋、赵平略:《〈田氏一家言〉诗评注》,中央民族大学出版社 1999 年版,第 56 页。
② 同上书,第 60 页。
③ 同上书,第 407 页。
④ 同上书,第 233 页。

霈霖面对明王朝的失败,幻想"梅花随意绿,淡淡若为新";田甘霖则"相对看山色,还随节叙新"①。总之,趋新是这些土家族文人的理性思考。在这种社会的衰世阶段,他们还有着一种自信,有一种唯我独醒的感悟:"十年踪迹楚山隈,车马何曾点径苔。竹翠不教狂客问,月明惟听美人来。曲中秀色看为雪,笛里梅花怨是梅。幸有玉人双白璧,强开幽兴送深杯。"②这种趋新是土家族文人对当时社会变迁的认知,在一定程度上可看成是土家族文化内容的趋新动向。

首先,汉化教育提升了民族理性。明洪武二十八年(公元1395年),明太祖朱元璋下令"诸土司皆立县学"③。弘治十四年(公元1501年),明孝宗朱祐樘下令规定要承袭官职的土司子弟必须入学④。与这种文化强制相应,那些受封土官也加强了文化政策调整,如容美土司司主田世爵即在土司中提倡与推行汉文化,其他诸土司如酉阳冉氏土司也兴学崇儒⑤。顾炎武《天下郡国利病书·四川》称酉阳于"永乐中改隶重庆府,建立学校,俾渐华习,三年入觐,十年大造,略比诸县"。这样的文化措施,目的是从文化上加强汉文化和儒家思想的影响,客观上有利于土司、土官文化素养的提高,使土家族统治阶级中出现了一批有较高文化水平的人。因而在土家族传统文化精神之外又引入了中域文化,其中特别是儒家文化传统,并通过这种文化精神的嫁接,提升了土家族的民族理性,如原始而质朴的待人以诚、事上以忠等,从而有了儒家的理性阐明。

其次,文人一心向学形成了文化新风。文化强制无疑加强了中域文化的影响,促成了一批批土家族名士一心向学的盛况,并在土家族地区形成了一种文化新风,如容美土司田世爵于嘉靖二年(1523年)袭职后,认为"乱贼之祸,始于大义不明",要除内乱,必知书识礼,因此定下"以诗书严课诸男"

① 陈湘锋、赵平略:《〈田氏一家言〉诗评注》,中央民族大学出版社1999年版,第206、275、265、287页。
② 同上书,第90页。
③ 李贤、彭时等:《大明一统志》卷六十六。
④ 同治《酉阳直隶州总志》卷十九。
⑤ 《明太宗实录》卷九十三上言:"永乐七年六月,四川酉阳宣抚司宣抚冉兴邦遣头目龚俊等供方物,谢立儒学恩。"见黔江地区民族事务委员会编《川东南少数民族史料辑》,四川民族出版社1996年版,第117页。李贤、彭时等:《大明一统志》卷六十六也有载。

的决心，凡其子女若有不刻苦努力者，就"叱犬同系同食，以激辱之，以故诸子皆淹贯练达，并为成材"①。他还亲自出司考察，学习汉语汉字，引进先进的耕作技术和手工业技术；聘请汉族名士进司任教，从而开辟了长达 200 余年的容美中兴期。又如，容美土司第一代诗人田九龄的赠答诗涉及的中域人物多达 40 余人，他们处于各种各样的社会层面，如进士孙羽侯（鹏初）、刑部员外郎艾和甫、太空禅师、大将军仁宇、文学家王世懋、解元魏懋权、别驾李彦孚、隐士洪明瑞、胡伯良、右都御史沈思孝、应试举子孙习孺、女道人苟元君，以及现已无法考证其身份的钱塘张公、李大将军、伍荆州、张录事、陈明府、陈长阳、龙君赞、龙思所、冯仁卿、高远复、宋应元等人，从中即可看出田九龄交往之广，诗风之盛。田宗元将住室叫做"楚骚馆"或"离骚草堂"，作品叫《楚骚馆诗集》，作品中屡言楚士、楚才、楚调，且"踟蹰风雨夕，收泪读《离骚》"②；"读罢《离骚》回首处，萧然一榻白云高"③，也可说明这种风气。

再次，社会剧变催生新的思想史观。至迟在明代已有了土家族史学，出现了大量家谱、志书、读史笔记，奠定了土家族史学的基础。以家谱为代表的家族史研究几乎是所有土司都有的，较著名的如容美《田氏族谱》、施南《向氏族谱》、永顺《彭氏族谱》等；以方志为代表的地方史研究也取得了进展，如永顺的《永顺宣慰司志》、卯洞的《卯洞安抚司志》、容美的《容阳世述录》等；以读史札记为代表的野史、正史研究也得以兴起，如永顺土司彭明道有《逃世逸史》等。容美土司田舜年更是对中域史籍"芟繁摘要，考误析疑，编辑史略二十一朝"，撰写了《二十一史补遗》或《廿一史纂要》、《六经撮旨》等，并对历史上许多问题"互有商榷"。更为重要的是，在这些历史研究中，形成了一种新的思想史观，形成了土家族知识分子自己的史论。遗憾的是如今大都散佚，只能从一鳞半爪中见其微光，如田舜年在《〈田氏一家言〉跋》中论道：

> 诗言志也，各言其所言而已。虽高冈之响，必逊凤凰；而睍睆之音，

---

① 鹤峰县委统战部等编：《容美土司史料汇编》，内部资料 1983 年版，第 87 页。
② 陈湘锋、赵平略：《〈田氏一家言〉诗评注》，中央民族大学出版社 1999 年版，第 151 页。
③ 同上书，第 158 页。

自悦黄鸟。天机所动,将亦有自然之律吕焉。果若人言,绳趋尺步,诗必太历以上,则自有盛唐诸名家在,后起者又何必寻声逐响于千秋之上哉!十五国风,大都井里士女信口赠贻之物,今咸为经,未闻周召吉甫正考,奚斯而外,遂无当圣人之采择者。由是而推,则求中原文献于荒裔绝徼,不有如山鸡之羽文彩可观、泽雉之性耿介足重者乎。彼夫虬髯客,不肯从龙而自娱,退域者谓其一无所长,不可也。四始而后,屈骚宋赋,孤行千古,又岂仅如司马之词传于盛览、盘本之歌入于汉庙而已哉。况风雅一道流行于天壤,清庙明堂之上有传书,崇山大谷之间亦有传人,其势恒足以相埒。眉山之集,流传海外尚已,而属国之使,会同有绎,又往往出其宴享赠答之章,为荐申先生所嘉叹,编之典籍,侈为美谭。少陵有云"五溪衣服共云山",此物此志耳。然则四海九州之大,此心此理之同,岂其有畛域限之耶?观田氏一家言者,姑无过为分别之见焉。倘有异地而神交,旷世而相感者乎。此非不肖所敢知也,亦曰自言其所言而已。

从中可见,这种思想史观要求:

——要有充分的民族自信,即"求中原文献于荒裔绝徼,不有如山鸡之羽文彩(采)可观、泽雉之性耿介足重者";"少陵有云'五溪衣服共云山',此物此志耳。"

——强调文化交往与思想激荡中的文化认同,即"倘有异地而神交,旷世而相感者乎。此非不肖所敢知也,亦曰自言其所言而已";"四海九州之大,此心此理之同,岂其有畛域限之耶?"

——强调勇于创新,即"果若人言,绳趋尺步,诗必太历以上,则自有盛唐诸名家在,后起者又何必寻声逐响于千秋之上哉",也就是反对"绳趋尺步"。

——强调思想自由,即"诗言志也,各言其所言而已"。

——强调人的能动性、创造性,即"山川待人而显著也,以予思也"①。

这些原则,在明清之际的土家族地区得以形成,的确是土家族思想发展

① 陈湘锋、赵平略:《〈田氏一家言〉诗评注》,中央民族大学出版社1999年版,第445页。

史上的大事。

姚淳焘在《宣慰土司田九峰〈廿一史纂〉序》中对田舜年的思想史观进行了如是评价："闻宣慰田子,尊贤礼士,饱饮诗书,以著述名家,……其编辑史略二十一朝,互有商榷,芟繁摘要,考误析疑,殆类通儒之所用心,非苟焉而已也。……阻水鉴形,日光体影,千秋得失,史之大备矣。田子披览之下,见古者山陬海澨,有奉职勤王,铭劝天室者;有夜郎自大,抗天拒命,冥冥焉不自焚者;有世笃忠贞,分茅锡土,传之无穷者;有叛服不常,初终异辙,尝试天威,陨其世、堕其绪者。其间是非祸福,一一澄观而静验之,于以敦修自好,力帅诸司,永承帝眷。"由此看来,田舜年之得出上述思想史观原则,并不是空穴来风。

民族理性的提升,文化新风的树立,新思想史观的产生,使土家族在明代谱写了一曲曲生动靓丽的民族发展之歌。

### 四、"编头儿女"的中域认同

土司制度作为一种具有自治性质的制度,虽然起于元代,但真正完善则是在明代。明代对土司的建置、职官品位、承袭、废置、升降、朝贡、征调等都做出了明确的规定。为了牢固控制土司地区,还在土司周边设有卫所一类组织,以震慑土司统治。土司统治的"自治"性质表明:一方面,在法制上承认中央政府,履行对中央政府的法律义务,并行使相应的权力。另一方面,在"法"的范围内自主统治。这一关系的"度",在最初的运作中有不少失误,于是发生了不少的土司反抗斗争。但后来,特别是从明末农民起义、清军入关等重大历史事件来看,土司制度的形成,既使中央王朝对中国西南一带土家族地区的控制加强了,由唐、宋时较为松弛的羁縻政策变而为能够在政治、经济、军事、文化等方面实行有效的控制,也使土家族地区树立了一种中华民族的认同意识,特别是在上层文人中。也就是说,"自治"与"中华民族"意识并成,成为土司制度催生的一种新的民族意识,实现了土家族民族意识的一个飞跃:从编头儿女到华夏认同,在传承土家族民族意识的基础上,有了华夏认同的民族意识,并成为后来土家族历史上排满反清、勇于反抗外来侵略思想的渊薮。

从现代中华民族的角度看,抗倭才是真正意义上的民族战争。但在明代,那些土家族子弟,特别是上层文人并不这样看。由于与明朝的密切关系,他们一方面认同自己的民族——土家族;另一方面也认同当时的华夏族,从而使土家族的民族意识具有了明显的层次性。

从土家族层面来看,他们在旅游途中、在生活中、在征战中都有这种民族自觉,如田圭有精粹之作《澧阳口号》三首:"高髻螺鬟尽野妆,短衫穿袖半拖裳。儿夫不习衣冠语,逢着游人只道印。""山鬼参差迭里歌,家家罗邦截身魔。夜深响彻呜呜号,争说邻家唱大傩。""家家临水作岩楼,半是村街半是浮。十八小娥槛内绣,停针坐看上滩舟。"①其一写一对土家族山村夫妇进城,展现了土家人特有的服饰风格:"高髻螺鬟"、"短衫穿袖";与女相伴的男子诚实憨厚,"印"即可证;"儿夫不习衣冠语",表明语言之例。其二写土家人"唱大傩"(一种驱鬼仪式)的民族风俗,土家族常借驱鬼以自娱。其三写土家人的一处水上吊脚楼,有一美丽的土家妹子正在栏杆里面刺绣,她听到上滩船只传送着声声号子不由神思飞动,竟忘记了手上的针工。村街、溪水、船只、少女,典型的土家山乡风情。组诗分别从服饰、习俗、建筑入手,以随口吟成的方式记录了自己的民族。又如酉阳土家族诗人冉天育曾赴东北参与明王朝援辽之役,亲身体验了历史上著名的萨尔浒血战。这场针对以努尔哈赤为首的后金贵族的战斗特别悲壮惨烈,号称47万大军的明军几乎全军覆灭,从此后金与明王朝的力量对比发生了重大变化。冉天育在辽3年,从耳闻目睹的战争中取材,写下了一系列边塞诗,并以自己的民族身份为依归:"雄边千里暮烟开,仗节重登上将台。曾是先人题咏地,编头儿女诵诗来!"②这"编头儿女诵诗来",即正面亮出了自己的民族身份。所以,只要一留心明代的文人诗作,这种自觉的民族意识即可明见。

但是,他们的民族意识还有更深层的一面,这就是华夏意识。冉天育的《出山海关》:"长城临海复依山,万马萧萧度晓关。警报频闻休细问,男儿死国当生还?"③其《从征辽左经阵亡处举酒酹之》:"日惨更风号,千军血一

---

① 陈湘锋、赵平略:《〈田氏一家言〉诗评注》,中央民族大学出版社1999年版,第250—251页。

② 《冉氏族谱·总谱》编委会编:《冉氏族谱·总谱》,内部资料2007年版,第396页。

③ 同上。

刀。黄沙平地起,白骨比山高。国帅生为戮,健儿死亦豪。裹尸何处所,薄奠借村醪。"①这里,诗人已不是单纯的"编头儿女诵诗来",而是"男儿死国当生还"的华夏儿女。

土家族文人的这种华夏认同之情在抗倭、抗清过程中表现特别明显。

田商霖《八月廿二日得少傅公六月自蜀寄书》:"一函九夏叹羁愁,归带金风八月秋。折简应多乡国泪,倾卮难释兄弟忧。蜀江尚许迎归棹,楚客无须赋远游。日日天边劳恨望,今晨先喜雾将收。"②一句"折简应多乡国泪",是何等情感。最明显的是田玄父子四人甲申年(1644年)除夕"相率步韵",各成五言律诗十首,题名为《甲申除夕感怀和家大人韵》,对当时以明王朝为代表的华夏族情结表现深切,田霈霖诗中有"涕泪鲛珠泻,明灯晕自悬;应知阴惨色,诘旦满郊廛"(其一)、"孤臣悲谏草,野老哭官桃"(其二)、"《离骚》聊自展,一读一悲吟"(其九)等惊心进泪的句子③。而且难能可贵的是,一些土家族文人还认识到这二者的统一性,并且正是依据这种一致性,这些文人对明朝的灭亡进行了理性反思,如田既霖针对天下纷争而引发的改朝换代,反思了"如何旧赤子,秉耒佃新廛"? 思考"把舵无三老,惊风任掣肘";认定"定省今宵事,明王梦已遐";"遐思创业苦,方信守成难,漫遣今宵憾,能言不系官";"茧足谁存楚,挥戈孰战韩?""谁羹枭破镜,可以慰兹衰";"谁任神州责,还祈半壁支,五陵佳气在,未必尽朱眉";"孰是回天力,空存戴国身"。④

总之,在明朝这一中国历史的转折中,土家族作为一个居于内陆的少数民族,其上层精英的思想发展已有与中域思想发展的共振因素,这种趋新动向使土家族得以在以后的历次斗争中走在前列,直到产生辛亥革命时期的精英、中国共产党的早期领导人等。所以,从思想发展的角度看,有必要对土家族思想在明代的发展进行再评价。

---

① 《冉氏族谱·总谱》编委会编:《冉氏族谱·总谱》,内部资料2007年版,第396页。

② 陈湘锋、赵平略:《〈田氏一家言〉诗评注》,中央民族大学出版社1999年版,第412页。

③ 同上书,第262、269页。

④ 同上书,第271—275页。

## 第三节　改土归流后土家族的
## 华夏文化认同

　　改土归流以后,作为一个民族,土家族面对的首要问题是在保持自己文化基本精神的基础上认同中域文化,特别是认同儒家文化,实现"脱蛮"的历史过程,从而实现社会与民族文化的转型。经过改土归流后的百余年努力,无论是从儒家文化视野还是从土家族自身的民族认知方面看,土家族都已"脱蛮入儒",实现了华夏认同与社会转型。这一文化认同与社会转型是由国家的制度安排促成的。到了19世纪,特别是到了鸦片战争以后,土家族又与整个中华民族一道开始了应对西方文化、现代文化的进程。严格来说,西方文化、现代文化作为一种强势文化,又恰好是在土家族完成了华夏认同,其中特别是儒家文化认同之后才面对的。理解了这一转折,才能理解土家族在20世纪能主动地、同步地紧跟时代脉搏,甚至走在时代前列,为中华民族的解放与振兴事业奋斗的文化基础。也就是说,正是有了这一转型的社会基础,才能理解土家族在20世纪的现代征程上能走得比较主动与自觉。

### 一、儒家文化视野下的19世纪土家族

　　改土归流以后,清王朝对土家族地区进行了儒家文化认同式改造,包括在土家族地区确立儒家的制度文化,强制输入儒家的精神文化,明令禁止和强行中止土家族的部分精神文化,大量输入儒家文化价值观,其中还实行了包括土家族教育优先发展在内的一系列政策,加上大量汉区人口的迁入及土家族地区经济、教育的发展,到鸦片战争前后,特别是到19世纪60年代以后,经过一百余年的文化认同努力,在儒家文化视野下,土家族作为一个民族已整体实现了"脱蛮入儒"的过程,并得到了"流官"——儒家文化推广者的普遍认同。为理解这一点,有必要从19世纪60年代开始关注。

　　恩格斯已注意到两次鸦片战争中中国人民的思想变化,他说:

　　　　现在,中国人的情绪与1840—1842年战争时的情绪已显然不同。那时人民保持平静,让皇帝的军队去同侵略者作战,失败之后,则抱着

东方宿命论的态度屈从于敌人的暴力。但是现在,至少在迄今斗争所及的南方各省,民众积极地而且是狂热地参加反对外国人的斗争。他们经过极其冷静的预谋,在供应香港欧洲人居住区的面包里大量地投放了毒药(有几只面包送交李比希化验。他发现面包的各个部分都含有大量的砒霜,这表明在和面时就已掺入砒霜。但是药量过大,结果一定是变成了呕吐剂,因而抵销了毒效)。他们暗带武器搭乘商船,而在中途杀死船员和欧洲乘客,夺取船只。他们绑架和杀死所能遇到的每一个外国人。连移民到外国去的苦力都好像事先约定好了,在每一艘移民船上起来暴动,夺取船只,他们宁愿与船同沉海底或者在船上烧死,也不投降。甚至国外的华侨——他们向来是最听命和最驯顺的臣民——也进行密谋,突然在夜间起事,如在沙捞越就发生过这种情形;又如在新加坡,当局只是靠武力和戒备才压制住他们。是英国政府的海盗政策造成了这一所有中国人普遍奋起反抗所有外国人的局面,并使之表现为一场灭绝战。①

在经过这种转变以后,1860 年在中国近现代史上则具有了更为特殊的意义。海外学者王业健曾这样说道:

> 1860 年是中国历史的一个转折点。在这之前的时代,传统享受着最高权威,所有的外国人都被认为是落后的、未开化的民族。对于这些外国人来说,最大的幸运便是成为中国的家臣。对中国社会变化的预告始于 1839 年至 1842 年,这一时期是对大英帝国的鸦片战争失败的时期。虽然当时是极其耻辱的,但这一战争的失败还不足以唤醒中国的懒惰,不久之后,这一失败几乎被忘掉了。尽管如此,变化的时代到来了。十年之后,国内接二连三地爆发了叛乱。1853 年太平天国占领了南京,满洲帝国几乎一分为二。此外,1856 年爆发了和英国、法国之间的新的战争。四年后,外国军队长驱直入到了中国首都的门槛,皇帝逃到了热河。皇帝的夏宫圆明园这一圣地也被侵略者们完全掠夺并烧毁,他们向中国政府表现出了强大的压力,不平等条约一点也不能违

① 恩格斯:《波斯和中国》,《马克思恩格斯选集》第 1 卷,人民出版社 1995 年版,第 709—710 页。

反。这一事件给中国造成的伤痕实在太深,因而无法被忘却。以此为契机,改革之路渐渐开创出来。①

正是基于这一时段的转折意义,笔者选择同治年间由流官编撰的土家族地区方志为例说明儒家文化视野下的土家族在19世纪60年代时对儒家文化的认同程度以及儒家文化对土家族的认同程度,借以说明土家族文化精神的时代特征。

首先,土家族已成与"客民"、"客家"相对应的"土民"、"土家",在儒文化视野下,实现了"脱蛮"目标,取得了"民"的资格。在历史上,由于儒家文化主张"夏夷之辨",土家族长期被中域文化,特别是儒家文化视为"蛮夷",以与儒家文化相区别并被贬抑,如称为武陵蛮、五溪蛮等。作为以"欲安民必先治夷,欲制夷必先改流"②为初衷的改土归流,其潜在的目标之一即是按照儒家文化主张的"夏夷之辨",把"蛮夷"改造成"民"。所以,经过改土归流以后的儒化,不仅土家族改变了土司专制的社会形态,进到了儒家式官僚—地主制社会形态,与中域地区实现了制度同化;而且在精神文化、物质文化等方面,逐步接近了中域文化。所以,同治朝的各种县志,对土家族地区的这一转变给予了充分的肯定,对土民或土家去掉了蛮称,以民称之。有学者曾比较了乾隆、道光、光绪三种版本的《凤凰厅志》,揭示了这一变化,认为"儒学已完成了自己关于少数民族的认识,摆脱了传统儒学把少数民族视为异族的思想。土家族与苗族在这些流官眼里都成了政府中平等的'民'。他们从此不再有等级差别。这可以说是儒学关于少数民族思想的一次革命性转换。"③这一说法在承认土家族经过儒化而成为"民"的认定方面是对的。但是应注意的是,儒家文化从孔子开始的"夷夏"之辨就不是以区别"夷夏"为目的取向,而是以致力于"用夏变夷"为目标。因此,不能认为是改变了传统儒学,而只能认定为儒学在土家族地区实现了"用夏变

---

① 引自[韩]宋荣培《中国社会思想史》,中国社会科学出版社2003年版,第248—249页。

② 王承尧、罗午、彭荣德辑录:《土家族土司史录》,岳麓书社1991年版,第303—304页。

③ 谭必友:《流官群体与19世纪民族地方志描述视角的变迁——以乾隆、道光、光绪本〈凤凰厅志〉比较研究为例》,《清史研究》2005年第4期。

夷"的目标。同治版诸志，甚至到光绪版诸志在核心价值观上都是传统的，并未产生所谓相对于传统儒家的"新儒家"。

当然应看到，对于土家族来说，这是一次普遍的转换，如同治《恩施县志》有一佚名序即强调"有分土无分民"，并以此为编志原则；该志凡例中则专门对恩施不宜被视为"蛮疆"作了辩护："原属内地，因与诸夷接壤，人多目为蛮疆，故方域不可以不辨。"该志对当地人一律以"民"视之，没有民族歧视，显出民族的整体认同："邑民有本户客户之分，本户皆前代土著，客户则乾隆设府后贸迁而来者。大抵本户之民多质直，客户之民尚圆通。"①这里显示的是中性评价。同治《宣恩县志》则以"民"称之为"土民"、"客民"或"土著"、"流寓"，没有"蛮"之歧视意义，即使强调是少数民族，也用"苗疆"，而不是以"蛮"称之。更值得关注的是其序文，该志张金澜序把"蛮"看成是百多年前的事，清朝以后，因"服百蛮"，"负固者心渐回，狡强者迹胥敛，已不复昔年之犷悍矣"。当时已"士讲礼乐而习诗书，其民知廉耻而守法度，家弦户诵，日进醇良"②。同治《咸丰县志》也以"民"视之，张梓序肯定其民"风俗醇良"。对于当地精英则以"绅"目之，与同治诸志相同；且有"人才朴茂，风醇俗美，蒸蒸日上"的自信。在"风俗"中，有直接称"人民"者，且只作"土著"与"客籍"之区分，并且强调他们之间已"两无猜忌"③。同治《建始县志》则不仅以"民"称之，而且以贫富对"民"作了区分④。同治《来凤县志》则除在征引旧说时用"民杂夷獠"、"不华不夷"之词外，在讲到同治本朝时，则只以"土籍"与"客籍"区分，然后分节叙述了土家族的风习。而且，该志还特别以乾隆年代为基准进行了对比描述。⑤ 所以，在同治一朝，土家族在当时的统治者眼中，已是真正的"民"了。这一点，到了民国年间，已不在讨论之列，如同治《恩施县志》重印本中收有民国年间里人张阆村序，其说方志应"随时代为转移"。其序的最大特点是对当地人以"人民"视之，没有"民族"界限；且显出"民本"的意义，强调应以"土地、人民、物产、

---

① 同治《恩施县志》，恩施县地方志编纂委员会1982年重印版，第11、17、287页。
② 同治《宣恩县志》，宣恩县党史县志办公室1982年重印版，第78、1—2页。
③ 同治《咸丰县志》，咸丰县志编纂委员会1983年重印版，第2、104页。
④ 同治《建始县志》卷三，建始县档案馆1983年重印版。
⑤ 参见同治《来凤县志》，来凤县志办公室1981年重印版，第246—247页。

人事"的体例来编排;郑永禧于补刊序中,虽初以"蛮疆"视之,但笔锋一转,则以"文明所启"赞之,且对"乡绅"给以较多关注,这表明在民国时期,无论是本籍人或外籍人,都被以"国人"视之。① 民国《咸丰县志》陈侃序还强调了"民族"与"国家"的关系,为"启乡人爱国之心"而记"民族进化",所以,专列了"土司志",叙述其历史;分别了"土家"、"客家",进入"氏族志",并被统称为"邑内人民"。从其列传人物来看,强调了土家族人民"与外人争独立自治权"的民族主义思想之发展。②

其次,肯定清朝对土家族地区儒化的结果,充分认肯土家族的民风民德,与改土归流初期形成鲜明对比,说明土家族与儒文化统治者取得了文化认同。改土归流后,土家族的传统文化多被禁止,如"男女相聚而歌"的摆手舞等文化活动被认为是"恶俗"、"有不可名言之事",应"严禁以正风化"③。传统祭祀活动如鬼神崇拜等"一应陋俗俱宜禁绝","凡巫师假降邪神,佯修善事,煽惑人民,为首者绞;为从者各杖一百,流三千里;里长知而不告者,各笞四十。"④要求"土人,宜俱令剃头"。土家族"服色一项,更属鄙陋",应当"分别服制","服饰宜分男女"。传统的居住方式则被指责为"男女不分,挨肩擦背,以致伦理俱废,风化难堪"⑤。其他如传统行为方式、家庭制度等都在改革之列。

经过百余年的实践,情形已根本变化。恩施是"志昭忠则大纲以举,劝忠之道以明;志节孝则正气常(长)存,教效之情以笃"。以儒家文化为指导修撰的县志,其所叙学校、典礼、职官等有很大比重;特别是在"人物"中,以乡贤、行宜、忠义、孝友、列女等为主,体现了儒家文化的主体精神。在"风俗"中,溢美之情溢于言表:"人多质朴,俗颇敦庞,士习尤端其趋向,民力不惮其艰辛。缙绅之辈,名义相高。"作者还认真分析了民风的变迁,强调在元明时确实有"不华不夷"的情况,其基本意旨在于:到清朝时已革心向化,与满汉民族,特别是与儒家文化融为一体了,故"文治日新,人心向学。微

---

① 参见同治《恩施县志》,恩施县地方志编纂委员会 1982 年重印版,第 1、3—4 页。
② 参见民国《咸丰县志》,咸丰县志编纂委员会 1983 年重印版,第 1、150 页。
③ 乾隆《永顺府志》卷十一。
④ 乾隆《鹤峰州志》卷首。
⑤ 乾隆《永顺府志》卷十一。

独世家巨室,礼士宾贤,各有家塾;寒俭之家,亦以子弟诵读为重"①。建始县志则依据儒家文化的产业观对该地之民作了评价:"故人俗古朴,不染纷奢淫巧之习,爱土物而重本业也。"这些成就的取得,完全是改土归流"百余年涵濡圣人之德化,又一变至道焉"②的结果。宣恩民风虽"士敦朴实,俗尚节俭",但是"迩来涵濡圣德,盖百十年于兹矣。骜者多驯,浇者近厚,文学渐彰,节义渐著"③。在咸丰县则因改土归流而"忠孝节烈,礼义廉耻,亦无不由是以感激成风",甚至"改土归流,涵濡圣泽,百有余年,同文之化比于内地"④。来凤则是"迨及我朝,改土归流,沐浴雅化,以驯驯乎风会日开,人文蔚起矣"⑤。同治《鹤峰州志》之说亦同。

由此可见,经过百余年的文化认同努力,作为儒家文化代表的流官已对土家族地区的儒家文化认同表示了满意。事实上,经过这一百多年的努力,土家族地区也的确实现了新的文化认同,中域化的价值观、家庭结构、婚姻模式、饮食服饰、生产技术等,都受到了儒化。所以有学者说"改土归流后,汉族物质文化、制度文化和精神文化以多种方式向土家族地区渗透。土家族文化在强大的汉文化作用下发生变迁。土家族的宗教信仰、风俗习惯、语言文字等都发生了变化,汉族的许多价值观在土家族地区得到确立。通过吸收汉族先进文化,土家族文化得到发展,土家族地区开发进程加快,统一的多民族国家更加稳固"⑥。

再次,土家族地区的社会结构发生了根本变化,代替原有土司专制社会结构的是"官僚—地主"统治的社会结构,"乡绅"等社会精英得到社会承认。从社会结构说,儒家式社会结构的典型特征是经济上强调重农抑商的经济政策、小家庭作为社会经济的基本经济单位、私有财产制的确立及相应的赋税制度,在政治上形成了社区的官僚—地主支配体系,在思想上以儒家

---

① 同治《恩施县志》,恩施县地方志编纂委员会 1982 年重印版,第 9—10、285、291—292、286 页。

② 同治《建始县志》卷三、顾椿序,建始县档案馆 1983 年重印版。

③ 同治《宣恩县志》,宣恩县党史县志办公室 1982 年重印版,第 73、5 页。

④ 同治《咸丰县志》,咸丰县志编纂委员会 1983 年重印版,第 2、6 页。

⑤ 同治《来凤县志》,来凤县志办公室 1981 年重印版,第 4 页。

⑥ 段超:《改土归流后汉文化在土家族地区的传播及其影响》,《中南民族大学学报》2004 年第 6 期。

文化价值观为基本取向,当然对其他文化现象也表现出一定的宽容。①

从同治诸志的安排体例已明显感受到其对土家族地区的文化评价尺度是儒家文化主导的价值观,如《咸丰县志》计20卷,含疆域、建置、典礼、食货、武备、官师、选举、人物、艺文、杂志,较能体现儒家文化价值理念的如建置中有学校、义学,典礼中有坛庙、节礼、义冢,食货中有祭祀、普济等,人物中则分行谊、忠义、孝友、烈女等,杂志中的"祥眚"等则反映儒家重人事而轻鬼神的价值原则。其他诸志在结构上虽小有区别,但总体结构却体现了这一价值原则。

儒家社会的政治结构,在很大程度上取决于官僚—地主的关系结构,"乡绅"的出现并引起重视,正体现这一儒家文化社会结构在土家族地区的确立,诸志对土家族地区的描述突出儒学视野中的优秀人物——土家族中的"乡绅"阶层。因为经过百余年发展,本地有相当数量的普通"土民"已经积聚了一定政治资本与经济资本,并上升为"缙绅阶层",成为社会中的新精英分子,地方官员往往向他们咨询有关事宜。② 在诸志中可多次见到这类叙述:咸丰曾"及诸绅谒见座谈","会同绅耆"讨论③;宣恩曾"采访资之绅士",且"选择未尽周详"④;来凤则选"贤豪"之"可与共理者",甚至"造庐请谒"⑤。其他诸志也屡见不鲜。

至于经济结构,诸志对商品经济等未过多关注,也可见出其儒文化特征。如《来凤县志》的记载即把农夫红女排在前面,以"农事"、"女工"居前,但紧接着对"工"与"商"进行了描述,结合前面的"士习",体现了传统社会的"四民"顺序,虽然其中也对商品经济有所肯定⑥;《宣恩县志》则只列农事与女工⑦;在咸丰则到民国《咸丰县志》才对"工"、"商"给予相当的关注,分"商民"为本地"商民"和外地"商民",但外地为多且优,"工"则本

① 参见[韩]宋荣培:《中国社会思想史》,中国社会科学出版社2003年版。
② 参见谭必友:《流官群体与19世纪民族地方志描述视角的变迁——以乾隆、道光、光绪本〈凤凰厅志〉比较研究为例》,《清史研究》2005年第4期。
③ 同治《咸丰县志》,咸丰县志编纂委员会1983年重印版,第2页。
④ 同治《宣恩县志》,宣恩县党史县志办公室1982年重印版,第2页。
⑤ 同治《来凤县志》,来凤县志办公室1981年重印版,第2页。
⑥ 参见同治《来凤县志》,来凤县志办公室1981年重印版,第248—249页。
⑦ 参见同治《宣恩县志》,宣恩县党史县志办公室1982年重印版,第74页。

地的为多且优①。由此可见,诸志表现出对商业与技术精英的拒斥态度,这是传统儒家社会的典型社会结构理性。在这一认识上,同期的土家族文人彭秋潭也在其诗文中有所反映,如在《古风七首上蓴楼张大夫》诗中写道:"吾慕龚渤海,不忍贼斯人。还牛佩犊辈,皆化为良民。朝廷用律令,以意体其仁。古来廉耻将,能使风俗淳。"他认为这样一来,国家就会"大夫比稷契,怀忠步云逵。下吏非强项,卓鲁良所睎。幅纸期汗青,皇路方清夷"②。可见重视农业生产是这一时期产业取向的共性。

儒家式社会结构在土家族民间文化中得到了反映,如"土家族机智人物故事是土家族地区处于封建地主经济时代的产物,……是汉文化的影响加速了土家族地区的封建化进程,也更加激发了人们的阶级意识和反抗情绪的升华,坚定了与统治阶级斗争的信念,从而张扬了自身的本质力量,这就为机智人物的产生及发展提供了有利的社会生活土壤"。在土家族机智人物故事中,阶级意识和抗争情绪都十分鲜明,作品中都有一个对立面,斗争的对象绝大多数是地主老财、官吏等,体现的正是所谓的儒家式官僚—地主专制的社会结构。③ 民间文化的这一社会结构认知,还形成了土家族地区"恨官,但不恨国家"的思维传统。

### 二、19 世纪土家族的自我文化认知

根据中域文化视野,从族称的角度,土家族地区的"脱蛮"历史进程是较早的。但是,作为一个民族的整体"脱蛮"却是改土归流后的事。作为一个民族,虽然土家族可以作出精英与大众的划分,但是从思想层面可以看到,无论是从正面评价还是从负面评价,土家族民众对 19 世纪的中国社会都有了明确的共同体认与文化认同。

首先,儒家文化价值得到了普遍确认。经过百余年的努力,土家族与汉族长期杂居相处,文化彼此渗透,特别是儒家文化的全面渗入,无论是学校、书院等外显物象还是信仰、精神等内部特征,都带有浓厚的儒家文化特色,

---

① 参见民国《咸丰县志》,咸丰县志编纂委员会 1983 年重印版,第 41 页。
② 杨发兴、陈金祥编注:《彭秋潭诗注》,中国三峡出版社 1997 年版,第 299—300 页。
③ 参见曹毅:《土家族的机智人物故事》,《湖北民族学院学报》2002 年第 5 期。

使儒家价值观得到了广泛的认同,如在建筑中,书院、寺庙等的建立,使儒家文化有了明确的载体,特别是土家族地区建有很多文庙,每年都按时进行祭祀孔子的活动,像"咸丰三年(1853年)始颁祭祀音乐,设六佾之舞,并祭关云长子孙三代"①。"宗祠内供祖先牌位,春秋两季由族长主持合族男丁祭祀。"②这些都有利于儒家价值观的树立。同时,以开科取士为目的的儒学教育得到大发展,形成了风涌的局面。体民、恤民情怀在民间口承文化中得到了回应,土家族民间故事传说中的英雄多是为善、为民的英雄,如在《王生问佛》中,当自己的利益和他人的利益有矛盾时,王生问他人之事而不问自己的事③;《酉水河的传说》中,黑巴为民而死,受到人们的赞扬;《清江》中的捡儿为民而死,现在还被传颂;《药神庙》中的银哥为民,流传至今;《金银花》中的金哥、银妹为民重大义,被人们盛赞;《扎梅山》中的梅山,《金挖锄》中的利布④等,都是为民的典型。可以说,为善为民,是土家族民众所认肯的新时代的根本价值。

此外,其他方面的儒家文化价值观也在民间口承文化中得到了明显反映,如运用儒家的婚姻家庭伦理对土家族传统神话进行改造,使原始的兄妹成婚以"天意"的形式来减轻其伦理冲突;重义、行善、中和等思想倾向在民间传说故事中、在民间谚语中都得到了反映;在改造过的人类起源神话中还有"孝的伦理"与原有生活伦理冲突的实证。因此,对土家族地区和土家族人民来说,19世纪是儒家文化的世纪。

其次,国家认同得到强化,对外斗争的意识增强,自觉或自发地维护国家与民族的统一,华夏认同成为主流价值诉求。改土归流促进了统一多民族国家的巩固和发展,因为土司制度作为带有浓厚地方割据性质的政治制度,严重影响着中央政府政令的贯彻执行,不利于在全国实行统一管理,同

---

① 秀山土家族苗族自治县县志编撰委员会编:《秀山县志》,中华书局2001年版,第607页。

② 石柱县志编撰委员会编:《石柱县志》,四川辞书出版社1994年版。

③ 参见恩施市文化馆等:《恩施市民族民间故事传说集》,内部资料1988年版,第208页。

④ 参见归秀文编:《土家族民间故事选》,上海文艺出版社1982年版,第99、106、123、129、165、238页。

时也制约着土司地区与其他地区的交流与联系。改土归流后,这种割据政权已不复存在,中央政府在土家族地区设立府、州、县,派流官进行治理,土家地区从此被完全置于中央政府的管辖之下。同时,土家族地区与其他地区的联系得到加强,土家族与汉族及其他兄弟民族可自由来往,汉族地区的人可自由进入土家族地区,他们与土家人一起共同生产,互相学习,在土家族地区逐渐形成了一个以土家族、汉族为主,包括苗、侗等多民族的大家庭,统一的多民族国家得到空前的巩固。①

改土归流的这种作用,首先在土家族文人那里得到了回应。石门土家族人覃远进(1818—1891年),咸丰元年(1851年)乡试中举,复登癸丑(1853年)科进士,曾先后出任广西左右江兵备道,广西水陆兵勇按察使,并受封为光禄大夫,其《登五峰谒张土司墓》一诗言:"累累故冢路迢迢,华表支撑刺碧霄。百忍堂中茅土远,五峰山畔棘门遥。衣冠缨组由前代,疆域连王纳盛朝。纱帽岭头凭吊古,边尘靖处霸业消。"诗作通过谒墓抒怀,体现了他反对分裂割据,赞颂国家团结统一的政治主张。② 酉阳土家族人冉正维,以塾师为业,一次授徒数十,著有《老树山房诗集》,存诗7首,有《仡佬溪》一诗,对民族交融持肯定态度:"王治渐摩数百年,淳风汤穆改蛮烟。却闻仡佬居溪上,尚在思黔启土前。纵猎俗移中夏地,踏歌声断早秋天。小民解说先朝事,卷叶吹笳信怅然。"③体现了华夏认同的价值取向。而且,国家认同还与反侵略战争相联系。由此可见,在土家族上层精英那里,国家认同已成为主流话语。

之所以把这些土家族文人的国家认同同儒家文化认同联系在一起,是因为他们所认同的国家是王朝国家,而不是天下国家。土家族人民从王朝国家观到天下国家观的转变,是19世纪末20世纪初以后的事。

与上层精英的国家认同相联系,土家族民众则通过反不法洋教斗争等

---

① 参见苏晓云:《土家族地区"改土归流"之我见》,《中央民族大学学报》1997年第4期。

② 参见彭继宽、姚继彭主编:《土家族文学史》,湖南文艺出版社1989年版,第300页。

③ 《冉氏族谱·总谱》编委会编:《冉氏族谱·总谱》,内部资料2007年版,第401页。

形式体现了国家认同。从 1865 年 3 月 4 日，刘胜超带头聚众捣毁"公信堂"，反教风波迅速波及酉阳州境。至同年 9 月底，土家族头人冉从之（冉老五）将法国不法传教士殴毙于州城隍庙内，从此掀起了第一次土家族地区的反不法洋教斗争，此后先后发生了多起大规模的反不法洋教斗争，如黔江和利川教案，长阳、长乐等县的反教会武装起义，恩施教案等。当然，由于阶级压迫，土家族人民也进行了多次反封建统治的斗争。

再次，反对鸦片毒害，揭露社会苦难，反映出中国封建王朝的晚期特征。19 世纪西方列强对中国的入侵以鸦片贸易为先导，反对鸦片贸易及其所带来的毒害是中华民族在近现代反对西方列强侵略的伟大开端。土家族对国家认同的加强，对国家与民族统一的维护，在反对鸦片毒害上得到了具体而集中的体现。对于鸦片，土家族一般民众和上层精英都表示反对。一般民众有《鸦片苦歌》云："鸦片烟开五色花，劝你哥哥莫吃它。不是为妻责怪你，又败身子又败家。鸦片烟火唆唆唆，先唆田地后唆窝。田园屋场唆尽了，再唆脚边热和和①。烟瘾一发难得看，鼻涕流得尺把长。呵欠扯到耳朵边，眼泪不断像死娘。脸上起了冬瓜灰，浑身无力瘦如柴。好人变成鸦片鬼，硬是死了没得埋。"②上层精英则有酉阳土家人冉崇文（1810—1867 年）等的反对之声。为禁鸦片，冉崇文曾作《洋烟赋》，力陈烟毒之烈，苦口劝世，语含深情，洋洋数千言。"原夫洋烟之害，实属堪嗟！传来异域，流遍天涯"；"本属夺命之膏，痴迷恬不为怪"。这东西一旦上瘾，"不吃到水尽山穷，谁能遣此；倘未至盐干米净，岂肯丢它"；而人的身体形象则是"面目凋零，悯惜形同色鬼；容颜枯瘦，可怜身似病鸦"；"从前一肥二胖，何等玉润珠圆；而今九死一生，出自心甘情愿。身中肥虱似鱼鳞，顶上头发如茅扇，衣裳滥同鱼肉，上下不止千疮；裤子破若战裙，前后刚剩一片。"作者愤怒地斥责："噫嘻！彼何人斯？造此孽品，毒可杀人，罪当刏颈。"最后结论说："奉劝吃烟子弟，莫抛费父母银钱；有瘾明公，好保守祖宗根本。前车可鉴，毕竟害的何人；后悔已迟，快须逃出铁岭。"③又有土家诗人杨良翘，也对鸦片之

---

① 热和和：土家方言，指妻子。

② 彭继宽、姚继彭主编：《土家族文学史》，湖南文艺出版社 1989 年版，第 174—175 页。

③ 《冉氏族谱·总谱》编委会编：《冉氏族谱·总谱》，内部资料 2007 年版，第 411—414 页。

害进行了深刻揭露:"洋烟吃上瘾,卖妻鬻儿女,一枪媚岁月,万事任朦胧,几多田园尽荒芜,几多村落断人烟。……这些都是洋烟害,何不齐心趁早戒。"①

土家族民众还对社会的苦难进行了深刻的描述,在一定程度上反映了儒家社会的"官僚—地主"社会结构,如《长工苦》强调"桐子遭打只为油,长工遭罪只为穷。穷就穷在土地上,想打麻雀无岩头"。实质上揭示了土地的重要性。其他有各种各样的苦歌,如《说起穷》、《躲债歌》、《长年歌》、《媳妇苦歌》、《单身苦》、《点兵歌》等,正因如此,才有了《买雷公》一类的反抗意识:"板栗扎针针对针,如今世道不公平,天上雷公如有卖,买个雷公铲不平。"同时,民间的反抗意识在一定程度上在精英人物那里得到了回应,如不少土家人参加了"公车上书"等即是。

总之,19世纪土家族的文化认知已反映出文化认同与国家认同,并自觉站在维护国家与民族文化的立场上,即使是有强烈土家族认知的人士,也不怀疑国家认同与中域文化认同,反映了土家族对中华民族多元一体格局的正式认同。也正是由于有了这种整体认同,所以土家族人民才能在20世纪与整个中华民族一道担承民族解放与复兴之伟大责任。

### 三、制度安排、华夏认同与社会转型

从土家族的历史发展进程看,土家族与汉族的关系是友好的,土家族和中域文化也有较强的互动,如竹枝词、巴渝舞等,都是土家族贡献于中华民族文化的经典之作。土家族也长期地吸收中域先进文化。但是,在相当长的历史时期,接受中域文化主要是土家族上层精英的事,对于一般民众来说,则有相当的阻隔。只有到了改土归流,土家族地区的社会与文化转型才成为社会的制度安排,并推动了土家族地区及土家族的华夏认同与社会转型。

从改土归流的国际背景看,当时因西方国家已在中国周边生事,且已涉足东南沿海,而清朝统治者也已形成了与外夷打交道的三种模式,即西北模式——由理藩院管理;使团模式——内务府管理;南方模式——礼部管理,

---

① 田荆贵主编:《中国土家族历史人物》,民族出版社1993年版,第128页。

有效地处理了中外关系,为国内文化认同的努力创造了良好的国际环境。①
至 1720 年成立垄断贸易公行,实际上又形成了第四种模式——广州制度,
从而为维护国内稳定提供了国际环境的支撑。

从土家族地区的内在动因来说,土家族聚族而居的农业村寨、宗族制
度、以祖先崇拜为主项的宗教信仰是土家文化模式的基本形态,并在历史上
倾向于认同历代封建王朝,故与儒家文化有内在的相关性,成为"我国君主
家长专制的大一统封建帝国文化模式的微型样板","是中国封建宗法政治
体系的缩影",这些要素"明显地反映出文化整合的历史要求和发展趋势,
反映出华夏化倾向"②。而改土归流的意义正在于通过制度安排构建这种
华夏认同的趋势。

从土家族政治制度的演进看,从公元前 316 年始实行的羁縻郡县制是
以"树其酋长,使自镇抚,始终蛮夷适之"③为特征的,具体统治方式即是
"以其故俗治"④,据《史记·司马相如列传·索引》:"羁,马络头也。縻,牛
缰也。《汉官仪》曰'马云羁,牛云縻',言制四夷如牛马之受羁縻也。"⑤可
以看出,在这种制度安排下,文化交流是受制度阻碍的,正如《新唐书·徐
坚传》所谓"蛮夷羁縻以属,不宜与中国同法"。在土司制度下,一方面是中
央王朝通过少数民族首领对民族地区进行间接统治;另一方面则是各民族
首领向中央王朝承担一定的义务。⑥ 中央王朝虽然采取了一些推广中域文
化,其中特别是推广儒家文化的措施,但由于局限于土司上层,因而成为
"汉不入峒,蛮不出境"的制度保障。"其所以报于国家者,惟贡、惟赋、惟
兵。"⑦但在改土归流以后,在土家族地区普遍建立了保甲制度:"土民客家
应一例编甲也。查土司地方,江西、辰州、沅、沪等处,外来之人甚多,有置有
产业,葬有坟墓,居住三十五年以至二三代者,皆自称客家,不当土差。切思

① 参见[美]史景迁著,黄纯艳译:《追寻现代中国——1600—1912 年的中国历史》
第二部分第一章,远东出版社 2005 年版。
② 李星星:《曲折的回归——四川酉水土家文化考察札记》,三联书店 1994 年版。
③ 脱脱:《宋史·蛮夷一》。
④ 班固:《汉书·食货志》卷二十四。
⑤ 司马迁:《史记》卷一百一十七《司马相如列传》。
⑥ 参见田敏:《土家族土司兴亡史》,民族出版社 2000 年版,第 2 页。
⑦ 张萱:《西园闻见录·土官》卷七十九。

川蜀等处,凡居住三十年以上者,置有产业,丁粮俱准为土著。今既有产业,居住年久,应与土民一例编甲,以便稽查。"①保甲制度的建立,打破了原有制度划定的中央与村社的政治鸿沟,使土家族地区原有的以土司专制为特色的抽象共同体转变为以邑里村社为基层组织的民族国家共同体。

为了保证这一崭新共同体的巩固,清朝统治者采取了一系列文化措施,促成了土家族地区新的文化认同。关于这个问题,已有众多文献加以研究,此不引述。笔者在这里只是想要说明,改土归流后对土家族地区的文化重塑以儒家文化的稳定性为主要取向,而儒家文化又根源于中国封建经济结构和政治制度的稳定性。在鸦片战争以前,这种经济结构和政治制度没有受到过有力的冲击,更没有从内部发生动摇,因此作为这种经济结构和政治制度反映的传统文化就不会发生危机。相比之下,这种重塑明显地落后于19世纪的世界历史发展。当鸦片战争发生以后,特别是1860年以后,随着儒家文化自身的危机,土家族地区也就自然而然地走上了另一种社会与文化转型的历史过程,可以把这一进程叫做"脱儒"的过程,这个过程是从19世纪末20世纪初开始的。

## 第四节　土家族社会的现代转型与新哲学的发生

土家族新哲学的发生在明代已有某种迹象,这是由中域文化的传入而形成的趋新动向。② 改土归流以后,因清朝统治者对自身文化合法性的努力证明,以儒家文化为核心的中域文化大规模传入,使土家族哲学进入了一个新的历史阶段。19世纪中叶以后,土家族得以同整个中华民族一道被强行拉入全球性现代化运动的进程,土家族的现代新哲学思想即开始发生。与此前的哲学形态相比,哲学思想的内涵发生了重大变化,以前思想家熔铸古今的传统得到了新的增辉,产生了既能博通古今又能会通中西的思想家,

---

① 乾隆《永顺府志》卷十一。

② 参见萧洪恩:《明代土家族文人思想的趋新动向》,载胡茂成等主编《巴文化研究》,湖北人民出版社2005年版。

如朱和中、向警予、赵世炎等①。在西方哲学中国化和中国哲学现代化过程中,土家族除一般民众的思想观念发生了现代性外,思想家们则以自己特有的方式迎接西方文化的到来。"欧化云者,谓文明创自欧洲,欲己国进于文明,必先去其国界,纯然以欧洲为师。"②这一目标成了包括土家族思想家在内的后发现代化国家主要思想家的精神追求。正是在这种情景下,西方思潮与中华民族的出路问题联系起来,共同构成了土家族现代哲学思想的底色。他们通过各种渠道,"重译"西方学术,并最终归诸寻求"中国向何处去"的根本问题,从自由主义、马克思主义、资产阶级民主主义等方面提出了自己的探索和追求。他们在面对思想文化资源方面,不仅要思考传统与现代,而且要思考本土与国外等多重关系,因而在思想方面形成了复杂纷纭的局面。他们在历史审视中,既苦于中国的不发展,又苦于西方发展所带来的缺失,在新与旧、常与变、古与今、中与西、城与乡的矛盾冲突中,展现了自己的历史思考,形成了进化与退化、革命与改良等不同的历史路向,并直接证明了恩格斯关于理论与实践关系的论断:"理论上的无知是一切年轻民族的特色,然而在实践中发展的迅速也是一个特色。"③毫无疑问,在现代化建设问题上,中华民族是年轻民族。

**一、20 世纪土家族的社会转型**

20 世纪,无论是世界还是中国,也无论是汉族还是土家族,都是一个巨变的时代。从世界历史上看,俄国革命、两次世界大战、产生一系列社会主义国家等;从中国看,义和团运动、清政府的被迫改革、辛亥革命、五四运动、国内革命战争、抗日战争、中华人民共和国成立、社会主义制度的建立等。从大时代的界定看,20 世纪更是被不同人士从不同层面进行界定,如曾被

---

① 明清时代,土家族历史上产生了一大批博通古今的人物,如田舜年有《廿一史纂要》、《廿一史补遗》;彭明道有《逃世逸史》、彭世麒有《宣慰司志》、张汉杰有《南渭州土知州谱》,另有佚名作者之《驴迟洞长官向氏谱》等著述,形成了土家族史学。

② 佚名:《日本国粹主义与欧化主义之消长》,《译书汇编》第 5 期,1920 年 7 月 25 日。

③ 《恩格斯致弗·阿·左尔格》,《马克思恩格斯选集》第 4 卷,人民出版社 1972 年版,第 455 页。

美国人称为"核时代"、被苏联人称为"航天时代"等,在中国甚至曾一度被称为"文化大革命时代";从文化现象的关系上看,有人称为科学与宗教关系缓和的时代,有人称为人与自然关系紧张的时代……"与此同时,由于全球日益统一,西方的思想、制度和技术正以不断加快的速度传遍全球。"①正是在这一时代,土家族人民,从一般民众到乡土精英人物,再到国家和民族的社会精英人物,都以特有的时代感和强烈的问题意识,生成了现代意识。20世纪的土家族哲学发展就是与这一特殊时代相联系的。

首先,19世纪末20世纪初土家族的历史转折。如果把现代化运动从西方文艺复兴运动算起,则西方近现代科技的传入中国,就可算中国现代化运动的酵素,于此可从利玛窦1583年来华算作起点,这是以"西方中心论"为界标的划分;同样,如果以资本主义萌芽、以中国早期启蒙算作起点,也应从明清之际算起。也就是说,中国的现代化进程均可追溯于明清之际。但是,作为一种中国式的现代化运动,无论如何都只能从1840年鸦片战争开始,正是那场战争将中国强行卷入了全球性现代化运动的历史进程。也正是在19世纪40年代,世界历史和中国历史都从此掀开了极为厚重的一页:1848年《共产党宣言》的发表宣告了马克思主义诞生,从而揭示了世界历史的科学社会主义前景;1840年鸦片战争拉开了中国现代化历史的序幕。从1840年以后的历次侵略与反侵略战争,一方面表现出了资本主义社会的巨大力量,另一方面也凸显了资本主义的残暴、贪婪本性。于是,中华民族就有了两大历史任务:一是实现现代化;二是反抗资本主义侵略。在这一过程中,中国人民遭受了西方资本主义的暴力压迫,并逐渐认识到"遭受这种暴力的民族只有在拥有有效的自卫手段(即自己的国家)的情况下才是安全的"②。为此,包括土家族在内的整个中华民族都投入到了为新中国诞生而奋斗的历程中。

中国在1840年战争中的失败,人民还在一定程度上归于偶然,保持了平静。第二次鸦片战争以后,西方的魔鬼面相促成了中国人民普遍的奋起

---

① 〔美〕斯塔夫里阿诺斯著,吴象婴等译:《全球通史——1500年以后的世界》,上海社会科学院出版社1999年版,第781页。

② 〔以〕耶尔·塔米尔著,陶东风译:《自由主义的民族主义》,上海译文出版社2005年版,第2页。

反抗,实现了由"抱着东方宿命论的态度屈从于敌人的暴力"向发起"保卫社稷和家园的战争"的转变,发起了"保存中华民族的战争",这场战争所用的手段,马克思主义经典作家根据中英两个民族不同的文明程度来衡量,并十分肯定地说"旧中国的死亡时刻正在迅速临近",从此已"看到整个亚洲新纪元的曙光"①。此后,中国国民的观念发生了一系列重大变化,如与国外订条约,用的是"中国",表明那种"家天下"观念的失落;承认外国的地位,清除了那种自大的心理;鸦片战争把中国拉入了既购买商品又购买毒品的双重困境②,在一定程度上加速了中国人对西方现代文明的全面认识,看到了西方文明本身的内在矛盾。此后的洋务运动则是自觉以"西学"为范本的中国现代化运动;甲午战争的失败使中国人在更深刻的意义上认识了西方文明,开启了维新运动,成为中国现代化运动的内在必然。此后的中国在现代化运动的主流进程上,总体体现出某种"西化"而非本土化的特质。

经过近半个世纪的阵痛,到 19 世纪末 20 世纪初的世纪转折中,特别是1900 年,中国的现代化运动又一次具有了历史转折意义。义和团、自立军、资产阶级革命派都在 1900 年使用了暴力这一改造社会的最后手段,这"是受到外来威胁时做出的社会抵抗或反应,是社会公认的形式"③。所以,人们强调"自庚子(1900 年)之役后,风气为之一变"④。这一变的内涵大致可界定为:19 世纪末,人们的口号是"要救国只有维新";而 20 世纪初,人们的口号是"要救国只有革命"。

本来,改土归流旨在消除土家族的"民族"意识,客观上加速了土家族的"华夏"认同和国家认同,但历史却在这里开了一个大大的玩笑,这就是土家族的民族意识在更深刻的层面上积累起来了。从主流趋势来看,在此后的二百多年里,清朝统治强行把土家族地区拉入全国一体化进程,从而开

① 恩格斯:《波斯与中国》,《马克思恩格斯选集》第 1 卷,人民出版社 1995 年版,第711、712 页。

② 参见马克思:《鸦片贸易史》,《马克思恩格斯选集》第 1 卷,人民出版社 1995 年版,第 714 页。

③ [英]雷蒙德弗思著,费孝通译:《人文类型》,华夏出版社 2002 年版,第 8 页。

④ 黄元吉:《辛亥武昌首义真象》,《辛亥首义回忆录》第 3 辑,湖北人民出版社 1958 年版,第 81 页。

始了同整个中华民族一起奋斗和抗争的历程。从此,中国历史进程中每一大的社会变革都有了土家族的身影,土家族在中华民族多元一体格局中的基本地位从此确立。也正是从此,土家族在中国现代化进程中的地位及其关系更加重要;也正是在 19 世纪末 20 世纪初的世纪转折中,特别是 1900年,土家族地区及土家族人民发生了历史转折:

这一年,土家族地区因巨大的灾害而加剧了矛盾,不仅在土家族人民生产、生活中产生了重大影响,而且在土家族人民的思想中产生了重大影响。

这一年,土家族志士、庚子义军首领田均一(1878—1900 年)怀着"一扫天下魑魅"的决心从日本西渡归国后,往来于长沙、常德、慈利等地,联络哥老会,发展自立军,筹措经费,策划起义,并在汉口集会,成立自立会。自立会分军事、政治两部,军称自立军,组建中、左、右、前、后五军,均一为后军统领,负责在安庆发难,不幸事泄被捕,与唐才常等 20 余人同时牺牲。

这一年,罗荣光、向晖庭等土家族将士在大沽与义和团并肩作战,抗击八国联军,在面对帝国主义侵略的关键时刻,实现了向中华民族利益至上的转换。

这一年,一位年过古稀的土家族知识分子陈景星,因威海租界与英人力争,触当道忌而愤然去职,并在《胡春丞别驾由青岛回黔过沪见访小饮话别》诗中,对社会的苦痛失望达到了顶点:"黔山路隔水西遥,青岛潮从沪北消。好趁春风还竹国,正逢微雨润花朝。明湖回首嗟蓬梗,殷社伤心赋黍苗。如此乾坤需痛饮,别怀权借酒杯浇。"①

这一年,土家族诗人田金楠认识到"似曾相识武陵路,庚子风潮宁等闲。君就槛车我就道,重来一笑看清山"②。

……

总之,在这一个世纪转折中,土家族与整个中国近现代历史进程表现出了高度一致,体现了适应中国现代化进程的历史转折。

其次,紧随 20 世纪中国历史进程的土家族。20 世纪 60 年代,C. E. 布莱克把现代化过程划分为四个主要阶段:现代性的挑战,即现代性因素的出

① 彭继宽、姚继彭主编:《土家族文学史》,湖南文艺出版社 1989 年版,第 341 页。
② 彭勃、祝注先注:《历代土家族文人诗选》,岳麓书社 1992 年版,第 243 页。

现使社会中出现了传统与现代的最初对抗;现代化领导的稳固,即社会的权力从传统领袖向现代领袖手中转移;经济和社会的转移,即社会从农村和以农业为主的生活方式转向城市和工业为主的生活方式;社会整合,即经济和社会转型导致的整个社会基本结构的重组。这里,布莱克实际上是把现代化看做是由观念、制度、权力、政治、经济、社会、生活方式等各方面、各层次的要素、结构相继或共同变迁的过程。①

　　按照这一划分,20世纪前半叶中国的现代化进程即由"现代性的挑战"阶段进入到了"现代化领导的稳固"阶段,即为了解决现代化的领导从传统向现代的转变问题,从国家层面讲,也就是"中国向何处去"问题的政治形式。1900年的自立军起义,以武装勤王,目的是恢复支持改革变法的光绪皇帝的权力,田均一等组织领导自立军起义,可以说正是为了解决这第二阶段问题的开始。1911年爆发的震惊中外的辛亥革命,推翻了清王朝统治,从现代化的角度说,"中国人民终于推翻了中世纪的旧制度和维护这个制度的政府"②,建立了"伟大的中华民国"③,从根本上改变了中国人民的精神面貌,"使人们在精神上获得了空前的大解放,为以后革命的发展开辟了道路。这是一个伟大的胜利。"④在这场伟大的革命中,土家族人民积极投入战斗并做出了自己的贡献。朱和中、温朝钟、席正铭、张荣楣、范腾霄、费棨、邓玉麟等,都积极进行了革命的宣传和组织武装起义的工作,正是这些"留日学生和新军"将士,成了"辛亥革命的大动力"⑤。他们或"课余之暇纵谈国事",或"侧身军界,联络军中同志,持铁血主义"⑥。无论是在发动武昌首义还是在

---

　　① 参见[美]C.E.布莱克著,景跃进、张静译:《现代化的动力:一个比较史的研究》,浙江人民出版社1989年版,第69页。

　　② 列宁:《中国各党派的斗争》,《列宁全集》第23卷,人民出版社1990年版,第128页。

　　③ 列宁:《中华民国的巨大胜利》,《列宁全集》第23卷,人民出版社1990年版,第29页。

　　④ 周恩来:《首都万人集会纪念辛亥革命五十周年大会上的开幕词》,《人民日报》1961年10月10日。

　　⑤ 沈从文:《湘人对于新文学运动的贡献》,《沈从文全集》第17卷,北岳文艺出版社2002年版,第159页。

　　⑥ 湖北省博物馆等:《武昌起义档案资料选编》中册,湖北人民出版社1982年版,第489、259页。

各地光复的斗争中,土家族人民都起到了重大作用。

继起的新文化运动表面上是一场文化运动,但无论是"民主"还是"科学",都直接指向了现代化第二阶段的"权力"问题,"西洋人因为拥护德、赛两先生,闹了多少事,流了多少血,德、赛两先生才渐渐从黑暗中把他们救出,引到光明世界。我们现在认定只有这两位先生,可以救治中国政治上道德上学术上思想上一切的黑暗。若因为拥护这两位先生,一切政府的压迫,社会的攻击笑骂,就是断头流血,都不推辞。"①所以,这一阶段要花上"十年、八年功夫"②或"十年试验期间"。这一时期,无疑是集中中国社会所有尖锐问题的时期,从民族的生存到文化的震撼,从政治的拯救到思想的解放,从个体的做人到对国家和民族未来的终极关注,都纷至沓来。正是在这一时期,土家族人民的思想足迹,谐和着全国人民的思想节拍,汇集在这一伟大的民族民主运动中,汇集在那场文化解放运动中。他们除以北京、武汉、长沙为中心参加五四运动外,还在土家族地区内部形成了较大的社会运动;在帝国主义、封建主义和官僚资本主义的残酷剥削和压迫下,他们既有经常性的自发反抗斗争,又有理性的、自觉的有组织的革命运动,还有各种各样的有自身特色的救国主张,如向警予探索的中国式妇女解放道路、赵世炎从工读主义走向共产主义等,还出现了另一种贡献,即土家族知识分子向达等"用新的方法认识遗产"③。"事实证明,这场运动是中国历史上民族感情的最激烈、最普遍的表露。"④1925年以后,从主流上看,土家族人民都是在中国共产党领导下进行人民大革命,积极参加革命运动,发展党团组织,成为中国现代化运动的重要推动力量。

李泽厚曾说"每个时代都有它自己中心的一环,都有这种为时代所规定的特色所在"。"在近现代中国,这一环就是关于社会政治问题的讨论

---

① 陈独秀:《〈新青年〉罪案之答辩书》,见吴晓明《德赛二先生与社会主义——陈独秀文选》,上海远东出版社1994年版,第98页。

② 郭若平、朱金先:《"五四时期"的涵界及其时限》,《党史研究与教学》1994年第1期。

③ 沈从文:《湘人对于新文学运动的贡献》,《沈从文全集》第17卷,北岳文艺出版社2002年版,第163页。

④ [美]斯塔夫里阿诺斯著,吴象婴等译:《全球通史——1500年以后的世界》,上海社会科学院出版社1999年版,第645页。

了。燃眉之急的中国近现代紧张的民族矛盾和阶级斗争,迫使思想家们不暇旁顾,而把注意和力量大都集中投放在当前急迫的社会政治问题的研究讨论和实践活动中去了。"①事实也正是这样,在现代化的这一阶段,一个民族是否与时代合拍,关键正在于它与这一问题关系的远近——时间、空间、心理等距离的远近。而在这一阶段,土家族人民无论是精英分子还是一般民众,都始终如一地关注、参与到了这一伟大的变革中,或事研究,或事实践,体现了与时代中心一环的紧密联系。

再次,以现代化为量度的土家族地区社会转型。对于现代化,学界有不同的认识,罗荣渠归纳出四种认识:一是指经济上落后的国家通过大搞技术革命,在经济和技术上赶上世界先进水平的历史过程。二是把现代化看做是工业化,是经济落后国家实现工业化的进程,而所谓工业化并不能简单地等同于18世纪后半期欧洲的工业革命,而是指一个国家经济的现代化,包括经济的机械化、自动化、专业化等,以及非生物资源的广泛使用,同时还包括职业分化以及实行科层管理制度等。三是在科学技术革命影响下社会已经发生或正在发生的急剧变动过程的统称,其着眼点不是工业化的纯粹的经济属性,而是注意社会制度即结构与工业化和经济发展的关系,它强调"社会各单元"对于科学技术革命和由此造成的社会变迁的适应和调整是现代化的主要含义。四是强调心理态度、价值观和生活方式改变的过程,也就是说,现代化被认为是文明形式的现代化。他还认为:现代化有广义和狭义之分。广义的现代化指人类社会自工业革命以来所经历的一场急剧变革,是由工业化引起的经济、政治、文化、思想各领域的深刻变化。狭义的现代化只是指落后国家采取高效率途径,通过有计划的经济技术改造和学习世界先进,带动广泛的社会改革,以迅速赶上先进工业国和适应现代世界环境的发展过程。②

现代化在本质上是传统社会向现代社会实现历史飞跃的社会转型过程,是相对落后的国家或地区追赶相对先进的国家或地区的过程。在马克思主义的现代化理论中,一方面强调的是西方资本主义现代化的过程,即马

① 李泽厚:《中国近代思想史论》,安徽文艺出版社1999年版,第798页。
② 参见罗荣渠:《现代化新论》,商务印书馆2004年版,第9—17页。

克思在《资本论》中关于资本主义起源问题的叙述,主要是指"关于西欧资本主义起源的历史概述";另一方面则是对非欧国家现代化的历史叙述。这两种叙述阐明了传统社会转向现代社会的两种类型,中国,包括土家族地区及其社会则属于这后一种叙述类型。

在马克思主义看来,西欧资本主义扩张的结果就是开创了"世界历史":"它迫使一切民族——如果它们不想灭亡的话——采用资产阶级的生产方式;它迫使它们在自己那里推行所谓的文明,即变成资产者。一句话,它按照自己的面貌为自己创造出一个世界。"①但是,对于非欧国家而言,马克思恩格斯强调了两个基本原则:一是在一般情况下,历史发展的规律是无情的,资本主义的发展阶段是不可逾越的。因为"一个社会即使探索到了本身运动的自然规律……它还是既不能跳过也不能用法令取消自然的发展阶段"②。所以,对于非欧国家而言,"工业较发达的国家向工业较不发达的国家所显示的,只是后者未来的景象"③。二是在具备特殊条件的情况下,非欧国家也可能"跨越卡夫丁峡谷",例如,"如果俄国继续走它在1861年所开始走的道路,那它将会失去当时历史所能提供给一个民族的最好的机会,而遭受资本主义制度所带来的一切灾难性的波折"④。这就是说,当时俄国具有两种可能的发展道路:一种是走资本主义发展道路;另一种是避开资本主义道路或称之为"跨越卡夫丁峡谷"。第二种前途的条件是"假如俄国革命将成为西方无产阶级革命的信号而双方互相补充的话,那么现今的俄国土地公有制便能成为共产主义发展的起点"⑤。显然,中国的情况与俄国的情况相似。

通观土家族20世纪的社会状况,结合马克思主义经典作家的论述,并

---

① 马克思、恩格斯:《共产党宣言》,《马克思恩格斯选集》第1卷,人民出版社1995年版,第276页。

② 马克思:《资本论》,《马克思恩格斯选集》第2卷,人民出版社1995年版,第101页。

③ 同上书,第100页。

④ 马克思:《给〈祖国纪事〉杂志编辑部的信》,《马克思恩格斯选集》第3卷,人民出版社1995年版,第340页。

⑤ 马克思、恩格斯:《共产党宣言》,《马克思恩格斯选集》第1卷,人民出版社1995年版,第251页。

把土家族地区放在整个中国现代化进程中考察,即可发现土家族社会处于由全球性现代化进程引发的社会转型过程中,也就是沈从文笔下的"'现代'二字已到了"土家族地区①,这种"现代",不仅有城市的现代商业文明,而且有城市的政治文明等。总体来说,实现这种社会转型的必要性既来自于西方现代化国家内在必然的扩张驱动,又来自于西方国家相对于土家族地区所具有的发展优势,二者结合的必然产物即现代化殖民主义和向西方学习的浪潮,用布莱克的话说就是:"现代化最引人注目的特征之一是率先进行现代化社会相对位置的效果。""这种竞争地位使得帝国主义最终成为政治力量中最富影响力的中心,并在许多方面成为其他社会的公认模式。"②因此,考察土家族社会的现代化进程,应据此进行分析。在这一进程中,土家族社会关系的改变、社会结构的变化,既是现代化进程的反映,同时也是现代化进程的动力。西欧政治现代化的内容一方面是要建立一个统一的民族国家,以便摧毁封建分割的政治局面;另一方面是改变国家政权的封建主义性质和形式,建立资产阶级领导的民主法治国家政权体系,土家族革命者参加辛亥革命即为了实现这种政治变革,所以在辛亥革命以后,政权性质发生了变化,调整了政治关系;建立了新式军队,调整了军事关系;超越了民族界限,与各族人民一道共同为民族国家的建构而奋斗,调整了民族关系等。与此相应,新的风气进入土家族地区,风俗习惯、婚姻家庭关系都获得了较大的改观,自由恋爱等现代形式得以体现;随着现代知识分子群体的出现,同时也改变了社会观念结构等。正是有了上述改变,因而作为一个民族,无论是精英分子还是社会大众,都投入到了整个国家的现代化运动之中,为人的全面发展提供了现代舞台,为整个20世纪的中国现代化运动准备了条件。

## 二、土家族现代新哲学发生的特殊动因

总体而言,土家族现代新哲学发生的一般动因是全球性现代化运动。

---

① 沈从文:《长河》,《沈从文全集》第10卷,北岳文艺出版社2002年版,第3页。

② [美]C. E. 布莱克著,景跃进、张静译:《现代化的动力:一个比较史的研究》,浙江人民出版社1989年版,第117—118页。

全球性现代化运动的意义在于：“世界”作为一种文化或文明范畴生成了，相对落后的国家或地区追赶相对发达的国家或地区，甚至追赶最发达的国家或地区成为这种文化的最主要动力特征。在现代化的进程中，不仅在地域上是全球性的，而且在政治制度、生活方式、价值取向、道德标准等方面，“世界”都成了各国或地区的文化参照。在这种“世界”文化下，参照与追赶实际上成为了一种普遍的机制性功能。所以，全球性现代化运动本身就是一种内生性动力，“现代化本身就是‘内因’，就是这个运动的规定性。因此，从运动性质来讲，现代化不可能由这个运动性质之外的东西（比如传统）来决定；当然，从真实空间来讲，也不可能由地球之外的东西（比如外星人）来决定。”①

关于现代化的这一动力机制，马克思主义经典作家以一种宏大的世界历史视界对由资产阶级引发的现代化类型进行了经典阐明。在马克思主义经典作家看来，生产力的大发展是欧化国家现代转型的首要标志，即“资产阶级在它的不到一百年的阶级统治中所创造的生产力，比过去一切世代创造的全部生产力还要多，还要大。……过去哪一个世纪料想到在社会劳动里蕴藏有这样的生产力呢？”②其次是全面改造了以往社会的生产关系、政治关系、家庭关系、职业关系、民族关系、宗法关系等，即改变了以往社会的社会结构。③ 总之，“资产阶级社会是最发达的和最多样性的历史的生产组织。因此，那些表现它的各种关系的范畴以及对于它的结构的理解，同时也能使我们透视一切已经覆灭的社会形式的结构和生产关系。”④从中不难看出：整个资本主义以前的社会都是被代替、被改造的对象，资本主义社会则是一种全新的社会，在这种社会改造中“现代社会则随着……发展起来”。同时，他们还认为：这种社会为人的全面发展创造了必要条件，打下

---

① 孙津：《打开视域——比较现代化研究》，社会科学文献出版社 2004 年版，第 167 页。

② 马克思、恩格斯：《共产党宣言》，《马克思恩格斯选集》第 1 卷，人民出版社 1995 年版，第 277 页。

③ 参见马克思、恩格斯：《共产党宣言》，《马克思恩格斯选集》第 1 卷，人民出版社 1995 年版，第 274—277 页。

④ 马克思：《〈政治经济学批判〉导言》，《马克思恩格斯选集》第 2 卷，人民出版社 1995 年版，第 23 页。

了基础。① 在此基础上,这种社会实现了人们的观念革命,在这里,"一切固定的僵化的关系以及与之相适应的素被尊崇的观念和见解都被消除了,一切新形成的关系等不到固定下来就陈旧了。一切等级的和固定的东西都烟消云散了,一切神圣的东西都被亵渎了。人们终于不得不用冷静的眼光来看他们的生活地位、他们的相互关系。"②当然,马克思主义经典作家也同时揭露了这种资本主义社会的种种罪恶。正是马克思主义经典作家揭示的这种情形,再现了土家族现代新哲学思想产生的根源。

从前述已经看到,改土归流已经将土家族与整个中华民族联为一体了,鸦片战争更是使土家族地区因资本主义商品输出而成为世界市场的一部分,土家族人民则同整个中华民族一起开始了构筑统一民族国家的社会运动,反映了这一问题的基本趋势。但是,除这种一般的现代化动因而外,还有一些土家族新哲学的发生及土家族社会现代转型的特殊动因。

首先,全球性现代化运动冲击的特殊效应。土家族社会的现代转型与整个长江中游的现代化进程不可分。从融入全球性现代化运动看,一方面是中国作为一个整体,土家族地区作为中国的一部分受到全球性现代化运动的冲击,处于长江中游的汉口、重庆、长沙、岳州、沙市、宜昌、万县等相继开设为通商口岸,从经济上把土家族地区拉上了全球性现代化的航船;在太平天国运动中,两湖地区作为太平天国运动的重要战场,除太平军进入土家族地区以外,土家族地区先后还发生了红、白、黄号军起义,因中外反动势力的镇压而在政治上、军事上,并从而在技术上把土家族地区拉入了全球性现代化的航船;从清乾隆年间起始的西方传教士进入土家族地区,直到19世纪末20世纪初的普遍化,从文化上把土家族地区拉上了全球性现代化的航船。另一方面是土家族作为中华民族的一员,在近现代的民族革命斗争中,始终站在斗争第一线,经受着欧风美雨的洗涤,直接或间接地与世界发生联系,如陈连升的抗英、陈景星等的抗法、罗荣光等的抗击八国联军;柳元翘与张仲羲等的参加"公车上书"、吕大森组织"科学补习所"等,都是在全球性

① 参见马克思:《经济学手稿(1857—1858年)》,《马克思恩格斯全集》第30卷,人民出版社1995年版,第107—108页。

② 马克思、恩格斯:《共产党宣言》,《马克思恩格斯选集》第1卷,人民出版社1995年版,第275页。

现代化语境中发生的具有现代性的事件。正是这些全球化背景下的现代性因素,使土家族地区在思想文化上能够直接产生新动向;使土家族思想家能够超越土家族传统而接受先进的现代文明。概而言之,这种全球性现代化的冲击有两方面思想成效:

一方面是促成土家族知识分子的民族国家意识的觉醒。由于19世纪末20世纪初,以物竞天择、优胜劣汰为特色的社会达尔文主义,事实上是帝国主义与民族主义共同的世界性话语。这种世界性话语是19世纪末登陆中国的。① 到20世纪初,这一全球性话语已在中国扎根。因此,现代化冲击的第一个思想成果是土家族知识分子接受了社会达尔文主义。赵世炎欲奋斗于20世纪之竞争世界、向警予倡自立竞争之说等都反映了这一点。可以说,这一全球性话语是20世纪初中国知识分子最重要的话语工具,其中还包含有反帝、反封建的内容界定及相应的政治伦理要求。在当时的中国,同其他被压迫民族一样,通过认同社会达尔文主义所主张的种群间的生存竞争来增加中华民族的紧迫感,同时也增加一种振兴中华民族的意愿。因此,无论是革命派还是维新派,都在用这一全球性话语动员群众。而且"对于大多数中国人乃至亚洲人来说,生存竞争和优胜的单位并不是个人或家族,而是整个种族,整个国家,或者更准确地说,是整个种族国家。为什么是整个种族? 多数学者认为:种族主义要么是一种历史遗教,要么是政治驱逐满族统治的一种权宜之计,要么就是两者兼而有之"。所以"不应让这些争论掩盖了社会达尔文主义全球话语的种族主义在多大程度上塑造了这一时期中国知识分子的世界观这一问题"②。

有了这一世界观背景,人们就能很好地理解当时土家族知识分子的民族心态,如土家族诗人陈景星在《都门感事四首》中言:"中域文物震欧洲,列族垂涎肆取求。公法难凭惟铁血,边防能巩即金瓯。救灾端在培元气,爱

---

① 据张仲礼主编《近代上海城市研究》言,1873年8月21日《申报》刊登一则新书消息:《西博士新著〈人本〉一书》,已介绍了达尔文(当时译为"大蕴")的"进化论"思想。《人本》即《人类起源及性的选择》。参见李长莉编:《中国近代社会文化变迁录》第1卷,浙江人民出版社1998年版,第352—353页。

② [美]杜赞奇著,王宪明译:《从民族国家拯救历史:民族主义话语与中国现代史研究》,社会科学文献出版社2003年版,第131页。

国犹须聚众谋。未到百年忧患集,何堪扼腕话从头。"①从这里,大家已不只是看出一般的"解组仍存报国心",而是一种把中国作为一种"民族—国家"放在中外关系中,放在对"中国向何处去"的思考中谋划,其"公法难凭惟铁血"的诉求也直接与辛亥革命时期土家族爱国志士相承继;其"爱国犹须聚众谋"也直接与辛亥革命时期"其深有待也,殆欲以全族之公仇为仇也"②相承继。当中华民国成立以后,土家族知识分子更是有了寄望,如陈景星在《感事十四首》中言:"国是归群议,避贤废主权。环球九万里,翻案四千年。翊赞邻邦盛,昭回圣教宣。即觇诸大政,已握治平权。"另在《纪事》中言:"民国完成故国休,年光似水去难留。料知旧苑笙歌里,别有寒鸦噪晚秋。"③表明那一代土家族知识分子已接受了一种新的国家观念,从而也成为新的哲学观念发生的标志之一。

在现代土家族知识分子中,革命烈士牟伦扬(1919—1943年)可为代表。他为了全民族神圣的抗战事业呐喊呼号讴歌,并在《我们的宣言》中写道:

> 我们写诗,
> 我们不是在写"诗";
> 而是愿意——在我们生命的奔流里,
> 迸流出鲜红的血,
> 我们面对着千百万的伙伴——人类解放的战士,
> 我们伸出了双手,
> "同志,饮一杯吧!今宵是一个长夜的战斗!"
> 我们在队伍里,
> 和大炮、机关枪站在一起,
> 我们将鲜血洒向前面,
> "同志,放射吧!对准那鲜血洒向的地方"。
> 我们写诗,难道我们是在写"诗"。

---

① 彭勃、祝注先注:《历代土家族文人诗选》,岳麓书社1992年版,第198页。
② 湖北省博物馆等:《武昌起义档案资料选编》中卷,湖北人民出版社1982年版,第283页。
③ 彭勃、祝注先注:《历代土家族文人诗选》,岳麓书社1992年版,第200—201页。

所以，邓拓当时曾这样评价："他写的不是寻常的所谓'诗'，而是用鲜血和生命写出的战斗进行曲。但是，这是真正的诗！这样的诗篇是同天地一样长久的，这样的诗是永生的，这样的诗人才是真正的诗人，这样的诗人才是永生的。"①魏巍也赞美他是"一个热情的诗人"。陆定一在《晋察冀边区粉碎敌人进攻中的几个重要经验》中赞许他的每一首诗"其价值等于一篇有韵的论文，真正成了大众战斗的武器"②。

向乃祺曾向孙中山提出自拟之"建国计划"，被选为国会议员；鉴于中国农村问题的严重，潜究土地情况，于1930年出版了《土地问题》一书；1944年在重庆与黄炎培、沈钧儒等办《宪政旬刊》，担任主编。就是他，第一次世界大战后对参战的中国在巴黎和会上反受割地之辱表示了极大愤慨，作《岁末感怀》，感叹"乡国犹余三户在，应知蹈海为仇秦"。作《书生》，表示书生"时艰应抒放翁愤，北望中域未罢兵"③。而当战争结束，即转思建设而作《平夷》："纡筹借箸总书生，有志平夷事竟成。一箭风驰都护府，九边云护义降城。失河易戍朝飞檄，陆海封椿夜简营。只是闾阎疮未复，庙堂何计慰农耕？"④后又因内战而作《国是篇》寄黄炎培、章士钊等，提出"国事器器何由定？不凭强力凭忠信"的想法，希望同仁辈"樽俎从容静鼙鼓"，甚至以博大而天真的胸怀提出"异轨何妨同赴鹄"，表达了一种新的国家情怀。⑤

田名瑜（1889—1981年）是"南社"成员，南社诗人评他的诗"沉劲有力"，"诗意苍茫，奇气旁溢。"在90岁时曾自定《残杂诗稿》，今所存者不过"十一于千百"。仅从其残稿中即发现其有一种新的国家理念，特别是抗战爆发后，以湘西土家族苗族子弟为主体的123师，于1937年11月在浙江嘉善一带与日寇喋血苦战七昼夜。田名瑜年近50，任该师驻衢州办事处主任，奔走于前线各地，写下了《倭奴》："倭奴喷血满江山，马草沙场恨愤间。

① 中国人民政治协商会议利川市委员会文史资料委员会编：《利川文史资料》第2集，内部资料1987年版，第1页。牟伦扬（笔名司马军城）牺牲以后，邓拓曾以左海之名发表了《国殇·诗魂·诗的永生》一文，原载《新观察》1953年第13期。
② 彭继宽、姚继彭主编：《土家族文学史》，湖南文艺出版社1989年版，第408页。
③ 同上书，第409、414页。
④ 彭勃主编：《溪州古诗选录》，内部资料1989年版，第124—125页。
⑤ 参见同上书，第125—126页。

弹雨枪林存性命,当时不意可生还!"①《自杭州还抵衢州,友言旋湘》:"征车苦雨渡江迟,短袄寒生故国思。敌骑纵横疆事急,艰危岂肯说归期。"②《自嘉善军中回杭州,西湖小倚,百感苍茫》:"苍莽阵中歌猛虎,独行湖畔一徘徊。可怜西子俱愁绝,勿使胡儿牧马来。菰菜叶梗来零落,两峰南北尚崔巍。平生耻作新亭泣,要向河山洗劫灰。"③

这些思想正好反映了全球性现代化进程中土家族新思想的发生,证实了艾森斯塔德所说的下列情形:"所有以后的现代化实例都是在某种不同的情势下发生的。在这种情势下,现代化的推动力主要是来自外部力量,即随着西欧初期的社会变迁而发展起来的崭新的国际政治、经济和思想体系的冲击力。"④土家族地区正好接受了这种推动力。

民族国家意识的觉醒实际上激发了土家族优秀传统文化精神的现代活力。从西方通过殖民地扩张推进现代化的历程看,西方的殖民扩张作为一种空间展布,作为一种文化扩张(宗教、工业化、民主化、城市化等),作为一种势力范围的划分,严格意义上说是由中国终止的。一方面,西方现代化按其本性来说,是不可能有终点的,即不可能用"实现"来量度,而只能用"达到了某种程度"来量度,用"与时俱进"来量度,也就是说,具有无限性。另一方面,这种带有扩张意义的现代化又有其内在的局限,比如资源的有限性等,殖民扩张正是在这种背景下发生的。正是在 19 世纪中叶,资本主义的西方现代化到处都在遭遇这种极限,其中首要的是殖民扩张的极限,于是有了瓜分和重新瓜分世界的战争⑤;同时就是西方文明张力的极限,遇到了中华文明的顽强抵抗,这是在其以前的殖民过程中没遇到过的。仅由中国人对西方文明的态度有一个"夷学"→"洋学"→"西学"→"新学"的转变过程即可看到这种抵抗,其终极结果是中国在不断激发传统文化精神活力的基

---

① 田成上、田应和选注:《田名瑜诗词选》,四川民族出版社 1994 年版,第 83 页。
② 同上书,第 44 页。
③ 同上书,第 42—43 页。
④ [以]S. N. 艾森斯塔德著,张旅平等译:《现代化:抗拒与变迁》,中国人民大学出版社 1988 年版,第 77—78 页。
⑤ 参见列宁:《帝国主义是资本主义的最高阶段》,《列宁选集》第 2 卷,人民出版社 1995 年版,第 658 页。

础上,实现西方文化的中国化,即所谓"洋为中用"。也就是说,中华民族的现代转型是有中国传统文化根基的,李维武在《长江流域文化与近代中国哲学》①一书中对长江流域传统文化与近现代中国哲学的近代化、现代化关系的分梳,即是一个很好的分析示范。

其实,20世纪土家族现代新哲学的发生,同样也是不断激发土家族传统文化活力的结果。只不过由于全球性现代化运动的实践主体,既可以是国家层面的,也可以是地区层面的,还可以是个人层面的。因此,土家族作为中华民族的一员在参与全球性现代化运动时,具有了中华传统文化与西方现代文化衔接的特征;而同时作为土家族自身在参与中国现代化运动进程时,又具有了自己的民族传统文化与现代化衔接的特征。笔者这里强调的是后者,即土家族民族传统文化是如何走上现代之路的。在这里,问题的实质在于现代化不是一个仅仅局限于单个或少数几个国家内部边界的偶然的局部性历史事件,而是一个普遍的世界历史事件,这是它影响土家族地区现代化实践的基本历史背景。这种历史背景使得土家族的现代化历史实践已经远远跃出了传统历史实践的地域性边界,涉及从国际乃至全球范围的更加宏伟壮观的历史画卷和认识边界,成为触及人类与历史、实践和世界总体关系的总体性、根本性问题。

在历史上,由于土家族地区"万山环绕,民俗强悍",但随着改土归流而"海禁既开,风气渐通"②,在20世纪到来之前已有了相当的思想转变;同时,由于土家族人民"倔强朴直,不甘臣虏,一经激励,而发焉不可遏,撼之不挠,此其大智大识,根本道德"③,因而能趋新开放,从而具备了土家族社会现代转型的文化条件,具备了把传统文化中隐含的趋新内容转化为现代文明内容的机理。但是,现代化的历史实践从西方资本主义发达国家向土家族地区的扩展毕竟带来了新的问题,如传统社会和现代社会、传统实践方式与现代实践方式、传统精神与现代精神、西方与东方、民族与世界、发展与安全和尊严等的矛盾纠葛,这些矛盾使"人们的世界历史性的而不是地域

---

① 李维武:《长江流域文化与近代中国哲学》,湖北教育出版社2005年版。
② 湖北省博物馆等:《武昌起义档案资料选编》中册,湖北人民出版社1982年版,第136页。
③ 民国《咸丰县志》,咸丰县志编纂委员会1983年重印版,第150页。

性的存在同时已经是经验的存在了"①。也正是在这个意义上,土家族强烈的民族意识和民族精神一开始就成了土家族走向现代的内在动力。

土家族的民族意识极为强烈。早在巴人时期有巴国将军蛮子以身殉国的表率,以后巴蛮子的精神代有传人,如新莽时代有土家族首领田强,"三垒相次,以拒王莽"②之例。时至近现代,改土归流引发的民族积怨更是不断膨胀,甚至直接转化为现代革命的动力。例如:向炳焜,"湖北来凤人,毕业于文普通中学堂,有勇力,任侠尚气。向氏之先为土司,君雄长其族。尝自语曰:'若我生百年前,何至改土为流,世世作满人奴隶!'"③正是由于他在武昌从事反清革命活动,后来被委以重任,到施南府从事策划施南反正活动,而施南本为土家族地区,这种民族意识非常强烈,据《施南光复始末记》记载:"清驻施各营中下级军官,如王鸿猷、曾汉侠等,皆施南籍,明于种族大义。""未有不富于种族思想者也。"④所以,人们皆"知民族大义","与外人争独立自治权,以保存我汉代衣冠,汉族名义。"⑤至于容美田氏土家族后裔,如田飞凤,其父常为"凤等兄弟言先人事迹,辄痛诋满清残暴之状况。盖我容美田氏,自唐迄明,忠贞社稷,政府皆以为西南重寄。至满清而遣散我族丁,设(没)收我土地,毁坏我家业故也,凤等每聆尊教,深目(自)懊恨其愚柔[懦]无能,以不共戴天之仇,而穷于报复之方也。家旧俗,每除夕不食,举家哭,以明代国亡之纪念日(明亡,我田氏于除夕得报),即吾等家破之纪念日也。"正是这种长期积累的民族意识,使土家族人民具有强烈的反抗精神,并能为进行这种反抗而不断地寻找新的武器,如邓玉麟"大父茹贤公,为前清名诸生;勖以章句学,不屑也。十六岁,目击宜昌教案,国权丧失,遂愤然舍去",萌生了革命思想,到处宣传革命,"前后数年,舌焦唇蔽,艰苦

---

① 马克思、恩格斯:《德意志意识形态》,《马克思恩格斯选集》第 1 卷,人民出版社 1995 年版,第 86 页。
② 段成式:《酉阳杂俎》卷一。
③ 湖北省博物馆等:《武昌起义档案资料选编》中册,湖北人民出版社 1982 年版,第 140 页。
④ 同上书,第 136 页。
⑤ 民国《咸丰县志》,咸丰县志编纂委员会 1983 年重印版,第 157、150 页。

备尝,联络不下数千人。"①所以,当近现代对外的民族矛盾激化以后,他们又把这种意识用于反抗帝国主义,因为强烈的民族意识只要具备特定的条件即可转化为强烈的爱国主义精神。

如果不是从近现代意义上来理解"爱国主义",则土家族的爱国主义情感和爱国主义精神传统就非常久远。它作为土家族文化的基本精神之一,体现在土家族文化的各个领域,如丧俗、婚俗、文学、哲学及史学诸领域。正是从土家族诸文化领域中可见出土家族是一个富有爱国主义精神的民族,他们虽处祖国内陆山区,却始终十分关心国家的生存和发展,每当外敌入侵时,他们便拿起武器,保卫家园。明代嘉靖年间,倭寇在东南沿海作乱,土家人奉朝廷征调,踊跃赴东南抗倭,为肃清倭患做出了重大牺牲和重要贡献。② 近现代以降,土家人与国家共命运,同外国侵略者作殊死斗争。爱国保家成为土家人的传统和重要文化精神。土家人的众多诗文作品和传说故事都讴歌爱国人物,以爱国者作为教育后代的榜样。土家族现代哲学之所以以爱国救国为主题,并"壮志不辞牺牲"③,一个重要根源就在于继承和发展了土家族历史上的爱国主义精神,并提出了自己新的社会理想。这一点,不仅从"神兵"运动的社会理想中可以看到,而且可以从精英知识分子的哲学思想中看到,如温朝钟、席正铭的民主共和思想,赵世炎、向警予的共产主义理想等。

此外,在土家族民族传统文化思想中,不仅民族意识强烈,爱国主义精神十分丰富,而且本身还有一种趋新动向。这些思想体现了土家族人民的文化智慧和创造能力,它们是土家族及其先民在历史长河中积淀的生产生活经验,有强大的生命力,并且会因时代的变迁而日益丰富,并成为土家族现代哲学产生发展的思想动因。从土家族传统的思维方式来说,信而不迷、疑而不惑的具有怀疑主义精神传统的思维习惯,开放、宽容的思维路向,重视人力的信仰主义价值取向,务求实效的评价尺度等方面,始终是土家人的

① 　湖北省博物馆等:《武昌起义档案资料选编》中册,湖北人民出版社 1982 年版,第282、220 页。

② 　参见王承尧、罗午、彭荣德辑录:《土家族土司史录》,岳麓书社 1991 年版,第119—128 页。

③ 　姚仁隽:《赵世炎传》,中央党史出版社 1998 年版,第225 页。

思维准则。正是这种思维传统，使土家族人民"可以理遣，可以情恕，无顽梗不化者"①。这些传统，使土家族人民具有务本求实的根基，不断外向开拓，不断深化探索，因而也不断创新思维。土家族现代思想的不断跨越，正是发扬了这一传统。

另一方面是现代化引发的时代演变促发了土家族的地区活力及价值转换。从全球性现代化进程来看，研究土家族现代哲学的变迁，既是研究一个地方文化形态的变化如何影响一个国家的变化问题，又是研究一个国家文化形态的变化如何影响一个地方文化形态变化的问题。因此，应关注的一个更重要问题是：在中国现代史上，发生在局部地区的社会变化是如何推动整个国家社会演变的，其基本意涵在于现代化进程中的价值观冲突与民变的互动。

这里用"时代演变"来说明一个时期的社会变化。因为"社会演变"与"社会变化"虽然可以类似，但是"演变"与"变化"这两个术语的含义并不尽相同，前者所指的是一个新旧因素相互交织而改变社会的过程。社会演变是一个积累性的过程——也就是说，一些无关重要的变化往往先会在量上积累起来直到这些变化在质上足以使整个社会发生变化，而"社会变化"这个术语则缺乏这一深刻的寓意。因此，"时代演变"是一个更有用的概念。它意味着当一种新因素在一个社会的历史环境中增长时，许多旧因素也会继续以不同的新形式出现。而且，社会演变不仅仅是一种社会变化的积累，而且是一种导致社会存在形式变得更为复杂的积累。这种社会各方面变化的不断增加，最终会将社会引向更高层次的复杂化，从而使个人能够更有能力地应对他们所处的环境。② 因此，在分析土家族地区现代新思想的发生时，以从时代演变的角度加以分析为宜。

1900 年全国性的义和团运动，是接着太平天国运动而起的国家权力地方化趋势的一大动因。如果把明朝末年抗倭过程中允许地方军事存在看成是地方权力扩张的一种表现，那么近现代的这种分权或地方权力的扩张则

---

① 同治《来凤县志》，来凤县志办公室 1981 年重印版，第 246 页。
② 参见［美］张信著，岳谦厚、张玮译：《二十世纪初期中国社会之演变》，中华书局 2004 年版，第 8 页。

成了一种"社会常态"。正是这种分权激活了地方的活力,并因应了 20 世纪初兴起的地方自治运动。从民族意识的层面分析,土家族民族意识的升华也是从明朝末年以来逐渐积累起来的。原有的土司制度下,军队战时为兵,平时为农,恰好反映了权力的地方化,土家族地区认同明王朝与反抗清王朝,一个重要原因即在于改土归流改变了这种权力结构,这正好说明为什么在反清革命中有那么多的土家族勇士,而所有这些又都说明了一种地方社会逐渐演变的过程。

这种时代演变特征在 20 世纪初期表现为有两种社会变化在土家族地区居于主要地位,并与整个国家的社会、经济和政治变化相关联,推动着土家族地区的时代演变,并因应着思想进步:一是作为内生变化的一个重要部分,"民变"导致了无可争议的危机。这种危机,既是"民"为解决危机而起,又加剧了"民"的危机,并因而成为土家族地区社会的表象特征,以至于外界都以为土家族地区是一个兵匪横行的世界,沈从文给自己给定的一个重要任务就是要纠正外地对这一个地区的"匪区"印象。① "民变"之所以突出,不仅因为土家族地区在经济上处于落后的边缘地带,普通民众生活极为困苦;而且也由于土家族地区为四省市边区,是内陆腹地,加上近现代国家的全力抗外,所以提供了"民变"的条件。二是作为外部条件的外国入侵引发了与土家族传统价值的冲突,同时,也刺激了土家族地区农业的商品化。外国人的对华利益主要在两个方面:宗教和经济。外国传教士在清乾隆年间已进入土家族地区,20 世纪初已普遍化。一些教堂拥有土地,雇佣劳工,向当地人放贷。有时,传教士甚至还雇用守卫,俨然政府官员。在清王朝崩溃之时,传教士的活动在土家族地区引起了日益频繁的反对。由宗教原因而引起的"反洋教"运动此起彼伏。外国的经济侵入则将土家族地区的地方农业与世界商品市场联系起来,从而促进了该地区农业商品化,但同时也破坏了当地许多农民赖以补贴收入的传统农业资源。世界商品市场对传统农业资源和烟草等农业产品的需求,促使许多农民去种植这些商品作物以迅速获利。这种"依赖性的商品化"为许多农民带来了短暂的繁荣。但从

---

① 参见沈从文:《〈湘西散记〉序》,《沈从文全集》第 16 卷,北岳文艺出版社 2002 年版,第 392 页。

长期来看,农业突发的商品化,使农民更容易受到经济危机或市场低迷的影响。

即使因不同的条件而使这两种势力在不同土家族地区而有所不同,使有的地方是"匪患"危机占主导地位,有的地方则是外国的商品入侵占主导地位,但这并不能改变土家族地区民众的思考空间与思考对象。再加上整个国家的危机,促使土家族人民把自己的危机与民族——国家的危机联系起来。对1900年灾荒的反思与罗荣光的殉国、1904年的"反洋教"运动与朱和中等赴欧洲求学、在辛亥革命与土家族地区的光复运动中起主体作用、中国共产党领导的革命斗争中乡村精英与中国共产党人联合对抗军阀政府等,都可明显地感受到在危机重压下的思想脉搏,也可明显地感受到为探索新的生存方式、构建新的文化形态的努力。因为"创造文化,本是一民族重大的责任,艰难的事业,必须有不断的努力,绝不是短时间可以得着效果的事"①。事实上,我们正是从时代的进步变迁中看到了这种思想进步。

其次,近代中国军事斗争与军队现代化的接引。从土家族近代历史发展来看,近代国内外军事斗争为土家族社会及其哲学转型提供了广阔的平台。一方面是近代中外军事冲突最先给土家人提供了了解西方现代化的平台,与此相应,国家的军事现代化进程推动了土家族现代知识分子的产生。另一方面是国内的军事斗争在直接以土家族地区为活动舞台的过程中,也直接促进了土家族地区的社会现代化及民众的思想转变。

一是直接的战争提供了平台。土家族最先是在军事上、在战争中直接面对全球性现代化的,并且是从鸦片战争前后开始的。从鸦片战争开始到20世纪初,以国家名义组织的大的反侵略战争共有五次:两次鸦片战争、中法战争、甲午中日战争、抗击八国联军的战争,直接交战达17年,其中有史可考的土家族将士参战的至少有三次。这一时期的中外战争史即可看成是土家族军人逐渐走向近现代并在一定程度上带动土家族地区走向近现代的历史。从目前所掌握的土家族史料看,第一批面对西方现代化潮流的正是清王朝的国家军人,但最初,土家族地区和全国一样,国家观还停留在"王

---

① 陈独秀:《文化运动与社会运动》,见蔡尚思主编《中国现代思想史资料简编》第1卷,浙江人民出版社1982年版,第83页。

朝国家"观上,土家族军人陈连升(1775—1841 年)等将士在虎门沙角一带驻防,由于陈连升等的英勇作战,英军遭到连续六次失败,但在最后的战争中,陈部则终因敌我悬殊而全部壮烈牺牲。林则徐作为中国近现代睁眼看西方的第一人,其思想不可能不对作为林则徐部属的陈连升等土家族军人产生影响。① 不过,这次战争给土家族人民留下的印象仍然是王朝国家层面的,是对陈连升与王朝国家关系的描述。所以,民间传说如《出世》、《百日哭》、《买马》、《查鸦片》、《打洋船》等,既肯定他的爱国、忠义、神异等,又对伴随全球性现代化而来的"鸦片"、"洋船"表示了一定的抵抗。② 但从总体上说,陈连升及其战友的牺牲并没有对土家族地区社会形成更大的影响。在中法战争中,由于有大批现代武器的运用,改变了传统军队的形象;有民间黑旗军与官军的联合抗法,形成了一定的现代"民族国家"形象;更由于土家族知识分子直接参与了这次战争,可以更清醒地认识全球性现代化,成为土家族传统社会明显分化的契机,如陈景星(1841—1916 年)对以胜求和表示了不可理解:"战事成和局,归思切故乡。征途何濡滞,愁对乱山苍。"③ 覃远进(1818—1891 年)则在七律《晚眺》中以"霜寒不碍三秋菊,露冷偏宜四季松"自勉,为阻击法军深入而与黑旗军刘永福等结成掎角之势,同心抗法,其《散步诗》言:"欲障百川回既倒,世间容得此狂奴?"充分显露了将领得志用武的喜悦和蔑视外寇的爱国英雄豪情。④ 同样是在中法战争中,土家族将领孙开华还因抗法有功,被晋升为福建陆路提督。在反抗八国联军的战争中,罗荣光(1833—1900 年)虽官至准噶尔提督(按清朝军制,从一品),却"将洒大沽泪,地失血祭天",在 1900 年的大沽战役中英勇抗敌,炮台失守后,携家眷殉国。

土家族民众接受现代性的军事通道是民众的反抗斗争。无论是积极参

① 林则徐《庚子日记》记道光二十年十二月十五(1841 年 1 月 7 日),"英夷攻沙角、大角炮台,三江协副将陈连升及其子谋力战死,三江营兵死者百余人,惠州兵死者亦将百人。"杨国桢选注:《林则徐选集》,人民文学出版社 2004 年版,第 219 页注。

② 参见鄂西(现恩施)土家族苗族自治州民族事务委员会等编《鄂西民间故事集》中《陈连升的传说》,中国民间文艺出版社 1989 年版。

③ 中国人民政治协商会议黔江土家族苗族自治县委员会文史资料委员会编:《黔江文史资料》第 7 辑,内部资料 1994 年版,第 132 页。

④ 参见田荆贵主编:《中国土家族历史人物》,民族出版社 1993 年版,第 77 页。

加太平天国革命运动,还是土家族人民自己发起的反不法洋教斗争、号军起义等,都是土家族民众接受现代性的渠道。太平天国的军队本身即具有相当的现代性,与此相应,清军也被迫具有现代性。在这场战争上,无论是参加太平天国运动的民众,还是镇压太平天国运动的土家族将士,都会从中受益。在其他的各种反抗斗争中,也都因战争认识到"文章报国犹嫌浅,自由均平治齐方"①,具有了一定的现代性。

这里应特别注意的是反不法洋教斗争。在土家族走向 20 世纪的历程中,西方宗教在土家族地区的不断深入也是一种催生社会分化并滋生现代性因素的途径。早在乾隆时期(1736—1795 年),西方宗教势力即开始伸向土家族地区。第二次鸦片战争以后,外国传教士得以在中国"自由"传教。到 19 世纪末 20 世纪初,法、英、美、比利时、西班牙、芬兰等国的天主教、基督教徒已深入到整个土家族地区,各县城和重要集镇都已有了教堂。传教士在传教过程中,不断地传入一些西方的"现代"东西,如沈从文在《长河》中所说的"无线电"即其例。当然,传教所带来的"现代"与不法传教士所表现的罪恶并不相称,他们发展社会垃圾入教,以传教为名,包庇、支持不法教民到处为非作歹,甚至干预地方政务,包揽诉讼,掠夺财产,横行乡里,私设公堂,凌辱百姓,教堂全然成了"国中之国"。正是由于外国教会势力和不法教徒的为非作歹,加之清政府的软弱、庇护,激起了土家族人民的强烈反抗,打洋人、反洋教、斥教民、闹教案的斗争不断发生。从清同治年间起,在土家族地区先后发生了酉阳教案、黔江教案、利川教案及长阳、长乐、恩施等地的反不法洋教斗争,持续 40 年之久。例如利川教案的发生,据清光绪《利川县志》记载,实因教堂"收养贫婴","常有刳腹剖心之惨","收养女婴一百有奇,死者大半","遂相与毁教堂,以泄其愤",再加上"大府迫于西人之要挟,不得不重惩吾民","于是,教案纷起,而民间视西人教堂若陷阱然"②。反不法洋教斗争在极大地促成土家族地区社会分化的同时也提升了土家族地区的现代性,如最初的反不法洋教斗争是地方乡绅与民众一起

---

① 龚发达主编:《长阳土家族自治县歌谣分册》,内部资料 1988 年版,第 201 页。
② 光绪《利川县志》,利川市地方志编纂委员会办公室 1987 年重印版,第 370—371 页。

进行,但后来则因各种原因只剩下一般民众,这也是后来反不法洋教斗争规模逐渐小化的原因之一。同时,反不法洋教的精神也在一定程度上成了土家族社会走向现代的动力。

二是湘军的形成发展对土家族现代转型有重大推动作用。湘军创始者曾国藩是一名深深根植于民族文化而又有相当现代性务实精神的知识分子。曾国藩的现代性是以儒家的修齐治平为依归,在时间向度上求历史进取,在空间向度上求构建一个"现代国家",尽管曾国藩因其宋明理学出身而没有形成系统的"现代国家"话语系统,但曾国藩创始的湘军在中国军事现代化进程中,从而在整个中国现代化进程中都有重要作用,则是不可否认的。

湘军对土家族现代性的推动,我们只需以罗荣光为例即可说明。罗荣光是随湘军逐渐走向现代的,在投入湘军后,参加过对太平天国、东捻军、西捻军的作战,因功升迁守备、参将、副将、游击、总兵等职。捻军被镇压后,晋升记名提督,从此徙防金陵、武昌、西安。曾奉命协同洋枪队作战,又跟随英国人弋登学习炮术,学成后被委任统领开花炮营,并决心采用先进技术以固守海防。1881 年,他创设水雷营,遴选各营将士演习布雷技术,兼授化电、测量等知识,并在海河入口处设置南、北炮台共 5 座,装炮 100 多门,驻兵2000 名。他又指导在北塘、山海关等处设立炮台。1888 年,醇亲王检阅北洋军,称赞大沽炮台为"天下第一海防",并以罗荣光教练布置有方,荐升为天津镇总兵。与罗荣光一起从军的还有向晖庭、沈从文的祖父及父亲等。湘军中有大批土家族子弟,对土家族地区的社会分化产生了重要影响,甚至形成了一个从军传统。

三是新军推动了土家族现代知识分子群体的形成。按照恩格斯在《波斯和中国》中的分析,古老国家的军队走向现代化有不同的步骤:

> 把新的军队按欧洲方式来加以编组、装备和操练,还远不能算是完成了把欧洲的军事组织引用于野蛮民族的工作。这只是第一步。采用某种欧洲式的军事条令,也是不够的;欧洲式的军事条令不能保证培养出欧洲式的纪律,就如同一套欧洲式的操典本身不能产生欧洲式的战术和战略一样。主要的问题,同时也是主要的困难就在于:需要造就一批按照欧洲的现代方式培养出来的、在军事上完全摆脱了旧的民族偏

见和习惯的、并能使新部队振作精神的军官和士官。这需要很长的时间,而且一定还会遇到东方人的愚昧、急躁、偏见以及东方官廷所固有的宠辱无常等因素的最顽强的抗拒。①

据此,可以把清朝军制改革与新军的创建看成是国家军事现代化的重要步骤。正是新军促成了大批土家族知识分子的产生。可以说,新军是形成近现代土家族知识分子群体的重要学校。新军文化素质高,武器装备精良,训练方式先进,军事观念除旧布新。国内外舆论都一致认为:这是中国有史以来现代化程度最高的军队。军事现代化在本质上是一场政治性变革。新式军事教育和军事技术变革,使军人思想观念发生了深刻变化,众多官兵关注社会和政治的弊病,并由此产生了新的民族国家观,感受到了肩负的历史使命。从军事的角度说,辛亥革命的主力不是政治人物,也不是普通民众,而是新军。因为当时的新军已成为与革命党联系十分紧密的具有现代性因素的社会正式组织,如土家族青年田道生即在新军中,田飞凤等革命党人"每逢革命事起,即在道生处探问军人消息,见军人闻革党胜则靡不喜,败则靡不忧,知我湖北之必有首义之一日也"。而且不仅如此,革命组织还在新军中发展成员,如仅在邓玉麟的鼓动下,"各协、标、营踊跃入党者不下数千人。"②后来的历史证明,正是由于新军中的革命者顽强地支持了辛亥革命,甚至在革命党人黄兴等动摇了的时候都是这样③,这或许是"现代化"的规律,有如沃勒斯坦所说:"资本主义世界经济扩张的过程,包括经济结构的边缘化,以及国家体系并受其制约的弱国结构的产生等,在文化层面上带来一系列后果:基督教的教化,强制推行欧洲语言,教授特定技术和

---

① 恩格斯:《波斯和中国》,《马克思恩格斯选集》第 1 卷,人民出版社 1995 年版,第708 页。

② 湖北省博物馆等:《武昌起义档案资料选编》中册,湖北人民出版社 1982 年版,第284、220 页。

③ 据邓玉麟回忆:1911 年 10 月 30 日,"开军事会议。黄兴主弃武昌,退攻南京,以汉阳失,武昌难守故也。张振武起而反对。君继之,力言:'武昌为起义首区,北兵注重,四方仰望。各省初复,根基未固,一有动摇,四方瓦解。微论南京难猝克,即幸而得之,守御未固,敌据上游,顺江下瞰,洪、杨即其覆辙。曷若扼天堑之险,誓死力守,据腹心以待援集之为愈。'语尤激切中肯。众和之。黄议乃诎。"湖北省博物馆等编:《武昌起义档案资料选编》中册,湖北人民出版社 1982 年版,第 229 页。

道德准则,改变法律条文等。大部分这类转变都是由军事力量实现的。其余部分由'教育者'的说服加以实现,而他们的权威也最终是以军事力量作后盾的。这些复杂过程也就是我们有时所说的'西方化',或者,更带有傲慢意味的'现代化'。"①

四是土地革命时期的革命根据地建设、抗日战争时期的特殊地位(陪都、战时省会等),加速了土家族地区的现代化运动。这一时期的军事斗争同样是土家族现代转型的推动力量,如仅在土地革命战争时期,恩施州境内即有各族儿女9万余人投身革命斗争,近万人参加红军,14000多人参加游击队、赤卫队,万余人为革命献出了宝贵生命。抗日战争时期,恩施州境各族人民全力支持抗战,修公路、筑工事、建机场,运送武器弹药、粮秣给养,转移伤病员,仅1938年至1942年,就出动民伕180万人次。8年抗战中,10万多人应征入伍,数千人牺牲在抗日战场,为抗日战争的胜利做出了重大牺牲和贡献。② 在整个战争年代,除锤炼出有土家族血统的人民共和国元帅贺龙而外,从土家族中走出了人民军队的将军如廖汉生等,抗日名将如郑洞国、傅翼、汪之斌、向敏思等,至于牺牲了的革命烈士如红军飞兵团长王尔琢、红军师长冉少波、中共湘鄂西特委领导人万涛等,则更是群星灿烂。从现代化进程的角度说,根据地建设本身是为解决政治权力执掌和社会秩序稳定这一现代化的前提,共产党必须经过艰苦的武装斗争才能获得这个前提,并且是以"农村包围城市"的方式获得。所以,走农村包围城市之路就其现实性上却是政治、经济、军事、社会和文化全方位现代化的准备和预演。在根据地,军队不仅是战斗队,而且是工作队、宣传队,军事只是进行现代化的安全保证。所以,在根据地,在后来的解放区,建立民主政府、组织生产和文化建设是两件必需的工作,并且是随时随地地给人民以好处,如减租减息、土地改革、学习文化、妇女解放等。所以,不能用单纯的军事观点看当时的革命根据地。而土家族地区在第二次国内革命战争时期建立了湘鄂西革命根据地、黔东特区革命根据地、湘鄂川黔革命根据地,在革命根据地进行

---

① [美]伊曼奴尔·沃勒斯坦著,路爱国等译:《历史资本主义》,社会科学文献出版社1999年版,第48页。

② 参见恩施土家族苗族自治州地方志编纂委员会编:《恩施州志》,湖北人民出版社1998年版,第2页。

了政治、经济、文化及军事建设,大大地推动了土家族地区的现代化进程。

在抗日战争时期,不仅土家族地区成为抗日战争的大后方,而且渝东土家族地区为陪都辖区,鄂西、湘西则成为湖北和湖南的战时省会,不仅沦陷区的人民大量涌入,而且工厂、商业、学校及至党政军机关等都大量涌入,成为现代化的推动力量,如鄂西所属八个县,每县都办有民生厂,从事现代工业生产活动;23所湖北省立联合中学及其分校、湖北教育学院、武汉大学工学院、湖北省农学院、湖北省立医学院等高等学校都相继迁入,从而加速了土家族地区的现代化进程。土家族其他地区的情形也都是如此。抗日战争期间的政治、军事、文化、经济重镇的西迁,推动了土家族地区的现代化进程。

再次,现代商业生产力的进步与传统农业发展的牵引。土家族现代转型中的一个重要现象是:首先走向近现代的知识分子,其初始动因与近现代工商业关系极深,如首义元勋邓玉麟曾"贸易宜、沙间,思结纳豪俊,树边功以自雄"①。赵世炎的父亲是一个地主兼商人,精明能干,善于理财。曾为人帮工,后有了积蓄后自己从商。② 在这一家庭中出现了一名同盟会员、一名进步军人、三名共产党人。究其原因,是因为这种社会为人的全面发展创造了必要条件,打下了基础,因为"全面发展的个人——他们的社会关系作为他们自己的共同的关系,也是服从于他们自己的共同的控制的——不是自然的产物,而是历史的产物。要使这种个性成为可能,能力的发展就要达到一定的程度和全面性,这正是以建立在交换价值基础上的生产为前提的,这种生产才在产生出个人同自己和同别人的相异化的普遍性的同时,也产生出个人关系和个人能力的普遍性和全面性。"③而且"以物的依赖性为基础的人的独立性,是第二大形式,在这种形式下,才形成普遍的社会物质变换、全面的关系、多方面的需要以及全面的能力的体系"④。

① 湖北省博物馆等:《武昌起义档案资料选编》中册,湖北人民出版社1982年版,第220页。
② 参见官祥、黄自贵著:《革命教育家赵君陶》,四川人民出版社1997年版,第2—3页。
③ 马克思:《经济学手稿(1857—1858年)》,《马克思恩格斯全集》第30卷,人民出版社1995年版,第112页。
④ 同上书,第107页。

商业生产力的发展对后发现代化国家或地区的冲击过程可以用恩格斯的话来说明:"由于在世界各国机器劳动不断降低工业品的价格,旧的工场手工业制度或以手工劳动为基础的工业制度完全被摧毁。所有那些迄今或多或少置身于历史发展之外、工业迄今建立在工场手工业基础上的半野蛮国家,随之也就被迫脱离了它们的闭关自守状态。这些国家购买比较便宜的英国商品,把本国的工场手工业工人置于死地。因此,那些几千年来没有进步的国家,例如印度,都已经进行了完全的革命,甚至中国现在也正走向革命。事情已经发展到这样的地步:今天英国发明的新机器,一年之内就会夺去中国千百万工人的饭碗。这样,大工业便把世界各国人民互相联系起来,把所有地方性的小市场联合成为一个世界市场,到处为文明和进步做好了准备,使各文明国家里发生的一切必然影响到其余各国。因此,如果现在英国或法国的工人获得解放,这必然会引起其他一切国家的革命,这种革命迟早会使这些国家的工人也获得解放。"①事实正是这样,当土家族地区的周边城市如武汉、宜昌、长沙、重庆、万州、岳州等相继成为开放口岸后,外国商品大批进入,严重地冲击了土家族地区的传统工商业②,例如,1900 年,岳州关进口洋纱 573 担,价值 14800 多关平两,到 1914 年增至 58398 担,价值1463600 多关平两。15 年间洋纱进口量增加了一百多倍。1900 年前后,宜昌进口的棉纱增加迅猛,其中英国纱从 1900 磅增至 2600 多磅;日本纱由28000 多磅,增至 141000 多磅;印度来的棉纱也加速增长。1905 年,长沙、岳州两关进口洋货总值达 218548 关平两,其中美国货物占 87550 关平两,为 40% 强,日货次之。商品主要是洋纱、棉布。1918 年由汉口运至宜昌、沙市等商埠的外国商品,有洋布 13 万余匹、棉纱 16 万余担、洋靛 5900 余担、洋碱 46800 余担、煤油 4780000 加仑、香烟 269000 余米粒、火柴 20 多万格

---

① 恩格斯:《共产主义原理》,《马克思恩格斯选集》第 1 卷,人民出版社 1995 年版,第 234 页。

② 开埠通商是长江沿江城市在近代发展的契机,增强了"市"的功能,扩大了辐射作用。参见张仲礼等主编:《长江沿江城市与中国近代化·序言》,上海人民出版社 2002 年版。

罗斯。① 这些洋货中很大一部分是倾销至施南府属各县。正是这种倾销破坏了土家族地区的传统经济基础,"百物既集,……民用所由日匮也。"②从而也加速了土家族社会的现代转型进程。

在商业生产力的发展中,商会得以发展并对土家族地区走进近现代有重大作用。19世纪中叶,中国的经济开始卷入世界市场。之后,中国的社会经济结构与阶级逐渐而缓慢地发生着新的组合。在经历了半个世纪后,商会姗姗来迟。洋务派的求富活动虽然可说是传统思想在改变,但新经济思想的形成则是到了清末新政时期。那时,包括"商会等一些经济社团在这种新思想的影响下才开始萌芽和出现"③。商会是近现代商品经济发展的产物,它不是以地域为纽带的地区性组织,而是各帮商人的全国性组织;它不是某一行业的组织,而是多个行业商人的共同组织。因此,商会"最终克服了以帮派和行业划分的狭隘性"④,促进了国内共同市场形成和贸易繁荣,使资产阶级发展成为晚清社会举足轻重的力量。

商业与商会是密不可分的。由于商业的发展本身具有开放性,具有接受新思想的通道,于是更易于实现由传统向现代的转变,甚至应该说这种商业本身就是现代的,向警予的家庭与赵世炎的家庭最为明显。向警予出生于一个商人家庭,其父亲是商会会长,以经商为主,在溆浦有房屋,乡间有田产,社会地位相当于新兴的民族资产阶级中下层。向警予有四个兄弟先后乘坐通玉商行的货船去日本留学。大哥仙钺考取日本官费留学生,在早稻田大学法制经济科肄业,七哥仙钟毕业于日本明治大学商科,五哥仙良、十弟仙锞均毕业于日本京都府立医科大学。⑤ 而这正得益于向的父亲与日本人做生意的便利,这种便利恰好又成为中国资产阶级革命的启动因素之一,如向警予的大哥在留学日本期间参加了同盟会,后来即是湘西同盟会的负责

---

① 参见李幹、周祉征、李倩:《土家族经济史》,陕西人民教育出版社1996年版,第93—95页。

② 同治《来凤县志》,来凤县志办公室1981年重印版,第249页。

③ 虞和平:《清末民初经济伦理的资本主义化与经济社团的发展》,《近代史研究》1996年第4期。

④ 丁长清:《试析商人会馆、公所与商会的联系和区别》,《近代史研究》1996年第3期。

⑤ 参见戴绪恭:《向警予传》,人民出版社1981年版,第4页。

人,向警予早期接受的新思想即由此而来。其五哥向仙良在京都府立医科大学学习,武昌起义成功后,参加中国留日医药学生救护队回国,分配在南京临淮关一带服务,因成绩突出,得红十字纪念奖章。这些革命行动,无疑会对向警予产生影响,而究本溯源,具有商业生产力的现代家庭是其重要精神温床。

赵世炎的家庭居住在酉阳龙潭镇,据《酉阳直隶州总志》记载,这里"明清时期,舟楫繁盛",有"货龙潭"、"小南京"之称。赵世炎的父亲善于经商,也算是一个文化转型家庭的家长,与武汉、常德、长沙、贵州等都有商业往来,并被选为酉阳驻常德商会会长。正是在这种具有现代气息的家庭,赵世炎的二哥赵世珏、三哥赵世炯求学成都,赵世炯成了一名同盟会员,赵世珏成了新军中的一名思想进步的下级军官,正是他们把新思想不断地传到酉阳龙潭,后来,赵世炎、赵世兰、赵君陶先后成为共产党人,具有商业生产力的现代家庭同样成为现代革命者的重要精神温床。

其他如雷成五(1882—1939 年),字懋功,今湖南省湘西州永顺县塔卧乡人,其祖父雷万盛经商致富,富甲全县。清朝末年,雷成五继承祖业,在永顺县城内经营"三益洋"商号,任县商会会长、县议会议长、红十字会会长等职。[1] 他不惜重金送子女在国内外深造。在雷的严格管教下,其子女多有成就,成为新中国的革命和建设人才。另一位著名人物卓炯虽然出生在典型的农民家庭,但成长在较为典型的工商业者家庭,他与妹妹卓灿都成为了共产主义革命者,他本人则成了著名的马克思主义思想家。

现代商业生产力的发展对土家族地区的推动,关键还在于使土家族启动了终结"农业民族"的进程。从文化创造的角度说,这一过程实质上也是文化转型的过程。促成这一过程的主要因素是商品和毒品。毒品即鸦片,清咸丰年间(1851—1861 年)已开始进入土家族地区,到同治、光绪年间(1862—1908 年),土家族地区鸦片的种植已较普遍,不少地方因鸦片"得价昂贵,故篱落皆遍植之"。鸦片的种植、贸易和吸食,不仅严重地毒害了土家族人民的健康,而且也对农业生产造成了极大的破坏,有的地方甚至"几无征粮之地"。各级地方政府也以鸦片为税源而使之成为当地重要财源,地主富商以经营鸦片作为发财的手段,如在重庆涪陵等地即开设有福大祥、

①　参见田荆贵主编:《中国土家族历史人物》,民族出版社 1993 年版,第 194 页。

合成、徐均福、祥丰厚等鸦片烟庄,收购酉阳、秀山、黔江等土家族地区种植的鸦片,再运往外地销售以牟取暴利。商品则是指汉口、沙市、长沙、重庆、宜昌、岳州等城市开设为商埠后,棉布、棉纱、煤油、火柴、香烟、肥皂、块靛、五金等西方商品经过开设的商埠倾销到土家族地区,使土家族地区成为洋货的销售市场。以湘西为例,常德是湘西的贸易中枢,棉纱的重要集散地,经岳州关口运入的棉纱有百分之七十运到常德,再经沅江运往湘西各县和贵州铜仁、江口等地。同时又以低价收购土家族地区的桐油、茶叶、漆、药材等土特产品,进行原料掠夺;还在土家族地区培养代理人,如广东英商代理人林紫宸在鹤峰县五里坪开设"泰和合茶庄",专门经营红茶,转运汉口售外商出口;或在土家族地区投资办工厂、开矿山,招收当地极其廉价的劳动力,进行矿产原料和剩余价值的双重掠夺,如英商就在长阳县组织了贸易公司,招收当地民工 200 多人,兴办煤矿,再将煤运往武汉等销售。正是这两品(即商品与毒品)体现了西方现代文明的两面,逐渐引起了土家族地区的社会分化,一方面是一些土家族上层精英清醒地认识西方及其文明,并开始探讨;另一方面是大众也逐渐发生分化,更进一步由此走上革命道路,这些分化加快了土家族地区社会流动的进程。

中国的农业文明曾作为西方现代社会的基础而起过作用,在受到西方现代文明的打压时,它同样能成为中国现代社会转型的基础,这正如罗伯特·K. C. 特姆波所说:"现代世界"是中国和西方的要素巧妙地结合起来的世界,支撑这个现代世界的,半数以上的基础性发明和发现来自中国。"从现代农业、现代造船、现代石油产业、现代天文台、现代音乐、十进位法、纸币、独轮车、多级火箭、枪、水雷、毒气、热气球、有人驾驶飞机、白兰地、威士忌、象棋、印刷术,直到蒸汽机车的基本结构无不来源于中国……若不是从中国传来像舵、指南针、多桅帆船等船舶和航海技术,则不会有欧洲人的大航海。恐怕既不会有哥伦布的美国航海,也不会有欧洲人构筑的殖民地帝国。如果没有从中国传入的骑马用的马镫,身穿闪闪发光甲胄的中世纪骑士恐怕既不能救助处于危难中的贵妇人,也不会有骑士时代。"[1]而正是从

① [日]长谷川启之著,郑树清等译:《亚洲经济发展和社会类型》,文汇出版社 1997 年版,第 219 页。

鸦战争以后,土家族地区的农业文明也达到了能够促成传统社会向现代社会转型的程度,这时,农业生产中已经有了许多分工,手工业的发展就是这种分工的最重要经济成果之一。事实上,人们很清楚地知道,手工业的发展是工业发展、商业发展、市场和城市发展从而是市民社会发展及市民阶级意识发展的根本条件之一,而土家族地区已具备了这样的条件,如1938年《保靖县地方情况及施政报告书》中即描述了不少"据市场经济之中心"的本县商品市场;在土家族地区出现了不少现代商号,如"朱恒升"、"朱立升"、湘西"八大号"等①;甚至还出现了以矿产开发为业的企业家如田继升②;兴起了像恩施、吉首等一类现代商业经济中心,不少地方如永顺的王村就已成为"上通川黔,下达辰常,为水陆要冲"的各类经济中心③;在20世纪初产生商会以后,不少土家人还成了商会会长,如土家族女革命家向警予的父亲、中国共产党早期领导人之一的赵世炎的父亲即是县里的商会会长。可以这样说,正是传统农业文明的这些积累,为土家族传统社会走向现代化的征程准备了条件,并从四个方面给土家族的时代演变提供了动力。一是人民不能照旧生活下去的时候,或者揭竿而起进行革命斗争,成为趋向自觉革命运动的潜在力量。庚戌起义、辛亥革命、革命根据地建设等,都是由自发斗争向自觉斗争转化的基本形式。或者进行新的文化创造,产生了不少新的文化形式,如新式教育、新式文人等。二是当各种新的因素进入土家族地区以后,更进一步激活了土家族地区的开放传统,产生了大批外向求学、求救民之道的先进分子,他们使土家族文化传统中并不一定具有自觉形态的开放精神上升为自觉的开放运动,成为土家族地区,并进而成为整个中华民族进一步发展的动力。这正如罗素所说,"不同文明之间的接触在过去常被证明是人类进步的里程碑。希腊向埃及学习,罗马向希腊学习,阿拉伯向罗马帝国学习,中世纪的欧洲向阿拉伯学习,文艺复兴的欧洲向拜占庭学习。在许多这种例子中,学生被证明比老师更为优秀。这一次,如果我们把中国看

---

① 参见李幹、周祉征、李倩:《土家族经济史》,陕西人民教育出版社1996年版,第127页。

② 参见田荆贵主编:《中国土家族历史人物》,民族出版社1993年版,第200页。

③ 参见李幹、周祉征、李倩:《土家族经济史》,陕西人民教育出版社1996年版,第113—115页。

做学生,也许又该是这种情形了。其实,我们要向中国人学习的东西和他们要向我们学习的东西一样多,但我们学习的机会却少得多。如果我将中国人看做我们的学生,而不是相反,那仅仅是因为我恐怕我们是不可教育的。"[①]这种论述当然适用于土家族先进分子。三是经过上述两个方面的冲击,土家族的整个社会形态逐渐发生了变化,这就是不断地由自然经济形态向商品经济形态、由农业经济形态向农业工业经济结合形态、由总体封闭形态向总体开放形态、由区域独立发展形态到总体依赖形态的巨大转变。土家族现代哲学就是发生在这种转化过程中的。四是土家族地区的这种政治经济文化变迁,使土家族实现了对"农业民族"的超越。马克思主义经典作家在谈到民族发展时,一个重要观点即是"农业民族"的发展问题,基本趋势是发展为"工业民族"。在《共产党宣言》中,他们强调"农民的民族"要"从属于资产阶级的民族"[②],这是一个历史过程;在《〈政治经济学批判〉导言》中,马克思强调,"一个工业民族,当它一般地达到它的历史高峰的时候,也就达到它的生产高峰。实际上,一个民族的工业高峰是在这个民族的主要任务还不是维护利润,而是谋取利润的时候达到的。"[③]事实上,正是在20世纪,土家族的文化形态走上了这一道路。

第四,现代新式教育的直接培育与指引。留学是当时的新式教育之一。沈从文在谈到辛亥革命时曾说:"辛亥革命的大动力,为留日学生和新军,配合留日学生的革命潮流,当时重要文化工作是'文明戏',最重要的组织为'春柳社'。[④]"可见留学对中国现代社会的影响。

中国近现代意义上的留学始于李鸿章、曾国藩等的提倡。曾国藩曾认为中国应"选聪颖子弟赴泰西各国,肄习技艺,以培人才",并肯定这是"徐

---

① 何兆武等:《中国印象——世界名人论中国》下册,广西师范大学出版社 2001 年版,第 89 页。

② 马克思、恩格斯:《共产党宣言》,《马克思恩格斯选集》第 1 卷,人民出版社 1995 年版,第 277 页。

③ 马克思:《〈政治经济学批判〉导言》,《马克思恩格斯选集》第 2 卷,人民出版社 1995 年版,第 4 页。

④ 沈从文:《湘人对于新文学运动的贡献》,《沈从文全集》第 17 卷,北岳文艺出版社 2002 年版,第 159 页。

图自强之至意"。只有这样,"然后可以渐图自强。"①1872 年,广方言馆选派留美学生三批共 120 人赴美留学,开中国近现代留学运动的先河。以后,1896 年,中国已有女留学生回国执业。20 世纪初的留学主要是到欧洲,特别是留法。当时留学之意,据《吴玉章君在四川留法预备学校之演说》中说,一是为作一没有专制性、奴隶性的先觉者及青年人,以明白学术进步为大多数人求幸福;二是要确立进化史观,认为文明进化是后胜于前,不是一成不变的;三是法国的人民性质与中国颇相似,留学不专重学术而在取得其社会观感,以为中国改良之用;四是俄国革命进步最快,是因为俄国有新党主政,俄国党人,无不曾游历法国。因此,在当时,不少先进青年"遇着这举世混浊之时,新潮汹涌之会,不可不勇往直前,造最新的时势,前途远大,诸君勉之"②,勇赴留学之途。正是在这种中国要现代化,就必须学习与了解西方的认识下,大批土家族青年走上了留学的征途。

土家人古代即有负笈游学的传统,近现代则达到了高潮。从社会发展进程分析,求学外地或外国,是土家族近现代知识分子群体形成的重要资源。在 19 世纪末 20 世纪初的世纪之交的社会转型过程中,有不少土家族青年冲破地域限制,到外域或省城求学,甚至走出了国门接受新思想,成为近现代土家族知识分子群体成员,如黔江土家青年程昌棋、陈宿航于 1904 年留学日本,就读于弘文师范学校。他们后来参加了中国同盟会,回国后进行革命活动,并介绍温朝钟等人参加同盟会。恩施土家地区在外求学和留学者则更多。据统计,从 1899 年到 1910 年,恩施先后有 65 人在外留学,这些人先到革命最活跃的武昌读书,继而到海外资产阶级活动中心日本留学,直接受到资产阶级革命思想影响。他们如饥似渴地学习传阅革命书刊,参加进步活动,寻求救国救民的真理,很快成为资产阶级革命的拥护者、宣传者、参加者。另有学者统计,仅今恩施自治州辖区,从 1899 年至 1910 年止,据《湖北通志》等有关记载,以及调查的口碑材料等不完全统计,仅留日学生就有 36 人,从数目、素质上看,都不落后于省内其他地区。以 1899 年计,

---

① 曾国藩:《曾国藩全集·奏稿》第 30 卷,中国致公出版社 2001 年版,第 1590 页。
② 中共中央党史资料征集委员会编:《共产主义小组》(下),中共党史资料出版社 1987 年版,第 808—810 页。

全省留日学生 78 名,恩施州就有 7 名。1904 年,仅恩施州的留日学生就有 26 人之多,比江苏省全省的留日学生还多一倍。① 至于其他土家族地区,留洋学生也很不少,初举如席正铭、向警予的四个哥哥等。至辛亥革命以后,留洋学生则更多,以赵世炎、向警予等最为代表。正是由于他们的留学,接受了新的文化,形成了土家族文化传统的再次更新,形成了土家族文化内容的又一次大的叠加:土家族文化 + 汉族文化 + 西洋文化。

据不完全统计,在辛亥革命前期,恩施土家族青年有 24 人从事革命宣传活动,如利川留日学生范腾霄,先在武昌文普学堂读书,开始受资产阶级革命思想影响,经张荣楣(恩施人)介绍,结识了刘静庵,与其一起从事革命活动,后经宋教仁介绍加入同盟会。他在海军雷电学院学习期间,主编了《海军杂志》,编写了《甲午海战史》,鼓吹革命。他还以同盟会湖北会务交际专员的身份,寄进步书刊回汉口,购《民报》4000 份回省。② 他在自传中写道:"余留日虽在学中,对于湖北学界革命运动之联系并未中断,与静庵(刘静庵,湖北日知会负责人)、鸿勋(范鸿勋,鄂城人,日知会会员)时有函件往来。新近如同乡牟鸿勋,甘缉熙(均为共进会员)等,更情绪激烈,间三数日即有函件往复。"③在外国留学的土家青年中,除极个别外,都在革命思想影响下,投身于资产阶级革命中。这从一个侧面说明留学运动对于土家族现代意识生成的重大影响。

新式学校教育是新式教育的主体。沈从文在说到新学的影响时曾说:"'五四'到了,湖南人的响应,表现于爱国行为,激烈处在全国中首屈一指。虽然这种'极端性'近于三楚青年的本来,然亦有扩大此动力原因与背景。""彭施涤先生主持桃源女师许多年,男女同学运动,女子剪发运动,都出自这个学校。……无不各有所长,学生活动能力,且因相互竞争而得到更多表现机会。这个向前、向上情感反应于文学运动,则为报纸、杂志的兴起与普遍流行。对于写作且能守住一个基本原则,即工具重用必用在社会重造理

① 参见沈阳:《鄂西清末留日学生与辛亥革命》,见中国人民政治协商会议湖北省恩施州委员会文史资料委员会编《鄂西文史资料》第 4 辑,内部资料 1985 年版,第 13、15 页。

② 参见贺觉非:《辛亥首义人物传》上册,中华书局 1982 年版,第 49 页。

③ 中国人民政治协商会议湖北省委员会编:《辛亥革命回忆录》第三辑,湖北人民出版社 1958 年版,第 68 页。按:原文作"甘缉熙",应当"甘绩熙"。

想上。所以在这个情形下,虽并未曾产生如何知名作家,如何重要作品,实产生了许多革命斗士。"①至于湖北,朱和中曾回忆说:"湘中之运动热,鄂而张之洞亦动言维新,言时务。张所昵之梁鼎芬,更依草附木,阿谀逢迎,举其所办两湖书院各斋之名尽换以新名词,如制造斋、格致斋、声学斋、光学斋、化学斋、电学斋之类,以迎合新党。是时鄂中之提学为王同愈。王本薛福成之随员,曾游历欧洲,与新党臭味投合,惟王于提学所属之经心书院,则不欲改以虚浮之名词,乃易为天文、舆地、经、史、算、兵各斋,而真延揽知名之士,以为教授。当时算学、经斋两科,亦颇斐然可观。"②当时两湖革命者的主体部分,不是留学生即是新学教育的产物。

新式学校教育是土家族近现代知识分子群体形成的直接动因。19 世纪末 20 世纪初是中国兴办新式中小学堂教育时期,土家族地区的新式中小学教育得到快速发展,如来凤县与鹤峰州在 1901 年即设小学堂,是湖北省最早设立小学堂的州县,比省城最早设立的小学还早一年。到 1910 年,现恩施所属八县市即有高等、中等两等小学堂 10 所、22 个班、849 名学生、教职工 64 人;初等小学堂 161 所,女子初等小学堂 2 所,半日学堂 2 所,共有教职员 345 人。还有新式的专业教育,如甲等农学堂等。③ 在贵州、重庆、湘西土家族地区,新式学校教育也获得了大的发展。新式学堂造就了土家族地区第一批具有新的时代气息的知识分子。这批具有新思想的知识分子数量多且相对集中,极易形成思想互动。在当时民族危机加深和革命思想影响下,一部分人已萌发革命思想,如土家青年温朝钟,1904 年考入黔江县学,他认为清政府的学校是"立牢笼术",是"汉族二百年之耻"④,毅然弃学参加革命;田飞凤"入宜昌初级师范,闻吴樾有炸五大臣之事,心甚伟之"。甘绩熙在"邑中学堂"学习时,"慨时事日非,且痛祖国沉沦,即慨然辞去。

　　① 沈从文:《湘人对于新文学运动的贡献》,《沈从文全集》第 17 卷,北岳文艺出版社 2002 年版,第 160 页。
　　② 武汉大学历史系中国近代史教研室编:《辛亥革命在湖北史料选辑》,湖北人民出版社 1981 年版,第 528 页。
　　③ 参见恩施土家族苗族自治州地方志编纂委员会编:《恩施州志》,湖北人民出版社 1998 年版,第 857 页。
　　④ 民国《咸丰县志》,咸丰县志编纂委员会 1983 年重印版,第 150 页。

别父兄,束装只身游鄂。寓旅馆,得阅《民报》、《黄帝魂》、《扬州(十日)》、《嘉定屠城记》,及明季各种遗史诸书与亡国惨记。又愤满清专制,淫威日甚,因响慕孙中山先生提倡共和主义,而革命之思潮,不觉日涌千丈矣。"①正是这些处于阵痛时期的知识分子,痛恨现实,企图摆脱痛苦,逐渐成为土家族近现代知识分子群体的基础。

现代斗争手段同样提供了新式教育。在土家族的现代化进程中,特别是到了19世纪末20世纪初,成立革命组织,深入群众广泛宣传、教育和启发各族人民,提出新的具有现代意义的斗争目标,进行社会改革等,都表明了现代化进程中因现代斗争手段的综合运用而具有的现代意义,如庚戌起义前,温朝钟等翻印《灭汉八策》②,散发邹容的《革命军》达万余册,并常在乡间集市、婚丧嫁娶等群众聚集的场所发表演说,宣传和组织工作长达三四年。向炳焜"富于冒险性质,愤祖国沦亡,倡为种族革命。继与刘静庵改组日知会、德育会,与谢石钦等组织铁道研究社,皆运动革命机关也。岁丙午,君为湖北日报社编辑。君故善画,清总督陈夔龙,提督张彪,以所为论著图画为刺己,封闭报馆,君遂与郑江灏同被捕,旋释归。君以革命必借报馆鼓吹也,更与谢石钦、高振霄、黄丽中创为长江日报社"③。此外如凤凰田应全和唐世钧组织"光复军",派了许多亲信弟兄分赴乡下,发动苗、汉、土家各族人民。贵州的席正铭成立"历史研究会"、"皇汉公"等,并在新军中进行革命活动。甘绩熙则在学校因"校中有体操教员余庆之先生,曾在鄂以书生从事戎行,蓄革命之思想最富,即在校中秘合二三同学,倡议设一教育研究所,盖托名,实为研究革命进行事也。予忝与焉"④。从现代宣传手段看,仅土家族革命者在辛亥革命中运用的就有《湖北日报》、《长江日报》、《海军杂志》等现代报刊。据梁钟汉回忆,当时进行革命宣传的手段很多,如:"授

---

① 湖北省博物馆等:《武昌起义档案资料选编》中册,湖北人民出版社1982年版,第284、255页。

② 民国《咸丰县志》,咸丰县志编纂委员会1983年重印版,第150页。

③ 湖北省博物馆等:《武昌起义档案资料选编》中册,湖北人民出版社1982年版,第140页。

④ 甘绩熙:《甘绩熙自述》,见湖北省博物馆等《武昌起义档案资料选编》中册,湖北人民出版社1982年版,第255页。

数学课时,以'嘉定三屠'、'扬州十日'为习题,问屠一次屠多少人,杀一日杀多少人,三屠与十日,得数若干?"①即是其中之一。至于演说,据邓玉麟回忆说:"君演说时,语尤沉痛,至扬州、江阴、嘉定之惨局,甲午、庚子之耻辱,非革命不足以救国救种等语,泪随声下,闻者心动,各协、标、营踊跃入党者不下数千人。"②由此可见一斑。由于宣传鼓动工作深入细致,切合实际,故能发动广大人民积极投身革命。而这些现代手段的运用,又正好促进了土家族思想世界的现代转型。

### 三、土家族哲学现代性的共同语境

每个思想家或思维主体,都有他思考的问题。与 20 世纪前半期的先辈相比,当时是革命变革时代,现在是文化变革时代;当时基本上是农业文明时代,而现在主要是工业文明时代;当时是全球化渗入民族化时代,现在是民族化消融全球化时代;当时是传统的两极(领袖与大众)社会结构,现在是多层社会结构;他们处于动乱年代,现在处于和平时代等。列宁概括当时中国的实情时曾说:"中国这个落后的、农业的、半封建国家的客观条件,在将近 5 亿人民的生活日程上,只提出了这种压迫和这种剥削的一定的历史独特形式——封建制度。农业生活方式和自然经济占统治地位是封建制度的基础;以这种或那种方式把中国农民束缚在土地上,这是他们受封建剥削的根源;这种剥削的政治代表就是封建主,以皇帝为整个制度首脑的封建主整体和单个的封建主。"③总之,现在与过去有时代的悬隔。这就是整个 20 世纪的大的阶段划分。为此,必须找到一种打通现在与过去的共同的桥,把它们都置于一种共同的历史场景,并以此来把握那一代人的思维。从时代特征来看,全球性思维、世界历史眼光、能动性关注等方面,正好构成了这种共同语境,也正是这种共同语境体现了他们的自我超越与奋斗精神,反映了

---

① 梁钟汉:《我参加革命的经过》,《辛亥首义回忆录》第 2 辑,湖北人民出版社 1957 年版,第 6 页。

② 邓玉麟:《邓玉麟革命小史》,湖北省博物馆等:《武昌起义档案资料选编》中册,湖北人民出版社 1982 年版,第 220 页。

③ 列宁:《中国的民主主义和民粹主义》,《列宁选集》第 2 卷,人民出版社 1995 年版,第 293 页。

土家族现代哲学话语系统的现代化进程,并以此来观察与分析问题。

首先,土家族新哲学具有的世界历史视野。世界史眼光登陆中国,至迟可算至20世纪初起之时。1901年,梁启超写下了《中国史序论》,在第八节"时代之区分"中把中国历史划分为三个阶段,第一是"上世史,自黄帝以迄秦之一统,是为'中国之中国'";第二是"中世史,自秦统一后至清代乾隆之末年,是为'亚洲之中国'";第三是"近世史,自乾隆末年以至于今日,是为'世界之中国'"。且不论其划分是否准确,也不论其划分是否有线性历史观或西方中心论之嫌,但应肯定的却是有了这种"世界史眼光",就为中国的历史研究开辟了一个新的时代。

在书中,梁启超在强调没有历史的人民是无法成为民族的前提下,写成了他的世界历史著作,这被认为是中文第一家——不仅写了欧洲人尤其是雅利安人征服世界的历史,而且是从欧洲人关于征服世界、把启蒙传播到全世界的观点来写的,表明世界历史眼光正式落户中国。[1] 世界历史眼光的一个重要方面是进化论思维[2]。

从思维发展的角度研究,世界历史眼光是向前看的,是着眼于未来的;传统历史眼光则有某种后向性,即重点放在过去。正是这种不同的历史眼光把土家族一般民众与土家族精英人物统一起来了。土家族的一般民众把眼光投向历史,发现历史的压迫不断在加重,产生了某种强烈的革命史观倾向,诉求社会进步;与之相应,土家族精英人物则把眼光投向未来,产生了进化论的历史眼光。这种分化,从明、清时代土家族精英人物的大量出现就已存在,到20世纪就更为明显。

从改土归流以来,土家族历史的确发生了重大转折。这种转折的核心是改变了清初对土家族地区采取的"以夷制夷"的承认土司"归顺"并准其袭职的绥靖政策与安抚政策,废除了土司制度,建立了高度的中央集权,对

---

① 参见[美]杜赞奇著,王宪明译:《从民族国家拯救历史:民族主义话语与中国现代史研究》,社会科学文献出版社2003年版,第21页。

② 思维,汉意原是思念,佛教译词引申出能造作身、口、意三业的精神作用,《观无量寿经》:"教我思维,教我正受。"其"思维"颇接近于现代心理学中包括分析、综合、推理等高级思想活动的"思维"。此处所用即这后一意义。见冯天瑜《新语探源——中西日文化互动与近代汉字术语生成》,中华书局2004年版,第113页。

土家族地区进行直接统治。从文化上研究,这是一种清朝统治者确立其统治合法性的文化措施。正如 S. N. 艾森斯塔特所说:"分析一个文化取向系统中政治过程的最佳出发点是考察其统治者合法性的本质。强调文化价值和目标通常包括指定一个世袭的或新的群体作为特定文化传统的古老的拥护者。即使当新的朝代兴起时,这一群体仍然要强调它们与古老的祖先或君主的联系,似乎他们是'黄金时代'的象征。"①改土归流即是为了确认清王朝统治的这种合法性。

改土归流废除了旧的压迫,改变了压迫方式。在土司制度统治下,土地不准买卖、土民不得迁徙,土民儿女立名于册,"长则当差",平时服劳役、战时服兵役。《桑植县志》记载,"战时自持粮糗,无事则轮番赴司听役。每季役止一旬,亦自持粮,不给工食。"土司制度后期,劳役更加繁重,剥削亦更为残酷,加上各土司间的仇杀和争战,土家族人民所受压迫非常深重。与此相应,清朝经过康熙雍正时期,统治秩序日益巩固,政治、经济、军事等力量也更为强大。于是至雍正五年(1727 年)起,清王朝即以"土民纷纷控告,迫切呼号,皆恋改土"、"土官横恣"、"人民请求纳入版籍"等为由,在土家族地区"剿抚兼施"、"恩威并用",废除土司制度,委派流官代替,至雍正十三年(1735 年),土家族地区的改土归流基本完成。但是,在改土归流以后,土家族人民不仅受压迫剥削的地位并未改变,而且随着清王朝的日益腐败,人民苦难还随之加深。鸦片战争后,帝国主义侵略势力也逐步深入土家族地区。帝国主义者大量倾销商品、大肆掠夺原料,严重摧残了土家族地区的经济形态;鸦片的普遍种植,既破坏农田与粮食生产,又严重戕害人民身心健康②;商品经济的繁荣与发展,加剧了工矿商业的垄断与土地的兼并趋势,激化了阶级矛盾;不法洋教的文化侵略与部分传教士的胡作非为,如外国传教士以教堂为据点收集情报、干涉内政、侵犯主权、包揽诉讼、霸占田产、进行文化侵略、挑拨民族关系等,更使土家族人民所受压迫雪上加霜。面对这些压迫,土家族人民一方面是运用"武器的批判",支持太平军在土家族地区的

---

①　何兆武等:《中国印象——世界名人论中国》下册,广西师范大学出版社 2001 年版,第 420 页。

②　据民国湖北省民政厅编印之《湖北县政概况》(汉口国华印务公司,1934 年版)记载,当时"食鸦片者几逾半,惰懒不可生产","遍地烟毒,状不可言"。

活动,并先后在嘉庆年间爆发了来凤和长阳两次白莲教起义,咸丰年间贵州思南的红、黄、白号军起义,同治年间的酉阳教案、黔江与利川教案,光绪年间长乐长阳教案、利川恩施教案等,这些斗争都具有明显的反帝反封建性质。① 另一方面也运用"批判的武器",对历史进行反思,如通过山歌等文化形式来宣泄民族的反抗意志:"叫我唱歌就唱歌,肚里山歌几大箩。如今世道我不唱,留起精神做什么?"②"扁担本是古人留,留给后人挑忧愁。挑到唐宋元明清,忧愁像水向东流。"③"自从清朝皇帝来,土司王爷赶下台。土王下台我欢喜,指望有个好世界。朝廷派下官儿来,八字衙门朝南开。'有理没钱莫进来',一朝更比一朝坏。到了民国更荒唐,日子好比烂泥塘。收的粮食给财主,养的儿子归老蒋。"④这类民歌的歌唱者不拘形式、不求修饰,把改土归流以来的历史从"指望有个好世界"转变为"一朝更比一朝坏",已经不只是在表现一种民族的本能,而是一种深层的"批判的武器"。而且,这类民歌还有异文,如宣恩即有四段 16 行,其中唱到:"土家有个土皇帝,土司皇帝不讲理。穷人娶媳他先睡,谁个能忍这口气。土司本是土家人,黑了肝肠烂了心。土家田里种五谷,他吃五谷专害人。打从满清皇帝来,土司王爷赶下台。土王下台我欢喜,指望有个好世界。满清派了官员来,八字衙门大大开。衙门无钱你莫进,更比土司几个坏。"⑤更是从历史对比的角度对社会进行了批判。正是这种批判,使他们勇于反抗,"板栗扎针针对针,如今世道不公平;天上雷公若有卖,买个雷公炸豪绅。"⑥

与一般民众的革命史观倾向相比,土家族精英人物则以前向的历史观来关注历史。早在明代,土家族精英文人就有趋于维新的理想向往。清末

---

① 一首土家族山歌唱道:"要杀洋毛子,不怕你的头发红;假装来传教,不怕你的鼻子高;你勾结官府,举起大刀辟头砍;你私通绅豪,杀掉洋人灭歪教。"利川市民族民间文学三套集成编委会编:《利川民族民间歌谣集》,内部资料 1990 年版,第 70 页。

② 四川省涪陵地区川东南民族资料编辑委员会:《川东南民族资料汇编》,四川人民出版社 1986 年版。

③ 宋玉鹏、彭林绪、肖田编:《土家族民歌》,四川人民出版社 1987 年版,第 126 页。

④ 彭继宽、姚继彭主编:《土家族文学史》,湖南文艺出版社 1989 年版,第 367 页。

⑤ 宣恩县文化局等编:《宣恩县歌谣分册》,内部资料 1989 年版,第 23—24 页。

⑥ 利川市民族民间文学三套集成编委会编:《利川民族民间歌谣集》,内部资料 1990 年版,第 70 页。

思想家虽然也感于社会黑暗，但并没有产生后向的历史观倾向，如周植斋一口气写下了三首《乱世》："纷纷抄抢乱如麻，哪个男儿愿有家。十室九空叹洗劫，豺狼吮血正磨牙。""老幼惊魂走险中，一村庐舍半成空。四邻守夜无鸡犬，灯火连宵不射红。""夕阳回首涕涟涟，月朗星稀更黯然。栖草既愁餐硕鼠，营巢更恐饱饥鸢。"①清末民初的佚名诗人写《衙门》："自古衙门大大开，张开血口是狼豺。劝君少往衙门进，无是无非无祸灾。"②到20世纪，土家族精英知识分子则把这种前向的历史眼光发挥到了极致。向警予说，在这"荜路蓝缕以启山林"的时代，20世纪以前的旧文明已经过去了，我们能创造一种20世纪的新文明，"二十世纪的新人生观，是以社会主义的互助协进来替代个人主义的自由竞争，这是可以深信无疑的。"③赵世炎说：通过实行才能推动社会的发展，"欲改革吾国家庭制度，欲奋斗于此二十世纪之竞争世界，均不可不注意于此也。"④沈从文说："若知道关心明天和未来，也方能够把生命有个更合理更有意思的安排。"⑤

从文化结构的角度分析，文化产生目标，社会结构决定达到这些目标的手段。⑥土家族人民在20世纪的历史观之所以会发生这种变化，一个重要原因即是人们接受了不同的文化。一般大众自改土归流以来，由于打破了"蛮不出境，汉不入峒"的禁令，汉族农民、手工业者和商人也大量迁入，一些先进的生产技术和劳动工具、农作物品种也有一定的进入，货物与商品也能在大小城镇自由交换，县学、府学、书院、学宫也曾打破土司及其子弟垄断文化的传统，形成了儒家文化传统，而儒家文化的"宪章文武"本身即是一种后向的历史观，再加上社会压迫的形式转换并没有根本改变整体社会结构，于是一般民众的"武器的批判"与"批判的武器"都受到了局限。与一般民众不同，土家族精英知识分子接受的是一种新文化与新社会结构，有的还

①　彭勃、祝注先注：《历代土家族文人诗选》，岳麓书社1992年版，第238—239页。
②　同上书，第242页。
③　向警予：《女子解放与改造的商榷》，《向警予文集》，湖南人民出版社1985年版，第15页。
④　赵世炎：《工读主义与今日之中学毕业生》，《赵世炎选集》，四川人民出版社1984年版，第2页。
⑤　沈从文：《烛虚》，《沈从文全集》第12卷，北岳文艺出版社2002年版，第12页。
⑥　参见宋林飞：《西方社会学理论》，南京大学出版社1997年版，第127页。

是在西方接受的新文化与新社会结构,因而他们的"武器的批判"与"批判的武器"都发生了根本性革命。

世界历史眼光的一个重要方面是全球性思维。并且,这种全球性思维是以对全球性现代化问题的理性认识为基础的。因为"国于今日,非使其民具有世界之常识,诚不足以图存"①。

从人类思维的角度来看,世界历史眼光的一个重要环节在于如何评价民族主体与世界的关系。在传统历史眼光那里,民族主体往往是以对立的眼光看世界。在世界历史眼光这里,民族主体则始终与世界具有统一性,往往是以统一的眼光看世界。在这里仍然反映出土家族一般民众与精英知识分子的思想分化。

在一般民众那里,这种对立是生死对抗性的,从《鸦片歌》中即可知:

> 清道光,世俗大变,万般事,最坏洋烟。西洋国,一群坏蛋,侵中华,投毒鸦片。……林则徐,两广督战,在虎门,销毁鸦片。贩烟佬,吓得滚蛋,回西洋,去把兵搬。纠集来,商船战舰,闯虎门,舰沉船翻。海盗们,沿海逃窜,到江浙,偷袭海关。清政府,落魄丧胆,革林职,充军边山。怕洋人,东躲西闪,在南京,辱国丧权。订条约,割地赔款,不平等,是非倒颠。自此后,洋人作乱,在中国,无法无天。②

《雪堂歌》则唱道:

> 正月里,是新年,花背造反向雪堂,五湖四海把名扬。五月里,是端阳,雪堂兵马造刀枪,杀退清兵把名扬。六月里,热惶惶,主教神甫上战场,呜呼哀哉见阎王。八月里,八月八,府兵捉了李登甲,随带兵马一起杀。九月里,是重阳,光绪皇帝没下场,文武百官捉雪堂。③

从这些民众的唱词即可看到,这种对立的历史观是多么强烈地在民众中流传,其结果就是"干人要坐金銮殿":"咸丰二年半,禾苗点得燃,石头冒

---

① 章士钊:《论翻译名义》,《国风报》第 29 期(1910 年 11 月 22 日)。见冯天瑜《新语探源——中西日文化互动与近代汉字术语生成》,中华书局 2004 年版,第 97—98 页。

② 利川市民族民间文学三套集成编委会编:《利川市民族民间歌谣集》,内部资料 1991 年版,第 56—58 页。

③ 彭继宽、姚继彭主编:《土家族文学史》,湖南文艺出版社 1989 年版,第 174—175 页。

青烟,催租逼税到门前。干人要造反,齐把清兵赶,打到京城去,干人要坐金銮殿。"①这类思想还可以从民间传说故事中看到,如《向燮堂》、《温朝钟的传说》中,就有这种历史观的明确表现。

在土家族精英知识分子那里,更多是强调世界历史的变化及带来的历史机遇,如向警予,蔡和森说她早就想去西方求学,这已是世界视野了。"她的大哥早年留学并死于日本,她还有两个兄弟在日本受过近现代教育。她要到西欧去学习与考察教育。"②她的《湖南地型(形)记》写于1915年,其中即说,"然而物极必返[反],况流风余韵,久沁心脾,异日者又恶知夫湖南之果不为中国之普鲁士也。吾党之小子退息其间,有观兴感,安能无所动于中?然则普鲁士之铸造其在斯乎!先中国,后湖南,学校之用意可思矣。"③一个土家族姑娘从一座湖南地形立体图即看出全球化背景,并实现了三个超越:从民族上超越土家族而至中华民族,从地域上超越湖南而至中国,从中西关系上超越中国而放眼全球。1916年《给陶毅的信》也是把中国与世界联系起来:"前阅英、法、德、美国民性与教育一书,大致其训育所施,皆以国民特性为根据。其在英国则不啻以寄宿舍为训练场,潜移默化,陶铸镕渐,而崇尚运动,又实以斯为之方便焉。故其民卓然有不可几者。我母校内部既得吾姊为之理,而提倡运动之意又甚殷。师导于前,弟从诸后,经之营之,必有更为焕然者。余妹何时得睹斯盛也。"④后来强调自主自由自立,以自立为基础,以适应于世界:"勤工俭学即自立之实习,亦即自立之基础。"强调贡献于社会:"且吾人之求学,宜抱供(贡)献于人群之宗旨,以谋振刷东方民族之精神,亦吾人应注意也。"⑤这里已有东方民族的自觉。在1920年底《给爹爹妈妈》的信中更强调自己要"努力做人,努力向上",总要

---

①　利川市民族民间文学三套集成编委会编:《利川民族民间歌谣集》,内部资料1990年版,第59—60页。

②　蔡和森:《向警予同志传》,《向警予文集》,湖南人民出版社1985年版,第2页。

③　向警予:《湖南地型(形)记》,《向警予文集》,湖南人民出版社1985年版,第241—242页。

④　向警予:《给陶毅的信》,《向警予文集》,湖南人民出版社1985年版,第6页。

⑤　向警予:《欢送第八届留法勤工俭学生会上的演说》,《向警予文集》,湖南人民出版社1985年版,第8页。

"在世界上放一个特别光明"①。

世界史眼光本身就是一种"现代性",是时代感,如沈从文自觉地强调现在已不是"子曰"②时代,而是"现代"。他自觉地将"'过去'、'当前'与那个发展中的'未来'"联系起来,"拟将'过去'和'当前'对照",为的是反思现代。他还从全国的视野来反思这个时代:"或者战争已当真完全净化了中国,然而把这点近于历史陈迹的社会风景,用文字好好的(地)保留下来,与'当前'崭新的局面对照,似乎也很可以帮助我们对社会多有一点新的认识,即在战争中一个地方的进步的过程,必然包含若干人情的冲突与人和人关系的重造。"③

向警予由进化论而生出现代性。"处今日之世界,应各有自立之能力。"④这里是时代感、责任心和奋斗精神。"生斯世者,当知所以自处,毋曰吾不如老农,则大幸矣。"⑤现在,"非尽是那艰苦卓绝精粹人才不可,艰苦卓绝的精粹人才愈多,则成绩愈好。"⑥"我们生长这个时候,假如毫没牺牲,毫不能奋斗,简直不能立足了!"⑦所以要做"一千九百廿年产生的新人"⑧。因为"现在已是男女平等,天然淘汰,触目惊心! 愿同学作好准备,为我女界呵,大放光明"⑨。

其次,土家族新哲学具有现代的话语系统。不同民族的社会文化有不同的话语系统,并且体现出时代性。而且,体现话语系统的不只是语言文字,还包括生活习惯、民族心理、行为方式等。这些形式共同承载着各该民

---

① 向警予:《给爹爹妈妈》,《向警予文集》,湖南人民出版社 1985 年版,第 278 页。

② 沈从文在《长河》中描述到:"因为不读'子曰',自然是不知道此事,也从不过问此事的。"沈从文:《长河》,《沈从文全集》第 10 卷,北岳文艺出版社 2002 年版,第 19 页。

③ 沈从文:《长河》,《沈从文全集》第 10 卷,北岳文艺出版社 2002 年版,第 5、7 页。

④ 向警予:《欢送第八届留法勤工俭学生会上的演说》,《向警予文集》,湖南人民出版社 1985 年版,第 8 页。

⑤ 向警予:《书成宏业由工徒至厂主事》,《向警予文集》,湖南人民出版社 1985 年版,第 244 页。

⑥ 向警予:《给陶毅》,《向警予文集》,湖南人民出版社 1985 年版,第 9 页。

⑦ 同上书,第 12 页。

⑧ 向警予:《给爹爹妈妈》,《向警予文集》,湖南人民出版社 1985 年版,第 278 页。

⑨ 向警予:《溆浦县立女校校歌》,《向警予文集》,湖南人民出版社 1985 年版,第 287 页。

族的思维方式。在土家族现代哲学思想发展中既体现出了这种话语系统的不同程度的转换,并且又是精英思想家与一般民众都在民族性基础上实现了转型。

沈从文从工具重造的角度讨论话语系统的转型,在强调"做人的义利取舍"①基础上,强调工具重造的特殊意义,并把"工具重造"提到了相当的高度。他认为:新文学运动的兴起是随同社会改造运动而产生的。当时谈思想解放和改造,就是为了寻找一种新工具。"旧工具难于表现新思想,因之才有'新文学运动',所以这件事可以说即'工具重造'与'工具重用'运动。"②事实上,"民主"与"科学"在当时也都是从"工具重造"、"工具重用"的角度来强调的。他的文学创作,主要是运用包括儒家文化在内的传统文化来反思现代,对传统文化的丧失表现出遗憾,特别是感伤于"现代"道德价值的失落,即如"近二十年实际社会养成的一种唯实唯利庸俗人生观"③。所以,他总是从传统与现代、乡村与城市、土家族文化与中域文化、中国文化与西方文化的两相对待中,又是批判又是重造,以此探索工具重造的意义。

话语系统的骨干是语言。语言不仅是一个民族的思维工具,而且是一个民族的生存方式。"只有能够讲一个民族语言并且用它来进行思考,一个学者才能真正了解这个民族。"④由此观之,从土家族语言工具转换的角度来分析土家族思想观念的新变化是一条正确之路。因为不同的思维方式有不同的语言结构,思维方式制约句子结构与语词使用,特别是在语言中积累了人们的经验,而"在历史进程中所发生的一切都是人干出来的……人类行为的整个过程是人们自己借助于在变化的社会生活中积累的经验创造的条件的总和,更确切地说是一系列的条件"⑤。正由于语言工具的重要

---

①　沈从文:《长河》,《沈从文全集》第 10 卷,北岳文艺出版社 2002 年版,第 3 页。

②　沈从文:《湘人对于新文学运动的贡献》,《沈从文全集》第 17 卷,北岳文艺出版社 2002 年版,第 159 页。

③　沈从文:《长河》,《沈从文全集》第 10 卷,北岳文艺出版社 2002 年版,第 3 页。

④　[美]何天爵著,鞠方安译:《真正的中国佬》,光明日报出版社 1998 年版,第 36 页。

⑤　[意]安·拉布里奥拉著,杨启潾等译:《关于历史唯物主义》,人民出版社 1984 年版,第 66 页。

性,土家族曾有"土王改话"的传说,①如龙山土家人即说"土家话原来都可以用汉话来解释,因后来变了音,就有许多意义找不到了"②。事实也正是这样,至少在明代中期以前,不少土家族土司头人的名字都还带有较深的土家语印痕,如墨谷什用、驴谷什用、徒剌什用、答谷什用、南木什用、大虫什用、谭成威送③等,此外还有墨来送、沟达什用、驴蹄什用、田耳毛送、向贵什、向喇喏、向墨铁送、向麦、向坐海乐俾、田墨施什用、田先什用、阿具什用、谋者什用、谋谷什用、田驴什用、墨奴什用、墨得什用等,由此可知当时土家族民众的语言、称谓的语言状态。不过,这些土王的土家语名字,在宋元以后即逐渐消失而改用汉名了。在研究土家族现代哲学思想时,虽然仍能看到土家族传统的语言表达方式、方言化的特殊约定时常表现在其中,但只是依稀可见了,如土家族语言是对象语前置的,反映了土家人的思维顺序:以我为主体,根据对象来决定行为,一种绝对的重视实际的精神。这不仅与土家族人重实际的思维传统吻合,而且也与生存环境相吻合,如"我是土家族姑娘",用土家语来表达,往往直指对象,直接说"我土家族姑娘是";把"我吃饭"说成是"我饭吃";把"公鸡"说成是"鸡公"等。虽然不能否认其他民族语言也有这种现象,但土家人却使这种现象成了土家族语言的主流现象。以此来观之,赵世炎的《象封有庳说》,实际上是用土家语表述的汉语"话说封象于有庳";赵世炎到北京后就转换了自己的思维工具,如说《说图书馆答友人问》;他初时所说"关火"一类土家族地区方言也逐渐地成了过去,实现了语言这种思维工具的转变。在向警予那里,除"雷攻火闪"一类土家族地区方言还较多地存在于著作中外,语言结构的土家族语现象也存在,如1915年《日记》中说"眼光要远,胸襟要阔。余于此亦云",即先把对象指明。至于沈从文,这种语言则更多,如"一个早上,闪不知被神兵和民兵一

① 土家族有自己的语言,这是无疑的。土家族先民巴人也有自己的语言,如唐代诗人耿讳有诗曰:"更问蜀城路,但逢巴语人。"潘光旦:《湘西北的"土家"与古代的巴人》,潘乃谷等编:《潘光旦选集》Ⅱ,光明日报出版社1999年版,第412页。正因为有原来的语言,所以才有"改语"的传说。

② 黄柏权主编:《历史的见证——土家族确认前后》,内部资料1999年版,第5页。

③ 参见黔江地区民族事务委员会编《川东南少数民族史料辑》,四川民族出版社1996年版。

道扑营"之类。综观语言工具的转换,可概括为四个方面:一是从土家语转化为汉语,其至模仿汉字造自己的文字,笔者在恩施发现的"陈书"即是清末民初的新造"汉字"①,反映这一过程已进入民族一般民众之中。二是由汉文文言文转化为白话文,这从赵世炎、向警予、沈从文的作品均可看出。三是从土家族文化区域方言转化为官话语言(主要指通用语言)。四是大量引入近现代"西化"术语。对此,还在清朝末年,一名出自土家族文化区域的知识分子——晚清文士樊增祥(1846—1931 年)即曾忧心忡忡地说:"比来欧风醉人,中学凌替,更二十年,中文教习将借才于海外矣。吾华文字,至美而亦至难,以故新学家舍此取彼。"②

与此相似,在土家族一般民众方面,他们的语言工具虽然在一定程度上保留了更多的传统形式,但在这种形式中赋予了新的时代气息,如"服从革命命令,听从官长指挥。再饥寒交迫,不要扰害人民。我们都是工农出生,不要忘记阶级利益。打土豪要归公,严禁私自没收。坚定革命意志,杀尽土豪劣绅。没有命令死不退却,努力扩大宣传影响"③。仅此即不难看出,这么多的新词作为思维工具,是否反映了一种现代意义,是否标志着一种转型?

历史的行动都是由集体的人来完成的,其前提是有同样的共同世界观基础,而语言即承担了这一世界观基础的联系中介。正如葛兰西在说到语言时曾说:"任何一种历史的行动只能由'人的集体'来完成。这一点预定要达成一种'文化—社会的'统一,在这种统一之下追求各种目的的分散愿望在同样的和统一的世界观(一般的或个别的,一时起作用的——由于激动——经常起作用的,当这种世界观的精神基础已经根深蒂固,已经被掌握得很牢固,已经成了习惯,以至能够变成一种热情的时候)的基础上,为了

① 关于"陈书"之命名,实是强为之说,只是根据其由陈姓主人书写并收藏,故以名之。此书所收"汉字"究有多少,因所见文献有限,不得而知。仅笔者所见,至少在二千到三千字之间。拙文:《"陈书":新发现的土家族古文书》,《中国民族报》2004 年 4 月 16 日。

② 樊正祥:《批高邮州学正王同德世职王伟忠禀》,《樊山政书》卷二十第 40 页。见冯天瑜:《新语探源——中西日文化互动与近代汉字术语生成》,中华书局 2004 年版,第515 页。

③ 宋玉鹏、彭林绪、肖田编:《土家族民歌》,四川人民出版社 1987 年版,第 279 页。

同一个目的而结合在一起。正因为这一切都会是这样发生的,所以关于语言的一般问题的重要性,也就是关于集体制造同样的文化'气候'的一般问题的重要性,就很明显了。"①F. R. 利维斯也说:"对语言的微妙的地方没有敏锐的了解,对抽象或笼统的思想与人类经验的具体事物的关系没有透视力,那么,用于研究社会和政治的思考就没有它应有的尖锐性和力量。"②所以,语言的转换是思想研究的重要依据,特别是在 19 世纪末 20 世纪前半叶,"西学给中国文化提供的新因子,不仅表现在知识内容的补充上,更重要的是昭显新的思维方式。"③故王国维说:"言语者,思想之代表也。故新思想之输入,即新言语输入之意味也。"④

风俗习惯等同样是重要的思想载体,并被称为"说话的文化"。《汉书·地理志》卷二十八说:"凡民函五常之性,而其刚柔缓急,音声不同,系水土之风气,故谓之风;好恶取舍,动静亡常,随君上之情欲,故谓之俗。"在 19 世纪末 20 世纪前半叶,通过对风俗习惯的描述,运用这种思维方式来体现自己的思想,在沈从文那里得到了真实的体现。他在《边城》中通过土家族婚俗与汉族婚俗、通过嫁妆所承载的传统生产方式与现代生产方式来突出不同文化的冲突,表现出他的哲学视野;他在《长河》中,更是把农村与城市、传统与现代、东方与西方等对应起来,反映了他既想保留优秀传统,又想走向现代化;既想引入西方文明,又怕西方社会病的那样一种民族忧患,并在其中把"不喜欢官,却信仰国家"的传统国家观明白地表现了出来。沈从文的其他不少作品也是通过民族风俗来表现的。当然,很多风俗已成了地区性风俗,并不一定完全都是土家族风俗。⑤

---

① [意]安东尼奥·葛兰西著,葆煦译:《狱中札记》,人民出版社 1983 年版,第 33 页。

② [英]F. R. 利维斯著,袁伟译:《伟大的传统》陆建德序,三联书店 2002 年版,第 11 页。

③ 冯天瑜:《新语探源——中西日文化互动与近代汉字术语生成》,中华书局 2004 年版,第 202 页。

④ 同上书,第 520 页。

⑤ 土家族风俗的重大改变也发生在改土归流以后,由于清朝统治者的强行推广,土家族文化发生了重大转型,如土家族信仰的神团系统中增加了汉族信仰的神灵;土家族巫师社会职能与地位降低,而道士、和尚的社会职能与地位上升;土家族的原始巫风日渐淡薄;汉族道德观念广泛吸纳;民间习俗演进等。参见段超:《改土归流后汉文化在土家族地区的传播及其影响》,《中南民族大学学报》2004 年第 6 期。

在一般民众那里，风俗习惯也充当了思维工具转型的先锋，其风俗习惯虽然保留了旧有传统，但发生了内容变异，如作为美好祝福的"月月红"，现在是唱红军了；作为节日文化，其中也增加了"茅草大会"一类具有革命性的节日等。

电报、报纸、标语等大众传媒在20世纪同样充当了思想转换的工具，如沈从文《长河》笔下的土家族地区，一般大众所用思维工具既有如《创造》、《解放》、《申报》、《中央日报》、《大公报》等一些现代报刊史上的重要报刊，也涉及省报、沅陵县报等地方性报纸。其中16次说到《申报》，就是作为民间士绅阶层代表的橘子园主人滕长顺所依赖的，他是"老《申报》间接读者，用耳朵从会长一类人口中读消息"，这证明《申报》已经从士绅阶层辐射到平民百姓，构成了整个土家族社会获得消息的重要来源。例如会长说："亲家，树大就经得起攀摇。中国在进步，《申报》上说得好，国家慢慢的有了中心，什么事都容易办。要改良，会慢慢改良的！"由此可见，从传统的经验思维向利用现代信息进行思维的这种转变，正是现代大众传媒这类新工具一方面提供着民众辨识、想象社会的具体化情境，另一方面又形成一个社会活动场域，聚焦着民众的目光，充当着国家政策和国家政治经济生活的权威解释者和无冕发言人，同时也是现代生活和民族国家形象的最重要的具体建构者。在它们的作用下，土家族一般民众的话语系统实现了现代转型。

哲学家的使命"首先就从批判'常识'"开始的，即"首先利用这种常识作为基础，来证明'大家'都是哲学家，证明问题不是exnovo把某一门科学引入'大家'的个人生活里面来，而是在于对已经存在的思想活动加以更新，并且赋予它以批判的方向"①。从20世纪土家族思想家对"常识"的批判中同样可以研究他们思维工具的现代转型。

再次，土家族新哲学具有新国家观上的共识。土家族日渐趋新的国家意识，是从上层知识分子开始形成的，这正同整个中国文化中"士农工商"四民由"士"引领民众一样。从信仰角度说，土家族上层知识分子率先经历了"脱魔"过程，"意味着世界的脱魔——从魔幻中解脱出来。"他们不再"相

---

① ［意］安东尼奥·葛兰西著，葆煦译：《狱中札记》，人民出版社1983年版，第13页。

信魔力"，不"用魔法控制鬼怪或者向鬼怪祈求"①。所以，他们对"学舍荒凉无过问，但愿财力托如来"的状况不满，感叹"天梯石栈架楼台，灵验毫无剧可哀"②。他们自认"家礼亲丧儒士称，僧巫法不到书生"③。

　　由于生存形式的变化，民族国家形式成了近现代思想文化的核心形式。因此，近现代思想文化历史的核心尺度也就是近现代"民族国家"思想的形成、发展与实践。土家族的哲学发展也不例外。在近现代历史发展中，土家族除民族的自我意识而外，也走上了对近现代民族国家认同的历程。在这个过程中，特别是在近现代历史上，在有关国家的大是大非问题上，始终以"中华民族"自认，较早地形成了自己的"民族国家"意识。

　　在中国传统文化中，传统的华夷之辨可以看成是传统中国国家意识的核心，孔子《论语》中即有这种描述。④ 清朝入主中域后，如何确立自己王朝的合法性？清朝统治者一方面重塑国家的大一统形象，对中国境内的文化多样性给予认同；另一方面则通过法律与制度重构礼仪社会，适应"夏礼"的规则。这种"国家意识"可以用清代今文经学家"夷狄入中国则中国之"、"中国而夷狄则夷狄之"⑤来表述，可以看成是"礼仪中国"，这种国家意识超越地域、种族等外在因素。到了龚自珍这一代，随着地理学的兴起，近现代国家的疆域意义开始彰显，并具有了"中外"区别的意义⑥，从中国来看蒙古、青海等都已不具"外"的意义，而是"内"。到魏源《圣武记》《海国图志》等的问世，则明显地感受到了近现代国家的意义。当李鸿章与左宗棠

　　① ［德］马克斯·韦伯著，韩水法等译：《以学术为业》，韩水法编：《韦伯文集》上，中国广播电视出版社 2000 年版，第 81 页。

　　② 长阳土家族自治县地方志编纂委员会编纂：《长阳县志》，中国城市出版社 1992 年版，第 758 页。

　　③ 杨发兴、陈金祥编注：《彭秋潭诗注》，中国三峡出版社 1997 年版，第 184 页。

　　④ 参见《论语》有三处相关论述，见杨伯峻译注：《论语译注》，中华书局 1980 年版，第 25、91、140 页。

　　⑤ 庄存与：《春秋正辞·诛乱辞八》，《皇清经解》卷三百八十四。

　　⑥ 司马迁：《史记·惠景闲侯者年表第七》中有"外国归义，封者九十有余"一语，知"外国"一词用得较早。以后班固的《汉书》、范晔《后汉书》、魏征《隋书》、沈昫等《旧唐书》等涉有"外国"，薛居正等《旧五代史》已专列有"外国传"。但这种"外国"还不能说是近代政治地理意义上的外国。

在西北与海防问题上发生争论时,已预示着近现代意义上的中外文明冲突了。① 可以认为:现代国家观区别于传统意义的国家观念,有一个逐渐从经学家、政治家的思维中发展的过程。清朝后期的改革与民国的建构,即可看成近现代国家观念的实践。②

土家族国家意识的演变是与土家文化的演变相联系的。随着土家族文化的演变过程,土家族人民逐渐形成了认同中华民族的过程,并逐渐形成了近现代国家意识。按照马克思主义的国家学说,现代国家意识应包括四个方面的基本意识:一是国体即社会各阶级在国家中的地位问题;二是政体即如何组成国家政权或政权组织形式问题;三是国家结构即中央与地方的关系问题;四是国家的活动方式如中国实行民主集中制的问题等。③ 在20世纪的土家族思想世界,虽然四个方面都有涉及,但在民众与精英思想家那里的表现确有不同。总体说,在国体问题上有一个由种族国家(排满而恢复中域政权)到近代民族民主国家(反帝反专制)而到现代阶级国家(人民当家做主等)的不断发展过程;在政体问题上有一个由专制国家(王朝国家)到资产阶级民主国家(华盛顿式、英法式、三民主义等)到人民民主专政国家(工农兵苏维埃等)的不断发展过程;在国家结构问题上有一个由"联邦"(认同原土司政权)到地区自治(自治运动)再到民族区域自治的发展过程;至于在国家活动原则问题上,则只有马克思主义思想家有所涉及,其基本价值取向是特别强调人民民主与服从国家统一大局,这是由当时的历史任务决定的。当然,现代国家意识的发生与土家族的近现代文化演变有不可分

① 现代国家观的形成是与世界历史地理知识的传播相关联的。张廷玉:《明史·意大里亚传》记述了利玛窦所献《万国全图》,介绍了五大洲的情况,当时虽然对利氏的五大洲之说将信将疑,但毕竟由此接触到比较完整、正确的世界地理知识及一系列地理专名,并且多沿用至今。到魏源时期,一改嘉道时期音译西洋各国国名,多在字前加"口"旁,如英国为"英咭唎国"、美国为"咩哩干国"的轻蔑之习。而《海国图志》则去"口"旁,译作"英吉利"、"弥利坚",表现出对外域的理性态度,这应看成是一种转变。
② 一般来说,中国现代国家观念形成与中国现代国家学说形成应加以区别。中国现代国家学说初步形成于20世纪初,当时已讨论了国家与国民、国家与王朝等关系问题。积极探讨这一学说的代表人物是梁启超,主要宣传阵地是流亡日本的爱国志士所创办的《清议报》、《国民报》、《游学译编》等报刊。这种新国家观的基本原则是:国家的一切大政方针必须以人民的意愿为依归,政府只不过是人民意志的执行者。
③ 参见王惠岩《政治学原理》关于国家的论述,高等教育出版社1999年版。

的关系。

考诸史籍,对土家族先民来说,站在中域文化的立场看,有一个逐渐从"蛮夷"变而为"熟夷"①,再进而至"华夏认同"的过程。从隋朝的"与诸华不别"到唐宋时期"指麾八荒定,怀柔万国夷"、"车轨同八表,书文混四方"、"使去传风教,人来习典谟"②,更进一步加强了土家族地区与中域的文化联系,但总体上是以文化为尺度量度土家族地区与国家政权的关系。到了土司制度时期,因内外强制教化措施,在土家族上层出现了认同华夏文明的知识分子。其原因一方面是土司制度除加强政治统治而外,还普遍设置学校等,如明永乐四年(1406年)冉兴邦"疏请建立学校如州县例"③,得到了永乐皇帝的支持,这是土家族人自己设立的第一所学校。卯洞司也在明崇祯年间设立了司学。另一方面是土家族地区的上层统治者既往外游学,又请中域名士到土家族地区进行友好文化活动。这些措施的目的是加强文化控制,迫使上层贵族接受中域文化和儒家思想,实行强迫同化,在客观上则有利于土司、土官文化素养的提高,使土家族统治阶级中出现了一批有较高文化水平的人。正是这种文化政策的推行,既加强了中华文化的影响,又促成了一批批土家族文人一心学习中域文化的盛况,形成了一种文化新风,加速了国家认同的历程。所以,明人沈庆曾曾有《蛮王冢》诗描述这一过程:"路入蛮王寨,蛮王冢已芜,高崖留久照,古木噪饥鸟。妖血腥儿在,狂名世上呼,圣朝欣统一,卫地入舆图。"正是在此后,土家族在中华民族一体化进程中逐渐有了与中域文化大体同步的发展进程。当然,正如清代土家诗人彭勇行(1835—1892年)竹枝词言,他们虽认肯自己是土家,但并没有自卑感,而是认肯自己是中华民族的一员,与苗族等是兄弟。"苗民土家住溪州,质朴纯良境最优,听得康衢歌一曲,乘风人爱古风流。"④这种认同意识就是中国意识。同样是在这一过程中,"学校驯兴,诵读之声,不绝于境内矣",直

---

① 脱脱:《宋史·蛮夷传》。

② 冯天瑜:《新语探源——中西日文化互动与近代汉字术语生成》,中华书局2004年版,第40页。

③ 黔江地区民族事务委员会编:《川东南少数民族史料辑》,四川民族出版社1996年版,第280页。

④ 周兴茂:《土家学概论》,贵州民族出版社2004年版,第270页。

到"多敬礼师儒"①,逐渐成为认同中华文化的一员。

明朝的抗倭战争也加深了土家族的"中国意识"。明代,土家兵"每遇征伐,辄愿负戈前趋。国家亦赖以挞伐"②。嘉靖三十三年(1554年)冬,永顺宣慰彭翼南率土兵三千,致仕宣慰彭明辅、官生彭守中领报效兵二千,保靖宣慰彭荩臣带土兵三千。土家兵自备粮食,远涉三千余里,奔赴苏州、松江地区抗击倭寇。土家兵一到前线,就立即投入战斗。嘉靖三十四年(1555年)正月初战告捷。同年四月,土家兵在抗倭战争中还取得"我兵不损一人,自用兵以来,陆战全捷,未有若此者也"③的全胜战绩。同年五月,英勇善战的永顺、保靖土兵在王江泾战役中立下了赫赫战功,被誉为"自军兴以来称战功第一"④。到明朝末年,新的"国家"观念已在土家族诗人的诗句中出现,只不过这时的国家意识是与王朝、君主相联的。在这时,土家人的国家观即使再丰富也只是含有"地域"内容,总的来说还具有族群特征,如田九龄的《吊明妃》:"琵琶声断塞垣春,青冢年年草自新。何似文姬归汉里,胡笳拍尽九边尘!"把昭君的和平使命与文姬归汉对应起来,凸显一种"国家"意识。田宗文不仅有"惆怅有谁同吊古? 屈原祠畔泪沾衣"的情怀,而且还有"有地已全归禹贡,殊方何事异尧天"的认同感,有"白云不见思亲泪,落日长悬故国愁"的情结。到了明亡之时,心恋故国的田玄,则更是感叹"隔宿分新旧,斯时非往时。闲心嗟过客,冷眼盼残棋。许多慷慨意,寂寂压双眉。"⑤当时的土家族知识分子,已有了一种"提封远览壮开怀,赳赳貔貅拥将台。胸次虽无韩范略,肯教仇葛犯边来"⑥的一统气概。

① 同治《来凤县志》,来凤县志办公室1981年重印版,第245—246页。

② 张廷玉:《明史·湖广土司》。

③ 胡宗宪编撰:《筹海图编》卷六。

④ 张廷玉:《明史·胡宗宪传》。另,张廷玉:《明史·湖广土司》(卷三百一十)说:"王江泾(浙江省嘉兴县治北30里)之战,保靖犄之,永顺角之,斩获一千九百余级,倭为夺气:盖东南战功第一云。"

⑤ 陈湘锋、赵平略:《〈田氏一家言〉诗评注》,中央民族大学出版社1999年版,第45、162、186、167、209页。

⑥ 《冉氏族谱·总谱》编委会编:《冉氏族谱·总谱》,内部资料2007年版,第396页。

清朝在土司地区实施的改土归流,既是对自身统治的一种合法性确认,又是对土家族国家观的培育。一方面是消除土司地区"蛮"的界限与意义,承认其"国民"意义;另一方面也是树立清朝统治自身的合法性,故在土司地区有"礼"的推行。可以说,改土归流就是一种新的"国家意识"的强制推广。

进入近现代以后,鸦片战争中担任三江口副将的鹤峰土家族陈连升父子从澳门调往沙角炮台驻守。陈连升"昼夜梭(逡)巡,夷不敢近"。在战斗中,曾"矢尽短兵接,又杀数逆",不幸中弹牺牲;其子陈举鹏见父受伤,"提戟大呼,左右戳杀数夷。"①连英军也颇加赞扬,说他"是一个英勇的青年,看见他的父亲已死,自己没有受伤,不肯投降,情愿跳入海中"②。1900 年 4月,面对帝国主义的武力威胁,已被擢升为新疆喀什噶尔提督的湖南乾州土家族将领罗荣光,义愤填膺,主动请求留守大沽口,保卫海防,并表示"人在大沽在,地失血祭天"③,最后壮烈殉国。这些反抗外国侵略者的土家族先进分子,无疑是睁眼看外国并有"中国"认同的人。与此相应,还出现了一些睁眼看外国并有"中国"认同的文人学士,如冉崇文(1810—1867 年,曾有《洋烟赋》)、田泰斗(1818—1862 年,曾有《山农吟》及《无酒》等)、陈景星(1841—1916 年,有《喜闻官军收复凉山》)等。其境界与抗英名将陈连升等土家族将领的"国家"意识是一致的。所以,鸦片战争以后,土家族的"国家"意识已把中国与外国对应起来了。④

历史到了 19 世纪末 20 世纪初的这个世纪之交,土家族的先进分子已

---

① 梁廷枏:《夷氛闻记》,中国近代史资料丛刊:《鸦片战争》第 6 册,神州国光社 1954年版,第 29 页。

② [英]宾汉:《英军在华作战记》,中国近代史资料丛刊:《鸦片战争》第 5 册,神州国光社 1954 年版,第 416 页。

③ 湘西土家族苗族自治州《民族志》编纂小组编:《民族志》,湖南人民出版社 1999年版,第 53 页。

④ 美国传教士何天爵说:"如果不把鸦片战争推到画面上来,我们就无法描绘近代真正的中国人。"他认为,鸦片战争以后,中国的变化非常巨大,"在很大程度上基本适应了近代世界的要求。""在沉睡了许多世纪以后,他们被突然唤醒了。应当承认,他们不是在一种非常有利的环境中被唤醒的。想重新塑造 4 亿人的生活和思维方式,这需要时间。"[美]何天爵著、鞠方安译:《真正的中国佬》,光明日报出版社 1998 年版,第 10、14 页。理解土家人,也适用这一说法。

完全认同了"中国",具有了现代民族国家观念,"国家"意识更清晰,并实现了由看世界向学世界的转变。1895年,土家族人柳元翘、张仲义与戴仁禄等参加"公车上书",应看成是土家族精英分子睁眼学西方的重要标志。①辛亥革命以后,土家族的"国家"意识,民间已把"国家"与官、与种族等划清了界限,如民间的"神龛"上已由"天地君亲师位"变成了"天地国亲师位";老百姓的"有点恨官,但信仰国家"则成了信条。至于一般精英人物则更有了自己明确的"国家"追求:欧式的民主国家、苏式的工农民主国家、教育救国、科学救国等。总之,经过明末清初、鸦片战争以来的近现代洗礼、辛亥革命的灌输,不仅土家族精英人物形成了新的民族文化意识,而且土家族民众也形成了新的民族文化意识。这一时期,土家族文化实质上形成了两面,一面是以共同地域、共同语言、共同风俗习惯、共同心理素质所表现的区域文化特征;一面是以华夏认同、文明认同、国家认同、中域文化认同及现代化认同所表现的趋新文化特征。前者保留的是土家族文化的根,后者培植的是土家族文化的杆。这也是土家族在极强的民族意识背景下能走出地方、走出中国、走向世界的文化动力。有了一种新的国家意识,就有了一种新的文化归属感。这也就是为什么中国知识分子始终与"国家权力"分不开的原因,当然也是理解土家族知识分子近现代思想境界的钥匙。正是这种现代民族国家的认同,使土家族人民能在中国现代历史舞台上演出了动人的乐章。

"国家"意识的形成应看成是哲学转型的一个重要标志,这是近现代哲学形态的重要内容。正是这种新的国家追求,形成了这一时期哲学的新境界,如共和、代表、自由、平权、平等、团体、劳众、革命、自治、独立等新文化语素,不仅成为精英人物的口语,而且也成了一般民众的日常用语,使人们拥有了新的"话语权力"。所以,研究土家族现代哲学,抓住国家观念的转化,会为准确认识这一时期的哲学提供一种标尺。②

土家族上层文人的形成,虽可追述自先秦,但作为一种具有趋新倾向的

---

① 参见田荆贵主编:《中国土家族历史人物》,民族出版社1993年版,第120页。张仲义事见傅一中编纂:《建始县晚清至民国志略》,内部资料2002年版,第358页。

② 参见萧萧、刘玉珍、萧洪恩:《土家族地区日常生活的"现代化"进展透析——来自对湖北民族地区现代生活方式进程的观瞻》,《民族大家庭》2007年第5期。

传统文人群体却形成于明清时代。在"最喜随缘沾世界,莫令人世有魔宫"的理想期待中,他们逐渐产生了新的民族认同,由本民族史过渡到华夏民族史,谋求"与诸华不别"的真正认同;他们以"凭将尺八专诸铁,报尽人间事不平"①的雄心,认同国家的统一;他们以"前席定知承顾问,好将民瘼讽民王"的民生意识,对社会畸形与黑暗进行批判;他们以"儒家风味觉微酸"的文化批判态度,渴求新的文化因素。可以说,正是他们奠定了土家族新国家意识的基础,尽管当时还只处于王朝国家观阶段,还没有现代民族国家观念。

土家族传统文人的这种新民族意识比一般民众要早发生许多。这从土家族民间传承的民族认同文献可见。《胡氏(氏)家传密歌》记载说:

　　昔峙珍文,诲吾实谆,此经必读,汉墨弗遵,世代被蹂,切勿夭听,望贤辈出,与日惧(俱)增,雪耻之仇,切齿之恨,见天何日,有待奋争,土氏弱小,指日旺兴,惟冀我衍,万代绵延,汉者虽强,何能永保,温柔有益,强暴灾生,有功之日,群贤必廪,欢聚庭前,各抒论天,一策稽算,一镇乾坤,攸攸汝草,共歌清平。②

此歌是清雍正十三年(1735 年)实行改土归流以后,长阳土家人、小溪胡氏宗族怀着强烈的民族意识或民族自尊心而写出的传承民族传统的歌诀,代代密传下来,1984 年在民族成分鉴别时,胡家后代才将此歌奉献出来,以作鉴别其民族成分的依据,可见民族意识之深厚。精英思想与一般民众思想的分化,由此可见一斑。

改土归流以后,土家族传统文人在上层已是群星闪烁,新的哲学意识更为明显。他们以"何时一跃齐升去,直布甘霖遍碧空"的理想,对"民户分上下"的社会不平等进行批判,对"谁知一挥霍,血肉尽烝黎"的社会黑暗进行揭露,并盼望"穷民大欢喜"③一天的来到;他们希望"瘝民罪薄邀天鉴",认肯"衣冠缵组由前代,疆域连王纳盛朝"④。他们虽有"欲障百川回既倒"的

① 陈湘锋、赵平略:《〈田氏一家言〉诗评注》,中央民族大学出版社 1999 年版,第 80、23 页。
② 龚发达主编:《长阳土家族自治县歌谣分册》,内部资料 1988 年版,第 241—242 页。
③ 杨发兴、陈金祥编注:《彭秋潭诗注》,中国三峡出版社 1997 年版,第 123—124 页。
④ 彭继宽、姚继彭主编:《土家族文学史》,湖南文艺出版社 1989 年版,第 295、300 页。

雄心,却因"世间容得此狂奴"的现实,不得不"避地漫寻方士药,嫉时好乘圣人桴"①;他们对清王朝面对外国侵略者而"爪牙徒具不击搏,猎奴驱女无处所"②感到悲愤,对黄兴等奋勇抗战,"千人冒险一当百,孤注能支大厦危。将得士心士敢死,日俄战后此军奇"③表示敬仰;他们对鸦片的危害感同身受,企望"剑气久拚尘土弃,珠光犹逼斗牛寒"。他们以"即今纵汝云霄去,莫傍人家门户飞"的自立精神自况,"怜悯山农,鞭挞现实;借典抒慨,寓志于史;宣传唯物,讥刺迷信;歌唱家园,描述风情。"他们非议"功名本是真儒事",对"当世只知金榜贵"表示不满,"科名风马牛,默默知计左。悔不早投笔,尸拌马革裹。"他们已提出"处世自惭如小草,知音谁肯问焦桐"、"携琴海天望,何处觅知音"的尖锐问题④,并以实现美国华盛顿的志向为己任。⑤

在土家族知识分子新国家观逐渐转变的过程中,民众的思想亦逐步转变。他们从最初的与官军对立,到与王朝对立,到最后积极投身革命,实现了知识分子新国家意识的下移。在最初,只是"我"与"官军"的对立,"官军有千军万马,我有千山万洞。要想打破茅岗寨,除非河鹰鹞子来。"⑥"天不平,地不平,世间几多大不平。官家可以放野火,百姓不能点油灯。""油菜开花亮晶晶,世上几多不公平。三犁三耙穷人做,有吃有穿有钱人。"⑦到后来则把民族、国家与我们的生存联系起来,具有了对新的生存形式——新的国家形式的渴求。在《袖里龙泉夜放光》中,把社会的两极对立加以揭晓,并表明了新的生存理想:"袖里龙泉夜放光,多情赠我是张郎。精兵数练桓桓虎,宝剑重磨肃肃霜。非是用心缠黎庶,只因当道化豺狼。文章报国犹嫌浅,自有均平齐治方。"⑧正是这种新国家意识的形成,因而在中国近现代史

① 彭勃、祝注先注:《历代土家族文人诗选》,岳麓书社1992年版,第165页。
② 彭继宽、姚继彭主编:《土家族文学史》,湖南文艺出版社1989年版,第302页。
③ 彭勃、祝注先注:《历代土家族文人诗选》,岳麓书社1992年版,第244页。
④ 彭继宽、姚继彭主编:《土家族文学史》,湖南文艺出版社1989年版,第310、318—325、331、339、342页。
⑤ 参见黔江县志办公室、咸丰史志办公室合编:《温朝钟反正》,内部资料1986年版,第134页。
⑥ 彭继宽、姚继彭主编:《土家族文学史》,湖南文艺出版社1989年版,第173页。
⑦ 宣恩县文化局等编:《宣恩县歌谣分册》,内部资料1989年版,第27页。
⑧ 龚发达主编:《长阳土家族自治县歌谣分册》,内部资料1988年版,第200—201页。

上，从 1900 年庚子之变起，到辛亥革命，到五四运动，直到后来中国共产党领导的革命斗争，土家族人民都始终奋勇前驱，成为中国现代化进程的强大推动力量。

第四，土家族新哲学强调主体建设与主体能动性提升。19 世纪末至 20 世，哲学界都十分关注人的能动性问题，如把人的认识从反映论层次提升至人的心理层次，在历史变革中强调上层建筑的巨大作用等，也都是强调人的能动作用。从上层建筑的作用看，古代国家、自由资本主义时期的国家主要是政治国家，经济与社会职能只具有非常次要的地位。但是，到了帝国主义时代，国家则必须强化其经济与社会职能，已不只是"阶级统治机关"，而且是强化经济干预与社会管理的职能机关。这一现实是有关国家的哲学理论必须回答的问题。在这种情况下，一些学者强调国家加强对社会经济的干预与控制，马克思主义理论家则强调通过革命，用一种新的国家来管理经济，其共性都在于发挥上层建筑的能动作用，且因进一步转化为发挥人的能动作用而重视能动性研究，并成为这一时代的思维主题，中国思想界也不例外。

土家族现代思想家对主观能动性的关注，正好反映了马克思主义关于民族发展的两个趋势："发展中的资本主义在民族问题上有两种历史趋势。民族生活和民族运动的觉醒，反对一切民族压迫的斗争，民族国家的建立，这是其一。各民族彼此间各种交往的发展和日益频繁，民族隔阂的消除，资本、一般经济生活、政治、科学等的国际统一的形成，这是其二。"①

20 世纪，"数亿人正在觉醒起来，追求生活，追求光明，追求自由"②。因此，土家族知识分子都把"做人"作为特别的关注点，赵世炎、向警予、沈从文都如此，他们特别强调做"人"的问题，把这个问题同"时代"问题放在一起思考，并最终促使他们思考解决中国问题过程中人的主观能动作用问题。

赵世炎早年即强调："诸君自身的问题"，说到底就是"解放"的问题，就

---

① 列宁：《关于民族问题的批评意见》，《列宁选集》第 2 卷，人民出版社 1995 年版，第 340 页。

② 列宁：《落后的欧洲和先进的亚洲》，《列宁选集》第 2 卷，人民出版社 1995 年版，第 318 页。

是做"人"的问题,是"我们只要做'人'"①。他组织少年学会,宗旨就是"发展个性知能,研究真实学术,以进取之精神,养成健全少年"②。在他看来,做"人"的前提是人的自主自由,所以他反对学校的班长制度,是因为班长制度实质是要求在每班里抓出一两个学生养成他的奴隶性质!"班长未必指导同学,不过养成他的作'长'性,这种性又未养成,只是养成他供趋(驱)使的人格!"他认为:"义务是由个人自动的意思去作,绝不是由他方面命令而选举的去作。"因为班长制度,学生被一种"潜力"压服了,由"被动奴隶性"变为"自动奴隶性"。所以,"可以由值日生作,大家轮流,可以共同养成为公众尽义务的心"③。为了强调人的能动性,赵世炎"提倡自动","青年心里往往要依着自己的意思,去支配自己的行为,这是人类最高尚的意志作用。我们教导青年,正好利用他的长处。如对于教授方面,奖励他们自学;对于训练方面,提倡他们自治,以发挥其天赋的责任心,与那独立自尊的好习惯。并须尊重个性,使他们对于学科有相当选择的自由。"④最终的目的是阶级的能动性和民族的能动性,"因为资本主义是世界的,无产阶级是国际的,被压迫民族的奋斗,必须联合与其同受压迫的无产阶级,——那个阶级,正是日日在阶级争斗中。"⑤

　　向警予早年也强调健全"完全人格"。她认为:学校教育的目的在于根据"儿童之心力"培养"其成为完全人格者","完全之人格"形成于学校,"致用"于社会。因此,学校"教育之效力"不仅是在校之时,而且是出校以后,如儿童勤劳从公的习惯,必须形成自动之心,否则"在学校为一人,出而立于家庭社会又别为一人"。她认为:20 世纪初期的中国教育就在于没有

　　①　赵世炎:《推论"诸君自身问题"——致孙光策》,《赵世炎选集》,四川人民出版社 1984 年版,第 6 页。
　　②　赵世炎:《学校调查:北京高等师范附属中学校》,《赵世炎选集》,四川人民出版社 1984 年版,第 46 页。
　　③　赵世炎:《学校的班长制度》,《赵世炎选集》,四川人民出版社 1984 年版,第 20—24 页。
　　④　赵世炎:《学校调查:北京高等师范附属中学校》,《赵世炎选集》,四川人民出版社 1984 年版,第 49 页。
　　⑤　赵世炎:《列宁主义之理论与实际》,《赵世炎选集》,四川人民出版社 1984 年版,第 403 页。

形成学生的自动心,使"学校十年教育之而不足,社会家庭一日破坏之而有余"。但是,"欲教育之效力永续不断,以达教育之目的,非取重自动"①不可;她在欢送第八届留法勤工俭学生会上的演说中强调"中国今日之种种事业,其希望均在学生,而学生中分子不能完全,希望学生界此后宜渐趋纯粹"。这"渐趋纯粹"的理想与"完全人格"的要求是一致的。② 后来,她又特别关注女性问题,并根据女子"从没受过精神的教育,奋斗的精神,也是极缺乏的,要他们有动机,定要有得力的从旁启发"的现实,思考"我们天天提倡人类要共同生活,女子要解放,到底从那(哪)里做起? 到底要做不要做? 做的时候,上紧点好些,还是随便点好些"③的问题,从而确立了能动性的着力点。

土家族先进分子强调个体的主观能动作用,在把握当时中国社会变革的大背景以后,马上就转化为整个阶级、政党、民族的能动作用,成为中华民族时代精神的组成部分。"就社会进化之眼光,而发挥个人创造之能力,以达教育之目的者,亦不可不取重自动也。呜呼,今日之中国之国民,其具有自动之能力,而应接现世之社会以左右现世之社会不为人所摇夺者,盖凡几乎仅矣。"④正是通过这种反思,他们迅速从自由主义的个人主义上升到对个人的阶级定位、民族定位直到世界革命的定位,站在世界历史眼光确定自己"能动性"的使命,并因而强调"无论有怎样古老的历史与文化",中国人都要考虑"现在被踏在'资本主义文明武装'的铁蹄之下"⑤的现实,因而要把"遍于现世界的一切经济的、政治的、社会的与文化的现象"⑥都纳入一种新的文化下重构。

---

① 向警予:《教育取自动说》,《向警予文集》,湖南人民出版社 1985 年版,第 242—243 页。

② 参见向警予:《欢送第八届留法勤工俭学生会上的演说》,《向警予文集》,湖南人民出版社 1985 年版,第 8 页。

③ 向警予:《给陶毅》,《向警予文集》,湖南人民出版社 1985 年版,第 11—12 页。

④ 向警予:《教育取自动说》,《向警予文集》,湖南人民出版社 1985 年版,第 243 页。

⑤ 赵世炎:《没有亚洲,帝国主义便会死》,《赵世炎选集》,四川人民出版社 1984 年版,第 367 页。

⑥ 赵世炎:《列宁主义之理论与实际》,《赵世炎选集》,四川人民出版社 1984 年版,第 397 页。

向警予把主观能动性与妇女运动结合起来,对妇女从文化上进行能动性提升。首先是"解放"的问题,就是做"人"的问题。其次是发展问题,是做现代社会"女人"的问题。正是在这里,她第一个最系统地运用一种新世界观分析中国的妇女解放问题,把妇女从自己解放、妇女解放、阶级解放、民族解放而至人类解放、社会解放进行了不断的提升,把妇女放在阶级、民族、人类而至社会的多层面进行定义,把做人和做女人的问题统一起来。她看到,因女子以新思潮激荡而有觉悟,追求彻底解放,既有"平等平权,实公理所在,不可磨灭"的原理,又有"揆诸情理"的人性,还有"平民式、两性式的大学之普遍精神"①的追求。这里,向警予已把"社会解放"与"阶级解放"都纳入了自己的视野。

与精英思想家关注人的主体性与主观能动性相应,土家族一般民众也充满了这种现代意义。他们为了"争自由,闹革命",通过"团结起来啊,铲除那公敌"的努力,谋求实现"共产社会,世界大同"②;他们为了"创造大世界"的目标,"团结一条心","推翻旧社会,建设苏维埃"③。正是由于有了这种主体性,才使土家族人民以强烈的责任感走入现代社会,如温朝钟、黄玉山等人虽身居武陵山中,却密切注视着全国形势的发展,把土家地区的革命运动与全国的革命运动结合起来。在 1911 年 1 月 11 日起义军攻下黔江县城后,在研究行动方案时,共提出三套主张,都与同盟会总体计划一致。也正是有了这种能动性,才使土家族人民培育了像赵世炎这样的共产党人及其他革命者,如土家族的英雄母亲谭良玉,将五个儿子送到红军中,被称为"范家五虎",全部为革命而英勇牺牲;创建中国空军的秦国镛,不仅自己于 1919 年 7 月 1 日驾机升空武装讨逆,反对张勋复辟,轰击清宫,而且其子秦家柱成为中国第一个驾机击落日机的飞行员,并在抗日战争中壮烈殉国;红军游击大队长韦广宽,为革命带出了"韦家父子兵"十多人,全部在革命战争中牺牲;在鹤峰鼓锣山,红四军独立团 32 名红军战士在反围剿战争中,弹尽粮绝,跳下悬崖,以示为革命决死之志……结合温朝钟、朱和中等辛亥

① 　向警予:《留法女生对海外大学之要求》,《向警予文集》,湖南人民出版社 1985 年版,第 30—34 页。
② 　恩施市文化馆等编:《恩施市歌谣分册》,内部资料 1989 年版,第 368、365 页。
③ 　龚发达主编:《长阳土家族自治县歌谣分册》,内部资料 1988 年版,第 226 页。

革命时期革命者的所作所为,完全可以肯定,土家族知识分子的上述思想,本身就是立足于精英思想与民众思想互动基础上的。也正是因这种互动,在土家族的近现代社会变迁中,才会不断有慷慨赴死的革命场面,才能立下"以颈血洗专制之腥污,恢复璀璨庄严之黄胄光荣"①之志。

对主体性的关注及对主观能动性的发扬具体体现在三个方面:

一是主体内涵的扩大。土家族传统哲学的基本主体是"人",这里的"人",更多的是种族,而不只是个体。所以,在"为人"的过程中,往往牺牲个体。"人祭"现象最为明显。对此,朱熹《楚辞集注》曾说:"今湖南北有杀人祭鬼者,盖其遗意也。"《北史·韦阆族弟韦珍传》也记有孝文初"蛮首桓诞归款……淮阳旧有祠堂,蛮人恒用人祭之"。桓诞即今湖北恩施清江一带土家族酋长,《恩施县志》称他为"施王",前据淮阳,后迁清江一带。此外也还通过其他的仪式,如在修房时有画梁、上梁凸显"为人"的意义。

到20世纪,土家族"生存"观念已发生了重大转变,特别是"人"的主体内涵发生了重大转变,即变成了更为特殊的"群体"人,变成了整个"中华民族",甚至变成了"人类",显现了人民解放、民族解放、人类解放的目标,并见之于行动;原有"生命"维持意义上的生存已有了更多的意涵,成为具有丰富内在要求的生存如自由、独立、民主、富强等。正是依据这样的转变,在"为人"的手段上也发生了重大转变,如原来极具宗教精神意义的精神维持手段让位于经过科学理性建构的民族精神、主义信仰等近现代人文精神和科学精神;由原来的初级社会群体如家庭、邻里、族群等维持生存的力量让位于具有近现代组织意义的社会团体如风俗改良会、历史研究会、日知会、少年中国学会、新民学会等,直到参加政党如中国国民党、中国共产党等现代政治组织;由原来的地域性生存意义转化到现代政治地理意义上的国家生存,并使用国家这一现代维持生存的重要手段等。总之,"为人"的构成系统发生了重大转变。正是这种转变,使土家族地区的"为人"思维转化为"人为"思维,凸显了人的主体意义。这种转变的意义在于,人不只是手段,而且也是目的;人不只是利用其他工具的"工具",人本身就是具有能动性

① 参见湖北省博物馆等:《武昌起义档案资料选编》中册,湖北人民出版社1982年版,第220—223页。

的创造者。

土家族马克思主义者在"为人"与"人为"问题上的转折意义具有特殊的代表性。他们都特别强调民族生存、阶级生存的特殊性,强调维持生存斗争手段的特殊性,强调作为民族主体与阶级主体的能动性,强调个人的民族责任与阶级责任等,并用以引导一般民众。赵世炎说,因为阶级争斗中被压迫阶级对压迫阶级的反抗绝不能因散漫和无组织而取得胜利,胜利是由战斗产生出来的,而战斗又是出自革命群众之本身。因此,"武力并不是另外一件东西,武力的本身就是革命群众行动之一"。他认为:使武力脱离群众,正是许多流产的革命在历史上昭示我们的经验,中国国民党历来的错误也在这里。孙中山所屡次痛斥的"革命军兴而革命党消",就是指责一些国民党人只知有武力不知有群众的错误倾向。国民党改组前后孙中山及国民党"左"派所痛戒的纯粹军事行动政策,也在于提示武力与民众的结合。但是,武力与国民的结合只是方法而不是目的,这种方法的运用要看客观条件是否具备,因为"国民革命之真实武力仍然是革命群众经过教育受过训练后之本身武力"。中国正是需要这种武力以扑灭帝国主义和军阀的武力,并能扑灭这种武力。不过中心问题在于"怎样使武力出自觉悟的群众,不使武力成为临时利益之结合"①。总之,民族革命的目的与手段均在于"把真实的民众势力建筑起来,把未来的要重新创造的独立与自由之中国"②从帝国主义者与军阀手里夺回来。

向警予曾强调"事业一层,不必太求急进。平常人所视为荣辱得失者,自吾辈视之真不值一笑! 吾辈当求真心得,做真事业"③。即认为:帝国主义侵略中国是用海陆军的暴力和经济剥削并进的,中国有一大批被国家所弃的男女同胞是在帝国主义者的地狱里生存。中国民众如起来反抗,既是维护自己的个体利益,也是在抵制帝国主义的经济侵掠和争回中国

---

① 赵世炎:《国民革命与武力》,《赵世炎选集》,四川人民出版社1984年版,第183—186页。
② 赵世炎:《国民党过去的经验和今后的革命》,《赵世炎选集》,四川人民出版社1984年版,第165页。
③ 向警予:《给七哥七嫂的信》,《向警予文集》,湖南人民出版社1985年版,第284页。

人的体面。① 她还区别了民族主义与国家主义,肯定民族主义的目的在于使中国民族自求解放,使中国境内各民族一律平等。民族主义不宰割弱小民族,不反对中国革命与世界革命联合,是时代思潮的推动者。所以,民族主义主张对内唤起民众②,对外联合以平等待我之民族共同奋斗,以完成中国的革命,因为中国革命就是世界革命的一部分。③

即使是非马克思主义者,如自由主义思想家沈从文,也始终关注民族与国家重造。他认为共产党人的努力是为了"这个民族不甘灭亡"的努力;他们的希望,是使人们不做奴隶而获得新生。所以,"他们死的皆陆续在沉默中死掉了,不死的还仍然准备继续死去。他们应死的皆很勇敢的就死,不死的却并不气馁畏缩。"④当内战发生后,沈从文立即表示了他的反战态度,要大家关注中国人民盼望和平的心。因为中国人民实在太累了,能够休息也得稍稍休息了,只要想想那些手足勤劳性情良善的工人和农民,基督孔子对人类的爱与不忍之心自会油然而生。"一个和事佬(老)需注意这一点,才能对中国目前问题释难解纷,才能够伟大,能够在历史上受永远尊敬!"⑤总之,谋求的是国家和民族的生存。

二是自觉能动性的更新趋时并得到凸显。在土家族传统文化中本来即有一种彰显人力的能动性诉求。从"人力"与"神力"的关系看,一方面,当人们丧失自己或再度丧失自己时,人们"信"神;而当自己力量有所增强,对对象足以驾驭时,神也好,魔也好,就都失去了意义。其根源正如马克思所说:"宗教本身既无本质也无王国。在宗教中,人们把自己的经验世界变成

① 参见向警予:《上海女界国民会议促成会为日人惨杀同胞宣言》,《向警予文集》,湖南人民出版社1985年版,第225—226页。
② 向警予这里使用的"民族主义"是在中国意义上使用的,与列宁使用的有区别,列宁把"民族主义"与"民主主义"作为对应语用,如列宁《关于民族问题批评意见》、《论民族自决权》等文献即是这样,《列宁选集》第2卷,人民出版社1995年版。
③ 参见向警予:《几个问题的剖释——告怀疑国民党的女青年》,《向警予文集》,湖南人民出版社1985年版,第232页。
④ 沈从文:《记丁玲续集》,《沈从文全集》第13卷,北岳文艺出版社2002年版,第228—330页。
⑤ 沈从文:《〈文学周刊〉开张》,《沈从文全集》第16卷,北岳文艺出版社2002年版,第444—445页。

一种只是在思想中的、想象中的本质,这个本质作为某种异物与人们对立着。……如果他真的想谈宗教的'本质'即谈这一虚构的本质的物质基础。那末,他就应该既不在'人的本质'中,也不在上帝的宾词中去寻找这个本质,而只有到宗教的每个发展阶段的现存物质世界中去寻找这个本质。"①从土家族传统哲学构建的角度看,他们首先是通过起源论将人与神、与自然的距离拉近,认为与自然、与神相比,初时的人与神本是和平相处的;后来,由于多种原因破坏了这种和平,导致了宇宙的混沌;在紧接下来的补天制地过程中,大约因这类工作来于人们的日常观察与劳作,人即为主体,神的信用并不明显,且"神"的缺陷显于人间,人即高于神,"人"的尺度即显现出来。② 应该说,这既是对现实地理环境的解说,又是对神的不信任,并且始终有一种淡化神创的作用。而且,在这最初时刻,人与天上人是共处的,没有了神创的意味。而当第一次大破坏后,天神觉得"地上无人冷清清",才开始有了神创人类的说法,严格来说,这是"神"的补过行为。后来,先是通过塑造,造出了人;后又通过生育,繁衍了人类。关于这种人与神的关系,笔者曾在《〈还坛神〉无神——〈还坛神〉的神人关系试说》③中有详细讨论。其基本思想在于:神并不是万能的,他们存在着许多固有的缺陷;人神共娱,神还可被人调戏;神具有人类的一般恶性;神为人用,人还可命令神;人格神本身的多样化等。④ 更为鲜明的个案是人对"神"的惩罚,《摆手歌》、《陈古烂年的老话》中都有擒杀雷公的情节:人们故意设下圈套,引诱雷公上了当,被人活捉,并被关在笼子里毫无办法。仅仅是由于雷公太瘦而没被人杀了熬汤,否则连性命也难保。⑤《卵玉射日》中也说出了一个人类射日的故

---

① 马克思、恩格斯:《德意志意识形态》,《马克思恩格斯全集》第 3 卷,人民出版社 1960 年版,第 170 页。

② 参见彭勃、彭继宽整理:《摆手歌》,岳麓书社 1989 年版,第 14—25 页。

③ 萧洪恩:《论"还坛神"无神——"还坛神"的神人关系试说》,《湖北民族学院学报》1996 年第 3 期。该文亦见袁艳梅主编《古傩史料·湖北方志卷》,中央民族大学出版社 2003 年版。

④ 参见萧洪恩:《土家族口承文化哲学研究》第 14 章,中央民族大学出版社 1999 年版。

⑤ 参见刘黎光主编:《中国民间故事集成·湖南省卷·自治州分卷》,内部资料 1990 年版,第 57 页。

事:天上大神对人类十分仇恨,便放出 12 个太阳,想毁灭人类。土家族英雄祖先卵玉爬上高大的马桑树,用弓箭一口气射下了十个太阳。"剩下的两个给卵玉讲好话,卵玉把弓抛开,诚心诚意地对太阳说:'我不射你们了,你们也要放规矩点,一个热,一个不许热;一个照白天,一个照晚上。'"①于是就有了现今的日月往来情形。可以看出,这与中域神话"女娲补天"有所差别。

土家族更新趋时的自觉能动性发展到 19 世纪末 20 世纪初即有了新的面貌,这就是土家族知识分子更趋理性的趋新动向,也就是为了救国救民,不断地探索现代性的路径,扩大人的力量,如从参加维新变法到走向革命,都在不断地更新自己的救国思想。温朝钟从"风俗改良会"到"铁血英雄会"再到革命起义建立法美共和国的救国思想进程;席正铭从"历史研究会"、"皇汉公"的种族革命思想到辛亥革命的资产阶级民主革命思想再到师法俄国革命的思想转变;向警予从教育救国论者到青年激进民主主义者再到马克思主义者的思想转变;赵世炎从一个工读主义者向马克思列宁主义者的思想转变等,都反映了这种民族文化的基因。这种哲学基因,从价值评价系统的角度说,就是选定一个理想目标,为实现目标而追寻工具理性,其评价尺度应是能够实现这一目标,并以此作为衡量尺度,在这种基础上显现人自身的主体力量。在过去,由于这种探索时间的漫长,因而取舍也长。到 19 世纪末以后,这种探索时间周期相对缩短,因而转化也快。这就是为什么 20 世纪初土家族知识分子的思想转变甚至只能以月份计算的原因,如向警予即在赴法的途中实现了新的思想飞跃。并且,由于有土家族现代知识分子的宣传,一般民众的这种传统也发生了变化,他们也能够"把我们勇气提起来向前跑"②。不仅男子追求"自由平等,真正爽快";而且女子也"争自由争平等好像男儿样"③,显示了一种具有现代理性的趋新动向。

对主体自觉能动性强化的一个重要表现是土家族思想家都特别重视先进分子的引导作用,如朱和中的"开通士子知识"与转化新军头脑、向警予

---

① 参见刘黎光主编:《中国民间故事集成·湖南省卷·自治州分卷》,内部资料 1990 年版,第 57 页。

② 恩施市文化馆等编:《恩施市歌谣分册》,内部资料 1989 年版,第 266 页。

③ 同上书,第 265、267 页。

强调先进分子的"起重机"作用,赵世炎的"到民间去"与在党内开展积极的思想斗争等,都体现了这一精神内涵。

三是生死观凸显主体价值观的重构。主体价值观的极端形式是如何看待生与死。死是生的最大挑战,生是死的最大规避,人们总是向死而生。"生者为过客,死者为归人。天地一逆旅,同悲万古尘。月兔空捣药,扶桑已面薪。白骨寂无言,青松岂知春。前后更叹息,浮荣何足珍?"①当人们面对人固有一死的这种确定性时,人们或对死进行抗争,如求升仙,求长寿,甚至于求不死药等;或顺其自然,"知其不可奈何而安之若命";或泰然处之。但是,同样是死,怎样死、死于何时何处却是不确定的,在这种不确定性面前,人们有了自己的自觉选择:死的方式、死的时间、死的地点、死的意义等。而且,从关于死的文化探求看:哲学家说"死亦生之大造"也;政治家说"人固有一死,但死的意义有所不同,或轻于鸿毛,或重于泰山";道德家说"舍生取义","朝闻道,夕死可矣";文学家、经济学家等,都有自己关于死的学问。在中国文化中,儒家在道德价值的开拓中超越死亡,道家对生死命题有审美观照,道教在虚幻梦境中寻求生死的欢乐,中国文学则开拓生命意志的旅行。② 在民俗文化中,死的文化意义似更大:人们不仅从死中去寻找生的动力、乐趣、意义、方法、希望、等级等;而且还从死中去寻找"族类"的繁衍以超越死亡,使个体死而不朽。此外,还"因为死亡这东西成了我们活得不顺畅的心病,它向我们质问,要求改变世界"③,并因而成为进步的动力之一。正由于死的意义重大,所以"埋葬死者"与宗教、结婚仪式一样,"无论哪一个民族,不管多么粗野,在任何人类活动之中,没有哪一种比起宗教、结婚和埋葬更精细,更隆重",根据"公理:'起源于互不相识的各民族之间的一致观念必有一个共同的真理基础',一定就是这种共同真理基础支配了一切民族,指使他们都要从这三种制度开始去创建人类,所以都要虔诚地遵

---

① 李白:《拟古十二首·其九》,见潘百齐编著《全唐诗精华分类鉴赏集成》,河海大学出版社1989年版,第770页。
② 参见靳凤林:《窥视生死线——中国死亡文化研究》,中央民族大学出版社1999年版。
③ [法]米歇尔·沃维尔著,高凌瀚等译:《死亡文化史》,中国人民大学出版社2004年版,第703页。

守这三种制度,以免使世界又回到野兽般的野蛮状态"①。可见死对人类具有何等重要的文化意义。

从土家族传统哲学生死观来看,土家族哲学对生死问题追寻的最根本特点在于生与死的价值转化意义。土家族民众由自然之变领悟生死寿夭是一个自然过程,探讨人之生死的客观依据;由人类繁衍的客观需要来探讨人之生死的社会价值;从人思想的无限性与生命的有限性之矛盾来探讨人之生死的心理机制;从灵魂与道德约束来探讨人之生死观念的稳定机制,使土家族生死观具有了较高的思维水平。比如,他们把人的死分为正常与非正常两类,将人的正常死亡称为"顺头路",属"死有福"的常态。因为人是自然界的一部分,而自然界有一个过程。一个人走完了应该属于自己的过程,当然是福而不是祸。同时,这种"顺头路"表明了"前"人遗"后"于世②,有了社会意义,同样也是福。所以,对待死,只要死得其所,土家人是不悲的:"琴正响时弦又断,月到明处被云蒙,人生命尽是前缘,出世如同水上莲。""罢了罢了真罢了,人生好似一春草,平常春草谁不老,秀则秀来高则高。"这种思想直接导向他们思考人生问题的真实,即死原来是自然之事,何来伤悲? 有了这种认识,就有了"人生只怕病来磨,断气好比大睡着"的对待生死的达观境界。这种生死观念已屡屡见诸史志。所以,刘禹锡能在土家族文化区体会出"沉舟侧畔千帆过,病树前头万木春"③的生存哲理。

土家族的这种生死观在近现代发生了根本性转变,陈连升父子在抗英前线战死疆场,铁血英雄会革命义军后勤总长黄玉山为保护战友而赴死,直到后来的向警予、赵世炎等为革命而死,都体现了这种生与死的意义转化。所以沈从文说:"一个人他生来倘若就并不觉得他是为一己而存在,他认真

---

① [意]维科著,朱光潜译:《新科学》上册,商务印书馆1997年版,第154—155页。

② 汉文化传统中"不孝有三,无后为大"的意义,在土家族生存环境中有更明显的存在基础。笔者儿时经常听长辈说:"穷人穷人,穷在没有人。"这既有量的规定,即"人多"的意义;又有质的规定,即"光宗耀祖"一类"人才"的意义。把人的死分为正常与非正常两类,意也在此。

③ 刘禹锡《酬白乐天扬州初逢席上见赠》诗曰:"巴山楚水凄凉地,二十三年弃置身。怀旧空吟闻笛赋,到乡翻似烂柯人。沉舟侧畔千帆过,病树前头万木春。今日听君歌一曲,暂凭杯酒长精神。"见潘百齐编著《全唐诗精华分类鉴赏集成》,河海大学出版社1989年版,第1355页。

的生活过来，他的死也只是他本身的结束。……这个人假若是死了，他的精神雄强处，比目下许多据说活着的人，还更像个活人。我们活到这个世界上的，使我们像一个活人，是些什么事，这是我们应当了解的。"①赵世炎说："生命固然是绝对自由，可是自认无生存价值时，也必有环境的关系。人只要自认有生存价值时，就应该活着！"人不能不死，但是死的方法有所不同，有的方法不应当。②"'我不自杀，若是自杀，必须先用手枪打死两个该死的人起。'青年同志啊！我们从今天起，不可不预备'物色'一两个该死的人！"③而像列宁这样伟大导师的死，则真是人类损失。总之，土家族哲学生死评价的价值尺度在近现代已发生了重要变化。

由因应自然的死亡观转变为具有社会意义的死亡观，不仅体现在土家族社会精英思想观念中，而且还体现在一般民众的思想观念中。所以，在革命过程中，民众有"生死都要跟贺龙"的决心："不怕苦来不怕穷，干人志气大不同，干人骨头比铁硬，生死都要跟贺龙。"民众也有为革命牺牲的决心："要吃海椒不怕辣，要当红军不怕杀，刀子架在颈子上，眉毛不动眼不眨。"④从而实现了生死观的现代转化，并重构着土家族的主体价值观。其转变的根源在于"'人的本性'是'社会关系的综和'这一答案是最满意的，因为它包括形成的观念：人的形成，他不断地随着社会关系的改变而改变着，他之所以改变是因为它否定'一般人'"⑤。

总之，土家族新哲学的现代语境表现在具有超越传统天下国家观的世界历史视野上，体现在对现代国家建构问题的重视与探索上，体现在具有了现代话语系统上，体现在对主体建设与主观能动性提升的关注上，正是这些

①　沈从文：《记丁玲续集》，《沈从文全集》第 13 卷，北岳文艺出版社 2002 年版，第230 页。

②　参见赵世炎：《给凌汉等人的信》，《赵世炎选集》，四川人民出版社 1984 年版，第2页。

③　赵世炎：《论青年自杀》，《赵世炎选集》，四川人民出版社 1984 年版，第30—32页。

④　宋玉鹏、彭林绪、肖田编：《土家族民歌》，四川人民出版社 1987 年版，第 282—283页。

⑤　[意]安东尼奥·葛兰西著，葆煦译：《狱中札记》，人民出版社 1983 年版，第39页。

方面决定了土家族新哲学对哲学本体论、认识论的某种忽略，而对根源于时代课题的政治问题、文化问题特别重视，从而决定了土家族现代哲学的总体风貌。

### 四、土家族精英与大众的思想互动

土家族哲学的现代转型同时是在精英哲学与大众思想的互动中实现的。互动不仅使土家族的哲学主体观发生了现代转型，而且也使土家族哲学的话语系统发生了现代转型。当然，这种转型与土家族现代知识分子更加开放地吸收外来新思想、新文化分不开。特别是近现代以来，土家族知识分子即以一种全新的开放姿态走上了历史舞台，如诗人陈景星发蒙即苦读，长成即漫游，由西南而华北，由中南而华东，成为一名行万里路、读万卷书的军旅学者，他把自己的诗分成"壮游"、"磨铁"、"田居"、"尘劳"、"拾余"、"感旧"、"津门"、"耄游"、"沪滨"等集即显出这种开放性，现存诗歌近700首。在这些诗中间，不仅从屈原到贾谊、从祖逖到冯驩、从陈仲子到竹林七贤，差不多中域历史和文学史上的一些有名的人物，都从他的笔下一一走过①；而且涉及中外关系、军事与政治斗争等内容。从这些土家族近现代知识分子的开放精神中可以看到土家族哲学传统的再次新生：在原有传统的基础上产生了一种面向世界、面向全球的新的文化传统，使土家族文化传统有了更新的内容，从而实现了土家族哲学思维方式的现代转型，其中既包括精英哲学的现代转型，也包括大众思想的现代转型。

近现代以来的民族危机，说到底是一种文化危机，最终引发了土家族传统社会的分化。这种社会分化表明，大众文化的危机主要来源于生存危机，而精英文化的危机则来源于信仰危机。在传统社会，大众的生存危机通过精英思想家的经世济民、关心"民瘼"、民族振兴等信仰得到体现，反映了传统社会的文化一体化特征。但是，鸦片战争以后逐渐加深的生存矛盾，不仅产生了大众的反不法洋教斗争及各种反专制斗争，而且使精英思想家的文化信仰发生了动摇，超越了传统社会的文化认同。特别是在19世纪末20

---

① 参见彭继宽、姚继彭主编：《土家族文学史》，湖南文艺出版社1989年版，第307页。

世纪初,土家族传统社会的这种分化已非常明显,现代知识分子群体即已形成,进而形成了传统的大众思想文化与现代精英思想文化的二元结构,并相应地产生了两种哲学:一种是精英思想家哲学,一种是大众哲学思想。从这个意义上说,土家族传统社会的分化过程,就是土家族现代性的发生过程。由这种分化而形成的思想分化,在 20 世纪前半叶又形成了精英哲学与大众思想的互动机制,并最终形成一种走向现代社会形态的合力:为着民族国家的建构,为着理想社会的构建,通过现代政党理念,生存危机与信仰危机、精英文化与大众文化,为了一个共同的目标,终于在互动中得到了升华。

首先,精英哲学与大众思想的互动机制。在近现代中国,最先突破传统社会的是知识分子,而一般民众则需要知识分子去组织。所以,毛泽东既强调"在中国的民主革命运动中,知识分子是首先觉悟的成分,辛亥革命和五四运动都明显地表现了这一点"。又强调"知识分子如果不和工农民众相结合,则将一事无成。革命的或不革命的或反革命的知识分子的最后分界,看其是否愿意并且实行和工农民众的结合"①。为此,他提出了组织起来的任务:"把群众力量组织起来,这是一种方针。还有什么与此相反的方针没有呢?有的。那就是缺乏群众观点,不依靠群众,不组织群众,不注意把农村、部队、机关、学校、工厂的广大群众组织起来,而只注意……一小部分人;……这就是另外一种方针,这就是错误的方针。"②

为了实现知识分子与一般民众的思想互动,"知识分子与'普通人'有一种应该存在于理论与实践之间的统一性,即要是知识界能成为这些群众的有机的一部分,换句话说,知识分子能对于这些群众的实践活动所提出的原则和问题加以研究并整理成一个完整的体系,从而同这些群众组成一个文化的和社会的集团。"③在 20 世纪,土家族知识分子无论是最初着眼于"新军士兵"还是"社会下层"(辛亥革命时期的知识分子),还是深入了留学生、华工中去的马克思主义者(赵世炎),还是深入到妇女运动(向警予)和神兵运动(万涛)中,都在着眼于成为一个组成部分,如赵世炎的"到民间

① 毛泽东:《五四运动》,《毛泽东选集》第二卷,人民出版社 1991 年版,第 559 页。
② 毛泽东:《组织起来》,《毛泽东选集》第三卷,人民出版社 1991 年版,第 930 页。
③ [意]安东尼奥·葛兰西著,葆煦译:《狱中札记》,人民出版社 1983 年版,第 12 页。

去"即可作为显证。

知识分子与一般民众的结合是通过思想传播实现思想互动来落实的。思想传播是人们社会交往活动过程中产生于社区、群体及所有人与人之间的共存关系之内的一种思想互动现象。实现思想传播具有一定条件,否则就无法实现传播。从整个传播过程来看,这些条件可概括为思想的共享性、传播关系、传播媒介、传播方式等多方面内容。思想的共享性是指人们对思想的认同和理解,如颜色作为思想的象征符号,对中国人来说,红色表示喜庆,白色表示丧葬;而对美国人则不同,红色表示恐怖,白色却表示洁净,这只能在特定的思想氛围里才有可能理解;传播关系即社会关系,它是在思想传播中发生的联系,如果不发生联系,就不能发生思想传播。传播关系常常是一个社会关系网,上下左右,重重叠叠,它有许多子系统,彼此相互联系、相互作用,从而构成思想传播的信息渠道,即信道。传播媒介是思想传播中介,也是联结传播关系的工具和手段,人、物、书信、电话、电报、标语等都可以作为媒介。至于传播的方式则很多,不同的过程有不同的传播方式。在思想传播过程中,由于主体的能动性,思想会发生逐渐增值的现象,即人们根据自己的经验和价值观重新界定思想和理解思想,增殖和繁衍出新的思想意义,否则,"誉人不增其美,则闻者不快其意;毁人不益其恶,则闻者不惬于心。闻一增以为十,见百益以为千,使夫纯朴之事,十剖百判;审然之语,千反万畔。墨子哭于练丝,杨子哭于歧道,盖伤失本,悲离其实也。"①

土家族现代知识分子作为土家族最先觉悟的成分,"如同古代的士大夫一样,确乎起了引领时代步伐的光辉作用。"而且,"由于没有一个强大的资产阶级,这点便更为突出。"②正是由于他们通过找寻与一般民众可以理解的共同思想,通过广泛宣传先进思想,总结提炼一般民众的思想,在思想互动中实现了思想增殖,最后实现了思想的升华。因此,从思想传播的角度说,土家族知识分子能够与下层民众取得思想一致,是充分利用了思想传播的基本条件,从而为现代化运动积累力量。在这个过程中,先进知识分子

① 王充著,北京大学历史系《论衡》注释小组:《论衡注释》第 2 册,中华书局 1979 年版,第 483 页。

② 李泽厚:《中国思想史论》下,安徽文艺出版社 1999 年版,第 1172 页。

主要通过改变民众的传统信仰或赋予传统文化形式以新的意义等方式实现对民众的影响。通过意义赋予，既促进了先进知识分子对民众愿望的了解，又实现了精英思想向下层民众的渗入，最后形成了思想世界的良性互动。①

在辛亥革命时期，由于清军的协饷制度使两湖地区与云南、贵州、四川军队在经济上组成了一个相对的整体，恰使土家族地区处于这一联系的通道地带；由于湘军与后来的新军又多起于民间而与民众有紧密的联系②；还由于清政府规定新军须从本土招募，使土生土长的"乡"兵具有了乡谊这一联系纽带，使他们又具有了同乡聚集的优势语境与思想氛围；还由于他们巧妙地利用了军人本身因经济危机等产生的不满情绪，于是一开始即把着眼点放在新军中，有的本身即是新军中的知识分子，使革命思想与军人结合，开始了中国近现代革命运动的重大转折，促成了孙中山思想的转变。这种结合，使辛亥革命武昌首义中，在同盟会主要领导成员都没到位的情况下，革命能够成功并坚持下来，使其他地方的新军和革命精英不骑墙观变，而是在革命或保皇问题上很快作出选择，从而走上革命道路，促成了全国的胜利，一个重要原因就在于以土家族知识分子为重要骨干的湖北革命党人在军队中运用了一种独特的革命方式——革命领导人和基层革命组织成员打成一片，把工作重点放在军队，先后加入新军的一批批学生在军队和知识分子之间起了纽带作用。

其实，土家族知识分子的这一革命实践在1911年1月的"铁血英雄会"起义中已有明显的体验。当时，在温朝钟倡导革命后，知识分子在土家地区"倡风俗改良会，由一乡至各乡，到处演讲，人多悟焉。邑绅黄玉山富于资，愿竭家相助；黔士王克明、谈茂材各倾囊资其所为，势力渐厚，乃暗购军火土炮，又结铁血英雄会，隐以兵法，布列其同党，继此三四年内，而近邑不入其党者，盖亦鲜矣"③。连当时的咸丰县令徐培也为资产阶级革命思想

①　参见［英］戴维·钱尼著，戴从容译：《文化转向：当代文化史概览》，江苏人民出版社2004年版。
②　这从曾国藩亲自撰写的《爱民歌》可见。这首《爱民歌》作于咸丰八年江西建昌大营，《曾国藩全集》第16卷《杂著》卷1，中国致公出版社2001年版，第5966页。
③　民国《咸丰县志》，咸丰县志编纂委员会1983年重印版，第151页。

所感,与革命党人温朝钟夜谈,并为起义出谋划策。① 如此多的人参加革命运动,说明土家族现代知识分子能把目光投向广大农民群众并取得显著效果,与其他地区革命只依靠会党,显然是一个进步。同时,他们还设有群众组织"社会",借以组织群众,其组织的严密程度也是同期其他地方的革命组织所没有的。

在辛亥革命以后,特别是国民党与共产党在 20 世纪前半叶唱主角的时候,不论是国民党人,还是共产党人,都根据土家族地区的思想氛围,展开了自己的思想互动方式。最终的结果当然是中国共产党取得了成功。但是,一个值得注意的现象是,经"乡村精英"出来代表政党主体,把政党的理想与民众的愿望结合,并运用多种多样的思想互动方式,不仅改变了土家族地区的传统社会结构,而且也从根本上改变了土家族地区的理想社会模式。如果说 20 世纪 20 年代以后的神兵运动成为土家族地区民众运动主流的话,那么中国共产党与中国国民党围绕这一运动展开的较量正可看成是谁想在与民众思想的思想互动中争取主动。

总之,土家族哲学思想的变迁与现代转型,一个重要的内容就是精英思想与民众思想在互动中得到升华。

其次,精英思想与民众思想的相互回应。由于许多"真正在生活与社会支配人们对宇宙的解释的那些知识与思想,它并不全在精英和经典中"②。因而研究精英思想与民众思想互动就具有了重要性。而且,对于一般民众思想的考察,又可以从不同的角度来思考。从特定的历史环境去思考他们及其思想,只能说明当时的这种思想对他们的生存是必不可少的,可说是功能主义的解释;从文化传统的现代化进程来分析,即用线性的进步观及发展论阶段来观察,用传统社会—现代社会、农业社会—工业社会、礼俗社会—法理社会、农村社会—城市社会等模式来解释,则他们及其思想又无疑是落后的;从中国史的眼光看与从世界史的眼光看,对其的评价肯定也不一样。这就对我们提出了分析与评价问题的视界问题。

① 徐培为留日学成回国人员,即"亦学自东瀛者,与烈士彻夜谈"。见民国《咸丰县志》,咸丰县志编纂委员会 1983 年重印版,第 151 页。
② 葛兆光:《中国思想史·导论·思想史的写法》,复旦大学出版社 2001 年版,第 12页。

作为社会的理想构建,应该涉及些什么问题? C.赖特·米尔斯曾在《社会学想像力》中分析了如下的问题:一定的社会作为整体,其结构是什么? 它的基本组成成分是什么,这些成分又是如何相互联系的? 这一结构与其他种种社会秩序有什么不同? 在此结构中,使其维持和变化的方面有何特定涵义? 在人类历史长河中,该社会处于什么位置? 它发生变化的动力是什么? 对于人性整体的进步,它处于什么地位,具有什么意义? 人们所考察的特定部分与它将会进入的历史时期之间是如何相互影响的? 那一时期的基本特征是什么? 与其他时代有什么不同? 它用什么独特方式来构建历史? 在这一社会这一时期,占主流的是什么类型的人? 什么类型的人又将逐渐占主流? 通过什么途径,这些类型的人被选择,被塑造,被解放,被压制,从而变得敏感和迟钝? 我们在这一定时期一定社会中所观察到的行为与性格揭示了何种类型的“人性”? 人们所考察的社会各个方面对“人性”有何意义? 他强调,“无论他们的兴趣点是强大的国家还是细微的文学格调、家庭、监狱、教义,经典的社会分析家都要问这些问题。”①

事实上,这些问题虽不是每一个人都能全部思考的问题,却是每一个人都可能涉及的问题。从土家族一般民众与精英人物对这些问题的认识看,个人与社会的这种结构事实上至少有三个层面:

一般民众层面,即通常所说的大众,他们始终是社会构成的主体。一方面,他们是生存的个人,有自己的人格或“人性”,有自己对社会的思维,人们通常说土家族民众迷信思想严重、重农轻商、安于现状且进取不足、安土重迁等②,不管其是否准确,即是指这些民众而言。另一方面,他们作为构成社会的成员,本身又成为社会的有机构成要素,他们的“情感和情感控制结构一代又一代地朝着同一方向,即朝着控制越来越严格、越来越细腻的方向发展”③。一般民众的这一特征,使精英分子能把握他们,导引他们,并能根据他们的理想与要求激励他们。当年的《苏维埃政府地下宣传歌》还能

① [美]C.赖特·米尔斯著,陈强、张永强译:《社会学想像力》,三联书店2001年版,第5页。
② 参见段超:《土家族文化史》,民族出版社2000年版,第289页。
③ [德]诺贝特·埃利亚斯著,袁志英等译:《文明的进程》Ⅰ,三联书店1998年版,第2页。

在民众中长期流传,本身即是证明。该歌唱道:

> 劝农民,要革命,打倒豪绅;免出租,免出税,免受欺凌。只有那,共产党,工农红军;苏维埃,犹明星,代表贫民。劝农民,早回头,敌友分清;只有那,团匪们,真正可恨。收捐税,收钱粮,压迫农民;谁反对,他就要,打杀无情。工农们,多冤死,哪有投奔;倒不如,大家来,团体结紧。杀掉那,凶团匪,地主豪绅;立政府,分田地,共享太平。不犹豫,不妥协,斩断祸根;要彻底,要努力,才得安宁。①

在革命战争年代,标语、口号、召开各种会议等是精英分子把握一般民众的重要手段。其他如参加乡村活动,举行各种仪式,也都被广泛地运用于精英分子对一般民众的引导把握中。从心理机制层面看,这是以充分利用民众需要为基础的,有如万涛(土家族)在视察鄂西时看到的农民心态:"不管他是共产党也好,农民协会也好,都是打倒土豪劣绅的,我们要干。"②所以,一个"送郎当红军"主题,在土家族地区的民歌中竟有数十种版本;一个表示坚定革命信念的主题,却可以通过吃、穿、住、行等生活行为表现于土家族民歌中,体现出大众对精英思想的回应。

乡土精英阶层,即在一般民众与上层精英之间,事实上存在着一类乡土精英,他们可以是一村一乡,也可能是一县一方的精英。在中国近现代历史发展中,集权与分权、国家与地方的关系,往往是以他们为中介发生的。辛亥革命以后,土家族地区的"神兵"运动说到底就是一些"地方精英"操纵一般民众对抗"国家"的运动,如靖国军,本是辛亥革命的产物,作为辛亥革命的发起者,为什么会与"自己"的队伍发生矛盾,甚至刀兵相见?关键在于乡土精英阶层的"运动"。从历史发展看,谁"运动"了这一阶层,谁就掌握了地方的主动权。20世纪前半叶,土家族一般民众之被"运动",主要是通过这些人来实现的。因此,上层精英如何把握这些人的思想,就成为是否具有胜算的重要筹码。中国共产党革命的初期,在发动乡村精英方面是有成功经验的。

---

① 龚发达主编:《长阳土家族自治县歌谣分册》,内部资料1988年版,第232页。
② 万涛:《鄂西巡视员万涛的报告》(1929年9月4日),见中国工农红军第二方面军战史委员会编《战史资料选编》(一),中国人民解放军出版社1996年版,第258页。

社会上层精英,这部分人既与一般民众、乡土精英有不可分离的关系,又有超越于前述二者的更多优势。一般来说,他们有更开阔的视野,有更丰富的知识,有更多的理性工具。如果借用马克斯·韦伯的话说,他们既是松动静观思想土壤的犁铧,也是劈向敌人的利剑;他们具有使用各种工具进行政治宣传的手段,他们也同时知道自己最高理想的确定无疑的出发点。①

在20世纪前半叶土家族历史上,精英人物利用一般民众的"民族"情绪,既发动了反不法洋教斗争、庚戌起义、辛亥革命、北伐战争、土地革命、抗日战争等大的革命斗争,从一般民众的思想因素中吸收了思想营养。同时,精英人物又通过自己的理论宣传,把一般民众的反抗思想上升为"资产阶级民主共和思想"如庚戌起义、辛亥革命等,上升为民族独立、人民解放、自己当家做主的人民革命思想如"神兵"运动、北伐战争、土地革命、抗日战争等。其中特别是对"土地"这一中国革命的关键问题,成为划分这两种"民主共和"思想的关键,成为一般民众是否紧跟的标尺,因而在精英思想家那里得到了有力的回应。正是由于土地问题的解决,形成了中国共产党人与一般民众的思想与行为互动。所以,20世纪,不论是整个中国共产党人,还是就土家族地区而论,都可以看成是精英思想与一般民众思想相互回应的过程。

当然,促成土家族传统社会分化的原因还有其他因素,如土家族地区与周边地区的文化交流,使土家族社会产生了"闻者转相传述"②的思想文化传播中的增殖效应,这在20世纪的社会分化中表现得特别明显。

## 第五节 20世纪土家族现代意识的生成

历史发展到20世纪,由于武汉、长沙、重庆等周边城市现代因素的影响及土家族地区内部生产力的自我积累,土家族传统社会已发生了重大的分化,一批富有现代性的知识分子走上了历史舞台,产生了现代性向往,引起

---

① 参见[德]马克斯·韦伯著,韩水法等译:《以学术为业》,韩水法编:《韦伯文集》上,中国广播电视出版社2000年版,第91页。
② 光绪《利川县志》,利川市地方志编纂委员会办公室1987年重印版,第370页。

了深刻的思想变化,他们或直接投身于周边大城市去学习、工作,及至走上革命道路;或者把现代化因素引入本民族地区,用以对本地区进行现代性改造;他们或以自己的传统文化为尺度理解西方现代化,或直接诉求于西学。正是这种现代性的引入,促成了土家族思想观念的新变化。① 从土家族现代哲学来看,除沿袭了悬置本体论、认识论等对哲学自身问题提问外,在根源于民族文化历史变迁的特殊提问方面则卓有创获,并因此确定了土家族现代哲学观念的特殊性及其在哲学史上的位置。在全球性现代化运动中,由于土家族地区被卷入近现代中国的文化历史大变局中,土家族思想家们也与中华民族的其他思想家一道,对于近现代中国文化历史大变局所提出的重大问题进行反思,以探寻中华民族走向复兴、实现现代化的道路。

## 一、现代知识分子群体的产生

先进知识分子的引导是后发现代化地区或国家走向现代化的发动者、启蒙者和领导者,土家族地区也不例外。鸦片战争后,少数知识分子已对社会现实有所批判,如田泰斗的《山农吟》、《荒年行》等。在 19 世纪末 20 世纪初,更是形成了土家族的现代知识分子群体,正是他们鼓吹采取社会改革或政治革命的方法,如"公车上书"、辛亥革命、五四运动等,并因此成为土家族现代化进程中的精神动力,并且是精神动力先行。例如在辛亥革命中,"施之人士,多游学在外者,革命思想,遂由是而输入焉"②。当一些宣传革命的书报传入以后,不少人"读之,恒闻鸡起舞,以光复为志"③。来凤土家族青年向炳焜曾任《湖北日报》编辑,他积极参加革命活动。1911 年 9 月,清廷委派端方为钦差大臣率大批湖北新军前往四川镇压保路活动。向炳焜认为应乘机在施、鹤七属举事,以堵端方东归之途。于是,共进会总部派他

---

① 关于这些城市对中国现代化的推动作用,其中也包括对土家族地区的推动作用,可参见张仲礼等主编《长江沿江城市与中国近代化》一书,上海人民出版社 2002 年版。

② 雷震章:《施南光复始末记》,湖北省博物馆等:《武昌起义档案资料选编》中册,湖北人民出版社 1982 年版,第 135 页。

③ 利川县临时参议会:《利川县四邑自治联合会事略》,湖北省博物馆等:《武昌起义档案资料选编》中册,湖北人民出版社 1982 年版,第 163 页。

以"办理施南府中学"为辞返施。此前,建始人吕大森"在施南大力开展活动"①,与康建唐等在施南运动会党。吕大森回施后,他在武昌设立的科学补习所被查封,于是又与刘静庵取得联系,在恩施设立日知分会。武昌日知会事败后,为了继续联络会党,保存和发展革命力量,使革命运动不致半途而废,便将日知分会改名为"天锡会",为后来施南反正打下了社会基础。武昌首义后,条件更加有利,向炳焜同吕大森、康建唐即用地方人士名义给驻施清军第三营管带李汝魁写信,争取他反正。与此同时,驻荆司令唐牺之②也电告李汝魁,劝令反正,并派稽查员张渭滨前往招抚,李汝魁即于10月28日宣布独立,令道府州县交出印信。12月,湖北利川、建始等县相继光复。由此可见,土家族现代知识分子群体的形成直接成了适应全球性现代化运动并推动土家族现代社会形成的重要动力。

土家族现代知识分子群体的形成是与土家族传统文人的转型相联系的。土家族的传统文人可追溯到土家先民巴人时期,《华阳国志·巴志》记载巴人诗作十一首,另有一首署名应季先,可看成是土家族地区最早的知名文人。③ 在《华阳国志·巴志》中还记有焦玄、洛下闳、任文公等"仁义、文学"之士。此后即代有传人,如宋代有"少师恩国公"田祐恭、元代有首创天门书院的田希吕等。明清以降,这些传统文人即更多,甚至出现了文人世家。

土家族传统文人的典型特征是出世与入世的统一。特殊的环境使他们"莫道渔郎尽是仙",有那种道化的"出世"境界,"偶与仙人游","一笑了清缘",追求一种"莫因仕宦迟吟兴,取次清游览胜来"的生活情趣。但是,他们赞美"胡笳拍尽九边尘"的土家族和平使者王昭君,认肯国家统一;在封建社会的末世,他们有感于"世事变迁惊岁月",深怀"落日长悬故国愁"的情感,以"好将民瘼讽民王"的精神关注民生,无不显出一种传统文人的入世追求。当然,他们并没有忘记自己"逢着游人只道印"的民族习性,认识

① 贺觉非:《辛亥武昌首义人物传》上册,中华书局1982年版,第40页;也可见张难先《湖北革命知之录》,商务印书馆1946年版,第58页。
② 唐牺之是土家族人,贺龙曾与之有通信联系,讨论革命事宜,参见中国人民革命军事博物馆编:《贺龙元帅丰碑永存》,上海人民出版社1985年版,第2页。
③ 参见常璩撰,刘琳校注:《华阳国志校注》,巴蜀书社1984年版,第41页。

到"新春上庙敬祖公,唯有土家大不同。各地咿嗬同摆手,歌声又伴呆呆嘟"①。

19世纪40年代后,特别是19世纪末,土家族传统文人已发生了近现代转型,近现代土家知识分子类型已经出现,而且已形成了土家族现代知识分子群体,他们除对自己民族有明确的认知以外,还偕同整个中华民族的步伐进行着具有近现代意义的斗争,如彭勇行(1852—?年)曾有《竹枝词》言:"苗客土家住溪州,质朴淳良境最优。听得康衢歌一曲,采风人爱古风流。"②田让升(1921—?年)则直谓:"土家妇女养持家,日上东山夜绩麻。莫笑小姑年纪小,机床学织牡丹花。"③这即是一种明确的民族自认。但他们也同样站在整个中华民族的立场上分析土家族过去的历史:"割据当年意如何,百鸾凤古峒民多。至今野庙年年赛,深港犹传摆手歌。"④如可以确知的参加"公车上书"的土家族人士即有柳元翘、戴仁禄、张仲羲等⑤,他们有感于"值四千年之变局"的中国,倡导不用"旧方"的变革主张。⑥ 他们的政治理想就是在中国建立立宪政治,"君与国民共议一国之政法"、"以国会立法、以法官司法、以政府行政,而人主总之"。主张在中国实现三权分立,拟定宪法,召开国会,君民共主,如此才能挽救日益加深的民族危机。⑦

新式知识分子群体形成的标志,一是数量多,二是思想倾向大体一致,三是超越传统而具有了全球性、现代性意识。下面以1900年前后至辛亥革命时期的知识分子群体为例加以说明,这些知识分子群体主要形成于日本、武汉等地。

湖南籍

革命党人李执中(1860—1926年),石门县沿市人,早年致力教育救国,

---

① 彭勃、祝注先注:《历代土家族文人诗选》,岳麓书社1992年版,第9、8、2、20、42、37、59、208页。

② 沈阳选注:《土家族地区竹枝词三百首》,民族出版社2003年版,第143页。

③ 同上书,第205页。

④ 同上书,第200—201页。

⑤ "公车上书"被认为是维新运动的第一次高潮,见张宝明著《忧患与风流——世纪先驱的百年心路》,东方出版中心1999年版,第6页。土家族的先进分子有不少人参加。

⑥ 参见王蘧常选注:《梁启超选集·前言》,人民文学出版社2004年版,第4页。

⑦ 参见陈国庆主编:《晚清社会与文化》,社会科学文献出版社2005年版,第14页。

曾留学日本,后参加辛亥革命。

诗人杨良翘(1869—1934 年),大庸市永定区桥头乡人,曾因鸦片烟毒遍及全国,妇女缠足之苦,遂作戒烟、戒缠足歌,后于辛亥革命时率部反正。

南社诗人田兴奎(1872—1959 年),凤凰县沱江镇人,曾留学日本,一生为民主革命奔走。其诗作"言言皆有血泪在,句句饱含爱国心"。

庚子义军首领田均一(1878—1900 年),慈利县甘堰乡人,幼时随父田金楠就学,有忧国忧民之心,1897 年肄业于湖南时务学堂,1899 年取道上海东渡日本,因与唐才常有师生之谊,又志同道合,回国组织庚子起义,后与唐才常、林圭、李炳寰等 20 余人同时被捕,英勇就义于武昌紫阳湖畔,就义时年仅 22 岁。①

临时总统府顾问田永正(1879—1934 年),大庸市永定区二家河乡人,1902 年被选到湖北高等学堂学习,三年学习期满毕业时被总督张之洞圈定保送日本早稻田大学学习六年,其间加入同盟会,进行反清革命活动。1910 年毕业回国,在湖北新军任职,辛亥革命时参加攻打武昌总督衙门。

湖北都督府军事委员刘孟顾(1882—1961 年),慈利县江垭镇人,1904 年在长沙湖南高等工业学堂就读时参加革命团体华兴会,1908 年东渡日本留学,入东京明治大学政治经济科,次年在东京参加同盟会。1911 年回国,辛亥光复时任湖北都督府军事委员,参加光复荆沙之役。

国民党军事委员会少将委员黄伯琪(1882—1958 年),永顺县车坪乡人,幼年就读私塾,后赴常德考入西路师范学堂,于 1911 年毕业,旋赴日本留学。适武昌起义爆发,遂回国报效民国,步入军界。

国会参议员向乃祺(1884—1954 年),永顺县车坪乡人,1900 年进长沙高等学堂学习,1903 年官费留学日本早稻田大学政治经济系,1912 年经宋教仁、于右任介绍加入国民党。1913 年上书孙中山,主张制定宪法、实行民主建政。同年国会成立,当选为国会参议员兼宪法起草委员会委员,参与《天坛宪法》起草工作。

辛亥宜昌起义军司令唐牺之(1887—1924 年),慈利县三官寺乡人。

---

① 以下人物资料若无特别注释,均出自田荆贵主编《中国土家族历史人物》,民族出版社 1993 年版。

1907 年考入湖南省立师范学堂,后参加湖北新军,参加蒋翊武等人组织的群治学社、振武学社和文学社团体。

湖北籍

"铁血英雄会"义军后勤总长黄玉山(1849—1911 年),咸丰县蛇盘溪人,与侄婿温朝钟一道进行革命,并企望中国收"北美十三州同时独立"之效。

参加辛亥首义的康代裕(1876—1911 年),宣恩县和平乡人,早年"平生道谓体中庸,万分荣求几时空";"四十余年多少求,而今尽付笑谈中"。1905 与吕大森等在施南成立"日知会分会"①,进行反清活动,后赴武昌参加辛亥首义。

"铁血英雄会"义军司令温朝钟(1878—1911 年),咸丰县大路坝人,1904 入黔江县学,1906 年随老师到四川成都报考通省师范学校,以"文怪、字怪、名怪"被抑列第二名。1907 年在成都遇到刚从日本归来、从事革命活动的黔江籍同盟会会员陈芝轩,经陈介绍加入同盟会。②

参加辛亥反正的卯洞安抚司使后裔向炳焜(1880—1935 年),来凤县旧司人,在武汉文普通中学求学期间受革命党人影响参加了反清革命团体日知会,曾先后与刘静庵改组日知会、德育会,与谢石钦等组织铁道研究社等革命团体,以后又加入共进会。

国民政府总统府高级顾问朱和中(1880—1940 年),建始县花果坪镇人,留学德国,最先建议孙中山把革命动力转向知识分子,尤其是军人知识分子。

率部打响武昌首义第一枪的邓玉麟(1881—1951 年),巴东县野三关镇人,1897 年携弟邓世吉至武昌,投湖北新军,成为共进会主要成员,辛亥革命的主要主持者。③

---

① 该会的成立,说明在恩施也已形成了一个革命知识分子群体。

② 当时,川黔鄂交界处的土家地区已形成了以温朝钟、黄玉山、王克明等为核心的知识群体,他们组织了"铁血英雄会"等,本身即是一个具有资产阶级革命思想的知识分子群体。

③ 是谁"打响武昌首义第一枪"? 这是一个值得讨论的问题,现在说法很多,如说是程正瀛(1885—1916 年)在临近武昌起义当晚,起义之事被当局察觉,程正瀛率先击中该营前来镇压的二排排长陶启胜,打响武昌首义第一枪。有说打响武昌首义第一枪的是熊秉坤(1885—1969 年),还有其他说法。置此存疑。

反清护国的田飞凤(1883—1918 年),五峰县长乐坪人,1904 年入宜昌初级师范就学,次年入两湖总师范深造,其间加入"共进会",后参加辛亥革命起义。

作战勇猛为政清廉的甘绩熙(1883—1951 年),利川市团堡镇人。1893年入学,1904 年入施鹤道优级师范学校就读,加入进步组织竟南学社,1907年入湖北新军,参与创办《商务日报》、《大江日报》等进步刊物,1910 年加入同盟会,后参加武昌起义,任咨议局守卫司令官,后改任都督府参谋处参谋。1913 年授陆军少将衔,1922 年兼任北伐大本营咨议。1925 年任国民党省党部临时执委会委员兼青年妇女部长。①

杨揆一(1885—1946 年),鹤峰县下洞坪人,1903 年入武昌湖北省武备学堂,1909 年任湖北新军炮兵第八标管带,1911 年 10 月随新军炮八标参加武昌起义,1912 年被选赴日本陆军士官学校深造。

威镇群魔的县知事田景文(1886—1928 年),来凤县尚家洞人,1901 年就读于荆南师范,1903 年留学日本读士官学校,成为来凤县第一名土家族留学生。结业回国后充任湘军管带,积极参加革命团体,1911 年率队参加辛亥革命。

总统府顾问牟鸿勋(1888—1928 年),利川市汪营镇人,曾在武昌两湖师范学堂深造,受教于章太炎门下,1910 年在武昌参加共进会,成为共进会骨干。

武昌起义战时总司令部参谋王训民(1889—1956 年),建始县三里乡人,怀"推倒四千年专制"、"图光天化日之欢娱,享自由平等之幸福"的远大抱负,1911 年任湖南旅鄂中学体育教师,入"共进会",参加辛亥革命。

从工程营发起武昌起义的田采堂(1890—? 年),巴东县野三关人,1906 年被作为秀才挑选进两湖总师范学习,两年后又到省法政学堂深造,加入共进会后进行革命活动。

重庆籍(原属四川)

革命先烈邹杰(1875—1915 年),酉阳后溪乡人,1903 年赴成都求学,

---

① 参见傅冠群主编:《土家族百年实录》,中国文史出版社 2002 年版,第 908—912页。

1906 年入四川高等学堂,加入同盟会,并秘密组织"青年会",从事推翻清朝、建立共和的民主革命活动。

孙中山大元帅府秘书王勃山(1875—1957 年),酉阳龙潭镇人,1906 年求学成都时加入同盟会,一生从事革命活动。

中华革命党人刘扬(约 1876—1948 年),酉阳龙潭镇人,1904 年考入四川高等学堂,1906 年与邹杰二人经黄复生、谢持介绍加入同盟会,后与邹杰等人组织"青年会",秘密进行推翻清朝、建立共和的革命活动。

辛亥义军贵州都督杨柏舟(1880—1922 年),秀山龙凤乡人,1899 年考入贵州陆军武备学堂,受日本教师高山青松、岩原大山等人推许,于 1905 年送日本留学,留日年间加入同盟会,共商光复中华大计。1910 年学成回国,1911 年 9 月 13 日贵州起义,杨柏舟被拥为领袖。1911 年 11 月 4 日,各革命团体召开大会,推举杨柏舟任都督、赵德全任副都督。

辛亥义军黔江二次起义首领王杨氏(1880—1933 年),黔江后坝乡人,通诗书,尚侠义,明大理,与本乡增生王克明结为夫妻,王克明在 1911 年 1 月第一次起义中牺牲,在王杨氏等领导下,黔江二次起义成功,义军进驻黔江县城,于 1911 年 11 月 13 日组成黔江军政府,宣告黔江独立。

反清讨袁护国的彭藻(1888—1952 年),秀山大溪乡人,1909 年考入成都实才学校就读,在此期间加入同盟会,从事革命运动。

贵州籍

中华民国开国元勋徐龙骧(1877—1913 年),印江花岩乡人,1906 年入贵州省警察学校,毕业后到北京清政府筹建的"资政院"推行"新政",结识革命党人后加入了同盟会,积极从事推翻清政府和反对袁世凯独裁的革命活动。

辛亥革命先烈大理都督陈天煜(1880—1912 年),印江城西人,咸丰己未举人,曾留学日本,后依孙中山之请回国参加辛亥革命,被滇督聘取,整军滇西,1911 年 10 月 27 日响应武昌革命于大理起义,早于蔡锷前三日,竟被蔡进谗冤杀。[①]

---

① 参见王峙苍:《辛亥革命先烈大理都督陈天煜被害史考》,《贵州文史丛刊》2000 年第 1 期。

辛亥义军腾冲总指挥陈天星(1880—1913 年),印江县印江镇人,1900年东渡日本就读于习武学堂。在日期间加入同盟会,1904 年回国参加民主革命活动。

黔军总司令席正铭(1884—1920 年),沿河大垭乡人,是中国提出以俄为师口号的第一人。

以上是以辛亥革命为核心组织的部分土家族知识分子名录,从中可以看出,他们或在国内或在国外接受新式教育,获取新思想,逐渐走上革命民主主义道路,并把思想见之于行动。之所以没有将他们称为民主革命战士,而称为革命民主主义战士,就在于他们是在内忧外患的时代,以革命为契机,逐渐走上民主革命道路的,是先为革命,后为民主的。这一现象说明,土家族的现代知识分子群体已正式登上了历史舞台。

### 二、第一代马克思主义者的出现

马克思主义从 19 世纪 40 年代产生以后,经过半个多世纪才登陆中国。1898 年夏天,马克思、恩格斯(译作昂格斯)之名首次出现在广学会在上海出版的《泰西民法志》①一书中,以后即不断有人论及。1899 年 5 月《大同学》(十章,单行本)称马克思为"百工领袖著名者",并多次引述马克思的有关论述;从 1899 年到 1903 年上半年,梁启超在文章中多次论及社会主义和马克思的学说,并预言"社会主义其必将磅礴于 20 世纪也明矣"②;从 1902年到 1908 年,留日学生翻译出版的有关社会主义的著作达 30 种左右③,不少书中介绍了马克思主义;马君武、朱执信、刘师培等也都为介绍马克思主义到中国立了不少功劳。然而,把马克思主义作为信仰的主义来加以发展的中国马克思主义者却是产生于 20 世纪的第二个十年,形成一种庞大阵营

---

①　1898 年夏天,李提摩太委托胡贻谷翻译了英国人克卡拉的著作《社会主义史》,由广学会以《泰西民法志》之名在上海出版,书中第一次提到马克思恩格斯(译作昂格斯)及其学说,称"马克思是社会主义史中最著名和最具势力的人物,他及他同心的朋友昂格斯都为大家承认为'科学的和革命的'社会主义派首领"。参见吴雁南等:《中国近代社会思潮》第 1 卷,湖南教育出版社 1998 年版,第 530 页。

②　梁启超:《干涉与放任》,载《新民丛报》第 17 号,1902 年 10 月 2 日。

③　参见邱军:《马克思主义在中国的传播》,《党史研究》1983 年第 2 期。

应是第三个十年。正是在这一时期出现了土家族第一代马克思主义者,成为土家族现代意识发生的重要标志。

在土家族的现代知识分子中,最先提出以俄为师的是席正铭,但由于他过早地牺牲,已无法确认他是否有可能成为马克思主义者。不过,他至迟在1918年底已提出了"师法俄国"的思想,并得到了孙中山的赞同。目前,可以直接指认的最早的土家族马克思主义者有向警予、赵世炎等,他们都是在中国共产党成立前后成为马克思主义者并成为中国共产党的早期领导人之一的。

土家族第一代马克思主义者的产生,直接原因是五四运动前后马克思主义在中国的传播;深层次的原因则是在探索"中国向何处去"问题的过程中革命民主主义和各种改良主义遇到了严重困境,从而必须探索新的出路;现实实践上的原因则是中国共产党的成立及其所领导的革命实践需要。在土家族人民为民族解放、平等,人民自由、幸福,为推翻帝、官、封三座大山而作的前仆后继的英勇奋斗中,仅在中国共产党成立前后的十年,即有大批土家族人士转而信仰马克思主义,并投身于伟大的无产阶级革命运动,为共产主义事业奋斗。首先是一批土家族的先进青年走出山门奔向外地,学习马克思主义,加入中国共产党,参与解放全中国、全人类的革命斗争,如:

赵世炎,1917年与李大钊接触后即逐渐成为马克思主义者,成为中国共产党的早期领导人之一,1921年7月参加法国共产党,次年在巴黎组织共青团即"中国少年共产党",曾任中共北京地方委员会书记等职。先后参加领导了北京数万群众声援上海工人的反帝示威大会、天津港海员大罢工、开滦煤矿工人大罢工、北京数万学生和工人参加的迫使段琪瑞"还政于民"的"首都革命"。1926年5月先后发动和领导了上海工人三次武装起义。在1927年中共第五次代表大会上被选为中央委员,后任中共江苏省委代理书记。1927年7月被敌人杀害,年仅27岁。

向警予,女,1919年五四运动后在长沙参加毛泽东、蔡和森组织的"新民学会",1922年在上海加入中国共产党,同年7月在中共第二次代表大会上被选为中央候补委员,担任中共中央第一任妇女部长,是中国妇女运动的早期领导人。1928年3月被叛徒出卖,5月1日慷慨就义于汉口余记里。

王尔琢,1924年秋在黄埔军校第一期学习时加入中国共产党。1927年随同周恩来参加"八一"南昌起义。1928 年春随朱德、陈毅举行"湘南暴动",任起义部队参谋长。同年 4 月上井冈山,实现了井冈山胜利会师,任红四军参谋长兼二十八团团长。1928 年在追赶逃兵中中弹牺牲,时年 25 岁。毛泽东曾亲自撰写挽联:"一哭尔琢,二哭尔琢,尔琢今已矣,却留重任谁承受?生为阶级,死为阶级,阶级后如何,得到胜利方始休。"①

严希纯,清末著名书画家、"颐和园"匾额书写者严寅亮的第三子,1922 年入党,长期从事党的地下工作,解放前后曾参加接管、组建中国科学院的工作,在科学技术界有较大的贡献,曾翻译出版过赫胥黎的《简单的科学》三册。②

黄兴武,因目睹"政府肆威于其上,人民痛苦呻吟于其下","民生日蹙,国步日艰,千钧一发,危若累卵",于 1924 年在董必武、陈潭秋等杰出共产党人介绍下入党,后回家乡咸丰从事革命活动,号召人民"革命可救国,同胞快来参加",以后多次领导革命暴动,1931 年在上海遇害。

万涛,以"建勋业于洪湖,献生命于真理"的精神,1924 年入党,1927 年曾作为中央巡视员视察指导湖北省的农运工作,成为洪湖、湘鄂西革命根据地的创始人之一,是中共湘鄂西特委书记,1932 年被错杀。

张朝尼,1924 年转入中国共产党。1925 年赴广州黄埔军校学习,为黄埔军校第四期学员。1926 年参加北伐战争,系北伐军农民军团负责人。北伐军到达武汉后,他调任为湖北总工会工人纠察队大队长,在刘少奇、李立三等领导下工作。1927 年大革命失败后,张朝尼奉命去天津,担任华北区军委书记,是年被捕入狱。1928 年 3 月在北京天坛就义。

姚彦,1925 年经同乡米世珍介绍加入中国共产党,在李大钊的直接领导下进行宣传组织工作。1927 年 4 月 6 日,姚彦与李大钊等一批革命者被捕于俄国使馆,后牺牲。

赵世兰,女,在弟弟赵世炎的影响下,接受马克思主义,1926 年入党,长期从事党的地下工作,参加过党的五大。

赵君陶,女,1919 年五四运动后,在北京女师读书时,受其兄赵世炎等

① 傅冠群主编:《土家族百年实录》,中国文史出版社 2002 年版,第 975 页。
② 同上书,第 946 页。

的影响,接受马克思主义,积极参加学生运动,成为该校学生组织"女星社"成员,1926年入党。

李勋,1926年加入中国共产党,1929年,李勋、陈泽南等在湖北长阳西湾举行武装起义。起义成功后,成立了工农革命军第六军(简称红六军),李勋任红六军军长。

李步云,1927年加入中国共产党,西湾武装起义成功后任红六军独立五十师师长。

同期参加中国共产党或信仰马克思主义的还有吴宪猷(1924年入党)、彭玉珊(1925年入党)、覃辅臣(1928年任红四军第二路军总指挥)、刘仁(1927年参加革命)、廖汉生(1928年参加革命)等,他们有的在革命斗争中壮烈牺牲,有的直到中华人民共和国成立后还在继续为现代化建设奋力拼搏。

当中国马克思主义走上历史舞台时,"中国向何处去"的问题已形成了多层面的表现形式。在对所有这些问题解决方案的思索中,土家族第一代马克思主义者都坚持了马克思主义中国化的理路。

首先,坚信中国的问题是社会革命的问题。社会革命"比任何其他一种革命都更广泛,更有深远影响。人类知识和人类生活关系中的任何领域,哪怕是最生僻的领域,无不对社会革命发生作用,同时也无不在这一革命的影响下发生某些变化。社会革命才是真正的革命,政治的和哲学的革命必然通向社会革命"①。在中国现代革命进程中,中国的马克思主义者在对中国问题的认识上即坚持了这一"社会革命"的立场。陈独秀在《答郑贤宗》中说,社会是进化的,世间没有不变的东西,而我们的社会需要有一个根本改造的办法。② 李大钊则在《再论问题与主义》中也求"一个根本解决的办法"③。所以,中国共产党人在宣言自己以马克思主义为指导时,同时也就

---

① 恩格斯:《英国状况——十八世纪》,《马克思恩格斯选集》第1卷,人民出版社1995年版,第17页。

② 参见蔡尚思主编:《中国现代思想史简编》第1卷,浙江人民出版社1982年版,第69—70页。

③ 李大钊:《再论问题与主义》,《李大钊文集》第3卷,人民出版社1999年版,第7页。

强调了中国的社会革命问题,在一大规定的"党的纲领"的四点内容即可说明这一点。

土家族第一代马克思主义者一开始思考中国的问题即对原有的各种主义有所超越,强调通过社会革命来对社会进行根本改造。向警予强调用"一种根本改造的思想"来改造中国社会,并表示"我们的思想是彻底的,将来根本改造的大任,我们应当担负的"①。为此,要进行"掀天揭地的世界革命"②来实现这一目标。她认为当时的中国,"社会革命的火线早已埋下,只待时机爆发了。"③而第一次世界大战就是这种时机,"因此,农民及无产阶级受国际的经济压迫便异常之大,加以大战破产,社会革命遂起。由此就可推论中国社会革命了。"④赵世炎则认为:无产阶级的政治运动其实就是社会革命,要推翻旧制度,建立新制度。当社会革命成功、建立起无产阶级专政之后,"因生产力发展的结果,社会的阶级由繁到简,无产阶级成为有史以来阶级对抗最后一个阶级,无产阶级将有产阶级最后消灭了,即将全社会阶级消灭了,从此阶级统治底事没有了,政治即跟着消灭于无形了。"⑤

其次,认定中国革命的问题是全球性问题。中国马克思主义者对中国问题的思考本身即是对世界问题的回应。因此,中国马克思主义者一开始就有一种世界眼光。这一视野是由时代决定的,正如毛泽东所说:"提出'世界',所以明吾侪的主张是国际的"⑥。因此,"自从帝国主义这个怪物出世之后,世界的事情就联成一气了,要想割开也不可能了。我们中华民族有同自己的敌人血战到底的气概,有在自力更生的基础上光复旧物的决心,

① 向警予:《给陶毅》,《向警予文集》,人民出版社1985年版,第10页。
② 向警予:《女子解放与改造的商榷》,《向警予文集》,人民出版社1985年版,第15页。
③ 向警予:《今后中国妇女的国民革命运动》,《向警予文集》,人民出版社1985年版,第154页。
④ 蔡和森:《马克思学说与中国无产阶级》,《蔡和森文集》,人民出版社1980年版,第75页。
⑤ 赵世炎:《一个无政府党和一个共产党的谈话》,《少年》第7、8、10、11期,人民出版社1982年影印版。
⑥ 毛泽东:《在新民学会长沙会员大会上的发言》,《毛泽东文集》第一卷,人民出版社1993年版,第1页。

有自立于世界民族之林的能力。"①他还说到了中国革命与外援的关系,这应看成是中国共产党人的共识。

"我们虽是中国人,我们的眼光终须放到全世界上来。我们不必想取捷径,也不必畏难苟安,全世界无产阶级为创造新社会所共负的艰难责任,我们也应当分担起来。世界上只有一个共产主义能使这个责任无国界无种界地放在无产阶级的肩上,也只有他能使中国民族得到列于人类中间彼此一视同仁。"②向警予与"和森复详述现今世界大势,以阐发其急烈革命之必要"③。他们到法国后,"将拟一种明确的提议书,注重'无产阶级专政'与'国际色彩'两点。"④"中国的阶级战争,就是国际的阶级战争。"⑤

1920年11月7日出版的《〈共产党〉月刊短言》即从"人类改造"的角度,把中国放入世界资本主义的发展场景中,并用"中国劳动者布满了全地球"来说明中国问题的全球性。中国共产党的一大党纲把与第三国际建立联系写进了党纲,第二次全国代表大会宣言则更是把中国放在全球视野来思考,分析"国际帝国主义宰割下之中国",强调"中国的反帝国主义的运动也一定要并入世界被压迫的民族革命潮流中"⑥。

土家族第一代马克思主义者同样以世界眼光观察中国问题,如向警予强调"我们只有亲密地结合全世界被压迫群众——妇女、弱小民族、劳动阶级成一坚实伟大的三角同盟,以为最后的对抗,以为种族阶级平等的保障,以求世界问题真实彻底的解决,以完全实现我们的主张!"⑦赵世炎强调"今日之中国问题,并不在于经济组织之衰竭崩颓,而在于帝国主义与军阀之剥

① 毛泽东:《论反对日本帝国主义的策略》,《毛泽东选集》第一卷,人民出版社1991年版,第161页。

② 周恩来:《共产主义与中国》,《少年》第2号,1922年9月1日。

③ 肖旭东:《肖旭东给毛泽东》,中国革命博物馆等编:《新民学会资料》,人民出版社1980年版,第137页。

④ 蔡和森:《蔡林彬给毛泽东》,《蔡和森文集》,人民出版社1980年版,第52页。

⑤ 蔡和森:《马克思学说与中国无产阶级》,《蔡和森文集》,人民出版社1980年版,第78页。

⑥ 中共中央党校中共党史教研室编:《中共党史学习文献简编》(新民主主义时期),中共中央党校出版社1983年版,第17、30页。

⑦ 向警予:《对于万国女权同盟大会的感想》,《向警予文集》,湖南人民出版社1985年版,第150页。

削与压迫,欲正理经济者首宜参加扑灭军阀与抵抗帝国主义的革命"①。强调"我们谈世界革命问题,亦谈中国革命问题。中国革命的问题,当然是列宁主义的问题。中国革命的问题,就是列宁主义的民族问题"②,即是从全球化的历史眼光看问题。

再次,共产主义是解决问题的根本方法。陈独秀曾在《社会主义批评》中强调社会主义在中国不仅有讲的必要与可能,而且还要选择共产主义的社会主义:"社会主义既然有讲底必要与可能,但是他的派别分歧,我们应该择定一派,若派别不分明,只是一个浑朴的趋向,这种趋向会趋向到资本主义去;若觉得各派都好,自以为兼容并包,这种胸无定见、无信仰的人,也不配谈什么主义。"他把各种主义分为五派,即无政府主义、共产主义、国家社会主义、工团主义、行会社会主义,最后选共产主义。③ 李大钊则在《中国的社会主义与世界的资本主义》中从全球性的角度分析中国必须在社会主义条件下发展实业。④

与中国其他早期马克思主义者一样,土家族马克思主义者也同样坚持这一主张。他们认为:"虽然一时候说不定替代一种什么主义与制度,最为美善适宜,然而二十世纪的新人生观,是以社会主义的互助协进来替代个人主义的自由竞争,这是可以深信无疑的。将来社会的经济能否实行共产,固尚有待于研究,然而总是朝着这方面走,是可以相信的。"⑤赵世炎说:"我们科学的社会主义者之方法就是,站在阶级的观点上,把四周的环境分析清楚。我们要了解一种社会的势力,以及这个势力与本阶级之关系。我们必须懂得资本之进攻,才能知这劳动运动的进程。尤其刻刻不可忘记的就是:

---

① 赵世炎:《论汉口之罢工潮》,《赵世炎选集》,四川人民出版社1984年版,第534页。

② 赵世炎:《列宁主义之理论与实际》,《赵世炎选集》,四川人民出版社1984年版,第403页。

③ 参见蔡尚思主编:《中国现代思想史简编》第2卷,浙江人民出版社1982年版,第10—11页。

④ 参见李大钊:《中国的社会主义与世界的资本主义》,《李大钊文集》第4卷,人民出版社1999年版,第85—86页。

⑤ 向警予:《女子解放与改造的商榷》,《向警予文集》,湖南人民出版社1985年版,第15页。

在每日的环境中工人阶级的政治关系以及较近一步的乃至最后工人阶级革命的政治问题。"①赵世炎还写了一首《远望莫斯科》的诗以表达这一信念：

　　　我们站立在巴黎铁塔顶上，高处不胜寒，一片茫苍苍。翘首远望，遥指北方，万千风光，令人神往！听呵！列宁在演讲，人民群众在拍掌，《国际歌》响震云霄，欢呼口号声若狂。看呵！满天大雪，无数红旗飘扬；工农武装，打倒了沙皇，赶走了豺狼，让我们齐声高呼：共产主义万寿无疆。②

## 三、自由主义思想的流行

　　民主、自由是资产阶级革命民主主义者的共同诉求。从参加辛亥革命的诸义士看，土家族先进分子都与留日学生有关，他们或直接游学于日本，或间接接受留学日本归国人员的思想而投身革命，如邓玉麟在宜昌当兵时，"适革命巨子李君襄铭留日新回，管带宜防营，每讲授余，集部下演说满洲入关惨杀，现在专制，又无能力，一任列强欺侮，言词痛切，沁人心脾。君于是蓬然醒悟，知向日宗旨背谬；革命思潮，一涌千丈。"费槃则直接留学日本，后乃"决心与国"。其他不少人则因认定"吾国欲强，非可徒从政体上改革"③，于是参加革命组织，追求自由、民主、共和，"图光天化日之欢娱，享自由平等之幸福"④。

　　留日知识分子或多或少地接受了自由主义思想，并在回国后的工作中有所反映。终身从教的田佐汉（1882—1923 年），1904 年考入湖南省高等

---

① 赵世炎：《帝国主义之进攻与中国劳动运动》，《赵世炎选集》，四川人民出版社1984 年版，第 133 页。

② 宋贵伦、郭思敏：《索我理想之中华：革命先驱诗文选粹》，十月文艺出版社 2001年版。据黄仲苏在《赵世炎笔记与诗稿抄录》中说："世炎同志爱好文艺，在家塾读书时 12岁已开始学写诗词，所背诵李杜诗苏辛词多至数百首，于晚清诗人独称道黄遵宪（公度）。他给我看的诗稿，一大厚本，大概有诗词二三百首，我只抄了新旧诗各一首。"新诗写于1921 年 2 月的《远望莫斯科》，旧体诗即写于 1921 年 3 月的《怀润之》，于《怀润之》中提出了"理论重实践，空谈觉忸怩"的问题。参见中共中央党史研究室科研管理部编：《赵世炎百年诞辰纪念集》（中央党史出版社 2001 年版），第 116—117 页。

③ 湖北省博物馆等：《武昌起义档案资料选编》中册，湖北人民出版社 1982 年版，第220、525、288 页。

④ 田荆贵主编：《中国土家族历史人物》，民族出版社 1993 年版，第 249 页。

学堂即岳麓书院学习,为张之洞所器重并以公费选送至日本早稻田大学政治经济系学习深造,回国后被任命为湖南西路师范学校校长,即提倡学术自由;兴学育才的同盟会员彭施涤(1871—1947 年),1903 年被推荐为官费留学生去日本,入宏文学院习师范科,1903 年与秋瑾、马君武等受孙中山委托在上海创办中国公学,以便解决回国学生就学与革命问题,其不拘一格的自由精神曾深深地影响胡适,多年以后胡适还回忆说:"我投考时,国文、英语成绩优等,但数学差,奈彭施涤、马幼渔两先生为我力争,方得取录。"①多年后,又是胡适,同样地破格录用沈从文在中国公学教书,成就了两个自由主义思想家具有共同渊源的佳话。沈从文则对此记忆犹深:"重要的是长沙几个中学校的主持人,自由开明思想的浸润影响极大。"②所以,自由主义思想在土家族知识分子中实有所本。

自由主义被认为是 20 世纪中国思想界的三大思潮之一,受惠于土家文化的思想家沈从文得以成为中国自由主义思想家的重要成员。

沈从文的自由主义思想是从文学上的自由出发的。在总结新文学运动时,他特别强调了"自由"的重要性:"文学研究会的文坛独占,有它的贡献,也有它的弱点,最大弱点即倾向一致性,谈人生文学,虽具体,含义仍不够明确,使文运受限制拘束,不易作更多方面试验与发展。无名作家在此种独占趋势中,欲抬头更不容易。"他还认为:新文学后来的成就,得力于"理论"上的突破。③

站在自由主义立场,沈从文反对不合理政治,即他所理解的野蛮政治和腐败政治。在这个基础上,他认同文学与政治的适当联系,如肯定田汉"是'五四'以后对剧运努力,使之学术化,职业化,又使之与政治发生联系,最具热忱和勇气,而得到成功的一位"④。认肯杂志要与政治作较好结合,认

---

① 田荆贵主编:《中国土家族历史人物》,民族出版社 1993 年版,第 136 页。

② 沈从文:《湘人对于新文学运动的贡献》,《沈从文全集》第 17 卷,北岳文艺出版社 2002 年版,第 160 页。

③ 参见沈从文:《湘人对于新文学运动的贡献》,《沈从文全集》第 17 卷,北岳文艺出版社 2002 年版,第 161 页。另:"谈人生文学,虽具体,含义仍不够明确。"此句,全集无。据范桥、吴子慧、小飞编《沈从文散文》第 3 集增(中国广播电视出版社 1994,内部资料 1989 年版,第 67 页)。

④ 沈从文:《湘人对于新文学运动的贡献》,《沈从文全集》第 17 卷,北岳文艺出版社 2002 年版,第 162 页。

为杂志载时事消息,载论文,政治经济艺术文学合冶一炉,态度应是庄严的,内容应是无限制的,而《东方杂志》、《申报月刊》在这方面即做得"皆还不坏"①。

　　站在自由主义立场,沈从文反对文学成为政治的附庸。他分析当时文坛不正之风的原因是有一种因袭的文学观困惑人、挫折人。这种文学观具有极大的势力,不仅支配了一部分作家的"信仰",而且也支配了作家的"出路"。一般作家虽可以否认受它的"限制"或"征服",实在无从否定它的"存在"。虽然可说这是比较少数论客的习气,与纯粹而诚实的作家写作动机不相干,与作品和历史对面时的成败得失更不相干,但一到动笔有所写作时,却无从禁止批评家、检察官、出版人和那个分布于国内各处的多数读者不用"习惯"来估量作品的意义与价值,且决定它的命运。"这种因习文学观的特性,即'文学与政治不可分,且属于政治的附产物或点缀物'。"这样,近现代政治的特殊包庇性,毁去了文学固有的庄严与诚实。② 结果是凡有艺术良心的作家,既无从说明,无从表现,只好搁笔。长于政术和莫名其妙者倒因缘时会容易成为场面上的人物。因此,文学运动给人的印象即只具一点政策装点性,再难有更大希望,使文学属于政治的附产物或点缀物。③ 他认为:上述的文学观,一是文学成了政治的附庸,与现代政治一样商业方式花钱获得"群"或"多数"。并且,"在朝则利用政治实力,在野则利用社会心理,只要作者在作品外有个政治立场,便特别容易成功"。二是强行划分"文学只有两种,非左即右,非敌即友",否定文学的多样性,结果是"文学运动已失去了应有的意义,作家便再不是思想家的原则解释者,与诗人理想的追求者或实证者,更不像是真正多数生命哀乐爱憎的说明者,倒是在'庶务'、'副官'、'书记'三种职务上供差遣听使唤的一个公务员了"。为此,

　　① 沈从文:《谈谈上海的刊物》,《沈从文全集》第 17 卷,北岳文艺出版社 2002 年版,第 91 页。

　　② 沈从文的这一观点所阐明的现象,解放前与解放后都存在。例如,解放后《子夜》的修订本将"共匪"改为"共党"或"共军",使原来更富有时代语感的语言付出了失去真实性的代价即是其例。

　　③ 参见沈从文:《一种新文学观》,《沈从文全集》第 17 卷,北岳文艺出版社 2002 年版,第 167 页。

他追求一种既不损于"政治的庄严",也不损于"文学的庄严"的新文学观,"在这种情形中,一个纯思想家,一个文学家,或一个政治家,实各有其伟大庄严处。"因此,"一切问题与政治关系,却因为分工分业,就必需重造。尤其是为政治的庄严着想,更不能不将关系重造。"他还认为:即使是政治家,也应允许有思想独立性,因为政治根据的是各种专门知识。而现代的文学家、思想家,就是要重造一些新的原则。因为旧有的"那些原则已陈旧了、僵固了,失去了作用和意义,在运用上即见出扞隔与困难。高尚原则的重造,既无可望于当前思想家,原则的善为运用,又无可望于当前的政治家,一个文学作家若能将工作奠基于对这种原则的理解以及综合,实际人性人生知识的运用,能用文学作品作为说明,即可供给这些指导者一种最好参考,或重造一些原则,且可作后来指导者的指导"①。

### 四、民众变革社会现实要求的升华

19世纪末20世纪初,从《庚子年灾歌》等口头文献中可见一般民众对社会现实进行的深度反思,其变革社会现实的要求得到了升华。

《庚子年灾歌》短而精确,震激人心:"庚子年,庚子年,超过嘉庆十八年。有人饿得没活路,煮就泥巴当稀饭。吃它几碗肚子饱;眼睛几鼓到阴间。百人之中留二三,千家万户断人烟。有人熬过庚子年,阎王殿里打一转。"在湘西民间还流行有一种《庚子年灾歌》:"可怜庚子年,龙马嘴断水,王村不开船,包谷未过手,稻谷未过镰。"②这是对1900年的生活写照。在《光绪靠洋人》中,更是把揭露和批判结合一起:"光绪帝,坐北京,天心不顺。李鸿章,是奸臣,私通外国顺洋人,想害中国人。那洋人,道法大,外国皇帝坐天下,到处把令发。洋人钱,本来多,多是他的不还我,还也还不脱。""吃洋烟,有来源,洋人来卖'人参膏'。胡乱吹,'人参膏',吃了长生人不老。送进宫,给官吃,晚提精神迟上朝。光绪帝,问大臣:'上朝何以不早到'?大臣答:'吃参膏,晚来精神困不了。'这一说,光绪喜,也要吸烟除

① 沈从文:《一种新文学观》,《沈从文全集》第17卷,北岳文艺出版社2002年版,第168—172页。
② 中国人民政治协商会议湘西自治州委员会文史资料研究委员会:《湘西百年大事记》,见《湘西文史资料》第14—15合刊,内部资料1989年版,第75页。

疲劳。光绪帝,吸上瘾,鸦片都往中国运。吸鸦片,学光绪,全国到处是烟灯。"还有一类《鸦片苦歌》等山歌组曲。据《鹤峰州志》记载,因鸦片之害,还有割股以劝诫的。①

这样的现实生活,促使人们反思历史。特别是在土家族步入 20 世纪后,官、匪、霸合一,军阀连年混战。大革命过后又是国民政府军和地方土顽联合清剿,兵荒马乱,土匪遍地,官吏搜刮,地主盘剥,奸商囤积,物价飞腾,加以鸦片毒害,抽丁拉伕,农村经济遭到极大破坏。群众痛苦空前,道路转徙,惶惶不安,因而反映这般社会民生的歌谣相当丰富。《土司下台是活该》是对这整个不幸岁月的纵向辨认与反思:"土家有个土皇帝,土司皇帝不讲礼。穷人取妻他先睡,谁个忍得这口气?土司本是土家人,烂了肺腑黑良心,土司衙门凶又狠,沾住不得就动刑。自从满清皇帝来,土司王爷哭哀哀。土司下台是活该,指望有个好世界。"②另一首长工歌则唱道:"老板无事出门嗨,吩咐长工把轿抬;活人他当牲口用,口口声声骂奴才。长工把轿抬起来,周身汗水顺背流,老板坐得凉悠悠,长工何时才抬头?"③

但是,这"长工何时才抬头"的期待与"指望有个好世界"的理想被严酷的现实粉碎了:"年成荒了难生活,妻离子散有几多。一年指望一年好,脚踩河沙步步梭。""天上加灾人遭祸,苛捐杂税牛毛多,一年指望一年好,脚踩河沙步步梭。"④"脚踩河沙步步梭"的现实,终于使土家族人民认清了反动统治的本来面目,走上了革命道路。一般民众在认清"这个世道不太平"的根源以后,怀着"总有一天要出头"的自信,提出了"还我臣民好河山"的口号:

　　　这个世道不太平,富的富来穷的穷;
　　　穷的越穷富越富,穷得老子喝北风。

---

① 参见民国《鹤峰州志》,鹤峰土家族自治县档案馆 1980 年重印本,第 120 页。
② 利川市民族民间文学三套集成编委会编:《利川市民族民间歌谣集》,内部资料 1989 年版,第 61 页。在土家族民间,这一民歌有多种变文。
③ 孟立军等:《嬗变·互动·重构——土家族文化现象研究》,民族出版社 1993 年版,第 125 页。
④ 宣恩县文化局等编:《宣恩县歌谣分册》,内部资料 1989 年版,第 22、23 页。

　　一莫愁,二莫忧,水到檐前慢开沟。
　　水到檐前慢开堰,总有一天要出头。①

　　一张弓,一支箭,射杀皇帝重开天。
　　还我兵,还我将,还我臣民好河山。②

土家族民众表示,"有心上山不怕高,有心革命不怕刀。钢刀拿当板凳坐,铁镣当作裹脚包。"③至于土家族精英人物,如《庚戌起义歌》唱出的温朝钟,"他是革命真英雄","不怕牺牲作先锋","起义响应孙中山"。中国共产党领导革命以后,老百姓更是感到"一声春雷天下响,来了救星共产党。红旗招展紫云开,从此世界乾坤转。""太阳出来满天红,扛起梭镖跟贺龙。贺龙又跟共产党,救国救民好英雄。""吃菜要吃白菜心,当兵就要当红军。""土家跟定红军走,夜里有了北斗星。"在这里,共产党、红军、贺龙,在山乡土家人看来,三位一体,他们才是救民救国扭转乾坤的英雄,这是发自内心的礼赞。在20世纪20、30年代,只有共产党才是彻底的反帝反封建力量,破天荒地给予广大土家族人民以扬眉吐气的辽阔空间。人民在血火战斗中检验、回味和确证了红军与贺龙的品格,决意重新审视自己的未来,最后将生命和未来交给信得过的人:

　　要吃辣子不怕辣,要当红军不怕杀。
　　刀子搁在颈脖上,眉毛不动眼不眨。

　　要吃辣子不怕辣,要当红军不怕杀。
　　刀子搁在颈脖上,脑壳落地碗大疤。

　　打铁不怕火烫脚,革命不惜砍脑壳。
　　救得穷人出水火,就是死了心也乐。

这类举拳头表决心的歌谣,论感情即激昂慷慨。歌唱将挣脱羁绊一往无前

<hr>

　　① 孟立军等:《嬗变·互动·重构——土家族文化现象研究》,民族出版社1993年版,第126页。
　　② 宣恩县文化局等编:《宣恩县歌谣分册》,内部资料1989年版,第34页。
　　③ 宋玉鹏、彭林绪、肖田编:《土家族民歌》,四川人民出版社1987年版,第283页。

的群体精神和人格意志高扬为斩钉截铁的誓言,如鼓手擂响,如悲风穿壑,鼓舞激励欲自救救人者的热血心灵,起到前进号角的作用。所以,"扩红一百,只要一刻;扩红一千,只要一天;扩红一万,只要一个团团转"。父送子、妻送郎参军成了土家族地区普遍可见的情景。

仔细反思这一段历史,说到底即是如何看待社会发展的趋势问题。一般大众之起来反抗,不管其所用工具是什么,其共性的东西则是呼唤一种新的生存方式,其中包括国家形式:

> 穷家兄弟拿枪杆,跟着红军上了山。
> 打回江山自家管,吐尽苦水满口甜。
>
> 乌鸦要叫尽它叫,风吹竹子尽它摇。
> 决心跟着共产党,踩不断的铁板桥。
>
> 冬月冰霜雪花扬,反动势力清扫光。
> 苏联革命十月成,遥望北方放红光。
>
> 腊月里来要过年,明年变成新纪元。
> 共产主义早实现,大家快活乐无边。①

由于有先进分子的引导,一般民众的理想已十分明确,一种新的生存理想正在实践中。

---

① 孟立军等:《嬗变·互动·重构——土家族文化现象研究》,民族出版社 1993 年版,第 126—127 页。

中篇　土家族传统哲学

# 第 三 章

# 土家族哲学思维的萌芽

　　土家族哲学思维的萌芽,应起于土家先民开始以人的思维把握世界之时。但是,直接的起源证据难以考见得更远。本章寻着土家族地区石器时代的历史进程进行探索,并结合土家族的神话传说进行分析。

## 第一节　旧石器时代土家族地区
## 先民的思维特征

　　在土家族地区有一条自成系列的文化发展线索,考古学成果可以从新旧石器时代的文化联系及与现今土家族地区文化传承的关系来证明,他们的文化创造应是土家先民的文化创造。虽然学术界对石器时代有不同的划分,如有的学者即把约1.5万年至约1万年期的石器时代称为中石器时代,并把中石器时代放入早期新石器时代。不过我们在研究土家族地区旧石器时代的思维演进时,只就目前已确知的1.8万年以前的五种古人类化石人进行研究。

### 一、"建始人"的思维特征

　　人类是从自然界进化而来的。在这个进化的过程中,目前我们已知的人类及其他动物的最古老的共同祖先是埃及古猿,发现于埃及开罗西南撒哈拉沙漠的边缘地区,时代约在距今3000万年以前。作为当时地球上最先进的动物,它是一种猿体像猴的动物,只有现在的家猫那么大,头骨容量仅有约30立方厘米,雄雌两性的牙齿有大小区别,是当时地球上最大的哺乳动物。[①]

---

　　① 宋兆麟等:《中国原始社会史》,文物出版社1983年版,第3页。

在进化过程中,比埃及古猿更为发展了的是埃及猿,这是1966年至1967年在埃及法尤姆发现的。生活在距今2800万—2600万年期间。埃及猿的身体比埃及古猿大,脑量小,很像猴,牙齿又像猿,后肢比前肢长得多,用四足行走。①

在埃及猿之后,猿的进化进程被认为拉开了两条并行的进化路线,即"一支经过森林古猿逐步演化为现代人;另一支经过腊玛古猿、南方古猿到直立人"②。

森林古猿最初发现在法国,因这一类化石同树叶化石并存,故称森林古猿,生活在距今约2500万年至500万年期间。后来,在亚、非、欧各地都有发现。森林古猿被认为是现代人的祖先。③

腊玛古猿最先在印度北部西姆拉低山区的哈里塔良格尔发现。后来在东非的肯尼亚、欧洲的一些地方及中国南方等地都有出土。腊玛古猿生活在距今约1300万—800万年期间。吴汝康在《人类的诞生地在哪里?——谈世界上首次发现腊玛古猿头骨》④中认为,这种腊玛古猿可能是属于人的系统,人类的诞生地很可能主要是在亚洲。当然,作为人类的前驱,腊玛古猿是经过漫长的历史发展才进入人类社会的门槛的。《中国历史的童年》中说:由于腊玛古猿的头部和其他结构上同人类有许多相似之点,因而被许多科学家认为是与人类最亲近的一种古猿,人类是由它演变而来的⑤。有的科学家甚至干脆把腊玛古猿看成是人类的起点。因为据他们猜测,这种古猿不仅已经能直立行走,而且也可能会使用天然工具了。乔明顺在《简明世界史》上说:"根据考古材料,目前已知最早的'正在形成中的人'的化石是距今1400万年至800万年前的腊玛古猿。"⑥万绍华等主编的《中国历史简编》⑦也主此说,认为人类是从腊玛古猿进化而来的。

南方古猿被认为是人类历史的真正开端。《简明世界史》认为南方古

---

① 参见宋兆麟等:《中国原始社会史》,文物出版社1983年版,第3页。
② 同上书,第7页。
③ 参见同上书,第4页。
④ 吴汝康:《人类的诞生地在哪里?——谈世界上首次发现腊玛古猿头骨》,《人民画报》1981年第7期。
⑤ 贾兰坡等:《中国历史的童年》,中华书局1983年版,第17页。
⑥ 乔明顺:《简明世界史》,北京大学出版社1993年版,第4页。
⑦ 万绍华等:《中国历史简编》,湖北人民出版社1988年版,第14页。

猿和腊玛古猿都是正在形成中的人,不过南方古猿是处于更晚期的而已。《中国原始社会史》①则认为"以南方古猿为代表的化石及其文化,是人类最早的人类遗迹"。南方古猿生活在距今 300 万年以前。

南方古猿化石最先是在南非的阿扎尼亚金伯利市的一个山洞里发现的,以后在许多地方都有发现。中国是发现南方古猿的国家之一,而土家族地区的巴东、建始正是发现南方古猿的地区。据《鄂西土家族简史》载:1970 年,恩施地区博物馆在建始高坪龙骨洞发现南猿、巨猿化石及二三十余件伴生动物化石,并在巨猿洞同一层位里发现有三颗高等灵长类的牙齿化石;另在巴东中药材经理部挑选出一颗下牙齿化石,经有关人类学家鉴定,确认是南方古猿。南方古猿属于人科,《简明世界史》称南方古猿属于早期直立人。学术界已有学者直接将其称为"建始人"②。根据历史发展的链条,"建始人"的思维发展水平表现在:

首先,一定的交际意识的发生。"建始人"既属于直立人,其面部已经开始向后退缩,上颌犬齿窝与人类相似。犬齿窝是用来固定一块筋肉帮助说话的。这说明,"建始人"已经开始有了说话的能力。按照思维发生说,"首先是劳动,然后是语言和劳动一起,成了两个最主要的推动力,在它们的影响下,猿脑就逐渐地过渡到人脑"③。而语言的产生,应该说又是人们具有思维能力的反映,是出于某种不得不交往的需要。恩格斯对此论述说:"劳动的发展必然促使社会成员更紧密地互相结合起来,因为它使互相支持和共同协作的场合增多了,并且使每个人都清楚地意识到这种共同协作的好处。一句话,这些正在生成的人,已经达到彼此间不得不说些什么的地步了。需要也就造成了自己的器官:猿类的不发达的喉头,由于音调的抑扬顿挫的不断加多,缓慢地然而肯定无疑地得到改造,而口部的器官也逐渐学会发出一个接一个的清晰的音节。"④而"伴随着语言的发展,带来了一个意

---

① 宋兆麟等:《中国原始社会史》,文物出版社 1983 年版,第 5 页。

② 张应斌:《清江古文化论》,《湖北民族学院学报》1996 年第 3 期。

③ 恩格斯:《自然辩证法》,《马克思恩格斯选集》第 4 卷,人民出版社 1995 年版,第 377 页。

④ 同上书,第 376 页。

义重大的结果——知性从感觉的束缚下解放出来"①。

其次，一定的"群"的意识的产生。"建始人"已进展到结合成群体进行生活的程度，这种群体通常称为"群"或"原始群"。群体中两性间实行杂交，无婚姻可言。作为"群"的意识，应有了共同生产、共同生活、生产资料公有等社会准则，也就是说有了一定的社会规范，有了一定的对个体与群体关系的意识。作为"群"，人们还可以无限制地性交，它同动物的性交还没有严格的区别。"所谓杂乱，是说后来由习俗所规定的那些限制那时还不存在"，"现在或较早时期通行的禁规在那时是没有效力的"②。《列子·汤问》所谓"男女杂游，不媒不娉"；《吕氏春秋·恃君览》所谓"昔太古尝无君矣，其民聚生群处，知母不知父，无亲戚兄弟夫妻男女之别，无上下长幼之道"，都是对这种"群"的写照。但尽管如此，仍不应否认他们的"群"的意识存在。

再次，一定的选择意识的发生。最早的南方古猿化石及建始南方古猿化石的发现，均在洞穴中，至少向人们证明一个问题，这就是《春秋纬·命历序》中所说的"合洛纪世，民始穴居，衣皮毛"，"古之民，不知为宫室时，就陵阜而居，穴而处。"穴处，表明了"建始人"的选择性思维的发生，即利用天然洞穴作为自己的防护所。应看到，这是人类在进化过程中利用了一种自然力。贾兰坡在《有关人类起源的一些问题》③中讲，南方古猿能制造粗糙的生产工具，已经属于人的范畴了。

值得注意的是，《中国历史简编》④列了一个基本线索，即腊玛古猿、南方古猿、蝴蝶人（距今 400 万年）、东方人（距今 250 万年）、猿人、古人、新人的系列，这对于土家族的研究，应是值得注意的问题。他们强调，蝴蝶人、东方人、元谋猿人都生活在云南元谋地区，当然自成一个系列。土家族地区"古猿"的发现当然还未形成系列，期待着更多的考古发现，故此只涉及南

---

① ［德］奥斯瓦尔德·斯宾格勒著，吴琼译：《西方的没落》第 2 卷，上海三联书店 2006 年版，第 7 页。

② 恩格斯：《家庭、私有制和国家的起源》，《马克思恩格斯选集》第 4 卷，人民出版社 1995 年版，第 32、31 页。

③ 贾兰坡：《有关人类起源的一些问题》，《古脊椎动物与古人类》1974 年第 3 期。

④ 万绍华等：《中国历史简编》，湖北人民出版社 1988 年版，第 14 页。

方古猿,其中南方古猿"建始人"一支的上述三个方面,都应作为思维历史演进的轨迹。

## 二、"巫山人"的思维特征

在重庆巫山县龙坪村发现约 200 万—180 万年前的早期人类化石"巫山人",是与元谋猿人同时代而略早的人类。据《世纪行》1994 年第 7 期刘勇的文章《亟待拯救的三峡文物》中说:"早在 200 万年前,三峡两岸就生活着我们的先民。1985 年至 1988 年对巫山人的发现研究表明,巫山人属直立人的一个新亚种,证明三峡地区是我国古人类的重要生息地之一,也是人类起源的重要地域。"考虑到元谋人的年代是 170 ± 10 万年,正好略与巫山人同期,故可把"巫山人"的思维进化进程描述如下:

首先,巫山人创造意识的萌芽。巫山人应该已使用石器,石器的类型应有石片、石柱、尖状器、刮削器等。与此相应,巫山人也应还有木器之类的生产工具,而石器的制作与使用是同人类思维的发展相关的。

简单比较所体现的人的综合意识。制作石器,首先要选择石料,因为他们要知道,并不是一切石料都能制造生产工具,只有那些既容易打制,又比较耐用的石料才适合制造工具。于是,先进行地域比较,因地制宜,就地取材当然好得多;其次是石料的比较,选择有硬度、韧性、脆性特点的石料。这种选择,如果没有一定的综合能力是不可能完成的。

制作石器过程体现的人的转换意识。为了制作石器,人们当然要有所需石器的蓝图,因而制作石器的过程,实际上是意识的转换过程。由选择石料到确立好打制的石器的目标平面(考古学上称为"台面"),从"石核"中产生"石片",直到用锤敲击等,整个过程,都应是在特定的"石器意识"指导下实现的转换,其思维程序是根据以往的经验先形成制作石器的蓝图,然后再制造。

以物治物的事物之相互作用意识。恩格斯曾指出:"相互作用是事物的真正的终极原因。我们不能比对这个相互作用的认识追溯得更远了"①。

---

① 恩格斯:《自然辩证法》,《马克思恩格斯选集》第 4 卷,人民出版社 1995 年版,第 328 页。

这种相互作用的意识,可以从石器制作上看出。制作石器,无论是直接打击法还是间接打击法,一个很重要的原理即是以物治物,这即可看做是特定物理学知识的萌芽。从哲理思维的角度讲,应是事物相互作用的意识。这种意识,如果人们研究云南独龙族利用火和水、石的相互作用来产生石片的方法,则会有更明确的显示:先把较大的石块放在火上烧烤,等加热到一定温度后,再往石块上泼水,于是石料破裂,脱落下许多石片,从中选择制作石器的石料。应该说,这是一种较进步的相互作用意识。

石器的多样化体现人的预期意识的发生。人们使用不同的石器,是由于人们已知道不同的生产工具会获得完全不同的效果。反过来,人们使用各种不同的生产工具,当然也就体现了对不同效果的预期。这就是说,这时的人类已经有了预期意识。关于预期意识,恩格斯指出:"人离开狭义的动物愈远,就越是有意识地自己创造自己的历史、未能预见的作用,不能控制的力量对这一历史的影响就越小,历史的结果和预定的目的就越加符合。"①

其次,巫山人用火表征的认识发展。火作为一种生产力,从其与人的关系,特别是从人对火的认识和控制历程看,大致经历了三个时期:一是对火的认识阶段,这是由怕火到利用火,或者在野火燃烧后的灰烬中寻找可食之物;二是对火的控制时期,这是以从利用野火到控制野火为标志,这是一种认识上的飞跃;三是造火时期,主要是人工造火,这是人们改造自然力量增强的表现,甚至可以说是人类最终脱离动物界的标志。

火的使用,应看做是巫山人在其历史发展中的一大发明。当然,巫山人还不可能前进到控制火的那一步,更不可能前进到改造火的那一步。但是,如果比照元谋人,认识火是可以认定的。而认识火的这一个阶段,不管从何种角度讲,能实现由惧怕火向应用火的转变,从思维的进程上讲,这已是一种进步,一种征服欲望、一种生存欲望的萌生。

火的使用标志着人类开始学会支配自然力,它使原始人逐渐改变生食的习惯,这对于改变原始人的体质,促进大脑的发展起着重要作用。此外,

---

① 恩格斯:《自然辩证法》,《马克思恩格斯选集》第4卷,人民出版社1995年版,第274页。

原始人还可以利用火取暖、照明、驱赶野兽等,在一定时代还可以利用火来制造生产工具。所以,马克思纠正摩尔根把"火"只认着是人类早期次要发明的观点,而强调"一切与火有关的东西都是主要的发明"①。

再次,巫山人的血缘意识的发生。在巫山人所属的直立人时期,血缘意识已开始发生。这一时期,由于劳动中年龄分工的出现,由于男女生理条件的悬殊引起的不同反应,由于思维的进步,终于在原始群内排斥了杂乱的性交关系,产生较为固定的血缘群团。在这种血缘家庭中,排斥了不同辈分之间的性交关系,只允许同辈之间的相互通婚。那个时候,"姊妹曾经是妻子,而这是符合道德的"。② 原始人把这种关系看做"自然而然"的事。应注意,巫山人的这种血缘意识,在现今的土家族地区仍有神话传说反映,例如《鹰公佘婆》讲的是战争过后,佘香香一个人存在下来,感鹰而孕,生下天飞和芝兰,然后兄妹成婚。这当中,既有原始群期的只知其母不知其父的情况,又有兄妹成婚的情况。从意识进程讲,其最大特征是承认不同辈分之间的血缘关系,这就是血缘意识,这是伴随着一定道德约束发生的血缘意识。因此,一旦进入血缘家庭,应自然而然有血缘意识。

朱智贤曾说:儿童个体智力发展史是人类种系智力发展史的缩影;剔除了现代社会环境对儿童的影响,儿童的认识能力的发展经历了三个阶段,其中0—3岁时应是感觉动作思维阶段,3—7岁时是具体形象思维阶段,7岁以后是抽象逻辑思维阶段。这种区分,事实上是国内外心理学界的共识。③以此为据,可推知巫山人处在感觉动作思维阶段,他们的思维受自己直接感知的对象和实际活动的控制,思考的只能是他们正在做的事情,不可能发生由此及彼、由近及远的推理,还不可能有概括力和想象力。从认识发展的角度讲,他们还不可能形成自己的世界观,还不能意识到自己同自然界的区别,还缺乏人与自然的相互联系的观念。

---

① 马克思:《路易斯·亨·摩尔根〈古代社会〉一书摘要》,《马克思恩格斯全集》第45卷,人民出版社1985年版,第379页。

② 恩格斯:《家庭、私有制和国家的起源》,《马克思恩格斯选集》第4卷,人民出版社1995年版,第33页注①。

③ 参见朱智贤:《儿童心理学研究中的若干基本问题》,《北京师范大学学报》1979年第1期。

### 三、"长阳人"、"桐梓人"、"资阳人"的思维特征

"长阳人"是旧石器时代中期的人类形态,"资阳人"、"桐梓人"是旧石器时代晚期的人类形态。这些遗址所反映的文化属旧石器时代的中晚期,从思维水平上讲,应该说已具备了以下的特征:

首先,灵魂观念及所体现的思维发展。"山顶洞人"和"资阳人"的下限年代一致,而"山顶洞人"有了灵魂观念。按照山顶洞人的思维水平,最突出的成就是发生了灵魂观念。这表现在他们埋葬死人有一定的规矩,以燧石、石器、石珠、穿孔兽牙等物品随葬,并在死者身旁撒有红色铁矿粉粒等。[①] 这除了表明人类已过定居生活而外,更重要的是在思考人生的目的、意义问题,是人的一种自我意识。从哲学的层面上讲,灵魂观念隐含了一个重要的哲学方法——对立面的统一性方法,其具体思维目标在于解决感官所见的死人与梦境中出现的同一个活人之统一的根据问题,从而合理地解释"梦"与"死"等令人疑惑的问题。

灵魂观念的萌芽。这从对死的一般看法、布置可见,例如,随葬品,既可能是生前喜欢的某种物品死后也跟着随葬,也可以是把生前的美的观念带入死后,对生人、对死人都是设想一种界限,这就是肉体和灵魂的界限,正如恩格斯所说:"在远古时代,人们还完全不知道自己身体的构造,并且受梦中景象的影响,于是就产生了一种观念:他们的思维和感觉不是他们身体的活动,而是一种独特的、寓于这个身体之中而在人死亡时就离开身体的灵魂的活动。"[②]从其有对肉体与精神关系问题的思考来看,这应即哲学思维的萌芽。

联想和类推思维的萌芽。从思维的一般进程说,灵魂观念表明人们已能思考生与死的问题,思维已经能离开当前的行为而作类推和联想。从忙忙碌碌的现实生活中思考死后的生活。这表现在:用红色来作为生命的象征,作为一种生存意识的投射。因为红色是生命的象征,是火与温暖的象

---

① 参见任继愈主编:《中国哲学发展史》先秦卷,人民出版社1983年版,第47页。
② 恩格斯:《路德维希·费尔巴哈和德国古典哲学的终结》,《马克思恩格斯选集》第4卷,人民出版社1995年版,第223页。

征,红色的铁矿粉正好是这种表示,即既给死者以温暖,又企望死者获得再生①。联想思维和类推思维的萌芽,是人类思维进程中的里程碑式的成果,有了这种思维,人们就能拉开大规模地改造自然界的斗争序幕,在很大程度上说,是人类文明发展的思维起点。

自律意识的萌芽。这可以从墓葬制度,即埋葬人的规矩来把握,并可看做是一种道德意识的体现。由于意识到关于他们同自然界的关系,关于他们之间的关系,或者是关于他们的肉体组织,因而把他们自己同自然界区别开来,意识到了自己的特殊存在性;由于意识到他们的肉体组织及他们之间的关系而有了一定的自律意识,一种道德约束。从山顶洞人的遗迹反映,埋葬的人与生存的人分别于洞的上下室,显然已意识到生与死的界限;埋葬人的程式化操作,显然已是一种规范化的自律意识的表现;加上这一阶段本身所具有的一定的社会组织结构及简单规范,当然免不了自律意识的发生。自律意识有个体自律意识与群体自律意识之别,比如丧葬,在一定程度上体现了对老人的尊重,这既是一种对血缘意识的强化,又是一种群体自律意识。

其次,制造工具及体现的思维发展。从制造工具的角度来研究,在长阳人、桐梓人时代,至少在资阳人时代,土家族地区的先民思维,已有了较高程度的发展。

创造性思维的发展。这一时期,一是工具种类趋于多样化,二是工具构成精美化,表明人们已经积累了经验和技能,并在积累的基础上进行创造,而这是以创造性思维的发展为前提的。这个时期,石器制作技术获得了改进,石器的类型有了增加,石器的用途有了分工,石器的制料已经多样化,而且骨器、角器、木器等也已广泛采用。除此之外,工具的制作方法也已多样化,应该说这是创造性思维发展的结果,或者更确切地说,这是一种组合意识发展的结果,即不同的石料经过不同的方法制成不同的石器发挥不同的功用,这种组合意识、这种创造性思维还典型地表现在复合工具的制作和作用上。

相互作用意识的强化。这主要体现在磨制石器、钻孔技术等方面。钻

---

① 参见周国兴:《人怎样认识自己的起源》上册,中国青年出版社 1977 年版。

孔技术利用的是人力、砂子、水及被钻孔物体的相互作用；磨制石器利用的是石、水、砂子等事物的相互作用，这两种相互作用，是继巫山人的打制石器之后的一种意识强化。严格讲来，这是长阳人、资阳人、桐梓人对物理现象之间关系的一种自觉，是事物相互联系观念的发展。

转化意识的发生。这一点，在摩擦取火和弓箭的作用上表现得特别明显。摩擦取火是在旧石器时代的中、晚期发生的，恩格斯在《自然辩证法》中指出："摩擦生热，这在实践上史前的人早已知道，他们也许在10万年前就发明了摩擦取火，而且在更早以前就通过摩擦来温暖冷冻了的肢体。"①这一过程，在物理学上是机械运动向物理运动的转化，表明了他们一定的转化意识的发生和发展。恩格斯甚至说："在实践上发现机械运动可以转化为热是很古的事情，甚至可以把这种发现看作人类历史的开端。……人们只是在学会了摩擦取火以后，才第一次迫使某种无生命的自然力替自己服务。"②至于说弓箭，从28000年前的旧石器时代晚期遗址中有石簇来看，其历史是悠久的。而弓箭，马克思在《资本论》第一卷第十三章中已分析其具有了机器的三要素：动力、传动、工具，体现了动能向势能的转化。这两大发现，标志着人类已能冲破自然力的束缚，向生产的广度和深度进军了。

再次，美的意识发生及体现的思维特征。在旧石器时代的晚期，在长阳人和资阳人时期，人们已开始意识到人与人的关系，即有了一定的自我意识，有了人类意识，这是在"建始人"的"群"意识、巫山人的血缘意识基础上发展起来的，主要表现在两个方面：一是前面已经述及的对死者的慎重处理和安排，一是这里叙述的由衣服及原始手工艺品的出现所体现的美丑观念。这个观念，在旧石器时代的中晚期遗址中是较为普遍体现的，例如山顶洞人里有一批穿孔的兽牙、海蚶壳、石珠、小砾石等。黑格尔把美学称为"艺术哲学"，强调美学"这门科学的正当名称却是'艺术哲学'，或者更确切一点，'美的艺术哲学'"③，从中不难看出美的意识与哲学意识的关系。

---

① 恩格斯：《自然辩证法》，《马克思恩格斯选集》第4卷，人民出版社1995年版，第334页。

② 恩格斯：《自然辩证法》，《马克思恩格斯全集》第20卷，人民出版社1971年版，第449—450页。

③ ［德］黑格尔著，朱光潜译：《美学》第1卷，商务印书馆1979年版，第3—4页。

个体意识的强化。原始社会是以"群"为特征的。随着生产力的发展，个体力量的增强，个体即可在一定程度上脱离群体，而美的观念的发生，便是这种个体意识在群体意识中的分化，证明"全部人类历史的第一个前提无疑是有生命的个人的存在"①。

实用意识的弱化。这表现在生产工具的美化方面。生产工具表明的首要功能是实用性，但如果是生产力极其低下，人们主要是为解决生存问题时，这种劳动就完全是实用性的，因而就不可能产生美的意识。美的意识的产生，意味着实用意识的弱化，至少可以说是从实用意识中分离出了美的意识。按照人类学家的实证研究，"用处"和"兴趣"是两个不同类型的问题，是两个不同的词，"用处"着眼于实际方面，"兴趣"则着眼于理论方面。②因此，实用意识的弱化具有极强的理论意义，是人类思维进步的重要标志。

类生存意识的强化。按照马克思在《1844年经济学哲学手稿》中所说，美的观念表示人们已意识到"人和人之间的直接的、自然的、必然的关系是男女之间的关系"，这种关系的确切意义是人类的生存，因为这是人类早期的主要实践活动，即一方面是生活资料即食物、衣服、住房以及为此所必需的工具的生产，另一方面是人类自身的生产——即种的繁衍。③美的意识的发生，实际上是在原始的性的实用性基础上，增加了美的意识，即增加了审美性。应当说，这是在更高的层次上鼓励人口的增殖，因而是类的生存意识的发展，是血缘意识向类的生存意识的升华。

关于土家族地区的旧石器时代，黔江发现了东方剑齿象牙齿化石，经过1978年及1979年的两次试掘，发现多种古动物化石及一件打制"石斧"，这些动物是"长阳人"的伴生动物化石，表明这一带也应有人类活动，或许本身就是"长阳人"④。林时九在《湘西古代民族的文化渊源探索》中也强调

① 马克思、恩格斯：《德意志意识形态》，《马克思恩格斯选集》第1卷，人民出版社1995年版，第67页。

② 参见[法]克洛德·列维-斯特劳斯著，李幼蒸译：《野性的思维》，中国人民大学出版社2006年版，第2页。

③ 参见恩格斯：《家庭、私有制和国家的起源》，《马克思恩格斯选集》第4卷，人民出版社1995年版，第2页。

④ 《黔江土家族苗族概况》编写组：《黔江土家族苗族概况》，内部资料1984年版，第16页。

说:湘西的永顺、桑植等地,都发现有"长阳人"的伴生动物化石①,属于同质地区,也应有古人类活动。从已知的情况认定,在现今的土家族地区存在着远古的人类活动,他们的文化创造与土家族文化应当具有历史联系。正是基于这种思考,有理由把本区域旧石器时代的建始人、巫山人、长阳人、资阳人、桐梓人作为土家族先民来研究,确认其思维进程应当是土家族先民的思维发展。在整个旧石器时代结束,土家先民应当具备了对自然现象之相关关系的意识,对人与人关系的意识,对人生重大问题的意识等,而这种思维能力一经形成,就明确地反映了人与其他动物的明确区别,这就是人的自我意识和自主精神活动及其所体现的对世界的改造,体现了原始初民的世界观与方法论。

## 第二节　新石器时代土家族哲学思维的萌芽

在现今的土家族地区,新石器时代的遗址很多,为我们勾画这一地区的古人类活动提供了极为丰富的材料。而且可以看到,这里的文化创造有一定的连续性和协同性。例如,在湘西自治州境内,龙山县里耶溪口台地有新石器时代文化;大庸古人类遗址,上层是战国文化,下层是原始社会文化;永顺县不二门出土了新石器时代的文化;泸溪县出土的浦市下层(早期)是大溪文化,上层是晚期龙山文化,学界多数肯定这些文化创造就是现今土家族远古先民的文化创造,因为这里的地貌没有冰川、冰河现象,这群人既不会全部死亡,也不会全部迁走。至于鄂西南地区,其文化发展序列更是一个连续的历史链条:巴东峡区地下文物已发现 128 处,其中旧石器时代地点 11 处,古生物化石地点 1 处,这些遗址上自石器时代,下至明清,尤以新石器时代至西周时期为最多。② 此外,在长阳、五峰、黔江等其他的土家族聚居区,也都发现新石器时代遗址。可以想见,根据历史地理学及人类文化发生学的观点,这些文化应当是土家族先民的文化创造,因而我们将其作为土家先

① 参见湘西自治州民委编:《土家族历史讨论会论文集》,内部资料 1983 年版。
② 参见《鄂西报》1994 年 5 月 29 日。

民的文化加以研究,并探讨其哲学思维的发生。

## 一、新石器时代土家族地区的文化区划

对于中国新石器时代的文化区划,人们有不同的研究。考古学界一般分为四大区,即黄河流域、长江流域、北方和华南。向绪成在《中国新石器时代考古》①中划分为八大区:黄河中上游文化区、黄河下游文化区、长江中游文化区、长江下游文化区、东北文化区、西北文化区、东南文化区、西南文化区,并强调在各大文化区还可以划分若干文化小区。按照他的划分,现今的土家族地区属于长江中游文化区,其中该区又分为洞庭湖(流域)区、长江三峡与鄂西南区、汉水以东以北地区。根据这个划分,现今的土家族地区文化,就自然而然地属于两个文化区:湘西是洞庭湖文化区,重庆东部与鄂西属于一个文化区。洞庭湖区以彭头山文化→皂市文化→大溪文化三元宫类型→屈家岭文化划城岗类型→石家河文化太山庙类型为历史序列。三峡与鄂西南地区文化发展序列为:城背溪类型文化→大溪文化关庙山类型→屈家岭文化关庙山中层类型→石家河文化季家湖类型。

据目前掌握的资料,土家族地区分属两种不同的考古文化类型,并可确认土家族地区这两种文化区应分别为濮蜒文化和百濮文化,其中渝东和鄂西是濮蜒文化,湘西是百濮文化,且这两种文化各有特点。

百濮文化区陶器印纹发达,多刻画纹饰,不见或少见三足器,多圈底器、圈足器、平底器、夹沙红褐陶。在湘西地区成为楚的黔中地区之前,与四川南部、贵州到云南就属同一文化区,其族群应是百濮。② 林时九在《湘西古代民族文化渊源探索》③中也强调:这些文化创造的主体,应该是濮。考古学进行的比较研究表明,湘西的考古文化还区别于周围的各小区文化而有自己的特点:既不同于洞庭湖西北岸的楚族先民的龙山文化,也不同于湘江流域的越族原始文化。从陶系上说,湘西大多是火候较低,质地较软的夹沙红褐陶,而楚先民的多是磨光黑陶和火候较高的夹沙红陶,湘江流域则多是

---

① 向绪成:《中国新石器时代考古》,武汉大学出版社1993年版。
② 参见何介钧:《从考古发现看先秦湖南境内的民族分布》,《求索》1983年第4期。
③ 林时九:《湘西古代民族文化渊源探索》,湘西自治州民委编:《土家族历史讨论会论文集》,内部资料1983年版。

硬陶及夹沙红陶;从纹饰上讲,楚先民多方格纹、云雷纹、重圈纹、S形纹,湘江流域多拍印的几何形纹饰,如折曲纹、水波浪形口沿和尖底器物,可见与巴人也不属于一个文化系统,学界也多据此认定湘西属濮人文化。① 从历史上对湘西地区濮人的记载看,这个分析是有见地的。

　　瀼蜒文化区陶器以粗红陶为主,外红内黑;纹饰有少量刻画纹,主要是平行带纹、点状纹,有支底釜等陶器。可见,从陶器上看,这与湘西区有明显差别。据参加三峡考古的邓辉介绍,巫山以东的古代巴人地区属于一个文化类型。值得提出的是,在巴东东瀼口发现了石器的制作作坊,学界认定是古代瀼民的文化遗存②。邓少琴在《巴蜀史迹探索》中详论曰:"大瀼、清瀼、东瀼、西瀼之称","为旧日瀼蜒之民所居而名之也。"据史书所载,巴人的活动区域原先正好是瀼蜒之民的活动区,如《华阳国志》讲涪陵郡"多瀼蜒之民";讲蜀郡广都县"瀼蜒鼓刀辟踊,感动路人";《晏公类要》在讲到"荆楚之风"时,讲到"有瀼蜒人焉",由此可知《世本》所谓"廪君之先,故出巫蜒"的真实历史意蕴,这就是由长阳人经过历史演化而至巫蜒(瀼蜒)而至廪君巴人。这个巫蜒之民,被称为是以蛇为图腾的"盐神人",后来成为土家族的重要先民。③ 张应斌在《清江古文化论》里还描述了这样一个过程:清江化石古人("建始人"→"长阳人")→清江传说古人("盐神人"→"廪君人")→清江文献古人(巴人)→清江土家族。我们可以补充说,清江传说古人中的"盐神人"、"廪君人",也就是清江流域新石器时代传承下来的瀼蜒人。④ 瀼亦即相,蜒应即后来的谭,分别是以虎、蛇、鹰等为图腾的族类,其间有一个融合的过程。笔者曾在《巴·巴人·巴文化释名》中对这一过程有所详论。⑤ 也就是说,清江流域新石器时代文化与现今土家族文化有渊源关系。

---

　　① 参见彭南钧:《源远流长　正本清源——关于土家族的几个主要问题》,湘西自治州民委编:《土家族历史讨论会论文集》,内部资料1983年版。
　　② 《鄂西报》1994年5月29日。
　　③ 参见张应斌:《盐神与清江蛇族探秘》,《陕西师大学报》1994年访问学者专辑。
　　④ 参见张应斌:《清江古文化论》,《湖北民族学院学报》1996年第3期。
　　⑤ 参见萧洪恩:《巴·巴人·巴文化释名》,《湖北民族学院学报》1991年第1—2期。

值得提出的是,土家族先民的这两个文化区,又具有协同性,一开始就反映了某种文化创造的共同性,例如在湘西区的文化,一方面可以看到彭头山文化和皂市文化遗址的分布从湘西山地逐渐向洞庭湖盆地扩张;另一方面也看到鄂西的城背溪文化和彭头山文化的晚期遗存有相同的文化因素,如陶质陶色相同,绳纹、戳印纹等纹饰大多相同,虽然不能否认仍有明显的区别。至于到了大溪文化阶段,三元宫类型和关庙山类型从第一期至第五期,文化共性则更多。这至少可以说明,从新石器时代的早期或旧石器时代的晚期,两区的人民已开始有了交往,文化已开始了某种交融,这应即后来在这一带聚居区形成土家族的历史文化基础,当然也是我们把它们作为一个文化类型加以研究的基础。

**二、新石器时代土家族先民的社会进程**

据研究,在土家族地区,现已被专家们确认的新石器时代原始文化有"城背溪文化"、"大溪文化"、"屈家岭文化"、"石家河文化"、"魏家梁子文化"等。考古专家在对不同区域发现的同名文化中的遗存材料进行总结、归纳后发现,虽然不同区系类型表示出同一文化中的差异性,但均与土家族地区的先民们有着不解之缘。土家族的传统文化,正是从其先民的原始文化里一步步发展到今天的。①

新石器时代的早期土家族地区文化,在鄂西是"城背溪文化",在湘西是"彭头山文化"和"皂市文化",其地质年代大约距今 12000 年到 7000 年。从社会发展阶段看,生产工具以打制石器为主,"彭头山文化"只见石器,分细小燧石器、大型打制石器、磨制石器三类,磨制石器只有石斧。"皂市文化"有燧石打制石器及磨制石器,而且出现了通体精磨的石器,如器型较小的石斧等。"城背溪文化"既有磨制石器,也有打制石器,以打制的居多,石器的种类也较多。在经济方面,狩猎、捕鱼、采集经济显然居于主要地位。"彭头山文化"已反映了一定的稻作农业,但并不居于主要地位(从陶质胎内有大量的稻壳和有机物可见)。"皂市文化"的农业发展则很明显。在陶器方面,以手制为主,火候较低,陶色不匀,"皂市文化"反映的基本相同。

① 参见邓辉:《土家族区域的考古文化》,中央民族大学出版社 1999 年版,第 32 页。

已开始过定居生活,有房舍遗址。

在新石器时代中期,生产工具仍以石器为主,在三峡地区,打制石器仍然较多,并且多重大厚重石器,如石斧、石锄等,制作较粗糙。从生产工具看,这一时期的经济以农业经济为主,兼营狩猎、捕鱼经济,畜牧业有了一定的发展,如养猪(从殉葬品有猪骨可见)。当时已普遍种植水稻,主要是粳稻,这是我国目前发现的较早的种植粳稻。手工业主要是制陶业和纺织业。这一时期大致从母系氏族社会晚期向父系氏族社会过渡,出现了私有制和贫富分化,开始了迈向奴隶社会的门槛。这一时期的绝对年代为距今6500年至5000年左右。

新石器时代的晚期,大约是距今5000年至4000年。

在新石器时代的中、晚期,土家先民聚居区与其他地区相比,显示出某种落后性,例如在生产工具方面,其他许多地方有由人力牵引的原始犁,有了一定的冶铜业,而土家族地区还没有。在精神生活方面,其他地方出现了骨管等乐器,但土家族地区还未见。不过,也有值得称道的地方,例如在宜昌县杨家湾遗址发现了近6000年前的最早的象形文字,为研究文字的起源提供了宝贵的资料。

按照历史发展的一般进程,从旧石器时代至新石器时代结束,在文化发展上应达到了这样的程度:有地理、天文、气象、动植物和医药方面的科学知识萌芽,特别是对数学有一定的认识,当然还概括不出抽象的数字;应有文字的发明创造,这是原始人在记忆事物和表达信息的过程中创造的,而在新石器时代会出现图画文字,是介于图画和文字之间的一个过渡阶段,它不读音,只表意,并在此基础上产生最初的象形文字;应在这期间产生原始的艺术、音乐、舞蹈,产生原始宗教,具有关于来世的观念、灵魂观念、万物有灵的观念、图腾观念、祖先崇拜观念、自然崇拜观念等;最后,还产生私有观念等政治经济观念。因此,土家地区新石器时代也应作如是观。限于考古材料限制,很多观念还难于考见。

### 三、丧葬反映的哲理思维的萌芽

"城背溪文化"难于考见墓葬材料。在"彭头山文化"中发现有墓葬18座,墓坑小而浅,有方形、长条形、圆形和不规则性,多属二次葬,墓内不见骨骸,可能被移走,随葬品 1 至 4 件不等。一次葬墓内发现有骨架,但保存不好,有的(如 M37)可能是屈肢葬,随葬有石质装饰品。在"皂市文化"中,丁家岗发掘有三座墓葬,人骨皆朽,其中有两座有随葬品,一座随葬釜、钵、盘共 3 件;一座只随葬 1 件白陶盘。汤家岗发现有十座墓葬,头朝西,个别朝南,均有随葬品,只随葬陶器,一般 3 至 5 件,已发现这时的埋葬有了一定的规律。从整个新石器时代的考古材料看,这一时期的土家族墓葬都是土坑墓葬,但有一次葬、二次葬的区别;有直肢葬、屈肢葬的区别;有单人葬和合葬的区别;还有瓮棺葬等形式。反映出葬式的多样性。① 从理论上说,由墓葬应可看出其体现的观念形式。

首先,"二次葬"对生死问题的思考。在整个新石器时代,土家族地区的"二次葬"都是明显的。在大溪文化关庙山遗址类型是实行二次葬和合葬,二次葬是实行土坑葬。实行二次葬,显然有一定的观念发生。根据后来形成的岩墓二次葬、拾骨葬、土坑二次葬的综合评述,我们觉得这是一种对人的死亡类型的区分,即对正常死亡者,实行二次葬;对非正常死亡者,实行多次葬。在湘西地区,现在还有实行二次葬的,在老人死后,第一次土葬称为"新寄","新寄"非常简单,死者的姿势不论。三年以后再进行实葬,算是正式埋葬,相当隆重。歹死者则要多次移迁。现在人们吃饭不准换吃饭的碗,否则死后不准换坑(不能换坑)。至于岩墓的二次葬,在现今的土家族地区到处皆是。拾骨葬也在利川一带存在。从"岩墓二次葬"强调的"弥高者以为至孝"、"以先坠者为吉"看,显然,区分"多次葬"和"二次葬",实际上是追求正常死亡,反映了一种自己对正常死亡的向往和类的生存的责任。这个观念,从现今清江流域对正常死亡者跳丧,而对不正常死亡者不跳丧的区别上,也可以极明显地反映出来。

其次,屈肢葬对旺盛生命的追求。在彭头山文化里,反映出一定的屈肢葬情况。在大溪文化关庙山类型,屈肢葬占有较大的比例,据研究可能是将尸体捆绑后埋葬的。三元宫类型文化的痕迹可见为屈肢葬。屈家岭文化的关庙山类型多屈肢葬。石家河文化也有屈肢葬,包括仰身屈肢葬和侧身屈肢葬。为什么要实行屈肢葬,或者说,屈肢葬的意义如何? 现在还难以确

---

① 参见向绪成:《中国新石器时代考古》,武汉大学出版社 1993 年版。

定。我们从大溪文化关庙山类型的屈肢形式多数是生前屈蹲烤火的形式推论,认为屈肢葬肯定与对火的崇拜有关。从现今土家族地区的火塘后方不坐人,认为那是留给祖先座的位置看,我们的猜测是有道理的。"屈肢葬"后可以有多种后果,或产生火葬,也可能天葬,也可能岩葬,也可能土葬。但不管哪种最终归属,起初都反映的是人们需要火。因而,屈肢葬反映的是人们的来世观念,将现世的喜好带到来世。与此相应的就当然是灵魂观念。从整个观念形态讲,屈肢葬是对火的崇拜的产物①。而火是生命力的象征,正像红色是生命力的象征一样。因此,崇拜火也就是崇拜自己的生命,歌颂自己的生命。因为,正像古希腊哲学家所说,整个世界都是一团永恒燃烧的活火。所以有研究表明,原始人类非常自然地把"吸食"柴草的火焰看成是一种带有神性的生存物,在他们充满想象的头脑中,火即成了有魔力的信仰对象。② 也就是说,原始人信仰"火"是自然而然的事。

再次,随葬品所反映的观念形式。从彭头山文化可见,墓葬中有随葬品,随葬陶器有 1 至 4 件不等。皂市文化中有的墓葬有随葬品,有的则没有,而且多少不等,有的是一件,有的是 3 至 5 件。到大溪文化阶段,第一、二期关庙山文化还不很悬殊,一般是 3 至 5 件,多的亦只有 8 至 9 件。到第三、四期时,悬殊就大了,少的十件以下,多的则达到了 70 多件。大溪文化的三元宫类型文化,丁家岗遗址墓葬的随葬品一般是 3 至 4 件,最多的也只有 8 至 9 件。但在划城岗遗址,则少的在 10 件以下,多的多达 70 多件,如 M63 达 77 件,M88 达 65 件。到屈家岭文化和石家河文化时,有的则多达 100 件,少的则只有 10 件以下,从中可以看出:

社会财富的分化。随着时代的发展,出现了越来越严重的贫富不均,应当说,这是社会走向新时期的表现,和传说中的廪君时代的社会状况相一致。

私有制及私有观念的发生。随葬的物品,当然是"自己的",当人们有了"自己的"财产后,就自然而然地有了"自己的"观念。也就是说,这是私

---

① 萧洪恩:《土家族火葬的流变及思想内涵初析》,《恩施州党校学报》1995 年第 1 期。

② 参见[英]E. 克洛特著,俞松笠译:《世界幼稚时代》,商务印书馆 1932 年版,第 81—82 页。

有观念的发生。与此相伴而生的是人们的自主意识,或者说是人们自立意识的发生。

灵魂观念和来世观念的展开。关于随葬物品,马克思在《路易斯·亨·摩尔根〈古代社会〉一书摘要》中指出:"占有者生前认为最珍贵的物品,都被关进死者的坟墓,供他在冥中继续使用。"①这就表现了灵魂观念和来世观念,这是最早的宗教观念。

生存意识和因果观念的发生与简单推理的萌芽。农业是从原始的采集业发展而来的,产业的这种进步反映在人们的头脑中即形成生存意识。在丧葬中表现在随葬品的特殊性上。皂市文化发现有随葬的釜、钵、盘、碗,其中碗的随葬率较大。特别值得提出的是,在大溪 M1 号墓中,用两个红陶碗盖在死者的两个乳房上,这同现今土家族地区将饭碗同死相联系是一致的。碗、乳,实际上都是人们生存之源。因而,殉葬品实际上反映的是生存意识,这从屈家岭文化中的瓮棺葬葬式也可以看出。瓮棺葬即用深腹平底罐作葬具,其上用碗、盘、钵、鼎、罐、盆等食具盖上。大溪遗址的女子与小孩合葬,更是生存意识。应当看到,这是一种人们对因果关系的思索,是从农业看到人的生存,从碗等看到人们的生存,正如恩格斯所指出:"由于人的活动,就建立了因果观念即一个运动是另一个运动的原因这样一个观念。"②一旦原始人有了因果观念,人们就有了一定的简单的推理能力,尽管这种能力还是很微弱的。

万物有灵观念的发生。这里最值得注意的是大溪遗址 M153 号墓用两条鱼分别垫在死者的两臂之下,M111 将鱼放在死者的颈部左右,尾端衔于人口中。清水滩 M1 骨架两旁也各有一片密集的鱼骨,显然是有意放置的。很显然,这反映了人们对鱼的崇拜。这种崇拜当然是原始的宗教观念,这种观念在现今的土家族民众中还能找到遗迹。

---

① 马克思:《路易斯·亨·摩尔根〈古代社会〉一书摘要》,《马克思恩格斯全集》第45卷,人民出版社1985年版,第380页。

② 恩格斯:《自然辩证法》,《马克思恩格斯选集》第4卷,人民出版社1995年版,第328页。

### 四、社会生活的观念形态

从社会发展的角度看,新石器时代的社会生活一定会形成一定的社会观念,这些观念应体现在以下几个方面:

首先,社会分工协作意识。由于生产工具的进步带来了工具质料的多样化和工具种类的多样化,而且,不同的工具种类由不同的生产部门来制作,这本身就是一种社会分工。与这种社会分工相联系,生产工具的类型也有了分工:农业生产方面的生产工具如斧、钵、凿、刀、镰等;用于粮食加工的工具如杵、臼等;用于纺织缝纫的生产工具如纺轮等;用于渔猎的工具有镞、矛、网等;其他如制陶工具等。根据工具的多样化,人们在观念中必须形成整体观,产生分工协作意识,这是对人与人的关系的意识,这种整体观后来在廪君巴人那里得到了升华。社会分工意识的发展在本质上是社会规范意识的发展,是自律意识的发展。因为"旧石器人比新石器人当然是个更野蛮的人,但又是个更自由的个人主义者和更有艺术的人。新石器人开始受到约束;他从青年时就受到训练,吩咐该做什么,不该做什么。他对周围事物不能那么自由地形成自己独立的观念。他的思想是别人给他的(按:指集体意识的增强);他处于新的暗示力下"①。

其次,对自然界的改造意识。从社会发展的角度看,这个时期最突出的社会发展成就应当是原始农业、畜牧业和制陶业的产生,并且是从原始的采集、狩猎获取天然物品等发展而来的。从经济形态上讲,农、牧、陶业的产生,是从"索取经济"向"生产经济"的转变,这种经济以人工增长为特征,以再生资源为资料,实质上是一种对自然界的改造,是一种对人与自然关系的意识。当社会发展到这一阶段,就从此在人类与自然的关系上,开始了由适应自然向改造自然的转变。恩格斯在《家庭、私有制和国家的起源》中肯定这是人类从单纯依靠"以采集现存的天然物为主的时期过渡到靠人类活动来增加天然产物的方法的时期"。自此而后,社会分工、相对定居、商品交换等都随之发生。因此,这是人与自然关系上的人的胜利,是人们强化"改造自然"意识的结果,是推动人类最初的"两种生产"协调发展的重要精神

---

① ［英］H. G. 威尔斯著,冰心译:《世界史纲》,人民出版社1982年版,第132页。

武器。恩格斯在谈到这个问题时说:"动物仅仅利用外部自然界,简单地通过自身的存在在自然界中引起变化;而人则通过他所作出的改变来使自然界为自己的目的服务,来支配自然界。这便是人同其他动物的最终的本质的差别"①。

再次,客观实在性意识。原始农业的产生和发展,使人们开始定居下来,从彭头山文化直到大溪文化、屈家岭文化已出现的房址可以看出,在新石器时代,的确已随着农业和畜牧业的发展而出现了相对稳定的定居生活。与此相关,区位意识就发生了。区位意识的发生,按照哲学的发展来讲,就意味着空间观念的发生,意味着天文观念的发生,意味着人们对环境的处理有了某种自觉,也就意味着客观实在性意识的发生。比如天文学知识的萌芽,就是与原始农业与畜牧业有关的。对此,恩格斯曾在《自然辩证法》中指出:"必须研究自然科学各个部门的循序发展。首先是天文学——游牧民族和农业民族为了定季节,就已经绝对需要它。天文学只有借助于数学才能发展。"②至于说客观实在观念的产生,马克思有一段精彩的论述:"整个所谓世界的历史不外是人通过人的劳动而诞生的过程,是自然界对人来说的生成过程,所以关于他通过自身而诞生,关于他的产生过程,他有直观的、无可辩驳的证明。因为人和自然界的实在性,即人对人来说作为自然界的存在以及自然界对人来说作为人的存在,已经变成实践的、可以通过感觉直观的,……"③我们知道,唯物主义的实在意义在于承认客观实在性即物质第一性,土家先民新石器时代的这种观念,无疑可能通向哲学唯物主义。

第四,美的观念与形象思维的发展。早在彭头山文化期,已经发现随葬有石质的装饰品,装饰品有管和棒形坠饰,有的穿孔,反映出美的观念的发展(在长阳人、资阳人那里已有了美的意识)。在大溪文化的关庙山类型中,有玉、蚌质的玦、璜、玉璧、陶质的镯、珠、牙饰等装饰品。三元宫类型里也有装饰品的随葬。在屈家岭文化和石家河文化中,也都发现有随葬装饰

---

① 恩格斯:《自然辩证法》,《马克思恩格斯选集》第 4 卷,人民出版社 1995 年版,第 383 页。

② 同上书,第 279 页。

③ 马克思:《1844 年经济学哲学手稿》,《马克思恩格斯全集》第 3 卷,人民出版社 2002 年版,第 310—311 页。

品。应该说，这些都反映了美的意识，反映了形象思维的发展。

作为美的观念，还表现在陶器的纹饰和对石器的磨制及精美化方面，如彭头山文化中，陶器的颜色有倾向性，即以红色为主，并伴有绳纹等美化纹饰；皂市文化中的石器有的通体精磨，陶器仍以红色为主，伴随绳纹及雨划纹、组合纹等纹饰。关庙山文化和三元宫文化的"外红内黑"的颜色格局与彩陶文饰等，都是美的观念的象征，是形象思维已经发展的表现。

从人们对美的研究来看，美的观念的发生应是多源的，不可能只有一种原因，这正如匈牙利的著名美学家卢卡契在《审美特征》中所说："人类的审美活动不可能由唯一的一个来源发展而成，它是逐渐的历史发展综合形成的结果。"① 尽管如此，我们仍可以从美的观念中体会出它的比较意识、和谐意识、求善意识。当然，最初的美的观念，可能是处在感性阶段，不过我们在新石器时代发现的美的观念，应作为一种形象思维来研究，著名美学家鲍姆嘉对此曾有明确阐明："美学的对象就是感性的认识的完善（单就它本身来看），这就是美，与此相反的就是感性认识的不完善，这就是丑。"②

### 五、象形文字的哲理思维意向

在大溪文化的中期（关庙山类型文化），在宜昌县杨家湾遗址发现了目前已知的我国最早的象形文字，把文字起源推进到 6000 年以前。这些符号记录当时人们对生活中的事物的复述和描绘，代表固定的含义，有一定的规则；从笔画运用看，有直笔，还大量运用圆笔，接近殷代甲骨文字。专家认定，这是我国最早的象形文字，这些文字是从遗址中一处直径 10 米、文化层厚度 3 米多的大灰坑中发现的，均刻画在陶器的圈足底外面，其象形性可划分为多种类型，有的是水波、闪电、太阳升起等自然景观；有的是谷穗、树叶、花瓣、大树等植物；有的像鱼钩、鱼网、弓箭、叉具等生产工具；有的是长蛇、贝壳等动物；有的反映了房屋的建筑和劳动场景。可见，这些象形文字记载的是当时人们的生产生活状况。

---

① ［匈］G.卢卡契著，徐恒醇译：《审美特征》上册，中国社会科学出版社 1986 年版，第 333 页。

② 朱光潜：《西方美学史》上卷，人民出版社 1979 年版，第 297 页。

从整个新石器时代的陶器和绳纹直到大溪文化的象形文字,我们仍可发现"上古结绳而治,后人易之以书契"的历史链条。应当说,这是为什么有那么多绳纹(早、中、晚三期都存在,但逐渐减少),而后又发现象形文字的重要原因。

绳纹、象形文字,实际上即是人们的审美的观念,是一定的绘画艺术,是一定的形象思维观念,例如,闪电、太阳等,反映了人们对天体的崇拜;画蛇等动物反映了人们对某种力量的渴望,并使之帮助人们适应环境以生存,甚至成为"巴蛇"的原形,甚至在一定程度上可证明万物有灵观念。

从辩证思维的角度看,辩证思维的形式是多种多样的,它可以用概念的形式来表现,也可以用形象的形式来表现,用形象的形式来表现辩证思维,就是一种非理论化的辩证思维,可以把它叫做形象的辩证思维。这种辩证思维是大量地存在于哲学专著之外的,宜昌杨家湾发现的象形文字,事实上可看成是这种思维形式,这就是水波、闪电、太阳升起等自然现象,实际上是客观辩证法,而象形它们,则是主观辩证法。但应看到,"所谓的主观辩证法,即辩证的思维,不过是在自然界中到处发生作用的、对立中的运动的反映"①。在某种程度上,这就是自然过程的辩证性质以不可抗拒的力量迫使人们不得不承认它。所以,对象形文字的起源,也应作如是观。

纵观土家族的非理论化的形象辩证思维,至少可以看到如下内容:一是反映在文字的起源与发展上。《华阳国志·南中志》有"夷经"的记载,属象形文字。与此类似,土家先民也有这类文字,四川省科协高级工程师钱玉趾曾综合世界百多种文字符号,考核成都百花潭内战国墓葬中铜壶盖及几件巴式戈上的铭文,推知是古巴人文字②;根据徐中舒的收集整理,计有鸟、豹、虎、人、头面、鱼、篮、舟、星、草等,均为象形文字,有的已达到了会意字的高度。二是依类象形,创造器物,如彩陶的出现就表明其既作为工艺品,又作为风格独具、色彩鲜艳、图案别致的生活用具。由于绘画艺术已是属于意识形式的范畴,故应从巫山大溪居民彩陶上的人字纹等为主的文饰中,去探

① 恩格斯:《自然辩证法》,《马克思恩格斯选集》第4卷,人民出版社1995年版,第317页。

② 参见《四川政协报》1989年3月18日。

讨先民的生活和思想感情。所以,依类象形创造器物和创造文字一样,都反映人们形象辩证思维能力的发展。三是图腾观念的发生。图腾观念最盛行期是母系氏族社会。作为氏族的徽号和标志,"巴"字本身就具有这种意义。"巴"为长虫,亦蛇。故后人释"巴"亦为蛇。在甲骨文中,"巴"字如眼镜蛇形象,故可为"巴"的象形初文,结合土家族先民的象形文字,此亦当是土家先民的象形文字之一。此外,以"鱼"放于死者的臂下,是否也是把自己置于祖先的怀抱呢?西安半坡和临潼姜寨出土的彩陶盆上的人面鱼纹,学者以为与图腾有关。如果参证土家人呼鱼为"巴",《埤雅》转引《恩平郡谱》云:"蛇谓之讹,盖蛇古字作它,与讹声相近。讹声转为鱼,故蛇复号为鱼矣。"我们认为,"蛇"与"鱼"盖两个古氏族图腾,后又融合为一,故可互称。大溪墓葬可提供实证。由于三角纹、菱形纹一般都是由鱼纹演变而来的,故可从大溪文化关庙山类型的三足器、器物的三角形纹及菱形纹的逐渐增加上看出"鱼"的观念的升华,直到现在还有认鱼为祖的姓氏。

当然,土家族新石器时代的哲理思维,还可能有其他方面的内容,只是限于考古材料,目前还难以考见,容待日后探讨。

## 第三节　土家族神话中的哲学思维

研究土家族初民的哲学思维,除直接从考古学成果中获取资料外,还应从世传的口承文化中寻找,特别是要从神话中去寻找。曹毅在《土家族社会形态历史分期管见》中讲,土家族的传说时代(本文所说的土家族初民时代)"这一时期土家先民的活动极少留存于史册,而主要反映在口耳相传的神话传说中,故称为传说时期。反映这一时期土家先民活动的史料主要有西汉刘向所撰的《世本》中记载的廪君传说,殷墟甲骨文中有关'巴方'的记载,以及土家族民间《摆手歌》中的《开天辟地歌》、《人类起源歌》、《民族迁徙歌》部分"[①]。他把传说时代断至殷周之际,故将甲骨文中的史料亦作传说时代的史料,我们除不将甲骨文中的史料作为传说时代的史料外,对其余的几个方面表示认同。

---

① 曹毅:《土家族社会形态历史分期管见》,《民族论坛》1995 年第 3 期。

### 一、对神话思维的哲学态度

对于神话性质的研究,按苏联学者叶·莫·梅列金斯基的认识,在历史上形成了仪典论与功能主义、法国社会学学派、种种象征主义理论、分析心理学、结构主义等多种理论。① 德国学者恩斯特·卡西尔则强调"用神话解释世界和用科学解释世界,都受一些相同的关系类别所支配:统一与多样,共存、延续和顺序"。② 有学者概括分析 20 世纪的神话性质研究主要为四种视野:一是人类学的视野,强调神话是社会自我理解的一种形式;二是精神分析视野,证明某些神话是将全人类长期共有的心理上的问题以一种象征的形式体现出来;三是诠释学视野,认为神话是表达某些命题的必不可少的工具,且这些命题所说的是关于救世和信仰的真理,而不是关于经验世界的事实;四是文学视野中的超理性主义的或非理性主义的分析。③ 这说明对于神话的研究并不是没有意义的。

对神话的研究首先面对的就是"真假"问题,因而才在论著中出现"神话之真理"④一类论说,墨西·伊利亚德肯定地说:

> 神话叙述一个神圣的历史(a sacred history);陈说一桩发生在太古时代、寓言中的"太始"(beginnings)时代里的故事。换句话说,神话告诉人,一个真实的,或者整体真实——亦即宇宙,或者真实的片断——一个岛屿、一种植物、一类特殊的人类行为,一个工具——是如何缘超自然生命之事迹而生出来的。因是之故,神话每每是关于一件"创造"

---

① 参见[苏联]]叶·莫·梅列金斯基著,魏庆征译:《神话的诗学》,商务印书馆 1990 年版。

② [德]恩斯特·卡西尔著,黄龙保、周振选译:《神话思维》,中国社会科学出版社 1984 年版,第 265 页。

③ D. B. Picken:《神话和人类理智》,见中国社会科学院哲学所自然辩证法研究室情报所第三室编:《第十六届世界哲学会议论文集》,中国社会科学出版社 1992 年版,第 68 页。

④ Michael Polanyi & Harry Prosch:《意义》,台北联经出版事业公司 1986 年版,第 163 页。

的说明；陈述某件事物如何产生、如何开始"有"(to be)。①

J. 施尼温德说神话是"用可观察的现象表达不可观察的事情"②。19世纪的德国商人 H. 希立曼从小就对希腊神话深信不移，并立誓有朝一日要"找到特洛伊城"，后来果真根据希腊神话找到了荷马史诗中所讴歌的特洛伊城。或许正是在这种意义上，马克思在《〈政治经济学批判〉导言》中认为：神话为后人提供了对于无文字记载的史前时代的认识价值，它产生并繁荣于原始社会，是幼年时代的人类以"神话的态度"对待客观世界而产生的一种特有的意识形态。

然而，学界的不同声音是存在的，德国哲学家 E. 卡西尔即对神话深感困惑："神话思想的题材、主题、主旨乃是无边无际的；如果我们从这方面来接近神话世界的话，那么它始终都是——借用密尔顿的话说——'一个深不可测的海洋，无边无际，苍苍茫茫，在这里长度、宽度、高度和时间、空间都消逝不见。'"③他甚至认为：

> 神话的最基本特征不在于思维的某种特殊倾向或人类想象的某种特殊倾向。神话是情感的产物，它的情感背景使它的所有产品都染上了它自己所特有的色彩。原始人绝不缺乏把握事物的经验区别的能力，但是在他关于自然与生命的概念中，所有这些区别都被一种更强烈的情感湮没了：他深深地相信，有一种基本的不可磨灭的生命一体化(solidarity of life)沟通了多种多样形形色色的个别生命形式。④

从哲学思维的层面分析，严格来说，神话应排除在哲理之外，它和哲学有着严格的区分。但是，作为原始社会的人类意识的主要表现形式，它反映了古代社会生产力水平很低的情况下，人们对自然的、对自己的、对社会的、对世界起源的诸现象的理解。神话是人类童年的产物，即"在野蛮时代低

---

① Mireea Etiade: Myth and Reality: World Perspectives, New York, HarperRow, 1963 年，第5—6页。

② ［英］埃德蒙·利奇著，王庆仁译：《列维-斯特劳斯》，三联书店1985年，第62页。

③ ［德］恩斯特·卡西尔著，甘阳译：《人论》，上海译文出版社1985年版，第93页。

④ 同上书，第105页。

级阶段,人类……已经创造出神话、故事和传说等等口头文学,已经成为人类的强大的刺激力"①,而哲学产生于文明社会。同时,作为理论化和系统化世界观,它是以"存在"的总体为研究对象(认识对象)的,是关于世界观和方法论的科学;神话在本质上还达不到一种对世界的总体性的认识。除此之外,哲学认识主要是以抽象的概念来进行判断、推理以说明客观世界的,是一种理性思维,是思维的科学;神话则是以联想和幻想等为认识方式的感性认识。所以,一般都认为,神话是属于前逻辑的、非理性的思维,而哲学则是逻辑的理性思维。早在古希腊时期,亚里士多德就反对用神话的方式表达哲学,强调"对于那用神话的方式来谈哲学的人,我们是不值得予以认真看待的"②。黑格尔也强调,我们不能从神话中去演绎古人的哲学,甚至得出其哲学属于"朴素唯物主义"、"朴素辩证法"的结论。如果那样,就是一种"掺杂哲理进入神话或从神话中抽释出哲理——这哲理是古代的人想也没有想到过的——的作风是反历史的"③错误做法。列宁高度肯定了黑格尔这一思想的正确性,认为这坚持了历史主义原则,是"出色地坚持哲学史中严格的历史性,反对把我们所能了解的而古人事实上还没有的思想的'发展'硬强加于古人"④。

但是我们应看到,神话的思维方法是想象与联想,其思维目标是解释现实中的矛盾,其中包括对宇宙、对人类的终极解答;其思维的依据就像现代科学相信宇宙秩序一样,来于对对象世界存在秩序的坚信。因此,神话中并不是没有哲学的成分,起码,它为哲学的产生提供了丰富的思想资料,中国

---

①　马克思:《路易斯·亨·摩尔根〈古代社会〉一书摘要》,《马克思恩格斯全集》第45卷,人民出版社1985年版,第384页。

②　[古希腊]亚里士多德:《形而上学》第3卷第四章。按:此段话有多种不同的译法,如结合前文一起,商务印书馆1996年版第48页译为:对于神话学家"欲凭彼等所传递之神话为我们阐述宇宙因果,我们总难聆会其旨。……对于神话学家的机智我们无须认真加以研究"。而上海世纪出版集团2005年版第72页则译为:"他们关于这些原因的应用所说的那些话,是超于我们的理解的。……对于神话学者的那些微妙之处,不值得我们加以严肃的研究。"

③　[德]黑格尔著,贺麟等译:《哲学史讲演录》第1卷,三联书店1956年版,第81页。

④　列宁:《列宁全集》第55卷,人民出版社1990年版,第208页。

哲学史上的阴阳五行学说,八卦起源学说等可以作为例证加以阐释。而且除此之外,古代神话思维的特点在一定程度上影响了后世哲学的特点,中国古代神话在一定程度上说,形成了后世哲学的人伦中心观;土家族的神话,在一定程度上反映了土家族哲学的达观向上的精神取向。至于说最初的哲学,往往不能脱离神话表达方式的窠臼,即柏拉图所谓:"对于这个对象,很难[用思想]表达出来,因此他就要用神话来表达。"①所以,黑格尔也曾强调,对于哲学研究来说,"思维的精神必须寻求那潜伏在神话里面的实质的内容、思想和哲学原则"。"说那些哲理的内容没有潜伏在神话中,却未免有些可笑。民间的宗教,以及神话,无论表面上如何简单甚或笨拙,作为理性的产物(但不是思维的产物),无疑地它们同真正的艺术一样包含有思想、普遍的原则、真理。"②正是基于对历史上的神话研究的综论,苏联学者叶·莫·梅列金斯基认为"神话具有这样一种特性,即将一般的概念体现于具体的、可感的形式,即本身的形象性……最古老的神话,作为某种浑融的统一体……孕育着宗教和最古老的哲学观念的胚胎"③。

关于神话与哲学的关系,我们可以用列维-斯特劳斯的观点加以强调。列维-斯特劳斯从哲学结构主义出发讨论神话思维问题,以《野性思维》来进行定性,并通过《生食与熟食》、《从蜂蜜到烟灰》、《餐桌礼仪的起源》、《裸人》四部"神话学"著作逐渐展开,从而指明神话就世界的秩序、实在的本性、人的起源和人的命运等给我们教益;神话让我们了解它们渊源所自的社会,展示这些社会遵循的内在动力,表明社会的信念、习俗和制度存在的理由;神话使我们发现人类心灵的某些运作模式,它们既亘古不变,又在无限空间里广泛流播,人们可以重新发现这些带根本性的模式在其他社会里、心理生活的其他领域里也存在着,如在第一卷《生食和熟食》(Le cru et le cuit)中,斯特劳斯通过实地观察记录和采集原始社区的神话来研究原始社会的文化、制度和风俗等,认为神话的结构是脱离心智的文本结构,神话是原始人集体无意识的作品,以其结构展现了从自然到文化的过程,从而引入

---

① [德]黑格尔著,贺麟等译:《哲学史讲演录》第2卷,三联书店1956年版,第170页。
② [德]黑格尔著,贺麟等译:《哲学史讲演录》第1卷,三联书店1956年版,第81页。
③ [苏联]叶·莫·梅列金斯基著,魏庆征译:《神话的诗学》,商务印书馆1990年版,第1页。

了"语言—心智—世界"的三元分析构架,进而阐明了神话结构的本体论地位,因为它"铭刻"着"世界的形象"。第二卷《从蜂蜜到烟灰》(*Du miel aux cendres*)承继前卷,表明神话思维能超越经验层面进到抽象概念的层面,即从"性质的逻辑"进到"形式的逻辑",并由此分析了不同文明思维的可能进化路径。到第三卷《餐桌礼仪的起源》(*L'Origine des manières de table*)则把种族志、逻辑(形式)和语义三个向度的神话研究贯通起来,从而把空间上绝对的静态对立转变成时间上相对的动态对立。第四卷《裸人》(*L'homme nu*)则可看成是对整个美洲神话研究的完成,从而揭示出"唯一的神话"乃"受一个隐秘计划启示而作成"的问题。这是对千百年来尤其由哲学家进行的神话反思的突破,从而成为创立哲学结构主义的主要依据。① 基于以上认识,我们在研究土家族初民哲学的时候,在研究了旧石器时代土家族思维的演进、新石器时代哲学思维萌芽后,也应研究土家族神话中的哲学思维。一方面看到神话与哲学的区别,看到神话为哲学提供的丰富材料;另一方面也借以研究土家族哲学的发展,研究土家族哲学是如何从人类文化的原始思维中产生的。这是我们研究土家族古代神话思维的正确态度。因此,研究土家族初民的哲学思维宜以土家族神话为原型。

### 二、土家族神话思维的共性特征

土家族存在着大量的原始神话,这些神话不仅形成了初民认识世界的"神话的态度",而且影响了后世的土家族生活,形成了所谓"神话的诗学"、哲学……

首先,土家族先民在原始社会留下了极为丰富的神话。由于人类最初的态度是"神话的态度",因而神话就自然地成为人们经济和社会生活的影响因素。马克思曾指出,在野蛮时代的低级阶段,"已经开始创造出神话、故事和传说等口头文学,已经成为人类的强大的刺激力"②。有学者曾就西方的家庭神话对后世西方家庭的影响进行研究,结论是"神话故事中的家

---

① 参见[法]克洛德·列维-斯特劳斯著,周昌忠译:《神话学:餐桌礼仪的起源》译者序,中国人民大学出版社 2007 年版。

② 马克思:《路易斯·亨·摩尔根〈古代社会〉一书摘要》,《马克思恩格斯全集》第45 卷,人民出版社 1985 年版,第 384 页。

庭对西方生活中的家庭文化,能够起到某种示范作用"①。神话的这种影响因素代代相传,至今保留下来的还十分丰富,例如《摆手歌》中的《制天制地》、《雍尼补所》、《民族迁徙歌》②;《布索和雍尼》、《孙猴子上天》、《太阳和月亮》、《补天补地》、《土家人的祖先》、《水杉的传说》、《佘氏婆婆》、《鹰驮佘太婆》③等,《繁衍人类》、《开天辟地》等民间流行的《摆手歌》,以及《世本》等记载的《廪君传说》,所有这些,都应作为我们研究土家族初民哲学思维的基本史料。

其次,土家族初民的神话反映了土家先民传说时代的经济和社会生活。恩格斯在谈到人的思维发展时曾强调了思维与对象世界的关系及其中介,神话自然也不例外:"人的思维的最本质的和最切近的基础,正是人所引起的自然界的变化,而不仅仅是自然界本身;人在怎样的程度上学会改变自然界,人的智力就在怎样的程度上发展起来。"④在土家族神话中反映的诸如穴居、渔猎、"未有君长,俱事鬼神"等都可作如是观,比如《繁衍人类》中描述了从只知其母不知其父的母系社会直到兄妹为婚的过程,叙述了"楠木取火"的制火方法的发明;在《开天辟地歌》中叙述的弓箭的制作过程等都可以作为那个时代的佐证。有鉴于此,我们可借用俄国马克思主义者普列汉诺夫曾在《论我国的所谓宗教探寻》中所说来证明:神话的思维方式是万物有灵,是唯灵论,而"认为自然是由人的外部感官所不能感触到的或只能在最小程度上感触的存在物的意志所引起的,——这种假想在人的狩猎生活方式的影响下逐渐地发生并巩固起来。这听起来像是奇谈怪论,但事实却是这样:作为生活来源的狩猎,所引起人们的唯灵论思想"⑤。如果反观,还可以看到,土家族初民的神话的确是原始社会即传说时代的产物,其中"还凝聚着人们的正面认识和实践经验,这些经验在解开世界的奥秘中是

---

① 杨效斯:《荷马神话对西方家庭道德的影响》,《哲学评论》(2001 年卷),湖北人民出版社 2002 年版,第 45 页。

② 彭勃、彭继宽整理:《摆手歌》,岳麓书社 1989 年版。

③ 归秀文编:《土家族民间故事选》,上海文艺出版社 1982 年版。

④ 恩格斯:《自然辩证法》,《马克思恩格斯选集》第 4 卷,人民出版社 1995 年版,第 329 页。

⑤ [俄]普列汉诺夫:《普列汉诺夫哲学著作选集》第 3 卷,三联书店 1963 年版。

真正的思想进步"①。

再次,土家族初民的神话中也的确有文化哲学因素。对此,可以借用普列汉诺夫在《论我国的所谓宗教探寻》中所阐明的思想立论,他说:"神话是回答为什么和怎么样这两个问题的故事。神话是人对现象之间的因果关系的意识的最初表现。""神话是原始世界观的表现。""这种世界观,……是很原始的,这种世界观的……主要特点就是具有这种世界观的人把自然现象人格化。"②哲学也是世界观,只不过它是系统化和理论化的世界观。而神话,反映的又恰好是原始人的世界观,当然有其哲学世界观的因素。神话在其奇幻甚至是荒诞的外衣下,包含了原始人对自然界的认识,对社会的看法,对人类活动及道德规范以及宗教信仰的记载。因此,我们以文化哲学因素来称呼这种神话,它是原始意义上的自然科学、哲学、宗教、道德等多种意识形式的统一体。所以,"神话既不是骗子的谎话,也不是无谓的幻想的产物,它们不如说是人类思维的朴素和自发的形式之一。"③

从内容上研究,大凡各民族的神话,都有其大致相同的内容,比如中国各民族都有洪水神话,都有天地及人类再造观念等,如果进行分类,则大致有人类起源神话、民族起源神话、解释自然神话、农牧业起源神话等。比如,与洪水相联、与干旱相联的洪水神话、射日神话,都往往是与天地、与人类再造相联系的。至于说解释自然的神话、叙述本族起源的神话等,则难免存在各民族神话的相似性。这种相似性,各有不同的解释,心理学派认为是属于不同地域的人们有相似的心理状态之故;地理学派则归因于地理环境的作用;移植学派则主张这些传说发源于一个中心,由于相互移植而出现了彼此相似的作品。马克思主义则认为,归根到底是一定地区、一定条件下受着相同或相似的生产力发展水平的制约。对此,拉法格说:"我想可以提出另外一个解释。欧洲石器时代的野蛮人,正和澳洲或别处的石器时代的野蛮人一样,用同样的方式,凿成他们的石刀石斧,以及别

---

① ［罗马尼亚］亚·泰纳谢著,杨雅彬等译:《文化与宗教》,中国社会科学出版社1984年版,第16页。

② ［俄］普列汉诺夫:《普列汉诺夫哲学著作选集》第3卷,三联书店1963年版。

③ ［法］保·拉法格著,王子野译:《关于亚当和夏娃的神话》,《宗教与资本》,三联书店1963年版,第2页。

的工具。我们不能认为他们上过同一个训练班，学会了同一套凿石方法；也不能认为他们互通声气；而是工作的原料——打火石，迫使他们采取那样的处理方式。北方或南方的人，亚里安人种或黑种人，当他们被同样的现象所激动时，他们曾经用类似的歌谣、传说和礼俗来表达所见的现象。我们将要在世界各民族……中看到的雷同情况，并不证明他们是从近处传到远处的，但是却说明了一个很重要的事实：世界各民族都经历过大同小异的进化阶段。"①

正是由于这种相似性，正是由于经历了这种大同小异的进化阶段，因而各民族的神话也都有相同的思维特征。关于各民族神话的共同思维特征，陈立浩在《试论少数民族神话思维特征》一文中阐述了"神秘性"、"感官性"、"拟人性"、"想象性"②等四个特征。严格讲来，这是共性思维特征，其实，仔细区分，共性特征还有很多。这些特征及所表现的思维，在土家族的传说时代也是存在的。研究土家族传说时代哲学思维先述其共同特征，也正因为它体现了土家族"原始人的哲学"。综合研究，也是为了在叙述土家族哲学思维时使人感觉到趋同。当然，"假如事情是这样的话，那么由此应得出结论，所有民族——往往不论在什么情况下——都应以同样的发达速度和特定的历史道路前进。这样理解的人类社会发展的同一样式的规律在任何民族的历史发展中都找不到证实。"③所以，有必要在对其共性进行研究之后，阐述土家族传说时代哲学思维的独特个性。

当然，从哲学研究的角度看，研究土家族初民的口承文化史料是研究土家族哲学思维的基础工作。恩格斯在这个问题上的论述可以引为借鉴："即使只是在一个单独的历史事例上发展唯物主义的观点，也是一项要求多年冷静钻研的科学工作，因为很明显，在这里只说空话是无济于事的，只有靠大量的、批判地审查过的、充分地掌握了的历史资料，才能解决这样的

---

① ［法］保·拉法格：《关于婚姻的民间歌谣和礼俗》，《拉法格文学论文选》，人民文学出版社 1962 年版，第 11—12 页。

② 陈立浩：《试论少数民族神话思维特征》，《贵州民族研究》1989 年第 1 期。

③ ［法］保·拉法格著，王子野译：《思想起源论》，三联书店 1963 年版，第 36—37 页。

任务。"①毛泽东在谈到中国的历史等研究时也曾指出："现在我们的党中央做了决定,号召我们的同志学会应用马克思列宁主义的立场、观点和方法,认真地研究中国的历史,研究中国的经济、政治、军事和文化,对每一个问题要根据详细的材料来加以具体的分析,然后引出理论性的结论来。这个责任是担在我们的身上。"②可见,在研究土家族初民哲学思维时,先系统地占有并详细地研究土家族神话史料是必要的。

### 三、土家族神话与土家族哲学思维的产生

土家族的神话非常丰富,除已整理出版的《摆手歌》、《梯玛歌》可算成是土家族神话专集外,在土家族民间故事中也还有不少的神话故事。我们可以把这些神话故事作为土家族哲学研究的口承文献,正如黑格尔研究哲学史时曾强调的："我们首先必须从神话里加以发掘,形成哲学思想。"③因为神话曾"被用来象征地表示他们哲学思想的形象化的语言"④。

首先,情节的展开过程与思维方式。神话所要解决的主要是两个根本性问题:一个是宇宙怎么来,一个是人类自身怎么来。综观土家族神话,无论是残存于中域文史中的神话如《后汉书》、《世本》等记载的廪君神话,还是通过土家族人民口耳相传的神话如《摆手歌》、《梯玛歌》中传承的神话,都是围绕着这两个核心问题来阐明的。

现行的土家族神话可分为四部分,除农事劳动方面的神话属晚出以外,其他三部分即天地与人类起源、民族迁徙歌、英雄故事等的主要内容都可视为原初神话,反映了初民的世界图景,体现了土家族先民把握世界的神话方式。

天地起源故事的展开进程是:在一个康宁的生活状态下,土家族子孙在

①　恩格斯:《卡尔·马克思〈政治经济学批判〉》,《马克思恩格斯选集》第2卷,人民出版社1995年版,第39页。
②　毛泽东:《整顿党的作风》,《毛泽东选集》第三卷,人民出版社1991年版,第814—815页。
③　[德]黑格尔著,贺麟等译:《哲学史讲演录》第1卷,三联书店1956年版,第64页。
④　同上书,第78页。

进行摆手活动或其他相关活动,然后进行"根源探索"("找根把"),从而探讨了"造天造地"("天做地做")过程。问题在于土家族的天地起源神话并未着意于世界的终极存在或终极解释,而只是通过天地的再造或重造凸显人的终极意义。

人类起源神话与上述开天辟地神话有相类似的地方,即在人类初祖出现以后,又因某些原因而有人类再造的过程。根据摆手歌等的描述,在自然进化的某一阶段,已经存在着人类,虽然各自的看法不一样,但人是存在的,他们是人类初祖:摆手歌中曾记载有"天上人"、"初劫人",虽无法确定他们是否是人类初祖,但有人存在是肯定的①;卵玉作为人类初祖,是早已生活于初始宇宙中的,他吞桃花与桃子生育了人类②;苡禾娘娘吞茶生人③、咿啰娘娘造人④、依窝阿巴造人⑤、李古娘吞丹生人⑥、龙生人⑦等,这些人类初祖的衍生神话,回答的是人类如何初生的问题,结合上面的思考,其思维方式也有独特的特点。

民族迁徙神话的思维过程在不同的神话里并不相同,如《后汉书·南蛮西南夷列传》记载的廪君迁徙神话与《摆手歌》中的民族迁徙歌的描述就有很大的区别。廪君迁徙神话虽然短小,但可看出从军事民主制向奴隶制国家转变的社会转型特征;《摆手歌》中的民族迁徙歌则非常详细地记载了从公有制转向私有制的历史过程,其思维方式也具有独特特征。从思维发展的角度说,迁徙对各民族的思维发展是有重要影响的。汤因比曾在《历史研究》中对海上迁移情况的影响有所阐明。在他看来,"海上迁移有一个共同的简单的情况:在海上迁移中,移民的社会工具一定也要打包上船然后

---

① 参见彭勃、彭继宽整理:《摆手歌》,岳麓书社1989年版,第14页。

② 参见杨昌鑫:《土家族风俗志》,中央民族学院出版社1989年版,第10—11页。

③ 参见彭继宽、姚继彭主编:《土家族文学史》,湖南文艺出版社1989年版,第47页。

④ 参见李绍明:《川东西水土家》,成都出版社1993年版,第290页。

⑤ 参见彭勃、彭继宽整理:《摆手歌》,岳麓书社1989年版,第32—33页。

⑥ 参见湘西自治州群众艺术馆等:《湘西民间文学资料》第1集,内部资料1980年版,第1—2页。

⑦ 参见萧国松:《巴文化中的龙、虎崇拜说略》,《巴楚文化研究》,中国三峡出版社1997年版,第158页。

才能离开家乡,到了航程终了的时候再打开行囊。所有各种工具——人与财产、技术、制度与观念——都不能违背这一法则。凡是不能经受这段海程的事物都必须留在家里,而许多东西——不仅是物质的——只要携带出走,就说不定必须拆散,而以后也许再也不能复原了。在航程终了打开包裹的时候,有许多东西会变成'饱经沧桑的,另一种丰富的新奇的玩意了。'""跨海迁移的第一个显著特点是不同种族体系的大混合,因为必须抛弃的第一个社会组织是原始社会里的血族关系。一艘船只能装一船人,而为了安全的缘故,如果有许多船同时出发到异乡去建立新的家乡,很可能包括许多不同地方的人——这一点和陆地上的迁移不一样,在陆地上可能是整个血族的男女老幼家居杂物全装在牛车上一块儿出发,在大地上以蜗牛的速度缓缓前进。"①"跨海迁移的另一个显著的特点是原始社会制度的萎缩,这种制度大概是一种没有分化的社会生活的最高表现,它这时还没有由于明晰的社会意识而在经济、政治、宗教和艺术的不同方面受到反射,这是'不朽的神'和他的'那一群'的组织形式。"②事实上,我们从土家族的民族迁徙歌中也看到了这同样的情形。③

《摆手歌》中的英雄故事歌,就其主要内容来讲都是很古老的,其运思过程很值得研究,如《卵蒙挫托》描写了一家土家大姓的九个儿子和一个女儿之间的故事,女儿在"家庭"苦难中得助,做了大户人家的妻子;九儿被其他八个儿子杀了作祭品,故这八个儿子被父亲打散。女儿夫家因被邻国侵略,请来八兄弟相助,后因女儿家的背信弃义而展开了恩怨情仇。《将帅拔佩》是以古代土家族英雄人物命名的叙事长诗,描写将帅拔佩带领土家人民打败来侵犯的客王官兵的故事,歌颂了土家族人民不畏强暴、英勇反抗的斗争精神。《日客额地客额》取材于人民与土司的斗争,描写日客额与地客额两个能人智斗土司墨比卡巴的故事,歌颂了古代劳动人民的智慧才能,很有特色。《春巴 ma 妈》又名"阿密婆婆",歌颂古代一个受人尊敬的保护女神。

① [英]汤因比著,曹未风译:《历史研究》上,上海人民出版社 1959 年版,第 129 页。
② 同上书,第 130 页。
③ 参见萧洪恩:《土家族口承文化哲学研究》第十一章,中央民族大学出版社 1999年版。

综合土家族神话,从目前见诸文字的神话来看,其思维方式有以下特点:

不同地域的此类神话所依据的元素并不相同,显出生活世界的地域性,在思维方式上显示出重视生活世界的现实理性、情感与意志。在土家族神话中,一切创世过程都依据人们的生活世界,体现在人们的吃、穿、住、用、行等生产、生活过程中,如创世歌中的"脱下长衣服,甩开两只手。身上捆根葛藤,高高卷起裤口。天上开的大洞,补上五色石头。钉子牢牢紧固,不让裂缝开口。补了七天七夜,日夜没有停手。补得平平层层,真是天衣无缝。彩云飘动,那是五色石头焕光彩;星星闪烁,那是钉子发光亮;月亮明朗,那是张古老补天用过的火把;露水滚动,那是张古老补天滴下的汗珠"①。"养儿育孙,代代安乐!"②"老鹰天上飞,是想抓鸡崽;老虎山上转,是想拖猪羊;客人到我家,想的什么哩?""画眉树上飞,是想起个窝;蜜蜂在花丛,想的是花粉;我们来做客,是想借样东西哩"③。在不同的创世神话中,湘西山区的土家族祖先是用大树、大竹、大鹰、大猫等为元素④;酉水流域以"白云"、"蛋"为元素⑤;酉水流域另有"补天补地"的传说,以当地的诸多既有元素为材料,如火把、汗珠等⑥;清江流域的土家族是用"凌片"⑦等元素。在民族迁徙神话中,经验世界也同样是民族迁徙神话的思维载体,如各种船的选择突出的是人们的生活经验,举族迁徙所带的俱是生活用具,困难面前呈现的是人们日常的劳动或奋斗场面,族内重组与族际关系处理也多是当地民族关系的写照,迁徙中的对话、协议等也来源于人类生活本身的经验,人与自然世界动植物的关系也来于人们的自然生活……一切都说明,神话是对生活经验的提升。

诸神话都没有回答原初自然从何而来的问题,而只回答现在的自然,其

---

① 彭勃、彭继宽整理:《摆手歌》,岳麓书社1989年版,第23—24页。
② 同上书,第419页。
③ 同上书,第400—401页。
④ 参见彭荣德、王承尧整理:《梯玛歌》,岳麓书社1989年版,第151—157页。
⑤ 参见杨昌鑫:《土家族风俗志》,中央民族学院出版社1989年版,第10—11页。
⑥ 参见彭勃、彭继宽整理:《摆手歌》,岳麓书社1989年版,第1—25页。
⑦ 参见萧国松:《孙家香故事集》,长江文艺出版社1998年版,第6页。鄂西自治州文化局等:《鄂西民间故事集》,中国民间文艺出版社1989年版,第9—10页。

中特别是天地如何而来的问题。借助于西方哲学的分析框架,则西方哲学的宇宙论与本体论是分离的,汉族哲学的宇宙论与本体论是统一的,而土家族的神话则只涉及宇宙论,没有涉及哲学本体论上的终极存在与终极解释。与开天辟地神话相比,人类起源的初祖神话虽然仍然强调了人祖与初始自然混生的特性,但在一定程度上开启了人类从无生有的、从自然到人的本原性思考,尽管借助了神力,但从最初的无人到有人,从各种自然物经过神力而转化为人或人的要素,则成为这类神话的普遍诉求。但人类起源神话同样有一种从"初劫人"到"二劫人"的再造过程。

诸神话都以天人关系为展开的主要线索,突出的是人对天地等自然对象的改造,并以此彰显人的地位与价值。在目前所见的创世神话中,除阳龙、阴龙创世属自然演化神话外①,其他诸神话都有相同的主题:惹巴涅、绕巴涅是把"昏沉"、"混沌"之自然改造成现在的自然,即开天辟地②;卵玉是在自然的演化过程中增加了人的因素,"一箭射开了本来粘连在一起的天和地"③;张古老与李古娘虽然是由土家族的天神指派改天换地,但也是因为原有自然的无序而造成的需人为改造以成有序,其核心仍然是人力的凸显④;张古老、李古娘造天造地同样是在自然的演化进程中增加了人力,发生了造天造地的功业⑤;凌片补天虽然有异文,但总体上讲是强调人力⑥。这说明,土家族的创世神话是为了投射人类自身的力量。与些相应,人类的初源有三种类型:一种是与自然混生,一种是神造,一种是神生,这三种类型的人类祖源神话都有通过神话彰显人自身地位的意蕴在其中,特别是那些与自然混生的人类初祖,则更是在努力抬高人的无上地位。在民族迁徙神话中,突出奋斗与抗争,彰显人的主体性及生存理性则是一个基本主题,如

---

①　参见萧国松:《巴文化中的龙、虎崇拜说略》,《巴楚文化研究》,中国三峡出版社1997年版,第158页。

②　参见彭荣德、王承尧整理:《梯玛歌》,岳麓书社1989年版,第151—157页。

③　杨昌鑫:《土家族风俗志》,中央民族学院出版社1989年版,第10—11页。

④　参见彭勃、彭继宽整理:《摆手歌》,岳麓书社1989年版,第1—25页。

⑤　参见湘西自治州群众艺术馆等:《湘西民间文学资料》第1集,内部资料1980年版,第1页。

⑥　参见萧国松:《孙家香故事集》,长江文艺出版社1998年版,第6页。鄂西自治州文化局等:《鄂西民间故事集》,中国民间文艺出版社1989年版,第9—10页。

通观民族迁徙神话,体现出为了"寻找安身之地,一直没有停歇"的奋斗过程。具体体现在走(行)、找、看、奔等各种奋斗场景,特别是众多的斗争场面,如人斗熊等,以此说明人们在奋斗与抗争中的生成与发展。关于这一点,英雄故事神话就更不用说。

创世的过程本身说明,人与自然的关系并不是一成不变的,而是逐渐调适的过程。最突出的例子就是张古老与李古老补天制地的过程:洪荒时代天和地相挨近造成人的生活世界困难,诸如因鸟类、青蛙的吵闹影响而不安宁,因葛藤等的影响而不好走路等,发生了人与自然的尖锐冲突,并因此冲突造成了世界的大破坏,于是有了张古老与李古老的补天制地,并且是以现行土家族地区的天地为"模板"造成的。在民族迁徙神话中,刻意描述关键的历史转折,如廪君迁徙神话中的比武争胜以定领袖、战胜盐水女神、从"未有君长,俱事鬼神"到"称君夷城"等;《摆手歌》中的民族迁徙歌中描述了人类祖先初次下山面对江河的转折、造船的探索、族群的分合、与土著的关系等。历史记忆中的关键点都被呈现出来。换句话说,民族迁徙神话是以事件为中心进行思维的,而这些事件的关键点正是人类与环境关系的展开,其展开过程也正是逐渐调适的过程。这正因应了黑格尔的一个重要观点,即哲学在于调和理想与现实的矛盾:"哲学对于思想所开始破坏的世界要予以调和。哲学开始于一个现实世界的没落。""因此哲学所作的调和工作不是现实的调和而只是在理想世界里的调和。"①

凸显族群性,培养集体观念,是土家族神话的核心价值观,并成为后世"急公役"的传统。廪君迁徙神话中的五姓集体行动,《摆手歌》中的民族迁徙歌涉及的田、向、王、彭、梁、张、李、鲁诸姓,都是以整体行进的,在行进过程中,合则一体,分则合度;遇其他族群,则合理处理相互关系,甚至还有融合进该族群中的人,因为"今天捡来个人,日后要成群"②。人祭现象的存在实质上是以牺牲个体来换取集体生存,故《摆手歌》中有这方面的记录:"有年正月间做摆手,轮到本房来主持。摆手要杀白水牛,爹爹出外去买牛。爹

---

① [德]黑格尔著,贺麟等译:《哲学史讲演录》第 1 卷,三联书店 1956 年版,第 54 页。

② 彭勃、彭继宽整理:《摆手歌》,岳麓书社 1989 年版,第 184 页。

爹买牛未回来,日子到了眼发呆。摆手没有白水牛,神不欢喜人也愁。爹爹误了大事情,今年摆手不利顺。几个哥哥心慌张,围拢悄悄打商量。把老十嘎巴捉来吧,把他当做白牛杀。老十当作白水牛,爹爹不到也摆手。捆紧老十脚和手。桌子角上吊起来。刀子磨得快又快,端来脚盆好接血。老十嘎巴泪汪汪,老十嘎巴要遭殃。老娘看到哭啼啼,口喊皇天又叫地。八个兄弟笑嘻嘻,老娘劝告哪肯依。老十当成白水牛,哗哗鲜血往下流。"①

通过再造来彰显发展的过程性。土家族神话在天地创始之后,经常会出现非常态的自然现象,于是出现了对自然进行改造方面的神话,这类神话中最主要的表现为对一些现有自然现象的说明:马桑树为何长不高、战胜暴风雪、安排太阳与月亮、智斗雷公、战胜洪水、驱日或射日或吞日等,其中不少都与人的能力相关。在一定程度上说,是人对自然现象存在的原因的探讨,属于哲学的思维方式,即如黑格尔所说:"在文明初启的时代,我们更常会碰见哲学与一般文化生活混杂在一起的情形。但是一个民族会进入一个时代,在这时精神指向着普遍的对象,用普遍的理智概念去理解自然事物,譬如说,去要求认识事物的原因。于是我们可以说,这个民族开始作哲学思考了。"②同时,这也反映人与自然和谐的长期过程。人类初祖促成人类产生以后,因种种原因又出现了人类毁灭的情况,然后出现了不少的人类再传故事,把人类与自然的矛盾冲突根据各地的特殊环境进行提升,并把社会道德、技能等因素传达给土家族民众,体现了人与自然、人与人、人与社会、人的自我身心的多重关系,从而促成了土家族民众的社会化。

其次,哲学问题的凝结与思存关系的展开。根据《摆手歌》的记载,其开篇有一段总纲性的话,经专家翻译为:"吃肉先要喂好猪,吃饭定要种好禾,毕兹卡摆手祈丰收,迎来丰年好安乐。祖宗留下的话,后代要牢记;祖宗传下的规矩,后代不能忘。跳好摆手舞唱好摆手歌,神也高兴人欢畅。"③由此可见,这里实际上涉及了四对哲学关系:力命关系——"吃肉先要喂好猪,吃饭定要种好禾";神人关系——"跳好摆手舞唱好摆手歌,神也高兴人

---

① 彭勃、彭继宽整理:《摆手歌》,岳麓书社1989年版,第334—335页。

② [德]黑格尔著,贺麟等译:《哲学史讲演录》第1卷,三联书店1956年版,第59—60页。

③ 彭勃、彭继宽整理:《摆手歌》,岳麓书社1989年版,第184页。

欢畅";天人关系——"毕兹卡摆手祈丰收,迎来丰年好安乐";古今关系——"祖宗留下的话,后代要牢记;祖宗传下的规矩,后代不能忘"。

从神人关系看,《摆手歌》把风调雨顺、丰衣足食都看成是神赐的,"家发人旺喜事多"就是"毕兹卡年年做摆手"的结果。沿着这一思路,才有"跳好摆手舞唱好摆手歌,神也高兴人欢畅"的诉求。按摆手活动土家语叫"社巴日",清雍正《永顺府志·杂志》记载:"每岁正月初三至十五日,土民齐集,披五花被,锦帕裹头,击鼓鸣铳,舞蹈唱歌。舞时男女相携,翩跹进退,谓之摆手。往往通宵达旦,不知疲也。"清代土家族文人永顺贡生彭施铎也曾记其盛况:"福石城中锦作窝,土王宫畔水生波,红灯万点人千迭,一片缠绵摆手歌。"①摆手活动有祭祀祖先、祈求丰年的目的,一般在农历元宵节前举行,个别地方则在农历三月或五月举行,时间三五七天不等,其规模亦有大小之别,这本身就说明了其神人关系。但这种关系隐含了一个内在的价值原则:满足人的需要是目的,神只是一种手段。这种价值原则的推演即成了后来土家族的多神世界及适用性的诸神选择取向。正是在这个意义上说,土家族的诸神世界实际上是无神的世界。② 也就是说,土家族在哲学神人关系上表现为一种生活世界的实用理性,"神"是一种工具,"人"自身才是目的。西方信仰与信念可以是一个词,而与此相反,土家族的"神"并不是一种信仰,而只是一种信念。信仰是价值世界的问题,并没有信仰之外的目的性;信念则不同,其有现实世界的目的性。在一定程度上说,土家族的民间诸神情感都属信念、信任的问题。这一关系在神可由人任命或封赠的关系上表现最为明显:"妹妹扯过卵特巴,讲了一阵悄悄话:'八个哥哥非凡人,云游天下显威灵。八个哥哥本领大,善不欺负恶不怕。八尊大神封他们,封他八个正直神。毕兹卡的儿和女,世世代代都供奉。正月日子正好耍,年年给他们做社巴。卵特巴心里开了窍,八个哥哥受了封,个个脸上露笑容。从此成了八部神,毕兹卡世代都供奉。每年到了正月间,摆手堂里闹得欢,跳的跳哩唱的唱,人也喜来神也欢。风调雨顺年成好,年年摆手庆

① 彭勃、祝注先注:《历代土家族文人诗选》,岳麓书社 1992 年版,第 233 页。
② 参见萧洪恩:《论"还坛神"无神——"还坛神"的神人关系试说》,《湖北民族学院学报》1996 年第 3 期。

丰年。'"①

从力命关系看,土家族神话主要强调的是力的方面,即"吃肉先要喂好猪,吃饭定要种好禾"。通观土家族神话,力命关系都是强调的重要内容,其中特别强调的是劳动创造,并把"命"等因素作为一种因素悬置起来,强调力命关系中的关键还是靠人,如"卵特巴吓破了胆,抱着婆娘哭哀哀。喊天天不应,哭地地不灵。妻子劝住卵特巴,'卵特巴你莫哭,号天哭地无用处。我有八个哥哥本领大,明天我去天涯海角找。只要哥哥来上阵,打他个客兵啃泥巴。'""天脚下喊,地底下叫,天上地下无踪影,喊得妹妹好伤心。""八个哥哥上了阵,勇不可当杀客兵。舞起粗棒,挥动大刀。削斫萝卜一样,敲打葫芦一样,劈剁冬瓜一样,客兵抵挡不住神威。杀了一天一夜,血流成了河。杀了两天两夜,尸骨堆成了山。败兵竖起头发逃跑,喊天喊地哭号。穷追猛赶一天,河水踩干。穷追猛赶两天,小山踩平。穷追猛赶三天,败兵无影无踪。"②神话中的这类靠彰显人力以获取胜利的场景,可以说是不胜枚举。

土家族神话在古今关系上表现为一种以祖先为中心、以古今生活世界具有连续性为历史信仰,因而强调"祖宗们这样传下来,唱歌人这样唱下来,人做成了,往后的古根还很长哩"③。因此,土家族神话特别强调问"根把"、"根由"、"原由",如《摆手歌》中唱到:"毕兹卡的根子长,先从根把开口唱。"④"卵特巴请问大火原由:天上火球哪里来？暴雨为何来得快？梯玛公公心有数,从头到尾说原由:'放火不是外来人,放火的人是亲人。救火不是外来人,本是同胞共奶生。我把根由讲仔细,这事坏在你自己。急难时候请人来,过河拆桥不应该。你的房屋数不清,借个角角也不肯。兄弟八人心不服,放火烧了你的屋。妹妹大哭心哭软,烧了一半留一半。'"⑤"匠帅拔佩回到屋,老娘跟前说原由:'好人喝水不要紧,坏人喝了坏事情,力大做

① 彭勃、彭继宽整理:《摆手歌》,岳麓书社1989年版,第376—377页。
② 同上书,第344—346页。
③ 同上书,第34页。
④ 同上书,第323页。
⑤ 同上书,第375页。

坏事,哪个管得起?'"①"毕兹卡年年做摆手,家发人旺喜事多。这些事儿且搁着,先把毕兹卡的根源探索。大山小岭有发脉,大河小河有源头,毕兹卡怎么来的?追根溯源有来由。说来日子很长久,根子深来枝叶稠,祖宗做过的事千头万绪,一百件我难于讲全一件;祖宗留下的话千言万语,一百句我难于讲清一句。大家睁着眼睛看我,张着耳朵等我开歌喉。我顾不得口笨舌拙,我顾不得唱错丢丑,脸上不要发烧,心里不要打抖,上树先从树根起,我从造天造地开头。"②此外,在古今关系上,土家族神话中还特别强调对祖先的尊重:"'弄弄,补色哩,弄涅吔喔哩,祖宗留下的呀,祖宗留下做社巴,怎么能借给人家!'"③因为是祖先留下的,所以不能借。即使是借口,也从一个侧面说明了这一点。

土家族神话在天人关系上表现为一种以神为中介,以"天遂人愿"为目的诉求的天人授受关系,其中"天"为自然之天,是"授"者;人是价值主体,是"受"者。土家语呼"天"为"墨","天"首先是自然之天,是人们可以改造之自然,人们对天的诉求是能天遂人愿,而"神"又起着中介作用。天有天神主宰,如"墨贴巴",后世的土司王也多有以"墨"命名的,如"墨比卡巴叫天叫地,墨比卡巴哭天哭地。喊天天不应,叫地地不灵"④。"哥脚一蹬,'天呀,天呀,天呀'喊三声,一个火球天上来。大哥把手一指,连喊三声'去去去'!落在卵特巴的屋上。乌烟滚滚,红火熊熊,卵特巴哭天哭地,妹妹也哭天哭地。妹妹哭着喊哥哥:'你们前脚出门,后面就起大火。我心里明白,你们恨卵特巴。我们一娘所生,不能对我狠心!'妹妹哭得伤心,传到哥哥耳里。听哩听哩心痛了,听哩听哩心软了。不看竹子要看笋,竹子笋子一条根。大哥手向天上指,'天呀,天呀,天呀'喊三声。晴天突变,细雨霏霏。大哥再向天上指,'天呀,天呀,天呀'喊三声。暴雨像是水瓢浇,卵特巴家的大火熄灭了。烧得快哩熄得快,烧了一半留一半。"⑤

习惯上,"地"同于"天",故总是天地对举,如"卵特巴吓破了胆。抱着

---

① 彭勃、彭继宽整理:《摆手歌》,岳麓书社 1989 年版,第 429 页。
② 同上书,第 7—9 页。
③ 同上书,第 403 页。
④ 同上书,第 418 页。
⑤ 同上书,第 373—375 页。

婆娘哭哀哀。喊天天不应,哭地地不灵。妻子劝住卵特巴,'卵特巴你莫哭,号天哭地无用处。我有八个哥哥本领大,明天我去天涯海角找。只要哥哥来上阵,打他个客兵啃泥巴'"。"天脚下喊,地底下叫,天上地下无踪影,喊得妹妹好伤心。"①以至于在开天辟地神话中天地也是对举,这充分反映了土家族地区的特殊环境,甚至可以叫"天地并建"。当然,由于以人为中心来观察世界,故也认为天虽是自然之天,但天也有"意",有物活论意义!故"不是我多嘴,天意巧安排,两扇磨,在一起,两个人,应成亲"②。后人诗歌中多天意、人事对举,即此历史回声,如田泰斗诗中即多有反映:"心力已疲,风波愈奇。将欲以术禳,既觉天意之难移。将欲以智胜,忽觉人谋之难为。"③当然,从总体价值取向上,人力是居于主导地位的。

再次,思维范畴的凝结与哲学智慧的升华。范畴是哲学的基本概念,是反映客观世界本质联系的思维形式。它既是人类对客观世界认识的一定阶段,又可转过来成为进一步认识世界和指导实践的方法。当然,不同的民族在哲学范畴问题上有不同的表现,如中国哲学范畴具备的时间延续性与空间广袤性,而欧洲哲学家则在不断地推出自己的哲学范畴。相比之下,土家族神话中所演生的哲学问题与哲学范畴则具有土家族的特殊性,这正说明"某一特定哲学之出现,是出现于某一特定的民族里面的。而这种哲学思想或观点所具有的特性,亦即是那贯穿在民族精神一切其他历史方面的同一特性,这种特性与其他方面有很紧密的联系并构成它们的基础"④。

作为认识论范畴的"看"。在《摆手歌》中,高频率地出现"看"这一范畴,与此相应的,有程度不同的"见"等范畴出现,如:"你看哩,粟米穗穗呵,像是牛缆索;包谷球球呵,像是水牛角;稻禾穗子呵,像是马尾巴;黄豆荚荚喜鹊窝,芝麻荚荚像高楼。绿豆叶子呵,一片包得住三斤盐;高粱秆子呵,一根撑走三只船。养的肥猪像水牛,养的黄牯像老虎,儿子肥胖冬瓜样,讨个

---

① 彭勃、彭继宽整理:《摆手歌》,岳麓书社1989年版,第344—345页。
② 同上书,第87页。
③ 田泰斗著,田登云整理:《望鹤楼诗抄》,内部资料1998年版,第4页。
④ [德]黑格尔著,贺麟等译:《哲学史讲演录》第1卷,三联书店1956年版,第55页。

婆娘如花朵。毕兹卡年年做摆手，家发人旺喜事多。"①"大家睁着眼睛看我，张着耳朵等我开歌喉。我顾不得口笨舌拙，我顾不得唱错丢丑，脸上不要发烧，心里不要打抖，上树先从树根起，我从造天造地开头。"②"眼看两手空空来，又将两手空空去。"③"几个哥哥回老家，一路笑哩一路骂。行行走走来到老屋场，兄弟八人越看越凄惨。前不见树荫，后不见竹林，阶沿杂草深，柱头长白菌。堂屋不见神龛，火坑满眼青草。床前长刺笼，灶房里头草蓬蓬。狐狸安了家，野鸡起了窝。门前无路走，屋里无处坐。越看越伤心，越想越有气。卵特巴的房屋就像蜂窝，千层万间多又多，向你借个角角坐，千推万推摆脑壳。嘴巴讲得甜如蜜，假言谎语气死人。这口怨气咽不下，把你卵特巴的房屋烧了吧！"④"走哩，走哩，墨大夕苦业泽到了，看到墨比卡巴的屋了。四周白粉墙，坪中高桅杆，红漆大门敞开，桂花树两边排。"⑤"刀子紧紧捏着，棒棍紧紧掐着，张着耳朵听着，瞪着眼睛看着。等着哩，看着哩，客兵来了，客兵来了。满山遍野来了，蚂蚁牵线来了。"⑥"现在看看哩，树木发了叶，竹叶转了青，老虎出了山，恶蛇出了洞。春巴还没有找到安身处，春巴还没有找到立脚地。"⑦"走一路哩看一路，新鲜东西无其数。"⑧

从哲学认识论的角度看，"看"应是一个重要的认识范畴。"眼睛成为人的眼睛，正像眼睛的对象成为社会的、人的、由人并为了人创造出来的对象一样。因此，感觉在自己的实践中直接成为理论家。"⑨正是由于"看"的这种意义，"看"成了人类认识和把握世界的基本方式，特别是在初民那里浓缩了人类意识的早期发展史。作为一个意向性过程，对于不同的"看"者来说，"看"潜含着观看者的全部文化和知识储备，人所能够看到的也就是

① 彭勃、彭继宽整理:《摆手歌》，岳麓书社 1989 年版，第 7 页。
② 同上书，第 7—9 页。
③ 同上书，第 415 页。
④ 同上书，第 373 页。
⑤ 同上书，第 390 页。
⑥ 同上书，第 443 页。
⑦ 同上书，第 462 页。
⑧ 同上书，第 470 页。
⑨ 马克思:《1844 年经济学哲学手稿》，《马克思恩格斯全集》第 3 卷，人民出版社 2002 年版，第 304 页。

他愿意和准备看到的东西,从来就没有纯粹客观的"看"。而于《摆手歌》来说,其"看"更多的是"请看",是由"梯玛"先看,"梯玛"的看实际上是作为社会的总体的"看"(公认的社会代表),然后以他能看到的来"请看",请族群内的其他个体"看"。这样,"看"见的就是对象中沉淀的丰富的社会心理文化内容,特别是要从个体的看折射出个体的心理意识,并具有一种集体朝向,即集个体之"看"而成为集体之"看",使集体的"看"凸显出一种共同的社会心态。比如鲁迅笔下的"看":"群众——尤其是中国的,——永远是戏剧的看客。牺牲上场,如果显得慷慨,他们就看了悲壮剧;如果显得觳觫,他们就看了滑稽剧。"①沈从文笔下的"看":"一场悲剧必须如此安排,正合符了'官场即是戏场'的俗话,也有理由。法律同宗教仪式联合,即产生一个戏剧场面,且可达到那种与戏剧相同的娱乐目的。原因是边疆僻地的统治,本由人神合作,必在合作情形下方能统治下去。即如这样一件事情,当地市民同剑子手,就把它看得十分慎重。尤其是那四十下杀威棍,对于一个剑子手似乎更有意义。统治者必使市民得一印象,即是官家服务的剑子手,杀人也有罪过,对死者负了点责任。然而这罪过却由神作证,用棍责可以禳除。"②可以看出,正是这种不同的"看"彰显了"感觉在自己的实践中直接成为理论家"的意义,因而应把土家族神话中的"看"作为一个重要的认识范畴来理解。

作为价值论范畴的"直"。在土家族神话中,"直"的范畴是作为价值论范畴出现的。"直"有"真"、"善"、"美"内涵,与好坏、贤愚、善恶直接挂钩:"一山树木有弯有直,河底的石头有圆有扁,世上人多了,有愚也有贤。对面坡上有个老婆婆,满头霜雪儿女多,大儿叫气力,二儿叫蛮哥,三儿叫长手,四儿叫长脚,五儿叫杉卡,六儿叫沙索,吃虎奶长大,喝龙奶成人。走尽天下充豪强,好事坏事都做过,儿做好事娘欢喜,儿做坏事娘伤心。儿做坏事拦不住,伤心怄气病在床,一病三年六个月,睡在床上受折磨。"③"走错了路要回头,做错了事要回心。弄弄哩,补色哩,弄涅吧屋哩,种种都愿借出

---

① 鲁迅:《鲁迅杂文小说散文全集》杂文卷,中国致公出版社2001年版,第56页。
② 沈从文:《新与旧》,《沈从文全集》第8卷,北岳文艺出版社2002年版,第290页。
③ 彭勃、彭继宽整理:《摆手歌》,岳麓书社1989年版,第37页。

来。"①"卵特巴听有愧色,路走错了得走回。得罪神要打醮,得罪人要赔情。八个哥哥请来了,卵特巴跪着赔礼了。'是我不懂理,是我做错了。金子银子送你们,表我一片心。'"②"直"也是神与人共同的价值准则,故有正直神一类:"妹妹扯过卵特巴,讲了一阵悄悄话:'八个哥哥非凡人,云游天下显威灵。八个哥哥本领大,善不欺负恶不怕。八尊大神封他们,封他八个正直神。毕兹卡的儿和女,世世代代都供奉。正月日子正好耍,年年给他们做社巴。卵特巴心里开了窍,八个哥哥受了封,个个脸上露笑容。从此成了八部神,毕兹卡世代都供奉。每年到了正月间,摆手堂里闹得欢,跳的跳哩唱的唱,人也喜来神也欢。风调雨顺年成好,年年摆手庆丰年。'"③

在土家族的传统文化中,"直"一直是土家族的价值准则。同治《来凤县志》说:"隶土籍者,悍而直。""百余年来,士皆秉礼,民亦崇实,斯民三代之直,未始不可教也。"直把土家先民之"直"上述至夏商周时期。同治《宜昌府志》则记载土家族:"里之民,沿蛮夷旧,犹有悍风。然其性直率,非难治也。"这些记载若参证《华阳国志》,则知"质直"、"好义"是两个处理群己关系的准则,可以直接指认为土家先民哲学的核心价值取向。《华阳国志》说:巴域"其民质直好义"。在该书中还直接指认土家先民巴人"本为义民",并通过不少事例加以证明。

作为历史观范畴的"根把"。按《摆手歌》的历史观,客观世界的现今状况,是因为人的生活世界出现了人与自然的矛盾,人们为了改造自然,于是出现了这种情况。因此,生活世界是世界变迁的原因,从这个角度说,人是世界的中心,其导向的是人们认识自然、改造自然、调适自然。正是有了这个出发点,因而《摆手歌》把历史统一在人的活动史中,在现今的人类活动之前被记为"远古的洪荒时代"(时间)、"天和地,相挨近"(空间)的"混沌"世界。但是,人们如何知道这种状态呢?这就提出了《摆手歌》中作为历史观范畴的"根把",在一定程度上说,进行历史追问也是土家族神话的根本的思维方式之一。

---

① 彭勃、彭继宽整理:《摆手歌》,岳麓书社 1989 年版,第 421 页。
② 同上书,第 375—376 页。
③ 同上书,第 376—377 页。

在土家族神话中,无论是自然界还是人类社会,都在创造中曲折地进步。最突出的表现是走出洪荒的历程、"初劫人"与"二劫人"的分析等,都反映了这一思维的价值取向:古今关系上"根把"的标志性价值与范式功能,因而特别强调问"根把"、"根由"、"原由",强调"毕兹卡的根子长,先从根把开口唱"①。把历史追述作为阐明生活的标志性价值与标准范式的有效途径,以此来表征自然与社会的曲折演进的历史。

追本求源,反复型塑远古意识是土家族神话的基本叙事方式,如《摆手歌》中唱道:"毕兹卡年年做摆手,家发人旺喜事多。这些事儿且搁着,先把毕兹卡的根源探索。大山小岭有发脉,大河小河有源头。毕兹卡怎么来的?追根溯源有来由。说来日子很长久,根子深来枝叶稠。祖宗做过的事千头万绪,一百件我难于讲全一件;祖宗留下的话千言万语,一百句我难于讲清一句。大家睁着眼睛看我,张着耳朵等我开歌喉。我顾不得口笨舌拙,我顾不得唱错丢丑。脸上不要发烧,心里不要打抖。上树先从树根起,我从造天造地开头。"②

事出有因,反复型塑因果意识是《摆手歌》的基本诠释方式:"卵特巴请问大火原由:天上火球哪里来? 暴雨为何来得快? 梯玛公公心有数,从头到尾说原由:'放火不是外来人,放火的人是亲人。救火不是外来人,本是同胞共奶生。我把根由讲仔细,这事坏在你自己。急难时候请人来,过河拆桥不应该。你的房屋数不清,借个角角也不肯。兄弟八人心不服,放火烧了你的屋。妹妹大哭心哭软,烧了一半留一半。'"③"匠帅拔佩回到屋,老娘跟前说原由:'好人喝水不要紧,坏人喝了坏事情,力大做坏事,哪个管得起?'"④

慎终追远,反复型塑对祖先的尊重是《摆手歌》的标准确立模式。《摆手歌》在古今关系上表现为一种以祖先为中心、以古今生活世界具有连续性为历史信仰,因而强调"祖宗们这样传下来,唱歌人这样唱下来,人做成

①　彭勃、彭继宽整理:《摆手歌》,岳麓书社1989年版,第323页。
②　同上书,第7—9页。
③　同上书,第375页。
④　同上书,第429页。

了,往后的古根还很长哩"①。例如:"'弄弄,补色哩,弄涅吧喔哩,祖宗留下的呀,祖宗留下做社巴,怎么能借给人家!'"②像这类借祖宗权威来论释现实情况的还很多。

通过上述的思维进程,土家族神话中表征了自然与社会的曲折演进历程,可以算作是进化史观:

> 我这个做梯玛的人哩,破牙里洞不要了,那里的树木砍光了,眼睛竖竖的初劫的人民要讲了,耳朵横横的二劫的人民要讲了。初劫的人啊,眼睛直直地放了,耳朵横横地放了,脚杆直直地放了呀。人的皮子蒙鼓啰,人的骨头做鼓椎啰,人的牙齿做鼓钉啰。二劫的人啊,天和地隔得太近了,画眉鸟叫了,天上听到了,天上的人听得不耐烦了,要打画眉了,画眉它各躲在茶山里叫去了。蛤蟆叫了,天上听到了,天上的人听得不耐烦了,要打蛤蟆了,蛤蟆它各躲在岩坎脚下叫去了。葛藤子发了,一窜窜到天上去了,天上的人看得不耐烦了,要打葛藤下,葛藤它各往堤坝上窜去了。马桑树长了,一伸伸到天上去了,天上的人不耐烦了。要打马桑树了,马桑树它各勾起腰不敢伸了。芭茅长了,一长长到天边去了,天上的人不耐烦了,要打芭茅根了,芭茅它各骇得长到水边去了。我要讲的哩,铁汉大哥是吃铁它它(坨坨)长大的,铜汉二哥是喝龙水长大的,世界上没有比他们再狠的人了。那铁汉大哥哩,爬到马桑树上上天了,他飕飕飕地对天射三箭,射天天通了。那铜汉二哥哩,下到马桑树下下地了,他飕飕飕地对地射三箭,射地地漏了。天盖盖哩,打从这里破了哩;地底底哩,打从这里漏了哩。天地坏了哇,年月没有了哇,日夜不分了哇,做年做月的没有了哇,太阳也不照在这里了。无天无地了,无年无月了,叫张古老做天了,叫李古老做地了,张古老他做天做成了,李古老他打瞌睡了。天亮了,鸡叫了,李古老越睡越深了,七天七夜了,李古老还没有醒来呀。南天门打开了,雷公响着了,李古老惊醒了,李古老慌张了。棒棒抬起来,堆成一座山了;棒棒翘起来,开成一条河了;捧棒撮起来,撮成一个天坑了,李古老做地地成了。有地

---

① 彭勃、彭继宽整理:《摆手歌》,岳麓书社1989年版,第34页。
② 同上书,第403页。

了,有天了,凡间世上有人了。耳朵像蒲扇做到的,眼睛直直长到的,嘴巴竖竖生到的,鼻子倒倒长到的,牙齿席席的(地)长到的,芭蕉叶子穿到的。

由此不难看出,这是一种艰难的演进历程。在这一演进历史进程中,人与自然的关系及人类自身也都在不断地进化。在一定程度上说,土家族后来的历史观基本上没有退化史观,与土家族的神话历史观是有相因关系的。

## 第四节　传说时代的土家族哲学

哲学思维的发展过程是一个自然历史过程,土家族的哲学也不例外。为了明确土家族哲学的整体脉络,笔者曾将土家族哲学的流变历程作了一概括性分析,即将土家族哲学划分成五个具体时期:第一,人神共营:传说时代或史前时代;第二,遵命尚力:先秦至 14 世纪的土家族哲学;第三,儒道共融:15—17 世纪的土家族哲学转型;第四,末世反思:18—19 世纪的土家族哲学;第五,现代转型:20 世纪的土家族现代哲学。本节即是在前三节的基础上,对传说时代的哲学进行一次综合性评述,以明确这一时期土家族思维的"哲学"特征。

土家族是一个具有悠久历史和文化的伟大民族,在很早以前,土家族先民就生息、劳动、繁衍在湘鄂渝黔地区的广大土地上,开始了光辉灿烂的古代思想文化的艰难创造。土家族传说时代的哲学研究,作为断代研究,应划定在"廪君化为白虎"之前,大致在华夏民族的夏禹时代前期。

传说时代的哲学以天地人合一为主体思想,其起源论突出的是天地人三才共生共本,其自然观强调的是自然、社会及人事的相济及相互引发作用,其认识论则强调实用性价值取向,即强调从天地人相一致而有利于人的角度来认识,至于人生观则更是致力于使天地人三者统一起来。但是应看到的是,所有上述方面的实现都有神的参与,因而可以将这一时期的土家族哲学世界观看成是人神共营的世界观。

三才合一思想的产生与土家族人民所生活的环境有关。虎、蛇多窜,他们以此为图腾。如虎,甚勇猛,以虎为图腾,培养的是虎的精神。《华阳国志·巴志》讲"巴有将,蜀有相",实得土家族天地人三才合一思想之神髓。

特定的大山环境,也使他们造就了一种山的挺拔、直而不屈的性格,故其风习是以"朴拙淳直"①为特征的,例如"巴东山川雄奇,常产英特,多以才气自负……犹有悍风,然其性率直,非难治也"②。长期的水居生活,使他们的居住是"依山面水一家家"③,他们因而也"习于用舟"④,至有"轻舟出于巴"⑤的盛誉。不难看出,传说时代土家族初民的天地人三才合一思想应是他们征服自然、利用自然、改造自然的渴望。

### 一、世界起源论

世界起源,包括天、地、人及自然万物的起源,各民族人民的初民就已开始进行了艰苦的探索。探索结果形式多样,甚至有的离奇古怪,当然也就有丰富新奇的思想闪光再现。在非常遥远的土家族史前期,在其苦度洪荒的远古时代,对天地人物的起源也曾作过探索,并不乏富有成果的思想灵光。

首先,人物共本的创生说。土家族先民探索世界起源的主要形式是承认人物有共同的物质本源。《梯玛歌·开天辟地》中讲远古如混沌,无天无地无人无万物,后由一气化而成立,把一元之气当作万事万物的本原。

值得提出的是,土家族的天地人起源除了初创阶段外,还有一个再造过程。这就是在原初天地结构中,天和地挨得很近,画眉鸟叫传上天,青蛙打鼓传上天,地上葛藤长上天,芭茅伸上天,马桑树伸上天,鱼翅伸上天,故天人打击它们,特别是搬大斧砍鱼,"砍在大鱼背心,大鱼挨刀负痛,打了一个翻身,这一下惹了大祸,天上通了大眼,地上通了大坑,从此四季不清,从此日夜不分……大地一片漆黑,世上混混沌沌。"墨贴巴一见"天上穿了孔,地上通了洞,天上灰蒙蒙,地上黑沉沉"。于是叫张古老补天,李古老补地,最后又先后叫张古老、李古老做人未果,然后再由伊窝阿巴做人,才有了人类⑥。正基于此,我们不宜讲其造天地人是由墨贴巴——相当于汉族玉帝

① 严如煜:《苗防备览》卷九。
② 同治《宜昌府志》卷十一。
③ 同治《咸丰县志》,咸丰县志编纂委员会 1983 年重印版,第 190 页。
④ 胡三省:《通鉴隋纪》开皇九年注。
⑤ 《战国策·燕策》。
⑥ 参见彭勃、彭继宽整理:《摆手歌》,岳麓书社 1989 年版,第 8—19 页。

指使,就简单地认为是唯心主义,而应探讨其最初的本原之物,而这种本原之物的初创及再创过程,正好同古希腊思想家一样,认为"世界在本质上是某种从混沌中产生出来的东西,是某种发展起来的东西、某种生成着的东西"①,属天生的自发的唯物论者、辩证论者。按照列宁的说法,则反映了"科学思维的胚芽同宗教、神话之类幻想的一种联系"②。

其次,神人共创论。在初创世界后,世界曾因各种原因毁灭,于是发生了世界再创说,其典型形式是神人共创世界。流传在湘西的《葫芦歌》讲洪水起因造成了人类毁灭,小兄妹造成人类,在他们"从此兄妹成夫妻,相亲相爱度时辰"后,幺妹生下一个肉坨坨,砍成一百块,"撒在柴棚就姓彭,田中就成田姓人,桃树下面桃家人,李树林中李家根……"从此人类再度繁衍。但应注意,兄妹成亲是由太白金星主持劝说而成的。《土家族人的祖先》讲洪水滔天以后,观音菩萨让剩下的兄妹成亲,十月怀胎生下一个肉坨坨,观音菩萨要他们剁成 18 块,用泥巴包住放在 18 棵树杈里,49 天而后成人,用泥包的,故是土家人;在什么树上则姓什么,遂有土家族 18 大姓。此外《太阳与月亮》、《罗神公公与罗神娘娘》、《水杉》等,都有类似的神人共创学说。

根据神话的内容可证,土家族洪水神话产生于青铜器和铁器交替时代。与其他民族的洪水神话不同的是,土家族所论的发生洪水的原因不同,并加进了开天辟地和民族来源的内容,组成了复合型神话。从内容上讲,它是远古巨大洪水给人类留下的深刻印象,就像汉民族的神话故事保留了对洪水的记忆一样。从民族精神的角度讲,它反映了人类征服自然的强烈愿望和向大自然作斗争的悲壮精神;从哲学思维角度讲,它反映自然与人由分离走向统一的矛盾发展过程,是天地人合一思想的雏形。至于神人共创,则属于人们对异己力量的崇拜。只有"当谋事在人,成事也在人的时候,现在还在宗教中反映出来的最后的异己力量才会消失,因而宗教反映本身也就随着消失"③。

---

① 恩格斯:《自然辩证法》,《马克思恩格斯选集》第 4 卷,人民出版社 1995 年版,第 265 页。

② 列宁:《列宁全集》第 55 卷,人民出版社 1990 年版,第 211 页。

③ 恩格斯:《反杜林论》,《马克思恩格斯选集》第 3 卷,人民出版社 1995 年版,第 668 页。

再次，人物共创论。人物共创论有两个趋向：

一个是人与动物的交配，如《虎儿娃》中人与虎交配，生下一个半人半虎的孩子，人们叫他虎儿娃，其上山被百兽称为王。他奔赴魔王山斩杀魔王，救出皇帝三公主并成亲繁衍成今日的土家人。这《虎儿娃》可看做"廪君死，魂魄世为虎。巴氏以虎饮人血，遂以人祠焉"①的世传史料的折射。又有《佘氏婆婆》中讲的佘香香与鹰的关系，成为谭氏始祖，被称为鹰公佘婆。其他尚有牛、蛇、鱼等与人交而繁衍人类的，反映了土家族自然崇拜的遗迹。

人物共创论的另一倾向是人与植物的关系。《咿罗娘娘》中咿罗娘娘用植物造人，竹子做骨架，荷叶做肝肺，豇豆做肠子，葫芦做脑袋，这显然与土家先民的农耕生活与竹编技术的关系尤深。

第四，矛盾推动论。《鸿均老祖歌》曾唱"鸿均老祖传三教，顿时一气化三清。盘古自今不记年，鸿均老祖还在先。后出盘古分天地，才有天地人三皇"。这里的"鸿均老祖"实际上应是造分天地人物的本源物质。至于唱"天地相合生佛祖，日月相合生老君，龟蛟相合生金龙，兄妹相合生后人"，则又把人及人类社会看做是矛盾发展的产物。值得注意的是，天阳地阴的观念是古代民族的共同观念。"埃及与巴比伦的宗教正像其他古代的宗教一样，本来都是一种生殖性能崇拜。大地是阴性的，而太阳是阳性的。公牛通常被认为是阳性生殖性能的化身，牛神是非常普遍的。在巴比伦，大地女神伊什塔尔在众女神之中是至高无上的。这位'伟大的母亲'在整个的西亚洲以各种不同的名称而受人崇拜。当希腊殖民者在小亚细亚为她建筑神殿的时候，他们就称她为阿尔蒂米斯，并且把原有的礼拜仪式接受过来。这就是'以弗所人的狄阿娜'的起源。② 基督教又把她转化成为童贞女玛利亚，但是到了以弗所宗教大会上才规定把'圣母'这个头衔加给我们的教母。"③

---

① 范晔：《后汉书·西南蛮夷列传》。

② 狄阿娜是阿尔蒂米斯的拉丁文的对称，在希腊文的圣经里提到的是阿尔蒂米斯，而英译本则称为狄阿娜。

③ 参见[英]罗素著，马元德译：《西方哲学史》上卷，商务印书馆1997年版，第26页。

不难看出,以上的世界起源论,无论是人物共本论,还是神人共创论和人物共创论,都并存三大系列:神、人、物。神无论怎样万能,总需利用人并通过人来利用各种自然物。一方面反映了土家族先民的天地人三才合一的世界整体图式,一方面则反映了人神对自然万物的最后依赖性。前者具有辩证思维因素,后者则是唯物主义的古朴形式。

## 二、矛盾的自然观

土家族传说时代的自然观是相当矛盾的,一方面是战天斗地与人定胜天的自信,一方面则是图腾崇拜、祖先崇拜、万物有灵,并形成了强烈的思想反差。

首先,人定胜天的观念。人定胜天的观念始终伴随着土家族先民的奋斗历程。在《民族迁徙歌》中,叙述土家族"翻过千山万岭,渡过千潭万水"的长途迁徙历程,如果不是人定胜天的思想支配,他们是不敢面对"麂子走过的路"、"猴子翻过的山"、"螃蟹爬过的沟"、"鲤鱼漂过的滩"的,是不能"船过重重险滩,绕过重重石山"而找到"手摸胡子笑"的"长住之所"、"生根地方"的。在《雍尼补所尼》中,喝虎奶龙涎长大的本领高强的人间子弟可以捉雷公,敢于与天神抗衡。《涨齐天大水的故事》中的五兄弟同样可以捉住雷公,对抗天神。《洛羽射日》中的洛羽见人类即将遭受 12 个太阳暴晒的灭顶之灾,便背上桃弓柳箭爬上马桑树,一连射落十个太阳,剩下的两个太阳向洛羽求饶,洛羽叫它们轮流出来,一个走白天,一个走夜晚,这的确是人类的一个重大胜利,的确显示了人定胜天的人类主体力量。

由于"古代各民族是在想象中、在神话中经历了自己的史前时期"①的,他们想象或借助想象来征服自然,诸如"人们坐着飞毯在空中飞行,穿着飞靴走路,用死水或活水向死人洒一下,就会使他复活,一夜之间把宫殿筑好。总在故事里面展开了另一种生活的希望。在那种生活里,有一种自由的、无畏的力量活动着,幻想着更美好的生活"②。但是,如果我们用"哲学最初在

① 马克思:《〈黑格尔法哲学批判〉导言》,《马克思恩格斯选集》第 1 卷,人民出版社 1995 年版,第 7 页。

② [俄]高尔基:《论文学续集》,人民文学出版社 1979 年版,第 495 页。

意识的宗教形式中形成"①的尺度检索这类力量的话,我们发现的就是一种古朴的自然观念,即人们发挥主观努力去征服自然、战胜自然的观念。

其次,图腾崇拜对自然的屈服。根据世传史料及民间口承文化提供的历史线索,土家族的图腾有黑虎:鹤峰"铺圃皆祀财神,谓之黑虎元坛"②。利川市有地名"支罗",即黑虎。有白虎:《十梦》中言"三梦白虎当堂坐,白虎坐堂是家神"。有鹰:鹰公佘婆传说可证。有鱼与蛇,"虫为蛇,蛇号为鱼。"③"有互人之国,人面鱼身,蛇乃化为鱼"④。"巴,虫也,或云食象蛇。"⑤此外有牛、猪、狗、石、巴茅等等。由于人们在大自然面前的渺小,当人们可以把自己和自然界区别开来的时候,人们就会思索这种压迫自己而又不能理解的神秘力量,才有可能产生以这种自然物为崇拜对象的图腾观念。从哲学思维的角度说,它既表明思维的幼稚性,即人们的头脑还分不清人同动物、植物的原则界限,意识不到人在自然界中的至高无上的地位,反而把低于人的动植物当成祖先神来崇拜;又表明思维的巨大进步,即人们开始意识到氏族有起源,而且有了一定的类的抽象观念。但从思维的结果而论,则显示了对自然力的屈从。从思维发展的历史进程看,图腾观念的发生应先于以前所述的世界起源论。

再次,祖先崇拜观念,人对自身神秘力量的屈从。土家人认为祖先是最好的能福荫子孙的神灵,故在土家族许多家庭的神龛上至今仍供奉祖先神像,这是史前期祖先崇拜的历史遗迹。祖先崇拜观念是灵魂观念的推衍,表明人们开始思考人的生死问题,并对当前的行为作某种类推和联想,依次发展而来的祖先崇拜则更进一步地反映出人们对逝去亲人的怀念之情,并成为哲学基本问题的最早表现。

不难看出,土家先民的自然观是十分矛盾的。这与他们面对的自然界有关。大自然一方面赐给人们雨露与阳光,提供衣食住行资源,使人们自然

---

① 马克思:《剩余价值理论》,《马克思恩格斯全集》第26卷第1册,人民出版社1973年版,第26页。
② 民国《鹤峰县志》,鹤峰土家族自治县档案馆1980年重印本,第63页。
③ 《山海经·海外南经》。
④ 《山海经·大荒西经》。
⑤ 许慎:《说文解字》。

而然地产生人定胜天的观念；另一方面，大自然又翻脸无情，寒冬酷暑，毒蛇猛兽等又会危及人们的生存，使人们自然而然地产生对自然的屈从观念。在遥远的史前时代，土家族先民是在这种极为矛盾而又极为正常的观念中搏斗着、生存着的。

### 三、和则生力的社会观

人们都说土家族是一个团结合作的民族，他们热情好客，和睦友善，乐于助人，即使是外族人进入土家族地区，也可以"过客不裹粮，投宿寻饭，无不应者。……发逆之乱，避其地者，让居推食"①。当然，这是一种"惟有来客沿旧俗，常须喱酒与油茶"②的古朴的合则生力社会观的再现。

劝人向善是和则生力社会观的前提。《梯玛歌·长刀砍邪》中曾深刻地反映梯玛与邪恶的斗争，劝人向善。歌中唱道："有啊，歌兄啊，日梦不祥啊，我要砍了它，你夜梦惊砍了它，死人头上砍了它，死鬼头上砍了它，滚岩翻坎砍了它，投河跳水砍了它，麻索吊颈砍了它，刀劈斧剁砍了它，毒蛇挡道砍了它，恶虎拦路砍了它，见钱起心砍了它，谋财害命砍了它，五谷不得丰收砍了它，当面说好背后说歹的砍了它。砍、砍、砍、砍、砍，不好不利的统统砍了它。"梯玛认为万物有灵，自然界及人自身的一切坏的恶的都由邪作祟而生，梯玛要人们向善而不向邪乞求，要不怕邪，要主宰自己的命运并驱逐邪恶，故要用长刀砍邪。

尊老爱幼，扶弱助寡是合则生力的重要内容。在《民族迁徙歌》中描述了一支土家先民碰到"万丈深潭挡路了"、"陆路不通了"、"大家要上船了"等不同状况。这时，他们把"木匠公公"做的青枫木的船让给"社巴公公"、"社巴婆婆"及田、向、赵、王、梁、龙等家的公公。其他的则坐卡巴船、杉木船并前后护着青枫船，保护好老人安全。这支迁徙中的土家族先民还在"首泽那洞""看到一个伢儿，血糊糊，没穿衣，不见爹，不见娘，看到人来哭嚷嚷。孩儿无人抚养，快快把他捡起。"不难发现，用行动再现人们的尊老爱幼的社会观。这支人是由大小不等的胞族联合起来的。在长途征程中，

---

① 同治《来凤县志》，来凤县志办公室 1981 年重印版，第 246—247 页。
② 同治《咸丰县志》，咸丰县志编纂委员会 1983 年重印版，第 190 页。

人们患难与共。但是,当选好一个地方,"坐了三年六个月","人发家发了",此地住不下以后,他们留下弱小的氏族守屋,其余强大的氏族又去披荆斩棘,开辟新的所在。这样进行五六次,人已经过"八代十代了",从而,也使这支人兴盛起来了。"七十二行出到的哩,铁的帽子有人戴哩,凤冠帽子有人戴哩;讲天话的也有了,讲地话的也有了,讲海话也有了,和天打斗的有了,和地打斗的有了,和官打斗的有了。"于是"凡间世上欢欢喜喜了"。正是基于尊老爱幼、扶弱助寡的合力奋斗,才出现了如此兴盛的局面。

协力同心是和则生力社会观的基本要求,也是全体土家先民的基本义务。在《葫芦歌》中,四个哥哥设计并合作捉住雷公,初步显示了协力同心的伟大力量。在《民族迁徙歌》中,协力同心表现得淋漓尽致。一是以和为贵。当他们碰到一群拦路人时,率领迁徙大军的头人——"社巴公公走上前,笑眯眯,开言道:天长路远这里来,翻山过水这里来,今天宝山借路过,借条大路请让开。"正是这种以和为贵,以礼待人,态度温和的和谈,感动得对方闪出一条道路来。二是平等。当他们"一同走了好几年"到达目的地而要分别时,吃餐离别酒,但"人多不够吃,肉只分得一坨,酒只喝得一口"。至于财产分割,上至打猎用具,下至草鞋,都是平等分割的,显示出一种原始平等。三是齐心合力。他们"到了茨滩、凤滩,船行像射箭,浪花打进船舱,崖礁要咬破船底"。在如此艰险时,他们"齐心合力,牙关咬紧。背纤的,嘴巴舔着石壁;撑船的,屁股贴在船底。哎嗬,哎嗬,汗流完,力使尽,闯过了茨滩、凤滩"。此后的斗人熊一幕也同样是因协力同心取胜。

### 四、直观认识论

认识是客观世界在人们头脑中的主观反映形式。土家族远古先民面对他们的环境,自然也应产生相应的精神形式,成为我们所要探讨的史前期的直观认识论。

首先,认识的直观性。土家族远古先民的认识的直观性,可以首先从他们创世神话中的就地取材上体现出来。咿罗娘娘造人,用的是土家先民农耕生活与竹编技术所用的材料,并因此而区别于女娲、耶和华用泥造人的取材于制陶术。土家族先民上天征服天神,依据的是"水杉"、"马桑树"等日常中常见的东西。在制天制地时,李古老制地"用手挤出了大大小小的疙瘆"，"用棍棒捅天坑"，显然取材于武陵山区山多、天坑多、溶洞多的自然地理特征。当然应看到，这种就地取材从思维的角度说还反映人们的想象力，把自然现象与神性结合，有了某种程度的感性思维向理性思维的推进。其次，对事物的直接描述也反映其认识的直观性：如《梯玛歌·捉鱼螃蟹歌》唱道："那是什么哟，背起簸箕下水了；那是什么哟，搬起火钳钻岩了；那是团鱼哟，背起簸箕下水了；那是螃蟹哟，搬起火钳钻岩了。"此外，又描述了青蛙、虾米、鳜鱼、鲤鱼等，都是从表象上去描述的，停留在认识的感知阶段。从思维意向上讲，这种形象的描述及丰富的联想，无疑具有传授知识、教育后代的作用。

其次，联系的幻想性。作为直观认识论，反映的是意识与外部世界的直接联系。这种联系表明：原始人在一定的发展阶段上能探寻原因，并作简单推理，自然崇拜的发生可看做是这种简单推理的结果。诚然，这种推理也反映了他们的联系的幻想性。《创世歌·廪君创世歌》唱道"向王天子拿牛角，祖师菩萨打赤脚。向王天子一支角，吹出一条清江河。"这里把牛角、清江及向王天子通过想象和幻想联系起来。《梯玛歌·创世歌》讲火的起源时，把人类有火能熟食归功于小鸟的帮助，把小鸟与发明火用想象和幻想联系起来。凡此等等，不一而足。只要我们透过历史的表象就会发现，土家族远古先民不仅仅企图正确地把握由种种联系和相互作用的无穷无尽地交织起来的总体的世界图画，而且也试图在探索这些画面的各具体细节。结果就不得不陷入牵强的、造作的、虚构的、幻想的联系观念中。① 因此，就认识发展的水平而论，其仍然停留在直观认识论上。

再次，价值取向的实用性。认识是为求得真理，这是认识发展的基本目标之一。但是，真理本身需要的是力量。所以，土家族先民从一开始就以实用性为认识论的价值取向，把真理的力量——骁勇、无畏、智慧作为目标，如《长刀砍邪》中反映的梯玛砍邪的骁勇与无畏；《梯玛歌·打猎歌》中记载的土家先民猎猴时的耐心与机智；又如打老虎中所唱："那个哥哥听我说，我们这里老虎多。虎头就像牛头罐，身重也有三百三。昨天早上见过它，那个

---

① 参见恩格斯：《反杜林论》，《马克思恩格斯选集》第3卷，人民出版社1995年版，第363页。

老虎果真大。它在那里正吃牛,我们怕它忙逃走。"这是土家族姑娘关切地向老猎手叙说老虎的踪迹。猎人们的勇敢则通过下列对话表现:"人家讲它正吃牛,赶快追去才碰头。铜锤虎叉带得有,见了老虎就动手。""老虎见我心害怕,用尽力气来挣扎。""老虎终于打死了,大大小小都欢笑。"这打虎正好反映土家先民与猛兽作斗争的骁勇与无畏。有人说过,道德与正义,只有实力相等时才能提出来讨论,即平衡来源于力量,和平依赖于威慑。其实,人与人的关系如此,人与自然的关系又何尝不是如此呢?土家族先民之所以以此为认识论的价值取向,"是以劳动为基础的,是改善劳动,把劳动奉为神圣的,是幻想着完全控制着物质和自然力,认为可以改变这种物质,为了人民的利益而控制这些自然力的。"[1]正是由于有了这种价值取向,有了这种对自然力的积极态度,才鼓舞了后继者们的斗争意志和信心,激励了土家族人民在改造自然、改造社会中取得一个又一个胜利。

综上所述,土家族先民的史前期哲学思维方式,重视人与对象世界的有机统一。从世界起源论研究这种有机统一的基础开始,到研究人定胜天的自然观及图腾崇拜及祖先崇拜,实际上提供的是两种达到统一的方式。至于和则生力的社会观及价值取向有实用性的认识意义,都无不是为了寻求这种统一,这无疑是一种朴素的辩证思维方法,正是这种思维方法,使后世步入文明时代的土家族人民把社会问题作为认识的主题,探寻把神的问题变成人的问题,把历史问题变成现实问题的途径,于是铸造了土家族人民的爱国主义传统。

---

[1] 高尔基语,转引自段宝林:《中国民间文学概论》,北京大学出版社1985年版,第22页。

# 第　四　章

# 賓人思想家鹖冠子的哲学思想

鹖冠子是土家族先民賓人中的重要的哲学家、军事理论家、天文学家、文学家。长期以来,人们从不同的角度对他进行研究,特别是对《鹖冠子》一书的研究,更是百家异说。由于在 20 世纪 80 年代以来对《鹖冠子》研究的加深,特别是出现了像孙福喜《〈鹖冠子〉研究》①及一些博士、硕士投入其中的研究,加上国外学者如英国学者葛瑞汉、日本学者大形徹、德国学者诺伊格鲍尔等的研究成果被广泛介绍,已使鹖冠子研究日益深入,本章即在前人研究的基础上结合自己所学就鹖冠子思想进行介绍。

## 第一节　鹖冠子研究概述

关于鹖冠子其名、其时、其书、其族、其思想,历来存在着争论,有的争论直到现在还在继续,本节就几个相关问题的争论作一介绍。

### 一、关于“鹖冠子”之名

关于鹖冠子之名,首先必须弄清楚“鹖冠”之名。按诸文献,“鹖冠”也称“鹖鸟冠”或“鹖鸡冠”,现综合诸家资料,“鹖冠”至少有以下诸义:

武士冠。《汉语大词典》“鹖冠”下引《后汉书·舆服志下》:“武冠,俗谓之大冠,环缨无蕤,以青系为绲,加双鹖尾,竖左右,为鹖冠云。五官、左右虎贲、羽林、五中郎将、羽林左右监皆冠鹖冠。”“鹖鸟冠,即鹖冠。唐高适

---

① 　孙福喜:《〈鹖冠子〉研究》,陕西人民出版社 2002 年版。

《遇冲和先生》诗：'头戴鹖鸟冠,手摇白鹤翎。'孙钦善注：'鹖鸟冠,本为武士冠,道家所戴者不用羽。'"

隐士冠。因中域见此冠首戴于楚之隐士鹖冠子，故以为是其发明，因而也称为隐士之冠。《汉语大词典》"鹖冠"条："隐士之冠。《文选·刘孝标·辩命论》言'至于鹖冠瓮牖,必以悬天有期'。李善注：'《七略》鹖冠子者,盖楚人也,常居深山,以鹖为冠,故曰鹖冠。'唐杜甫《小寒食舟中作》诗：'佳辰强饮食犹寒,隐几萧条戴鹖冠。'仇兆鳌注：'赵注：鹖冠,隐者之冠。'"

贫贱之服。《辞海·鹖冠》："《文选·刘孝标·辩命论》言'至于鹖冠瓮牖,必以悬天有期'。吕向注：'瓮牖,贫贱之居也;鹖冠,贫贱之服也。'"

为姓氏。《中国姓氏大全》说："鹖冠,历史上的罕见复姓,《中国姓氏集》收。相传为战国时楚人鹖冠子之后。现代无此姓。"①

指称隐士。《汉语大词典》载"鹖鸡冠,即鹖冠,借指隐士。唐陈子昂《秋日荆州府崔兵曹使宴》诗：'轺轩凤凰使,林薮鹖鸡冠'"。

术士冠。清代江宁顾櫰三《补辑〈风俗通义〉佚文》说："冠,古贤者鹖子之后(并《广韵》注),褐冠氏宾人,以褐冠为姓。褐冠子注书(《通志》按：褐当作'鹖',知天文者;鹖冠即术士冠也)。"又清代张澍编辑补注的汉应劭著的《风俗通义·姓氏篇》中也有言"鹖冠氏,宾人,以鹖冠为姓,鹖冠子著书"②。按,以上六义,均为后世引申。

据刘尧汉等考证,"鹖冠"之原义,应是古氐羌系统少数民族的传统习俗之流传。鹖是雉的一种,今凉山彝族仍有剥取雉的带颈头皮连缀缝在童帽沿上,作为装饰之用的习惯。20世纪60年代初,刘尧汉等学者在昆明西郊彝村调查,见到巫师仍用雉带颈头皮做法帽,这两种帽可称为"鹖冠"。彝巫戴"鹖冠",可作为鹖冠子的再现。笔者认为,古人以鹖为冠应具有象征意义。在原始社会,战士爱割下猎获物的关键部分——作为所获猎物的生命或对手最为宝贵的东西佩戴在自己身上,宣示自己的胜利并向对手示

---

① 陈明远、汪宗宪著：《中国姓氏大全》,北京出版社1987年版,第127页。

② 应劭著,张澍编辑补注：《风俗通义·姓氏篇》,中华书局1985年版,丛书集成初编本。

威。鹖冠子之以鹖为冠当是其初始意义的引申，并隐喻出勇敢、美丽、财富等多种意义。①

鹖冠子，诸家并称姓名不详。居深山，用鹖羽为冠，因以为号。最早记载《鹖冠子》一书的是西汉刘歆的《七略》，《太平御览·逸民部·十》②引文说："鹖冠子，常居深山，以鹖为冠。"后各书基本以此说为据，如《汉书·艺文志》班固自注："鹖冠子，楚人，居深山，以鹖为冠。"颜师古注曰："以鹖羽为冠。"按《后汉书·舆服志下》："鹖者，勇雉也，其斗对，一死乃止，故赵武灵王以表武士，秦施之焉。"知鹖冠子在中域初见于赵武灵王之时，因其将军庞煖曾师从鹖冠子，而鹖冠子之取名，则因鹖即勇敢的象征，后以鹖冠为武士之冠，且鹖冠子本为隐士而又以为隐士之冠，后人以为贫贱之服、姓氏，均发展其义。③

## 二、关于"鹖冠子"之时

关于鹖冠子之时也有多种说法：

孟子之前说。清代学者王闿运《湘绮楼集·鹖冠子序》认为鹖冠子"当在齐威、魏惠之世，稍在孟子之前"。

战国末年说。当今学者认为鹖冠子生活年代当在战国晚期，不可能早于孟子。李学勤强调，鹖冠子生活年代大致在公元前 300 年至公元前 240 年。④《诸子百家大辞典》以鹖冠子为"战国末期哲学家、兵学家"，约生活于公元前 300 年至公元前 220 年。徐文武也主此说，认为《鹖冠子》的最后成书当在公元前 241 年—公元前 223 年之间。⑤

统言战国说。《中文大字典》"鹖冠子"条统称为"周时楚人"，虽不及东周、西周之别，但论"马瑷尝师之，及瑷显于赵，鹖冠子惧其荐己，遂与瑷

① 参见［英］Harry Cutner 著，方智弘译：《性崇拜》，湖南文艺出版社 1988 年版，第 11 页。

② 《太平御览·逸民部·十》引，《四部丛刊》本，上海商务印书馆 1935 年重印版。

③ 以鹖冠为饰之俗较为悠远，如《尔雅翼》曰："昔黄帝之战，以雕、鹖、鹰为旗帜，至周，鸟隼为旗而其后有鹖冠环缨。"则黄帝时代已有以鹖为冠之例。又，《左传·僖公二十四年》中还有"鹬冠"、《淮南子·主术训》中有"獬冠"，知以羽饰等物饰冠，应为古代通例。

④ 参见李学勤：《马王堆帛书与〈鹖冠子〉》，《江汉考古》1983 年第 2 期。

⑤ 参见徐文武：《楚国哲学史》，湖北人民出版社 2003 年版，第 287 页。

绝"。知其主张的是战国说。不过,其书之"马瑗",当为"庞煖"之误。庞煖是战国后期赵国将军,曾师事鬼谷子。赵悼襄王三年(前 242 年)曾领兵攻燕,擒燕将剧辛。《哲学大辞典·中国哲学史卷》说鹖冠子,相传为战国时楚国隐士,亦定其为战国时人。《辞海》也说"鹖冠子,相传为战国时楚人。姓名不详"。

春秋说。《辞源》说:"鹖冠子,春秋时楚人。当齐威王、魏惠王之时。"不知何据。

案吕思勉《经子解题·鹖冠子》说:《鹖冠子》诸篇并称"问于庞煖。……鹖冠子者,庞煖之师也"①。知鹖冠子确实是战国后期人,《太平御览》卷五一○引袁淑《真隐传》"冯谖常师之。后显于赵。鹖冠子惧其荐己也,乃与谖绝"之记载,应是史实。② 据《史记·赵世家》记载,赵悼襄王三年(前 242 年)曾命庞煖领兵打败燕国。《真隐传》所说的冯谖当为庞煖之误。由此看来,鹖冠子当是公元前 3 世纪中期人,正处于战国晚期,战国末年说是恰当的。

当今学者在考察鹖冠子之时代时,还注意把《鹖冠子》成书之时代加以区别。目前,不少学者都以《鹖冠子》成书是一个历史过程,如认为《鹖冠子》"第一、二篇是二世皇帝的时候写的;其他是秦汉之间写的"③。还有学者认为"《鹖冠子》成书稍晚于《淮南子》"④。杨兆贵的博士论文《〈鹖冠子〉研究》也同样主张《鹖冠子》成书于战国至汉代的一个漫长的历史过程中,并放在先秦至汉初之际来分析⑤。这些结论当然还可以更进一步争论。

### 三、关于《鹖冠子》之篇目

《鹖冠子》,《汉书·艺文志》有二:一在道家;一在兵家。兵家任宏所

---

① 李学勤:《马王堆帛书与〈鹖冠子〉》,《江汉考古》1983 年第 2 期。
② 参见蔡靖泉:《楚文学史》,湖北人民出版社 1996 年版。
③ [比利时]戴卡琳:《西方人对〈鹖冠子〉的兴趣——自然法的普遍性》,见陈鼓应主编《道家文化研究》第十五辑,三联书店 1999 年版,第 189 页。
④ 杜宝元:《〈鹖冠子〉研究》,见《中国历史文献研究集刊》第五集,岳麓书社 1984 年版,第 52 页。
⑤ 杨兆贵:《〈鹖冠子〉研究》(2003 年),北京图书馆藏。

录,班氏省之。但此书历代著录,卷册篇数颇有分异。

先看篇数。《汉志》"《鹖冠子》,一篇";宋《崇文总目》说"今书十五篇",宋濂家藏也是"但十五篇";韩愈称十有六篇;陈振孙读陆佃解为19篇;晁公武见《四库书目》《鹖冠子》36篇。姚际恒说:"逐代增多,何也?意者原本无多,余悉后人增入欤。"

再看卷数。《隋书·经籍志》及《唐书·艺文志》皆三卷,宋濂则说鹖冠子"著书四卷,因以名之"。晁氏《读书志》则称八卷,其言"今书乃八卷,前三卷十三篇与今所传《墨子》书同,中三卷十九篇,愈所称两篇皆在。宗元非之者,篇名《世兵》亦在,后两卷有十九论,多称引汉以后事,皆后人杂乱附益之。今削去前后五卷,止存十九篇"。按:《四库全书》所著录为宋陆佃注本,卷数同。《四库提要》云:"此本凡十九篇,佃《序》谓愈乃称十六篇,未睹其全。佃,北宋人,其时《韩文》初出,当得其真。今本《韩文》乃亦作十九篇,殆后来反据此书以改《韩集》,此注则当日不盛显。惟陈振孙《书录解题》载其名,晁公武《读书志》则但称有八卷一本,前三卷全同《墨子》,后两卷多引汉以后事,公武削去前后五卷,得十九篇。殆由未见佃注,故不知所注之本先为十九篇欤。"按《汉志》只有1篇,韩愈时增至16篇,陆佃注时又增至19篇。今本《鹖冠子》为3卷19篇,北宋陆佃注,佃为陆游祖辈,诸家校注俱依此。

所见篇卷的不同,原因是多方面的。一则"《鹖冠》则战国有其书,而后人据《汉志》补之";二则"《艺文志》兵家有《庞煖》三篇,《鹖冠子·兵政》称庞煖问,而《世贤》、《武灵》等篇直称煖语。岂煖学于鹖冠,而此二篇自是煖书,后人因鹖冠与煖问答,因取以附之与"。吴光考证说:"原因之一,是由于《汉志》著录者的省略。""所省《鹖冠子》有几篇,我们不得而知。""原因之二,是后代目录家的混淆。""从唐人所引该书篇名及文句看,至迟在唐初,已流传着十六篇和十九篇两种抄本。""《鹖冠子》是十九篇本,其中已经混入了《庞煖》书。"他还认定《世贤》、《武灵王》、《世兵》三篇是《庞煖》书。吴光的考证信而有据。①

---

① 参见吴光:《黄老之学通论》,浙江人民出版社1985年版。

### 四、关于《鹖冠子》之真伪

关于《鹖冠子》一书的真伪,历来也是一个有争论的问题,胡应麟《四部正伪》曰:"《鹖冠》,韩柳二说自相纷挐。晁公武、陈振孙并主柳说,周氏《涉笔》在疑信间,独宋景濂以非伪撰"①,由此可见一斑。现根据各家学说,大致概括为以下几种观点:

伪书说。《柳宗元集·辩鹖冠子》先断其为伪书。其说:"读之,尽鄙浅言也,惟谊所引用为美,余无可者。吾意好事者伪为其书。反用《鵩赋》以文饰之,非谊有所取之,决也。太史公《伯夷列传》称贾子曰:'贪夫殉财,烈士殉名,夸者死权。'〔孙曰〕《鹖冠子》无此语。不称《鹖冠子》。迁号为博极群书,假令当时有其书,迁岂不见耶?假令真有《鹖冠子》书,亦必不取《鵩赋》以充入之者。何以知其然耶?曰:不类。"晁公武《郡斋读书志》同意柳说,称"皆后人杂乱附益之"。"止存十九篇,庶得其真,其辞杂黄老刑名,意皆鄙浅,宗元之语评盖不诬。"《困学纪闻》卷十:"柳子之辩,其知言哉!"《崇文总目》曰:今书 15 篇,"非古所谓《鹖冠子》者"。陈振孙说《鹖冠子》"自今考之,柳说为长"。胡应麟曰:《鹖冠子》"则今所传盖伪托道家者尔","《鹖冠》则战国有其书,而后人据《汉志》补之";"河东之说极得之"。"若据邪摘伪,判别妄真,子厚之裁鉴良不可诬,所论《国语》、《列御寇》、《晏婴》、《鬼谷》、《鹖冠》,皆洞见肝膈,厥有功。"崔述曰:"世以为谊录《鹖冠子》者,世称《鹖冠子》为战国时人故也。"知也定此为伪书。钱穆引沈钦韩语曰:"其中庞煖论兵法,《汉志》本在兵家,为后人傅合",并言"盖后人见《汉志》有鹖冠楚人之说,而妄托者耳"。朱谦之《谦之文存·中国哲学史用书要目》中列《鹖冠子》为"伪书",张兴徵《伪书通考》下卷《鹖冠子考》等,一并以为伪书。新版《辞海》也说"或疑系后人依托"。

部分伪书说。姚际恒曰《鹖冠子》"《汉志》止一篇,韩文公所读有十九篇,《四库书目》有三十六篇,逐代增多,何也?意者原本无多,余悉后人增入欤"。梁启超说:"今书实含名理,且多古训,似非出魏晋以后人手","然则此书经后人窜乱,附益者多矣"。强调书中有部分是伪作。

---

① 张兴徵:《伪书通考》下卷《鹖冠子考》,商务印书馆 1954 年版。

真书说。韩愈《读鹖冠子》谓"《鹖冠子》十有六篇,其词杂黄老刑名,其《博选》篇四稽五至之说,当矣。使其人遇其时,援其道,而施于国家,功德岂少哉",算是充分肯定其真实性的。陆佃《鹖冠子序》谓"此书虽杂黄老刑名,而要其宿时若散乱而无家者,然其奇言奥旨亦每每而有也"。宋濂《诸子辨》说:《鹖冠子》,"其书述三才、变通、古今、治乱之道,而《王铁》篇所载楚制为详。立言虽过乎严,要亦有激而云也。周氏讥其处士妄论王政,固不可哉。第其书晦涩而后人又杂以鄙浅言,读者往往厌之,不复详究其义。"①刘勰《文心雕龙》称"鹖冠绵绵,亟发深言"②。《四库全书总目·杂家》:"未可以单文孤证,遂断其伪。""自六朝至唐,刘勰最为知文,而韩愈最号知道,二子称之。宗元乃以为鄙浅,过矣。"《周氏涉笔》谓:"韩文公读《鹖冠子》,仅表出首篇四稽五至,末章一壶千金,盖此外文势阙,自不足录。柳子厚则断然以为非矣。按《王铁》篇所载,全用楚制,又似非贾谊后所为。"③按上,宋濂据《鹖冠子》所述内容和所记楚制而在当时独得其真,故在《诸子辨》中指出世人误以为伪书的原因,即"第其书晦涩,而后人又杂以鄙浅言,读者往往厌之,不复详究其义"。其后有胡应麟在《四部正伪》中盛赞"景濂之论卓矣"。吕思勉《经子解题·鹖冠子》云:"今所传十九篇,皆词古义茂,决非汉以后人所能为。盖虽非《汉志》之旧,而又确为古书也。""全书宗旨,原本道德,以为一切治法,皆当随顺自然。所言多明堂阴阳之遗,儒道名法之书,皆资参证,实为子部瑰宝。"④李学勤说:"由整理马王堆帛书而认识《鹖冠子》的真实性,是一个意外的发现。"业师萧萐父于《中国哲学史史料源流举要》中也说:"此书有后人窜乱之处,但非伪书。"⑤《哲学大辞典·中国哲学史卷》中也称"今本三卷,十九篇,后人窜乱附益之者甚多",但并不认为是伪书。我们同意此说,认定其中有附益之处,但不同意认定为伪书。

前人判定《鹖冠子》为伪书的理由主要有四条:一曰"其言尽鄙浅言"(柳宗元)、"其辞杂黄老刑名"(晁公武)、"芜紊不训,诚难据为战国文字"

① 张兴徵:《伪书通考》下卷《鹖冠子考》,商务印书馆1954年版。
② 周振甫:《文心雕龙注释》,人民文学出版社1998年版。
③ 张兴徵:《伪书通考》下卷《鹖冠子考》,商务印书馆1954年版。
④ 李学勤:《马王堆帛书与〈鹖冠子〉》,《江汉考古》1983年第2期。
⑤ 萧萐父:《中国哲学史史料源流举要》,武汉大学出版社1998年版。

（胡应麟）；二曰其书剽窃《国语》、《战国策》、《鵩赋》的文辞"附益成书"（柳宗元、黄云眉）；三曰司马迁不称《鹖冠子》，可见先秦无此书（柳宗元等）；四曰篇数"逐代增多"，可证其伪（姚际恒）。这些"理由"，吴光一一辨之，其实皆似是而非，不能成立。首先，书的语言"鄙浅"或"精深"，不能作为辨别书籍真伪的根据。所谓《鹖冠子》"杂黄老刑名"，这本来是战国末至汉初黄老学派的理论特点之一，也不能作为其是伪书的根据。其次，《鹖冠子》与《国语》等书的关系。《鹖冠子》即使"剽窃"了《战国策》，也只能说明其书稍稍晚出，不能断定它是西汉以后的"伪书"。至于贾谊《鵩赋》某些文句与《鹖冠子》相同，是很难断言谁抄谁的。其实，"水激则旱，矢激则远"这类文句，本是秦汉之际道家的流行语言，或者是楚地俗谚。再次，不能以司马迁是否提及某书作为某书真伪的标准。最后，关于篇数，前已论及。要之，《鹖冠子》不是伪书。①

## 五、关于《鹖冠子》之哲学

鹖冠子作为当时重要的政治家和思想家、哲学家、兵学家和文学家，其哲学思想已得到了广泛的研究，其他学者还介绍了以下一些思想。

关于天地生成的理论。《鹖冠子·环流》说："有一而有气，有气而有意，有意而有图，有图而有名，有名而有形，有形而有事，有事而有约。约决而时生，时立而物生。""莫不发于气，通于道，约于事，正于时，离于名，成于法者也。"②《鹖冠子·泰录》则认为"天地成于元气，万物乘于天地"③，"天者，气之所总出也"。④ 元气是天地万物的本原，天本身就是气。

阴阳变化和五行相克相生的理论。在《鹖冠子》中阐明了阴阳变化和五行相克相生的理论，显示了较丰富的辩证法思想。《诸子百家大辞典》说：鹖冠子在哲学上，提出"气故相利相害"、"类故相成相败"的命题，肯定事物本身存在矛盾。他说："得失不两张，成败不两立。"又说："阴阳不同气，然其为和同也；……五声不同均，然其可喜一也。"既承认了对立面斗争

---

① 参见吴光：《黄老之学通论》，浙江人民出版社 1985 年版。
② 黄怀信：《鹖冠子汇校集注》，中华书局 2004 年版，第 71—74 页。
③ 同上书，第 255 页。
④ 同上书，第 267 页。

的绝对性,又肯定对立面之间存在同一性。认为"祸乎福之所倚,福乎祸之所伏",祸福相互贯通,相互依赖。肯定对立面能够向相反的方向转化,"失反为得,成反为败"。谭家健论述了相同的观点:《鹖冠子》吸收阴阳五行学说发展了《老子》的朴素辩证法,多次强调事物是对立而又统一的,"气"是由阴与阳组成的,其他事物如五味、五声、五色都是既相异又相合,金木水火土也是互相制约互相利用的。他已认识到,世界在不停地运动着,对立现象总是互相依存、互相转化的。这些观点来源于《老子》而又经过改造。但和老子的消极被动、无可奈何比,鹖冠子则相信圣人可以掌握和适应事物的变化。所以,业师萧萐父在《中国哲学史史料源流举要》中说:"过去对《鹖冠子》研究不够,其中却有不少辩证法思想。"①此论至切。

自然命定论思想。《鹖冠子》中有强烈的自然命定论的思想,强调"命者,自然者也","故命无所不在,无所不施,无所不及。"他认为在任何时候或任何情况下都不能摆脱命的束缚,断定只有"圣人"能够掌握自己的命运。对此,谭家健说:鹖冠子一旦进入社会历史领域,就不可避免地陷入历史唯心主义。最明显的便是关于个人命运的理解。他把不可抗拒的自然规律,简单地套用于社会生活,认为每个人的遭遇都不由自主地受命运支配。鹖冠子只讲"命"而不讲"天命",在某种程度上削弱了"命"的神秘性;可是他仍然无法解释人为什么不能掌握自己命运的难题,而不得不承认"命"的绝对权威。②

唯物主义元气论。《鹖冠子》对古代哲学的贡献,主要是它改造了老子哲学的"道"论,在中国哲学史上第一次明确提出了"元气"理论。其观点是:(1)《鹖冠子·环流》描绘了作者理论体系中的宇宙生成论。这个宇宙生成论,比《老子》的宇宙生成论要更复杂、更具体,对"气"的认识也更明确。(2)《环流》还把空虚无形的东西就叫"一",包含一切的东西就称为"道",形成有形的万物的东西就是"气","气"与"道"相通就构成了万物的不同种类。这里的"气",是对一切具体物质存在的哲学概括。(3)《环流》又把"气"分为阴、阳两类,阴气与阳气的性质不同,但它们既对立,又统一,

① 萧萐父:《中国哲学史史料源流举要》,武汉大学出版社1998年版。
② 参见谭家健:《〈鹖冠子〉试论》,《江汉论坛》1986年第2期。

只有二气相和,才能产生万物。(4)阴、阳二气,是最高一类的"气";天、地二体,是最广大的形体。天地也是由阴阳之气运动变化构成的。(5)"元气"论的提出。《泰录》说:"故天地成于元气,万物乘于天地。"这个"元气",是最精细的物质,是"天地之始""万物之母",也即构成整个物质世界的本原。《鹖冠子》的"元气"论,则具有唯物主义的倾向。① 谭家健也说:在哲学上,《鹖冠子》发展了战国中期以来的元气说,其自然观具有某些唯物主义因素。《环流》篇中阐明了"形名"之学的哲学基础,肯定了物质的第一性。《鹖冠子》还强调,自然规律是可以为人们认识的,《备知》篇开宗明义地说:"天高而可知,地大而可宰"②,这就与老庄的神秘主义不可知论划清了界限,而和《荀子·天论》有相通之处,它们都是新兴地主阶级企图主宰世界的蓬勃朝气的反映。③

人副天数观。鹖冠子把阴阳五行学说用来解释人的生理特征时,也表现出古代唯物主义者的失足。尤其是他的"天与人副"的观点。《度万》所谓"天地阴阳,取稽于身。故布五正,以司五明。十变九道,稽从身始;五音六律,稽从身出。五五二十五,以理天下;六六三十六,以为岁式"④。这就为董仲舒的"天人感应"学说始作俑了。而像《泰鸿》篇那样给五色、五音、五方、四时等都涂上特定的政治色彩,则又开后世美化封建皇权的神秘主义五行说的先河。⑤

## 第二节　鹖冠子与土家族文化

关于鹖冠子的族属存在着种种争论,如"赵国说"、"楚人说"和"寮人说"等。目前,巴蜀地区的研究者多直接指认鹖冠子为寮人,如言《寮人思

---

① 参见吴光:《黄老之学通论》,浙江人民出版社 1985 年版。
② 黄怀信:《鹖冠子汇校集注》,中华书局 2004 年版,第 303 页。
③ 参见谭家健:《〈鹖冠子〉试论》,《江汉论坛》1986 年第 2 期。
④ 黄怀信:《鹖冠子汇校集注》,中华书局 2004 年版,第 153—154 页。按:本章所引《鹖冠子》书中原文,均出自黄怀信《鹖冠子汇校集注》,但不少地方在标点、校雠文字的选择上有所调整,后不一一注明。
⑤ 参见谭家健:《〈鹖冠子〉试论》,《江汉论坛》1986 年第 2 期。

想家鹖冠子》等即是①,陈久金等编《彝族天文学史》②中亦曾专论"巴賨天文学家鹖冠子",但奇怪的是,近年的不少研究都对此考证置而不论。笔者认为以"賨人说"为当。

### 一、关于鹖冠子之族的争论

关于鹖冠子之族主要有三种不同的说法:

楚人说。最先提出鹖冠子籍贯并说明是楚人的是《汉书·艺文志》。《隋书·经籍志》注曰:"楚之隐人。"后历代学者均认同此说,如《诸子百家大辞典》说"鹖冠子,楚国人"。但中古时期的《列仙传》说:"鹖冠子,或曰楚人。"已说明不止"楚人"一说了。但当代学者多主楚人说,如湖北学者徐文武等即是。③ 随着研究的进一步深入,楚人说也有分化,如有学者认为应是"淮河西楚人"④。

賨人说。据清代张澍编辑的汉应劭所著《风俗通义·姓氏篇》(下)记载:"鹖冠氏,賨人,以鹖冠为姓。鹖冠子著书(氏族略)。"清代江宁顾櫰三《补辑〈风俗通义〉佚文》也说:"冠,古贤者鹖子之后(并《广韵》注),褐冠氏賨人,以褐冠为姓。褐冠子注书(《通志》按:褐当作'鹖',知天文者;鹖冠即术士冠也)。"⑤应劭是东汉著名学者,他的著作应是较为可靠的。因此,说鹖冠子为賨民,应是没有多大问题的。然而,近年的众多研究鹖冠子的学者都对此悬置而不论,不知出于何种考虑。

赵人说。比利时学者戴卡琳认为,《汉志》等文献记载中所说的"深山"和"鹖冠",倾向于"暗指"鹖冠子为赵人而不是楚人。其理由之一是,鹖冠子居深山,以假名著书,"以期掩盖其神秘的隐士身份",在《鹖冠子》中,鹖冠子与赵国大将庞煖是师徒关系,"如果鹖冠子希望以庞煖的一个无名之

---

① 中华巴渠文化网:http://www.bqwh.cn/bqwh/ShowArticle.asp?ArticleID=629.
② 陈久金等:《彝族天文学史》,云南人民出版社1984年版。
③ 参见徐文武:《楚国哲学史》,湖北人民出版社2003年版,第281页。
④ 孙以楷等:《道家文化寻根——安徽两淮道家九子研究》,安徽人民出版社2001年版,第248页。
⑤ 应劭著,张澍编辑补注:《风俗通义·姓氏篇》,中华书局1985年版,丛书集成初编本。

师的身份出现,那么作者就将他的著作与赵国而不是楚国联系到了一起"。戴卡琳相信鹖冠子为赵人的另一个理由是,《后汉书》云:"鹖者","赵武灵王以表武士",鹖冠子"以鹖为冠"也是暗示其为赵人。①

### 二、鹖冠子为土家先民賨人

赵国说实际只是一个推论:鹖冠子是庞煖的教师,庞煖是赵国大将,所以鹖冠子是赵国人。这个推论显然是不严密的。战国时期在"百家争鸣"的大气候下,南学北上、北学南下一时蔚然成风,南北学术交流十分频繁。在当时的社会体制下,学缘与籍贯没有必然的联系,不能因为鹖冠子有一个赵国学生就认为他一定是赵国人。加上公元前241年,赵、楚等五国合纵抗秦。在这次大规模的联合军事行动中,楚王是纵长,赵国大将庞煖是军事总指挥,庞煖有机会到楚国来拜鹖冠子为师。何况以鹖冠象征勇武始于黄帝时期作战时以鹖羽作为旗帜,并不独与赵国相关。因而,后一点也不能成立。② 于是有学者区别了籍贯与游学,认为鹖冠子的籍贯是楚人,而游学则在赵国。

"楚人说"和"賨人说",看似矛盾的,其实是统一的。根据《彝族天文学史·巴賨天文学家鹖冠子》的考证:"《风俗通义》和《汉书·艺文志》二说并无矛盾。楚国与巴国为紧邻,也是巴人聚居地之一。在楚地边境,当是賨民的聚居地。因此,鹖冠子可能既是賨民,也是楚人。前者是对民族而言的,后者则指的是国家或地区。《高士传》说:'鹖冠子或曰楚人,隐居幽山,衣蔽履穿,以鹖为冠,莫测其名,因服成号。'这里所记载的鹖冠子居住在深山,衣蔽履穿,以鹖羽为冠戴,莫知其名,等等,正是古代氐羌族的形象。此人没有留下姓名,仅以他的穿戴作为号。"③賨,音若丛,是一种古老的土著部族,其中心原在今渠县一带。《舆地纪胜》卷一百六十二载:巴西宕渠,"古之賨国都也"。秦汉时賨人巴氏亦因之,居重庆、湖南一带,故《风俗通义》曰:"巴有賨人剽勇,高祖为汉王时,阆中人范目说高祖募取賨人定三

---

① 参见[比利时]戴卡琳著,杨民译:《解读〈鹖冠子〉——从辩论学的角度》,辽宁教育出版社2000版,第20—21页。

② 参见徐文武:《楚国哲学史》,湖北人民出版社2003年版,第281页。

③ 陈久金等:《彝族天文学史》,云南人民出版社1984年版,第69页。

秦,封目为阆中慈凫乡侯,并复除目所发賨人卢、朴、沓、鄂、夕、龚七姓,不供租赋。"又《华阳国志·巴志》讲"白虎复夷"出"賨钱",记阆中人范目"说帝,为募发賨氏,要与共定秦"。"賨民皆思归。帝嘉其功而难伤其意,遂听还巴。""阆中有渝水,賨民多居水左右。"依《说文解字》"賨,南蛮赋也",并参之《后汉书·西南蛮夷列传》,实是指位居武陵地区的賨人之赋。賨人还被称为板楯蛮。《后汉书·西南蛮夷列传》记载:"板楯蛮夷者,秦昭襄王时,……游秦、蜀、巴、汉之境","至高祖为汉王,发夷人还伐之秦。秦地既定,乃遣还巴中,复其渠帅罗、朴、督、鄂、度、夕、龚七姓,不输租赋,余户乃岁入賨钱,口四十,世号为板楯蛮夷。"这种民族之所以被名为"賨",是因为他们向封建统治者上的赋税称为"賨",以布代赋称为"賨布",以钱上税称为"賨钱"。谯周《巴记》:"夷人岁入賨钱,口四十,谓之賨民。"这是汉族对他们的称呼,也是秦汉时代的通称。而"賨"本身,则是土家先民对"王"或"头领"的称谓,可译为"踵"、"賨"、"送"、"冲"等,这在明清以来的土家族地区方志文献中还有存留。因此,此賨人即巴人即土家先民,鹖冠子为賨人,当为地道的土家族先民。所以,说鹖冠子为賨人,是就其民族而论;说鹖冠子为楚人,是就其国别而论。因他曾游于楚,他人误其出于深山,如班固所谓"楚人,居深山",陆佃注也谓"楚人也,居于深山",此当言其来得较远。

说鹖冠子为楚地的賨人,这一结论既可得到自然地理学的证明,也可得到人文地理学的证明,前者如何业恒在《中国珍稀鸟类的历史变迁》中认为"'鹖冠子其人,隐居深山',……'深山'应主要指鄂西山地"①,则是依"中国珍稀鸟类的历史变迁"这一自然地理而立论的,后者如萧汉明在《道家与长江文化》②中即推论《鹖冠子》书中的"成鸠氏""有可能是鄂西山区土家族传说中的一位先祖"。当然,对此论还可更进一步伸论。

### 三、《鹖冠子》与土家族的文化联系

除史籍直接指认鹖冠子为賨人、为土家先民外,还可以找出鹖冠子与土家族文化的历史联系。

① 何业恒:《中国珍稀鸟类的历史变迁》,湖南科学技术出版社1994年版,第115页。
② 萧汉明:《道家与长江文化》,湖北教育出版社2005年版,第185页。

首先，鹖冠子没有华夏文化对蛮夷文化的优越感，表示出对蛮夷的认肯和与土家先民巴文化的相关性，这在一定程度上可说明其文化身份。因而在《鹖冠子》中多次提到蛮夷问题，如在《著希》中关于"文礼之野，与禽兽同则；言语之暴，与蛮夷同谓"①；在《王铁》中关于"能畴合四海，以为一家，而夷貉万国，皆以时朝服致绩，而莫敢效增免，闻者传译，来归其义，莫能易其俗，移其教"②；"丘第之业，域不出著，居不连垴，而曰成鸠氏周阖海为一家，夷貉万国莫不来朝，其果情乎"③，等等。更为重要的是在《兵政》中关于"用兵之法，天之地之人之，赏以劝战，罚以恐众。五者以图，然九夷用之，而胜不必者，其故何也"④的问题，论述就较客观，即：

> 物有生，故金木水火，未用而相制，子独不见夫闭关乎？立而倚之，则妇人揭之；仆而措之，则不择性而能举其中。若操其端，则虽选士不能绝地。关尚一身，而轻重异之者，执使之然也。夫以关言之，则物有而执在矣。九夷用之，而胜不必者，其不达物生者也。若达物生者，五尚一也耳。⑤

这是从中域文化的角度反映"九夷"文化不达物性的情况。但应该注意的是，其中所举之"闭关"一例，正是在现今土家族地区仍然流行的"关大门"的三种情况，实际上说的是关门的三种方法，从中也可见其与土家族地区文化的关系，即用所有的一种文化现象解释所没有的另一文化现象，更为重要的是物性问题。与此种文化现象相关的，还有另一南方水居民族的文化现象，与土家先民巴人的文化习惯也相同，这就是在《学问》中，鹖冠子强调："不提生于弗器，贱生于无所用，中河失船，一壶千金，贵贱无常，时使物然。常知善善，昭缪不易，一揆至今；不知善善，故有生死国亡，绝祀灭宗，细人犹然不能保寿，义则自况。"⑥这"中河失船，一壶千金"正符合土家先民巴人作为水居民族的特征，而"不提生于弗器，贱生于无所用"也符合巴人思维

① 黄怀信：《鹖冠子汇校集注》，中华书局2004年版，第17页。
② 同上书，第211—212页。
③ 同上书，第214—216页。
④ 同上书，第314页。
⑤ 同上书，第315—316页。
⑥ 同上书，第330—331页。

的适用理性。

其次,在鹖冠子强调的社会治理原则中有一重要内容即强调"化立俗成",反映出一个边夷之民在接受中域文化过程中的民族自性与文化宽容。从《鹖冠子》书中所见,鹖冠子特别强调风俗在为治过程中的作用,如《天则》中言:"田不因地形,不能成谷;为化不因民,不能成俗。……过生于上,罪死于下,浊世之所以为俗也。"①这分明是说明中域文化在边夷之民中传播的"因民"问题。鹖冠子在《近迭》中言治道先人,实际上也是"因民"的问题:"天高而难知,有福不可请,有祸不可避,法天则戾;地广大深厚,多利而鲜威,法地则辱;时举措代更无一,法时则贰,三者不可以立化树俗,故圣人弗法。"②这种"因民"的治法在《度万》中被表述为"因治者不变俗"③。在《王铁》中,鹖冠子肯定"泰上成鸠之道"的一个重要成就即是"世莫不言树俗立化"或"树以为俗,其化出此",因为"化立而世无邪。化立俗成,少则同侪,长则同友,游敖同品,祭祀同福,死生同爱,祸灾同忧,居处同乐,行作同和,吊贺同杂,哭泣同哀,驩欣足以相助……"其中治边夷之民则在于"莫能易其俗,移其教"④,这就是后来土家族历史上的羁縻州郡制度所实施的治理原则。当然,鹖冠子的"因俗"既不同于因"世俗",也不同于因"恶俗",故在《天权》中说到"世俗之众"而应"历越逾俗"⑤,在《武灵王》中还涉及"变更淫俗"⑥的问题。

再次,鹖冠子强调的"天地阴阳,取稽于身"的思维习惯至今仍然在土家族地区流行。鹖冠子在《度万》的一个重要思想就是"天地阴阳,取稽于身",这在土家族地区现在的文化中都还普遍存在,即以人为中心的"天地阴阳,取稽于身"。据笔者的调查与体验,土家族文化中的"天地阴阳,取稽于身"有客观尺度、主观尺度等不同表现,如客观尺度中,在空间距离上即有一卡、一肘、一步、一大步、一天的路程、一齿把、一吼等,在对象大小的衡

① 黄怀信:《鹖冠子汇校集注》,中华书局 2004 年版,第 67—69 页。
② 同上书,第 115—116 页。
③ 同上书,第 162 页。
④ 同上书,第 199—200 页。
⑤ 同上书,第 360 页。
⑥ 同上书,第 389 页。

定上即有一抱、合抱、一把、一巴掌等,在事物的多少的衡定上即有两把、一口、一餐、一锤子等,在认识事物的难易的衡定上有一眼等,在时间长短的衡定上有一餐饭、一觉等,在社会关系的衡定上有一村(湾、队、组、方、边)的、一家人、一巴掌、一锤、一脚、一倒拐子等,在主观尺度的衡定上有一想等。应该说,这是真正的"人是万物的尺度"。而鹖冠子在《度万》中所论述的"天地阴阳,取稽于身",不过是这一思想的理论化罢了:

> 天地阴阳,取稽于身。故布五正,以司五明。十变九道,稽从身始;五音六律,稽从身出;五五二十五,以理天下。六六三十六,以为岁式。气由神生,道由神成,唯圣人能正其音、调其声,故其德上及太清,下及泰宁,中及万灵。膏露降,白丹发,醴泉出,朱草生,众祥具,故万□云,帝制神化,景星光润,文则寝天下之兵,武则天下之兵莫能当。远之近,显乎隐,大乎小,众乎少,莫不从微始,故得之所成,不可胜形;失之所败,不可胜名。从是往者,子弗能胜问,吾亦弗能胜言。凡问之要,欲近知而远见,以一度万也。无欲之君,不可与举。贤人不用,弗能使国利,此其要也。①

最后,"时命"、"调命"思想与土家族"调年"有相类关系。关于"命"的思想是鹖冠子的重要思想,在首篇《博选》中言"道凡四稽",其"四曰命",并解释说:"所谓命者,靡不在君者也。"②

鹖冠子关于"命"的使用,除生命、命名、使命一类意义外,还具有"某种规定性"的意义,如从《世兵》中言"迟速有命,必中三五;……纵驱委命,与时往来"③等看,"命"的功能即是某种内在的规定性,《泰录》中言"天地阴阳之受命,取象于神明之效,既已见矣"④,即在此一意义上使用;而《王铁》中言"祖命冒世"⑤,则又指某种历史必然性。

在鹖冠子看来,这种规定性或必然性是一种自然性。在《环流》中,鹖冠子比较集中地讨论了这一思想:"法不如言,故乱其宗,故生法者命也,生

---

① 黄怀信:《鹖冠子汇校集注》,中华书局 2004 年版,第 153—161 页。
② 同上书,第 4 页。
③ 同上书,第 290—291 页。
④ 同上书,第 267 页。
⑤ 同上书,第 209 页。

于法者亦命也。命者,自然者也。命之所立,贤不必得,不肖不必失,命者,絜己之文者也。故有一日之命,有一年之命,有一时之命,有终身之命。终身之命,无时成者也。故命无所不在,无所不施,无所不及。"①结合《博选》"所谓命者,靡不在君者也"②之说,则"君"指的是每个人自己,而"命者,自然者也",则说明"命"不是人所能改变的,即"命之所立,贤不必得,不肖不必失;命者,韧己之文者也"。而"命"的区别在于"有一日之命,有一年之命,有一时之命,有终身之命",有"调命",有"乖命",有"时命"。从《环流》中强调"法不如言,故乱其宗,故生法者命也,生于法者亦命也"及《学问》中言"法令者,主道治乱,国之命也"③看,"命"即由社会所规定了的自然必然性,是每个人都存在的一种必然性。而在《天权》中说"独化终始,随能序致,独立宇宙无对,谓之皇天地。浮悬天地之明,委、命相鬲谓之时,通而鬲谓之道"④,则说明"命"也具有如天地"自然"的规定性一般,属人们不能更改的属性。在《天则》中言"昔宥世者,未有离天人能而善与国者也。先王之盛名,未有非世之所立者也。过生于上,罪死于下,浊世之所以为俗也。一人乎,一人乎? 命之所极也"⑤。也说明"命"的决定性内涵。

如何考察"命"? 鹖冠子认为与"德"有关,在《著希》中言"道有稽,德有据,人主不闻要,故端与运挠,而无以自见也。道与德馆,而无以命也"⑥。据此而论,从"道"以"德"为依归的层面说"而无以命也",则又强调"命"并不是由自己来规定自己,而依据"德"。在《武灵王》中有武灵王"慨然叹曰:'……昔克德者不诡命,得要者其言不众'"⑦,也说明了"德"与"命"的关系。此外,《泰录》中言"神圣之人,后先天地而尊者也"⑧,言"若上圣皇天者,先圣之所倚威立有命也,故致治之自在己者也"⑨,《泰鸿》中言"神圣详

---

① 黄怀信:《鹖冠子汇校集注》,中华书局 2004 年版,第 78—79 页。
② 同上书,第 4 页。
③ 同上书,第 323 页。
④ 同上书,第 342—344 页。
⑤ 同上书,第 69—70 页。
⑥ 同上书,第 14—15 页。
⑦ 同上书,第 397 页。
⑧ 同上书,第 260 页。
⑨ 同上书,第 256 页。

理,恶离制命之柄"①等,实都是依于"神圣之人"有"德"而言的"命"的。

在以上规定的基础上,鹖冠子特别讨论了"时"与"命"的关系,提出了"时命"范畴。按照《环流》的分析,"人"与"时"的关系即形成所谓"时命":"时或后而得之,命也。既有时有命,其引声,合之名,其得时者成,命曰调。引其声,合之名,其失时者精、神俱亡,命曰乖。时、命者,唯圣人而后能决之。"②《备知》中言:"由是观之,非其智能难与也,乃其时命者不可及也。唯无如是,时有所至而求,时有所至而辞;命有所至而阖,命有所至而辟。贤不必得时也,不肖不必失命也,是故贤者守时,而不肖者守命。今世非无舜之行也,不知尧之故也;非无汤、武之事也,不知伊尹、太公之故也。费仲、恶来得辛、纣之利,而不知武王之伐也;比干、子胥好忠谏,而不知其主之煞之也。费仲、恶来者,可谓知心矣,而不知事;比干、子胥者,可谓知事矣,而不知心。圣人者,必两备而后能究一世。"③换句话说,合于时则谓为"调命",不合于时则为"乖命"。这里特别值得注意的是,关于"调"的范畴,恰好是土家族文化的重要范畴,即使经过若干年的演变,现在还有"调年"的文化形式存在。虽然在中域文献中也有"调年"一说,意指四季风雨调顺,如南朝梁简文帝《菩提树颂》云:"百神嗟仰,千佛称传。荣光动照,玉烛调年。"但这不过是诗人的骚情罢了,而在土家族地区却是一种广泛的文化活动,即摆手舞活动——土家人每年在秋收之后,或正月十五之前,或在阳春三月,为了庆祝丰收或祈求来年风调雨顺,一般都要到摆手堂举行大规模的祭祀活动,以祭祀彭公爵主、向老官人、田好汉三位祖先。然后在摆手堂举办篝火晚会,跳摆手舞,于是民间便流行秋收后跳摆手舞的习俗。

总之,鹖冠子作为土家先民巴人思想家,作为从边地出发走向中域文化圈中的学者,不仅其族性史有明文,而且其思想也有土家先民巴人文化的内质。关于这一问题,我们还会在以后的论述中不断涉及。

---

① 黄怀信:《鹖冠子汇校集注》,中华书局 2004 年版,第 249 页。
② 同上书,第 80 页。
③ 同上书,第 310—313 页。

## 第三节 从边地出发的综合文化选择

学界对《鹖冠子》的思想归依有多种说法:道家说。《汉书·艺文志》将《鹖冠子》列为道家。《隋书·经籍志》"《鹖冠子》,三卷",也入道家。《旧唐书·经籍志》录"《鹖冠子》,三卷,鹖冠子撰",同入道家。兵家说。《汉书·艺文志》又列"兵权谋十三家",班固言"省《鹖冠子》",恩师萧萐父《中国哲学史史料源流举要》称:任宏所校兵书中亦有《鹖冠子》,并言王闿运《题鹖冠子》也认为是兵书。① 杂家说。《四库全书》收有《鹖冠子》3 卷 19 篇,列入杂家。《题要》谓"其说虽杂刑名,而大旨本原于道德"。近有潘俊杰著《〈鹖冠子〉为先秦杂家著作考》②一文,对此有专论。黄老道家说。陆佃《鹖冠子序》称"其道踸驳,其著书初本黄老而末流迪于刑名"。宋濂《诸子辨》说:《鹖冠子》"所谓'天用四时,地用五行,天子执一,以守中央',此亦黄老家之至言"。《哲学大辞典·中国哲学史卷》称其书"内容多黄老刑名之言"。韩愈《读鹖冠子》则谓"《鹖冠子》十有六篇,其词杂黄老刑名",并把《鹖冠子》定为黄老之学。吴光强调"黄老学派有两大派系,一是由稷下道家发展起来的齐国黄老学派"。"二是由老庄学派发展而来的楚国黄老学派,其代表性著作是传世古籍《鹖冠子》以及马王堆汉墓出土的《黄老帛书》。""说明战国末期的楚国确实存在道家黄老学派的最有力的证据,便是《鹖冠子》与《黄老帛书》这两本黄老学著作的存在。""《黄老帛书》四篇古佚书""与《鹖冠子》""内容相同或相近"的有"十八处"。"黄老学著作《鹖冠子》、《淮南子》也产生在楚地。"③此外,在 20 世纪 70 年代,唐兰等还定《鹖冠子》为法家。

### 一、鹖冠子从边地出发的文化取向

通观《鹖冠子》,可知鹖冠子之思想反映的正好是一名从边夷之地进入

① 参见萧萐父:《中国哲学史史料源流举要》,武汉大学出版社 1998 年版。
② 潘俊杰:《〈鹖冠子〉为先秦杂家著作考》,《延安大学学报》2007 年第 6 期。
③ 吴光:《黄老之学通论》,浙江人民出版社 1985 年版。

中域文化视阈后的综合文化选择。这种文化选择现象我们在后来的土家族学者那里均可看到,总的原则即"期于适用"。作为边夷之地的一名"隐士",鹖冠子有一段关于贤人处乱世的讨论:"故贤者之于乱世也,绝豫而无由通,异类而无以告,苦乎哉;贤人之潜乱世也,上有随君,下无直辞,君有骄行,民多讳言。故人乖其诚能,士隐其实情,心虽不说,弗敢不誉;事业虽弗善,不敢不力;趋舍虽不合,不敢弗从;故观贤人之于乱世也,其顺勿以为定情也。"①这段道白,正可看成是鹖冠子的民族身份与作为隐士而为赵国大将庞煖之师的原因,而且还透露出鹖冠子自身的处世原则,即"人乖其诚能,士隐其实情"。而这又恰好与土家先民对于中域文化及自身生成的基本态度:趋中心化及综合取舍自认为比较先进的文化成果,从鹖冠子关于自己文化总纲的《学问》篇即可看出这一点。同时,其处世原则在后来的土家族文人作品中也常见不鲜,会一再发现。

鹖冠子的《学问》篇主要是讨论学习问题的,核心问题是:"圣人学问服师也,亦有终始乎,抑其拾诵记辞,阖棺而止乎。"鹖冠子的回答是:"始于初问,终于九道。若不闻九道之解,拾诵记辞,阖棺而止,以何定乎。"因此,对"九道"进行了阐明:"一曰道德,二曰阴阳,三曰法令,四曰天官,五曰神征,六曰伎艺,七曰人情,八曰械器,九曰处兵。"具体说即是:"道德者,操行所以为素也;阴阳者,分数所以观气变也;法令者,主道治乱,国之命也;天官者,表仪祥兆,下之应也;神征者,风采光景,所以序怪也;伎艺者,如胜同任,所以出无独异也;人情者,小大愚知贤不肖、雄俊豪英相万也;械器者,假乘焉,世用国备也;处兵者,威柄所持,立不败之地也。九道形心,谓之有灵,后能见变而命之,因其所为而定之。若心无形灵,辞虽搏捆,不知所之,彼心为主,则内将使外,内无巧验,近则不及,远则不至。"②这一思想与"四至"、"五正"、"天曲日术"、"素皇内帝之法"等,不仅反映出鹖冠子的社会治理思想,而且也反映出鹖冠子杂取的"先进"文化之道,这正是一种边夷之民的趋中心化取向。下面从儒、道、法、阴阳五行学说等层面加以讨论。

① 黄怀信:《鹖冠子汇校集注》,中华书局 2004 年版,第 21—23 页。
② 同上书,第 321—326 页。

## 二、鹖冠子与儒家文化的核心价值观

儒家价值原则是鹖冠子的核心价值原则,这反映在其对儒家核心思想的认肯上,如在《近迭》中鹖冠子讨论了"以人为本"的问题,而"以人为本"又主要是以儒家价值来衡定的。他认为"圣人之道"应"先人",而"人道"又宜"先兵"。并且在讨论中,颇有孔子传统儒家重人而少言天的特点,把"天"放在后台去,一方面是因为"天高而难知,有福不可请,有祸不可避,法天则戾;地广大深厚,多利而鲜威,法地则辱;时举措代更无一,法时则贰,三者不可以立化树俗,故圣人弗法"。至于何以"人道先兵",他则回答说:"神灵威明与天合,勾萌动作与地俱,阴阳寒暑与时至。三者,圣人存则治,亡则乱,是故先人。富则骄,贵则赢。兵者百岁不一用,而不可一日忘也,是故人道先兵。"而在具体考察"先兵"时,则强调"兵者,礼义忠信也"。"失道,故敢以贱逆贵;不义,故敢以小侵大。"他认为"用义"就能"行枉则禁,反正则舍,是故不杀降人。主道所高,莫贵约束。得地失信,圣王弗据。倍言负约,各将有故"①。

鹖冠子的儒家文化价值观还体现在他所设定的理想社会的建构上,即在《王铁》中设定的一个带有楚地特色的国家权力结构及相应的权利义务体系,并体现出儒家文化特色,这就是他所言之"人情物理":"命曰官属郡大夫退修其属县,啬夫退修其乡,乡师退修其甸,甸长退修其里,里有司退修其伍,伍长退修其家,事相斥正,居处相察,出入相司,父与父言义,子与子言孝,长者言善,少者言敬,旦夕相薰芗,以此慈孝之务,若有所移徙去就,家与家相受,人与人相付,亡人奸物,无所穿窬,此其人情物理也。"②同时,鹖冠子的理想社会也是儒家式的,如《天则》中说要"寒者得衣,饥者得食,冤者得理,劳者得息,圣人之所期也"③;《王铁》说要使百姓"少则同侪,长则同友,游敖同品,制作同和,祭祀同享,死生同爱,祸灾同忧,居处同乐,行作同和,吊贺同杂,哭泣同哀,骦欣足以相助"④等都是儒家价值原则的体现。此

① 黄怀信:《鹖冠子汇校集注》,中华书局2004年版,第115—119页。
② 同上书,第180—182页。
③ 同上书,第41页。
④ 同上书,第199页。

外,在《道端》中讨论的人才问题也基于儒家原则:"本出于一人,故谓之天;莫不受命,不可为名,故谓之神;至神之极,见之不忒。匈乖不惑,务正一国。一国之刑,具在于身。以身老世,正以错国,服义行仁,以一王业。夫仁者,君之操也;义者,君之行也;忠者,君之政也;信者,君之教也;圣人者,君之师傅也。君道知人,臣术知事,故临货分财使仁,犯患应难使勇,受言结辞使辩,虑事定计使智,理民处平使谦,宾奏赞见使礼,用民获众使贤,出封越境适绝国使信,制天地御诸侯使圣。"①由此不难看出,无论是社会建构、社会目标,还是人才标准,都是按儒家文化价值观来设定的。

鹖冠子的儒家文化价值观还体现在他设定的"道""德"关系上。在《著希》中他讨论的主要是"道"与"德"的关系问题,总体来说是"道"与"德"都有自己被考察的依据,在《博选》中讲的是"道凡四稽,一曰天,二曰地,三曰人,四曰命"②,而在《著希》中则强调"道"以"德"为依归。认为一般的君主不知道,常违背"道"与"德"而不自知。而得"道"与"德"的关键是"无悖其情"、"弗径情而行",具体要求则主要是儒家的道德诉求,如:"夫君子者,易亲而难狎,畏祸而难却,嗜利而不为非,时动而不苟作。体虽安之而弗敢处,然后礼生;心虽欲之而弗敢信,然后义生焉。夫义,节欲而治;礼,反情而辨者也。故君子弗径情而行也。"这里如"嗜利而不为非",是深得儒家文化神髓的。在鹖冠子看来,乱世则有违儒家伦常:"夫乱世者,以粗智为造意,以中险为道,以利为情,若不相与同恶,则不能相亲;相与同恶,则有相憎。说者言仁则以为诬,发于义则以为夸,平心而直告之,则有弗信。"③

关于这一关系,鹖冠子在《环流》中还结合讨论了道德、同异的关系:"夫先王之道备,然而世有困君,其失之谓者也;故所谓道者,无己者也;所谓德者,能得人者也。道德之法,万物取业,无形有分,命曰大鷇。……故同之谓一,异之谓道,相胜之谓执,吉凶之谓成败,贤者万举而一失,不肖者万举而一得,其冀善一也。然则其所以为者,不可一也。知一之不可一也,故贵道。"④在《备知》中鹖冠子还讨论了历史评价标准问题,而且主要是义与

① 黄怀信:《鹖冠子汇校集注》,中华书局2004年版,第98—101页。
② 同上书,第2页。
③ 同上书,第17—21页。
④ 同上书,第81—86页。

利的尺度,同样反映出了儒家道德统一的价值观:"尧传舜以天下,故好义者以为尧智,其好利者以为尧愚。汤、武放弑利其子,好义者以为无道,而好利者以为贤为。"①

此外,鹖冠子还在《泰鸿》中讨论了仁义和合价值观问题:"顺爱之政,殊类相通;逆爱之政,同类相亡。故圣人立天为父,建地为母。范者,非务使云必同。知一,期以使一人也。氾错之天地之间,而人人被其和。和也者,无形而有味者也。同和者,仁也。相容者,义也。仁义者,所乐同名也。能同所乐,无形内政。故圣知神方,调于无形,而物莫不从。天受藻华以为神明之根者也,地受时以为万物原者也。神圣详理,恶离制命之柄,敛散华精,以慰地责天者也。调味章色正声,以定天地人事,三者毕此矣。"②在《泰录》中也强调了这一思想:"夫错行合义,扶义本仁,积顺之所成,先圣之所生也。行其道者有其名,为其事者有其功。故天地成于元气,万物乘于天地,神圣乘于道德,以究其理。"③

鹖冠子在《学问》中还专门讨论了"礼乐仁义忠信"的问题,而且以"合之于数"为论述方法,即:"所谓礼者,不犯者也;所谓乐者,无菑者也;所谓仁者,同好者也;所谓义者,同恶者也;所谓忠者,久愈亲者也;所谓信者,无二响者也。圣人以此六者,卦世得失逆顺之径。夫离道非数,不可以□绪端;不要元法,不可以刲心体;表术里原,虽浅不穷;中虚外传,虽博必虚"。在作了上述论说之后,鹖冠子回答了庞煖"有问戒哉? 虽母如是,其材乃健,弗学孰能? 此天下至道,而世主废之,何哉"的问题,其回答是:"不提生于弗器,贱生于无所用。中河失船,一壶千金。贵贱无常,时使物然。常知善善,昭缪不易,一揆至今;不知善善,故有生死国亡、绝祀灭宗。细人犹然,不能保寿,义则自况。"④前已论及这是以实用为尺度进行的分析,并且与土家族的文化精神相契合。

① 黄怀信:《鹖冠子汇校集注》,中华书局 2004 年版,第 306 页。
② 同上书,第 246—250 页。
③ 同上书,第 255—256 页。
④ 同上书,第 327—331 页。

### 三、法制原则是鹖冠子的基本治理原则

鹖冠子特别强调法制在社会治理过程中的作用,从而使法家的法制原则成了鹖冠子关于社会治理的基本管理原则。鹖冠子法治思想的哲学根据以自然法则为参照,即《泰鸿》篇所谓"法者,天地之正器也。用法不正,玄德不成"①。这一思想成为鹖冠子思想在西方被重视的原因。②

鹖冠子在《度万》中讨论了法制的问题,把"法"与"令"加以区别,并进行界定,在他看来,"法"即基本法规,"令"即行政命令,二者都应以客观之"是"、"理"为准,并据此给出了他"法令"的定义,分析了"法令"的功能,"法令"与自然的关系。"令,出一原。散无方化万物者,令也;守一道制万物者,法也。法也者,守内者也;令也者,出制者也。夫法不败是,令不伤理,故君子得而尊,小人得而谨,胥靡得以全。神备于心,道备于形,人以成则,士以为绳,列时第气,以授当名,故法错而阴阳调。"③

从强调"法错而阴阳调"来看,鹖冠子的法律本原论颇有西方"自然法"的意味,故在《环流》中言:"有一而有气,有气而有意,有意而有图,有图而有名,有名而有形,有形而有事,有事而有约,约决而时生,时立而物生,故气相加而为时,约相加而为期,期相加而为功,功相加而为得失,得失相加而为吉凶,万物相加而为胜败。莫不发于气,通于道,约于事,正于时,离于名,成于法者也。"④这里提出了一个"法"得以由生的逻辑过程:"一→气→意→图→名→形→事→约→时→物→期→功→得失→吉凶→成败→法",或简化为"气→道→事→时→名→法"。从思维方式上讲,这里是从讨论法的起源而追溯到宇宙起源的,与土家族传统哲学思维方式,甚至与土家族神话思维方式一致。从法的起源上讲,《天则》中肯定"夫物,故曲可解,人可使,法章物而不自许者,天之道也"⑤。也正是从这个意义上说,从"法"涉及自然

---

① 黄怀信:《鹖冠子汇校集注》,中华书局2004年版,第237页。
② 参见[比利时]戴卡琳:《西方人对〈鹖冠子〉的兴趣——自然法的普遍性》,陈鼓应主编《道家文化研究》第十五辑,三联书店1999年版,第189页。
③ 黄怀信:《鹖冠子汇校集注》,中华书局2004年版,第148—151页。
④ 同上书,第71—74页。
⑤ 同上书,第55页。

依据来看,鹖冠子在《环流》中引出了"法"与"命"的关系问题:"法不如言,故乱其宗,故生法者命也,生于法者亦命也。命者,自然者也。"①因此,鹖冠子的思想可看成是中国古代的自然法思想的渊源。不过,西方的自然法更多地是诉诸人类理性,而鹖冠子的自然法则更多地是诉诸"道法自然"。

鹖冠子反复强调法的作用在于区别是非,即《环流》所谓"是者,法之所与亲也;非者,法之所与离也"②。他认为应用法律来限制不正当的私利,服从公共利益,使人们懂得什么是应当共同遵守共同警惕的,而不是谋求某种私利。在《度万》中则更详细地肯定:"夫法不败是,令不伤理,故君子得而尊,小人得而谨,胥靡得以全。神备于心,道备于形,人以成则,士以为绳,列时第气,以授当名"③,这实际上强调的是"法制"的功能问题,而在鹖冠子看来,其起作用的依据也是出自自然的,同样体现出自然法思想,故鹖冠子在《环流》中讨论了法律起作用的这种自然根据:"斗柄东指,天下皆春;斗柄南指,天下皆夏;斗柄西指,天下皆秋;斗柄北指,天下皆冬。斗柄运于上,事立于下。斗柄指一方,四塞俱成,此道之用法也。故日月不足以言明,四时不足以言功,一为之法,以成其业,故莫不道;一之法立,而万物皆来属;法贵如言,言者,万物之宗也;是者,法之所与亲也;非者,法之所与离也。是与法亲故强,非与法离故亡。"④

鹖冠子在《度万》强调的"法也者,守内者也;令也者,出制者也"⑤,实质上强调了法制起作用的机制问题。他虽然也颇强调执法要严明,反对"法废不奉"、"赏加无功"、"罚行于非",但他并不赞成严刑峻法和"法猛刑颇",而是强调法以制"心",在于"我"的重要性,这在一定程度上体现出儒家的"内圣"取向,故在《天则》中强调"法"对"法废不奉而弗能立,罚行于非其人而弗能绝者,不与其民之故也"⑥,正是从这个意义上,鹖冠子认为"以为奉教陈忠之臣,未足恃也。故法者曲制,官备主用也。举善不以窅

① 黄怀信:《鹖冠子汇校集注》,中华书局 2004 年版,第78—79 页。
② 同上书,第78 页。
③ 同上书,第149—150 页。
④ 同上书,第76—78 页。
⑤ 同上书,第149 页。
⑥ 同上书,第58—59 页。

宭,拾过不以冥冥,决此,法之所贵也"①。而在《环流》中更言:"法之在此者谓之近,其出化彼谓之远,近而至故谓之神,远而反故谓之明,明者在此,其光照彼;其事形此,其功成彼;从此化彼者,法也;生法者,我也;成法者,彼也;生法者,日在而不厌者也。生成在己,谓之圣人,唯圣人究道之情,唯道之法,公政以明。"②

### 四、道、稽、度是鹖冠子的核心范畴

道家的"道"、"稽"、"度"等范畴是鹖冠子思想的核心范畴。

先看"稽"。在《鹖冠子》一书中,"稽"凡14见,除《世兵》中"越栖会稽,句践霸世"③属实指外,其他均具有哲学范畴的意义。从总体上讲,"稽"具有"方法论"的意义,或者说指称的是一种特殊的方法,一种依据一定的原则进行探求对象本质的方法,如《博选》中言"道凡四稽"④,即强调考察道的四种路径;《著希》中言"道有稽,德有据"⑤,也属同一意义。其他如《道端》中言"气荣相宰,上合其符,下稽其实,时君遇人有德,君子至门,不言而信,万民附亲"⑥;《度万》中言"天地阴阳,取稽于身"、"十变九道,稽从身始,五音六律,稽从身出"⑦;《王铁》中言"天者明,星其稽也"⑧、"明于蕃识远,不惑存亡之祥、安危之稽"⑨;《泰录》中言"入论泰鸿之内,出观神明之外,定制泰一之衷,以物为稽"⑩等,都具有相同的意义。而在《泰鸿》中论"所谓四则",则强调了几种具体的"稽",说明"稽"之路径的多样性与特殊性,其中特别分析了"度之稽"、"数之稽"、"位之稽":"散以八风,揲以六合,事以四时,写以八极,照以三光,牧以刑德,调以五音,正以六律,分以

---

① 黄怀信:《鹖冠子汇校集注》,中华书局2004年版,第55—57页。
② 同上书,第74—76页。
③ 同上书,第294页。
④ 同上书,第2页。
⑤ 同上书,第14页。
⑥ 同上书,第107—108页。
⑦ 同上书,第153—154页。
⑧ 同上书,第169页。
⑨ 同上书,第173—174页。
⑩ 同上书,第251页。

度数,表以五色,改以二气,致以南北,齐以晦望,受以明历,日信出信入,南北有极,度之稽也。月信死信生,进退有常,数之稽也。列星不乱其行,代而不干,位之稽也。天明三以定一,则万物莫不至矣。"①总之,道家之"稽"在鹖冠子思想中有重要地位。

次看"度"。"度"作为道家哲学的一个重要范畴,在鹖冠子中凡24见,有用"度数"者,如《夜行》中与天地等义释并言而谓"度数,节也"②、《道端》中言"明事知分,度数独行"③;有言"法度"者,如《近迭》中言"法度无以噾意为摸"④;有言"度量"者,如《天则》中言"彼天地之以无极者,以守度量而不可滥"⑤、《度万》中言"水火不生,则阴阳无以成气,度量无以成制,五胜无以成执,万物无以成类"⑥;有单言"度"者,如《天则》中言"循度以断,天之节也"⑦。由此可见,鹖冠子对"度"的取用具有广泛性。

综观鹖冠子关于"度"的内涵,即发现其有多方面规定:一是与"数"对举,作为对"数"的规定或衡定尺度,如《近迭》中言"法度无以噾意为摸",其"法度"实际上是作为行为规范意义使用,是指"圣人按数循法"⑧而获得量度;《天则》中言"人有分于处,处有分于地,地有分于天,天有分于时,时有分于数,数有分于度,度有分于一,天居高而耳卑者,此之谓也"⑨。从这一意义上看,"度数"亦即"度"于"数",如《世兵》中言"道有度数,故神明可交也","度数相使,阴阳相攻"⑩;《泰鸿》中言"调以五音,正以六律,分以度数"⑪;《王铁》中言"天用四时,地用五行,天子执一以居中央,调以五音,正以六律,纪以度数,宰以刑德,从本至末,第以甲乙";"天度数之而行,在一

---

①　黄怀信:《鹖冠子汇校集注》,中华书局 2004 年版,第 228—230 页。
②　同上书,第 25 页。
③　同上书,第 106 页。
④　同上书,第 127 页。
⑤　同上书,第 33 页。
⑥　同上书,第 137 页。
⑦　同上书,第 40 页。
⑧　同上书,第 128 页。
⑨　同上书,第 62—64 页。
⑩　同上书,第 271、288 页。
⑪　同上书,第 228 页。

不少,在万不众,同如林木,积如仓粟,斗石以陈,升委无失也"①。凡此都是这一意义,其基本内涵即以"数"为"度",亦即前述按《泰鸿》中言"数"是"度之稽"。此外如《度万》中言"凡问之要,欲近知而远见,以一度万也"②,《天权》中言"五度既正,无事不举"③,《能天》中言"度十、五而用事,量往来而废兴,因动静而结生"④等即可看成是其实例。二是"度"以"量"或以"量"为"度",《道端》中言"圣人之功,……内有挟度,然后有以量人"。此中之"量",可能是变化之量,如《度万》中言"见日月者不为明,闻雷霆者不为聪,事至而议者,不能使变无生,故善度变者观本,本足则尽,不足则德必薄,兵必老,其孰能以褊材为褒德博义者哉"⑤;《泰鸿》中言"色味者,相度者也"⑥;《泰录》中言"故成形而不变者度也,未离己而在彼者犰泅也"⑦。

在鹖冠子看来,"度"当然是由"圣人"来实施的,故《度万》中有"圣与神谋,道与人成。愿闻度神虑成之要,奈何"⑧的提问,而圣人之能"度"则又在于圣人识"道",因为《泰录》中有言"道包之,故能知度之"⑨的认定。

再看"道"。在《学问》中鹖冠子主要讨论了"九道",这实际上是鹖冠子全部学说的总纲,并被庞煖认为是"天下至道"。从理论上说,以"道"来概括自己的学说,当然说明"道"的重要性。可以说"道"是鹖冠子最重要的哲学范畴,《鹖冠子》全书使用达150多次(初步统计达153次)。首篇《博选》中开首即言"道凡四稽",谈论考察"道"的四条路径,而在第二篇《著希》中亦言"道有稽,德有据……道与德馆,而无以命也"⑩,其中"道与德馆"实质上指明了考察"道"的第五条路径⑪;又于《度万》中言"神备于心,

① 黄怀信:《鹖冠子汇校集注》,中华书局2004年版,第187、218页。
② 同上书,第160页。
③ 同上书,第354页。
④ 同上书,第375页。
⑤ 同上书,第146—147页。
⑥ 同上书,第246页。
⑦ 同上书,第256—257页。
⑧ 同上书,第134页。
⑨ 同上书,第260页。
⑩ 同上书,第14页。
⑪ 同上书,第15页。

道备于形",实际上谈的也是考察"道"的路径,即以"形"见"道";《度万》中还言"十变九道,稽从身始;……气由神生,道由神成"①,则又提出了考察"道"的"身"、"神"等依据问题;《天权》中言"兵有符而道有验"②,实际上讲的也是"道稽"的问题。

在鹖冠子看来,由于"道有稽",故在《世兵》中提出了一个重要思想即作为所"道稽"依据的"度数"问题,在《世贤》中叫"道不同数"③,在《世兵》叫"道有度数,故神明可交也"④,认为"胜道不一,知者计全"⑤,强调了全面性,其反证则是《近迭》篇中所言之"不道"之人苍颉不能"计全",言"苍颉不道,然非苍颉文墨不起。纵法之载于图者,其于以喻心达意扬道之所谓,乃才居曼之十分一耳"⑥,实际上说明要把握"道"需要达到一定的境界。为了达到此境界,《世兵》中认为在思想认识上要"明者为法,微道是行",在行动上要"乘流以逝,与道翱翔",这样就能成为"得此道者,驱用市人"的胜者,就能"一右一左,道无不可"。鹖冠子认为,具备了这一境界就不会有大的失误,即"夫得道者务无大失,凡人者务有小善"⑦。

在鹖冠子看来,有不同的"道",如《著希》中即言仁义迷失以后的居"乱世"者"以中险为道"⑧;《天则》中言"使而不往,禁而不止,上下乖谬者,其道不相得也"⑨;在《天权》中言"战胜攻取之道"⑩、言"兵者","言而然,道而当"⑪,说明以"道"观兵,应有特殊要求;《近迭》中言有"战道",即"战道不绝,国创不息,大乎哉! 夫弗知之害;悲乎哉! 其祸之所极"⑫;《世贤》中

---

① 黄怀信:《鹖冠子汇校集注》,中华书局 2004 年版,第 150、153—155 页。
② 同上书,第 353 页。
③ 同上书,第 335 页。
④ 同上书,第 271 页。
⑤ 同上书,第 277 页。
⑥ 同上书,第 131 页。
⑦ 同上书,第 285、287、288、282 页。
⑧ 同上书,第 20 页。
⑨ 同上书,第 50 页。
⑩ 同上书,第 361 页。
⑪ 同上书,第 348 页。
⑫ 同上书,第 126 页。

又言"扁鹊之道"①,即医道。从内涵意义上讲,在《夜行》中相对于对天地等的义释而言"五政,道也",结合后面"有所以然者,随而不见其后,迎而不见其首,成功遂事,莫知其状,图弗能载,名弗能举,强为之说曰:芴乎芒乎,中有象乎;芒乎芴乎,中有物乎;窅乎冥乎,中有精乎;致信究情,复反无貌,鬼不能见,不能为人业。故圣人贵夜行"②,则此道即《道德经》首章之"道"。鹖冠子有时在方法意义上言"道",如《天则》中言"圣王者有听微决疑之道"③;有时在功能意义上言"道",如《天则》中言"故天道先贵覆者,地道先贵载者,人道先贵事者"④。在《道端》中言"则任事之人,莫不尽忠;乡曲慕义,化坐自端,此其道之所致,德之所成也"⑤,即言"道"之正向功能。《天权》中言"绝道之纪,乱天之文"⑥则表明了"道"的负功能。鹖冠子有时在规律、规范、规定之意义上言"道",如《天则》中言"化而后可以见道"⑦,在《道端》中要求人们"出究其道,入穷其变"⑧,表明通过变化考察"道"。这一意义上的道即是在行为依据的意义上言"道",《武灵王》中言"此《阴经》之法,夜行之道,天武之类也"⑨即是;也就是在《度万》中所言"道"即是规范,具有规范作用,故言"守一道制万物者,法也"⑩,而比规范之意更深刻的则是规律意,如言"官治者道于本",而其内涵则是"官治者,师阴阳,应将然,地灵天澄,众美归焉,名尸神明",说明"道于本"即道于自然之本——内在规定性。其中又言"因治者,招贤圣而道心术,敬事生和,名尸后王。事治者,招仁圣而道知焉,苟精牧神,分官成章,教苦利远,法制生焉"⑪,从中可见此"道"具有"遵循"的意义。鹖冠子有时又在事物本性的意义上言

---

① 黄怀信:《鹖冠子汇校集注》,中华书局2004年版,第338页。
② 同上书,第26—29页。部分引文有调整。——引者
③ 同上书,第31页。
④ 同上书,第39页。
⑤ 同上书,第97—98页。
⑥ 同上书,第367页。
⑦ 同上书,第42页。
⑧ 同上书,第93页。
⑨ 同上书,第394页。
⑩ 同上书,第149页。
⑪ 同上书,第162—166页。

"道",如《天则》中言"夫物,故曲可解,人可使,法章物而不自许者,天之道
也"①。结合《环流》中从本体意义上讨论宇宙起源问题,论万物"有一而有
气,……莫不发于气,通于道,约于事,正于时,离于名,成于法者也"②,则
"道"应是宇宙的运行规律,当然也是一般事物的运行规律。在鹖冠子看
来,万事万物都遵守着"道":"故日月不足以言明,四时不足以言功,一为之
法,以成其业,故莫不道。"③为此,他用"同"与"异"、"一"与"非一"的关系
来加以表明:"道德之法,万物取业,无形有分,命曰大泆。故东西南北之道
遭,然其分为等也。……故同之谓一,异之谓道……然则其所以为者,不可
一也。知一之不可一也,故贵道。空之谓一,物不备之谓道……"④在《道
端》中则谓为"此万物之本标,天地之门户,道德之益也"⑤。《天权》中言
"通而鬲谓之道。……知道故无不听也"⑥,也即说明了"道"的普遍性、普
适性。

　　鹖冠子从"圣人"与"道"的关系的角度讨论了"道"的问题,其中在《近
迭》中专门讨论了"圣人之道"的问题,强调的即是"先人"的"人道",但"先
人"的"人道"又有先重何种人的问题,鹖冠子的回答是"先兵",因为"兵者
百岁不一用,然不可一日忘也。是故人道先兵"⑦。而就"兵道"而论,又是
"主道所高,莫贵约束"⑧。在《度万》中则讨论了"圣与神谋,道与人成"⑨
的关系,实质上也是"人道"的问题。在《环流》中强调,"生存"的问题靠自
己解决,并由自己决定的就是"圣人",而只有"圣人"才能识"道":"生成在
己,谓之圣人,唯圣人究道之情,唯道之法,公政以明。……斗柄指一方,四
塞俱成,此道之用法者也。"⑩与"圣人"之"道"相应的是"君道",《道端》中

---

①　黄怀信:《鹖冠子汇校集注》,中华书局 2004 年版,第 55 页。
②　同上书,第 75—77 页。
③　同上书,第 77 页。
④　同上书,第 81—87 页。
⑤　同上书,第 95 页。
⑥　同上书,第 344—345 页。
⑦　同上书,第 115 页。
⑧　同上书,第 119 页。
⑨　同上书,第 134 页。
⑩　同上书,第 74—78 页。

言"君道知人，臣术知事"①。与"君道"相对的是"臣道"，《道端》中言"其道曰从"。"先王之道"首先即此而分："故先王传道，以相效属也。贤君循成法，后世久长。隋君不从，当世灭亡。"②在《泰录》中主要讨论的"泰一之道"实际上也是"圣人之道"的问题，鹖冠子认为"泰一之道"即"名尸神明者，大道正也"。这里特别强调了"大道"，如言"以是知先灵王百神者，上德执大道，凡此者，物之长也。及至乎祖籍之世，代继之君，身虽不贤，然南面称寡，犹不果亡者，其能受教乎有道之士者也，不然而能守宗庙存国家者，未之有也"；亦言"圣道"，如言"圣道神方，要之极也；帝制神化，治之期也"。掌握此类之"道"，即"行其道者有其名，为其事者有其功。故天地成于元气，万物乘于天地，神圣乘于道德，以究其理"③，亦即"道包之，故能知度之；尊重焉，故能改动之④；敏明焉，故能制断之"⑤。与"圣人"相应，鹖冠子还在《世兵》中提出了"至人遗物，独与道俱"⑥的问题。在《王铁》中回答"泰上成鸠之道"是"独何道"的问题，则是从方法意义上讨论的，最后被界定为"神明体正之道"，核心在于"备于教道"，具体内容即是"天曲日术"。在《王铁》中还讨论了"不改更始逾新之道"，问题的核心是"古今之道"是否相同，鹖冠子一方面从肯定有"祖命冒世，礼嗣弗引，奉常弗内，灵不食祀，家王不举祭，天将降咎，皇神不享"一类"不改更始逾新之道"的存在，属"道恶则祸及其身"⑦；另一方面又通过庞煖之言强调"以今之事，观古今之道"的一般之道的存在，从而说明"成鸠之万八千岁也，得此道者，何辩谁氏所用之国，而天下利耳"，这就是其"莫敢道一旦之善，皆以终身为期，素无失次，故化立而杨无邪"⑧。总之，"圣人"道备则治世易获。对于包括"圣人"在内的人来说，直接涉及"有道"与"无道"的问题，这是识人的一种根本标准，在这个意义上有如《道端》所谓"无道之君"与"有道之君"的分别："无

---

① 黄怀信：《鹖冠子汇校集注》，中华书局2004年版，第100页。
② 同上书，第111—112页。
③ 同上书，第254、269—270、262、255—256页。
④ 原文无"之"字，据前后文义加。——引者
⑤ 黄怀信：《鹖冠子汇校集汇》，中华书局2004年版，第260页。
⑥ 同上书，第291页。
⑦ 同上书，第209—210页。
⑧ 同上书，第220、198—199页。

道之君,任用么麽,动即烦浊。有道之君,任用俊雄,动则明白。"①其他如《天则》中言"昔者有道之取政,非于耳目也。夫耳之主听,目之主明,一叶蔽目,不见太山;两豆塞耳,不闻雷霆;道开而否,未之闻也"②。《泰鸿》中言泰一"得道之常",即"傅谓之道,得道之常;傅谓之圣人,圣人之道,与神明相得,故曰道德"。③"得道"即"有道",如"五官六府,分之有道";"是故有道,南面执政,以卫神明。""道以为先,举载神明。"④都说明"有道"的问题。在《度万》中还讨论了"无道"的危害,即"知无道,上乱天文,下灭地理,中绝人和,治渐终始,故听而无闻,视而无见,白昼而阇,有义而失谥,失谥而惑,责人所无,必人所不及"⑤;《近迭》中有言"主知不明,以贵为道,以意为法"之"失道"⑥;言有"今大国之君,不闻先圣之道而易事"导致失败之"失道"⑦。在鹖冠子看来,"圣人"之"道"当然是"人道",而于"人道"来说,关键是"以民为本",在《天则》中则被表述为"为之以民,道之要也",否则即是"明不能照者,道弗能得也"⑧。而没有"得道",应即是"失道",即如《环流》中言:"夫先王之道备,然而世有困君,其失之谓者也;故所谓道者,无己者也;所谓德者,能得人者也。"⑨而所谓"失道",在《近迭》阐明的即是"失义",即"失道,故敢以贱逆贵;不义,故敢以小侵大",是"此倚贵离道,少人自有之咎也"⑩。按鹖冠子的理解,"失道"与"失德"有联系,如《王铁》中言"未闻不与道德究,而能以为善者也"⑪即是。这样,儒家的价值原则又成了"人道"的尺度,如在《备知》中讨论的是"汤、武放弒利其子,好义者以为无道,而好利者以为贤为。彼世不传贤,故有放君"⑫,即评价"有道"与"无

①　黄怀信:《鹖冠子汇校集注》,中华书局2004年版,第107页。
②　同上书,第59—60页。
③　同上书,第224页。
④　同上书,第235、237、241页。
⑤　同上书,第141—143页。
⑥　同上书,第129页。
⑦　同上书,第127页。
⑧　同上书,第62、66页。
⑨　同上书,第81—82页。
⑩　同上书,第119、126页。
⑪　同上书,第214页。
⑫　同上书,第306—307页。

道"的义利标准问题;在《学问》中言"所谓礼者,不犯者也;所谓乐者,无蓄者也;所谓仁者,同好者也;所谓义者,同恶者也;所谓忠者,久愈亲者也;所谓信者,无二响者也。圣人以此六者,卦世得失逆顺之径。夫离道非数,不可以□绪端;不要元法,不可以剑心体;表术里原,虽浅不穷;中虚外传,虽博必虚"①,则完全是儒家价值的尺度。《天权》中言"夫道者,必有应而后至,事者必有德而后成。夫德,知事之所成,成之所得,而后曰我能成之。成无为,得无来,详察其道,何由然哉? 迷往以观今,是以知其未能"②,实际上表明的也是儒家价值观。

从哲学意义上说,"识道"的最大效用即是"能天",即依"道"而行而不妄作——"能天地而举措:自然,形也,不可改也;奇偶,数也,不可增减也;成败,兆也,而非长也。故其得道以立者,地能立之;其得道以仆者,地弗能立也;其得道以安者,地能安之;其得道以危者,地弗能安也;其得道以生者,天能生之;其得道以死者,天弗能生也;其得道以存者,天能存之;其得道以亡者,天弗能存也。彼安危,势也;存亡,理也,何可责于天道? 鬼神奚与?"③并且,在鹖冠子看来,"能天"的具体要求是"一、圣、道",也包括了"道",实际上是说"圣"据"一"与"道"而"能天":"一者,德之贤也;圣者,贤之爱也;道者,圣之所吏也,至之所得也。"④正是从这个意义上,鹖冠子从"能天"的角度对"道"进行了具体规定:一是从存在形式上,"道""以至,图弗能载,名弗能举,口不可以致其意,貌不可以立其状,若道之像门户是也。贤不肖、愚知由焉出入而弗异也"⑤。也就是说,人们在"道"的面前是人人平等的,就像"门户"一样,都可由以通过。二是对道的功能进行了区分:(1)"道者,开物者也,非齐物者也。故圣,道也;道,非圣也。"⑥表明"道"并不是使万物齐一,而是使万物多样,即《环流》中谓"故同之谓一,异之谓

---

① 黄怀信:《鹖冠子汇校集注》,中华书局 2004 年版,第 327—329 页。
② 同上书,第 351 页。
③ 同上书,第 375—377 页。
④ 同上书,第 377 页。
⑤ 同上书,第 377—378 页。
⑥ 同上书,第 378 页。

道"①。这就是"圣道",而不是说"道"为"圣"。（2）"道者,通物者也;圣者,序物者也。是以有先王之道,而无道之先王。"②这是说,掌握了"道"就能从宏观上理解万物。与此相应,圣人即可据此而为万物立序。当然,不同的人对道的理解与运用都各有自己的特点,"是以有先王之道,而无道之先王",这也就是《环流》所谓"然则其所以为者,不可一也。知一之不可一也,故贵道。空之谓一,物不备之谓道"③。据此,"故圣人者,后天地而生,而知天地之始;先天地而亡,而知天地之终;力不若天地,而知天地之任;气不若阴阳,而能为之经;不若万物多,而能为之正;不若众美丽,而能举善指过焉;不若道德富,而能为之崇;不若神明照,而能为之主;不若鬼神潜,而能著其灵;不若金石固,而能烧其劲;不若方圆治,而能陈其形。"④鹖冠子还举例说到道与自然的关系,从而揭示出了"圣人""能天"的依据问题:"昔者得道以立,至今不迁者,四时、太山是也。其得道以危,至今不可安者,苓峦、堙溪、橐木、降风是也。其得道以生,至今不亡者,日月、星辰是也。其得道以亡,至今不可存者,苓叶遇霜、朝露遭日是也。故圣人取之于势,而乃弗索于察。势者,其专而在己者也;察者,其散而之物者也。物乎物,芬芬份份,孰不从一出,至一易,故定审于人,观变于物。"⑤总之,识"道"而后"能天"。

## 五、鹖冠子对阴阳五行学说的吸收

"阴阳"思想在鹖冠子思想中同样具有重要地位,其使用频数还超过了"稽",达 22 次,鹖冠子本人使用也达 20 次以上。从总的思想取向看,"阴阳"即"气",如《夜行》言"阴阳,气也"⑥;《环流》言"阴阳不同气,然其为和同也"⑦;《度万》中言"水火不生,则阴阳无以成气"、"阴阳者,气之正

---

① 黄怀信:《鹖冠子汇校集注》,中华书局 2004 年版,第 85 页。
② 同上书,第 378—379 页。
③ 同上书,第 86—87 页。
④ 同上书,第 379—380 页。
⑤ 同上书,第 380—382 页。
⑥ 同上书,第 25 页。
⑦ 同上书,第 83 页。

也"①;《世兵》言"天不变其常,地不易其则,阴阳不乱其气"②;《学问》言"阴阳者,分数以观气变也"③;《能天》言圣人"气不若阴阳,而能为之经"④等等,都彰显的是这一思想。但从上述所言"气"看,有"正"气与"乱"气之分;有数的度量分界,因而使"气"成为可感知之物;"气"的本质特征是"和";"水火"在一定程度上是"气"产生的根源;人们能驾驭"气",并使之为人服务。由此观之,"阴阳"之"气"并不具有本源意义。

在鹖冠子看来,"阴阳"是有"理"可寻之"气",只要处于"阴阳"的矛盾关系中,就可寻出其"理",故《天则》中言"阴阳不接者,其理无从相及也"⑤,即除非你不是处于一个统一体中,否则就有理可寻。根据《度万》"天地阴阳,取稽于身"的论述,则考察阴阳之理可从"身"开始,但事实上,鹖冠子更多地是强调从天地万物来考察"阴阳",如在《近迭》为回答庞煖"阴阳何若"的问题时认为"阴阳寒暑与时至"⑥,即以"与时至"作为圣人考稽天地阴阳的尺度;《度万》中言"列时第气,以授当名,故法错而阴阳调。凤凰者,鹑火之禽,阳之精也;麒麟者,玄枵之兽,阴之精也;万民者,德之精也。德能至之,其精毕至"⑦,则更是以日月星辰、鸟兽虫鱼等自然物作为尺度;《泰录》中言"闓阖四时,引移阴阳,怨没澄物,天下以为自然,此神圣之所以绝众也"、"故形声者,天地之师也,四时之功,阴阳不能独为也"⑧;《世兵》言"天地不倚,错以待能;度数相使,阴阳相攻"⑨;《天权》言"彼天生物而不物者,其原阴阳也;四时生长收藏而不失序者,其权音也"⑩等等,都说明了这种考察尺度。

但是,在鹖冠子那里,能进行这种考察的主体并不是一般的人,而必须

---

① 黄怀信:《鹖冠子汇校集注》,中华书局 2004 年版,第 137、138 页。
② 同上书,第 273 页。
③ 同上书,第 322 页。
④ 同上书,第 379 页。
⑤ 同上书,第 50 页。
⑥ 同上书,第 117 页。
⑦ 同上书,第 150—153 页。
⑧ 同上书,第 264、266 页。
⑨ 同上书,第 288 页。
⑩ 同上书,第 364—365 页。

是达到了"神化"、"官治"等境界的"圣人",如《度万》言"神化者,定天地,豫四时,拔阴阳,移寒暑,正流并生,万物无害,万类成全,名尸气皇。官治者,师阴阳,应将然,地灵天澄,众美归焉,名尸神明"等即是,其下的"教治"、"因治"、"事治"都没有此一水平①。其原因在于"阴阳"本身的"神明"特性,即如《泰录》所言:"故神灵威明上变光,疾徐缓急中动气,煞伤毁祸下在地,故天地阴阳之受命,取象于神明之效,既已见矣。天者,气之所总出也;地者,理之必然也。故圣人者,出之于天,收之于地,在天地若阴阳者,杜燥湿以法义,与时迁焉。二者圣人存则治,亡则乱者,天失其文,地失其理也。"②正因为此,所以在《学问》中,鹖冠子把"阴阳"列入其"学问""九道"之二,仅次于"道德"。

"五行"在《鹖冠子》书中的直接使用频数虽不如"阴阳"多,但却获得了很高的地位,这就是《夜行》中言"五行,业也"。通观鹖冠子的论述,"业"应指功业,故在讲到"五行"时多与此有关,如《世兵》言"昔善战者,举兵相从,陈以五行,战以五音,指天之极,与神同方,类类生存,用一不穷"③;《天权》言"下因地利,制以五行,左木右金,前火后水中土,营军陈士,不失其宜。五度既正,无事不举"④;《天权》言"故所肄学兵,必先天权。陈以五行,战以五音,左倍宫、角,右挟商、羽、徵,君为随,以转无素之众,陆溺溺人,故能往来突决"等⑤,都与此相关。不过应注意的是,鹖冠子强调的"五行"之功是根源于"五行"本身的物质特性的,如《王铁》中言"天用四时,地用五行,天子执一以居中央,调以五音,正以六律,纪以度数,宰以刑德,从本至末,第以甲乙"⑥即是。这一思想在《泰鸿》中有具体分析,总的结论是依"五行"之性而"业可寻也":"东方者万物立止焉,故调以徵;南方者万物华羽焉,故调以羽;西方者万物成章焉,故调以商;北方者万物录臧焉,故调以角。中央者,太一之位,百神仰制焉,故调以宫;道以为先,举载神明。华天

---

① 黄怀信:《鹖冠子汇校集注》,中华书局 2004 年版,第 162—166 页。
② 同上书,第 267—269 页。
③ 同上书,第 284—285 页。
④ 同上书,第 353—354 页。
⑤ 同上书,第 365—366 页。引文有变动。——引者
⑥ 同上书,第 187—188 页。

上扬,本出黄钟,所始为东方,万物唯隆。以本华物,天下尽木也,使居东方主春;以火照物,天下尽火也,使居南方主夏;以金割物,天下尽金也,使居西方主秋;以水沉物,天下尽水也,使居北方主冬;土为大都,天下尽土也,使居中央守地。天下尽人也,以天子为正,调其气,和其味,听其声,正其形,迭往观今,故业可循也。"①

## 第四节 "天人同文,地人同理"的天人关系论

鹖冠子在《度万》中讨论了"圣与神谋,道与人成"②的关系,阐明了圣人在"度神虑成之要"中的作用。鹖冠子认为,"天人同文,地人同理"。因而要讨论这一问题,就必须从天地自然的本性讨论开始,他通过"天者神,地者形"的认定,归纳出社会管理的"四正",强调"正"失则害政:"天者,神也;地者,形也。地湿而火生焉,天燥而水生焉。法猛刑颇则神湿,神湿则天不生水;音□故声倒则形燥,形燥则地不生火。水火不生,则阴阳无以成气,度量无以成制,五胜无以成执,万物无以成类,百业俱绝,万生皆困,济济混混,孰知其故。天人同文,地人同理。贤、不肖殊能,故上圣不可乱也,下愚不可辩也。"③

### 一、"天地"范畴的理论内涵

鹖冠子给"天地"下了不少定义,并据此讨论了"天地"与"人治"的关系,如在《度万》中言:"所谓天者,非是苍苍之气之谓天也;所谓地者,非是膊膊之土之谓地也。所谓天者,言其然物而无胜者也;所谓地者,言其均物而不可乱者也。音者,其谋也;声者,其事也。音者,天之三光也;声者,地之五官也。形神调则生理修。夫生生而倍其本,则德专己。知无道,上乱天文,下灭地理,中绝人和,治渐终始,故听而无闻,视而无见,白昼而阍,有义

---

① 黄怀信:《鹖冠子汇校集注》,中华书局 2004 年版,第 239—244 页。
② 同上书,第 134 页。
③ 同上书,第 135—138 页。

而失谥，失谥而惑，责人所无，必人所不及……夫长者之为官也，在内则正义，在外则固守，用法则平治。人本无害，以端天地，令出一原。"①

鹖冠子在其他诸篇中关于天地的定义有不同的说法，如《博选》中言："所谓天者，物理情者也；所谓地者，常弗去者也；所谓人者，恶死乐生者也；所谓命者，靡不在君者也。君也者，端神明者。神明者，以人为本者也；人者，以贤圣为本者也；贤圣者，以博选为本者也；博选者，以五至为本者也。"②在《道端》中言："天者，万物所以得立也；地者，万物所以得安也；故天定之，地处之，时发之，物受之，圣人象之。"③在《泰录》中言："天者，气之所总出也；地者，理之必然也。故圣人者，出之于天，收之于地，在天地若阴阳者，杜燥湿以法义，与时迁焉。二者圣人存则治，亡则乱者，天失其文，地失其理也。"④在《天权》中言："所谓天者，非以无验有胜，非以日势之长，而万物之所受服者耶？彼天生物而不物者，其原阴阳也；四时生长收藏而不失序者，其权音也。音在乎不可传者，其功英也。"⑤结合鹖冠子在《度万》中的两处定义，则知鹖冠子的"天地"从根本上说是指隐含于自然之天地背后的必然性、规律性，是具有本源意义的东西。其具体表现则多种多样，但总的则可归结为《王铁》中所总结的"诚信明因一"："天者诚其日德也，日诚出诚入，南北有极，故莫弗以为法则。天者，信其月刑也。月信死信生，终则有始，故莫弗以为政。天者明，星其稽也。列星不乱，各以序行，故小大莫弗以章。天者因，时其则也。四时当名，代而不干，故莫弗以为必然。天者一，法其同也。前后左右，古今自如，故莫弗以为常。天诚信明因一，不为众父。易一，故莫能与争先。易一非一，故不可尊增。成鸠得一，故莫不仰制焉。"⑥

## 二、人与自然关系上的"能天"

鹖冠子认为，在人与自然的关系上，只要具备一定的条件即可"能天"。

①　黄怀信：《鹖冠子汇校集注》，中华书局2004年版，第139—148页。
②　同上书，第3—5页。
③　同上书，第90—92页。
④　同上书，第267—269页。
⑤　同上书，第364—365页。
⑥　同上书，第168—171页。

其《能天》实质上是讨论如何才能"能天"的问题,强调适应自然即能获得成功,而首要前提即是要在认识上达到一种"求监"、"思谨"、"太清"境界:"愿圣心之作,情隐微而后起,散无方而求监焉。轶玄眇而后无,抗澄幽而思谨焉。截六际而不绞,观乎孰莫,听乎无闶,极乎无系,论乎窈冥,湛不乱纷,故能绝尘埃而立乎太清。往无与俱,来无与偕。希备寡属,孤而不伴,所以无疵。保然独至,传未有之将然,领无首之即次,度十、五而用事,量往来而废兴,因动静而结生,能天地而举措。"①结合《夜行》文中之意,这种认识强调的是心明,而不是"眼"明。心明的前提是掌握了天、地、月、日、四时、度数、阴阳、五行、五政、五音、五声、五味、赏罚等方面的内在规定性,而这些是"此皆有验"的,也就是说,是经过验证而有规律可循的。这些因素的具体内容在《夜行》中被表述为:"天,文也;地,理也;月,刑也;日,德也;四时,检也;度数,节也;阴阳,气也;五行,业也;五政,道也;五音,调也;五声,故也;五味,事也;赏罚,约也;此皆有验。"②而所谓的规律性或内在规定性,是不能通过"眼"等来掌握的,这就是《夜行》强调的其特点:"有所以然者,随而不见其后,迎而不见其首,成功遂事,莫知其状,图弗能载,名弗能举,强为之说曰:芴乎芒乎,中有象乎;芒乎芴乎,中有物乎;窅乎冥乎,中有精乎;致信究情,复反无貌,鬼不能见,不能为人业。"③结合《武灵王》中讨论的"夜行"问题,即"夜行之道,天武之类也"④。按篇中所述,实际上是说有些东西是不能让每个人都去体验的,故可通过理性的思考而对前人的体验有所借鉴,这就是武灵王向庞焕(庞煖)要求的答案,而其问题则是"飞语流传"的问题,即"曰百战而胜,非善之善者也;不战而胜,善之善者也"。庞焕(庞煖)则回答说:"工者贵无与争,故大上用计谋,其次因人事,其下战克。"⑤其结论是:掌握了这些方面即可夜行。

根据人与自然天地的关系,鹖冠子在《天则》中讨论了天人关系问题,亦即如何"能天"的问题,或即"能天"何以可能的问题。

---

① 黄怀信:《鹖冠子汇校集注》,中华书局2004年版,第371—375页。
② 同上书,第25—27页。
③ 同上书,第27—28页。
④ 同上书,第395页。
⑤ 同上书,第388—389页。

首先,"因物之然"。鹖冠子在《兵政》中言:"物有生,故金木水火,未用而相制,……九夷用之,而胜不必者,其不达物生者也。若达物生者,五尚一也耳。""物有生"实言"物有性",即相制相克之性,执其性则好解决问题,否则就不好解决问题。"九夷用而不必胜",即"不达物生者",也即因为"物有而执在矣"。根据鹖冠子所谓:"天不能以早为晚,地不能以高为下,人不能以男为女,赏不能劝不胜任,罚不能必不可。"①则物性也即事物的质的规定性和相对稳定性。要取得成功则必须"因物之然"。具体有两个方面:一是"天不能使人,人不能使天,因物之然,而穷达存焉"②;二是权势之顺逆,即"在权在执,在权故生财有过富,在执故用兵有过胜。财之生也,力之于地,顺之于天;兵之胜也,顺之于道,合之于人。其弗知者,以逆为顺,以患为利。以逆为顺,故其财贫;以患为利,故其兵禽。"把握了此二者,即谓得道、得神明,即"昔者知时者与道证,弗知者危神明。道之所亡,神明之败,何物可以留其创?故曰道乎道乎,与神明相保乎。"③至于"何如而相保"?鹖冠子的回答有一个逻辑展开的过程:"贤生圣,圣生道,道生法,法生神,神生明。神明者,正之末也。末受之本,是故相保。"④

其次,"守度量而不可滥"。鹖冠子认为,圣王之治效在于"彼天地之以无极者,以守度量而不可滥"。他首先肯定的是圣王的才能与治效的关系:"圣王者有听微决疑之道,能屏谗权实,逆淫辞,绝流语,去无用,杜绝朋党之门,嫉妒之人,不得著名。非君子术数之士,莫得当前。故邪弗能奸,祸不能中。"鹖冠子认为,圣王之所以有这种治效恰好在于能守"天则",而"天则"即是:"彼天地之以无极者,以守度量而不可滥。日不逾辰,月宿其列;当名服事,星守弗去;弦望晦朔,终始相巡;逾年累岁,用不缦缦,此天之所柄以临斗者也。中参成位,四气为政,前张后极,左角右钺,九文循理,以省宫众,小大毕举,先无怨仇之患,后无毁名败行之咎,故其威上际下交,其泽四被而不离。"⑤这种"天则"在本质上即是"天之不违,以不离一。天若离一,

①　黄怀信:《鹖冠子汇校集注》,中华书局2004年版,第315—317页。
②　同上书,第317页。
③　同上书,第317—319页。
④　同上书,第319—320页。
⑤　同上书,第31—37页。

反还为物"①。而圣人则在天地自然面前"不创不作,与天地合德;节玺相信,如月应日;此圣人之所以宜世也。知足以滑正,略足以恬祸。此危国之不可安,亡国之不可存也"②。鹖冠子的这一思想在土家族后来的思想家那里得到了回应,如在田甘霖那里即表现为"造化从人补,切戒乎鲁莽"的理性审视。正是从这个意义上,鹖冠子从自然分工与社会分工关系的角度讨论了二者的关系,即"天道先贵覆者,地道先贵载者,人道先贵事者,酒保先贵食者。待物,□也;领气,时也;生杀,法也;循度以断,天之节。列地而守之,分民而部之,寒者得衣,饥者得食,冤者得理,劳者得息,圣人之所期也"③。

再次,"因民成俗"。鹖冠子认为为政在治人心,因此要像依自然之情一样顺人之情,即"因民成俗":"夫使百姓释己而以上为心者,教之所期也;八极之举,不能时赞,故可壅塞也。昔者有道之取政,非于耳目也。夫耳之主听,目之主明,一叶蔽目,不见太山;两豆塞耳,不闻雷霆;道开而否,未之闻也。见遗不掇,非人情也;信情修生,非其天诛,逆夫人僇,不胜任也。为成求得者,事之所期也;为之以民,道之以要也;唯民知极,弗之代也;此圣王授业,所以守制也。彼教苦,故民行薄;失之本,故争于末。人有分于处,处有分于地,地有分于天,天有分于时,时有分于数,数有分于度,度有分于一,天居高而耳卑者,此之谓也。故圣王天时,人之地之,雅无牧能,因无功多。尊君卑臣,非计亲也;任贤使能,非与处也;水火不相入,天之制也;明不能照者,道弗能得也;规不能包者,力不能挈也;自知慧出,使玉化为环玦者,是政反为滑也。田不因地形,不能成谷;为化不因民,不能成俗。严、疾过也,喜、怒适也,四者已仞,非师术也。形啬而乱益者,势不相牧也;德与身存亡者,未可以取法也。昔宥世者,未有离天人能而善与国者也。先王之盛名,未有非世之所立者也。过生于上,罪死于下,浊世之所以为俗也。一人乎,一人乎? 命之所极也。"④

---

① 黄怀信:《鹖冠子汇校集注》,中华书局 2004 年版,第 37 页。
② 同上书,第 38—39 页。
③ 同上书,第 39—41 页。
④ 同上书,第 59—70 页。

### 三、作为王鈇之器的"成鸠氏天"

《博选》中首言"王鈇"——简单地说即是最有效的统治工具。核心思想是:(1)"计功而偿,权德而言,王鈇在此,孰能使营。"①(2)"王鈇非一世之器者,厚德隆俊也。"②在《王鈇》中,鹖冠子对此有一个专门的解释。他认为,成鸠为治一万八千岁,正在于"所谓得王鈇之传者也"。紧接着解释道:

> 王鈇者,非一世之器也,以死遂生,从中制外之教也。后世成至孙一灵羽,理符日循,功弗敢败。奉业究制,执正守内,拙弗敢废。楼剖与旱,以新续故。四时执效,应铟不骏,后得入庙,惑爽不嗣,谓之焚。祖命冒世,礼嗣弗引,奉常弗内,灵不食祀,家王不举祭,天将降咎,皇神不享,此所以不改更始逾新之道也。故主无异意,民心不徙,与天合则,万年一范,则近者亲其善,远者慕其德而无已,是以其教无厌,其用不襄,故能畴合四海以为一家,而夷貊万国,皆以时朝服致绩,而莫敢效增免,闻者传译,来归其义,莫能易其俗,移其教。故其威立而不犯,流远而不废,此素皇内帝之法,成鸠之所枋以超等,世世不可夺者也。功日益月长,故能与天地存久,此所以与神明体正之术也。不待士史苍颉作书,故后世莫能云其咎,未闻不与道德究,而能以为善者也。③

《王鈇》是鹖冠子的极为重要的一篇文献,是为回答庞煖问鹖冠子的一个问题:"泰上成鸠之道,一族用之万八千岁,有天下,兵强,世不可夺,与天地存,久绝无伦,齐殊异之物,不足以命其相去之不同也,世莫不言树俗立化,彼独何道之行,以至于此。"④这是说,成鸠氏"一族"统治"万八千岁",从实力上"有天下兵强,世不可夺";从历史影响上"与天地存,久绝无伦";从社会治理上"齐殊异之物,不足以命其相去之不同也"(承认多样性);从社会评价上"世莫不言树俗立化",其方法("之道")是什么? 有什么独特的方法("彼独何道之行,以至于此")? 应该说,这是一个重要的社会哲学问题。

---

① 黄怀信:《鹖冠子汇校集注》,中华书局 2004 年版,第 12 页。
② 同上书,第 1 页。
③ 同上书,第 207—214 页。
④ 同上书,第 167—168 页。

翻译成当代哲学术语即是"理想社会如何可能"的问题。根据鹖冠子的回答,只一个字:"天","彼成鸠氏天,故莫能增其高,尊其灵"。一个社会哲学问题被转换成人与自然的关系问题,这正是当时"善言天者必有征于人"的时代精神。

什么是"天"呢?前已述及,鹖冠子在《王铁》中概括为"诚信明因一"五要素,在《博选》中作为"道凡四稽"之一,基本上都强调的是"天",即自然的本性。与此相应的说明是在《夜行》中言"天,文也",这就是我们后世经常所言之"天文"。这种"天文"在《天则》中也有详细讨论。总而言之,在鹖冠子看来,天首先是自然之天,天文之天。

在鹖冠子看来,自然之天、天文之天有其内在的功能,这就是在《天则》中所言"天道先贵覆者,地道先贵载者,人道先贵事者……循度以断,天之节也"①。在这里,已由"天"进而为"天道",表明其价值取向。在《鹖冠子》书中,"天道"凡两见,另一见则是前引《能天》之文中。从中可以看出,在鹖冠子看来,存亡之理全在于"道","天"得于"道"即为"天道",天也是依据"道"行事的,没有理由责备"天道鬼神"。

在鹖冠子看来,"天"之有其规律性可寻,正在于其得于"一"、得于"道"。故于《天则》中言:"天之不违,以不离一。天若离一,反还为物。"②也就是说,"天"不同于一般事物,在于"天不离一",否则就与一般事物没有什么区别了。

何为"一"?《天则》中有"人有分于处,处有分于地,地有分于天,天有分于时,时有分于数,数有分于度,度有分于一,天居高而耳卑者,此之谓也。故圣王天时,人之地之,雅无牧能,因无功多"③之说,分析了一个"人→处(处所)→地(处所在地上,当时的科学水平,《道端》谓"地者,万物所以得安也,……故……地处之")→天(天之常则如时空,《道端》谓"天者,万物所以得立也,故天定之")→时(如四时,《道端》谓"时发之,物受之,圣人象之"④)→数(如节序时数)→度(变化规则、关键)→一(宇宙统一之道,谓事

---

① 黄怀信:《鹖冠子汇校集注》,中华书局2004年版,第39—40页。
② 同上书,第37页。
③ 同上书,第63—65页。
④ 同上书,第90—92页。

物都是统一体中之一环)"的逻辑进程,按现在的哲学术语来说,即描述了一个自然界的关系之网。人们若能按此行事,则"圣王天时,人之地之,雅无牧能,因无功多"。在《环流》中所谓"一之为法"云云即此:"日月不足以言明,四时不足以言功,一为之法,以成其业,故莫不道;一之法立,而万物皆来属;法贵如言,言者,万物之宗也;是者,法之所与亲也;非者,法之所与离也。是与法亲故强,非与法离故亡。"①但是,在《环流》中,在鹖冠子看来,"有一而有气,有气而有意,有意而有图,有图而有名,有名而有形,有形而有事,有事而有约,约决而时生,时立而物生,故气相加而为时,约相加而为期,期相加而为功,功相加而为得失,得失相加而为吉凶,万物相加而为胜败。莫不发于气,通于道,约于事,正于时,离于名,成于法者也。"②"一"又成了本原意义上有存在物,具有了本体意义。但结合《环流》中"阴阳不同气,然其为和同也;酸咸甘苦之味相反,然其为善均也;五色不同采,然其为好齐也;五声不同均,然其可喜一也。"③则知其所讨论的并非本源之气,而是指"一气"之阴阳两方面,即"阴阳不同气,然其为和同也"。

在鹖冠子看来,"一"与"道"的关系就是"同"与"异"的关系,故在《环流》中说:"故物无非类者,动静无非气者,其故有人将得一人之气吉,有家将得一家气吉,有国将得一国气吉,其将凶者反此。故同之谓一,异之谓道,相胜之谓执,吉凶之谓成败,贤者万举而一失,不肖者万举而一得,其冀善一也。然则其所以为者,不可一也。知一之不可一也,故贵道。空之谓一,物不备之谓道,立之谓气,通之谓类,气之害人者谓之不适,味之害人者谓之毒。夫社不刾则不成雾。气故相利相害也,类故相成相败也。知往生跂,工以为师;积毒成药,工以为医;美恶相饰,命曰复周;物极则反,命曰环流。"④在《世兵》中亦言:"祸乎福之所倚,福乎祸之所伏,祸与福如纠缠,浑沌错纷,其状若一;交解形状,孰知其则;芬芒无貌,唯圣人而后决其意。斡流迁徙,固无休息;终则有始,孰知其极。"⑤这就说明了事物之间的一种很深刻

---

① 黄怀信:《鹖冠子汇校集注》,中华书局2004年版,第77—79页。
② 同上书,第71—74页。
③ 同上书,第83页。
④ 同上书,第84—89页。
⑤ 同上书,第292—293页。

的内在关系,一方面有统一性,即"同之谓一"。关键在于"气"的根源性说明,而"一"本身具有多样性,如"一人"、"一家"、"一国"等。但是另一方面,正是从这种"一"的多样性出发,则又不可为"一","然则其所以为者,不可一也。知一之不可一也,故贵道。""空之谓一,物不备之谓道",即抽象地言,万物是统一的,但同时也都有其内在规定性。

"一"、"道"关系的认识论意义在于《度万》中所言可"以一度万":"凡问之要,欲近知而远见,以一度万也。无欲之君,不可与举。贤人不用,弗能使国利,此其要也。"①《王铁》:"天者一,法其同也。前后左右,古今自如,故莫弗以为常。天诚信明因一,不为众父。易一,故莫能与争先。易一非一,故不可尊增。成鸠得一,故莫不仰制焉。"②

"一"、"道"关系的社会意义在于《度万》中所言:"令,出一原。散无方化万物者,令也;守一道制万物者,法也。"③在《近迭》中亦言:"天高而难知,有福不可请,有祸不可避,法天则戾;地广大深厚,多利而鲜威,法地则辱;时举措代更无一,法时则贰,三者不可以立化树俗,故圣人弗法。"④

"一"、"道"关系的方法论意义则在于《泰录》所谓"类类生存,用一不穷":"故神明铟结其纮,类类生存,用一不穷;影则随形,响则就声。"⑤《世兵》中也言:"夫强不能赌,是剧幸能绝,而燕王不知人也。昔善战者,举兵相从,陈以五行,战以五音,指天之极,与神同方,类类生存,用一不穷。"⑥《备知》中即言:"今世非无舜之行也,不知尧之故也;非无汤、武之事也,不知伊尹、太公之故也。费仲、恶来得辛、纣之利,而不知武王之伐也;比干、子胥好忠谏,而不知其主之煞之也。费仲、恶来者,可谓知心矣,而不知事;比干、子胥者,可谓知事矣,而不知心。圣人者,必两备而后能究一世。"⑦"一"、"道"关系的方法论意义还在于《天权》所谓"知一而不知道,故未能

① 黄怀信:《鹖冠子汇校集注》,中华书局 2004 年版,第 160—161 页。
② 同上书,第 170—172 页。
③ 同上书,第 148—149 页。
④ 同上书,第 115—116 页。
⑤ 同上书,第 265—266 页。
⑥ 同上书,第 283—285 页。
⑦ 同上书,第 311—313 页。

里也":"挈天地而能遊者,谓之还名,而不还于名之人。明照光照,不能照己之明是也。独化终始,随能序致,独立宇宙无对,谓之皇天地。浮悬天地之明,委、命相薾谓之时,通而薾谓之道。连万物领天地,合膊同根,命曰宇宙。知宇,故无不容也;知宙,故无不足也;知德,故无不安也;知道,故无不听也;知物,故无不然也。知一而不知道,故未能里也。"①

总之,"一"说明统一性,即《能天》言:"物乎物,芬芬份份,孰不从一出,至一易,故定审于人,观变于物。"②正是基于以上认识,所以"知一不烦。千方万曲,所杂齐同"③。因此认定"一者,德之贤也"。又言:"一者,德之贤也;圣者,贤之爱也;道者,圣之所吏也;至之所得也。以至,图弗能载,名弗能举,口不可以致其意,貌不可以立其状,若道之像门户是也。"④正是因为有了"一"、"天"、"道"等,因而才有"成鸠之治",才有"成鸠氏天"。

## 第五节　"神明体正之术"与　"素皇内帝之法"

在社会治理思想上,鹖冠子融贯黄老学派、兵阴阳家、兵权谋家思想于一体,并有新的发挥。其主要主张是本黄老的与民休生养息恢复生产,而主刑名的赏罚分明的政策。一是主张选贤任能,共理国政。二是论兵认为圣人之道,以人道为先,而人道又以兵为先,兵可百年不用而不可一日无备。兵与礼、义、忠、信是统一不悖的。三是论善于作战者要发如镞矢,动如雷霆,直捣敌人虚弱之处。避开死地而居于生地,牢牢抓住攻击目标,夺取胜利。四是强调顺道合人,因势用权,将"不战而屈人之兵"的理想与暴力手段的运用结合起来。五是强调"尊君卑臣",实行高度的中央集权制。在《王铁》篇中他设计了一个行政方案,叫做"天曲日术",规定从五长、里长、扁长、乡师、县啬夫、郡大夫到柱国、令尹,必须逐级负责,告奸、举贤、行教、布令,按规定时间向上汇报。即使迁移户口、互相馈赠礼物也不能隐匿,如

①　黄怀信:《鹖冠子汇校集注》,中华书局 2004 年版,第 341—345 页。
②　同上书,第 381—383 页。
③　同上书,第 277—278 页。
④　同上书,第 377—378 页。

有违犯,从五长到令尹,都要处以极刑。在该篇中,鹖冠子在论述"成鸠之治"时,实际上说其达到了一种统治艺术的高度,即"与神明体正"。而"神明者,上究而下际,克啬万物而不可厌者也。周泊遍照,反与天地总,故能为天下计。明于蚤识远白,不惑存亡之祥、安危之稽"①。这里有一个重要范畴:"神明"。可以说,鹖冠子的社会治理思想即与"神明"范畴分不开。当然,"神明"也与道家相关,或即出于黄老道家,如《太一生水》中即有"天地也,是以成神明"之说。

## 一、"神明体正之术"

关于什么是"神明",在《泰录》中言:"阖阛四时,引移阴阳,怨没澄物,天下以为自然,此神圣之所以绝众也;原圣神文,有验而不可见者也,故过人可见,绝人未远也,神明所以类合者也。故神明锢结其纮,类类生存,用一不穷;影则随形,响则就声。故形声者,天地之师也,四时之功,阴阳不能独为也。圣王者,不失本末,故神明终始焉。卒令八风三光之变,经气不常之故。"②又言:"道包之,故能知度之;尊重焉,故能改动之③;敏明焉,故能制断之。精神者,物之贵大者也;内圣者,精神之原也,莫贵焉,故靡不仰制焉。制者所以卫精擢神致气也。幽则不洩,简则不烦。不烦则精明达,故能役贤,能使神明,百花随而变,终始从而豫。神明者,积精微全粹之所成也。圣道神方,要之极也;帝制神化,治之期也。故师为君而学为臣,上贤为天子,次贤为三公,高为诸侯。"④根据以上的规定以及鹖冠子对于"神明"的论述,则"神明体正之术"应有以下几个环节:

首先,在社会关系上,"神明"即君主"以人为本"。在《博选》中,鹖冠子从"君、神明、人"三者的关系来认定:"君也者,端神明者。神明者,以人为本者也。"⑤简言之即君应正神明,亦即"以人为本"。从这个意义上说,鹖冠子还是中国历史上较早提出"以人为本"思想的学者之一。在《泰鸿》

---

① 黄怀信:《鹖冠子汇校集注》,中华书局2004年版,第172—174页。
② 同上书,第264—266页。
③ 原文无"之"字,据前后文意加。——引者
④ 黄怀信:《鹖冠子汇校集注》,中华书局2004年版,第260—263页。
⑤ 同上书,第5—6页。

中亦重申圣人与神明的关系,即"圣人之道,与神明相得":"泰一者,执大同之制,调泰鸿之气,正神明之位者也。故九皇受傅,以索其然之所生。傅谓之得天之解;傅谓之得天地之所始;傅谓之道,得道之常;傅谓之圣人,圣人之道,与神明相得,故曰道德。郄始穷初,得齐之所出,九皇殊制,而政莫不效焉,故曰泰一。"①在《度万》中,鹖冠子仍然坚持了这一分析理路,并直接与"官治"挂钩:"神化者定天地,豫四时,拔阴阳,移寒暑,正流并生,万物无害,万类成全,名尸气皇;官治者师阴阳,应将然,地灵天澄,众美归焉,名尸神明;教治者置四时,事功顺道,名尸贤圣;因治者招贤圣而道心术,敬事生和,名尸后王;事治者招仁圣而道知焉,苟精牧神,分官成章,教苦利远,法制生焉。法者使去私就公,同知壹警,有同由者也,非行私而使人合同者也。故至治者弗由,而名尸公伯。"②不过,在这里他区分了"神化"、"官治"、"教治"、"因治"、"事治"、"法制"等,似又限制了"神明"的范围。

其次,在人与自然的关系上,"神明"即圣人知天地人事而运之。在《泰鸿》中,鹖冠子以圣人与天地等的关系来阐明"神明"的内涵,强调"天也者,神明之所根也";强调"神明之极,天地人事,三者复一也",故鹖冠子以泰一之口说:"爱精养神。内端者,所以希天。天也者,神明之所根也。醇化四时,陶埏无形,刻镂未萌,离文将然者也。地者承天之演,备载以宁者也。吾将告汝神明之极,天地人事,三者复一也,立置臣义。"③此下还讨论了天地的运行规律。总的结论是强调天地的运行乃为"神明之根":"故圣知神方,调于无形,而物莫不从,天受藻华以为神明之根者也,地受时以为万物原者也。神圣详理,恶离制命之柄,欲散华精,以慰地责天者也。调味章色正声,以定天地人事,三者毕此矣。"④在《能天》中则从圣人对"天地"的领悟及运用中来理解"神明":"道者,通物者也;圣者,序物者也。是以有先王之道,而无道之先王。故圣人者,后天地而生,而知天地之始;先天地而亡,而知天地之终;力不若天地,而知天地之任;气不若阴阳,而能为之经;不若万物多,而能为之正;不若众美丽,而能举善指过焉;不若道德富,而能为之崇;不若

①　黄怀信:《鹖冠子汇校集注》,中华书局2004年版,第222—225页。
②　同上书,第162—166页。
③　同上书,第226—227页。
④　同上书,第248—250页。

神明照,而能为之主;不若鬼神潜,而能著其灵;不若金石固,而能烧其劲;不若方圆治,而能陈其形。"①在《泰录》中言:"故神灵威明上变光,疾徐缓急中动气,煞伤毁祸下在地,故天地阴阳之受命,取象于神明之效,既已见矣。天者,气之所总出也;地者,理之必然也。故圣人者,出之于天,收之于地,在天地若阴阳者,杜燥湿以法义,与时迁焉。二者圣人存则治,亡则乱者,天失其文,地失其理也。以是知先灵王百神者,上德执大道,凡此者物之长也。及至乎祖籍之世,代继之君,身虽不贤,然南面称寡,犹不果亡者,其能受教乎有道之士者也,不然而能守宗庙存国家者,未之有也。"②

再次,在认识的主客体关系上,"神明"即圣人对"道有度数"的准确把握。在《泰鸿》中,鹖冠子以圣人与"道"等的关系来阐明"神明"的内涵,强调"上圣者与天地接,结六连而不解者也。是故有道,南面执政,以卫神明"。"中央者,太一之位,百神仰制焉,故调以宫;道以为先,举载神明,华天上扬,本出黄钟,所始为东方,万物唯隆。"换句话说,"有道"、"道以为先"才可能"卫神明"、"载神明"③。所以,《泰录》言"名尸神明者,大道正也":"范者,味之正也;味者,气之父母也;精微者,天地之始也;不见形窬而天下当美焉。名尸神明者,大道正也。"④而在《世兵》中则更言:"道有度数,故神明可交也;物有相胜,故水火可用也;东西南北,故形名可信也;五帝在前,三王在后,上德已衰矣;兵知俱起,黄帝百战,蚩尤七十二,尧伐有唐,禹服有苗,天不变其常,地不易其则,阴阳不乱其气,生死不偾其位,三光不改其用,神明不徙其法,得失不两张,成败不两立,所谓贤不肖者,古今一也。"⑤据此可知,因为有"道"之"度数",故有"神明"之成,即强调"神明"依"度数"而成,下言"神明不徙其法"即是。应注意的是,"道"是不可言说的,但"神明"则不同,它是可以言说的,故《天权》中言:"耳者可以听调声,而不能为调声;目者可以视异形,而不能为异形;口者可以道神明,而不能为神明。故

---

①　黄怀信:《鹖冠子汇校集注》,中华书局 2004 年版,第 379—380 页。
②　同上书,第 267—270 页。
③　同上书,第 237、240—242 页。
④　同上书,第 253—254 页。
⑤　同上书,第 271—273 页。

先王之服师术者,呼往发蒙,释约解刺,达昏开明,而且知焉。"①在《兵政》中鹖冠子言:"天不能使人,人不能使天,因物之然,而穷达存焉。之二也,在权在执,在权故生财有过富,在执故用兵有过胜。财之生也,力之于地,顺之于天;兵之胜也,顺之于道,合之于人。其弗知者,以逆为顺,以患为利。以逆为顺,故其财贫;以患为利,故其兵禽。昔者知时者与道证,弗知者危神明。道之所亡,神明之败,何物可以留其创? 故曰道乎道乎,与神明相保乎。"②在《兵政》中鹖冠子则叙述了以"道"成"神明"的过程:"贤生圣,圣生道,道生法,法生神,神生明。神明者,正之末也。末受之本,是故相保。"③

最后,在对象的构成关系上,"神明"有其内在本质及外在表现,关键在于人们去体会、发现。在《泰录》中,鹖冠子还以内外关系来讨论"神明":"入论泰鸿之内,出观神明之外,定制泰一之衷,以物为稽。天有九鸿,地有九州。"④《泰鸿》则言:"首尾易面,地理离经,夺爱令乱,上灭天文,理不可知。神明矣,从。文理者,相明者也;色味者,相度者也;藻华者,相成者也。"⑤其中"神明矣,从文理者,相明者也……"即说明"神明"也可体现于外,关键在于发现。而在《王铁》中,鹖冠子谈到"成鸠之治,与神明体正。神明者,上究而下际,克啬万物而不可厌者也。周泊遍照,反与天地总,故能为天下计。明于蚤识远白,不惑存亡之祥、安危之稽"的问题⑥,并就"安危之稽"作了具体阐明:"置下不安,上不可以载,累其足也。其最高而不可植局者,未之有也。辩于人情,究物之理;称于天地,废置不殆;审于山川,而运动举措有检。生物无害,为之父母,无所蹢跦;仁于取予,备于教道,要于言语,信于约束,已诺不专,喜怒不增,其兵不武。树以为俗,其化出此。"⑦总体精神就是审于人情物理,达到体天地之道,即"人情物理,所以啬万物与天地总,与神明体正之道"⑧。事实上,内外关系与黄老道家有相关关系,如

①　黄怀信:《鹖冠子汇校集注》,中华书局 2004 年版,第 358—360 页。
②　同上书,第 317—318 页。
③　同上书,第 319—320 页。
④　同上书,第 251—252 页。
⑤　同上书,第 244—246 页。
⑥　同上书,第 172—174 页。
⑦　同上书,第 174—176 页。
⑧　同上书,第 177 页。

《经法·名理》即有谓:"道者,神明之原也。神明者,处于度之内而见之于外者也。处于度之内者,不言而信;见于度之外者,言不可易也。"

## 二、"天曲日术"与"素皇内帝之法"

鹖冠子用"天曲日术"来解释治国的理想之道:"成鸠氏之道,未有离天曲日术者。天曲者,明而易循也;日术者,要而易行也。"①综观鹖冠子"天曲日术",主要有以下几方面内容:

一是从社会结构上设定了一个郡、县、乡、扁、里、伍、家的社会结构,并规定了相应的权利义务关系及处罚原则。按照鹖冠子在《王铁》中的规定,不履行权利义务会受处罚并有连带责任。二是规定了对各级的考察时间,具体的是根据天地、阴阳、四时、五行、五音、六律等人类社会与自然的节律来考察,并设定了考察时间,所以,"天曲日术"简言之则是根据"天"以确定的考察与管理社会的方式方法:"天用四时,地用五行,天子执一以居中央,调以五音,正以六律,纪以度数,宰以刑德,从本至末,第以甲乙。天始于元,地始于朔,四时始于历,故家、里用提,扁长用旬,乡师用节,县啬夫用月,郡大夫用气、分所至,柱国用六律。里五日报扁,扁十日报乡,乡十五日报县,县三十日报郡,郡四十五日报柱国,柱国六十日以闻天子,天子七十二日遣使,勉有功,罚不如,此所以与天地总,下情六十日一上闻,上惠七十二日一下究,此天曲日术也。"②三是阐明了具体的管理方法及效果。在上述基础上,鹖冠子阐明了"素皇内帝之法"的问题,这也就是"王铁"的问题,是关于"不改更始逾新之道"的问题。鹖冠子认为这一问题也就是"成鸠所谓得王铁之传者",具体表示为:

王铁者,非一世之器也,以死遂生,从中制外之教也。后世成至孙一灵羽,理符日循,功弗敢败。奉业究制,执正守内,拙弗敢废。楼剒与旱,以新续故。四时执效,应铟不骏,后得入庙,惑爽不嗣,谓之焚。祖命冒世,礼嗣弗引,奉常弗内,灵不食祀,家王不举祭,天将降咎,皇神不享,此所以不改更始逾新之道也。故主无异意,民心不徙,与天合则,万

① 黄怀信:《鹖冠子汇校集注》,中华书局 2004 年版,第 177 页。
② 同上书,第 187—192 页。

年一范,则近者亲其善,远者慕其德而无已,是以其教无厌,其用不弊,故能畴合四海以为一家,而夷貉万国,皆以时朝服致绩,而莫敢效增免,闻者传译,来归其义,莫能易其俗,移其教。故其威立而不犯,流远而不废,此素皇内帝之法,成鸠之所枋以超等,世世不可夺者也。功日益月长,故能与天地存久,此所以与神明体正之术也。不待士史苍颉作书,故后世莫能云其咎,未闻不与道德究,而能以为善者也。①

关于"素",在鹖冠子中多有所见,初步统计有 8 处,除上"素皇内帝之法"外,复有《道端》言"无道之君,任么麽,动即烦浊。有道之君,任用俊雄,动则明白,二者先定素立,白蔘明起"②;《王鈇》言"莫敢道一旦之善,皆以终身为期,素无失次,故化立而世无邪"③;《泰鸿》言"先定其利,待物自至;素次以法,物至辄合;法者,天地之正器也"④;《世兵》言"素成其用,先知其故"⑤;《学问》言"道德者,操行所以为素也"⑥;《天权》言"陈以五行,战以五音:左倍宫、角,右挟商、羽、徵,君为随,以转无素之众,陆溺溺人,故能往来突决"⑦;《武灵王》言"所谓战克者,其国已素破,兵从而攻之,因句践用此而吴国亡,楚用此而陈蔡举,三家用此而智氏亡,韩用此而东分"⑧等。这些"素"的基本内涵都是指诚朴、因循事理与因循自然、道德操行高尚等。"素皇内帝之法"之"素"应是兼而用之。

为了加深对"素皇内帝之法"的理解,鹖冠子在《王鈇》中还讨论了"古今之道"是否相同的问题,认为"古者亦我而使之久,众者亦我而使之众耳。何比异哉? 彼类善则万世不忘,道恶则祸及其身,尚奚怪焉"⑨。实质上是从道德的角度阐明了这一问题。若根据庞煖之问,这一问题实际上既有空间纬度,又有时间纬度,故庞煖曰:"以今之事,观古今之道,舟车相通,衣服

---

① 黄怀信:《鹖冠子汇校集注》,中华书局 2004 年版,第 207—214 页。
② 同上书,第 107 页。
③ 同上书,第 198—199 页。
④ 同上书,第 236—237 页。
⑤ 同上书,第 276 页。
⑥ 同上书,第 322 页。
⑦ 同上书,第 366—367 页。
⑧ 同上书,第 392—393 页。
⑨ 同上书,第 214 页。

同采,言语相知,画地守之,不能相犯;殊君异长,不能相使;逆言过耳,兵甲相履;百父母子,且未易领;方若所言,未有离中国之正也。丘第之业,域不出著,居不连堁,而曰成鸠氏周阖四海为一家,夷貉万国莫不来朝,其果情乎?"①而鹖冠子对此的回答是:"虎狼杀人,鸟苍从上,螾蛾从下聚之,六者异类,然同时俱至者何也?所欲同也。由是观之,有人之名,则同人之情耳。何故不可乎?天度数之而行,在一不少,在万不众,同如林木,积如仓粟,斗石以陈,升委无失也。列地分民,亦尚一也耳。百父母子,何能增减?殊君异长,又何出入?若能正一,万国同极。德至四海,又奚足阖也?"②根据鹖冠子以上所论,实质上仍然讨论的是人类的共同本质,尽管其所指认之"欲同"、"同人之情"等可以讨论。

### 三、"四正"、"五正"的社会治道

"四正"、"五正"范畴是鹖冠子社会政治思想的核心范畴之一,分别讨论的是社会治道的理想标准以及据此而对社会治道作出的现实评价。

鹖冠子在《度万》中讨论的"四正"即强调"阴阳者,气之正也;天地者,形神之正也;圣人者,德之正也;法令者,四时之正也。故一义失此,万或乱彼。所失甚少,所败甚众"③。在这里,鹖冠子实际上指出了理想治道的四条根本标准,即阴阳、天地、圣人、法令都分别达到"正"的境界。

同时,鹖冠子在《度万》中还讨论了"五正",即"有神化,有官治,有教治,有因治,有事治"④。具体的总论包括两个方面:一是"其形",可认作是表现形式,即"神化者于未有,官治者道于本,教治者修诸己,因治者不变俗,事治者矫之于末"。二是"其事",可认作是功能形式。根据鹖冠子的分析,这实际上指明了"正"治的等级次序,从中体现出了其对圣王之治的评价。"神化者,定天地,豫四时,拔阴阳,移寒暑,正流并生,万物无害,万类成全,名尸气皇。"说明的是治道的最上层属可主"气"之皇,属最高层次;"官治者,师阴阳,应将然,地灵天澄,众美归焉,名尸神明。"此说明的是属

① 黄怀信:《鹖冠子汇校集注》,中华书局 2004 年版,第 214—216 页。
② 同上书,第 217—219 页。
③ 同上书,第 138—139 页。
④ 同上书,第 161—162 页。

主"神明"层次。"教治者,置四时,事功顺道,名尸贤圣。""因治者,招贤圣而道心术,敬事生和,名尸后王。""事治者,招仁圣而道知焉,苟精牧神,分官成章,教苦利远,法制生焉。""法者使去私就公,同知壹警,有同由者也,非行私而使人合同者也。故至治者弗由,而名尸公伯。"①由此可见,"五正"体现了鹖冠子的治道理想。

鹖冠子在《近迭》中讨论"地大者国实,民众者兵强,兵强者先得意于天下。今以所见合所不见,盖殆不然。今大国之兵反诎而辞穷,禁不行令不止,之故何也"的问题②,实际上是"四正"、"五正"的反证。鹖冠子认为:"欲知来者察往,欲知古者察今,择人而用之者王,用人而择之者亡。逆节之所生,不肖侵贤命曰凌,百姓不敢言命曰胜。今者所问,子慎勿言。地大、国富、民众、兵强曰足,士有余力,而不能以先得志于天下者,其君不贤而行骄溢也。不贤则不能无为,而不可与致焉。骄则轻敌,轻敌则与所私,谋其所不知为,使非其任,力欲取胜于非其敌;不计终身之患,乐须臾之说。是故国君被过听之谤丑于天下,而谋臣负滥(监)首之责于敌国,敌国乃责则却,却则说者羞其弱。万贱之直,不能桡一贵之曲。国被伸创,其发则战,战则是使元元之民往死,邪臣之失策也。过生于上,罪死于下。仇既外结,诸侯畜其罪,则危覆社稷,世主慑惧,寒心孤立,不伐此人,二国之难不解。君立不复,悔曩邮过,谋徙计易,滥首不足,盖以累重,灭门残疾族,公谢天下,以让敌国。不然,则战道不绝,国创不息,大乎哉!夫弗知之害,悲乎哉!其祸之所极,此倚贵离道,少人自有之咎也。是故师未发轫而兵可迭也。今大国之君,不闻先圣之道而易事,群臣无明佐之大数,而有滑正之碎智,反义而行之,逆德以将之,兵诎而辞穷,令不行,禁不止,又奚足怪哉。"③与上述相应,鹖冠子在《近迭》中还专门讨论了"滑正之智"问题,具体说明的是:"法度无以噫意为摸,圣人按数循法,尚有不全,是故人不百其法者,不能为天下主。今无数而自因,无法而自备,循无上圣之检,而断于己明。人事虽备,将尚何以复百己之身乎?主知不明,以贵为道,以意为法,牵时诳世,遒下蔽上,使

---

① 黄怀信:《鹖冠子汇校集注》,中华书局 2004 年版,第 162—166 页。
② 同上书,第 120 页。
③ 同上书,第 120—127 页。

事两乖,养非长失,以静为扰,以安为危,百姓家困人怨,祸孰大焉?若此者北走之日,后知命亡。"①"苍颉作法,书从甲子,成史李官。苍颉不道,然非苍颉,文墨不起。纵法之载于图者,其于以喻心达意,扬道之所谓,乃才居曼之十分一耳。故知百法者,杰雄也;若隔无形,将然未有者,知万人也。无万人之智者,智不能栖世学之上。"②

## 四、"赤子"与"意己"的历史观

鹖冠子的历史观主要体现在《备知》中。根据鹖冠子的看法,现今的人已不是"赤子"而有了"意己":在"意己"时代,"天高而可知,地大而可宰。万物安之,人情安取?伯夷、叔齐能无盗,而不能使人不意己;申徒狄以为世涸浊不可居,故负石自投于河,不知水中之乱有愈甚者。"③在"赤子"时代,"德之盛,山无径迹,泽无津梁,不相往来,舟车不通,何者?其民犹赤子也。有知者不以相欺役也,有力者不以相臣主也。是以鸟鹊之巢,可俯而窥也;麋鹿群居,可从而系也。"④从"赤子"时代进入了"意己"时代以后,即出现了衰世情形:"至世之衰,父子相图,兄弟相疑,何者?其化薄而出于相以有为也。故为者败之,治者乱之。败则偝,乱则阿。阿则理废,偝则义不立。"⑤很明显,鹖冠子的历史观具有某种倒退的历史倾向。不过,从土家族文化发展史上可见,鹖冠子的这种历史观显然也是吸取了中域文化的历史观的。然而,后来的土家族文化并没有传承这种倒退的历史观。

鹖冠子在《备知》中讨论了历史评价标准问题,而且主要是义与利的尺度,反映出了儒家价值观,在一定程度上也体现了其历史观:"尧传舜以天下,故好义者以为尧智,其好利者以为尧愚。汤、武放弑利其子,好义者以为无道,而好利者以为贤为。"⑥据此,鹖冠子从历史的大尺度分析历史现象,探讨了"时"与"命"的关系,说到底是"社会决定":"彼世不传贤,故有放

---

① 黄怀信:《鹖冠子汇校集注》,中华书局2004年版,第127—131页。
② 同上书,第131—132页。
③ 同上书,第303页。
④ 同上书,第304页。
⑤ 同上书,第306—307页。
⑥ 同上书,第306页。

君。君好傩阿,故有弑主。夫放、弑之所加,亡国之所在,吾未见便乐而安处之者也。夫处危以忘安,循哀以损乐,是故国有无服之丧、无军之兵,可以先见也。是故箕子逃而搏裘牧,商容拘而塞叔哭。昔之登高者,下人代之悢,手足为之汗出。而上人乃始搏折枝而趋操木,止之者僇,是故天下寒心,而人主孤立。今世之处侧者,皆乱臣也:其智足以使主不达,其言足以滑政,其朋党足以相宁于利害。昔汤用伊尹,周用太公,秦用百里,楚用申麃,齐用管子,此数大夫之所以高世者,皆亡国之忠臣所以死也。由是观之,非其智能难与也,乃其时命者不可及也。唯无如是,时有所至而求,时有所至而辞;命有所至而阖,命有所至而辟。"①鹖冠子根据上述"时命"关系,特别地讨论了"守时"问题:"贤不必得时也,不肖不必失命也,是故贤者守时,而不肖者守命。今世非无舜之行也,不知尧之故也;非无汤、武之事也,不知伊尹、太公之故也。费仲、恶来得辛、纣之利,而不知武王之伐也;比干、子胥好忠谏,而不知其主之煞之也。费仲、恶来者,可谓知心矣,而不知事;比干、子胥者,可谓知事矣,而不知心。圣人者,必两备而后能究一世。"②说来,这也与土家人"知命尚力"的思维取向一致。

### 五、"权人有五至"的人才思想

人才思想是鹖冠子思想的重要内容,而且从开篇即纳入了核心问题之列,如在《博选》中即论"博选",《世贤》则在讨论治国之道时以问策论人,即有没有治国的良策。回答包括的问题如"若尧之任人也,不用亲戚,而必使能。其治病也,不任所爱,必使旧医"③,即出于公心、用贤使能;通过扁鹊三兄弟治病的情况说明,治国应治在问题未发之先,即现今所谓早谋,也都说的是人才的问题。根据《鹖冠子》一书,其人才思想包括以下基本内容:

首先,强调人才的必要性。在《道端》中,鹖冠子从两个方面讨论了人才的必要性:一是从天地自然及社会人事的广泛性来讨论人才的必要性:"天者,万物所以得立也;地者,万物所以得安也;故天定之,地处之,时发

① 黄怀信:《鹖冠子汇校集注》,中华书局 2004 年版,第 307—311 页。
② 同上书,第 311—313 页。
③ 同上书,第 333 页。

之,物受之,圣人象之。夫寒温之变,非一精之所化也;天下之事,非一人之所能独知也;海水广大,非独仰一川之流也。是以明主之治世也,急于求人,弗独为也。"①二是从天地自然的复杂性讨论用贤的必要性:"与天与地,建立四维,以辅国政,钩绳相布,衔橛相制,参偶俱备,立位乃固。经气有常理,以天地动。逆天时不祥,有崇。事不仕贤,无功必败。出究其道,入穷其变。张军卫外,祸反在内。所备甚远,贼在所爱。是以先王置士也,举贤用能,无阿于世。仁人居左,忠臣居前,义臣居右,圣人居后。左法仁则春生殖,前法忠则夏功立,右法义则秋成熟,后法圣则冬闭藏。先王用之,高而不坠,安而不亡,此万物之本标,天地之门户,道德之益也。此四大夫者,君之所取于外也。君者,天也。天不开门户,使下相害也;进贤受上赏,则下不相蔽;不待事人,贤士显不蔽之功,则任事之人,莫不尽忠;乡曲慕义,化坐自端,此其道之所致,德之所成也。"②

其次,清理人才的类型。鹖冠子在多种场合分析了各种人才的类型。在《博选》中,鹖冠子即强调"博选者,以五至为本者也"。根据文中所言,"五至"即人才的五种等级,所谓"权人有五至",就是衡定人才的五种等级,不过,这里是针对帝王而论的:"一曰伯己,二曰什己,三曰若己,四曰厮役,五曰徒隶"③。具体的规定则是:"故北面而事之,则伯己者至;先趋而后息,先问而后默,则什己者至;人趋己趋,则若己者至;凭几据杖,指麾而使,则厮役者至;乐嗟苦咄,则徒隶之人至于矣。"④而且,与"博选"相对应的是反映"博选"者本身,即"故帝者与师处,王者与友处,亡主与徒处。故德万人者谓之隽,德千人者谓之豪,德百人者谓之英。德音者所谓声也,未闻音出而响过其声者也。贵者有知,富者有财,贫者有身。信符不合,事举不成,不死不生,不断不成。计功而偿,权德而言,王铁在此,孰能使营。"⑤可以说,这是其人才评价思想。此思想在《能天》中亦有言曰:"大小曲制,无所遗失,远近邪直,无所不及,是以得万人者谓之俊,得千人者谓之豪,得百人者谓之

① 黄怀信:《鹖冠子汇校集注》,中华书局2004年版,第90—92页。
② 同上书,第92—98页。
③ 同上书,第2—3页。
④ 同上书,第6—7页。
⑤ 同上书,第8—12页。

英，故'圣'者言之凡也。"①虽微有区别，但可相关照。在《道端》中，鹖冠子讨论了另一人才类型的划分："夫仁之功，善与不争；辩士之功，释怨解难；智士之功，事至而治，难至而应；忠臣之功，正言直行，矫拂王过；义臣之功，存亡继绝，求弱诛暴；信臣之功，正不易言；贞谦之功，废私立公；礼臣之功，尊君卑臣；贤士之功，敌国惮之，四境不侵；圣人之功，定制于冥冥，求志欲得，言听行从，近亲远附，明达四通，内有挟度，然后有以量人。"②这是从功能的角度进行的划分，结果是划分为仁人、辩士、智士、忠臣、义臣、信臣、贞谦、礼臣、贤士、圣人十等。

再次，提出了辩人识才的标准。在《道端》中以人的行为来识人辩才："富者观其所予，足以知仁；贵者观其所举，足以知忠。观其大祥，长不让少，贵不让贱，足以知礼达。观其所不行，足以知义；受官任治，观其去就，足以知智；迫之不惧，足以知勇；口利辞巧，足以知辩；使之不隐，足以知信；贫者观其所不取，足以知廉；贱者观其所不为，足以知贤；测深观天，足以知圣。"③在《天则》中也提出了相应的行为识才标准，即"夫裁衣而知择其工，裁国而知索其人，此固世之所公哉？同而后可以见天，异而后可以见人，变而后可以见时，化而后可以见道，临利而后可以见信，临财而后可以见仁，临难而后可以见勇，临事而后可以见术数之士"④，这颇有实践中识才之意。在《能天》中则提出了辩人识才的言语标准："口者，所以抒心诚意也。或不能俞受究晓，扬其所谓；或过其实，故行异者相非，道异者相戾。诐辞者，革物者也，圣人知其所离。淫辞者，因物者也，圣人知其所合。诈辞者，沮物者也，圣人知其所饰。遁辞者，请物者也，圣人知其所极。正辞者，惠物者也，圣人知其所立。立者，能效其所可知也，莫能道其所不及，明谕外内，后能定人。一在而不可见，道在而不可专，切譬于渊，其深不测，凌凌乎泳澹波而不竭。彼虽至人，能以练其精神，修其耳目，整饰其身。若合符节，大小曲制，无所遗失；远近邪直，无所不及。是以得万人者谓之俊，得千人者谓之豪，得

---

① 黄怀信：《鹖冠子汇校集注》，中华书局 2004 年版，第 386—387 页。
② 同上书，第 102—104 页。
③ 同上书，第 104—106 页。
④ 同上书，第 41—43 页。

百人者谓之英,故'圣'者言之凡也。"①总之,识人可以从多方面进行,如上述所论之功能、行为、语言等。

---

① 黄怀信:《鹖冠子汇校集注》,中华书局 2004 年版,第 382—387 页。

# 第　五　章

# 渝、湘地区土家族学者的哲学思想

　　在土家族传统哲学发展中形成了不少自成体系的哲学家、思想家。从历史久远的尺度说,周代即有"苌弘,资中人"①,而资中、资阳等直到汉代还属土家先民"白虎夷"的活动范围;土家先民賨人哲学家鹖冠子,倡元气说,设"天曲日术",谈兵论战设政等;汉代巴賨天文学家、思想家落下闳,运算转历;成汉时期《易》学家范长生,宋代易学家谯定等对《易》学哲学均有独到的贡献;明清以后还先后出现了文人世家,像容美田氏连续六代九大文人,人人有集,绵延二百余年,此外还有湘西彭氏、酉阳冉氏、石柱马氏、五峰张氏等等。因此,本章对土家族传统哲学中湘、渝地区的学者哲学进行阐明。

## 第一节　土家族的《易》学哲学思想

　　《易》学在土家族地区曾得到广泛的传播和运用,除民间广泛用于风水、命理、风俗仪式外,至少在两汉魏晋时期已有以《易》名家的学者如范长生,至少在东汉时期已有《易纬》传入并在民间流传,至少在宋代已形成了《易》学的"涪陵学派",至少在清代康雍乾时期已将《易》学列为学校的"学位"课程,大家"研易似少陵,祇为吟诗瘦"②。……研究《易》学在一个居于内陆而又相对封闭的少数民族中如何被接受和改造,无疑有利于认识《易》学的发展规律,有利于认识该少数民族的哲学思想发展,有利于认识该少数

---

① 《大明一统志·成都府·人物》卷六十七。
② 同治《来凤县志》,来凤县志办公室 1981 年重印版,第 330 页。

民族的民族精神。本节即据此研究土家族的《易》学源流,其中特别是土家族《易》学中的哲学思想。

### 一、土家族《易》学源流举要

由于土家族在历史上是一个失语的民族(包括后来的土家族思想汉语化),对于自身的历史活动并没有更多的文字记载,这对研究土家族的《易》学源流带来了不少困难。不过,从汉语文献中存留的片言只语及土家族的口承文献中仍可探寻出土家族的《易》学源流。

《周易》被认为是"人更三圣,世历三古"的作品,即肯定《周易》成书经历了上古、中古、下古三个时代,是由伏羲、文王、孔子三位圣人完成的。从历史渊源上看,土家先民巴人与伏羲、文王都有关系,应即与《易》的初创有关。

伏羲与土家族先民巴人的关系,《山海经·海内经》曾肯定:"西南有巴国,太皞生咸鸟,咸鸟生乘厘,乘厘生后昭,后昭是始为巴人。"《路史·后纪·太昊伏羲氏》所记略同,谓"伏羲(即太皞)生咸鸟,咸鸟生乘厘,乘厘生后昭,是司水土,生后炤,后炤生顾相,降处于巴",是知巴人为伏羲之后。从图腾关系看,龙图腾伏羲与巴蛇巴人、虎图腾伏羲与白虎巴人等均有因袭关系。至于伏羲作八卦,因被视为传统《易》学之通论,此不引述。

文王为周族首领,姓姬名昌,曾被商纣王囚禁在羑里(今河南汤阴县内),文王也于此时把伏羲八卦演化为六十四卦,即史书所谓"文王拘而演《周易》"[①]。当时,土家先民巴人与周的关系密切,故商王朝曾数度征讨巴方,最后则是巴方参加周的统一战线,共同灭商。《华阳国志·巴志》记载:"周武王伐纣,实得巴蜀之师,著乎《尚书》。巴师勇锐,歌舞以凌,殷人前徒倒戈。故世称之曰,'武王伐纣,前歌后舞'也。武王既克殷,以其宗姬封于巴,爵之以子。古者,远国虽大,爵不过子,故吴、楚及巴皆曰子。"应该说,巴与周的关系为巴人接受《周易》提供了条件。

秦汉以后,特别是汉代,宋均"好经书,每休沐日,辄受业博士,通《诗》、《礼》,善论难。至二十余,调补辰阳长。其俗少学者而信巫鬼,均为立学

---

① 司马迁:《报任少卿书》。

校,禁绝淫祀,人皆安之"①。或即将汉代《易》学传入了土家族地区。汉代纬书中的"五运"学说至今仍然流行于土家族地区,两汉魏晋时期出现的以汉易为宗的范长生著《周易蜀才注》等,应属证明。另外,汉代的扬雄,"其先出自有周伯侨者,以支庶初食采于晋之扬,因氏焉,……周衰而扬氏或称侯,号曰扬侯。"晋六卿争权时,"扬侯逃于楚巫山,因家焉。楚汉之兴也,扬氏溯江上,处巴江州。"②可见,扬雄《太玄》在一定程度上也可纳入土家族《易》学研究的范围。

时至宋代,程颐曾有"易学在蜀"的评价,而其中的一支重要力量则属于"涪陵学派"《易》学,据《宋史·隐逸·谯定传》记载:

初,程颐之父珦,尝守广汉,颐与兄颢皆随侍。游成都,见治篾箍桶者挟册。就视之,则《易》也。欲拟议致诘,而篾者先曰:"若尝学此乎?"因指《未济》"男之穷"以发问。二程逊而问之。则曰:"三阳皆失位。"兄弟涣然有所省。翌日再过之,则去矣。

其后,袁滋入洛,问《易》于颐。颐曰:"易学在蜀耳。盍往求之!"

滋入蜀访问,久无所遇,已而见卖酱薛翁于眉、邛间,与语,大有所得,不知所得何语也。

谯定上承程颐,下启朱熹、张栻、吕祖谦,成为中国《易》学发展史上的重要环节。"涪陵学派"中的土著涪陵人,如创始人谯定以及其中的"贤而有守之士"③崔彦直及谯定的三传弟子渊等。此外复有谯氏门人,即《宋史》本传所载"定易学得之程颐,授之胡宪、刘勉之,而冯时行、张行成则得定之余意者也"④。朱熹、陆游等则为谯定的再传弟子。据有关学者统计,"谯氏再传"有朱熹、张栻、吕祖谦等;"谯氏三传"有蔡元定、黄干、辅广、陈埴、杜煜、陈淳、袁燮、舒磷、沧州诸儒159人、岳麓诸儒33人、二江诸儒10人、丽泽诸儒67人等;"谯氏四传"有王应麟等。所以王梓材说谯定"固程门一大宗也"⑤。有学者说,按照传统的说法,就宋代的地域而言,二程洛学

① 范晔:《后汉书·宋均传》。
② 班固:《汉书·扬雄传》。
③ 王鉴清、施纪云:《民国涪陵县续修涪州志·人物志》,1928年铅印本。
④ 脱脱:《宋史·谯定传》。
⑤ 据黄宗羲《宋元学案》有关各卷。

分为七派,其中"在四川有谯定的二程之学,即涪陵学派"①。

宋代在湖北土家族地区也有传《易》者,如彭秋潭《竹枝词》即记有宋郭雍藏书洞,郭子家传《易说》诸书,即于此流行:"才劝寻师便说贫,曾有真师未必亲。如何郭子藏书处,弟子曾无著录人。"但到彭秋潭时代,郭子传人亦难以寻觅了,所以彭秋潭有此一问。

明清以后,由于规定诸土司并立儒学,《易》学自然得以在土家族上层知识分子中传播,到清代以后则更盛,如清同治《咸丰县志》卷五在介绍清顺治所立学规明确规定"颁发学宫经籍"时即规定生员除学《十三经注疏》外,还专列有钦定《周易折衷》,可见在清代,《易》学已带有现今"学位课"的性质。清同治《来凤县志》卷八、《建始县志》卷二、《宣恩县志》卷六所记同。到清光绪年间所学《易》学内容则又有增加,如清光绪《龙山县志》卷五即记所学典籍除《周易注疏》、《周易折衷》外,新增了《周易述义》,说明了《易》学传播的日益广泛与深入。

《易》学作为官学教学的基本内容之一,使学校形成了研究《易》学的风气,如清同治《来凤县志》艺文志曾载有土家人学易之《五言古诗》,谓"蕉溪与及门诸子说易,兼简黄明府肃斋、周汇江、许金圃、两广文用昌、黎南山韵陈魁春"之说,该诗共 244 句,先述《周易》源流,次述《周易》之核心内容,并论及《周易》之自然、社会及人与人之关系,体现了作者的《易》学思想。

### 二、长于术数的苌弘、落下闳

苌弘、落下闳都是长于术数的巴族天文学家,属土家先民,且属开《易》学象数派渊源的学者。

苌弘(?—前 492 年),资中人,为周灵王时大夫,长于方术,事周灵王,曾为孔子的音乐教师。《淮南子·汜论训》称:

> 昔者苌弘,周室之执数者也。天地之气,日月之行,风雨之变,律历之数,无所不通。然而不能自知,车裂而死。

《史记·天官书》记载:

> 昔之传天数者:高辛之前,重、黎;于唐、虞,羲、和;有夏,昆吾;殷、

---

① 杨金鑫:《程朱理学与书院》,载《哲学与文化》第 17 卷第 6 期,1990 年 6 月。

商,巫咸;周室,史佚、苌弘。

《史记·封禅书》记载:

> 苌弘以方术事周灵王,诸侯莫朝周。周力少,苌弘乃明鬼神事,设射《狸首》。《狸首》者,诸侯之不来者,依物怪欲以致诸侯。诸侯不从,而晋人执杀苌宏。周人之言方怪者,自苌弘。

《汉书·艺文志》兵家阴阳类有《苌弘》15篇。班固称:"阴阳者,顺时而发,推刑德,随斗击,因五胜,假鬼神而为助者也。"苌弘是通晓阴阳术数的大家,在巴蜀文化史上占有重要地位。至于苌弘的民族身份,据《大明一统志·成都府·人物》卷六十七说:"苌弘,资中人。"曹学佺《蜀中广记》同。参证《庄子·外物篇》所谓"苌弘死于蜀,藏其血,三年化为碧",则苌弘为古巴蜀之人无疑。案资中,当依土家先民巴人中资姓得名。今湖南、四川有资水、资江、资兴、资阳、资中等,古今地名当并同。《隶续·汉繁长禅等题名》有"夷侯资伟山"、"白虎夷王资伟",今新繁清流场附近尚传有白虎夷王之墓。潘光旦在其著名的《湘西北的"土家"与古代巴人》中肯定"资中、资阳的地名原从资姓而来,而资姓首先出于巴人之中。资州,迟至唐代元和中还几乎完全是一个巴人区域,见当时刺史羊谔的诗"。依此,则苌弘不仅是夷人,而且是白虎夷人,即土家先民之一的巴人。从上引《淮南子》等文可见,苌弘也是位颇类古希腊哲人泰勒斯的人物,重于知天而不知自己,即不自知。

落下闳是汉武帝时代的著名天文学家,精通于《易》,《汉书·律历志》记"闳运算转历,其法以律起历,曰:'律容一龠,积八十一寸,则一日之分也。与长相终。律长九寸,百七十一分而终复。三复而得甲子。夫律阴阳九六,爻象所从出也。故黄钟纪元气之谓律。律,法也,莫不取法焉。'"《益部耆旧传》则记载:"闳字长公,明晓天文,隐于落下。武帝征待诏太史,于地中转浑天,改《颛顼历》作《太初历》,拜侍中不受。"《汉书·公孙弘传·赞》说:"汉之得人,……历数则唐都、落下闳,……后世莫及。"

落下弘以地名为氏,姓落下,名弘,字长公,是巴郡阆中人,为土家先民,故《史记·历书》直接称"巴落下弘",《汉书·律历志》颜师古注曰:"姓落下名弘,巴郡人也。"彝族《宇宙人文论》注文则说:"弘氏,即汉武帝时落下弘。落下是他的住地,弘是他的名字。据汉文史书记载,落下弘是汉武帝时巴郡賨民,西南夷部族之一。賨为巴人对交赋税名称。"知言其为土家先民——賨人或巴人。《神仙传》、《通志·氏族略》中有落下公,当亦为巴人,为土家族先民成员。

### 三、"抱才而隐,乘机见用"的蜀才《易》学哲学

从目前所见文献,蜀才应是土家族的至今还存有《易》学著作的第一个《易》学家,并体现了土家族文化求实的精神品质,反映出土家族传统《易》学思想的价值取向——《易》学服从于人类自身生存发展的现实需要,既不空谈义理,也不纯谈象数,在当时形成《易》学的独自特色。这一特色沿袭到清代即为彭秋潭的"期于适用"。

蜀才(?—318年)是汉晋时期土家先民巴人中的一位信奉道教的著名易学家,根据《李蜀书》(一名《汉之书》)、《华阳国志》、《经典释文·序录》等记载,并据《晋书》关于成汉三位开国者李特、李流、李雄的论述,则知其姓范,名长生,一名延久,又名重九,一名支,一名贤,字元寿,涪陵丹兴人,自称蜀才,曾隐居青城山,官至李雄成汉政权的丞相。丹兴即今重庆黔江区。据记载,晋惠帝永兴元年(304年),李雄称王于成都,国号大成,拜范长生为丞相,尊称范贤,即《华阳国志》所谓李雄"尊为[四时八节]天地太师,封西山侯"①。李雄曾欲拥戴蜀才为君主,自甘居臣位。蜀才则"推步大元,五行大会甲子,祚钟于李"②。《晋书·周抚传》记载:"贤为李雄国师,以左道惑百姓,人多事之。"可见蜀才的政治才能。据传蜀才居青城山,从事修炼,欲为神仙,得长生久视之术。宋代祝穆《方舆胜览》曾记"先主(刘备)征之不起,就封为逍遥公","刘禅易其宅为长生观"。《列仙传》说蜀才"年百余岁,蜀人奉为仙,称曰长生"。《资治通鉴》更云"长生博学多艺能,年近百岁,蜀人奉之如神"③。

蜀才哲学的文献资料主要体现在《周易蜀才注》中。据载,蜀才精于《易》,并撰有《周易蜀才注》,《唐书·艺文志》、陆德明《经典释文·序录》均谓其书有十卷,惜已佚。武威张澍从《经典释文》和李鼎祚《周易集解》中

---

① 常璩撰,刘琳校注:《华阳国志校注》,巴蜀书社1984年版,第663页。
② 崔鸿:《十六国春秋》。
③ 司马光:《资治通鉴》卷九十,晋元帝大兴元年四月。

辑出一卷载入《蜀典》,清马国翰《玉函山房辑佚书》依《蜀典》加以补充,已可见其易学哲学之一斑。

关于蜀才易学哲学的特征,孙堂《汉魏二十一家易注》谓"蜀才善天文,有术数,其所注易,大抵主荀爽乾坤升降之义";张惠言《易义别录序》云:"自商瞿受《易》,三百年而至田何。田何之传,四百年而仅得虞翻。虞翻之后,三百年而亡。其略可见者,姚信而已耳,翟子元、蜀才而已耳。""蜀才之易,大约用郑(玄)虞(翻)之义为多,卦变全取虞氏。"①清马国翰则评论说:"观诸书所载,知其人盖功名之士,抱才而隐,乘机见用,遂相伪朝。观其以蜀才自命,宜不甘岩穴以终老也。其说易明上下升降,盖本荀氏学。"②由此可见,蜀才易学哲学是在玄学甚嚣尘上之时继承并改造了汉代象数易学,以《易》经世,并有所发展。

蜀才易学以考据为基础,以直接分析《周易》卦爻辞和《易传》辞句或通过对卦象爻象的分析来阐发自己的易学观点为基本方法,以教人以《易》安身立命经邦济世为目的。因此,蜀才易学哲学具有明显的功利性,表明其"隐者"之风是为了等待时机,这一思维方式在明清世运交替之时表现为土家族土司司主田玄所强调的"待价求知己",从而表现出这一思维方式的历史联系。而且,以《易》名家的土家族先民《易》学的出现,也印证了《华阳国志》所载的土家族先民巴人的文化转向,特别是由武而文的文化转向。

以社会实践需要释易,重视实效、适用。蜀才注《系辞》"易知则有亲,易从则有功"曰:"以其易知,故物亲而附之;以其易从,故物法而有功也。"这是从因果关系的角度揭示易知、易从与有亲、有功的关系,并凸显了实际的功能与效果,即以"易知"而有"亲附"之功,"易从"而有"物法"之功。注《坤·象》"坤厚载物,德合无疆"曰:"坤以广厚之德,载含万物,无有穷竟也。""天有无疆之德,而坤合之,故云德合无疆。"从"功德"方面加以阐明乾坤之德。注《泰·象》"小往大来,吉亨"及《否·象》"大往小来"曰:"小,谓阴也。大,谓阳也。天气下,地气上,阴阳交,万物通,故吉亨。""大往,阳往

---

① 张惠言:《易义别录序》,见《茗柯文编》,上海古籍出版社1984年版,第45、47页。
② 马国翰:《玉函山房辑佚书·〈周易蜀才注〉》,广陵书社2005年版。以下所引并出此书,不再注明。

而消。小来,阴来而息也。"从天地阴阳交通之功加以阐明。所有这些都充分反映出其注重实效、适用的价值取向,并一直传承在土家族的哲学精神中。从其注《萃·象》"君子以除戎器,戒不虞"强调要"除去戎器,修行文德也"来看,其所追求的功德还包括"文德",甚至有某种否定"武德"的趋向,这也反映出其易学哲学的社会价值取向。正是在这种取向下,成汉政权治下的巴人地区"事少役稀,民多富实,至乃闾门不闭,路无拾遗,狱无滞囚,刑不滥及"①。

以分析卦爻象启示社会,凸显自己的政治情怀。蜀才注《同人·象》"柔得位得中,而应乎乾,曰同人"曰:"此本夬卦。九二升上,上六降二,则'柔得位得中而应乎乾',下奉上之象,义同于人,故曰同人。"说《同人》卦的来源本于上兑下乾之夬卦的变化,夬之九二上升为上九,夬之上六下降为六二,乃成同人。上六降为六二,正是"柔得位得中",又上应于乾,这正符合六二应九五的"下奉上之象",而"下奉上"的卦象即是同人。注《随·象》"随时之义大矣哉"曰:"此本否卦。刚自上来居初,柔自初升上,则内动而外说,是动而说,随也。相随而大亨无咎。得于时也,则天下随之矣。故曰:随时之义大矣哉。"说此由上乾下坤之否变来,否之上九下降为初九,初六上升为上六,乃成《随》卦,其意在于"内动(震)而外说(兑)",君主"动"于内,而臣民"悦"于外,内外"相随而大亨"。注《损六四·象》"损其疾,亦可喜也"曰:"四当承上,而有初应,必上之所疑矣。初,四之疾也;宜损去其初,使上亨喜。"说六四本当奉承上位六五,却反得初九相应,必为在上之君主所疑,初九之应真是好心帮了倒忙,若得损去方可使在上者亨喜,这是典型的政治谋略。注《旅·象》"柔得中乎外,而顺乎刚,止而丽乎明,是以小亨,旅贞吉也"曰:"否三升五,柔得中乎外,上顺于刚;九五降三,降不失正,止而丽乎明,所以小亨,旅贞吉也。"说此卦由否变来,否之六三升为六五,乃柔得中于外,上顺于刚;否之九五降为九三,降而不失正;上乾下坤之否乃变而为上离下艮之旅;离为日,为大明;艮为山,为止,乃"止而丽乎明"之象。此卦暗喻人臣若附丽于大明之君,则吉而亨。

据《华阳国志·李特雄期寿势志》记载,成汉政权治下,"为国威仪无则,官无秩禄,职署委积,班序无别,君子小人,服章不殊,货贿公行,惩劝不

---

① 常璩撰,刘琳校注:《华阳国志校注》,巴蜀书社 1984 年版,第 668 页。

明。行军无号令,用兵无部伍;其战,胜不相让,败不相救;攻城破邑,动以虏获为先。"总括起来即是"纲纪莫称"。若以这种情况对照蜀才易学的诉求,不是很清楚地表明了其象数易学背后的政治情怀和社会关怀? 所以,业师唐明邦曾强调说:蜀才易学同汉代象数易学有所不同,他不因象数而淹没易理;反之,力图通过卦爻象分析,阐明《易传》之人文思想;甚至不假卦象,独就《周易》辞语直接阐述自己的独到心得,而且尽可能使义理结合现实,对经世致用有所启迪。如此解易思路,反映了晋代象数易学的特点,既不同于玄学脱离现实的空谈,亦不同于汉代象数易学淡化义理的学风。①

### 四、"五运"演化与土家族传统气化论

"五运"演化论为汉代《易纬》所系统创发。《易纬·钩命决》曰:

> 天地未分之前,有太易、有太初、有太始、有太素、有太极,是为五运。形象未分,谓之太易;元气始萌,谓之太初;气形之端,谓之太始;形变有质,谓之太素;质形已具,谓之太极。五气渐变,谓之五运。②

在这里,作者指出了"太极"是"气"的"五运"之一。由此可见,从天地万物追溯到"太极",又由"太极"追溯到"气"变之"五运",《易纬·稽览图》甚至还把"象"提高到"气"本论的高度,强调"象者,气也"。因而可以说:天地乃"太极"分化的产物;而"五运"是自然演化的前提。这种思想和古希腊哲学家一样,认为"世界在本质上是某种从混沌中产生出来的东西,是某种发展起来的东西、某种生成着的东西"③。

"五运"说传到土家族地区以后,通过土家化而与土家族的传统气化论结合,形成了土家化的"五运"说,并与"五行说"结合起来。

土家族的原初创世说没有讨论原初宇宙怎么来的问题,即没有"本

---

① 参见唐明邦、汪学群:《易学与长江文化》第三章,湖北教育出版社 2004 年版。

② 此当为《易纬·钩命决》之文,刘仲达《鸿书·天文部》引以为系《孝经纬》之文,甘泉黄奭《逸书考》以为系《孝经纬·钩命决》文。考日本《三论立义检幽集》二《辩证论》,又《华严演义钞纂释》卷三十六《圆学路钞》引并称为《易纬·钩命决》之文,考其旨合于《易纬·乾凿度》、《易纬·乾坤凿度》,则知作《孝经纬》之文误,或各书均有此文。

③ 恩格斯:《自然辩证法》,《马克思恩格斯选集》第 4 卷,人民出版社 1995 年版,第 265 页。

体"追寻，只涉及现实的宇宙是怎么变成现在这个样子的，在一则用土家语述说的创世神话中，动物、植物和人一起完成了开天辟地的伟业，把原初混沌创设成了现今的宇宙。① 在这一传说中，没有天圆地方的观念，但颇类于盖天说。在另一则神话中，天地人是同时从"白云"中分化而出的，并以蛋为喻，虽类于浑天说，但同样只讨论当下宇宙如何得来，没有讨论原初宇宙状况。② 综观土家族的其他创世神话，尽管在承认原初宇宙的状态方面有一定区别，但都没有讨论原初宇宙怎样来的问题，即宇宙本原问题。

土家族的神歌中也曾有气化论的雏形，即认为天地人的起源是一个由一元之气逐渐分化、再创的漫长过程。在《梯玛歌·开天辟地》中，从宇宙起源的基础讲，远古无天地人之分，其时为混沌之气；从宇宙的最初结构讲，其气混沌一体而未分。在此基础上形成宏均老祖，《宏均老祖歌》唱宏均老祖传天地人三教，一气而化分成天地人，不同于以《易经》为代表的"太极生两仪"的生化模式，即言"宏均老祖传三教，顿时一气化三清"。这三清只是天地人的雏形，在其后出现了盘古，开始把天地人分开，并产生天地人三皇，即"盘古自今不计年，宏均老祖还在先。后出盘古分天地，才有天地人三皇"③。到这时，天、地、人三者已定型，成为稳定型的宇宙结构，即上天下地，中为人事及万物。值得提出的是在这种结构中，天地挨得很近，如鸟叫声传上天等，惹得天人恼怒，导致洪水，故有世界再造说：补天、制地、造人，

① "没有天，梦一般昏沉。[啊尼！]地没有啊，梦一般混沌。没有白天，梦一般什么也辨不明。没有夜晚啊，梦一般什么也分不清。[啊！]绕巴涅啊，他把树搬上肩；惹巴涅啊，她把竹扛上身。[那尼！]大树连蔸，[那尼！]大竹盘根。传说大鹰也来帮忙，传说大猫也来相助。大树飞起做支柱，大竹飞起把天撑。大鹰展翅横起身，大猫伸脚撑得稳。[啊尼！]天开地也开啊，天成地也成。"彭荣德、王承尧整理：《梯玛歌》，岳麓书社1989年版，第151—157页。方括号中是衬词。

② "洪荒时代，烟尘弥漫，天地不分，昼夜无别。忽然，狂风大作，烟尘散尽，现出一朵白云。白云里面有一个大蛋，蛋清是天，蛋黄是地。蛋壳裂开，从中蹦出一个姑娘，她叫卵玉。卵玉出世，喝虎奶长身子，吃铁块添力气。她张弓搭箭，一箭就射开了本来粘连在一起的天和地。"见杨昌鑫《土家族风俗志》，中央民族学院出版社1989年版，第10—11页。

③ 大约是土家族不奉盘古为族神，所以在诸多神话传说中都为盘古找了一个更古的神，此处的"宏君老祖还在先"，湖北长阳孙家香讲的故事《瘿古是盘古的妈》说："瘿古是盘古的妈。瘿古来了，盘古才开天辟地；上有十八重天，下有十八层地。"见萧国松整理《孙家香故事集》，长江文艺出版社1998年版，第3页。

这在《摆手歌》中有详细描述。

在民间流行的《打保福》歌中有"混沌初开彭祖王,听唱天地人三皇","混沌初开戊己天,太极两仪四上弦"等说,都强调了相似的元气演化思想。但"五运"说传入后,则有了新的看法,体现了"五运说"土家化的过程。在笔者采集到的民间宇宙演化论中,这一演化图式已变成由一气生日月,由日月合生太易,太易即土,太易(土)又生太初(金)、太初又生太始(水)、太始生太素(木)、太素生太极(火),最后化生万物。从这一演化序列看出,在"气"的基础上生出的日月,正好是土家族地区特殊地理环境的反映,特别是对日月的崇拜,凸显了日月在土家族地区日常生活中的重要地位;以后的"土"——农耕的基础、"金"——生产工具、"水"——农业生产的环境依赖、"木"、"火"——生存的基本条件等,则体现了土家人的特殊的生活方式,并区别于中原地区的五行顺序。这种带有神话形态的宇宙生成论,对土家族的天文学和哲学都产生过重要影响(见图6—1)。

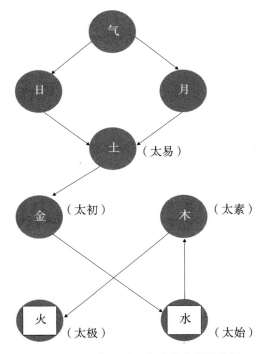

**图6—1　土家族地区发现的宇宙演化图**

## 五、《河图》、《洛书》与土家族十月历

《尚书·顾命》曾记"太玉、夷玉、天球、河图在东序"。孔氏《传》谓："河图及典、谟，历代宝传之。"以此考之，"河图"当为某种文物，且有固定的陈设位置，是历代宝传之物。依所得"河图"、"洛书"可从伏羲下传至成王看，其历史相当久远，确实可算是历代宝传之物；依所得"河图"、"洛书"都与观于河、洛有关，知此物当与观水文以测天象有关，当即古天文历法图表一类，后言"洛书"为九宫数，"河图"乃天地生成数，前者应即天文图，后者当为历法图。

据传伏羲曾作八卦以应天枢，知八卦或即古天文图。八卦代表八方，即《路史·后纪·太昊伏羲氏》引道书说："伏羲法八极，作八卦。"五居中央，应代表中央思想的产生。后八卦与九宫思想结合，形成一、三、五、七、九为阳，二、四、六、八为阴的九宫图，从"四正四维皆合于十五"来看，至少在汉代纬书中，即已通过揭示"四正四维皆合于十五之谓道"的阴阳矛盾运动来建构整个宇宙的既定框架，从而体现出其天文学上的意义。

从洛书中自西到东南中五可看出，中五与阳七、中五与阳九，即两正与中五之差，正好是两维之阴，且方向一致；从正东至西北之中五与三、中五与一、二阳数之和正好是二维之阴，正反映一年中上下两个半年的阴阳升降之理，实后来所谓太极图的雏形，而这个中五，应是一个固定的"标准"才是。在"河图"、"洛书"中我们可以看到相同的情形。

据说《易传·系辞传》中"天一、地二，天三、地四，天五、地六，天七、地八，天九、地十"是河图数的来源。但古《河图》说："太阳居一而连九，少阴居二而连八，少阳居三而连七，太阴居四而连六。"又说："一变生水六化成之，二变生火七化成之，三变生木八化成之，四变生金九化成之。"单列数而论，每对对径点上的数差都是"一"，显然不是偶然，因每个半径上二卦差都是五。不少人把中间的并列一对五看成十，但河图书中并未指认，宜看成是差五的注脚。至上面所引一连九、二连八、三连七、四连六及变法中一变六、二变七、三变八、四变九等通盘考虑，则应是：一年分为两季每季五月，两季合为十月，上季一月与下季的六月相当，余类推，但整个是十月，与上"洛书"中固定中五相同，此固定中五，且差数为五等都是指每五个月有个节，

即年节,是古十月历的表征。而古十月历的运用在土家族民间故事、民间歌谣中多有反映。

据研究,土家族古代使用的是十月太阳历,"河图"、"洛书"是以古十月太阳历为代表的天文历法图,因而在土家族地区应有所表现。鹤峰县为土家族聚居地方,其地称"容美",当是远古神话"雍尼补锁尼"中容尼或雍尼的遗迹。作为巴人后裔,除祭虎留下罗神等外,尚留有与图腾虎有关的地名如白虎垭、黑神庙、猫子湾、猫子山、猫儿洞等;留下反映巴人姓氏的如巴字山、巴字台、北佳坪、巴家河、毕家河、蛮子村等。巴人作为土家族祖先,伏羲所传八卦、"河图"、"洛书"也应传给了其后人,故鹤峰地名有八卦台等。1991年鹤峰县博物馆还发掘出了"河图"、"洛书"复合图,其八卦次序同于帛书《周易》的八卦卦序,显然是较为古老的"河图"、"洛书"。虽然墓主是明清时人,但仅此八卦卦序在汉以前流行而论,当是一直流行于土家族民间的所谓历代宝传的宝物。照片显示的复合图(见图6—2),实际上是"河图"、"洛书"的合一观之,由此亦可考证土家族古用十月历之确实情况。

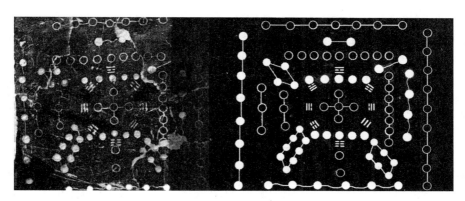

图6—2　土家族地区发现的"河图"、"洛书"复合图

根据图6—2可知,土家族地区的复合图应是后天图,但不可解的是,其八卦卦序却与后天图不类。如果不是有错,则属别有用心。依后天卦,该图无坎卦,坎卦位置由坤代替;多一兑卦,且两个兑卦置于对应位置;原坤位西南为震卦,东北为艮卦,配合组对,依次则读为天、地、山、泽、风、日、雷、泽。若结合清同治《来凤县志》卷三十一所论对先后天图的疑问,如言:"悬看先后图,胸壏苦蒙愁,天地有定位,忽易乾坤窦,离坎巳分门,日南月北走,风雷

山泽居,羲文若背谬,衍母何所倚,衍子何多又,五行列卦中,几疑若遇寇。"则知在土家族地区,本多疑问。是否别有所出或另有思考,值得更进一步研究。

## 第二节　退返民间的家国之思:湘西诸文人的文化选择与哲学思考

湘西地区在历史上即是土家族活动的重要历史地理区域。随着中域文化的传播,湘西土家族也逐渐出现了自己的学者哲学。从目前所见,从15—16世纪,甚至在17世纪初年,在土家族的上层进行的文化选择中,虽然以儒家文化选择为出发点,但只是就承担社会责任方面、在社会活动规则方面、在价值观方面吸收得较主动、深刻,而在个人心性方面,特别是在处理人与自然的关系方面则接受了道家文化、道教文化,使这一时期的土家族文化具有了入世与超越相统一的特征。我们从这一时期的湘西土家族文人作品中同样可以获得验证。

### 一、"河流岳峙,惠我蒸蒸"的道心诉求

15—17世纪,是土家族地区上层普遍地接受中域文化的历史时期,由于土家族地区此前的文化具有浓厚的巫文化特征,因而在接受中域文化的初始,与巫文化关系密切的道流文化就显然十分自然地融入到了土家族文化中。我们从现今存在的土家族早期诗文看,主要都与道家或道教有关,如酉阳冉天章的《题大酉洞》、冉元的《题大酉洞》、冉仪的《大酉洞》、冉舜臣的《题大酉洞》等即是。在容美,虽然由于《田氏一家言》之功而使田氏文人的作品保留了不少其他的文化类型,但其文化选择的总体价值取向也仍然有强烈的道流取向。至于湘西土家族,目前所保留下来的早期作品也主要是仙风道气,如彭明道、彭世麟、彭飞、彭元锦等,他们所保留的作品不多,但多与道流有关。

可以考见的湘西最早的土家族诗人应是彭明道,明正德年间(1506—1521年)在世。彭明道是湖南永顺宣慰使彭世麒的第十二子,自幼好学多才,成年不慕荣利,曾隐居于白竹山。据《永顺县志》记载,其著有《逃世逸

史》,惜今不传。其诗作存有《白竹山石刻》且有异文,据彭勃《溪州古诗选录》所录《白竹山石刻》之文为:"泰山之固,磐石之坚。月楼为记,万古千年。山川共老,日月同悠。子修隐迹,不计春秋。崔嵬翠壁,脉承昆仑。青葱郁郁,不磨天成。志士住此,十二彭君。以言其父,龙虎将军。月楼其号,明道其名。万代之后,瞻仰斯铭。楚山之祖,福石之宗。岿式崝立,翕然相从。上摩霄汉,下瞰溪流。前张后拥①,中为月楼。子修高隐,明道成仙。何斯明贤,十二洞天。"②此诗另有异文见于《历代土家族文人诗选》:"泰山之固,磐石之坚。子修高隐,明道成仙。月楼其号,万古千年。是何明矣?十三洞天。"③从诗中所见"志士"、"明道"来看,文如其人,仙风道气十分明显,且诉求于"子修高隐,明道成仙",说明道流文化对彭明道的强烈影响。

彭世麟字麦坡,曾代其兄行司职,亦精文墨,在老司城观音阁的钟上,留有几句钟铭:"维虚有容,厥声斯洪。随其所扣,应之无穷。以启昭昭,以觉梦梦。晨昏之节,永惟茂功。"④从中可见,铭言不仅记出了钟之特点、作用,而且隐含哲理,文字古朴,特别是后四句更是道家老祖《道德经》的治世经典,因而可算是铭文题刻的上品,凸显出彭世麟的仙风道气。

彭飞是明正德年间(1506—1521年)湖南永顺宣慰使彭世麟的幕宾,其余不详,现存有《爽岩洞石刻》:"古洞爽开处,藏春别有天。百壶酬胜赏,一笑了情缘。""偶与仙人游,邀我洞中宿。夜久月明孤,风吹岩下竹。"⑤作为一名土司司主的幕宾,其保留的诗文并与道流有关,不能不说明道流的文化影响。同时,"百壶酬胜赏,一笑了尘缘",也说明这位司主幕宾对当时的社会有某种反思。

彭元锦,字丙怀,号衷白,永顺土官彭永年子,明万历十五年(1587年)袭永顺宣慰使职,曾率永顺土兵从征播州,以功授湖广都指挥使,进阶骠骑将军。明万历二十五年(1597年),以日本兵犯朝鲜,调永顺兵万人赴援,彭元锦自备衣粮听调,旋罢。明万历四十七年(1619年),以满洲兵犯辽东,调

---

① 洪恩案:"前张后拥",依道家应为"前张后极",疑为误释。
② 彭勃主编:《溪州古诗选录》,内部资料1989年版,第58页。
③ 彭勃、祝注先注:《历代土家族文人诗选》,岳麓书社1992年版,第5页。
④ 彭勃主编:《溪州古诗选录》,内部资料1989年版,第57页。
⑤ 彭勃、祝注先注:《历代土家族文人诗选》,岳麓书社1992年版,第8页。

永顺、保靖兵赴援，彭元锦领兵 3000，经半载，抵关者仅 700 人。明万历四十八年(1620 年)，进都督金事，奉谕增兵自往，乃上疏称病，为巡抚所弹劾，降旨切责，不得已率兵行。抵达通州北，闻三路俱败，遂大溃而归。其诗文存者有《铜炉铭》："桓桓义勇，赫赫声灵。河流岳峙，惠我蒸蒸。维彼祝融，少昊以成。云兴风烈，永荫佳城。"①其"云兴风烈，永荫佳城"一句，正映衬出当时的社会理想。另外，据传其于万历年间还有题于老司城关帝宫大钟之上的《铜钟铭》：

考之志曰：钟，西方之声，以象厥成，谁功大者其钟大。垂者为钟，仰者为鼎。万历丁亥，予掌篆之次岁也，梦帝赐予大刀红马，予即刻象，立殿于将军山顶，书其额曰神武祠。又蒙神节降护持，酉之役，三战三捷；播之役，捷音屡奏；保之役，十一战十一胜。且旦夕赐佑；魑魅魍魉，莫施阴谋。予无蚕子，又蒙赐予子嗣。因是再立殿于回龙山之上，题其殿为圣英宝殿，乃命工范铜铸钟鼎，一悬于庙左，用彰神武，而为之铭。

洪惟圣帝，惟心天日。默佑于予，魍魉无济。

镇我边廷，时和岁利。亿万斯年，彭氏永祀。②

若仔细品味，这的确是远古以来土家族巫文化与道家文化的神奇契合。正是从这一意义上，我们能够理解土家族文化在大规模吸取中域文化过程中为什么会有那么些仙风道气之诗传的原因了。

## 二、欲障百川回既倒，铙歌鼓吹满西风

18 世纪是中国历史上的康乾盛世，但同期则是西方社会的大发展时期。正是在这全球大变局中，中国社会的败象也日益显露。在这一世纪，土家族地区实现了改土归流，清政府在对自己进行文化重塑时，也客观上加深了土家族与中域文化的联系，拓宽了土家族了解世界的渠道，并因而有了一种新的社会批判眼光。陈光泰(1749—1817 年)、覃远进(1818—1891 年)、彭勇行(1835—1895 年)、唐仁汇(清咸丰年间举人)、彭勇功等可以作为这一时期社会批判思想的代表。

---

① 彭勃主编：《溪州古诗选录》，内部资料 1989 年版，第 59 页。
② 民国《永顺县志》卷三十四。

### 陈光泰:烟锁汨罗魂已冷,乌啼兰泽恨犹牵

　　陈光泰为乾隆年间贡生,湘西石门人,攻儒学而在儒林颇有名望,平生以授徒为业,希望如《为诸生赴试特赠》所言培养出"万里云程跨捷足,一行雁阵决高飞"的高足,且常怀《湘南吊古》中所言之"恨":"烟锁汨罗魂已冷,乌啼兰泽恨犹牵"。诗文多散佚,仅存诗18首,多遗踪吊古、借景抒怀、寄赠送别之作。根据所遗作品来看,关注民俗民生是其诗文主题,而这恰好是中国传统儒生的共性,也符合陈光泰生活时代社会所显现的末世征象及社会关怀,如《赋得春郊饷耕图》言:"郊原到处好,万牛遍催耕。犁破芳春地,犊衔嫩草英。厨烟余草舍,田饭出柴荆。妇过桃花雨,篙依柳浪莺。近塍亲笑语,鼓腹助歌声。织手归来缓,稚儿款户迎。"①这究竟是写实还是幻想的桃花源? 或许二者兼而有之。事实上,也恰好是传统儒生的重农心态的反映。另外,在《竹枝词》中也对家乡作了描述,基本还可反映当时社会的盛世风貌:"绣水溪西溇水东,天门台上雨濛濛。无端柳絮频牵惹,不尽深情短笛中。""几日天门不肯关,桃花流水去闲闲。无因觅得留春计,一曲竹枝到绿湾。"②

### 覃远进:欲障百川回既倒

　　与陈光泰相比,覃远进(亦作覃远琎)的思想则显出了强烈的社会批判性格。覃远进,湘西石门人,字玉次,曾在岳麓书院就读。咸丰元年(1851年)乡试中举、癸丑(1853年)进士登科,曾先后出任广西左右江兵备道,曾统水陆兵勇督办边防,并受封为光禄大夫,曾参加过中法战争。著有《程墨文》、《程墨诗》各一卷,《杂志》一册,另又《小瀛洲七律百首》、《祖墓碑铭诗》(见于《覃氏族谱》等)。惜作品散佚,唯存残篇断简。从现存作品看,一部分属即景之作,如《题热水溪》:"龙门水出凉水泉,珍珠塞口范家山。祖师老爷殿中座,千年古树保砂滩。"③另一部分则属社会批判之作,反映出作

---

①　彭继宽、姚继彭主编:《土家族文学史》,湖南文艺出版社1989年版,第298页。

②　彭勃、祝注先注:《历代土家族文人诗选》,岳麓书社1992年版,第122页。

③　"中国石门"政府门户网站(http://www.shimen.gov.cn)。

者的民族、家国之思，如《登五峰谒张土司墓》："累累故冢路迢迢，华表支撑刺碧霄。百忍堂中茅土远，五峰山畔棘门遥。衣冠缵组由前代，疆域连王纳盛朝。纱帽岭头凭吊古，边尘靖处霸业消。"①诗作借张土司墓抒怀，反映出作者反对土司割据，认肯民族国家统一的政治主张，这正好反映了作者作为边关大员且进行过近现代民族战争的现代民族国家情感。所以，"衣冠缵组由前代，疆域连王纳盛朝"，已反映出近现代民族国家产生发展的历史必然。

覃远进现存的《散步二首》比较能体现其社会理想与对民族国家的近现代情思。其一中通过叙景生情，让人感受到一种社会末世的荒凉——"金谷别园今瓦砾，苍松转眼剩荒烟"："登瀛有路兴悠然，买得清风不用钱。蜗居四围吞小岛，虹桥三松抱平川。蝉鸣咽断洲中月，鱼跃翻开水底天。金谷别园今瓦砾，苍松转眼剩荒烟。"但作者不只是一种悲，而是一种报国无门之感，故在其二中表明自己"欲障百川回既倒"之志，但不为社会所容："天风徐绕下蓬壶，泛宅浮家兴不孤。避地漫寻方士药，嫉时好乘圣人桴。万重烟光围瑶岛，四壁楼台入镜湖。欲障百川回既倒，世间容得此狂奴？"②《论语·公冶长》中所谓"道不行，乘桴浮于海"，正说明作者此时的心境，看来这个传统儒生知识分子只好"嫉时好乘圣人桴"了。

### 唐仁汇：铙歌鼓吹满西风

唐仁汇，生卒时间不详，湘西永顺人，号苏林，清道光己酉（1849年）拔贡，咸丰壬子（1852年）举人，曾作茶陵州（今湖南茶陵县）学正。有家学渊源，民国《永顺县志》曾记其父唐仕珍"幼贫嗜学，冬无炉，尝拥被读《论语》、《（大）学》、《（中）庸》集注，稍长，博通经史，得成名，食饩，教授于乡"③，著有《五经纂义》。同书记唐仁汇"颖悟异常，儿时读诸经，三四过即成诵。《易》、《三礼》尤洞其奥，不但寻章摘句也。自《史记》下，若雨（按：应为'两'）汉书、《三国志》、南北史、旧新唐书皆手自抄录成帙，他子集亦博览而精择之，故作为制艺皆精湛渊懿，类清初诸名家而诗赋古文以及骈体亦沉雄

① 彭继宽、姚继彭主编：《土家族文学史》，湖南文艺出版社1989年版，第300页。
② 彭勃、祝注先注：《历代土家族文人诗选》，岳麓书社1992年版，第165页。
③ 民国《永顺县志》卷二十八。

深厚,气味浑古苍郁,每一脱稿即为人传颂"。唐仁汇著作颇多,但多已散佚。现存作品中载于民国《永顺县志》中的《反玦篇》、《女贞篇》等具有浓厚的儒家文化价值观,赞颂为封建礼教牺牲的妇女,被称为"尤为有关风化"①。但《咏溪州铜柱》等诗文反映了他的家国情怀,带有近现代民族国家观念的意味:"蛮烟瘴雨马前空,日月新开一片铜。高挂酉山云向北,俯临辰水浪朝东。倚天紫气分长剑,扑地苍崖拥短虹。想见土酋环柱泣,铙歌鼓吹满西风。""当年王号窃南陬,姓字居然在上头。半壁云山悬霸业,千秋峒户控溪州。中原无主乾坤破,竖子成名乳臭留。土宇只今天作界,不需铜柱补金瓯。"②

自五代以来,溪州铜柱都曾是土汉民族分界的象征,在历史上起到过维护民族团结的作用。但是,现在,改土归流后,特别是在全球性现代化的大变局中,从"蛮烟瘴雨"到"日月新开",从"土酋环柱泣"到"鼓吹满西风",显然已到了"不需铜柱补金瓯"的时代,这不是近现代民族国家意识是什么呢? 在《司城怀古》中,唐仁汇通过"考古所以决今"的历史审视,体现了"自古英雄本无种,安知后世无前贤"的历史进步思想,反映出"回首彭家霸业销"的历史必然性:"殿阁高耸碧云烟,威镇边疆八百年。水绕山环形胜古,龙盘虎踞势天然。河山带砺恩波厚,铜柱标名德泽宣。自古英雄本无种,安知后世无前贤?""回首彭家霸业销,节旄空落古旌旄。秋风城阙鸟飞散,夜月风高虎怒嗥。破庙犹存新俎豆,沉沙难埋旧方刀。空余八百余年事,付与灵溪咽暮涛。"③唐仁汇另有《铜柱歌》表明了这一情感及相应的历史反思,体现出诗、史、思的统一。

当然,唐仁汇的民族自性与自信还是较强的,这同样反映出近现代民族国家建构过程中的民族自我意识,最明显的是体现在《溪州竹枝词》中。从竹枝词中可见,有直接说明土司制度历史的,如"溪州铜柱八百歌,各洞长官知若何? 五十八旗分辖处,彭田王向数家多"④;有直接指认土家族风俗

①　民国《永顺县志》卷二十八。
②　彭勃主编:《溪州古诗选录》,内部资料1989年版,第194页。
③　同上书,第195页。
④　此诗于彭勃主编《溪州古诗选录》(内部资料1989年版)第4页上指认为"佚名",但 http://gzs2. tougao. com/ wlm/list. asp?id = 86 指认为唐仁汇所作,故以此指认。

习惯的,如"千年铜柱壮边陲,旧姓流传十八司。相约新年同摆手,春风先到土王祠"①;有反映土家族地区的生产生活的,如"东溪西溪溪水生,昨夜轻舟载客行。无限春愁结眉黛,玉屏山色满山城"②;有反映土家族民间文化信仰的,如"观音岩下约焚香,金缕新鞋检点忙。莫信仙人真有洞,作仙怎似作鸳鸯"③;有描写土家族青年男女的情感世界的,如"杨花开罢桐花开,一曲苗歌花下来。愿作桐花同结子,杨花飞去不知回"④;"凤山之下绿阴繁,凤滩之上碧波翻。妾在山头望滩上,相思可有凤能言"⑤;有反映土家族文化与中域文化交流融汇的,如"金鼓喧阗耪旱苗,歌声清切语声嘈。新词自爱孟姜女,不识'红牙'与'绿么'"⑥。

## 彭勇行:唯有土家大不同

彭勇行（1835—1895 年），湖南永顺大井人，字果廷，清同治年间贡生。与其兄勇为，弟勇功，族弟勇智、勇德、勇震、勇锐等，均先后被选为贡生和庠生，世称之为彭氏八勇。曾长期讲学于永顺、保靖、花垣等处，吸引了大批湘鄂黔蜀边地学子，在数十年执教中曾培养出永顺拔贡、著名私塾先生李席珍，举人彭施涤，花垣的石廷圭（字艾山），书法家张世准等大批人才，著有《笃庆堂古文辞》2 卷、《古近体诗》2 卷、《骈体文》1 卷，制艺试帖若干卷等，现大多散佚，仅存七律 5 首、七绝 8 首、五古 1 首、七古 2首,竹枝词 41 首。

彭勇行所处时代是全球性现代化大变局已深深地影响了中国的时代，两次鸦片战争、中法战争、太平天国农民战争、中日甲午战争等都在他生活的时代发生;同时，改土归流已有一百多年之久，土家族已与中域文化实现了较好的融汇。从彭勇行的作品可以看出，正是中西文化的冲突促成了他

---

① 彭勃主编:《溪州古诗选录》,内部资料 1989 年版,第 1 页。

② 同上书,第 10 页。

③ 此诗于彭勃主编《溪州古诗选录》(内部资料 1989 年版)第 47 页上指认为"佚名"，但彭继宽、姚继彭主编《土家族文学史》(湖南文艺出版社 1989 年版)第 349 页认作是唐仁汇诗。

④ 彭勃主编:《溪州古诗选录》,内部资料 1989 年版,第 48 页。

⑤ 同上书,第 47 页。

⑥ 同上书,第 19 页。

的文化退守,在一定程度上具有了文化保守主义的早期特色,后来的沈从文以湘西地方文化为底色的文化保守主义也可从彭勇行《玉屏山春眺》、《凤滩七古》和《茨滩七古》等作品中找到历史印迹——以湘西民族民间文化为文化重造的基础。

彭勇行的思想主题是退守民间,而且是退守土家族民间,其《竹枝词》中有阐明土家族历史的文化及其精神的,如"野藤花缦竹王祠,旧姓相沿十八司。除却彭家都誓主,向田覃冉互雄雌"①;"杨柳如丝水如环,南渭州城此处安。斜日疏林茅屋里,渠家说是旧州官"②;"峒民分隶长官衙,算到田王共六家。五十八旗分辖处,而今惟见野藤花。"③有描写土家族各种风俗习惯的,如"福石绣屏屏绣多,浪击石鼓声声和。土王宫里人如海,共庆新年摆手歌"④;"摆手堂前艳会多,姑娘联袂缓行歌。咚咚鼓杂喃喃语,袅袅余音'嗬也嗬'"⑤;"田家峒里社场开,姊妹双双赴会来。最爱云鞋花满口,也装莲步上歌台"⑥;"温软新棉迭满箱,称身熨帖嫁衣裳。我儿休买蔷薇露,昨夜郎家得麝香"⑦;"艳歌一曲贺新年,赢得儿童喜又狂。争说人家多热闹,仙姑请下九重天"⑧;"村村灯戏闹元宵,香扇翩翩手慢摇。月上东山人未睡,歌声听唱《雪花飘》"⑨;"粟姓春官入户庭,全凭一纸送牛形。山翁爱问收成事,盘问今年《地母经》"⑩;"孩童拜石祷石头,岩宝名呼疾厥瘳。

① 彭勃主编:《溪州古诗选录》,内部资料 1989 年版,第 2 页。
② 同上书,第 5 页。按:彭勃、祝注先注《历代土家族文人诗选》(岳麓书社 1992 年版)第 207 页录此诗有异,作:"山如拱笏水如环,南渭州城此处安。斜日疏林茅屋里,渠家说是旧州官"。
③ 彭勃主编:《溪州古诗选录》,内部资料 1989 年版,第 2 页。
④ 彭勃、祝注先注:《历代土家族文人诗选》,岳麓书社 1992 年版,第 203 页。
⑤ 彭勃主编:《溪州古诗选录》,内部资料 1989 年版,第 36 页。
⑥ 同上书,第 40 页。按:彭勃、祝注先注《历代土家族文人诗选》(岳麓书社 1992 年版)第 203 页录此诗有异,作:"田家峒畔社场开,姊妹双双赴会来。一尺云鞋花满口,也装莲步上歌台。"
⑦ 彭勃主编:《溪州古诗选录》,内部资料 1989 年版,第 28 页。
⑧ 同上书,第 37 页。
⑨ 同上书,第 38 页。
⑩ 同上。

最是关心'疤帕八',蟠桃寺里许清油"①。有描写土家族人民生产生活情形的,如"料峭小寒春暮时,轻风剪剪雨丝丝。千山万岭桐花白,正是农家下种时"②;"释担归来日夕阳,放牛晨起上山岗(冈)。近来一月忘梳洗,割麦插禾又采桑"③;"溪州女儿最聪明,锦被丝挑脚手灵。四十八勾不算巧,八团芍药花盈盈"④;"黄土围墙树架杈,山村儿女善当家。春来菜掇浑提草,秋至衣装吉贝花"⑤;"长夏女儿日绩麻,寒冬女儿夜纺纱。唯有阿男不识字,火炭壁上画叉叉"⑥;"临盆恰满十多天,清早牵牛出碧川。无奈呱呱啼不住,背笼挂在柳荫边"⑦;"黄土坡前走客车,白崖洞边住农家。春盘女进浑提草,秋笼儿装童贝花"⑧。有描写土家族地区美丽景色的,如"玉屏山上草萋萋,玉屏山下水凘凘。大乡城廓(郭)图难画,山外青山溪外溪"⑨;"北河流绕大乡西,下界明溪上泗溪。两岸青山似眉黛,锦鸣飞过野鸡啼"⑩。有描写土家族地区的男女情感生活的,如"黄菜花开碧柳丝,城南门外洗心池。劝郎洗尽闲烦闷,莫洗心头一点痴"⑪;"燕子崖前客燕栖,鸡公山畔晓鸡啼。郎行已作辞巢燕,独宿何劳等旦鸡"⑫;"高望界上离恨多,飞云如盖月如梭。郎行未到马蹄铺,妾泪已流牛路河"⑬;"瘴雨蛮烟一拨开,凉热洞外旧高台。花香不见宫人面,风动还疑笑语来"⑭;"溪州曾记古州名,福石犹留旧郡城。灵溪溪头花虽谢,望夫石畔月长明"⑮;"送郎不过凤

---

① 彭勃主编:《溪州古诗选录》,内部资料1989年版,第45页。
② 同上书,第18页。
③ 同上书,第18—19页。
④ 同上书,第24页。
⑤ 同上书,第31页。
⑥ 彭勃、祝注先注:《历代土家族文人诗选》,岳麓书社1992年版,第208页。
⑦ 同上。
⑧ 同上。
⑨ 彭勃主编:《溪州古诗选录》,内部资料1989年版,第7页。
⑩ 同上书,第12页。按网上有此诗异文:"北河春涨绿玻璃,朝上明溪暮镇溪。无数青山浓似黛,画眉人去画眉啼。"
⑪ 彭勃主编:《溪州古诗选录》,内部资料1989年版,第11页。
⑫ 同上书,第10页。
⑬ 同上书,第11页。
⑭ 同上书,第9页。
⑮ 彭勃、祝注先注:《历代土家族文人诗选》,岳麓书社1992年版,第207页。

滩头，此去辰州又潭州。载得天边离恨去，蓬窗相伴月明秋”①。

问题的重要性和意义还在于，彭勇行写《竹枝词》的目的正在于彰显“唯有土家大不同”的民族自性，并且是从正面肯定以彰显民族自信：“土家自古住溪州，质朴淳良境最优。听得康衢歌一曲，采风人爱古风流。”②“新春上庙敬彭公，唯有土家大不同。各地咿嗬同摆手，歌声又伴呆呆嘟。”③另有异文《古溪州》，也同样说明这种自信与自性，不过是直接指认土家族民族文化精神与文化性格的：“苗客土家住溪州，质朴淳良境最优。听得康衢歌一曲，采风人爱古风流。”④当然，彭勇行总体上是在土家族与中华民族的统一关系上来处理这一问题的。所以，彭勇行把“旅游”与家国大事联系起来思考，虽然是用“何关”设问，但反映了某种民族国家意识的自觉：“上溪州接下溪州，又到黔安古寨头。儿女何关家国事，为看铜柱也来游。”⑤

此外，在《凤滩七古》、《铜柱古风》、《茨滩七古》、《玉屏山春眺》、《老司城怀古七律四首》、《武陵春》、《新垦荒山》等诗文中，彭勇行都显示出某种退返民间的倾向，如《武陵春》描写“渔舟不负武陵春，举网东江得巨鳞。底事今朝鱼不卖，阿婆明日是生辰”⑥；《新垦荒山》描写“新垦荒山土脉胶，微风细雨过花期。嘱郎仔细看皇历，立夏棉花社日养”⑦等，都有这种情感。《茨滩七古》则更可作为显证：“溪水汹汹平地注，束以群山控不住。削壁划开千仞岩，洪涛唯就千寻路。”“断峰蹴水水怒号，湿烟漠漠雪山高。头上千线天容蹙，脚底万雷地脉摇。”“两岸巉巉如削铁，三里五里一曲折。纤悬鸟道山腰穿，篙点蜂窝石眼裂。”“长波斗落多急滩，凤滩三叠尤险艰。利牙刺水蛟龙饮，竖刃劈流刀剑攒。”“扁舟一叶随掀舞，盘旋如磨疾如弩。岸边眩转过耳风，蓬背飞洒淋头雨。”“前滩直下马奔途，后滩陡折蛇穿殊。撇波桨扣拳爪鹭，没水舷似濡尾狐。”“舟子大呼客失色，船舱摇簸樯竿折。沙雨浑

① 彭勃、祝注先注：《历代土家族文人诗选》，岳麓书社1992年版，第209页。
② 彭勃主编：《溪州古诗选录》，内部资料1989年版，第1页。
③ 彭勃、祝注先注：《历代土家族文人诗选》，岳麓书社1992年版，第209页。
④ 沈阳选注：《土家族地区竹枝词三百首》，民族出版社2003年版，第143页。
⑤ 彭勃主编：《溪州古诗选录》，内部资料1989年版，第4页。
⑥ 同上书，第17页。
⑦ 同上书，第18页。

浑日不红,浦云黯黯天都黑。""可怜性命争呼吸,毫厘千里嗟何及。入坎出坎心始安,往蹇来蹇神忧悸。""安得五丁力士六甲神,削平叠障铲嶙峋?百里安流无险阻,棹歌款乃五溪春。"①

## 彭勇功:古风尚忆古羲皇

彭勇功是彭勇行的弟弟,永顺大井人,曾作《竹枝词》50 首。与其兄彭勇行在文化选择上有相同的文化价值观,即把着眼点放在退返民间,最具特色的是描写土家族人民的"哭嫁"习俗,从而彰显自己的民族自性:"忽闻货殖鼓声铿,轻声唤到小边廊。各样花丝鸡蛋换,背爷暗地绣鸳鸯"②;"听说人家嫁女娘,邀呼同伴暗商量。三三五五团团哭,你一场来我一场"③;"侬今上轿哭声哀,父母深情丢不开。姊姊齐声低劝道,阿门都从个中来"④;"养侬长大又陪妆,养女由来也自伤。最是哭声听不得,一声宝宝一声娘"⑤;"兄嫂恩情似海深,斑斑血泪哭声声。悲悲切切千般苦,肠断天涯不忍闻"⑥;"你一声来我一声,断肠人送断肠人。顽童不解侬心苦,特意焚膏看泪痕"⑦等。

彭勇功还有不少描写土家族生产生活的词,如:"清明节日扫坟台,黄土多锄四面堆。一路招魂听杜宇,枝花香插满头回"⑧(清明节);"青青杨柳正春分,大小儿童结伴纷。几个风筝争放起,半游树杪半穿云"⑨(放风筝);"绿杨门巷荡秋千,无数娇娃争上前。报到一声阿爸到,忙抛同伴躲篱边"⑩(荡秋千);"离城十五夕阳斜,云里鸡声雾里花。过路行人休问姓,山

---

① 彭勃、祝注先注:《历代土家族文人诗选》,岳麓书社 1992 年版,第 209 页。
② 彭勃主编:《溪州古诗选录》,内部资料 1989 年版,第 27 页。按:别有异文:"忽闻贷郎鼓声铿,低声呼来到小廊。各样花丝鸡蛋斛,背娘暗地绣鸳鸯。"彭勃、祝注先注:《历代土家族文人诗选》,岳麓书社 1992 年版,第 211 页。
③ 彭勃、祝注先注:《历代土家族文人诗选》,岳麓书社 1992 年版,第 211 页。
④ 同上。
⑤ 同上。
⑥ 同上。
⑦ 同上。
⑧ 彭勃主编:《溪州古诗选录》,内部资料 1989 年版,第 42 页。
⑨ 同上书,第 41 页。
⑩ 彭勃、祝注先注:《历代土家族文人诗选》,岳麓书社 1992 年版,第 211 页。

村处处是王家"①(居住);"榔溪河下水奔流,榔溪河上猿声稠。来往行船须记起,孤舟莫系此滩头"②(生产、行船);等等。此外,还有描写土家族男女情感生活的竹枝词,如:"池分九曲颗砂庄,一树波罗盖夕阳。凉热洞中寻古迹,郎心是否有炎凉"③;"秋日离离茶果园,秋风瑟瑟茶花香。侬自甘心花样蜜,郎心结果茶果坚"④;等等。

应注意的是,彭勇功描写民间风俗与其土家族的自信与自性有关,即强调其"土家"特色,如"官厅堡上人如潮,雪花又伴歌声飘;村姑摆手口吹管,后生实姐身椆草"(摆手);"山叠绣屏屏尾拖,滩悬石鼓鼓音和。土王宫里人如海,宛(婉)转缠绵摆手歌"⑤(摆手)等,并直接指认"老土家":"新春摆手闹年华,尽是当年老土家。问到村人为何事,大家报赛土王爷(爹)。"⑥从他在《蔡文姬》中的描述看,他已具有了一定的历史反思意识:"一作胡姬死便休,任他千古怨风流。阿瞒空有怜才意,赎得归来也白头。"⑦据此,我们可以认为,他是从认肯土家族文化的角度来描写的,而不只是客观描述,如《羲皇古风》中言:"男负犁来女负筐,桑麻农事细商量。耕田锄地无他事,古风尚忆古羲皇。"⑧

彭勇功还有《雨》、《让水塘》、《村碧》、《溪沟》、《沅陵》、《菊》、《黄鹤楼》、《过洞庭》、《流兰溪》、《庆口桥》等诗文,通过对家乡山水美境的赞颂来彰显自己退返民间的文化取向,如《雨》:"当窗三日雨,对面一峰晴。花有消魂色,莺无出树心。井蛙争客语,秋水学琴音。折竹教童试,前溪几尺深。"⑨这首诗若放在现代城市化运动中来理解,则是一种多么让人玄想的美好环境! 又如《岩峰塘》:"路向悬崖去,崖高路亦高。泉飘层涧雨,松落

---

① 彭勃主编:《溪州古诗选录》,内部资料1989年版,第43页。
② 同上书,第44页。
③ 同上书,第9页。
④ 同上书,第48页。
⑤ 同上书,第36页。
⑥ 同上书,第43页。
⑦ 同上书,第151页。
⑧ 同上书,第27页。
⑨ 同上书,第150页。

半空涛。蚕辟丝犹绩,虹连势欲翱。何须嗟蜀道,此地足劳劳。"①《让水塘》:"直把龙头上,肩舆得得行。尖山孤势秀,让水一塘清。浪静鱼吹细,波微燕掠平。拍舟何处往?笑语半村迎。"②《村碧》:"幽境隔尘寰,天然碧树环。客来寻径外,犬吠隔篱边。烟护山中路,泉流屋角湾。溪头人少住,孤艇拨云还。"③这些都值得从退返民间的文化价值观上去体验,而且按照《溪沟》所言,他还有探寻文化源头的意义:"千条溪水万条沟,山下分支到处流。莫道洞庭波浪阔,须知此处是源头。"④显然,"须知此处是源头"并不能完全看成是实指。

### 三、庚子风潮宁等闲,茫茫四顾兮心如捣

从 1840 年以后出生的不少土家族知识分子都得以跨世纪生存,因而在他们的思想中即具有了新旧历史转折的意义。他们中有不少人还经历两朝,具有强烈的历史对比,因而能进行纵向的历史反思;他们都感于封建社会末世,特别是感于帝国主义侵略与全球性现代化的冲击,因而又往往把谋生的职业转化为挽救民族危机的事业,具有了近现代"主义"的意义。

#### 彭施铎:家风无恙留铜柱

彭施铎为彭勇行、彭勇功长兄之子,永顺大井人,字雪椒,清光绪二十二年(1896 年)以岁贡补黔阳教谕,旋归里,讲学于城南,废科举后曾被聘为新兴学堂的高办监督,著有《味懒山房骈体文》2 卷、《古近体诗》16 卷、《制艺试帖》及《风土志日记》若干卷,已多散佚,现仅存七律 1 首、竹枝词 12 首,已难以反映其思想倾向。从《送孝廉心荃春闱北上》中可以看出,彭施铎曾渴望传统儒士的仕宦之路,但失败了,最后是退守民间,与其叔父一样具有相同的文化价值取向。从《溪州竹枝词》所见,则可发现其退返民间的事实,因为所见诗文强调的即是描写家乡、赞美土家,表现出一定的民族自性与自信,如:"福石城中锦作窝,土王宫畔水生波。红灯万盏人千叠,一片缠

---

① 彭勃主编:《溪州古诗选录》,内部资料 1989 年版,第 149 页。
② 同上书,第 148 页。
③ 同上书,第 148—149 页。
④ 同上书,第 6 页。

绵摆手歌。""释担归来已夕阳，放牛晨起到山岗。近来一月忘梳洗，割麦采桑又插秧。"①其他如竹枝词《无愁女儿》言"无愁女儿正垂髫，结伴机窗织棉绦。忽报深山峒菌长，背笼同过自生桥"②；《闺女织花》言"土王祠畔柳丝斜，闺女人人会织花。花样打成皆并蒂，不知持赠与谁家"③；《司城少女》言"司城少女发排头，春日抛梭织土绸。忽见自生桥上月，绣楼门外挂勾勾"④等，都是直接反映土家族地区的民族民间文化及生产生活的。

值得提出的是，在《送孝廉心荃春闱北上》中，彭施铎还表现出一定的民族自性与自信："睛逐梅花早占先，轻波新上孝廉船。香分楝萼当正月，富有才华喜妙年。此去饱经红杏雨，别来遥望绿杨烟。定知车到长安候，春色三分到日边。置身须到凤凰池，莫漫空存温饱思。战北我惭经叠次，斗南君望重当时。家风无恙留铜柱，文章有灵奏碧墀。预卜蕊宫高捷报，榴花红处盼红旗。"⑤尤其是"家风无恙留铜柱，文章有灵奏碧墀"，更是使一种民族自性与自信表现得深入。

## 龚明钦：茫茫四顾兮心如捣

龚明钦，湘西永顺县人，字安之，光绪己酉（1909 年）恩贡，是一名典型的民间学者，按中国传统文化的尺度来说，他是一名"人师"而不是"经师"，因家贫而靠教学为生。今存诗 2 首，民国《永顺县志》卷二十八录有其《姑恶篇》，并谓"其《姑恶篇》不但为人所脍炙，尤为风化攸关"。该诗有序文说明作诗原因，并有注文说明此作乃"春秋微词之义"，可见龚明钦本身所具有的社会责任感与社会批判精神。

> 庠生某之女，幼许于外祖家某氏，相距七十里。因避乱居外祖家，某氏请媒，谋从权合卺，父女以未作"嫁衣"辞。某氏谓两家各俱省事，女父乃允，许以百金之田为女赠，俟平时措办。讵女入而衾不具。姑不

---

① 彭勃、祝注先注：《历代土家族文人诗选》，岳麓书社 1992 年版，第 233 页。按：此诗与前述彭勇行诗或为异文。
② 同上。
③ 同上。
④ 彭勃主编：《溪州古诗选录》，内部资料 1989 年版，第 23 页。
⑤ 同上书，第 180 页。

悦,怂其婿凌虐百端。女祖庠生,父及诸父昆季四人皆庠生;外家祖、父两世皆明经贡士。女母有外祖风,知书识字,能为诗。女自幼饫闻闺训,虽遭磨折无人理,竟不一言以死。死而人之知之者,莫不悲伤其不幸也。或曰:"其家有小姑,女初入门,即失小姑欢。是冤也,小姑实构成之。"其事秘而不得其详。道云:

一声姑恶天地愁,妇不虐死姑不休。射影含沙多狡狯,室有小姑天地隘。入亦嫌,出亦嫌,朝讥暮谗百不堪。无盘面不浣,无梳发不理。入山才负薪,临流又汲水。一榻牛衣委地眠,三日一食余蟠李。旁有亲识人,微言问乃姑:"此妇言动有礼节,织素织锦工莫如。父作茂才母女士,世德清门识诗书。内外亲戚兄弟俊,衣冠方雅玄通都。谓言此亦可人意,胡为见弃辱泥涂?"姑言"吾家有五子,联姻都是大家女。记得诸妇入门时,文茵宝马填闾里。钿雀金蝉压满头,新妇容华光莫比。车厢隆隆逐后尘,奴婢田宅皆至矣。不似此妇来,面色犹黄埃。一巾一屦无人识,锦衾绣帐何有哉?"邻媪慰乃姑:"无生此甘较。言就樗其蔽,迨吉梅有摽。本言避乱依他人,却畏强暴许嫁早。乃父夙置百金田,只待时平作赠好。"媪言至此语亦歇,不知何故兹不悦。天壤王郎正少年,眉宇精爽肝肠决。本自无心击鸳鸯,却畏鸠鸱纷调舌。朝讥暮谗百不堪,不如一死百忧释。一朝白梃交横下,断送姬姜躯命直。阿父闻知涕汛澜,阿母闻知摧心肝。旁有铁石人,闻之心亦酸。我为作歌写姑恶,姑不恶时人助虐。吁嗟乎! 蜮工含沙影射多! 小姑在室奈若何? 小姑在室奈若何![1]

作者在自注中曾强调,该作品并不在于事实本身,而在于事实之外,即"小姑事实不必深求,归狱小姑,立言之体,固应尔尔"。那么其意在何处呢?原来"此只作一妇姑不相悦之词,其中事实有未尽符者,亦春秋微词之义也,高明者自知之"。结合其《竹米颂》中所言因夏大旱闹饥荒造成老百姓"形容羸瘠兮仅存骨皮"的现实,特别是所得结论"凤凰饥兮雀不饱,茫茫四顾兮心如捣"来看,诗人是隐于民间而又心系社会的思想家。遗憾的是作品基本上都已佚失,难以更进一步发掘其思想及其相应的哲学内涵。

---

① 彭勃、祝注先注:《历代土家族文人诗选》,岳麓书社1992年版,第217—218页。

### 田金楠:庚子风潮宁等闲

田金楠(1856—1925年),今大庸市慈利县甘堰人,字春庵,因家居甘堰东溪,因以"东溪"自号,人称东溪先生。毕生致力于教育,维新运动期间还应湖南巡抚陈宝箴邀赴长沙主持南学会;除长期从教并任学校(院)校(院)长外,还任过湖南省特别议会议员、慈利教育会会长、劝学所所长等职,还任过民国《慈利县志》纂修馆馆长,主持《慈利县志》纂修。这样的复杂身份,使他虽蛰处边地,却能关注国家与民族命运,与民族与国家命运紧密相联,如其寓言诗《虎变鼠吊台湾》即关注甲午战争,言"昨闻鱼化龙,今闻虎变鼠。爪牙徒具不击博,猎奴驱女无处所"①,实际上即具有强烈的反清朝专制及其卖国行径的思想价值;光绪二十六年(1900年)发生八国联军侵略中国、自立军起义等重大事件,他即有所关注,并借其挚友吴恭亨因自立军案株连系狱而有《武陵途中忆悔晦》一诗,言"似曾相识武陵路,庚子风潮宁等闲,君就槛车我就道,重来一笑看青山"②。辛亥革命前后,田金楠曾作大型组诗《湘游杂诗一百首》,主要关注辛亥武昌起义,表明其思想与国家的社会进程相关,如《鄂军挫败,黄兴编敢死队千人再战大捷》即言"千人冒险一当百,孤注能支大厦危。将得士心士敢死,日俄战后此军奇"③,表明其强烈的民族情感与家国情怀。

## 第三节　徘徊于儒道之间:酉阳诸文人的文化选择与哲学思想

酉阳冉氏是古代土家先民巴族望姓,较早与中域文化有所接触,唐初有开州冉肇④,宋代有冉宗闵、冉襄等,皆金榜有名居官做吏,然而在明朝以前,酉阳历代冉氏土司都多为"天性劲勇"的"武夫"形象,入明以后"诸土司设立县学",至明永乐五年(1407年)即有宣抚使冉兴邦派人入朝"谢立儒

① 彭继宽、姚继彭主编:《土家族文学史》,湖南文艺出版社1989年版,第302页。
② 彭勃、祝注先注:《历代土家族文人诗选》,岳麓书社1992年版,第243页。
③ 同上书,第244页。
④ 刘昫等《旧唐书·李靖传》、欧阳修等《新唐书·李靖传》皆记有其事。

学恩"①。按《天下郡国利病书·四川》所载,酉阳的文化转折即发生于明永乐年间:"永乐中改隶重庆府,建立学校,俾渐华习,三年入觐,十年大造,略比诸郡县。"然而令人不解的是,我们从15世纪以来的酉阳诸文人作品中看到的,却总是在儒与道、出世与入世、民族自性与中域认同之间有某种文化冲突,特别是冉奇镳等还与容美田玄等相类,在对明与清的选择中感到无奈。

## 一、15世纪前后诸司人的哲学思考

据冉氏后人冉启杰所辑,大唐驸马冉仁才,字征文,是最早留下诗文的冉氏族人,其所辑有《题岑公洞》:"南溪有仙洞,咫尺非人间。日暮松风下,泠泠空苍山。"②另有《冉实会昌甲子年题保安庄铜鼓潭》:"山苍苍,水洋洋,铸一鼓,镇四方,荫后裔,地天长。"如此,则冉氏一脉自唐以降,即在"修道"与"入世"或"仙"与"人"之间形成了某种文化共识。但此后数百年间,直到15世纪前后,也并不见冉氏传世的足以体现哲学精神的文献。

### 冉天章:谁能静习长生术,向此烧丹扫绿苔

就目前所见,酉阳较早留下作品的应是大约生活在15世纪中叶的冉天章。冉天章,名云,号静轩,曾为第十五世土司。据《冉氏家谱》所载,冉天章"幼好文翰,娴吟哦",著有诗集,惜已散佚,现存《题仙人洞》七律一首:"洞里神仙渺莫猜,海风幸不引船回。四周苍藓雕虫篆,一脉灵泉撒蚌胎。花自无拘开又落,云如有约去还来。谁能静习长生术,向此烧丹扫绿苔?"③另据录,说其有《题保安庄仙人洞》一首:"蟠踞坤兴一壮哉,就中窈窕洞天开,嶙峋石笋撑龙角,滴沥泉珠撒蚌胎。花自无拘开又落,云如有约去还来,谁能学[得]神仙术,到此烧丹扫绿苔。"从总的指导思想上看,诗人的可贵之处在于不相信仙人洞确有神仙,通过对"花自无拘开又落,云如有约去还来"的自然代谢,提出了"谁能静习长生术,向此烧丹扫绿苔"的质疑,应是

---

① 《大明一统志》卷六十六。
② http://wqzx.2000y.net/;按:以下冉氏诗文未注明出处者,并据冉启杰所辑。
③ 《冉氏族谱·总谱》编委会编:《冉氏族谱·总谱》,内部资料2007年版,第380页。

对神仙方术的否定,这对一个崇巫尚鬼的民族来说,冉天章的这种肯定世俗人欲的思想是难得的。

### 冉舜臣:皆人力之可为,顾在我之勤勉何如耳

冉舜臣,字良弼,号西坡,别号寻乐子,于孝宗弘治初年继承父职,封明威将军。《冉氏家谱》存《飞来山记》一文:

> 湛月亭背,旧为平地。正德戊辰春,西坡邀客亭中。少焉,彻幽壁,转竹关,倏成异境。吁,有是哉,胡为乎来哉!峻岭而崒嵂,排列而坳垭,连峰而接岫。穿窿乎其岩洞,通明乎其门径。棋者对弈,箫者并管,游者、息者,登临而偃仰,皆此山之行人以入胜也。顾山之成,匪为一时玩赏而已!又将为世守之镇,以见绥靖之功,皆人力之可为,顾在我之勤勉何如耳!故其矗之重冈,立之青芜,泠泠之清泉,森森之草木,何莫非一地脉、一天恩之生被也哉!实不可以无记。若夫山川之胜景,则自有诸君子为之揄扬,此录其概。明威将军西坡寻乐子冉舜臣立石。①

根据文中所叙,一个基本思想在于:自然环境是否有意义,是就其与人的关系而定的,若问"胡为乎来哉",则可以是"棋者对弈,箫者并管,游者息者,登临而偃仰,皆此山之行人以入胜也";也可以是"又将为世守之镇,以见绥靖之功",如此则"顾山之成,匪为一时玩赏而已"。也就是说,自然环境"皆人力之可为,顾在我之勤勉何如耳"!这样,自然美境即可具有人的功利意义。换句话说,土家人的传统实用理性在此可见一斑。当然,作为一个土家族文人,虽然也有这种世俗理性,但并没有抛却自己的精神诉求,故在《题大西洞》中还给自己提出了"莫因仕宦迟吟兴,取次清游览胜来"的任务:"鬼斧何年为劈开?洞天风景足徘徊。泉锵佩玉泠丹壑,竹泛莎香上绿苔。姑射千年留胜迹,华阳六月净尘埃。莫因仕宦迟吟兴,取次清游览胜来。"②应该说,这一价值取向表明土家族文人是把精神家园与"经济"家园并

---

① 彭继宽、姚继彭主编:《土家族文学史》,湖南文艺出版社 1989 年版,第 112 页。按:《冉氏族谱·总谱》编委会编《冉氏族谱·总谱》(内部资料 2007 年版)第 411 页所录与此有异,其中"峻岭"作"峻赠","泠泠"作"泠泠",今据此改。又,标点也作了适当调整。

② 《冉氏族谱·总谱》编委会编:《冉氏族谱·总谱》,内部资料 2007 年版,第 380页。

重的。

如果结合石柱马斗慧《石柱八景诗并序》中所言,则知土家人同期对人与自然关系中人的能动性的认肯是具有共性的:

> 从来山水之奇特,必资文人之品题,而前贤遗踪亦不容湮没而不传,使者采风无以对,儒者之耻也。石柱土司地,而胜概古迹不无可纪。余于崇祯辛巳,遍览幽奇,兼综故实,得佳景者八,次为声歌,非取流连景物,炫美饰情,亦曰藏名山,传其人,聊为征文考献者一助耳。若夫兴怀忠孝,景仰前贤,与夫维风范俗之旨,皆隐约于其中。诗以言志,自适而已,观者幸获夫我心于言外,可也。①

### 冉仪:个里机关先太极,些儿气味后河图

冉仪,字公表,号松坡,为冉舜臣长子,明武宗正德二年(1507年)袭职。从仅存的诗文来看,冉仪好道并被道流推为铁鹤海阳真人,其充溢"道"气,但也间有入世的社会责任感知,其"道气"之作如《大酉洞》:"混沌谁为凿?灵区别一天。洞深风习习,泉细水涓涓。树古宜栖鹤,亭虚可迓仙。赏心无限意,瑶草何芊芊!"②据冉启杰所辑,《题大酉洞》还有异文,其文中把"混沌谁为凿?灵区别一天"变成了"混沌谁为凿,神功妙莫诠",颇类《老子》的"道可道,非常道;名可名,非常名"之说;把"洞深风习习,泉细水涓涓"变为"乾坤方外地,日月水中天",表现出《庄子》的齐物道观之论;后四句虽也有变化,但总的取向是向人们表明,只要有"道心",何处都可成仙成道,"石殒疑来鹤,亭虚可迓仙。赏心无限意,瑶草自芊芊。"所以,他在《题云城》中言:"莫道神仙理竟无,云城犹认炼丹炉。龙降虎伏人千岁,地老天荒酒一壶。个里机关先太极,些儿气味后河图。偷生自愧非门户,几个区区是丈夫。"③

---

① 中国人民政治协商会议石柱土家族自治县委员:《石柱土司史料辑录》,内部资料1989年版,第117页。按:标点略有调整。

② 彭勃、祝注先注:《历代土家族文人诗选》,岳麓书社1992年版,第4页。按:"洞深风习习",原作"洞深风浩浩",据《冉氏族谱·总谱》编委会编《冉氏族谱·总谱》(内部资料2007年版)第381页改。

③ 《冉氏族谱·总谱》编委会编:《冉氏族谱·总谱》,内部资料2007年版,第381页。按:白新民等编《重庆少数民族诗选》(重庆出版社2002年版)第4页误"些儿气味后河图"为"些儿气味后何图"。

正因为冉仪的"道心"很重，所以他又表现有某种入世之感，如《赠万族冉斌》中言："一从提剑扫狼烟，功在西南半壁天。铁券不磨唐代铸，虎符遥忆汉时镌。耕桑奠土三千里，忠孝留芳亿万年。族子远来应有意，好将事业继先贤。"①如果只读此诗，无论如何你不可能把他看成是与上述诗作为同一作者的作品。然而这却是事实。不过，总的来说却是"道心"，故于《桃涧》中言："浓烟带雨淡蒸霞，几树无言自着花。流出山来缘底事？赚他刘阮不还家！"②于《题桃涧流红》中言："武陵深处好逃禅，却被春光露我玄。点点丹霞浮水面，渔人觅迹问仙天。"于《翠屏山》中言："好山当面立，人望最玲珑。野鸟度屏里，竦钟闹寺中。云头树杪白，日脚映崖红。选胜一登陟，浩然凌天风。"③如果结合冉仪以后诸冉氏后人的思考，则冉仪之思也可见出其思想转折意义，即逐渐转向了人世，下冉元即可作为代表。

## 冉元：丁宁勉劾忠贞节，莫负弛驱此度来

冉元，字宗易，号月坡，为冉仪长子，明嘉靖年间袭职。《冉氏家谱》记冉元"幼英敏，志意不凡"，"通经义，能文章"，且"习骑射，鸣镝走马，气雄万夫"，曾被封为昭毅将军、通义大夫，因诚心修道而弃职远遁。目前被公认的存诗为《题大西洞》一首："一自逃秦别有天，洞门关锁白云边。春来鼓曳桃花水，莫道渔郎尽是仙。"④但此诗也有异文，如另一版本所言则与上说完全相反，是反对神仙之说："一自逃秦别是天，飞花不击武陵烟。灵源胜迹春常在，莫向渔郎浪说仙。"⑤结合另一首据传为其诗的《阅边次息宁姑》：

---

① 《冉氏族谱·总谱》编委会编：《冉氏族谱·总谱》，内部资料 2007 年版，第 380页。按：据 http://wqzx. 2000y. net/，冉启杰所辑该诗前四句有异文："一从提剑扫霾烟，功在西南半壁天，铁券不磨唐日铸，虎符遥是汉时镌。"

② 《冉氏族谱·总谱》编委会编：《冉氏族谱·总谱》，内部资料 2007 年版，第 381页。

③ 同上书，第 381 页。按：据 http://wqzx. 2000y. net/，冉启杰所辑有《题翠屏山》，属异文，但标点有误："好山当面立爵，爵翠玲珑卓地，如铺画撑天障，空鸟来添一景。云净见孤峰，最喜根儿稳，仁人寿与同。"肯定是有脱字而无法标点。

④ 彭勃、祝注先注：《历代土家族文人诗选》，岳麓书社 1992 年版，第 9 页。

⑤ 《冉氏族谱·总谱》编委会编：《冉氏族谱·总谱》，内部资料 2007 年版，第 381页。

"为阅边关玉帐开,万山云壑绕军台。丁宁勉劾忠贞节,莫负弛驱此度来。"①则知冉元并不是信道而隐,而是一个有强烈社会责任感的入世之儒,与孔子之敬鬼神而远之相类。相比之下,作为一个土司司主,他本身或许更应倾向于后者。

### 冉御龙:寄语世人如学道,满斟玉液洗凡心

冉御龙,字中乾,明万历二十四年(1596年)袭位,是酉阳土司第二十世司主,曾集有先人《敕诰恩荣录》付梓,现存诗《大酉洞八景偶成数绝》4首,主要都是由"道"喻世,把"道"作为入世的手段,如《玉盘仙积》:"石盘谁琢向崑阴,比似洼尊岁月深。寄语世人如学道,满斟玉液洗凡心。"②另有《玉盘仙积》异文:"石盘谁琢向山阴,此似洼尊岁月深。寄语世人如学道,满斟玉液洗凡心。"③这里的"洗凡心"与"洗尘心",说到底是一种社会反思,反映出当时的明代社会,从而也包括土司社会的"尘心"、"凡心"问题,故在《飞泉洒玉》中言:"漏天竟未补娲皇,白雨尽空乱作行。闻道庐山饶瀑布,可能洒地作琳琅。"④也就是说,修道的终极意义并不在于"出世",而在于"入世"。这一点在《铁鹤灵龟》中表现为:"九皋无处觅仙禽,况负图书出水心。胜地由来饶胜迹,黄冠何事别追寻。"⑤只是人们并不知晓求道的真义,因而把"悟道"与出世必然地联系起来,故他只能"长恨空山人不识"了,其在《石鸣钟鼓》中言:"双星化作洞天琛,音响居然革与金。长恨空山人不识,时时风雨作龙吟。"因此,"学道"正是为了入世而不是出世,这也算是别出心裁了。

---

① 《冉氏族谱·总谱》编委会编:《冉氏族谱·总谱》,内部资料2007年版,第382页。

② 同上。

③ 彭继宽、姚继彭主编:《土家族文学史》,湖南文艺出版社1989年版,第114页。另,据http://wqzx.2000y.net/,冉启杰所辑此诗有异文:"石盘谁琢向山阴,玉液琼浆江水深。不是飞仙携不去,为留人世洗尘心。"

④ 《冉氏族谱·总谱》编委会编:《冉氏族谱·总谱》,内部资料2007年版,第382页。

⑤ 同上。

### 二、冉天育：莫将驷马高车志，输与当年马长卿

　　冉天育，字大生，为冉御龙庶子，幼业儒，精于文翰，曾补为司学选贡，崇祯十四年(1641年)袭父职而为酉阳土司司主。据《明史·四川土司传》所记，"崇祯九年，宣慰使冉天麟疏言：'庶孽天胤假旨谋夺臣爵土，不逞，擅兵戕杀。'"从这位好儒的庶子得袭父职可见，当时土司上层的文化选择是充满矛盾的。不过，尽管当时属明末战乱，但《冉氏家谱》却说明冉天育袭职后"律己爱民，豁达无忌，民心悦服，境宇遂安"，体现出某种儒世(儒家理想社会)特征。冉天育著有诗集《詹詹言集》，天台(在浙江东部)谢国楗校订并序曰："詹詹言，小言也。""欲易'詹詹'者为'炎炎'，以庶几于名与集之相称也耳！"①今存诗词39首。

　　作为一名起于庶子的土司司主，冉天育有一种积极的儒士人生态度，并积极谋求建功立业、名垂青史。这类诗作如在《碧津桥客窗醉后》中把追求荣名的少年意气表现得分外明显，并希望超过司马相如："岩水通津近绕城，长桥侧影一弓撑。莫将驷马高车志，输与当年马长卿。"②在《辽旋舟次广陵饮朱子宣苏宅时令弟文鼎孝廉将北上》中则表现出对"燕然铭勋"的认肯："谏议封章传北阙，孝廉家法重西京。燕然他日铭勋处，好倩磨崖笔力横。""蒙蒙零雨赋东归，旅邸何欣览德辉。轼撤功名惟子在，璞琏家学愧予非。"③这种功名意象表现在家国情怀上就是为国杀敌立功，这种积极的人生态度使他诚心向学，即如《酬来鹍社诸子》中言："不从莲社效眉攒，愿矢同心纫芷兰。下里未忘歌雪调，高风忽枉送云翰。""也知嗜学分难蹴，尚恐求仙食马肝。说与故人吾自愧，将坛高不敌词坛。"④或许正因此，明人谢国楗在其诗集的序中说："诗全集凡若干首，近体为多。读之，知本名诸生投笔从戎，远经辽左。其后还师，泛东海观涛于广陵，沂大江而上。盖矛头盾鼻之艰危，马背船唇之况瘁，托事怀人之感慨，伤今吊古之凄凉，不知凡几，

---

　　① 《冉氏族谱·总谱》编委会编：《冉氏族谱·总谱》，内部资料2007年版，第383页。
　　② 同上书，第396页。
　　③ 同上书，第385页。
　　④ 同上。

而一一发之于诗,故其诗有雄杰之气,有淡远之音,有飘忽之神,有苍莽之致。古人云:读万卷书行万里路,信非虚语也。"①

冉天育曾参与明王朝的援辽之役,现存诗文中即有不少反映这场战争的极具思想性的作品。据《明史·四川土司传》记载,在萨尔浒战役中,明军四路大军有三路全军覆没,仅酉阳一地的死难者就达1700余人之多。冉天育在辽战斗三年,曾渡过鸭绿江,其诗《渡鸭绿江》中曾描写了这场战争的宏大场面:"黄云黯黯北风凉,浩瀚江流出大荒。元菟郡遥增杀气,白狼河近惨天光。雄兵引我三边远,瘦影偎人万里长。遥指皮船催竞渡,大旗一角映斜阳。"②冉天育对这一战争有深刻的体认,并反映在他的边塞诗中,如在《从征辽左经阵亡处举酒酹之》中即说明了战争的惨烈:"日惨更风号,千军血一刀。黄沙平地起,白骨比山高。国帅生为戮,健儿死亦豪。裹尸何处所,薄奠借村醪!"③根据作者自注,当时"主兵者以失律论死"。前四句所概括的战争惨烈与后两句的随处可祭,甚至是"借村醪"以祭,正说明战争之残酷。这场惨烈的战争,冉天育还在后来有所回忆,故于《酬蓟州陈梅泉指挥使来韵襄共事辽左》中即言:"回忆从征辽海间,两人共命各生还。论功试解君衣看,不是刀瘢即箭瘢。""三载交情酒一杯,吟笺忽向画堂开。天边云树重翘首,犹忆凭戈待旦来。"④如果不是亲身体验,是难以让读者有这种如同身受之感的。

在作者看来,这是一场反侵略战争,作者之参战即抱有一种必死的决心,即如《出山海关》所言:"长城临海复依山,万马萧萧晓度关。警报频闻休细问,男儿死国当生还?"⑤在《感怀》中则表明自己即使是一个普通人也应为国而战:"提封远览壮怀开,起起貔貅拥将台。胸次虽无韩范略,肯教仇葛犯边来?"诗中表现的正是一种普通人的伟大的家国责任。更难能可贵的是,冉天育在《感怀》中还把自己的民族身份与这种家国责任联系起来

---

① 《冉氏族谱·总谱》编委会编:《冉氏族谱·总谱》,内部资料2007年版,第383页。
② 同上书,第384页。
③ 同上书,第396页。
④ 同上书,第396—397页。
⑤ 同上书,第396页。

了:"雄边千里暮烟开,仗节重登上将台。曾是先人题咏地,编头儿女诵诗来!"①

从冉天育的景物诗来看,冉天育的家国情怀是否正来自于其对祖国山水的热爱呢?他所抒写的家乡美景如《咏大酉洞八景》:"万山嶙峋洞天幽,结驷连翩作胜游。霄际松风青霭霭,涧边桃瓣水悠悠。""云梭雾縠劳天姥,匝地有声震钟鼓。泉飞断续落珠玑,石室藏书真太古。""玉盘注水何晶莹,饮之年如龟鹤龄。炎蒸消尽还堪赏,莫使烟岚枉闭扃。"②咏《门拴峡》:"黔酉分隔相对雄,山门关锁两提封;巉岩插壁浑无地,剩有洪流一线通。"③咏《龚滩》:"裂石轰雷水势雄,浪花千丈蹴晴空。轻舟未敢沿流去,人鬼鱼龙一瞥中。"④这些都无不显示出一种热爱山水而非纵情山水的入世情怀。

同时,冉天育的家国情怀也可以他对人间真情的赞颂来理解,如其《武昌别孟文学比监时为同门》表达的情致恳笃、意韵淳厚:"客里逢君喜欲狂,不堪重作别离装。相思何处怀东野?扑面杨花过武昌。"⑤其他如《潘遇五挥使邀游海棠溪》言"涧水漾洄西复东,海棠溪在绿荫中。与君小饮沿溪去,料得溪桥有路通"⑥,还表现出一种对人间真情的信心,即"与君小饮沿溪去,料得溪桥有路通"。另有如《沙市徐园古柳别刘中翰》言:"徐园东望泪沾巾,古椰垂条傍水滨。送尽别离如此树,客中送客见何人。""此树婆娑忆汉南,名园饯客酒初酣。不须更说桓司马,离恨条条已不堪。"⑦《冬日同周子安甫饯夷陵王文学》:"迢递高天亦有涯,寻常一别漫咨嗟。相期到日重投辖,赌取松萝试雪花。"⑧《和向子三台归途转寄原韵》:"云龙相逐倍相

---

① 《冉氏族谱·总谱》编委会编:《冉氏族谱·总谱》,内部资料2007年版,第396页。

② 同上书,第397页。

③ 同上。

④ 同上书,第398页。

⑤ 同上书,第384页。"不堪重作别离装",彭继宽、姚继彭主编《土家族文学史》(湖南文艺出版社1989年版)第142页作"不堪重作别离裳"。

⑥ 同上书,第384页。

⑦ 同上书,第383页。

⑧ 同上书,第385页。

亲,惆怅兹来别恨新。薄俗黄金多结契,长安旧雨果何人。"①所有这些诗作渴求的都是人间真情、至情。

### 三、冉奇镳:河山盟带砺,千古壮洪基

冉奇镳,字玉岑,四川酉阳土司冉天育长子,曾袭世爵,南明永历年间被朱由榔封为定远伯,清顺治十五年(1658年)纳土归诚,仍授原职。其诗作《玉楼诗卷》已散佚,《拥翠轩诗集》曾付刻并有南明相国文安之、云间(今江苏松江县)杜同春作序,文安之谓"玉岑以终军弃繻之年,擅超宗凤毛之誉,锐意作著,尤工近体,……腴而泽,沈郁而多翰,忠爱君父之志,缠绵笔端,洵挽疆手也"②;杜同春序谓"玉岑先生综家学之渊源,洞石室之秘籍,天资学力,独冠一时;磊落襟期,最擅气雅"③。谢国楗则在其父《詹詹言集》的序中说冉奇镳"树帜吟坛,夺标讲席,一时名下士工韵语、擅长言者,皆避三舍,仆仆望下风以拜"④。

据文安之《拥翠轩诗集序》及杜同春《拥翠轩诗集序》,冉奇镳好学深思,作司主时即广为延揽文士,明末战乱时更是"士大夫避地桃源者甚众,如铁庵文先生辈皆分缟投纻,欢若平生,每选胜登临,群贤毕集,相与酬唱咏歌,云蒸霞蔚,称极盛焉。居恒念存君国有怀,莫遂慷慨激烈之气,发为金戈铁马之声"⑤。"况予身入西疆,谬勤问字,扬挖大雅,岂后昔人倚马操觚,用弁篇首,盖窃附于斯义云尔"⑥。冉奇镳个人则是"凤举鸿轩,朗朗如玉山相熠",甚至"余不觉为之倾洽"⑦。时"值兹中原板荡,遍地鸦音,有一玉岑,何殊拱璧"⑧,显示出文安之对冉奇镳寄有明朝复国的厚望。冉奇镳自己也在《拥翠轩诗集》中对于"王室陵夷,中原板荡"颇有深痛,故有刘越石之抱

---

① 《冉氏族谱·总谱》编委会编:《冉氏族谱·总谱》,内部资料2007年版,第385页。

② 同上书,第388页。

③ 同上书,第395页。

④ 同上书,第383页。

⑤ 同上书,第395页。

⑥ 同上书,第388页。

⑦ 同上。

⑧ 同上。

负一类:"余与诸君不能如越石之起舞,士雅之枕戈,而湖山偃仰,偷安一隅,此又昔人新亭之饮,所谓对此茫茫,百感交集者也。"这是一种典型的家国之思。为此,以景述怀,表现出一种"河山盟带砺,千古壮洪基"的志向,故在《登铁城寨》中言:"选胜劳登陟,凭虚揽辔时。灵岩蹲虎豹,高岫列旌旗。""雷动疑鸣鼙,风回欲舞崎。河山盟带砺,千古壮洪基。"①正是有这种家国之思,所以在与友人游览一处亭榭而友人语及西湖胜迹时,冉奇镳即赋成颇具家国之思的诗《游园在亭陈子元美偶话西湖胜迹感怀》:"湖山不可见,湖光今若何?我忆当年胜,君怀往踪多。残阳应罢舞,倦鸟亦沈歌。落日荒堤畔,谁从武穆过!"②如果没有家国之痛,作者是不会有此敏感的。但是,当时的国家动乱,已很难让他有一种好的心境,以至于在即景诗中也颇多悲情,如在《月夜》中要"长啸对高空":"旅雁鸣秋夜,流萤扑暗从。孤亭下明月,疏竹写清风。""何处吹新笛,频来听晚钟。琉璃光一片,长啸对高空。"③其原因正在于《宿来鹤亭》中所述之"窗虚门新月,良夜何其凄?美人期若何,予心将安之。今夕负明月,明月光为谁"④。在作者看来,景是因人而异的,这就是《仙人洞》所谓"景随人意静,山共道心长。惆怅添诗思,翩然云水乡"⑤。换句话说,当时的社会背景使作者产生了相应的家国之思。

正因于此家国之思,使冉奇镳特别崇拜为复国奔走的文安之,并在《呈峡州文铁庵先生》中言:"春晴游骑野情赊,送客衔杯对晓霞。灵石欲留东阁句,长教风雨洗苔花。"⑥这种寄托在另一首《寄高戎侯》中表现得十分强烈:"戎侯重阃寄,树帜展山外。纵酒日高歌,提兵夜斫寨。旭日照江城,黄云卷秋塞。一方霾祲消,四望郊愿犬。"⑦但是,冉奇镳自感无力回天,因而只是一片孤情而已。故在《中秋夜饮》中言:"把酒邀秋月,壮怀百感生。长

---

①　《冉氏族谱·总谱》编委会编:《冉氏族谱·总谱》,内部资料 2007 年版,第 392 页。

②　同上书,第 390 页。

③　同上书,第 389 页。

④　同上书,第 392 页。

⑤　同上书,第 390 页。

⑥　同上书,第 394 页。

⑦　同上书,第 393 页。

空拥皓魄,万里共孤情。"①在《中秋无月》中则言:"计望冰轮满,开轩待素娥。碧天生翳障,银汉失澄波。列炬陈歌舞,悬珠照绮罗。酒阑欢正洽,莫问夜如何!"②于《夏夜》中则表现得更为明确:"俗苦不能遣,独坐屏尘嚣。百虑斗相触,酷如炎暑繁。深夜犹无寐,闭阁复开轩。靸履下庭除,万籁阒黄昏。天际微云淡,星疏月一痕。忽闻砌虫语,如将秋到园。念兹感物化,流光迁若奔。长歌复长啸,此意与谁言?"③

我们从容美田氏诗人那里同样看到过这种情况,即一方面是有心杀敌,一方面是无力回天。冉奇镳也是这样,其《军中夜坐》即曾言:"月光如雪照吹箫,万里征人各忆家。壮气满怀消不得,夜深蛮语落灯花。匣吼青萍斗气横,男儿何日事专征?停戈一枕鸡声里,梦觉依稀拜二京!"④但是,最终还是臣服于清朝,即如《春郊阅武》中所言:"旌节拥郊西,晴光拂柳堤。龙媒骄玉勒,犀甲焕文犀。""正朔迎新律;仙藩旧锡圭。临戎怀远略,万国首同稽。"⑤这种对清朝的认同,究竟能说明什么?看来还值得认真思考。

### 四、冉崇文:平生来了非无事,幽恨茫茫与日深

冉崇文(1810—1867 年),酉阳甘溪人,郡试补弟子员,旋为优廪生。《冉崇文传》记其"生有异禀,读书十行俱下,过目则终生不忘。为文不起草,振笔直书,亦工亦速"。主要著作有《酉阳直隶州总志》24 卷、《二酉纪闻》16 卷、《访樵联吟》4 卷、《小酉山房杂录》40 卷、《冉氏家谱》12 卷,此外尚有其他碑铭、序跋、诗文、杂著等散落民间。时有四川探花(殿试一甲第三名)江国霖(官广东布政使)读之并评曰:"斯作人情道尽,痛切非常,非个中人不能构此。"⑥咸丰三年(1853 年)四川学政何绍基子贞至西主考,冉崇文获优廪生。子贞谓"冉生崇文诗论甚有抱负"并亲笔书扇赠之。惜其诗

---

① 《冉氏族谱·总谱》编委会编:《冉氏族谱·总谱》,内部资料 2007 年版,第 391页。

② 同上。

③ 同上书,第 394 页。按:原无"万籁阒黄昏,天际微云淡"句,据彭勃、祝注先注《历代土家族文人诗选》(岳麓书社 1992 年版)第 72 页增。

④ 同上书,第 391 页。

⑤ 同上书,第 392—393 页。

⑥ 彭勃、祝注先注:《历代土家族文人诗选》,岳麓书社 1992 年版,第 163 页。

文大多已散佚,幸经冉氏后人辑佚整理,现得佚诗70余首。

冉崇文生活的青壮年时代正是西方帝国主义破关而来的时代,毒品与商品、丛林法则与文明形式的矛盾同时伴随而来。但是,当时的中国人,从总体上讲并没有感到中国文明的落后,而只是对西方的丛林法则及毒品之害深有感受。冉崇文也是一样。与这种感受相应,其诗文也多是以此为契机进行反思,特别是对战争所造成的惨祸、鸦片造成的危害等进行反思。

冉崇文作有《闻客谈金陵兵燹状感赋》四首,表现出他的忧国之心与历史反思:"十年烽火惨沙场,忧国何人问女桑。话到江南离乱事,白头父老泣斜阳!""山楼津渡尚依然,铁锁销沉旧战船。欲问孝陵在何处?寒鸦飞起墓门烟。""残荷衰柳满前汀,落日荒原鬼火青。风景不殊城郭变,诸公怎不泣新亭!"[1]"玉树歌终壁月残,眉楼一角影阑干。秦淮河下胭脂水,流过清溪作嫩寒。"即使不问战争起因,"忧国"之人对"惨沙场"、"离乱事"、"壁月残"、"旧战船"、"墓门烟"、"荒原"、"鬼火青"、"城郭变"的感思,"白头父老"、"诸公",甚至"眉楼胭脂"之"泣斜阳"、"泣新亭"等,不正是举国之痛吗?冉崇所指的十年烽火,应是概指,应是对两次鸦片战争、太平天国革命战争的反映。为此,他还另有《忆明季金陵旧事》四首,以对那段历史进行反思,以反衬清季:"六伐兴亡古战场,近连吴会远柴桑。如何一载为天子,又抱铜驼泣洛阳。""石头钟阜势巍然,四镇临淮结战船。绝好家居甘撞坏,纤儿犹未解忧边。""流水栖鸦下无汀,六陵风雨哭冬青。风流赢得桃花扇,合付悲歌柳敬亭。""尽撤防江采石兵,左兵为重北兵轻。庙堂水火争方急,已报貔貅入禁城。"从"天子""泣洛阳"的历史剧变到"绝好家居"被"撞坏"的生活之变,只是转瞬之事,甚至是"纤儿犹未解忧边";从"桃花扇"之类的"悲歌"到"庙堂水火争方急,已报貔貅入禁城",不正是清王朝的晚期征象吗?说是"忆明季",实为"醒清季",能做到吗?

为了克服烟毒,劝喻世人禁吸鸦片,冉崇文作有《洋烟赋》,其开篇即力陈烟毒危害之烈:"原夫洋烟之害,实属堪嗟!传来异域,流遣天涯",其中对经济上的危害是"不吃到水尽山穷,谁能遣此;倘未至盐干米净,岂肯丢

---

[1]　白新民等编:《重庆少数民族诗选》,重庆出版社2002年版,第26页。

它";对身体上的危害是"本属夺命之膏,痴迷恬不为怪",使人形象上"面目凋零,惋惜形同色鬼;容颜枯瘦,可怜身似病鸦";体质上一改"从前一肥二胖,何等玉润珠圆"的状况,而至"而今九死一生,出自心甘情愿。身中肥虱似鱼鳞,顶上头发如茅扇,衣裳滥同鱼肉,上下不止千疤;裤子破若战裙,前后刚剩一片"。其次是愤怒讨责:"噫嘻!彼何人斯?造此孽品,毒可杀人,罪当刎颈。"最后是劝喻:"奉劝吃烟子弟,莫抛费父母银钱,有瘾明公,好保守祖宗根本。前车可鉴,毕竟害的何人;后悔已迟,快须逃出铁岭。"

值得提出的是,《洋烟赋》的流行应较广,据笔者所见的《冉氏族谱·总谱》编委会编《冉氏族谱·总谱》(内部资料2007年版)第411—414页所录与彭继宽、姚继彭主编《土家族文学史》(湖南文艺出版社1989年版)第307页所录即有差别。笔者手中还有一抄本,差别更大,如其题名为《戒洋烟赋》,并有副题《以鸦片烟上了瘾为韵》;"传来异域,海毒天涯"句为"传来外域,流遍中华";"都缘人心变幻,兼以示其奢华"句为"总缘人心变幻,兼以世道骄奢",即此可以看出,笔者所见的手抄本更多地强调了个人原因与社会原因的统一,且特别强调了一种"世界"眼光。

尽管冉崇文对烟毒、战毒有所批判,但认为自己无力解决这些社会问题,如在《遣怀》中,他或以贺知章为引,生退隐以"悟文章"之思,即承认自己"生本无才"、无力回天,于是退而思之,做几个好梦,种几处薄田,自给自足,赏花晴园:"四明休问贺知章,生本无才重庙廊。为处四间知稼穑,因逢病后悟文章。情缘拟向闲中忏,梦境多从好处忘。桐帽棕鞋凭制就,小晴园内正花香。"他或诉求于仙风道气,其因也在于不具"宰相才":"青史惟留骨几堆,不如观化且衔杯。偷桃难得神仙技,食芋谁为宰相才。酒沃枯肠芒角出,琴弹焦尾好音来。世间清福凭吾享,仲蔚门前一径开。"总之,是《游昭觉寺》中所谓"千秋忽动兴亡感,独立斜阳费苦吟"。这种感觉就是他对社会的总认知吗?好像是,又好像不是,故在《宣瓷印色盒歌》里吟咏道:"人生遇合安有定,往往奇才婴坎坷。黄钟毁弃用瓦缶,白璧沈埋悲卞埚。"前两句是说的个人际遇,后两句则说的是社会。因此,冉崇文的思考实际上是一位土家族诗人对清王朝,甚至对整个中国封建社会唱出的末世悲歌,故在《遣怀》四首组诗之四中言自己是"平生来了非无事,幽恨茫茫与日深"。

在酉阳冉氏文人群落中,还有不少文人都有自己的哲学之思,如冉广鲤,字海容,清季酉阳直隶州岁贡,性好诗文,著有《信口笛吟草》。冉正维,字地山,清季酉阳直隶州拔贡,以塾师为业,一次授徒数十,著有《老树山房诗集》,其《仡佬溪》一诗属于历史地审视民族关系的佳作:"王治渐摩数百年,淳风汤穆改蛮烟。却闻仡佬居溪上,尚在思黔启土前。纵猎俗移中夏地,踏歌声断早秋天。小民解说先朝事,卷叶吹筎信怅然。"①冉正岳,字崧维,道光丁酉(1837年)酉阳直隶州拔贡,存诗6首,全系五言。冉瑞岱,字石云,清道光年间酉阳直隶州拔贡,曾仿宋洪迈《容斋随笔》、明杨慎《丹铅录》体例辑成《唾余录》20余卷,又著诗文《偶成草》若干卷,并曾镂板。冉瑞嵩,字祝三,冉正维之子,清季增生,存诗5首,亦极富哲思。

---

① 《冉氏族谱·总谱》编委会编:《冉氏族谱·总谱》,内部资料2007年版,第401页。

# 第 六 章

# 《田氏一家言》的哲学思想

    容美土司自田世爵于正德九年(1514年)袭职以后即大力提倡中域文化,且"以诗书严课诸男,有不嗜学者,叱犬同系同食,以激辱之"①。在司中,他一方面聘请中域名士进司任教,一方面严令推行汉语、汉文。随着中域文化的推广,土司上层与中域名流的过从往来成了历久不衰的土族时尚,从而形成了土家族历史上绵延既久,影响也大的文人世家,并形成了六代九大诗人,且人人有集。田舜年在《紫芝亭诗集》小叙中说:"龙溪公(田世爵)自以幼遭家难失学,及生五世祖辈八人,咸聘名儒以教之。"②历代诗文经田舜年编纂,集成《田氏一家言》十二卷,包括卷一《秀碧堂诗集》(田玄)、卷二《镜池阁诗集》(田需霖)、卷三《止止亭诗集》(田既霖)、卷四《敬简堂诗集》(田甘霖)、卷五《敬简堂诗集》(田甘霖)、卷六《白鹿堂诗集》(田舜年)、卷七《白鹿堂诗集》(田舜年)、卷八《白鹿堂文集》(田舜年)、卷九《白鹿堂文集》(田舜年)、卷十《紫芝亭诗集》(田九龄)、卷十一《楚骚馆诗集》(田宗文)、卷十二《田信夫诗集》(田圭、附田商霖诗)。今据陈湘锋、赵平略《〈田氏一家言〉诗评注》加以研究,探讨《田氏一家言》中的哲学思想。

## 第一节　为读《南华》慨古今:田九龄的
## 文化选择与哲学思考

    田九龄的哲学思想以《晚过孔道谈元》为基本纲领,其中言:"落日廊然

---

①　鹤峰县委统战部等编:《容美土司史料汇编》,内部资料1983年版,第87页。
②　陈湘锋、赵平略:《〈田氏一家言〉诗评注》,中央民族大学出版社1999年版,第434页。

满碧岑,客乘双鸟乱松阴。淡烟疏磬浮清境,流水间云澹素心。不见仙人骑白鹿,聊同老子话黄金。冷然未必真风驭,为读《南华》慨古今。"①从中不难看出,这是专门"谈元"的哲学诗,是田九龄的一首直接指认自己哲学信仰的诗。"谈元"即"谈玄","玄"在魏晋时专指《易》学及老庄之说,后世亦泛指一般哲理。在诗中,诗人把道教与道家划分开来,明确地宣称自己"聊同老子话黄金"、"为读《南华》慨古今",其认识论的前提是"流水间云澹素心"。"不见仙人骑白鹿"、"冷然未必真风驭"则表明了作者对道教的怀疑,这种怀疑在《寄苟元君》中表现为两个连续的设问:"得道元君不易逢,几时蓬阁得相从? 他年南岳朝元去,知在云端第几峰?"②作为容美土司最早留下诗集的开派诗人,田九龄的文化选择与哲学思考具有重要的文化转折意义,是我们认识土家族15—17世纪文化选择与文化转型的重要史料。

### 一、才到红尘又忆山,山中丛桂待予攀

田九龄,字子寿,为容美土司田世爵第六子,据《容美田氏族谱》所载严守升《容美宣抚使田九龙世家》,其生年当在1530年左右,据田九龄《华容哭云梦师》、田宗文《挽六季父四韵》等,其卒年当在1590—1595年之间。这一时代,前有容美内乱——1515年百里俾弑父屠诸弟之乱,中有田九龄之父田世爵率兵抗倭且卒于军中,后有田九龄的长兄田九霄"刻深峻鸷,居官数年,每叱驭出门,民皆闭户,鸡犬无声"的苛政。田九龄则"以才名见忌,避居兰澧"③。只因田九龄的父亲田世爵曾在袭职后"痛自警惧","以诗书严课诸男"。因此,"诸子皆淹贯练达,并为成材",而田九龄更是"高才积学,以诗文齐名七才子"④,故有以诗抒志的感愤与自觉。这种自觉,从他对昭君与文姬的对比即可看出。其《吊明妃》言:"琵琶声断塞垣春,青冢年年草自新。何似文姬归万里,胡笳拍尽九边尘。"⑤认为昭君与文姬遭遇相

① 陈湘锋、赵平略:《〈田氏一家言〉诗评注》,中央民族大学出版社1999年版,第86页。
② 同上书,第56页。
③ 鹤峰县委统战部等编:《容美土司史料汇编》,内部资料1983年版,第89—90页。
④ 同上书,第87页。
⑤ 陈湘锋、赵平略:《〈田氏一家言〉诗评注》,中央民族大学出版社1999年版,第44页。

类,然文姬是诗人,留下了愤世疾恶的传世名篇;而昭君为宫人,并无辞章抒明自己的苦情。因此,诗中借文姬以吊明妃,实际上表明的是自己要像文姬那样"胡笳拍尽九边尘"。从《寄答武陵龙思所伯仲》中言"名家奕叶武陵中,尺素双鱼万里通。渔父舟航虚世代,楚臣兰佩动流风。光芒夜识双勾气,文彩(采)人夸一陆雄。若谓龙门容易到,不将声价古人同"①看,儒学教育对田九龄的影响也十分明显。

可是,哲人的生存背景使他既想承担社会责任,但又苦于报国无门,于是总在出世与入世之间挣扎,即如《归五峰庄作》中言:"才到红尘又忆山,山中丛桂待予攀。情知世事非真事,昨日归来今日闲。"②之所以有这种矛盾的心态,一个重要方面是哲人还有一种"报尽人间事不平"、"莫令人世有魔官"的责任,故于《刘生》中言:"马首黄金意气横,由来侠客有刘生。凭将尺八专诸铁,报尽人间事不平。"③在《明月寺赠太空禅师》中则言:"漫从初地访生公,风挟松涛万壑雄。仙梵阢浮双树杉,昙花散落诸天中。坐来明月元为镜,话别尘根总是空。最喜随缘沾世界,莫令人世有魔官。"④

这样一种入世与出世的纠缠,使田九龄发扬了土家族知识分子对"寻仙"的超越。在土家族思想史上,早在15世纪中叶,冉天章即对道教的"成仙"表示怀疑。据《冉氏家谱》记载,冉天章曾为第十五世土司,"幼好文翰,娴吟哦",著有诗集,但仅存《题仙人洞》七律一首,其中即言"洞里神仙渺莫猜,海风幸不引船回。四周苍藓雕虫篆,一脉灵泉撤蚌胎。花自无拘开又落,云如有约去还来。谁能静习长生术,向此烧丹扫绿苔"⑤。从冉天章到田九龄,前后近一个世纪,但崇尚道家而怀疑道教的哲学选择一直延续了下来。据此,田九龄既不是选择成仙,也不是选择入世,而是充当了介于这二者之间的"幽人"、"隐逸"、"处士"等,他关注社会,却寻求超越;他是位隐

---

① 陈湘锋、赵平略:《〈田氏一家言〉诗评注》,中央民族大学出版社1999年版,第92页。

② 同上书,第23页。

③ 同上。

④ 同上书,第80页。

⑤ 《冉氏族谱·总谱》编委会编:《冉氏族谱·总谱》,内部资料2007年版,第380页。

士,但又不离尘缘。田舜年在《紫芝亭诗集》"小叙"中说他"乃从华容孙太史学,性耽书史,喜交游,足迹遍两都,所交与唱和者多当时名士"①,即从根本上说明了田九龄的这种出入往还于尘世的心态。

田九龄的这种心态在多种诗文中有所表现,如《寄胡山人伯良客京中》有言:"云树依微起各天,秋鸿春雁总茫然。长州苑里开花坞,阎阖门前种柳烟。浮世豪华空碌碌,西江烟月自年年。遭逢四海雍熙盛,莫向鸱夷范蠡船。"②这"范蠡船"的感怀,既有对其自身处境的无奈,又有一种颇为自得的选择,还是一种崇尚道家"功成身退"处世哲学的宣言。其他如《寄洪明瑞》中言:"天外寒惊雁阵流,白榆花落洞庭秋。三湘月色浑如洗,谁共幽人鼓枻游?"③诗人自喻"幽人","谁共幽人鼓枻游?"诗人这一问,就既有对人世的关怀,又有对自己孤寂的反思。在《悠然独坐寄兴高远复得故人好音》中言:"幽兴年来颇自便,薜萝芳草共悠然。惊人岁序催黄鸟,向夕江山入紫烟。明月飞来见疑色,白云停处若为怜。故人只在沧渊外,昨日征鸿有信传。"④哲人一得故人"好音"就这样高兴,显然只是"隐人"而不是出世,更不是"仙人"。虽然在《武当道上示儿宗鼎》中有言"后金为阙玉为楹,瑶草琪花杂眼明。好是淮南成道后,共携鸡犬踏空行"之说⑤,但他心目中的仙却多是像李白那样的"谪仙",如《采石怀李白》其一中言:"仙客骑鲸去不回,斜阳芳草独徘徊。娥眉亭下金波影,拟挟冯夷抱月来。"⑥在《雪中喜张武昌殷夷陵先后书至》中又言:"十年踪迹楚山隈,车马何曾点径苔。竹翠不教狂客问,月明惟听美人来。曲中秀色看为雪,笛里梅花怨是梅。幸有玉人双白璧,强开幽兴送深杯。"⑦哲人用大部分篇幅抒写自己孤踪十年的苦闷,及由此引起的对友人的深切思念,这不能只看成是对友人的思恋,而应

---

① 陈湘锋、赵平略:《〈田氏一家言〉诗评注》,中央民族大学出版社1999年版,第434页。
② 同上书,第87页。
③ 同上书,第55页。
④ 同上书,第64页。
⑤ 同上书,第54页。按:"共携鸡犬踏空行",陈本"共"误为"其",据意当为"共",鹤峰县委统战部等编《容美土司史料汇编》(内部资料1983年版)第215页作"共"。
⑥ 同上书,第37页。
⑦ 同上书,第90页。

看成是对现世的依恋。在《蜀葵花》中以"蜀葵花"喻志:"何是戎王出匙氏,灵根喜有锦城移。烟扶翠干亭亭出,风袅丹葩冉冉披。孤立已知妨俗客,群芳莫遣妒幽姿。漫怜卫足凌霜际,最喜倾心向日时。"①一方面是自己"孤立已知妨俗客,群芳莫遣妒幽姿";另一方面是"漫怜卫足凌霜际,最喜倾心向日时",一种对尘世社会的关怀之情溢于言表。在《兰》中言:"憔悴谁将傍屈平,帘开春色转盈盈。已欢入室芳菲袭,敢向当门怨恨生。赋处不妨夸楚秀,梦来何意协燕荣。君看剩有幽香在,秦水桃花浪隐名。"②原来自己还是"君看剩有幽香在,秦水桃花浪隐名",原因正在于"憔悴谁将傍屈平,帘开春色转盈盈",即自己所怀屈子之忧能有转机吗?正是从这个意义上说,自己是只是"剩有幽香在"、"桃花浪隐名"。在《闻宋山人应元游南岳》中言:"山人自是子长流,最爱名山汗漫游。七十二峰明月夜,碧箫吹彻洞庭秋。"③自比司马迁,强调"山人自是子长流,最爱名山汗漫游",可司马迁是一个具有强烈人文精神的历史哲学家,其《报任少卿书》中给自己确定的是"亦欲以究天人之际,通古今之变,成一家之言"的人生理想。《金陵》中言:"蓬莱宫殿郁苍苍,双阙岩峣隐凤凰。桃叶渡头花似锦,长干市上月如霜。"④从仙境起意,立马转入尘世,一种"浪隐名"的形象十分明显。《醉后夜晦即事》中言:"试摘繁香泛叵罗,夜来明月隐天河。愁临弦管欢娱少,坐老风尘慷慨多。弃妇岂应工媚态,酒人时复发狂歌。乘醺拔剑听鸡鸣,却怪雄心未耗磨。"⑤看来,平常的"隐"都是装出来的,一旦"醉后",那种"乘醺拔剑听鸡鸣,却怪雄心未耗磨"的出世心态就显现出来了。所以在《赠三尹毛仲选》中说:"黄陵古庙接江城,野客翩翩吏隐名。斗色双虹埋处见,乡心五老梦来惊。薄游未效投簪计,小试聊为捧檄行。父老感恩频向说,江流应识此君心。"⑥哲人通过对这位"居卑位而不忘勤政于民,小试锋芒就博得乡

---

① 陈湘锋、赵平略:《〈田氏一家言〉诗评注》,中央民族大学出版社 1999 年版,第 105 页。

② 同上书,第 110 页。

③ 同上书,第 24 页。

④ 同上书,第 51 页。

⑤ 同上书,第 61 页。

⑥ 同上书,第 103 页。

中父老的有口皆碑,大有安贫乐道的儒士之风"的肯定,反衬自己"有志不获骋"的矛盾和苦闷。① 由此可见,"浪隐名"才是真的,而这种心情正是前言"才到红尘又忆山,山中丛桂待予攀"的期待。

**二、聊同老子话黄金,为读《南华》慨古今**

田九龄"才到红尘又忆山,山中丛桂待予攀"的期待,实际上显示出了一种对社会的无奈或"无那",故哲人在诗中多次用到这一词:《凉州曲》中言"美酒春浓琥珀流,葡萄莫谩羡凉州。纵今醉卧沙场月,无那关山万里愁"②;《四时宫词》中其《冬》言"万行琪树拥雕栏,粉黛三千侍夜阑。无那掖庭殊气候,南宫自暖北宫寒";《秋》中言"一夜凉生水殿头,芙蓉深锁六宫秋。莫将明月镂纨扇,无限班姬不奈愁"③。田九龄究竟有哪些"无那"?通过对他"聊同老子话黄金"、"为读《南华》慨古今"的清理,他具有的"无那"通常表现为:

在人与自然的关系上,田九龄显出明显的人对自然的"无那",即《金陵》其二中言:"白鹭洲连渤海潮,青龙山接午门桥。空劳秦帝三千众,遮莫东南紫气饶。"④这里表达了这样一种自然历史场景:秦淮河有南北二源,汇合于方山,西经金陵城中,北入长江。相传秦始皇征调大批劳力于方山掘流,西入江,故称秦淮河。秦始皇修秦淮河,本欲泄金陵的王气,巩固秦王朝的家天下,但秦二世而亡,所以说"空劳",这也正是一种人对自然的"无那"。

在人与人的关系上,"结密论心"已成为侈奢,故在《坐紫芝亭偶接台州冯仁卿书》中言:"双鱼忽漫沂江干,愁向孤亭对菊看。标出天台霞是色,芳传澧浦佩为兰。逢人投璧知非是,结密论心总是难。幸有忘年公子在,相思空欲报琅玕。"⑤诗中虽然肯定了与冯仁卿的感情,但背后是"逢人投璧知非

① 陈湘锋、赵平略:《〈田氏一家言〉诗评注》,中央民族大学出版社1999年版,第104页。
② 同上书,第30页。
③ 同上书,第35—36页。
④ 同上书,第51页。
⑤ 同上书,第58页。

是,结密论心总是难"。其《秋色》之一中言:"秋色随鸿到,人情逐水流。沧浪洲上月,身世两悠悠。"正是哲人对容美土司两代人之间骨肉相残、兄弟相煎的"人情"、"身世"的深刻体验的放大。在这种社会背景下,尽管哲人于其二中表明"鸿雁天边度,流年暗里过。黄金与白发,莫漫怨蹉跎"[1],但他为社会尽责之路又如何呢?哲人报国无门,被迫避居异乡。

在人与社会的关系上,哲人特别对战争造成的"悲情""无那",这或与田九龄的父亲田世爵曾率田氏土家兵远征抗倭有关。纵观有明一代,土家兵曾参与了抗倭、援辽等多次战争,其中既有全军败亡的战例,也有一战成名的荣耀,著名女将秦良玉就是在这类战争中诞生的元帅级土家族女将领。田九龄对这类战争有深刻的体验,特别是对战争中的女性遭遇,更是充满同情与理解,如《闺情》中,从自然之"香风吹紫陌,春草发华滋"联想到"纵得封侯印,红颜恐后时";从"从军砂碛外,破敌玉关东"联想到"见说今秋战,含愁问塞鸿"[2],把"闺情"与战争的不良后果联系起来思考。而且特别值得关注的是:田九龄对战争的负面效应的揭露多集中在对妇女的关怀方面,如《闺怨》中"郎逐征人去,书随塞雁来。莫将沙漠外,划却望乡台";"见说从军乐事强,东方千骑颂辉光。不知羌笛声中月,曾是菱花镜里霜。"[3]《竹枝词》中言"郎去湘江经几秋,西风北雁又南洲。含颦日月江头望,不见郎舟见客舟"[4];《杨柳枝》中言"馆娃宫畔楚章台,长傍临风玉笛哀。空令漠北征人怨,那系江南估舶回"[5];《从军》中言"大将龙驹掣电开,牙旗高拥白登台。前军未出飞狐道,已报先平虎穴回"、"白日不临青海嶂,秋风偏到玉门关。可怜一片秦时月,犹照征夫马上环"[6];《出塞曲》中言"霜落滹沱塞草腓,李陵台畔旅鸿飞。笛声吹落关山月,多少征夫泪并挥"[7];《古意》中

---

① 陈湘锋、赵平略:《〈田氏一家言〉诗评注》,中央民族大学出版社 1999 年版,第 17 页。

② 同上书,第 18 页。

③ 同上书,第 20—21 页。

④ 同上书,第 49 页。

⑤ 同上书,第 33 页。

⑥ 同上书,第 29 页。

⑦ 同上书,第 30 页。

言"奇兵十万拥雕戈,一夜秋风瀚海波。漫讶天南多戍妇,月中犹自隐嫦娥"①;《古思边》中言"秋风一夜度关河,响落寒云雁阵过。梦断白狼山下客,流黄机外月明多"②等,都具有明显的反战情绪,同时也是一种对战争的"无那"。

在社会对个人的关系上,对社会无法让个人尽责于社会的"无那",并表现出对勇于担承社会责任的责任者的赞扬与渴盼,如《西宁曲为艾和甫赋》其一中"寄声为问中朝旧,此日谁怜折槛人",其二中"一自孤臣去国后,谁人忍复唱梁州",其三中"为报故人休近塞,郢都今已在边庭",其五中"兰州一线路孤悬,五郡风烟自渺然。此日筹边思报主,何如充国旧屯田",都属此种情感③。

在人的自我身心方面,哲人有不少的忧愁要排遣,也显得"无那",故于《闷坐小窗内具酒馔有作》中言:"月色当轩度,萤光拂案流。文君应有意,漉酒为消愁。"④这些所谓的"愁",有《夏日怀友》之"愁":"愁听黄鹂唤友频,一声才尽一声新。相思空折相思树,怅望无因寄美人"⑤;《采石怀李白》之七中亦言怀人之"愁":"明月高悬万里秋,笛声忽闻起江楼。凤凰台上浮云色,别作怀君一段愁。"⑥有对自己遭忌一类的不适时之"愁",即《莫愁乐》中所谓:"郢里佳人最善讴,听来何客不忘忧。一声意外阳关曲,翻恨尊前有莫愁。"⑦其中"翻恨尊前有莫愁",正是自己"以才名见忌"的现实;《昭君辞》中有心怀故国之"愁":"愁对酡酥泼紫霞,朔风凄断戍楼笳。试看十月天山雪,争似甘泉玉树花。"⑧《洞庭湖》之二中有时变之"愁":"明月怀人倚暮愁,星河不动白云流。一声何处来鸿雁,忽闻人间万里秋。"⑨《八日

---

① 陈湘锋、赵平略:《〈田氏一家言〉诗评注》,中央民族大学出版社1999年版,第28页。
② 同上。
③ 同上书,第41—43页。
④ 同上书,第19页。
⑤ 同上书,第24页。
⑥ 同上书,第40页。
⑦ 同上书,第32页。
⑧ 同上书,第45页。
⑨ 同上书,第52页。

寄寿云梦师》中有生离死别之“愁”:“高齐掩映玉岧峣,景物谁从醉绮霄。绕砌月乘蓂上叶,垂轩雪亚柳千条。梅花笛里愁难折,琼树天南望转遥。是日醽醁知献寿,一星南极炯丹霄。”[①]《华容宿西禅寺》中有思乡之“愁”:“萍踪恍逐客星流,河汉宵涵刹影浮。八道多罗寒不谢,十方兜率画常开。台临楚子空陈迹,瑟听湘灵漫旅愁。天外忽闻仙梵落,真人曾未竺西游。”[②]在《钱塘张公客中大雪走笔慰乡国之感》亦复言:“雪雨怜君兴独劳,他乡风味怯村醪。光牵天目山头月,影叠钱塘水面潮。银海东西双崦失,玉山南北两峰高。何当共逐春流去,处处烟波泛短艘。”[③]对乡国之思的点染,同样是一种“无那”。正是这些“愁”,使哲人想做一名“醉人”而又不会长醉,即《茶墅》中言:“年时落拓苦飘零,瀹茗闲翻陆羽经。霞外独尝忘世味,丛中深构避喧亭。旗枪布处枝枝翠,雀舌含时叶叶青。万事逡巡谁得料,但逢侑酒莫言醒。”[④]《客中闻乐》言“羌笛谁将月下吹,秋风杨柳不胜悲。醉来恍觉身为客,瑶瑟休弹远别离”[⑤]。但哲人又不甘于长醉,故《寄题国华侄离骚草堂》中言:“羡尔离骚胜事并,涉江遥诵卜居城。芙蓉华集为裳句,兰芷香沉结佩名。水带湘痕流浩浩,云来岳色吐英英。凭君莫话人皆醉,昭代于今渐解醒。”[⑥]

使哲人想做一名“隐者”,《山居》中谓“风高木叶落,江净白鸥迟。独步南山下,东篱菊几枝”[⑦]即其例。又如《红梅》中言“琼姿霜霰元无染,雨露施朱分岂渐。自是千花先让笑,从教万蕊漫迎酣。妆成色晕芙蓉脸,点罢香浮玳瑁簪。别有春风谁解识,美人消息梦江南”[⑧],强调“琼姿霜霰元无染”的幽人品格。

使哲人想做一名“佛骨居然慧顶开”的贤者,以便想出办法为国竭能,

① 陈湘锋、赵平略:《〈田氏一家言〉诗评注》,中央民族大学出版社1999年版,第70页。

② 同上书,第83页。

③ 同上书,第95页。

④ 同上书,第60页。

⑤ 同上书,第32页。

⑥ 同上书,第79页。

⑦ 同上书,第18页。

⑧ 同上书,第113页。

即如《登五峰》中所言:"何年五老幻西隈,天削芙蓉衣玉台。叶叶涌如从地出,峰峰飞似自空来。长星好是虞庭度,佛骨居然慧顶开。欲向此中搏鹄骑,昆仑玄圃漫悠哉。"①

使哲人想做一名"真人",以便求"真",故《紫芝亭》言:"露浥风翻迥出尘,孤亭紫气蔼芳春。光从勾曲偏宜夜,秀苗天台总向晨。浪羡青精曾是饭,虚传玉液强为醇。藏真已自依山饵,不待桃花始避秦。"②《山楼秋思满怀别小阮兼订游约》中言:"鸣雨垂垂酿暮寒,天风楼阁犹凭栏。兼葭八月零霜露,鸿雁三秋接羽翰。漫讶楚风元尚鬼,须知蜀道不为难。寄言已辨登山屐,五岳真图拟纵观。"③《再过松滋望明月寺怀太空禅师》中言:"世外曾从惠远游,冷然清濯桂轮秋。台悬法镜光初满,鉴委金波荡欲流。千树多花银作叶,十方空界玉为楼。何来再扣真如秘,望里摩尼迥自浮。"④《登澧城遇仙楼》中言:"徙倚飞楼澧水滨,迹寄天地少红尘。到来谩说仙同遇,望处谁怜幻是真。槛外湖连三楚浸,座中山出九疑矗。居人笑指桃源路,君自渔郎我自秦。"⑤由此可以看出,诗人力求在"迥出尘"、"少红尘"之"世外"找到一处"不待桃花始避秦"的真境,有如"五岳真图拟纵观"一样,这样的世界是真实存在的,不要"到来谩说仙同遇,望处谁怜幻是真",而是"居人笑指桃源路,君自渔郎我自秦"。

这里面的一个关键是好的人才、好的国家。作者在诗文中多用汉代典故,反映出对国家形态的一种认肯,如《春邸中吴越游》中言:"神京消息渺难真,北斗城高近紫宸。云里金茎双掌露,宫中玉树万年春。晴怜柳色吴闾远,晓听莺声蓟苑新。解道孤云常捧日,肯飞黄鹄楚江滨。"⑥《寄李别驾彦孚》中言:"天马由来产渥洼,行看掣电涉流沙。即今太乙多灵贶,不独当年属汉家。"⑦此借当年"汉家"而批评当世。

① 陈湘锋、赵平略:《〈田氏一家言〉诗评注》,中央民族大学出版社1999年版,第59页。
② 同上书,第56—57页。
③ 同上书,第62—63页。
④ 同上书,第81—82页。
⑤ 同上书,第88页。
⑥ 同上书,第65页。
⑦ 同上书,第26页。

至于好的人才,田九龄也多以汉代人才为例,如《怀楚中诸社游赴公车》中言:"才子乘春已至燕,长扬羽猎未应先。连城明月来三楚,托乘金茎自九天。梅色香迎蓬苑雪,柳条青入汉宫烟。鹏搏自展扶摇翼,故国金泥誓早传。"①借汉典说明人才得用而己幽居。《喜鹏初丈高发》中言:"尔去风云会蓟台,贤书忽下楚天来。千秋雪向朱兹泻,五色云将彩笔回。北极天高临象纬,南宫地迥接蓬莱。直从朴械观周士,不向长扬数汉才。"②至于当世,云梦师即算是一例,即如《闻云梦师游华岳恨莫能从》中言:"两行紫气护秦城,岂是区区拟从横。玉女峰头探石髓,仙人掌畔挹金精。三年窟宅藏真府,百二山河壮帝京。试纵青柯坪上目,可无寄兴寄荆衡。"③其他如《送陈长阳调武昌之崇阳》中言:"君能百里著才贤,俗变歌谣藉甚传。弦诵武城谭化日,阳春郢里和歌年。牛刀再试无余地,凫鸟高飞暂楚天。在昔汉庭崇异绩,行看召对未央前。"④《伍荆州迁南仪部》中言:"荆楚棠阴蔽芾成,偶传除目下承明。即看度越诸儒礼,谁并风流六代名。斗下寝园深紫气,云端仙掌抗金茎。到来漫草三都赋,南北今夸两汉京。"⑤这些都是以汉代为参照,以便民、利民为准则的。

### 三、一时帜树骚坛极,万里人安保障心

作者有感于世道变迁,"兴亡易"代,即《荆州游章台寺》中言:"为逐同声赋远游,竭来览胜忽荆州。离宫花鸟无常主,给苑旃檀自一丘。泽在漫寻游猎迹,台荒空忆管弦秋。可怜今昔兴亡易,赤日沧波万古流。"⑥故总是想在出世与入世矛盾的艰难处境中,设法消融这种矛盾。田九龄抱着"试问道心齐物我,不知何处重离群"的心态,试选了"道心"。在《送鲁人归武陵》中言:"几曾遥寄碧氤氲,此日青牛喜见君。谈处尘挥千仞月,扶来筇绕万

---

① 陈湘锋、赵平略:《〈田氏一家言〉诗评注》,中央民族大学出版社 1999 年版,第 63 页。
② 同上书,第 76 页。
③ 同上书,第 108 页。
④ 同上书,第 101 页。
⑤ 同上书,第 98 页。
⑥ 同上书,第 84 页。

峰云。已从海外临桃水,更向山中授鸟文。试问道心齐物我,不知何处重离群。"①为此,他诉诸"玉簪",力求"况是真心原有托,不随桃李怨年华",故于《玉簪》中言:"为怜素质溥清露,颇厌浓姿斗晓霞。霓曲歌残瑶殿月,燕钗飞簇汉宫花。御装色掩金瓶晓,拥坐光凌玉辟邪。况是真心原有托,不随桃李怨年华。"②似乎一有"道心",就"真心有托"了。但是,"素质清露"与"浓姿"之斗,是否就能排遣"怨年华"之思呢?其《菊》中有所回答:"岁晚霜飞莽落英,谁将秋色点荆衡?美人林下真同逸,桂子宫中漫独清。空向沅波酬屈子,偏于篱畔醉陶生。芳心一片凌摇落,桃李如今可载荣?"③看来,上述矛盾实际上是"屈子"与"陶生"的选择问题。像这类心态上的游离,在《奉蒋公边储九永》中也有体现:"地尽崇山万岭深,边城吹角昼阴森。一时帜树骚坛极,万里人安保障心。刍粟自推西楚重,炎蒸谁道武溪淫。即看只尺氛霾散,日月天门迥照临。"④看来,还是"万里人安保障心"才是真心。所以,虽然在《晚投净慈寺》中谈到"倏然落日满戢林,客自扶推杖一寻。月度诸天辉佛镜,风回双林响仙音。才窥金粟如来相,恍识莲花不染心。翻怪此身余结习,天花散处看来深"⑤。但总体来说还是"恍识"、"翻怪",因为"凡心"未了,故于《武当谒帝》中,从一个"道境"却想到了尘世的帝宫:"五云深处响琼箫,排比云辎次第朝。何似天台图画里,但凭遥想见霞标。"⑥

尽管哲人在《李大将军还自蜀中奉寄》中言"战代勋名塞两间,铙歌自蜀西还剑。悬牛斗龙云壮新,花落旌旗虎豹闲。父老威仪欢借望,主恩弓失羡重颁。不须甘即频阳卧,早晚天书下九关"⑦,通过对将军凯旋随即赋闲,诗人学成报效无门的自我境遇显示出不可接受而又不得不接受的难堪。但作者还是想承担社会责任。所以,尽管现实处境让这种承担成为空想,但还

① 陈湘锋、赵平略:《〈田氏一家言〉诗评注》,中央民族大学出版社1999年版,第89页。
② 同上书,第110—111页。
③ 同上书,第109页。
④ 同上书,第104页。
⑤ 同上书,第82页。
⑥ 同上书,第53页。
⑦ 同上书,第94—95页。

是值得等待,故于《海棠》中言:"何处花神不爱形,几从亭畔斗娉婷。美人睡起娇无力,仙子狂来醉未醒。云卷红妆霞作障,风回翠袖锦为屏。君看自失渊材恨,别是昌州一种馨。"①在《种莲》中言:"芬菲曾挹若耶溪,手植灵根冀与齐。岂为红妆矜艳色,总缘素节挺污泥。颓颜拟藉芳同驻,妙法无妨贝叶题。幸愿花开高十丈,令人虚妒太华西。"②在《陈明府元勋召自崇阳却寄》中言:"江汉风流化不群,管弦久向日边闻。山川拥传登仙岛,玉帛徵贤绚玉文。珮转御沟春澹荡,夜沾金掌露氤氲。即看万树宫花发,何似河阳散紫芬。"③也就是说,虽然有"渊材恨",但仍然要"素节挺污泥",要"江汉风流化不群,管弦久向日边闻",即等待尽责的机会。

哲人还对当时土司地区与中域文化交流及国家的统一有所思考,即如《王弇州先生自郧镇游太和山云梦师行且往谒憾不能从》中言:"何年安石重归吴,天下苍生思正纡。赤帜三千驰艺圃,天风六翩起南图。仙凫已度索山鸟,明珠犹遗汉浦珠。四海有谁堪和雪,野人何处著巴渝。"④这里把"巴渝"与"天下"、"野人"与"苍生"等对举,一种立足于"天下苍生"而超越"巴渝"的心态得以充分的展现。其他如在《早朝效唐人体》中有言:"警跸晨传虎豹关,御沟银汉影潺湲。衣冠身集苍龙阙,佩剑声浮玉笋班。三殿觚厘悬日月,九天阊阖拥河山。既看远近梯航至,愿效巴渝送白环。"⑤一句"愿效巴渝送白环"的心情,把皇帝出行的盛大隆重与"巴渝"并举,并表现出"九天阊阖拥河山"的统一心情,这是难能可贵的。在《送新任安吴山人君翰之铜仁》中,对这一点表现得更为明白:"少年高兴意如何?到处江山览胜过。望里黄尘迷白岳,行边青草渡黄河。西来巴峡风烟异,南去盘江瘴疠多。开府好文能镇静?可翻新曲人铙歌。"⑥哲人看到了"西来巴峡风烟异"的民族差别,但这是与"行边青草渡黄河"紧密相关的。究其渊源,田九龄时代,

---

① 　陈湘锋、赵平略:《〈田氏一家言〉诗评注》,中央民族大学出版社 1999 年版,第 111 页。
② 　同上书,第 106 页。
③ 　同上书,第 100 页。
④ 　同上书,第 67 页。
⑤ 　同上书,第 66 页。
⑥ 　同上书,第 97 页。

据《明史·贵州土司》记载,紧邻容美土司的贵州思南土家族地区已于明永乐十二年改土归流,其后得以弘扬先进文化;田九龄家族也因其父引入中域文化教育,且田九龄自身遍游祖国名山大川,故形成这种祖国统一思想自应是必然趋势。

作者对中域统治的认肯表明了作者的社会政治态度,最明显的是在《答鹏初吉士赋得谒帝庐见寄承明庐见寄》中言:"帝自崇文拱玉京,赋成谒帝献承明。衣冠近就长安日,闉阖遥临北斗城。御气漫浮仙掌露,天香偏惹侍臣缨。飞来明月元荆璧,恍映藜燃太乙精。"①在庆贺鹏初吉士见用于朝廷的同时,没有忘记称颂皇恩的御气承露和天香惹缨,亦属世风中的一种陈言,实际上表现出作者对社会的责任感。在《赠大将军仁宇》中有论"谁将剡木小为舟,下峡今因访旧游。虎旅暂看云外卧,龙光偏识斗间浮。漫夸武士千钧壮,倘许词人百战优。幸喜诸宫明月夜,一樽犹自足淹留"②。对自己的怀才不遇于容美,对容美之外的"幸喜诸宫明月夜,一樽犹自足淹留"的肯定,表明作者对全国一统的鲜明态度。故在《武陵龙君赞入对》中言"才子趋车渡汉津,吴钩遥拂五陵尘。舆图山海经纶旧,客馆华阳制作新。郢雪裁成东观秀,源花并作曲江春。悬知赋草承天眷,不待吹嘘有故人"③,从"武陵"到全国的遥想,显示出哲人对国家统一的认肯。所以,在《赠张录事》中言:"宦情南北思悠悠,一日风帆去石头。六代豪华成汗漫,三湘云物足风流。望来灵鹫山头月,翻作龙宫水面秋。不信当年徐稚榻,独留今日重南州。"④此中虽然可反映土家族文人的极其开放的文化心态,但更多的是让人体会在祖国的大家庭中,"三湘云物足风流"、"独留今日重南州",即都是祖国之内的才人之用武之地。在《归忆桂亭宗侯却寄》中言:"何处黄鹂解恼人,垆头贳酒濯风尘。千门杨柳沙津色,万树烟花郢里春。盖自西园倾处旧,歌从南国和来新。何当再振兰台侍,赋就襄王梦里神。"⑤这"何当再

---

① 陈湘锋、赵平略:《〈田氏一家言〉诗评注》,中央民族大学出版社1999年版,第77页。
② 同上书,第94页。
③ 同上书,第91页。
④ 同上书,第96页。
⑤ 同上书,第99页。

振兰台侍,赋就襄王梦里神",是否应看做是楚人、土家族应当在国家事业中承担责任呢?

## 第二节 道家风骨与儒士情怀:田宗文的 社会哲学思想

田宗文,字国华,容美宣抚使田九龙之子,生卒时间不详,生年当在1562年至1567年间,卒年当在1590年至1595年间,其侄田楚产在《楚骚馆诗集》跋文中说他"奈何数奇,命不逮颜氏子"。在短暂的生命历程中,田宗文写下了大量具有思想性的作品,故田楚产又说他"冥搜玄索,追踪先哲"①,说明他的诗文中有丰富的哲学思想内涵。据研究,其总的思想取向是:分开而论自然与社会、个人与大众。个人因社会原因而愿做一名隐者、幽人;对大众而言,则希望是一个升平、儒雅的社会。个人面向自然,大众面向社会;个人高风亮节,道家风骨,不与社会同"机";社会现象则多种多样,只向隐者寻真。也就是说,他追求的是一种既属"美政"又有个人自由的美好社会。

### 一、难后惊风雨,寻真不记年

田宗文曾是一个具有"风雨提桥志"的有为青年,《楚骚馆诗集》跋文中说他"轶驾时流,其志伟,其养粹,翩翩乎风人韵士也"②。但土司制度的现实,明王朝衰落的现实,家族内部的血雨腥风,使他有一种如《下澧浦与从弟玉弦维舟有感》中所言之"难后惊风雨,飞蓬作远游"③的感觉,并产生了太多太多的问题,于是即有了一种"寻真"的使命感、责任感,有了一种如《入观国山赠女道士贞一》中所言"寻真不记年"④的努力。

田宗文有太多太多的问题需要回答,故《春日与六季父饮东墅酒家》其

---

① 陈湘锋、赵平略:《〈田氏一家言〉诗评注》,中央民族大学出版社1999年版,第435页。
② 同上。
③ 同上书,第116页。
④ 同上书,第147页。

一中有"世事浮沉哪足问"①的感叹,如《答寄武陵龙君超》中谓"忽谩题诗问桂丛"②,应是科举考试的出路问题;《张公叔见佐郡武昌投赠》中谓"为问登临江上月,可能不使使君愁"③,应是了结个人愁肠情结的问题;《从季父饮中得龙君超君善书因有卜居桃川之约》中谓"溪沿桃树应含笑,水泛胡麻易问津"④,应是如何找寻一个能使人安身立命之所的问题;《陈广文裁甫不赴汉中归武陵有赠》中谓"借问题铭兼叱驭,何如习静自披襟"⑤,应是个人努力与社会适应的关系问题;在《丙戌春日试笔柬六季父》中谓"搔首自惭多委顿,何如石上坐垂纶"⑥、在《早秋寄龙博士云舆》中谓"相思兼旅思,无那夜如何"⑦,应是就田宗文自己一类人如何自处的问题;《宿伸公房别伸公》中谓"何年南岳寺,振策共相依"⑧,应是与朋友共同奋斗的问题;《携家澧浦诸昆季饯送志别》中谓"惆怅有谁同吊古,屈原祠畔泪沾衣"⑨、《过三闾祠有感》中谓"积雨迷芳杜,那能不损思"⑩,应是忧国忧民之思的问题;《莲池宴集伐寄武昌所欢》中谓"几时花月下,含笑对萧娘"⑪,应是如何找寻自己理想的人生伴侣问题;《将泛舟归别毛茂才》中谓"结客从谁定,谈诗赖有君"⑫、《答寄武陵龙君超》中谓"一自武陵人去后,桃花开处与谁同"⑬、《六季父苦雨不至作此促之》中谓"林花红湿谁同醉,堤柳青垂好共攀"⑭、《秋夜闻笛怀似默李丈》中谓"谁家长笛怨西风,别思飘摇向楚宫"⑮、《九日

---

① 陈湘锋、赵平略:《〈田氏一家言〉诗评注》,中央民族大学出版社 1999 年版,第 154 页。
② 同上书,第 166 页。
③ 同上书,第 175 页。
④ 同上书,第 195 页。
⑤ 同上书,第 196 页。
⑥ 同上书,第 188 页。
⑦ 同上书,第 124 页。
⑧ 同上书,第 127 页。
⑨ 同上书,第 162 页。
⑩ 同上书,第 115 页。
⑪ 同上书,第 136 页。
⑫ 同上书,第 145 页。
⑬ 同上书,第 166 页。
⑭ 同上书,第 174 页。
⑮ 同上书,第 176 页。

与虞子墨对酌楚骚馆有赠》中谓"谁道散愁惟有酒,萸樽编遣泪如丝"①,则是朋友诗情与友情问题等;《登遇仙楼寄玄璞子》中谓"楼阁风烟外,何时一论文"②、《姜元浑入对》中谓"上林新赋就,何日寄烟萝"③、《哭云梦师》其一中谓"修文君地下,张楚更何人"④、《习孺先生六上春馆矣兹复将挟箧宗文为先生门人知先生所就因作律一章壮先生行色》中谓"叔敖千载后,献赋更谁并"⑤,应是问文化发展的出路问题;《送似默丈还岳阳因呈太素公先辈》中谓"君山明月下,何处共仙舟"⑥,应是问哪里有一个好的家园的问题;《寄碧霞元君》中谓"探奇我亦东方朔,何日山头采碧桃"⑦、《寄方道与》中谓"知尔登楼乃有赋,可无飞梦到瀛州"⑧、《登山以雨留山院》中谓"永夜放歌浑不寐,赤松何处可招寻"⑨,应是寻找得道高人的问题等。这些问题中,有的应是"国是",如《感述》中谓"有地已全归禹贡,殊方何事异尧天"⑩、《参山会余斗山使君》中谓"八极此时同眺望,九边何日可雄豪"⑪、《重登太岳绝顶》中谓"故国何处是,极目不胜愁"⑫、《陈广文裁甫不赴汉中归武陵有赠》中谓"抱琴计日卧空林,方朔哪能久陆沉"⑬等;有的应是问敢于牺牲自己为社会负责的英雄何出的问题,如《过掇刀祠见姚铫兄弟壁间诗感作》中谓"庆卿何处所,击筑自成悲"⑭、《秋夜闻笛怀似默李丈》中谓"肠断庆卿何处所?兴来双鞋欲凌空"⑮等;有的是属当权者之问,如《走笔

① 陈湘锋、赵平略:《〈田氏一家言〉诗评注》,中央民族大学出版社1999年版,第194页。
② 同上书,第147页。
③ 同上书,第149页。
④ 同上书,第133页。
⑤ 同上书,第137页。
⑥ 同上书,第141页。
⑦ 同上书,第161页。
⑧ 同上书,第165页。
⑨ 同上书,第185页。
⑩ 同上。
⑪ 同上书,第173页。
⑫ 同上书,第146页。
⑬ 同上书,第196页。
⑭ 同上书,第150页。
⑮ 同上书,第176页。

送陈明府》中谓"前席定知承顾问"①、《华容周明府入觐》中谓"圣主从容频问俗"②等。

面对上述众多的问题，田宗文要"寻真"、"采真"，自己也希望成为一名"真人"。《入观国山赠女道士贞一》中谓："采药来青嶂，寻真不记年。芒鞋时步月，竹枝迥凌烟。楼阁云霄外，岩峦水石边。长生吾所慕，从此欲栖玄。"③故有学者谓"寻真，是田宗文诗歌的一个重要主题，现实中找不到实现自己理想的途径，于是，只有把目光转向虚幻的神仙世界，这固然是一种逃避，但也表现了诗人绝不与世俗同流的决心。寻真，其实是对一种高洁人格的追求"④。

其实，田宗文最初并不是如此的，他力求探索这些问题，即求其"机"。如要探讨"塞翁机"，即《携家澧浦诸昆季饯送志别》中谓"山川迢遥草菲菲，送别关头客渐稀。世事久弃庄叟梦，去来难辨塞翁机"⑤。这当然涉及祸福转化等问题。但是他并没有找到，于是想到了"息机"，即《山庄小筑谢客有怀武陵龙君善君赞陈智夫诸君》其一中谓"却意仙源花下客，息机终日对渔人"⑥；想到了"持心"，即《登山以雨留山院》中谓"丹丘风雨气萧森，石径迢遥路转深。总为青山堪避世，还因仙院可持心"⑦，实际上是为了"避世"。为此，他找了一条捷径——"采真"，即远隔浮世，故《寄呈周太霞先生》中谓"忆昔采真浮汉水，丈人江阁重相留。谭禅花落三千界，吹笛寒生十二楼。露下雁来梁苑晓，月明人醉习池秋"⑧；《澧上送伍景光还南昌王子枢还长沙》中谓"幽期如不负，早共采真游"⑨。同时也找了一条虚径——通过努

---

① 陈湘锋、赵平略：《〈田氏一家言〉诗评注》，中央民族大学出版社1999年版，第169页。

② 同上书，第198页。

③ 同上书，第147页。

④ 同上书，第148页。

⑤ 同上书，第162页。

⑥ 同上书，第156页。

⑦ 同上书，第185页。按："丹丘"，鹤峰县委统战部等编《容美土司史料汇编》(内部资料1983年版)第243页作"丹庄"。

⑧ 同上书，第172页。

⑨ 同上书，第145页。

力做一名"真人",即如《崟山会余斗山使君》中则谓"汗漫崟山采碧桃,云霞错落护仙曹。风前玉女璚箫落,树里真人石窦高"①。正是这两条路径,我们看到了一个土家族青年的哲学思维之路。

### 二、冥搜玄索,追踪先哲

田宗文笔下的先哲主要是中域文化视野下的先哲,故他如饥似渴地学习中域文化,真正是"冥搜玄索,追踪先哲"。

为了学习,他拜了不少名师,如《己丑岁下湘江谒云梦师》,当时的感觉是很好的:"问字浮湘日,飘零拟壮游。"目的是明确的,即"早期传约束,鞭弭向神州"②。翻译成今天的话说即是"到中域去学习"。在《中酒朝眠忽报梅花初放徘徊起视适冯老师踏雪至》中,因名师的到来,"剧谈情不浅,佳思自悠哉。"③在《饮孙公习孺长啸亭感》中则表示,为了学习而"卜筑尘氛外,高居俯碧岑"、"竹里聆长啸,风前自苦吟。"哪怕是"世情谈转剧,慷慨各沾襟"④也无所谓,描写了一种奋发向上的有为青年形象。而一旦名师仙逝,则痛感强烈,故有《哭云梦师》二首:"拟从浮沧海,那知遽返真。修文君地下,张楚更何人。百岁期虽促,千秋赋自新。试歌薤上露,寂寞益伤神。""不堪流落际,又是哭君时。万事已云毕,交情难重期。寒松风户寂,白日竹台迷。欲作招魂赋,浮生转自悲。"⑤

为了学习,他有不少好学的朋友与名流,故田楚产在《楚骚馆诗集》跋文中说:"主臣国华叔,自山中出居,交游海内贤豪,江汉诸名达倡酬寄赠,翩章伙伙。"从现存的诗文中可以看出,与他交往的朋友除六季父田九龄外,复有从兄国承、从弟玉弦、云梦师、龙君超、龙君善、龙君赞、陈智夫、冯老师、彭东泽、伍仪部、龚孝廉、龙云舆、周明府、张明府、陈明府、周太霞、余斗

---

① 陈湘锋、赵平略:《〈田氏一家言〉诗评注》,中央民族大学出版社1999年版,第173页。按:"璚箫",依鹤峰县委统战部等编《容美土司史料汇编》(内部资料1983年版)第250页改。

② 同上书,第118页。

③ 同上书,第120页。

④ 同上书,第132页。

⑤ 同上书,第133—134页。

山、张叔见、张叔成、殷夷陵、郭美命、虞子墨、陈长阳、伸公、郭仁翁、孙习孺、陈广文、刘功甫、林扶京、李似默、毛茂才、罗泰阶、伍景光、玄璞子、慧真禅师、女道士贞一、方道与、艾和甫、姜元浑、张郡丞等等。这些人都应有一定才华，如《送龙君超上春馆》中说龙君超"射策知才子，惊人定一鸣"、《寄江夏彭东泽》中谓"羡尔千夫俊，怜予万里愁"等。

通过学习与选择，田宗文确立了自己的先哲标准：

首先，屈原——民族与国家关系方面的榜样。田宗文生活在容美土司内部争权夺利最激烈的时期，是否因此受到株连，不得而知。但他出居澧州，营建"离骚草堂"，诗集被命名为《楚骚馆诗集》，多少透露出一些信息。屈原能成为他心目中最崇圣的先哲，应是一种反映。

作为对田宗文影响最大的古代先哲，田宗文现存的 84 首诗中，明确表现对屈原怀念的就有 5 首，在其他诗文中也多处用《离骚》义典，如《过三闾祠有感》言："纫兰过古岸，选胜吊遗祠。积雨迷芳杜，那能不损思？"①《似默李丈过访言愁酒酣赋赠》中言"踟蹰风雨夕，放泪读《离骚》"②；《山房秋兴》其一言"读罢离骚回首处，潇然一榻白云高"③；《林扶京来自襄洛过楚骚馆有赠》中言"吊罢灵均倍惆怅，还将浊酒暂为欢"④；《携家澧浦诸昆季饯送志别》中言"惆怅有谁同吊古，屈原祠畔泪沾衣"⑤。田宗文的忧国忧民的情思，就是屈原踟蹰徘徊的形象。楚地之所以能成为田宗文国家观的一个重要环节，与屈原的影响是分不开的。

其次，竹林七贤——个人与社会关系方面的追求。由于对社会本身的病态反映强烈，由于田九龄与田宗文叔侄太过类似于"竹林七贤"中的"二阮"（阮籍、阮咸叔侄），故在处理个人与社会关系方面，田宗文追求的就是"竹林七贤"。

田宗文诗文中用典，有 8 处涉及"二阮"，如在《春日与六季父饮东墅酒

---

① 陈湘锋、赵平略：《〈田氏一家言〉诗评注》，中央民族大学出版社 1999 年版，第 115 页。
② 同上书，第 151 页。
③ 同上书，第 158 页。
④ 同上书，第 171 页。
⑤ 同上书，第 162 页。

家》其一中言"人自竹林成二阮,山从物外似方壶";"世事浮沉哪足问,且将身逐酒家胡"①;在《归澧后忆在华容习孺叔成孝廉鹏初太史道伸和尚醉游有述》中言"忆昨兴来寻二阮,竹林云石漫跻攀"②;《从季父饮中得龙君超君善书因有卜居桃川之约》中言"任是风流嗣阮籍,那如同卜武陵春"③。

田宗文与田九龄之钟情于"竹林七贤"中的"二阮",至少在"形似"上有相同的原因,即游离于社会之"外"。不过,这"二田"是被迫的。田九龄在其父田世爵故去后,长兄田九霄承袭土司爵位。严守升《容美宣抚使田九霄世家》载田九霄"居官数年,每叱驭出门,民皆闭户,鸡犬无声",致使兄弟间的关系十分紧张,除二哥田九龙以"善藏其用,终得免祸"外,田九龄五哥田九璋因"不无轻飏之举,竟获罪凶终"的悲惨结局,自己则因"以才名见忌"而"避居兰澧"④,其《登澧城遇仙楼》自嘲为:"居人笑指桃源路,君自渔郎我自秦。"田宗文则在《丙戌春日试笔柬六季父》中感于"世事变迁惊岁月,人情翻覆失疏亲"⑤,看来也是与田九龄一样而作被迫出世之举的,他自幼就远离乡地容美出居澧州并营建"离骚草堂",避世远遁,过漂泊无依的生活,本身与"二阮"并非"神似"。

再次,社会治理——宓子、周公、召公,亦儒亦道的治世思想。如何治理社会?田宗文的先哲类型是宓子、周公、召公,故在《奉呈王郡侯》中言:"惠化总如周召伯,风流不减谢临川。"⑥《过华容奉呈周明府》言:"政成推鲁宓,赋就失邹枚。"⑦《泊舟石门呈张明府》言:"赋识张衡秀,琴多宓子贤。"⑧《走笔送陈明府》言:"琴声初散宓分堂,双鞋遥飞入尚方。"⑨《华容周明府

---

① 陈湘锋、赵平略:《〈田氏一家言〉诗评注》,中央民族大学出版社 1999 年版,第 154 页。

② 同上书,第 180 页。

③ 同上书,第 195 页。

④ 鹤峰县委统战部等编:《容美土司史料汇编》,内部资料 1983 年版,第 89—90 页。

⑤ 陈湘锋、赵平略:《〈田氏一家言〉诗评注》,中央民族大学出版社 1999 年版,第 188 页。

⑥ 同上书,第 191 页。

⑦ 同上书,第 125 页。

⑧ 同上书,第 126 页。

⑨ 同上书,第 169 页。

入觐》言："湖边暂解宓公琴，车马翩翩入上林。……催科自昔忧民瘼，抚字于今识吏心。"①《投赠陈长阳》言："阳春欲和惭非调，北望空悬宓子堂。"②"宓子"、"棠阴"、"周召"等，都有美好的治政典故，在田宗文看来，美好的治政就应像这样：宓子即宓不齐，春秋末期鲁国人，字子贱，孔子学生，曾为单父宰，相传其身不下堂，鸣琴而治。周召即周公和召公，周公是西周初年政治家，姬姓，周武王之弟，名旦，因采邑在周，称为周公，曾助武王灭商，武王死后，成王年幼，由他摄政，相传他制礼作乐，建立典章制度，主张"明德慎罚"。召公为周燕国的始祖，名奭，因采邑在召，称为召公或召伯，曾佐武王灭商，被封于燕，成王时与周公旦共同辅政，二人合称周召。棠阴即传说周召公奭巡行南国，在棠阴下听讼断案，后人思之，不忍伐其树。因以"棠阴"喻惠政。由此看出，田宗文的治政理想是什么了。

　　田宗文的上述思想使他在诗中为社会呼唤"良吏"、"圣主"，并希望"良吏"、"圣主"能给社会带来"棠阴"，故在《华容周明府入觐》中希望"催科自昔忧民瘼，抚字于今识吏心。圣主从容频问俗，定知花县有棠阴"③。在《奉送殷夷陵开美入觐》中希望"共知荐最明堂日，独有循良早见招"④。在《投赠陈长阳》中即提到了两个古代名吏，即"仙吏星轺出建章，到来花色似河阳"、"阳春欲和惭非调，北望空悬宓子堂。"⑤在《陈广文裁甫不赴汉中归武陵有赠》中以"抱琴计日卧空林，方朔哪能久陆沉"⑥来表示良吏终有出头之日。

　　最后，庄子——人格理想的代名词。田宗文的人格理想是像庄子那样生活，属真人型理想。在《携家澧浦诸昆季饯送志别》中言："世事久弃庄叟梦，去来难辨塞翁机。"⑦对当时社会"世事久弃庄叟梦"的失格表示了一定的反感。在《慧真禅师来憩石人峰倚杖访之因赠一律》中肯定《庄子·刻

①　陈湘锋、赵平略：《〈田氏一家言〉诗评注》，中央民族大学出版社1999年版，第198页。
②　同上书，第201页。
③　同上书，第198页。
④　同上书，第199页。
⑤　同上书，第201页。
⑥　同上书，第196页。
⑦　同上书，第162页。

意》中"其生若浮,其死若休"的思想,认肯"浮生无佳著,相对不知还"①,即体现了这一思想。

田宗文崇尚庄子的人格理想是与他对社会的复杂情感相关的,一方面,他在《登遇仙楼》中认为"芳草寒云人代谢,红尘赤日古今愁",以至于"多难不堪摇落后,潜然双泪俯江流"②。在《短歌行约玄璞子炼药君山》中也言"有身不就黄金药,寂寞空为世所悲",表现出一种对现世苦难莫可奈何的情感来,故有出世的感觉:"玄璞子,吾与尔为期:行吟竹枝相追随,君山老人实可师。"③以至于在《陈广文裁甫不赴汉中归武陵有赠》中提出了隐居的想法:"家邻古洞桃花满,门对芳洲橘树深。借问题铭兼叱驭,何如习静自披襟?"④想去探讨"习静"之法了。在《吴君翰自燕抵汴晤孔炎子厚远离罗施谭元戎宗启兹来山中访季父与文感而赠之工拙不论》中有"五岳自来饶异草,寻仙好共白云过"⑤句,同样表明了这种出世态度。在《从季父饮中得龙君超君善书因有卜居桃川之约》中对这一思想表现得最明确:"数椽茅屋倚江滨,纵饮雄谈不计贫。霄汉故交鸿雁字,舟航渔父晋秦人。溪沿桃树应含笑,水泛胡麻易问津。任是风流嗣阮籍,那如同卜武陵春。"⑥

### 三、神州殊方,望同禹贡

田宗文的特殊身世及特殊经历,使他在容美—澧州—楚人—神州的空间伸展中确立了一种独特的国家观,具有了一定的"近代"自觉,从这个意义上说,他是一个宫廷斗争的牺牲品与一个因祸得福的思想家。

田宗文的国家观显然已具有近代民族国家的意义,不属于传统的王朝国家观。在其国家观中,有三个层次:一是家乡;二是楚地;三是中国。其思维进程是把自己置于家乡,把家乡置于楚地,把楚地置于中国。

---

① 陈湘锋、赵平略:《〈田氏一家言〉诗评注》,中央民族大学出版社1999年版,第122页。按:"佳著",依鹤峰县委统战部等编《容美土司史料汇编》(内部资料1983年版)第259页改。

② 同上书,第183页。

③ 同上书,第203页。

④ 同上书,第196页。

⑤ 同上书,第193页。

⑥ 同上书,第195页。

把自己置于家乡,表现在强烈的思想情绪上。在《艾和甫谪西宁有赠》中有"逐客飘零万里游,西风黄叶陇山秋"①句,虽写的是艾和甫先生,但实际上写自己是"逐客",即不见容于容美土司,而漂泊于沅湘澧之间。在《澧上思亲感作》中明论自己的这种思乡情感:"孤云落日满江干,薄暮思亲泪已残。梦入故园闻雁断,愁来风雨畏途难。舟牵荻月过寒浦,人醉芦烟宿晚湍。咄咄独惭生计拙,莫从莱彩一承欢。"②在《登遇仙楼》中有"薜萝梦绕空中月,风雨心悬故里秋"③句;在《己丑岁下湘江谒云梦师》中有"荻花牵别思,枫月动乡愁"④句;在《陈广文裁甫不赴汉中归武陵有赠》中以"故里已弃渔父约,天涯堪作白头吟"⑤来表示自己对家乡的复杂情感。在《吴君翰自燕抵汴晤孔炎子厚远离罗施谭元戎宗启兹来山中访季父与文感而赠之工拙不论》中有"春生萝渚归心远,日落黄山旅思多"⑥句,更表明了容美不管怎么说都是他永远的"家"。

把家乡置于楚地,是表明他对楚的一种地域认同感。在《送张叔成入对》中他肯定"楚国多才子,人龙总让君"⑦,在《姜元浑入对》中他同样肯定"天下论才子,从来楚士多"⑧,这些都表明他对楚地的自信情感。在《奉送殷夷陵开美入觐》中对即将到京入觐的殷夷陵提出希望,即"柳色晴牵南国兴,莺声春答汉宫韶"⑨,要求他不应忘记了自己的故土南国。在《投赠陈长阳》中既对陈长阳"赋里兰栽楚国香"、"兴高云物满潇湘"表示感奋,又对自己生在楚地而才学不高表示了惭愧,即"阳春欲和惭非调"⑩;在《吴君翰自燕抵汴晤孔炎子厚远离罗施谭元戎宗启兹来山中访季父与文感而赠之工拙

---

① 陈湘锋、赵平略:《〈田氏一家言〉诗评注》,中央民族大学出版社 1999 年版,第 167 页。
② 同上书,第 182 页。
③ 同上书,第 183 页。
④ 同上书,第 118 页。
⑤ 同上书,第 196 页。按:"已弃",依鹤峰县委统战部等编《容美土司史料汇编》(内部资料 1983 年版)第 254 页改。
⑥ 同上书,第 193 页。
⑦ 同上书,第 148 页。
⑧ 同上书,第 149 页。
⑨ 同上书,第 199 页。
⑩ 同上书,第 201 页。

不论》中也同样表现出这种惭愧:"楚客却惭巴里曲,吴郎翻作郢中歌。"①在《寄郭美命太史》中谈到远离楚地的郭美命太史哪怕是"歌边人醉新风月,柳外衣沾上苑花"②,恐也是"挥洒定应饶楚调,阳春早已献重华",即还有楚地特点。总之,由越容美而申楚情,已是一种胸怀的扩大,是一种观念的升华。

把楚地置于中国,是说其"近代"的国家认同。在这里,田宗文先是看到了中国的复杂性,即全国各地差别很大,即如《送吴君翰之铜仁谒谭总戎宗启》中所谓"风观鬼国衣裳别,路出盘江故侣稀"③。但是,这并没有改变他赞成国家统一、文化发达的情怀,即使是对包括自己家族在内的土司制度,故在《有感》中对土司制度与国家统一的关系进行了阐明:"石门寒雨暗芳荪,雾隐云霾虎自蹲。四海南风时正动,五溪白日昼长昏。"④通过这种利弊对比,他在《感述》中表明自己的明确态度:"五溪铜柱暗寒烟,回首依然抱病年。有地已全归禹贡,殊方何事异尧天。愁闻豺虎横原野,不见南风起陌阡。只尺讲堂余化在,愿同文物入薰弦。"⑤

田宗文有这种国家观是正常的,因其前辈已有了一种比较正确的认识,如《容美宣抚使田九霄世家》言"土人效力疆场,犬马微劳,分所宜也",既言自己乃"土人",明自己的民族意识;又言"土人效力疆场,犬马微劳,分所宜也"⑥,明国家意识。这二者是值得重视的。尽管其先辈当时还是"土人之性",即如《容美宣抚使田胜贵世家》引田胜贵之意曰"土人僻处不毛,即世享终王,亦不过戎索羁縻而已",并认定这是"山林狂戆之性"⑦。但已颇为"知礼",有儒家文化的价值观。

但是,田宗文对"国"已有了更深入的思索:"国"是指什么? 在《重登太

---

① 陈湘锋、赵平略:《〈田氏一家言〉诗评注》,中央民族大学出版社 1999 年版,第 193 页。

② 同上书,第 190 页。按:陈本作"丰月",今据鹤峰县委统战部等编《容美土司史料汇编》(内部资料 1983 年版)第 245 页改作"风月"。

③ 同上书,第 200 页。

④ 同上书,第 159 页。

⑤ 同上书,第 186 页。

⑥ 鹤峰县委统战部等编:《容美土司史料汇编》,内部资料 1983 年版,第 89 页。

⑦ 同上书,第 85 页。

岳绝顶》中有"故国何处是,极目不胜愁"①句,在《艾和甫谪西宁有赠》中有"白云不尽思亲泪,落日长悬去国愁"②句,当时的明朝并没有灭亡,显然不是指明朝灭亡之事。但是,有感于社会病态,有感于明朝的气数将尽,未来应是"何国"? 这"愁"的程度,他在《九日与虞子墨对酌楚骚馆有赠》中讲得特别深沉:"大浮山下鸿来时,节序惊心旅思危。岐路几人能勿哭,当秋何客不成悲。风高古木凋前槛,雨外疏花护短篱。谁道散愁惟有酒,茰樽编遣泪如丝。"③

在《奉呈王郡侯》中似对这种理想国家有所猜测:"汉家岳牧藉才贤,五马翩翩治郡年。惠化总如周召伯,风流不减谢临川。荒郊共羡棠阴满,泽国争传麦秀篇。击壤向来同父老,还因歌诵奏车前。"④如果要加以概括,这种"国"就是既有美政,又有自由,其纲领即是"惠化总如周召伯,风流不减谢临川"。这样的国家,是否已有了近代意义?

## 第三节　诗、史、思:田玄父子四人的"甲申除夕感怀"

1644 年,李自成农民起义军攻进北京,崇祯皇帝自缢身亡。同年清军继之而后攻入北京,开始了清朝的统治。这一年除夕,曾在镇压农民起义过程中恢复祖上荣光的容美土司田玄父子四人得到了明清世运之变的消息,并对这一"岁运"之变进行了深度思考,从而反映出土家族地区与中域王朝的特殊关系,田玄父子四人的《甲申除夕感怀诗》各 10 首共 40 首因此而具有了诗、史、思的意义。

### 一、父子四人"一唱三和皆国愁,公亦垂纶远虎兕"

田玄,字太初,号墨顿,史称仁忠公、武靖公,生于明万历十八年(1590

①　陈湘锋、赵平略:《〈田氏一家言〉诗评注》,中央民族大学出版社 1999 年版,第 146 页。
②　同上书,第 167 页。
③　同上书,第 194 页。
④　同上书,第 191 页。

年),明天启五年(1625 年)35 岁时袭容美宣抚使,南明隆武二年丙戌即清顺治三年(1646 年)卒于司主任上。据《田氏世家》九记载,田玄因参与镇压李自成、张献忠农民起义军有功,明王朝"优诏褒之,乃赐国初旧职,由宣抚使职进为军民宣慰使"①。

田霈霖,田玄长子,字厚生,号双云,约生于明万历三十七年(1609 年)。田霈霖 20 岁即补澧州博士弟子,寻改长阳县学,其父田玄常以政事谘决于他。据《田既霖世家》称田玄田霈霖父子"三年之内,先后捐馆(死亡)"推论②,田玄于 1646 年殁后,田霈霖袭父职任司主仅三个年头即卒,时当为清顺治五年(1648 年)。

田既霖,号夏云,田玄次子。约生于明万历三十八年至三十九年(1610—1611 年)间,殁于清顺治十四年(1657 年)。少年时与其兄及两个弟弟甘霖、苏霖就读外署,20 岁补长阳县学,治毛诗。曾于田霈霖"忧愤暴蹶而卒"后暂摄司主权柄八年,然"以诸政委决于弟而已"③。顺治十二年(1655 年),按其弟田甘霖建议,奉表降清,成为清王朝首任容美司主。

田甘霖,字铁峰,号特云,田玄第三子。生于明万历四十年(1612 年),卒于清康熙十四年(1675 年),享年 63 岁。自幼曾闭门攻举业,于 20 岁时补长阳博士弟子员,30 岁时入楚闱;父兄在位时,曾随父兄领军参战并协理政务,清顺治十二年(1655 年)还代表其兄司主田既霖奉表降清,两年后以次膺任容美宣慰使,时年 45 岁。田甘霖继位前虽"谨事厥兄,克全孝友,无纤介嫌",但仍难免"元配覃夫人遭谤投缳"④;继位次年又被掳刘体纯营中,四年后始得赎回,虽于康熙元年上疏朝廷,说明了被掳事件的缘由和经过,请求恢复封号并得到了清王朝敕赐,但"三藩之乱"时又接受吴三桂的封号。田甘霖就在这样一种政治风云诡谲莫测的环境中抗争并生存,因而只能在无所适从中忧虑而逝。

据田玄《甲申除夕感怀诗》称:"余受先帝宠锡,实为边臣奇遇,赤眉为虐,朱茀多惭,悲感前事,呜咽成诗,以示儿子霈霖、既霖、甘霖辈,各宣欲言,

---

① 鹤峰县委统战部等编:《容美土司史料汇编》,内部资料 1983 年版,第 95 页。
② 同上书,第 101 页。
③ 同上书,第 100 页。
④ 同上书,第 98 页。

遂相率步韵,命曰《笠浦合集》,各十章,章八句。"也就是说,田玄父子四人是在这"岁运趋于维新"之时①,"各宣欲言",阐明自己的真实思想而成诗的。诗的主题就是阐明对明、清"岁运"之变的历史反思。从诗、史、思的角度看,四人虽然有共同的历史倾向,但存在着对同一历史事件的不同分梳,显示出不同的哲学之"思"。田甘霖在《感怀文铁庵先生有序》中曾对这一组诗有一个总的评价,即"一唱三和皆国愁,公亦垂纶远虎兕。先子勉公无高卧,恐负苍生望孔迩。瑞气还萦旧楚西,遗老仍作盐枚委。"②因此,分析这一组诗有重要意义。

## 二、田玄"趋新群动易,恋旧抗怀难"

田玄作为长者,是从"岁运趋于维新,老人每多怀旧"的新旧交替的纵向历史辨识中来认识这一"岁运"之替的。其《甲申除夕感怀诗》十首之一即表示了"飞光悲腊尽,一夕尚今年",即在这一新年将至时,首先想到的是"坐叹龙髯杳,谁攀羲辔还。旧恩难遽释,孤愤岂徒悬",对于明朝皇帝的死及对自己的恩作了正面阐明,并对"纵说青阳好,笙歌辍市廛"表示了不解。其二是从大人与小孩的不同感受中表现自己的痛苦,即一方面是可以理解的儿童之欢,因"儿童未解意,柏酒过相劳";另一方面则是有感于自己与明王朝的关系而产生的悲:"曾饱谁家粟,难看改岁桃。酸心听画角,伏枕厌铃鼗。逆数经年过,惊蓬转泛舠。"其三是感于时事变化之快,感于自己及容美土司的未来,春愁难遣,在这"愁先青鸟至,眼转白驹过。往事归春梦,流光付逝波"的变化代谢之时,自己却"未堪言代谢,意气隐消磨",是人老了,还是对时代无法把握?看来是兼而有之,因为"终岁蹉跎晚,重新可奈何"?故自第四首以下,对自己的那些无可奈何之事作了说明,并把自己的立场表明:一方面是"遗人辞故主,拥鼻增辛酸",一方面是自己"矢志终身晋,宁忘五世韩";一方面是"何事都门下,尚多不罢官",一方面是"趋新群动易,恋旧抗怀难"(其四)。应该说,这一个除夕是一个巨大的历史变迁:

① 陈湘锋、赵平略:《〈田氏一家言〉诗评注》,中央民族大学出版社1999年版,第206页。下引田玄《甲申除夕感怀诗》并见第206—210页,不另注。
② 同上书,第376页。

"两载孚时刻,从前积庆奢。颜惊天步改,代讶岁华差。"尽管人们在过节,仍然"桂火延斯夜,椒花竞万家",作者却是"明年犹故我,回忆事何遐"(其五)。把一般大众与自己的不同感受呈现了出来。但是,自己又能如何呢?在这"隔宿分新旧,斯时匪往时"之多事之季,用好自己的一心一眼,即应"闲心嗟过客,冷眼盼残棋"。通过历史反思,第一个结论是看谁能救国,最后还是没有答案:"虚抱三闾憾,谁将一木支。"因而诗人哲学家也就只能"许多慷慨意,寂寂压双眉"了(其六)。在这种背景下,由于"浮云悲往事,爱日籍雄谈。咫尺分兴废,关心北徂南",南明政权的结局如何?还并不明确,因而"年华曾莫挽,真味几能甘?频剪筵前烛,虚传席上柑"(其七)。再好的吃的也是没有胃口的。因为在这种关键环节,任何一步走错,损失都会是不可估量的。所以,当人们不能左右自己时,时呀、命呀就来了,在"懒无诗可祭,叹步贾僧尘"时,在"漏将五转鼓,人又一筹春"时,在"不忍言宵促,难为明日身"时,诗人哲学家只能"朔晦听成数,乘除付定因"(其八)了。总的来说,这是一个让人心态无法平静的矛盾的时代:"灯市辉如昼,庸关守岁心。繁华暗欲歇,歌鼓漫催深。柏酒仍同昔,辛盘少颂今。等闲佳节候,欢喜变悲吟。"(其九)在这个时代,老人的对策是什么呢?第十首作了回答:策略上要有必要的装痴——"向夜订诸子,疾呆休鹜人。聪明终有累,倏忽漫多神。"因为政局还不明朗,有可能——"来朝真面目,另是一番新。"在这种情况下,你们可要——"待价求知己,刳匏寄此身。"(其十)我们从此可以看到,痛归痛,恋归恋,关键还是要看未来政局的演变。然而,两年后,田玄即已在这种矛盾中死了。田玄的这种待价而沽的态度在田甘霖那里即有反映,如田甘霖在《坡公赠潞公诗有细阅后生真有道欲谈前事已无人感而赋此以示儿辈即以一联为起句》中即有"不鸣且作羊公鹤,退处聊垂严子纶"(其二)之教,但其总的取向还是要有"蠢鱼亦有成仙日,枕卷宁辜七尺身"(其三)的奋争,因而要求自己的儿孙们"岂以瞠乎甘蠖屈,愿将展矣效龙伸"(其一)①。

田玄另存有不少诗作,可与上述思想相映衬:

---

① 陈湘锋、赵平略:《〈田氏一家言〉诗评注》,中央民族大学出版社 1999 年版,第356—357 页。

一组以《送文铁庵先生往施州》、《寄怀文铁庵先生》、《送伍趾薛往添平》诸诗为代表,借以说明作者的政治态度与社会理想。《送文铁庵先生往施州》是一首长诗,充分引用古典,表明南明相国文铁庵于战乱中为国奔走的精神值得学习与发扬,特别是对"亡国音同哽,无家路倍岐"的同感,使作者的社会政治态度得到了明显体现:"秋水凄怀日,溪桥怅别时。缓随赤象步,微咏白驹诗。亡国音同哽,无家路倍岐。烽烟匝楚甸,惊跸远京畿。对此新亭酒,那堪麦秀悲。救时虽有略,用武欲何施。遵渚瞻鸿羽,单麻辍凤池。愁听望帝血,空感岘山碑。北阙劳魂梦,东山暂委蛇。幸徼安道访,难释紫芝眉。炊黍尊前约,牵衣问后期。竹郎余胜概,石室有芳规。教泽原无远,从来照不疲。"①《寄怀文铁庵先生》则是站在儒家文化立场上对文铁庵的才能表示了充分的认肯:"荒遁无辞即古边,山山蜡屐绕风烟。文能移俗居何陋,经可传人隐亦贤。几地曾留荀令馥,诸蕃遥问晋公年。尔来关塞惊风迫,为恐篮舆更远迁。"②《送伍趾薛往添平》诗中通过对怀才不遇者"可惜壮怀归运甓"表现出同情,但赞颂其"与君危论高复歌,金石铮铮总不磨"的意志,并期待着"且韬经济俟鸣珂"的一刻③。

一组诗以《百舌鸟误为弋者中伤哀鸣酸楚为此惜之并诘》、《又代弋者答》、《军官行》等为代表,反映出田玄的社会批判态度。前两首是就百舌鸟受伤了一事,站在鸟的角度与从弋者的角度各自作了一首诗,反映了田玄对社会认识复杂性的把握及对认识社会标准的探索④。《军官行》是对明朝军队的社会批判:"声鼓嚣嚣震二京,幕府高张招壮丁。府兵久化为旷骑,亡赖盈集市儿名。以次上闻于天子,宰相为言堪备征。破格浪支县官钱,驱之赴战壮干城。队伍偏裨皆选属,塞上汹汹整重英。有司督赋饱其腹,阎闾徒闻痛楚声。吁嗟呼!我强贼懦犹可行,我懦贼强难为情。闭垒高谈兵杀贼,临敌贼来不见兵。健儿枉负好身手,大半准备倒相迎。为兵之日气何馁,为兵之后欲吞鲸。君不见,韩公世忠战,归路自断示必死;又不见,吴蚧夜驰三

---

① 陈湘锋、赵平略:《〈田氏一家言〉诗评注》,中央民族大学出版社1999年版,第212—213页。
② 同上书,第218页。
③ 同上书,第220页。
④ 同上书,第215—216页。

百里,引兵飘飘赴刘子。何为古今绝悬殊,奴隶庸常乏骨髓。庙堂一怒歼揍枪,请携若辈付韩彭,爪牙犀利中原清。"①如果大家读了此诗,完全可以明白明王朝为何会灭亡吧。

一组诗以《春游作歌招欧阳子》为代表,表明田玄在社会末世对自身出路的探索:"吾辈意气堪千古,不谓朝英暮就腐。我今为赋好春歌,东皇靡丽盈烟浦。好景专待韵人笔,奚翅神工并鬼斧?癖诗癖酒癖烟霞,佳容焉可负贤主?欧阳子,吾与子游,从来相伴楚庄周。何如策非马之马,乘虚无不系之舟,来共溪光泛绿蚁,泉身迎籁和鸣鸠。子有才有学,得山川之艳冶益优。子病渴病愁,得山川之蕃变以瘳。慎勿效水上之慵鸥,骋志于吴桐蜀弦,负此明媚不再之春游,徒使吾对孤榻而长讴。"

一组诗以《别意赋送白珩侄还公安》为代表,表示自己的民族自性与自信:"骚雅谁堪建鼓旗,羡此多才赠阿宜。余老不乐为人师,子尚鸿飞羽可仪。文章石破天惊奇,磊磊襟怀何可羁?伫看射策干明时,秋隼乘风六翮垂。如螭如蟮群盗滋,堂堂胜算且相咨。门祚光昭久在斯,小阮三语足相推。元达千里瞬息驰,吾家神驹勉进之。"②其他如《龙蜕》、《竹下芙蓉》、《秋兴》等都是借景生情,表现这种情感的。

### 三、田霈霖"但得亲尝健,长缨自许身"

田霈霖在《甲申除夕感怀和家大人韵》③(10首)中,从不同的侧面描述了晚明的情况,总的评价是"应知阴惨色,诘旦满郊墟"(其一),特别是崇祯自缢而亡,明朝政府南迁,"友同星各散,客自日边还"(其一)、"孤臣悲谏草,野老哭官桃"(其二)、"祖宗作法侅,孙子变为奢;袖乎金瓯缺,凝眸玉历差"(其五)。在这样一种"欹枕愁更尽,传杯恋此年"(其一)的时代,作者一方面是"涕泪鲛珠泻,明灯晕自悬"(其一)、"心慵无所似,梅蕊饱胸酸"(其四)、"烛火添新愤,追维事事遐"(其五)、"皇皇堪自吊,痛在失君时"(其六)、"长吁历魏晋,屈指算干支。莫作宜春字,看来不展眉"(其六)、

---

① 陈湘锋、赵平略:《〈田氏一家言〉诗评注》,中央民族大学出版社1999年版,第226—227页。

② 同上书,第223页。

③ 同上书,第262页。下引霈霖《甲申除夕感怀诗》并见第262—266页,不另注。

"违心斟斗酒,拨闷剖双柑"(其七)、"转晌光阴疾①,难更不染心"(其九),对明王朝的覆亡表示了相当的忧愤,其中原因自然是多方面的,但"山河愁时改,带砺想恩深"(其九)是问题的关键所在。因此,另一方面,作者把自己置身于事变本身中,"复楚惭申胥,标铜愧伏波。"(其三)"共济怜秦越,和衷愧范韩。危言朝野少,死事古今难。"(其四)"但得亲尝健,长缨自许身。"(其八)"剑舞留残照,钟鸣警惰身。"(其十)但从总的思维取向上看,诗人表现出的是一种带有无奈的矛盾心情:一是"《离骚》聊自展,一读一悲吟"(其九);一是"鸡声方喔喔,倚阁望江南"(其七)。说明作者显然有一种"黄金在肘后,壮志竟难磨"的悲凉(其三),但又有所不甘,即"一室横今古,旁观讵自甘"(其七)。他也想探讨明王朝覆亡的原因,"长啸书空字,扪心叩净因。"(其八)诸如为什么在这个时局变化中能"白马清风渡,何人不是官"(其四),敌人与友人的界限没有了;"孔张诚负国,房杜并无家"(其五),忠奸的界限难辨了;"兵戈惊满眼,尚是赤眉尘"(其八),农民起义何以得到那么多人的响应?"历数浑非旧,人情顿是今"(其九),难道真的是人情反复无常吗?田霈霖对现实的这种不理解,在《封侯篇》中有详细阐明:"纷纷晋宋联齐鲁,薄视天王犹饿虎。遂辟从来篡窃端,岂因暴戾长跋扈。后来不敢存空名,口道正经太板古。系玺于臂穿绿林,尚夸此举真神武。忘君结仇等弑亲,空桑不独生螟蟟。破碎山河赦不论,贩得爵位诚奇贾。一剧二剧三四剧,板腔不必寻规矩。尤将傀儡奉衣冠,谁家子弟送觞舞。灼耀愚庸尽改观,奔趋兽穴图尺组。呜呼鬼神何弄人,变尽将来与往古。山中儒生苦难时,放眼欲歌挥泪雨。"正是在这种背景下,作者虽然感受到了一种"新",却是"新景知何景,常谈见不谈"(其七)、是"鬼呼新夜雨,人怯早花春"(其八)、是"梅花随意绿,淡淡若为新"(其十)。其中隐含的是"鼓角喧残夜,魂飞魏阙劳"(其二)、"鸾坡清梦绕,龙尾黯魂过"(其三),因而是"心事期何许,春风亦刺人"(其十)。这种认识,让作者的感觉是"往事三更梦,浮名一局棋"(其六),于是想到了"古交堪共醉,远道恐伤神"(其十),以至

---

① "转晌",陈湘锋、赵平略《〈田氏一家言〉诗评注》(中央民族大学出版社 1999 年版)第 265 页作"转晌",今依鹤峰县委统战部等编《容美土司史料汇编》(内部资料 1983 年版)第 141 页改。

于有一种"喜侍高堂宴,惊心此夕何"(其三)般的茫然。所以,容阳《田氏族谱·容美宣慰使田霈霖世家》曾载田霈霖:"念世恩难忘,与督师何腾蛟、褚应锡时以手札往来,商略军机,以图匡复。犹遣备征千户覃应祥,间道赴行,在陈上方略时,乘舆驻跸闽粤……"①田甘霖《感怀文铁庵先生·序》则记田霈霖与南明大学士文安之来往甚密。"又得公寄长兄手书,所言在白帝城与楚藩争自立事也,此等关系大事,千里之外,公必往返商之。"②从田霈霖《奉陪相国铁庵文夫子观雨中白莲分赋》二首中赞文安之"先生况是濂公侣,素质尤烦彩笔夸"来看,田霈霖对文安之(南明相国文铁庵)的评价是相当高的。而这种高本身隐含着对一心复明的文安之的态度。诗中对于自己能和这一中央大员相交表示了高兴,即"当宴幸有瀛台客,咏赏应拼醉笔筒"③。事实上是通过荷花的"清香"、"清真"来突出文安之的高洁品质并寄托着国运兴亡的责任。另有上引《封侯篇》诗可看成是一首诗史或史诗,特别是"山中儒生苦难时,放眼欲歌挥泪雨"一句④,已把作者对国家和民族的责任、情感完全表现出来了。

### 四、田既霖"孰是回天力,空存戴国身"

田既霖今仅存诗 12 首,其中含《甲申除夕感怀和家大人韵》10 首。⑤在 10 首诗中,田既霖不仅与其兄的同题之作一样同悲,抒发出在国亡世乱之时的切肤之痛;而且也对明清这一世运之变有自己的历史审视,有自己的答案。虽然与其兄相比少了些匡世救国的宏愿,但也不乏蠢蠢欲动之良心,在一定程度上反映了田既霖的个人性格和人生态度。田既霖生活的时代,容美司外是"烽烟如炽",司内则"遂遭世乱",而田既霖却"以翩翩公子优游其间",反映出田既霖的"淡雅之性"和"自伤才非拨乱"的深层痛苦。

田既霖在诗中表明这是一个难眠之夜,"独怜将尽夜,反侧自忘劳"(其

---

① 鹤峰县委统战部等编:《容美土司史料汇编》,内部资料 1983 年版,第 100 页。
② 陈湘锋、赵平略:《〈田氏一家言〉诗评注》,中央民族大学出版社 1999 年版,第 376 页。
③ 同上书,第 267 页。
④ 同上书,第 146 页。
⑤ 同上书,第 271 页。下引田既霖《甲申除夕感怀诗》并见第 271—276 页,不另注。

二）。其原因在于"承平十一叶,令节斗纷奢。讵意鸿钧转,俄成铸错差。愁闻新曙鼓,痛惜旧天家。定省今宵事,明王梦已遐"(其四)。即因为人为之错造成了国破家亡,今后向何处去?"把舵无三老,惊风任掣舠。"(其二)还能往何处去呢?

对此,田既霖心有不甘:"壮士惊心苦,分甘不似甘。""别岁书空字,迎春等戏谈。"(其六)一个强大的明帝国,为何会被农民起义推翻?为何会有外夷入侵?这岂不是咄咄怪事?但现实又让人不得不接受这一事实:"鱼袋佩犹古,铜驼感见今。壁间虫语响,唧唧似秋吟。"(其八)"坐叹山河旧,萧萧举目尘。"(其七)国运走到了这一步,还有什么好说的呢?

田既霖只能于无奈中度过此夜:"不堪过夜半,春事又从新。"(其十)"乍悲摧日驭,还感失年悲。"(其九)"艳舞将移节,芳心寄落梅。"(其九)"猎火照山林,梅花惊我心。衔杯留夜永,剪烛忘更深。"(其八)"杞人忧已久,梅市谏无因。"(其七)"盟心期白水,临敌愧黄柑。"(其六)"岁序将分日,留连共此时。"(其五)总之,是一个"悲"字,一个"痛"字。

能知道这是为什么吗?能找寻其中的原因吗?田既霖本想不问,因为一问即悲从中来,"莫问连昌竹,空悲露井桃"(其二)。但是,现实又不得不让人追问,现实中的"堂阶停舞袖,乐部罢鸣鼗"(其二),"大野寒烟烬,深心魏阙悬。"(其一)与往昔相比的反常事象,能不追问吗?田既霖追问道:

每年都会有所庆祝,为何今年没有呢?"每庆灵长运,奚为厄此年。"(其一)

这个国家是谁弄灭亡的呢?"金瓯谁撞破,玉步乍回旋。"(其一)

为什么过去的"忠臣"现在又有了新的官位、进入了他人官场呢?"如何旧赤子,秉耒佃新廛。"(其一)

不是说祖宗保佑吗?怎么正朔、服色都变了呢?祖先是保佑谁呢?"祖享谁家腊,王正改岁春。"(其七)

剩下的这半壁河山谁来捍卫?"谁任神州责,还祈半壁支。"(其五)

有谁能去与我们的敌人战斗?"茧足谁存楚,挥戈孰战韩。"(其三)

这些问题就是当夜灯火无光的原因吧!"何故当今夕,灯光不媚人?"(其十)

当田既霖作上述追问时,他实际上还对南明政权心存幻想:"五陵佳气在,未必尽朱眉。"(其五)所以,他找的原因也不是从根本上找的。田既霖对上述问题的回答包括:"书生敦大义,岂尽诿儒酸。"(其三)"遐思创业苦,方信守成难。"(其三)"漫遣今宵憾,能言不系官。"(其三)即从三个方面讨论了原因:一是"酸儒"误国,虽然不能说全部原因在于"儒酸",但至少有部分原因;二是创业与守业本身就都不是容易的事;三是为官所误。

但是,田既霖并没有把自己作为一个责任的担承者,他自感无力承担:"孰是回天力,空存戴国身。"(其十)"谁羹枭破镜,可以慰兹哀。"(其九)"来朝望非阙,还是历朝身。"(其七)"一天愁欲坠,何事面山南。"(其六)尽管他也有短时的怒吼:"青萍几自吼,绿绮强留神。"(其十)"岁里看春镜,须眉是本来。"(其九)"樽前频看剑,灯下懒敲棋。"(其五)但总的来说,他没有那种雄心。

田既霖另有诗《张某将还五峰诸友为诗留之限韵》、《送别张某还五峰兼柬文田德咸字》等,都是叙朋友之情的作品,发"别绪绵绵语燕喃"、"花间长揖先挥手,马上添杯强执衔"①之类的感慨,表明田既霖"为文隽侠淡宕,大有魏晋之风"②。

**五、田甘霖"咄嗟倚栏望,靡改百年心"**

田甘霖的《甲申除夕感怀和家大人韵》10 首③,则是一组对明王朝灭亡的反思之作,第一首即点明除夕夜并不愉快的感受,并希望时光倒转,因为社会的现状是"主恩深未泯,臣爵好徒悬。此际承明客,朝廷作市廛",是"坐看尧夔尽"。在这种情况下也就难免有"难挥鲁日还"之叹,以至于"一堂宜喜燕,何意感流年",连除夕也高兴不起来了。这种不高兴,直接结果当然首先是悲:其五言"辞汉悲翁仲,吟骚续景差。忧虞先草莽,悯念自仙家。举酒难为寿,高堂意独退";其七言"强将难老酒,共剖上春柑。问夜谁成梦,蠲愁倚共谈";其八言"满眼伤神处,难成别岁吟"。其次是恨而且不服气,其八言"气涌椒浆浅,泪弹烛液深。山河仍自古,城郭已成今",言"咄

---

① 陈湘锋、赵平略:《〈田氏一家言〉诗评注》,中央民族大学出版社 1999 年版,第 276 页。

② 同上书,第 101 页。

③ 同上书,第 283 页。下引田甘霖《甲申除夕感怀诗》并见第 283—288 页,不另注。

嗟倚栏望,靡改百年心";其七言"今古须臾异,迁流意未甘";其九言"忿深时看剑,历尽忍探梅"。再次是忧,其九言"好春人自爱,惟此怯春来。岂少侯鲭味,难浮洗腆杯①。……各负匡时憾,非关学杞哀"。但尽管如此,毕竟自然与社会的变迁还是必然地发生了:"椒柏宁知味,花灯漫庆神。遥心终有托,故册可随身。相对看山色,还随节叙新。"可是,"休心梅福易,执笔董狐难。"田甘霖还是要思考明王朝灭亡这一社会问题,思考其四所谓"覆悚还辞咎,谁居鼎鼐官"的问题。为此,田甘霖从新旧变迁的角度提出了一个问题:"纪年催此夕,新比故如何?""如何当此夕,寂寂减分奢。"为解决这一问题,在已是"漏滴人行尽,鹤鸣夜半过"之时,他还希望用占卜来找答案:"观梅灯有艳,看剑水无波。"田甘霖给自己提出的第二个问题就是要探讨其六所谓"谁酿年来祸,举朝亟失时"的原因。结果是他直指社会病态,并与心目中的社会理想进行强烈的对比:一方面是"痛惜朝中党,相倾枉自劳。文人夸御李,勇士但争桃",明朝的失败完全是人为的。这种状况在第四首中被批评为"黄金横带子,若个抱辛酸。剑客无三楚,师贞少一韩";在其六中则被批评为"人人皆狡兔,著著是卑棋。朱绂虚邀宠,黄巾竟莫支。近来嫌尔辈,只自选娥眉"。总之,如其十所叹之"寥寥当岁晚,重叹国无人"。正是这种状况导致了其六所谓"朱绂虚邀宠,黄巾竟莫支"的难以应付农民起义的情况。另一方面则审问"遂睹周迁辙,谁为鲁播鼙",表示出对能"人"的希冀,并表示自己就是一种能挽狂澜的英雄——"花源如可问,还愿引鱼舠。"在这里,已是一种入世的责任了。这种责任在其三中表现为"白发愁公室,雄图气讵磨";在其七中表现为"闻鸡将欲舞,越石志归南"。总之,是愿意为国尽力的。这种情感在《陶庄感旧题壁》中有"曩作遗臣戒履冰,龙媒天驷吾何能。蕉衫葛屦经霜日,曾送翩翩旧五陵"之言②,同样表明了这种自信。田甘霖另有众多诗存,将在下面专题讨论。

① "腆杯",陈湘锋、赵平略《〈田氏一家言〉诗评注》(中央民族大学出版社1999年版)第287页作"碘杯"。今依鹤峰县委统战部等编《容美土司史料汇编》(内部资料1983年版)第145页改。
② 陈湘锋、赵平略:《〈田氏一家言〉诗评注》,中央民族大学出版社1999年版,第320页。

## 第四节 "低头思往哲,托意自匪夷":田甘霖的 文化选择与文化哲学

　　田甘霖的作品在《田氏一家言》中收录较为完备,今存诗 108 题 170 首,是田氏诗人群中存诗最多的诗人。严守升在《田武靖公父子合传》中评价"其诗在义山(李商隐)、长吉(李贺)之间,与时尚迥绝矣"①。其诗文体式多样,既有五言、七言的古诗、绝句、律诗,也有不少杂言诗和词,还有引文。田甘霖的诗文创作与王朝的命运、土司的前途和个人的际遇息息相通,因而总是显出理想与现实、出世与入世、自悲与自信的交织,人品与文品、诗人性格与诗文风格的统一,并表现出与田霈霖、田既霖在价值取向和风格表现上的思想差异。

　　田甘霖时代是土家族的文化大开放时代,如何进行文化选择是田甘霖必须回答的一个重大问题,其总的文化选择原则即是"低头思往哲,托意自匪夷"。根据田甘霖的诗文可知,他所触及的中域文化名人与历史名人很多,仅在《复和陶苏饮酒诗有引》中依次即有陶渊明、苏轼、司马相如、伏羲、黄帝、阮籍、高阳、刘邦、曲生(叶法善)、王莽、蒋翊、刘伶、颜回、刘向、董遇、刘表等,说明了田甘霖的文化视野及文化选择。

### 一、吾自用吾法,吾以诗自宣

　　田甘霖的诗有一种"思"的自觉,即"诗思",用今天的话说即其诗有哲学味,如在《复和陶苏饮酒诗有引》其一中即表明这种哲学自觉:"低头思往哲,托意自匪夷。"在其十中更是表明自己的"诗思":"输却雪堂翁,诗思却在兹。"②在《赋得拈花迎夏蝶限韵》中也谈到"诗思",并把"诗思"赋予自然美景:"当前媚景催诗思,拈得诗成味可餐。"③在《即事有感》中亦言"诗思":"苏囊书去槁形容,苦涩诗思亦似穷。……记得会稽架上语,道旁苦李

---

　　① 鹤峰县委统战部等编:《容美土司史料汇编》,内部资料 1983 年版,第 98 页。
　　② 陈湘锋、赵平略:《〈田氏一家言〉诗评注》,中央民族大学出版社 1999 年版,第 309、312 页。
　　③ 同上书,第 328 页。

问王戎。"①根据所用"道旁苦李问王戎"句,则知其诗作的理性诉求。而且问题还在于,田甘霖的"诗思"是以自己的个性特征与个人风格来表现的,他不是重蹈故辙,这就是其所言之"吾自用吾法,吾以诗自宣"②。这就是说,田甘霖有自己的主体尺度,并可称之为反思的尺度。

"吾自用吾法,吾以诗自宣",在诗作的艺术追求上即强调有自己的特殊风格,即要"非陶亦非苏,恣情忘所之"③,像写梦、叙愁即在《赋得拈花迎夏蝶限韵》与《即事有感》中大为分明,如在《立秋日同诸友赋得秋声随步去得灯字》即与通常的"悲秋"唱反调:"山容明净水容澄,爽气先分席上灯。蛩响草根愁渐老,风飒纨扇似相凌。碧空欲授登高兴,红叶将成耐久明。坐客漫怀摇落叹,试听天籁警憭腾。"④其《中秋云孙台看桂有怀旧友》也有别样情趣:"一台桂魄迥生凉,谁作朋徒共点妆。王谢主人从未改,应刘客子不如常。定知天上羞蛾影,料得山头吹如香。把酒同酬花萼内,荀家兄弟自翱翔。"⑤

"吾自用吾法,吾以诗自宣",在自我人格塑造上即在于自己的自信、责任及对世间恩怨的超越,如对自己子女的教育,即通过"吾以诗自宣"表现了自信、德教、文明等素质诉求,其《马诗三首》以马喻人,且都崇奉李唐王朝,说明对中域文化的认同及选择性自觉,写诗也和唐代诗人李贺,"偏能识李王","从权借明公,鼎足属太宗",都可见其文化选择的价值取向,也反映出子女教育的目标;他通过"都城千里驹,渥洼别一天"的强调⑥,呈现在读者面前的是一种神马、儿孙等再现的民族自信。《汗血歌》因"稚子一片雄心,自当磨墨盾上耳"而作,"鞭石不行不郁葱,扫云不走不瞳胧。披览此画月如弓,稚儿宝鸡何英雄。天马来,白如雪,皓皓张胆食生铁,驹生驹兮皆汗血。祖锦心,父绣口,汝今便能跳且吼。祖胡卢,父拍手,呼童勤酌田家

① 陈湘锋、赵平略:《〈田氏一家言〉诗评注》,中央民族大学出版社1999年版,第350页。
② 同上书,第310页。
③ 同上书,第308页。
④ 同上书,第364—365页。
⑤ 同上书,第364页。
⑥ 同上书,第279—280页。

酒。吾万事,足便足,祖宗功德不用卜。汝父作祖我作曾,行看十年汝引犊。"①诗中引古论今,从"祖宗功德不用卜"到"行看十年汝引犊",宣示的即是一种民族的自信。其《后汗血歌》以"种德园"为喻:"新来气象何郁葱,平地转睫荫朦胧。甃石舁土儿颜红,吾孙觅桃气更雄。孙紫骝,儿白雪,皎皎铮铮悦老铁。何物产此真汗血? 吾少年,多横口,落地便学狮子吼。击唾壶,手扶手,长歌汗血斟玉斗。酒不酣,万事足,世世种德何用卜。有儿类父孙类祖,免学昔贤叹虎犊。"②除了宣示自信而外,更重要的是一种重视"德教",从"祖宗功德不用卜"到"世世种德何用卜",不正是一种儒家教育吗?

"吾自用吾法,吾以诗自宣",一个重要的内涵就是景随心意,用当代哲学家的话说即"世界在我的语言中"。因此,田甘霖往往在不得意时即悲,而在得意时则喜,如《长歌续短歌》中讨论古今关系:"长歌勉室人,短歌聊自吐。天荒与地老,畴为今可古。何忍交遍谪,天实为之苦。年已过潘生,吾鬓未尚腐。能过长沙岸,石床堪一补。少年心正热,泣涕莫如雨。"③

"吾自用吾法,吾以诗自宣",使田甘霖特别重视"情"的意义。在他看来,景随人迁,与社会状态相关,故《独座遣怀双溪作》中有言:"闲庭独座觉秋凉,觅醉难禁乡梦长。世事幻如炭际雾,人情薄似菊前霜。幸因狎虎同鸥鸟,却笑封侯赖澼洸。试把九歌收泪读,先寻桂酒奠东皇。"④正因为他有"世事幻如炭际雾,人情薄似菊前霜"的感受,故特别重情。其诗作中有言爱情如《续梦中句》,有言乡亲如《欧启虞六十》,有言亲情如《悲哉行》、《六弟亡逾旬日肝裂胆碎思之泪涌偶过园头口占一律》、《庆儿六吉轩避暑同诸社友四首》,有言师友之情如《杂言咏酒次雪斋师韵一字至十字》、《席上以杯中松菊为白珩寿》、《余既还司雪斋师亦还公安牛头村以诗别余至兴坪感念难禁取原章和之》、《步毛廓庵先生见怀韵且订前约》、《次雪斋山行韵》等都把师友之情更是写得情景俱融;有言友情如《客有一剪梅词取而和之》、《忠溪忆友人》、《得覃次公书无规语三复致叹》、《宋仕仁初度社中赠以诗和

---

① 陈湘锋、赵平略:《〈田氏一家言〉诗评注》,中央民族大学出版社1999年版,第385页。

② 同上书,第386页。

③ 同上书,第316页。

④ 同上书,第366页。

诗赠之》、《寄白珩兄》、《古诗寿施南覃使君》、《追感诗有引》、《戏柬祝覃次公并以招之》、《柬伍趾薛先生》等，反映出田甘霖渴盼人间温情。

## 二、一事而不知，足为儒者耻

在主体与客体的关系上，田甘霖的认识论纲领即是"一事而不知，足为儒者耻"。田甘霖认为，求知虽然是全方位的，但总的来说重点是"事"，而且是以儒论"事"，故在《复和陶苏饮酒诗有引》其十二中言："天爵有良贵，赵孟何足多。美言训儿孙，唯酒莫似己。一事而不知，足为儒者耻。骚雅著满门，文翁归旧里。老铁不烦苛，筋政有纲纪。贪盈造化厌，终身足不止。偶得醉醒趣，空杯亦自喜。"①这是以教训子女的形式提出的"求知"的任务，特别是儒化教育（"天爵"）及儒家的政治诉求，在当时是值得充分肯定的。此外，在《六日晒书》中亦言子女教育，即子女求知的问题："静处遐观不计缘，传家总赖有青编。开函叶叶荨仙字，载籍纷纷出米船。庭际暂凭消永昼，枕中或可伴余年。破裈虽与阮家异，莫作他年故事看。"②

为了"知"，田甘霖直接提出了"求知"的问题，故在《儿子舜从白珩兄受经志喜》中强调："吾家居上碧桐枝，每对常儿作寿眉。投博祇绿阴可惜，带锄犹憾学为迟。文翁旧业惊无补，伏老传经幸有师。但使阿翁开口笑，不须章句远求知。"③得一名师即志喜，不正在于有利于"求知"吗？而且是不惜"远求知"。所以，为"求知"，田甘霖诗中多次对"师"表示了崇敬，如《寿雪斋》诗言："岁岁黄金灿满枝，吾师正比羡门期。惭非南国风人句，莫献东家作者词。阿弟长吟添百福，孙儿学拜奉双卮。更容犹子华封数，三代门生三祝奇。"④三代同学于一师，这不正是现今被人自嘲的"乱伦"吗？

为了"求知"，田甘霖直接提出了文化包容性的问题，在《儿舜孙炳为老人初度丐大拙禅师于百森堂升座说法下座说偈步韵和之》中，他通过特有的文化包容来展示自己的文化选择，诗中用俗理俗事讨论佛教理喻，落脚点

---

① 陈湘锋、赵平略：《〈田氏一家言〉诗评注》，中央民族大学出版社 1999 年版，第 313 页。

② 同上书，第 328—329 页。

③ 同上书，第 365—366 页。

④ 同上书，第 339 页。

却是借佛言儒,即"吾问空王觅觉处,儒生自把顶门开"①。

其"求知"要求从细处体会,即如《赋得草屈金钩绿未回》中所言应"生意窗前须细认,旋看葱菁逐晨滋"②,即要有"求知"之"细"。本作"求知"的精神,他自身即对事物进行了仔细观察,如《架上绿水娘作软语以镜对之更觉妩媚因限韵赋之》中对鸟叫的观察即其例。

其"求知"要求有一种刻苦的态度,故于《答六十九翁宾虞唐丈》中言:"诗工穷处已肠宽,饭颗山前带笑看。食屏葛砂常善饭,家无燕玉不知寒。黄虞自唱销霜鬓,泉石初营隐钓竿。满眼风埃犹未尽,老翁矍铄莫辞难。"③

其"求知"即要求珍惜时间,故在《忠溪杂咏》中言:"心间何必事铅华,落井时看水底花。鬼责已无天自乐,霜毛犹缓岁相加。资身漫欲谋农事,习静全堪长道芽。不忍分阴随意过,服劳何处是王家?"④

为求知,他对"晒孙自弱龄便好书史"表示了特别重情:"阿祖心异之,谋有佳者必与,即儿子辈莫能得也。孙近成童,其好愈笃。一日出四物,丐伊父为诗,伊父握管难措。呈之阿祖,阿祖乃为晒孙题咏。遂成四友诗。"⑤其《四友诗》便是一组仔细求知的典范,如《玛瑙蝉》、《红玉牛》、《沉香山》、《顾绣鹰》等,都是用简单数语即反映出这几件手工艺品制作技巧的高超,正反映了对办事仔细的认知。

值得提出的是,田甘霖心中的"求知"是为了致用,是为了"奋志经邦",故在《坡公赠潞公诗有细阅后生真有道欲谈前事已无人感而赋此以示儿辈即以一联为起句》中即言:"细阅后生真有道,欲谈前事已无人。读书种玉皆为果,奋志经邦即是因。岂以瞠乎甘蠖屈,愿将展矣效龙伸。儿曹莫负须眉态,幸与老髯一解嚬。"⑥他要求自己的儿孙们"岂以瞠乎甘蠖屈,愿将展矣效龙伸"。不正是学以致用吗?在田甘霖看来,学以致用就是要为国家、

---

① 陈湘锋、赵平略:《〈田氏一家言〉诗评注》,中央民族大学出版社1999年版,第382页。

② 同上书,第351页。

③ 同上书,第346—347页。

④ 同上书,第342页。

⑤ 同上书,第331页。

⑥ 同上书,第356页。

为社会尽自己的责任,因而在《忠溪杂咏》其三中明言:"翛然七尺自为身,头上空存漉酒巾。藤杖迎风详鸟语,荷裳临水玩鱼鳞。成行儿女悲衣敝,研老诗书得趣新。斗酒能消家国憾,阮家犹自不全贫。"①在《忠溪春日遣怀效李长吉南园》其一中亦言"书生原不止雕虫,摩笔空中看玉弓。珍重好天休放去,攒眉信是使君风"。如按其二所言,甚至有知其不可为而为之的感觉:"买尽山园招野鹤,孤群能耐此春迟。当春无计留春住,空费檐蛛一缕丝。"②正因为有学以致用的价值取向,因而使田甘霖对儒家也采取了较为理性的态度,尽管田甘霖自认为自己是儒生,但还是在《捣练子·咏扇上葡萄和雪斋韵》中有"架底酣清拟细嚼,儒家风味觉微酸"③的认知,在《忠溪杂咏》中有"滔滔幸免儒冠误,得得还将樵事稽。学圃学农安所就,欲将愚字换忠溪"④的感触。

田甘霖的学以致用思想在《儿子庆对经史闷闷不快谈稗官口若悬河竟日忘倦志叹以勉之》中也有反映:"开言人拟是书厨,阿大中郎亦丈夫。三复颜家家训好,免教窃笑牧猪奴。"⑤从中可见其以学以致用为激励子女的方式。他之作《禁酒诗》,正在于认为不宜因酒误学、误事,故其小引曰:"予少不嗜酒,然喜与二三良朋,举觞小饮。后经乱,离家所,向牢骚无由遣谢,遂时时引入醉乡,今返故园,宗社是惧,作禁酒诗。"其诗则曰:"微封不与酒泉同,却爱陶然憩此中。已愧独醒异楚客,幸邀一斗学无功。愁城欲破元多垒,山径虽遥自可通。更效渊明聊止止,何须相饷过墙东。"⑥

### 三、老有终童志,惭无孺子奇

田甘霖处于封建社会末世,环境恶劣,在一定程度上使他处于文化选择的矛盾中。其环境的恶劣状况,他在《祝友歌》小引中曾表明过自己"予理

---

① 陈湘锋、赵平略:《〈田氏一家言〉诗评注》,中央民族大学出版社 1999 年版,第 342 页。
② 同上书,第 323 页。
③ 同上书,第 396 页。
④ 同上书,第 341 页。
⑤ 同上书,第 324 页。
⑥ 同上书,第 363 页。

残疆,官贫无赠"的境况,并在诗中表明已是"佳儿应门乏僮役,数亩之外但乌有。潇洒泛杯莫惜乐,家徒四壁人性卓"①。虽是赞朋友,实是数家贫。其《镜中美人再和六休韵》实际上也揭示的是理想与现实的矛盾:"梦残思费理,眉旧欲添妆。……几回频自顾,顾影倍徬徨。"②在这种环境下应如何自处?

田甘霖的矛盾心情在《溪流感咏》中曾明确表白为"掷却进贤冠,垂纶带角巾",表示了在儒道选择上的某种转向,其原因在于其九所言之社会:"云从为风,龙跃于水。虫沙射人,展矣君子。奋翮能蜚,青蝇难跃。溪愁吾愁,溪乐吾乐。叩彼天工,天没于渊。俯彼青渊,渊高于天。吾非为摩,亦非逃禅。"因而才有其十之"与流相终始,不驾终南车,再植陶门柳",也就是说,对学问的选择关键在于社会之用。按田甘霖的理解,他对当时的社会已生"避秦"之望:"当石一练白,神工几千载。挽水洗秦尘,无须资渤海。吾心实如水,痴人笑狂骏。胡然樯阵为,胡然观自在。允矣丁都护,英雄可自解。"他以之与自然相对比,形成强烈的反差:"即能穷溪头,焉能穷溪尾?横带满西川,岂尽朝东水!男儿那刺促,反笑为狂子。何如忠溪流,澄清见根底。""临流者谁子?观水亦有义。溪傍古苔痕,拟作苍氏字。涧深山鬼多,揶揄时为祟③。如呼祈孔宾,坡老同臭味。石裂青泥出,天老吾亦醉。滔滔者如是,何事非儿戏?"这样的社会,人们如何自处? 有何欢乐?"松山巍巍,宛在水中央。溪流有声,涧冈栖凤凰。有时欲歌欲啸,寻旧路,四顾林莽,危栗踏石梁。停杯问溪,平生有几欢? 微云淡雨,且迓人高张。""蹀玩溪流,时草圣。好朋友,求性命。颜蹀纲,不同令。老与稚,诚我性。佩韦弦,水为证。兰笑人,丘壑盛。诸侯门,下求问。怪我癖,扬雄病。""溪水流溪,水与石别。时获石髓尝,余年谁能啜? 写憾付海潮,水浸愁肺切。净洗新卷叶,一波一沉灭。""急景凋年性,波涛信吾友。苦无松鲈脍,呐呐书奇

① 陈湘锋、赵平略:《〈田氏一家言〉诗评注》,中央民族大学出版社1999年版,第383页。

② 同上书,第300页。

③ "祟",陈湘锋、赵平略《〈田氏一家言〉诗评注》(中央民族大学出版社1999年版)第389页误为"崇",今依鹤峰县委统战部等编《容美土司史料汇编》(内部资料1983年版)第172页改。

偶。逝者如斯夫？怜余累八口。欲学吹笙者，烟云此处有。"①正是在这种情况下，田甘霖陷入了出世与入世、信道与信儒的矛盾，体现出一种极力忘怀现实而又不能忘怀现实的矛盾心情。

这种矛盾心情，使田甘霖在对自我身心关系的处理与自我人格的培养上表现出了一种儒道互渗的倾向，如在《蒲节用雪斋韵二首》其一中的"经传三世学，句重十朋珍。且把丸泥固，心娱拔宅均"与第二首中的"老有终童志，惭无孺子奇"②，都可看成是入世的责任与出世的超越的统一。而且这种统一是通过对端午节（"蒲节"）这种节日生活文化的反思来体现的。结合《松山晚眺》来理解，可看出其总的价值取向是"功成才能身退"："高居轻四顾，松外暮云浮。树有洪崖饭，堂如范蠡舟。龙鳞真自矫，鸾啸孰同悠？面薄东风厚，严霜时倒收。"③这里以"范蠡"明志，正所谓"功成才能身退"。

"身退"是为了超越尘世之纷纭，退居于自足的精神家园，这在《复和陶苏饮酒诗有引》中表现为："旷彼轩羲世，白眼纵其情。柴桑与坡老，高阳浪得名。屏却今是非，好伴唯曲生。弄杯泛洪涛，涛吼杯不惊。此乡天地阔，勿复住愁城。"④在《小园闲步》中则表现为："三径虽荒僻，犹堪宿野云。求羊无旧侣，麋鹿入新群。埽叶清花气，穿林画鸟文。聊将歌一阕，灿烂破纷纭。"⑤在《白珩兄得家中吉报二绝见示步韵》其二中则表现为："刚于崖畔别烽烟，又忆湖头稳卧眠。乡曲已行垦草令，巢由何用买山钱。"⑥这是一种何等高雅清新自闲的生活情境哟。

在田甘霖看来，"身退"之情正可求索于道家的老庄。《陶庄感旧题壁》其二言："秋水马蹄情讵幻，胡麻饭里出丹砂。"⑦《雪后晚眺》中则言："吾亦无心难作解，闭门且去叩庄生。""青山难将双眼开，告余齐物且平怀。"可以看出，正因为田甘霖"难作解"，于是"问庄生"，答复是"山光未有参差意"，

---

① 陈湘锋、赵平略：《〈田氏一家言〉诗评注》，中央民族大学出版社 1999 年版，第388—389 页。

② 同上书，第290 页。

③ 同上书，第294 页。

④ 同上书，第309 页。

⑤ 同上书，第295 页。

⑥ 同上书，第319 页。

⑦ 同上书，第320 页。

且"明日俱将紫翠来"①。因此,诗人于此也就"告余齐物且平怀"了。与此相类似的思想在《次雪斋山行韵》其二中也有言:"老挈奚囊度旧关,马蹄秋水信人间。当年秃节平生志,此日衡门太古山。夫子甘逃尘世远,门人敢续赋居闲。倩翁绣出容城谱,传吾诗书百代艰。"②《得覃次公书志喜》中亦言:"几回读罢复挑灯,深入南华较几层。吾说世情轻似雪,君看浮欲不如冰。酒肠浇溉宁从感,诗价高腾倘倍增。两地心知千里近,知心斯不愧良朋。"③《荷笔》中有言:"不染铅华不拂笺,虚将秋水拟新篇。书空咄咄初无字,临草翩翩若有玄。毛颖岂从囊底出,胭脂犹带捻红鲜。可知造化凭吾补,畴与中书试较妍。"④总之,田甘霖已道心重重。

田甘霖的这种心情还通过佛道互渗来强调"理事无碍",故作有《选佛场诗选(四首)》,其小引即言:"取溷俗世,多学难酬,因思事理无碍,各有最上一乘,岂得终为不到岸之头陀耶? 或曰:子之所遇,亦不遇,且男子生而不闻,不如无生,子且不生于空桑,亦欲作此行径耶? 余曰:昔人谓子非鱼,安知鱼之乐? 今亦子非我,安知吾之苦? 语不云乎青岑可浪,碧海前尘。古固有选佛者矣,安得徘徊歧步于色界,不作彻底干净之头陀耶? 一言至此,神游五岳,因为选佛场诗。"⑤总之,田甘霖是寻求超越之"道"了,而且即使问佛,也在于明道。因为佛、道之理念正好表现出对社会尘世的某种超越,如《社集拙大师报慈禅林赋得云碎昼长阴限韵》中赞美自然,并因而成为美好社会的代称,并能"共君渐憩蒲团上,浣却人间万斛尘"⑥。他甚至认为只有佛、道才能让他忘记社会之愁,故于《忠溪杂咏》中言"不爱奔兢各奏能,一溪云水在家僧"⑦。在《大拙和尚有去志作诗留之》也表明了田甘霖的崇佛、道之隐。

与上述情思相应,在《赋得游鱼唼花影》三首中,田甘霖实际上表明了

---

① 陈湘锋、赵平略:《〈田氏一家言〉诗评注》,中央民族大学出版社 1999 年版,第 326 页。
② 同上书,第 355 页。
③ 同上书,第 358 页。
④ 同上书,第 361 页。
⑤ 同上书,第 344 页。
⑥ 同上书,第 327 页。
⑦ 同上书,第 341 页。

自己的桃花源式的社会理想："谁遣花枝傍水津,纵横隐跃动潜鳞。偶然雨洒疑飞饵,乍觉风来动钓纶。似有招寻频出入,凭何得失亦逡巡。天然一片空明镜,谱出幽光示与人。""群泛春和逐队行,忽惊方信忽相争。狂蜂到影池塘乱,蛱蝶粉披芳饵盈。乍起复沉如想像,欲乔还吐费经营。汉家天子姗姗曲,沙影胧朦恰似卿。""空中咽尽百花餐,耐可幽人仔细看。乳燕忽来竞避影,流莺传语报平安。置身鮒辙池塘狭,引类群游天地宽。莫向天池谋憩息,桃花浪暖也堪安。"①在这看似悠闲的诗赋中,"汉家"、"桃花源"等心驰神往的理想社会得到了体现。与《马诗三首》中的盛唐气象追求一致。

### 四、造化从人补,切戒乎卤莽

在处理人与自然的关系方面,田甘霖是倾向于道家的。虽然田甘霖是以一儒生自况的,但作为一个先进文化的自觉选择者,他并没有自囿于门户,在《中秋病起作》中对自己一生的文化追求有一个总的评价:"平生百事付寻常,惟展青编眼倍光。枕畔芸芬寻旧梦,窗边桐叶照新凉。客疏且喜应酬韵,食节偏增气味长。闲里参细齐物论,顿知躯体在濠梁。"②其初始二句即说明自己的好学深思,甚至把其他事都放在一旁,"惟展青编眼倍光",即把书来展以求学求知。但在个人的性情陶冶上却欣赏老庄,即"闲里参细齐物论,顿知躯体在濠梁",以达到物我无违的天然和谐之境。正因于此,田甘霖在多处谈到老庄。

为寻这种物我无违之境,在《立秋前二日③儿子舜定于筼筜谷避暑喜成》中被表述为"造化从人补,切戒乎卤莽"。他通过一场秋雨来引出这一场景:"立秋雨奇妙,不停亦堪赏。高秒占先机,联靡发清缯。有时默然里,仰面贪著想。龙子与龙孙,个个沾明晃。即此见才谞,于理悟静养。造化从

　　①　陈湘锋、赵平略:《〈田氏一家言〉诗评注》,中央民族大学出版社 1999 年版,第 370—371 页。

　　②　同上书,第 369 页。

　　③　"二日",陈湘锋、赵平略《〈田氏一家言〉诗评注》(中央民族大学出版社 1999 年版)第 315 页作"一日"。今依据鹤峰县委统战部等编《容美土司史料汇编》(内部资料 1983 年版)第 161、150 页改。

人补,切戒乎卤莽。"①在人与自然、人与人、当代人与后代人之间,都于这场秋雨中体会出一种和谐之境。特别是"造化从人补,切戒乎卤莽",事实上就成了处理人与自然关系的价值准则。

为寻这种物我无违之境,田甘霖通过美好自然来引喻美好社会,如《夏云兄忠溪署舍复成敬赋二首》小引说:"旧署在八峰山下,忠溪之筑为避秦,其复葺也,为赵寇所煨之故。古人一丘一壑皆有所定则,赵何能煨吾忠溪?故复葺耳。"其诗则曰:"频年泛宅了无期,大小山头隐自宜。半亩白云飞野外,四围流火绕前池。初归不假营新垒,重整如同覆败棋。爱笑爱居宁有意,凭教云水作相知。""七八年间转徙身,重开绿野涤荒尘。依然妍景催佳句,尚有花枝碍角巾。畏垒壶樽欢祝社,芳园桃李乐天伦。八峰未尽烟岚好,出入还看两地巡。"②通过这种美好景物以衬托社会追求,即"避秦"。其他此类之诗还有《咏瑞莲》、《独酌酡矣出观山色偶成》、《大雨因思陶靖节重九日》、《晴雪落长松》、《晚望》、《步雪斋树宿韵》、《陶庄感旧题壁》等等。

在田甘霖那里,自然的美好正好是社会的对照物,如《赋得霜叶红于二月花和文长韵》中即言:"绚烂凌霜殿岁时,秋山意外景如斯。不随群卉争芳艳,偏向萧晨著异姿。金井已无留翠黛,酡颜何自染胭脂。若添黄鸟嘤嘤啭,应拟桃林折一枝。"③《忠溪春日遣怀效李长吉南园》言:"漫恼孤琴问蔡邕,当时何自损高风。一溪藏尽愚生拙,春去春来听碧翁。""收拾溪山围虎落,消磨岁月著龙牙。为秦为晋非关吾,不染闲心一岭霞。"④只有这样才能达到"为秦为晋非关吾,不染闲心一岭霞"的境界。

为寻这种物我无违之境,田甘霖还通过恶劣自然来反衬社会,如在土家族地区,"久晴"(长期天干)与"久落"(长期下雨)都是人们生活的最大的自然障碍,故田甘霖即在《将晴复微雨》中对晴、雨之间对人们的生活影响作了描述:"弥月未开眼,微晴复带忧。山秃青渐出,泉响咽还秋。漫讶曝衣好,仍愁徇木浮。樵苏难供爨,莫谩骂苍头。"⑤在这样的自然地理条件

---

① 陈湘锋、赵平略:《〈田氏一家言〉诗评注》,中央民族大学出版社 1999 年版,第 315 页。
② 同上书,第 347—348 页。
③ 同上书,第 355 页。
④ 同上书,第 323—324 页。
⑤ 同上书,第 301 页。

下,人们对于晴、雨的关注就十分自然了,故在《阮郎归·采花台赏花有感》中描述了"连朝淫雨"及其负面影响,这与其说是无法赏花,不如说是对"连朝淫雨"本身的抗议①;在《友人作催雨诗依韵更作望雨篇》中对"望雨"作了深刻反映:"倘得及时随愿至,万宝丰盈真玉乳。漫拟苏髯赋歌谣,尽教沧海为桑土。"②因为很简单,风调雨顺才能"尽教沧海为桑土"。在《楚大中丞林柱楚告归书至赋此奉饯》中还有一个老百姓对好官的挽留场景,从而表明田甘霖心驰神往的理想政治之一,其中的"寄与苍生休下泪,更多膏雨自天降"③,甚至将得一好官与得到甘雨相提并论,足见晴、雨之间对土家族人民的重要性。

在田甘霖那里,不仅雨、旱影响人们的生活,雪也同样影响人们的生活,如《松山大雪同珠涛文田赋得折足双铛愁断烟得焚字》中即言:"一抹青出失翠文,寒风侵逼似僵闽。过厨愁说无黔突,出户难分欲冻云。坚卧蒿床谁却扫,欲吟米桶不相闻。何从觅得衡山芋,拾取松枝带叶焚。"④这是一种典型的景随人迁的人文情怀,与《夏日盛暑社集荷池看莲和吴梅村太史韵》中所言美境大是不同。

### 五、兴亡亦偶尔,怀古独沾襟

明清的世运之变促使田甘霖反思历史,从而形成了田甘霖的历史观,即在古今关系上的历史思考。对历史的反思使田甘霖时常同朋友谈历史,如《斗室与珠涛兄清谈信宿兄去怅然余复往看喜而赋此》中即言:"余生不喜务安居,一榻悬来亦自舒。司马未多迁览趣,子公复少结交书。但听娓娓谈千古,恍觉蓬蓬遍六虚。况自欲归归不得,陶轩吾复驾柴车。"⑤他认为,当时的社会已处于难以把握的末世,有如《圣妈塔》表明的社会难以把握一样:"盛迹没荒田,尘封千百年。蟑螂收智勇,鱼鳖种因缘。南北变灯影,隋

---

① 陈湘锋、赵平略:《〈田氏一家言〉诗评注》,中央民族大学出版社 1999 年版,第 397 页。
② 同上书,第 373 页。
③ 同上书,第 368 页。
④ 同上书,第 367 页。
⑤ 同上书,第 343 页。

唐获塔砖。摩耶佛妈首,说法共周旋。"①他同时认为,当时的社会已非常使人伤心,即在《闻黔中晋李秦孙构难奉诏解之事与五代晋梁符合感而赋此》中所言"伤心莫话黔中事,王气萧萧不忍看"。而这是通过历史审视获得的结论:"千古同符史册残,忧时冷眼发长叹。凤翔解甲垂明诏,天复还宫出暂安。此日邯郸方入梦,当时傀儡再登坛。"②因此,历史审视让人感同身受,既体现出田甘霖强烈的历史感与人文关怀,也时常使他有欲吐不得之感,即如其《端午诗未成后一日独酌》中言"刘郎搁笔诗难就,贾傅追吟赋已迟。到景翻成蜃气远,过情转觉彩丝奢。最嫌午日歌骚曲,芳节空教说怨嗟"③。

田甘霖在《如梦令·除夕》中,通过除旧布新的自然的时空转换来表现对社会和平的向往与对战争的控诉:"三百六旬盈数,此夕纵留难住。明日喜回阳,刻刻还愁夕燧。乌兔,乌兔,空照兵戈朝暮。"在《鹧鸪天·松山除夜》中更是表明了"惟余一夕占春色,瞧破苍苔乱点头"的感叹,以至于有"斟柏酒,数花筹,年年除岁不除愁,此时此景堪描画,难写惊魂不放忧"的愁思。在这种情况下,纵是佛祖也没有办法:"高顶浮家似叶舟,罗浮景幻是耶不?"④在田甘霖看来,连年的战争已使人们没有了安全感,于是产生了对平安的奢望,甚至对理想社会也降低了要求,故于《白珩兄得家中吉报二绝见示步韵》其一中言:"莺迁蠖伏两为全,始信经烽又历年。洞里不须问甲子,平安相报即尧天。"⑤"平安相报即尧天","尧天"本来是指太平盛世,但是,在战乱的年代里,能够有人在也就是很幸运的了,谁又敢真正企望"尧天"呢?乱世人的真诚宽慰,其实是让人备感心酸的。

田甘霖于《复和陶苏饮酒诗有引》中表明了当时的末世环境:"予少时在先宫保严侍下,饮不一蕉叶,便尔颓然,后宫保见背,畏讥忧谗,投迹深山,

---

① 陈湘锋、赵平略:《〈田氏一家言〉诗评注》,中央民族大学出版社 1999 年版,第 303 页。
② 同上书,第 359 页。
③ 同上书,第 351 页。
④ 同上书,第 397—398 页。
⑤ 同上书,第 318 页。

岚朝日夕,读书学饮,欣然作和陶诗。后出而从诗文士辈饮,于陶苏两公风味具体而微矣。忆和陶诗,无只字存者,又搦管和苏,今和苏诗亦归乌有。然无日不饮,饮辄成狂,信笔所至,不伦不次,更得和两公诗。"正是这种环境成就了他"和陶苏饮酒诗"、学陶苏人格的原因:"不问春与秋,南北任性飞。浇尘来浮白,弹丝心自微。籁闻泉声响,无心云所依。眼花觉径窄,拨云觅路归。""篱边握盈把,何如餐落英。苏髯耐世徒,确有不世情。黄柑洞庭酿,无客乎共倾。三径纪甲子,多少不平鸣。不合时宜者,杯中了此生。""临流照颜色,尚有好丰姿。森森隆木荫,任予栖高枝。解带避督邮,人奇事愈奇。但然波不恶,无所为而为。""不喜攒眉饮,笑口时时开。囊愁寄天上,一石且展怀①。时有学道面,时有曼倩谐。堪怜刘公荣,不醉亦强陪。拙哉不饮人,夭折是颜回。""抖擞空百壶,自不向而隅。视此同行路,不睇院家涂。一骥空群百,千里仍驰驱。事事不须慎,所慎在三余。儿孙正孝顺,且莫赋闲居。""当时无醉人,庄周幻于道。栩栩化为形,粉褪蝶颜老。至人饮至理,桃榔树先槁。长公与彭泽,俱是不为好。老陶出一头,五柳终怀宝。若使在荆州,醉里笑刘表。""吾结羲皇室,高吟雅与风。严门戒堂史,俗简莫频通。乘醉略冠履,探园把雕弓。日晡兴方阑,酷魂满长空。"②全诗寻求一种美好环境与健全心性的统一,直接说明了社会际遇与人生态度的关系,表明了田甘霖自己的人生态度与价值诉求,同时表明了一种退而求其次的态度——社会际遇不好,我只能把家庭建设好,一种达则兼济天下、穷则独善其身的儒者态度。因此,文化选择隐含的就是社会理想,我们从中也可看出土家先民鹖冠子关于"时"与"命"的关系问题的思想传承,或许即是出于共同的民族基因。

田甘霖的文化选择,重点在于汉唐之治,如《过鸡鸣城城在屡陵龙墙河上相传为昭烈夫人筑》中表明宗于汉唐:"委士知何日,雄图百代深。敢将脂粉意,没却霸王心。野父恣樵牧,寒鸦满树林。兴亡亦偶尔,怀古

① "展怀",陈湘锋、赵平略《〈田氏一家言〉诗评注》(中央民族大学出版社1999年版)第311页作"展杯"。今依鹤峰县委统战部等编《容美土司史料汇编》(内部资料1983年版)第158页改。
② 陈湘锋、赵平略:《〈田氏一家言〉诗评注》,中央民族大学出版社1999年版,第308—313页。

独沾襟。"①虽然其中的"兴亡亦偶尔，怀古独沾襟"表明了他认为这个社会难以把握，但崇尚汉唐则显于其间。在《马诗三首》中也体现得十分明显。在《和荆艳诗九首》中通过为作"荆人语"而作诗，虽内心自有某种困惑而有"聊以消永日"的感叹②，但在其诗作中，"月华"用《卿云歌》典，感触"偶然逢此盛"的"光华不复旦，纠漫难继作"③之社会衰世，"虹梁"中反思"四海地天通"未成现实是"幸未架南北"④，"石笋"中的"要制古时冠，箨皮惜无存"⑤的叹惋，"冰花"中"江山返太素"、"正合素心人"⑥的社会希望，"荷珠"中表明的是"不须作意抵，风起自投渊"⑦的变迁之局，因而"莺梭"即"为问花样成，年年同不同"⑧，表示出一种对未来的难以把握，从反面映射出其社会希冀。此外，在《二月六日游石门瓜子溪水际流觞次友人韵》中追求的友好社会关系、《鸠兹过伍相庵庄宅》中表明的汉唐文化、《七夕前一日赋得建章宫柳入新秋》以诗言志并谈自由、《戏赠内弟罩使君》表明社会和谐、《戏柬宋仕仁》表现的社会理想等，都有对汉唐气象的某种反映。

田甘霖的"怀古独沾巾"还反映在他对文安之等历史人物的态度上。文安之是南明相国，是联合李自成、张献忠余部及其他势力进行反清复明斗争的主要人物。南明永历十三年（即清顺治十三年，亦即1656年），文安之率闯、献余部由水道袭击重庆，因内部矛盾失败，不久"郁郁而卒"于军中。此前，田甘霖与文安之共困巴东；其后，田甘霖扶文安之灵柩返容美安葬。就是这样一位晚明靖臣，被田甘霖奉为"经纶漫措擎天手"，因作《哭文相国时困巴东作》言："炎海漳江几度深，君恩未报却相侵。经纶漫措擎天手，慷慨孤悬夹目心。虎豹重关何处觅，啸吟多句独堪钦。可怜杜宇春来恨，啼向

---

① 陈湘锋、赵平略：《〈田氏一家言〉诗评注》，中央民族大学出版社1999年版，第304页。
② 同上书，第280页。
③ 同上书，第281页。
④ 同上。
⑤ 同上。
⑥ 同上。
⑦ 同上书，第282页。
⑧ 同上书，第283页。

愁人泪满襟。"①田甘霖遗有五首写文安之的诗作,从中不难看出其政治态度,如《过文铁庵先生旧寓署地有怀》二首即通过感物怀人来表明自己的社会立场与政治理想,表明一个"曾经道者履,草木尽知名"的好去处,却因国破家亡而"亲舍白云在,绿堂棘草横"。这种"凶徒何卤莽,奴仆借恩荣"、"衮衣何岁别,月窟一亭烧"的状况,是否意味着美好的过去只能追忆:"回首追谈笑,劳歌望峡生。""忆旧怀鱼素,书空作洛招。年年徒自憾,遗迹话渔樵。"造成这种状况本身更说明文先生的伟大,即"记得先生语,凶残众所骄"②。在《感怀文铁庵先生有序》中对一心复明的文安之赞美有加,并对自己之兄田霈霖表示了认肯,在《松山怀文铁庵先生长律》中甚至表示"裹足愿同天下士,仰头时望极旁星"③,同样表明了自己的文化选择。与此相应,田甘霖的这种态度也表现在他对明末倪尚书鸿宝的态度上,在《读明倪尚书鸿宝集感赋》中言:"拈来奇伟拟苏黄,落笔风生旧玉堂。往诵文山专节义,今钦鸿宝擅文章。佳怀总结冰霜色,正气遍撼锦绣肠。一字一吟香冷齿,仰看箕尾识光芒。"④为此,他有《荷珠》诗以言气节与操守之志:"微风摇动警龙眠,叶里珠田赛玉田。鲛泪倾来犹有限,晶盘捧出却无边。幕宾足供三千履,掺手倩谁九曲穿。解是清操贤太守,遗将池畔斗清妍。"⑤

## 第五节 传统文化的总结与反思:田舜年
## "山川待人"的哲学思想

明清时代,从中国传统文化发展的角度说,是文化的总结与反思阶段,甚至被认为是中国的启蒙时代⑥,如在图书典籍方面编纂了大型类书《永乐大典》、《古今图书集成》,大型字典《康熙字典》,大型丛书《四库全书》;在

---

① 陈湘锋、赵平略:《〈田氏一家言〉诗评注》,中央民族大学出版社 1999 年版,第 369 页。
② 同上书,第 289 页。
③ 同上书,第 375 页。
④ 同上书,第 362 页。
⑤ 同上书,第 360 页。
⑥ 梁启超《清代学术概论》可以说就是以这一指导思想来写的,甚至与西方的启蒙时代作了对比。

古典科技方面出现了李时珍的《本草纲目》、潘季驯的《河防一览》、徐光启的《农政全书》、宋应星的《天工开物》、方以智的《物理小识》及地理和地质学杰作《徐霞客游记》等；在学术文化方面，清代乾、嘉学者的"直接之效果：一、吾辈向觉难解难读之古书，自此可以读可以解；二、许多伪书及书中窜乱芜秽者，吾辈可以知所别择，不复虚糜精力；三、有久坠之哲学，或前人向不注意之学，自此皆卓成一专门学科，使吾辈学问之内容日益丰富"①。总之，这一时期，成为中国传统文化的总结期，并为中国社会进入一个新的时代作了思想文化方面的准备。

在土家族历史上，明清之际同样属于这一特殊的文化总结时期，其代表人物即田舜年②、彭秋潭等。田舜年（1640—1706年），字韶初、眉生，号九峰，幼年即随父母学诗书、习音律，青年时代就读荆州。康熙十四年（1675年）袭父职，康熙四十五年（1706年）六月在武昌中暑病故。③ 田舜年"尊贤礼士，饱饮诗书，以著述名家"④，对土家族文化的发展与总结都做出了重大贡献。

## 一、土司时期的文化交流与文化选择

土司时期，特别是明朝，土家族文化与中域文化交流得到了广泛展开。一方面是土司因为自身的内部矛盾而迫切要求向先进的中域文化学习，一方面是中域王朝的制度性规定，加上军事、流民、农桑等多方面的影响，土司时期的文化交流十分丰富而广泛，并促成了土家族上层知识分子对中域文化的选择，实现了"僧巫法不到书生"的儒家文化认同⑤，如明洪武二十八年（1395年），明太祖朱元璋下令"诸土司皆立县学"⑥；弘治十四年（1501年），明孝宗朱祐樘下令规定要承袭官职的必须入学。⑦ 与这种文化强制相

① 梁启超：《清代学术概论》，见《中国现代学术经典·梁启超》，河北教育出版社1996年版，第164页。
② 赵尔巽等《清史稿》卷八、二百六十四、二百六十七、二百七十六等并载田舜年事。
③ 鹤峰县委统战部等编：《容美土司史料汇编》，内部资料1983年版，第104页。
④ 同上书，第291页。
⑤ 杨发兴、陈金祥编注：《彭秋潭诗注》，中国三峡出版社1997年版，第184页。
⑥ 《大明一统志》卷六十六。
⑦ 同治《酉阳直隶州总志》卷十九。

应,那些受封土官也加强了文化政策调整,如容美土司司主田世爵认为"乱贼之祸,始于不明大义",在注重内部发展的基础上,大力引进与推广中域文化,"延师课读"、"以诗书严课诸男",并将子弟送往司外州县就学,在土司中提倡与推行中域文化。① 其他诸土司如酉阳冉氏土司兴学崇儒,冉兴邦曾"奏请建立学校如州县例"②;湖北卯洞土司也广立学校,传习中域文化。这样的文化措施,目的是从文化上加强中域文化,其中特别是儒家思想的影响,客观上有利于土司、土官文化素养的提高,使土家族统治阶级中出现了一批有较高文化水平的人。因而在土家族传统文化精神之外又引入了中域文化,其中特别是儒家文化传统,并通过这种文化精神的嫁接,提升了土家族的民族理性,如原始而质朴的对人以诚、对事以忠等,从而有了儒家的理性阐明。从这个意义上说,中域文化的引进本身就意味着要进行一种民族的自我文化总结。田舜年的文化总结就是发生在这一特殊时代的。

本来,土家族上层精英已较早地进行了文化纳新再造,其主要表现是形成了土家族文人群落,如在重庆酉阳有冉氏群落、湖北恩施有容美田氏群落、湖南湘西有彭氏群落、重庆石柱有马氏群落等。在明代,《明史》曾记冉氏"冉兴邦以袭职来朝,命改隶渝州"(卷三百一十二)。因此,在冉氏子弟中,形成了一个代有才人雅士的文人群落:冉天章、冉舜臣、冉仪、冉元、冉御龙、冉天育、冉奇镳等,各有汉文作品传世。湖北容美田氏,从"容美"出自土家语"妹妹居住的地方"来看,这里历史悠久。从有确切记载的唐代田行皋起始③,已与中域有广泛的文化交流。若据田舜年《容阳世述录》所记则是"自汉历唐,世守容阳"。在这里,从明代田九龄以诗名家开始,先后有田宗文、田玄父子四人等一共六代九大诗人,人人有集,成为影响较大的田氏诗派。湖北五峰张氏家族在明代也是人人有集,张氏以儒学教子为事,其子取名张之纲、张之纪、张之翰、张之儒、张之宜、张之彩、张之藩等本身即可看出其儒家文化价值取向。湖南的彭氏,自五代"溪州之战"后,也代有传人,

---

① 鹤峰县委统战部等编:《容美土司史料汇编》,内部资料1983年版,第87页。
② 《明太宗实录》卷九十三上言:"永乐七年六月,四川酉阳宣抚司宣抚冉兴邦遣头目龚俊等供方物,谢立儒学恩。"见《川东南少数民族史料辑》,四川民族出版社1996年版,第117页。《大明一统志》卷六十六也有载。
③ 赵尔巽等《清史稿》卷五百一十二记有其事。

并在明代改变了"一介武夫"形象,有了诗文名家传世,其因当在于土司时期有"土司应袭子弟,悉令人学,渐染风化,以格顽冥,如不入学者,不准承袭"①的规定,于是一些土司、土官及子弟纷纷到附近州县求学读书,如明正德初年永顺土司彭明辅就读于辰州②;万历年间,彭元锦③、彭象乾求学于酉阳,"儒学有才名"④。彭元锦在万历十五年(1587年)任永顺土司后,在老司城设立"若云书院"⑤,招集土司、土官子弟入学,请外地名师为之讲授,于是在土司中出现了一些有较高文化水平的土家族知识分子,他们留下了一些"谱书"、"志书"和"碑文"之类的作品。明正德年间,永顺土司彭世麒⑥著有《永顺宣慰司志》,记其世袭、山川、景物,是研究湖广土司制度的重要著作之一;其子彭明道著有《逃世逸史》⑦,族人彭世麟、彭飞等并有佳作传世。另有乡人张汉杰著有《南渭州土知州谱》⑧。此外还有石柱马氏宗族的马宗大、马斗斛等,都有汉文作品传世。所有这些,都说明土家族地区在中域文化传入以后的文化选择,有的已开始用以总结自己的文化传统。

## 二、田舜年以儒家文化为宗的文化总结

容美土司曾大力倡导儒家文化,原土司司主田世爵曾定下"以诗书严课诸男"的决心,在各土司中较早提倡与推行中域文化。⑨ 田舜年更是精通中域文化并宗尊儒家文化。田舜年《紫芝亭诗集》小叙中称祖上对后辈"咸聘名儒以教之"⑩,其次子田旻如甚至还就读于京师国子监,并在《五峰安抚

---

① 乾隆《永顺府志》卷九。
② 张廷玉:《明史》卷一百七十五、三百一十并记其事。
③ 同上。
④ 彭剑秋编著:《溪州土司八百年》,民族出版社2001年版,第24页。
⑤ 民国《永顺县志》卷二十一。
⑥ 张廷玉:《明史》卷三百一十记有其事。
⑦ 民国《永顺县志》卷三十一、三十二。
⑧ 民国《永顺县志》卷三十二。
⑨ 参见鹤峰县委统战部等编:《容美土司史料汇编》,内部资料1983年版,第87页。
⑩ 陈湘锋、赵平略:《〈田氏一家言〉诗评注》,中央民族大学出版社1999年版,第434页。

司列传石梁深溪长官司附见》中肯定"八峰诸子彬彬儒雅"①，严守升在《田氏一家言》又叙中谓"盖自子寿名家，嘉隆太初列传儒行"②，姚淳焘则在《宣慰土司田九峰二十一史纂序》中肯定其具有"通儒之所用心"，土家族诗人田泰斗在《读九峰公〈田氏一家言〉感赋》中则直接肯定"宣慰邦之彦，将军儒者流。摩崖碑在否，洞口水悠悠"③。可见儒家文化已成为容美文化的核心精神，田舜年更是对儒家文化情有独钟。

田舜年以儒家文化为准则，对与容美相关的土家族文化进行了总结，其主要的总结性成果有《二十一史纂要》、《六经撮旨》、《古城记》、《容阳世述录》、《白鹿堂诗文集》、《田氏一家言》等多种，《容阳世述录》是关于容美之疆域、沿革、制度及山川名胜等的记载，《二十一史纂要》是关于二十一史的考证、商榷、批评的著作，《六经撮旨》是关于《诗》、《书》、《礼》、《乐》、《易》、《春秋》诸经旨义的论著，《田氏一家言》即是田氏家族之诗歌总集。目前仅存的最具代表性的是大型诗文丛集《田氏一家言》，在共计 12 卷的诗文总汇中，田舜年自己的作品《白鹿堂诗集》、《白鹿堂文集》各两卷即占三分之一。现以《二十一史纂要》和《田氏一家言》为例略谈其文化总结成就。

《二十一史纂要》的内容宏富，据姚淳焘《二十一史纂序》记载，曾"载书满车"，"编辑史略，二十一朝，互有商确，芟繁摘要，考误析疑，殆类通儒之所用心，非苟焉而已也。"基本思想是"披览之下，见古者山陬海澨，有奉职勤王，铭劝天室者；有夜郎自大，抗天拒命，冥冥焉不戢自焚者；有世笃忠贞，分茅锡土，传之无穷者；有叛服不常，初终异辙，尝试天威，陨其世，堕其绪者，其间是非祸福，一一澄观而静验之，于以敦修自好，力帅诸司，永承帝眷"④。遗憾的是，《二十一史纂要》已佚，难睹芳容。但从上述序列看，田舜年著是书的目的是对如何处理与中域王朝的关系进行历史总结，符合那

---

① 此段文字于鹤峰县委统战部等编《容美土司史料汇编》（内部资料 1983 年版）第 105 页上有误，此依民国《鹤峰县志》卷十三订正。
② 陈湘锋、赵平略：《〈田氏一家言〉诗评注》，中央民族大学出版社 1999 年版，第 433 页。
③ 田泰斗著，田登云整理：《望鹤楼诗抄》，内部资料 1998 年版，第 109 页。
④ 鹤峰县委统战部等编：《容美土司史料汇编》，内部资料 1983 年版，第 290 页。

一时代土家族思想界关注"土汉之际"的思想主旨。

《田氏一家言》是严格按照儒家的宗族观念和思想标准编纂的。所收人物是"爰辑高曾以来,傍及群从,著为《田氏一家言》"①,把宗支与旁支分析得很清楚;在具体内容上则"以启迪后人"为宗旨,以当时的主流价值观为指导,"汰其太染时调者"②,强调"以仪刑见重"③、"以其忠且才"④。清道光至同治年间的土家族诗人田泰斗曾评价说:"治杂华戎俗,民犹混沌天。至今残简里,隐隐起风烟。""横绝英雄笔,风声绕不休。一家私典册,半部小春秋。"⑤以《春秋》为喻进行评论,亦可见出其总纂此书的目的。其实,这也是田氏宗族"嗣是见贤思齐,淘洗一切,勉步学芳躅躅,余于后世小子有深望焉"⑥的传统。至于田舜年自己的诗作文章,南郡伍骘在《白鹿堂诗集》的序文中曾肯定:"韶初使君,博极群书,风采如高岗凤,珠玑如万斛泉,重振大雅,苦心构句,烂乎如金谷之方春,萧然若山阴之欲秋,使人把玩过日,几几海上移情耳。"

田舜年的其他作品都已佚,但从若干佚文里仍可看出其文化总结的意义,如《容阳世述录》,顾彩《容美记游》中保存其一条佚文,谈到长乐坪时即说"长乐为司中十二园囿之第一,将筑室开市于其间,以乐游人",即包含了发展规划在其中。然而未及具体进行开发工作,故顾彩不无遗憾地说"然尚未遑也"⑦。在《五峰安抚司列传石梁深溪长官司附见》中,田舜年即对容美文化有总结,并与五峰对比,说明"张氏亦(儒学)⑧以教子为事。其子张之纲、张之纪、张之翰、张之儒、张之宜、张之彩、张之藩等皆弟兄立社,人人有集,与长、宜、枝、松友朋倡和,子侄列于庠者十余人。其司治、阶市、寺

---

① 陈湘锋、赵平略:《〈田氏一家言〉诗评注》,中央民族大学出版社1999年版,第431页。

② 同上书,第434页。

③ 同上书,第443页。

④ 同上。

⑤ 田泰斗著,田登云整理:《望鹤楼诗抄》,内部资料1998年版,第108—109页。

⑥ 陈湘锋、赵平略:《〈田氏一家言〉诗评注》,中央民族大学出版社1999年版,第436页。

⑦ 顾彩著,吴柏森校注:《容美纪游校注》,湖北人民出版社1999年版,第372页。

⑧ "(儒学)"为引者据意所加。

观、桥道可称仅见"①。这些都说明,田舜年以是一个自觉的文化总结者进行文化活动的。

### 三、以心性之学为宗的思想转折

由于多种原因,田舜年的作品所存不多,现仅存诗 13 首、文 17 篇。根据对其诗、文的分析,心、性之学是其主题思想,标志着土家族思想文化的转折。

田舜年所处的是一个变动不居的时代:六岁时逢甲申之变,祖父田玄与父亲田舜年等四人唱和,悲叹明王朝的灭亡;明末农民起义、吴三桂叛乱等都对容美有所波及,使当时确有"隔宿分新旧,斯时匪往时"②之感。面对这样一个时代,一方面是非我所能左右的客观的自然与社会,一方面则是我的自由的心灵、性情。田舜年的诗、文即体现了这二者的矛盾,并反映出了一定的思想转折意义。

面对自然,"着眼天无限,无非静者供"。人们在无限之自然界面前如何自处? 如何才能"对云觅好句,临水认欢容。鸟语杂分籁,溪烟淡著松"? 田舜年的看法是"无非静者供"。"静"的核心是心中的"一念",只有这"一念"安静了,才能"直觉诗难尽,还将画比工。逡巡无事酒,斟酌喜花风。静约烟萝月,残霞未敛红"。也就是说,是"学得寻仙法,无烦一念中"③。

何以至"一念"之"静"? 田舜年提出了"闲性"的方法,"闲性"是与"逆性"相对应的④,根据田舜年对"逆性"的阐明,"逆性"即是违性为恶,与之相对的"闲性"即顺性为善。通过"闲性",你即能感悟"村农勤觅酒,熟客厌惊龙。水落添清响,樵吟送远腔。但能闲作赋,何必近三江",即自有心灵的愉悦。即使是在一个动荡的岁月,也能"性不欺云壑,情憨景自新。山山堪作画,岸岸可垂纶。兀坐琴三弄,闲吟酒一巡。红尘都不杂,即是古皇民"⑤。

① 鹤峰县委统战部等编:《容美土司史料汇编》,内部资料 1983 年版,第 105 页。
② 陈湘锋、赵平略:《〈田氏一家言〉诗评注》,中央民族大学出版社 1999 年版,第 209 页。
③ 同上书,第 418 页。
④ 鹤峰县委统战部等编:《容美土司史料汇编》,内部资料 1983 年版,第 107 页。
⑤ 陈湘锋、赵平略:《〈田氏一家言〉诗评注》,中央民族大学出版社 1999 年版,第 419 页。

　　"闲性"的关键在于"闲心",一个人之所以能"一榻宜闲性,残书日半窗",就在于他能"闲心",诸如"带影寻溪上,闲心数泳鱼"。这样,从人与自然的关系,从自然的无限性进而通过"闲性"、"闲心"的修养功夫而达致"情惔景自新"、"自喜得常如"①的境界。

　　"闲性"、"闲心"表现在社会历史领域即注重"心史"的发掘。在和严首升《赠容美田九峰宣慰》的答诗中,根据"三楚文烽尽"的社会末世,认为对"达与才歧路"的个人命运的把握,已没有什么规律可寻,只能"太玄身后显,心史井中规";只能"拜首陈先事,扪心述祖规"。这样,对"心史"的发掘就成了其面对社会变化态势的基本方法了。为此,必然需要"波心叠叠匀施"、"心事光明高揭"②。

　　值得注意的是,"闲性"、"闲心"与"心史",从最终主旨来讲,还在于不随波逐流,而是向着社会的正向价值,一方面是"风月狂挑吟担,江山养就豪骨"③,保持自己的自尊、自爱、自信;另一方面是认准社会正面价值,"蒸蒸响化,靡有违心",是"类通儒之所用心"④。按田舜年自己的说法是"同心"、"臣心"、"相率倾心"、"一片赤心",按当时的社会主流价值的评价尺度则是"向化之心"。

　　田舜年的这一思想转折表明,土家族上层知识分子已经从神的崇拜中走了出来,并从人的崇拜深入到了人心的崇拜,这是土家族思想文化史上的重大转折,并且与儒家文化的"敬鬼神而远之"相一致。

　　我们通常说哲学是关于世界观的学问,但这句话显然是无主句。是谁的世界观? 是谁关于世界观的学问? 肯定是各个具体的人,是各个哲学家、思想家。这样,问题就转化为谁的哲学、谁的世界观了。对于田舜年来说,他的世界观就是他对世界的观察,是他对世界内部本质的洞察,也就是在他面前展现的世界与生活。田舜年生活的世界让他"闲性"、"闲心",让他通过发掘"心史"以获得内心的安定与平静。但事实上做不到,一方面是有如

　　① 陈湘锋、赵平略:《〈田氏一家言〉诗评注》,中央民族大学出版社1999年版,第419页。

　　② 同上书,第427—428页。

　　③ 同上书,第428页。

　　④ 鹤峰县委统战部等编:《容美土司史料汇编》,内部资料1983年版,第290页。

《和羽伯复得虎韵》所言:"前虎久落阱,后虎复踵武。嗟哉此迷昧,相续自投罟。贪肠不自戒,摇尾亦奚取。独杀不可专,樊笼两鉴汝。"①即人因不"闲性"、"闲心"而"贪肠不自戒"等劣根性膨胀,总会出现"相续自投罟"的情形。另一方面是如《搏得病虎作病虎行》中所言之"天道不可专独杀",也就是说,有某种规律性的东西支配着,也正是在这个意义上,社会虽有治乱,但有"天意助人除乱根"②。正是人心、人性的根性与自然、社会之"天道"的这种矛盾,使田舜年也有一种难以下笔之感,即如《荷笔》所谓"底事书空咄咄,烟云错落临泥"③。

## 四、"山川待人而显"的民族自信

作为个体,田舜年感叹的是人的心、性与自然、社会的矛盾,是主客体之间的紧张关系。但是,这并不等于这种矛盾不可克服。在田舜年看来,因为"山川待人而显"的本性,给人们发挥人的自性、自信提供了一定的条件。所以,田舜年在多篇文章中阐明了"山川待人而显"的自然界与人的主客观联系观。

田舜年在《百顺桥》中起首即言"山川待人",其中提到了自己及属下的努力取得了成绩,祖上"未了之事,靡不次第举行",因而得到了康熙皇帝的接见,"带病朝见于乾清门金狮子下","得邀圣眷于破西南未封之天荒,是后复病";或许是一系列成功,致有"日蚀之异"④。

在《晴天洞记》中对"山川待人"的内涵从主客观关系的角度加以阐明:"山川待人而显者也,以予思也。"这就是说,"山川待人而显"的关键是人要把它作为思考对象、认识对象,即"以予思也"。这里的关键是与有缘人,即"不仅人有知遇,而山川与人更有知遇也"。对于容美的山川,田舜年自己就是一个有缘人,是一个"一旦而遇于予者",经过他"以予思也"的努力,

①　陈湘锋、赵平略:《〈田氏一家言〉诗评注》,中央民族大学出版社 1999 年版,第 420 页。
②　同上书,第 424 页。
③　同上书,第 427 页。
④　鹤峰县委统战部等编:《容美土司史料汇编》,内部资料 1983 年版,第 113—115 页。

"斯皆屈群策群力而渐成之"的祖业得以发扬光大,老百姓"如鸟兽之散处也,欲得困守村落,使如右俗,首望相扶,疾首相循,使可明悉教戒";当官的"则是予□保民,而罪在罔民已焉。有仁人而□民为也";整个社会则如"威宁有信,威而使吾民将以有宁也";整个自然界则"山从秀处,有若情田之望"……总之是属"太平",故"此情田峒之修当祚也,而此大寨则乃同村落之名曰太平镇,而改曰太平洞,是予以□祈名而永乞天保云尔为记"①。

"山川待人"的直接要求即是追求进步,鼓励创新,对此,田舜年在《田氏一家言》跋中论道:

> 诗言志也,各言其所言而已。虽高岗之响,必逊凤皇,而睍睆之音,自娱黄鸟。天机所动,将亦有自然之律吕焉。果若人言,绳趋尺步,诗必太历以上,则自有盛唐诸名家在,后起者又何必寻声逐响于千秋之上哉。十五国风,大都井里士女信口赠贻之物,今咸为经,未闻周召吉甫正考,奚斯而外,遂无当圣人之采择者。由是而推,则求中原文献于荒裔绝徼,不有如山鸡之羽文彩可观、泽雉之性耿介足垂者乎。彼夫虬髯客,不肯从龙而自娱遐域者,谓其一无所长,不可也。四始而后,屈骚宋赋,孤行千古,又岂仅如司马之词传于盛览、盘本之歌入于汉庙而已哉。况风雅一道,流行于天壤,清庙明堂之上有传书,崇山大谷之间亦有传人,其势恒足以相埒。眉山之集,流传海外尚已,而属国之使,会同有绎,又往往出其宴享赠答之章,为荐绅先生所嘉叹,编之典籍,侈为美谭。少陵有云"五溪衣服共云山",此物此志耳。然则四海九州之大,此心此理之同,岂其有畛域限之耶?观田氏一家言者,姑无过为分别之见焉。倘有异地而神交,旷世而相感者乎。此非不肖所敢知也,亦曰自言其所言而已。②

如果不仔细分析,谁会想到这是一个边缘少数民族首领的"创新"宣言!作者在充分肯定"天机所动,将亦有自然之律吕"的客观规律性的基础上,凸显的是"自言其所言"的自主意识,不"绳趋尺步"的创新理念,"崇山

---

① 鹤峰县委统战部等编:《容美土司史料汇编》,内部资料 1983 年版,第 108—109 页。

② 陈湘锋、赵平略:《〈田氏一家言〉诗评注》,中央民族大学出版社 1999 年版,第 445 页。

大谷之间亦有传人,其势恒足以相垺"的民族自信,"异地而神交,旷世而相感"的开放胸怀……"山川待人"的真实意蕴正在于这种民族自信,正在于"言志"。

古希腊哲人曾有"人是万物的尺度"和"人啊,认识你自己"的命题,中国古代哲人也有"万物皆备于我"、"反身而诚,乐莫大焉"的口号,综合考稽,则并可认为是谋求处理好主客体的关系,从价值取向上看,与田舜年的"山川待人"并没有实质性的差异。所不同的是,基于土家族传统文化的自身内涵,田舜年的"山川待人"是谋求在"思"的基础上去改变、改造客体,是"劳□以勉众勤易举,成此壮观"。而这既区别于西方哲学的主客二分的知识论取向,也区别于中国传统哲学的"内圣外王"之道,而是从土家族哲学世界观的层面表征的"山川与人更有知遇",因而是一个值得重视的哲学思维成果。

# 第 七 章

# 封建社会末世的历史批判与哲学反思

18 世纪末叶至 19 世纪,是中国封建社会走向近现代社会的历史转折时期,由于有了改土归流的历史基础,由于有了全球性现代化运动的推动,土家族知识分子都在不同程度上形成了自己的文化观、历史观与世界观,并对文化冲突与社会发展进行了一定的哲学反思。但是,从总体上讲,这些知识分子并没有超越传统哲学,而具有过渡性质。本章的重点即在于清理 18 世纪末叶至 19 世纪末叶近一百年时间内的土家族思想家的历史批判与社会反思,在一定情况下把时间向两端延伸,以求历史的统一性。

## 第一节　文化冲突与历史反思

土家族学者在改土归流前后即已开始了自己的历史反思。但是,相对于土司时期,改土归流后至 19 世纪的一百多年中,土家族知识分子的历史反思总是把对民族的自我审视与对整个民族国家的关系结合起来,把文化冲突与社会重构结合起来,因而有了一些新的特征。

### 一、民族认同与历史反思

封建社会末世时期的土家族学者绝大部分都刻意描述和反思了自己的民族,这是在改土归流前没有的"统一"现象;同时,这一时期的土家族学者都把自己的民族放在中国大历史中来反思,甚至写下了相应的历史著作,如相对于改土归流前出现的永顺土司彭世麒著《永顺宣慰司志》、彭明道著《逃世逸史》、张汉杰著《南渭州土知州谱》等,这一时期出现了田舜年以儒家文化为准则、以中国大历史为视野的总结性历史著述《二十一史纂要》、

《六经撮旨》、《古城记》、《容阳世述录》等多种,《容阳世述录》是关于容美之疆域、沿革、制度及山川名胜等的记载,《廿一史纂要》是关于二十一史的考证、商榷、批评的著作,《六经撮旨》是关于《诗》、《书》、《礼》、《乐》、《易》、《春秋》诸经旨义的论著;出现了冉崇文的总结反思地方历史的著述《酉阳直隶州总志》24卷、《二酉纪闻》16卷、《小酉山房杂录》40卷、《冉氏家谱》12卷等。在既存的资料中,彭秋潭等可作代表。

　　彭秋潭(1748—1808年)是一个具有深厚汉文化学养的土家族人,清人张维屏《国朝诗人征略》说:"秋潭沉毅,喜学问,能文章,好切言高论,所历崇仁、弋阳、瑞金、吉水,振纲举凡,厘条搜目,期于大适而后已!"①彭秋潭可以说是对自己的民族进行了深度反思。在《长阳竹枝词》序中,他特别对自己写《长阳竹枝词》②的目的作了说明,即通过自己的没有成就反衬土家族地区并不落后的"国无陋矣"之意。在《长阳竹枝词》中,诗人写了土家族历史、土家族风俗、土家族的文化水准等,正如其兄长彭淦在《竹枝词序》中所说:"大都陈风俗之淳朴,表土物之纤薄,概习尚之变移,语从质实,意存规劝,有风诗忠厚之遗,兼美人香草之意。"③当时长阳知县杨于果在《题词》中也说"《长阳竹枝词》即可作长阳乘、梼观也"④。如说到知识分子与大众的文化取向之异有:"家礼亲丧儒士称,僧巫法不到书生。谁家开路添新鬼,一夜丧歌唱到明。"说到教育状况的如:"生儿莫道在村庄,也要经书念几行。绾个木箱提篓饭,山神庙里是学堂。""一堂学子要工夫,怪得先生讲究粗。知道明春当县考,两三相伴读冬书。"⑤最后是一首总结,一首本应作为前言的总结:"此是下里巴人音,短歌不尽此情深。夜雨潇湘一尊酒,请君试听竹枝斟。"⑥

　　可以说,改土归流后的18—19世纪也恰好是土家族开始进行自我反思的两个世纪,因而众多土家族知识分子都在进行这方面的反思,如覃远进有

---

①　张维屏辑:《国朝诗人征略》卷四十三,北京图书馆出版社2004年版。

②　杨发兴、陈金祥编注:《彭秋潭诗注》,中国三峡出版社1997年版,第181页。

③　同上书,第197页。

④　同上书,第452页。

⑤　同上书,第184页。

⑥　同上书,第192页。

《登五峰谒张土司墓》诗①，从土司制度与中央王朝的关系、从文明与野蛮的关系等层面进行了对比，承认落后而不甘于落后，一种由边缘走向中心的自信情感跃然诗中。清季酉阳直隶州拔贡冉正维有《仡佬溪》诗："王治渐摩数百年，淳风汤穆改蛮烟。却闻仡佬居溪上，尚在思黔启土前。纵猎俗移中夏地，踏歌声断早秋天。小民解说先朝事，卷叶吹箛信怅然。"②以土家族开化较早自居来品评其他少数民族，除民族自信以外，就是一种文化上的反思，实质上也是承认自己民族已从边缘走向了中心。清同治年间贡生彭勇行（1835—1895 年）直接指承"土家"之名，从而从民族文化的角度对土家族进行反思，写下了不少竹枝词，其中有言："新春上庙敬彭公，唯有土家大不同。各地也荷同摆手，歌声又伴'呆呆嘟'。"如本书第六章所言，作者还从民族关系的角度进行了反思。应该说，对"民族"的自觉是现代性的重要内容。正是在近现代的历史上，特别是在中西方的对待关系中，土家族人明确了自我，明确了在统一的中华民族大家庭中的"苗民土客住溪州"的历史境遇。问题的关键还在于彭勇行把这种民族反思直接指认为"家国事"："上溪州接下溪州，又到黔安古寨头。儿女何关家国事，为看铜柱也来游。"③彭勇行之弟彭勇功更是彰显"老土家"之意境："新春摆手闹年华，尽是当年老土家。问到村人为何事，大家报赛土王爷。"④应该说，民族自觉与文化认同成了这一时代的主题。唐仁汇曾从其父学《五经纂义》，可见其精通儒学，其《咏溪州铜柱二首》同样是对民族的反思之作，并且是从国家分裂与民族统一的高度来认识历史问题，体现了诗、史、思的统一。其《溪州竹枝词》则从民族文化传承的角度认肯了民族文化。这样，国家统一与民族自信在唐仁汇那里同样得到了体现。

对历史的反思既包括对自己民族历史的反思，又包括对整个中国历史的反思，如田泰斗（1818—1863 年），他虽无总览历史的反思性著作，但写下了一系列带有历史反思性的诗文，如《咏史》诗中的《王孙异人》、《吕不

---

① 彭继宽、姚继彭主编：《土家族文学史》，湖南文艺出版社 1989 年版，第 300 页。
② 《冉氏族谱·总谱》编委会编：《冉氏族谱·总谱》，内部资料 2007 年版，第 401 页。
③ 彭勃主编：《溪州古诗选录》，内部资料 1989 年版，第 4 页。
④ 同上书，第 43 页。

韦》、《周幽王》、《骊姬》等。特别值得提出的是,在田泰斗诗中还有对王昭君出塞的反思,如《入宫》:"景阳初入暗消魂,一曲蛾眉画未成。多谢六宫相妒忌,翻教浪得美人名。"①《出宫》:"明妃瞥眼嫁胡尘,马上琵琶塞外身。宠辱于今都不着,回头多谢汉宫人。"②如果结合其先辈田九龄的王昭君诗,则可明确地感到两种完全不同的境界。田九龄《吊明妃》言"琵琶声断塞垣春,青冢年年草自新。何似文姬归万里,胡笳拍尽九边尘"③,把王昭君与文姬对照,一个能自己为自己留名(言),一个不能;一个"归汉",一个则留"青冢"于异域,都有一样的爱国情怀。作者还对王昭君的爱国情在《昭君辞》中进行了表现:"愁对酡酥泼紫霞,朔风凄断戍楼笳。试看十月天山雪,争似甘泉玉树花。"④可以看出,在田九龄那里,因处于动乱的土司制度下,更多的是一种民族统一的愿望;在田泰斗那里,因改土归流后实现了民族统一,因而更多的则是理想社会的愿望,是"宠辱于今都不着"的理想天国。

此外,从民族反思的角度看,田泰斗也写下了大量的反映民族自我认知的竹枝词,如"元旦开门化纸钱,红灯绿酒出朝天。还家竟似客初到,各自相呼请拜年"⑤等,我们将在本章第四节讨论。

### 二、文化冲突与儒士精神

改土归流后,土家族的总体文化取向是儒化取向。儒化取向的关键是内圣外王,由于土家族儒生不少都无法达到"外王"的入世为官之途,故多在"内圣"上下功夫,如清嘉庆壬戌(1802 年)科登的贵州思南县人冉中涵,尝揭"求仁"二字于书院斋舍,与同窗共勉,品行醇正,为后进景仰,并在《桐崖鸣凤》和《真源洞月》中表达了"陋彼鹦鹉姿,能言奚所望"、"两两证心源,水月应同澈"的内圣理想。⑥

① 田泰斗著,田登云整理:《望鹤楼诗抄》,内部资料 1998 年版,第 162 页。
② 同上书,第 163 页。
③ 陈湘锋、赵平略:《〈田氏一家言〉诗评注》,中央民族大学出版社 1999 年版,第 44 页。
④ 同上书,第 45 页。
⑤ 田泰斗著,田登云整理:《望鹤楼诗抄》,内部资料 1998 年版,第 85 页。
⑥ 参见彭继宽、姚继彭主编:《土家族文学史》,湖南文艺出版社 1989 年版,第 283 页。

由于强化儒化取向，故难免形成文化冲突，其中首先的是儒佛道的冲突。土家族知识分子大都能自觉地捍卫儒家文化价值而反对佛道文化，如清康熙己酉（1669年）科举人田茂颖的《莲花寺》诗就在一程度上说明了儒学与佛教、道教在信仰上的冲突："香炉山下一瑶宫，胜地偏宜曲径通。日暖樵歌来万树，月庙梵字落孤桐。篆烟袅袅随云住，修竹亭亭带露浓。应是尘埃无着处，凡夫犹自觅崆峒。"①实质上仍然是理性与信仰、现实与"理想"的冲突：香炉山本是一处安谧清静的佳境，为何要去寻觅虚无缥缈的琼楼仙阁？最终是反对出世而具有儒士情怀。又如乾隆己亥（1779年）举人、石柱人冉永煮，在一定程度上说就是以儒生的责任感对佛、道都表示了怀疑，反映了知识分子的文化关怀，他在《彭山气传》中，既喟然"山中坟累累，何处觅长生"，又戚然"是将以佛为圣人欤"，并作出结论谓"泥古治今，鲜有不偾事者"，表明作者对于儒道佛的相关认知。②

作为儒化的知识分子，田泰斗同样表现出一定的反对佛教、道教的倾向。他曾有"泰素不信佛"之说，并有诗二首："曾欠酒家债数篇，典裘还罢尚馀千。欲从萧寺逃追索，不道如来也要钱。一文能束英雄手，况欠禅堂债数千。到底神仙还厚道，不曾开口索金钱！"③他还作有《反游仙词》，以示自己不信道："人言羽化仙，丹成入九天。我道天行健，一日一周旋。若到苍苍表，何处着迹焉？我有神仙术，不与神仙传。挑灯夜读书，焚香得拂弦。栽花引鸣鸟，鸟声杂鸣泉。倚竹看飞云，云飞接炊烟。有时南郊步，有时北窗眠。行止既无适，家人复怡然。如此神仙福，似在神仙前。笑语赤松子，尔辈太可怜！"④当然，他也不信鬼神，同样反映出儒士精神，如《广鬼磷议张晓江》诗言："晓江晨起惊白我，昨宵山头飞磷火。忽发狂言告晓江，呼生莫认作妖魔。昨宵我欲赋远山，精魂飞绕白云湾。勃然心花如火发，光焰万丈腾林间。不然我为山林光，山林亦欲呈其祥。夜深吐出灵秀气，化作祥云护门墙。不然莫作太乙仙，上帝吩咐下九天。怕我苦问诸天事，高吹藜杖翠微

① 彭勃、祝注先注：《历代土家族文人诗选》，岳麓书社1992年版，第111页。
② 参见彭继宽、姚继彭主编：《土家族文学史》，湖南文艺出版社1989年版，第304—305页。
③ 田泰斗著，田登云整理：《望鹤楼诗抄》，内部资料1998年版，第107页。
④ 同上书，第117页。

巅。不然皓月上斗牛,照见山人山色幽。霓裳仙子偷眼看,误失冰轮坠山头。晓江闻言呼妙妙,惊容消去莞然笑:公言光怪复陆离,一颗明珠当头照。"①

土家族儒士精神的彰显,主要还在于民本思想的彰显。彭秋潭(1748—1808 年)《摸桩行》与《沔阳道中夜闻邻船语》二诗足可称为诗、史、思相统一的佳作。以《摸桩行》为例:

> 宜城县下流水沟,薄暮泊船,闲寻村落间,有村老人为余言,贼初起时,将至一村集,必先得其里一人。夜则缚以入其里,使之以姓名捶门。门启即杀先缚者,而又缚此人,入其室搜杀已,即又以所缚者叩邻之门。门启,亦如之。搜杀尽,一村人无觉者,谓之"摸桩"云。伤贼之黠,哀民之易屠,使贼滋蔓也。因作《摸桩行》。

> 夜半黑风吹怪雨,前驱豺狼后猛虎。鸺鹠啸群作人语,妖狐头戴髑髅舞。犬不吠,鸡不号,鬼伯叩门求其曹。以火来照挥霜刀,杀人如草无喧嚣。东邻杀尽西邻及,问客何来开门揖。千门万户排闼入,男妇骈头但柴立。尸骸撑挂如丘山,祝融入伙飞炎烟。以人为烛光灼天,群魔血牙饱腥膻。千牛炙,万石倾,上马扪腹腹彭亨。平原广广纵且横,不闻哭声闻笑声。摸桩摸桩在何处?千村万落条条路。白莲花死不回顾,摇旗打鼓前头去。②

彭秋潭之兄彭淦(1738—1811 年)有《长阳竹枝词》,其中有曰:"一里山城二百家,算来十户九公衙。可怜几个穷人子,长被军流斗嘴牙。"其意义也同样属于具有人本倾向的诗作。

田泰斗显然属于山中儒生,因其僻居山徼,接近农民,故留下了具有史诗意义的关注民生的诗篇,如《山农吟》、《荒年行》等。此外,《苦蚊行》、《四无》(《无酒》、《无米》、《无盐》、《无钱》)等诗,从民生凋敝中思考社会现实问题。应该说,田泰斗在儒士的民本思想方面,在关心民命方面,都显示出了一种传统知识分子的特有精神。

---

① 田泰斗著,田登云整理:《望鹤楼诗抄》,内部资料 1998 年版,第 67 页。
② 杨发兴、陈金祥编注:《彭秋潭诗注》,中国三峡出版社 1997 年版,第 436—437 页。

### 三、"中国向何处去"问题的凸显

随着全球性现代化运动的推进,"中国向何处去"的问题也逐渐提上了日程,而首要的则是对儒家文化的反省,因而出现了对中国传统的儒家文化及相应的制度性构建的怀疑与批判。在土家族中心化以后,这种趋势随着整个中国的被日益边缘化而得到加强。早先有酉阳山羊乡人陈汝燮(生于1830年前后,逝于20世纪初)即在《熊鼎之孝廉北上》一诗中批评"当世只知金榜贵"的非适用理性。在《遣兴四首》中更是对此进行了大胆鞭笞。从全球性现代化运动的角度说,反对科举制度,应看成是早期民主主义的先声。20世纪初的温朝钟反帝反封建起义就是从温朝钟反科举制之"牢笼术"开始的。陈汝燮的反科举制度是同他对当时时势的关切相联系的,他强调要有清醒地认识世界的人,可是,当时的清醒之人并不多,故在《仿百尺楼九日醉歌》中发出了没有知己的感慨。

这些问题是什么? 一是国内战争,如《过秀城》、《官桥》、《廿六日正大营早餐》等中所言;二是民生凋零,如《宿凉亭凹》中所论;三是外患严重,如《和萧雨根孝廉镇江感怀元韵》、《题皇朝统一中外舆真地图》等中所论;四是民族关系,如《跨鳌亭放歌》、《自涪入酉山行杂咏十四首》、《钟灵山》等中所论。正是这些问题,使作者于《萧雨根孝廉以唐寿山刺史萍踪合韵诗见示并约过访题卷尾以当介绍》中认为"今人不如古,论世辄惆怅"。

值得特别提出的是,这一时期已有土家族知识分子直接触及了"中国向何处去"的问题,如第六章所述覃远进曾参加过中法战争,因而对"中国向何处去"的问题有所思考,除《登五峰谒张土司墓》所言祖国统一外,还对当时的民族危机有所认知,有一种"欲障百川回既倒"的责任感,并且这种责任感是与对清政府有所不满相联系的。诗人陈景星(1839—1916年)由于时代的变迁给他以难以把握的困境,故于《龙池感怀》中反映出一种无奈。但是,诗人关注着国家的命运,并于1885年时年46岁时投笔请缨,到了中法战争的前线。当70老将冯子材部在镇南关外与法国侵略者展开激烈战斗收复凉山的时候,诗人喜不自胜,作《喜闻官军收复凉山》;然而,当腐朽的清政府葬送了这一胜利时,他又作《柳州送春》对此表示愤慨。这种前后矛盾的心态充分反映了陈景星在民族与国家、情感与理性、个人与社会关系上的现实态度。

忧国忧民的现实态度反映在陈景星对清朝官场的态度上就是他在《戊申上巳后九日黄沚兰大令招游千佛山分韵》中所言之"宦海无静澜","闻之辄头痛,思之心转酸"。以至于他自己也"不作京国游,宁识仕宦贱;朝作鸣冈凤,夕作破巢燕"。甚至在《胡春丞别驾由青岛回黔过沪见访小饮话别》表示了一种对当时社会彻底失望的态度。当然,从时间跨度上看,陈景星无疑是一个过渡性人物,在走向现代的过程中,他既看到了当时中国社会的痛,如《黄平行》中所反映的"上黄平,黄平地旷无人耕"、"平原浩浩悄无人,但见磷飞冤魂啸"的农村的破败即其例。作为一个心忧国事的土家族知识分子,他感到了自己的孤独,有如《宿盘龙汛》中"携琴海天望,何处觅知音"的找寻。这大概是那一时代的共同的孤独。这种孤独既有儒生的社会责任感,又有儒生在全球性现代化面前的无奈感。

此外,触及了"中国向何处去"问题的土家族知识分子还有不少,如曾因戊戌变法失败而回归故里的晏卓甫在《沿头溪》中强调:"未见江南赋已衰,沧溟风雨我归来。空怜陆贾留新语,不许陈东作远才。纸上谈兵成画饼,病中送客且衔怀;鹤山客子横刀笑,又向南荒辟草莱。"①一种由对戊戌变法失败的反思转化成了对"中国向何处去"的思考;晏卓甫还在《过石柱观》中强调:"天梯石栈架楼台,灵验毫无剧可哀。学舍荒凉无过问,但愿财力托如来!"②反映出了一种深度的文化忧虑。此外,《长阳县志》还录有晏卓甫的《两河口》等诗文。又如田金楠(1856—1925年)虽蛰处山林,却能关注世情,其《虎变鼠吊台湾》描述了清政府的外强中干,《鄂军挫败,黄兴编敢死队千人再战大捷》中则对民族英雄表示了肯定。

在一定程度上说,中国接触全球性现代化运动是从商品与毒品开始的,而远在边陬的酉阳甘溪人冉崇文,除了对地方历史进行总结外,还直接指陈时势,如对作为毒品的鸦片之害进行了深刻批判,写下了洋洋数千余言《洋烟赋》指陈其来源、揭露其危害、批判其始作俑者、劝喻其吸者。

---

① 长阳土家族自治县地方志编纂委员会编纂:《长阳县志》,中国城市出版社1992年版,第700页。
② 同上书,第758页。

冉崇文还作有《闻客谈金陵兵燹状感赋》诗,民族危机意识清新可见于诗中。

此外,这一时期土家族知识分子的世俗化取向,已反映出了一定的现代意义,如清康熙己酉(1669 年)科举人田茂颖可以说是从 17 世纪进入 18 世纪的前期人物,其《龙壁诗有序》中提出的"夫一石也,胡为乎龙? 胡为乎八"的疑问,实质上已提出了理性与信仰的矛盾,如果从现代性的层面分析,这一矛盾正是引发现代性的理论动因之一。同时,其诗强调了对"龙壁"之"龙"的世俗期望:"何时一跃齐升去? 直布甘霖遍碧空。"①应该说,这也符合现代性的"世俗化"取向。田茂颖的《莲花寺》诗还在一程度上说明了佛教与道教在信仰上的冲突,实质上仍然是理性与信仰、现实与"理想"的冲突。这一价值取向在乾隆己亥(1779 年)举人冉永焘的诗文中也有所反映,其《醉仙亭赋》虽"以'自称臣是酒中仙'为韵",却在《彭山气传》中发出了"山中坟累累,何处觅长生"的"喟然"之叹和"戚然"之慨;但其落脚点却是世俗化的医国:"余肃然起敬曰:'持此术也以往,医家国天下可也,况医人乎?'"②

## 第二节　彭秋潭"不主故常,期可施之<br>于实用"的致用之学

彭秋潭,名淑,字谷修,湖北长阳彭家口(今长阳土家族自治县高家堰镇彭家口村)人,生于清乾隆十一年(1746 年)正月,卒于嘉庆十二年(1807 年)三月,终年 61 岁。其著述颇丰,有《蟾芝集》、《长阳竹枝词》、《文江小稿》、《秋帘小草》、《捻汗集》、《泛舟集》等。晏宗杰于《秋潭诗集序》中评价彭秋潭说:"由屈子以至今日,二千有余年,仅得一人焉,曰彭先生秋潭。""惟其忧世之深,济物之诚,怀抱之芳,行己之高且洁,往往读其诗可想见其为人,此则先生与屈子同焉者也。嗟乎! 屈子之后,始再见先生,何生才之

①　彭勃、祝注先注:《历代土家族文人诗选》,岳麓书社 1992 年版,第 110 页。<br>②　彭继宽、姚继彭主编:《土家族文学史》,湖南文艺出版社 1989 年版,第 304—305 页。

难也；至先生之后，不敢望生才如先生者，为邑增重，求能知先生者，盖寡焉。"①由此可见彭秋潭及其思想的影响。

## 一、彭秋潭经世思想的历史文化背景

从1644年定鼎始算，至1911年的267年间为清朝统治时期。清朝是中国悠久历史上最后一个封建君主制王朝。在清朝统治的这267年间，在康熙（1661—1721年）、雍正（1722—1734年）、乾隆（1735—1796年）三朝的130多年形成了中华民族历史上的又一个辉煌盛世，即康乾盛世。据统计，这一时期的中国社会各个方面在原有的框架下都达到极致。乾隆末年，中国经济总量占世界第一位，人口占世界1/3，对外贸易长期出超，以致英国迟迟不能扭转对华贸易的逆差。西方学者对中国的赞颂也多集中在这一时期，如德国的莱布尼茨（1646—1716年）认为"欧洲较之中国优越之处，在思维和思辨的科学……但一转到实践哲学，即生活、伦理、政治实践，欧洲人便难以和中国人相抗衡"；法国启蒙学者伏尔泰（1694—1778年）称赞中国是"举世最优美、最古老、最广大、人口最多而治理最好的国家"；法国《百科全书》的主编狄德罗（1713—1784年）在该书《中国》条目中，盛赞"中国民族，其历史之悠久，文化、艺术、智慧、政治、哲学的趣味，无不在所有民族之上"②。

可也正是在这一时期，世界却发生了惊天的变局。在地球的另一端，尤其是在英国，一种新的文明——挑战全球的工业文明正在萌发；一场伟大的革命——最终改造了整个旧世界的资产阶级革命正在进行；一个新的运动——冲决中世纪封建神学桎梏束缚的思想启蒙运动正在蓬勃发展。由此以降仅一百多年的历史，就彻底地改变了中国在世界格局中的地位，中国由一个洋洋自得的天朝大国急剧地坠入落后挨打的境地而一蹶不振。半个世纪后，一个欧洲巨人在《鸦片贸易史》中即从两种文明的角度评价中国与西

---

①　杨发兴、陈金祥编注：《彭秋潭诗注》，中国三峡出版社1997年版，第443—444页。按：此处标点有所调整。本书所引《彭秋潭诗注》，其他复有部分地方标点也作了调整。——引者

②　转引自《学习时报》编辑部：《落日的辉煌——17、18世纪全球变局中的"康乾盛世"》，中共中央党校出版社2001年版，第7页。

方,对这一大变局及其历史后果给予了深刻而形象的说明,并命之为"奇异的悲歌":

> 半野蛮人坚持道德原则,而文明人却以自私自利的原则与之对抗。一个人口几乎占人类三分之一的大帝国,不顾时势,安于现状,人为地隔绝于世并因此竭力以天朝尽善尽美的幻想自欺。这样一个帝国注定最后要在一场殊死的决斗中被打垮:在这场决斗中,陈腐世界的代表是激于道义,而最现代的社会的代表却是为了获得贱买贵卖的特权——这真是一种任何诗人想也不敢想的一种奇异的对联式悲歌。[1]

彭秋潭生活在康乾盛世后期的 1746—1807 年间(不包括后十年),恰好是中国由盛转衰的时期,而西方"诸欧治定功成,其新政新法新学新器,绝出前古,横被全球"[2],成为世界文明进程的制高点。盛大气象使彭秋潭青少年时即有大志,其 19 岁那年(乾隆乙酉,1765 年)作有《秋夜》一诗,表达出"前期浩漫漫,瞬息千万端。我欲乘长风,何以有羽翰"的志向,并有"愿言托松柏,相期保岁寒"[3]的社会理想。但由盛而衰也频增不少忧愁。不仅忧自己"官身苦似服辕马,世路难于上水船","情怀作恶无人会,一度看云一泫然"[4],而且心忧社会,"为劳者之歌"[5],"黾勉辞下邑,辛苦望长安。拙宦无易事,孤立多忧患"[6]。也正是这种理想与现实的冲突,使彭秋潭有太多的哲思要表达,这也即是彭秋潭思想的历史文化背景,从而决定了其思想的主调,即如《恽子居秋潭先生墓志铭》所论彭秋潭"为人精悍而言笑倜荡,裘马室宇皆鲜整,酒酣论古今事,腾跃挥霍,不主故常,期可施之于实用。诗深峭,无近今浮华气习"[7]。

---

① 马克思:《鸦片贸易史》,《马克思恩格斯选集》第 1 卷,人民出版社 1995 年版,第 716 页。

② 康有为:《进呈突厥削弱记序》,《康有为政论集》上册,中华书局 1981 年版,第 298 页。

③ 杨发兴、陈金祥编注:《彭秋潭诗注》,中国三峡出版社 1997 年版,第 19 页。

④ 同上书,第 128 页。

⑤ 同上书,第 339 页。

⑥ 同上书,第 362 页。

⑦ 同上书,第 459—460 页。

## 二、"人之于文出乎自然与不得不然之故"

彭秋潭在讨论诗歌创作时,对自在世界与世界图景的关系问题进行了讨论,实际上已具有了近现代哲学所讨论的思存关系的意义,他的《文江小稿序》说:

> 余以癸丑(乾隆五十八年,1793 年)莅吉水,至庚申(1800 年)冬以计吏得代,盖八年于兹矣! 天时、人事及余身之勤苦艰难,略见于诗。余之友冯鱼山、许秋岩、张古愚、杨少晦、吴白庵辈,时时督索,因集为三卷,题曰《文江小稿》。今夫云霞草木,天地之文也。今之云霞草木,即昔之云霞草木,天地非比拟为之,乃其出不穷而无一不肖。后之云霞草木,非前之云霞草木,天地非变易为之,乃接时而至,而无一不新者,何也? 天地不能不顺夫春夏秋冬之境,以郁为阴阳寒暑之情,而发为云霞草木之文,此盖有出乎自然与不得不然之故。惟至诚,故有物;惟至常,故有序也。然则人之于文也,缘境生情,缘情生文,亦必有出乎自然与不得不然之故。而其欢娱、愁苦又必有发乎情、止乎礼义之则。是故情有厚薄,故文有高下;情有贞邪,故文有雅郑。情至而文不至者有矣,未有文至而情不至者也。今之诗人,论时代,分家数,尚考据,贵博物,皆非余所能及。余之诗,如婴儿之嘎,不暇审声;如候虫之吟,未能择响。才不逮若人,所自信者,不为伪体变格,以文饰取讥大雅耳! 若夫文江八年,其境为难堪之境,其情为难言之情,托于歌咏,欢寡愁殷,录为一集,聊志勤苦,俾览者有以谂,夫为之出于自然与不得不然之故,乃其所不能至者,亦志士之所悲也。①

这段文字可以看成是彭秋潭思存关系的总纲。在文章中,先讨论了自在世界的客观性、规律性、稳定性、秩序性,即"云霞草木"之过去现在,似同而相异,并没有什么目的性,更不是"比拟为之",一方面有变异的趋势,一方面有变异的规律,即"出乎自然与不得不然之故"。唯此,他提出了"至诚"、"有物"、"至常"、"有序"两对范畴:"惟至诚,故有物;惟至常,故有序。"

在彭秋潭看来,自在世界的万事万物都是自然本质的表现,即"今夫云霞草木,天地之文也";天地万物的生长发育、除旧布新均有其内在的规律

---

① 　杨发兴、陈金祥编注:《彭秋潭诗注》,中国三峡出版社 1997 年版,第 460 页。

性,并不是什么天地的意志行为,只是自在世界无穷变化的反映或现实,即"今之云霞草木,即昔之云霞草木,天地非比拟为之,乃其出不穷而无一不肖";虽然万事万物"无一不新",但新故相代的自然万物之间的表面相似而实相异,这种相异也不是天地的有意作为,只是时空条件本身的变化所致,其内在根据即是"天地不能不顺夫春夏秋冬之境,以郁为阴阳寒暑之情,而发为云霞草木之文,此盖有出乎自然与不得不然之故"。总之,自然的万物之变是有规律的,且规律具有稳定性,万事万物都必须遵行自然规律,都必然是"出乎自然与不得不然之故",因而才有所谓万物之生存发展,才有世间之秩序,亦即"惟至诚,故有物;惟至常,故有序也"。

通过对自在世界的描述,彭秋潭提出了自己的思存关系论,强调"缘境生情,缘情生文,亦必有出乎自然与不得不然之故"。这里的关键在于:自然之"文"是自在世界,人必须达到了"出乎自然与不得不然之故"时才可能"缘境生情,缘情生文",即只有具备了一定条件才有可能将自然之"文"转化为人文之"文"。因此,对于同样的自然之"文",也有不能生出人文之"文"的,即"情至而文不至者有矣"。其条件就是"其欢娱、愁苦又必有发乎情、止乎礼义之则",按现在的哲学语言表述即是思、情、意的共同合作,或者说是理性、情感、意志的结合。在彭秋潭看来,因这种结合的不同而出现了不同的人的世界图景:"是故情有厚薄,故文有高下;情有贞邪,故文有雅郑。情至而文不至者有矣,未有文至而情不至者也。"他强调自己对世界图景的描述区别于那些"论时代,分家数,尚考据,贵博物"的图景,属于"如婴儿之嗄,不暇审声;如候虫之吟,未能择响。……所自信者,不为伪体变格,以文饰取讥大雅耳"。彭秋潭作品本身即是一种发乎至情的"出乎自然与不得不然之故"的产物,是"天时、人事及余身之勤苦艰难,略见于诗";是"其境为难堪之境,其情为难言之情,托于歌咏,欢寡愁殷,录为一集,聊志勤苦,俾览者有以谂,夫为之出于自然与不得不然之故,乃其所不能至者,亦志士之所悲也"。

彭秋潭还用"积气"说来表现人的宇宙图景对自在世界的把握,即在《蟾芝集》小引中言:"夫无积气大力以求致其情,而强为造作,皆蟾芝也。"①从创作根源上讲,这里讲的即是创作的源泉问题。"积气"是古代中

①　杨发兴、陈金祥编注:《彭秋潭诗注》,中国三峡出版社 1997 年版,第 19 页。

国哲学的一个重要概念,具有本源意义,属本体论问题,后也用于中医学中,如《列子·天瑞》有言:"天,积气耳,亡处亡气。"颜之推《颜氏家训·归心》言:"夫遥大之物,宁可度量?今人所知,莫若天地。天为积气,地为积块。"陆游《洞霄宫碑》则言:"造化之初,昆仑旁薄,一气既分,天积气于上,地积块于下。"这些说法都属于本体论论说。彭秋潭以"积气"谈创作,实际上表明的是创作本体论问题,强调只有达到了本体的程度,才可能有"出乎自然与不得不然之故"。我们从彭秋潭诗文集的命名即可看出其关于创作本源的本体论论说:《长阳竹枝词》——"此是巴人下里音,短歌不尽此情深。"①《秋帝小草》——"雪痕鸿爪,即以为劳者之歌可也。"②《捻汗集》——"名《捻汗集》者,所谓空捻惭汗尔。"③结合上之《文江小稿》、《蟾芝集》之名,即可看出彭秋潭的宇宙观与创作论:自在宇宙是大宇宙,人的宇宙图景是小宇宙。大宇宙有"出乎自然与不得不然之故";小宇宙要把握大宇宙,也必须像大宇宙那样"积气",方能有"出乎自然与不得不然之故"以成"文"叙"情"抒"意"明"志"。总之,人都是自比于大宇宙之下的小宇宙,从而体现了某种宇宙无限之意。

### 三、"国无陋矣"的文化认同与发展诉求

有学者认为:"《秋帝》、《长阳》诸作,《阅卷》一篇,发明以人事君之义。"④对《秋帝小草》、《长阳竹枝词》、《阅卷》的宗旨进行了总的评价。其实,《长阳竹枝词》虽然有"发明以人事君之义",但主体是反映彭秋潭的民族自信与对故乡的认知、期望,反映出一种文化认同态度,故其小引曰:

> 仆幼禀趋庭,侧闻忠孝,蓄畚经训之余,兼学文艺,而多病废日,无所成就。弱冠以后,悠忽南北,廿有余载。四十之年,忽焉已过;鞅系风尘,自伤卑贱。文学不足以擅荣誉,仕宦不足以立功名,禄入不足以逮亲戚,世故纷纭,徒抱十年之悔,其无能轻重于桑梓明矣。适有示以长阳竹枝词者,义专谐笑,仆病焉。因聊试为之,涉笔拉杂,不能自休,遂

① 杨发兴、陈金祥编注:《彭秋潭诗注》,中国三峡出版社1997年版,第192页。
② 同上书,第339页。
③ 同上书,第361页。
④ 同上书,第447页。

有若干首。至于词义,本不足观,然以敷陈土风,布告勤苦,质而不阿,微寓劝戒。且以仆所不能者,因致讽于邑里君子,俾见之,愠怒愤然,砥其学行而克有树立,庶几户诗书而家礼义,风俗日上,衣冠代兴,他日魁人硕士有题拂长阳者,曰:"国无陋矣!"是则仆之意也。竹垞老人《鸳鸯湖棹歌》,名人胜地,标致有余。仆操土音,说家常,博雅倘有效颦之讥,则仆固自谂其东施矣。①

通过该序可以看出,彭秋潭作《长阳竹枝词》实有反思之旨,即强调幼时所受儒家教育,且兼学有文艺,表明是完全按照儒家"行有余力,则以学文"的模式塑造的。但长期没有什么成就,对家乡没有什么贡献。为了不"徒抱十年之悔,其无能轻重于桑梓",故作"竹枝词"。其目的在于"敷陈土风,布告勤苦,质而不阿,微寓劝戒。且以仆所不能者,因致讽于邑里君子,俾见之,愠怒愤然,砥其学行而克有树立,庶几户诗书而家礼义,风俗日上,衣冠代兴,他日魁人硕士有题拂长阳者,曰:'国无陋矣!'是则仆之意也。"这种为故乡做贡献的宗旨,当时即有多人给予认肯:当时的县令杨于果《长阳竹枝词》题词谓:"诗道性情,其足以感人者,惟其真耳,不真则《唐棣》之章可逸,真则里歌巷咏,曷尝非《关雎》、《驺虞》之音哉!"而彭秋潭的《长阳竹枝词》即为真:"陈土风,寓惩劝,质而不俚,华而不靡,盖有得以风人之旨也。""余试以方志体例求之,其间山川、田赋、名宦、乡耆、风俗、灾祲,微而至于方技、物产,莫不灿然毕具。夷水一曲,发潜阐幽,实足以补奉、盛诸公所不逮。此《长阳竹枝词》即可作长阳乘、梼观也。梓而行之,不独君苗之笔砚可焚;《三都赋》就,陆平原可以不作。"②吴照《彭秋潭竹枝词序》也谓其"吟哦再四,敷里巷之谈,寓讽谕之旨,音节古雅,宛合巴渝,即拟以竹垞《鸳鸯湖棹歌》专组织吴会故事者殆逊。其辞义之婉曲,乐操土风,微示劝惩,于此觇先生之吏治矣"③。

通过《长阳竹枝词》,明显感受到的是彭秋潭的民族自性及对民族发展的关注。根据其内容,有论长阳区域特征的,如:"长阳溪水乱滩流,无数高

① 杨发兴、陈金祥编注:《彭秋潭诗注》,中国三峡出版社1997年版,第181页。
② 同上书,第451—452页。
③ 同上书,第450页。

山在上头。山田惟有包谷米,山船惟有老鸦鮴。"有论土家族生产习俗的,如:"换工男女上山坡,处处歌声应鼓锣。但汝唱歌莫轻薄,那山听见这山歌。"有论土家族社会习俗的,如:"灯火元宵三五家,村里迓鼓也喧哗。他家纵有荷花曲,不及侬家唱采茶。"有论民间文化与精英文化在风俗习惯上相区别的,如:"家礼亲丧儒士称,僧巫法不到书生。谁家开路添新鬼,一夜丧歌唱到明。"有论当时教育发展状况的,如:"生儿莫道在村庄,也要经书念几行。绾个木箱提篓饭,山神庙里是学堂。"有论土家族地区青山绿水草木动植鸟兽虫鱼之类的,如:"凉露清香夜透纱,乘云似到列仙家。朝来酷毒真奇异,处处长竿打桂花。"有论土家族民间信仰的,如:"低田生埃已亥前,撑船入市戊申年。很山自有阴阳石,不理阴阳底不鞭!"有论土家族情感生活的,如:"龙门洞畔樵薪多,叶叶枝枝要斧柯。藤刺钩衣行不得,我侬且听你侬歌。"有论土家族社会理想与社会反思的,如:"霜台气节古遗忠,象简乌纱想像中。一自堂东添像设,惠民坊拜裴公公。"上述这些只是大致分类,有的本身是交叉重合的。在五十首竹枝词中,最后一首可算是一个总的诉求或对上述进行一个总的评价,即"此是巴人下里音,短歌不尽此情深。夜雨潇湘一樽酒,请君试听竹枝斟"①。可以想见,彭秋潭最终是要请人们关注土家族地区及其发展。

### 四、儒士责任与社会批判

彭秋潭心目中的崇高文化是儒家文化,特别是那些"鸿儒",甚至"平生虞道园,学古称鸿儒"②,如他将自己心目中的能"谈古名将成败,山川厄塞,娓娓可听,浩浩落落,沉雄蕴藉"的将军称为"儒将",并有诗称颂③;他将有培养前途而又参加科考的称为"文儒",即"今日天气佳,开阁延文儒"④;他用精英文化称儒家文化而与民间文化的区别,特别是与佛道文化相区别,并有自注云:"士人亲丧,不用僧道。齐民不然,经梵之外,向夜,众人挤于丧

---

① 杨发兴、陈金祥编注:《彭秋潭诗注》,中国三峡出版社1997年版,第181—192页。
② 同上书,第155页。
③ 同上书,第103页。
④ 同上书,第155页。

次,一人擂大鼓,彼此更互歌唱俚词,谓之'唱丧歌'也。"①在他看来,读书人都应是"儒雅"的,即:"莫追都镇地方村,总是嚣嚣市井尘。若把人物较儒雅,近来似有读书人。"②他自己强调读书,哪怕是用"侏儒"指称学徒,其目的是为了文明而不作"蛮语"③。他推崇白虎观会议诸儒的表现,强调"诸儒虎观最知名,司隶龙门地望清"④。由于对儒家文化的推崇,因而自己则总觉得难以企及,自称"寒儒":"寒儒愁出门,足趼博一官。出亦复苦愁,更比寒儒艰。"⑤甚至认为"寒儒容易恋微名"⑥。

正是因为对儒家文化的推崇,他的儒士情怀得到了表现。与西方哲学理性崇尚形上追求相比,儒家理性更专注于"社会如何可能"的问题,属世俗理性。从社会组织层面,儒家理性表现在"居庙堂之高则忧其民,处江湖之远则忧其君",因而往往表现在上对官场良风的赞颂并对恶行进行批判,下则表现在对老百姓生活的关注。彭秋潭的诗作被评论为"善达民隐处,殆不让《舂陵行》","惟其忧世之深,济物之诚,怀抱之芳,行己之高且洁,往往读其诗可想见其为人,此则先生与屈子同焉者也。嗟乎!屈子之后,始再见先生,何生才之难也;至先生之后,不敢望生才如先生者,为邑增重,求能知先生者,盖寡焉。前顾后顾,天地悠悠,可叹也"⑦。彭秋潭的《夜闻邻船语》如与《舂陵行》对照,即可见其的确是"善达民隐处":

> 夜闻邻船语,使我中心悲。去年岁大旱,十室九家饥。恫矜厪宵旰,哀此万疮痍。金钱百余万,县县有赈施。府帖连夜至,州官下乡来。里正察烟户,胥吏造册书。民户分上下,下者得给支。阑牢有牛豕,瓮盎有秕稗。堂上有几案,室中有帘帷。不得为下户,违者罪当笞。十室九吞声,咨嗟涕涟洏。逾月下教令,布告放赈期。穷民大欢喜,忍待餔糜时。至日纷络绎,流离色惨凄。皆鸠形鹄面,杂残疾癃疲。颠倒扶翁

---

① 杨发兴、陈金祥编注:《彭秋潭诗注》,中国三峡出版社 1997 年版,第 184 页。
② 同上书,第 189 页。
③ 同上书,第 304 页。
④ 同上书,第 316 页。
⑤ 同上书,第 362 页。
⑥ 同上书,第 388 页。
⑦ 同上书,第 443—444 页。

姬,蓝缕裹婴儿。远近数百里,孤独尪与觊。呻吟满衢巷,延颈相盱睢。州官又下令,不得滥施为。户唯准一口,放钱二百余。于中杂铁沙,其人索例规。成钱不满百,可作一顿糜。其时数万人,仰天哭声哀。已是枵腹来,仍教空手归。有力或逃散,无命死路途。散者为云烟,死者为涂泥。州官方宴乐,百戏供豪嬉。奴隶事俊迈,犬马餍甘肥。能声遂特起,奖藉共提携。昨已擢五马,前程无时衰。谁知一挥霍,血肉皆烝黎。吾侪岂乐死,愚民讵无知。宁受州府虐,敢忘圣主慈。春风吹雨雪,二麦欣茂滋。庶可还家室,努力事锄犁。嗟此民情厚,尚识主恩私。奈何居要地,忍于行蔽欺。谁当警官邪,尚其采口碑。①

彭秋潭所描述的灾民情况,从官与民的双向展示,给"乾隆盛世"画上了一个不太圆满的句号。彭秋潭的这种认识,与其母训"必以不贪为宝"、妻嘱"吾闻清官多刻,更请勿酷"②不无关系,但从根本上说,还是由于其自身早年的生活经历及儒化教育,因而能"劳心抚字,以两汉循吏自期,而时寓其怀抱于诗"③。像这类的诗作,可随处摘取,如《谢弋阳县事留别士民作》:

侬是樵渔自在身,无端潦倒向风尘。摄官偶到桃花县,为政多惭竹马人。从古斯民无厚薄,只今此事最艰辛。伐檀正切冰渊惧,敢向班行叹积薪。

余汗地古葛阳城,弋字江流比镜清。估客休夸水碓米,秋田半种落花生。可怜葛蕢能知本,莫咏蘼芜已薄情。好讼须知妨稼穑,力耕何必见公卿。

如此江山如此人,一回酒酹一沾巾。夷吾江左陈丞相,处士皇元宋逸民。尚想精灵犹昨日,只论文笔已千春。吾曹不朽知何在,陵谷空劳怅望频。

松桂林边敞县斋,簿书堆里托吟怀。放衙夜静三冬鼓,骑马霜浓十字街。拙宦已甘鱼上竹,嘉宾安得酒如淮。秋风早遣知乡梦,只少登山一纳鞋。

---

① 杨发兴、陈金祥编注:《彭秋潭诗注》,中国三峡出版社1997年版,第123—124页。
② 同上书,第455页。
③ 同上书,第443页。

又见封丘县尉情,可怜鞭挞与将迎。无多心事难言说,有底循良愧颂声。听讼花边闲判字,看山石上偶题名。云烟过眼成抛掷,不那凄然别绪生。

雪风吹动一江水,舴艋船轻指豫章。山色迟回犹可恋,人情缱绻那能忘。沙头落日千杯酒,渡口行人九曲肠。莫向飞鸿求印爪,冥冥心事本随阳。①

其他如《忧旱》、《祷雨》、《文昌、折桂两乡蛟水为害,勘灾纪事》等,并表现了彭秋潭这种儒士入世精神与社会责任。彭秋潭还另有诗讽刺当时的腐败:"伦常各忠厚,蔼然化乡间。秀才不知书,孝廉父别居。苟不念名实,此意徒区区。"②都反映了他的社会责任感。像这类的批判还有如《县斋后圃寓目漫兴》中言"黄莺选树工调舌,白鸟噆人巧避挥"③;《石莲洞》中言"豺狼尚当道,虎豹且为关"④;《猛虎行》中言"虎而冠者""汝隅莫负,汝翼难假"⑤;《录别》言"钦鸹争腐鼠,自命为凤鸾。虮虱处裈中,乃谓天地宽"⑥……都表明了彭秋潭的社会态度。

总之,彭秋潭处于中国社会由盛转衰的历史阶段,不能不对当时的社会有所反映,不能不去探寻那"出乎自然与不得不然之故",从而成为了土家族思想史上的一个极具反思意义的思想家、诗人与儒士官吏。

## 第三节　陈汝燮与陈景星的民族自性与社会批判哲学

19世纪20年代以后,中国社会的乱象已日益显示出来。这一社会乱象,逝世于1841年的龚自珍曾有论述。早在鸦片战争前17年,他已在《阮尚书年谱第一序》中预计到"近唯英夷,实乃巨诈,拒之则叩关,狃之则蠹

---

① 杨发兴、陈金祥编注:《彭秋潭诗注》,中国三峡出版社1997年版,第139—141页。
② 同上书,第156页。
③ 同上书,第153页。
④ 同上书,第257页。
⑤ 同上书,第265页。
⑥ 同上书,第362页。

国"的民族危机。同期的一名土家族将领杨芳则在实践中处理与英国的关系,并战斗在西北前线。据《中国土家族历史人物》载:清嘉庆二十五年(1820年),新疆张格尔勾结英国侵略者和浩罕统治者,分裂祖国,发动叛乱。道光六年至七年(1826—1827年),又助浩罕入寇,在英国侵略者的支持下,占领了喀什噶尔等地区。这时,杨芳率部赴新疆,平息张格尔叛乱。由于他威武超群,多谋善战,克捷迅即,一举攻克了沙布多尔、阿瓦马特等城,活捉张格尔,歼灭叛军数万人,收复了喀什噶尔城与和阗等重要城镇以及新疆西部的大片地区,粉碎了帝国主义者的侵略阴谋。杨芳被道光帝封为一等果勇侯、建威将军。正是在这一时期出现了两位出生于今重庆的土家族思想家:陈汝燮与陈景星,他们本属同族兄弟,而且都体现出强烈的民族自性与社会批判精神。

## 一、封建社会末世的哲学主题

从1640年英国资产阶级革命开始,到1775年美国进行独立战争、1789年法国爆发大革命、1859年意大利资产阶级夺取政权、1861年俄国废除农奴制、1868年日本明治维新,中国之外的大国几乎都走上了全球性的资本主义现代化道路。与之相应且互有相因关系的是科技革命、产业革命。全球性现代化运动本身具有强烈的扩张性,它促使这些国家向全世界扩张:巨大的舰队、庞大的商队、跨地区的贸易公司……西方的"近代社会"就在这种扩张过程中降生了。而且,"资本主义在它的不到一百年的阶级统治中所创造的生产力,比过去一切世代创造的全部生产力还要多,还要大。"①

但是,中国没有上述革命,产业上还是"农为天下之本务,而工贾皆其末也。今若欲于器用服玩之物,争尚华巧,必将多用工匠。市肆之中多一工作之人,即田亩之中少一耕稼之人。且愚民见工匠之利,多于力田,必群趋而为工,则物之制造者必多,物多则售卖不易,必至壅滞而价贱。是逐末之人多,不但有害于农,而并有害于工也。小民舍轻利而逐重利,故逐末易而务本难。苟遽然绳之以法,必非其情之所愿,而势所难行。惟在平日留心劝

---

① 马克思、恩格斯:《共产党宣言》,《马克思恩格斯选集》第1卷,人民出版社1995年版,第277页。

导,使民知本业之为贵,崇尚朴实,不为华巧。如此日积月累,遂成风俗。虽不必使为工者尽归于农,然可免为农者相率而趋于工矣。"①在科学技术方面,对于新传入的西方科技,则存在着福康安式的认识:"看亦可,不看亦可。这火器操作,谅来没有什么稀奇。"政治上、文化上则都还在加强专制统治……所有这些原因,使进入 19 世纪的中国与世界的差距拉大了,出现了空前的民族危机。

民族危机在本质上说是文化危机,因而生活在这一时代的知识分子、思想家探讨的也就是如何解决民族危机,并最终寻求解决文化危机的出路。这一时期,从中华民族较公认的大历史观来看,应是从 1840 年至 1949 年的百多年历史,从土家族的历史来说,也同样可作如是观。但是,相对于中域哲学史上的龚自珍、魏源的"更法"、"变古"新论,相对于洪秀全的神学哲学及改良主义等明显阶段划分来说,土家族这一时期则难以具体区分而只能作大跨度理解。陈汝燮与陈景星的思想探索即可作如是观。

## 二、陈汝燮的民族自性与社会批判

陈汝燮,字达泉,号答猿,今重庆酉阳山羊乡人,约生于 1830 年前后,逝于 20 世纪初年。其父早逝,为遗腹子。出身清苦,家境贫寒。传统教育虽然使陈汝燮醉心于从"开科取士"的阶梯步入官场,但这扇森严的大门始终没有为他敞开,到头还是一个穷秀才,最后以设馆授业终老。

陈汝燮著有《答猿诗草》,存诗 900 首,时人王大章在《答猿诗集弁言》中评价其诗云:"今读其诗,无美不备。杜子美抑郁悲壮,韩昌黎妥帖排傲,黄涪翁凝重深稳,王介甫突兀折旋,皆兼而眩之,富有千篇,复不苟一字。凡独构之思,奇辟之境,皆有寝馈,有来历。体物工细,声光并茂。"其宗弟陈景星在《答猿诗草》序中亦评其诗云:"其登峨眉、眺雪山及咏怀古迹诸作,苍茫凭吊,横绝一时;后走遂州,游黎雅,泛龚滩延江,复趋成都,所赋古近体,穷搜冥索,觉苍茫盘郁之气,奔赴腕底,绌凿幽险而出以自然。为近人所未有。其他里居、投赠、咏物各篇什,尤为新隽,偶拈一语,则神采欲飞,偶练

---

① 《清世宗实录》卷五十七。

一字,则百思不到。合韩孟元白为一手,沈博幽香,愈嚼而味愈出。"①可见其诗文在当时影响很大。

首先,"我原二酉山中客"的民族自性。作为一名土家族诗人,陈汝燮具有强烈的民族情感和自觉的民族自性,特别是把自己的少数民族身份加以呈现:

一是陈汝燮具有强烈的民族自觉。陈汝燮出生时,清王朝已完成了改土归流,并取得了丰富的文化成果。从民族自性的角度说,改土归流虽然在总体上有利于社会进步,但也在一定程度上造成了民族伤害。陈汝燮正是从民族情感的角度对改土归流作出了适当的回应,并以此强调自己的民族身份,如其《跨鳌亭放歌》言:"我原二酉山中客,结茅深住白云间。梗泛铜江携破砚,蛮花仡鸟笑风狂。"其《自涪入西山行杂咏十四首》中亦言:"迢迢千里一征鞍,仡鸟蛮花另眼看。妙值秋凉新霁雨,岚烟裹袖晓成团。"其《钟灵山》则通过对土司制度及土司本身的追念来表达自己无比深厚的民族感情:"茔残翁仲蛮夷长,诗感蓬蒿磊落才。无限钟灵佳气在,晴霞散绮瘴烟开。"

二是陈汝燮身上体现了土家族文化的道气、仙气。道气、仙气在土家族文化中,特别是在渝东南土家族文化中,已成为土家人性格的一部分,陈汝燮也不例外。其达观性格颇体现出土家族地区文化的道气、仙气,如在《六月十四夜醉侯小亭邀饮于香山故宅》中的反映即特别突出:"席地醉月月亦醉,月落杯底凭人吞。古今只此一丸月,吞尽如何月尚白?月果在腹还在天,醉里狐疑猜不得。旋枕山石仰面眠,月入醉眼月更圆。爱月起舞复长啸,仙鬼走避疑狂颠。"在《仿百尺楼九日醉歌》中,陈汝燮甚至表现出一种超越孤独的优越感,即承认一种没有知己的社会,但这也是一种唯我独醒的社会:"我约黄花同醉死,世界如斯几知己。嶙峋傲骨与花争,有此酒人花定喜。"不难看出,这里表现出的一种道气,实质上是一种"道无对,故曰独"的优越感。

① 本题所引文献据彭勃、祝注先注:《历代土家族文人诗选》,岳麓书社1992年版,第182—190页;彭继宽、姚继彭主编:《土家族文学史》,湖南文艺出版社1989年版,第330—338页。

三是陈汝燮身上体现了土家族文化的悍气、率直。我们从陈汝燮诗作中看到,在陈汝燮身上充分体现出一种土家族的人格特点,即达观、悍直。陈汝燮在《结屋》一诗中不仅写出了土家族的居住风格,即"山人结屋小于舟,妙看青山绕屋稠。屋就地偏多转角";而且还写出了土家族的民族性格,即"山如人傲不低头"。这种人格特色在其《赠别樊茂材周卿》诗中也有反映:"绝好同人绝好缘,一年小住惜流年。忽看棋弈成残局,忍听琵琶过别船。分手约寻千里梦,痛心谈记四更天。黄金难买书生傲,纵受恩多不受怜。"诗中不仅说明了朋友之情深意厚,而且突出了一种骨气,即"黄金难买书生傲,纵受恩多不受怜"。陈汝燮所反映的这种民族性格还通过其所赞颂的艺术对象体现出来,如《正月始雪忆后山春梅正放走觅得花喜而成咏》中的老梅:"老梅僵卧巉岩窦,梅桩半坏梅枝瘦。一冬晴暖花不发,递信时有樵儿候。春来几日酿春寒,雪如蝴蝶飞成团。冒雪访梅向岩径,径旁杂树排栏干(杆)。磴危陡转雪欲锁,冷香远远来迎我。"《一瓶插梅花水仙淡雅相敌真画妙佳偶也戏为二花催妆用创韵事》中的水仙:"梅花称高人,水仙如静女"等。因为是心中的对象,所以才去赞美它。陈汝燮的这种以梅寄情抒志之作,在田泰斗那里也反映强烈,田泰斗即一口气作了《咏梅》八首,现存于《望鹤楼诗抄》中。

四是陈汝燮在诗文中表现土家族的风俗文化,以此来彰显自己的民族身份。如其《渝州竹枝词》四首即明显地反映了土家族的风俗文化:"妾牵江北小江舟,郎住渝城大江楼。妾梦宵宵江水上,与郎相会似江流。""铁桅峰顶云气阴,铜锣峡口水深深。江水回头峰顶见,妾将江水比郎心。""巴船呜咽唱巴歌,妾听歌声唤奈何。送郎直过大佛寺,祝郎前去少风波。""记郎去时妾初笄,整整十年音信稽。妾貌如今已憔悴,看花羞渡海棠溪。"

其次,"今人不如古,论世辄惆怅"的社会批判。陈汝燮生活的时代,正是鸦片战争至辛亥革命前的所谓中国近代史时期,是武器的批判和批判的武器都较发展的时期,陈汝燮则坚持了批判的武器。

一是"悔不早投笔"的科举挽歌。陈汝燮曾一心通过旧时科举制度的途径进入仕途,所以曾拼命苦读,其《夜读》诗曰:"拥书随意读,每到四更时。地僻客来少,夜凉入睡迟。灯光红似豆,早韵响于诗。得句不堪煮,邻家怪我痴。"他还在《破砚》中表达出一种不达目的不罢休的壮志:"洗涤何须瞒缺处,磨砚到底有穿时。"但是,他又在《熊鼎之孝廉北上》中不满"当世只知金榜贵"的社会现实,因而表现出对科举制度本身的批判,并作《遣兴四首》,唱出了科举制度的末世挽歌:"科名风马牛,默默知计左。悔不早投笔,尸拌马革裹。悔不早学仙,身骑鹤背坐。落拓长如此,真愧裸虫裸。举酒望青天,满眼奇愁堕。""如今几卷书,多被人读坏。胸先入势利,出处一蜂虿。举世趋其风,毒痛无不届。此辈占富贵,操术特狡狯。山鸟尔何干,乃呼咄咄怪?"从中国近代历史发展的实际看,反对科举制度,倡言产业渠道等,都应是早期民主主义的先声,后来的温朝钟正是从反对科举这一"牢笼术"而走上革命道路的。由此也可见批判科举制度的意义。

二是"野牧沿奔弄短箫"的社会末世哀泣。在陈汝燮心目中,土家族地区的山山水水都是美好的,其《醉侯小亭约游署西山沟寻山麓涧断处而返》中言"西山背街路,僻境人少知。桥小石为板,村幽花夹篱。啮人嫌豹脚,浣妇有娥眉。树底泉堪漱,凉生落照时";《宿苏溪》言"店房深照夕阳红,点缀深山入画中。第一过桥榕树底,几家门系钓鱼蓬";《红叶》言"老枫乌乌柏霜匀,点缀山林别有春。飞落疑来投刺客,称呼艳到作媒人。荒寒郊野秋如画,绚烂文章醉有神。嘱咐西风休扫去,石阶吟座当花茵",都无不体现出对大好河山的赞颂。可是,社会的末世却使这种美好变成了梦幻。所以,陈汝燮在多种诗文中反映了社会末世的混乱,如《过秀城》中描写秀城的衰乱:"斗大方城镇蜀陬,公然黔楚比咽喉。远山雄秀开荒徼,原树青苍入早秋。问宇空寻杨子宅,筹边正筑牵公楼。乡云指点频回首,拼作征鸿客燕俦。"《官桥》则把作者自身置于其中,是作者的感同身受:"数株古树翠枝霄,尘马晴迷路一条。山岭硗顽茅草瘦,店房冷落爨烟销。恶兵争道驰轻骑,野牧沿奔弄短箫。笑拂征衫吟不就,饥肠辘辘过官桥。"这样的社会,吃不安稳,即如《廿六日正大营早餐》中言:"骤呼贼至矣,震如疾雷鸣。男妇鸟兽散,当阶弃孩婴。骇我跣而走,同伴双目瞠。"这样的社会,睡不安稳,即如《宿凉亭凹》中言:"峰脚鬼神疑暗谷,峰头守兵有茅屋。直上十里据天险,今夜权为放胆宿。地炉活火烧枯薪,围坐笑认劫外身。同行一儿睡未久,拥被惊号下床走。群趋牵曳唤使醒,尚说贼贼不住口。"在《晓发大兴场》中,作者还就自己"羞囊钱已尽,不用绿林猜"的状况有所反映:"日脚未下地,客行先出街。满鞋沾宿露,一径绝纤埃。岭复树多合,村荒门少开。

羞囊钱已尽,不用绿林猜。"正是这种社会状况反衬出社会的末世征象。

三是"洋教洋商遍市廛"的民族之忧。陈汝燮从出生到长大,直到去世,都是中华民族处于存亡危机之时,两次鸦片战争、中法战争、甲午战争、八国联军的侵华战争等都是直接的军事侵略,与之相应的有经济、文化、政治等方面的侵略。所以,陈汝燮在《萧雨根孝廉以唐寿山刺史萍踪合韵诗见示并约过访题卷尾以当介绍》诗中明确地感觉到"今人不如古,论世辄惘怅";在《和萧雨根孝廉镇江感怀元韵》中"吁嗟乎! 通商议定门大开,谁信开门盗不来";在《题皇朝统一中外舆真地图》中则"星查细篆环瀛志,洋教洋商遍市廛,……漫将揖盗学忧天,时务不知非杰俊",都无不反映出诗人的民族之忧。

再次,"字字城坚还甲胄"的呕心抒怀。陈汝燮无论是对科举制度的批判还是对社会黑暗的揭露,都不是无意之作,而是呕心之作。

一是陈汝燮有丰富的情感世界,且流露的都是真情。如《斗巢九日》中表现了思乡、思母之情:"风雨城寒已浃旬,重阳初放晓晴新。愿为异地登高会,唯作疏篱送酒人。砚石相随成伙伴,菊花曾识当乡亲。倚门忍说阿娘望,泪渍当归寄便鳞。"《偕希颜印卿两弟夤夜抵家即事言情得六绝句》中表现的天伦之性:"白头世父白头娘,我拜灯前色笑欢。一语扪心思不得,儿身已作再生看。"其他如《天后宫馆中重阳苦雨醉后得句》中言"慈母老人爱种菊,花时孤儿不在屋。雨中菊花双流泪,分明慈母思儿哭";《中秋坐雨感赋绝句九章》中言"天涯除月少乡亲,令节何堪雨阵频。恐是门闾慈母泪,西风吹寄为游人"等,都反映出人间的至情至性。即使像《清明前二日作》之类的诗,也饱含深情:"料峭余寒瘦不支,棠梨花外雨如丝。正当冷落思乡候,况是清明上冢时。春梦难寻蝴蝶幻,客愁无奈杜鹃知。依人作计成何事,烟柳条条未展眉。"

二是陈汝燮的诗文都是呕心之作,并无造作之意。陈汝燮曾有《苦咏行》表示自己的作诗过程。他也曾有《雨势》表示自己的作诗目标:"文章最忌是平平,作势留心看雨倾。倏地雷奔添陡健,入楼风乱助纵横。倒翻江海霖无际,蛰起蛟龙阵有声。指点凭空来未已,奇云到眼亦峥嵘。"他甚至随时随地都考虑的是把文章写好,如在《干叶》诗中即言:"秋来叶脱可怜生,一种干枯晒晚晴。逊我文章多润气,怪他零落有风声。踏从玉碎樵鞋响,烧并琴焦野灶明。记得绿阴如画里,年年雨露占滋荣。"正是由于陈汝燮的认真态度,所以才随时有作文的要求于诗文中,如《宿峨城》言"但愿搜奇诗,字字绝尘俗"等即是。

三是陈汝燮强调作文即是亲身感受,并非向壁虚构。陈汝燮虽然在《恭同吴仲宣制军养疴归里别尊经锦江两书院诸生韵公饯奉呈》中强调作文的创造性,即"用兵如作诗,出奇意独创",并且强调要少而精,即如《菊花词》中言"摘去余苞花更大,比如诗好不贪多"。但是,他的创作原则要求的是切身感受,如《枕上》言"中年何物陶哀乐,屡月无诗损性灵";《去思诗送州尊赵公归剑川》言"幽梦说劳他日到,情深落笔总缠绵";《望峰先生南船北马诗集题词》言"长安米贵居不易,穷愁抑郁诗益奇";等等。

因此,这样一个具有真情而又慎重的人写出的批判性文章,应该是出于真实动机的。

最后,"宇宙奇诗写不完,此心何苦同诗斗"的诗性宇宙。在自在世界与世界图景的关系上,陈汝燮有自己的独到之处,这就是在自在世界的无限与个人认识能力的有限之问题上形成了特色解答,故在《苦咏行》中写道:

> 一字一句吟难就,微声拥鼻双眉皱。升天入地仗心兵,捕得诗来如捕寇。诗成落笔军奏凯,字字城坚还甲胄。酒醒茶罢灯残候,旧题才毕新题又。呕出心来值几钱,未必篇篇梨枣寿?宇宙奇诗写不完,此心何苦同诗斗。

可以看出,作者以写诗为题,对于建构自己世界图景的情感、意志、理性方面的条件进行了探讨。客观的自在宇宙是不以人的意志为转移的,是"宇宙奇诗写不完"的。因此,何必用有限的生命与无限的世界去纠争,即"此心何苦同诗斗"?"君不见,山人有癖在苦吟,诗草渐多人渐瘦。"但是,这并不是放弃追求,而是追求一种更高的境界。这种境界在《得诗》中"若问诗来处,诗人自不知",即一种直觉的体验;在《秋日无题》中叫"无题即诗题,或者诗愈好",即彭秋潭的"不得不然之故";在《雨势》中叫"文章最忌是平平,作势留心看雨倾"。总之,既然"宇宙奇诗写不完",就不妨调整思维,做直抒性灵的工作,以此来把握世界,并建构自己的诗性宇宙。

### 三、陈景星的民族战争思想

陈景星,别号笑山,清道光十九年(1839 年)生于今重庆市黔江区石钟山乡。石钟山原属酉阳管辖,而酉阳是州治所。陈景星聪慧嗜学,因其父时在酉阳直隶州州府供职,于是他自幼即随父在酉阳直隶州就读。著名经学家冯世瀛(冯壶川)曾做过他的塾师,而且两人建立了非常深厚的师生之谊,并成为其得意门生。后来由于家遭不幸,加上陈景星"危言危行",故举家迁出黔江,到贵州省石阡县落籍。后来在诗中说"身世偏多憾"、"乾坤总忌才"即是实指①。

陈景星一生既有旧式中国儒家知识分子成长经历的共性,也有自己独特的个性,他幼时的苦读与一般儒生的初始并无分别,但其长成后即漫游西南、华北、中南、华东,却显出了其成长的独特道路,并可算是一种脱胎于传统文化的道气仙风。他 46 岁时(1885 年)投笔从戎,辗转于军旅间,并走上了中法战争的前线,可算是军旅诗人、作家。他 55 岁时(1894 年)才被赐进士出身,但此时已是整个儒家文化,其中也包括科举制度全面危机之时。他一走上仕途即在齐鲁放赈,后又不断地与帝国主义侵略者打交道,使他能向老百姓下跪,并因不满屈从于帝国主义而愤然辞官……正是这些经历,使他的诗作即有了"壮游"、"磨铁"、"田居"、"尘劳"、"拾余"、"感旧"、"津门"、"毫游"、"沪滨"等不同特色,今存诗歌近 700 首。

陈景星在青壮年时曾壮志凌云,在《壮游集》之首即言《壮志》:"虎子未成班,已具食牛气。烈士当华年,跅弛难为驭。结客试青萍,读书穷绿字。纵横遍古今,局蹐小天地。肯学龌龊儒,埋头死章句。蠖屈有伸时,昂头天外去。"作该诗时其年约 28 岁,从中不难看出其冲天豪气。但是,陈景星不仅强调豪气,而且强调洁气,故有《咏莲》曰:"托足清流自得天,池头顾影重翩翩。飞来蛱蝶都临水,开傍鸳鸯已欲仙。红到可怜风亦惜,香能解暑热无权。同根更有多情种,不断丝新缕缕连。"其中"同根更有多情种,不断丝新缕缕连"一句甚至可以看成是他的民族自认。

首先,"如此乾坤需痛饮"的哀世之叹。与陈汝燮一样,在陈景星看来,

---

① 本题所引文献均据重庆黔江民族博物馆藏陈景星《叠岫楼诗草》。

在他身处的社会已是一种社会的末世,是一个让人孤独的社会,故《龙池感怀》中言:"唾壶声碎欲悲歌,心绪牵骚唤奈何。自古文章憎命达,断无才士不愁多。琴弹流水思钟子,璞抱空山泣下和。来卜前途行得未,怕听禽鸟唤哥哥。""频年旅迹叹飘蓬,历经崎岖万念空。处世自惭如小草,知音谁肯问焦桐?著鞭太猛难希祖,弹铗无聊欲效冯。冷眼漫将馀子看,纷纷都是可怜虫。"这是对个人命运的哀叹?还是对社会命运的哀叹?兼而有之,因为个人、社会都已是"暮秋"了,故在《重九日乙垣转仙约同周小瀛马芝泉两刺史登甲秀楼用元人萨都剌九日登石头城韵》中言:"曲江何必宴整头,落日登楼又感秋。枫叶有声人渐老,芦花无际水长流。半生湖海余豪气,万里关山激暮愁。阁外芙蓉应怨我,年年负汝事遨游。"正是在这种情形下,陈景星感觉到知音难寻,故于《宿盘龙汛》中言:"月落归桡急,风狂巨浪侵。灯光明渡口,峰影宿江心。岸阔知春早,舟移话夜深。携琴海天望,何处觅知音。"不过,陈景星并不愿自己堕落,故通过诗文喻志,如《醉司命日送灶》中对"平生无媚骨"的认肯:"司命今宵醉,云车破雪行。平生无媚骨,薄饯亦人情。风逼灯花焰,冰摧爆竹声。朝天看玉戏,缓缓计归程。"

陈景星的末世孤独在 1900 年后达到了顶点。对于一般人或一般的国家来说,"公元 1900 年未必要成为引人瞩目之年。世纪毕竟只是人为的约定,尽管人们可按几十、几百、几千年来记年,但大自然自身并无时间概念。它逐渐地公开其秘密,就我们所知,它无目的可言。而且,对于世界上许多人来说,公元 1900 年是极为平凡的一年。它是基督徒之年,所以严格地说它与非洲、美洲、亚洲或中东地区的任何非基督生民毫不相干。不过,西方称作 1900 年的,无论如何又是异乎寻常之年。"[①]但是,这一年对于陈景星来说却又是异常重要的一年。正是这一年,陈景星在任山东省文登县令时,因威海租界与英人力争,触当道忌,因而去职,并在《七十晋五生日述怀》中有所反映:"老夫晚年始发科,苦志虽酬奈老何。"另在《胡春丞别驾由青岛回黔过沪见访小饮话别》中的反映则更加明显:"黔山路隔水西遥,青岛潮从沪北消。好趁春风还竹国,正逢微雨润花朝。明湖回首嗟蓬梗,殷社伤心

① 〔英〕彼得·沃森著,朱进东等译:《20 世纪思想史》,上海译文出版社 2005 年版,第 11 页。

赋黍苗。如此乾坤需痛饮,别怀权借酒杯浇。"所以,我们在后面研究土家族现代哲学时即以1900年为起始点。

其次,"公法难凭惟铁血"的民族解放思想。同样是有感于民族危机,陈景星并不只是像陈汝燮那样进行批判,即高举批判的武器,而是进行"武器的批判"。因此,他在1885年以46岁之年投笔请缨,不仅反映的是一种拳拳爱国之心,更是一种儒家知识分子的社会责任。当中法战争取得了胜利,特别是当年逾70的老将冯子材率部收复凉山时,诗人作《喜闻官军收复凉山》:"捷音一夕遍苍梧,积雨声中病亦苏。荒徼渐收唐郡县,长绳横贯鬼头颅。喜看日月销兵气,想像风云拥阵图。不为开边缘继绝,圣朝神武古今无。"这是一种何等的民族情感。然而,这场打胜了的战争却被投降派葬送了,诗人又作《柳州送春》表示了愤懑:"九十韶光老,三千客路长。吟因新病减,春比大军忙。战事成和局,归思切故乡。征途何濡滞,愁对乱山苍。"这种因胜而败的战局对于一个具有强烈民族性的人来说又是何等创痛!作者还有另一首《送友人回黔》表明了这一态度,并表现出待时而动的愿望:"丈夫不得志,所值尽途穷。竖子安成事?诗书混乃公!韦皋甘橐笔,魏绛正和戎。莫捐昂藏气,时来自吐虹。"诗人还有《开化道中喜晤张竖卿观察》一诗同样表达了这种情感:"奔驰滇粤三千里,饱看西南十万峰。报国敢辞行役苦,旋军深喜故人逢。雄关驻马严烽候,飞箭如蝗捍贼锋。只惜迟来和局定,未随苦战奋填胸。"所有这些诗作,都表现了一种拿起武器进行战争的意志。

难能可贵的是,陈景星的"武器的批判"并不只是感情用事,而有其理性的认知基础,他在《都门感事四首》中言"中域文物震欧洲,列族垂涎肆取求。公法难凭惟铁血,边防能巩即金瓯。救灾端在培元气,爱国犹须聚众谋。未到百年忧患集,何堪扼腕话从头"。诗中从西方列强侵略中国的物质根源分析入手,强调西方列强的侵略本性,因而只能用战争来解决,法律是管不了列强的。为此,我们要"培元气"、"聚众谋",要"惟铁血",要有忧患意识。至于他自己,尽管感觉到能力不足,但并没有丧失爱国之心:"政拙难调单父琴,无才自合遁山林。荷蓑甫遂归田志,解组仍存报国心。老获康宁恩已厚,俗安耕凿感同深。还乡万里来无自,幸睹君门惬素襟。"此诗收于作者1910年所编《津门集》,足见作者的爱国之情。

　　更为可贵的是，当进入 20 世纪中华民国成立以后，陈景星能与时俱进，赞扬中华民国，其《感事十四首》中有言："国是归群议，避贤废主权。环球九万里，翻案四千年。翊赞邻邦盛，昭回圣教宣。即觇诸大政，已握治平权。"而当袁世凯要复辟帝制时，他又明确地表示反对，故于《纪事》中言："民国完成故国休，年光似水去难留。料知旧苑笙歌里，别有寒鸦噪晚秋。"

　　再次，"寸心时为下民哀"的恤民思想。在军队无法施展为国的抱负，陈景星又转而从文，走儒士科考之路，于是在 1894 年以 55 岁之年而金榜题名。但一入仕即是吊民放赈，后虽做了县令，但社会末世的官场已没有了净土，即如其《戊申上巳后九日黄沚兰大令招游千佛山分韵》中所言是"宦海无静澜"，"闻之辄头痛，思之心转酸。"在《出都赴天津作》中则更感"不作京国游，宁识仕宦贱；朝作鸣冈凤，夕作破巢燕"，已有了无可奈何的悲凉感。

　　但是，陈景星毕竟是一个传统儒生，他对劳苦大众总表现出一种"衙斋听竹"的情感，其《悯旱》言自己"愿学李卫公，一寝龙宫觅。代作行雨师，瓶水马鬣滴。俯洒故乡地，山川舒涤涤"；其《黄平行》全诗 33 韵 427 个字，可以说字字蘸血染泪、饱含深情："上黄平，黄平地旷无人耕。二十年兵火人民死，千村万落荆棘生。前年迅扫苗患熄，薮兔巢狐灭人迹。县官出榜募耕夫，襁负衣牵来络绎。""但见磷飞冤魂啸，晚来妇子吞声哭。""平原浩浩悄无人，但见磷飞冤魂啸。""昨年蜀人迁永兴，来二万人死过万。"其《大水行》亦云："浮髓遂至少留踪，几处招魂惟野哭。可怜吾乡兵燹余，锋镝生存才五六。频年饥馑已堪伤，沉灾又罹怀襄酷。""我生惯抱屈子愁，忍见哀鸿纷满目？勉为长语慰邦人，热泪且休落盈拥。"

　　陈景星恤民思想首先表现在他对生产的关注上，他曾有《赵燮臣观察汉上书来话及乡事感而有作即以寄怀》诗，写景抒情，对家乡的生产生活描述得活龙活现："故乡景物正繁华，高下梯田处处蛙。毛笋密添三亩竹，油桐开满四山花。陂塘静影留云住，村市喧声散日斜。料理蚕眠人少暇，筠篮忘摘雨前茶。"可以看出，诗中所叙，正是一年四季的生产生活实景。此外，在《谷洞道口》中也有这方面的描述："野径斜穿入古松，笋舆摇梦睡尤浓。几家屋角留残雪，一路滩声出破峰。猎担人归分麂肉，浑泥草湿认牛踪。前山爱绝斜阳外,涂粉施朱十数重。"陈景星恤民思想还表现在他对国家统一的认肯态度上,如《汇溪铜柱》中言:"一柱嵯峨壮汇溪,汉唐双柱杳难稽。屡朝霸业销沉久,惟有寒猿尽日啼。"很明显,土司割据已成往事,这是历史进步的趋势。在《游西樵山》中,陈景星甚至还想到去寻找理想的桃花源:"磴道纡回石藓浓,交柯老树碧重重。层岩折到岩穷处,飞瀑从天挂白龙。""西樵意外忽登临,有约罗浮竟莫寻。恰似仙源渔父入,桃花遇合本无心。"

<h2 style="text-align:center">第四节　田泰斗的"各言其志"的<br>认识论与社会批判思想</h2>

田泰斗(1818—1863 年),字一山,号鲁山,湖北长乐县(今五峰土家族自治县)人。大约生于嘉庆二十三年(1818 年),卒于同治二年(1863 年)①。田泰斗出身于容美土司的旁系远裔、书香门第,祖父田浩如曾为长乐县五峰书院讲席、后补竹山县学训导,父岭南为县学增生,叔峄南为县学庠生,田泰斗于诗文中还经常以大小阮自况,可见其自幼即有良好的家学环境。当时的长乐知县李焕春在《望鹤楼诗抄序》中说田泰斗"幼聪慧,有才思,承其父、叔教,更远事其先大父,其讲席更不仅师友也"。据田泰斗《过邯郸》等诗文,他曾于道光二十九年(1849 年)被选为"拔贡",次年还信心百倍地入京朝考:"我有封侯真骨相,羞说枕上幻功名"②,但并未登科。《湖北通志》曾将田泰斗列入《人物志·孝义附录》,说明其儒生地位十分明显。田泰斗一生虽仅活 40 多岁,但著述甚丰,存诗约有 200 余首诗,编过 3 个诗集,其中咸丰元年(1851 年)编定有《养心花斋诗草》,咸丰三年(1853 年)更名为《望鹤楼诗抄》,并有知县李焕春序;后以甲寅、乙卯(1854、1855 年)两年之诗 20 余首编成《柏一山房诗草》;另外有《长乐县志》所录田泰斗《五峰竹枝词》20 多首。今传本为田泰斗五世孙田登云整理的《望鹤楼诗

---

① 根据《长乐县志》和田泰斗的诗作、友人记叙推定,田泰斗应是 19 世纪的人。不可能如马学良主编《中国少数民族文学作品选》(上海文艺出版社 1982 年版)所说是明代诗人(见第三分册第 209 页)。

② 田泰斗著,田登云整理:《望鹤楼诗抄》,内部资料 1998 年版,第 202 页。

抄》，系 1998 年内部资料版。

## 一、"盛世文章征抱负，男儿事业藉科名"的价值观

田泰斗生活的时代，特别是长大成人而对社会有所认知以后生活的时代，正是中国由传统社会开始向近现代社会转型的时代。田泰斗所受教育，无论是其知县师长还是儿时庭训，都以儒家的入世责任为核心价值取向。但是，一方面是传统社会的末世动荡，一方面是其仕途无望，因而使其成就了一名名副其实的社会转型之前的末世儒生，其哲学之思也就具有了相应的特征。如果站在整个中国哲学发展史的角度思考，田泰斗应即龚自珍、魏源一辈人物，只不过他是从土家族地区这一边地出发进行哲学思考的。

田泰斗曾对功名有强烈的渴望和强烈的社会责任。在《望最高峰》诗中曾凸显自己的志向："飞云作势上层巅，未到半空懒欲眠。山不在高高更好，要他高耸划青天。"①从中可以看出，诗人的志向，即"山不在高高更好，要他高耸划青天"，在一定程度上说，"山不在高"是一种自我安慰，"高更好"才是目的诉求，"要他高耸划青天"才是诗人的志向。在《都门归以金项一元赠鲁珊蒙谢以诗依韵奉和即效其体》中，他曾有"顶天大丈夫，及早建勋名。远为天下光，近为一乡荣"②的志向。当然，他自认为没有实现自己的目标，故有《辜负》以志其事："敢向西风诉不平，逢人怕听屈才声。三条画烛惊官鼓，十载寒窗愧短檠。盛世文章征抱负，男儿事业藉科名。何当得志酬知己，上报君师下友生。"③显然，他没有实现传统儒家知识分子所追求的目标。

田泰斗的儒化志向在众多诗文中有所体现，如在《次原韵奉和李少白世兄》中即有明确表现。李少白是当时知县李焕春的公子，壬子年（1852年）曾与田泰斗同场应试。田泰斗在诗中一方面表明自己多次科考失利而已老之将至但并未破灭希望，即其一中所言"马头红杏为谁春，辜负韶华愧此身。名士几番成画饼，天街何日拥雕轮？肉生脾里人将老，愧积胸中气未

① 田泰斗著，田登云整理：《望鹤楼诗抄》，内部资料 1998 年版，第 3 页。
② 同上书，第 224 页。
③ 同上书，第 228 页。

醇。欲待飞腾凡骨重,龙门翘首望嶙嶙"。但另一方面却表明二人愿意共同学习,迎接新的科考:"龙门喜托庆今年,一见倾心两意牵。夜月许陪桃李宴,春风同坐杏花天。田光敢说骥千里,太白果然诗百篇。自幸得参元礼御,群仙队里快挥鞭。"在第三首中还以古人喻志表达自己的理想:"弱冠终军物望隆,翩翩健翮早凌空。三生惠业钟前世,一曲阳春压郢中。我为山川增山色,凭君笔墨补天工。凤毛几片留池上,也并甘棠爱召公。"至第四首则表明了追求功名的目的,即"苍生忧乐关吾辈":"龙驹欲展五花纹,此去应空冀北群。关塞有人瞻紫御,姓名也愿付青云。苍生忧乐关吾辈,天下英雄服使君。会看明年红杏宴,琼林万树绕缤纷。"①而且承第三首而言,表明要学习"甘棠爱召公",达到儒家心目中的理想社会。此外,在《三月四日汉川涵问近状赋此代简》其二中虽亦言自己还未功成名就,但雄心犹在,即"岁月同虚掷,功名各未成。雄心虽尚在,脾肉奈重生。抚剑增长叹,春风万里情"。其三言自己的生活处境,但其四中又重申志向:"姓名难吓鼠,事业不惊人。烈烈平生志,昂昂八尺身。唾壶中夜击,豪气未能训。"紧接着则在其五中表明自己的社会责任与志向的关系:"奇气蟠胸臆,如龙涧底藏。神威深敛抑,鳞爪未舒张。海内望霖雨,云端掣电光。浩然长啸起,与子共腾骧。"②

　　从田泰斗诗文中可以看出,田泰斗是自觉以儒家尺度来度量社会的,最明显的是从他《向氏家谱叙》中以"仁、义、慈"来评价家乘的价值取向:"古称作史,非擅三长不能,而泰谓家乘非备三善不传。何言之?水源木本,溯厥渊源,怀旧德,述先芬,使百世咳唾,开卷如接,仁也。昭穆序派系,定长幼尊卑,伦秩序然,家政肃焉,义也。昭慈来许,俾孝子慈孙,继继承承,数典不忘,箕裘弓治,诏厥孙谋,慈也。"③田泰斗不仅据此评价了其他的家乘,而且还以此要求社会、要求自己。在《春日述怀》中对自己不明"经济"表现出惭愧:"春寒连日酿春阴,闲对春风思不尽。百感营心唯利淡,半生多病为情深。渐将学问归经济,敢以聪明博古今。到底疏狂尚清雅,万花丛中鼓瑶

---

①　田泰斗著,田登云整理:《望鹤楼诗抄》,内部资料 1998 年版,第 242 页。
②　同上书,第 249—250 页。
③　同上书,第 282 页。

琴。"①在《赠内》中则更以典型的儒家社会对妇德提出要求："天地之道,造端夫妇。以齐其家,妇德为首。厥得伊何,孝事姑舅。中馈之余,勤事箕帚。躁人词多,慎尔出口。艳妆勿庸,惟心无垢。补者怨归,克宽克厚。狎者离生,如宾如友。举眉齐案,千古佳偶。我岂良人?君求无咎。鲁有敬姜,周有文后。维彼苏妻,蓄以斗酒。景仰于时,仪型于后。钦哉钦哉,持此者久。"②与此诗相同诉求的还有《红窗晓梦词》。

田泰斗还以儒生的理想来对待自己与他人,如其诗中有《送别邹楚湘夫子》、《哭胡桂山夫子》、《读胡桂山夫子临薨手书》等诗中的"师道"③,《驯鹤楼赠陈春山育和》等诗中的"友道"④,《志愆》等中的"父道"、"子道"⑤。在《谢关鼎三先生惠雨前细茶》中甚至把别人赠送点茶叶也叫儒礼："青山捧出碧晶明,折节欣然赐后生。犹带雨前春露湿,待收去外玉涛烹。半封淡泊寒儒礼,一片殷勤长者情。个里深心侬识得,教侬诗句合他清。"⑥总之,田泰斗是一个典型的儒化知识分子。

### 二、"和而不同,各言其志"的认识论

田泰斗是一名实打实的诗人,他曾在《自赠》与《自述》中对自己有一个总的评价,从中表明其对诗歌创作的钟爱："巨口高胸瘦鹤姿,忽歌忽笑忽低眉。无三日粟仍留客,有半时闲便作诗。中酒鸥蹲忘迹象,逢人鹄立拙言词。此君位置将何等?佳号名合'一味痴'。"⑦"衡人两眼不稍宽,且取菱花反照看。诗为太清翻悔薄,事经多历始知难。除文字外无他好,于世路中少自安。顾影哗然成大笑,逼真风味秀才酸。"⑧两诗中不仅说明了自己好诗,而且说明了自己好诗的原因。从这个意义上说,作诗即成了田泰斗把握世界的基本方式,并在一定程度上反映了田泰斗的哲学认识论。

---

① 田泰斗著,田登云整理:《望鹤楼诗抄》,内部资料 1998 年版,第 265 页。
② 同上书,第 36 页。
③ 参见同上书,第 1、19、21 页。
④ 同上书,第 3 页。
⑤ 同上书,第 4—5 页。
⑥ 同上书,第 137 页。
⑦ 同上书,第 131 页。
⑧ 同上书,第 131—132 页。

作为诗人哲学家,田泰斗对诗有自己的哲学认知,并形成了自己的创作理论。其理论论纲即在《作诗》中所言:

> 各一性情各一才,化工无样万花开。好题大抵天安定,佳句都因命换来。
>
> 出色须空千古有,成章要使百家该。华严界拟飞身上,莫遇罡风打便回。①

在田泰斗看来,写诗应是诗人探索精神的体现,其基本逻辑是:(1)作诗作为一种把握世界的方式,与认识主体的状况紧密相联。人与人的性情不同,因而不可能有一种统一的创作方法,这正像大千世界“化工无样万花开”一样,试想,若大千世界只按一个标准,还有万花竞放的美景吗? 在《赏白芍药示诸生》中他也曾言“独标风力殿群芳,更喜铅华学淡妆。悟得文章花是样,白描中却有浓香”②。关于认识和创作方法的多样性、独创性,田泰斗还在《飞燕为蛛丝所羁解而纵之送之以诗》中以“莫傍人家门户飞”加以说明:“王谢堂前是也非,轻身何事触危机。即今纵汝云霄去,莫傍人家门户飞。”③(2)虽然好的题材是天然生成的,但好的句字、文章却必须有艰苦探索,即“佳句都因命换来”。为此,在《叠前韵再寄汉川》中,田泰斗强调了精雕细琢的重要性:“精如炉火炼霜锋,警若清晨报晓钟。一缕情丝虚与委,千秋警唾暗相逢。沙非百洗金难见,玉到重磨玷不容。莫漫雕虫嫌小技,满天星宿尽罗胸。”④(3)出自性灵,并不是说不要吸取别人成就,“出色须空千古有,成章要使百家该。”也就是说,要站在别人肩上前进。对此,田泰斗还在《赠曾陶庵先生》中强调自己是:“本欲征典故,转恐掩意思。一篇白描语,报公志如斯。”⑤(4)基于以上原因,创作还要有战胜各种困难的决心,即“华严界拟飞身上,莫遇罡风打便回”。所以,(5)通常说诗、思、情、意、史等的一致性,实际上指的就是创作所要求的境界,故他在《寄张映西卞嗣亭薛孟亭诸君庚子》中有谓“情到何须炼字工,遥情写到夜灯红。旧时

---

① 田泰斗著,田登云整理:《望鹤楼诗抄》,内部资料 1998 年版,第 116 页。
② 同上书,第 49 页。
③ 同上书,第 180 页。
④ 同上书,第 219—220 页。
⑤ 同上书,第 84 页。

曾有思君句,一缕心滤两地同"①。

通过考察田泰斗与杨雯霖、丁汉川的学述争论,可以看出当时田泰斗的哲学认识论立场:

首先,"离恨形诸言语苦,新诗得自性灵多"。田泰斗哲学认识论的核心是主体的能动性。在《杨雯霖先生惠诗三章次韵奉答》三首中,田泰斗除表示对师叔杨雯霖的真诚情感外,更主要的是伸张自己的创作理论,即诗写性灵——"离恨形诸言语苦,新诗得自性灵多。"正是基于此才有可能"得句欣然得胜官"②。与此相反,杨雯霖在诗歌创作及相应的哲学认识论上则主张作诗在于描述自然,即"君才烂漫花同艳,我志悠游蝶共闲"③。大约是杨雯霖以师辈之尊多次劝喻田泰斗,故他又作一诗,即《前诗嫌未尽意再依韵报之》,其中言:"韵事公家媲谢安,东山丝竹响云端。青年许我称名士,白发逢人间冷宦。代有知心声气合,才生同世古今难。待将大阮归来日,两处竹林树咏坛。"④从中不难看出,田泰斗因不同意乃师叔的创作理论,表明了一种"两处竹林树咏坛"的志向,颇有亚里士多德的"吾爱吾师,但吾更爱真理"的风范。当然,在田泰斗看来,直抒性灵并不是不要客观依据,而是以客观对象为基础的,故在《谢帅亭》中言:"昙花听说不轻开,且自收藏八斗才。无奈碧纱窗起处,青山一笑送题来。"这"青山一笑送题来"⑤,不正是说客观依据吗?在田泰斗看来,诗歌创作中的性灵主要即表现在其意境上,是基于性灵的写实而不是纯粹的写实,简单地说即主观的参与性,即世界在我的认知中。其还在《赠丁汉川并叙》中言:"花有妖容非本色,人无痴气不奇才。庐山真面缘何贵?岂在凌虚百尺台!"⑥在《赏白芍药示诸生》中他也曾言:"独标风力殿群芳,更洗铅华学淡妆。悟得文章花是样,白描中却有浓香。"⑦可以说是句句都要求有意境,即以性灵感悟为灵魂的意境。这

① 田泰斗著,田登云整理:《望鹤楼诗抄》,内部资料1998年版,第23页。
② 同上书,第122页。
③ 同上书,第124页。
④ 同上书,第123页。
⑤ 同上书,第125页。
⑥ 同上书,第126页。
⑦ 同上书,第49页。

种意境、性灵能让人在司空见惯处发现更美,故于《咏牡丹》中言"杜鹃分泪洒红绡,一对天仙下碧霄。漫道司空曾见惯,春风拂处总魂销"①。

其次,欲从烂漫归平淡,锋芒棱立势崔巍。在田泰斗看来,有了性灵的参与,在诗歌创作中就能让对象从烂漫归于平淡、表现出气势、露出锋芒。正是在这一点上,他与好友丁汉川之间发生了争论。他在《看山有悟并叙》中言:"课余散步,望壶瓶诸山,见晴去一缕,横锁山腰。轻风徐来,迟徊摇曳,而向之者栩栩欲活也。恍然有悟,如丁汉川规余作文之贵恬静也,作此报之。""锋芒棱立势崔巍,终古几然插翠微。忽有游云相荡漾,满山木石尽如飞。"②从这里可见,其好友的作诗主张是"作文之贵恬静",而田泰斗则主张气势雄浑,从此诗本身也可看得出来。

在《接汉川和章叠前韵再寄》一诗中,田泰斗把自己与丁汉川的哲学认识论归结为两两对立的观点,即"鄙意欲从烂漫归平淡,兄欲本沉实为高华":"洋洋倏忽又巍巍,流水高山寄托微。一识一弹均不易,逸性同逐白云飞。俯察静深仰止巍,谁从上下测精微?个中忽有鸢鱼在,活泼天机尽跃飞。""欲试太要根及峰,无声方许制金钟。果饶才气行闲露,才信生机到处逢。至文原自盈天壤,领略一归锦乡胸。"针对上诗,田泰斗批注谓:"诗亦佳。但鄙意欲从烂漫归平淡,兄欲本沉实为高华。"③应该说,从朴实中显出崇高境界,能够"至文原自盈天壤,领略一归锦乡胸"。在《次汉川原韵》中,田泰斗所追求的这种境界表现为"莫变新声挫锐锋,元音毕竟贵黄钟";"鸣跃谁当出匣锋,大声水上和洪钟"。认为只有这样才能达到"记从舟泊蓬山后,海水天风荡此胸"④的人生境界。

再次,"然鹿洞象山,各有见到处"。在对认识成果的评价上,田泰斗并无一己之私,而是主张"鹿洞象山,各有见到处"的评价原则。在与丁汉川讨论作创作方法时,田泰斗有几则序文阐明其认识成果的评价原则。在《接汉川和章叠前韵再寄》的批语中他认为"鄙意欲从烂漫归平淡,兄欲本沉实为高华。意见终属不合。然鹿洞象山,各有见到处。泰虽不能从,未尝

① 田泰斗著,田登云整理:《望鹤楼诗抄》,内部资料 1998 年版,第 270 页。
② 同上书,第 216 页。按:"锋芒",原作"锋茫",今据改。
③ 同上书,第 217—218 页。
④ 同上书,第 218—219 页。

不心折斯论也";在《次汉川原韵》的小引中则言"昨偶有所触,漫赋狂言。汉川谓头头是首,何敢当也。但间亦有与泰异趣者。君子和而不同,何妨各言其志。且汉川益和深矣! 愧无以报,即以此为刍荛之献"。正是有这种正确态度,所以在认识到自己的观点不对时,也勇于修正,即如《叠前韵再寄汉川》小引所言"前二律仍狂奴故态,昨检拙稿,见其瑕疵百出,改正之余,几欲呕出心头血,终难惬怀,始信汉川言不谬也。再叠前韵以谢"①。

### 三、"困顿功名嗟半世,安危时势感三湘"的社会批判观

田泰斗生活的时代已属中国封建社会的末世,故田泰斗之诗中对此多有批判,并从中建构自己的社会理想。

在田泰斗看来,当时社会实在已是一个十分怪异的社会,他的《志异》虽然写的是社会上许多怪异之事,但实际上是对当时社会的批判,是说明社会的怪异与不可理解:"乳鸡兮破卵啼,苍犬兮仰天哭。物怪兮人妖,齐起兮扑逐。大而雄者食人魂,次虽劣兮工剥啄。聚暗室兮沸腾,来阴岩兮闪倏。斜阳兮西来,薛之威兮隐忧。将暮色兮忽苍,乘阴风兮斗骷髅。既明灭兮无常,将何用兮巫祝。披楚些兮长吟,云漠漠兮天地肃。"②《志异》写于1838年,正是中国社会大转型的前夜,因而也正是国家社会处于怪异的时代,"既明灭兮无常",不正反映出一种家国之思、江湖之思吗? 不正是转型社会的难以把握吗? 因此,田泰斗的社会观即具有了强烈的现实性和批判性。

关于哲学的批判性,法兰克福学派的代表人物霍克海默曾有阐明,他认为,"哲学的真正社会功能在于它对流行的东西进行批判","无论科学概念还是生活方式,无论流行的思维方式还是流行的原则规范,我们都不应盲目接受,更不能不加批判地仿效。哲学反对盲目地抱守传统和在生存的关键性问题上的退缩。"③英国现代哲学家 I. 伯林也曾指出:"如果不对假定的前提进行检验,将它们束之高阁,社会就会陷入僵化,信仰就会变成教条,想象

---

① 田泰斗著,田登云整理:《望鹤楼诗抄》,内部资料1998年版,第218—219页。
② 同上书,第26—27页。按:此处引文标点有较大调整。——引者
③ [德]马克斯·霍克海默著,李小兵译:《批判理论》,重庆出版社1989年版,第250页。

就会变得呆滞,智慧就会陷入贫乏。社会如果躺在无人质疑的教条的温床上睡大觉,就有可能会渐渐烂掉。要激励想象,运用智慧,防止精神生活陷入贫瘠,要使对真理的追求(或者对正义的追求,对自我实现的追求)持之以恒,就必须对假设质疑,向前提挑战,至少应做到足以推动社会前进的水平。"①在马克思主义哲学那里,则更是对批判性有所强调:辩证法"在对现存事物的肯定的理解中同时包含对现存事物的否定的理解,即对现存事物的必然灭亡的理解;辩证法对每一种既成的形式都是从不断的运动中,因而也是从它的暂时性方面去理解;辩证法不崇拜任何东西,按其本质来说,它是批判的和革命的"②。从田泰斗的诗作来看,同样体现了哲学的这种批判性。

田泰斗的社会批判首先是指明社会不平等的必然性与对社会认知的复杂性。在《陈云峰投余诗多郁郁不平依韵答之(己亥)》中,作者以当时社会有某种"鸿蒙"不清的感觉为前提,要陈云峰没必要因社会不好而伤自己的身体。紧接着用"山争起"、"水竞流"来表明社会的不平是必然现象,由此可以看出作者的社会批判:"鸿蒙原自没春秋,胡替形骸苦结愁。兴到功名皆腐芥,眼开天地总轻舟。不平世上山争起,有缺江心水竞流。故事君家休忘却,元龙百尺卧高楼。"③在《咏史》中则直接说明把握社会得失之复杂性,如吟咏"王孙异人"——"咸阳西望隔烽烟,夜度邯郸紧着鞭。谁道抱关人不智,归秦年是灭秦年。""吕不韦"——"不爱一姬爱九州,贾人自古羡多谋。咸阳计利能多少?赚却江山失却头。""周幽王"——"一举狼烟万国疲,笑声未罢鼓声驰。幽王终是明天子,白服原来也姓姬。""骊姬"——"苦史君侯莫负奴,一行血泪一行珠。问君忠党成金石,抵得骊姬夜半无?"④通过咏史表明历史的得失之间,其背景要求的是什么?是淡泊名利,淡出社会?说到底即表明了认识社会的复杂性,这些得失利害,是必然,还是偶然?

---

① [英]布莱恩·麦基编,周穗明等译:《思想家——当代哲学的创造者们》,三联书店 1987 年版,第 4 页。

② 马克思:《资本论》,《马克思恩格斯选集》第 2 卷,人民出版社 1995 年版,第 112 页。

③ 田泰斗著,田登云整理:《望鹤楼诗抄》,内部资料 1998 年版,第 15 页。

④ 同上书,第 16—17 页。

我们从另一首《咏史》中以唐代大臣郭子仪的情况来看,主要还是表明难以把握社会,从而产生的对社会的不信任,其所隐喻的恰好是晚清社会。综观田泰斗对社会的批判,重点在于指出社会的种种病况,如:

"山农甚矣惫":《山农叹》——"荷锄万石间,勤俭相规戒。一年晴日多,山农共称快。仲夏雨缠绵,溪谷尽澎湃。早稻十余亩,虫贼为莨稗。包谷半青黄,又被秋淫坏。半偿主人租,半偿富人债。一上富人仓,价歉不鬻卖。饥腹且难充,遑恤衣破败。妇子望冬晴,垦荒辟草芥。雨雪逼人寒,围炉起长喟。官差昨日来,兵谷逐户派。洒泪告官差,山农甚矣惫!"①

"凶年饥复饥":《荒年行》——"凄凄复凄凄,娇儿随母啼。阿爷何消瘦?阿母何黑黧?含泪告娇儿,凶年饥复饥。甑中尘漠漠,三日不曾炊。厨有数升粮,带笑低呼娘。太息儿勿索,作种播田岗。富户积粟红,劝爷去佣工。半扣去年债,归来空复空。里正昨日来,社仓不日开。饕飨纵难久,鼓腹且一回。明朝又绝烟,且去耘瓜田。久饥难举力,桑柘阴下眠。娇儿啼更啼,凄凄复凄凄。寄语示牧者,何以济群黎?"②

"无影孤鬼今纷是":在《口占》中,作者通过"行路岂相亲,同游久也熟。曷将行路心,留点待骨肉"的期盼③,实际上反映出当时社会骨肉相残的情况。在《读〈聊斋志异〉》中,作者阐明了当时因为社会动乱,特别是农民战争导致的"无影孤鬼今纷是"的社会现实,因而"要请先生编一经"以志那些"无影孤鬼":"雨飒风萧烛影青,野狐山鬼曲图形?无影孤鬼今纷是,要请先生编一经。"④

无盐无酒无钱无米"四无":"无盐"——"置水终嫌未消神,水晶无复供嘉宾。撒空才短怜兄子,煮海功卑笑霸臣。世味于今都嚼淡,太羹自古不调真。休嗤暂少盐梅用,不是咸酸一类人。""无钱"——"梦醒山亭笑口开,神仙衣不五铢栽。逢人岂有财奴诮,会面难与显者来。白蝶化成终聚散,青蚨点去漫飞回。无端万选添文价,听说黄金已筑台。""无米"——"漫嫌巧妇

---

① 田泰斗著,田登云整理:《望鹤楼诗抄》,内部资料1998年版,第18—19页。
② 同上书,第42—43页。按:此诗旧有"一解"、"二解"直至"七解"字,第四句"一解"。——引者
③ 同上书,第25页。
④ 同上书,第26页。

炊莫成,笑指曹仓贮满盈。颜氏箪瓢悬皎日,范家尘甑饱苍生。聊将画粥安吾素,焉敢量沙伺敌情。不肯折腰偏乞食,此中风味慕渊明。""无酒"——"床头何物伴残更,悔不当年作步兵。忍受桃花归去笑,苦将竹叶梦中评。白衣人杳东篱静,碧玉樽空北海惊。却幸从今开醒眼,文心精细咏魂清。"①此"四无"除"无酒"外,均反映出其基本生活境况。

"一错谁能铸六州":《一错》——"一错谁能铸六州? 桃花红处偶勾留。唤回一觉游仙梦,蝴蝶依然是庄周。"②这实际上是以古代的民族国家危亡来隐喻当时的民族危机与国家危机。

"安危时势感三湘":田泰斗经历过太平天国农民战争,对清军的腐败无能有所体验,因而在《纪事》中表示了这种批判意识:"夷陵势扼楚咽喉,天堑长江据上游。半壁西南开重镇,百年屏翰建诸侯。如何穷寇来张角,不见将军掷断头。愤激惟应三峡水,滩声怒拍虎牙流。"③夷陵(今湖北宜昌市)这样一个军事重镇,且据有利地形,被轻易攻破,不难以理解且应被批判吗? 在《刘楠州招饮陪李少白夜饮分韵得霜字》中,田泰斗把这场危机概括为"困顿功名嗟半世,安危时势感三湘"④,从而表明这一危机的严重性。

值得提出的是,田泰斗还在《拟古》中把批判的矛头直指皇帝:"十二大神州,谓是天统制。问此苍苍天,又将寄何地? 造化汝小儿,作此荒唐事。"⑤

……

基于以上的社会批判,田泰斗表明了自己的社会理想,当然主要是儒家知识分子的社会理想,如清官治世等。在《哭胡桂山夫子》、《读胡桂山夫子临薨手书》中从社会理想的角度,表明了田泰斗的一种对为政清廉的清官的备加赞颂,清官们"万里江云抛骨肉,三年宦味备寒饥。红尘无力留生佛,碧水消魂吊子期。听说房州诸父老,犹然引颈盼旌旗"。然而,为何却

---

① 田泰斗著,田登云整理:《望鹤楼诗抄》,内部资料 1998 年版,第 38—41 页。
② 同上书,第 265 页。
③ 同上书,第 259 页。
④ 同上书,第 244 页。
⑤ 同上书,第 121 页。

"斯人何事竟如斯？人事天意两莫持"①。但是，其精神是永存的，即"料得山城公不忘，精神常绕五峰巅"②。正是基于此，田泰斗表现了对"桃花源"的向往，如《再入》中言："谁道桃源再难入？刚才分手又团栾。唤卿检取青衫看，昨日泪痕干未干。"③很显然，又是一种儒士知识分子的理想。从中西方传统理想社会的对比看，特别是以桃花源与西方的乌托邦社会理想对比看，"桃花源"儒世理想是十分明显的。

**四、"两家新墨翰，一样振家声"的民族观**

与同期的其他土家族知识分子相比，田泰斗同样坚守了自己的民族自性。

首先，他通过描写土家族风俗以表明民族自性，如《野烧歌》中言："胡为乎？飞沙走石之狂风，咆哮一声来至东。喷出一山野烟黑，惊起一山野火红。火势猖狂风势豪，火借风势火愈高。弥天漫草随风卷，鬼母怪禽同声噪。山神大呼裂山骨，祝融雄心犹未歇。飞焰一带上青天，欲上青天烧明月。可怜参天古柏松，生长千年没倏忽。倏忽野魅散火青，万壑千山绿莹莹。吁，危哉！君不见百年老雕随火走。化作披发癯颜之人形。"④从中可以看出，《野烧歌》反映的正是土家族传统的刀耕火种生产情况，而且把土家族的鬼神信仰融于其间。像这类的反映民族风俗情况的诗文，最典型的是其《五峰竹枝词》，如其中有言节庆的、有言婚俗的等，如言"拜年"的——"乡邻元旦各家门，揖拜殷勤不烦惮。记得昨宵曾会面，今朝偏要叙寒暄。""闹元宵"——"逐户灯光灿玉釭，新年气象俗敦庞。一夜元宵花鼓闹，杨花柳曲四川腔。""二月十五日花朝"——"婚期犹学古桃夭，一夜春风架鹊桥。试问深闺小儿女，最消魂日是今朝？""清明"——"鸡豚麦饭祭清明，几朵花幡墓上横。剩得丝棉一张纸，儿童偷去作风筝！""端午节"——"满天梅雨近端阳，竹叶隔宵裹粽忙。一朵榴花两枝艾，大家儿女学新妆。""中秋节"——"金轮捧出碧山头，坐看月花果现否？豆架瓜棚频眺望，须防有人

① 田泰斗著，田登云整理：《望鹤楼诗抄》，内部资料1998年版，第19—20页。
② 同上书，第21页。
③ 同上书，第264页。
④ 同上书，第6页。

夜摸秋!""陪十姊妹"——"新梳高髻学簪花,姣泪盈盈洒碧纱。阿母今朝陪远客,当筵十个女儿家。""陪十弟兄"——"箫声隐隐烛辉煌,十个儿童巧样妆。绝妙风流名色艳,华筵都唤状元郎。""回神"——"回神暂住七香车,米粒声声响轿纱。我替广寒仙子恼,惊心已入小郎家。""见大小"——"满庭曙色列灯光,拜见翁姑出画堂。一对并肩人似玉,隔帘有客评短长。""回门"——"茶礼安排笑语温,三朝梳洗共回门。新郎影落新娘后,阿母遥看拭泪痕。""接风"——"出门果真见嘉宾,当道华筵点缀新。四面箫声一樽酒,风前婉转劝冰人。""喜宴会"——"敬酒人来立下方,衣冠郑重貌端庄。昨宵演过好辞令,一到筵前却又忘。""薅草锣鼓歌"——"农人随口唱山歌,北陌南阡应鼓锣。莫认田家多乐事,可怜一锄汗一窝。""剥夜苞子"——"南瓜赤豆细烹炮,赚引乡邻剥夜苞。一个哑谜猜不透,灯前月下共相嘲。"①凡此等等,都可说明这种民族自性。此外如《调烛龙》也可作如是观。

其次,田泰斗通过反思民族历史来彰显民族自性,如《鹤峰州怀古》言:"桃花一曲散斜晖,欲觅风流奈世违。只有青山留数点,至今不逐白云飞。""洞口劈开诗世界,骚坛接引诸先生。至今石上潺潺水,应带当年唱和声。"②这虽是一首怀古之作,但所怀之古恰好是作者祖宗的光荣。"桃花一曲"指明的即所怀之古的时代,带有反清之意,实际上是对清朝统治的反对;"欲觅风流"即寻觅乃祖之功业,清谷虞部《读田舜年〈廿一史纂〉》曾有言:"风流尽说长官司,茂得承恩载笔随。非道非仙非俗吏,唱经楼上续弹词。"诗人于自注中提到南明相国文安之,从中可见其对清朝统治的态度。在《谢抄录〈田氏一家言〉诸公》中,田泰斗以"两家新墨翰,一样振家声"③来表明自己的民族自性。

---

① 田泰斗著,田登云整理:《望鹤楼诗抄》,内部资料 1998 年版,第 85—95 页。按:此诗文有多种版本,各有差异,引用时有所综合整理。——引者
② 同上书,第 14 页。
③ 同上书,第 220 页。

下篇　土家族近现代哲学

# 第　八　章

# 土家族近现代哲学的转型

从哲学发展的自然进程看,在西方哲学发展中,不仅可以划分出由古代经近代而至现代的哲学发展之不同的历史形态,而且还可以以世纪尺度进行世纪划分,如 17 世纪是"理性的时代",18 世纪是"启蒙的时代",19 世纪是"思想体系的时代",20 世纪是"分析的时代"等。但是,由于受中国文化历史条件的限制,中国哲学直到 1840 年鸦片战争前,都没有产生出近代哲学形态,没有实现传统哲学的近现代转型。正是由于鸦片战争使中国被卷入全球性现代化运动的历史进程,在西方近现代文化的大规模传入及中西古今文化的大碰撞大交流大融汇过程中,中国哲学才在西方近现代文化及其哲学的强烈影响下,实现了由传统形态向近代形态并继而向现代形态的转变。土家族近现代哲学的转型即以此为背景。

## 第一节　20 世纪中国哲学概述

20 世纪的中国哲学即是中国现代哲学形态,土家族近现代哲学的新创造,即根源于 20 世纪的中国社会及其哲学发展的大环境。然而,对于土家族来说,对哲学发展作出严格的近现代划分实在不可能。一个根本原因在于,土家族从改土归流后始逐步从文化上融入以儒家文化为主流的并被土家族学者称为"华国"①的文化中,而刚完成这一进程时又由于中国近现代的历史进程而急速地转入近现代文化构建,从而在近现代哲学文化创造中

---

① 参见顾彩著,吴柏森校注:《容美纪游校注》,湖北人民出版社 1999 年版,第 272 页。

显示出独特性,这就是它没有哲学的近代形态而直接由传统哲学经过短暂的过渡而进入现代,因而我们直接称之为近现代哲学。

### 一、20世纪中国哲学的性质与特点

对于20世纪的中国进行历史环境分析,如果以中国自身的历史进程为尺度,可以用醒起来、站起来、强起来、富起来进行评价①,其中1925年以前属"醒起来"阶段,1949年的中华人民共和国成立应看成是"站起来"的标志;到20世纪后半叶,特别是改革开放以来,应理解为"强起来、富起来",现在提和平发展,提中华民族的伟大复兴等都是其体现。若以整个20世纪的世界大势衡定,特别是从社会主义和资本主义两大社会体系的发展和竞争来衡量,则中国即是在全球性现代化运动进程中,于20世纪前半叶在资本主义世界体系中进行革命,于20世纪后半叶在社会主义道路上进行探索。作为"时代精神的精华",作为现代形态的中国哲学,20世纪中国哲学的发生、发展必然因这一时代特征而具有其现代性。因为,"哲学并不站在它的时代以外,它就是对它的时代的实质的知识。同样,个人作为时代的产儿,更不是站在他的时代以外,他只在他自己的特殊形式下表现这时代的实质,——这也就是他自己的本质。"②

然而,如何界定"20世纪中国哲学",则一定会众说纷纭。若把"20世纪中国哲学"当做中华民族对时代所作的理性思考的话,则"20世纪中国哲学"并非是一个具有完整内涵和内在关联的系统,而只是分布于各个哲学家、各哲学派别、各民族哲学的一种集合而已。也就是说,对于这体现于各个哲学家、各哲学派别、各民族哲学中的"20世纪中国哲学",不仅要肯定各个哲学家、各哲学派别、各民族哲学的贡献,而且也要肯定哲学工作者基于不同哲学观所作的各自对"20世纪中国哲学"的体系建构,并从中作出自己的哲学选择与评判。

作为现代形态的中国哲学,20世纪中国哲学在内容上有自己的独

---

① 参见澳大利亚学者费约翰用"醒起来、站起来、飞起来"评价,见费约翰著:《唤醒中国:国民革命中的政治、文化与阶级》,李恭忠等译,三联书店2004年版,第1页。

② [德]黑格尔著,贺麟等译:《哲学史讲演录》第1卷,三联书店1956年版,第56—57页。

特性①:一是中国传统哲学的现代化,这表现在中国传统文化中的积极因素、传统哲学中的优秀精神通过中国哲学的现代化而在中国现代哲学的建构中发挥着积极的作用,部分因素则直接转变为中国现代哲学的内容,如经世致用学风、公羊三世说、民本思想、知行统一、素朴辩证法传统等,即在中国哲学由传统形态向近代形态及现代形态发展的过程中发挥了重要的作用,并成为 20 世纪中国哲学的有机内容。二是西方哲学的中国化,即在 20 世纪中国哲学发展中,受西方近现代文化及哲学的影响特别强烈,包括西方哲学的内容与形式、思维方式、话语系统,甚至思想体系等,都曾在中国化过程中为中国思想世界所吸纳和融会,并成为 20 世纪中国哲学的重要组成部分。三是 20 世纪的中国哲学家在汇通中西、熔铸古今的基础上,超越"照着讲"而"接着讲",并根据 20 世纪的中国文化历史条件进行了哲学的新创造,从而建构出了一批各具特色的现代形态哲学体系,实现了中国哲学的现代转型。四是"20 世纪中国哲学"是中华民族大家庭中各民族的共同创造,如在马克思主义中国化过程中,土家族学者向警予、赵世炎,水族知识分子邓恩铭,回族知识分子郭隆真、刘清扬等,都作出了贡献;在文化保守主义、自由主义等哲学思潮的发展中,各少数民族学者也都有自己的建树。因此,20 世纪的中国哲学不仅在创造主体上充分体现了中华民族多元一体的格局,而且在内容上既没有脱离中国哲学发展的大道,又适应了世界哲学发展的大潮,体现了 20 世纪中国社会历史发展的时代精神、民族形式和个人风格。

　　作为现代形态的中国哲学,20 世纪的中国哲学具有强烈的历史感和使命感。通观这一时代的哲学创造,在 20 世纪的中国进步思想家中,无论在思想信仰上持何种主义,但在强烈的爱国、救国等时代感、使命感方面都毫无疑义地得到了张扬。中国马克思主义者是"用无产阶级的宇宙观作为观察国家命运的工具,重新考虑自己的问题。走俄国人的路——这就是结论"②,其历史使命感自不待言;中国的文化保守主义虽然对中国社会的整

---

① 参见李维武:《20 世纪中国哲学传统与 21 世纪中国哲学发展》,《学术月刊》2006 年第 3 期。
② 毛泽东:《论人民民主专政》,《毛泽东选集》第四卷,人民出版社 1991 年版,第 1471 页。

体转换认识不足,但就其强调在中国现代化过程中应防止西方现代化过程中的缺失,谋求取用中国传统文化去救助现代化进程中的可能性弊病而言,其历史使命感也不待言,如梁漱溟"要用心思替民族并替人类开出一个前途,创造一个新的文化",要"立志为民族为世界解决大问题,开辟新文化"①;冯友兰的思想创作"主要的动力还是抗战"②;中国自由主义思想从严复开始即强调的是在中国"原强"、"原富"等问题,直到殷海光的"中国文化之展望",也无不体现着一种忧国忧民之心。至于其他西方哲学思潮的传入中国,也都或多或少地与解决中国现实问题相联。因此,20世纪的中国哲学,就其根本目的而言,正是为解决国家与民族危机,解答"中国向何处去"的问题。

作为现代形态的中国哲学,20世纪的中国哲学与政治斗争有十分紧密的联系,出现了政治化倾向。黑格尔曾说:"哲学主要是或者纯粹是为国家服务的。"③也就是说,哲学应服务于政治统治,并作为一种世界观和方法论指导政治的发展。列宁则更强调说:"马克思的哲学是完备的哲学唯物主义,它把伟大的认识工具给了人类,特别是给了工人阶级。"④在20世纪,由于"今日世界里面的国家,若是没有把'新思想'来建设改造了'新国家',恐怕不能立足在20世纪"⑤。所以,无论是哪一层面的哲学问题,也无论是何种思潮,都与中国政治派别、政治斗争等联系紧密。马克思主义哲学把20世纪上半叶界定为帝国主义和无产阶级革命时代,把20世纪50年代至80年代界定为社会主义与资本主义两种制度和平共处与激烈竞争的时代,把20世纪80年代以后界定为和平与发展成为时代主题的时代,相应地形成了不同时代的哲学学说,以至于中国马克思主义哲学发展史与中国革命与建设史的关联度极高。中国自由主义者不仅主要讨论政治自由问题,而且

① 梁漱溟:《朝话》,教育科学出版社1988年版,第143页。
② 冯友兰:《三松堂自序》,三联书店1984年版,第277页。
③ [德]黑格尔著,范扬、张企泰翻译:《法哲学原理》,商务印书馆1962年版,第8页。
④ 列宁:《马克思主义的三个来源和三个组成部分》,《列宁选集》第2卷,人民出版社1995年版,第311页。
⑤ 李达:《陈独秀与新思想》,《李达文集》第1卷,人民出版社1980年版,第8页。

因政治斗争的涨落而出现起伏,甚至出现地域性特征;文化保守主义的目标是为了"内圣开出新外王",关注克服现代化进程中的物欲横流、道德沦丧等问题,本身即具有强烈的政治关怀;至于国民党的官方哲学与政治派别的命运更是密不可分。

20世纪中国哲学的政治化倾向表明,无论是西方哲学中国化还是中国哲学现代化,都与解决中国现实政治问题紧紧相联。从西方哲学中国化方面看,西方哲学能够中国化的基本依据即在于在某些方面、某种程度上满足了中国近现代社会大变动的需求,如进化论原本作为有哲学意义的科学理论,在与中华民族救亡图存的需要相联系后,不仅实现了自身的理论升华,成为一种中国化的世界观新形态;而且极大地影响了从戊戌维新到"五四"时期的两代中国人。杜威的实用主义在美国是其民族精神的象征,而在中国则主要以"大胆假设、小心求证"的科学方法论形态出现等。这样,20世纪的中国哲学之所以是"20世纪中国"哲学,就在于无论其初源是西方还是中国古代,都适应了新形势而具有某种变形,表现了中国哲学家在构建自身理论时的创造。[①] 这正如冯友兰说:自20世纪初以来,"他们重新审查、估价的对象,不仅有他们自己的过去的观念、理想,而且有西方的过去和现在的观念、理想。欧洲、亚洲各个伟大的心灵所曾提出的体系,现在都从新的角度,在新的光辉照耀下,加以观察和理解。随着哲学中新兴趣的兴起,老兴趣也复兴了。"[②]

20世纪中国哲学的政治化倾向在20世纪前半叶表现得特别明显,甚至有学者认为:"五四运动到新中国成立前的思想史,大多属政治思想史。"[③]因为在新民主主义革命时期,各阶级、政党、团体及其代表人物的核心思想是建国问题,即使是那些游离于各政治集团之外的思想家,也都具有强烈的政治关注。在20世纪前半叶,各种建国纲领和方针的提出及它们之间的斗争,构成了中国现代哲学史的基本内容。如果以阶级划分,则有大地

① 参见陈卫平:《西方哲学东渐的历史总结》,《中华读书报》2006年5月29日。
② 冯友兰:《冯友兰学术论著自选集》,北京师范学院出版社1992年版,第549—550页。
③ 俞祖华、赵慧峰:《中国近代社会思潮研究通览》,山东大学出版社2005年版,第11页。

主大资产阶级、民族资产阶级和无产阶级等不同阶级提出的建国理论与主张,并表现为三民主义、新民主主义、自由主义和封建买办法西斯主义等多种政治哲学建构。

**二、20 世纪中国哲学的问题与思潮**

作为现代形态的中国哲学,20 世纪中国哲学有自己独特的致思趋向、话语系统及哲学文化风貌,并通过哲学的提问方式和提问话语、体系构建等方面表现出来,其中由提问方式和提问话语表现的主要是哲学问题,由体系构建等方面表现的则是哲学思潮。①

根据哲学问题的性质,20 世纪中国哲学的提问方式与提问话语可划定为两类:一类是对于哲学自身的提问,从本体论、认识论问题上展开;另一类是对直接来自 20 世纪中国文化历史变迁中的特殊提问,主要围绕"中国向何处去"这一核心问题展开。据此,20 世纪中国哲学主要展开了不同层面的问题:

一是本体论、认识论问题。20 世纪中国思想家们对历史观、文化观、人生哲学、政治哲学等方面问题的探讨,是以本体论、认识论问题为中心展开的。思想家们有感于近代中华民族的内忧外患,铁肩担道义,以救亡、启蒙为己任,以对本体论、认识论问题的探讨来寄托自己的家国情怀,为重建中华民族的精神生活而竭诚,从而形成了 20 世纪中国哲学的形上学思考。

二是历史观、文化观问题。这一层面的问题虽然不乏哲学自身的提问方式和问题,但主要的问题却与"中国向何处去"这一 20 世纪中国历史走向和中国文化选择的核心问题直接相联系,因而成为 20 世纪中国思想家们普遍关注和反复探讨的问题,成为 20 世纪中国哲学发展中显著而重要的问题,从而超越思辨的历史哲学或文化哲学而成为这个巨变时代的现实问题。

三是政治哲学问题。这一层面的问题直接关系到对"中国向何处去"这一时代大问题的回答,诸如封闭与开放、守旧与维新、改良与革命、立宪与共和、启蒙与救亡、旧民主主义与新民主主义、资本主义与社会主义等,都是

---

① 本题主要依据李维武《形态、问题与思潮:20 世纪中国哲学研究的方法论思考》一文所阐述的思想立论,见《学术月刊》2004 年第 9 期。

20 世纪中国政治哲学探讨的内容,并具有与西方政治哲学相区别的内容。

四是其他以社会问题形式出现的相关问题,如女性主义、乡村建设问题等等,从不同层面体现出 20 世纪中国哲学与中国文化的多方面联系,从而也体现出中国文化的各方面对 20 世纪中国文化历史变迁的高度关注。

由于哲学问题多样而复杂,由于思想家们不同的历史文化背景和知识背景,因而思想家们在探讨这些哲学问题时即形成了不同的而且往往相互交叉、彼此纠缠的哲学思潮,并可根据 20 世纪中国哲学的问题对这些哲学思潮作出一种结构性的划分:

首先是围绕本体论与认识论问题,形成了科学主义、人文主义、马克思主义哲学三大思潮及它们之间的复杂联系,以科学与玄学的论战为这三大思潮相激相融的第一个交汇点。其中科学派代表科学主义思潮,力主哲学走科学化、实证化的道路,其代表人物是丁文江;玄学派代表人文主义思潮,力主为本体论的存在进行辩护,其代表人物是张君劢;陈独秀作为马克思主义者的代表对科学派与玄学派持批评态度,强调应坚持科学的唯物史观。20 世纪中国哲学中有代表性的本体论、认识论体系都与这三大思潮有关。

其次是围绕历史观与文化观问题形成了唯物史观、进化史观、民生史观三大历史观及相互之间的复杂联系,形成了西化思潮、文化保守主义、马克思主义文化观三大文化思潮及相互之间的复杂联系。在这一层面,马克思主义的历史观与文化观对其他有关思潮产生了深刻影响,如孙中山的民生史观、冯友兰早期的历史哲学、梁漱溟晚年的文化哲学等,都曾汲取唯物史观的思想资源。当然,中国马克思主义的历史观与文化观也汲取了其他思潮中的一些合理因素。

再次是形成了多种多样的政治哲学思潮,包括 20 世纪初期的改良主义思潮、无政府主义思潮及各种非马克思主义的社会主义政治哲学思潮等;继之而起的有三民主义、自由主义、马克思主义政治哲学三大思潮及相互之间的复杂联系。这些思潮之间关系的变化,对 20 世纪"中国向何处去"的历史选择、对现代中国民主政治的建设都产生过直接或间接的影响。

最后是与其他社会问题相应,还产生了一些以哲学为内核的社会文化思潮,如女性主义思潮、乡村建设思潮、教育哲学思潮、近代佛学思潮等,可以算作是 20 世纪中国哲学中的一些边缘性思潮。

上述划分是由李维武创发的。根据这一结构性的划分,即能使 20 世纪中国哲学的诸多思潮得到比较合理的分梳和比较清楚的展现。由此而以问题为中心,以思潮为线索,就可以比较好地把握 20 世纪中国哲学之网,比较好地展开 20 世纪中国哲学研究的思维空间。笔者之研究土家族现代哲学,从一个民族哲学现代化的角度,正可证明这一把握的准确、清晰、可行。

### 三、土家族知识分子与 20 世纪的中国哲学

20 世纪是土家族"脱儒而入现代"的世纪。历史证明,"对文明洪流的抵抗是徒然的;文明对那些忽视或违抗它的人极为冷酷无情。文明能穿通山脉,翱翔天空,能看见、照亮和研究从看不见的原子到星球的所有东西。力图以中世纪精神、靠原始迷信发挥作用的国家,在它那巨大的威力和崇高的尊严面前注定要毁灭,至少也要被奴役,受耻辱。"①事实正是这样,土家族人民,其中特别是土家族知识分子与 20 世纪中国哲学的关系即发生在这一大的背景下。

马克思说:"哲学家并不像蘑菇那样是从地里冒出来的,他们是自己的时代、自己的人民的产物,人民最美好、最珍贵、最隐蔽的精髓都汇集在哲学思想里。""任何真正的哲学都是自己时代精神的精华。"②土家族哲学的发展正说明了这一特殊历史关系。与此前的知识分子相比,形成于 19 世纪末 20 世纪初的土家族现代意义的知识分子群体因特殊的国际国内形势而特别具有强烈的历史感和使命感,与当时的政治斗争有十分紧密的联系。土家族现代知识分子得以形成的根本原因在于:改土归流以后,特别是 19 世纪中叶以后,土家族因实现了"脱蛮入儒"而得以同整个中华民族一道被强行卷入全球性现代化运动进程,且"由于全球日益统一,西方的思想、制度和技术正以不断加快的速度传遍全球"③。于是在土家族产生了一批既能

① [美]斯塔夫理阿诺斯著,吴象婴等译:《全球通史 1500 年后的世界》,上海社会科学院出版社 1999 年版,第 577 页。
② 马克思:《〈科隆日报〉第 179 号社论》,《马克思恩格斯全集》第 1 卷,人民出版社 1995 年版,第 219—220 页。
③ [美]斯塔夫里阿诺斯著,吴象婴等译:《全球通史 1500 年以后的世界》,上海社会科学院出版社 1999 年版,第 781 页。

博通古今又能汇通中西的知识分子,如朱和中(1880—1940 年①)、向警予、赵世炎等,他们通过各种渠道接受与阐释 20 世纪的中国哲学,并最终归诸寻求"中国向何处去"的根本问题,从各自立场出发提出了自己的探索和追求。

　　土家族现代知识分子接受新思想的通道具有多样性。一是在直接参加同期的各种政治斗争中接受新思想,如从张仲羲等参加"公车上书"到田均一等参加组织领导 1900 年自立军起义的政治斗争,其思想即有了从变法改良向暴力反抗转变的动因。二是通过留学归国知识分子接受各种新的社会思想及哲学思潮,如温朝钟、邓玉麟等最初都是由留日学生传授新思想而使原有的反抗精神转化为革命民主主义思想,并见诸实际革命行动的。三是直接留学国外,在新思想的发源地接受包括西方近现代哲学思潮在内的各种新思潮,如朱和中、席正铭等,都是留学欧洲或日本的先进知识分子,并成为同期革命斗争的骨干。四是直接接受各种现代新式教育,包括学新学、入新军、读新闻等,如在辛亥革命前期,土家族知识分子张荣楣、范腾霄、费絜等,或"课余之暇纵谈国事"②,或"侧身军界,联络军中同志,持铁血主义"③,即是接受新式教育的成果。正是由于土家族知识分子通过各种渠道接受、阐释和丰富了当时的各种哲学及社会思潮,从而使 20 世纪土家族的思想世界发生了新的变化,并因而成为 20 世纪中国新哲学的重要组成部分,像土家族知识分子之接受与阐释马克思主义,正好与 20 世纪马克思主义哲学中国化的历史进程一致;同期的自由主义与文化保守主义知识分子对自由主义与文化保守主义的接受与阐明,也与该思潮的进程相伴随。

　　土家族知识分子在接受与阐释 20 世纪中国新哲学过程中,具有其独特性,显示出土家族知识分子的自我思考:

---

　　①　关于朱和中的出生年代,目前有两种说法:一说是 1880 年 3 月 21 日,见中国人民政治协商会议鄂西土家族自治州委员会文史资料研究委员会《鄂西文史资料》第 4 辑,内部资料 1986 年版,第 88 页。另一说是 1841 年,见李盛平主编《中国近现代人名大辞典》,中国国际广播出版社 1989 年版,第 134 页。据建始地方志及朱和中亲属回忆,应以 1880 年为准。

　　②　湖北省博物馆等:《武昌起义档案资料选编》中册,湖北人民出版社 1982 年版,第 489 页。

　　③　同上书,第 259 页。

首先,悬置本体论与认识论问题,重点关注历史观、文化观及政治哲学问题。前述已经看到,20世纪中国哲学在哲学问题的展开上,可以划分为四个层次,并相应地产生了多种多样的思潮。从20世纪土家族知识分子所接受和阐释的20世纪中国新哲学观念看,其总特征表现在:在充分吸收西方现代文化的基础上,为解决"中国向何处去"的问题,或启蒙或救亡,悬置哲学自身的提问方式,没有过多地关注哲学本体论、认识论方面的问题,而于那些直接来自民族文化历史变迁的特殊提问方式和特殊问题作出思考,对所面临的时代大问题予以回答,因而在政治哲学(国家与革命等、科学社会主义与自由主义、资产阶级民主主义)、文化变迁(文化保守主义、马克思主义文化观)、科学的认识方法(历史唯物主义、实验主义等)等方面得到了发展。具体说来,无论是辛亥革命时期的知识分子接受与阐释三民主义,还是马克思主义知识分子接受与阐释唯物史观、解析国家与革命的问题等,都停留在上述哲学问题的第二、第三层次上,坚持了土家族传统哲学不重视哲学本体论、认识论的理路。

其次,发扬土家族传统哲学的重民传统,体现了20世纪土家族知识分子接受与阐释20世纪中国新哲学的价值取向。土家族传统哲学即有重民传统,旧志谓土家族地区"最称易治",老百姓"可以理遣,可以情恕,无顽梗不化者"。"过客不裹粮,投宿寻饭无不应者。"①这即反映了土家族传统思维中强烈的人文关怀,并通过生产生活中的赶仗、打薅草锣鼓、哭嫁中的"陪十姊妹"与"陪十兄弟"、丧事中的"撒尔嗬"等表现出来。在"脱蛮入儒"以后,这一传统又得到了儒家文化的强化,这使20世纪土家族知识分子仍然带上了这一思想底色,其基本表现即是使20世纪的土家族知识分子从民众的角度、从民众运动的角度来思考问题,如朱和中提出知识分子与新军结合,促成了孙中山革命方式的转化;向警予成为中国共产党首倡妇女解放运动的第一人,成为第一任妇女部长;赵世炎率先把目光投向在法华工、积极领导工人运动等,都具有极强的代表性。甚至在对马克思主义的理解上,当中国其他马克思主义者理解马克思主义有科学化倾向时,赵世炎等土家族的马克思主义者则更多地强调"马克思主义在行动中"。因此,土家族

① 同治《来凤县志》,来凤县志办公室1981年重印版,第246—247页。

哲学注重对人的现实关怀的传统,形成了土家族哲学的固有特性。相比之下,"中国哲学"实现这种人文主义转向则发生在20世纪。

再次,20世纪土家族知识分子在接受与阐释20世纪中国新哲学过程中,都具有极强的战斗性与自立精神。近现代以来,特别是19世纪末20世纪初,土家族人民以多种方式谋求救国救民之道,为整个中华民族的生存艰苦求索,体现了该民族的战斗精神。在这一过程中,土家族先进分子或言改良,或主革命,在"公车上书"、辛亥革命等近现代救国探索中表现自己的意志;他们或国内或国外,用自己主张的可能救国之道贡献于祖国,传播和实践了资产阶级民主主义、社会主义等多种救国方式;他们或实业或科技,在自己的认识与能力所及范围内,通过自己的努力,尽自己的救国之忧……正是他们的努力,在近现代中国历史发展中,出现了实业家、思想家、革命家、军事家……20世纪本身即是中华民族追求独立、自由的世纪,本身即具有战斗性,这使20世纪的土家族知识分子也兼具这一时代品质,如温朝钟"文怪、字怪、名怪",青少年时期即大谈国事、抨击朝政,有"狂生"之称,后倡辛亥"亿万劳众皆封侯"的革命运动;朱和中是武昌最早的革命组织的组织者之一,在接受资产阶级民主革命思想过程中,曾与孙中山"反复争论三日三夜",既有对孙中山三民主义的接受,也使孙中山接受了他"更换新军脑筋,开通士子知识"的积极建议①;席正铭在笃守三民主义的过程中,也每每对全局问题有所主张,并对孙中山提出以俄为师的建议;向警予在接受马克思主义以后,不仅用马克思主义分析中国妇女解放的问题,而且对其他"女权运动"等进行批判,并对马克思主义的妇女解放理论有所丰富;赵世炎始终强调要把马克思列宁主义与中国具体实践相结合,体现了马克思主义中国化过程中土家族知识分子的独立性与创造性;沈从文接受了自由主义与文化保守主义,但他的自由主义是以他对政治的独特诠释为底色的,他的文化保守主义则有深厚的民族文化传统,他发起的多起文坛上的争论,同样体现了一种自立精神与战斗精神。可以这样说,这种自立精神与战斗精神既是20世纪土家族知识分子接受和阐释同期中国新哲学的强大的精神

---

① 朱和中:《欧洲同盟会纪实》,见中国人民政治协商会议全国委员会文史资料委员会编《辛亥革命回忆录》第6集,文史资料出版社1981年版,第6页。

动力,又是土家族民族精神传统的现代发扬与展现。

最后,20世纪土家族知识分子对新哲学观念的接受还在于伴随原有民族内涵的深化,原有的自主、天下国家观的失落,接受了一种新的"世界—中国"对立统一的国家观,并因此在革命与改良问题上进行了艰苦的探索。根据这种对立统一的国家观,土家族知识分子在不同时代的探索中,先是通过对中国理想国家的构建,以西方民主共和理想为依据,以革命为武器,并最终汇集于三民主义的国家观中;马克思主义传入中国后,一批土家族的马克思主义思想家,以马列主义全球化、现代化理论为依托,通过对中国革命与世界革命的统一性论证,确立了一种辩证统一的"世界—中国"的国家观,并形成了马克思主义哲学思想;同期的自由主义思想家则用自己的方式探讨国家重造问题,并由此展开了新与旧、抽象与现实、一般与特殊等一系列哲学的矛盾分析。正是围绕国家与革命问题,中华民族的生存问题与土家族传统哲学的生存理念结合,形成了土家族20世纪的哲学建构,并具有了现代哲学的意义。

## 第二节  20世纪土家族哲学的现代转型

在20世纪,随着全球性现代化运动的深化,土家族形成了新的知识分子群体,生成了现代意识。不少新型知识分子或在国内或在国外,不断接受新的哲学观念并有所阐释,形成了新哲学观念的土家化及土家族哲学现代化的哲学运动,并形成了不同的哲学问题与思潮。这一哲学转型既推动了土家族的社会转型,又丰富了中国哲学的内容,从而形成了20世纪土家族哲学的问题与思潮。

### 一、继承与开新:土家族新哲学的生成机制

"土家族哲学"的存在性及土家族哲学研究是20世纪80年代以来的重要探讨课题,目前已形成了一支不小的研究队伍,并多层面地揭示了土家族传统哲学的特征。但是,由于主要集中于土家族传统哲学研究,因而向学界提出了研究土家族近现代哲学形态的任务。以中国哲学的研究范式研究土家族传统哲学,存在着明显的类比倾向,难以揭示土家族传统哲学的固有

特质;忽略近现代土家族新哲学观念的发生及哲学转型,会误导人们的思维,以为土家族只具有传统哲学。因此,立足于土家族哲学的既有基础,探讨土家族现代意识的生成,揭示土家族现代哲学观念的发生,也就成为当代土家族研究中的一个重要课题。因此,笔者认为应以问题为中心,以思潮为线索,以 20 世纪土家族知识分子对 20 世纪中国新哲学的接受与阐释为重点,以 20 世纪土家族哲学思想的新变化为论域研究 20 世纪土家族哲学的转型。

"土家族"、"土家族知识分子"作为一个历史文化范畴,作为土家族近现代哲学思想研究的对象,应从土家族的独特性及土家族知识分子的历史发展角度进行界定;土家族的文化性格培育了土家族的传统哲学,土家族的生存环境与土家族传统哲学也具有相因关系,土家族传统哲学形态则提供了土家族现代哲学形态发生的基础,于是应对土家族的文化性格及土家族的传统哲学形态进行清理,借以揭示土家族传统哲学的弱化本体论、重视方法论、关注人类生存等现实问题的哲学特征;"20 世纪中国哲学"作为现代形态的哲学,其哲学内容、提问方式、话语系统、探讨的问题等都有其时代性,是 20 世纪中国文化历史变迁中的时代精神,如何以现代哲学背景把握 20 世纪的土家族哲学? 应以 20 世纪的中国哲学发展为研究视域,揭示 20 世纪中国哲学的性质和特点,从哲学问题与哲学思潮层面阐明 20 世纪的中国哲学,并以此为背景探讨土家族知识分子与 20 世纪中国哲学的内在关系。研究表明:20 世纪的土家族知识分子在接受与阐释 20 世纪中国新哲学的过程中,既有土家族自身文化传统的影响,也有其他中西哲学文化传统的影响,而以西方现代哲学文化的影响最为显著。同样,土家族知识分子在接受与阐释 20 世纪新哲学的过程中并不只是"学着讲",而是"接着讲",并有自己独特的哲学创造。

20 世纪土家族知识分子对新哲学的接受,是以土家族现代精神传统的生成为前提和基础的。因此,应追寻土家族精神传统的历史生成,揭示土家族 19 世纪"脱蛮入儒"的思想进程,论述土家族现代知识分子及现代意识的产生。土家族精神传统的历史生成在改土归流后发生了一次重大的历史转折,这就是清王朝为了重塑大一统的国家形象,在承认儒家文化主导的前提下,有条件地承认了各少数民族文化。正是在改土归流后,土家族在保留固有优秀传统文化的基础上实现了"脱蛮入儒"的过程,清王朝"教俗分治"的统治措施,不仅使土家族接受了相对先进的儒家文化,而且形成了追求"汉籍"的华夏认同。到19世纪中叶,这种政权主导型文化认同促成模式结出了硕果:儒家文化视野下的19世纪土家族及19世纪土家族的自我文化认知都证明土家族实现了文化历史的巨大变迁。① 以这一历史变迁为基础,土家族与整个中华民族一道被卷入了全球性现代化运动的历史进程,并在19世纪末20世纪初形成了近现代知识分子群体,生成了现代意识,为20世纪土家族知识分子接受新哲学提供了历史文化背景与思想基础。该期形成的土家族近现代知识分子数量多,思想倾向大体一致,并以全球性现代性眼光观察和分析中国问题;土家族的现代意识包含了近现代的社会进化观念、近现代的民族国家意识、近现代的世界历史视野、近现代的政党政治意识等,并通过自由、民主、民族主义、竞争、奋斗等各种近现代意义的新词汇表现于日常生活中。由于近现代的历史分期在土家族的这一历史时段很难明确划定,故统言而为"近现代",直到19世纪末20世纪初方得以"现代"称之,这时的思想家们也明确地感受到了"现代"。也正因为具有了这一"现代"的基础,使20世纪土家族得以同整个中华民族一道共同迎接西方哲学中国化与中国哲学现代化两种哲学运动,从而接受了20世纪中国哲学的问题与思潮,促成了土家族现代哲学思想的变迁。

### 二、卫星民族与卫星文化:土家族哲学转型的历史文化基础

欧洲哲学的历史进程表明,近代哲学是应对经院哲学的反叛而发展起来的。中世纪的教父哲学、经院哲学以信仰主义、先验主义、形式主义为特征。为了反叛经院哲学,培根提出了经验主义以反对先验主义,笛卡尔提出了理性主义以反对信仰主义,二者都强调自然科学等具体科学研究,以反对中世纪的形式主义。这样,培根的《新工具》、笛卡尔的《谈谈方法》虽有不同的价值诉求,但反映出既前后相继又同属一条战线、既具有内部分歧又具有共同的敌人等方面的一致性,共同构成了近代哲学思维的一个重要方阵。

---

① 参见萧洪恩:《脱蛮入儒:19世纪土家族的文化认同与社会转型》,《中南民族大学学报》2006年第5期。

与这一方阵相应,既有对中世纪哲学的反叛倾向,又有别于笛卡尔的理性主义方法,形成了"文化"哲学的方阵。维柯可以认为是直接出入于笛卡尔而超越于笛卡尔理性主义哲学的开创者,他强调哲学不是研究人的理念的认识形式,不是研究物理的、几何学的世界,而是研究人的智慧、人的创造性的活动,研究人的民政世界(或译为"民族世界"——引者)。维柯的思想在文德尔班那里得到了深刻体现和重要发展。①

西方的两种近代哲学类型根源于当时欧洲文化状态和民族状态的事实表明,哲学对一般文化的关系既是"受"的关系,也是"给"的关系;有了近代哲学,各特殊民族的特性才开始表现出决定性的影响。② 从这个意义上说,哲学是文化的一部分,是社会生活的一个重要部分,哲学的人生观与世界观既是传统的宗教与伦理观念,又是"科学的"产物。唯有这两者在某种程度上同时存在,才能构成哲学的特征。③

土家族近现代哲学类型的产生同样根源于土家族的文化形态和民族形态,这种形态特征,笔者将其概括为卫星民族与卫星文化。顾名思义,"卫星"是依存于行星的,但也不乏对行星以深刻的影响。土家族及其文化与中域及其文化的关系正如同卫星与行星的关系一样。这是理解土家族近现代哲学得以超越传统哲学,并能保持与20世纪整个中国哲学大体一致的致思路径的历史文化根基。

从考古文化学的角度看,土家族地区本身是古人类活动的频繁地区,现今的土家族及其文化与古代土家族地区先民有相因关系,形成了一个自成一系的发展链条。但是,土家族及其文化又是与中域文化相联系而存在并发展起来的,从土家族及其文化受中域文化影响较大一面看,中域文化是主流文化,是行星;而从土家族及其文化对中域文化发展有贡献而论,也的确有类似于地球的卫星如月亮的作用。正是由于这种关系,使土家族及其文化的前途、命运始终与中域及其文化相联:

---

① 参见[意]维柯著,朱光潜译:《新科学》,商务印书馆1997年版。
② 参见[德]文德尔班著,罗达仁译:《哲学史教程》上卷,商务印书馆1997年版,第14、16页。
③ 参见[英]罗素著,马元德译:《西方哲学史》上卷,商务印书馆1997年版,第11页。

——在原始土著时期,作为一种特殊的地域文化,在约相当于中域黄帝至大禹时代,土家先民即与中域汉族先民有所交往,《韩非子·十过》《史记·五帝本纪》等都有记载,从而形成了土家族先民及其文化的双重基础:独立性与依存性。这一时期的新文化因素是外来的各部族文化,如巴人文化与荆蛮文化、乌蛮文化等,正是在各种文化的交往中形成了土家族文化传统中的新因子。从考古学成果看,这些因素又恰好在土家族地区的城背溪文化、大溪文化、屈家岭文化、石家河文化的叠加中有其初始展现。

——在夏商周时期,其新文化因素是在军事征战及伟大的治水斗争等活动中接受的夏、商、周文化。这一时期,在军事征战等活动中,土家族文化又与夏商周文化紧密相联:夏与土家族先民关系紧密,商朝多次征伐土家先民,土家先民与周人联合起来反抗商朝等。土家族先民以自己独特的文化特色影响周人,巴人也接受了一些周人礼仪及其他文化因素,《华阳国志·巴志》等对此多有记载。其中特别是《华阳国志·巴志》中所收录的巴人诗文及对巴人文化性格的评价足可反映。[①]

——在春秋战国时代,得惠于当时的多元文化融会,土家先民不仅与其他诸侯国征战,如楚、秦等;而且也接受了其他诸侯国的文化,如楚文化,最明显的例子如所谓"下里巴人"、道家文化等,同期也还有其他的文化融入土家族文化中,当时已出现了有土家先民特色并融汇中域文化的诗文、论说等。考古发现的巴、楚墓葬的叠加状况,足以提供考古学上的证据。

——在秦汉统一以后,特别是在土司制度完善期中域文化的大量吸入。这一时期,土家族地区设立了学校,产生了大批土家族知识分子,形成了文人文学,并因明末清初的历史动向而形成了华夏意识,形成了"话语儒化"。不过,从土家族文人作品中可以看出,对社会承担入世责任和对个人追求俗世超越构成了土家族文化的新特征,正体现出土家族文化中心化趋向中的开放性。正是在这一时期,土家族及其文化相对于中域及其文化的卫星地位正式形成,从当时的文人作品中可多有发现。

——在改土归流以后至鸦片战争前,此间大批的流官进入,大批土家族

---

① 参见萧洪恩:《先秦至汉晋时期土家族哲学的核心价值观研究》,《湖北民族学院学报》2007 年第 6 期。

上层流出而成为流官,土家族地区则成就了"制度儒化"、"经济儒化"、"政治儒化",具有了新的文化认同。方志谓这一时期既有"土"(土家族)、"客"(汉族)之分,又有儒、道文化的追求,特别是尊"朱文公家礼"一类。①笔者曾将这一期界定为土家族及其文化的"脱蛮入儒",显示出明显的卫星民族及其文化的地位。②

——有了前面的历史文化基础,因而在鸦片战争以后的共赴国难斗争中,特别是在 19 世纪末 20 世纪初能与整个中华民族一道,形成冷眼向洋看世界的新的文化形式。正是在这一时期,土家族以一个内陆少数民族的身份,不仅勇赴边关,血洒疆场,同其他华夏子孙一道为国效命;而且横波巧渡、远赴欧美,汇通中西,熔铸古今,探索救国救民之路。在这一时期,既产生了一批批为国赴死的烈士,铸造了不朽的忠魂;又锻造了一批批思想家、革命家、政治家、军事家,为中华民族的兴盛、为在全球性现代化运动中的争取主动、为现代化的理想贡献了土家族的应有力量。

### 三、普遍和特殊的互化:土家族哲学转型的理论视域

全球性现代化运动在使全球成为单一场所、形成所谓"地球村"的同时,也提出了全球性现代化运动中的一系列矛盾,其核心矛盾即是西方学者所提到的"普遍性的特殊化"与"特殊性的普遍化"的矛盾,即强调全球化的形成过程本是一个世界的和民族的、全球的(global)和本土的(local,或译在地的)、普遍的和特殊的两者的矛盾展开过程,如罗伯森(R. Roberson)用全球在地化(glocalize,glocalization)来说明全球化是一个相对自主的双向过程,其间存在着"普遍性的特殊化"和"特殊性的普遍化"的双向互动③;贝克(U. Beck)认为这是思维的悖论即自反性(reflexivity)④;吉登斯

---

① 同治《长乐县志》卷十二。

② 参见萧洪恩:《脱蛮入儒:19 世纪土家族的文化认同与社会转型》,《中南民族大学学报》2006 年第 5 期。

③ 参见[美]罗兰·罗伯森著,梁光严译:《全球化:社会理论与全球文化》,上海人民出版社 2000 年版。

④ 参见[德]乌尔里希·贝克等著,赵文书译:《自反性现代化》,商务印书馆 2001 年版。

(A. Giddens)认为这是现代性的后果,即赋予对象于自己原来的理论、概念、论述以完全相反的性质。① 尽管这些西方学者各自的出发点不尽相同,但都力求揭示全球性现代化过程中的这一思想文化矛盾的特质。

全球性现代化运动是起源于西方的,它本身就是一个"特殊性的普遍化"过程,按罗伯森的理解,这一趋向意味着随着全球性现代化运动引发的社会差异的扩大,特定群体为特定目的提出的主张具有合法性,如女权主义、民族主义等;意味着具有特定意义的实践活动日益具有世界意义或影响,如麦当劳化等。同样,当全球性现代化成为"全球性"时,也同时意味着"普遍性的特殊化",如男女平等转向从男女差异方面寻求,标准化与当地经验相结合等。正是由于这两种趋向的统一,决定在全球性现代化运动中,从思想文化发展看,就既不可能是同质化的,也不应该是两极或多极"对立"的。按照费孝通1993年在与日本学者的学术交流中所言②,应该是"各美其美,美人之美,美美与共,天下大同"③。当然,费孝通所说的只是一种理想的应然状态,要达于实然,则还需要各民族作出艰苦的努力。

鸦片战争以后,为因应全球性现代化进程,土家族地区被卷入了全球性现代化运动进程中。随着现代化因素的增长,不仅土家族传统文化的活力得到释放,转化成土家族社会变迁和思想发展的动因;而且,随着国家的军事斗争及军事现代化进程,随着作为现代市民社会基础的商业生产力的发展及传统农业的更进一步积累,新式教育等得以在土家族地区推广,从而在19世纪末20世纪初产生了土家族近现代知识分子,生成了土家族现代意识,于是在20世纪,土家族知识分子得以前赴后继地探索着救国救民的真理,不断地接受和阐释体现着时代精神、民族形式和个人风格的新哲学,形成了20世纪的土家族思想者群体:朱和中、温朝钟、席正铭、李烛尘、向警予、赵世炎、万涛、卓炯、向达、李绍明、黄永玉……具有土家族血统或深受土家族文化影响的思想家如沈从文、贺龙、李鹏……他们的思考并不是传统思想的简单再现,而是体现了土家族从传统社会向现代社会转型过程中的整

---

① 参见[英]安东尼·吉登斯著,田禾译:《现代性的后果》,译林出版社2000年版。
② 参见张荣华、费宗惠、费皖:《老来依然一书生》,群言出版社2004年版。
③ 费孝通在日本召开的"东亚社会研究讨论会"上做题为"人的研究在中国"的演讲。会议结束时,他写下"各美其美,美人之美,美美与共,天下大同"的题词。

体的文化形态转换,从而体现了西方哲学的中国化与土家族传统哲学的现代化两种哲学运动及其相因关系,具有了"普遍性的特殊化"与"特殊性的普遍化"相结合的现代社会特征。在这一转变过程中,先进的土家族知识分子以各种近现代哲学精神为核心,建构土家族 20 世纪的时代精神,铸造土家族社会变迁的思想灵魂。因此,研究 20 世纪土家族知识分子对新哲学的接受与阐释,研究土家族现代哲学的问题与思潮,揭示土家族现代哲学的转型,是中国现代哲学研究的重要组成部分,在一定程度上也是 20 世纪世界哲学研究的重要环节。所以,应以 20 世纪中国哲学发展为视域,以西方哲学中国化与中国哲学现代化两种哲学运动为背景,以 20 世纪土家族现代意识的生成为基础,阐明土家族先进知识分子如何在中西哲学的共同影响下形成现代哲学意识;从历史观、文化观、政治哲学等层面揭示 20 世纪土家族知识分子对新哲学的接受与阐释,揭示其中的问题与思潮,并联系各思想家的文化传统、思想背景进行探讨,凸显土家族哲学发展史上的新变化,探讨土家族新哲学与 20 世纪中国哲学发展的相因关系,从而展示土家族哲学的形态变化。特别是以一个少数民族近现代哲学观念的演进为个案,探讨在全球性现代化进程中的全球性与民族性、传统与现代、普遍与特殊等的相互转化,对整个中国哲学现代化及世界哲学中国化研究都具重要意义。

### 四、问题与思潮:土家族哲学现代转型的标志

土家族近现代知识分子群体产生、土家族现代意识生成后的第一期成果是辛亥革命前后的土家族知识分子在主流思想上接受了资产阶级革命民主主义思想。这一时期的知识分子以革命排满相号召,以现代政党组织(成立各种革命组织)为依托,以建立西方资产阶级民主共和国为目标,并依据土家族传统文化中关注下层民众的传统,把革命动力放在了相对下层的民众身上。朱和中等土家族知识分子在 20 世纪初因坚信"非革命不足以救国救种"的信念,筹组了革命组织"花园山机关";在革命动力问题上主张"开通士子知识"与"更换新军头脑",显示出同期革命思想的先进性。在被派往欧洲留学以后,朱和中的现代政党思想、革命动力探寻、种族革命理念更加成熟而丰富,并对孙中山三民主义思想的发展作出了贡献。温朝钟自从接受了革命思想以后,很快形成了以他为中心的知识分子群体和革命

骨干,他们不仅建立了革命组织"社会",而且成立了军事组织"铁血英雄会",开启了他们从社会建设到实行法美共和的思想发展进程。他们将理论与实践结合,以下层民众为革命动力,不仅以改良风俗为基础进行现代社会的文化重构,而且组织了辛亥武昌起义之前的规模最大、组织最严密的革命武装起义,对其坚持的民族民主革命思想及法美式民主共和的现代理念进行实践,成为辛亥革命前革命力量与革命理论的大检阅,其残部在辛亥革命爆发后则继续完成了他的未竟事业。席正铭则在新式军校确立了自己的革命思想,为了救国救民,他一次又一次地筹组革命组织,始终"抱定三民主义",以"欲搏自由宁惜死"的革命精神,不断地与时俱进以适应世界潮流。他不仅把奋斗目标锁定在自由、民主、共和、国家统一等当时中华民族的理想追求上,而且以"应时势之要求"为尺度探讨革命组织问题,并最终奋斗牺牲在军事斗争中;他不仅从大局出发对孙中山革命实践及革命理论提出建议与意见,而且从师法法美的失败中确定师法苏俄的奋斗目标,又一次显示出土家族革命知识分子对孙中山革命理论的丰富及与时俱进的思想贡献。

20世纪初年的中国,为了拯救灾难深重的祖国,人们以无比的热情向西方寻找救国救民的真理。各种思想、理论和各种社会政治势力相结合,于是涌现出各种思潮,诸如民族解放思潮、民主共和思潮、君主立宪思潮、地方自治思潮、社会主义思潮、无政府主义思潮、国粹主义思潮、教育救国思潮、实业救国思潮,等等。特别是1911年辛亥革命爆发以后,推翻了延续数千年的封建统治,使中国社会进入一个新的历史阶段。可是,辛亥革命虽然推翻了清王朝的统治,政权却落在了北洋军阀袁世凯的手里,反帝反封建的任务实际上没有完成。这种情形按土家族革命者甘绩熙将军的话说,即:"天下我们打下来,总督我们拉出来,高位他们坐起来,如今我们空起来。"①在这样的社会背景下,在中国的大地上,掀起了一场规模浩大的思想解放运动,这就是中国近现代史上的"新文化运动"。在新的思想启发下,社会上出现了"科学救国"、"实业救国"、"教育救国"的思潮,这三大思潮在土家族知识分子中的影响都较大,并在一定程度上成为一些知识分子的政治实践和社会实践的思想动力。其中从国民性改造而发展至教育救国论者的著名代表是土家族教育家彭施涤,实业救国论的著名代表是李烛尘,科学救国论的著名代表是黄召棠等。

土家族马克思主义者的出现是土家族现代意识生成、土家族现代知识分子群体形成后的最大成果。赵世炎、向警予、卓炯等土家族马克思主义思想家对唯物史观的接受与阐释,除与 20 世纪马克思主义中国化过程中具有在阐释重点上的与时俱进、凸显方法论的实践品格、思想渊源的中西融会等方面的特征外,又具有自己的特征。民族文化传统、现代家庭背景、新学教育的影响、毛泽东与蔡和森对她的影响等方面促成了向警予向马克思主义者的转变。在马克思主义中国化的过程中,向警予用唯物史观阐明中国妇女解放问题,坚信马克思主义的妇女理论,并运用唯物史观剖解了中国妇女问题的性质,以文化尺度解读了中国妇女解放的时代内涵,多层面阐明了中国妇女解放的政治性、民族性、阶级性、人类性等实质内容;她还用现代文化对妇女问题进行阐释,从民族解放、劳动解放、人类解放等马克思主义理论视域阐明了中国妇女解放的实质及历史趋势,指明了中国妇女解放的俄国式道路。[①] 赵世炎则以"把马克思主义运用于中国革命中去"为鹄的,显示了其思想的民族文化传统、现代家庭背景、新学教育及李大钊的影响等思想根源;彰显了他在接受与阐释马克思主义过程中的实践特征、时代特征及现代性特质;凸显了他对马克思主义中国化的早期探索及对列宁主义的策略化解读。[②] 卓炯在 20 世纪 30—40 年代不仅积极参加了当时的民族解放斗争,而且以极大的热情关注了当时关于中国社会问题的思想论战,以历史唯物主义为指导,探讨中国的社会形态与社会发展规律问题,以世界历史视野思考中国的民主发展和民族解放问题,全面释读三民主义的社会主义本质,显示了对马克思主义的深入理解。与中国共产党独立领导革命武装斗争相

---

　　① 参见萧洪恩:《向警予的妇女文化解放思想研究》,载胡茂成等主编《巴文化研究》,湖北人民出版社 2005 年版。

　　② 参见萧洪恩:《论赵世炎的文化哲学研究》,《武汉大学学报》2005 年第 3 期;萧洪恩:《论赵世炎哲学思想的基本特征》,《重庆邮电大学学报》2007 年第 4 期。

应,以万涛等土家族马克思主义者为首,还以马克思主义为武器对土家族地区神兵运动的社会理想进行了革命改造,揭示了神兵运动从传统走向现代的契机。在神兵运动发展的近 30 年历史中,中国国民党人与中国共产党人都对神兵运动有极大的关注,并采取了各种争取、改造措施,最后是神兵运动的主体部分转而信仰共产主义,坚信马克思主义,成为中国革命的重要力量。①

在 20 世纪中国革命斗争实践及思想战线上,活跃着一批有土家族血统、受土家族传统文化影响的革命家、思想家,以贺龙、沈从文最为代表。作为个案讨论,沈从文有着对自由主义与文化保守主义的接受与固守。在沈从文那里,救亡与启蒙是其为民族解放与国家重建的首要目的诉求,尽管他的救亡式启蒙思想面临着双重困境——后发现代化国家的思想家在"西化"面前面对的西方文化的人道精神与丛林法则、文明与野蛮并存的矛盾状况,但他以强烈的时代关切承担着一个思想家的时代使命,并且以传统与现代的双向尺度来为国家和民族重造献策;在文学与政治之间,他坚持自由主义的价值理念;在传统与现代之间,他坚持保守主义的文化理想。研究表明,沈从文的自由主义思想区别于胡适等其他自由主义而有其独特性,其文化保守主义也与新儒家等诸家有别,而具有依存于自身民族文化传统的思想特征。由于有启蒙与救亡的目标,使他直接思考"中国往何处去"的问题,在古与今、农村与城市、中国与西方、常与变等一系列问题上体现出自己思想的特色。② 至于贺龙,土家族的文化性格在其人生旅途的各个阶段都有显示。

要而言之,在 20 世纪,由于时代变迁,由于土家族近现代知识分子的努力,由于 20 世纪中国哲学的深刻影响,土家族的哲学思想世界发生了重大而深刻的变化,为土家族人民适应时代作出了巨大贡献,并丰富了 20 世纪的中国哲学思想世界。

---

① 参见萧洪恩:《20 世纪上半叶鄂西南神兵运动的现代性诠释》,《湖北民族学院学报》2006 年第 6 期。

② 参见萧洪恩:《沈从文的自由主义与文化保守主义》,《武汉大学学报》2007 年第 5 期。

## 第三节　土家族传统文化精神与
## 现代性的契合

土家族近现代社会变迁的发生,特别是哲学的变迁,与土家族传统文化精神的积极因素有关。因为社会变迁,从而思想变迁也"同任何新的学说一样,它必须首先从已有的思想材料出发,虽然它的根子深深扎在经济的事实中"①。据此,列宁强调了文化建设的历史主义态度:"无产阶级文化应当是人类在资本主义社会、地主社会和官僚社会压迫下创造出来的全部知识合乎规律的发展。""只有确切地了解人类全部发展过程所创造的文化,只有对这种文化进行改造,才能建设无产阶级的文化"②。用这种观点分析土家族的传统哲学,特别是土家族的传统哲学精神,我们就会发现这样一种相类情形的实在性:"每一个时代的哲学作为分工的一个特定的领域,都具有由它的先驱传给它而它便由此出发的特定的思想资料作为前提。因此,经济上落后的国家在哲学上仍然能够演奏第一小提琴"③。这就是土家族近现代得以在哲学上开始转型变迁的历史文化基础。

### 一、文化选择的惯性与趋中心化的选择机制

当全球性现代化运动影响中国时,曾受到中国中心意识、华夷之辨观念的顽强阻击。然而,当这种阻击发生时,土家族正在经历着自己的中心化进程,即大约开始于15世纪的土家族接受中域文明而进入华夏文明中心的努力。在15世纪以前,土家族在总体上属于"人的神化与神的人化"阶段,所要解决的核心问题是消解人在宇宙中的边缘地位,塑造人类的宇宙中心地位,其出发点是人类的自我生存,可以看成是"生存本体论";其思维路径是通过神的人化消解神的至上性,通过人的神化来提高人的地位,这种双向增

---

① 恩格斯:《反杜林论》,《马克思恩格斯选集》第3卷,人民出版社1995年版,第355页。
② 列宁:《青年团的任务》,《列宁选集》第4卷,人民出版社1995年版,第285页。
③ 恩格斯:《致康·施米特》,《马克思恩格斯选集》第4卷,人民出版社1995年版,第703—704页。

减的努力,使土家族神话中的神与人具有了平等性,且都具有维护人类生存的现实目的性。15 世纪以后,直至 19 世纪中叶,无论是从中域正史记载还是土家族地区的方志记载看,都可看成是土家族由中华民族历史边缘走向文明中心的历史,土家族思想界对民族关系的理性省思都有一个主题,即土汉关系,问题的内涵则是中心与边缘、文明与野蛮、先进与落后的反差,其具体表现形式则是见诸诸史的相关标识之词如承认汉土有别的"汉土界限"、"汉土各别"、"汉土攸分"、"汉土之界限愈益分明"等①,其隐喻的终极诉求则是民族的强盛化、文化的中心化、社会的文明化。所以,现存于十分偏远之地的利川市鱼木寨上的建筑石刻就有言:"纵学不得程夫子道学齐鸣,也要学宋状元联科及弟(第);再不能够,也要学苏学士文章并美,天下听知。"②从中就不难看出当时土家族的趋中心化信念是多么强烈。可是,这一问题刚解决,鸦片战争以后的历史变迁又一次将土家族抛向了全球性现代化运动的边缘。与其先辈游学于荆、湘、"二京"之间以争取中心化相似,土家族先进分子又往来于长沙、武汉,游学于日本、西欧,以寻找新的文明,进入新的文明中心。所以,近、现代土家族社会的历史进程也就成了土家族人民从全球性现代化运动的边缘走向近现代文明中心的历史进程。正是在这一历史进程中,土家族先进分子能够较早地接受当时所能认知的现代文明成果,甚至达到了饥不择食的程度:"我一些亲爱的老朋友们呀! 在你们所常想的,以为只要在欧洲就处处可以得安慰吗? 固然属于物质上的,我们虽挤在这灿烂而又混沌的空间内,也有些慰藉可言,但我的所经度的搏战生涯,人类同情的、了解的工作还未达到相当程度,我们的精神那能就说畅快,而且含含糊糊地过日子,又不是我们所当做,所忍做的。……我'穷极则变',几月以来为回避恐怖的人生,不能不急筹搏乱的方法。事实上别无他法,我只有忙! 忙个不了。"③如果说在上一次的由边缘到中心、由野蛮到文明、由落后到先进、由弱到强的努力构成了土家族真实事件的隐喻历史、思

---

① 参见鄂西土家族苗族自治州民族事务委员会编:《鄂西少数民族史料辑录》,内部资料 1986 年版,第 184、173、191、179 页。

② 谭宗派:《鱼木寨研究》,国际文化出版公司 2001 年版,第 24 页。

③ 赵世炎:《给少年学会朋友们的来信》,《赵世炎选集》,四川人民出版社 1984 年版,第 57—58 页。

想历史、哲学历史，"边民"、"边夷"、"蛮"、"中域"、"华夏"、"汉籍"等一系列由土家族知识分子自己以"汉语化"的方式呈现的概念系统即是这一进程中的思维纽结的话，那么这一次趋中心化努力的成果则成就了近、现代土家族哲学转型中的多种问题与思潮，其中包括资产阶级民主主义、自由主义、马克思主义等西方思潮中国化所展现的双重内涵，体现了哲学的时代内容、民族形式和个人风格的统一。

### 二、民族意识与历史事件反思的思维机制

从现有的研究成果看，土家族曾有自己共同的民族语言，但没有自己共同的民族文字。世界在我们的语言中，"各种语言之间的真正差异并不是语音或记号的差异，而是'世界观'的差异。"①土家族的语言文字状况决定着土家族历史的表述、表达或表征方式只能是"事件式"的，即口承的语言所能还原的历史记忆必然是民族记忆中的"大事"或有重大影响的"事件"；进入中域汉语文献的也必然只能是影响当时历史的"大事"或有重大影响的"事件"，即如中域文史中的《明实录》、《清实录》等所记土家族地区即如此。这样，除民族的日常把握世界的方式可通过风俗习惯、生产生活的行为方式获得传承外，把握世界的哲学方式、文学方式，甚至宗教方式等，都会通过对"历史事件"的追忆来获得表征、表达、表述，从而构成土家族历史的事件历史与隐喻历史，如果借用前辈学人冯友兰的话说，也可以叫着"真实历史"和"写的历史"，如《摆手歌》中的《开天辟地》与《民族迁徙》歌、《梯玛歌》、《后汉书·南蛮西南夷列传》等中的"廪君神话"、民间长期传承的"开天辟地"、"人类起源"等神话，都由某一"事件"来导引，属于隐喻历史的神话。明清时期是土家族历史的重大转折时期，其"事件"隐喻则更为直接鲜明，诸如明清之"世运"更替事件、"改土归流"的历史事件、《哭嫁歌》及《撒尔嗬》等土家族文化现象中的"事件"隐喻等，都以某种"事件"为逻辑分析的起点。这样，在近现代的历史发展中，鸦片战争、中法战争、中日战争、八国联军侵华战争、辛亥革命、五四运动等重大事件构成了近现代历史进程中的珠链式事件环节，又因土家族于改土归流后的去边缘化（由边缘走向了

---

① 　[德]恩斯特·卡西尔著，甘阳译：《人论》，上海译文出版社1985年版，第154页。

中华民族的中心、由野蛮走向了文明)后又与整个中华民族一道被全球性现代化运动再度抛向边缘,因而事件隐喻的现实理性与融入全球性现代化运动的世俗理性得以巧妙结合,席正铭于世界大势中首倡向苏俄学习、赵世炎等赴法勤工俭学以中法两国的相似性为旨归、卓炯成为中国社会主义商品经济发展理论的首倡者等,都无不显示出这种历史契合。因此,传统事件隐喻思维的现实理性所凸显的民族意识在获得了全球性现代化运动的现实理性后成就了一种新的近现代文化传统。土家族社会、土家族哲学……的现代转型都是以此为依归的。近现代西方思潮的中国化之能在土家族知识分子的思想中展开,一个重要的历史文化基础就是因民族意识与历史事件的反思紧密相联。

### 三、传统历史观与进化史观的契合机制

在第二章中我们已谈到,在土家族的传统文化中没有退化的历史观,使土家族在接受近现代进步或进化论过程中有一种天然的亲近感。因为现代性在历史观上的隐喻正是体现为进化论或进步论。进化论或进步论的前提预设是:社会是向善的,人类的道德是不断进步的,人类理性、认知能力与科学技术是能解决所有问题的,人们对自身力量的追求是能够满足人类自身需求的。所以,在西方,达尔文著作发表不到十年即成了普遍化的观念,以至于马克思也强调:"达尔文的《自然选择》一书。虽然这本书用英文写得很粗略,但是它为我们的观点提供了自然史的基础。"[①]"达尔文的著作非常有意义,这本书我可以用来当作历史上的阶级斗争的自然科学根据。"[②]除上述思想内涵外,在遭遇近现代国变("三千年未有之大变局")的中国思想家看来,接受进化论或进步论还同时具有下述意义:进化的规律性伸张、竞争的动力性扩张、救国保种的目的性诉求、对西方先进文明的吸取等,而这一切又全在于我们自己能够适应当今世界大势,故当严复译出《天演论》后,"自严氏之书出,而物竞天择之理,厘然当于人心,而中国民气

---

① 《马克思致恩格斯》,《马克思恩格斯全集》第 30 卷,人民出版社 1974 年版,第 131 页。

② 《马克思致斐迪南·拉萨尔》,《马克思恩格斯全集》第 30 卷,人民出版社 1974 年版,第 574 页。

为之一变。"①由此可见这一观念的深深的吸引力。在近现代中国历史发展中,由于土家族隐喻历史中本就没有退化的历史观,故当进化论或进步论传入后,就自然具有亲近感,以至于从民众到精英都得到了共识,"只望有个好世界"的诉求成了奋斗、抗争的理性、意志、情感,甚至成为一种道德,据此可以说,现代意识的生成正是一种水到渠成的成效。

### 四、力量的展示与近现代社会的扩张机制

土家族传统哲学中所展现的本来就是"齐心合力,牙关咬紧"的奋斗精神。在 15 世纪以前,土家族上层统治者所奉行的就是尊命尚力的世界观。即使是 15 世纪以后,土家族先民对历史事件表达方式的选择发生了重大变化,也没有放弃力的宣泄,土家族民众的"壮志不辞牺牲"②仍然彰显着传统的奉力传统。而问题恰好在于,以全球性现代化运动为核心内涵的近、现代社会,正是以这种"力"的彰显为特征的,这就是其对外的扩张性与纵向的动力性。对此,西方思想家,哪怕是分析路径完全不同的思想家都有共同的认识,如马克思、恩格斯于《共产党宣言》中指认的"自然力的征服,机器的采用,化学在工业和农业中的应用,轮船的行驶,铁路的通行,电报的使用,整个整个大陆的开垦,河川的通航,仿佛用法术从地下呼唤出来的大量人口"③,斯宾格勒于《西方的没落》中所强调的浮士德文化的人和任何其他文化的人的区别,也正在于他的不可抑制的向远方发展的冲动④等,都说明"现代化的特殊意义在于它的动态特征以及它对人类事物影响的普遍性"⑤。而 19 世纪末 20 世纪初的中国思想家接受全球性现代化运动及其思想时,也从这一层面来加以认定,如梁启超的《说动》⑥、李大钊的《东西

---

① 胡汉民:《述侯官严氏最近政见》,见张枬、王忍之编《辛亥革命前十年间时论选集》第 2 卷(上),三联书店 1963 年版,第 146 页。
② 姚仁隽:《赵世炎传》,中央党史出版社 1998 年版,第 225 页。
③ 马克思、恩格斯:《共产党宣言》,《马克思恩格斯选集》第 1 卷,人民出版社 1995 年版,第 277 页。
④ [德]奥斯瓦尔德·斯宾格勒著,吴琼译:《西方的没落》第 2 卷,上海三联书店 2006 年版,第 141 页。
⑤ See C. E. Black, *The Dynamics of Modernization*, Happy Row, Publishers, Inc. 1967. p. 4.
⑥ 梁启超:《说动》,《饮冰室合集》文集之三,中华书局 1936 年版。

文明之根本异点》①、钱穆的《国史大纲》②等中均持此论,正是这种"力"的契合,使土家族在近现代历史上能够始终走在前台,而土家族知识分子则因这种"力"的契合而探索着近现代的思想转型之路,出现了赵世炎、向警予、卓炯等颇具影响的革命家、思想家,也正是他们在马克思主义哲学中国化的进程中作出了重要贡献。

---

① 李大钊:《东西文明之根本异点》,《李大钊文集》第 2 卷,人民出版社 1999 年版,第 202 页。
② 钱穆:《国史大纲》上册,商务印书馆 1997 年版,第 25 页。

# 第　九　章
# 辛亥革命前后土家族哲学的新变化

19 世纪末 20 世纪初,在留学运动和新学教育的推动下,在新的民族危机的刺激下,产生了一批近现代意义上的土家族新型知识分子,他们揭橥反清排满、反帝反封建专制的旗帜,促成了辛亥革命前后土家族哲学思想世界的新变动,开始了以新制度构建为核心的政治哲学思考,其中由种族革命思想发展至民族资产阶级的民族民主革命思想,是这一时期土家族思想世界的重大转变。这一转变的重大意义在于表明土家族人民正在探求新的生存形式,即从原有的适应型向生成创造型、由风俗文化的自发演变型向国家制度的创设型转变,实现了由温朝钟等革命者的"风俗改良"思想、"铁血英雄会"的种族革命思想向建立华盛顿式资产阶级民主共和思想的转变。在这一历史转变中,土家族知识分子把建构理想社会的动力源逐渐从面向过去的苦难(通过揭露过去的或现在的苦难以动员民众推翻苦难)转向了完善自我发挥主观能动性的前瞻性奋斗取向。① 所以,研究土家族现代新哲学,必然要把目光投向 20 世纪初制度民主诉求中新国家观念的萌动,投向民主共和国家观念类型的转变,特别是由法美共和国目标向苏俄共和国目标的转变,从中体现出土家族知识分子对新思潮的接受与阐发。

---

① 这是一种斗争方式的转化,对于前者,是由于有一种补偿性心理在其中,即"如果苦难能让一个民族获得民族权利的资格,那么这些仪式(如建博物馆等——引者)就是不可避免的。苦难的神圣化强化了仇恨和不信任"并因而成为一种实现政治目的工具。后者则主要是面向自身的目标进行奋斗。参见[以]耶尔·塔米尔著,陶东风译:《自由主义的民族主义》,上海译文出版社 2005 年版,第 3 页。

## 第一节 朱和中:探索"革命党者最高之理论"

朱和中,湖北建始人,土家族,字子英,派名朱大顺。少时就读于五阳书院,15 岁府试夺魁选入湖北武备学堂学习,由于"忧社稷之将倾,立报国之宏愿",较早地参加了革命活动。曾与吕大森、张荣楣等组建"乐群印刷社",用活字版翻印《警世钟》、《猛回头》、《黄帝魂》等书刊,宣传反清。于1903 年 4、5 月份在武昌与吴禄贞、吕大森组织革命组织"花园山机关",并因从事革命活动而到德国留学,成为欧洲同盟会的组织者,被孙中山称为同盟会"先天会员",并据"和平、奋斗、救中国"之义而赠名"和中"①。辛亥革命后回国,任南京临时政府陆军参谋部第二局局长,曾协助孙中山拟《陈十策》。1924 年后曾任广东兵工厂厂长、国民政府立法委员等职,1940 年 6 月在重庆病逝。② 乡人曾挽之曰:创建欧洲同盟,协助孙中山,功在民国;抨击鄂西弊政,痛斥孙业震,泽及桑梓。

### 一、确立以现代政党为组织核心的革命思想

现代政党思想是伴随中国现代化进程而从西方传入中国的。在中国现代化进程开启之时,西方政党及其政党制度已基本成熟,政党理论已十分丰富。因此,一批涉足洋务者较早地对此作了介绍,如薛福成在《出使日记续刻》中说:"英国有公、保两党,公党退,则保党之魁,起为宰相。保党退,则公党之魁,起为宰相。两党互为进退,而国政张弛之道以成。"③戊戌变法运动期间, 维新派的重要刊物《时务报》即开始介绍西方政党制度,如《时务报》第3 册有《美国共和党宣论新政》、第 17 册有《政党说》等。其他如《湘学报》第 9 册、《新民丛报》第 10 号等,也都对西方政党及其制度有所

① 中国人民政治协商会议鄂西土家族自治州委员会文史资料研究委员会:《鄂西文史资料》第 4 辑,内部资料 1986 年版,第 88 页。按:此说现还没有其他文献佐证,是据朱和中的侄儿、恩施市的退休干部朱超群提供的资料而立说。

② 参见李盛平主编:《中国近现代人名大辞典》,中国国际广播出版社 1989 年版,第134 页。

③ 徐素华选注:《筹洋刍议——薛福成集》,辽宁人民出版社 1994 年版,第 121 页。

介绍。

朱和中于 1902 年与同乡吕大森、张荣楣等筹组乐群书社,之后即专门翻印《警世钟》、《猛回头》、《黄帝魂》、《嘉定屠城》、《革命军》、《扬州十日记》等进步书刊和反清书籍宣传革命,可见其已接受了政党思想、革命思想;1903 年 4 月在拒俄运动中他表现最为激烈,革命思想已非常强烈。正是在拒俄运动中,他结识了留日回国的吴禄贞,并与同乡吕大森一起赴吴处讨论建立革命组织问题,当时即确立了改变革命活动"有言论而无组织"的设想:"予等当时所筹议者三事:一在武汉应设立秘密机关,俾得与各地之同志联络。二为应将革命之同志,介绍入军界。清例当军官不容易,即先当兵。由吴禄贞之介绍入营者,前后三十余人,均由予等所请求,且大半为秀才。从前秀才当兵为稀有之事,数月之间,已成为一种风气矣。三为寻孙逸仙,期与一致。"①在这次讨论的基础上,于 1903 年 5 月中下旬在武昌花园山成立了革命组织,后被称为"花园山机关",现能确知姓名的到会人员有51 人,会上确立了该组织的三项行动纲领:必须把"开通士子知识"(启发知识分子)作为机关的首要工作;"应将革命之同志介绍入军界";"各地之同志联络","为寻访孙逸仙,以期一致。"当时作出这一决定,是以对国际国内形势进行的正确判断为基础的。另据佚名作者所作《科学补习所之历史》一文回忆,朱和中与同乡吕大森在 1904 年组织"科学补习所"时则更明确认定其理想是"变而为民族民权革命之进行",且"金言非组织一机关,不足以资联络而促进行"②。所以,成立革命组织进行民族民权革命应看成是朱和中的成熟思想。

首先,从拒俄运动、从外国因黄祸说而起瓜分中国狂潮立论,阐明知识分子觉醒的意义,并成为他重视知识阶层的原因。朱和中说:"德皇维廉第二欲驾其功勋而上之,于是倡言黄祸,以悚惧欧洲之人民,倡议瓜分中国,以遂其阴谋之野心。""在清廷固然麻木不仁,失去知觉。而当时之知识阶级向来自尊自傲者,至此乃奔走骇汗,若大祸之临头。然其言论,其思想,仍不

① 朱和中:《革命思想在湖北的传播与党人活动》,见武汉大学历史系中国近代史教研室《辛亥革命在湖北史料选辑》,湖北人民出版社 1981 年版,第 531—532 页。
② 湖北省博物馆等:《武昌起义档案资料选编》上册,湖北人民出版社 1981 年版,第 1 页。

外忠于满清,忠于君主而已。故当时风行一时之文章,莫过于普天忠愤集,其间皆当时御史之奏折与士大夫之论文。总而言之,不外如日本维新前所谓'尊王攘夷'而已。"

其次,阐明两湖地区的维新目标不错,但"智识"太低,以致不能成功。朱和中认为:"顾湘中之运动,虽炙手可热,而其知识程度极低,故有'梁热力'、'谭以太'之诮,以梁启超声声不离'热力'二字,湖北巡抚谭继洵之子嗣同声声不离'以太'二字也。"他认为:维新运动的失败即根源于此。由此可见,朱和中等的革命思想一开始即以超越戊戌变法为度。

再次,强调中国革命需要认清"民族"界限,超越维新派的改良目标。朱和中说:"守旧者固然顽固,言维新者亦殊荒谬,认贼作父,欲倚之以成维新之业,本与日本之事势不类,必欲强而同之,方枘园(圆)凿,岂能吻合。无论不能有成也,纵然侥幸成功,亦不能得良好结果,不过为异族增加压迫我民族之工具而已。"①

基于此,他把时代思潮的转折点放在1900年的庚子之变。他在分析欧洲同盟会的起源时说:欧洲同盟会的起源,远因即"庚子年汉口之暴动"②。他认为:这次"暴动"与义和团运动等一道,虽然都走上了暴力反抗现实社会的道路,但仔细区分,还有很大的差别,这些不同力量的较量,反映了对中国社会走向的不同认识。"汉口之暴动,其原因复杂,不外两派势力:其一为康有为,以夺取政权为目的,主其事者为唐才常。"目的是"以胁清太后归政复辟"。"其一为总理,纯以推翻清室、建立民国为目的,实行者为留日湖北武备学堂派出之陆军学生,最著者为傅慈祥、吴禄贞,其武力则专靠哥老会。"这两派是有根本区别的。"是时总理已集合三点会、哥老会之首领于香港,故皆知种族革命之真义。"即孙中山以种族革命相号召。当然,这里的"种族革命"并不只是为推翻满清的统治而具有更深刻的意义。至于康

① 武汉大学历史系中国近代史教研室编:《辛亥革命在湖北史料选辑》,湖北人民出版社1981年版,第527—529页。

② 朱和中:《欧洲同盟会纪实》,见中国人民政治协商会议全国委员会文史资料委员会编《辛亥革命回忆录》第6集,文史资料出版社1981年版。以下引文未注明者,均出于此。同辑有史青《留比学生参加同盟会经过》一文,其中提到同盟会驻欧洲执行小组9人,朱和中为其中之一。

有为、唐才常的"暴动",则主要是企图使政权转移到维新派手里。对于这二者的区分,有学者认为:一种是"武装'勤王'",另一种是"武装革命"。"武装'勤王'""是资产阶级改良派中的激进者,但他又没有超越出改良派的藩篱"。后者则"代表了当时中国社会最进步的力量"①。

朱和中认为:1900年事件在中国思想界发生的转折意义在于,一是"自此役后,长江民间之舆论,始专属意于孙逸仙,绝对鄙弃康有为矣"。二是维新派内部分化,"尔时梁启超亦知康有为大不理于人,故于《清议报》外,另创《新民丛报》,显然与康分离。且《新民丛报》自第一期至第五期,大半倾向革命,对于总理绝无毁谤之词。"三是"革命"思想确立。"比及壬寅、癸卯两年,则章炳麟等在上海出有《苏报》,四川邹容出有《革命军》,湖北留日本之学生出有《湖北学生界》,舆论趋于革命正轨,武汉各界一洗从前奴颜婢膝之陋习,是可谓思想确定时期。"四是此后"进而谋实行之运动","方花园山机关之成立也,深厌议论,以为空言无补于实事,故专以运动为唯一之革命工作。其一切书报之散布,专取其激烈者。"②朱和中正是基于对当时中国社会趋势的分析,走上了一种有别于孙中山当时革命方式的另一种探索道路,并最终完善了孙中山领导的中国资产阶级民主革命之路。也就是说,以朱和中等为代表的武汉革命者至迟在1903年已有了一套独特的以现代政党组织为核心的革命思想,他们以组织革命团体为依托,一开始就将政治组织与国家政权具体而直接地联系在一起,强调要达到制度创新,必须首先进行组织创新,实现组织形态的现代化。这一思想因朱和中等革命者被"流放"到欧洲留学③而带到欧洲,并于1904年冬成立了"欧洲同盟会"。正是这一组织成了中国同盟会的基础。所以孙中山说:"开第一会于比京,加盟者三十余人;开第二会于柏林,加盟者二十余人;开第三会于巴黎,加盟

①　陈旭麓:《近代中国社会的新陈代谢》,上海人民出版社1992年版,第185—186页。

②　武汉大学历史系中国近代史教研室编:《辛亥革命在湖北史料选辑》,湖北人民出版社1981年版,第531、535页。

③　将花园山机关骨干成员分散到世界各地留学是张之洞等为瓦解革命力量而采取的措施。

者亦十余人;开第四会于东京,加盟者数百人。"①而比京(比利时首都布鲁塞尔)之第一会即朱和中等与孙中山讨论成立同盟会的会议,这次会议对孙中山思想来说,产生了三个大的转变:一是组织主体的转向,二是革命主体的转向,三是与此相应的革命方法的转向。

### 二、总结革命的历史经验,探寻新的革命动力

朱和中的革命思想是以对当时国际国内形势的正确把握为基础的,他将"庚子年汉口之暴动"概括为"革命之第一次流血",认为这次斗争及其失败,使"懵然罔知"的大批青年,"忽然如石破天惊","始知有革命之说"。并对革命有了"真情渐露","始开始研究"革命。同时,"又因义和团在北方起事,八国联军陷我京畿,西后光绪逃往西安,人心益浮动,我辈始渐知清廷之无能,而不直张(之洞)之所为"。当时即有人"赴日参加革命运动"。后又因"辛丑中俄密约断送满洲之说甚嚣尘上",促成了朱和中更为强烈的革命思想。事实上,庚子事变在武汉革命者的思想发展史上也的确是一个转折性事件。

朱和中革命思想的集中表述是在 1903 年的拒俄运动中,他提出了四点值得重视的思想:一是要在武汉成立秘密革命组织,并与各地之革命者联络;二是要将革命者介绍到新军中去;三是要联系孙中山,"期与一致";四是"提议联络下等社会"。后来与吴禄贞达成了一些共识,如"最后决定仍以改换新军脑筋为成事之根本,会党则可联络,令其为我用,不致为彼用"②。在拒俄运动中,他的"演说最激烈,气势亦壮,犹记讲至最激烈之处,手中折扇拍成碎片"。自此,在武汉开始形成了朱和中、吕大森、张荣楣等土家族革命志士群体,"是时我辈之目的,一面在于开通士子之知识,故以输入书报为唯一之要着。""一面在更换新军之脑筋。"这就超越了孙中山当时只把革命力量放在"会党"上的局限,而把知识分子与军队革命结合起来,这与武汉的新式教育与新军领先于全国有关。为开通士子知识,《新民

---

① 孙中山:《建国方略》,华夏出版社 2002 年版,第 104 页。
② 武汉大学历史系中国近代史教研室编:《辛亥革命在湖北史料选辑》,湖北人民出版社 1981 年版,第 531 页。

丛报》、《猛回头》、《黄帝魂》、《孔孟心肝》等都成了他们的重要工具;为更换新军脑筋,他们"即以最好之同志投入军中当兵,渐次灌输兵士对清室之恶感情绪","由是秀才当兵,一时成为风气"。经过短短几年,武汉形势已然大变,即"自庚子以至癸卯,武汉三镇之革命运动已由言论而入于实际行动酝酿中,加以章炳麟等在上海发行《苏报》,邹容出《革命军》一书,章炳麟驳康有为书尤为痛快淋漓,排满之声浪全国响应,武汉三镇尤为激烈"。当时,朱和中和其他土家族知识分子一道,信仰孙中山的共和主义,已认定"非革命不足以救国救种"①的革命理念。

　　朱和中革命思想的成熟特别表现在对"会党"的评价上。② 他认为:1900 年哥老会的数位领袖放弃革命倒向康有为的保皇会,参加唐才常领导的旨在华南建立以光绪皇帝为首的独立政府的自立会,是因为会党领袖受到康有为允诺提供大笔资金的诱惑。不管其行为是出于贪婪抑或仅仅出于务实,是亲满还是君主主义,但秘密会党确实没有达到革命党人的话语要求。后来的历史发展也多次证明,会党革命与共和革命有原则的区别,于是1906—1907 年在湘赣边界举行的萍浏醴起义,使革命党人最终证实自己没有能力驾驭会党,从而将兴趣转向新军,并且正是这次起义,使革命党人与会党在"共和"问题上发生了分裂。③ 从这个意义上说,朱和中在 1903 年即有此思想,的确是高于孙中山的。孙中山接受并坚定这一思想,可从 1919 年 4 月给另一土家族志士席正铭的信中获得回应④,其中即说明孙中山是在几次失败以后才得到这一结论的。当然,也许有另外的解释,说孙中山是为了利用会党的反满意识来达到自己共和革命目的,所以最初之革命即叫种族革命。

---

　　① 　湖北省博物馆等:《武昌起义档案资料选编》中册,湖北人民出版社 1982 年版,第 220 页。

　　② 　参见武汉大学历史系中国近代史教研室编:《辛亥革命在湖北史料选辑》(湖北人民出版社 1981 年版)中收录有朱和中《革命思想在湖北的传播与党人活动》一文,思想亦同。

　　③ 　参见[美]杜赞奇著,王宪明译:《从民族国家拯救历史:民族主义话语与中国现代史研究》,社会科学文献出版社 2003 年版,第 125 页。

　　④ 　参见席少丹:《席正铭革命事略》,《贵州文史丛刊》1996 年第 5 期。

### 三、信仰种族革命,改善革命方法

清政府为了分散、瓦解武汉的革命力量,把朱和中等分派到各国去留学。于是开始了朱和中在海外联合孙中山革命的征程。朱和中对此说:"事已至此,岂得由己了? 然我辈至今群龙无首,如此伟大之种族革命,岂等夷辈所能领导? 今派我往西洋,正可以乘机觅孙逸仙,是于此间同人之前途大有裨益。"

在欧洲,朱和中不仅在经济上大力支持"囊空如洗"的孙中山,"当即电汇一千二百马克,且云发薪后续汇"。"并请总理来欧洲大陆"共商革命事宜。孙中山到达以后,"于是相与谈论,总理问我辈主张革命,其进行方法如何。"从当时的讨论来看,朱和中与孙中山在以下三个方面存在较大差异,后来的结果是孙中山改善了自己的革命方法。

首先,朱和中强调以"更换新军脑筋,开通士子知识"为基本方法,把革命力量放在"新军"与"士子"身上,甚至关注社会下层;而孙中山则以为"秀才不能造反,军队不能革命","终以借会党暴动为可靠"。朱和中既以"武汉三镇经过之事实详细陈述","又将唐才常等失败之经过反复申言之",还"以会党在长江,自新军成立以后,无有势力,又将经过之事实证之"。但孙中山还未接受朱的思想,并以"我正在改良会章"为证说明,重点还是要放在"会党"力量上。朱和中则更进一步申言:"会党之志在抢掠,若果成功反为所制";"革命党者最高之理论,会党无知识分子,岂能作为骨干? 先生历次革命所以不成功者,正以知识分子未赞成耳";并强调知识分子"人数甚少,无济于事,必大多数知识分子均能赞成我辈,则事半功倍矣"。这样,"反复争论三日三夜",第一次论争的结果是"始定为双方并进"。最后是"总理意甚悦","深以为然"。"至第三日,总理似有所决定,为言今后将发展革命势力于留学界,留学生之献身革命者,分途作领导人。我辈乃大悦,皆曰:此吾辈倾心于先生之切愿也。"按孙中山的说法,"革命之方略既定,当各言建国之要。"可惜已无法知道当时所讨论"建国之要"的内容。

其次,朱和中等认为要信任知识分子,关键在于"开通";而孙中山强调要通过盟誓。当时,"总理起立而言曰:'讨论已三日三夜矣,今晚应作一结束。'众敬听之,则总理提出宣誓事也。诸人又复纷纷持异议,谓:'我辈既真心革命,何用宣誓?'总理反复辩论宣誓之必要,同人难者愈多。我向来发言最多,独于此事则默然。总理见众议不决,乃问我曰:'子英兄,尔意如何?'予曰:'我辈既决心革命,任何曾可牺牲,岂惮一宣誓?'总理喜曰:'然则尔愿意宣誓乎?'予曰:'愿。'总理曰:'即从尔起。'予曰:'可。'众乃无言。胡质斋以纸笔进,总理援笔直书曰:立誓人某某当天立誓,驱除鞑虏,恢复中华,建立民国,平均地权,矢信矢忠,有始有卒,有渝此盟,神明面之。黄帝纪元四千六百四十二年冬月某某誓。监誓人孙文。"由此可见,朱和中为顾全大局,愿意盟誓,的确显出宽广胸怀。

再次,在对新加入者采取何种步骤问题上,朱和中强调自愿、缓进,并因此而区别于孙中山急于快速发展的思想,如孙中山曾要一个叫马德润的人加入同盟会被拒绝,问朱和中如何处理,朱和中则强调,"革命者牺牲之谓也,牺牲须出于自己"。又如,"总理用费由我辈担任,自然以多人为宜"。"是时比京同盟会组织奉总理命加以扩充,进展甚速,几于全体学生有十分之九加盟。迭函催问柏林进展情形,予以缓进较稳答之。"因为朱和中知道,柏林等其他地方,"满人太多,不如此间(比京)大半皆武昌花园山之老同志,各人心性彼此相信有素者"。所以朱和中主张发展要缓进,运动主秘密的原则。后来欧洲同盟会分裂的事实证明,朱和中的观点是正确的。

当然,这种差别并不完全是原则上的,目的都是"革命排满",只是在方法上有所不同。所以,他们很快形成了共识。形成共识以后,朱和中在欧洲担负着组织引导同盟会的重任。"欧洲同盟会起源于武昌花园山之老同志,大多数集于比京。故比京为同盟会之起点,亦为革命之重心,虽遭任何风波,绝不动摇,因其已有三四年革命运动之历史,非一时高兴投机者。"后来,朱和中在欧洲组织了对三民主义、五权宪法等学说的讨论,如"逐日所讨论者乃建设之事,予等多无异议。唯薛仙舟对于平均地权反驳甚力,马德润对于五权宪法亦不甚赞成,主张直抄译德国宪法、普鲁士宪法以为模本。我辈均不以马为然,以为德国君主国家之宪法不足道"。后又组织翻译了孙中山《中国问题之解决》①一文,"请人译成德文,随接第二次邮寄,后面

---

① 此文即《孙中山全集》第1卷(中华书局1981年版)所录之《中国问题的真解决》,题署时间为1904年8月31日。朱和中原文为《中国问题之解决》,中国人民政治协商会议全国委员会文史资料委员会:《辛亥革命回忆录》第6集,文史资料出版社1981年版,第16页。

附以汉文,是为中国革命首领孙逸仙博士对国际第一次之宣言。"朱和中还进行了反对"无政府党"、"浪漫派"的斗争,以此赞同《民报》所载之三民主义,认为这是"先生之三民主义第一次有成文之理论,真革命同志莫不击节赞赏,而浪漫派却不理会"。并认为:由此而使"革命之精神反映于法、比与瑞士",使大家"种族之义渐明"。"精神上实由沉毅之气概以赴革命之目的。"辛亥革命以后,"自革命爆发,纷纷来探我之意旨,我为揭示革命之前途,于是皆倾向民军,礼和洋行与捷成洋行均有清廷所定军火,皆来问交否。我一面阻止交清廷,一面请交民军。"对辛亥革命在实践上又做出了重要贡献。

欧洲同盟会的成立有极大的意义。孙中山没有沿用"兴中会"的名称,事实上是在兴中会名存实亡以后把这一革命组织看成了革命的新起点,看成是中国同盟会 1905 年成立的前期准备。同时,这个欧洲革命团体与兴中会在组织成员上有重大的区别,兴中会主要是由华侨、会党组成,而欧洲同盟会(当时不叫"欧洲同盟会",而是叫"革命党")则主要是由青年知识分子组成,使中国革命的力量有了新的突破,事实上有了新的革命动力。这个革命团体没有领导机构和正式领导人,只有一个"九人委员会",显然是为了准备正式成立一个革命政党,说明这次争论、这一组织在中国革命史上意义重大。①

辛亥革命失败后,朱和中参加了反袁等革命斗争。1917 年,孙中山再举义旗,朱和中任广东军委会秘书、厅长等职,并加入中华革命党。为建设国家,于 1921 年写信给孙中山,阐明国家建设的 12 条意见,孙中山于 1922 年 2 月 24 日回复,大加赞赏。② 他积极协助孙中山接受共产国际和中国共产党的帮助,改组国民党,阐明新三民主义,并作歌广泛宣传:"我们总理,首创革命,革命血如花,推翻了专制,建设了共和,产生了民主中华。民国新成,国事如麻,总理详加计划,重新改革中华。"孙中山逝世以后,朱和中作有一联,既表示对孙中山的吊唁,也反衬自己的理想:"匠夫而跻帝王之尊,

---

① 参见[日]寺广映雄:《关于欧洲同盟会的成立和意义》,《中州学刊》1996 年第 2 期。

② 孙中山的回信,见于中国人民政治协商会议鄂西自治州建始县委员会文史资料研究委员会:《建始文史资料》第 1 辑,内部资料 1987 年版,第 151 页。

偏薄帝王而不为,倡平等,争自由,殚毕生精力,为国为民,直使尧禅舜让都成刍狗;一身而系天下之望,竟弃天下而长逝,先觉亡,导师失,合举世群伦,如愿如慕,遂令欧风美雨化啼鹃。"后来,朱和中既被国民党反动派排斥,也不满国民党反动派的所为,自书一条幅挂于房中,显出一种无奈:"劳者无名逸者功,辨逆毕竟属英雄,世人都道河鱼好,不知渔翁骇浪中。"①

## 第二节　温朝钟:从社会建设到实行法美共和

温朝钟,字静澄,又名果斋,别号温而厉、孔保华、恍惚道人,土家族,曾组建革命武装组织"铁血英雄会",是辛亥革命前全国反清暴动中鄂川边区人民革命起义的领导者。1911 年 1 月 3 日发动起义,攻陷黔江县城,后被清军围困,撤退到咸丰县尖山破水坪和飞龙寺一带,于 1911 年 1 月 23 日壮烈就义。主要著作和事迹见于咸丰县史志办公室、黔江县志办公室合编的《温朝钟反正·资料辑录》(内部资料 1986 年版)中。

### 一、改良风俗,重构社会文化

1840 年鸦片战争失败及《中英南京条约》的签订使中国的领土主权、商业贸易权、关税主权等一系列主权遭到了破坏,并日益影响着我国人民的生产生活。随着中国的现代化进程,在由"夷学"而"洋学"而"西学"而"新学"的转变过程中,在向西方学习先进技术、先进政治制度和先进文化的同时,西方生活方式和社会风俗也随之传入中国,使中国社会开始发生巨大的变化,并逐步由沿海深入内地。如果把生活方式看成是行为文化,那社会风俗即是人类文化中的"说话文化"②,并以此区别于"文字文化"。所以,风俗改良即可看成是一种文化重构。这种文化重构从衣、食、住、行、玩、购、赏、笑等方面进行。在中国近现代文化变迁中,断发易服、废止缠足等则是

①　中国人民政治协商会议鄂西自治州委员会文史资料研究委员会:《鄂西文史资料》第 4 辑,内部资料 1986 年版,第 93、94 页。
②　董晓萍:《说话的文化——民俗传统与社会生活》,中华书局 2002 年版。

这种文化重构的重要内容。但是,这种重构因首先发生在沿海和大中城市,在中国农村的变化十分微弱,其原因固然是由于农村的封闭状态和保守观念使城市与农村的联系少、交流少,与外国的联系几乎为零的现实,但根本的还在于没有人提倡。

在温朝钟生活和革命的时代、地方,各种文化都还处在解构过程中。出于对清朝腐朽统治下国家衰弱的关心,一心谋求救国图存之道,探索社会改革之策,为实现强国强种的目的,他发起组织了几个重要的革命组织,借以提倡"不当洋奴,发奋自强"的民族民权革命精神,从事风俗改良活动,进行适应现代化进程的文化重构。

按近现代中国启蒙思潮及现代化进程,风俗改良是作为强国强种的工具而提倡的,如妇女放足,唐才常《书洪文治戒缠足说后》①、康有为《请禁妇女裹足折》②等都如是主张。因为自鸦片战争以后,人们都痛感国家的积弱是由于民智不开,而欲开启民智,必先革除恶风陋习对人们的禁锢,其中又以吸鸦片、裹足等为摧残民体、有辱国格的特大公害。所以,温朝钟的强国强种之策也从风俗改良开始。

为了进行风俗改良,温朝钟一是进行宣传,二是建立"风俗改良会"推动,三是进行"社会"实验。

根据当事者回忆,温朝钟擅长演说,每于乡间集市日期,都会在群众聚集的时候进行宣传鼓动;遇有民间婚丧事故宴客众多时,无论认识与否,他都要前往庆吊,主要是为大家演说,进行风俗改革和革命宣传。

"风俗改良会"成立于温朝钟加入同盟会后不久。1906年,他在赴成都参加通省师范考试的过程中,与不少革命者取得了联系,回到黔江以后,便联络黔江、咸丰两县有志之士,进行革命宣传,揭露满清政府勾结帝国主义实行民族压迫的罪行,倡导成立"风俗改良会"。该会骨干有谈茂才、王云笠、谭作霖、裴从之、施云山、王克明等,成立于温的叔岳父家中。成立前,温朝钟为大家讲解了同盟会"驱逐鞑虏,恢复中华,创立民国,平均地权"的16

① 湖南省哲学社会科学研究所编:《唐才常集》,中华书局1980年版,第146—147页。

② 王利器等选注:《康有为选集》,人民文学出版社2004年版,第89—93页。

字纲领。由于大家情绪活跃,即成立了秘密革命组织——"风俗改良会",温朝钟为会长,王克明为副会长。该会提倡"练习武艺,团结救国;不吸鸦片,强种保国;妇女放足,发挥力量;不当洋奴,发奋自强"。温朝钟强调:"我们都是中国人,除暴救国,人人有责。"他还深入各乡宣传革命道理,得到两县各族人民的支持,使"人多悟焉",参加"风俗改良会"的达一万多人,后来参加的人更是越来越多。①

通观"风俗改良会"的实践及温朝钟的宣传,其主要思想如下:

首先,操练武术,团结救国,斗争矛头直指满清统治和外国帝国主义。他提倡学习拳术,使用刀枪,练好武艺,要求大家团结一致,随时准备同清朝官兵和外国洋人战斗。强调一定要战胜这两大敌人,才能救国图强。

其次,不吸鸦片,改变不良生活习惯,借以强身健体而强种保国。他向群众讲明鸦片是洋人用来麻醉、毒害中国人民的毒辣手段之一,鸦片吸上了瘾,使人身体衰弱,甚至于断绝后嗣,实有亡国灭种的危险,要求任何人都不去沾染它。

再次,借西方之喻,鼓励妇女放足,发挥应有力量,贡献于社会。他指出:妇女缠足等于自己残害身体,造成残废。缠足以后,不能与男子同等劳动,终身痛苦,不能发挥应有力量。倘不缠足,就可以和男子一样,什么事都能做。他说,外国妇女都不缠足,身体非常强壮,政治上享有自由平等,若遇有外敌入侵时,男女同心,一齐踏上战场同敌人战斗,所以他们国家富强。我们也要向他们学习,学习他们不畏强敌、不怕死、舍身成仁的爱种族精神,我们祖国才能独立起来,才能不被外人欺侮。

最后,鼓励民族自信,劝告不当洋奴,要求发奋自强。他劝告人们不要害怕洋人,崇拜洋人,受他们的欺骗,不做洋人的奴隶鹰犬来欺侮自己的同胞。要发奋自强,做自己国家的主人。他还举洋人在中国办邮电等行为的欺骗性以教育民众,要大家自重自尊自强。

由此可知,温朝钟的"风俗改良"思想是以风俗改良作为强国强种的工

① 参见王绍明:《温朝钟与庚戌土家族武装起义》,中国人民政治协商会议黔江土家族苗族自治县委员会文史资料委员会编:《黔江文史资料》第9辑,内部资料1996年版,第63页。

具,以整个社会的改造为目标,以现代化进程中的文化重构为着眼点,最终目的是引导大家走上革命道路,推翻帝国主义与满清专制政府的统治,建立新的国家制度。

为了进行革命和文化重构,温朝钟除以骨干组成"风俗改良会"外,还在广大群众中组织了一种名为"社会"的人民团体,规定不论男女老幼都可加入"社会"为社友,编制是五人为伍,十人为班,五班为一朋,五朋为一社,五社为一联社。各推选正副社长为领导。社友均发有刻上密码的铁制证件作为凭证。不到数月,社友发展到数万人。据当时的"社友"杨维章回忆:温朝钟对当时的很多事情都不满,县官王炽昌抽百货厘金,卖草鞋、卖柴都要收厘金,人民很苦。温朝钟一办"社会",这一带人都参加了。参加"社会"要宣誓,每人发一个圆牌,前面是团丁,后面写的是某地某人。杨松柏、黄玉山、王克明是负责人。"社会"开礼堂,修官庙,分社有保安社、贫安社。"社会"当时有首诗:"社主请在龙头坐,社伍请在虎皮落。社会门前老幺守,来人需要问根由。身体不清往外走,身世不明早回头。听说洋国刀枪吼,团结社会早出头。"

"社会"一词,久载于中国古籍。宋人《近思录·治法》篇云:"乡民为社会,为立科条,旌别善恶,使有劝耻。"察其释义,显然不是现在所称的社会。1875 年,日本政论家福地樱痴(1841—1906 年)译"society"为"社会",近现代意义上的"社会"一词开始在日本流行。黄遵宪于 1887 年定稿的《日本国志》卷三十七中说:"社会者,合众人之才力,众人之名望,众人之技艺,众人之声气,以期遂其志者也。"此"社会"自日本翻译而来,戊戌时期得到了广泛传播,其目的主要是强国保种。由温朝钟办"社会"即可知这种目的。"听说洋国刀枪吼,团结社会早出头"①即明显表明了这点。

### 二、由革命思想走向革命实践,揭橥民族革命精神

随着形势的发展,温朝钟不失时机地把革命推向前进,其重要举措表现在两方面:其一是由"不要陋儒所传的,要民主科学的"思想宣传转向"万里

---

① 闵杰:《中国近代社会文化变迁录》第 2 卷,浙江人民出版社 1998 年版,第 101—102 页。

又思汗马功"①的革命实践;其二是将"风俗改良会"发展为更加坚定的革命组织。二者结合,使温朝钟的革命思想日趋成熟,革命意志日趋坚定。

早在加入同盟会之前,温朝钟就反对科举考试而有了一定的革命思想,如1904年他本应参加科举考试,但他不肯参加,后来是族长以族规强迫他应试,他才赴考并中了秀才。当乡亲们向他祝贺时他却说:"这是皇帝的牢笼术,汉人二百多年的耻辱,有什么光荣!"后借故顶撞县令而被取消秀才资格,他却以"脱了牢笼,大鹏归山,不是祸而是福"以自况。1906年他赴考四川省"省立高等师范学校",列第二,老师以他"志愿达到了,可以钻研科学了"而祝贺,他却以当时还不具备钻研科学的社会条件而高兴不起来:"是啊,科学是治国富民之本,恐怕学了也没用。"随念陆游的两句诗:"一生未售屠龙技,万里犹思汗马功",表示了他由革命思想向革命实践转变的意愿,因而又未入学。他认为光埋头读书是不行的,不推翻清朝统治,即使有治国之才,也没有效国之地。这以后,他广游省城,遍访革命志士,结交了同盟会会员吴宝珊(吴玉章)、程芝轩,心投意合,并携带许多革命书籍回乡,坚定了革命实践的意志。

为了使革命由理想进入行动,他如饥似渴地从书籍中寻找革命思想,然后向民众传输。每遇书贩子串学赶场,他就整日围着书摊看书,并以"不要陋儒所传的,要民主科学的"为标准选择其内容,其基本信念即是:"不读天下书,难知天下理,怎能救国济民呢?"据当事者回忆,温朝钟读的既有自然科学的书,也有欧美资产阶级民主思想方面的书,还有康有为、梁启超等的论文,但主要是读反帝反清革命的书,内容多是关于满清入关对汉人屠杀压迫的事情——如"扬州十日"、"嘉定三屠"等。他宣传洋人与清朝统治者共同压迫中国人民的种种事情,听者无不切齿痛恨。当时曾听他宣传过的老人回忆其讲《灭汉八策》:内容大致是满族统治者和外洋帝国主义者计划怎样消灭汉人瓜分中国的各种毒辣阴谋,书中用的是有韵脚的长短句。大家听了以后,激起民族义愤和爱国热情,因而革命意志异常坚决,誓与统治者

---

① 此为温朝钟引用陆游《登千峰榭》诗句,该诗言:"飞观危栏缥缈中,聊将醉眼送归鸿。一生未售屠龙技,万里犹思汗马功。王衍诸人宁足责,姜维竖子自应穷。他年吊古凭高处,想见清伊照碧嵩。"

势不两立。

随着宣传的深入，"风俗改良会"、"社会"都得到了民众的广泛支持，温朝钟等遂决定将其发展为更大的革命组织，适时成立了"川鄂湘黔铁血英雄联谊会"，提出了"义联英俊，协和万邦，推翻满清，打倒列强，复兴汉族，实行共和"的政治纲领。① 从此可见，从"剪辫放脚"等风俗改良开始，温朝钟的革命思想已由理想而进入实际的革命实践了。为此，他曾作《闻鸡起舞》诗："为复中原每枕戈，慨然意气吞山河。热心哪怕西风劲，大业未操白水过。秋老堤边黄金尽，菊花篱下瘦客多。一挥儿女英雄泪，但愿苍天莫再磨。"这首诗抒写其豪情壮志，写得慷慨深沉、悲壮淋漓，足见胸怀阔大、意志坚定。另有《酬王克明》诗以言志："世界昏沉不计年，风云雨雪尽烽烟。谁能逐鹿行千里，我欲屠龙下九渊。提起寰球烘白日，掀翻沧海洗青天。拼将一著成孤注，免得情思恨缕牵。"表现出温朝钟意向明确，决心铁定，慷慨激烈，豪气纵横。

1910年岁尾（农历），因豪绅告密被迫提前起义。起义事发于彭水县凤池山，所树之革命大旗上书"川鄂国民革命军"，其盟誓之词是"义联英俊，协和万邦，推翻满清，打倒列强，复兴汉族，实行共和，群策群力，誓死奋战，决不退让"。义军一律剪去发辫，佩带白布臂章，所持武器有火铳等。还举有白布大旗一面，上书"奉天承命扫清灭洋温"字样。温朝钟入城后大声演说："同胞们，不要害怕，我们是来推翻满清专制政府，赶走洋人，救国扶民的！希望大家团结一心，共同努力，帮助我们取得胜利，才能共同享幸福。"义军首先占据县衙，打开监狱，释放囚人，一面捣毁百货厘金局，搜索天主教堂，此外则丝毫不犯。由于敌强我弱，在清兵重重包围下，坚守了十多天时间，后因寡不敌众，温朝钟壮烈牺牲，牺牲时烈士年仅34岁。②

### 三、诉求美式民主共和，阐发现代民族革命理想

温朝钟革命思想的目标是实现"建立共和"等西方资产阶级民主革命

① 据有的当事者回忆，后四句是"推翻清廷，打倒列强，复兴中华，实行共和"。若此，则反映温朝钟的革命思想已超出了种族革命的界限。

② 参见黔江县志办公室、咸丰史志办公室合编：《温朝钟反正》，内部资料1986年版。

的理想。其《致陈州牧》诗中写道："一剑胸中炼十年,两轮乌兔比双肩。清风满袖船归月,赤日当空心在天。亚陆谁识盛顿志,长江独抚伯牙弦。飞凫化鹤燃犀客,谅有高人下榻眠。"这里所说的"胸中之剑",就是建立资产阶级民主共和国的理想,即美国华盛顿的志向。这种资产阶级民主共和思想在《戏温百川》中也有反映,其中写道："我承人命震寰球,黄亚澄清定北欧。但得革命功告捷,亿万劳众皆封侯。"①这是一种以天下为己任而迫不及待的忧患意识和奋斗精神。为此,他弃学壮游,沿江而下,流连武汉一带,感受革命意气。这说明,温朝钟的思想应放在资产阶级民族民主革命中考察才能得到正确理解。

在改造中国的参照系方面,即在中国应借鉴哪些国家的制度和文化方面,温朝钟直接指向了美国。温朝钟当时提出"亚陆谁识盛顿志"的问题,并有一种"长江独抚伯牙弦"的孤独感。他称革命军为"国民军",目的是企图在中国收"北美十三州同时独立"之效,美国式民主共和思想非常明显。根据当年起义参加者回忆的温朝钟诗作《感怀》"大地沉沦几百秋,烽烟滚滚血横流。伤心细数当时事,同种何人雪耻仇"的情形看,这一思想显然也来自于《猛回头》中"要学那,美利坚,离英自立"的思想。但《猛回头》倡议的是学法国、意大利、德国、美国②,而温朝钟则紧随孙中山"建立民国"的理想,把奋斗目标直指美国的共和国模式。

温朝钟以美国为样板的共和理想是以民族革命思想为号召来反映的。一些研究者已经注意到"他们的口号是'扫清灭洋',既不同于义和团,也不同于同盟会。同盟会要扫清但不灭洋,义和团要灭洋但不扫清"③。这一点,从上引《闻鸡起舞》一诗中即可看出。其"复中原"即指推翻清朝满族统治王朝和打击外国列强的双重任务。但是,"大业未操"而岁月如水,床头金尽而生计难持,怎能不一挥英雄之泪?强烈的奋斗意识,却横遭现实的阻抑,灵魂的震颤,回荡于浓缩的字行之间,郁结为悲愤沉重的音调。"黄金"

①　孙壶东:《我所耳闻目睹的庚戌起义》,见黔江县志办公室、咸丰史志办公室合编:《温朝钟反正》,内部资料1986年版,第139页。
②　参见朱仲颐评注:《陈天华〈猛回头〉、〈警世钟〉》,华夏出版社2002年版。
③　孙壶东:《我所耳闻目睹的庚戌起义》,见黔江县志办公室、咸丰史志办公室合编:《温朝钟反正》,内部资料1986年版,第139页。

实写菊花,兼寓金钱;"瘦客"则是被悲秋与伤世所销蚀的革命者形象。以《猛回头》之诗来《感怀》,其时间界限很明显的是清朝统治的几百年,是明显的资产阶级民族民主革命概念,其时空观上已有别于过去小农经济的时空观,有了时代紧迫感。

温朝钟这一思想在起义前的一首《途中偶占》①中表现得非常明显。这已是 1910 年,其时全国革命形势迅速发展,温朝钟奔走于四川江津、永川等地,遍访同盟会友,途中偶占。其曰:"瀛海劫灰欲化尘,神州狮睡孰为春?龙将离沼云先起,虎未啸林风已生。尼父尚轻亡国虏,汉儿甘作醉乡民?皇天有命诛残暴,谁是攀鳞附翼人。"这里既有时空观问题,又有民族民主革命的问题。当时参加那场斗争的有关人士,对这种民族革命思想都有明确的认识。当事人回忆说:时值国内外排满,人心归向革命,已达高潮。当时,温朝钟为民族革命潮流热情所冲动,认为我同胞处此危机存亡之秋,若不积极组织团结起来,誓死推翻满清,撵走洋人,中国即有亡国灭种的危险,因此需以革命手段来图强保种。② 于是在起义的旗帜上写下了"除暴安民,救国救种,反清灭洋"的目标,反映了完成反帝反清双重任务的决心。③ 所以,温朝钟的思想即是资产阶级民族民主革命思想。

温朝钟的这种思想有两个发展阶段。前期主要是郁积在心中的忧患情绪,后期则转化成了战斗的高歌,上引《酬王克明》就是后期思想。这是温朝钟奔走起义时,去约王克明同往,王因事不能成行,而赋七律为之壮行时温朝钟的答诗。作者拼作孤注斩却人生情丝恨缕的悲慨之声,正是义无反顾的崇高精神而使人兴负戈长驱之志。也就是在这年的腊月初七,温朝钟率义军八千攻克黔江县城,旋与川鄂湘黔四省清军联军战斗。1911 年 1 月 23 日,退至湖北咸丰破水坪飞龙山朝阳寺,陷入重围,在惨烈的战斗中以身殉志。

---

① 民国《咸丰县志》,咸丰县志编纂委员会 1983 年重印版,第 151 页;又见黔江县志办公室、咸丰史志办公室合编:《温朝钟反正》,内部资料 1986 年版,第 139 页。

② 参见田纯卿:《温烈士革命事迹采访记略》,见黔江县志办公室、咸丰史志办公室合编:《温朝钟反正》,内部资料 1986 年版。

③ 参见黔江县志办公室、咸丰史志办公室合编:《温朝钟反正》,内部资料 1986 年版,第 97—98 页。

## 第三节　席正铭:从师法法美到师法苏俄

席正铭,土家族,贵州沿河县人,武昌起义的重要军事领导人之一,为辛亥革命建立了不可磨灭的功勋。在短暂的一生中,他先后参加了辛亥起义、北伐倒袁、松铜之战、江淮南京诸役、驱逐龙济光、护法议和、经营西南的主要革命斗争,活动于贵阳、武汉、南京、上海、广州、东京等地,与孙中山建立了深厚友谊。后曾出任黎元洪政府谘议官,因功授嘉禾勋章。1917 年赴广州参加孙中山的护法军政府,任中将参军。后遭军阀排斥,返沪上书孙中山"以俄为师"。1919 年 11 月受孙中山命为黔军总司令,组织军力讨伐唐继尧。翌年被黔军步五团营长匡文汉计诱密杀。[1]

### 一、适应世界潮流,"欲搏自由宁惜死"

席正铭以强烈的时代感为基础,以爱国主义为支撑,确立了适应世界潮流的坚定革命信念,树立和坚持了民族民主革命的思想。

席正铭认为 20 世纪是一个特殊的世纪,中国应有自身特殊的革命使命:

> 惟是处兹 20 世纪之世界,肩兹飘摇风雨之国家,外则强邻环伺,军术擅海陆之长;内则怪帜纷扬,军号因姓字而异。吾人所认为神圣的军国主义,求见诸实施来日正难。然使国多精卫,则沧海不波;乡有愚公,则山岳异势。今后吾国能否以世界的国家眼光,发挥国家的军事政策,是又在吾会友之各自策厉,不以本会之存除为消长,此亦正铭之所馨香拜祷,愿共勉砥于将来者也。[2]

---

① 席正铭被杀事件,目前说法不统一。李盛平主编的《中国近现代人名大辞典》(中国国际广播出版社 1989 年版)第 594 页说是"1917 年护法战争中,在四川被杀"。多数主张 1920 年被杀。此采王战英、宋学文编《近现代中国少数民族英名录》(华夏出版社 1994 年版,第 382 页)之说。

② 周万国、敬克基整理:《席正铭函电选载》,中国人民政治协商会议沿河土家族自治县委员会文史资料研究委员会编《沿河文史资料》第 2 辑,内部资料 1990 年版,第 136—137 页。

他认为:在 20 世纪的世界上,若从"世界的国家眼光"分析中国形势,则"国势确有累卵之危"①。此"危"既有国际上的,又有国内的,若不"应世界潮流,共救沦胥之福"②,则国家真是要亡的。在这里,以 20 世纪的时代眼光和世界的国家眼光分析中国问题成了两条基本原则。

以此为基础,席正铭根据其对国际国内形势的准确把握,产生了强烈的革命救民思想。早在贵州陆军小学堂读书时期,即有《西江月》申诉其革命意志:

默祝中原豪杰,舞台捷足先登。誓将热血洗乾坤,莫使而翁吟咏。

抱定三民主义,不磨爱国精神。赫赫声威震环城,方尽男儿本分。③

在这里,他不仅把自己的理想、信念与国家、民族的前途命运联系在一起,而且把爱国、革命、三民主义联系在一起,表达了"誓将热血洗乾坤"的宏愿。

正是有了这种革命信念,1914 年反袁斗争失败后,席正铭也没有迷失理想、信念。他在《次韵王思苓知事留别甲寅夏避难秀山》中吟道:

萧萧易水恨难平,拔剑常闻起舞声。专制迄今仍似旧,壮怀未遂枉谈兵。破家我自无多怨,亡国人谁不动情?锦绣河山蚕食叶,抚髀空叹宰官清。鲲鹏自是凌云鸟,鬼蜮偏逢入室鸥。鹰隼击秋争远骛,蛟龙失水困退思。满腔热血群凶靡,五夜寒光一剑私。莽莽乾坤知己泪,愧侬无计起要离。世情好似风云幻,愁思何如岁月多。昭烈抚髀悲客老,高皇提剑斩秦苛。伤心婪吏才鞭柳,授政奸雄倒执柯。欲博自由宁惜死,战争那怕鼓鼙歌。等是有家未易归,黯云片片雪花飞。英雄知己人原寡,廉士为官吏不肥。雕鹗西来横铁槊,犬羊东顾起戎衣。耒阳得识先生面,百里才原识者稀。

___

① 周万国、敬克基整理:《席正铭函电选载》,中国人民政治协商会议沿河土家族自治县委员会文史资料研究委员会编《沿河文史资料》第 2 辑,内部资料 1990 年版,第 140 页。

② 同上书,第 142 页。

③ 席正铭:《冷冷山人集》,录于中国人民政治协商会议沿河土家族自治县委员会文史资料研究委员会编《沿河文史资料》第 2 辑,内部资料 1990 年版。《冷冷山人集》最初于1984 年在台北出版。

从诗中见出，为消灭封建专制，虽然自己"壮志未遂"，但抱着"欲搏自由宁惜死"的信念，因而"破家我自无多怨"。这样的境界，在当时国破家亡情形下，该是多么的壮怀激烈。当他在曾经共同战斗、后为国献身的战友家中看见战友遗像时，那种为国而死的豪情更是喷薄而出："革命风云会，联军起蜀东。鲁戈回落日，欧剑贯长虹。我自怜斯世，伊谁画乃翁。人亡邦国瘁，何处觅英雄？蜀国多髦俊，坚贞说此公。荡魔摧短景，挟策驭长风。魂绕西江上，星沉鄂渚中。壮图遗哲嗣，谁为尽前功。"

席正铭的这种革命思想和革命信念还可从他的多种电文中看到。如辛亥革命以后，各省纷纷宣布独立，云南军阀唐继尧入据贵阳，并不许先期北伐的黔军回黔，严令"北伐军应在湖南缴械，不许入贵州一步"。1912年6月2日，席正铭以驻辰黔军司令官身份致电大总统、副总统等，一方面揭露"滇军祸黔，生民涂炭，唐继尧因争都督，大肆杀戮"的罪行，对于滇军"焚镇远，陷铜仁，尸骸狼藉，盈城盈野，掳掠奸淫，行同土匪"的情况加以通报，同时表示了"誓回黔平乱，挽救同胞"①的志向。在6月23日，席正铭再次致电，并在《广西公报》上刊发，电中再次揭露"滇军杀人盈野，剖腹刳心，勒捐苛派，竭泽而渔"的暴行，力陈黔军师出有名，捍卫共和，出民于水火的决心。② 然而，由于时局变化，席正铭却因袁世凯的变节，反被称为"股匪席正铭"，席正铭感于"夫匪与不匪，全在事之成与不成"的黑暗政治，于1913年1月某日致电四川护督胡景伊，申明自己所有的"全国公论"，对"中央扶植强权"表示失望。正是在这种背景下，席正铭等志士仁人，为革命沦落天涯，有家难回。但仍然表示宁愿效死民国，以壮国家社稷之威。于是，1913年1月6日，《国民公报》又刊席正铭、萧健之给四川都督电，一方面力陈"促进共和，其义至正，其心至苦"的革命精神，呼唤民国的"公理"、"共和"；另一方面则表示"当此国基未固，外患力殷之时"，"思所以匡救之策"，"宁愿效死民国"，"壮国家社稷之威"③的决心。1916年3月9日，当谢持

① 周万国、敬克基整理：《席正铭函电选载》，中国人民政治协商会议沿河土家族自治县委员会文史资料研究委员会编《沿河文史资料》第2辑，内部资料1990年版，第115页。
② 参见同上书，第117页。
③ 同上书，第118页。

转孙中山电示,要席正铭驻日本东京策划革命行动,席正铭致函上海杨庶堪表示,"前途无论如何解决,弟虽当设法做去,尽其心思才力,成败祸福所不计也。"①

## 二、革命组织是"应时势之要求"的产物

席正铭革命思想的重要内容就是重视革命组织的作用,强调革命组织"应时势之要求"而产生,也只有有了革命组织,革命也才能"应时势之要求"。

早在 1906 年春,席正铭在考入贵阳陆军小学堂第二期不久,即与阎崇阶、刘端裳(莘园)、田荆椿(子玉)、张英(少权)等筹组进步组织,并于 1908 年 4 月在席正铭的主持下正式成立了革命组织"历史研究会",以研究历史为名,从事揭露清王朝的反动统治、宣传革命理论、激发革命热情的活动。该组织后被"挂牌严禁"。但他们并没有终止革命活动,而是改变活动方式,选择郊外寺庙开展会务,并建立帮会组织"皇汉公"(为免"皇"字招致误会,后改"汇英公"),继续进行革命斗争。1910 年席正铭升读武昌陆军第三中学后,又发动各省同学 100 多人成立秘密革命组织"竞存社"、"书报社",并集体加入"同盟会",同时还加入振武学社(后改名文学社),积极进行武装起义的准备工作。

1914 年反袁斗争失败后,席正铭于 1915 年东渡日本,又在东京成立"陆军同学会"(总会),在国内外发展组织,为革命积蓄力量。1916 年出席孙中山召集的 18 省代表会议,回国后成立了中华革命党天津总机关部。这期间,他对革命组织与革命斗争的关系进行了理论探讨。

席正铭遵照《经营直隶总机关部组织令草案》在天津设军官学生招待所,收容、联络学生,在 1916 年 4 月 10 日的通告中,席正铭强调:"招待所成立以来,眩焉有日,各同学间关至此,茂矣多材,俱能以义气为衮裳,挟情感为胶矿,虽飘摇风雨,外魔孔多,而契合精神,内势益固,前途可卜,后望无

---

① 周万国、敬克基整理:《席正铭函电选载》,中国人民政治协商会议沿河土家族自治县委员会文史资料研究委员会编《沿河文史资料》第 2 辑,内部资料 1990 年版,第 132 页。

穷,铭幸逢之,欣荣何极。惟是缔造伊始,百务待兴,不分责权,难举庶事。
兹就一般事务各任专人,庶几纲举网张,责专事浴,诸君于此愿共勉旃。"①
阐明了革命组织与革命斗争的联系。

当革命斗争成功以后,作为革命特定工具的组织即可解散,如1916年
7月15日,席正铭以陆军同学会会长名义发表宣言:

> 往者元凶叛国,招侮取亡,嗟我中华,危在旦夕。凡有血气,愤慨奚
> 如,况在军人,责尤难逭。民国三年留日陆军同学诸君,感国事之多艰,
> 结同袍以共励,意在进德讲学,各自攻苦,再起而扫除首恶,我武维扬,
> 于是乎有陆军同学会之组织,所以应时势之要求而产出者也。四年五
> 月七号,袁氏外交辱国,祸机愈近,正铭即起而与诸会友磋商,共谋整
> 理,亦既振旧培新,庶功日懋矣。乃未几而帝制议起,同人等遂联袂来
> 归,共匡危局,更移陆军同学会本部于天津,对于军事进行颇多筹备,会
> 友之寓居于京、津、沪、汉、港、澳间者,亦分途猛进,待时发展。适值袁
> 被天诛,黄陂继任,段芝老老成硕望,坐镇雍容,薄海腾欢,曙光重睹,总
> 统总理以开国殊勋,为全国军人领袖,总率师旅,莫不一致敬服。且于
> 恢复约法,召集国会,惩办祸首诸大端,亦已次第实行,舆情大洽,中国
> 从此必可长享治安,民庇于法,军庇以律,南北如一家,灾蜣不生而干戈
> 永息,是同人等朝夕翘企之志业,俱已如天之福——获偿。嗣后整军经
> 野,国计民生大政大法,政府英明,自有权责,无劳杞忧庖代,重贻世讥。
> 用特宣告将前兹进行诸事,概自此停,所有本会之一切章约,机关职员
> 名号,亦一概撤废,藉明初心,并酬素志。②

从此信可以看出,革命组织的产生有其历史必然性,革命组织的取消同样也
有其历史必然性,关键在于革命组织是"应时势之要求而产出者"。

### 三、"抱定三民主义",丰富孙中山的革命理论

席正铭的革命思想,有一个重要前提即是始终"抱定三民主义",坚决

---

① 周万国、敬克基整理:《席正铭函电选载》,中国人民政治协商会议沿河土家族自
治县委员会文史资料研究委员会编《沿河文史资料》第2辑,内部资料1990年版,第133
页。

② 同上书,第136—137页。

拥护孙中山的革命行动,并不时地提出自己的建议以丰富孙中山的革命理论。

首先,把承认革命理论与拥护革命领袖统一起来。在席正铭看来,坚持三民主义与承认孙中山的领导地位相一致,这正如《剑桥中国晚清史》中所言:倡导这一政治纲领者在组织创建初期极易成为组织领袖,而中国近现代"革命意识形态的主要轮廓是孙中山提出来的"①。所以,第二次革命失败后,席正铭即致信孙中山,表明自己的态度:

> 溯自大盗窃国,四海沸腾,志士仁人,义师云起。然晋安弈棋,局势纷纷,宜如何统一政治,消弭外祸,使国家晋于安乐郅治之域,此事殆茫乎其无绪。而□等默察世势,来日大难,将来收拾残局,解悬庶民,微先生其孰能任此。②

> 夫成非常之功者,必待非常之人,而中山实非常之人也,实可以成非常之功者也。弟虽不敢以非常自命,而颇有其道以助之。北事能达目的,便可操纵群雄,实行吾党主张,省却一切纠纷,千载一时之良会,或天留之以资吾党也。③

> 窃闻非常之功,必待非常之人。孙先生实非常之人也,实足以成非常之功者也。铭虽不敢以非常自命,顾颇有其道以助之。孙先生所谈计划乃根本问题,非浅尝者所知也。铭谋之者数年,迄无力以行之,今孙先生既实行是主张,正所谓机与时会,而铭又得参其谋而图北,殆为此也。④

在席正铭看来,在当时的中国,只有孙中山能领袖全国,收拾残局。他自己之追随孙中山没有任何私心,实为"实行吾党主张",实为"孙先生所谈计划乃根本问题"。这样,席正铭就把拥护领袖与拥护革命理论紧紧联系在一

---

① [美]费正清等:《剑桥中国晚清史》下卷,中国社会科学出版社 1985 年版,第 430 页。

② 周万国、敬克基整理:《席正铭函电选载》,中国人民政治协商会议沿河土家族自治县委员会文史资料研究委员会编《沿河文史资料》第 2 辑,内部资料 1990 年版,第 119—120 页。

③ 同上书,第 129 页。

④ 同上书,第 134 页。

起,这成为他不计个人得失为救国而奋斗牺牲的强力支撑,这在一定程度上也反映了后发现代化国家现代化进程的特殊性。所以,当孙中山1915年委任他为贵州司令长官部参谋长时,他自认力不胜任而坚辞。这年9月10日,席正铭回电说:"但思名不可以滥假,事不可以幸存。铭既乏应变之才,又无用兵之略,自惭碌碌,实所不胜,兼之对于黔事素无把握,更何有于谋也。总部主持至计,须当为事以择人,不必为人以择事。铭何人斯?胡敢膺此崇职以伤总理之明而彰大部之失。"①特别是当他对孙中山有误解,有人对他进行批评以后,他勇于坦承自己的错误,说道:"然不能如此之简且捷也,故一有另派某某等收罗此般学生之举,便愤火中烧,向执事借题发泄,以致急不择辞,复蒙厚爱,不惟不加谴责,且以极诚挚语下教,敛才就范云云,真我之当头棒喝也,感佩,感佩!闻命之下,真有耳听七弦,目送飞鸿之妙。"②

其次,"对于全局进行亦颇有小主张"。在与孙中山的长期交往中,在席正铭自己的长期革命实践中,席正铭通过自己的反思与总结,不断向孙中山提出意见和建议,借以丰富孙中山的革命思想与革命斗争策略,如席正铭曾倡议经营西南,以云、贵、川三省为发难之地,以各省为响应,进行反袁斗争。在1915年2月10日致函陈英士说,当时是国民党退步,而袁世凯的力量则在不断强大,"国危矣,民困矣,而袁贼势力日见膨胀,吾党精神日见涣散;袁贼布置日见完密,吾党计划日见失败"。在这种情况下,应有新的斗争策略,"若墨守前此方针,不稍变动,恐无收效日也"。这种新方针是什么呢?首先要改变偏重东南的倾向,强调:"铭默察情态,对于年来偏重东南,毫无统一之计划颇不谓然,以其此起彼灭,徒糜烂地方,牺牲有用之生命财产,无补大局也。铭自二次革命后,奔走西南各省,宣布吾党宗旨,鼓吹国民革命,费18月之时间,心力交瘁,艰苦备尝,而不敢轻于一试者,实缘此之故。"由此提出了经营西南的主张:

　　对于全局进行亦颇有小主张,殊来此半月,毫无要领,内地同志望

① 周万国、敬克基整理:《席正铭函电选载》,中国人民政治协商会议沿河土家族自治县委员会文史资料研究委员会编《沿河文史资料》第2辑,内部资料1990年版,第123页。

② 同上书,第134页。

眼欲穿,每欲趋谒台端,而尊处人多于鲫,应接不暇,且既无重西南之决心,言之亦恐无益,正所谓将军之志未定,而未足以决策也。今者,陈宦将入川也,袁贼势力将由东南而趋西南,当此全川震恐,人人自危之好时机,犹不以全付精神注之,良为可惜,若待其根深蒂固再事图谋,虽有智者亦莫如之何也。机会难逢,稍纵即逝,时危势迫,私心痛之,自先生主持吾党至计,临大难,决大疑,故敢以一得之愚,上干清听,是否有当?还乞主裁。如其可行,便祈转达中山先生决策进行,铭当仍回内地以竟前功。

在这里,席正铭关注的是"吾党大计划"和"各省同志通一枢纽"①。这里的关键在于,时代"一天有一天变局",为了担负起"共救危亡"②的责任,他不得不提出建议,即"良心上之责任未尽而又乌能默尔而息也"③。1915 年 12 月 22 日,席正铭对孙中山接受建议表示赞赏,但同时又力促孙中山要统领全局,早下决心直捣袁巢:

吾党进行计划昔乃偏重于江浙,今则并趋于西南,今昔相较,颇有进步也。但发难固可期乎南中而收功必赖乎北地,统筹全局所当即图者也。现在时机更迫矣。而我全神所注之上海,其成效又如彼,滇、川、粤、桂各派所趋,尚不知鹿死谁手,其他各省亦莫不皆然。党派既分,不得不虑,前途暝索,良用怦怦。夫吾党苟存一割据之心,不欲占全国之中坚,握群雄之牛耳,达最后之目的,则亦已耳。而非然者,宜即择一重要地区为根本之计划,须从火里植金莲,幸勿畏难而止矣。北京者,吾国最重要之地区也,倘能于中取事,外交上之声光既大,而影响及于全国,吾党倒袁目的不崇朝而达矣,岂非千古之奇功乎!然而虎穴也,岂易言哉?而各派之所以不敢正眼一视者,亦以此也,而不知此中固大有人在矣。④

---

① 周万国、敬克基整理:《席正铭函电选载》,中国人民政治协商会议沿河土家族自治县委员会文史资料研究委员会编《沿河文史资料》第 2 辑,内部资料 1990 年版,第 120—121 页。

② 同上书,第 122 页。

③ 同上书,第 124 页。

④ 同上书,第 125 页。

在这里,完全是一个放眼全国的根本计划。

1916 年元月,《中华革命党北洋军事筹办处》成立后,席正铭致函杨庶堪,表明自己的诸多建议并不是为一己之私。"当东来日,力言西南之可图,赴港时主张易人之办法,两月前建议北事之进行,一再而三,都学毛遂之自荐,非有大英雄、大豪杰之野心,不过欲为吾党占一块土,以谋革命之成功,博知我者之一快而已。西南各省各派所趋,尚不知鹿死谁手? 吾党恐难执其牛耳。"①

1916 年 1 月 9 日,席正铭"引匹夫有责之义,决我入地狱之心",再次向孙中山建议:

> 窃惟骖服和调,乃能涉艰狙远;指臂联贯,方克举重若轻。事故贵乎群策群力,以谋犹(猷)尤待于广益集思,而善例垂往古。事急于今,□等于北洋诸省,凤痛陆沉,誓扫妖氛以奠神宇,引匹夫有责之义,决我入地狱之心,惨淡经营,根基颇具。虽比日以来,秦晋之郊不乏慷慨拔起之士,然事同孤注,势怯单行,如火既然待扇斯急,而□等之素愿凤谋益大,有朝须夕斯,不可刻延之慨,惟以西北诸省襟带相连,唇齿势同,狼狈关切,此有营谋,彼同利害。譬之毗邻架屋,工有待乎相成;渡河同人,相须于共济。与其扬镳分道,形孤势单;曷如璧合珠联,力伟效速。语不云乎,百人舆瓢而趋,不如一人持而走疾。今日之事,有如是也。是以□等筹商再四,以为非连合此间之同学同志,对于燕晋秦陇共力经营,则免不有顾此失彼、势薄力分之害。而对于逆军率然千里,尾击首应之师,亦何以为抗敌之资具,用特建兹速合之策,厉我同仇之心,合力经营,灭此朝食,庶几统筹全局。②

1916 年 3 月 16 日,席正铭到长崎,18 日抵上海,19 日,谢复初自天津向席正铭报告北伐倒袁有关活动情况,席正铭即于 3 月 27 日函报孙中山:"接天津来报,北事大有可为,兹又派数人前往矣。铭拟于下月一号起程东

---

① 周万国、敬克基整理:《席正铭函电选载》,中国人民政治协商会议沿河土家族自治县委员会文史资料研究委员会编《沿河文史资料》第 2 辑,内部资料 1990 年版,第 125 页。

② 同上书,第 126 页。按:此文有多处似有错误,标点也有不准确的地方,今作了一定调整。

渡,面陈一切后便当赴津布置,此中诚有一种天然势力,吾党旗帜或能于此首先一现也。经济一层多多益善,否则,曾经许可之数亦须完全准备为要。并希与日人将天津居住之交涉办好,进行上更方便也。"①

席正铭也曾对孙中山提出过批评:一是"先生既许可其谋而又迟迟不发"的不果敢;二是"群士相聚而谈曰'运动袁家军革命易,得总理信任难。'其然,岂其然乎?何其言之痛也"②的不信任别人的待人态度。三是批评当时的国民党的黑暗,"人谓中国政界黑暗,而不知吾革命党中尤为黑暗也,一般党臺趋于彼此应酬,既无能力,又嫉同党,而欲其成功也,不其难乎!吾党到此时尚不能得一块土者,坐此也。"③

再次,为民族为国家化解同志矛盾。席正铭为实现革命理想,曾多次化解孙中山与其他革命者的矛盾,借以共同为国,如1916年4月7日,致函夏述唐面谒孙中山的情况,阐明不应有误会。"昨日往晤中山,将吾兄对于大局之主张及对中山先生一切情形,一一转达,前此种种误会,当然系一般妒贤嫉能之人所造作,中山始终固不以为然,且深许吾兄为当今长材,当彼谤书盈箧之际,而犹具此识力,诚所难得,亦见真才之不可以掩也,当即嘱弟与慧生驰电劝驾东来面商一切,经济一层当然易于解决矣。夫成非常之功者,必待非常之人,兄如惠然肯来,共图进取,则直接倒袁之功,或天留之以资吾侪也。时机迫切,万希早日起程为盼。"④1916年4月14日又致函曾钝绍:"述唐之事,已与中山开说,并无陈见,当嘱弟驰函电劝令东来。执事不妨即函述唐,劝令早日东渡与中山接洽,经济问题自易解决,弟因此问题以去就争之,故特在此专候,再迟数日。如述唐无消息,则当离东也。"⑤1916年4月24日,席正铭致书夏述唐:"济才来东,藉知种切,介绍晤中山,将执事意见一一代达,以进行计划须与面筹,故款项亦未能决定,是弟所深歉者也。

① 周万国、敬克基整理:《席正铭函电选载》,中国人民政治协商会议沿河土家族自治县委员会文史资料研究委员会编《沿河文史资料》第2辑,内部资料1990年版,第132页。
② 同上书,第123—124页。
③ 同上书,第128页。
④ 同上书,第133页。
⑤ 同上书,第134页。

中山不久派人与兄筹商，必有好结果，务以大局为重，不以前事为介是盼。第日内将赴津门关于执事与中山一切事件，均付托慧生，望与接洽为要，此人对于执事尤表极钦慕之态度，故敢相托也。"①这种维护大局的活动，从一个侧面体现了席正铭的革命思想。

### 四、与时俱进，倡议师法苏俄

席正铭能够始终不渝地支持革命、参加革命，并为革命牺牲，是与他坚定的民主革命信念和与时俱进的思维素质相联系的，比如当 1916 年 6 月 6 日，袁世凯忧疾而死，黎元洪继任总统，重申约法，孙中山为顾全大局，促政治安定，遂令停止军事行动，并令席正铭停止一切活动，席正铭于 7 月 1 日发布通告，并希望"中国从此必可渐臻治理，吾人当移破坏精神从事于建设方面，共维大局"②，足见他的与时俱进精神。

俄国十月革命胜利以后，席正铭至迟在 1918 年底已提出"以俄为师"口号。因为孙中山于 1919 年 4 月 8 日函复席正铭云：

> 来书感喟于时局，谓俄国可为导师，深表同情，此次俄国革命，乃以人民自动而结合，军队自动而有同情附和平民政治，盖其成功之速，乃在人民之奋发，非以金钱为力也。……若兄能师俄人之所为，于所接近之军人，开示以平民政治之利益，则并革命亦不须起，此一国之改良已有可望，要在同志各尽其力以感化各地之人，使趋于革新之方面，则以人民大多数之志愿，何事不成，若各人能尽力于此，有成绩可见，则除金钱实无可设法外，当代划种种进行之策，以冀进步。③

席正铭致孙中山信的内容，现已无法得知详情，但是从孙中山的回信中可以得出两点信息：一是以俄为师，师俄人之所为（革命方法）；二是通过军人的作用实行俄国式革命，但目的却是平民政治。

值得令人欣慰的是，同年 9 月 7 日，席正铭致沿河一绅士张筱岩

---

①　周万国、敬克基整理：《席正铭函电选载》，中国人民政治协商会议沿河土家族自治县委员会文史资料研究委员会编《沿河文史资料》第 2 辑，内部资料 1990 年版，第 135 页。

②　同上书，第 136 页。

③　席少丹：《席正铭革命事略》，《贵州文史丛刊》1996 年第 5 期。

(1800—1962 年,土家族)函提供了他的相应思想。这是一封长信,反映了席正铭对当时世界历史发展的关注:他肯定当时"近日思想界又起大革命了",说明他对当时国家与社会问题的讨论是与时俱进的,并特别注意到了思想界的大革命。他首先对民国以来所处"黑暗政治"表示了不满,同时对朋友的办学成绩表示高兴,并从中关注当时社会思想的发展,肯定与"故乡人的见识相比较,必然不同了"的思想进步。最后他笔锋一转,由思想发展转到整个社会发展。强调写信的原因就在于"近来世界潮流又变了",有必要和朋友谈谈对时局变化的看法,这些看法多数来自于时势政治的学习,因为"近来每日还要读几点钟的书,关于政治的多,军事的少"。谈的目的是鼓励朋友"尽力与旧社会奋斗",最后分析了中国社会发展的方向:

> 此回欧战影响最大的事件,就是社会的变化,英、俄、德、日四大魔王,俄、德已改观了,英、日社会亦有变动象,所以我们法国式的革命是不能救国了,今后须学俄国式的。不特科举式的人材(才)是旧的了,即学校式的人材,若不加以改新,亦不能说是新的,改良社会以救己,危己就无生的了。此后吾国教育方针必须迎合世界新潮而定立,但现在之政府是无希望的,惟望地方之教育当局各尽所能,各择所需。

为了结合实际进行社会改造,席正铭对贵州的发展提出了自己的意见,认为在地贫民穷之地应少修官衙多办学校,官应多为民服务而不应"尊"于主人,解决人民的基本生活重于其他方面,反对社会两极分化,故结论说:"近闻邑令大兴土木,修缮衙署以壮观瞻,此事我固不十分反对,但事有缓急,民贫地瘠如沿,此宗巨款何不移作教育实业经费,邑宰如贤,必以此说为然的,你何不提倡之呢?而且民国官吏原为人民服役,处于公仆地位,何必表示尊崇于主人?大多数的主人连饭都没得吃,衣亦没得穿,他还要摆县正堂的架子吗?现在吾邑所当急者,第一使大多数人识字,具普通的智识,则造就师范人才,改良私塾,各乡开办义务学校,是不可刻缓的。其次须使人人有衣穿饭吃,则提倡实业,是不可刻缓的。如遵义山蚕之利,期年可见成效。畜牧农产都是吾邑天然的利,公家稍一提倡,必有可观。但是,须先使有钱的商人及土财户们大家知点利害(众人没有饭吃,一家人有钱是很危险的),夫然后有智的出智,有力的出力,有钱的出钱,成一公共组合,不必依赖官府。对于教育实业积极进行,吾知不十年,沿邑必为全黔的模范县的了。"①

由此可知,席正铭明确提出"师法俄国"的主张是较早的,至迟在1918年年底。当然,辛亥革命思想中本已夹杂有若干反对资本主义的因素,但从总体而言还是以建立欧美式的民主共和国为目标。席正铭等在辛亥革命后的继续奋斗正是为了真正实现上述目标。席正铭提出这一观点时,正是新文化运动的高潮,中国的第一代马克思主义正在形成时期。当然,他提出的"以俄为师"与共产党人的"走十月革命道路"还有原则上的区分,但毕竟有了一个认识的转变。

## 第四节　铁肩担道义:危机中生长的多种救国理念

20世纪初的中国,为了拯救灾难深重的祖国,人们以无比的热情向西方寻找救国救民的真理。各种思想、理论和各种社会政治势力相结合,涌现出各种思潮,诸如民族解放思潮、民主共和思潮、君主立宪思潮、地方自治思潮、社会主义思潮、无政府主义思潮、国粹主义思潮、教育救国思潮、实业救国思潮等。特别是辛亥革命爆发后,推翻了延续数千年的封建统治,使中国社会进入一个新的历史阶段。可是,辛亥革命虽然推翻了清王朝的统治,政权却落在了北洋军阀袁世凯的手里,反帝反封建的任务实际上并没有完成。在这样的社会背景下,在中国大地上,掀起了一场规模浩大的思想解放运动——"新文化运动"。在新思想的启发下,社会上出现了"科学救国"、"实业救国"、"教育救国"等思潮,这些思潮在土家族知识分子中都有较大的影响,并在一定程度上成为一些知识分子政治实践和社会实践的思想动力。

### 一、从国民性改造到教育救国

国民性改造是20世纪初叶,特别是五四前后中国文化运动的重要目

---

① 周万国、敬克基整理:《席正铭函电选载》,中国人民政治协商会议沿河土家族自治县委员会文史资料研究委员会编《沿河文史资料》第2辑,内部资料1990年版。

标,被认为是"世纪初的主潮"①,如梁启超即强调:"然今之亚美利加,犹古阿美利加,而央格鲁撒逊民族何以享其荣? 古之罗马,犹今之罗马,而拉丁民族何以坠其誉? 或曰:是在英雄。然非无亚力山大,而何以马基顿今已成灰尘? 非无成吉思汗,而何以蒙古几不保残喘? 呜呼噫嘻,吾知其由。国也者,积民而成。国之有民,犹身之有四肢、五脏、筋脉、血轮也。未有四肢已断,五脏已瘵,筋脉已伤,血轮已涸,而身犹能存者;则亦未有其民愚陋、怯弱、涣散、混浊,而国犹能立者。故欲其身之长生久视,则摄生之术不可不明;欲其国之安富尊荣,则新民之道不可不讲。"②又如鲁迅,即是以中国国民性改造为己任的。在鲁迅那里,国民并不是指封建统治阶级或反动统治阶级,而是指一般民众,改造的是国民"庸众"与"看客"的根性,自己却"俯首甘为孺子牛"③。但是,国民性问题的提出却早得多,从历史发展的进程来说,改造国民性的社会思潮经历了一个从器物层面、制度层面到心理层面反思的复杂过程,当改良派把洋务运动的失败归因于"新其政不新其民,新其法不新其学"④的时候,当他们认为是"中国民气散而不聚,民心默而不群,此其所以百事而不一效者也"⑤的时候,国民性的改造问题已经达到了明确的认知程度。这个时候,国家发展的动力探寻即全部落实到了"新民"上,"盖政如草木焉,置之其地而发生滋大者,必其地肥硗燥湿寒暑,与某种族最宜者而后可。否则,萎矮而已,再甚则僵槁而已。"⑥"凡一国之能立于世界,必有其国民特具之特质,上自道德法律,下至风俗习惯,文学美术,皆有一种独立之精神,祖父传之,子孙继之,然后群乃结,国乃成。斯实民族主义之根柢源泉也。"⑦于是维新派为改造国民性开了一剂药方:鼓民力、开民智、新民德。并且强调"未有三者备而民生不优(忧),亦未有三者备而国威

①　张宝明著:《忧患与风流——世纪先驱的百年心路》,东方出版中心1999年版,第5页。
②　梁启超:《新民说·叙论》,《饮冰室合集》专集之一,中华书局1936年版。
③　阎玉刚:《改造国民性:走近鲁迅》,中国社会科学出版社2005年版。
④　湖南省哲学社会科学研究所编:《唐才常集》,中华书局1980年版,第32页。
⑤　麦孟华:《总论·民主第一》,载《时务报》第28册。
⑥　胡希伟选编:《论世变之亟——严复集》,辽宁人民出版社1994年版,第35页。
⑦　梁启超:《新民说·释新民之义》,《饮冰室合集》专集之一,中华书局1936年版。

不奋者也"①。不难看出,这显然受到了日本人的影响,特别是受被称为"日本伏尔泰"的福泽谕吉的影响,正是他强调国民德、智的提高是国家进步的前提。并且,当中国改良派竭尽全力倡导"新民"时,资产阶级革命派也在"革命"大旗下开始了改造国民性的运动。1899 年章太炎发表《菌说》,倡言"人的解放";到新世纪,他又作《驳康有为论革命书》,既阐明革命明公理、去旧俗的作用;又强调革命在国民性改造中的巨大作用。②　邹容则以《革命军》"拔去奴隶之根性"、"去腐败而存善良"、"由野蛮而进文明"、"除奴隶而为主人"、"除祸害而求幸福"。这样,国民性改造进入了一个新境界。③

国民性改造运动的根本目的是救亡和启蒙。从救亡的角度说,根源于19 世纪末 20 世纪初中华民族沉重的民族危机:甲午战争、八国联军攻陷北京、列强割地索款等,一个长期自以为是的泱泱大国,一下子出现了亡国灭种的危机感和难于立足于世界民族之林的耻辱感,通过改造国民性以救国成了重要方式。因为民族竞争,实质上就是"一国之人自为其性命财产之关系而与他国竞争者也"④。"欲其国之安富尊荣,则新民之道不可不讲。"⑤鲁迅1925 年所说的那段名言,即"此后最要紧的是改革国民性,否则,无论是专制,是共和,是什么什么,招牌虽换,货色照旧,全不行的"⑥,正可作为这一目的的脚注。至于启蒙,则是在强烈救亡主题下使改造国民性带上很浓的反帝反封建性质,是真正的人的解放运动。

土家族先进分子在 19 世纪末 20 世纪初也投入了这场国民性改造运动。土家族志士柳元翘不仅在"公车上书"上签字,而且走上了"教育救国"的道路,先后在两广、两湖讲学;土家族女革命家向警予在成为马克思主义者之前即是一个教育救国论者,她有感于救国需要有"头脑清晰的分子",

---

① 胡希伟选编:《论世变之亟——严复集》,辽宁人民出版社 1994 年版,第 25 页。
② 参见中国社会科学院哲学研究所中国哲学史研究室编:《中国哲学史资料选辑:近代之部》下,中华书局 1959 年版,第 438、455 页。
③ 参见冯小琴评注:《邹容〈革命军〉》,华夏出版社 2002 年版。
④ 梁启超:《论近世国民竞争之大势及中国前途》,《饮冰室合集》文集之四,中华书局 1936 年版。
⑤ 梁启超:《新民说》,《饮冰室合集》专集之一,中华书局 1936 年版。
⑥ 鲁迅:《两地书》之八,《鲁迅全集》第 7 卷,中国人民解放军战士出版社 1973 年版,第 47—48 页。

不仅关注国民性改造,而且倡导教育救国。当她"前阅英、法、德、美国民性与教育一书,大致其训育所施,皆以国民特性为根据"时,就特别思考了国民性改造问题。① 她强调以英法德美之教育为借鉴,培养一种新人。这种新人除了能够"自动"外,还不应只是适应现世社会的人,而应是"因现世之社会,而创未来之社会,以左右现世之社会之人"。为此,要培养"移风易俗,前无古人者"。她特别强调,培养人不应把教育看成"人人必经之阶",不人云亦云,人否亦否,随俗浮沉,与时俯仰,受时势支配而又"无利导改进之能力,食先代之旧赐,拘拘于成法,不敢越雷池一步"。"夫如是则数千年来又安能演此光明璀璨愈唱愈高之世界,以煜耀吾人之耳目,锻炼吾人之心魂哉!""今日之中国之国民,其具有自动之能力,而应接现世之社会以左右现世之社会不为人所摇夺者,盖凡几乎仅矣。有力者如倡于上,曰共和善,则群响辏于共和,而共和之论调几千篇而一律;明日而有力者又倡于上,曰专制善,则群响辏于专制,而专制之论调又千篇而一律。"这种国民性,又根源于教育,其中最重要者是"教育"不取自动。她认为:通过国民性改造,要培养一种完全人格者。"蕲其成为完全人格者,非教育之目的乎? 所谓完全之人格者,又岂非以学校为之铸造炉,而其致用之途,终将归诸社会乎? 然则教育之目的夫既若是矣,是教育之效力不但当及于儿童在校之时,尤当注意于儿童出校以后,理甚明也。"②"然天下事之无可奈何者,当以吾辈心力解免之。天下之事璀璨光明者,当自吾辈创造之。其果繁荣滋长乎,固在此而不在彼。"③向警予还具体分析了当时国民性的不良表现:"民风奄奄,慑力于外,而饮痛于内,久存必亡之观,销尽奋兴之志,阒郁之气诸君将何以伸之";"人持极端,莫肯执中,守旧则反乎茹毛饮血,欧西政教同为敝屣;醉新则化为黄发碧眼,故国礼俗咸归土苴";"偏宕之性,诸君将何以正之? 馀则为鬼为蜮,乘时而徼利,忘其国恤者,不知其几何人也。乖戾之气诸君将何以化之";"民人赢苶,憔悴枯黄,百年之寿,七尺之躯,殆累而促,日见削

① 参见向警予:《给陶毅》,《向警予文集》,湖南人民出版社1985年版,第6页。
② 向警予:《教育取自动说》,《向警予文集》,湖南人民出版社1985年版,第242—243页。
③ 向警予:《参观城区国民学校纪要》,《向警予文集》,湖南人民出版社1985年版,第249页。

损,创业未半,辄以疾卒,其功未竣,其学不昌,其神未充,其业不张。"结果是:"方今时势急于越国,吾民体力远逊勾践。欲图生存于念(廿)世纪竞争剧烈之舞台,无贻神农黄帝羞,诸君亦有补救之方乎? 抑更有进于此焉者。'天行健,君子以自强不息。''子在川上曰:逝者如斯夫,不舍昼夜。'惟然,故道与学日精而日粹。"①在教育中应"以自治心、公共心二字为训,而终之以实"。因此,要给学生以自由发展的空间。不"以约束收掌之举动,强施诸活泼之人类",否则就是"驰骤之若牛马,戕贼其天真,亦太甚矣"。"训练根据校训,尊重个性,注意偶发事项,尽心竭力,务指导其实践。"为了不让成绩"百分尤足养其奴隶性","即以平日之成绩为成绩,以祛前弊"②。

与向警予一样,赵世炎在成为马克思主义者之前也重视国民性改造,并主张教育救国。他认为:国家的希望在青年,而一般青年最要紧的事,就是要求"解放"——对旧社会解放,脱离种种恶习。他特别强调,不能只说"女子问题",因为"现在我们男子还没有解放,不仅是女子要解放"③。当时他主张工读主义,强调教育救国,强调在传统的"工而能学"的基础上发展"学而能工":"工与读,两事也,欲得其兼,自不能不半工而半读。然二者一劳一逸,又实绝对相反者也。使工者而能读,人咸谓之好学;今世之工而能读者,间有之矣。古时如挂角担薪之事,史不绝书。惟读而能工,殊不多觏。以此为言,人亦不信。然工者既可读,读者亦何尝不可工;此愚所以调剂并论,而有半工半读之说也。半工半读之说,人习闻之矣,非愚之创论也。特愚为崇拜是说之一人;不自揣量,而又欲履行之,故愿一申其说。且欲以质诸人,天下事不患知之不多,惟患行之不力。"他还倡导学用结合、贵能实行的原则,即"似此勤工俭学,躬亲操作,得适用之艺能,为国家实业发达计,为社会、工艺兴起计,为个人生活远图计,皆莫善于此。试观今日之负笈言留学者,挟资飘(漂)洋,数年归来,所学不获所用,但能求售于社会,不暇计

①　向警予:《致体操音乐专科毕业赠辞》,《向警予文集》,湖南人民出版社 1985 年版,第 252 页。

②　向警予:《请归并节孝祠以扩校址文》,《向警予文集》,湖南人民出版社 1985 年版,第 252 页。

③　赵世炎:《推论"诸君自身问题"——致孙光策》,《赵世炎选集》,四川人民出版社 1984 年版,第 6—7 页。

其为何途。事务所迫,不得不令其如此;其甚者入政途,挂党籍,以蠹国殃民者,又不堪道矣"①。赵世炎说"学校不及私塾好"的重要理由就在于人生不能仅知读书,读书以外应当工作;因现在的学校,还不敢说适合于读书,故现在的学校,绝不适合于"工读"!"若说到理想的学校,范围起来说,要把现在的学校改良。"②

从国民性改造而发展至教育救国论者,还有一个著名的土家族教育家彭施涤(1871—1947年)。日本著名学者佐藤三郎在《民国之精华》中曾说:"君幼朴实,好读书,俨然有出类拔萃之概。庚子之乱,国事日非,为救国救民,……求所以富国利民之术。"③1902年,他参与熊希龄等湘西人士筹办常德西路师范事宜。1903年被推荐为官费留学生去日本,入宏文学院习师范科。时值日本战胜沙俄,大山岩元帅归功于师范教育,以小学教师能培养爱国士兵所致,这使彭施涤更坚定了回国后必兴师范教育的决心。在革命思潮的推动下,他参加了孙中山、黄兴领导的同盟会,参加了中国留学生反对日本文部省颁布取缔中国留学生条例(旨在打击革命党人活动)的斗争,他主张罢课回国革命;他与秋瑾、马君武等受孙中山委托,在上海创办中国公学,以便解决回国学生就学与革命问题,同时留部分名额招考国内优秀学生,深得考生的感激。公学开学后,彭施涤任学监兼教修身课及健身操。他教学严谨,学生中的朱经农、任鸿隽、黄士衡、唐瑛、杨卓新及马来西亚侨商邓八铭等成名后,对他十分尊敬。

1907—1908年,彭施涤任长沙高等实业学校副监督。为使该校成为培养包括路矿在内的多种人才的高校,便与法政、商专合并而成立了湖南大学,彭施涤兼任董事。1909年,改任优级师范学堂教务长一年。1910—1911年改任常德西路师范学堂监督,为湘西北培养人才。蒋翊武、林伯渠、李烛尘、粟裕、滕代远、辛树帜均毕业于该校。在此期间,彭施涤还任省咨议局议员,与议长谭延闿交厚,谭任湘省都督时,在彭施涤力劝下支持了武昌

① 赵世炎:《工读主义与今日之中学毕业生》,《赵世炎选集》,四川人民出版社1984年版,第1、2、4页。
② 赵世炎:《学校不及私塾好》《赵世炎选集》,四川人民出版社1984年版,第33、34、38页。
③ 傅冠群主编:《土家族百年实录》,中国文史出版社2002年版,第855页。

起义。

民国初年,彭施涤任国会众议院议员,支持宋教仁推行宪政运动。"二次革命"失败后,他秘密从谭延闿处募得巨款,助蒋翊武去广西作反袁斗争。1915年因母丧返湘,就任桃源女师校长(当时称省二女师),他在办学经费困难的情况下,还设法收容已停办的常德女师学生入学,又增设附小。1918年寒假,因兵乱匪祸,无法返家的川湘籍女生数十人留校,他尽力设法借债以维持她们的伙食。终因年关逼近,借债无门,他只好忍冻典当皮衣以济急。此事被冯玉祥将军夫妇得知,便助其赎回皮衣并赠款千元银元助其兴学,加上熊希龄捐助两千银元,使他得以摆脱困境。彭施涤在该校兴学六年,沈从文曾撰文提及他以思想开明,对学生有显著影响。男女同学运动,女子剪发放足,都出自这个学校,不久即推广于全国①,如酉阳王剑虹(瞿秋白夫人)、临澧蒋伟(丁玲)、桑植向元姑,那时都就读于该校。

1922年,国会重开,彭施涤拒绝每票千元之诱,反对曹锟贿选总统。此后,他支持孙中山与李大钊开创国共两党合作事业,并勉励湘西籍在京学生追随李大钊的革命活动。以后除从教之外,还捐赠兴学,受惠者有长沙兑泽中学、大麓中学、民本职业学校、彭氏述作小学、常德沅澧中学等,还资助湘西男女学生外出升学等。1947年秋,病故于永顺县城。②

此外,土家族籍的教育救国论者还有田金楠(1856—1925年),慈利县甘堰人;"当代孔圣"刘孔阶(1857—1927年),石门县安溪乡亮垭人,留学日本期间参加"中国同盟会",支持革命人士在日本从事反清反帝活动,回国专事教育,倾心办学育人;辞戎从教的书法家田永立(1871—1934年),大庸市(今张家界市)永定区二家河乡人,致力教育救国,从事教育;终身从教的田佐汉(1882—1923年),永顺县官坝乡人,1904年考入湖南省高等学堂(即岳麓书院)学习,为张之洞所器重,旋即以公费选送日本早稻田大学政治经济系学习深造,1913年学成回国,主张教育救国;创办女子学校的陈谔(1881—1940年),江口县莲花乡人,1905年被知县张健推荐保送官费留学

---

① 参见沈从文:《湘人对于新文学运动的贡献》,《沈从文全集》第17卷,北岳文艺出版社2002年版,第160页。

② 参见田荆贵主编:《中国土家族历史人物》,民族出版社1993年版,第136—137页。

日本宏文速成师范学校,两年后回国,任县师范传习所主课教师,主张教育救国,于 1907 年与梅咸、熊光文共同创办"江口官立高初两等小学堂",陈谔任堂长,1909 年又与梅、熊、刘秀夫创办江口县第一所"官立女子初等小学堂";一生从教的张筱岩(1880—1962 年),沿河自治县和平镇人,1906 年在贵州省试办大学堂结业,主张教育救国,一生从教等。

**二、从实业危机意识到实业救国**

实业救国论者是因目睹资本主义国家发达的工业而以"实业盛则国势盛,实业定则国势定,实业有进步则国势有进步,实业甲全球则国势甲全球"①为指导思想的一种救国思潮,该思潮除以发展实业为救国之策外,还围绕发展实业而开展多种形式的爱国活动,如抵制洋货运动、收回路矿利权和争取铁路商办运动等,并且还推动了实业教育的发展。

实业救国思潮发端于 19 世纪 80 年代,当时面对西方资本主义国家的商品倾销,薛福成提出"振百工",马建忠主张"仿造外洋之货",郑观应则提出"振兴商务"和"习兵战不如习商战",张謇则以为治中国衰弱贫穷"须兴实业"等,都可以看成是实业救国之议。进入 20 世纪初,西方资本主义进入帝国主义阶段,资本输出成为其重要特征。列强通过各种不平等条约,把中国的经济命脉如铁路、工厂、矿山、银行、航运等置于自己的控制与支配之下,因而"收回利权"成了当时有识之士的共识,兴办实业被认为是收回利权的重要手段,实业救国思潮再次得到发展。但是,虽然都以实业救国为鹄的,但各自在发展什么的问题上却有区别,如郑观应等主张重在商业流通,坚持"商战"观点;张謇等提出以工业为重点,强调"以工立国"等。

从 20 世纪上半叶看,土家族有不少知识分子坚持实业救国思想,如力主工业救国的郭东史(1884—1947 年),石门县苏市乡人,1901 年入岳麓书院,受业于长沙王先谦、湘潭王闿运等名师,1904 年以后辗转汉宜湘澧间,入同盟会,与宋教仁、黎元洪、黄兴、蒋翊武、曹圭如、杨洛槎等人谋求革命,后进湖南政法学校,参加南社文会,一生力主科学救国、工业救国,著有《工业强国论》一书。南京临时政府法官陈登山(1859—1935 年),长阳县平洛

---

① 佚名:《世界实业一斑》,《湖北学生界》1903 年第 1 期。

西坡人,曾留学日本学政法,后致力于实业救国,兼任汉冶萍公司董事。研究矿产的张少伯(1873—1928年),印江县印江镇人,留学日本学冶金,回国后从事此项研究。爱国实业家李烛尘(1882—1968年),永顺县毛坝人,1904年考入常德湖南西路师范学堂就读,入湘江学社,与林伯渠等相识,受新思潮影响,后留学日本攻读电气化学,1918年毕业回国,立志实业救国和科学救国。

土家族知识分子的实业救国思想以李烛尘为代表。李烛尘少时聪明好学,熟读四书五经,1900年参加本县科举考试,中秀才第一。1902年,李烛尘过槟榔界,初次离家去常德读书,写下了《过槟榔界》,对社会"豺狼竞吼行人哭,獬豸无威刺史忙"的情况极为伤感,是有"寄语道旁豪暴客,断头干上血新凉"的警示,并产生了爱国救国思想。当他看过全国更多的地方以后,就把眼光放得更宽,把中国社会的落后与帝国主义侵略联系起来。《在渤海湾中》是他1909年入京会试不成由津到沪过程中所作,除了"到此方知天地大"的眼光以外,更多的是关注"夷夏藩篱洞门户,美欧侵略亘朝昏。神州无限伤心事,总觉重洋是祸根",找到了中国落后的根源。1913年,他胸怀实业救国思想,以"跨海东渡为国酬"的精神留学日本,考取日本东京高等工业学校钻研化工。装着一腔报国救国情怀,在1918年完成学业后立即回国。在寻找工作的过程中,结识了同乡范旭东,被聘为久大公司技师,从此携手30年,不畏艰辛,共同开创了中国早期的化工事业。李烛尘回国后,以立志为中华民族从黑暗中崛起为己任,改原名李华揸为"李烛尘",并以"烛尘"的笔名投稿《盐政杂志》,力陈为国之见。1919年他率队到四川、内蒙古等地考察井盐和碱,1921年由陕过河入晋到解池视察潞盐,作《由陕过河入晋到解池视察潞盐》,对自己"阜财解愠南风力,煮海应能富国家"的志向与目标作了生动的阐明。[①] 1922年建立中国民族私营工业第一个科研机构黄海化学工业研究社,曾任久大厂长、永利碱厂经营部部长。1926年制碱成功,永利红三角牌纯碱在美国费城万国博览会上获金奖,为中国人争了光。

---

① 参见中国人民政治协商会议湘西土家族苗族自治州委员会文史资料委员会编:《湘西文史资料》1992年第2、3辑,总第25、26辑合刊:《李烛尘资料专辑》,内部资料1992年版,第262、263、265页。

李烛尘的实业救国思想在 20 世纪 30—40 年代已发展为一个成熟的思想体系,其主要内容是从农业与工业的关系中阐明工业救国的道理;从时代的转换中阐明实业发展的条件;从国际关系,特别是中日关系中阐明民族精神的重要性,这里先就其辛亥革命后较近时期的实业发展思想作一描述。

总的来说,李烛尘这一时期的实业救国思想的总目标是"煮海应能富国家",即通过发展实业,为国家谋求富强,其主要思想表现为:

——现代企业管理思想。李烛尘以"大企业要有大企业管理制度"为指导思想,为工厂确立了"工商并举、科研并进、分文必争、分秒必争"的综合发展方针,制定了严格而全面的管理规章,推动了企业的大发展,不仅扩大了生产,还生产出肥皂、牙粉等副产品,实现了多种经营。

——综合开拓开放统一全国市场的思想。李烛尘在市场开拓方面,通过在报纸、街头大做广告,宣传精盐对人体的好处,改变吃惯了粗盐的百姓生活习惯,使他们认肯精盐;通过派员将样品送给段祺瑞等人,争取支持;通过让工厂拿出少量产品免费供人品尝试用,以此影响市场销售等,从而为企业产品逐渐打开了销路,改变了产品长期积压的状况。李烛尘还想方设法,在时任财政总长兼盐务督办梁启超的支持和默许下,奔走于青岛、上海、武汉和江淮流域等城市,冲破盐务"引岸"制度,使得久大精盐得以进入南方市场,体现了谋求全国统一、开放盐务大市场的思想。

——立足开发全国资源壮大产业实力的思想。李烛尘从未局限于在塘沽发展精盐,而是有志于把全国的盐碱资源都开发起来。1919 年,在不畏艰苦赴四川考察,经历了"动魄惊心念九日,青天难上蜀难游"的考察之后,协助范旭东新开办了永利碱厂。后来,他又于 1921 年"长途中跋涉大青山","入伊克昭盟探碱",终于发现"河水厚结坚如石,湖碱深埋似固磻"的丰富资源,虽然有"应知探视太艰难"的感触,但有"从此化工原料足"的兴奋。此后又"由陕过河入晋到解池视察潞盐",更加坚定了实业救国的信念,这就是"阜财解愠南风力,煮海应能富国家"[1]。

---

[1] 中国人民政治协商会议湘西土家族苗族自治州委员会文史资料委员会编:《湘西文史资料》1992 年第 2、3 辑,总第 25、26 辑合刊:《李烛尘资料专辑》,内部资料 1992 年版,第 265、264、265 页。

——以人为本,重视人才的发展思想。经过实践,李烛尘认识到,要实现实业救国,必须抓好企业管理,必须重视人才和关心职工。为此,在李烛尘等人的建议下,1922年久大精盐厂、永利碱厂率先实行八小时工作制;为了改善劳动条件,李烛尘还拨出资金兴建了久大、永利两厂职工医院、职工食堂、职工宿舍、明星小学;同样在1922年,在李烛尘的建议下,为使进厂的大学生能够成长为高级人才,创办了"黄海化学工业研究社";为及时掌握学术动态,提高科研水平,还倡办了《海王》旬刊。这些做法在当时是非常罕见和难得的。

当然,李烛尘实业救国思想的发展主要是在20世纪30—40年代,尽管与辛亥革命时期相距太远,但为了对其思想有一个总体把握,我们还是在此一并叙述如下:

1935年,李烛尘写下了《新组织之意义及其厉行》一文,对他的实业救国思想作了系统阐明。他首先对当时的时代进行了明确的界定,认为我们所处的时代是一个机械工业时代,即"20世纪之时代,一机械万能之时代也! 陆走轮蹄,天飞铁鸟,水泛巨舰且入海底与鱼鳖同游,无他,机械之力使然也"①。以此为基础,他认为,作为一个有民族心的中国人,应把自己的命运同国家的命运联系起来,"所谓事业之生命则来日方长,而个人之生命反不胜去日苦多之感! 然则事业之生命无涯,个人之生命有涯,以有涯创无涯,而欲使之绵绵延延,为国家永立基本工业不朽之基础。"为了实现这一目标,李烛尘探索了"将操何道以致此乎"②的问题。他认为,要解决这个问题,要从以下几个方面入手。

首先要振奋民族精神。他在1941年所作的《日本人不认识中国人中国人应认识日本人和自己》一文中,从传统的华夷势不两立的"民族独立意志"出发,把中日关系比于历史上的华夷关系,认为日本作为明代所封的"倭王",由"人民犹存野蛮习风"的封建国度,"乃仅以40年之努力,竟一跃而班列于世界最强国之林",虽有"侥幸"存在,但与日本人的扭曲的民族精

---

① 中国人民政治协商会议湘西土家族苗族自治州委员会文史资料委员会编:《湘西文史资料》1992年第2、3辑,总第25、26辑合刊:《李烛尘资料专辑》,内部资料1992年版,第273页。
② 同上。

神教育有关,如其仇华教育、太和民族至上教育等,"此为日本人以教育挫伤其国民之良心,不能认识中国人之根本原因也"。我们要强国,要救国,就必须要有"救国为吾全民族独一无二之信念"。"然假使非中国人之衰弱不振,何致诱起蚕食鲸吞之野心? 懦夫不武,招受强者之践踏,固有应得之咎也。"①

其次要改良政治。李烛尘认为,"百年以来,民气非不发扬,而在上者玩忽虚伪,滔滔皆是,而方张之气,无实物以附丽之,诚为可惜!""夫人必自侮,然后人侮之,国必自伐,然后人伐之,若政治不力求廉明,国力不力求团结,而犹是党同伐异,不与国民同休戚,将一无是处。建国之道,较抗战尤为艰难,如何能使全国人民欢欣鼓舞以赴之? 大道之行也,天下为公,其庶几乎!"②在此,他把国家机构与组织机构进行对比研究,把中国与欧美国家进行对比研究,把国家视同一机器并比照"机器"进行研究,强调说:"夫机械无生命之物也,因其结构井然,操纵者顺其自然之势,演成为人力不能至之功能;而国家社会有生命之物也,人类渺然中处,因天演之进行,亦各随时代之改易而有互相维系之机械,自机械业之发达,国家社会事业因之庞大化,非有适当相应之机构,既不应付咸宜,此欧美国家社会之所以贵有组织也。"③

再次要加强组织管理。他认为,"百工之新奇日出,几夺造化之秘藏;然溯本穷源,无非此井井有条不紊之机构,如意运转已耳。"在此,李烛尘从中国社会传统文化的角度探讨了组织结构与时代发展的关系,强调了组织的现代性。他强调,"中国数千年来以农立国,其形成国家社会之细胞为小集团之家族制度,一切生活习惯均以伦理观念为出发点,故其行动之表现,只以情感为经纬,所谓相友相助相扶持,亦俨然熙暤雍穆之景象,假法治为拘束,反增滞碍之难行,故简易为政,各不扰而相安。自海禁开而此风尚不可持矣,人以强有力之组织以相临,当之即行立溃,虽变法维新,亦常袭他人

---

① 　中国人民政治协商会议湘西土家族苗族自治州委员会文史资料委员会编:《湘西文史资料》1992 年第 2、3 辑,总第 25、26 辑合刊:《李烛尘资料专辑》,内部资料 1992 年版,第 282—285 页。

② 　同上书,第 285 页。

③ 　同上书,第 273 页。

之所为以谋自救,然而施展无方,败坏凌乱如故也,而人且以无组织之国见诮焉。政治之表现如此,一般大小企业之表现亦何独不然?"在此基础上,李烛尘探讨了法治与德治的关系,强调现在组织结构是特别重视法治的科层制组织,讲究责权利效,讲究组织服从和因事择人等。可以看出,李烛尘以现代眼光讨论了一个基本事实,这就是在现代国家的框架下解决实业救国的问题。①

　　最后要发展工业。1948 年 10 月 1 日出版的《工业月刊》第十期刊载了《"农业中国,工业日本"座谈会记录》,记载了李烛尘关于中国实业救国基本方向的思想。他认为,中国发展实业,必须反对教条主义,因为"中国今天许多事情都是中了八股的毒,所以拘泥字面,一切的经济改革方案都是在做文章。像国营、民营等也全是以辞害义,才弄成今天这样的局面"。他举地质调查所的报告为例说明教条主义的危害,如其以东北过去只知道抚顺有煤,但经日本人调查,才知道阜新也有,而且煤质比抚顺的更好;绥远大青山的铁,日本调查结果认为比大冶的还好,只需在地面采掘即得;青海、西康等地,几千年都没有人去,那里的地下蕴藏究竟有多少还不知道。所以,不能只做"学院派",不能"只往书堆里钻,太忽略了实用"。具体例子可用四川自流井作证明,范旭东在美国德克萨斯州遇到一个油矿老工程师,据说从前地质调查者说那里是没有油矿的,但经实地开凿油井之后居然打出油来了。范旭东说他很想在四川自流井打井采油,但地质调查者都说没有多大希望,所以他很犹豫。那位老工程师便劝他不必犹豫,买了打井机回来再说。果然,1947 年打到 4000 多尺,已经有希望了。这就是一个教训。

　　在批判了教条主义以后,李烛尘认为,要发展实业,我们自己要争气。他说:"主要还是自己要争气。"在这个基础上走一条自己的路。他认为,曾有所谓"农业中国,工业日本"的口号,这是在战前由日本人提出的,但后来日本人也发觉这个口号不行,因为中国的农业发展得并不够,日本人的目

---

　　①　参见中国人民政治协商会议湘西土家族苗族自治州委员会文史资料委员会编:《湘西文史资料》1992 年第 2、3 辑,总第 25、26 辑合刊:《李烛尘资料专辑》,内部资料 1992 年版,第 274—276 页。

的，无非是想从中国取得他所需要的原料罢了，今后要再提出"农业中国，工业日本"的口号也不怎么容易，依目前形势言，日本人的目标还是想从中国取得日本工业所需的原料。所以，过去日本人的"农业中国"的口号将来可能改称为"原料中国"。不管是"农业中国"也好，"原料中国"也好，依我看来，总而言之还是中国人自己不争气。为什么我们会被人看做只能供给原料的来源？如果我们自己行，盐多可以再开碱厂，棉花多可以增加纱锭，我们为什么不从这方面去着想？一方面是我们自己想讨便宜，才想用卖原料来挣钱，于是别人也才有了打"原料中国"主意的可能。为了改变这种情况，我们必须发展自己的实业。事实上，即以北方而论，煤、盐、棉生产很丰富，其实自己都是有办法可以运用的。他强调，只要有人搞，他还可以扶持。他说："中国实际有什么像样的工业可言，除了纺织业稍具规模外，钢铁、机器、化学等重要工业今天又有什么？什么都谈不上，什么都没有具体的东西，要是有，他也愿意扶持的。像永利的硫酸亚厂，便曾通过联总获得了100多万美金的援助，那是他们看见了厂子后自动提出的。"

李烛尘还就我们发展的具体道路进行了讨论：中国历来以农立国，现在所吃亏的是自己在打仗，所以战争一旦能够停止，亟应首先恢复元气，从安定农村，繁荣农村着手，中国人民的生活水准很低，要安定是非常容易的。在求农村安定繁荣的过程中，首先应该开发水利。中国农村建设的最大问题，就是灌溉问题，南涝北旱，是农村灾害的主因。所以如果水利问题得到解决，农业问题也就去了一半。再一步便可以从事发展机器耕种。在建设农业时也同样地可以从事工业建设，不必幻想一来就发展大工业，只要有几种重要的像钢铁、机器等便够了。此外则可以普遍地发展农村工业，这样在工业化中农村便也工业化了。像在建设水利时同时也建设水力发电，解决了动力问题。只要有电，麦子可以随处磨，纺织厂也同样可以到处建立，当地的产品销售当地。这样比集中地发展工业便利得多也实际得多。但要这样做首先必须把水利搞好，像北方的黄河、永定河，年年泛滥，如果转害为利，一切便可以随之逐步解决。南方的情形也一样。他还对资委会钱昌照因为三峡水利工程停修有所感念很表同情，其实像那样的工程正是对工业化与复兴农业有巨大用处的计划，就让美国人去弄好了，又何必要令其停滞？从这件事也证明政府的魄力不够大,虽说是美国投资,但将来他还能够搬得走吗？现在一方面在仰赖外援,但对正当利用外资却反而害怕,这都表示我们自己的不争气。要是自己争气,利用外资是绝无问题的。总之,有些必要的基本工业,可以在建设农村时先弄起来。①

说到这里,倒是让我们想到了邓小平关于引进外资的著名论断:"人家来做生意,就是要赚钱,我们应该使得他们比到别的地方投资得利多,这样才有竞争力。我们的劳动力比较便宜,有这个优越条件。但是,特别吃亏的我们不干。我们干几件事,慢慢就懂了。还有,引进项目必须是能够带动我们自己的。就是说,引进的项目里有好多东西我们能自己干的,都用我们自己的,有些则用它的图纸,用它的规格,由我们来制造。这样,引进一个项目,可以带动一些行业的发展。引进的技术我们掌握了,就能够用到其他方面。"他具体分析说:税收我们得了,工人的工资增加了,还可以带动其他行业,他说:"这都是收入。我们要下这么个决心,权衡利弊、算清账,略微吃点亏也干,总归是在中国形成了生产能力,还会带动我们一些企业。"②这一思想与李烛尘在数十年前所论是一致的。

### 三、从积学为国到科学救国

同"教育救国"思想一样,"科学救国"思想也是中国近现代史上因国家与民族危机而催生的一种在本质上属于反对旧思想的近现代思潮。这一思想的起源可直接指向"洋务运动"中的科技实践活动,最初形式是在科举制度内引入科技内容,其最早的思想萌芽可从魏源等人的思想中找寻,如魏源在林则徐主持编辑《四洲志》③的基础上于1842年完成了《海国图志》,明确提出了"师夷之长技以制夷"的主张。之后,1861年,冯桂芬提出了"采西

---

① 参见中国人民政治协商会议湘西土家族苗族自治州委员会文史资料委员会编:《湘西文史资料》1992年第2、3辑,总第25、26辑合刊:《李烛尘资料专辑》,内部资料1992年版,第354—358页。

② 邓小平:《邓小平文选》第二卷,人民出版社1994年版,第199页。

③ 据罗炳良主编《影响中国近代史的名著》而论,林则徐的《四洲志》位列12种之首,可见其影响之大。该套丛书由华夏出版社于2002年出版。

学议"①、"制洋器议",把西方近现代科学技术知识与制造洋器统一起来认识,已近于科学救国思想。到"维新派"那里,"科学"获得了更广泛的意义。严复在《论世变之亟》中区分西方的技物器用与学术行政,"科学救国"已成定势。辛亥革命以后则更把科学看成是"西政"之本,"科学救国"思潮有很大发展。一方面是各种科技学会、科学研究机构不断建立发展起来,如1913年成立了以詹天佑为会长的中华工程师学会;1915年成立了中华医学会、中华医药学会;1918年成立了中国化学学会等。同时,各学会团体先后推出了本学会主办的科技刊物,如《农学报》、《地学杂志》、《理科杂志》、《科学世界》等。另一方面是表现为"科学救国"思想进入了研究领域,发表了使这一思想系统化、理论化的论著,如《科学杂志》刊发了《科学与近世文明》、《科学与工业》、《科学与农业》、《中国科学的前途》等文章;《曙光》刊发了《科学与社会》、《天才与文明》等文章。再者,"科学救国"还在国外留学生中产生了广泛影响。

"科学救国"在中国的广泛发展,提高了人们对科学技术的认识,促进了中国科学技术的发展,为五四新文化运动准备了人才,使五四新文化运动得以高举科学与民主的大旗。同时,"科学救国"的广泛发展使中国知识分子找到了一个报效国家的良方,在迷惘彷徨中看到了希望。一些知识分子面对黑暗的政治统治,在报国无门的情况下,走上了"科学救国"之路,如著名地质学家李四光就是从武昌起义后在湖北军政府要职上因对国家前途感到十分困惑的情况下走上"科学救国"之路的。他1914年去英国伯明翰大学攻读采矿业,先后获硕士、博士学位,毕业回国后为中国地质力学和石油勘查工作做出了极为突出的贡献。同时,"科学救国"的思想还为人们提供了一种反封建、反愚昧活动的武器,如当时中国政坛既采用立宪共和政体,

---

① "西学"一词似出自《西学凡》,此为艾儒略编写的欧西大学课程纲要,署"西海耶稣会士艾儒略答述",书前有许胥臣引,书后有熊士旗跋、杨廷筠的《刻西学凡序》,1623年刊印,介绍西洋文、理、医、法、教(指教律)、道(指基督教神学)等六科,向中国人提供了有别于经、史、子、集四部分类的学科系统,是早期西书中较全面评述西洋学术的著作。此书较早以"西学"概括欧西神学、经院哲学及某些科技知识。以后,西方传教士译介欧西知识的书籍多以"西学"命名,如《西学修身》、《西学持家》、《西学治平》等。"西学"逐渐被中国士人使用。冯天瑜:《新语探源——中西日文化互动与近代汉字术语生成》,中华书局2004年版,第194页。

又提倡忠君的儒教；既广设学校进行科学教育，又提倡祀天、信鬼、修仙、扶乩等反科学的东西。对此，具有科学信仰的陈独秀、刘半农等知识分子即运用科学思想、科学道理进行坚决的抵制和批判，并强调救治中国只有用求真求实、怀疑和批判的科学精神，以科学唤醒人民，摆脱愚昧。

"科学救国"思想对土家族知识分子的影响很大。一方面是大批土家族有志青年走出国门，学习科学技术，如《中国土家族历史人物》一书中记录的除前面提到的刘孔阶、彭施涤、陈登山、张少伯、李烛尘、朱和中、田永正等外，还有革命党人李执中，1906 年东渡日本并在日本参加兴中会，回国后一直坚持民主革命；创建中国第一支空军的秦国镛（1876—1940 年），先后留学法国、比利时，回国后创办了中国空军，其子秦家柱 1937 年 8 月 14 日驾机迎敌，成为中国第一个击落敌机的飞行员，后又多次与日军战斗，直到牺牲；长寿教师杨秀涛（1876—1979 年），1923 年赴法留学，回国后一直从教；湖南督军署参谋长彭廷衡（1878—1942 年），清末留学日本学炮兵；农学家黄召棠（1879—1928 年），中国首批留日学生之一；国民党军事委员会少将委员黄伯琪（1882—1958 年），1901 年赴日本留学，后回国参加辛亥革命；湖北都督府军事委员刘孟顾（1882—1961 年），1908 年东渡日本留学；大律师熊福田（1889—1964 年），1912 年留学日本。凡此等等，不能全举。不管这些人的后来作为如何，其最初却是为救国而去的。

另一方面是产生了大批立志"科学救国"的知识分子，下面以黄召棠为例。

黄召棠目睹清廷腐败，列强入侵，莫不义愤填膺，认为立国之本在于农，矢志以农救国。[①] 1899 年，黄召棠遵从父命，东渡日本自费留学，先在宏文学院学习日文，次年考入鹿儿岛高等农林学校，攻读农艺化学，成为中国首批留日学农的学生。1904 年，黄召棠学成回国，受聘于北京农业专门学校任教。在此期间，曾与北洋政府农林总长陈振光等人组建"全国农学会联

---

[①] 在中国近代发展中，围绕"中国向何处去"的问题，从文化上讨论，并行有四大问题：(1)东西文化的关系：东方化还是西方化？(2)中国现代化的道路：资本主义还是社会主义？(3)中国文化的出路：中国本位还是全盘西化？(4)中国经济发展的道路：以农立国还是以工立国？这些问题一直有争论。黄召棠应是一个以农立国论者。罗荣渠主编：《从"西化"到现代化》，北京大学出版社 1990 年版。

合会",陈任会长,黄任副会长。但北洋军阀政府根本不重视农业,黄召棠深感失望,遂于1914年离开北京,南下就任江西省农事试验场场长。不久,因军阀割据混战,时局动荡,黄召棠旋即回湘,任湖南省甲种农业学校校长,并主持湖南农事试验场工作,黄召棠治校严谨,教学循循善诱,深受学生敬爱。1917年年初,颇具影响的农业学术团体"中华农学会"成立。学会初立,经费拮据,黄召棠慷慨捐赠银元数千元,支持学会开展工作。黄召棠留学日本时,就同情孙中山、黄兴、宋教仁等人的革命活动,与宋教仁乡谊尤深,常有书信往来。后来,黄召棠还曾先后执教于安徽芜湖第二农业学校及国立第三中山大学农学院(今浙江大学),教学之余,他积极参加中华农学会的学术活动,潜心农林著述,其中手抄本就有《果树园艺栽培学》、《土壤学》、《茶树的栽培》等,可惜后来原稿散失殆尽。1927年,黄召棠因病还乡,翌年不幸早逝,年仅49岁。中华农学会为表彰黄召棠培养农艺人才和发展农业科技事业做出的贡献,于1936年设立了"黄聘珍先生纪念所奖学金",作为对这位农学家的纪念。①

---

① 参见中国人民政治协商会议湘西土家族苗族自治州委员会文史资料委员会编:《湘西文史资料》第6辑有关于黄召棠之专文,内部资料1992年版。

# 第 十 章

# 土家族学者对唯物史观的接受与阐释

马克思主义在中国的广泛传播是从十月革命以后,特别是五四运动以后开始的。从传播的内容上看,马克思主义在中国广泛传播有一个重点逐渐转移的过程。并且,中国马克思主义者十分重视马克思主义的方法论品格,用以分析中国社会问题,探讨中国社会的出路。在马克思主义广泛传播的过程中,土家族马克思主义者主要通过对历史唯物主义的接受与阐释,赋予了马克思主义中国本土化性格,并据此投身于改造中国的社会主义运动。这种情况证明:"在先进的国家,实践启发理论;在落后的国家,理论鼓起实践。"①

## 第一节 20世纪中国马克思主义的特点

20世纪中国马克思主义的特点,从不同视野分析会有不同的认知框架。但无论何种认识框架,都应承认中国化的马克思主义以工人阶级为阶级基础,以现代化进程为其发展的新土壤与新空间;从内容上看,传播重点有一个由唯物史观到辩证唯物主义的逐渐转移的过程。在接受的过程中,中国早期马克思主义者一开始即有一种把马克思主义中国化的自觉:李大钊提出要 "应用于我们生存的社会"②、"拿来作工具,用以为实际的

---

① [英]罗素著,马元德译:《西方哲学史》下卷,商务印书馆1997年版,第129—130页。

② 李大钊:《我的马克思主义观》,《李大钊文集》第3卷,人民出版社1999年版,第36页。

运动"①;李达用马克思主义哲学"考察目前中国的出路"②,特别强调"按照目前中国国情""定出一个政策来"③;陈独秀与毛泽东等把马克思主义的阶级斗争学说运用于分析中国社会各阶级,赵世炎提出马克思主义应与中国实际相结合的思想等,都反映了中国早期马克思主义者的一个共同思想取向。

## 一、阐释重点的与时俱进

在马克思主义传入中国的过程中,西方的多种主义如无政府主义、非马克思主义的社会主义等都在中国有所传播,且都在不断运用于分析中国的各种问题,如贫困问题等;共产国际远东局派代表维经斯基来华帮助中国先进分子建党,除联系李大钊、陈独秀等外,也联系了当时的其他激进思想家如孙中山,足可说明当时思想界的混乱与不清晰。然而,李大钊、陈独秀等一批先进知识分子却迅速地接受了马克思主义,并在中国掀起了思想狂飙。从理论自身的发展来说,这固然是因为马克思主义本身所具有的世界性特征,它产生于全球性现代化运动迅速发展的时代,是对世界历史发展规律和趋势的科学把握,因而成为一种世界性的具有普遍指导意义的理论,并使它能成为一种世界性思潮④;俄国无产阶级把马克思主义运用于俄国取得了巨大的成功,给中国先进分子以接受马克思主义的极大信心、热情与实践马克思主义的动力。从中国社会自身发展需要看,随着中国自身现代化因素的发展,其中特别是工人阶级的成长壮大,使中国具有了传播和接受马克思主义的阶级基础与社会条件;"中国向何处去"问题的强烈的时代感、责任感与实践性,使"本质上是批判的和革命的"马克思主义在中国有了知音,

---

① 李大钊:《再论问题与主义》,《李大钊文集》第 3 卷,人民出版社 1999 年版,第 3 页。

② 李达:《社会之基础知识》,《李达文集》第 1 卷,人民出版社 1980 年版,第 558 页。

③ 李达:《马克思学说与中国》,《李达文集》第 1 卷,人民出版社 1980 年版,第 211 页。

④ 马克思曾说:"各种外部表现证明,哲学正获得这样的意义,哲学正在变成文化的活的灵魂,哲学正在世界化,而世界正在哲学化,——这样的外部表现在一切时代里曾经是相同的。"马克思:《〈科伦日报〉第 179 号社论》,《马克思恩格斯全集》第 1 卷,人民出版社 1995 年版,第 220 页。

于是受中国传统文化支撑的中国先进分子抱着一种民族振兴与追求现代性的历史责任感与使命感,促成了中国化马克思主义的迅速发展。

中国化马克思主义隐含着两个内在的方面:

一是从理论与实践的关系层面体现为"马克思主义理论的中国化"与"中国实际的马克思主义化"。按照毛泽东 1938 年 10 月在中共六届六中全会上所作的《论新阶段》政治报告,当他直接向全党提出"马克思主义中国化"的任务时,强调的是:"离开中国特点来谈马克思主义,只是抽象的空洞的马克思主义。因此,马克思主义的中国化,使之在其每一表现中带着中国的特性,即是说,按照中国的特点去应用它,成为全党亟待了解并亟须解决的问题。"①按照毛泽东的理解,"马克思主义中国化"就是马克思主义与中国具体实际相结合,使之发生带有中国特点的变化,创造出符合中国实际需要,具有中国作风、中国气派的马克思主义。为了完善这一理论,毛泽东于 1941 年 9 月召开的中共中央政治局扩大会议的讲话中又提出了"中国实际马克思主义化"的问题:"我们反对主观主义,是为着提高理论,不是降低马克思主义。我们要使中国革命丰富的实际马克思主义化。"②这样,"马克思主义中国化"与"中国实际马克思主义化"就构成了同一问题的两个内在的方面:一方面是把马克思主义运用于中国实际,另一方面则是把中国实际上升为马克思主义;一方面是坚持马克思主义指导,另一方面是与"实"俱进发展马克思主义;一方面是反对教条主义,另一方面是反对经验主义。

二是从全球性、现代性与民族性的关系层面,马克思主义作为适应西方现代化进程而产生的全球性现代化理论之一,既具有西方的现代性、民族性,又具有全球性。这种理论如何与中国实际相结合,还有一个与中国文化传统相结合的问题。因此,"马克思主义中国化"既是要使马克思主义与中国的具体实践相结合,把马克思主义"应用于中国的具体的环境";又包括使马克思主义与中国的文化传统相结合,使马克思主义具有"为中国老百

---

① 毛泽东:《毛泽东选集》第五卷,晋察冀日报社 1944 年 5 月版,第 20—21 页。转引自雍涛:《马克思主义哲学中国化的历史进程》,武汉大学出版社 2006 年版,第 25 页。
② 毛泽东:《毛泽东文集》第二卷,人民出版社 1993 年版,第 374 页。

姓所喜闻乐见的中国作风和中国气派"①。从哲学上讲,就是马克思主义哲学中国化与中国哲学现代化两种哲学运动。

总之,根据毛泽东的理解,"马克思主义中国化"即可简化为坚持与发展、现代性与民族性、世界哲学中国化与中国哲学现代化两个内在的向度,从而构成了马克思主义哲学中国化的双重内涵。从全球性现代化运动的层面看,这种双重内涵又恰好是同全球性现代化运动的中国化与中国现代化运动的世界化紧密相联的。

在马克思主义中国化的早期过程中,中国先进知识分子实际上面临着两种社会批判任务,这就是以现代文明为尺度,既批判中国传统文化(传统与现代的关系),又批判西方资本主义的野蛮及相应弊病(中国与西方的关系)。从现代化的尺度看,这是中国应走什么现代化道路的问题;从解决民族危机、社会危机的角度看,这是"中国向何处去"的问题。要解决这一问题,需要正确认识中国社会,需要寻求认识工具。正是依据这一需要,形成了中国马克思主义的早期特征。

从对马克思主义哲学性质的理解上,首先传播马克思主义的李大钊、陈独秀都把马克思主义哲学理解为"科学"意义的唯物史观,认为唯物史观是认识和改造中国的最正确的科学方法,如陈独秀即强调唯物史观"不是指本体论、宇宙论的玄学,即所谓形而上的哲学"②。瞿秋白虽然在20世纪20年代中期开始在中国传播辩证唯物主义,但其所理解的马克思主义哲学也带有强烈的科学化实证化特征。③ 可以说,重点强调唯物史观是20世纪20年代中国马克思主义的首要特征。

最初把重点放在历史唯物主义,是与马克思主义对资本主义的批判及历史趋势的把握,与中国先进分子对资本主义问题的再发现相结合的,是为了用历史唯物主义来分析和解决中国问题。从最高层面看,这些问题是晚清以来士大夫所看到的中国所遇"三千年未有之大变局",是"中国向何处

---

① 毛泽东:《毛泽东选集》第二卷,人民出版社1991年版,第534页。

② 陈独秀:《科学与人生观·序》,见吴晓明《德赛二先生与社会主义——陈独秀文选》,上海远东出版社1994年版,第223页。

③ 参见李维武:《李达所赋予马克思主义哲学的中国特色的性格——为纪念武汉大学110周年校庆而作》,《武汉大学学报》2003年第6期。

去"的问题,它涉及到对中国的社会制度、文化传统甚至人心秩序等合法性的再确认。这一问题是由西方发起的全球性现代化运动逼出来的。从价值观看,这些问题包括三方面的价值选择:从民族历史层面看是中国作为一个民族国家单位如何走向独立与富强,并在与国际上各民族国家间的不平等竞争中取得强势地位;从文化传统层面看是中国传统价值理念与西方价值观念的冲突如何协调,民族性价值理念和相应知识形态如何获得辩护;从个体存在价值层面看是如何维护中国传统终极信念的有效性。① 经过多种思潮的反复激荡,中国先进分子终于发现"马克思的学说真是拯救中国的导星","我们在这一天,应该细细的研考马克思的唯物史观,怎样应用于中国今日的政治经济情形。详细一点说,就是依马克思的唯物史观以研究怎样成了中国今日政治经济的情状,我们应该怎样去做民族独立的运动,把中国从列强压迫之下救济出来。"②也就是说,应运用马克思主义以争取民族的独立和解放。

20世纪30年代以后,一方面是李达、艾思奇等思想家对马克思主义哲学研究的深入展开,为更准确地理解马克思主义哲学提供了条件;另一方面也由于中国共产党人独立自主地领导武装斗争与根据地建设的需要,使马克思主义哲学的本体论、认识论、方法论得到全面彰显,并使实践概念在马克思主义哲学中的意义和位置被特别突出。艾思奇在《大众哲学》一书中不仅把马克思的唯物辩证法划分为本体论、认识论、方法论三部分,而且强调"实践是辩证法唯物论的理论之核心"③。李达在《社会学大纲》一书中甚至直接把马克思主义哲学规定为"实践的唯物论"④,从而导源了毛泽东的《实践论》。中国马克思主义者对马克思主义哲学的接受与传播的这一重点一直持续到中华人民共和国成立以后,并在马克思主义民族化、大众化等方面取得了卓越成就。

本来,马克思主义在产生以后,本身即有一个理论阐述重点逐渐转变的过程。在马克思、恩格斯时代,阐述的重点是放在历史观及对资本主义的批

① 参见刘小枫:《现代性社会理论绪论》,上海三联书店1998年版,第195页。
② 李大钊:《这一周》,《李大钊文集》第4卷,人民出版社1999年版,第377、376页。
③ 艾思奇:《大众哲学》,《艾思奇文集》第1卷,人民出版社1981年版,第44页。
④ 李达:《社会学大纲》,《李达文集》第2卷,人民出版社1981年版,第60页。

判上,所以恩格斯在马克思墓前的讲话中即肯定唯物史观和剩余价值这两大发现①,即使在《反杜林论》、《自然辩证法》、《路德维希·费尔巴哈和德国古典哲学的终结》等著作中对"辩证唯物主义"有所阐明,也主要是从论战的角度来揭示。到俄国社会主义革命时代,马克思主义阐述的重点已转向辩证唯物主义,历史唯物主义只是辩证唯物主义在历史领域的运用,是把唯物主义"对自然界的认识推广到对人类社会的认识"②。马克思主义阐述重点的转移,本身成为马克思主义与时俱进的时代特征之一。中国马克思主义者根据中国革命和建设事业的需要,不断地与时俱进,调整自己关注与发展的理论重点,曾使中国马克思主义的发展没有严格的学说史的自身界限,而具有社会革命与建设史的实践界限,这充分反映了马克思主义的实践品格。大致说来,"五四"时期以廓清问题,坚信马克思列宁主义的正确性、科学性和有效性为特征,主要以历史唯物主义分析中国问题,李大钊、陈独秀、毛泽东等都有这方面的著作,李大钊的《由经济上解释中国近现代思想变动的原因》、陈独秀的《中国国民革命与社会各阶级》、毛泽东的《中国社会各阶级的分析》等即是。到了20世纪30年代以后,唯物辩证法成了中国马克思主义关注的重点,以毛泽东、李达、艾思奇等为代表。艾思奇的《大众哲学》,李达的《社会学大纲》,毛泽东的《中国革命战争的战略问题》、《实践论》、《矛盾论》、《论持久战》等都可以认为是这类著作的代表。

## 二、凸显方法论的实践品格

马克思、恩格斯曾十分关注中国的社会发展问题,它以对世界资本主义历史地位的评价及历史趋势的把握为基础,探讨世界非资本主义国家能否超越西方道路走一条新的现代化道路的问题,进而探讨中国与西方发展的相关关系……如马克思曾在《中国革命和欧洲革命》中用"两极联系"这个朴素谚语来分析中国与欧洲的关系,认为推动中国革命的不仅是英国的大炮,而且重要的是野蛮的、闭关自守的、与文明世界隔绝的状态被打破,开始

---

① 参见恩格斯:《在马克思墓前的讲话》,《马克思恩格斯选集》第3卷,人民出版社1995年版,第776页。

② 列宁:《马克思主义的三个来源和三个组成部分》,《列宁选集》第2卷,人民出版社1995年版,第311页。

同外界发生联系。"历史好像是首先要麻醉这个国家的人民,然后才能把他们从世代相传的愚昧状态中唤醒似的。"①马克思的这种分析,既揭露了西方资本主义,又厘清了中西关系,在一种世界历史视野下分析问题,具有了适应中国先进分子"铁肩担道义"理论需求的条件。后来,中国成为西方殖民政策及西方文明扩张范围实际终结者的事实证明,马克思主义的分析多么正确。

十月革命胜利后,中国先进知识分子由于有了对马克思主义的再发现而转化为中国马克思主义者②,他们以民族独立、振兴为鹄的,以中国的救亡使命为参照来接受和阐释马克思主义,借以改造中国社会,实现中华民族的振兴。

首先,马克思主义的科学方法论意义在中国得到彰显,使唯物史观、唯物辩证法等都特别显示其方法论意义,如陈独秀讲马克思主义的社会主义,就是一种方法,"其宗旨固然也是救济无产阶级底苦恼,但是他的方法却不是理想的、简单的均富论,乃是由科学的方法证明出来。""因此可以说,马格斯以后的社会主义是科学的、是客观的。"③蔡和森则认为"对于中国将来的改造,以为完全适用社会主义的原理和方法"④。"对各种主义综合审谛,觉社会主义真为改造现世界对症之方,中国也不能外此。"⑤当毛泽东读到了李达的《社会学大纲》时,就作了明确的批注:"找出法则、指示实践、变革社会——这是本书的根本论纲。"⑥据龚育之等在《毛泽东的读书生活》一

---

① 马克思:《中国革命和欧洲革命》,《马克思恩格斯选集》第1卷,人民出版社1995年版,第691页。

② 这里用"对马克思主义的再发现"一语,旨在表明那些早期中国马克思主义传播者对自己前此理解的马克思主义、俄国革命等的重新清理,如李大钊对俄国革命关注很早,但在很大程度上没有把马克思主义对资本主义的批判与民粹主义对资本主义的害怕区别开来,直到《我的马克思主义观》的出现,才完成了这一清理过程。参见李维武:《1919:李大钊的思想足迹》,《马克思主义哲学研究》2001年卷,武汉大学出版社2001年版。

③ 陈独秀:《社会主义批评》,见吴晓明《德赛二先生与社会主义——陈独秀文选》,上海远东出版社1994年版,第173—174页。

④ 蔡和森:《蔡林彬给毛泽东》,《蔡和森文集》,人民出版社1980年版,第51页。

⑤ 同上书,第50页。

⑥ 毛泽东:《毛泽东哲学批注集》,中央文献出版社1988年版,第209—210页。

书中记载,毛泽东即善于从方法论运用的角度来讨论和学习马克思主义:
"我的工具不够,今年还只能作工具的研究,即研究哲学、经济学、列宁主
义,而以哲学为主。"①在中国的马克思主义者中,像毛泽东这样从方法论角
度来理解马克思主义的还很多。可以说,正是中国马克思主义的这一性格,
"使中国马克思主义哲学与 20 世纪中国思想世界的其他思潮有了最显著
的区别,并对 20 世纪中国历史进程发生了重大的影响。"②

其次,中国社会根本改造的实际斗争使阶级斗争学说成为中国马克思
主义者特别关注的对象,他们用阶级斗争来观察、论证阶级,分析阶级,并以
此来区分"谁是我们的敌人?谁是我们的朋友"这一革命的首要问题,如李
大钊说全部马克思主义学说都可以用阶级斗争这"一条金线……联络起
来"③;陈独秀则说"阶级战争的观念确是中国人应该发达的了"④;蔡和森
说:"社会主义必要之方法:阶级战争——无产阶级专政"。"俄社会革命出
发点 = 唯物史观。方法 = 阶级战争 + 阶级专政。目的 = 创造共产主义的社
会;无阶级,无反动,社会组织完成,世界组织完成(列宁及共产党屡次如此
宣言时),取消国家。"⑤都说明了这一点。

重点关注阶级斗争学说,在毛泽东那里表现得最为明显,如 1946 年读
列宁《国家与革命》时"在'阶级社会与国家'这一章,几乎每句话的旁边都
划着杠杠,讲暴力革命的地方划的杠杠特别引人注目。例如,革命才能消灭
资产阶级国家这一句,关于暴力革命的观点是'马克思恩格斯全部学说的
基础'这一段,杠杠划得最粗,圈圈划得最多,'革命''消灭''全部学说基
础'这些词和词组的旁边划了两条粗杠"⑥。

---

① 毛泽东:《毛泽东书信选集》,中央文献出版社 2003 年版,第 50 页。
② 李维武:《李达所赋予马克思主义哲学的中国特色的性格——为纪念武汉大学
110 周年校庆而作》,《武汉大学学报》2003 年第 6 期。
③ 李大钊:《我的马克思主义观》,《李大钊文集》第 3 卷,人民出版社 1999 年版,第
18—19 页。
④ 陈独秀:《社会主义批评》,见吴晓明《德赛二先生与社会主义——陈独秀文选》,
上海远东出版社 1994 年版,第 187 页。
⑤ 蔡和森:《蔡林彬给毛泽东》,《蔡和森文集》,人民出版社 1980 年版,第 50、64 页。
案:标点有所变化。——引者
⑥ 龚育之等:《毛泽东的读书生活》,三联书店 2005 年版,第 29—30 页。

再次,由于中国革命和建设事业的艰巨性,中国马克思主义者都特别强调主观能动性的发挥,特别强调思想道德建设的重要性。在这一点上,在毛泽东和刘少奇那里表现得特别明显。毛泽东在《论持久战》中说:

> 思想等等是主观的东西,做或行动是主观见之于客观的东西,都是人类特殊的能动性。这种能动性,我们名之曰"自觉的能动性",是人之所以区别于物的特点。一切根据和符合于客观事实的思想是正确的思想,一切根据于正确思想的做或行动是正确的行动。我们必须发扬这样的思想和行动,必须发扬这种自觉的能动性。抗日战争是要赶走帝国主义,变旧中国为新中国,必须动员全中国人民,统统发扬其抗日的自觉的能动性,才能达到目的。①

很明显,这里特别强调的"自觉能动性"是"人"的族类本性,并以此为基础引出了"精神变物质"、"思维与存在的同一性"等等命题。刘少奇等则从"论共产党员修养"角度,从一个侧面对发挥能动性提供了保障。有了这种能动性,人们就能"从国内外、省内外、县内外、区内外的实际情况出发,从其中引出其固有的而不是臆造的规律性,即找出周围事变的内部联系,作为我们行动的向导"②。

刘少奇在强调共产党员修养的重要性时则说:

> 我们同志只要真正有决心,真正自觉地始终站在无产阶级先锋战士的岗位,真正具有共产主义的世界观,并且始终不脱离当前无产阶级和一切劳动群众的伟大而深刻的革命运动,努力学习、锻炼和修养,那末,掌握马克思列宁主义的理论和方法,在工作和斗争中培养马克思和列宁那样的作风,不断提高自己的革命品质,成为马克思、列宁式的政治家,这是完全可能的。③

强调马克思主义的实践意义,在 20 世纪 30 年代,中国马克思主义者还用

---

① 毛泽东:《论持久战》,《毛泽东选集》第二卷,人民出版社 1991 年版,第 477—478 页。

② 毛泽东:《改造我们的学习》,《毛泽东选集》第三卷,人民出版社 1991 年版,第 801 页。

③ 刘少奇:《论共产党员的修养》,《刘少奇选集》上卷,人民出版社 1981 年版,第 105 页。

"实践的唯物论"来规定唯物辩证法,毛泽东则进一步把中国马克思主义哲学的兴奋点由本体论转向"实践论",把马克思主义哲学由作为本体论的"实践的唯物论"改造成为作为认识论和方法论的"实践论",使马克思主义哲学进一步中国化。

### 三、思想渊源的中西融会

关于中国马克思主义产生的思想渊源,学术界有"一源论"、"二源论"的争论。"一源论"强调中国马克思主义只有马克思主义的一个源头,"二源论"则强调中国马克思主义还有中国传统优秀思想的源头。显然,从中国马克思主义产生的总体特征来看,"二源论"更加符合中国马克思主义产生的渊源特征。当然,即使坚持"二源论",也应把马克思主义看成是中国马克思主义产生的主源。

由于中国知识分子是在其他各种西方理论以及种种社会改造方案都在实践中破产以后选择马克思主义的,是由"十月革命一声炮响,给我们送来了马克思列宁主义"[1]。但早期的中国马克思主义者曾有某种全盘否定中国传统文化的倾向,直到20世纪30年代后才认识到"从孔夫子到孙中山,我们应当给以总结,继承这一份珍贵的遗产"[2],从而开始自觉地用马克思主义解剖中国传统文化并吸收精华来实现马克思主义中国化。可是,这并不否认中国先进知识分子事实上运用了中国的传统文化,作为接受马克思主义的契机,如从接受进化论到接受马克思主义的过程看,"进化"观念显然也不无中国传统的进化思想,如李大钊在《自然的伦理观与孔子》(1917年2月)中即认为"宇宙乃无始无终自然的存在","且渐次发生进化"[3]。在《真理》(1917年2月)中则认定"余信世界文明日进"[4]。陈独秀在《敬

---

[1] 毛泽东:《论人民民主专政》,《毛泽东选集》第四卷,人民出版社1991年版,第1471页。

[2] 毛泽东:《中国共产党在民族战争中的地位》,《毛泽东选集》第二卷,人民出版社1991年版,第534页。

[3] 李大钊:《自然的伦理观与孔子》,《李大钊文集》第1卷,人民出版社1999年版,第249—250页。

[4] 李大钊:《真理》,《李大钊文集》第1卷,人民出版社1999年版,第247页。

告青年》(1915 年 9 月)中则深信:"不进则退,中国之恒言也。自宇宙之根本大法言之,森罗万象,无日不在演进之途,万无保守现状之理;特以俗见拘牵,谓有二境,此法兰西当代大哲柏格森(H. Borgson)之创造进化论(L'Evolution Creatrice)所以风靡一世也。以人事之进化言之,笃古不变之族,日就衰亡;日新求进之民,方兴未已;存亡之数,可以逆睹。矧在吾国,大梦未觉,故步自封,精之政教文章,粗之布帛水火,无一不相形丑拙,而可与当世争衡?"①这种进化思想,既有中国传统文化中的进化观念,也有西方进化论的影响,正是这种进化观念成了这些先进分子接受唯物史观的桥梁或契机。②

中国早期马克思主义者李大钊、陈独秀等主要是从日文翻译作品中接受马克思主义的,其中特别是马克思主义的历史唯物主义等内容。③但他们在阐明历史唯物主义及对资本主义的批判时,却往往以中国传统文化的民本主义、道德伦理主义来理解马克思主义,李大钊从民彝史观走向历史唯物主义、毛泽东以中国传统文化的两种传统(精英文化与民间文化)与马克思主义结合等④,都在与中国传统文化的结合上做出了典范意义。如李大钊在接受历史唯物主义之前即有深厚的中国民本思想传统,其"到农村去"的重民思想,结合着销蚀资本主义工业文明引起的社会问题⑤,即可成为走向历史唯物主义的契机。事实也正是这样,当他转变成马克思主义者以后,即把"到农村去"转化为马克思主义与中国工人运动相结合,投入到创建中国共产党和领导人民革命运动的历史洪流中。

中国先进知识分子还曾从社会伦理道德的角度来理解马克思主义,使

①　陈独秀:《敬告青年》,见吴晓明《德赛二先生与社会主义——陈独秀文选》,上海远东出版社 1994 年版,第 7 页。
②　参见吕希晨等:《中国现代唯物史观史》,天津人民出版社 2003 年版,第 33、62 页。
③　据统计,在中国共产党的早期人物中,主要的都有留日或到过日本学习的经历,如陈独秀:1901—1915 年间三次留日。李汉俊:1918 年底留日归国。陈望道:1915—1919 年留日。李达:1913—1920 年间三次留日。李大钊:1913—1916 年早稻田大学留学生。董必武:1914—1917 年间两次留日。周恩来:1917—1919 年留日。彭湃:1917—1921 年早稻田大学留学生。王若飞:五四前日本明治大学留学生。施存统:留日学生。
④　参见何萍、李维武:《马克思主义中国化探论》第二章,人民出版社 2002 年版。
⑤　参见李大钊:《青年与农村》,《李大钊文集》第 2 卷,人民出版社 1999 年版,第 287—288 页。

之与中国传统文化重视个人修养等伦理特点相结合,如李大钊即有这类阐述:

> 我们于此可以断定,在这经济构造建立于阶级对立的时期,这互助的理想、伦理的观念,也未曾一日消灭,不过他常为经济构造所毁灭,终至不能实现。这是马氏学说中所含的真理。到了经济构造建立于人类互助的时期,这伦理的观念可以不至如从前为经济构造所毁灭。可是当这过渡时代,伦理的感化,人道的运动,应该加倍努力,以图铲除人类在前史中所受的恶习染,所养的恶习质,不可单靠物质的变更。①

中国马克思主义者对马克思主义的这种理解直接根源于中国文化传统,并成为中国马克思主义者始终如一的传统,如毛泽东强调从思想上建党、保持"两个务必"、强调又红又专,刘少奇"论共产党员的修养",江泽民强调"实践三个代表",胡锦涛强调进行先进性教育活动、坚持"八荣八耻"、建设社会主义核心价值观、建设中华民族的共同的精神家园等,都可以看成是中国马克思主义的这一传统,从而成为中国共产党加强自身建设的优良传统。

总之,对于中国马克思主义者来说,与传统文化结合,凸显马克思主义的中国风格,体现了马克思主义的本质要求,即如恩格斯在《致弗·阿·左尔格》中所说:"即使掌握了从一个大民族本身的生活条件中产生出来的出色理论,并拥有比社会主义工人党所拥有的还要高明的教员,要用空谈理论和教条主义的方法把某种东西灌输给该民族,也并不是那样简单的事情。"②而中国马克思主义者的优势也正在于,中国传统文化本有一种崇尚经世致用的思想传统,近现代的救国救民运动与马克思主义作为思想武器的传入,不仅暗合了中国文化的这一传统,而且还深深地印证了中国古代的民本思想、道德诉求等文化精义,从而由传统文化赋予了中国化马克思主义的时代精神、民族形式和个人风格。

---

① 李大钊:《我的马克思主义观》,《李大钊文集》第3卷,人民出版社1999年版,第35页。
② 《恩格斯致弗·阿·左尔格》,《马克思恩格斯选集》第4卷,人民出版社1972年版,第467页。按:1995年版《马克思恩格斯选集》第4卷未收此信。

## 第二节　向警予：用唯物史观阐明
### 中国妇女解放问题

　　19 世纪末 20 世纪初,妇女解放问题是理论和政治、社会的热点问题。土家族先进分子向警予从 1911 年提出"振奋女子志气,励志读书,男女平等,图强获胜,以达到教育救国之目的"①的志向到 1919 年为实现"社会均齐发展"而谋以社会主义对中国社会的"根本改造",初步确立了向警予追求男女平等的妇女观②;到 1920 年,她已能超越"世界上多种试验过的制度与主义",确认"以社会主义的互助协进来替代个人主义的自由竞争"、希望的就是"20 世纪的新文明",且强调"我们女子的改进运动,也要能够与他并驾齐驱才好"③。从《女子解放与改造的商榷》(1920 年 5 月)一文中可以发现,向警予已转变为一名马克思主义者。以后她一直探索中国化的马克思主义妇女解放理论,直至献出宝贵的生命。在她看来,中国的妇女问题最终是中国社会的根本改造问题,中国的妇女解放最终要落实到劳动解放和人类解放上。因此,必须从哲学层面才能阐明向警予妇女解放思想的内涵。

### 一、向警予妇女解放思想的历史文化背景

　　向警予的妇女解放理论,从产生的根源看,有民族文化根源、家庭影响、湖南新思潮的推动、西方女性主义思潮的促动、马克思主义妇女观的导引等。

　　首先,向警予思想的民族文化背景。土家族是一个崇尚男女平等的民族,直到 18 世纪中叶,清朝统治者才对土家族地区进行"禁肃内外,分别男女"④的工作。清光绪年间,土家族妇女还在农耕劳动中唱主角,并具有较

①　向警予:《七姊妹誓词》,《向警予文集》,湖南人民出版社 1985 年版,第 5 页。
②　参见向警予:《给陶毅》,《向警予文集》,湖南人民出版社 1985 年版,第 9—10 页。
③　向警予:《女子解放与改造的商榷》,《向警予文集》,湖南人民出版社 1985 年版,第 14—16 页。
④　乾隆《鹤峰州志》毛峻德文告《禁肃内外》语。

强的政治关注度。① 在婚姻关系上,直到 20 世纪,在土家族地区以歌为媒的自主自由婚配之风仍然盛行。作为一名土家族成员,向警予深受这种自由、自主、平等的民族文化传统的影响,并在政治关注、婚姻关系、民主开放等方面得到体现。1919 年夏的拒婚、"向蔡同盟"及破裂、关心国家兴亡、向往花木兰式的女英雄并对《木兰辞》爱不释手②等,都表现出这种影响。

其次,向警予思想发展的家庭背景。向警予的父亲向瑞龄是当地开明商人,曾应聘于县城有名的商号"鼎盛昌"当管事,后迁到县城,晚年还担任商会会长,在地方上很有影响。向警予有四个兄弟先后去日本留学,在那里接受了新思想,向警予受他们的影响很深。1903 年,大哥在城西文昌阁创办了一所小学,向警予取学名俊贤入小学学习,在县城开女子入校读书先例。大哥调至常德西路师范教书后,1907 年,12 岁的向警予随母亲离开家乡到常德大哥那里居住。在那里,她开始接触民主主义思想。家里议论时局,忧虑国事,给向警予幼小的心灵灌输了启蒙思想,成了她成长道路上的启蒙老师,使她把自己的未来和祖国的命运联系在一起,故能在 1915 年的作文中即提出湖南应为"中国之普鲁士"③的救国时论。

再次,向警予思想形成的新学教育背景。1911 年,16 岁的向警予考入常德女子师范。第二年,转学到长沙湖南省立第一女子师范。长沙是湖南省会,又是开放城市,颇有新的气息。各种新思想的影响,升华了向警予改造国家的抱负。向警予曾在日记与作文中多次谈到自己所受的新思想影响。正是新学教育,使长沙具有了较为文明开放的风气,也才有了关于女性问题的运动与讨论,如关于赵五贞女士自杀的讨论④等,并促进了向警予思想的形成与发展。

第四,向警予妇女解放思想的直接思想背景。国外女权运动的思想及

---

① 参见彭勃、祝注先注:《历代土家族文人诗选》,岳麓书社 1992 年版,第 236、222 页。

② 参见戴绪恭:《向警予传》,人民出版社 1981 年版,第 4 页。

③ 向警予:《湖南地形记》,《向警予文集》,湖南人民出版社 1985 年版,第 242 页。

④ 长沙女青年赵五贞为反抗父母包办婚姻,自刎于花轿中,以消极的行为抵制旧婚姻制度;长沙还有另一女青年李欣淑以离家出走的积极方式拒绝了包办婚姻,这两件事都震动了当时的思想界。关于婚姻的讨论也因此更加深刻,婚姻自由的观念已深入一般知识分子心中。向警予本身就是一个自由婚姻的实践者,并有拒婚的经历。

其开辟的话语系统、提出的讨论范畴,如婚姻自主、人格独立、参政权、教育权、产儿制限等,被直接用于新文化运动前期女性主义的建构中,并成为向警予妇女解放思想的养料。向警予读女学、办女学,追求婚姻自由,倡言经济独立等,都与西方女性主义思潮有关。所不同的是,西方女性主义把婚姻自主、人格独立、参政权、教育权等作为价值理性,而向警予则是以之作为救国救民的工具理性。

马克思主义妇女观是随着马克思主义在中国的广泛传播而进入中国的,陈独秀、李大钊、李达等都作过比较系统的阐明。李大钊运用唯物史观,在《物质变动与道德变动》等中认为"妇女在社会上的地位,随着经济状况变动"①。李达在《女子解放论》②中指出自由有精神、物质自由两种意义,女子精神上的自由之所以被束缚,是因为物质上的自由先被束缚。陈独秀认为"女子问题,实离不开社会主义",并强调"经济独立"对于妇女解放问题的意义。③ 因此,当时认同马克思主义妇女观者纷纷提出了女子经济独立的重要性,主张发展女子职业,鼓励女性走出家庭,参与社会生产,创造社会价值等④,这些思想都在向警予的文献中得到了反映。特别是到了法国后,根据分工,向警予主要研究《妇女声》、《女权报》及相关小册子,专门研究妇女解放问题,以唯物史观为武器,以阶级分析为核心视角,成了马克思主义妇女观中国化的最早的系统探索者。

第五,向警予思想发展的社会组织背景。有学者曾将向警予的人生经历划分为"女圣人"、"女校长"、"女会员"、"女先锋"、"女部长"、"女代表"、"女主编"、"女烈士"等阶段。⑤ "女圣人"是指在读书期间受墨子思想与儒家思想影响而被称为道德圣人,其间接受了朱剑凡的教育救国思想;"女校长"即为实践教育救国思想而回乡办学;"女会员"即受蔡和森与毛泽

①　李大钊:《物质变动与道德变动》,《李大钊文集》第3卷,人民出版社1999年版,第109页。

②　李达:《女子解放论》,《李达文集》第1卷,人民出版社1980年版,第23页。

③　参见陈独秀:《妇女问题与社会主义》,见吴晓明《德赛二先生与社会主义——陈独秀文选》,上海远东出版社1994年版,第188、189页。

④　参见尹旦萍:《西方思想的传入与中国女性主义的崛起——新文化运动时期女性主义的思想来源》,《武汉大学学报》2004年第4期。

⑤　参见纪学、吴忧著:《向警予》,中国青年出版社1994年版。

东影响加入"新民学会",实现思想转变;"女先锋"则是指筹备女子留法勤工俭学运动,并成为留法勤工俭学运动的先锋;"女部长"、"女代表"、"女主编"、"女烈士"则是在成为成熟马克思主义者后的事。其中的"女会员"、"女先锋"时期正是毛泽东、蔡和森、向警予之间思想互动,成为马克思主义者的关键时期。因此,接触毛泽东、蔡和森,参加"新民学会"是向警予思想发展的重要组织背景。

毛泽东和蔡和森都是"新民学会"的创始者,当向警予结识了蔡和森、毛泽东后不久即成为新民学会会员。在共同为留法勤工俭学运动努力的过程中,双方都实现了思想的飞跃,并逐步成为马克思主义者。其中蔡和森和向警予在赴法途中确立了恋爱关系,"有一种恋爱上的结合"①。到法国后因"卤莽看法文报"等而很快成为马克思主义者,他们"以世界大势律中国,对于改造计划略具规模"②。在这个过程中,他们阅读了《共产党宣言》、《家庭、私有制和国家的起源》、《社会主义从空想到科学的发展》、《共产主义"左派"幼稚病》等法文版的马克思列宁主义著作,确立了坚定的马克思主义信仰;确立了观察中国问题的国际视野,强调中国革命的"国际色彩"③;坚信唯物史观,并"极端主张:唯物史观,阶级战争,无产阶级专政"④。甚至得出了"俄社会革命出发点=唯物史观"的结论⑤;在中国"极端主张无产阶级专政"⑥,"是事有必至、理有固然的,任你如何反抗,历史的过程定要如此经过的"⑦;"世界革命运动自俄革命成功以来已经转了一个大方向,这方向就是'无产阶级获得政权来改造社会'"⑧;在中国革命中,"非组织与俄一致的(原理方法都一致)共产党,则民众运动、劳动运动、改

---

① 蔡和森:《蔡林彬给毛泽东》,《蔡和森文集》,人民出版社1980年版,第30页。
② 同上书,第49页。
③ 同上书,第52页。
④ 蔡和森:《马克思学说与中国无产阶级》,《蔡和森文集》,人民出版社1980年版,第74页。
⑤ 蔡和森:《蔡林彬给毛泽东》,《蔡和森文集》,人民出版社1980年版,第64页。
⑥ 蔡和森:《马克思学说与中国无产阶级》,《蔡和森文集》,人民出版社1980年版,第74页。
⑦ 同上书,第79页。
⑧ 同上书,第71页。

造运动皆不会有力,不会彻底"①。这些思想由蔡和森以书信的形式与在国内的毛泽东讨论,毛泽东则明显表示认同。其间主要由蔡和森与毛泽东联系,向警予也在通信中与毛泽东有所讨论,核心即是对中国实行根本改造的问题。

从向警予1920年12月29日《给爹爹妈妈》的信中可知,上述这些思想应看成是向警予与蔡和森等的共同思想:

> 和森是九儿的真正所爱的人,志趣没有一点不同的。这画片上的两小也合他与我的意。我同他是一千九百廿年产生的新人,又可叫做廿世纪的小孩子。②

笔者把这些思想看成是向警予与蔡和森的共同思想,还可从二人的关系发展得到证明:1919年12月25日,二人同乘法国邮轮"盎脱来蓬"号赴法,至1920年1月15日,向警予"开始抛弃教育救国的思想,而倾向共产主义"。"警予与和森之恋爱,亦于此发生"③。1920年5月26日,向警予在巴黎撰写《女子解放与改造的商榷》一文,该文于同年8月15日发表于《少年中国》第二卷第二期,显已成为一个马克思主义者。1920年5月和蔡和森在蒙达尼结婚,他俩自称"向蔡同盟"。1920年6月2日在给彭璜、毛泽东信中表示"数年后,或有以报同志"。1920年7月6—10日,留法"新民学会"会员在蒙达尼举行会议。蔡和森在会上提出走俄国十月革命道路,组织共产党,实行无产阶级专政的正确主张,向警予表示热烈赞同。1920年8月,"勤工俭学励进会"改名"勤工俭学世界社",向警予与蔡和森一道参加改造《工学世界社》宗旨的活动。1920年11月25日,毛泽东给向警予回信说:"湘事去冬在沪,姊智慷慨论之。"一年以来,"政治界暮气已深,腐败已甚,政治改良一途,可谓绝无希望,吾人惟有不理一切,另辟道路,另造环境一法。"1920年12月27日,"工学世界社"开大会于蒙达尼,向警予参加,蔡和森"作竟日长篇谈话",主张无产阶级专政,社会大革命,否认无政府主义为理想的乌托邦主义。1920年12月28日,李和笙(维汉)在"工学世界社"大会发言主张无政府主义,各社友及非社友纷纷发表意见,最后向警予"又

① 蔡和森:《蔡林彬给毛泽东》,《蔡和森文集》,人民出版社1980年版,第69页。
② 向警予:《给爹爹妈妈的信》,《向警予文集》,湖南人民出版社1985年版,第278页。
③ 蔡和森:《向警予同志传》,《向警予文集》,湖南人民出版社1985年版,第2页。

作长篇的谈话,至晚十时止"。1920 年 12 月 29 日,"工学世界社"大会"到晚九时才表决了个倾向,各个对现社会都不满足,都以为要革命才行。于是数日的讨论得个结束,告一段落"。当晚,向警予给父母写信(即上引文之信)表示自己的喜悦之情。可见,说向警予与蔡和森夫妻一起成为"极端马克思派"①是可信的。而且,蔡和森对此也持肯定态度,即强调"警予和森恋爱之后,一切热情集中于共产主义运动的倾向,一到法国,遂纠集同志及华工中的先进分子形成这种倾向的组织"②。

### 二、用唯物史观解剖中国妇女问题的性质

向警予对妇女问题的认识,最初与她想做"天下第一伟人"的目标相联③,这一目标又直接与其教育救国思想相联。她曾感于"僻在荒陬,文化难入,人性好静,苟安为能,非得有力者提挈乎上,以蚁负山,恐终无效"④;她也曾与毛泽东等人讨论"彻底的文化运动"⑤问题,反映出她的理想发展历程。在成为马克思主义理论家以后,她通过解剖知识女性的女权运动、娼妓制度及女子好装饰等问题,深刻地分析了女子问题的根源,并不断地探索"妇女解放"的出路。与其先辈甚至部分同辈思想家相比,向警予不只是把"男女平等"作为反对传统伦理纲常、建立民主社会的一部分,而是直接从"启蒙"、"妇女解放"等现代民主社会的核心价值理念、从唯物史观的高度进行阐明,并着力于"启蒙"与"妇女解放"的革命实践。

首先,凸显妇女运动的物质条件与群众史观,根据社会意义剖析妇女运动。向警予把中国妇女运动分为劳动妇女运动、女权及参政运动、基督教妇女运动⑥,并运用唯物史观进行全面分析,其主要思想是:劳动妇女运动的

---

① 蔡和森:《马克思学说与中国无产阶级》,《蔡和森文集》,人民出版社 1980 年版,第 74 页。

② 蔡和森:《向警予同志传》,《向警予文集》,湖南人民出版社 1985 年版,第 2 页。

③ 同上书,第 1 页。

④ 向警予:《请吴知事筹款书》,《向警予文集》,湖南人民出版社 1985 年版,第 264 页。

⑤ 向警予:《给彭璜毛泽东》,《向警予文集》,湖南人民出版社 1985 年版,第 25 页。

⑥ 参见向警予:《中国最近妇女运动》,《向警予文集》,湖南人民出版社 1985 年版,第 82 页。

产生和发展是直接由"近代工业化"所决定的,劳资矛盾决定了"阶级争斗"的必然性,但这已不只是妇女运动,而是"男工女工一致"的运动;女权及参政运动、基督教妇女运动等因为没有广泛的群众参与,"运动实力"不足。这种分析是由于她"不能不拜服马克思空前的发明唯物史观之卓识。原来人的思想和意识,绝不是无中生有的海市蜃楼,而是他的物质环境之反映"[①]。向警予还对知识女性的参政及女权运动进行了专题分析,其中涉及了对知识女性的双重性格(妇女性格与知识分子性格)的严肃解剖,强调她们受腐朽传统之毒太深、经济上未独立、严重脱离劳动妇女、不了解社会发展态势、有阶级局限等问题,而这正是中国女权运动的大缺点,这也就是来自知识妇女的团体无一不是软弱无力有始无终的原因。事实上,这种女权运动的目标"不过是无聊的议员队里增加了无聊的女议员,可耻的官僚群中添多些可耻的女官僚"[②]。

向警予还把知识妇女最普遍的趋向分为小家庭派、职业派、浪漫派三派。她认为:个人的快乐主义是小家庭派的骨髓,实际上是用西化代替中化,西洋留学女生多属此派的中坚,有的家庭还完全西洋化;小家庭派乐得在家养尊处优过神仙的生活,什么社会问题、妇女问题,都达不到她们的琼楼玉宇。"生活独立"及"为社会服务"是职业派的两个基本观念。这派的妇女多半散布在教育、实业、宗教三个方面;她们或创办学校,或提倡实业,或服务社会,意志坚强,始终如一,有可观的成绩;她们容易产生"称职"、"胜任愉快"等观念而形成一种保守的性质;因局部的生活而妨碍综合的社会意识的发展,形成了一种机械的性质;职业派除最小部分由于事业欲的驱使外,大部分实亦生活迫之使然。浪漫派即笑骂派,一部分新女青年多属此派。她们虽不满意社会现实,但绝对不为社会负责;她们头脑中绝无偶像,也绝无信仰,睥睨一切,唯我独尊,是一些空想的玄虚的感情狂;她们喜欢的是自己的绝对自由和绝对快乐,一举一动纯任自然,"做人"、"向上"都被斥为无意味的虚伪;"社交公开"是她们最时髦的口号,所以每天书可不读,男

① 向警予:《中国最近妇女运动》,《向警予文集》,湖南人民出版社1985年版,第87页。
② 同上书,第88页。

朋友不可以不会;"自由恋爱"是她们的终极目标,有了爱人,便什么都可不要了;她们完全过着游荡飘忽的生活,因此形成神经细胞粗疏的组织和精神界的惰性,读不得书,做不了事,而她们还大言不惭地说这就是妇女解放①;她们尽是云里雾里过活的小姐,不过从书本上或谈说中撷拾几个新名词,并不了解其意义,从未与社会接近,从未受过意志的锻炼,一遇实际问题的打击便灰心丧气,偃旗息鼓地缩做一团了。小家庭派、浪漫派完全建筑在个人快乐主义之上,职业派虽比较有社会的意识,然而也缺乏综合人生观和全般的社会意识。②

向警予认为:中国妇女运动的幼稚状况绝不是偶然的,绝不是一般人所谓的中国妇女特别不觉悟,特别不努力,而是农业社会、宗法社会必然的反映。因为全中国妇女的大多数过的是农村生活,三从四德、相夫教子是她们的天经地义;另一部分过的是太太奶奶的生活,其丈夫尽是官僚、军人、学者、教员、商人、买办,她们都可以在其丈夫的翅膀下偷生过活,至于因生活鞭策感觉到有独立自营必要的只有极少部分。知识技能完全缺乏的编入劳动的队伍,知识技能稍有基础的不得不挤进男子独占的职业界,而参政运动也未尝不是由此而起。客观的物质条件如此,中国妇女运动的幼稚可怜就不足为怪。向警予认为:物质条件并不是一成不变的,中国妇女解放的物质条件正在改变,此后的发展是必然的。从这里,向警予即从物质文化、精神文化的关系方面对中国妇女运动进行了准确诊断。这种诊断表明,中国妇女因历史的社会的特殊生活,演成了中国妇女特殊的心理和习性,最缺乏的是"政治的常识"和"社会的关心"。大多数只有饮食、男女、装饰的兴趣;少数虚荣的知识妇女偶尔高兴干一点事也绝无持久耐苦的精神,所以只要是与妇女两字相关联的就什么都弄不好。而且更伤心的是因这种基础而使各地零零碎碎的妇女团体大都挂的是块空招牌。③

此外,向警予还以妇女界对于国民会议的态度分为甲、乙、丙、丁四派,

---

① 参见向警予:《中国知识妇女的三派》,《向警予文集》,湖南人民出版社 1985 年版,第 137 页。

② 同上书,第 139 页。

③ 参见向警予:《中国妇女宣传运动的新纪元》,《向警予文集》,湖南人民出版社 1985 年版,第 157—159 页。

阐明了"民国国是应由人民来解决的道理"①,并号召"真正为国家与女权而奋斗"②,将妇女运动与整个中华民族的实际社会环境联系起来考察。

其次,凸显经济决定论,揭示妇女地位及妇女解放的经济根源。向警予在对妇女为什么好装饰的根源性解剖中,直接触动的是男权文化中心主义的家庭制度,并运用历史唯物主义对这一现象进行了深刻分析。她认为:纵览古今中外、东方西方,学术事业的发达,历史文化的演进,除了原始社会外,女子只有在装饰世界超越男子势力而独占天地。可以说,女子好装饰的心理比什么都发达,男子绝对不能与之相抗,而且这种风气越在都市越盛行。③ 妇女的这种好装饰观念的形成绝不是偶然的,而是与实际生活有密切的关系。从畜牧时代、农业时代女子所占有的经济生产要素之地位被男子攫去以后,女子的经济地位、社会地位完全被剥削而专做"阃以内"的分工,结婚、卖淫成为女子生活的唯一手段,而容貌的妍媸每每足以决定女子一生的命运,所以就是很穷的乡下佬也怕女儿成了无人要的贱货,不得不花几个钱,把女儿装饰装饰。实际生活的教训,长期训练的结果,于是女子好装饰的心理即逐渐普遍化了。④ 向警予的这一分析思路与恩格斯《家庭、私有制和国家的起源》中"两种生产理论"的分析思路一致。⑤

向警予还专门考察了娼妓制度的根源。她认为:娼妓制度存在的原因虽然复杂,而经济一项实为主因。根本的解决方法应从经济上谋解决,一面运动废娼,另一面要做妇女的职业运动。最好是为脱离苦海的姊妹倡办女工厂、女制造场。如果废娼运动与职业运动打成一片,就找到了根本的方法,并为女子争得了人格,为人类洗去了污辱,为历史创造了光荣。⑥ 事实

---

① 向警予:《敬告女权运动同盟会诸君》,《向警予文集》,湖南人民出版社1985年版,第189页。

② 同上书,第190页。

③ 参见向警予:《妇女为什么好装饰》,《向警予文集》,湖南人民出版社1985年版,第122页。

④ 同上书,第123页。

⑤ 参见恩格斯:《家庭、私有制和国家的起源》,《马克思恩格斯选集》第4卷,人民出版社1995年版,第2页。

⑥ 参见向警予:《中国妇女运动杂评》,《向警予文集》,湖南人民出版社1985年版,第144—145页。

上,娼妓制度的产生,正是由于私有制使家庭成为社会的最基本的经济组织形式,成为整个社会物质生产的一部分之后,男性在物质生产中占据主导地位,形成了全社会的男权中心主义,娼妓制度是一种对男性社会作用和社会地位的肯定;同时也是由于私有制把家庭中的自然分工变为一种社会地位、财产所有权的定位。正如何萍所说:随着物质生产的发展,家庭内男主外、女主内的自然分工具有了社会的性质,男性因从事外部的物质生产而成为家庭的实际统治者,女性在家中则被贬低、被奴役;由于财产所有权和继承权确认的需要,又要求妻子对丈夫保持绝对贞操①,于是形成了"只是对妇女而不是对男子的专偶制"②。

再次,凸显先进分子的"起重机"责任,揭示能动性在妇女运动中的地位。向警予把女子的"普通的文化程度"与"民族的生活行动"结合起来思考女子问题③,认为女子落后是由于历史关系、环境关系所致,一旦觉悟就会求进向上。④ 因为在一定的文化程度上必然会有相应的生活行动,关键在于要有先进分子的引导。从理论上说,这是从历史唯物主义关于群众与英雄关系的理论层面对中国妇女运动所做的分析。在这里,向警予通过区别两种有知识女性的不同作用,既坚持了历史决定论,又体现了历史辩证法。她认为女性可分为知识女性和一般女性,因而女子运动中的"知识女性"的女子运动就具有重要意义。但是,有知识,并不等于就有觉悟,于是她又区别了一般的知识女性与有觉悟的知识女性。有觉悟的知识女性是"先知先觉"者,"所谓先知先觉的责任,不过是以敏锐的眼光看清此等必然的趋势,因势利导,以宣传组织的力量缩短历史进化的过程。"⑤她强调妇女解放的条件即需要有"先知先觉"者去回复他们的知觉,唤起他们的感情,

---

① 参见何萍:《马克思主义哲学与文化哲学》,武汉大学出版社2002年版,第241—242页。
② 恩格斯:《家庭、私有制和国家的起源》,《马克思恩格斯选集》第4卷,人民出版社1995年版,第60页。
③ 参见向警予:《代答读者》,《向警予文集》,湖南人民出版社1985年版,第63页。
④ 参见向警予:《给中法协会信》,《向警予文集》,湖南人民出版社1985年版,第40页。
⑤ 向警予:《中国妇女宣传运动的新纪元》,《向警予文集》,湖南人民出版社1985年版,第158页。

使他们脱离生殖机器与灶下奴婢的生活而堂哉皇哉地过起人的生活来。"先知先觉"者就是觉悟了的知识女性,在当时主要是青年学生。为此,向警予肯定,"这个千斤重的担子是要落在女学生的两肩。因为在一般妇女中只有女学生的机会特别优越,从而女学生的责任异常之重大。"但是,她们能承担这一责任的前提是知道自己"负有指导社会、改造社会的责任"①。所以,"改造社会,演进文化,这是知识分子应负的使命,尤其是教育目标上天造地设的铁则。"②对于当时来说,"妇女运动最急切的是需要一班有头脑而热心运动的基本分子,做妇女运动的起重机,有了这个起重机然后才有办法"③。

向警予自己则始终以"先进分子"的责任感提出妇女解放、社会"根本改造"思路。她提倡从思想改造入手,所以特别重视大学能成为改造思想的中枢,并希望在大学增加一些健全分子以增加社会改造的力量;同时培育一部分健全分子做全国的指导,在不断提高自己学识能力的基础上感化女子中还未觉悟的大多数。她坚信:"最要的是散播种子,凡重要的机关地点,我们同志应该到处分布。"④

### 三、以文化尺度解读妇女解放的时代内涵

向警予的妇女解放思想坚持了当时的社会共识,如很多学者都从社会均齐发展的角度提出了"女子解放"的问题,向警予也承认这已是当时从少数人的思潮变而为"大家都以为非求社会的均齐发展,不能达到人生的共同幸福"⑤的思潮,向警予在认肯的基础上加以丰富,提出"男女两造为社会进化的两车轮"、"社会进化的两车轮将永远"需要"均齐协调的发展",否则

---

①　向警予:《寒假中女学生应努力的一件大事》,《向警予文集》,湖南人民出版社1985年版,第182页。

②　向警予:《对于根本改革北京女子师范大学的意见并质北京女子师范大学全体同学》,《向警予文集》,湖南人民出版社1985年版,第194页。

③　向警予:《上海女权运动今后应注意的三件事》,《向警予文集》,湖南人民出版社1985年版,第128页。

④　向警予:《给陶毅》,《向警予文集》,湖南人民出版社1985年版,第9—10页。

⑤　同上书,第9页。

"社会将永远陷于半身不遂颠跛迟滞的状况中"①。"根据男女教育应平等的理由"②,应注意社会协调发展;根据"女权运动是妇女的人权运动,也是妇女的民权运动","女权沦落,社会已是半身不遂"③,应强调妇女解放等。同时,中国早期马克思主义者长于从文化层面理解历史唯物主义,如陈独秀在《马克思学说》中概括"唯物史观之要旨有二",其一即"说明人类文化之变动";其二即"说明社会制度之变动"④。向警予的妇女解放思想也坚持了这一文化分析思路,还通过不同的文化来体现20世纪中国妇女运动的时代感。

首先,凸显社会文化与妇女解放的联系。向警予在早年的作文中就以世界历史为平台观察中国问题,她根据中国传统哲学物极必反的朴素辩证法思想,认为湖南的新文化运动,"久沁心脾,异日者又恶知夫湖南之果不为中国之普鲁士也。"⑤她认为开办男女合校合班是求男女教育平等的最要点,希望因此从事实际文化运动,打破家庭社会陈腐观念。⑥ 在成为马克思主义者以后,她逐渐把女子问题界定为社会重要问题之一,把女子运动界定为社会重要运动之一,强调问题的解决需要有"新思潮奔涌而前",需要有"文化运动推助之赐"⑦,直接把女子解放问题同文化解放相联系,认定"女子解放永远难期,即社会文化国家命运亦将同受影响"⑧。这就奠定了她在

---

① 向警予:《中等以上女学生的读书问题》,《向警予文集》,湖南人民出版社1985年版,第165页。

② 向警予:《女子解放与改造的商榷》,《向警予文集》,湖南人民出版社1985年版,第22页。

③ 向警予:《中国妇女运动杂评》,《向警予文集》,湖南人民出版社1985年版,第141页。"女权沦落,社会已是半身不遂。"其说出于李大钊《战后之妇人问题》,《李大钊文集》第2卷,人民出版社1999年版,第282页。

④ 陈独秀:《马克思学说》,《新青年》第9卷(1922年)第6期。

⑤ 向警予:《湖南地型(形)记》,《向警予文集》,湖南人民出版社1985年版,第241—242页。

⑥ 参见向警予:《给陶毅》,《向警予文集》,湖南人民出版社1985年版,第10—12页。

⑦ 向警予:《留法女生对海外大学之要求》,《向警予文集》,湖南人民出版社1985年版,第29页。

⑧ 向警予:《直隶第二女师学潮在女子教育革新运动上的价值》,《向警予文集》,湖南人民出版社1985年版,第173页。

妇女解放理论领域的领先地位。她肯定作为中国文化中心的大学所以能够蔚为一国一省文化中心，正在于其在新文化运动中的贡献。她认为：教育的目的是为国家造就一批改造社会演进文化的人才，而不是造出一批一批官僚军阀议员的高等玲珑的玩物，不是为保留数千年妾妇之道的奴隶教育，而是为比拟 20 世纪新潮流。① 妇女要解放，最终要落实在文化解放上。因为"女子解放的问题，是新思潮中一个重要的问题，是社会改造的一个根本问题"②，需要有"积极的根本的彻底的文化运动"，即"女子的解放改造"活动要"注重根本的文化运动"③。

其次，从旧礼教与近现代思潮、近现代科学对立的角度分析妇女问题。为探索妇女解放运动的内涵，向警予把旧礼教与近现代思潮、近现代科学对立起来分析问题，在两种文化形态中凸显其时代性。她认为：当时的中国，乌烟瘴气的旧礼教依旧是气焰万丈，弥漫全国，老冬烘满脑子装的是三皇五帝、道德仁义、乾刚坤柔、天尊地卑，没有空隙去容纳近现代思潮和科学常识。那些老冬烘眼光中的模范女子是孟母、班昭、乐羊子妻。这种文化培养出来的妇女，顶乖乖叫的便是博士、学士的夫人，或鸟啭虫鸣的诗婆。④ 所以，要批判旧的礼教文化，迎接现代思潮与科学知识。为此，她认为可组织读书会，将志趣相同的团结起来，设法转变空气，使大多数渐渐自觉，读那些最有益而又能具体说明自然与人生的科学书，如生物学、人类学、文化史等⑤；并且，要达到根本改革的目的，最低限度也应有 20 世纪社会革新的思想，要根本赞成女子解放的见地，能一面反对东方国粹妾妇之道的教育，一

---

① 参见向警予：《对于根本改革北京女子师范大学的意见并质北京女子师范大学全体同学》，《向警予文集》，湖南人民出版社 1985 年版，第 196—198 页。

② 向警予：《女子解放与改造的商榷》，《向警予文集》，湖南人民出版社 1985 年版，第 14 页。

③ 向警予：《给陶毅任培道》，《向警予文集》，湖南人民出版社 1985 年版，第 25、28 页。

④ 参见向警予：《中等以上女学生的读书问题》，《向警予文集》，湖南人民出版社 1985 年版，第 164 页。

⑤ 参见同上书，第 169 页。

面反对西方拜金主义的教育,而彻底了解 20 世纪的新潮流。①

再次,从封建文化与近现代国家责任对立的角度分析妇女问题。为了探索妇女解放的内涵,向警予把封建文化与近现代国家责任对应起来分析问题,凸显对两种文化形态的价值认定。向警予曾认为:女子解放主要是女子自身的事,女子要努力"把女界造光明路,替人类修万福桥"②。后来她认为:中国妇女在中国目前的经济政治状况之下,依旧不能摆脱几千年来封建文化的束缚,所以一般妇女仍然过的是生殖机、灶下婢的生活,什么国家兴替,民族存亡,甚至于利害最切身的妇女运动也视同秦越,甘愿在男性的压迫之下忍耻偷生。③ 这样,由于妾妇之道的积习深厚,就不能在腐败的中国女子教育上发生一点革新的影响,就不能在妇女解放运动上做出一点相当的成绩,就不能在国家改造运动上保留一个相当的地位。④ 但是,"我们的改造,当以社会人群全体的幸福做个目标,然后这个问题才有研究的价值。"⑤也就是说,向警予已强调,女子解放与现代国家责任是一致的,凸显了民族国家构建的时代感。

最后,从封建教育与近现代文化对立的角度阐明妇女问题。向警予认为:中国几千年的政制礼教、风俗习惯是女子只能在男子的统治之下管理家事、不得与闻政治的。如果女子以男子同样的身份出来说话,社会便认为"牝鸡司晨,为家之索"。这样的传统思想直到 20 世纪 20 年代还布满全国。中国的政制虽然名义上由专制改为共和,而实际掌握全国政权的仍然是一班封建军阀、前清余孽,他们是几千年来中国政制礼教风俗习惯的产儿。而真正的人民反而被摈弃在政权之外,所以民国时代虽然经过十多年,不独社会上礼教风俗习惯等和尧舜禹汤文武的时代不相上下,而且一般国

---

① 参见向警予:《对于根本改革北京女子师范大学的意见并质北京女子师范大学全体同学》,《向警予文集》,湖南人民出版社 1985 年版,第 196 页。

② 向警予:《给陶毅》,《向警予文集》,湖南人民出版社 1985 年版,第 11 页。

③ 参见向警予:《寒假中女学生应努力的一件大事》,《向警予文集》,湖南人民出版社 1985 年版,第 182 页。

④ 参见向警予:《对于根本改革北京女子师范大学的意见并质北京女子师范大学全体同学》,《向警予文集》,湖南人民出版社 1985 年版,第 195 页。

⑤ 向警予:《女子解放与改造的商榷》,《向警予文集》,湖南人民出版社 1985 年版,第 17 页。

民简直可怜到一碗安乐茶饭都吃不成、一条残命都保不住,至于苦命妇女,在普遍的被掳掠被杀伐之外,还要加上一层惨毒的奸淫,那就更其可怜之极了。① 她认为:造成这种现象的原因是封建教育。中国教育固然黑暗腐败,但是再也没有能比女子教育更加黑暗更加腐败的。原来宗法社会的女性,是天铸地造的男性附属品,在知识上,如果不用低等的课程和低等的教员,在思想行为上如果不限制她们的阅读、研究、言论、集会、通信、交际、婚姻、服装等自由,如何能够完成那迎合宗法社会需要的贤母良妻的附属品教育?所以现在的中国女子教育比黑暗腐败的中国男子教育更其黑暗更其腐败。但是世界生产方法的改革,大工业制度的完成,已完全变更了世界女子物质的环境,而鞭策着他们向人的道路上一步一步地前进,于是她们的"知识要求"和"个性的发展要求"日渐增高,而渐与一般男子比肩并列了。中国的海禁与万里长城既被西洋人炮火冲破,而此种潮流也无法遏制,渐渐地灌输到中国女子的脑海,使她们发生人的自觉,而不满意现在的中国女子地位了。② 也就是说,时代的发展已凸显了两种文化的对立,选择取舍应是不言而喻的事。

### 四、多层面阐明中国妇女解放的实质内容

早在 1911 年春,向警予等七名同学因在常德女子师范学校结拜为七姊妹而共同创作了《七姊妹誓词》,虽然她们把女子和男子的不平等主要看成是女子个人的问题,但已有了基于中国传统知识分子先忧天下的责任感而把这个问题与整个国家问题联系起来。到 1919 年年底,在《给陶毅(谈女子发展计划问题)》的信中,就男女同校、同学问题,直接亮出了通过"社会均齐发展"达到"人生共同幸福"的目标,并据此关注当时的"女子解放"运动及其思潮,这时,她仍然把原因放在妇女本身"学识能力"的差距上。不过,向警予在认为"归根结底的希望,仍离不脱教育"的基础上,把这一问题放在了"文化"上,强调要有"催促社会文化进步的唯一妙法"。这是向警予

---

① 参见向警予:《国民会议与妇女》,《向警予文集》,湖南人民出版社 1985 年版,第 179 页。

② 向警予:《直隶第二女师学潮在女子教育革新运动上的价值》,《向警予文集》,湖南人民出版社 1985 年版,第 171—173 页。

女子解放思想的重大转折,提出了对社会进行"根本改造"的使命。①为此,她还以强烈的时代感把这一时代界定为"荜路蓝缕以启山林"的时代。①同年,她还把这个问题放在了"东方民族"的基点上。②所以,向警予对妇女运动的性质认定,一开始就具有全球性、现代性。在成为马克思主义者以后,由于她能全面了解当时的思想动态,故能第一个系统地运用一种新的世界观多层面分析中国妇女解放问题,从妇女解放、阶级解放、民族解放、人类解放而至社会解放,从解放对象与解放内容相统一的角度讨论妇女解放问题。

首先,凸显女权运动与民族运动的联系,强调妇女解放的民族意义。向警予用世界历史眼光分析中国问题,认为西方政治经济的变化与东方的彼此影响成为难分难解的链锁,从帝国主义的内部矛盾以及与中国的关系看,无论矛盾是缓和还是激化,都是中国民族革命的时机。或者是英、美两国对于中国的侵略激起中国民族反抗英美的狂潮,促使中国人民与苏俄结成反帝国主义的战线,中国由强有力的国民革命党领导剧烈的国民革命运动,一面反抗英美,一面打倒军阀,建设真正的人民政府,不独中国民族实际解放,且可完成世界革命工程之一半,那时候中国妇女的解放自成题中应有之义。或者是帝国主义共谋远东、共管中国,则中国剧烈的反帝国主义、反军阀政府的国民革命运动亦为必然的趋势。③因此,如果妇女心营目注的只一个女权,而于国权漠不关心,任洋人共管也好,军阀专横也好,是先已自己剥夺了自己的人格和民格。④所以,妇女运动是求妇女的自由平等,然而在中国民族未达到自由平等以前,妇女绝对不会单独达到自由平等,上海租界就是全中国的一个缩影。如果我们只争女权,不管中国民族的生死存亡,以至于全中国的领土都变成了租界,连开会的自由都没有了,还有什么女权运动?所以殖民地如印度、安南、朝鲜等只有民族独立运动,没有女权运动。中国

① 参见向警予:《给陶毅》,《向警予文集》,湖南人民出版社1985年版,第9页。

② 参见向警予:《欢送第八届留法勤工俭学生会上的演说》,《向警予文集》,湖南人民出版社1985年版,第8页。

③ 参见向警予:《今后中国妇女的国民革命运动》,《向警予文集》,湖南人民出版社1985年版,第154—155页。

④ 参见向警予:《中国妇女运动杂评》,《向警予文集》,湖南人民出版社1985年版,第141页。

是半殖民地,所以还有妇女运动。然而中国妇女运动的大半已经包含在民族自由平等运动之中了,因此要协同全国被压迫同胞参加民族运动,以求中国民族自由平等,求中国妇女全体的自由平等。①

其次,凸显女权运动与人权运动的联系,强调妇女解放的政治意义。向警予强调:女权运动是妇女的人权运动,也是妇女的民权运动,不仅妇女应起来运动,而且每一个酷爱人权酷爱民权的男子也应起来帮着运动,故女权运动的真正意义绝不是性的战争。要求全中国妇女的普遍的权利、普遍的地位,也就是要求民权的地位,因而女权运动也就是民权运动。因此,女权运动本是民权运动的一部分,有了民权运动才有女权运动,女权运动绝对不能离开民权运动而独立,要超越狭义的女权运动而在普遍的民权运动里去争女权。在这里,女权运动是为对付一切摧残女权的恶制度、恶势力而不是女子对付男子,如果恶势力和恶制度不铲除,女权就永远不能伸张。在中国当时,民权运动的唯一目的就是要反抗帝国主义及打倒军阀,所以要争女权也只有到军阀和帝国主义手里去争。② 在此,她把中国的女权运动与西方的女权运动联系起来,因为欧洲女权运动是跟着欧洲的民权运动一同发展起来的。从历史上观察,妇女运动与国民运动是常相伴侣的。妇女运动是跟着国民运动起来的。没有国民运动也便无所谓妇女运动,有了国民运动然后才有所谓妇女运动。③

向警予还认为:了解政治,积极进行参政运动是女权运动的枢纽——至少也要办到参政,女权运动始有较圆满的意味。试问不了解政治现象的组织,又如何参政?又怎能参政?西方“文明列强”从鸦片之战直到现在,小题大做借端侵略中国不止;破坏民国蹂躏民权的北洋军阀,从袁世凯直到吴佩孚、曹锟,无不是外赖“洋力”内赖“枪力”作威作福,如果不参加政治解决时局,洋人军阀的两层高压之下,早把全体国民变成奴隶,还有什么女权可

① 参见向警予:《在“中国妇女协会”成立会上的演说》,《向警予文集》,湖南人民出版社1985年版,第218—219页。
② 参见向警予:《女国民大会的三大意义》,《向警予文集》,湖南人民出版社1985年版,第198—200页。
③ 参见向警予:《妇女运动与国民运动》,《向警予文集》,湖南人民出版社1985年版,第186页。

言？由于中国是列强的一个殖民地，中国政治经济无处不是外国帝国主义和北洋军阀政府主奴结合恣睢横行的把戏；由于外资的垄断，外力的压迫，中国经济绝少独立发展的可能；由于外国帝国主义和北洋军阀狼狈为奸，已把光明灿烂的中国完全变成兵匪的世界①，因而真正觉悟的中国妇女，必然是一面参加政治改革运动，一面参加妇女解放运动。又因中国的政治经济问题与世界政治经济问题发生了密切关系，而世界政治经济的发展不仅使妇女解放问题愈益迫切，而且使人类全体的解放问题也同样的迫切，在这种情况下，妇女运动与政治运动更是根本无法分开。②

正是在这里，向警予认为不应把"女子实力不足"归因于女子，而应归因于"社会"，特别是应归因于社会制度，"实社会之制度与教育有以致之，而非女子本身之过也。""是真社会制度与教育制度之过，非女子本身之过也。"③事实上，制度是文化的关键部分。正如维科所说："因为这些制度就会向我们提供一些普遍永恒的原则，根据这些原则，一切民族才被创建出来，现时且还在保持下去。"④因此，女子解放的直接途径就是通过制度改造从旧的制度中解放出来，"此社会之制度与教育一日不改造，即女子实力无日培养"⑤。

正是由于制度的重要性，所以向警予在分析妇女解放时特别强调了法制的重要性。她针对"女子与其从事立法运动，不如从事做官运动切实"的错误观点，认为广义的参政运动当然包括做官，但绝不能因此而重做官轻立法。她分析说，女权运动完全是从解决性的特殊问题而起的。性的特殊问题绝非专属某几个妇女或某部分妇女的问题，乃指普遍妇女全体的问题。女权运动的意义在于免除性的压迫，发展男女同等的本能，和争回妇女应有

---

① 参见向警予：《今后中国妇女的国民革命运动》，《向警予文集》，湖南人民出版社1985年版，第152—153页。

② 参见向警予：《中国妇女运动杂评》，《向警予文集》，湖南人民出版社1985年版，第141页。

③ 向警予：《留法女生对海外大学之要求》，《向警予文集》，湖南人民出版社1985年版，第30—33页。

④ ［意］维柯著，朱光潜译：《新科学》上册，商务印书馆1997年版，第154页。

⑤ 向警予：《留法女生对海外大学之要求》，《向警予文集》，湖南人民出版社1985年版，第31页。

的人权。法律制度为社会生活的模型,人的思想行为常常要受这种模型的限制,立法运动系从根本上创造保障女权的法律,以新模型代替旧模型,其效力当然具有普遍伟大的意义。①

再次,凸显妇女问题与劳动问题的联系,强调妇女解放的阶级意义。向警予认为:妇女问题与劳动问题同为 20 世纪新时代的产物,因为妇女问题、劳动问题所必要的物质条件到 20 世纪才具备;妇女问题和劳动问题虽然同为世界最亟待解决的两个大问题,但妇女的真正彻底解放却必须在劳动解放亦即人类总解放之后。因此,妇女问题绝不是一个单纯的问题,妇女解放也绝不是仅仅注目于妇女本身、单做妇女运动所能办到的。② 向警予从历史发展的过程对这二者的关系进行了描述,指明在原始共产时代,因人们每日共同的收获只能供给每日共同的消耗,没有私有财产,妇女除主持氏族产业和抚育儿女外,在渔猎畜牧以及初期的农业生产上都占有重要地位,食物与食品的调理、纺织与衣服的织造、兽皮的鞣制、陶器的发明、房屋的建筑、家具的制作、油与酒的酿造、家畜的驯养与兽乳的制取更是妇女的重要工作,加上男女体力智力并无差别,有时女子且胜过男子,故妇女因为生产上的重要地位而在社会上也居重要地位。后来随畜牧农业日益发达,男子因长于战争和交易而地位增高,形成私有财产制,女子遂逐渐被排斥于生产事业之外而编入极严格的家庭分工,成为满足男子性欲和专替男子育儿的传统机械。所以,女子沦为奴隶完全和劳工一样是私有财产制度的罪恶。一般先知先觉的妇女现在已看到妇女解放首先须经济独立,但还未看到现有制度下的经济独立恰好是使多数妇女脱下家庭的羁绊,带上工钱的枷锁,从前死生祸福由丈夫做主,此刻死生祸福由资本家做主。所以,劳动解放与妇女解放是天造地设的伴侣,必劳动解放了妇女才得真正的解放。所以,"我们观察世界大势,知道劳动解放为期不远,也便知道妇女解放为期不远。"③

---

① 参见向警予:《评王碧华的女权运动》,《向警予文集》,湖南人民出版社 1985 年版,第 117—118 页。

② 参见向警予:《中国妇女宣传运动的新纪元》,《向警予文集》,湖南人民出版社 1985 年版,第 157 页。

③ 向警予:《今后中国妇女的国民革命运动》,《向警予文集》,湖南人民出版社 1985 年版,第 155 页。

最后,凸显女权运动与民众运动的联系,强调妇女解放的群众意义。向警予认为:中国妇女要从层层压迫中解放出来,站在人和国民的地位,只有团结奋斗一个方法。要团结奋斗,必先集中自己的势力,所以妇女不独有各地的组织,而且应有全国统一集中的组织,使全国的妇女运动在统一的目标统一的策略之下有系统有计划地进行,然后妇女运动才能成为一支社会的实力而唱最后的凯歌。① 所以,必须"形成大群众的妇女运动,而这种运动也全靠大群众妇女运动的后援才能成功,这是女权运动的特性,与妇女个人活动迥然不牟的地方"②。

总之,由于中国的妇女运动具有这么复杂的内容与性质,所以不宜对之进行简单化处理。一方面是时代变了,这就是世界政治经济变化,使中国妇女运动已到了 20 世纪劳动解放、人类解放的整个历史全体转变时期。历史的进化,早把妇女总解放的道路指给世界妇女了。中国的妇女运动恰好诞生于这个千载一时的机会。③ 中国的妇女运动可能会有困难,世界政治经济也会千变万化,但大势所趋,工人革命已成不可挽回的潮流。中国政治经济虽然千变万化,而环境所逼,国民革命也是不可避免的道路。西方工人革命合起东方国民革命一起,便是整个的世界革命——也是人类的总解放。世界革命已于俄罗斯露其一角,全体实现,只是时间迟早的问题。世界革命实现之时,即是劳动解放成功之日,也是妇女问题的解决之时。④ 另一方面,由于中国妇女缺乏政治的常识和社会的关心,又因文化运动不到位,难于接触政治的社会的消息;一般的教育本就不行,女子教育更是不行,限制了女子运动;一班聪明有志的女子又往往卷入文学、美术、哲学、新诗、恋爱的范围去了。这样,面对复杂的妇女问题、社会问题、国家问题,必须有新的

---

① 参见向警予:《女界国民会议促成会在中国妇女运动中的地位》,《向警予文集》,湖南人民出版社 1985 年版,第 191 页。

② 向警予:《评王碧华的女权运动》,《向警予文集》,湖南人民出版社 1985 年版,第 118 页。

③ 参见向警予:《今后中国妇女的国民革命运动》,《向警予文集》,湖南人民出版社 1985 年版,第 156 页。

④ 参见同上书,第 154—155 页。

形式。① 最后,也是最为重要的一点是,中国妇女运动,全视中国政治经济变化为转移,绝对不能专凭主观的空想,绝对不能有超政治经济的想法存在。而中国政治又是与世界政治联系在一起的,妇女解放又是与民族解放、人类解放联系在一起的。所以,这一时期是"劳动解放、民族解放、妇女解放的呼声,布满全球,历史的进化,业已踏上人类总解放的时期"②。如果这些关系处理不好,"漫说妇女的彻底解放不可能,就是 18 世纪欧美妇女所悬为目标的女权也决难办到。"③正是在这个意义上说,中国妇女运动,不应死板地呆学 18 世纪欧美女权运动的旧程式,而当洞察全局,明识先机,以开女权之路。④ 这样,向警予就事实上超越了西方妇女解放由阶级解放和社会解放两方面构成的格局,而看到了中国妇女解放运动的更为丰富的内涵。

### 五、深入揭示中国妇女解放运动的总体思路

从全球性现代化视野看,妇女解放、劳动解放、民族解放、人类解放;家庭解放、经济解放、文化解放;个人解放、女子解放、社会解放等不同解放层面的组合构成了向警予关于妇女解放的总体思路。而欧美式、苏俄式、中国式等解放模式选择,温和改良式、激进革命式等解放方式选择则成了着眼点。与此相应,社会改造与文化重建则构成了向警予妇女解放思想的两个关键环节。

首先,从自己解放到妇女解放到社会解放。从早期自动说到注意女性学识能力提高再到社会的根本改造,向警予实现了妇女解放思想的质的飞跃。最初,她强调"人生所需要,必我一人自备之"⑤。要能够有人类的共同生活,女子要解放,必须努力鼓吹一般女子的自动力。⑥ 在成为马克思主义者后,向警予又把妇女解放的力量放在了包括男子在内的整个社会力量上,

---

① 参见向警予:《中国妇女宣传运动的新纪元》,《向警予文集》,湖南人民出版社1985 年版,第 159 页。

② 向警予:《今后中国妇女的国民革命运动》,《向警予文集》,湖南人民出版社 1985 年版,第 151 页。

③ 同上书,第 152—153 页。

④ 参见同上书,第 156 页。

⑤ 向警予:《日记》,《向警予文集》,湖南人民出版社 1985 年版,第 255 页。

⑥ 参见向警予:《给陶毅》,《向警予文集》,湖南人民出版社 1985 年版,第 12 页。

实现了妇女解放力量的"社会"跨越。当然,女子自身更应努力奋斗,女子自己要提倡"女子解放"。她强调:问题当前,就客观事实上想一个积极的解决办法,便是"求人不如求己",女子应排除烦恼,摈弃妄想,鼓起精神,竖起脊梁,以女子自己的力量解决自己的问题。① 所以,真正的解放运动是极重要的社会运动,女子解放"缘于少数女子先锋队,勇于作战者半,而缘于邦人君子之提倡扶掖者亦半"。不独女子自身应实际从事,凡关心社会问题者都应具有自动自决自助之精神。② "男子中不乏有思想有学识极真挚极诚恳的人,正好欢迎他们入会,藉收攻错之益,万不可存男女的成见,自划畛域。须知我们是诚诚恳恳的求解决人生问题,并不是与谁比长竞胜。我们女子处特别的境遇,进化迟点,能力弱点,这是必然的道理,无容为讳的,我们只有努力的奋进,不要褊隘的自封。"③

其次,从妇女解放到劳动解放,从民族解放到人类解放。向警予曾把妇女解放与社会现实对立起来,要求国内外有新精神的出版物关注这个问题,与这个问题有直接关系的女子则更应关注④;后来,她认识到穷无所归而在工厂卖力的劳动妇女是一支勇敢奋斗有组织而能战斗的新兴妇女劳动大军,她们不独是妇女解放的先锋,而且也是反抗外国掠夺者的国民革命的前卫,其解放就是劳动解放。⑤ 劳动解放与妇女解放是天造地设的伴侣。必劳动解放了妇女才能真正地解放。⑥ 又由于中国的特殊国情,中国还有民族解放的问题。孙中山就是"中国民族解放即中国民主自由平等的标

① 参见向警予:《中等以上女学生的读书问题》,《向警予文集》,湖南人民出版社1985年版,第167页。

② 参见向警予:《留法女生对海外大学之要求》,《向警予文集》,湖南人民出版社1985年版,第30页。

③ 向警予:《女子解放与改造的商榷》,《向警予文集》,湖南人民出版社1985年版,第19页。

④ 参见同上书,第14页。

⑤ 参见向警予:《中国最近妇女运动》,《向警予文集》,湖南人民出版社1985年版,第87页。

⑥ 参见向警予:《今后中国妇女的国民革命运动》,《向警予文集》,湖南人民出版社1985年版,第155页。

识"①。帝国主义各国都想中国人民天然地成为被征服民族。中华民族反对帝国主义侵略,与中华民族独立自由的前途关系极其重大。帝国主义绝无放松中国民族之微意。② 所以,如果我们努力,始终不懈,再接再厉,将来必能在中国民族解放历史上占一重要地位。又由于工人阶级本身的特性,以劳动解放为中介,妇女解放过渡到了"人类解放"。因此,妇女问题绝不是一个单纯的问题,"女子解放改造观并不止专射于一部分中国女子的身上,不过,我们是中国人,应把中国女子的解放改造,做个出发点。如果我国女子已进到解放之域,即当进而谋世界女子的解放,同时为人类的大解放,此即所谓世界改造。"③所以,"女子问题,固然就是人类的问题。"④

再次,从家庭解放、经济解放到文化解放。向警予曾尖锐地提问:"我们女子解放,是应从旧家庭解放到新家庭去么? 是应从个人苦痛的地位解放到个人快乐的地方去么? 是应从家政的窟笼里解放去参猪仔代议政么? 是应从附属的经济地位解放到个人的私有的经济独立么?"⑤她认为:新家庭、个人快乐主义和私有财产制都不能真正解决女子解放问题。相反,正是它们"弄得世上大多数的平民要变畜牲了,而嫡派的代议制正是他们俩的护符"。"现在掀天揭地的世界革命,就是革他们三位先生。"所以,这是一个"社会"问题,且而这种"社会"问题说到底就是一种文化问题。要解决"妇女解放"问题,必须先解决这种文化问题。她认为:不管是过去的"家庭"还是人们当时所追求的"新家庭",都"是女子完成男子的快乐主义"。因为家庭是以女主内为原则的,家庭的中心人物是女子;但是,家庭又是以男子为主体的,男子居指挥使命的地位,自己不做家务事,一切概由女子处理,所以女子在家庭服务,实际上就是"受丈夫的委托做他家庭的常驻委员而替他专理衣食住养老育儿诸琐务"。小家庭不过范围缩小点儿,实质却

① 向警予:《评鄂女师学潮并告怀抱改革女子教育思想的姊妹》,《向警予文集》,湖南人民出版社 1985 年版,第 211 页。

② 参见向警予:《可惊可骇的交还威海卫的条件》,《向警予文集》,湖南人民出版社 1985 年版,第 58 页。

③ 向警予:《女子解放与改造的商榷》,《向警予文集》,湖南人民出版社 1985 年版,第 23 页。

④ 同上书,第 19 页。

⑤ 同上书,第 14 页。

仍是一样。因为一有了家庭,则衣食住育儿养老诸事必须连带发生,纵令女子神通广大,也免不掉要减少社会方面的活动,并且女子是几千年来寄生惯了的,家庭存在,久而久之,受了男子的驯养,弄得不好,一定又要返本还原的,故家庭制度一日存在,即女子常驻委员的职任一日不能脱离,就不可能在社会与男子同样活动,女子是终不会解放的。所谓"新家庭",也无非是"把女子送到一个新圈套里内去","我们啧啧称羡的新家庭,就是欧美的旧家庭",而欧美女子在社会的成绩已是证明家庭牵累的真凭实据了。新旧两家庭的内涵都是反乎个人主义的共同的连带,都全是建筑于个人主义快乐主义之上的。所以,家庭制度完全破了的时候女子才可算是真正解放。也正是在这里,向警予提出了一种新的"文明"目标。她分析说,在"妇女解放"的目标上,以个人主义快乐主义为前提而图减轻自己的负担,是情性,是私心,不是向上的动机。所以,旧家庭、新家庭都不是"妇女解放"的理想。"我们既挟雷霆万钧的大力,从事改进革新的运动,应当朝个较高的较进步的理想走。20世纪以前的旧文明已经过去了、残败了,一点不能适用了,大家眼巴巴的一线希望就是20世纪的新文明,我们女子的改进运动,也要能够与他并驾齐驱才好。"①在这里,新文明是埋葬了资本主义以后的文明。因为就最大多数妇女着想,资本主义社会之下女子经济也不能够独立,就是资本主义最发达的英、美,他们一方面是成千成万的妇女呻吟憔悴于资本家的高压之下,另一方面是成千成万的妇女过那肉体卖淫的生活,其卖淫妇女的数量乃随资本主义文明比例增加。如此可骇的两种悲惨现象,以科学眼光分析它的来源,就知道是资本主义的万恶。因此,真要达到妇女解放的目的,只有把万恶的资本主义推翻。②

第四,强调苏联工农劳动妇女解放的模式是中国妇女的榜样。向警予分析了欧美式、苏俄式两种妇女解放的模式,然后对中国式的妇女解放模式进行了探索。她认为:中国的发展程度不及欧美,整个女子的教育水平也不及欧美,要想在中国谋"根本解决,谈何容易"。同时,在"手工业农业经济

---

① 向警予:《女子解放与改造的商榷》,《向警予文集》,湖南人民出版社1985年版,第14—17页。

② 参见向警予:《五一纪念与妇女经济独立》,《向警予文集》,湖南人民出版社1985年版,第217页。

的中国",不仅发展不够,而且今日军阀当国,招兵买马、南征北讨,已把全国磨到九死一生,政治问题不解决,妇女解放问题也不能解决。① 同时,中国还有外国帝国主义的压迫,有打倒国际帝国主义的任务。② 生活于这两重压迫下的中国人民都未曾尝过人权民权的滋味。在这种立场中的中国妇女,如若死板板地刻定 18 世纪欧美各国女权运动的旧程式,闭着眼睛依样葫芦地喊男女平权,以为只要取得和本国男子同等的地位,便算目的已达,那就大错特错了。在中国,只有战胜了帝国主义,只有打倒了反动派,中国妇女才能获得真正的解放。正是在这个意义上,"中国的妇女运动亦必与印度的妇女运动同其性质,同其形式。"③

与欧美妇女解放不同,俄罗斯走了另一条路。向警予分析说:女权运动在欧洲各国唇焦舌敝的宣传、焦头烂额的奋斗,经过了漫长的岁月,但结果仅仅是比以前妇女有较高的地位,与"两性权利完全平等"的原则比还相差很远。可异军突起的俄罗斯妇女在欧美女权运动的程式之外另辟了一条革命的途径。一旦劳农政府成功了,她们居然不动声色地骤然跻于"两性权利完全平等"的地位,这是欧美妇女温和请愿、激烈抗争、魂祈梦祷亘一世纪而没做到的。就这两件事实对照玩味,便可显然明白于妇女解放究竟是在怎样的天国,妇女运动究竟是应采怎样的方式了。④ 在这里,向警予特别强调了两点:欧美是温和式,俄罗斯是革命式;欧美是在资产阶级专政下,俄罗斯是在劳农政府统治下。向警予的结论是:"中国工农妇女身受三重压迫:军阀、帝国主义以及家庭和社会的封建残余。然而这些压迫的末日就要来到了。在中国共产党的领导下,中国女工将加入中国无产阶级的行列,消灭外国和中国刽子手的压迫和剥削。苏联工农劳动妇女的光辉斗争是我们

---

① 参见向警予:《中等以上女学生的读书问题》,《向警予文集》,湖南人民出版社 1985 年版,第 166 页。

② 参见向警予:《反对日本帝国主义应持的方针》,《向警予文集》,湖南人民出版社 1985 年版,第 78 页。

③ 向警予:《今后中国妇女的国民革命运动》,《向警予文集》,湖南人民出版社 1985 年版,第 155 页。

④ 参见向警予:《中国妇女宣传运动的新纪元》,《向警予文集》,湖南人民出版社 1985 年版,第 157 页。

的榜样！它鼓舞我们奋斗。"①

## 第三节　赵世炎："把马克思主义<br>运用于中国革命中去"

　　赵世炎是中国共产党早期杰出的无产阶级革命家、思想家和著名的工人运动领袖，是上海工人三次武装起义的主要领导人之一。1927 年 7 月 2 日不幸被捕，19 日牺牲，时年 27 岁。目前关于赵世炎的研究专著、论文已多达百余篇（种），但还没有人从哲学角度进行专门探讨。事实上，在中国现代史上，赵世炎以土家人的特有气质为基础，以全球性现代化语景为思考的视野，对中国近现代一系列重大理论和现实问题进行了深刻的理论阐明，成为中国共产党早期的著名领袖和思想家，在短暂的一生中写下了大量的理论著作，丰富了马列主义的哲学宝库。主要著作有《赵世炎选集》及不少散见于其他文献中的作品。

### 一、赵世炎哲学思想的历史文化背景

　　在五四运动期间，赵世炎已开始接触马克思主义。到法国后，他以主要精力研读法文版《资本论》和法共中央机关报《人道报》，把社会主义和阶级斗争联系起来，抛弃了工读主义，坚信马克思主义，并明确宣布自己是共产主义者。在留法勤工俭学初期，留学生因对改造中国用什么主义、采取什么道路等看法不一而形成各种派别，他主动与蔡和森等交换意见，消除分歧，使双方都"共同革命，大家都谈马克思主义"。赵世炎不仅是勤工俭学学生中第一个提出重视工人工作的人，而且是第一个深入实际脚踏实地从事工人运动的领导人。以赵世炎为代表的先进分子起到了促进马克思主义与工人运动相结合的伟大作用。②

　　赵世炎能够成为一名年轻的无产阶级革命家、思想家，有其深厚的历史

---

　　①　向警予：《在共产国际执行委员会第六次全会扩大会议上接受献旗时的讲话》，《向警予文集》，湖南人民出版社 1985 年版，第 233 页。
　　②　参见彭承福：《赵世炎》，《中共党史人物传》第 7 卷，陕西人民出版社 1983 年版；曾成贵主编：《中国革命史人物研究综述》，河南人民出版社 1989 年版，第 562 页。

文化背景和思想根源。

首先,民族文化的深刻影响。土家族是一个具有强烈反抗精神的民族。在赵世炎的出生地酉阳,早在南宋时,因驻扎土家地区的宋将王辟不满南宋的偏安卖国行为起兵反宋,"酉阳群蛮起而应之"。元代则参加了"九溪十八洞起义"反元,尽"亡命迎敌者";清初参加了"夔东十三家"的反清斗争。时至近现代,1859 年发生了猫猫山反清起义,1865、1868 年先后发生了两次"酉阳教案"等①,赵世炎自幼即受这一文化传统的影响,表现出土家族传统反抗精神的恨官、重民、爱国传统,如他读《三国演义》,即从民族大义的角度去理解曹操和关羽,他不满意关羽是因其自身过失痛失荆州给蜀汉造成了极大困难,而曹操却在打下袁绍后掌握冀州,能够北拒外族侵略,有功于国家、民族;他站在"民"的角度理解舜与象的关系,在作文《象封有庳说》里说:"象为了欲得舜之武器、乐器竟有杀兄之举,到了有庳之后,要夺取人民财物,何凶恶毒辣方法之不可使? 而舜不考虑及此,竟以私情遗害人民,岂是贤圣之君乎? 孟子又从而为之说,可见其平时说'施仁政于民'是欺人之说耳。"②这种"离经叛道"之说明显反映出其童年时代的重民倾向。可以说,正是赵世炎的这一民族文化传统基质,规定了他后来成为马克思主义思想家以后的整体风貌。

其次,家庭提供了接受新因素的条件。赵世炎 1901 年 4 月 13 日生于四川省酉阳县(今属重庆市)龙潭镇,出生时酉阳龙潭镇已是一个商业中心,父亲即是一个每年收获百多担干谷的小地主和拥有一座店铺的商业者,出租少部分土地,雇用有长工和女佣。其父对子女教育极重视,不惜重金找好教师课读,并使他们兄妹均能出外就学,皆能有所成就。其母则用自身了解的传统文化教育子女,其中包括用土家族的傩戏唱本教育子女,如一次曾要求女儿读《安安送米》,赵世炎听后还产生了强烈的反抗情绪。③《安安

---

① 参见白新民:《酉阳——酉阳土家族苗族自治县成立纪念》第二章,内部资料 1983 年版;《酉阳土家族苗族自治县概况》编写组:《酉阳土家族苗族自治县概况》第三章,民族出版社 1986 年版。

② 中共中央党史研究室科研管理部编:《赵世炎百年诞辰纪念集》,中共党史出版社 2001 年版,第 37—38 页。

③ 参见同上书,第 23 页。

送米》是一出较为完整的大戏,以惩恶扬善为主题,表现普通人民的生活。戏剧通过一个典型的下层妇女庞氏,在以秋姑婆为代表的封建势力迫害下,与其恩爱丈夫姜师的悲欢离合故事,反映了封建社会中广大妇女被封建礼教残酷迫害的现实。① 《安安送米》广泛流行于当时的川东民间,如当时尚属川东的现利川鱼木寨的向梓夫人阎氏墓在前后两厢的门楣上即刻有"秦雪梅教子"、"安安送米"等川戏、灯戏人物。② 其他如在辛亥革命时期,反清运动及反清、反袁宣传,其二哥在辛亥革命中的事迹和介绍的新思想等都经常灌输到赵世炎的心灵,加上有条件阅读一些介绍民族英雄的小册子等等,使赵世炎具有了转向现代民族民主革命的思想基础。

再次,新式教育开启了赵世炎革命民主主义思想之门。1907 年,酉阳已创办了高等小学堂;1912 年秋季,龙潭成立了乡小学,世炎同四兄世焜入第一班肄业;到 1915 年上学期在高级班毕业,因操行和学业的优异,老师和同学都很钦佩,名列第三名。正是在新式学堂里接受了新式教育,同时也接受了革命思想,如历史教员王勃山即在课堂上讲香港被割占、九龙被强租、澳门被葡萄牙租去,国家土地日益丧失,清政府辱国丧权的情况,并且边说边泣不成声,引起不少同学跟着哭,赵世炎则独咬牙切齿,横眉怒目,默坐而一言不发。此后,赵世炎常唱岳飞《满江红》词,且反复高唱"壮志饥餐胡虏肉,笑谈渴饮匈奴血",还常常吟诵后人赞扬岳飞的对联:"上下三千年,古今第一人。"又常朗读文天祥《正气歌》和史可法《复多尔衮书》。此外,赵世炎等还常在课外阅读达尔文的《进化论》(应即《物种起源》)、赫胥黎的《天演论》和卢梭的《民约论》等。③ 正是新教育、新思想的影响开启了赵世炎的革命思想之门。

第四,李大钊的导师作用。李大钊、陈独秀、胡适对赵世炎都有影响,但最后的结局是胡适与赵世炎发生了严重分歧。从现有文献上看,与胡适的

---

① 参见彭继宽、姚继彭主编:《土家族文学史》,湖南文艺出版社 1989 年版,第 104 页。

② 参见满益德:《鱼木寨墓碑石刻的审美特征》,《湖北民族学院学报》2006 年第 2 期。

③ 参见中共中央党史研究室科研管理部编:《赵世炎百年诞辰纪念集》,中共党史出版社 2001 年版,第 36 页。

这种分歧表现在三个方面,一是对"新诗"的态度,赵世炎曾点名批评胡适的新诗,并以此阐明了自己的无产阶级文艺思想;二是对女性从事社会活动的态度,反对胡适割裂学习与从事社会活动的关系,主张学习与工作、理论与实践相统一;三是在对待传统文化的态度上,主张应有分析批判,而不能只以"白话文"了事。对陈独秀,赵世炎的总评价是"他没有给我一个陈述意见的机会,也不曾对我提问,他不是和我谈心而只是向我训话。他给我留下一个印象:自信心强,判断力也强"。而对于李大钊就不同了。在他的《日记》中有"南陈北李"一记,在肯定"北李南陈,两大星辰,漫漫长夜,吾辈仰承"的基础上,强调说:"我在北京读书时常到李先生家去请教,承他对我们学习时加指示,因此他就成了我的导师。"[1]"李先生可算是我的导师,也是我的引路人,我来巴黎参加勤工俭学运动完全是由于他的鼓励和赞助。他要我把劳动和学习打成一片;把法国工人当教师,向他们学习语言、技术和工艺,也研究他们的世界观、对生活的态度,理解他们的思想感情。通过同志的关系,在共同劳动中进一步学习马克思主义……我每月都要和他通信,向他报告学习情况。李先生回信往往在我的原信上眉批和夹注,另外也给些指示,他对我既是体贴又是细致,时常嘱咐:注意锻炼身体,饮食不可吃得太苦,千万不可染上酗酒和玩弄妇女的恶习……"[2]由此可见,李大钊对赵世炎的影响究竟有多大。事实上,赵世炎对列宁主义的理解及对中国革命的许多看法都与李大钊这一导师有渊源关系。

**二、赵世炎哲学思想的基本特征**

赵世炎是一名土家族的思想家,但他并不只是把自己置身于土家族一个民族的语境中,他是一个具有全球性现代性视野的马克思主义理论家。在他的日记中提出"中国问题应作为解决世界问题的一个非常重要的部分

---

① 中共中央党史研究室科研管理部编:《赵世炎百年诞辰纪念集》,中共党史出版社2001年版,第106—107页。

② 黄仲苏:《赵世炎在少年中国学会中的情况》,中共中央党史研究室科研管理部编:《赵世炎百年诞辰纪念集》,中共党史出版社2001年版,第103页。

来理解"①,即反映了他所坚持的世界历史视野;他虽然是一个极富思想内涵的理论阐明者,但他更是一个具有现代意识的实践家,是强调"理论重实践,空谈觉忸怩"②的革命家;他虽然是工人阶级的著名活动家,但更是一个中华民族解放运动的实践家。正是他在中国共产党的初期,以全球性现代化为工具,系统地剖析了中国革命的一系列重大问题。

首先,以全球性视野思考中国问题是赵世炎哲学的理论特征。全球性现代化运动是自文艺复兴运动以来的重大社会历史运动,马克思主义创始人曾在《共产党宣言》中有极为深刻的阐明。随着中国现代化运动的历史进程,不仅在中国形成了实事上的全球性现代化运动,而且也在中国思想界形成了一种全球性现代化的思维方式。这一思维方式可分为两个大的历史时期,前期主要强调统一性,强调超越过去那种地方的和民族的狭隘界限,凸显历史的世界意义。③ 20 世纪 70、80 年代以后,全球性现代化思维则更多的是强调"多样性",追求多元性。④ 赵世炎的全球性现代化视野处于第一时期,更多地从世界统一性上探寻"中国向何处去"的问题,体现了马克思主义的世界历史视野。⑤

赵世炎认为:资本主义是世界的,无产阶级是国际的,被压迫民族的奋斗,必须联合与其受同样压迫的无产阶级。⑥ 中国问题之所以应放在全球性现代化运动中思考,就是因为近 20 多年来中国工业化的速度,在欧洲大战时期及大战后几年里很有发展,因此在几个大都市及几种产业里工人阶级也很有发展。而"无产阶级之集中与资本之集中是同进的。半殖民地中

---

① 黄仲苏:《赵世炎笔记与诗稿抄录》,中共中央党史研究室科研管理部编:《赵世炎百年诞辰纪念集》,中共党史出版社 2001 年版,第 107 页。

② 同上书,第 116 页。

③ 参见马克思、恩格斯:《共产党宣言》,《马克思恩格斯选集》第 1 卷,人民出版社 1995 年版,第 276 页。

④ 参见何萍:《马克思主义哲学与文化哲学》,武汉大学出版社 2002 年版,第 201—203 页。

⑤ 参见罗素曾说到马克思在见解方面的世界主义特色,见[英]罗素著,马元德译:《西方哲学史》下卷,商务印书馆 1997 年版,第 337 页。

⑥ 参见赵世炎:《列宁主义之理论与实际》,《赵世炎选集》,四川人民出版社 1984 年版,第 404 页。

国资本集中的趋向还不明了,乃由于帝国主义侵略宰割之故。因此而中国工人阶级目前的紧急问题,仍含有带民族运动性质的要求,外而解除帝国主义的压迫,内而打倒军阀的横暴"①。以此为基础,他还分析了中国的阶级状况,如中国资产阶级在宗主国的恐慌现象与对殖民地进攻的过程中,因属"幼稚的工业主义",不能够支持与欧、美、日本的竞争,所以大部分本国工业资产阶级都投降于洋大人,接近外国的资本,联合向幼稚的无产阶级进攻,使劳动者的生活状况愈更变坏。同时又借政治权力压迫得我们丝毫动弹不得。这种现象在东方以印度与中国表现最甚,而中国又由"门户开放,机会均等"八个大字判定了命运,成为国际资本主义的屠杀场,比印度的情形更为复杂。② 因此,中国的问题不只是一个孤立的国内问题而同时属于国际问题。

　　赵世炎认为:中国工人阶级"二七"罢工斗争的实质"是中国被压迫的劳动阶级,直接对于军阀而间接对于帝国主义者之鲜红的阶级争斗"。"二七"以后,中国工人运动已更加走向了国际化。③ 所以在"纪念'二七'的时候,必须记起列宁"这一"全世界工人阶级唯一不朽的领袖",因为列宁主义在"筹备世界革命"。此时记忆列宁主义便可在悲痛之中转而兴奋。④ 当然,中国要善于"从欧洲大战教训及俄国十月革命经验"来对之进行总结。⑤至于"五一"纪念,则更是全球各国工人自己的节日,是"全世界无产阶级的普遍节日"。在这个资本家发抖的日子里,中国受重重压迫的工人应集合起来对资产阶级作一次示威,应与全世界无产阶级联合起来进行打倒国际

---

　　① 赵世炎:《帝国主义之进攻与中国劳动运动》,《赵世炎选集》,四川人民出版社1984年版,第131页。

　　② 参见同上书,第128页。

　　③ 参见赵世炎:《"二七"纪念与中国工人阶级》,《赵世炎选集》,四川人民出版社1984年版,第222—224页。

　　④ 参见赵世炎:《"二七"纪念与列宁主义》,《赵世炎选集》,四川人民出版社1984年版,第217—218页。

　　⑤ 参见赵世炎:《帝国主义之进攻与中国劳动运动》,《赵世炎选集》,四川人民出版社1984年版,第130页。

帝国主义的运动。①

赵世炎认为：从国际政治与中国政治的关系看，中国人现在需要的德谟克拉西是一种摆脱了帝国主义羁绊与军阀操纵的"独立中国的政治"，是"我国历史所未有，在世界史上亦找不出相同的形式来，其原因是我国现在的经济与政治状况所形成之半殖民地地位，非历史上任何事实所可比拟"。这种"民主"是革命的，是给大多数人民做合法的公开的政治运动的机会②，而不是"西欧资产阶级的御用机关对于半殖民地中国之待遇"③，也不是"适合东交民巷各国使馆的工具"④。从世界革命与中国革命的关系看，中国革命并不只是中国工人阶级的，同时亦是世界工人阶级的。世界工人阶级战斗之目的是举行世界革命推翻资本阶级，中国工人阶级最近的目的是领导各阶级群众以打倒封建军阀并推翻帝国主义；世界工人革命的最近目的是在推翻帝国主义资产阶级的统治后建立劳动者执政的国家，中国工人阶级最近的目的是在打倒军阀官僚的政府，较远的目的则与世界工人相同。⑤ 正是由于这种关系，因而帝国主义者就不许殖民地有什么民族运动，更不许有以工农为主体的民族运动，"东方问题"在这一点上表现得更为明显。⑥ 国民党右派的叛变使中国民族运动堕落，形势虽与印度不同，而屈服于帝国主义则一样。此外，赵世炎还分析了帝国主义与民族国家的关系，要求"在中国政治上"看出帝国主义骨髓里的侵略背景。⑦

赵世炎的全球性视野还表现在他对俄国革命的分析中。他在介绍了俄国二月革命和十月革命的纲领及后果后，强调"俄罗斯无产阶级"有两个大

---

① 参见赵世炎：《"五一节"与中国无产阶级的青年》，《赵世炎选集》，四川人民出版社 1984 年版，第 267—268 页。

② 参见赵世炎：《国民会议之理论与其实际》，《赵世炎选集》，四川人民出版社 1984 年版，第 191 页。

③ 赵世炎：《全佛郎》，《赵世炎选集》，四川人民出版社 1984 年版，第 190 页。

④ 赵世炎：《段祺瑞来京以前》，《赵世炎选集》，四川人民出版社 1984 年版，第 170 页。

⑤ 参见赵世炎：《"二七"纪念与中国工人阶级》，《赵世炎选集》，四川人民出版社 1984 年版，第 224—225 页。

⑥ 参见赵世炎：《帝国主义之进攻与中国劳动运动》，《赵世炎选集》，四川人民出版社 1984 年版，第 130 页。

⑦ 参见同上书，第 127—128 页。

结果:一是领导世界的革命运动,第三国际的组织包括了全世界过半数的工人与被压迫民族;二是建立了根基日益巩固的苏维埃社会主义共和国联邦,使弱小民族闻风兴起,各资本主义国也不得不承认。① 为此,赵世炎专题研究了列宁的中国评论。

如果对赵世炎的全球化理论加以概括,就会发现有三个基本视角:一是从世界问题中观察中国问题,把"国民革命之理论的基础"与"民族问题的原理"联系起来,强调"现代的革命问题是世界的,民族问题亦是世界的,中国不过是世界的一部分。中国民族问题不过是世界民族问题的一部分。这个世界的一部分之民族问题,在世界上的关系如何"就是我们思考的问题。② 二是从国际政治中观察民族政治,从列强帝国主义者侵略中国经过的瓜分、共管、分立的三个连续时期中分析帝国主义的政策变化,抓住现代分立时期帝国主义者"必然有冲突"的现实,动员"各工业国的无产阶级与农民阶级及殖民地与半殖民地的被压迫民众之革命"③。三是"从工人本来是没有国界"的角度观察"市民政府",一方面把握"劳动问题是普遍的,决不只是某一地或某一国的现象",因而"工人本来是没有国界的"④;另一方面也要注意在中国这种情况下,要解决"亡国"的问题必须是全体市民的问题,所以不能脱离市民要求,必须以"市民政府"为目标。⑤

其次,以现代性定位中国革命问题是赵世炎哲学的时代特征。赵世炎哲学的现代语境有三个互相依赖的层面:一是"时代"感的强烈性,二是时代问题的尖锐性,三是时代性质的明确性。

赵世炎的时代感来自于他对社会现实的分析。当他初步接触马克思主

① 参见赵世炎:《帝国主义之进攻与中国劳动运动》,《赵世炎选集》,四川人民出版社 1984 年版,第 131 页。
② 参见赵世炎:《介绍〈新青年〉杂志〈国民革命号〉》,《赵世炎选集》,四川人民出版社 1984 年版,第 211—212 页。
③ 赵世炎:《国民会议之理论与其实际》,《赵世炎选集》,四川人民出版社 1984 年版,第 191—194 页。
④ 赵世炎:《万国工人救济会与中国工人》,《赵世炎选集》,四川人民出版社 1984 年版,第 100 页。
⑤ 参见赵世炎:《再论上海的罢工潮》,《赵世炎选集》,四川人民出版社 1984 年版,第 458 页。

义时,就已敏锐地感到了时代的特殊性,有一种"处今之世,如此境地,如此社会"、"生今之世,处此万恶社会"、"此 20 世纪之竞争世界"的强烈感受。一方面,他分析"吾国社会情形"①,如军阀是绝不顾民意的,人民所反对的事,正是他们要做的事;统治阶级自为其所欲为,置民众意见于无足轻重之列,他们只顾竭力完成自己的统治,所以不惜与民众宣战。② 另一方面,他又分析和反思资本主义文明,在到法国不久即给国内朋友写信说,不要以为只要在欧洲就处处可以得到安慰③;资产阶级民主具有虚伪性,只是"资产阶级在近世假面具的德谟克拉西招牌之下""骗得工人的信仰","所以终于要倒塌下来";即使资产阶级和平主义,也是与法西斯的武力并行的。④

赵世炎的时代感是"现代"感,他曾专门研究"现代我国的少年"⑤问题,强调要作"现代我国的少年";他谈"解放"、谈"国家"、谈"阶级斗争"及"政治运动"等,都是现代中国非要解决不可的问题。为此,他对"现代"进行了具体界定,并从多方面加以阐明,如强调"现在是国民革命的时代",是使"政权终于是人民的"⑥时代;强调"现在我们生存的时代,便是列宁主义的时代","列宁主义时代便是当帝国主义横行与国际无产阶级及被压迫民族举行革命的时代","是无产阶级专政的时代——这个无产阶级专政的制度,虽只实现于苏维埃联邦,但其意义是全世界的。"⑦这一时代的总的特征

---

① 赵世炎:《工读主义与今日之中学毕业生》,《赵世炎选集》,四川人民出版社 1984 年版,第 1—3 页。

② 参见赵世炎:《统治阶级与民众挑战》,《赵世炎选集》,四川人民出版社 1984 年版,第 214—215 页。

③ 参见赵世炎:《给少年学会朋友们的信》,《赵世炎选集》,四川人民出版社 1984 年版,第 57 页。

④ 参见赵世炎:《国际情势与中国时局》,《赵世炎选集》,四川人民出版社 1984 年版,第 150 页。

⑤ 赵世炎:《说少年(续)》,《赵世炎选集》,四川人民出版社 1984 年版,第 9—10 页。

⑥ 赵世炎:《政治近状与国民革命运动》,《赵世炎选集》,四川人民出版社 1984 年版,第 388 页。

⑦ 赵世炎:《列宁主义之理论与实际》,《赵世炎选集》,四川人民出版社 1984 年版,第 393 页。

就是"列宁始终为忠于工人阶级事业的伟大指导者"①，"帝国主义与列宁主义之战"是总的表现："现代的战争，一切战争的总形式，便是列宁主义与帝国主义之战。在这个战争里，我们若不相信列宁主义的胜利，便会是帝国主义的胜利，其间没有中立的余地。""所以现世界是列宁主义。苏维埃社会主义联邦已经建立而巩固，欧美及日本各帝国主义国家之革命运动，爆发不已，帝国主义的新战争日益酝酿成熟；被压迫民族反殖民地之革命进展，更是高涨，令帝国主义者惊骇了。列宁主义得有全世界，对劳动解放及民族解放的革命指导，没有遗漏。"②

根据这种时代感的明确性，赵世炎提出了中国先进分子的责任，这就是"对于列宁主义研究发扬之责任"，强调"要研究列宁主义，最要紧先研究列宁对于民族问题之理论"③，应在列宁主义指导下使工农群众抬起头来解决无产阶级与贫农怎样革命、怎样胜利的问题。④ 所以，他特别强调现实革命运动要始终不懈，不能忽视"现代社会生活所决定的群众意识"而"专门占据在抽象的观念上，发些空论，以迷惑群众"，并且"不能忽视了我们当前的工作：我们共产主义者的行动，就是要随时随地能把问题与事实打落到实际上面"⑤。

再次，以解决中国革命问题为鹄的是赵世炎哲学的实践特征。赵世炎哲学的问题意识具有极端的强烈性，主要反映在三个方面：一是现实具体问题，这是时代基本问题在不同时期的反映，并因此而划分了时代的阶段性；二是时代总问题，这是时代要求的反映，是现时代所要解决的历史任务；三是为解决上述问题而产生的工具性问题，即时代迫切需要的"手段"。

①　赵世炎：《世界及列宁及列宁主义》，《赵世炎选集》，四川人民出版社 1984 年版，第 89 页。

②　赵世炎：《列宁主义之理论与实际》，《赵世炎选集》，四川人民出版社 1984 年版，第 401、398—399 页。

③　赵世炎：《介绍〈新青年〉杂志〈国民革命号〉》，《赵世炎选集》，四川人民出版社 1984 年版，第 212 页。

④　参见赵世炎：《列宁主义之理论与实际》，《赵世炎选集》，四川人民出版社 1984 年版，第 399—400 页。

⑤　赵世炎：《旅法的中国青年应该觉醒了》，《赵世炎选集》，四川人民出版社 1984 年版，第 81—82 页。

　　由于对时代本身的把握,赵世炎把问题分为两个基本方面,并由此构成赵世炎哲学的最高问题。一方面是:"中国之大患何在,中国人民的出路是什么?"①"中国人民于此时应该走的是什么路?"②这一问题的总体形式就是"中国向何处去"的问题。另一方面是面对十月革命,"我们怎么样呢?"这是关于战略战术理性的问题。为了解决这些问题,赵世炎有不少的对具体问题的提问,这就是:"什么是列宁主义?""什么是三民主义?""什么是孙中山主义?""什么是共产主义?"③等等问题,这是赵世炎哲学的最高问题。对这些问题的思考,构成了赵世炎哲学的理论论域。

　　对最高问题的回答,产生了第二个层面的问题,这是更为具体的问题。如:"我们半殖民地中国人民历来认定的唯一出路是什么呢? 这就是国民革命"④。由此而产生的具体问题是:"什么是革命?""什么是暴动?""什么是党?"等等问题。这类问题构成了赵世炎哲学的过渡性问题。

　　由于时代变化呈现出阶段性,过渡性问题在不同时期会有不同表现,在初始阶段是"诸君自身的问题"与"社会改造"⑤的关系;"十月革命"发生后即有"十月革命"⑥如何的问题;在"国民会议"时期是"国民会议呢? 军阀独裁呢"的问题;"现在的时局是怎样呢"的问题;等等。在这个层面,赵世炎的思考基本上是"政治问题",并具有很宽的问题视阈,包括"世界问题"、"中国革命问题"、"太平洋的主要问题即中国问题"等。

---

　　① 赵世炎:《中山先生北来的意义》,《赵世炎选集》,四川人民出版社1984年版,第157页。

　　② 赵世炎:《国际情势与中国时局》,《赵世炎选集》,四川人民出版社1984年版,第154—155页。

　　③ 赵世炎:《十月革命》,《赵世炎选集》,四川人民出版社1984年版,第141页;赵世炎:《列宁主义之理论与实际》,《赵世炎选集》,四川人民出版社1984年版,第393页;赵世炎:《孙中山主义及其遗命》,《赵世炎选集》,四川人民出版社1984年版,第239页;赵世炎:《小资产阶级对共产主义之恐怖》,《赵世炎选集》,四川人民出版社1984年版,第208页。

　　④ 赵世炎:《国民会议呢? 军阀独裁呢?》,《赵世炎选集》,四川人民出版社1984年版,第145页。

　　⑤ 赵世炎:《推论"诸君自身问题"——致孙光策》,《赵世炎选集》,四川人民出版社1984年版,第6页。

　　⑥ 赵世炎:《十月革命》,《赵世炎选集》,四川人民出版社1984年版,第142页。

——关于"我们唯一的出路是什么"的问题。赵世炎认为:这是一个根本问题,因为不管"政象"如何纷纭,帝国主义者宰制中国,与军阀依靠列强造成大乱的事实却很清晰地摆在我们面前。处于半殖民地的中国人民历来认定的唯一的出路就是国民革命,就是"急起直追,为自由而战",以此"表现中国民族革命的精神",实现"中国民族摆脱帝国主义侵略与军阀压迫之真正解放"。"只有国民会议才能真正代表国民,才能制定宪法,才能建设新政府统一中国,才能得着真正的民治,真正的独立与自由。"所以,爱国的国民都应起来为自由而战。① 赵世炎还以"中国之大患何在,中国人民的出路是什么"的尖锐形式提出和分析了这个问题,并认为可以而且应该"找出答案出来"②。其基本结论是:"我们应当知道摆在我们面前只有两条路可走:革命或死!""国人们不要忘记:帝国主义是自掘坟墓而崩坏之势既不可遏,由资本主义发达到最高峰的帝国主义必然发现矛盾和冲突,罪孽深重,除歼灭外没有第二途径。"他强调中国人民应走的是打倒国际帝国主义与国内军阀的民族革命之路。③

——关于面对十月革命"我们怎么样呢"的问题。赵世炎认为:这个问题是"时时在中国革命党,特别是马克思列宁主义者"心中的问题。他注意到在十月革命时列宁专门说到中国、在平时爱谈中国、谈俄国问题时引用中国的时局作例证,在革命纲领中特别提起中国并预测了"七年来我们中国受帝国主义宰割"的现实。最后结论说,十月革命后,我们中国较为觉醒的民众已经知道中国的病根是由于国际帝国主义之侵略,国际帝国主义的欧战大屠杀"引出十月革命的原动力"。"中国鸦片之战到临城案乃至最近之指挥两派军阀的屠杀,帝国主义的侵略、侮辱、抢劫,岂不够使中国民众急起直追俄国十月革命的伟功,而图谋一次真正解放中国民族的革命运动么?"④

---

① 参见赵世炎:《国民会议呢? 军阀独裁呢?》,《赵世炎选集》,四川人民出版社1984年版,第145—148页。
② 赵世炎:《中山先生北来的意义》,《赵世炎选集》,四川人民出版社1984年版,第157页。
③ 参见同上书,第154—155页。
④ 赵世炎:《十月革命》,《赵世炎选集》,四川人民出版社1984年版,第142页。

——关于"什么是革命"的问题。赵世炎认为："一个革命是社会经济变动,新生产力与旧生产关系矛盾,发生新阶级与旧阶级的冲突,经过激烈的阶级争斗,产生新的社会经济形势及新的政治制度之统治。"如果不是站在两个不同的阶级之上,如果不是列强对于中国的侵略、中国全境军阀的横行也没有丝毫变易,如果不是人民的经济生活除愈困愈苦外也没有丝毫进步等,就不能说是革命。① 与"什么是革命"相联系的是"什么是暴动"。赵世炎专门以标题形式阐明了"暴动是一种艺术"。他说:是否暴动"关系马克思主义本质和原则问题",机会主义者否认暴动、痛恨暴动,马克思主义者则说暴动是必须的,而且暴动是一种艺术。没有暴动,就没有"一切政权归苏维埃"②这个口号。这里,赵世炎把革命的基本形式——"暴动"作为艺术提了出来,坚持了马克思主义关于革命的基本理论。

应该说,赵世炎对列宁主义的介绍,特别是关于革命时期列宁主义所强调的问题有比较准确的认识和把握,如关于"革命"的问题、关于"暴动"的问题等,都是十月革命前列宁思考的重要问题,列宁在《革命的教训》(1917年7月底)、《国家与革命》(1917年8—9月)、《革命的任务》(1917年9月,即赵世炎所说的《革命的目的》)、《马克思主义和起义》(1917年9月,即赵世炎提到的给社会民主工党中央局的信)等文中,都讨论的是这些问题。赵世炎在介绍列宁主义时重点介绍这些内容,即凸显了问题的针对性。

——关于以"到民间去"为基础正确认识中国工人阶级与知识分子的关系问题。赵世炎接受和阐释历史唯物主义的个性特征是"到民间去",突出的是革命知识分子与一般民众、革命知识分子与工农群众的联系。赵世炎正是据此而坚持与中国勤工俭学学生及华工打成一片,努力促成他们提高觉悟,参加革命,其中的不少人都在革命中献出了宝贵的生命。③

由于赵世炎有一种"到民间去"的思想底色,他能较早地正确认识中国工人阶级。在1922年,他一方面探讨中国革命的理论,一方面则结合他对中法两国工人阶级的比较,较早地阐明了中国革命的动力问题。还在赴法

① 参见赵世炎:《十月革命》,《赵世炎选集》,四川人民出版社1984年版,第144页。
② 同上书,第140页。
③ 参见任贵祥等:《周恩来邓小平在法兰西》,吉林人民出版社1999年版。

之前，赵世炎就思考着"如果把勤工俭学看做手段，那么究竟什么是我们所要达的目的"的问题，并强调这一疑问"要在自己的留学规划中去求得解答"。正是在留学过程中，他同时深入法国工人与华工中，得到了来自民间的第一手材料和第一种感情，然后从民间发现了工人阶级的伟大力量。他认识到"战后法国工人中涌现出许多进步分子，大家既在一起劳动，我们就有机会向他们学习法语、技巧、技术，乃至组织和斗争的方法方式，同时我们还可借在厂工作的机会来观察、研究资本家对工人是怎样进行剥削，取得利润的"。他深入到华工中去，了解和帮助华工。认识到华工"只有一个觉悟就是不满"。他开始和华工一起做工，人家说他是书生做不了，他便给他们做饭，打扫屋子，读报纸。后来就替他们做包工头，一个地方工作做完，又跑到另一个地方，到处奔走交涉。以后工人连打扫屋子做饭也不要他做了，只要他专门做先生，读报讲课，还订出教育计划。工人们认为流落国外是自己命不好，赵世炎便对他们进行教育，揭露中国反动政府的欺骗和罪恶。这一段生活使赵世炎深深地体会到了工人阶级的高贵品质："对工人，你只要能深入下去，和他们共同生活，帮他们做事，体贴他们，一旦他们相信了你，心肝都可以挖给你。"①正是有了中法工人的对比，使他能在 1922 年就对中国工人阶级的独特特征有了一个准确的把握。

在一次会议上，有人问："中国工人为数不多，作为一个阶级，究有多大力量呢？难道说中国工人阶级能够领导革命么？"赵世炎立即解答说：中国工业落后，按照四亿人口的比例来说工人比较农民确实要少得多。但这一阶级正在成长，日益壮大起来。这是一个新的劳动阶级，一种新兴的力量。它具有欧美资本主义国家一般工人的特点，一身以外别无长物，正直无私，爱团结，守纪律，易于组织，便于鼓动；此外，中国工人阶级还有它自己的特点：第一，他们身受帝国主义及本国封建主义、资本主义三重压迫和剥削，所感到的痛苦比资本主义国家的工人更深更多，每天工作时间长到十一二小时，工资少到一两毛钱，而童工、女工工资则更低。在工厂中还存在着把头、包身工、养成工种种剥削制度，随时被把头打骂，克扣工资或禁闭，跟奴隶一

---

① 赵世兰：《世炎生前事迹回忆》，中共中央党史研究室科研管理部编：《赵世炎百年诞辰纪念集》，中共党史出版社 2001 年版，第 29 页。

样,哪里还有什么人身自由,也谈不上什么保护劳动法规、失业救济等等。第二,中国工人目前大约有三四百万左右,数量虽然不大,但是集中的密度很强,比较大的厂矿大都设立在上海、天津、汉口、广州等几个大都市,这种集中情况是中国工人阶级能够成为革命动力的一个重要原因。第三,中国工人大部分出身于农民阶级,与广大的农民有着血肉关系,能够影响农民群众。在革命运动中,工人和农民容易接近,如有领导,自然而然可以结成联盟。所以,赵世炎认为:中国工人阶级一旦觉悟并站立起来,在推进革命的运动中有着决定性的意义。它不可能不是中国革命的主体动力,而且要成为领导阶级。后来赵世炎还从经济上解释了中国无产阶级的发展,认为工业化速度与无产阶级壮大成正比,阶级斗争的发展与资本之进攻及军阀宪兵之压迫成正比。"在这历史的必然性中,无产阶级总是竭尽使命,以至最后的胜利。"[1]

在此后的探索中,赵世炎看到:由于帝国主义的经济政治压迫,殖民地与半殖民地的中国资产阶级的民族运动势力十分弱小,资产阶级偷安苟活于外国势力之下,时时与帝国主义妥协;无产阶级则受尽痛苦,屡次罢工,屡次流血。在这种情况下,中国民族运动的领导者就有一个"懂得什么是群众,怎样组织群众,怎样教育群众"的问题。"摆在中国工人阶级面前的目下问题只是:怎样从事变中产生权力与怎样运用方法提起组织坚固组织"的问题。在这里,赵世炎从阶级立场看问题,强调"产业工人的战斗力是决定胜负的生力军"。他认为坚强的工会组织与群众的权力表现往往从事变里产生出来,工人阶级的生活是在不断的压迫下寻找事变的,事变,群众的力量也变;工人阶级的本质是革命的,是对准着资本之进攻而反抗的,半殖民地落后经济的工人在遗传习惯上或者有保守性,但对于切身利害之资本的进攻却绝不保守;在受资产阶级压迫活动时,一切协作社、夜校、技术班,以其他教育形式的组织,都能作为组织运动的中心;依照国际工人运动的经验,对于黄色的、非革命的,乃至挂假招牌的旧有工会,绝不另起炉灶组织反抗的工会以分散群众的势力混淆群众的注意力,唯一方法是加入到里面去

---

① 赵世炎:《帝国主义之进攻与中国劳动运动》,《赵世炎选集》,四川人民出版社1984年版,第131页。

宣传群众以改造其组织。

在阐明了对工人阶级的认识后,赵世炎还阐明了知识分子与工人阶级的关系。针对"有人反问:中国工人阶级既可以成为中国革命的主要动力并将成为领导阶级,我们这些人还有啥用处?难道中国知识分子就不能或不配参加革命么?"赵世炎以《怎么办》的思想为指导,分析了中国工人阶级与知识分子的关系。他指出:我们知识分子要先受教育,把自己彻底改造,决心背叛自己的阶级,站到无产阶级这边来。在这儿,无所谓不能或不配参加革命,问题在于我们是否真有认识,真有觉悟,死心塌地地接受马克思主义。此后他引用列宁《怎么办》中的原话加以阐明①,并特别强调"没有革命的理论不可能有革命的运动"②。最后结论说,中国知识分子今后在研究并阐述马克思主义,进行宣传、启发工农群众要起着非常重要的作用,每一个人都能,也都配,并且都应该参加革命。问题在于是否真有决心把自己的命运和祖国的发展结合在一起。他还分析了知识分子在革命中各种可能的表现,认为在中国革命发展过程中,一开始就会有一些知识分子抱着冒险精神和投机心理来参加,在中国革命低潮遭到危险困难的期间,也可能有些人变节脱党,或甚至叛党,蜕化为反动分子,等到革命接近胜利的阶段,也许有不少这样的投机者钻到我们的组织或工作部门中来。为了革命和建设,我们并不排斥知识分子,而是要教育他们,改造他们,使他们成为真的有用之才,让他们在革命运动和创造新中国的事业中效劳立功。赵世炎还较早地认识到在党内进行思想斗争的问题,认为中国共产党成立不久,还没有开始和不正确的思想如无政府主义等进行斗争。中共是以先进理论为指导的党,是建立在科学而且是唯物主义观上的党,到了必要的时候也一定要把那些鱼目混珠、伪装进步、冒充革命的反动言论加以驳斥。在此基础上,他坚信中国知识分子前途无量。

此外,赵世炎还从不同时期的政治经济文化变化中提出了一些问题,以

① 赵世炎原译为《做什么》,应即列宁的《怎么办》,根据下文,赵世炎引用的应是该书第二部分即《二、群众的自发性和社会民主党的自觉性》中的一段,见《列宁选集》第1卷,人民出版社1995年版,第317—318页。

② 列宁:《怎么办》,《列宁选集》第1卷,人民出版社1995年版,第311页,与原文略有出入。

提请大家注意时代的变化,如"中山先生是否到北京"①的问题、"国民党今后怎样担负中国革命之使命"②的问题、"中山先生的遗命到底是什么呢"③的问题等。

从此可以看出,赵世炎从根本问题入手,深入到从各层次的问题中,研究出解决问题的方式和力量,最后从阶级对比中找到工人阶级中的先进分子,提出了组织群众的一系列原则。事实上,在 20 世纪上半期,这些问题既是全球性问题,又是现代性问题,如关于"革命"问题,当中国传统意义上的"革命"经过西方文化"revolution"与日本"かくめい"的转译而后④,就成了一个全球性现代性概念,而这一转折从梁启超 1902 年对"革命"与"民权"观念的比较中即可见出:

> 一二年前,闻民权而骇者比比然也,及言革命者起,则不骇民权而骇革命矣。今日我国学界思潮,大抵不骇革命者,千而得一焉;骇革命不骇民权者,百而得一焉。⑤

事实上,中国的"国民革命"更是一种特殊的全球化语境下的现代性,是既非西方模式也非俄国模式的独特的中国革命模式,其革命任务是反帝、反封建,既争民族独立又争人民民主,由国共两党分别代表民族资产阶级与无产阶级领导,具有广泛的人民大众性,是无产阶级世界革命的一部分,有转化为社会主义革命的可能性与历史趋势等⑥,都说明了这一点。所以,从上述这些问题的呈现本身就说明赵世炎哲学的全球性现代性视野。

---

① 赵世炎:《孙中山可以北来么?》,《赵世炎选集》,四川人民出版社 1984 年版,第 136 页。

② 赵世炎:《国民党过去的经验和今后的革命》,《赵世炎选集》,四川人民出版社 1984 年版,第 164 页。

③ 赵世炎:《孙中山主义及其遗命》,《赵世炎选集》,四川人民出版社 1984 年版,第 242 页。

④ 参见陈建华:《"革命"的现代性:中国革命话语考论》,上海古籍出版社 2000 年版。

⑤ 梁启超:《敬告我同业诸君》,《饮冰室合集》文集之十一,中华书局 1936 年版。

⑥ 参见刘曼容:《中国国民革命探微》,广东人民出版社 1997 年版。

### 三、对马克思主义中国化的早期探索

中国共产党成立前后，在对待马克思主义理论与实践的态度上有三种基本思路：一种是重实践；二种是重理论；三种是重理论在实际中的运用。作为总书记，陈独秀即对马克思主义学理的研究过于轻视，他1922年5月在《马克思的两大精神》中说"马克思的学说和行为有两大精神"，这就是"实际研究的精神"和"实际活动的精神"。他认为："刚好这两大精神都是中国人所最缺乏的。"为此，他强调要"研究社会上的各种情形，最重要的是现社会的政治及经济状况"，同时"实际去活动干社会的革命"；强调"不要把马克思学说当作老先生、大少爷、太太、小姐的消遣品"，其落脚点即是行动，甚至号召"我希望青年同志们，宁可以少研究点马克思的学说，不可不多干马克思革命的运动"。其基本思想是"党的革命理论是要经过长期间的各种争斗才能形成的"①。与陈独秀不同，李达等更重视理论："那时候我主张党内对于马克思学说多做一番研究功夫，并且自己也努力研究马克思学说和中国经济状况，以求对于革命理论得一个彻底的了解。但当时党内的人多注重实行，不注重研究，并有要求马克思那样的实行家，不要求马克思那样的理论家的警句，同时我也被加上了研究系（指研究社会学说讲的）的头衔。"②当时出现这种情况，与中国共产党缺乏理论武装有关。然而，在北方的马克思主义者却走了另一理路，李大钊1919年即强调"马氏的学说，实在是一个时代的产物"，不能"就那样整个拿来，应用于我们生存的社会"③。他强调"大凡一个主义，都有理想与实际两方面"。"我们只要把这个那个的主义，拿来作工具，用以实际的运动。他会因时、因所、因事的性质情形产生一种适用环境的变化。"所以，社会主义者"必须要研究怎样可以把他的理想尽量应用于环绕着他的实境。所以现代的社会主义，包含着许

---

① 陈独秀：《马克思的两大精神》，《广东群报》1922年5月23日。

② 李达：《中国所需要的革命》，《现代中国》1928年第2卷第1号。引自王奇生：《取径东洋转道入内——留日学生与马克思主义在中国的传播》，《中共党史研究》1989年第6期。

③ 李大钊：《我的马克思主义观》，《李大钊文集》第3卷，人民出版社1999年版，第36页。

多把他的精神变成实际的形式使合于现代要求的企图"①。赵世炎的思想即是沿着李大钊的这一理路前进的。

第一,深信马克思主义将先后在中国和世界各地取得胜利。赵世炎到法国后认真研读了不少马克思主义的原典著作,其中像《共产党宣言》一类著作还能用法文背诵②,他还译有《共产党宣言》的三篇序言。此外,他还认真研读了列宁的《怎么办》一书,当时他译为《做什么》,在讨论知识分子的革命性时,他即引用了该文第二部分关于群众自发性问题与知识分子关系的内容,根据当时的情况,是在非常熟悉的情况下翻出的,即"世炎边说话,边翻开列宁的《做什么》法文本,口译着"③。赵世炎所引的一段,即今本《列宁选集》第1卷(人民出版社1995年版)第317—318页上的内容。根据大家的回忆,赵世炎当时在法国阅读的文献还有中国共产党的机关刊物《共产党》、法国共产党机关报《人道报》与《共产党人》、马克思的《资本论》、列宁的《中国的民主主义与民粹主义》等,其中还阅读了《社会主义论战》等理论争论性的论著④,其中《人道报》是比较客观介绍苏俄情况的报刊。从赵世炎的思想看,正是这种理论学习,特别是上述《共产党宣言》和《怎么办》的学习,加上在国内接受的新思想之基础,形成了赵世炎坚定的马克思列宁主义哲学信仰。例如,由于辛亥革命后列宁曾以充分的同情注视着中国革命的发展,对辛亥革命作出了适当的评价,认为这一斗争是亚洲获得解放的开端,是革命势力摧毁欧洲资产阶级殖民主义统治的斗争。列宁还在1912年写了《中国的民主主义与民粹主义》一文,指出了孙中山所持理论的缺点。为此,1922年8月,赵世炎曾将孙中山三民主义与列宁主义对比。他在留学生中广泛地宣传列宁对中国革命的看法,即把"读过这

---

① 李大钊:《再论问题与主义》,《李大钊文集》第3卷,人民出版社1999年版,第3页。

② 参见黄仲苏:《怀念赵世炎同志》,中共中央党史研究室科研管理部编:《赵世炎百年诞辰纪念集》,中共党史出版社2001年版,第95页。

③ 黄仲苏:《赵世炎笔记与诗稿抄录》,中共中央党史研究室科研管理部编:《赵世炎百年诞辰纪念集》,中共党史出版社2001年版,第111页。

④ 参见中共中央党史研究室科研管理部编:《赵世炎百年诞辰纪念集》,中共党史出版社2001年版,第65、75、88、156、130、114页。

两篇文章的体会向大家报告"①。两篇文章即孙中山的《中国革命的社会意义》②与列宁的《中国的民主主义与民粹主义》③。赵世炎分析说：三民主义从性质上是小资产阶级的理论，孙中山梦想在中国既"预防"资本主义危害，又能获得各方面的大规模发展，并希望在"五十年后我们将有许多的上海"，这是天真的态度，企图以资产阶级思想所领导的革命来探求中国"更新"的道路。辛亥革命由于是军阀官僚、政客、缙绅包办而将工人农民抛在一边，中国人民的地位反而更坏。

> 十多年来，帝国主义、资本主义、封建主义，中国人民的三大敌人，结成了联盟，霸占着政权，压在人民头上。在反动统治下，中国情况愈来愈糟，黑漆一团，前途茫茫，必须打破这一局面，寻求新的出路。十月革命、五四运动、中国共产党成立，是近五年来发生的重大事件。十月革命反映着俄国无产阶级革命的胜利；五四运动显示着中国知识分子已经觉醒，要求干预国家大事；而中国共产党成立则标志着 20 世纪初叶所揭开的中国历史新阶段。④

正是通过这些理论与实践对比，使赵世炎坚信，在这个历史时代里，我们深信马克思主义将先后在中国和世界各地取得胜利。为此，赵世炎以列宁的帝国主义理论为依据分析了帝国主义与中国革命的关系。他认为：列宁对帝国主义作了明确的界说，即帝国主义是资本主义发展的最高阶段，是向社会主义过渡的阶段。第一次世界大战是不义的战争，是最反动的战争，

---

① 黄仲苏：《赵世炎笔记与诗稿抄录》，中共中央党史研究室科研管理部编：《赵世炎百年诞辰纪念集》，中共党史出版社 2001 年版，第 114 页。

② 孙中山：《孙中山全集》第 2 卷，中华书局 1982 年版，第 324—326 页。1912 年 4 月 1 日孙中山辞去临时大总统职务之后，到"二次革命"发生之前，他在国内各地及日本发表演说近百次，多次谈到民生主义与社会主义。如 4 月 1 日他在南京同盟会会员饯别会上发表题为《民生主义与社会主义》的演说，认为民生主义即国家社会主义，说明同盟会"政纲中，所以采用国家社会主义政策"，是"一面图国家富强，一面当防资本家垄断之流弊"。此文被译为法、英、俄等文字在欧洲发表，其中法文译文名为《中国革命的社会意义》，列宁怀着极大的兴趣读了此文，并撰写了《中国的民主主义与民粹主义》一文。

③ 列宁：《中国的民主主义与民粹主义》，《列宁选集》第 2 卷，人民出版社 1995 年版，第 290—296 页。

④ 黄仲苏：《赵世炎笔记与诗稿抄录》，中共中央党史研究室科研管理部编：《赵世炎百年诞辰纪念集》，中共党史出版社 2001 年版，第 114 页。

是贯彻帝国主义而进行的战争。协约国的胜利,中国和其他亚非各殖民地的人民都要受到比战前更沉重的压迫。他认为:列强的利益是互相抵触的,帝国主义国家之间永远不能妥协一致。这次大战结束还不到四年,另一次世界大战已在德意日及英美法等国埋下了许多导火线,伏下了危机。由于十月革命的成功,中国发生了五四运动,接着中国共产党成立了,这意味着中国人民已开始觉醒,他们在中国共产党的领导下,会在国际革命运动中与其他反对帝国主义的斗争联在一起结成同盟者,这样发展开来,世界局面必将大变。近而言之,中国人民将会洗尽耻辱取得独立自主,逐渐富强起来;远而言之,将对全世界人类解放事业做出重大的贡献。为此,他说:

> 我们预料二三十年后,另一次大战爆发,将会有许多个苏联这样的社会主义国家出现,它们之中可能有新中国在内,那时中国人民完全翻身站立起来,赶走帝国主义,建立无产阶级专政的政权,进行政治改革和土地改革⋯⋯中国将在世界舞台上担任重要的角色。[①]

这是赵世炎 1922 年 8 月 10 日对帝国主义战争与无产阶级革命关系的分析,后来都被历史证明。当然,他也看到:中国在东方各民族中所占人口的比例比较最大,因此我们的责任也最重,反帝反封建斗争在五四运动中实际上已开始了,把这一斗争继续扩大并加以领导的责任无疑将落到中国无产阶级政党的肩上。这是历史向我们提出的一个号召。我们要起来响应这个号召,毅然决然投身到打倒帝国主义这一革命运动中去;我们应认清时代,辨明方向,团结起来,一同携手并肩向前迈进。

第二,"一个伟大的革命领袖必须是理论家兼实行家"。按照"把马克思主义运用于中国革命中去"的要求,赵世炎提出了革命指导者的素质问题。他认为:根据中国革命的实际,"一个伟大的革命领袖必须是理论家兼实行家"。他还分析了洪秀全与孙中山的得失:洪秀全是一世之雄,也轰轰烈烈干了一番大事业,可是因拿不出一套比较完整的政治纲领来,最后难免于功败垂成;孙中山虽不失为一个民主主义的理论家,但是事到重要关头,竟一筹莫展,终为大奸巨猾的袁世凯所欺骗,实因其"三民主义可能还要大

---

① 黄仲苏:《赵世炎笔记与诗稿抄录》,中共中央党史研究室科研管理部编:《赵世炎百年诞辰纪念集》,中共党史出版社 2001 年版,第 114 页。

加修改和补充"。赵世炎认为：能说能写的领导者要以正确的思想体系作为行动的根据，具有冷静的头脑，远大的眼光，并能运用灵活的方法去贯彻党的政策方针。他认为：十月革命的胜利即是由列宁遵循马克思主义，按照国际形势和俄国情况加以灵活运用而完成的。革命胜利后在三年多时间就团结党员领导民众打击了国内外敌人，展开了对反动派的坚决斗争，巩固了苏维埃政权。① 其中有许多值得我们向他学习的东西，所以：

> 领导中国革命的领袖应该是一个精通马克思主义，熟悉世界形势和中国历史条件及实际状况，并对列宁的学说及措施确有研究的学者兼政治家。只会写写文章、空口说白话的书生，在革命运动到了低潮或高潮的时候，不免惊慌失措，甚至动摇起来。②

据此，赵世炎根据中国革命的形势，揭示了伟大人物产生的历史必然性：鸦片战争以来的80多年，中国逐渐沦陷于半殖民地半封建社会的地步，人民大众过着非人的生活。物极必反，中国人民行动起来进行反抗实是大势所趋。五四运动是中国历史的一个转折，其根本意义在于历史对我们提出了一个发动无产阶级革命的庄严号召，这就决定中国将产生一个无产阶级政党，一个工人阶级的先锋队。中国共产党于1921年7月宣告正式成立，正是时机成熟，应运而生。这是中国现代史上应该大书特书的一页。在此基础上，赵世炎肯定：

> 时势造英雄，备尝艰苦，经过挫折，受到考验和锻炼。我们相信中国一样会出现像列宁这样伟大人物来领导无产阶级政党，百折不挠，克服困难，把革命进行到底，实现共产主义的理想。③

赵世炎的这则关于"中国革命及其领袖"的分析写于1921年12月。历史证明，赵世炎的分析是正确而又有远见的，这也表明赵世炎决心像列宁把马克思主义俄国化那样把列宁主义中国化的努力方向。

第三，"把马克思主义运用于中国革命中去"的课题"必须早日提出来

---

① 参见中共中央党史研究室科研管理部编：《赵世炎百年诞辰纪念集》，中共党史出版社2001年版，第108页。

② 黄仲苏：《赵世炎笔记与诗稿抄录》，中共中央党史研究室科研管理部编：《赵世炎百年诞辰纪念集》，中共党史出版社2001年版，第108页。

③ 同上书，第107—108页。

研究"。从目前所发现的文献看,赵世炎是最早提出"把马克思主义运用于中国革命中去"的中国马克思主义者之一。① 据黄仲苏抄录的赵世炎日记,早在 1922 年,赵世炎即不满于只提出"走俄国人的道路、以俄为师、奉列宁为我们的导师"的口号。在他看来,这些口号是千真万确的,但我们要进行的革命是一场不同于法国革命的革命,更不是辛亥革命的重演,而是由中国共产党来发动、领导和完成的革命,是必须建立无产阶级专政政权来建设新中国的革命,是十月革命的发展。而十月革命是列宁把马克思主义具体运用的结果。为此,他认为中国马克思主义者的态度应该是:

> 列宁把马克思主义运用到俄国革命中去,而且是很成功很彻底的贯彻了,苏维埃政权为人民大众所爱戴和拥护,这就是明证。我们怎样借鉴俄国,把马克思主义运用于中国革命中去乃是一个非常重要的问题,必须早日提出来研究。我们不必夸大中国的历史条件,但是也要注意到我们的民族特点,把革命分作几个阶段来进行。如果把俄国的策略、方针、政策、制度生拉活扯硬搬将过来,那就会使革命受到极大的损失。领导中国无产阶级的政党和领袖要在理论上和行动上一样,负起统筹全局的责任来,这一点我们深信是责无旁贷的。②

按照这一思想,赵世炎认为:正确的口号固然重要,但区别革命性质及革命的发展阶段,注意而不是夸大中国的历史条件,注意我们的民族特点,坚持理论与行动一致,从而制定适宜的策略、方针、政策、制度,是中国共产党人的责无旁贷的责任。正是在这里,赵世炎较早地提出了"把马克思主义运用于中国革命中去乃是一个非常重要的问题,必须早日提出来研究"。在赵世炎此后的哲学思考中,这一问题始终是其重点论题。

后来,在从事党的领导工作中,赵世炎站在一个全新的时代起点上,强

---

① 余玉花认为:瞿秋白"最早开始马克思主义中国化的研究与运用,探索中国革命理论与革命道路。……瞿秋白是马克思主义中国化的开创者"。见余玉花著:《瞿秋白学术思想评传》,北京图书馆出版社 2000 年版,第 1 页。存此备考。严格来说,应把马克思主义中国化理解为一种运动,所以,是谁最先明确提出的问题,并不重要,重要的在于从五四运动以后,马克思主义中国化运动即开始在中国运动起来,其最初成果即是产生了中国的马克思主义者,继而成立了中国共产党。

② 黄仲苏:《赵世炎笔记与诗稿抄录》,中共中央党史研究室科研管理部编:《赵世炎百年诞辰纪念集》,中共党史出版社 2001 年版,第 109 页。

调了列宁主义不同于旧"玄学式"哲学的特征,从新的时代特征和其产生的必然性上阐明了列宁主义民族革命理论的本质,并关注这一理论的中国运用。他说:"在变动与扰乱不息的时代里生长,同时由这个时代必须过渡到革命——世界革命。列宁成为时代的结晶,引导了千百万人走入向自由的奋斗之路。所以世界和历史有列宁,不单偶然而是必然。列宁是劳动阶级的天才,然而天才不是玄学式的神秘,是时代的产物,是经济的变动与革命的必然。人类社会产生天才,是用了很昂贵的历史价值换来的。"[1]赵世炎的这一思路与李大钊是一致的,李大钊在《再论问题与主义》中即强调:"我总觉得布尔扎维主义的流行,实在是世界文化上的一大变化。我们应该研究他、介绍他,把他的实象昭布在人类社会。"[2]

第四,"把列宁主义应用到中国来,是中国劳动阶级的唯一责任"。赵世炎对列宁主义的理解,有土家族传统文化中重实际的精神传统,也有自己在生活实践中的不懈探索。当他深刻认识到工读主义的"蹈空"和不足后,便积极向科学社会主义靠拢,借助学习探索和思想改造,牢固确立了共产主义世界观,实现了世界观与人生观、价值观的转变,因此就特别强调将马列主义的普遍真理与中国革命的具体实际结合起来,真正解决中国问题;强调用马列主义武装国人,武装民众,尤其要武装青年,要使中国革命青年入于科学的社会主义正确之路。[3]"半殖民地的中国劳动阶级,应该自认为列宁门徒,好好学习列宁主义以便自己应用。把列宁主义应用到中国来,是中国劳动阶级唯一的责任,而且在中国只有劳动阶级才能担负这个责任。"[4]

赵世炎坚持列宁主义中国化的视野,目的在于将个人奋斗力聚合为一个整体,转化为广大的民众奋斗力,激发民众的主动精神和创造力,并将其引导到改造社会、改造中国的革命问题上来。

——必须有科学的理论引导,特别是列宁主义指导。赵世炎认为:列宁

---

[1]　赵世炎:《列宁》,《赵世炎选集》,四川人民出版社 1984 年版,第 92—93 页。

[2]　李大钊:《再论问题与主义》,《李大钊文集》第 3 卷,人民出版社 1999 年版,第 5 页。

[3]　参见彭承福:《赵世炎》,重庆出版社 1983 年版,第 38 页。

[4]　赵世炎:《"二七"纪念与列宁主义》,《赵世炎选集》,四川人民出版社 1984 年版,第 218 页。

武装了历史,成为时代的结晶,为民众提供了历史的最高文化和武器,引导了千百万人走向自由的奋斗之路。对于半殖民地的中国劳动阶级,应该自认为列宁的门徒,好好学习列宁主义以便自己应用。把列宁主义应用到中国来,是中国劳动阶级唯一的责任,而且在中国也只有劳动阶级才能担负这个责任。并且,要把列宁主义应用到中国来,就是要用马列主义这一科学的理论武装民众,引导民众为中国民族解放事业而努力奋斗。

——必须组建革命政党。在革命搏斗的过程中,需要有大本营或指导者才能进行阶级斗争和社会改造,这个大本营或指导者就是代表中华民族利益,代表广大民众利益的革命政党。因为站在阶级斗争的立场上,最关键的就是一个有铁的纪律的无产阶级政党。工人、农人通过党来训练自己的战士,做目前日常的斗争,做将来革命的斗争。组建政党,汇集民力,不懈奋斗,是人民给予反动派的回击。党要团结工人中一部分的积极分子,但同时领导的是全工人阶级,并且教育一切的群众:贫穷的农人,被压迫的民族,一起聚集在革命旗帜之下图谋被压迫阶级的发展。只有这样,党所组织的群众武力,才会真正成为群体奋斗的合力,进而转化为胜利的武力,实现中华民族的新生。

——必须坚持阶级斗争。“势力”的集中在战斗上比什么都重要,而“势力”集聚之后,就必须合理有效地发挥出来,就需要社会改造的手段,而这个手段就是进行和坚持阶级斗争。革命的本质在物的方面是生产力的变动,是新生产关系与旧生产关系的冲突;在人的方面则是新阶级与旧阶级的冲突。生产关系的突变与阶级间的斗争,必然是一个激烈的过程,这个过程就是革命。因此,无产阶级由组织而革命,由革命而建立无产阶级专政,专政是为指挥革命的进程、防止反革命的骚动,运用国家机能过渡到社会主义之路。

——必须遵行群众路线。赵世炎强调团结的“武力”是无产阶级的一件武器,在未有这个武力之先,就要有这个武力。这个武力并不是革命群众之外的一件东西,而是革命的群众本身,是由觉悟的民众组织而成的,武力本身就是革命群众的行动之一。党“目前主要的与中心的问题”就是“怎样使武力出自觉悟的群众,不使武力成为临时利益之结合,或为雇佣,或为利用”①。因

---

① 赵世炎:《国民革命与武力》,《赵世炎选集》,四川人民出版社1984年版,第186页。

此,必须找到武力与人民群众有机结合的关节点或连接点,这就是坚持、遵行马列主义的群众观点、群众路线,从群众中来到群众中去,积极为广大人民群众谋利益。所以,赵世炎把群众观点称之为"工人运动的第一原则",并强调"我们的观点是一个阶级的群众观点",要求"我们处处不离群众,而且要能深入群众"①。所以,赵世炎认为:既然"共产党是以取得群众为目的的,它时时刻刻要接近群众的"②,也只有这样的党才是"群众的党,党在社会各阶层群众中有势力"。"党员是群众奋斗的先驱,党员领导群众,党获得群众"③,从而才能推动中华民族的大解放、大发展。所以,赵世炎在领导上海工人三次武装起义的过程中,颇有见地提出了宣传工作的群众原则和实际原则,指出宣传工作要"深入群众,要用启发式的工作方法,使他们有自发的政治觉悟";应注意对群众有具体的宣传;宣传最紧要的态度,不是主观的宣传,而是要每天解决群众的问题;要用很浅近的语调,宣传实际消息与解答问题,同时要用时事新闻式的简单的宣传大纲,很快地送到各同志;要系统地做宣传;要"出问答式的宣传大纲",而且大纲要"说明读法及许多问题,要各支部都有文字上的答复"④。

　　第五,把中国问题"以辩证的形式说起来",并揭示其"事势基础"。俄国马克思主义哲学以辩证唯物主义和历史唯物主义为特色,这根源于俄国特殊的经济、政治环境,根源于俄国特殊的思想环境和特殊的哲学传统⑤,而中国的情况与俄国相似。所以,赵世炎强调"我们志愿作列宁主义者的,要深刻学习,因以得出十月革命的教训"⑥。

---

　　①　赵世炎:《帝国主义之进攻与中国劳动运动》,《赵世炎选集》,四川人民出版社1984年版,第133页。

　　②　赵世炎:《"利用"与"包办"》,《赵世炎选集》,四川人民出版社1984年版,第261页。

　　③　赵世炎:《国民革命与武力》,《赵世炎选集》,四川人民出版社1984年版,第184页。

　　④　参见上海档案史资料丛编:《上海工人三次武装起义》,上海人民出版社1983年版,第91、114页。

　　⑤　参见何萍:《马克思主义哲学与文化哲学》,武汉大学出版社2002年版,第188—189页。

　　⑥　赵世炎:《十月革命》,《赵世炎选集》,四川人民出版社1984年版,第138页。

赵世炎在哲学上并没有着力去论述辩证唯物主义和历史唯物主义,他特别强调的是辩证法与历史唯物主义的运用,且从方法论意义上理解列宁主义。他多次强调,要把中国社会的各种矛盾问题"以辩证的形式说起来",如"农业经济之破产是必然的"、"社会经济与政治关系之复杂"①等。同时,赵世炎还要求把"同样的理论与实际辩证到民族革命"上来。他认为:中国民族革命成熟时期的条件有两个方面,即"帝国主义与军阀的势力崩溃,其前线破裂";"民族革命的全国战线,能够统一的集中的建筑起来,组织完成"。他强调,"我们现在要求民族革命的全国战线,然后才敢相信民族革命成熟时期的不远。"②赵世炎认为:正是列宁分析当时的时局,分析俄国经济政治状况与当时各政党、各种舆论的呼声,分析农民反对战争的激烈以及四周环境与革命运动的关系,嗣后分条列出七个大纲,决定革命的原则与目的。这七条大纲是当时革命行动的指针,同时又是十分明显的民众的口号③,而所有这些都可以把"同样的理论与实际辩证到民族革命"上来。赵世炎分析了国民军与军阀的冲突格局,从而指明"段祺瑞则仍系利用诸方冲突而自己操纵于其间"的把戏,由此说明"国民党诸右派个人奋斗之政策已全归失败",然后分析"绝对不妥协"与"又不决裂"原则的内在矛盾④,显示出善于把握政治矛盾的斗争艺术,具有很高的辩证智慧。他还分析了军阀间的斗争与问题,如段张之间的矛盾问题、段冯之间的矛盾问题及河南战争问题等,同样体现了他的辩证哲学智慧,体现了列宁主义方法的运用。⑤

赵世炎的基本着眼点是运用历史唯物主义这一工具分析当时中国和世

① 赵世炎:《国民会议之理论与其实际》,《赵世炎选集》,四川人民出版社 1984 年版,第 194 页。

② 赵世炎:《民族革命的全国战线》,《赵世炎选集》,四川人民出版社 1984 年版,第 363—364 页。

③ 参见赵世炎:《十月革命》,《赵世炎选集》,四川人民出版社 1984 年版,第 138—139 页。

④ 参见赵世炎:《北方最近之政情》,《赵世炎选集》,四川人民出版社 1984 年版,第 206 页。

⑤ 参见赵世炎:《善后会议中的北方政局》,《赵世炎选集》,四川人民出版社 1984 年版,第 230—234 页。

界问题。他曾分析"承认"苏俄的问题在 1924 年美国活动起来的"国际政治经济情形之变动"的原因,其中特别是经济动因,是美国的钢产过剩了,要找销路。"于是这就成为今日美国舆论要求承认苏俄问题之真因。"此外也有苏俄的麦子与美国农人的原因。① 他运用历史唯物主义分析资本主义的历史发展,独特地把资本主义发展分为商业资本时代、民族主义时代、帝国主义时代三个阶段,并通过对英国的分析,认肯英国是将来欧洲资本主义临终时的最后刑场。② 他把英国的政党政治同经济利益联系起来分析,认为英国政府的形式完全建筑于贵族及资产阶级利益之上,国会在宪政的最高权力,实际上以政党的起落为背景,而这又"操在背面站有大托拉斯资本家的内阁阁员之手"③。他运用历史唯物主义分析帝国主义的本质,认为"帝国商业利益""就是帝国主义骨髓之所在,因为商业利益的背面站着的就是帝国主义,而由商业利益所达到的目的便是殖民地。"他正是要从这方面来要求中国人认识帝国主义本质的:"中国人无论怎样糊涂总应该承认中国是列强的商场,商场就是殖民地先声,认识商场就可以认识帝国主义。""英国帝国主义之重心在经济组织,换言之即由各大工业中心所支配的大不列颠全体人民生活形式为其骨髓。"④他也正是以此来分析英国帝国主义的:"我们试若分析国际主义在中国之发展,我们从鸦片之战(1840)算起,直到临城劫案(1923)为止,这最初与最近的两桩劫案都是英国帝国主义为其先锋,而这八十余年中更有许多事实,我们得以知道英国帝国主义在中国便是最大,最老,最有资格,最凶猛毒恶的。中国人所当认识的英格兰便是如此。"⑤

　　当赵世炎从民族革命来理解列宁主义以后,他就运用这一理论来解剖中国革命问题,强调"社会主义者之社会政治见解"完全是"从客观的事实

---

① 参见赵世炎:《苏俄与美国》,《赵世炎选集》,四川人民出版社 1984 年版,第 83—88 页。

② 参见赵世炎:《世界第一名帝国主义者——英国》,《赵世炎选集》,四川人民出版社 1984 年版,第 104—105 页。

③ 同上书,第 117 页。

④ 同上书,第 106—109 页。

⑤ 同上书,第 107 页。

辩证出来"。他认为：中国的农业经济造成了封建军阀的循环统治，并且使这个阶级逐渐壮大，从而使中国社会经济与政治关系更复杂。这种复杂状况在整个世界上也是无可比拟的。这种复杂性加上帝国主义的侵略，矛盾就更尖锐：

> 这个矛盾点由两方面看出，我们若以辩证的形式说起来就是：农业经济之破产是必然的，但帝国资本主义之侵略是矛盾的；另一方面，扶助军阀以建立统治是必然的，但扶助之利益本身因有冲突而是矛盾的。现代中国之经济与政治状况，即建筑在这种客观的矛盾物象与人为事实上。①

在国民革命顺利进行时，赵世炎又揭示出国民革命的新局面与适合于这一新局面的具体方案的复杂关系，从"客观矛盾事实辩证出来"。认为"在资产阶级的学者或小资产阶级的玄想家，也许要否认此论，以为我们没有附和他们的'内政不修，不足言御外侮'之主张，以为我们'太看重物象经济'或'妄用哲学'，其实这都是他们的恐怖之论！科学的社会主义者之社会政治见解，没有一件不从客观的事实辩证出来，马克思列宁主义者之革命战略，从没有站在抽象的毫无事势基础之空论上"②。

赵世炎的理解是非常深刻的。因为在赵世炎时代，中国马克思主义者对列宁主义的理论与实际的了解非常有限，当时从所有的列宁主义的论文与书籍里都只能得到较好的，但还没有绝对完备的对于列宁主义理论与实际的全面解释；当时的共产主义者除根据所知的列宁主义而从事实际的革命工作外，没有任何人说得出、写得出完全的列宁主义来；当时的斗争只不过是列宁主义理论供给的知识，然而列宁主义实际上给我们指示了许多奋斗的榜样与战略。③

第六，"我们所过问的事务，处处本共产主义的见地"。赵世炎特别强调社会实践的重要性，并分三个层次展开：

---

① 赵世炎：《国民会议之理论与其实际》，《赵世炎选集》，四川人民出版社1984年版，第194页。

② 同上书，第195页。

③ 参见赵世炎：《列宁主义之理论与实际》，《赵世炎选集》，四川人民出版社1984年版，第394页。

——强调人生需要奋斗。"奋斗二字,愚常奉以为人生第一要义。无论何事,皆应奋斗。生今之世,处此万恶社会,不奋斗,何以为人也。天下事托诸空言,不能见诸事实,是亦病也。""欲奋斗于此二十世纪之竞争世界,均不可不注意于此也。"①

——把"奋斗"与马列主义结合,强调共产主义实践。还在读中学时,赵世炎就特别关注争取"民主"的"政治"斗争,希望学校能成为 Democratic School;他组织"少年学会",确立"发展个性知能,研究真实学术,以进取精神,养成健全少年"②的宗旨,目的也是奋斗。不过,当时的理想还是"做人"的问题。到法国以后,特别是经过了"二二八"挫折后,他就决定发扬"再蹶再起的精神","决计重振旗鼓干起来"③。也就是说,他具有了一种强有力的理想。后来在研究了中国革命问题后,则更强调"我们大多数人民是非有一次搏斗不可的"④,把奋斗提到了相当的高度。在这种实践层面,赵世炎以社会人群全体的幸福做目标,强调要在共产主义旗帜下正确处理人我关系。"我们努力的着眼点是在全体的利益,同时也为我们自己的利益";"我们所过问的事务,处处本共产主义的见地,这又是一定不易的","我们的态度是始终光明坦然"⑤。这样,他把目标、方法都放在了马克思列宁主义上面。

——强调把马克思主义在中国具体化。"我常常想,我们过去的事,都有些蹈空,所以积极便会发现弱点。我常听朋友说,国内青年受'五四'的潮流太蹈空,不走实际,现在的最大恐慌,这话实在中肯。""我'穷极则变',

---

① 赵世炎:《工读主义与今日之中学毕业生》,《赵世炎选集》,四川人民出版社 1984 年版,第 3、2 页。

② 赵世炎:《学校调查:北京高等师范附属中学校》,《赵世炎选集》,四川人民出版社 1984 年版,第 50、46 页。

③ 赵世炎:《致隆郅同志的信》,《赵世炎选集》,四川人民出版社 1984 年版,第 67—68 页。

④ 赵世炎:《中山先生北来的意义》,《赵世炎选集》,四川人民出版社 1984 年版,第 158 页。

⑤ 赵世炎:《旅法的中国青年应该觉醒了》,《赵世炎选集》,四川人民出版社 1984 年版,第 80—81 页。

几月以来为回避恐怖的人生,不能不急筹搏乱的方法。"①为此,赵世炎对那些"做事与思想各都极幼稚"的人给予了批评,特别是对李卓、李合林、陈延年兄弟等无政府主义,决定"约谈话并质问他"②。后来《在给吴明的信》中还要求关注陈延年的革命转变。"法国旧时安那其如二陈③等近时倾向大变,望你们有私人关系者,速来信接洽。"④"我们站在共产主义旗帜之下的青年同志,只有在学理上愿与无政府主义者辩驳"⑤,在行动上更要切实实践共产主义理想。他强调,当革命的权能尚不在有组织的民众之手时,革命的政权也不能为民众所得,"民众此时的责任是要更加紧自己的团结,举行更广大的运动,时时提出政治的目标,不断的(地)为争自由,争民众政权,争民族解放而战斗。"⑥为此,赵世炎把改良与革命对立起来、把空谈与行动区别开来,强调最好的办法是把我们的责任用行动表示出来。

总之,赵世炎学习、传播马克思主义,特别是唯物史观,并根据唯物史观认为改造社会的根本途径在物质世界,要救国不能只局部的改良,应从经济层面和政治层面实行彻底的改造。他从中国自鸦片战争以后被强行拉入资本主义体系,从马克思主义的"世界历史"观来论证,认为中国人数不多的无产阶级在俄国革命的鼓舞和帮助下,完全可以快速地进行社会革命。赵世炎的基本思想都是根据历史唯物主义对中国革命问题进行的深入分析,是从历史唯物主义的观点出发认识列宁主义的问题。⑦

① 赵世炎:《给少年学会朋友们的信》,《赵世炎选集》,四川人民出版社1984年版,第59、58页。

② 赵世炎:《给周太玄的信》,《赵世炎选集》,四川人民出版社1984年版,第62页。

③ 二陈即陈延年、陈乔年兄弟二人,当时还信仰无政府主义。

④ 赵世炎:《给吴明的三封信》,《赵世炎选集》,四川人民出版社1984年版,第74页。

⑤ 赵世炎:《旅法的中国青年应该觉醒了》,《赵世炎选集》,四川人民出版社1984年版,第81页。

⑥ 赵世炎:《为民众政权而战》,《赵世炎选集》,四川人民出版社1984年版,第346—347页。

⑦ 参见卢亚兰:《中国共产党早期卓越的领导人赵世炎》,见巴胡母木主编《西南少数民族人物志》Ⅲ,四川民族出版社1993年版,第86页。

### 四、对列宁主义的策略化解读

"中国向何处去"的问题同样是赵世炎哲学的时代课题,并通过对一系列的政治、经济、文化及思想理论问题的解答来展开。在这一过程中,他依次展开了三个层面的时代课题:一是如何从马克思列宁主义到中国革命,解决理论武装的问题;二是解决"中国向何处去"的总的方法问题,这就是中国革命吸取"十月革命"的经验教训问题,也就是列宁主义对中国的教训问题;三是根据以上的理论与方法,在不同时期应如何解决各种具体问题,主要是具体的斗争艺术问题。从目前所接触的文献看,赵世炎没有专门谈马克思主义的论文。但是,他在谈列宁主义的时候,多次谈到马克思主义。在赵世炎那里,首先是由马克思主义发展到列宁主义,然后由列宁主义转化到中国革命问题,这使赵世炎在解读列宁主义过程中带有了一定的策略化倾向。

首先,多层面界定列宁主义的内涵。关于什么是列宁主义的问题,说到底是马克思主义与列宁主义的关系问题。赵世炎认为:马克思主义是无产阶级革命的理论,列宁主义就是马克思主义。然而马克思主义是无产阶级革命实现前的理论——工业资本主义时代社会革命的思想大纲;列宁主义则是正当无产阶级革命实现时代的马克思主义——资本帝国主义时代执行无产阶级革命的实践原理。从历史根据说,马克思主义是英国工业、德国哲学与法国革命三者的汇合(区别于我们后来分析的马克思主义的三个来源),而列宁主义则是资本与劳动之冲突、帝国主义列强内部资产阶级之冲突、帝国主义列强与殖民地弱小民族之冲突三者的汇合。"列宁主义有些地方确实比马克思主义更发展了,因为遍于世界的马克思主义原理的基础已经变动而发展了。所以列宁是历史的中心,亦是现世界的中心。"[1]在这里,赵世炎从时代转换的角度分析了马克思主义发展的两个阶段。以此为据,赵世炎从不同的侧面给列宁主义下了定义:

从理论上说,列宁主义是无产阶级革命期间内的,帝国主义时代的马克

① 赵世炎:《列宁主义之理论与实际》,《赵世炎选集》,四川人民出版社1984年版,第397—398页。

思主义。列宁就是十月革命、世界革命之开始的著作者，全世界无产阶级、农民群众及被压迫民族的领袖与导师。①"现在，列宁——是我们被压迫民族的旗帜，列宁主义——是我们的武器，全世界革命——是我们的任务。"②

从实践上说，列宁主义不是别的，就是马克思主义在行动上，其骨髓充满了战略，也充满了科学的社会主义之理论。列宁的工作，既预备了革命，又保卫了革命，且努力做成环绕革命四围的未来胜利，是马克思主义的凯旋。③

从策略上说，列宁主义就是工人、农人与被压迫民族怎样举行革命的一些战斗策略并且是实验过的、可以得到必然胜利的战斗策略。因此，列宁主义可以指导劳动阶级及被压迫民族，我们坚持列宁主义，就必须遵守列宁主义之教训。④

从理论与实际不可分的角度说，"在理论之境域以内于行动上努力，这是马克思死后马克思主义者应有的责任。而列宁死后，便是如何承继列宁的行动，以达到行动的最后成功——世界革命的实现。"⑤所以，马克思主义者同时即列宁主义者的责任之所以繁重，一方面因为无产阶级革命已经起来了，并取得了第一次胜利于世界最大国之一俄罗斯；而另一方面，革命还在战斗中，国际无产阶级奋斗的困难，还摆在我们面前。第二国际的各国社会党现在还把毒药往工人群众中注射。列强的争攘又明显暴露，帝国主义的再战终不可幸免。所以，"列宁主义的理论和实际没有方法能够分开。在理论方面，列宁主义就是马克思主义，而且是唯一的马克思主义。在实际方面，列宁主义包有世界一切革命问题之全部。"⑥

要而言之，列宁主义是马克思主义，这是理论本质。但是，列宁主义因

---

① 参见赵世炎:《列宁主义之理论与实际》,《赵世炎选集》,四川人民出版社1984年版,第393页。
② 同上书,第394页。
③ 参见同上书,第400页。
④ 参见赵世炎:《"二七"纪念与列宁主义》,《赵世炎选集》,四川人民出版社1984年版,第218页。
⑤ 赵世炎:《列宁》,《赵世炎选集》,四川人民出版社1984年版,第91页。
⑥ 赵世炎:《列宁主义之理论与实际》,《赵世炎选集》,四川人民出版社1984年版,第394页。

时代的发展而有不少新的内容,马克思主义与列宁主义的根源不同,既从本质上把马克思主义与列宁主义统一起来,又从时代和内容上把马克思主义与列宁主义区别开来。

由于赵世炎时代对马克思主义还不可能理解为"实践唯物主义"①,因而赵世炎也无法从这一层面把马克思主义与列宁主义统一起来。相反,他更多地是以此来强调马克思主义与列宁主义的区别。在他看来,列宁主义"是在帝国主义时代执行世界革命,把世界革命里一切实际问题都集中汇合,找出政治上、经济上、策略上的总原则"②,基本上"就是工人、农人与被压迫民族怎样举行革命的一些战斗策略,并且是实验过的,可以得到必然胜利的战斗策略"③。正是由于列宁主义的这一特征,使列宁成为世界革命的开创者,成为"全世界无产阶级,农民群众,及被压迫民族的领袖与导师"④。

赵世炎接着分析了马克思主义者与列宁主义的关系,强调列宁是我们被压迫民族的旗帜,列宁主义是我们的武器,世界革命是我们的任务。⑤ 马克思主义者要了解列宁主义而不违背或误解,要切实地认识目前革命问题且为革命工作;在任何时候都要知道列宁主义的理论与实际和当代革命问题的理论与实际;列宁主义可以指导劳动阶级及被压迫民族,所以我们要遵守列宁主义之教训。⑥

其次,中国革命问题是列宁主义的问题。从理论与实际不可分的角度说,对于中国的马克思主义者,要特别强调"中国革命问题是列宁主义

---

① "实践唯物主义"的概念是在《德意志意识形态》中提出的,见马克思恩格斯《德意志意识形态》,《马克思恩格斯选集》第 1 卷,人民出版社 1995 年版,第 75 页。

② 赵世炎:《列宁主义之理论与实际》,《赵世炎选集》,四川人民出版社 1984 年版,第 393 页。

③ 赵世炎:《"二七"纪念与列宁主义》,《赵世炎选集》,四川人民出版社 1984 年版,第 218 页。

④ 赵世炎:《列宁主义之理论与实际》,《赵世炎选集》,四川人民出版社 1984 年版,第 393 页。

⑤ 参见同上书,第 394 页。

⑥ 参见赵世炎:《"二七"纪念与列宁主义》,《赵世炎选集》,四川人民出版社 1984 年版,第 218 页。

的问题"①。这是就马克思列宁主义中国化、民族化而言的。赵世炎认为：列宁主义是运用无产阶级科学之理论与俄国革命的经验综合而成的,这是全世界工人阶级对于列宁主义应有的基础观念。这就把列宁主义放在了马克思主义俄国化的思路上。赵世炎特别强调:"我们做列宁门徒的责任,一面是力求学习领会,另一方面最要紧的还是遵守实行。中国工人阶级越是被压迫得痛苦,列宁主义运用之范围越更切实。""我们愿意以学习列宁主义纪念列宁。因为我们深信:中国工人阶级要得解放与自由,只有实行列宁主义。"②这有两个相互联系的方面:

一是"我们谈世界革命问题,亦谈中国革命问题。中国革命的问题,当然是列宁主义的问题"。"列宁主义与帝国主义之战,在我们相信的既是列宁主义的最后胜利,而列宁自己亦说'社会主义的胜利可以完全保证'。更因为帝国资本主义发展与冲突之结果,将地球上大多数的人口训练到战场,对资本主义作战,而作战的形式,因'中国、印度、俄罗斯占全球之最大多数,奋斗的出路当然要以此等国为转移'。"③

二是我们是中国人,"中国革命的问题,可以依列宁主义的民族问题来解决。""中国革命的问题,就是列宁主义的民族问题。中国共产主义者早已确定这个观念,而且已在列宁主义的民族问题原理下,奋斗到了现在的成绩。"④

正是在这种理论思路上,赵世炎详细地介绍了列宁民族理论的基本内容:包括民族问题的来源,共产主义者解决民族问题的标准,在民族革命中资产阶级的态度与行动,人们参加国民革命的态度,共产党人在国民革命中的任务,达到共产主义之路的办法,列宁主义民族问题的总原则等。⑤ 在此

① 赵世炎:《帝国主义与列宁主义之战》,《赵世炎选集》,四川人民出版社1984年版,第403页。
② 赵世炎:《"二七"纪念与列宁主义》,《赵世炎选集》,四川人民出版社1984年版,第221页。
③ 赵世炎:《帝国主义与列宁主义之战》,《赵世炎选集》,四川人民出版社1984年版,第403页。
④ 同上。
⑤ 参见赵世炎:《列宁主义之理论与实际》,《赵世炎选集》,四川人民出版社1984年版,第405—407页。

背景下,他反对资产阶级民族主义,反对法西斯的民族主义,主张列宁的民族主义。

再次,揭示列宁主义对中国革命的科学方法论意义。为了列宁主义中国化,赵世炎对列宁主义进行了科学方法式的解读,这就是从"方法"意义上探寻在当时中国革命过程中所需要的方面。因此,他的理解,一方面是把列宁主义当成策略;另一方面是把列宁主义当成对我们的"教训"。他的理解,或许有不准确的方面,但他的思维方式却是可以肯定的。①

由于当时全国民众的责任是探寻一种切合实际的革命政治主张,进行反对统治阶级恐怖统治的国民革命,"从各城市到各乡村,革命民众的势力现在满布于全国。在目前所需要的,便是全国集中的革命力量与其继续发展,用集中的革命力量,来拥护集中的革命政治主张;这便是国民革命群众外对帝国主义内对军阀余孽的总战术。"②也正是为了寻找这种"总战术",赵世炎在介绍列宁主义时,也特别强调策略与战略。因为"民众到现在应该明白了:第一要明白的是自己的地位;第二要明白的是此后的战略"③。那么,列宁主义的战略是什么呢? 这可以从赵世炎对"十月革命"的分析中看出。在《列宁》、《十月革命》、《"二七"纪念与列宁主义》等文中,赵世炎特别分析了列宁的"战术"。

他的战术的主要成分就是以无产阶级为主体的阶级争斗,而平列于此的有工农联盟的政策。④

无产阶级政党的基础建立在无产阶级科学的理论上,而政策在于指明争斗的形式和群众应战的方略。⑤

----

① 李大钊在《再论问题与主义》中也强调:布尔扎维主义即是我们认定的主义,"我们唯有一面认定我们的主义,用他作材料,作工具,以为实际的运动;一面宣传我们的主义,使社会上大多数人都能用他作材料,作工具,以解决具体的社会问题"。李大钊:《再论问题与主义》,《李大钊文集》第2卷,人民出版社1999年版,第5—6页。
② 赵世炎:《统治现状与新的战斗之预备》,《赵世炎选集》,四川人民出版社1984年版,第389页。
③ 赵世炎:《统治阶级与民众挑战》,《赵世炎选集》,四川人民出版社1984年版,第215页。
④ 赵世炎:《列宁》,《赵世炎选集》,四川人民出版社1984年版,第93页。
⑤ 同上。

敌人势力的估量，与自己势力的比较，都用极精细的方法，而方略变动全以社会运动的势力为转移。势力的集中在战斗上比什么还重要，姑息一部分的反革命的势力便是增长多部分的反动，行动上失掉勇气，同时便是理论的失败。对于机会主义与改良派应当痛击，与对资产阶级一样；因为在阶级内的敌人其危险百倍于在阶级以外。在相当的时期转变行动的方向，必求不失其目标，口号深入群众时，便是行动，且有更进一步口号的必要。①

如何认识列宁主义对我们的"教训"呢？赵世炎在强调"中国工人阶级要得解放与自由，只有实行列宁主义"的基础上，分析了列宁主义对我们的四点"教训"：政权、国家、党、工会。

第一点对于工人的教训就是"政权"问题。赵世炎认为："一切革命的最重要问题就是政权问题"，只有政权被无产阶级所掌握，经济、教育、文化、道德等问题才会迎刃而解。无产阶级革命必须在共产党领导下才能获得胜利。其基本思路是：资产阶级民主时代已经告终了，新的世界历史时代即无产阶级专政的时代已经开始；无产阶级专政的问题是全世界资本主义国家中劳动运动共有的问题，工人阶级不懂得这个问题，无异于不知道自己的历史使命；无产阶级必须专政才能制服资产阶级，没有专政就没有胜利，革命不取得政权就等于失败；在政权问题上，不是资产阶级专政就是无产阶级专政，此外没有第三种形式；无产阶级专政的最重要形式是就是苏维埃，就是工人农人与兵士的代表机关；苏维埃打碎资产阶级的统治，收回土地给农民，收回工厂、作坊、矿山与交通机关给工人，把权力紧握在劳动阶级与被压迫群众之手，一切政权归苏维埃。②

第二点对于工人的教训就是"国家"问题。他强调：国家只不过是一台机器，资产阶级利用这台机器来压迫无产阶级，无产阶级当然也可以暂时利用这台机器去制服反革命。但是无产阶级只是暂时需要它。从资本主义社会到共产主义社会，当然需要一个"政治的过渡时期"，这个时期的国家，就是无

---

① 赵世炎：《列宁》，《赵世炎选集》，四川人民出版社 1984 年版，第 93—94 页。
② 赵世炎：《统治阶级与民众挑战》，《赵世炎选集》，四川人民出版社 1984 年版，第 215—216 页。

产阶级专政的国家。但无产阶级是没有祖国的，因此也并不能狭义地爱国，只有阶级的界限，而并没有国界。国家是必然消亡的，但要到真能"各尽所能，各取所需"的时候，也就是人人都能劳动的时候。阶级不消灭，国家是不会消灭的。担任消灭国家责任的是无产阶级，因为无产阶级是最后的阶级。①

第三点"教训"是"党"。赵世炎认为：工人阶级和农民阶级绝不应该怕组织政党，而应认为组织政党会使本阶级更加坚强。"工人与农民合组的政党——共产党——将是世界上最后的政党。""世界上最可靠的，只有工人、农人的党。""工农的党担负世界未来政治改造、经济建设的最后责任。"②他强调共产党就是共产主义的政党。"是群众的先锋，是群众的头脑。"③"无产阶级的政党，即共产党——是无产阶级的先锋队，指导革命的总参谋部。党由觉悟的工人分子组织而成"，但领导的却是整个工人阶级，并且教育一切群众一齐聚集在革命旗帜之下谋求被压迫阶级的发展。"工人阶级没有共产党，就如船没有舵一样；共产党是工人自己的，无产阶级专政，事实上也需要无产阶级的党——共产党——来行使职权。"他认为共产主义就是一切公有：土地、工厂、作坊、矿山、交通机关都归公有。④ 赵世炎分析说：中国共产党是科学的社会主义者以劳动阶级为主要分子之革命结合；共产党明确指出了人民解放道路的主张，明确地分析了现代中国之政治状况；如果误解中国共产党，甚至一味盲目地反对或糊涂地恐惧，结果毫无损于共产党，只耽误了中国民族运动的发展。⑤

第四点对于工人的教训就是"工会"。赵世炎强调：在资本主义社会制度下的工人，必须组织工会一致团结起来。无产阶级要团结成一个阶级才有力量。有了力量就有行动。工人在当初不知道自己的力量，不明白自己

---

① 参见赵世炎：《"二七"纪念与列宁主义》，《赵世炎选集》，四川人民出版社1984年版，第219页。

② 参见赵世炎：《工人与党》，《赵世炎选集》，四川人民出版社1984年版，第123页。

③ 赵世炎：《组织问题与支部工作》，《赵世炎选集》，四川人民出版社1984年版，第516页。

④ 参见赵世炎：《"二七"纪念与列宁主义》，《赵世炎选集》，四川人民出版社1984年版，第220页。

⑤ 参见赵世炎：《小资产阶级对共产主义之恐怖》，《赵世炎选集》，四川人民出版社1984年版，第209页。

的地位,误认了工厂的厂主真是自己的主人,错看了资本家是劳动贫民的救星。直到后来,这些主人与救星压迫太厉害了,才逼起工人的觉悟,开始了团结,发现自己的力量。工会是资本主义社会制度产生出来的工人阶级的一件工具。工人的阶级觉悟愈发展,工会的作用愈强大。在阶级争斗过程中,工会是工人的营寨,它的责任是保护工人利益的集合,离开工人的利益,没有其他的利益。所有的工人运动,绝没有离开政治的运动。工人阶级每一个经济的争斗,同时就是政治的斗争。[①]

## 第四节　卓炯:对中国社会形态与
## 社会发展的思索

卓炯(1908—1987 年),湖南省慈利县人,出生于一个农民家庭,1924年入湖南省立第二师范学习,开始了解列宁的思想;1926 年加入北伐学兵团;1931 年入中山大学社会系学习,在周谷城等进步教授指导下系统地接受了马克思主义;1939 年加入中国共产党,后赴泰国,在华侨中从事党的工作;1948 年任云南人民反蒋自卫军第二队政治部主任。新中国建立后,历任研究员、教授,1961 年在国内首次提出社会分工决定商品生产的理论,改革开放后首次论证社会主义商品经济是"有计划商品经济",并提出"社会主义社会存在剩余价值"、"要推行股份制"等新见解,著有《论社会主义商品经济》等著作。卓炯的哲学思想是从全球性视野出发,探索中国社会发展规律,阐明中国社会现实,思索中国社会的出路。他与向警予、赵世炎一样,既是坚定的社会主义革命者,又是社会主义理论的探索者;他从事党的地下工作,且领导过武装斗争,成为一方党的重要负责人;他参加过革命,且在改革开放以后也继续做出了巨大的理论贡献。

### 一、卓炯哲学的世界历史视野

从 1936 年 6 月至 1937 年 5 月,卓炯在谌小岑主编的《劳动季报》上发

---

①　参见赵世炎:《"二七"纪念与列宁主义》,《赵世炎选集》,四川人民出版社 1984 年版,第 220 页。

表了三篇较有影响的论文,即《劳动季报》第 9 期刊载的《罗加诺公约的废弃和法苏协定的订立》、第 10 期刊载的《奴隶制度之理论的基础》、第 11 期刊载的《国民经济建设之理论与实际》。这三篇论文都是从世界历史视野分析中国社会发展规律,从而为揭示中国社会发展趋势提供理论支持。当时的思想背景主要涉及的是马克思主义,其中特别是历史唯物主义的普适性问题。卓炯在理论探索中坚持了正确的理论方向,并成为他后来一系列理论建构的前提。

首先,总结反思中国社会性质论战,坚信唯物史观的普适性。20 世纪 20 年代末至 30 年代上半期,中国思想界展开了"中国社会性质问题论战"。这一论战包括中国社会性质、中国社会史、中国农村社会性质论战等三次论战,何干之曾对此说:"社会史、社会性质、农村社会性质的论战,可说是关于一个问题的多方面的探讨。"这三次论战都有极强的学术论争与政治论战互动的特征,即如何干之所说:"革命的实践,引起了革命的论争,论争所得的结果,又纠正了民族集团中的偏向,帮助了实践的开展。"①

中国社会性质的论战直接关涉中国革命的对象、性质、任务、前途以及革命的动力与领导力量等问题。1926 年,托洛茨基等人认为中国已经是资本主义国家,不存在反封建的问题了,其基本依据是中国商业与银行资本家已控制了全国工业并迅速发展、重要农业区域完全依赖市场、对外贸易日益扩大、农村隶属城市等。斯大林、布哈林等多数人认为中国的社会性质是一个半封建半殖民地国家,革命的主要问题是反帝反封建,强调"中国现在的革命便是两条革命运动(反封建残余运动和反帝国主义运动)巨流的汇合"②。1928 年 6 月召开的中共"六大"以同年 2 月的共产国际"九大"决议为依据,强调中国并没有从帝国主义的铁蹄下解放出来,仍属半殖民地社会;地主阶级的土地私有制度并没有被推翻,属半封建社会,因而引起现代中国革命的基本矛盾一个也没有解决,"中国革命现在阶段的性质是资产

① 何干之:《中国社会性质问题论战》,《何干之文集》第 1 卷,北京出版社 1994 年版,第 186、183 页。

② 斯大林:《中国革命和共产国际的任务》,《斯大林全集》第 9 卷,人民出版社 1954 年版,第 261 页。

阶级性的民权主义革命"①,即资产阶级民主革命。中共"六大"后不久即在中国学术界发生了关于中国社会性质的论战,在中国共产党内形成了以陈独秀与李立三各自为代表的争论,分别代表着托派和中共"六大"派。在社会的公开论战则主要有"新思潮派"和"动力派","新思潮派"以《新思潮》为阵地,属中共"六大"派;"动力派"以《动力》为阵地,属托派。此外还有以《新生命》杂志为代表的"新生命派"、国民党改组派等,胡适等人也参加了其中的讨论。综观这一争论,实质在于中国革命的对象到底是谁、中国到底走什么道路的问题,由此产生了革命与改良、是否反帝反封建、谁来领导中国革命、对国民党政府的态度等诸多具体问题。1931 年 8 月《读书杂志》第 1 卷以第 4、5 期合刊的形式出版了《中国社会史论战专号》第 1 辑,随后还出了《中国社会史论战专号》第 2、3、4 辑,时任杂志主编的王礼锡写了长篇序言《中国社会史论战序幕》一文,认为:"关于中国经济性质问题,现在已经逼着任何阶级的学者要求答复。任何阶级的学者为着要确定或辩护他自己的阶级的前途,也非解答这问题不可。""我们可以在'中国社会的前途'的总问题中,随便拈出几个问题来考察。一、中国革命高潮是否到来? 二、中国革命的性质,是资本主义革命? 抑是社会主义革命? 三、中国革命的对象是否帝国主义封建势力? ……要解答第一个问题,就得了解革命的条件是否具备。要解答第二个问题,就得了解中国现在是封建社会,抑是资本主义社会。要解答第三个问题,就得了解帝国主义在中国所发生的作用以及封建势力是否存在。总之,我们要知道应当如何推动社会,就应当把握社会的动向;要把握社会动向,就应当理解社会的结构,尤其是其基础的结构。"这一点,作为首先发起这一争论的陶希圣曾清楚地认识道:"中国社会构造是中国目前要解决的一切问题的根源。不认识中国社会构造,便不知道中国的问题。不知道中国的问题,便无从提出中国问题之主张。"所以,他要"弃公式而取材料"、用"历史的观点、社会的观点、唯物的观点"分析中国社会,实质是反对"因袭欧洲学者解剖欧洲社会所得的结论,而漫加

---

① 《中国共产党第六次代表大会政治决议案(1928 年 7 月 9 日)》,《中共党史文献选编·新民主主义革命时期》,中共中央党校出版社 1992 年版,第 82—83 页。

演绎"①。其基本结论就是中国是"商业资本主义社会"、不存在反帝反封建的革命，实际上是在强调中国社会特殊性的情况下，否认唯物史观的普适性。任曙、严灵峰附和陶希圣的观点，甚至认为中国已是资本主义社会，同样否认中国是半封建半殖民地社会，进而否定中国的民族民主革命。与此相反，中国马克思主义者则坚持马克思主义的普适性，借以分析中国问题，如郭沫若在《中国古代社会研究》自序中，首先即强调"中国人所组成的社会不应该有什么不同"，认为"本书的性质可以说就是恩格斯《家庭、私有制和国家的起源》的续编"。这是以"由人所组成的社会也正是一样"来论证唯物史观的普适性②，从而捍卫中国共产党人的正确主张。对于这一论战与当时中国革命的关系，何干之于1937年年初在总结中说："在分析研究中国社会性质时，各党各派就展开了各自的政治主张。在民族战线内，各党各派对革命所抱的态度，所采的策略，是有各种各样的。有人主张资产阶级所领导的民主革命，有人主张反帝的民主革命，有人主张工人阶级革命。这种不同的政治观点，是由社会性质的分析不同而来的。"③

　　对中国社会性质讨论的深入，必然追溯到对社会历史的探求。因此，中国社会史问题的论战即应运而生。这一论战涉及的核心是关于亚细亚生产方式问题，中国历史上有没有奴隶制社会的问题及秦汉以后的中国社会性质问题。最终则归结为人类社会历史的发展有无共同的客观规律，马克思主义关于社会发展阶段的学说是否适用于中国的问题。参加这一论战的主要有马克思主义史学家郭沫若、吕振羽、翦伯赞等，新生命派的陶希圣、梅思平等，托派的李季、陈邦国、王宜昌、杜畏之等。中国社会史论战直接涉及的根本问题是：马克思主义的社会发展阶段论是否适合于中国？亚细亚生产方式是否是中国的特殊社会形态？马克思主义的社会发展动力论是否适合中国？

　　"亚细亚生产方式"是马克思在19世纪50年代开始深入研究东方社会时提出并在《政治经济学批判大纲》的《资本主义生产以前各形态》一节和1859年所著《政治经济学批判》序言中有所阐明。马克思说："大体说

---

　　①　陶希圣：《中国社会与中国革命》，新生命书局1929年版，第1—3页。
　　②　参见郭沫若：《中国古代社会研究》，人民出版社1953年版，第vii—x页。
　　③　何干之：《中国社会性质问题论战》，《何干之文集》第1卷，北京出版社1994年版，第209页。

来,亚细亚的、古代的、封建的和现代资产阶级的生产方式可以看作是经济的社会形态演进的几个时代。"①这一观点提出后,第二国际的理论家如考茨基、普列汉诺夫等对此作过探讨。20世纪20—30年代,苏联史学界和经济学界曾对此有所争论,共产国际内部也就此问题展开了争论②。这场争论很快传入中国,成为1931—1935年中国社会史论战的重要问题。至20世纪60—70年代,在国际上,苏联、日本、法国、英国、澳大利亚等国学术界都有争论,争论的基点在于"五阶段论"是否适用于中国等东方社会。主要观点可概括为以下几派:马扎尔、哥金、巴巴扬等人认为亚细亚生产方式是东方社会史里的一种独特社会构成,由于东方社会的地理条件,便在东方、西方历史之间划出了一个分水岭;哥德斯、波卡纳夫等人认为它是世界历史发展中的一般的社会构成,把它当做一种假设或空白看待,以为在马克思的时代研究还没有成熟,实质上它却是封建构成;柯瓦列夫等人认为它是东方奴隶社会的构成,是世界历史发展中一般的社会构成的变种;雷哈德等人认为它虽是一种社会构成,但只是历史发展上的一种过渡形态或混同形态,处在农村公社到古代奴隶社会的转化过程中。③

在中国,郭沫若是最早运用马克思主义观点研究中国古代历史的学者之一,从1928年开始陆续发表论文,1930年结集出版为《中国古代社会研究》,认肯中国古代社会同样经历过奴隶社会和封建社会,"亚细亚生产方式"是原始共产社会(原始社会),马克思主义的社会发展规律学说完全适用于中国④,尽管郭沫若的观点后来也有变化,但始终坚信马克思主义适合中国。陶希圣、李季、王礼锡、胡秋原等人则坚持"多元论"、"循环论"等,如陶希圣提出的是"三阶段、一过渡"论:原始部落(夏、商)→封建社会(周)→商业资本主义(秦汉—清,为过渡社会)→资本主义(鸦片战争以来)。李

① 马克思:《〈政治经济学批判〉序言》,《马克思恩格斯选集》第2卷,人民出版社1995年版,第33页。

② 国外学者论述该问题,郝镇华编有《外国学者论亚细亚生产方式》一书,中国社会科学出版社1981年版,书中收有苏联、法国、英国、澳大利亚、民主德国、匈牙利等多国学者的论著。

③ 参见侯外庐:《亚细亚生产方式之研究与商榷》,《中国古代社会史论》第一章,人民出版社1955年版。

④ 参见郭沫若:《中国古代社会研究》,人民出版社1953年版,第133页。

季提出的是"五阶段"论:原始共产主义(唐虞前—虞末)→亚细亚生产方式(夏—殷末)→封建制(周—周末)→前资本主义(秦—鸦片战争前)→资本主义(鸦片战争以来)。[①] 王礼锡、胡秋原提出的也是"五阶段"论:原始共产主义(传说中的先史时代)→氏族社会(殷)→封建社会(周)→先资本主义社会(秦—清)→资本主义社会(鸦片战争以来)。这些观点的基本取向是中国没有奴隶社会,亚细亚生产方式是中国的特殊社会结构,中国近代已是资本主义社会。在这一论战中,马克思主义史学家吕振羽于1934年7月和12月先后完成了《史前期中国社会研究》[②]、《殷周时代的中国社会》[③]两部专著,明确划分了中国社会历史发展的6个阶段:传说中的"尧舜禹"时代,为中国女性中心的氏族社会时代;传说中的"启"的时代,为中国史由女系本位转入男系本位时代;殷代为中国奴隶制社会时代;周代为中国初期封建社会时代;秦至鸦片战争前为变种的封建社会时代;鸦片战争到现在为半殖民地半封建社会时代。李达在叙述了吕振羽的这一划分后,对此给予了充分肯定,并强调其"世界史观点"的正确性(确认中国历史的一般性)。[④] 吕振羽提出的"殷代奴隶社会论"、"西周封建论"与郭沫若有别,并对"商业资本主义"、"亚细亚生产方式"论提出批评。翦伯赞从1935—1937年间先后发表了《前封建时期之中国农村社会》、《"商业资本主义社会问题"之清算》、《关于"封建主义破灭论"之批判》等文,认为"商业资本主义"和"亚细亚生产方式"在理论上的合流,使中国历史学领域出现了"封建主义破灭论"。"是企图说明中国社会内的阶级对立在两千年前已经随着封建主义的破灭而消灭了,自此以后,迄于现在,中国的社会,是没有阶级的社会,自然也不需要阶级斗争。"[⑤]可以看出,问题的关键正在于如何处理中国革命

① 参见李季:《中国古代社会史研究》,见蔡尚思主编《中国现代思想史资料简编》第3卷,浙江人民出版社1983年版,第761页。

② 吕振羽:《史前期中国社会研究》,河北教育出版社2002年版。

③ 吕振羽:《殷周时代的中国社会》,三联书店1962年版。

④ 参见李达:《吕振羽著〈史前期中国社会研究〉序》,《李达文集》第1卷,人民出版社1980年版,第606页。

⑤ 翦伯赞:《关于"封建主义破灭论"之批判》,原载《中山文化教育馆季刊》1937年春季号,见蔡尚思主编《中国现代思想史资料简编》第3卷,浙江人民出版社1983年版,第856页。

的问题,其基本问题在于马列主义是否适用于中国,中国是否存在阶级斗争？中国革命的前途是资本主义还是社会主义？这一争论上承中国社会性质论战,下启中国农村社会性质论战。在这场论战中,中国马克思主义者运用马克思主义的哲学观点和政治经济学理论分析研究中国的实际情况,明确了中国历史发展的共性与个性,阐明当时中国的社会性质是半封建半殖民地社会,对于共产党新民主主义革命理论的形成起了巨大的推动作用。卓炯正是在这一时期出现在这一理论争论的战场上,并起而捍卫马克思主义历史唯物主义。

卓炯之参加理论探讨具有明确的目的性。从卓炯这一时期的主要作品看,他始终关注中国革命问题,其中涉及教育、文化、经济等方面,出发点都是为讨论中国革命问题;认肯中国社会性质是半封建半殖民地社会,并据此进行理论讨论。卓炯的《奴隶制度之理论的基础》一文是针对中国社会史论战而作的,主要讨论亚细亚生产方式及中国奴隶社会问题。在文中,卓炯根据恩格斯《家庭、私有制和国家的起源》,从社会形态演进规律来论证,其基本观点是:“亚细亚生产方式”的提法是马克思研究中国等东方国家的思想还不成熟时的提法,后来思想成熟后就不怎么坚持了;奴隶社会是社会发展的必然阶段,中国存在着奴隶社会,按照马克思的原意,凡是文明社会都是私有财产社会和国家产生以后的阶级社会,“亚细亚生产方式”也是指这种社会。他认为:恩格斯划定的社会形态是氏族制度——原始共产社会、奴隶制度、封建社会、资本主义社会等私有财产社会,坚决地承认了奴隶制度这一阶段的存在,并且认为奴隶社会是从氏族制度崩溃后必然到达的国家的最初形态,因而无条件地把马克思的四阶段分为三阶段了。卓炯认为:恩格斯在他这本书里始终没有半个字提到“亚细亚生产方式”,马克思也没有如何坚持“亚细亚生产方式”的提法,更何况马克思并不是“中国通”呢？即使如某些学者强调的那样,亚细亚生产方式的内容有土地公有、农村公社、农业和手工业直接结合、水利调节四点,其中手工业与农业直接结合是前资本主义社会的共同特征,其他三点属于上层建筑,而不是经济基础,不符合马克思的方法论。总之,“亚细亚社会是没有的,有之,也不过是在程度上与古代社会相异的一种形式罢了。从而恩格斯给予我们的社会形式的发展阶段也是正确无疑了。”在文章中,卓炯点名批评了不少国内外学术名家,如说"郭沫若不明白这点,强把亚细亚的时代当作原始共产社会,这是一个大大的错误。"普列汉诺夫、波格丹诺夫错了,因为"诚如普氏所云,则辩证唯物论可以根本宣告破产而让地理史观爬上历史哲学的宝座"。地理决定论把唯物史观"简直歪曲得不成东西了"①。卓炯还分析了奴隶社会的产生根源、奴隶的来源、奴隶经济衰退的根源等问题,明确肯定中国的奴隶社会。卓炯的目的很明显,中国社会发展并没有脱离人类历史发展的大道,是符合人类历史发展规律的,从而坚定了唯物史观的普适性。

其次,在20世纪的中国,战争才是民族解放的大道。在对人类历史发展历时性规律讨论的基础上,卓炯还从人类社会发展共时性规律角度讨论了20世纪的中国发展问题,《罗加诺公约的废弃与法苏协定的订立》是其重要文献,以后又于1936年12月在《国华半月刊》上发表了《日德意同盟的前瞻》一文,共同构成了他分析中国问题的国际视野。在前文中,他分析1936年是危机促迫的一年,罗加诺公约的废弃与法苏互助协定的订立至关重要。罗加诺公约的废弃意味着德国战争进程的加快,因为"德国自从撕毁凡尔赛和约以后,所剩下来而足以限制德国的当然就只有罗加诺公约了,这在处心积虑要恢复第三帝国的德意志民族,当然要乘机破坏这个最后的锁链。所以,本年3月7日的进攻莱茵,并不是一件偶然的事件。因此,用历史的眼光来看罗加诺公约,它的成立是德国的第一步解放,它的废弃则是德国最后断了妨碍自由的锁链。从此,它便可以实行第二步计划,来恢复固有的领土与殖民地"。法苏互助协定的订立,意味着帝国主义的反苏阵线的破裂。但卓炯并未就此停笔,而是转入中国问题的分析:"上述欧陆的和平,暂时是可以维持的,可是大战的缺口并不限于欧洲,在远东方面,由于日本帝国主义大陆政策的强化,危机一天深似一天,更加以东西两个侵略主义者,缔结了军事同盟,那末在西方没有办法的时候,东方它们是越发不肯放手了。观于最近'伪'(指伪满洲国——引者注)蒙的前哨冲突,'伪'苏的边界纠纷,中、日防共同盟的呼声,愈闹愈严重了,这不就是大战的预兆

---

① 李季的观点即根源于普列汉诺夫、波格丹诺夫的地理环境决定论,并分析了"亚细亚生产方式"的六大特征,且与"托派"的学者杜畏之的观点一致,见何干之《中国社会史问题论战》第三章。此见蔡尚思主编《中国现代思想史资料简编》第3卷,浙江人民出版社1983年版。

吗?"最后作者结论说:"我觉得我们不怕战争,而且要英勇地起来担负起反侵略者的战争。战争才是民族解放的大道。"在《日德意同盟的前瞻》一文中,则更是将中国问题放在了世界大局中思考,在分析国际情势的时候,强调了四种对立形态的矛盾:即资本主义国家与社会主义国家的对立;资本主义各国之间的对立,尤其是满足的帝国主义国家与不满足的帝国主义国家之间的对立;帝国主义国家与殖民地的对立;资本主义国内的阶级对立。他以此为基础分析了德日同盟对中国的影响,并强调"我们为求得民族的解放,我们为实现自力更生的国策",始终都不能同情这种协定。

再次,应坚守抗战争取最后的胜利与光荣的和平。在抗日战争期间,不断有人散布"和平"谣言,卓炯于1940年7月在《新华南》第2卷第9期上发表了《如何根绝和平谣言》一文,从国际国内的各种关系中区别了不同的和平,阐明了自己对抗战与和平的认识。在文中,他从和平呼声来源的角度概括为三个方面:敌人希望和平、国际希望和平、国人希望和平。他认为:从敌人希望和平看,无非有四种可能,即从和平中获得胜利、从和平中加紧进攻、从和平中准备进攻、打不过我们时自己认输。在战争未达到结束以前,只有敌人"打不过我们自己认输"的和平才是于我们有利的,其他都是于我们无利的,"特别我们是一个弱国,要把敌人打到屈膝求和,除非有什么意外的变化,短期里决难做到"。从国际所希望的和平看,他分为两种情形进行分析,一是非交战国因战争破坏了市场影响了自身的经济利益而希望停战以后恢复商业关系;二是与交战国的一方有共同的利害关系,为着贯彻某一目的而出来调停战争。卓炯认为:第一种调节式和平很难实现,因为战争的产生总是两种力量发展不平衡的结果,若两国能得其平衡,则战争就不会发生;假若两国尚未得其平衡,则和解就不能实现,所以调解战争的人,往往是压抑一方使之勉强就范。第二种则是在国际间兼弱攻昧,调停战争者往往是帮助强者的一面而牺牲弱小。"在中日战争过程中,两种式样的都曾有过,然而战争的解决,主要的是取决交战的双方,外力的作用并不是积极的,所以都无成效。"这一思想在其《罗加诺公约的废弃与法苏协定的订立》一文中即有阐明,认为"中国乃是一块半殖民地",这种和平"只是一种和平的梦想"。所以,卓炯强调,以上两方面所来的和平企图并不可怕,"问题是在我们自己。假使我们自己毫不动摇,外来的和平是毫无影响的。"为此,他分析了"国人自己发生的和平希望"的三种情况：一种是由于信念不坚，以为抗战必亡，或者是感觉抗战太苦，所以时刻企求和平，好像和平就是幸福，这种人根本不明白这回战争的目的究竟在哪里。而事实是非常明白的，如果说我们实现了三民主义、维持了独立生存就可以和平，否则就应抗战到底。"假使你不同意亡国的和平，你就应坚守抗战目的，争取最后的胜利与光荣的和平。"一种是由于道德沦丧，即有许多人把政治看做一种骗局，以为今天主张抗战的明天可以讲和平，今天主张和平的明天何尝不可以抗战，所以抗战与和平，只是便利少数人的操纵把持，而且结果总是和平，总是大多数人受害，因为这个缘故，他们不理和平谣言的来源，横竖以为随时可以和平，所以每遇一次和平谣言也就动摇起来，这种人根本无所谓信念不信念，把世界当做一个幻局，什么都听天由命，这是一个严重的道德问题。对于这种人，应该展开广泛的革命教育，确定他们不致随俗浮沉，要抗战便要坚决抗战到底，非贯彻目的，绝不中止，这实在是做人应有的起码的道德修养。一种是由于认识不清，如认为"无百年不和之战争"，反正战争终归是要和平的，那么与其焦头烂额而言和平，不如早日无大损伤之为愈了。卓炯认为：这完全是受了形式主义的欺骗，因为对于和平，应采取正确态度，即赞成有利的和平，反对有害的和平。"我们决不能终须和平，便不加以选择。要知道胜利的和平与失败的和平是不可同日而语的。"

最后，抗战中的经济建设就是求民族独立与自由的经济动员。卓炯的《国民经济建设之理论与实际》一文是根据抗日战争前夕的特殊问题立论的。当时，因国民政府发起国民经济建设运动而引起的焦点问题是：抗战与建设孰先孰后？国防与民生孰重？工业与农业孰重抑或可并重？经济发展应统制还是应自由发展？对于第一个问题，卓炯认为：既不是先抗战后建设，也不是先建设而后抗战，而是随时在准备，随时在抗战，在建设过程中准备抗战；在抗战过程中进行建设。对于第二个问题，卓炯认为：问题本身就是一个似是而非的问题，因为没有坚固的国防而只有疲惫的人民，又何以守国防？有充裕的人民而手无寸铁，又将何以抵御强敌？对于第三个问题，卓炯强调，当时的经济建设，要立足于解决民族危机和贫穷这两点，而不是从什么工业农业上去分派别，当时的经济建设就是经济动员，就是求民族独立和自由，既不是参加国际分工，也不是想造成孤立的繁荣。所以，只要有利于抗战,有利于争取民族独立与解放,不管属于哪一部门都要举办,没有偏护,也不会完全平行。至于第四个问题,更是一个莫须有的问题。因为中国是半殖民地社会,只能实行适合半殖民地的经济建设方式,一方面引入发达国家资本,另一方面容许私人资本。在土地方面,消极的政策是减租减息,积极的政策是平均地权,达到土地国有和耕者有其田。就原则来说,有统制的和计划的两种管理方法,而在统治时期又容许某种程度的自由发展。因此,他提出了具体的对策建议:用国营方式发展适应运动战要求的重工业和军需工业,尤应注意经济布局地区的安全;发展交通;巩固金融政策,对外方面要与英美发生密切的联系以巩固外汇,防止资本外逃,改造中央银行,控制全国的金融;对农民方面,要解除农民高利贷的痛苦,要减轻商业资本对农民的剥削,要减轻对农民超经济的剥削,废除苛捐杂税,让农民休养生息;管理好对外贸易,减少不必要的入超,这样有利于节省国际开支,有利于国计民生;关于轻工业方面,有关日常生活所需要的,应由政府协同商人计划生产。

不难看出,卓炯既从历史发展的历时性,也从社会发展的共时性上论证了中国问题,还从中国自身的内部矛盾论证了中国的发展问题,既成就了他的学者地位,也反映了土家族马克思主义者的共同视野。

### 二、立足民主发展的民族解放思想

抗日战争时期,卓炯曾于 1937 年参加了创办《南针》期刊的工作,借以宣传中国共产党的抗日民族统一战线纲领和政策。后来,针对当时国民党内部在如何对待群众抗战问题上发生的争论,"在卓炯、何希齐、邓明达等人的协助推动下,(广东)国民党省党部书记长谌小岑,公开表示要联合共产党发动群众抗日,向进步力量、文化人士、学生青年靠拢。"[1]正是在卓炯等人的推动下,谌小岑组织创办了《救亡呼声》旬刊,不久就在共产党的推动下成立了"救亡呼声社",卓炯等七人为编委会。从《救亡呼声》的"火线上"、"救亡情报"、"抗日知识"等栏目即可看出其抗战情怀;从谌小岑在该

---

[1] 杨康华:《回忆石辟澜烈士》,中国人民政治协商会议广州市委员会文史资料委员会编:《广东文史资料》第 32 辑,广东人民出版社 1981 年版。

刊上发表的《文化人还不起来冲锋吗?》、《五种汉奸理论》、《发动农民参加抗战》、《抗战就是革命》等文也可看出《救亡呼声》的办刊方向:她宣传以革命的三民主义为中心而建立广大的抗日民族统一战线,主张各党各阶层共同联合起来打击日本帝国主义;强调民主政治是保障抗日胜利的最好条件,主张开放并保障一切抗日救亡人民的言论、出版、集会、结社的绝对自由,除汉奸外都应享受这种权利;强调必须让工农群众能自由地组织起来,在民众团体中实行真正的民权;指导青年运动、文化运动、工人运动、妇女运动等群众救亡运动;宣传建立国际反法西斯统一战线的思想。该刊还特别地批判了国民党顽固派和汉奸散布的"长期准备论"、"局部抗战论"、"日本军阀财阀绝对对立论"、"一面防赤论"等汉奸理论。① 因此,《救亡呼声》代表了一种抗战时期"批判的武器",在中华民族的抗战救国斗争中起到了积极作用。

卓炯在从事《救亡呼声》编辑工作之余,创作并发表了《关于抗战的认识及其他》(1938 年第 1 卷第 2 期),《与汪精卫先生论寻求与国与团结民众》(1938 年第 2 卷第 1 期),《超党派、超阶级、超经济吗?》(1938 年第 2 卷第 3 期),《起来,广州的文化人!》(第 1 卷第 9 期),《抗战时期的青年失学问题》(第 2 卷第 2 期),《从斗争中学习》(第 3 卷第 3 期)等多篇论文。

首先,民族利益与民众利益、民主政治与团结民众是统一的。汪精卫在 1937 年 7 月 29 日作了《最后关头》的广播讲话,散布失败主义论调。卓炯以《与汪精卫先生论寻求与国与团结民众》为题,深刻揭露《最后关头》所散布的投降卖国谬论。汪精卫在《最后关头》中提出了不少错误论调,一个是因利害的结合高于因主义的结合,强调"因主义相同而结合,其成分远不如因利害相同来得密切";二是一切国家都是我们的朋友,都是日本的敌人;三是既反对民主政治,又特别地强调三民主义。前两方面是国际关系问题,后一方面是国内政策问题;前者是"寻求与国"的对外政策问题,后者是"团结民众"的内政问题。卓炯认为:因华北沦陷、淞沪失守,中国的"民族抗战进入了一个崭新而严重的阶段",在这个时候,"我们感觉到民族的危机是日加严重了","我们所需要的是更明确的态度和坚守的政治路线",汪精卫

---

① 参见谌小岑:《五种汉奸理论》,《救亡呼声》1938 年第 2 卷第 1 期。

对这一点是清楚的,所以才有"寻求与国与团结民众"的论述。"寻求与国"实质是外交路线,"团结民众"实质是内政政策,"这的确是两个急不容缓而需要解决的问题","这两个问题如果有了适当的解决则不难挽回今日的颓局,否则将抗战前途陷于万劫不复之境而注定我们作奴隶的命运!"事实上,卓炯的剖析已涉及对抗战初期整个国民党政权在这个问题上"模棱的态度和抽象的原则"的揭露。在此基础上,卓炯对汪精卫的错误论调进行了逐一批判。

在外交上,关键是主义与利益必须统一。卓炯认为:汪精卫把主义与利害绝然分开,不知道主义也是一种"利害相同"的结合,而且是"正当的利害"和"远大的利害"的结合,不是"非正当的利害"和"眼前的利害"的结合,正如"没有阶级的利害便没有共产主义,没有民族的利害,便没有三民主义"一样。汪精卫反对用主义结合的外交方式,结果只不过是反对正当的利害结合和远大的利害结合而主张非正当的利害结合与目前利害的结合而已。即使如汪精卫提到的十字军东征、路德的宗教改革、新旧教之争等,也是因为利害的不同而不是因利害相背的主义。所以,从政治、历史的观点看,主义与利益是统一的,主义也是一种利害相同的结合,汪精卫提出的观点是对政治、对历史的无知。在对汪精卫进行逐一批判后,卓炯结论说:在今日讨论寻求与国的问题应在非资本主义的政策下恪守下列四个原则:反对法西斯侵略的阵线;与法苏密切结合起来,结成坚强的和平阵线;对英美的信赖不要太高,即不要把英美当成和平阵线的主体;团结所有弱小民族。因为构成和平阵线的成分是下列四种势力:被侵略的弱小民族;以劳工为中心的人民阵线;社会主义国家;反对重新分割殖民地的资本主义国家。

在内政问题上,关键是政治民主与民众团结。汪精卫既要提倡三民主义,又要反对民主政治。卓炯尖锐地指出,"三民主义的民权主义,不就是民主政治的结晶吗?民权主义不是比欧美的民主政治更加彻底吗?为什么一方面要人家信仰三民主义,另一方面又反对民主政治呢?"所以卓炯认为:今日的问题不是国人信仰不信仰三民主义的问题,而是国民党实行不实行三民主义的问题,是国民党如何与国人共同去实现三民主义的问题,并举中国共产党宣布实行三民主义为例加以证明。最后强调:"离开了民主政治的主义,离开了民众利益的主义,那只是一个幌子。""三民主义之所以能维系全国人心,绝不是因为它是一种高贵的主义,而是在这种主义实现以后能够使大多数人得到幸福,使民族的生命得以保存和延续,不至于去做亡国奴。"据此,卓炯提出了中国在抗战时期外交和内政的七个基本原则:

(1)使各党各派及无党无派的优秀分子有参加政治机构的机会,所以要马上召开临时国民大会,其单位至低限度应如孙中山先生在民十四年所主张者。(2)广泛地开放民众运动。(3)全国人民除汉奸外,皆有抗日救国的言论、出版、集会、结社之自由。(4)确立节制资本的具体方案,俾集中于少数人手中占全国百分之七十五以上的财富,得发挥抗战力量。(5)废除苛捐杂税,减租减息,救济失业。(6)肃清汉奸和亲日派。(7)民众武装起来。

从此可以看到,卓炯在当时的抗战环境中把中国的抗日战争与一定的主义联系起来,与民主政治联系起来,并提出了自己的抗战救国主张,这些主张与毛泽东在《反对日本进攻的方针、办法和前途》中提出的方针与方法具有高度的一致性。①

其次,民族统一战线的基础就是民主。作为救国会著名"七君子"之一的章乃器曾在《国民》第17、19期上先后发表了《民族统一战线的基础是什么》、《答复施复亮先生》等文章,认为"在超经济的死和做亡国奴的威胁下,个人的经济利益变成次要的问题","民族统一战线的基础,是超党派超阶级的——简单地说,是超经济的。""民族统一战线的基础,是不做亡国奴的要求,对内是超党派超阶级的——是超经济的。"

卓炯在《超党派、超阶级、超经济吗?》一文中对章乃器的观点进行了批判。卓炯认为:"超党派,超阶级,超经济"这个名词本身就是错误的,"超经济的剥削"只是说明剥削的方式和程度,而不是说明剥削的本质,仍然是一种"经济剥削的制度",而不是"超经济剥削的制度",因而不能理解为"超经济";不能把阶级斗争理解为超经济的,虽然在斗争方式上可以分为经济斗争和政治斗争,但政治斗争也是经济的,而绝不能说是超经济的。所以,弱

---

① 参见毛泽东:《反对日本进攻的方针、办法和前途》,《毛泽东选集》第二卷,人民出版社1991年版,第343—351页。

小民族争取自由的斗争也不是超经济斗争,离不开经济利益的斗争。中国人民在抗日战争时期统一战线的最深厚的基础,也就是为了保护我们民族的经济利益。卓炯还据此认为:"民族统一战线的基础就是民主,因为我们当前的任务是要完成被历史所规定的民主革命,亦即孙中山先生所称的国民革命。而半殖民地的国民革命是要对内铲除封建势力,对外打倒帝国主义,换句话说,反帝反封建。虽然当前的任务是反日反汉奸,然而在原则上是一致的。"与此相应,"民族统一战线并不是否定了各党派各阶级,而是联合各党派各阶级。""就是唯有在承认各党派各阶级的政治利益的前提下,然后才能谈到民族的利益。""唯有民主的方式才能确定各党派各阶级的政治利益,也唯有在确定各党派各阶级的政治利益前提下,才能谈到保全民族的利益。"卓炯强调,民主"就是革命的三民主义,就是孙中山先生的全部遗教。因为三民主义中的民族主义是主张民族解放的,民权主义是主张民主政治的,民生主义是主张改善人民生活的,而所谓节制资本、平均地权、耕者有其田以及三大政策,就是确定各党派各阶级的正当利益之最好的根据"。"统一战线的本质不止是抗日而是在彻底实现三民主义,在抗战过程中去实现三民主义。因此只有在三民主义的原则下民主地确定各党派各阶级的正当利益,才能保持统一战线的确立。而且还要明白统一战线之所以作为策略或口号而出现者,是针对着具体的环境而言的:民族危机和内部分裂。所以,我们只要求把抗日与民主辩证地统一起来,才能巩固民族统一战线,才能获得抗战的胜利。"

不难看出,卓炯针对当时中国民族斗争的实际,强调民族解放应是全面解放,是"三民主义"的彻底实现。这样,全民抗战,就是守住民族的根。为此,应特别注意发展民主,包括政治民主、经济民主、文化民主等。所以,他专门写下了《起来,广州的文化人!》一文,强调文化人"应该认识文化的战斗性和向导作用","要忠实地执行民族统一阵线的任务","文化人的联系一样地要采取民主集权的方式",因为取得抗日战争的胜利,"统一阵线和民主方式成为不可缺少的条件";在《抗战时期的青年失学问题》一文中,更强调应关注的是"那些不愿做亡国奴的优秀青年,是那些愿意为国家为民族而牺牲的青年";《从斗争中学习》一文则阐明"最后的胜利一定是属于我们伟大的中华民族"。

再次,抗日本身就是一种民主的事业。卓炯在《救亡呼声》1938年第2期发表了《关于抗战的认识及其他》一文,在批判当时流行的汉奸谬论中,阐明了民族、阶级、民主的关系,提出了一个非常重要的观点,即抗日本身就是一种民主的事业。

卓炯批判了"把日本的军部与财阀看作是两个绝对对立东西"的观点。这个观点认为"日本帝国主义只需中国的市场,不需把中国变做它的殖民地。日本对中国的武力进攻,只是军部的一种好大喜功的企图"。所以,"中国只要和日本的财阀取得密切的联系,便可以抑止日本军人的狂暴,和在日本的经济援助之下建立现代的中国"。卓炯认为这是一种亲日派的理论,是完全错误的。他强调:"如果不把日本对华的武力进攻看作是他们统治阶级一致的意见,则绝对不能坚定我们抗战的意志。往事太多了,应该彻底觉悟过来。"为此,他引用了当时中央社记者书面提问于日本使节川越及其回答为例加以说明,强调"我们必须觉悟到外交与武力并不是两件事,而军部与财阀倒是相反相成的两个东西"。

卓炯还针对那种"认为日本武力侵华是绝对的,但这种侵略的方式,是逐渐的局部的"的观点,承认"这不但是一种意见,而是千真万确的事实,因为日本所处的环境,不论就那(哪)一点说都是不能把中国一口吞下的"。但他认为:由此得出错误结论则是不应该的,这种错误结论就是"两种汉奸意识":"一种以中国地大物博,丢了东四省不算事,丢了华北也不算事,甚至还可以退到堪察嘉去。等到我们准备充分了,然后再来一次反攻。好像在目前来看,仅有我们准备的机会和地方。另一种人,便以为日本侵华是局部的,于是相隔辽远的还以为有懒可偷,力当其冲的也不愿牺牲自己,宋哲元的送掉平津,何尝不是中的这种毒。"

针对上述两种汉奸理论,卓炯认为"唯有全面抗战,才能粉碎敌人的一切阴谋。唯有全面的抗战,才能打消一切犹豫的态度"。而全面抗战就必须发扬民主。据此,卓炯阐明了抗战与民主的关系。当时已有人认为要抗战必须要民主,要开放言论自由,要解放民众运动。但国民党上层不同意,甚至认为"要求民主,在现在已经不合时代了;在前几年的时候,因为民众和政府的抗日意见不一致,尚情有可原。可是到了现在,政府与民众的意见完全一致,再不应该要求民主"。"要求民主则是汉奸的理论,要抗日就不

要民主。"卓炯认为:对民主要正确地分析,为抗日而要求民主是必需的,在抗日以外要求民主则是汉奸理论:

> 抗日是全国一致的要求,抗日是全国国民共同的工作。因此,抗日本身就是一种民主的事业。抗日就是民主革命的一种工作,所以在抗日范围内一切言论集会结社,应该绝对允许自由。因此,抗日与民主并不是冲突而且是统一的。至于在抗日以外所要求的民主,甚至还反对战时指挥权力之集中,那便是溥仪之流所要求的民主,简直就是汉奸的理论。

卓炯认为:作这种区分有利于区分民主的内容与形式,"使那些醉心于民主的形式的人,知道我们的事业,就是一种民主的事业,此外再没有什么民主";有利于认识民主的本质,"使一般人对于民主政治有更进一层的了解,所谓民主就是共同的意志,共同的工作,绝不止欧美的有闲阶级所谈的民主才是民主。"正是在这里,卓炯强调"三民主义的革命是民主的革命"。

### 三、释读三民主义的社会主义本质

1939 年年末至 1940 年年初,卓炯在《新建设》第 3—7 期上连续发表了《论三民主义的本质》、《论三民主义的实践》、《论三民主义的建国方略》和《论三民主义的历史意义》等四篇约四万多字的论文,对"三民主义"进行了系统的马克思主义释读。正是在这一时期,对"三民主义"的正确解读,已不只是一个理论问题,而是一个重要的实践问题。当时有汪精卫"反革命的三民主义",叶青的三民主义,周佛海的三民主义,有胡汉民等的"中立"的三民主义,有人甚至要求中国共产党"放弃"共产主义。所以,毛泽东在 1940 年年初写出了《新民主主义论》,并用专节论述这一问题,分析了新、旧三民主义,并对"革命的三民主义"进行了界定,强调"归根结底,没有'中立'的三民主义,只有革命的或反革命的三民主义"[①]。正是在这一背景下,卓炯为着抗日民族统一战线的大局,探讨了"三民主义"与社会主义的关系问题。与前述赵世炎对"三民主义"的评述相比,赵世炎从列宁主义与民粹

---

① 毛泽东:《新民主主义论》,《毛泽东选集》第二卷,人民出版社 1991 年版,第 690 页。

主义相对立的角度彰显列宁主义,批评"三民主义",揭露其民粹主义性质,目的在于彰显中国共产党人以列宁为导师的价值取向,有一种树旗的意义,其评述对象主要是旧三民主义;同样,卓炯从抗日民族统一战线的角度来阐明"三民主义",彰显"三民主义"与社会主义的一致性,同样有树旗的意义,反映了求民族独立与解放的价值取向,其评述对象主要是新三民主义。从关注点的角度看,一个是从相异的角度,一个是从相同的角度;一个是横向的、相互区别的角度,一个是纵向的、内在关系的角度,这也正说明土家族马克思主义者的时代感、民族性与个人风格的统一。

首先,用三民主义的眼光观察近现代史上的社会运动。卓炯在《论三民主义的历史意义》一文中,认为三民主义是一件历史的事业,有其特殊的历史意义,这种神圣伟大的事业,不是靠着机会主义,而是有一定的历史路线与历史使命的运动。正是在这一文章中,他认为:一部近现代世界史,可以说是一部资本主义发达史,自从资本主义发生以后,一切经济的法律的社会的文化的道德的宗教的哲学的艺术的,总而言之,一切的一切,都起了新的变化,从古老陈旧的封建社会脱离出来。如果用三民主义的眼光去看近现代史,则交织于资本主义过程之中的,不外三大问题:第一是民族问题;第二是民权问题;第三是民生问题。这三大问题又有一个逐渐由资本主义而转向到社会主义的发展过程。他为此分析了这三大运动的历史,并以此为基础分析了社会主义运动的历史。他强调:自从马克思恩格斯在1848年发表《共产党宣言》以后,社会主义运动即达到了一个新的阶段,此时的资本主义,已开始向帝国主义的阶段跃进,资本主义的民族政策,已给予马克思恩格斯以一种显著的影响,社会主义运动不但是国家的政治运动,而且成了一种革命的和国际的运动。换句话说,此时的社会主义运动,已成为一种世界革命的潮流,就其一切的实施步骤与计划而言,则此时的社会主义,不但高出空想的社会主义,而且高出于改良的社会主义而成为科学的社会主义。他的结论是:第一,近现代史就是资本主义与社会主义两种势力的消长记载。第二,资本主义与社会主义的区别,不外乎对于民族、民权、民生三个问题所抱的解决方法不同,这三种运动发展的道路是由分而合的。这种统一,一定要等到科学的社会主义成立以后才得显明,这从科学的社会主义文献中可以看到,也可以从各种社会革命史,尤其是苏联的社会革命史中看到。

三民主义也就是科学的社会主义。三民主义的民族主义,是社会主义的民族政策;三民主义的民权主义,是社会主义的民主政治;三民主义的民生主义,是社会主义的经济制度。所以,三民主义的统一性,是建筑在三民主义之社会主义的本质这一点上的。三民主义的时代环境是世界帝国主义加上本国的封建制度,以及由帝国主义与封建制度相互接触所产生的半殖民地性。

其次,三民主义就是社会主义,中心是民生主义。卓炯在《论三民主义的本质》中尖锐地提出"三民主义的本质到底是什么?用什么方法去解决"的问题。为解决这个问题,他强调"不能离开人类智识的成果"。这一成果就是"人类社会是循着一定的历程而进化的"。他列举了社会发展由原始共产社会、奴隶社会、封建社会、资本主义社会、正在发展的社会主义社会等五个阶段,强调"这是历史发展的不可逾越的范畴。因而一切经济的政治的和观念的形式以及一切经济的政治的和观念的改造,都不外乎某一范畴的表现或契合于某一范畴的要求"。他强调,"我们根据这种历史发展的范畴和现存的社会形式来解答三民主义的疑问,大约可以说:三民主义不是一个封建主义,便是一个资本主义;不是一个资本主义,便是一个社会主义。它绝不会同时包括这三种成分而成为一种混合的主义,也绝不会一无所包而成为一种玄妙的主义。"他的结论是"三民主义就是社会主义"。他从三民主义的统一性、中心性、理论发展过程三个方面做了论证。在统一性的论证中,他指出当时人们的认识错误在于个别地去认识三民主义,表象地去认识三民主义。在引述孙中山的论述以后,他强调"中山先生对于三民主义是把来做一个主义看待,而且充分表现了社会主义的本质。比如他所说的'防止社会革命'和历叙欧美社会的病态,都证明了三民主义应该是属于社会主义的"。以此为基础,他批判了胡汉民,认为胡汉民使三民主义"只是织成一套'纯粹逻辑'没有特质和生气了"。问题在于他"既不愿把三民主义停留于封建的或资本主义的阶段,却又不愿意进一步阐明其社会主义的性质,在茫无出路的当中,只得在逻辑中兜圈子"。他还批判了周佛海,认为周佛海实质上没有说明三民主义到底是个什么主义。

对于"三民主义的中心是什么"的问题,卓炯强调,"三民主义的中心既不是民族主义也不是民权主义,而是民生主义。因为只有以民生主义为中心,才能贯彻三民主义之社会主义的性质。"因为"中山先生便结论到'民生才是历史'的重心,历史的重心是民生,而三民主义又是改造历史的主义,对有以民生为历史重心而不以民生主义为三民主义的中心的道理吗? 所以,以中山先生的历史哲学为基础,则民生主义之为三民主义的中心是毫无疑义的"。在这一基础上,他讨论了什么是社会主义的问题。他强调:"社会主义这个名词,它是一种新的社会制度的总称,其中的含义是非常丰富的,但是如果单纯从政治的意味去抽象了解,则不外大多数人的幸福和平等精神两点。这是因为在原始无产社会时代,根本就没阶级制度的存在;然而自从私有财产发生以后,社会上总是少数人压迫多数人的,多数人总是处于不平等的地位;因此社会主义者,为要彻底打破少数人压迫多数人的制度,为要建立平等互助的社会,便组织大多数的民众而以平等精神相号召。关于前者,中山先生说过:'总之,我们革命的目的是为民众求幸福,因为不愿少数满洲人专制,故要民族革命;不愿君主一人专政,故要政治革命;不愿少数富人专利,故要社会革命。'"

卓炯还认为:"要彻底了解三民主义社会主义的性质,必须从三民主义理论发展中去观察。"他把孙中山的革命思想分为兴中会、同盟会、国民党改组等三个阶段。认为到国民党改组时代,因为第一次世界大战、十月革命的直接影响,"三民主义到了这个时候,已经由进步的资产阶级的民主革命,进到了社会革命的阶段。当然,我们这里所说的社会革命乃是指革命的最终目的而言,因为中国并不是一个资本主义的国家,而是一个生产落后的半殖民地国家。因此,这时的三民主义已经充分表现了社会主义的性质而不是资本主义的性质了。"据此,他说:"我们可以武断地说一句:离开了社会主义这个原则,我们便无法贯彻三民主义之进步的统一性,也就不懂得三民主义的本质究竟是什么。所以我们今日不谈三民主义则可,一谈三民主义,就必须把握三民主义之社会主义的本质,倘若还是顽固地视三民主义为'富国强兵之举'或是资本主义的政治学说,那便是三民主义的叛徒了。"

再次,三民主义的起点是救国主义,终点是共产主义。《论三民主义的实践》一文是从认识中国社会性质开始立论的。他从三民主义的建国程序——即军政、训政、宪政三个时期来理解其实践性,并把三民主义的社会主义本质与这建国的三个时期作客观的比较。以此立论,要求人们既不要

"否认了三民主义之社会主义的本质",也不要"否认了建国方略之具体性"。卓炯在引述孙中山的论述后强调,"三民主义是救国主义,是社会主义又是共产主义。"他认为:在孙中山那里,社会主义与共产主义一词虽然是代表同一的意义,但社会主义一词,普通是有两个用途:第一个用途是指反资本主义而言,这是广义的;另一个用途,即社会主义在于马克思主义中,是在说明由资本主义到共产主义的过渡阶段,即共产主义的预备阶段。苏联现在号称社会主义的国家,其根据就在此。三民主义在本质上是广义的社会主义之一种,然而在起点上却是救国主义,在终点上又是共产主义。这样,它当然也有一个社会主义社会阶段。因为马克思主义是从资本主义社会到共产主义社会的革命学说,而三民主义却是从半殖民地社会到共产主义社会的学说。所以三民主义的三阶段应该是:救国主义—社会主义—共产主义。把这三阶段再用三民主义的术语表现出来,便是:民族主义—民权主义—民生主义。在他看来,中国革命一开始就是以民族主义的形态而出现,而且这种民族主义的形式和一切先进国家的民族统一运动或民族独立运动都有很大差别。这个差别的分歧点就是中国的民族主义,特别是达到成熟期的中山先生的民族主义,它不但是反封建的,而且是反帝的,是企求向社会主义之路前进的。因此,中山先生的民族主义并不是一个抽象的民族范畴,而是指在一定历史条件下的民族社会。换句话说,中山先生的民族主义是和他的民权主义、民生主义有不可分离关系的,且民权主义阶段也是指社会主义阶段。所以,三民主义的本质是社会主义,反对三民主义之社会主义的本质不是三民主义者应有的态度;同样,把三民主义的实践无条件地与社会主义等同起来或把三民主义的国民革命阶段约束于资本主义,都不会真正了解三民主义。

最后,三民主义的建国方略是为实现国家现代化。在《论三民主义的建国方略》一文中,卓炯从概念分析入手,强调"建国方略"的"目的在完成反帝反封建之民族的、政治的和经济的使命而奠定社会主义建设的基础"。"最后目的是要建立一个无种界无国界无阶级的大同世界。但是中国一直到现在,还是一个落后的半封建半殖民地国家,为要达到世界大同的目的,却首先不能不使自己的国家现代化。所以建国方略之具体的意义,应该是指国家现代化。"这就明确地提出了中国现代化的问题,并将其与"三民主义的建国方略"联系起来。他认为:"中山先生的意思,所谓军政是在推翻反革命政权,所谓训政是在树立革命的政权,所谓宪政便是牢固革命的政权了。因此,我们如果不从政权的本质上去了解军政、训政与宪政的意义,而只在表面上去注意军训宪的抽象概念,那也许永远都得不到彻底的实现。所以要真正地理解军政、训政与宪政,不应该只注意它的程序性,而应该同时注意它的实在性。换句话说,只要有方法消灭反革命的政权和巩固革命的政权,也不一定拘泥这种形式。"为了达到这一目的,"战争与和平,是解决问题的两式,其本身并不包含是非的意义,有革命的战争也有革命的和平,合乎革命的目的即为是,背乎革命的目的即为非"。至于建国的任务,"在民族主义方面是要达到国家之独立与自由。"民权主义的任务要义不外四权之行使、地方自治、五权宪法之实施、均权制度之确立。民生主义的任务即发达国家资本、节制私人资本、平均地权、扶助农工发展,特别是第四点。

## 第五节 马克思主义对神兵运动社会理想的改造

神兵最初是土家族先民历史上的一种军人荣誉称号,《华阳国志·巴志》曾记"板楯七姓……其人勇敢能战……号为神兵"[1]。《后汉书·南蛮西南夷列传》也有相类记载。到了 20 世纪,神兵已不只是军人荣誉,而是一种具有"现代"转型意义的社会运动。从社会变迁的观点看,这种运动是一种社会的边际运动,它所具备的所有价值取向和目标在总体上说都是在既有的政治框架之内的,它没有展示出与旧体制显著不同的政治面貌;它是以自发的或是由各种神秘帮会发动的;它虽然形成了与当时社会的某种对抗,但并没有一种新的社会构建,并没有使政治问题及其活动具体化;它具有强烈的非政治、非历史及半神秘主义的或乌托邦因素。这种运动的出路,全在于是谁引导、走上何种道路。由于这一运动发生在辛亥革命之后,并因

---

① 常璩撰,刘琳校注:《华阳国志校注》,巴蜀书社 1984 年版,第52—53 页。又范晔:《后汉书·南蛮西南夷列传》也有记载:"汉中上计程包对曰:'板楯七姓,射杀白虎立功,先世复为义人。其人勇猛,善于兵战。昔永初中,羌入汉州,郡县破坏,得板楯救之,羌死败殆尽,故号为神兵。'"

现代社会进程而使其存有与现代价值结构和价值取向相联系的因素。① 正是这种运动的特殊性体现了其思想的现代性转化,并在一定程度上推动了当地的社会转型,特别是由一般民众的现代视野向精英分子现代意识的转化与升华。

### 一、传统与现代交争的现代神兵运动

沈从文的作品中曾有对神兵战斗力的阐述,即 1920 年年底,沈从文所在部队除一个团布防在湖南龙山以外,几乎全部被鄂西南神兵消灭。② 神兵是一种从传统走向现代的特殊队伍,神兵运动是发生在现代社会背景下的特殊农民运动。

首先,神兵运动是历史文化与社会现实的畸形产物。土家族地区兴起的"现代"神兵运动,既具有深刻的历史文化原因,又具有强烈的现实社会根源。在历史上,土家族地区就是一个多神的世界。《宋史》卷四百五十六即明言"巴俗尚鬼而废医,唯巫言是用"。这种对土家先民"神"化信仰的记载史不绝书,并影响到当地人民的近现代行动。③ 土家族诗人向晓甫(清光绪年间文人)曾有《干龙船》诗记载土家族地区"祝罢傩神别无事,一门清洁谢主东"④的盛况,即说明这种"神"的普遍性。清嘉庆年间土家族地区的白莲教大起义,起义农民以白布裹头,白旗为号,口念咒语,妖异骇人,锐不可当,即是神兵运动的传承形式。⑤ 土家族民间唱和的白莲教起义歌也可证明,如《十月白莲教》即唱到:"正月里,是新年。白莲教,难种田,装香换

---

① 参见何兆武等:《中国印象——世界名人论中国》下册,广西师范大学出版社 2001 年版,第 431 页。

② 参见沈从文:《从文自传》,《沈从文全集》第 13 卷,北岳文艺出版社 2002 年版,第 321 页。

③ 根据湖北各方志记载,湖北"敬鬼重祠"是一个由楚文化传承下来的普遍现象。嘉靖《湖广图经志书》、万历《湖广总志》、雍正《湖广通志》、嘉庆《湖北通志》等书均记述甚详。所以,但从信神传统并不足以说明神兵根源,笔者只是将其作为一种基础而已。

④ 彭勃、祝注先注:《历代土家族文人诗选》,岳麓书社 1992 年版,第 236 页。

⑤ 参见《来凤县志》编纂委员会编:《来凤县志·战事》,湖北人民出版社 1990 年版,第 351 页。

水学神仙。"①在第二次国内革命战争期间,不少参加了革命军队的红军战士也曾或多或少地保留了这种神的信仰,如一首《工农军》的民歌唱道:"钢铁汉,工农军;打不进,杀不尽。大刀来,卷刀口;子弹来,两边分。不怕死,不贪财;爱百姓,爱人民。"②这类歌谣还有不少。神的信仰在土家族地区的发展,其中包括儒、道、佛、基督等教的相继传入,正可说使土家族地区成了一个多神的世界,如在清同治年间,仅恩施就有佛寺218座、道观340座。所以,具有土家族文化传统的贺龙说:"这一带经济、文化都很落后。封建迷信的风气严重地统治着这一片贫瘠、偏僻的山岳地带。"③

当恶劣的社会环境与神的信仰结合起来,神兵运动的兴起就有了某种必然性,因为现实的苦难正好是"宗教"的光明,因为"宗教"是无情世界的感情。事实上,辛亥革命后,土家族地区成了地方军阀盘踞和争夺的重要地区,军阀部队每到一地,筹粮募款,掳人掠物,抓兵拉夫,致使地方不堪重负;后又加上国民党新军阀的残酷统治,更是使人民把希望指向了"神"。所以,现在来看他们的神,必须进行历史还原,正如凯伦·阿姆斯特朗在其《神的历史》中所说:"人类对神的概念有时空局限的历史性,因为不同族群在不同时期使用此同一概念所表达的意义皆略有差别。某一族群人类在某一时代形成的一神概念,可能对其他族群的人毫无意义。"④

其次,神兵运动体现了传统与现代的分际。神兵运动的延续从1919年至1949年的30年间,其先起兵于湖北咸丰,后盛行于现恩施州所属各县⑤,先后还发展到湖北兴山、秭归、五峰、长阳、宜昌、竹山、房县、均县;四

---

①　龚发达主编:《长阳土家族自治县歌谣分册》,内部资料1988年版,第194页。
②　同上书,第229页。
③　中国人民革命军事博物馆编:《贺龙元帅丰碑永存》,上海人民出版社1985年版,第46页。
④　[英]凯伦·阿姆斯特朗著,蔡昌雄译:《神的历史》,海南出版社2001年版,第5页。
⑤　关于神兵的起源,刘学雄在《湘鄂川黔"神兵"探秘》(《湖北档案》2002年第4期)中分析说:据《湖北省志·军事》和《咸丰县志》记载,"神兵"起源于咸丰县黑洞五谷坪、五龙圣等地,发起人为前清秀才王锡九,时间为1920年。其实,在湘鄂川黔地区,"神兵"作为一种民众自救武装组织,目前还不能证实有一个固定的发源地。民国初年,利川的保靖寨就出现了"神兵"的萌芽。辛亥革命后的1914年至1924年十年间,五峰各地就组织了大刀会、同心会、捆柴会、猫子会等十余种组织,爆发过50余次抗捐抗税的自发斗争。但酝酿最早、影响最广的是在咸丰黑洞地区。

川的(今重庆的)黔江、酉阳、石柱、巫溪、巫山;贵州的印江、德江、沿河、婺川等20余县,成为中国近现代史上的一个影响深远的神兵运动。

神兵运动大致经历了五个阶段:从1919年至1927年是神兵运动的初始阶段,主要是咸丰黑洞神兵的兴起,并带动宣恩、来凤、利川、恩施等地纷纷组织神兵。从1927年至1928年是神兵斗争迅速扩大阶段,神兵组织扩大至兴山、秭归、巴东、鹤峰等县,神兵武装于1927年春消灭土匪,1927年底逐出四川军阀杨春芳部,1928年元月在中国共产党党员张华甫、黄大鹏的帮助下杀官夺印建立了巴东县人民委员会等。从1928年至1935年,神兵运动扩大到四川东南、黔东北,秀山、酉阳、黔江、彭水、沿河、印江、德江、婺川等县都有神兵武装。从1935年至1942年,湖北鄂西南神兵斗争再行蜂起。1935年,建始申酉坪组织神兵阴打会,进行抗粮抗捐斗争;1938年利川忠路神兵队伍成立;1940年宣恩晓关联英会再举义旗,血战湖北保安第三团;1943年来凤神兵掀起反饥饿的武装暴动等即是。从1943年至1949年,神兵斗争主要转入湘西。

神兵运动的盛况,贺龙曾多次论及,他在1928年9月给中央的报告中说:"施鹤农民完全神兵化了。"后来又回忆说"这里到处都有所谓'神兵',是有名的神兵窝"①。显现出神兵运动的广泛性、普遍性。至于神兵斗争的惨烈,沈从文曾有较详细的记载。②

神兵运动发起于土家族地区传统与现代的分际线上,本身可以成为该地区从传统向现代转型的分界。神兵运动既可以走向各种"现代",又可以倒退而固守古朴的"传统"。因此,当时除中国共产党、中国国民党分别以不同的"现代"利用神兵运动以外,代表传统的地主阶级也加以利用。

从政治、军事制度方面看,辛亥革命以后,该地区已建立了现代政治制度和军事制度,并驻有"现代"新军,统治者已"现代"了;1928年后更有中国共产党领导的新型军队,一定时期还有苏维埃政权。但神兵还是实行土家族地区传统的兵农合一制度,亦兵亦农,无事在家种田,有事则聚众练武作战,与

---

① 中国人民革命军事博物馆编:《贺龙元帅丰碑永存》,上海人民出版社1985年版,第32、46页。

② 参见沈从文:《从文自传》,《沈从文全集》第13卷,北岳文艺出版社2002年版,第344页。

土家族土司时期的制度形态一脉相承。神兵的名称也众多，如联英会、大道会、大刀会、双刀会、硬肚子会、红枪会、阴打会、黄香会、白带会等，其组织机构也按"堂"或"坛"设立总堂、总分堂、各级分堂，成员分传法师、代表、圣香、指挥长、队长、棚长、掌旗官等，都反映出"传统"与"现代"的分隔。

从经济制度与组织方面看，神兵大都是以本乡本土为限组织起来的，没有"现代"的流动性，其成员大都不脱离生产，且给养自备；神兵的主要目的是组织起来自救以维持正常的生产秩序和社会秩序，目的一达到便回家生产，没有持久作战的打算，也没有扩大基地、建立政权的要求（部分神兵有某种尝试）。因此，各支神兵的范围大小完全以神兵多寡而定，小的仅占据一个乡、一个村，根本没有统一的神，没有统一的组织，没有现代意义上的互相配合，体现出典型的小生产、小私有者的分散性。

从对城市的态度看，神兵没有对城市的依恋，神兵所进行的武装活动曾打击北洋军阀，于1920年12月全歼湘军张学济部，张被击毙，此后直到1928年与北洋军阀多次发生战斗；曾多次打击当地民团，保境安民；打击贪官污吏，为民除害；进攻靖国军；被旧势力利用等。当然也有配合红军行动的众多战例。所有这些，除部分配合红军的战斗外，都没有城市观念，更没有与之相应的政权观念，没有取州县官吏而代之的思想。所克城市，旋克旋退，政府官吏只要不和神兵作对，照样做他的官，地主富农照样收他的租。由于没有建立政权组织，也就没有什么针对社会的"约法三章"，更不可能解决农民最迫切要求的土地问题。

从社会信念方面看，发生神的置换、从信仰神到信仰自己，从信仰领袖到信仰现代的制度性安排，被认为是"传统"与"现代"观念的重要分野。神兵运动的主体成员当然是信仰神的，每个神兵组织各信奉一个或多个大神为本堂的主神，如张公夫子、通天教主、八圣、玉皇大帝、元始天尊、关圣帝君等；与信仰神相应，领袖自然也就成了他们的信仰对象。因此，无论是中国共产党还是中国国民党，都把重点放在促成这种信仰的转变上，如中国共产党巴归兴县委员会于1931年12月召开扩大会议，在《农民运动决议案》中专题研究了对待神兵的策略，特别强调对神兵的工作，在原则上应该是打击其领袖，夺取其群众。但是这一工作的执行，绝对不是机械的，而是在于首先了解他们的组织状况，群众与领袖间的关系，群众的阶级意识与迫切要求，按个别的实际情形而活泼运用这一原则去做。否则,不但不能夺取群众,反而脱离群众。因此应采取各种方法,利用封建关系打入进去,并深入到下层群众中,普遍发展组织,逐渐使群众认识革命,认识红军,认识他们自己的力量。这样才能转移他们信仰领袖的观念来相信革命,信神的观念转向相信自己的力量。如果盲目地反对他们的领袖,一定会逼着豪绅地主富农加紧欺骗群众,使群众与我党隔绝,使我党无法接近群众,而反使豪绅地主富农更容易唆使群众来反对革命,违抗红军,结果,形成赤白对立,自己封锁自己,使赤区内一切问题,尤其是经济问题,陷于无法解决,这就是帮助敌人来危害革命。①

从文化方面看,神兵在"传统"与"现代"的分际线上有特别明显的表现,如与现代军队的统一着装相比,神兵最典型而普遍的是红头巾、红臂标、红佛带、红绑腿,上身衣着"半边月"(即袒臂),少数则着白色、黄色和黑色标记;与现代军队主体的热兵器相比,神兵则主要是冷兵器等。

综上所述,可以把神兵运动界定为发生在具有现代氛围下的传统农民运动,在一定程度上说是"传统"与"现代"的交争。当然,这种交争本身的另一意义在于克服"现代"病,如初始现代化过程中的动乱、资本主义现代化过程中的社会病等。因此,这种交争背后显现出某种中国现代社会转型中的规律性因素。

再次,促成神兵运动现代转型的思想内质。神兵运动"曾经引起遐迩人士的惊诧和注意"②。但是,对于神兵的性质,却有不同的认识。笔者认为:既不能把它定为"封建武装"③,也不能简单地认定为传统农民起义。

在讨论这一问题时,值得关注的是国共两党的共识。中国共产党方面,贺龙说"'神兵'虽然都是迷信团体,但其成员大都是被压迫的劳动人民,为了反对军阀、反对苛捐杂税组织起来的。除了被地主恶霸掌握的一部分,一般地还不欺压群众"④。国民党方面,湖北省政府要员、任过湖北省政府民

---

① 参见李享善等:《近代鄂西土家苗汉各族农民发动的神兵起义》,《湖北少数民族》1984 年第 3 期。

② 刘叔模 1938 年咸丰神兵事件调查报告,载湖北省档案馆藏《鄂西神兵专卷》。

③ 王永平在《贺龙收"神兵"》(画册)中说其是"封建武装",福建人民出版社 1984 年版。

④ 中国人民革命军事博物馆编:《贺龙元帅丰碑永存》,上海人民出版社 1985 年版,第 46—47 页。

政厅长的刘叔模在 1938 年撰文对神兵进行了认真分析。他在文章中针对一些人"认为这是富有神秘性的,也许说不是 20 世纪所应有的事"的说法进行了分析,强调说"这不过是一种'民众运动'罢了。大凡民众运动的主要条件,是为'生活'。在民众本身,未始不是纯洁正当的。苟领导的人,仍能本着这纯洁正当为出发点,发扬光大,自然成为一种合理合法的运动,否则即变成社会扰乱者"①。如果把上述说法看成是两党的观点,即可发现其中的共性:对迷信的认真分析,对"民众"性质的认肯,对运动"引导"的必要。这说明,神兵作为一种假神而组成的农民武装②,其运动有一种走向现代的思想内质。不然,两个现代政党不可能都加以关注。

从一般形式上看,神兵运动是一种假神而起的自发农民运动,同其他自发农民运动只有形式差异而没有本质区别。其斗争主体大多数是贫苦农民,首领以农民为主,有的是直接由农民起义转化而来;其斗争对象主要是军阀、国民党军队、土匪、地方团防、土豪劣绅等,除极少数外,大多数都有简单的约法规章,对一般群众秋毫无犯;其斗争目的是为求生存而自卫,即为反对军阀,反对苛捐杂税而组织起来的农民武装。

如果进行深入分析,特别是透过该地区被强行拉入全球性现代化进程以后而发生的"现代"神兵运动,便会发现这种农民运动的新的风貌:

三灭四禁:灭兵、灭捐、灭税;禁烟、禁酒、禁色、禁盗。

打击棒匪,组织自救,假神自励。

尊信神权,尊敬菩萨,能建国醮酬神,自有杀尽外洋、恢复领土之日。

信奉神灵,驱除暴虐。

抗捐抗税,抗夫抗兵,有福同享,有祸同当。

打倒军阀,消灭棒匪,取消苛捐杂税,推翻不良团保。

大刀兵百万,佐道辅天行,保命乃小事,世道要清平,打倒国民党政府,消灭贪官污吏,取消苛捐杂税。

见得真人面,住处在天门。不用三尺剑,直上坐龙庭。过得寅卯春,富贵自然匀。若要贪财富,立即把命倾。

---

① 湖北档案馆藏:《鄂西神兵专卷》。

② 参见柏贵喜:《现代鄂川黔湘边区的神兵运动》,《中南民族学院学报》1995 年第 6 期。

一、不许犯淫,二、不许劫掳,三、患难相顾。

弟子进大道,发愿戒五条。诚心不二了,练气平道高。一戒,要孝顺父母,若不孝顺父母,应遭雷神之灾;二戒,不准背道晦神,若背道晦神,口吐鲜血而亡;三戒,要尊敬师长,若不尊敬师长,要受回禄之报;四戒,不准私传佛法,若私传佛法,炮打穿心而死;五戒,不准贪财爱宝,若贪财爱宝,死于顺刀之下。

如果剥去神的外衣,从这些明确的口号和戒条中可以看到,其中既有中国近现代"民族独立"的诉求,也有现代政治、经济民主的诉求,还有对传统道德与社会规范失落、新型道德与规范未兴的反抗,也有对商品与毒品的不同态度。正是这些思想内质,使人们发现了引导其走向现代的思想动力,看到了当地人民对"现代"的矛盾心态。下面录用建始县神兵组织《人民自卫军快邮代电》试加分析:

建始毗连川湘,累罹浩劫,民亡于居,商戎(戒)于途,农绝于野,仕(士)停于校,工罢于厂,老弱转于沟壑,盗贼满于山林,场市丘墟,田园荒废。窃以为当道诸公,或者从优抚恤。乃苛政繁兴,烈于猛虎,布缕有征,粟米有征,力役有征,以及禾苗盐铁无有不征。嚣嚣呼(乎)东西,瞻突呼(乎)南北。嗟哦(我)父子,皮骨已穿。十年以来,非死则徙。溯自王安南、林鹏飞占据建始,铜元由其私铸,纸币由其滥发。托名"靖国",而国事日非;借口护法,而法度日坏。然彼时之军队,苟能稍给军需,尚可高枕而卧。近者匪患丛生,而兵不过问。犹曰:"必经之阶级也。"利权所扛,而毫不让人。甚至兵济匪械,匪赂兵财;兵勾匪以窃城,匪借兵而绑票。以致全属民众,寝不安席,食不甘味,风声鹤唳,一夕数惊……日叉麻雀,夜吸花酒,此行政官之行动也……从此抚我则为兄弟,掠我则为仇仇,服从政府,完纳征贡,欢迎好官,拒绝污吏,是则我民众自卫之宗旨也。①

---

① 此为民国十五年(1926年),建始前清廪生刘礼堂受托拟书的《人民自卫军快邮代电》,上书国民政府。电文描述了当时建始人民在军阀混战中深受战乱之苦的状况。可惜该电文未能保存下来,以上属曾辅国老人所回忆记录的电文前半部分。参见傅一中主编《清道光〈建始县志〉校注》,建始县档案馆编印,内部资料2000年版,第665页。另,《建始县土家族简史》编写组编《建始县土家族简史》录有此文,内部资料1986年版,第86—87页。

非常明显,这正是对该地区初始现代化过程中主要问题的综合思虑。该电文从现状写实入手,进而抨击新的"现代"统治者致国事日非、法度日坏的种种恶行,然后又对统治者"必经之阶级(即阶段——引者注)"的辩护加以批判,意在说明:在这种"必经之阶级",我们只好实行民众自卫了。其宗旨表明,虽然在主要形式方面,神兵运动是传统的农民运动,但其实质意义上则是"现代"农民运动,具有直接校正现代、转向现代的思想内质。

神兵运动是一种特殊的"现代"农民运动,一方面是因为"民族观念非常浓厚",带有传统民族文化的因素。[①] 另一方面是由于该地区"人民素信'巫',故对于鬼神,脑海中牢牢地印着,此为其传统的思想"[②]。或者说"系由于人民迷信与强悍,而养成其主观因素"[③]。这些因素加上不良政治,于是有民众的"官兵之不可恃,政府之不足靠,日处水深火热之中,不得不图谋救死求生之计。爰组织神兵武装,藉以保安自卫"[④]。由此可见,神兵运动的兴起,既是政治上的,更是思想文化上的,总其而言则是时代性的。

从政治经济方面看,只因作为现代统治者的军阀和国民党政权苛虐已极,殃民的军队实明团暗匪,贪官污吏、土豪劣绅随时随地施展淫威,使劳动人民感到压迫他们的既有过去的苦难,也有现代的苦难;不仅死人使他们受苦,而且活人更使他们受苦。他们为了生存,不惜一死,尽管现代的大炮机关枪厉害,也要凭手中的大刀长矛去拼。所以,一旦有人借神灵登高一呼,即云集响应。他们的要求只是"消灭军匪团阀,打倒贪官污吏、土豪劣绅,解除人民痛苦"。"打倒军阀,消灭棒匪,取消苛捐杂税";"只杀坏人,不杀好人";"打款灭税打官兵"等。他们的纪律也只是"不许贪财,不许奸淫,不许擅自烧杀,不许和敌人勾通";"忠神、忌贪、忌淫"[⑤]等。虽然他们也曾仿照旧时的行政制度,设立简单的地方行政组织,有的还设立有神兵县长和区

① 中国人民革命军事博物馆编:《贺龙元帅丰碑永存》,上海人民出版社1985年版,第29页。

② 湖北档案馆藏:《鄂西神兵专卷》。

③ 恩施自治州图书馆藏:《湖北省第七区年鉴》。

④ 傅一中主编:《清道光〈建始县志〉校注》,建始县档案馆,内部资料2000年版,第663页。

⑤ 陈同孚:《利川神兵概况》,中国人民政治协商会议利川市委员会文史资料委员会编:《利川文史资料》第3辑,内部资料1991年版,第3页。

长、保甲长等。但总体上说是一种从传统到现代转型过程中弱势农民群体的梦想，是在对自己力量无信心时诉诸道德、诉诸神力、诉诸良心的梦幻。从与靖国军的关系看，神兵与靖国军的战斗可看成是与国民党的战斗，与北洋军阀的战斗也可看成是与新的"现代"统治者的战斗。因此，在一定程度上说，这是一种反"现代"的力量。

从思想文化方面看，主持者并不真正信神，只是假神以自号，借助了百姓的"神"性，只是"君子以为文，而百姓以为神"而已①。据当事人回忆，神兵的初创者王锡九即言"谋事在人，不过是借神的名义，集中群众的意志和力量。冲锋陷阵，全靠计划和指挥。发旗帜等于'放烂药'，哪里成立了神兵，那里的社会自然起变化"②。虽然神兵没有统一的服装，但都赋予服装以神性；虽然神兵没有现代的教育方法，但具有多种与"科学"相类似的方法赋予人以神性；他们虽然不知道是反对"现代"，但也不允许"现代"损害他们的传统生活，否则就成为"现代"的对立面。所以，他们的生活模式诉求，只是传统的生活方式。在现代社会来看，这就是基本人权问题。谁能解决他们的这一问题，谁就是胜利者。

## 二、中国国民党人对神兵运动的评析

从全球性现代化的历史进程看，现代性之根基首先就是资本主义性。因此，探讨西方现代性的根基也就是探讨西方资本主义精神如何产生的问题，并从而成为西方学界的常新课题。从本质上说，在当时的西方，如何培养民众现代性的问题，也就是如何培养民众的资本主义精神的问题。问题恰好在于，在西方，不少学者都认为宗教改革起到了这一作用，马克斯·韦伯关于新教伦理与资本主义之间关系的研究已有明确的揭示，在马克斯·韦伯之前，恩格斯则早已明确地指明：

> 只有能够自由地支配自己的人身、行动和财产，并且彼此权利平等的人们才能缔结契约。创造这种"自由"和"平等"的人们，正是资本主

① 荀子：《荀子·天论》。
② 中国人民政治协商会议利川市委员会文史资料委员会编：《利川文史资料》第3辑，内部资料1991年版。

义的主要的工作之一。虽然这在最初不过是半自觉地发生的,并且穿上了宗教的外衣,但是自路德和加尔文的宗教改革以来,就牢固地确立了一个原则,即一个人只有在他把握有意志的完全自由去行动时,他才能对他的这些行动负完全的责任,而对于任何强迫人从事不道德行为的做法进行反抗,乃是道德上的义务。①

宗教改革之所以能有如此巨大的功用,关键在于宗教本身在西方具有的广泛的群众性,特别是影响了广大群众的生活世界,具有了通过"因政教则成风俗,因风俗则成心理"的改变信徒宗教生活的意义,故英国学者戴维·赫尔德说:

> 在路德和加尔文的教义中,包含着作为个人的"人"所没有解决的核心概念。在新的教义中,个人被设想为自己直面上帝这位一切行为的最高裁判者,并对上帝意志的解释和实施直接负责。这是个具有深远巨大影响的概念。首先,它把个人从教会的直接的"制度支持"中解放出来,并在此过程中,进而激发了个人看作"自身命运的主人"的观念,这一观念成了后来政治思想的核心。此外它直接认可了所有领域中的世俗活动的自主性,并认为它们与道德和宗教活动并行不悖。这一发展,与宗教之间以及宗教和世俗权力之间的斗争所引发的政治变革的力量一起,构成了重新审视国家和社会的本质的主要的新动力。②

其实,如果仔细考察土家族地区的神兵运动,实际上也具有西方语境中的宗教改革意义。在一定程度上说,正是神兵运动激起的广大民众世俗关怀引起了中国国民党与中国共产党的特别关注。神兵运动作为一种民众组织形式、信仰体系,因其具有广泛的群众基础而有其自身的优势,若加以引导即能转向现代。中国共产党人的"组织起来"的方针,正好可以看成这一理路;中国国民党对神兵运动的调查研究并着力引导,也可看成是某种意义上的现代性引导。因为在神兵运动的发展期,中国共产党和中国国民党是当时中国现代社会的两大组织者,如何把神兵运动引向现代社会进程,争取

---

① 恩格斯:《家庭、私有制和国家的起源》,《马克思恩格斯选集》第4卷,人民出版社1995年版,第78页。

② [英]戴维·赫尔德著,燕继荣译:《民主的模式》,中央编译出版社1998版,第94页。

这一民众力量,实际上是国共两党共同的课题。从社会结构层面看,神兵由两部分成员构成,一层是普通大众,一层是乡村精英。当时国共两党都把目标指向了乡村精英,是打是拉,态度明确。后来,中国共产党人把影响目标扩大到下层民众,扩大了自己的政治优势,最后使神兵的主体进入了中国共产党主导的现代化道路上。正是在这一意义上,分析一下国民党对神兵的态度有利于揭示问题的本质。

国民党对神兵运动的关注,可以1938年8月的调查报告为例说明。当时,陈诚为筹划湖北省政府西迁,派出国民党军事委员会高参李侠公等要员到鄂西各县进行了为期45天的巡视,并写出《鄂西视察总结报告书》共三部分,二万五千余字,其中即以《神兵问题之政治含义》为题研究神兵问题。另外,湖北省建设计划委员会于20世纪40年代初专门致函鄂西各县,要求调查鄂西神兵问题,"拟将其发生原因,组织概况等详加探讨,公诸于社会",并印发了调查大纲,涉及发生之时间(起讫及次数),发生之地点及蔓延之范围,参加之人数,发生之远因及近因,所提之要求,内部组织情形(如名称、迷信、制度、服饰、职权、纪律等),骚扰情形,解决经过,其他。后来,各县依据此调查要点进行上报,资料现存于湖北省档案馆,为《鄂西神兵专卷》。现对此进行综合分析,分析材料没有注明出处者,均依于此卷。他们认为:

> 神兵之成为问题,不在首要如何狡黠、背景有何挑动,或行为如何凶残,而在神兵本身之能拥有广大农民群众,具普遍于各地区,俨然成为农村中一种潜在势力,此中症结实为不良政治造其端,无可讳言者。故神兵非偶然之结合而有其社会基础。此从而公然以政治性反动口号为口号,可知为一种挣扎在豪劣势力下之落后农民意识的反映,此种落后意识又恰与鄂西政治、经济弱点(如上述诸点)为一极鲜明之刻画,入骨之对照。故必须认明神兵所资为煽惑之口号,皆有其借口之实质。如"税捐不苛征",则"不纳捐税"之口号,无由以鼓舞农村;兵役不"买卖",则"不征壮丁"之口号,无由以煽惑人心;"公债应公派",则"不派摊公债"之口号,无由以掀起叛乱;官府能求实,则"惟种××"之口号,无由以利用善良。

抗日战争时期,利川县长于国桢曾对神兵进行过较为深入的分析。他认为:

在与靖国军作战中,"当时民众均以刀矛为武器,自知不敌,不得不借助神力以资团结。"假神是一种无奈的选择:有人利用"当时人民久困苛政,争欲效死,加以神助"的情况,使"农民求生存运动"具有"神"的意义。最后他提出了几个需要研究的问题,即神兵何以英勇、神兵何以神秘、神兵何以作战等。"总之,神兵之由来,有类乎东汉之黄巾、元末之红巾,皆乘此时乱世危,受高压政治之搏激,复如田单陈胜者流,因而乘时利用,如白浪滔天,势不可遏。所谓农民运动生存竞争,不外乎不良政治所促成,与夫枭桀者所制造,决不产生于政治修明时与夫科学发达之国家也。"他还认为:"人民求生不得,不得已,起而拼命,乃求助于神力,利用同仇之心理,神威之潜力,驱逐乌合之棒匪。……以取消苛捐杂税,打倒土劣乱军之标题相揭櫫,故能万众一心,所向披靡,被牺牲之军队动以千计。……假使领导得人,组织有法,训练有方,不难成为有用之劲旅,捍国保乡。清季曾国藩之练湘军,李鸿章之练淮军,昭昭可证也。"①

　　抗日战争时期,中国共产党人的主要精力用于抗战,神兵活动地区成了抗日的后方,恰在这一时期,神兵运动再行蜂起,给国民党人提出了问题。从现有资料发现,国民党人不仅对神兵进行过专题研究,研究了神兵发生的过程、发生地域范围、发生的规模、远因与近因、所提要求、组织结构、解决经过等,而且还派人深入神兵中进行争取运动,从专辑中看到,前湖北第七、十区行政督察专员公署参事魏连船就曾数次前往做争取工作,有的工作还很有成效:

　　　　民国九年庚申冬月初七日,黑洞神兵下世,结果不数月,完全将滇川黔鄂靖国联军全军消灭,自行乃止。适余在家设帐办学。民国二十三年乙亥,元月十三日深夜,杀咸丰县县长陈应性,碎破监狱,释放囚犯三十一名,抢夺县印,提去县署保安队枪支壹百五十七支,中队叛变,假神兵为名,反对政府,适连船在湖北省第十三中当教员,兼任湖北第七区行政督察专员公署参事,奉专员袁济安氏委,回咸安抚。二月十九日返施,向专署复命,将县印一颗夺回,亲交专员。提去之枪支亦陆续归

　　①　湖北档案馆藏:《鄂西神兵专卷》。本文亦见中国人民政治协商会议利川市委员会文史资料委员会编《利川文史资料》第3辑,内部资料1989年版,第169—170页。

还,此次大难遂告平息。

　　民国二十六年丁丑,十一月十三日,黑洞巴西坝居民以假神兵肇事,连船奉湖北第十区专员傅恒伯氏聘,以"以德服众"、"求神制魔"为目标,前往肇事地点宣抚,不一星期,意能望风归顺,化险为夷,俱皆服从政府,立即解散,结果极为圆满。

国民党人的分析认为:神兵具有广泛的代表性,起因于不良的政治经济和落后的农民意识,同时有被人利用的因素。所以,在政治优良和科学发达的国家不会有神兵,于是提出了在改善农民生存状态的情况下引导他们走上新路。也就是说,当时的国民党人是在揭示神兵运动隐含的与现代社会要求合拍因素的基础上,力求引导神兵走上国民党人指引的资本主义现代化道路。魏连船的工作可见一斑。

### 三、中国共产党人对神兵运动的改造

　　关注"普通人"在政治上的进步是马克思主义哲学的应有之义,因为"实践哲学力图不把'普通人'阻留在他们原始的常识哲学的水平上,相反的,力图把他们导向更高的认识生活的形式。实践哲学认定必须使知识界同'普通人'接触,这并不是为了限制科学活动,和为了在群众的低下水准上保持统一,而恰恰是为了建立一个智力—道德集团,使所有群众能够在政治上进步"①。中国共产党人对神兵运动的改造即反映了马克思主义哲学的这一特征。

　　中国共产党开启的中国现代化道路是一条独特的现代化道路,即因国民党政府领导资本主义现代化建设脱离中国实际而引起了广大民众的不满,中国共产党一身数任而担负起社会主义现代化道路开辟的重任,并以马克思主义现代化理论为指导。因此,关注神兵问题实质上就成了如何在批判"资本主义"社会病的基础上,利用神兵运动与"资本主义"的矛盾,引导他们走上社会主义现代化道路的问题。

　　中国共产党对神兵的关注和改造,分三个不同的阶段。第一阶段是探

---

　　① ［意］安东尼奥·葛兰西著,葆煦译:《狱中札记》,人民出版社1983年版,第12页。葛兰西所说"实践哲学"即马克思主义哲学。

索阶段,走了两个极端,即为了对付共同的敌人,愿意相互之间联合;或认为神兵反动,只斗争不联合,甚至错误地提出了"杀尽道会领袖"的口号。"联合"主要是1928年年初的龙潭司暴动时期。当时为争取部分神兵配合,曾主动提出与神兵领袖联合的问题,中共施鹤临时特委领导的农民自卫军总队曾聘请乾善统的神兵当教练,计划攻县城时用他的神兵打头阵,同时以青年协进社的名义写信给王锡九:"誓愿与先生及诸豪杰一致联络,永结友好,协力同心,无诈无虞,敝会如有它处以武力干涉时,希贵处出兵帮助;贵处如有事件发生,敝会所有群众愿请驱策。"第二阶段是打入神兵,做争取神兵工作。这一阶段,不少中国共产党党员或党的骨干进入神兵部队中,掌握了部分神兵,为后来红军的发展壮大准备了力量。1928年6月,中共鄂西特委负责人、鄂西革命委员会总司令曹壮父到施鹤视察时,还肯定了对神兵的方针,并做了进一步的指导;同时,鄂西特委还派员到巴东,协助巴东党组织争取和改造神兵,建立革命武装。第三阶段是教育改造神兵,以湘鄂西前委、施鹤特委联席会议召开为标志,贺龙①是这一时期的主要运作者。

早在北伐期间,贺龙即于1927年5月以国民革命军独立第十五师名义发一《布告》,要求妥善处理国民革命军与河南红枪会的关系。所以,到了神兵活动地区,贺龙即把革命军队与"'神兵'群众的援助"联系起来,强调红军"联合神兵""实有可能"。他针对"施鹤农民完全神兵化了"的情况,提出了改造神兵的目标:"我们对神兵领袖必须采取分化政策,吸收其下层觉悟的群众,成为党的群众。"②经过工作,红军把改造了的神兵部队增设为三个特科大队:以神兵联英会为第一特科大队,大队长李至以;以邬阳关神兵为第二特科大队,大队长陈宗瑜;以黑洞神兵为第三特科大队,大队长杨维藩。红军的基本战斗力都是由神兵部队奠基的。

从现有文献看,第三时期的主要阶段性成就有以下四个:

一是1929年夏秋之交,鄂西特委巡视员万涛(土家族)到鄂西检查指导农民运动,在考察了神兵情况后总结了做神兵工作的经验,提出了做神兵

---

① 贺龙元帅之母为土家族,本身有土家族血统,且长期生活在土家族文化的核心区域,以这一地区从事革命斗争得天独厚。

② 中国人民革命军事博物馆编:《贺龙元帅丰碑永存》,上海人民出版社1985年版,第12、32页。

工作的策略。他充分肯定"较有群众和力量的是归、兴、巴、施、鹤、长阳各地的神兵组织,但对我们没有妨害,并且有一部分还可受我们鞭策"。这些"神兵,仍然公开存在,都足以使统治阶级穷于应付"。他还批评了当地党组织在争取群众工作方面的不足,然后强调"三县的工作就是神兵的工作,党员的脑筋内都还刻得有一个'神'字,如是从正面上去反对迷信不会发生效力,他们也感觉得他们的组织不好,并且没有政治意义,所以我们的策略,是从侧面用我们的组织上和政治上的优点去夺取群众"①。

二是 1931 年 12 月底巴归兴县委扩大会议检讨神兵工作、总结经验教训、制定的新的策略。巴归兴县委扩大会议在《农民运动决议案》中认肯神兵群众是我们的主要工作对象之一,我们的目的是运用多种方法改造这些"封建社会内的人,尤其是农民固有的弱点",使之变成现代人,变成共产主义革命者。这次会议实质上提出了农民阶级的现代转型问题。

> 应站在便于我们接近神兵群众,得着我们在神兵群众中工作机会的立场上,与神兵领袖(无论是豪绅地主富农或非豪绅地主富农)联合,这一联合,决不是放弃打击领袖的原则,而是在于能够接近群众,在群众中进行革命工作,在工作中使这一广大的神兵群众逐渐脱离豪绅地主的领导,到我们的政治领导之下来,以达到消灭其神兵组织而另以革命组织代替的目的。

> 对神兵的宣传工作,应由抗捐税、抗租课等鼓动方面着手,在鼓动中尽量揭破豪绅地主富农对他们的欺骗,指出只有用自己的团结力量才能争得本身利益与解放,并说明豪绅地主的利益与他们相反,跟他们干是永远得不到出路的,只有建立苏维埃政府,实行平均分配土地,他们才能根本得到解放。反迷信的宣传,目前并不是急需的,至于杀尽道会领袖的口号,更是过去莫大的错误,应当马上纠正。

中共巴归兴县委扩大会议对神兵工作与策略的决议,表明鄂西地方党对神兵有了科学的认识,建立起了科学的完整的改造神兵的策略。这一策略的实质在于:要引导神兵走上一条新的社会发展道路,而不只是利用神兵的力

---

① 万涛:《鄂西巡视员万涛的报告》,见中国工农红军第二方面军战史委员会编《战史资料选编》(一),中国人民解放军出版社 1996 年版,第 257、258、264、265 页。

量;是要使神兵群众获得彻底解放,而不只是反对迷信。

三是湘鄂西中央分局的宣恩烧巴岩会议。1933 年 7 月 24 日,湘鄂西中央分局在宣恩烧巴岩召开会议,总结中国共产党和红军过去与神兵斗争的教训,提出了一些有新意的斗争办法:要弄清共产党的主张、苏维埃的宪法与一切改良主义口号的不同,与一切旧的农民斗争的组织(如联英神坛)的根本错误对立起来;我们对于神兵的迷信神权不应该提倡,但亦不应采取非难轻蔑的态度;只要是有农民群众的地方,都要设法打进去工作,扩大苏维埃运动的影响,工作的原则是使群众革命化和开展他们的实际斗争,在斗争中去促进他们内部阶级的分化,将那些妥协的地主富农领袖驱逐出去;直接地单独地组织农民的团体,如游击队、农民协会、雇农工会,减少农民对佛堂的信仰,逐步代替那些旧组织。在此基础上提出了极其明确的政治斗争纲领,以引导农民群众斗争到彻底消灭地主阶级的土地革命和建立工农民主专政苏维埃政权的农民暴动。政治斗争纲领包括:取消租课,没收地主阶级土地,平均分配给雇贫中农和士兵;反对一切苛捐杂税;没收地主富农粮食,分配给没有饭吃的穷人;取消一切高利借贷;增加工人工资;取消保卫团,夺取地主武装,组织赤卫队和红军;逮捕和杀戮土豪劣绅;优待红军家属和保卫伤病战士;推翻国民党政府,组织工农兵代表会议的政府;反对帝国主义,驱逐帝国主义出中国。透过这些方针政策,展现在神兵面前的已是一个新的社会图景。

四是 1934 年的总结性文件。经过数年的探索,中国共产党人形成了对神兵运动的总结性文件,即 1934 年 6 月由湘鄂川黔革命军事委员会夏曦、关向应、贺龙、卢冬生同启的《中华苏维埃共和国湘鄂川黔革命军事委员会致贵州印江、德江、婺川、沿河各县神坛诸同志书》,文中称神兵人员为"亲爱的神兵同志们",肯定了他们斗争的正义性,并对他们"这种斗争的勇气和决心,表示万分的敬意",并表示,中华苏维埃临时中央政府、中国工农红军和神兵是"站在一个共同的战线上"的,很愿意与神兵做革命的联合。

文献分析了神兵失败的原因:神兵只以反抗派款子为目的,没有推翻反动的国民党政府的计划;神兵只组织神坛,没有自己组织的政府,没有训练使用新式武器的军队;神兵没有代表工农劳苦贫民一致的政治纲领作为斗争的目标和巩固自己的联合;神兵没有像苏维埃一样有全中国的联合,各地神兵也没有联络。应该说,这是共产党人对神兵运动的符合实际的反思。

　　文献给神兵指明了中国共产党人的斗争方法与目标,强调中国共产党的新的斗争方法就是苏维埃革命运动。方法的内容是:苏维埃革命彻底反对帝国主义和国民党军阀,彻底反对地主资产阶级,维护工人农民自己的利益,最重要的是没收地主阶级的土地分配给农民和兵士;苏维埃是大家举出代表成立自己的政府,并且组织工人农民的军队即红军;苏维埃是个农民、贫民、兵士的政权,也就是工农坚固的联合团体,最为坚固,并且与全世界无产阶级及苏维埃联合。

　　通过揭示神兵斗争方法与苏维埃革命方法的区别,并表明中国共产党对神兵的态度,这就是"我们非常愿意帮助你们得到伟大的胜利。所以我们最诚意的希望你们来参加苏维埃革命"。这样,中国共产党就给神兵指明了方向,把农民的自发斗争引向了国家与革命的轨道上,要求神兵做到:工人组织工会,农民组织农民委员会来争取自己的利益,神坛应该赞助雇农工会、农民委员会的一切行动,完全拥护工人农民的利益;组织红军游击队和自卫队,铲除豪绅军阀,保护自家;组织革命委员会为统一领导机关;彻底反对豪绅军阀官僚和帝国主义,不招安,不妥协;信教自由,保护神坛和不信神的自由。①

　　中国共产党进行独立领导革命战争的初始阶段,由于早期革命武装的存在和发展是以偏远农村为依托,广泛存在的像神兵一类的秘密社会势力便成了中国共产党必须面对和解决的问题。这一解决过程,一般都经历了联络和利用、争取和收编、改造和取消三个阶段。与此同时还形成一套有效的工作方法:重视阶级分析,取得秘密社会的情感认同,使他们接近和加入革命队伍;打入秘密社会内部,争取其群众,孤立其首领,分化其组织;"大股拉,小股打","听招呼者拉,不听招呼者打";先争取收容,后教育改造等。随着革命武装的发展,在革命区域内,秘密社会势力大部分被引导和消化为革命的力量,少部分则被取消。② 这一规律同样适用于中国共产党对神兵运动的改造。

---

　　① 参见中国人民革命军事博物馆编:《贺龙元帅丰碑永存》,上海人民出版社1985年版,第56—58页。

　　② 参见李春远等:《早期革命武装与农村秘密社会》,《贵州社会科学》2002年第4期。

正是由于有了这种争取与改造,神兵群众的文化信仰、政治信念等方面发生了根本性变化。一般民众中广为流传的民歌如:

《除哒①杀头再无死》:"除哒杀头再无死,除哒讨米再无穷,除哒革命无二路,除哒武装无二宗。"②斗争形式与目标发生了根本性变化。

《创造大世界》:"我们工农革命军,团结成一心,拿起枪炮和斧镰,杀尽土豪和劣绅。推翻旧社会,建设苏维埃,一切权利归劳动,创造大世界。"③生存理想与斗争方式发生了根本转变。

《要当红军不怕杀》:"要吃辣子不怕辣,要当红军不怕杀,刀子搁在颈子上,脑壳掉哒也尽它。"④革命意志、决心与精神寄望发生了根本变化。

在土家族地区,像这类民歌可以说到处都有,正说明神兵群众已走上了现代的革命道路,实现了社会理想的根本转变。这一过程表明:"斗争发展形式的过程,已经由神兵斗争的形式走向参加红军的形式,由参加红军,企图依赖外来红军力量得到解放过渡到自己组织红军来作武装斗争,已经表现群众的革命化,开始走到苏维埃斗争的道路,证明党的发动新的苏区的路线是完全正确的。"⑤正是在这里,人们发现,无论是"民族观念"、"文化传统",还是"政治理想"等方面,神兵运动的主体最后是用马克思主义取代神秘主义、用共产主义取代神性政治,用国家和社会改造代替狭隘的保境安民。也就是说,实现了神兵群众的现代转型。

当然,马克思主义者对神兵运动的现代转型,侧重了"民族观念"、"文化传统"、"政治理想"等方面,不过,笔者只是想在这里强调,罗素提出要理解中国问题,必须首先理解中国的历史与文化,理解近现代中国文化的内在规律及发展趋势,理解外国侵略对中国文化的影响,同样适用于对土家族问题的研究,其中包括对神兵运动的研究。因为"中国文化的未来与政治经

---

① "除哒",方言,即"排除"、"除开"、"除此之外"的意思,往往有"这都不怕,还怕什么"的意思。

② 龚发达主编:《长阳土家族自治县歌谣分册》,内部资料1988年版,第231页。

③ 同上书,第226页。

④ 宣恩县文化局等编:《宣恩县歌谣分册》,内部资料1989年版,第37页。

⑤ 湘鄂西中央分局:《关于发展鄂川边区苏维埃运动任务的决议》,见中国工农红军第二方面军战史委员会编《战史资料选编》(二),中国人民解放军出版社1996年版,第432页。

济问题是紧密相连的"①。同样,笔者也认同 S. N. 艾森斯塔特对中国问题的分析,他认为中国社会是一个"以文化为取向的社会","对文化取向的强调极大地影响了主要群体(groups)和阶层所介入的政治问题的本质。它同样限定了政治斗争的问题、规则和组织的表述"②,也正是在这里看到了神兵运动社会理想的本质。

① 何兆武等:《中国印象——世界名人论中国》下册,广西师范大学出版社 2001 年版,第 86 页。

② 同上书,第 426 页。

# 第 十 一 章
# 沈从文的自由主义与文化保守主义

　　沈从文,原名沈岳焕,凤凰县人,有苗、汉及土家族血统。① 14 岁高小毕业后入伍,1923 年到北京,在入大学不成后以"休芸芸"等为笔名进行文学创作,并用作品构造他心中的"湘西世界"。他以"乡下人"的主体视角审视当时城市与乡村、传统与现代、中国与西方,创作了 80 多部作品,现已收入北岳文艺出版社 2002 年版的《沈从文全集》中。在 20 世纪,沈从文深怀中国传统知识分子的特有忧患意识及责任感,以民族解放与国家重建为目标,以文学作品为基本表现形式,以自由主义和文化保守主义为两翼,始终坚持自己的政治与学术信念,建构了自己的特殊哲学思想体系,并区别于同期其他自由主义及文化保守主义思想家。本章以其具有土家族血统,且受土家族文化影响较大,而将其作为土家族区域文化传承者的代表加以研究。

## 第一节　救亡与启蒙:民族解放与
### 国家重建的目的诉求

　　没有一个时代是永恒不变的,但某些时代比大多数时代更富于变化。20 世纪就是一个更富于变化的时代。沈从文生活并思考于这一时代,具有这一时代的共同思想特征——救亡与启蒙:民族解放与国家重建的目的诉求。这一点,也恰好吻合了中国思想启蒙相对于西方的关键特点之一,即一开始就具有"实践"意义,如"陈独秀、李大钊、鲁迅等《新青年》同人是新文

---

① 参见王亚蓉编:《沈从文晚年口述》,陕西师范大学出版社 2003 年版,第 121、124 页;王珞编:《沈从文评说八十年》,中国华侨出版社 2004 年版,第 105 页。

化运动中激进的一翼,他们大多参加过辛亥革命或稍后的护国、护法斗争。换句话说,他们亲自参加过为实现民主政治的革命斗争,其民主要求并非单纯书斋里的坐而论道"①。这种实践性,如果借用罗素的说法即是"民族的动机、经济的动机和道德的动机都结合在一起"②,是"民族国家,主要是由于有了火药的缘故,对人们的思想和感情获得了一种前所未有的影响"③。

## 一、沈从文救亡式启蒙思想的双重困境

相对于英、法、美等先行现代化国家而言,后发现代化国家的思想家、政治家们始终面临着两大难题:一是从英、法、美等先行现代化国家的发展模式中进行目标选择,其中包括思想选择;二是面对先行现代化国家文明与野蛮的双重挑战,反思先行现代化国家人道文明与丛林法则的历史变奏。对于前者,后发现代化国家面对的是一种历时性问题的共时性呈现;对于后者,后发现代化国家则面对着一种先行现代化国家的民主自由环境与后发现代化国家的民族主义诉求的"悖论"。相对于英国,法国出现了这类问题;相对于英、法、美,德国、日本等也出现了这类问题,德国的马克斯·韦伯与日本的福泽谕吉可以看成是这种矛盾冲突的产物。中国的严复作为与马克斯·韦伯同时代的人物,也具有这相同的思想性格。

最初,"在中国,这个世界上最古老国家的腐朽的半文明制度,则用自己的手段与欧洲人进行斗争"。"这是保卫社稷和家园的战争,这是保存中华民族的人民战争。虽然你可以说,这场战争充满这个民族的目空一切的偏见、愚蠢的行动、饱学的愚昧和迂腐的野蛮,但它终究是人民战争。而对于起来反抗的民族在人民战争中所采取的手段,不应当根据公认的正规作战规则或者任何别的抽象标准来衡量,而应当根据这个反抗者民族所刚刚达到的文明程度来衡量。"④而事实上,这一战争的性质本身是西方文明"即

---

① 高瑞泉:《中国现代精神传统》,东方出版中心 1999 年版,第 176—177 页。
② [英]罗素著,马元德译:《西方哲学史·绪论》,商务印书馆 1997 年版,第 19 页。
③ 同上书,第 18 页。
④ 恩格斯:《波斯和中国》,《马克思恩格斯选集》第 1 卷,人民出版社 1995 年版,第 706、710 页。

将对天朝人进行另一次文明战争"①。这两种文明战争的具体表现,马克思在《对华贸易》中有所阐明,其中特别强调文明差异对双方决策的影响,凸显了各自的不同困境。② 对后发现代化国家来说,越到后来,这种冲突就越具自觉的形态,且会越具多样性特征。

在中国,首要的困境表现为问题、思潮的集聚性特征,即西方在现代化过程中产生的各种问题及相应的社会思潮,必然会因为中国选择者的知识素养、生活背景等的不同而随着时代风云相互激荡和融汇到中国来,成为一个问题、思潮集中的时代。以"五四"前后为例,有学者统计,当时的各种思潮即有上百种。③ 至于"问题",毛泽东1919年9月在《问题研究会章程》中所列出的各种大问题即有71个之多,有些大问题中又分若干小问题。④ 这种情况既说明各种西方文化思潮在中国的流行传播,也说明中国先进分子为救国救民而多角度、多面向地思考中国问题;既说明思想界的活跃及对抽象理论的某种崇拜,也说明人们的认识还不清晰,说明因缺乏理论研究而致选择能力较弱时的含混状态。

从另一困境看,现代化运动是世界革命从英法双元革命(英国工业革命和法国政治革命)向外扩展,并且首先是以欧洲扩张的方式征服世界其他地区,从而建立了统辖全球的霸权。⑤ 因此,资本主义集文明与强权于一身,它既是自由民主现代性的典范,又是殖民主义霸权的化身。西方现代化的这一文明进步与伦理罪恶、人道精神与丛林法则并存的两面神形象,表征着西方现代文明深刻的二律背反。所以,几乎所有西方思潮进入中国,都经过了深刻的过滤,变成了复兴中华民族的武器。例如,无论西方启蒙思潮怎

---

① 马克思:《新的对华战争》,《马克思恩格斯选集》第1卷,人民出版社1995年版,第746页。

② 参见马克思:《对华贸易》,《马克思恩格斯选集》第1卷,人民出版社1995年版,第755—759页。

③ 参见陈哲夫等著:《20世纪中国思想史》,山东人民出版社2002年版,第238—239页。

④ 参见毛泽东:《问题研究会章程》,《毛泽东早期文稿》,湖南人民出版社1990年版,第396—402页。

⑤ 参见[英]艾瑞克·霍布斯鲍姆著,王章辉等译:《革命的年代》导言,江苏人民出版社1999年版。

样变化,也无论它在英国、法国或意大利表现出多少不同的特征,一到中国,救亡的诉求就既是启蒙的动力,也是启蒙的最后目的。因此,中国启蒙从来就是救亡式启蒙。在中国启蒙思想中,各种西方思潮都从属于救亡的诉求。这种救亡式的启蒙主义,恰恰是后发现代化国家现代性的典型表现。如果不分辨中西启蒙的历史语境、问题意识和思想取向的差异,就会出现认识的谬误。① 所以,在中国,任何决策都必须避免从救国目标出发而导致的误国怪圈,即马克思在《鸦片贸易史》中所揭示的怪圈:"半野蛮人坚持道德原则,而文明人却以自私自利的原则与之对抗。一个人口几乎占人类三分之一的大帝国,不顾时势,安于现状,人为地隔绝于世并因此竭力以天朝尽善尽美的幻想自欺。这样一个帝国注定最后要在一场殊死的决斗中被打垮:在这场决斗中,陈腐世界的代表是激于道义,而最现代的社会的代表却是为了获得贱买贵卖的特权——这真是任何诗人想也不敢想的一种奇异的对联式悲歌。"②

沈从文是现代思想家,他同样经历着这一痛苦的选择过程。他一方面渴求中华民族的复兴,另一方面又信仰英美自由主义。但是,时代的转换已无法提供这两个目标统一的舞台:起源于西欧的现代资本主义世界体系在全球扩张的过程中把世界分成了现代化国家和后发现代化国家两极,后发现代化国家在现代化过程中的历史语境迥异于西方自由民主国家,现代化国家的自由与富强始终是后发现代化国家面临的历史难题。欧洲自由主义兴起的独特历史条件——殖民运动、西欧式经济社会结构、科学对自然的征服以及基督教的某些思想观念等已无法在中国再现。相反,中国面对的是具有自由化历史挑战的晚期帝国完成民族国家统一与富强的历史课题,因而与自由主义之间具有一种中国化的会通问题,总的价值取向是救亡压倒自由主义而不是相反,即救亡斗争以自由主义为工具,实现现代民族国家的建构。正是在这种融汇中,沈从文一方面感伤于中国文明的病痛,另一方面又看到了西方现代文明的缺失。这就注定在救亡图存的历史条件下,沈从

---

① 参见高力克:《五四的思想世界》,学林出版社 2003 年版,第 9 页。

② 马克思:《鸦片贸易史》,《马克思恩格斯选集》第 1 卷,人民出版社 1995 年版,第 716 页。

文以自由主义来实现民族救亡使命不可能成为时代主潮；以文化保守主义来消逝两种文明的缺失而难以获众，因而他也就成为一个不受欢迎的人，其思想的内在矛盾注定了他20世纪的特殊人生。

### 二、沈从文救亡式启蒙思想的时代使命

沈从文坚持救亡式启蒙，并始终把民族振兴和国家重建作为其精神诉求。在沈从文那里，民族重造、国家重造、社会重造是目的，其他的一切都是工具。

一个民族已经那么敝旧了，按照过去的历史而言，则哲学的贫困与营养不足，两件事莫不影响到我们这个民族的生存态度。①

在世界上我们不是极不愿意被别一国家别一民族把我们当成野蛮人看待吗？希望从别人方面得到尊敬，第一步就应当是自己不作出野蛮人的行为。②

你自己不缺少这种信仰，才可望将作品浸透读者的情感，使读者得到另外一种信仰："一切奇迹都出于神，这由于我们过去的无知，新的奇迹出于人，国家重造社会重造全在乎人的意志。"③

基于上述目标，沈从文把思考的重心放在了"中国往何处去"的问题上，把改变"哲学的贫困与营养不足"看成是重要使命，如他与"同乡文武大老"谈话，主题就是家乡人责任重大艰巨，务必要识大体顾大局，尽全力支持抗日战争这一有关国家存亡的战事；他希望自己的作品取得"辟谬理惑"的效果，对这个民族的优点和弱点都得有个较新的认识，才可能面临艰巨，一改旧习，共同把国家搞好④；他强调必须放眼整个中国，"才不至于出问

① 沈从文：《元旦日致〈文艺〉读者》，《沈从文全集》第17卷，北岳文艺出版社2002年版，第202页。
② 沈从文：《禁书问题》，《沈从文全集》第17卷，北岳文艺出版社2002年版，第68页。
③ 沈从文：《学习写作》，《沈从文全集》第17卷，北岳文艺出版社2002年版，第332页。
④ 参见沈从文：《〈湘西散记〉序》，《沈从文全集》第16卷，北岳文艺出版社2002年版，第392—393页。

题"①；他关心中华民族在发展中的种种变迁，以及"如何由混乱中除旧布新，渐上轨道……还有那个无可克服的根本弱点，问题何在"②；……这些问题所在就是"中国往何处去"的问题：

> 明白了那些古典的名贵与庄严，救不了目前四万万人的活命，为了生存，为了作者感到了自己与自己身后在这块地面还得继续活下去的人，如何方能够活下去那一些欲望，使文学贴进一般人生，在一个俨然"俗气"的情形中发展；然而这俗气也就正是所谓生气，文学中有它，无论如何总比没有它好一些！③

> 常常同朋友争论，题目不外乎中国民族的出路。④

1948 年 9 月的《论语》半月刊第 160 期发表了沈从文《"中国往何处去"》一文，把他 20 多年来关注的问题进行了总结性提炼。这个问题由相应的三个子问题构成，即"中国有没有前途？如何才是它的出路？如何挽救它的危机？"他说：

> 从任何民族历史学习，凡某一国家，统治方式失去重心和弹性后，社会矛盾必逐渐加剧，无法平衡，内战分裂即无从避免。结果照例由于普遍持久的战火，带来一种普遍破坏和疲乏。社会矛盾即幸而从武力压倒方式得到表面平衡，国家元气业已消耗将尽。随即是强邻异邦势力，乘隙而进，纵不亡国灭祀，也不免成为失去自主性的他人附庸。世界上许多事情都有例外，"自残必弱国"则无例外。一个民族用长久内战自残，虽有些复杂因子，然而也正说明这个国家政府上层组织，社会一般结构，以及个人思想人生观，实在都有了问题，到了一个等待重新

① 沈从文：《〈沈从文散文选〉题记》，《沈从文全集》第 16 卷，北岳文艺出版社 2002 年版，第 385 页。
② 沈从文：《〈长河〉题记》，《沈从文全集》第 10 卷，北岳文艺出版社 2002 年版，第 5 页。
③ 沈从文：《〈凤子〉题记》，《沈从文全集》第 7 卷，北岳文艺出版社 2002 年版，第 79—80 页。
④ 沈从文：《习作选集代序》，《沈从文全集》第 9 卷，北岳文艺出版社 2002 年版，第 3 页。

安排情形下,国家有无前途,不在战事胜败,全看这个重新安排如何而定。①

尽管"中国向何处去"的问题不是沈从文最先提出的,但仍然不能否认他阐明这一问题的意义。他曾把中国的问题具体化为一系列问题:

> 中国成为问题的,不是农民不愿耕田,却是大多数农民无田可耕。不是留学生不配作一个美国或英国好公民,却是这些人留学回来不知如何来作一个中国目前所需要的好公民。……明明白白的只是大部分有理性的人皆懒于思索!人人厌烦现状,却无人不是用消极的生活态度,支持现状。人人皆知道再想敷衍下去实在敷衍不下去,却无人愿从本身生活起始,就来改变一下,大家皆俨然明白国际压力与国内一塌糊涂的情形,使这个民族已堕落到一个不可希望的悲惨境遇里去,因此大家便只有混着活下去一个办法,结束自己,到自己死亡时,仿佛一切也就完事了。②

所以,沈从文始终关注的就是"'前途'、'出路'和'危机挽救'……我们实需要一个更新的新青年运动,来扭转危机,收拾残破。……若新的青年有勇气敢憧憬将国家现实由分裂破碎改造成团结一致,将人民情感由仇恨传染改造成爱与合作,并有勇气将内战视为一种民族共通的挫折,负责者最大的耻辱。国家明日即再困难,终有克服困难,向前发展,得到新生机会的一天"③。

正是这种使命感铸成了沈从文铁肩担道义的责任感,使他的思想始终打落在解决中华民族的振兴与发展问题的过程中,他关注的是自己有何责任、如何动员全民族来承担这种责任,并且是基于国际压力和国内情形而生的责任。

> 想起这个民族近百年来的忧患,特别是近三年来的忧患,以及从忧

---

① 沈从文:《"中国往何处去"》,《沈从文全集》第14卷,北岳文艺出版社2002年版,第320页。

② 沈从文:《元旦日致〈文艺〉读者》,《沈从文全集》第17卷,北岳文艺出版社2002年版,第203页。

③ 沈从文:《"中国往何处去"》,《沈从文全集》第14卷,北岳文艺出版社2002年版,第323—324页。

患中的挣扎,并记得二十年来新文学在国家进步上所作的种种贡献,我们就不会堕落到甘心为仇敌作傀儡,也不至糊涂到醉生梦死消沉颓丧只盼望讲和回老家了。我们若生活在任何困难情形下,总永远不气馁,且在各种方式下,时时刻刻都能把自己一点力量,粘附到整个民族向上努力中,这个国家,总会从急风猛雨中,慢慢的站起来,向幻想迈进,任何恶邻想用战争方式或怀柔政策来妨碍我们的发展,是办不到的。要消灭我们,更是不可能的!①

沈从文认为:世界上所有的变化都是在向我们提出任务,加深责任:"世界在变动中,在坚硬的钢铁与顽固的人心相互摧毁的变动中,国家民族忧患加深,个人责任即加重。尤其是中产阶级分子中责任的加重。"所以,他认为:文学不能失去其真正领导社会改进民族团结的功用;新的文学应当从启迪征服社会中层分子着眼;伟大文学作品具有无言之教的功用,实在还要好好施以"人"的教育。②

沈从文也明白自己对于这种责任的意义,他希望读者应当"在各种事业里低头努力,很寂寞的从事于民族复兴大业"。他希望自己的作品所能给读者的是读者在民族解放战争中的人生经验上"对于国家所遭遇的挫折,以及这个民族忧患所自来的根本原因,还有那个多数在共同目的下所有的挣扎向上方式,从中所获得的教训"③。

沈从文的这种责任感在《边城》中表现得特别强烈:"我将把这个民族为历史所带走向一个不可知的命运中前进时,一些小人物在变动中的忧患,与由于营养不足所产生的'活下去'以及'怎样活下去'的观念和欲望,来作

---

① 沈从文:《白话文问题》,《沈从文全集》第12卷,北岳文艺出版社2002年版,第63—64页。

② 参见沈从文:《新的文学运动与新的文学观》,《沈从文全集》第12卷,北岳文艺出版社2002年版,第51页。按:辜鸿铭说:"要估价一种文明,我们必须问的问题是,它能够产生什么样的人,什么样的男人和女人。事实上,一种文明所产生的男人和女人,——人的类型,正好显出该文明的本质和个性,也即显示出该文明的灵魂。"正可说明为什么沈从文特别强调"做人"的问题,见氏著,黄兴涛等译:《中国人的精神》,广西师范大学出版社2001年版,第3页。

③ 沈从文:《〈长河〉题记》,《沈从文全集》第10卷,北岳文艺出版社2002年版,第8页。

朴素的叙述。我的读者应是有理性，而这点理性便基于对中国现社会变动有所关心，认识这个民族的过去伟大处与目前堕落处，各在那里很寂寞的从事与民族复兴大业的人。这作品或者……尚能给他们一种勇气同信心！"①

近些年来，对于各种事业从比较上皆证明这个民族已十分落后，然而……还常有一部分年青人怀了最大的希望。皆以为这个民族的组织力、道德性，与勇敢诚朴精神……必然有伟大的作品产生。这种伟大文学作品，……将显示出民族复兴的健康与快乐生机。②

所以，他强调作品应有益于民族，对一些装出俨然被人打头神气向平民说谎麻醉国民以遮掩自己无能的头号人物，以及用一部分知识帮助这些人说谎犯罪的人物，事实上除了用俄国某一时期文学所描写的打头方法来加给他们以一种教训外，并无更好办法使他们明白，他们自己对于这个民族加了如何损害，应分得到何等待遇的。所以，他认为中国正需要打头文学！因为文学的基础若立于去伪存真方面，人们的愚蠢方能有消灭的希望，也方能把这个民族目前的危机与未来的恐惧揭发出来，多让人明白些，多作一番准备。不然，这民族就完事了。③　正基于此，在1934年《致赵家璧》的信中，他非常明确地对当时北京那种不问国事的人表示反对，其中包括汉奸、浪人、遗老、不过问国事的教师，这些人"到危险时长腿则一跑了事，不跑则保守原来地位，作新朝顺民，这种人在北平占多数，事实上已不是中国人了"④。他强调："一个民族是不是还有点希望，也就看多数人对于这种使民族失去健康的人物与习气的态度而定。"⑤因此，他十分肯定那种有"艰苦卓绝精神"的人，"他们轻于物质寻觅而勇于真理追求的人格，是民族中一种如何难得的

①　沈从文:《〈边城〉题记》,《沈从文全集》第8卷,北岳文艺出版社2002年版,第59页。
②　沈从文:《文学者的态度》,《沈从文全集》第17卷,北岳文艺出版社2002年版,第50页。
③　参见沈从文:《打头文学》,《沈从文全集》第14卷,北岳文艺出版社2002年版,第67页。
④　沈从文:《致赵家璧函二通》,《沈从文全集》第17卷,北岳文艺出版社2002年版,第422页。
⑤　沈从文:《论"海派"》,《沈从文全集》第17卷,北岳文艺出版社2002年版,第55页。

东西！""这些优秀公民，原是爱他们自己的国家，绝不下于任何官吏的。"他们是为了"使这个民族增加些知识，减少些愚昧，为这个民族的光荣，为这个民族不可缺少的德性中的'互助'与'亲爱'，'勇敢'与'耐劳'，加以铸像似的作品的制作"。这些人在国民生产力十分凋敝、国际资本主义压力无法摆脱、中华民族正陷入十分悲惨命运的时代，担心着可恐怖的未来，认为这个民族若不甘心堕落与灭亡，必须认识现在的环境，因此对鸦片烟的流行、农村经济的萧条、知识阶层中某些人的独善其身、官吏阶层的贪赃无识、军官种种极端嚣张跋扈等，都加以坦白直率的指责，他们"对于这个民族复兴的意见，因为他们过分被现状所刺激，必不可免有激越偏持的呼喊，政府若真正为民族生存着想，对于这些人的意见，难道还不应当同情并加以考虑"①吗？

也正是这种使命感使沈从文勇敢地用文学重造为国家重造尽责。他自从史书上了解中华民族以后，就从一个只知鉴赏人类生活与自然现象的乡下人，进而对于人类智慧光辉的领会发生了极宽泛而深切的兴味。② 他之所以成为一个作家，根源也正在于他认肯文学在国家和社会重造中的作用。他认为：北伐成功，固然靠的是几十万武装部队因信心和幻想推之向前，不顾一切牺牲，与军阀决战，得到胜利。但是在百万国民中产生革命可以成功信心以及军阀必然崩溃的幻想却正是"五四"以后由先进知识分子谈文学革命，将"语体文"认定成一个社会改造民族解放的工具，从各方面来运用这个工具产生了作用，在国民多数中培养了信心和幻想，因此推动了革命③，如当时的文学刊物在国内广泛分布，虽并不曾摇动过当时用武力与武器统治的军阀社会，却教育了一代年青人，相信社会重造是可能的。所以，文学运动若建设在一个广大社会的基础上，就能对社会起显而易见的作用④。

---

① 沈从文：《禁书问题》，《沈从文全集》第 17 卷，北岳文艺出版社 2002 年版，第 63、64 页。

② 参见沈从文：《学历史的地方》，《沈从文全集》第 13 卷，北岳文艺出版社 2002 年版，第 356 页。

③ 沈从文：《白话文问题》，《沈从文全集》第 12 卷，北岳文艺出版社 2002 年版，第 53 页。

④ 沈从文：《编者言》，《沈从文全集》第 16 卷，北岳文艺出版社 2002 年版，第 448 页。

因此,沈从文强调:文学在国家重造中的作用,是通过文学自身的重造来提供新的人生观教育。如果写作态度认真,写出了文学风格和性格,对人生有深刻理解,就能循序渐进,影响读者,传递正确的人生理想。① 如果承认当前文学运动在这方面还是一个问题,就会谋求文学运动重新起始。政治家、有良心的文学理论家、批评家、作家,都应有这种认识。因为学术的庄严是求真知,是自由批评与探讨精神的广泛应用,而这也正好是伟大文学作品产生的必要条件。学术的超功利观,应是学术进步的原则,且有助于民族发展。②

### 三、沈从文救亡式启蒙思想的时代特征

沈从文正是受"五四"影响而走上启蒙道路的,当他阅读了一些新书后便不仅时时刻刻为人生现象自然现象所神往倾心,也为新的人生智慧光辉倾心,知道了如何去用脑子对目前社会做反复检讨与批判,如何幻想一个未来社会的标准与轮廓;知道了人们那么热心在人类行为上找寻错误处,发现合理处;"为了读过些新书,知识同权力相比,我愿意得到智慧,放下权力。我明白人活到社会里,应当有许多事情可做,应当为现在的别人去设想,为未来的人类去设想,应当如何去思索生活,且应当如何去为大多数人牺牲,为自己一点点理想受苦,不能随便马虎过日子,不能委屈过日子。"③为此,他单身一人进了北京,"开始进到一个永远无从毕业的学校,来学习永远学不尽的人生。"④

正是因五四运动的影响,沈从文为自己确立了进行民族启蒙的任务。他认识到:当时的民族斗争确实需要一种启蒙,因为"所迫切需要的,不是别的什么,倒是一种哲学,注入于各部门文化工作上,培养另外一种战士,来

① 参见沈从文:《文学运动的重造》,《沈从文全集》第17卷,北岳文艺出版社2002年版,第291页。
② 参见上书,第294—295页。
③ 沈从文:《从文自传》,《沈从文全集》第13卷,北岳文艺出版社2002年版,第362页。
④ 沈从文:《〈沈从文小说选集〉题记》,《沈从文全集》第16卷,北岳文艺出版社2002年版,第372页。

各自运用自己的心和手,从事一种否定'迫人疯狂驱人死亡'的活动,创造一些'使人乐生并各遂其生'的新工作,对人类文化进步作点更新的贡献"①。"我们需要的倒是一种'哲学',一种表现这个优美理想的人生哲学,用它来做土壤,培植中国的未来。"②

为了启蒙以救国,沈从文特别强调思想解放的意义。沈从文认为:当时的作家、编辑的态度应有所转变,否则定会因社会上不好习气而日趋堕落,不能产生出真正伟大的作品,因而需要有一种文学的自由解放,而且是整个文学运动的自由解放③;他进而由此思考中国的一般学术运动因习惯注意集中从欧美作"科学训练"的学习和"民主制度"的接受而需思想解放;再进一步则是全国被迫集中人力和物力作抵抗侵略防卫本土的牺牲使文化的对外开放和思想解放方面有了一定的阻隔④;而且更严重的是,新文学运动的解放作用也在丧失,大部分人已没有了"解放"的责任。⑤ 所以,进行思想解放是一项重要工程。

为了启蒙以救国,沈从文着力寻求新的工具。在启蒙道路上,沈从文比"五四"走得更远。他在经过 20 年奋斗以后进行了一次总结:"五四"以来的 20 周年,一个人刚刚成熟的年龄。修正这个运动的弱点,发展这个运动长处,再来个 20 年努力,是我们的责任也是我们的权利。时至现在,屈原的愤世、庄周的玩世,已不能适应。理性在活生生的人事中培养了两千年,应当有了些进步。"生命的'意义',若同样是与愚迷战争,它使用的工具……这工具的使用方法,值得我们好好的来思索思索。"⑥"我这个新从内地小城市来的乡下人,……不过想把文学完全……变成一个有力的武器,有力的新工

---

① 沈从文:《〈曾景初木刻集〉题记》,《沈从文全集》第 16 卷,北岳文艺出版社 2002 年版,第 366 页。

② 沈从文:《烛虚》,《沈从文全集》第 12 卷,北岳文艺出版社 2002 年版,第 13 页。

③ 参见沈从文:《对于书评的感想》,《沈从文全集》第 17 卷,北岳文艺出版社 2002 年版,第 127 页。

④ 参见沈从文:《印译〈中国小说〉序》,《沈从文全集》第 16 卷,北岳文艺出版社 2002 年版,第 369 页。

⑤ 参见沈从文:《〈沈从文小说选集〉题记》,《沈从文全集》第 16 卷,北岳文艺出版社 2002 年版,第 373 页。

⑥ 沈从文:《长庚》,《沈从文全集》第 12 卷,北岳文艺出版社 2002 年版,第 41 页。

具,用它来征服读者,推动社会,促之向前。"①因此,沈从文要重造"五四"工具进行"启蒙"工作。他认为:从 1927 年到 1949 年,国内由思想问题而引起的战争、壮丁及优秀青年大规模的死亡、物质方面无可计量的耗损,无一不是工具误用与滥用的结果。并且,"社会上许多问题,亦无不由此而起"②。因此要特别强调工具重造。他甚至认为:整个"五四"运动,也就是一个工具重造的运动。"'五四'运动虽是普遍的解放与改造运动,要求的方面多,其中最有关系一项,却是工具的改造运动。""在作家方面,似乎值得从工具使用方式上检讨一番。"若是这个问题解决得不好,"那这个'五四'运动,也许还得后来者继续努力 20 年,方可望有个基础。也许还得用一种更泼辣作风努力 20 年,方不至于使文学革命失去原来的意义,在政治或教育上,仅仅成为一个装饰品。"③也正是有这样的理性自觉,"工具"理性与"国家重造"就成了沈从文现代理性的标志之一。

为了启蒙以救国,沈从文的创作从试笔阶段开始就力图从乡村和都市两个方面描绘出他所经验的历史与现实人生及社会问题,发现中西文化的优劣,为民族和国家重造鼓与呼。1928 年以后,他的创作已走向成熟,但仍然把着眼点放在反映和描摹乡村和都市两种社区、两种文化的问题上,其基本出发点是:新国家的重造必然是各种专门家的责任,国家设计一部门,"国民道德的重铸"实需要文学作品处理,也唯有伟大文学作家能担此重任。④ 其《边城》的写作,即为探讨"民族品德的消失与重造,可能从什么方面着手"⑤。而国家和民族的重造又是与做人联系在一起的。所以,"明日文学运动,……必然是努力鼓吹应当如何做人。"他曾这样提问并回答:"是积极的有为,还是消极的有为? 是注重事实,……还是偏于理想?""必须有

①　沈从文:《〈沈从文小说选集〉题记》,《沈从文全集》第 16 卷,北岳文艺出版社 2002 年版,第 373 页。

②　沈从文:《白话文问题》,《沈从文全集》第 12 卷,北岳文艺出版社 2002 年版,第 63、55—56 页。

③　同上书,第 59—60 页。

④　参见沈从文:《一种新文学观》,《沈从文全集》第 17 卷,北岳文艺出版社 2002 年版,第 172—173 页。

⑤　沈从文:《〈长河〉题记》,《沈从文全集》第 10 卷,北岳文艺出版社 2002 年版,第 5 页。

个性、有特性,方能存在,方值得存在。""目标宜于团结御侮为前提。"①

为了启蒙以救国,沈从文实现了民族性的超越。沈从文是一名少数民族思想家,他曾声明自己代表湘西少数民族向世界发言:"苗人所受的苦实在太深了,所以我在作品中替他们说话。"②但是,他绝不是一个狭隘的民族主义者。他已由自身的民族性出发,融入了整个中华民族。他的作品以湘西民族文化为背景,并不只是为了"湘西"。而且,他分析问题的视野,按他自己的话说,就是去掉了"蛙视"③,进入了一个新的境界。他用湘西民族的语言写作,是"用民族语言""表现世界文化"④。在沈从文身上,流淌着苗族、土家族的民族血液,他从人生的青年时期就知道自己的少数民族身份,然而从未在自己 80 余年人生各种表格中填写过苗族或土家族的族别,他一直注明的是汉族⑤,这绝不是偶然,而与土家先民追求"汉籍"的文化认同一脉相承。因为沈从文已把自己放进了一个更深厚的"民族文化"视野——中华民族的文化视野,并且是屈原事业的继承者,是不断以新的方式形成自己、规范世界、体验和梦想世界的世界观,与中华民族近现代思维的"挫折—反应"模式吻合。他写湘西,只是因为"作品中反映的那片小小土地上善良人民的贫穷苦难,也正是我国亿万人民在旧社会的缩影"⑥。在《德译〈从文自传〉序》中,沈从文还特别强调:书中所记是世纪初一个少年走向社会第一阶段亲自经历的琐碎人事,是当时中国社会的缩影。⑦ 这个自省式

---

① 沈从文:《对于这新刊诞生的颂词》,《沈从文全集》第 17 卷,北岳文艺出版社 2002 年版,第 122 页。

② 沈从文与凌宇的一次谈话,《长河不尽流》,湖南文艺出版社 1994 年版,第 350 页。解放以后,沈从文曾说自己"苗里苗气"。见沈从文《复重阳》,《沈从文全集》第 25 卷,北岳文艺出版社 2002 年版,第 429 页。

③ 关于"蛙视",见凌宇《沈从文创作的思想价值论——写在沈从文百年诞辰之际》引,《文学评论》2002 年第 6 期。但查沈从文《苗民问题》中是"歧视",《沈从文全集》第 11 卷,北岳文艺出版社 2002 年版,第 409 页。

④ [意]安东尼奥·葛兰西著,葆煦译:《狱中札记》,人民出版社 1983 年版,第 7 页。

⑤ 彭晓勇:《边城圣手沈从文》,中国青年出版社 1994 年版,第 7 页。

⑥ 沈从文:《德译〈从文短篇小说集〉序》,《沈从文全集》第 16 卷,北岳文艺出版社 2002 年版,第 408 页。

⑦ 参见沈从文:《德译〈从文自传〉序》,《沈从文全集》第 16 卷,北岳文艺出版社 2002 年版,第 406 页。

的评价是适合沈从文当时创作心态的,从中既可明白当时中国问题的复杂;又可明白在人民觉醒中已闪现的希望之光。也就是说,他是把自己与时代、与中华民族相联系的。故他强调说:应该关心的是我们这个社会应当用什么一个方式,方能建设一个新的运动,给准备投入者一个新的世界观? 这新的世界观,从消极言,是一反当前附庸依赖精神,不甘心成为贪财商人的流行货与狡猾政客的装饰品。从积极言,一定要输入一个健康雄强的人生观,必有做一个中国人的基本态度与信念。他必热爱人生,坚实朴厚,坦白诚实,勇于牺牲,所以不搞于过去思想左右的落伍机械观,也不关心作品在商业上的成功失败:

> 他要做人,表现的是做个新中国的国民,应具有一种什么风度和气派! 除自尊自重之外,还要如何加强自信! 相信个人是国家一个单位,生命虽然渺小而脆弱,与蝼蚁糠秕,不相上下。然而纵如蝼蚁糠秕,只要不缺少向上信心,却可以完成许多大事!①

应该说,从这些论述中已完全可以把握沈从文超越狭隘民族性而关注整个中华民族的宽阔胸怀。也正因为沈从文有这种中华民族的整体视野,所以他的描述就有一个大的背景:在理想与现实之间的超越。他对现实有强烈的不满,但这并不是因为他对国家和民族的不爱,而是正好相反:"'爱与死为邻。'然抽象的爱,亦可使人超生。爱国也需要生命,生命力充溢者方能爱国。"②

> 虽说每个人一时成就有限,作品未必都可变成预言,读者各有所业,好作品也不容易变成人人经典。但事很明显,就是一个作家一个刊物,在当前却许可他对这个民族的忧患,多负一分责任,且保留一些解除这忧患的理想。③

---

① 沈从文:《新的文学运动与新的文学观》,《沈从文全集》第 12 卷,北岳文艺出版社 2002 年版,第 50 页。
② 沈从文:《生命》,《沈从文全集》第 12 卷,北岳文艺出版社 2002 年版,第 43 页。
③ 沈从文:《对于这新刊诞生的颂词》,《沈从文全集》第 17 卷,北岳文艺出版社 2002 年版,第 120 页。

## 第二节　文学与政治：沈从文的
## 自由主义价值理念

罗素曾说从公元前 600 年直到今天这一全部漫长的发展史上，哲学家们都可以分成为希望加强社会约束的人与希望放松社会约束的人①，且每一个社会都受着两种相对立的危险的威胁：一方面是由于过分讲纪律与尊敬传统而产生的僵化；另一方面是由于个人主义与个人独立性的增长而使得合作成为不可能，因而造成解体或者是对外来征服者的屈服。② 从这个意义上说，自由主义也就成了具有漫长历史传统的思想渊薮。但是，从学术思想发展的角度说，"自由主义"这个术语本身就过于"自由"，因而对之的认识也较困难。③《简明不列颠百科全书》用了近 2500 字的篇幅为这个术语作诠释，认为"自由主义从广义上说，就是旨在保护个人不受无理的外界限制"，把自由主义与自由、自由精神放在相类意义上，以此来描述整个人类的全部奋斗历程。从狭义上说，自由主义这个名称的使用主要是指政治上、经济上、宗教神学中的自由主义等等。在一定程度上说，自由主义可说是西方启蒙理性的核心意涵，即如康德在《什么是启蒙运动》中所论：启蒙运动除了自由之外，并不需要别的东西，而且一切可以称为自由的最无害的自由，就是一切事情上都有公开运用自己理性的自由。④ 中国学者侯外庐则用"个人自觉的人文主义"来指称近代启蒙理性⑤，同样具有指称其"自由主义"内涵的意义。在 20 世纪，虽然不能在沈从文的作品中找到他对自由主义的界定，但可以肯定沈从文在文学与政治的关系上接受与固守了狭义的自由主义的价值理念，且赋予了自由主义以工具合理性意义。

① 参见[英]罗素著，马元德译：《西方哲学史·绪论》，商务印书馆 1997 年版，第 22 页。
② 参见同上书，第 23 页。
③ 罗素就曾说："还有另外一派哲学大体上讲是自由主义的一个旁支，那就是马克思的哲学。"[英]罗素著，马元德译：《西方哲学史》下卷，商务印书馆 1997 年版，第 129 页。
④ 参见[德]康德著，何兆武译：《历史理性批判文集》，商务印书馆 1990 年版，第 24 页。
⑤ 参见侯外庐：《中国早期启蒙思想史》，人民出版社 1956 年版，第 3 页。

### 一、沈从文自由主义的思想根源

关于自己的自由主义思想及根源,沈从文在 1952 年填写的《博物馆工作人员交待社会关系》表中曾说:

> 我从 1926 到 1947,用一个旧的自由主义作家工作态度,写了许多小说散文,工作态度实永远如孤立而僻,因之和人民革命是脱了节的。特别是和人民革命一系列有组织、有计划的文学运动斗争,是少联系的。我只知道从旧社会争取个人工作的自由,充满了从工作上有以自见的心思,工作中一部分,在某一时期曾有相当进步性,对旧社会具否定性,但是和随同人民革命而发展的文学要求愿望,殊少符合处。因之只知将个人工作推进,却从不曾从政治需要上去检查工作得失。①

为什么会有这种自由主义思想呢?

首先,沈从文对中国现代自由主义思想传统的坚守。中国的自由主义传统是由严复开创的。严复作为中国自由主义的思想先驱,其富强取向的自由主义深深地打上了中国自由主义的思想底色,贯穿了"寻求富强"的民族主义诉求。在这样的语境中,西方自由主义的输入与发展没有也不可能完全呈现它在西方文化中的本来面目。从历史背景看,西方自由主义把人从对集体的完全屈从中解放出来,从习俗、法律和权威的约束中解放出来。个人本身就是目的,而不是手段。然而,中国自近现代以来贯穿历史的始终有民族图存的迫切主题,有"天下兴亡,匹夫有责"的儒家入世精神的强烈关怀。因此,西方自由思想和价值中自主与独立的个人很自然地成为有"责"于民族存亡的"个人"、"匹夫",个人被视为手段而不是目的本身。对个人潜力的开发,主要是为用来拯救国家、民族。

中国的自由主义传统在发展过程中还经历了一个由英美自由主义向大陆自由主义转变的过程,这个过程实质上也就是现代化进程中中国现代性典范冲突和转换的过程。这个过程表现为清末以英国自由主义为典范,"西学圣人"严复译介的西学名著,基本上是英国思想家或相类思想家的作

---

① 沈从文:《交代社会关系》,《沈从文全集》第 27 卷,北岳文艺出版社 2002 年版,第 133—134 页。

品,如亚当·斯密的《原富》、密尔的《群己权界论》、孟德斯鸠的《法意》、赫胥黎的《天演论》和斯宾塞的《群学肄言》等。维新巨子梁启超也深受英国自由主义的影响,其《新民说》倡言的现代公民典范即为盎格鲁—撒克逊人,而其创办的《新民丛报》也为中国早期传播英国自由主义思潮的重镇。20 世纪初,卢梭的法国式激进革命的自由主义思潮开始风行中国,大陆自由主义思潮逐渐主导了革命时代的知识界,特别是 1915 年《青年杂志》(后改为《新青年》)的创办,自由主义更是由英国范式向法国范式迅速转换,陈独秀、李大钊等都经历了这一转变。

有学者认为:中国自由主义者热心于提倡"积极自由"①。所谓"积极自由",I. 伯林说:"'自由'这个字的积极意义,是源自个人想要成为自己的主人的期望。我希望我的生活与选择,能够由我本身来决定,而不取决任何外界的力量。我希望成为我自己的意志,而不是别人意志的工具。我希望成为主体,而不是他人行为的对象。我希望我的行为出于我自己的理性,有意识之目的,而不是出于外来的原因。"等等。"积极自由"是与"消极自由"相对待的。"消极自由"可称为"防卫的自由",它要探讨的基本问题是"在什么样的限度以内,某一主体可以或应当被容许做他所能做的事,或成为他所能成为的角色,而不受到别人的干涉"。积极自由与消极自由的最大区别是:前者是一个伦理道德的概念,而后者属政治哲学的范畴。按照西方自由主义的通常观点,所谓自由,首先是指政治上的自由,它实质上是一种"消极自由"或"防卫的自由",其基本含义是要划定"一个人能够不受别人阻扰而径自行动的范围"②,也即个人权利的范围。自 19 世纪以来,西方自由主义运动无不以争取消极自由,或政治上的自由为目标。对于中国自由主义者来说,引入西方自由主义的目的在于解决中国面临的种种问题,因而在理论上从不屑于对消极自由与积极自由做仔细的区分。在他们看来,自由只是达到国家富强的手段。这种对自由从工具合理性角度的理解,使中国自由主义者的自由思想中包含有更多的关于积极自由的观念。简言之,

① 参见高瑞泉主编:《中国近代社会思潮》第六章,华东师范大学出版社 1996 年版。

② [英]I. 伯林著,陈晓林译:《自由四论》,联经出版社 1986 年版,第 241、229—230 页。

自由可以培养出独立的人格和有利于每个人才智的充分发挥,而这正是为达到国家和种族的强盛所必须的。由此可以看到,沈从文在"人性治疗"层面,主要是提倡一种积极自由;而在反专制方面,则更强调了消极自由。他经常把积极与消极作为对应范畴同时使用,并用来说明人的理想目标,正显出中国自由主义者对积极自由与消极自由的未仔细区分。

正像关注民族复兴是中国自由主义的思想底色一样,沈从文也始终以关注民族复兴为鹄的。他强调说:"大凡一个对中国前途毫不悲观的人,总相信目前国家所遭遇的忧患,还可以依赖现在与将来的一些青年人,各在所努力的事业上把噩梦摆脱。且相信不拘在政治,在艺术,在一切方面,我们还能把历史上积累的民族智慧来运用,走出光辉炫目的新路。"①

从文学发展的角度看,20 世纪中国自由主义文学思潮的演进,大致经历了三个阶段:"五四"前后新文学运动初期以胡适为代表的自由主义文学思潮;20 年代初至 30 年代初的自由主义文学思潮;30 年代初至 40 年代末以京派为代表的自由主义文学思潮。沈从文作为自由主义作家是从第一阶段吸取营养而跨越第二、第三两个阶段的重要人物。

其次,胡适、周作人的自由主义对沈从文的影响。沈从文承袭的是英国自由主义传统。按照墨子刻的分析,19 世纪末 20 世纪初,英国式自由主义的温和渐进的"调适"思潮曾是早期启蒙思潮的主流。严复、梁启超即是主张英国式调适思想以主张改良。新文化运动时期,英国式自由主义因胡适将美国杜威主义传入中国而得以继续发展,沈从文即从此接受了英国式自由主义。②

胡适是 20 世纪中国的重要历史人物,一生中扮演了无数的重要角色:"五四"启蒙运动的思想家、白话文运动的理论奠基者、中国现代高等教育的倡导者、20 世纪 20—30 年代因发表《人权论集》而遭受国民党政府通缉的自由斗士、史学家、考证学者、外交家、文化明星等等。从思想文化的宏观把握来看,胡适的影响集中在两方面:一是开创了现代新文化运动,并在诸

---

① 沈从文:《〈艺术周刊〉的诞生》,《沈从文全集》第 16 卷,北岳文艺出版社 2002 年版,第 467 页。

② 沈从文曾受惠于梁启超,由梁启超介绍沈从文到熊希龄的香山慈幼院图书馆工作。吴立昌:《"人性的治疗者":沈从文传》,上海文艺出版社 1993 年版,第 59 页。

多文化领域留下了前无古人的著述——名噪一时的诗歌《尝试集》、异军突起的《中国哲学史大纲》(上卷)、《红楼梦考证》和《白话文学史》等;二是传播中国自由主义的真谛,并为实现自由主义政治目标而不遗余力。

胡适自由主义思想形成于留美时期。作为杜威的弟子,他是一名实验主义者,是近现代中国知识分子中少有的拥有并希望坚持英美经验主义传统的知识分子之一。他提倡"好政府主义",提倡易卜生式的"个人主义",始终坚持"第一个意义是自由,第二个意义是民主,第三个意义是容忍——容忍反对党,第四个意义是和平的渐进的改革"。作为中国自由主义者,胡适引入西方自由主义的目的同样在于解决中国面临的种种问题,在于使"学术上的改革,新科学的提倡"成为中国"返老还童最强最有效力的药针"①。为此,他以实验主义为中国社会改革之方,认为实验主义可以构造出中国的新学术,培养中国人民的新思想,从而达到文化复兴,进而达到国家强盛;与此相应,在争取自由的方式上,他始终坚持渐进的改良主义,诉求一种英美自由主义的渐进道路。他坚信实验主义能救中国,幻想一点一滴地改良,从而建立自由主义的乐土。其自由主义政治哲学的基本信条是:中国政治、社会、经济与文化的前途,端赖自由、民主、法治与科学精神和制度的建立与落实;自由主义的意义在于争取思想自由,建立捍卫人民基本自由的民主政;容忍反对党、保障少数人的权利;推动和平渐进的改革、实行立法等。

1917年,师从杜威的胡适将杜威主义带入中国,很快在中国思想界产生了重大影响。沈从文正是在胡适自由主义思想及创作影响下成长起来的作家,他自己即说:

> 第一次送我到学校去的,就是北大主持者胡适之先生。民十八年左右,他在中国公学作校长时,就给了我这种难得的机会。这个大胆的尝试,也可说是适之先生《尝试》②的第二集,因为不特影响到我此后的工作,更重要的还是影响我对工作的态度,以及这个态度推广到国内相

---

① 欧阳哲生编:《胡适文集》第12卷《胡适演讲集》,北京大学出版社1998年版,第810、120页。

② 《沈从文全集》上没有书名号,依意应指胡适的《尝试集》,故此增加。——引者按

熟或陌生师生同道方面去时,慢慢所引起的作用。这个作用便是"自由主义"在文学运动中的健康发展及其成就。这一点如果还必须扩大,值得扩大,让我来北大作个小事,必有其意义,个人得失实不足道,更新的尝试,还会从这个方式上有个好的未来。①

在沈从文心中,胡适是一个一流的学者,并把他与梁启超、陈独秀、丁文江并举②,足见其对胡适的评价之高。从目前《沈从文全集》中沈从文致胡适的书信看,1929 年有 5 封,讨论生活方面及是否教书的问题;1930 年有 7 封,其中谈到学英语,说是为了看书;1931 年有 2 封,都是为徐志摩的事;1932 年有 1 封,没谈思想问题;沈从文在 1933 年 5 月 4 日的信中感谢胡适提供了在中国公学认识张兆和的机会,在 1933 年 6 月 4 日的信中肯定胡适的政治倾向:说胡适"是一个人权的卫士",在思考"中国还成个中国不"的关键问题时,想到"先生提倡人权有年,且因提倡人权,每当说过了些比较公平的话时,就吃过政府的小亏,在这件事情上还盼望能主持公道,说几句话,提醒一下政府",肯定"小说在中国为人所注意,它的价值,为人所承认,皆全得先生",并强调"就民族环境来论,怎么样使文学也来帮助一下这个民族解决一个难题"的责任,"这就仍然需要先生说几句话,也只有先生才说得到它的要点"③;1934 年有 8 封信,讨论思想与生活问题,肯定胡适"为新文学运动的提倡者",强调在"中国产生一种新文化,或再造成一个新的国家"方面,中国新文学应尽的责任;1935 年有 2 信,都是思想问题,一封是考虑"希望大家能把《新青年》时代的憨气恢复起来,以为对社会也许有些用处"。另一封则是讨论"为社会道德计"的办刊问题;1936 年有 2 信,都谈到新文学的问题,强调只要胡适关心都好办,用十分崇敬的心情说胡适:"您是新文学运动的领导者";应特别注意的是 1944 年,沈从文在给胡适的

① 沈从文:《从现实学习》,《沈从文全集》第 13 卷,北岳文艺出版社 2002 年版,第 394—395 页。沈从文与胡适的关系,20 世纪 80 年代以后,沈从文曾多次否认受胡适影响,强调他与胡适认识是在已成名之后。王亚蓉编:《沈从文晚年口述》中的相关回忆,陕西师范大学出版社 2003 年版,第 91、126 页。

② 沈从文:《编者言》,《沈从文全集》第 16 卷,北岳文艺出版社 2002 年版,第 447 页。

③ 沈从文:《致胡适》,《沈从文全集》第 18 卷,北岳文艺出版社 2002 年版,第 78、179、281—283 页。

信中强调:五四运动以后,"能守住本来立场的,老将中竟只剩先生一人",并对"自由主义作家"的现况表示了心忧。①

　　沈从文与胡适的关系,至少在形式上看,有诸多共同之处。胡适的"自由"十分强调自由民主精神即人格独立、个性解放,强调自由的制度保障;强调为争取自由"必须从事于社会教育,以为百年树人之计",即"造新因";主张"好政府主义",宣传"易卜生主义";反对以暴易暴等实现自由的方式;强调容忍在自由主义中的地位等方面②,都与沈从文的自由主义思想有相通之处。但是,这并不否认沈从文的自由主义具有其自身的特征:胡适将自由主义与国家权力支持的政治意识形态相融合,最多是国民党政府的边缘人,具有为国民党政府补偏救弊的自由主义思想家特征;沈从文则始终是作为意识形态之外的自由主义局外人奋斗于 20 世纪。胡适身居"庙堂之高",他心系自由主义主要是一种政治策略而很难说是信仰上的选择,虽然他对国民党统治颇有温和、节制的批评,但主要是精英知识分子对国家权力支持的政治意识形态所作的一种理想解释,借用鲁迅评新月派的话说:他"何尝有丝毫不利于党国的恶意,不过说'老爷,人家的衣服多么干净,您老人家的可有些儿脏,应该洗它一洗'罢了"③。沈从文始终以"乡下人"的态度,"走到任何一处照例都带了一把尺,一把秤,和普通社会总是不合。一切来到我命运中的事事物物,我有我自己的尺寸和分量,来证实生命的价值和意义。"④因而是"处江湖之远"。前者主要是"忧其君",后者主要是"忧其民"。胡适既有很强的国学根基又有留学西洋的经历,是一名汇通中西、熔铸古今的学者;沈从文则既缺乏传统文人深厚的儒家文化的熏陶,也缺乏留洋学者对西方文化的悉心接受,他来自于湘西民间,身上满熏着乡气与土气,在他那里,"自由主义意味着,把科学的思想习惯运用到

① 参见沈从文:《致胡适》,《沈从文全集》第 18 卷,北岳文艺出版社 2002 年版,第 208、217、218、224、226、431—433 页。
② 参见胡文生:《向西方学习:走进胡适》,中国社会科学出版社 2005 年版。吴根友认为胡适强调"容忍"的价值,是胡适"与现代其他提倡自由的思想家的不同之处"。见氏著《自由的表演与魅力——中国人的自由观》,广西人民出版社 2002 年版,第 122 页。
③ 鲁迅:《言论自由的界限》,《伪自由书》,人民文学出版社 1998 年版,第 110 页。
④ 沈从文:《水云》,《沈从文全集》第 12 卷,北岳文艺出版社 2002 年版,第 94 页。

社会事物之中。"①所以,沈从文不满意胡适的哲学,却认同胡适的自由主义。他的自由主义哲学思想,既有来源于民族文化传统的哲学基因,又有因城市文明病、近现代政治病而导致的对"政治"的误读,还有对当时中国自由主义思想的吸纳。② 本着自由主义哲学精神,他力求担负起人性治疗者的责任和人生理想。沈从文自由主义哲学的主题是寻找一种理想的安置生命的国家环境,在新与旧、抽象与现实、一般和特殊、常与变、乡村与城市等文化样态的冲突中,阐明了自己的哲学体验,即"察明人类之狂妄和愚昧,与思索个人的老死病苦,一样是伟大的事业,积极的可以当成一种重大的工作,在消极的也不失为一种有趣的消遣"③。

从沈从文的自由主义传统看,他显然也接受了周作人"人的文学"的自由主义传统。周作人在"五四"前后以《人的文学》(1918 年)、《平民文学》(1919 年)确立了他"为人生"派文学理论代言人的地位。在 1920 年 1 月《新文学的要求》、1921 年 1 月为文学研究会起草宣言时,周作人力求超越"为人生"和"为艺术"两大派别,以及对"以文艺为伦理的工具变成坛上的说教"的警惕。1923 年周作人发表《自己的园地》,提出艺术的独立,既不是为人生,也不是为艺术,而是人生的艺术:

> 艺术是独立的,却又原是人性的,所以既不必使他隔离人生,又不必使他服侍人生,只任他成为浑然的人生的艺术便好了。"为艺术"派以个人为艺术的工匠,"为人生"派以艺术为人生的仆役,现在却以个人为主人,表现情思而成艺术,即为其生活之一部,初不为福利他人而作,而他人接触到这艺术,得到一种共鸣与感兴,使其精神生活充实而丰富,又即以为实生活的基本;这是人生的艺术的要点,有独立的艺术美与无形的功利。

不难看出,其中反复强调的"独立"、"人性"、"个人"及对"为人生"、"为艺

---

① [美]格里德著,鲁奇译:《胡适与中国的文艺复兴》,江苏人民出版社 1989 年版,第 348 页。

② 1956 年,沈从文写了《沈从文自传》一文,从"书本的影响"(中西书本都有)、"环境影响"(苗汉杂居、环境中的不良人事等)、"人的影响"等三个方面进行回顾。参见《沈从文全集》第 27 卷,北岳文艺出版社 2002 年版,第 137—155 页。

③ 沈从文:《烛虚》,《沈从文全集》第 12 卷,北岳文艺出版社 2002 年版,第 3 页。

术"的功利性要求不以为然,与那个时代所要求的社会功利性也大异其趣,为此后整个自由主义文学思潮的发展定下了理论基调。《自己的园地》成了自由主义作家、理论家的百科全书,后来者所做的工作往往不过是对它的不断修订和再版。

周作人在自由主义问题上的另一特点就是他一贯而系统地坚守宽容的原则。"他始终关注着个人与社会的关系问题,坚决维护个人的自我意识和主体精神的地位和权利,形成了完整的一套宽容论。"①所以他说:

> 我觉得中国现在最切要的是宽容思想的养成。此刻现在决不是文明世界,实在还是二百年前黑暗时代,所不同者以前说不得甲而现今则说不得乙,以前是皇帝而现今则群众为主,其武断专制却无所异。我相信西洋近代文明之精神只是宽容,我们想脱离野蛮也非从这里着力不可,着力之一法便是参考思想争斗史,从那里看出迫害之愚与其罪恶,反抗之正当,而结果是宽容之必要。②

是否真正实行思想自由、宽容原则,可以说是自由主义思潮与激进主义思潮的一条重要分界线。激进主义思潮的逻辑一般是在自己受到压制时要求宽容,而当他们自以为有真理并处于主导地位时则不对异己表示宽容。

正是在这两个方面都表现出沈从文的自由主义文学思潮与周作人的思想有较大的关联度③,这就是:追求文学独立与相互宽容是沈从文与周作人自由主义文学观的终极追求,如他强调:

> 我们实在需要些作家! 一个具有独立思想的作家,能够追究这个民族一切症结所在,并弄明白了这个民族人生观上的虚浮,懦弱,迷信,懒惰,由于历史所发生的坏影响,我们已经受了什么报应,若此后再糊涂愚昧下去,又必然还有什么悲惨场面;他又能理解在文学方面,为这个民族自存努力上,能够尽些什么力,且应当如何去尽力。④

---

① 舒芜将周作人的宽容思想归纳为十条。见《周作人的是非功过》,人民出版社1993年版,第120—123页。

② 周作人:《雨天的书》,北京新潮社1925年版,第74页。

③ 参见王亚蓉编:《沈从文晚年口述》,陕西师范大学出版社2003年版,第144页。

④ 沈从文:《元旦日致〈文艺〉读者》,《沈从文全集》第17卷,北岳文艺出版社2002年版,第204—205页。

不难看出,沈从文为了这个民族而如何呼唤有独立思想的作家。至于宽容,在前面谈到与胡适的关系时已有论列。

沈从文认为:要发掘文艺的源泉,则"大源泉"是"那些别一阶级的人","这别一阶级的人不是学生教授,也不是官僚政客,只是那些剃头匠、裁缝、车夫、兵士,等等"①。"那由于自己民族习惯意识唱出的诗歌,在一种普遍的意义中存在,也才能使它成为一种力,代表一个民族向新生努力的欢呼与喊叫。他的喊叫是大家所明白的,感到的,这使文学成为腾翻社会的赊望,才能近于事实而成立。"而这正是"用我们'自己的言语',说明我们'自己的欲望',以'平常的形式与读者接近'"②。

再次,母亲的培养促成了沈从文的自主自由人格。沈从文了解自己的"民族"是从母亲那里开始的。在沈从文的心目中,自己继承的正是一个以母亲为中心的湘西人的"民族"特征。这里的湘西既是一个地域概念也是一个民族概念,当时的湘西世界是一个少数民族地区,实际上主要是土家族文化和苗族文化区。③ 这从《边城》等作品所记录的"文化"现象即可明白。

沈从文的第一个老师就是他的母亲。他在《从文自传》里说,祖母死时他刚活到这世界上四个月。他的母亲姓黄,年纪极小时就随同他的一个舅父外出在军营中生活,所见事情很多,所读的书也似乎较他父亲读的稍多。外祖父黄河清是当地最早的贡生,守文庙,作书院山长,也可说是当地唯一读书人。所以他母亲极小就认字读书,懂医方,会照相。舅父是个有新头脑的人物,该县的第一个照相馆、第一个邮政局都是其舅父办的,他们兄弟姊妹的初步教育也全是那个瘦小机警、富于胆气与常识的母亲担负的。他的教育得益于母亲的不少,教他认字、认识药名、决断——做男子极不可少的

---

① 沈从文:《北京之文艺刊物及作者》,《沈从文全集》第17卷,北岳文艺出版社2002年版,第13页。

② 沈从文:《现代中国文学的小感想》,《沈从文全集》第17卷,北岳文艺出版社2002年版,第35页。

③ 由于土家族在历史上是一个失语的民族,因而在解放前,甚至于到解放以后,社会还是把湘西简单当成苗区,解放初的土家族代表都是被当成苗族代表的。所以,沈从文笔下的苗区不能作片面的理解。彭继宽选编:《湖南土家族社会历史调查资料精选》,岳麓书社2002年版,第1页。

决断。他的气度得于父亲影响的较少,得于母亲的较多。沈从文能外出参军,也得益于其母亲的开放,是他母亲决定要让他走出家庭到广大社会中去竞争生存,并因而使他的生命开始进入一个崭新世界。① 所以,沈从文对其母亲有极深的感情。他曾表白说:他想写一点类乎《阿丽思漫游奇境记》的东西,给他的小妹看,让她看了好到在家病中的母亲面前去说说,使老人开开心。只要足以给这良善的老人家在她烦恼中暂时把忧愁忘掉,他的工作就算是一种得意的工作了。② 这一表白对认识沈从文的自由主义思想是有帮助的。③ 正是母亲给予他进行的自主自由精神培养点燃了他心中自由主义精神的种子。

第四,民族传统文化对沈从文自由主义精神的培育。苏雪林曾分析沈从文与湘西民族的关系说:沈从文属于生活力较强的湖南民族,又生长在湘西地方,比我们多带一分蛮野气质,他很想将这分蛮野气质当做火炬,引燃整个民族青春之焰。所以他把"雄强""犷悍"整天挂在嘴边,他爱写湘西民族的下等阶级,从他们龌龊、卑鄙、粗暴、淫乱的性格中,酗酒、赌博、打架、争吵、偷窃、劫掠的行为中发现他们也有一颗同我们一样鲜红热烈的心,也有一种同我们一样的人性。哪怕是炒人心肝吃的刽子手,割负心情妇舌头来下酒的军官,谋财害命的工人,掳人勒索的绑匪,也有他的天真可爱之处。他极力介绍湘西少数民族的生活,虽然他觉得他们是被汉族赶入深山的退化民族,但他们没有沐浴汉族文化,而且多与大自然接触,生活介于人兽之间,精力似乎较汉族盛旺。所以故意将湘西少数民族的英雄儿女装点得像希腊神话里阿坡罗倭娜斯一样。他嘲讽中国文化的地方也极多,如《阿丽思中国游记》、《猎人故事》等等皆是。沈从文文字能得到多数青年的同情,或许就因为他文字中具有这种投合青年心理的哲学思想吧。④

---

① 参见沈从文:《从文自传》,《沈从文全集》第13卷,北岳文艺出版社2002年版,第294、297页。
② 参见沈从文:《〈阿丽思中国游记〉后序》,《沈从文全集》第3卷,北岳文艺出版社2002年版,第3页。
③ 参见沈从文:《从文自传》,《沈从文全集》第13卷,北岳文艺出版社2002年版,第249页。
④ 参见苏雪林:《沈从文论》,见王珞编《沈从文评说八十年》,中国华侨出版社2004年版,第190页。

　　其实,真正说来,沈从文并不只是由于看到整个中华民族衰老才要通过湘西民族的旺盛精力来重造中华民族。他还看到的是湘西民族的自主自由精神是中华民族的优秀精神。沈从文认同的是散失在湘西民间的传统文化,而这种文化本身具有一种自主自由的精神追求。同时,沈从文也传承着湘西农村主体农民所固有的文化传统诸如巫鬼文化,因为他有着土家族、苗族血统,且谙熟那个绵延千里的沅水流域及这一带人民爱恶哀乐的鲜明生活样式、淳朴的乡俗民风,并对民间的东西具有特殊的审美敏感。他的小说《泥涂》描绘长江中部一个大市镇的贫民窟,居民在地势低洼、天花肆虐的环境中既要承受天灾的吞噬,又要忍受当铺的歧视压榨、工厂的转嫁水患、警察局的封锁扼杀;《腐烂》揭露上海稻草浜的贫民窟腐烂发臭、派出所巡警勒索"抹布阶级"的苛捐杂税和挥着警棍去追打无家可归的小孩子等,加上其他对城市现代惰性的批判,应对的则是湘西农村的自主自由,这是一幅美妙的自主自由的生产生活画卷。

　　第五,特殊的人生教育铸就了沈从文的自由主义精神。特殊的人生教育对沈从文自由主义思想的形成有重要影响,这可从《从文自传》中获得证明。《从文自传》本身即写得"自由",因为"当时主观设想,觉得既然是自传,正不妨解除习惯上的一切束缚,试改换一种方法,干脆明朗,就个人记忆到的写下去,既可温习一下个人生命发展过程,也可以让读者明白我是在怎样环境下活过来的一个人。特别在生活陷于完全绝望中,还能充满勇气和信心始终坚持工作,他的动力来源何在"。"只有少数相知亲友,才能体会到近于出入地狱的沉重和辛酸。"①

　　沈从文曾说六岁这一年的生活形成了他一生性格与感情的基础。其主要特征是同一切自然相亲近。② 自此而后的几年, 沈从文开始了他的人生体验, 特别是湘西世界的文化体验, 他后来回忆说:"我最先所学,同时拿来致用的……我的心总得为一种新鲜声音,新鲜颜色,新鲜气味而跳。我得认识本人生活以外的生活。我的智慧应当从直接生活上吸收

---

① 沈从文:《从文自传》,《沈从文全集》第13卷,北岳文艺出版社2002年版,第367页。

② 参见同上书,第251页。

消化。"① 这种经历,也就是他在"读一本小书又同时读一本大书",并且是"上许多课仍然不放下那一本大书"②。

沈从文14岁时即开始去探寻"自由",让自己的"生命开始进入一个崭新世界"。那时他是一个不折不扣的乡巴佬,辗转于土家族地区,耳目经验所及,属于人事一方面,好和坏都离奇不惊。这是一种不同于现代城市教育的另一种教育。在六年中,他眼看着在脚边杀了上万无辜平民,除对被杀的和杀人的留下个愚蠢残忍印象外,什么都学不到! 他看到的是当时农村种种好的逐渐崩毁和大小武力割据统治作成的最愚蠢的争夺打杀,这是一种混合愚蠢与堕落的可怕的现实教育,使他决心从那个半军半匪部队中走出,去追寻自己的理想。

新文化运动的余波影响了沈从文,特别是具有强烈自由主义思想倾向的《新潮》、《改造》对他影响巨大。③ 这与他同一个印刷工人同住一室有关。他初读这些新书报时,只是明白了一些白话和文言的区别,朦朦胧胧知道白话文要有"思想",但不知道"思想"是什么。后来读书多了,逐渐从那里知道还有许多人正在用自己的脑子对目前社会进行着检讨和批判,对未来社会展开幻想和追求。于是,沈从文对新书报"投"了"降"。他开始崇拜许多新人物,脑子里出现许多新想法,并下决心到了北京。

当他到有150万市民的北京城,在一个小公寓湿霉霉的房间,零下12度的寒气中,学习不用火炉过冬的耐寒力;三天两天不吃东西,学习空空洞洞腹中的耐饥力;从饥寒交迫无望无助状况中,学习进图书馆自行摸索的阅读力;起始用一支笔,无日无夜写下去,把所有作品寄给各报章杂志,在毫无结果等待中,学习对于工作失败的抵抗力与适应力。"可千万别忘了信仰!"这是他唯一的老本。"这就是我到北方来追求抽象跟现实学习,起始走的第一段长路,共约四年光景。年青人欢喜说'学习'和'争斗',可有人

---

① 沈从文:《从文自传》,《沈从文全集》第13卷,北岳文艺出版社2002年版,第252—253页。

② 沈从文:《从文自传》中有同名章节,见《沈从文全集》第13卷,北岳文艺出版社2002年版。

③ 参见沈从文:《从文自传》,《沈从文全集》第13卷,北岳文艺出版社2002年版,第360页。

想得到这是一种什么学习和争斗！"①这种经历成为沈从文自由主义思想性格的重要根源。对此，他自己曾明确地说："这个思想发展，和更长远一些的生活背景有关联。"②

第六，对政治文化的误读养成了沈从文的自由主义思想性格。沈从文的特殊经历决定了他对政治的可能误读。他生长于凤凰县，这在湖南属湘西边远落后县份。地方多外来商人、屯丁和土、苗混合居住，由于习惯上的歧视和轻视，历来都一例被外界叫做"镇筸苗子"。清政府为统治这个区域的人民，土地全部收归官有，小小县城即驻防有一个总兵一个兵备道。辛亥革命人民起义失败，城区四郊杀人数千，牺牲的大部分是苗人。辛亥革命后的一段时期，社会的主要特征是封建政治逐渐解体及军阀割据火并，大小军人土匪反复砍杀，贪官污吏恶霸乡保横征暴敛，鸦片烟普遍种、普遍吸，上货时多达数百石。沈从文当时是一个地方部队的小职员，在他工作的一个小小书记处，就有20来盏烟灯日夜不息。沈从文出身于破产地主旧军人家庭，从这种环境背景中长大，阶级本质使他有了向上爬意识，生活教育却使他向下看，这就埋下了"理想"与"现实"、"传统"与"现代"、"常"与"变"冲突的种子。他若承认社会现实是对的，即必然变成其中一分子，想方设法骑在人民头上，用同样不公不义方式争取权力和财富，再用鸦片烟毒害自己。他由于否定了这个现实而到了北京城。北来的目的是学习文学和文化，最先具体接触到的却又是鲜明瞩目的政治，即旧军阀总崩溃前夕，皖、直、奉、豫、晋以地方为单位的北方军阀，正用人民作赌注，进行疯狂内战，走马灯一般此来彼去。另一群来自国内各省，代表地主、豪绅、官僚、流氓、买办利益的国会议员，寄附于这个政治现实情形下，分成若干小派系，纵横离合，争吵打闹。国内因内战，剥削加深，国家财富多转到帝国主义者军火商人手中，成为炮灰。人民却穷困万状，无以为生。即在北京各大学教书的，每月也还得不到应得薪金十之一二。一个统治阶级最上层，却终日在讨小妾，庆大寿，办盂兰盆会一类事情上努力用心。这个现象加深了他对"政治"二字的

① 沈从文：《从现实学习》，《沈从文全集》第13卷，北岳文艺出版社2002年版，第376页。

② 沈从文：《我的学习》，《沈从文全集》第12卷，北岳文艺出版社2002年版，第363页。

厌恶,也妨碍了他后来对政治更深一层的理解。这就是他对政治的可能误读及以后远离政治的自由主义根源。他自己即承认说:过去只从历史认识政治二字的意义,政治和统治在他意识中即二而一,不过是少数又少数人凭着种种关系的权力独占,专制霸道、残忍私心是它的特征。寄身于其间经营活动的第一手人物,则多为不折不扣的官僚。依附强权、谄上骗下、以利相合、以势相倾是它的特征。辛亥革命后十余年的政局变动,更说明这个上层机构,实在已腐朽不堪。他20岁以前所理会的政治,不过是一种使人恐怖、厌恶,而又对之无可奈何的现实存在。他的自由主义的社会理想,即生长于这种环境中。①

## 二、沈从文自由主义的文学诉求

韦伯曾提出"工具合理性行动"和"价值合理性行动"的概念,认为工具合理性行动是由对处于周围和他人环境中的客体行为的期待所决定的,这种期待被当做达到行动者本人所追求和经过计算的目的之条件或手段,而价值合理性行动是出于某些伦理、审美、宗教、政治或其他行为方式的考虑,与成功的希望无关,纯由对特定价值的意识信仰所决定。从主流意义上看,按照韦伯的划分,中国近现代知识分子对西方自由主义思想的接纳与介绍,是一种"工具合理性行动"。但是在沈从文那里却相反,他对自由主义的理解更多的是其价值合理性。在沈从文作品中,救国救民思想是他作品的自然流溢,而不是从外面赋予;一旦有了这种工具理性的需要,他即不通过"作品"而通过通信或谈话解决。他始终坚持区分文学与政治,保守着文学与现实的距离感,对时事政治有着自由主义者特有的警戒。抗战期间他并非没有写过与抗战有关的文字,但具有直接宣传鼓动性的文字却极少出现在他的文学创作中,而往往只是以书信形式表达,比如《莫错过这千载难逢的报国机会——给湘西几个在乡军人》等。他的文学创作如《长河》、《七色魇》、《巧秀与冬生》等则和当时的政治斗争、时代生活保持着一定距离。他在20世纪30年代初创作的《八骏图》、《边城》同样具有自由主义文学的基

---

① 参见沈从文:《我的学习》,《沈从文全集》第12卷,北岳文艺出版社2002年版,第361页。

本特征,但从总体价值取向上,他是以价值合理性来看自由主义的。他的总追求是在自由主义价值原则的指导下,创造出能起救国救民作用的伟大作品。正是这种价值理性选择,使沈从文的自由主义思想显示出战斗精神,并时常发起文坛争论,在论战中阐明自己的自由主义文学理想。

首先,追求远离政治与商业竞卖的独立和创作自由。在"京派"与"海派"的论争中,沈从文阐明了远离政治与商业竞卖的自主独立意义的自由。"京派"与"海派"的论争发生于1934年前后,沈从文是发起人。但早在1931年6月,沈从文就曾在《文艺月刊》第2卷第8期上发表了《窄而霉斋闲话》一文,从诗歌创作变化角度阐述了对"京派"文学和"海派"文学的不同看法,认为"京派"文学是"人生文学","海派"文学是"浪漫文学",前者已"不能流行",后者也使人"厌倦"。所以,有必要"重新把'人生文学'这个名字叫出来",并创作出好的作品来。他对"海派"持反感态度,认为"上海目前的作家……太富于上海商人沾沾自喜的习气"。他的希望是"应当有那么一批人,注重文学的功利主义,却并不混合到商人市侩赚钱蚀本的纠纷里去"①。1933年10月18日,沈从文在《大公报》文艺副刊第9期上发表了《文学者的态度》②一文,认为伟大作品的产生,在于作家"诚实的去做"。可是大多数作家却是"玩票白相的文学家","以放荡不羁为洒脱","以终日闲谈为高雅",根本不可能写出"纪念碑的作品"。他希望青年能够"预备终身从事于文学",具有"厚重,诚实,带点儿顽固而且也带点儿呆气的性格",才有可能取得"惊人成绩"。后来,他又在《论"海派"》一文中,把"海派"的特性称为"'名士才情'与'商业竞卖'的相结合",并列举了海派文人的种种行为特征。

其次,追求文学在民主条件下的自由发展。1936年10月25日,沈从文以炯之的笔名在《大公报》文艺副刊发表《作家间需要一个新运动》一文,发起了一场"反差不多"的论争,并在争论中强调文学创作的独特个性。沈从文在文中认为当时文坛普遍存在着"差不多"现象:"觉得大多数青年作

① 沈从文:《窄而霉斋闲话》,《沈从文全集》第17卷,北岳文艺出版社2002年版,第37—41页。从此文中可见出沈从文更倾向于周作人的自由主义。
② 沈从文:《文学者的态度》,《沈从文全集》第17卷,北岳文艺出版社2002年版,第46页。

家的文章,都'差不多'。文章内容差不多,所表现的观念也差不多。""不特理论文章,常令人发生'差不多'的感想,连小品文、新诗、创作小说,也给人一个同样的印象。单就小说看,取材不外农村贫困、小官僚嘲讽、青年恋爱的小悲剧。"而出现这种现象的原因,则"是作者都不大长进,因为缺少独立识见,只知追逐时髦,所以在作品上把自己完全失去了"。他认为这种"差不多"现象如果长期存在的话,"一切新文学新作品,全都会变成一种新式八股"。因而他主张进行一个"反差不多运动"①。由于该文引起了强烈反响,《大公报》文艺副刊编辑部收到许多看法不同的文章,因而次年 2 月 21 日出了《反差不多运动讨论特刊》,刊出了四篇文章和沈从文的《一封信》。沈从文在信中更进一步阐明了自己的观点,批判某些作家"有些人拿了一支笔在手上,就天真烂漫地以为只有他是在'爱国',而又保有'真理'",并强调文艺应"自由发展","从政府的裁判和另一种'一尊独占'的趋势里解放出来,它才能够向各方面滋长、繁荣。"②同年 8 月 1 日,沈从文又在《文学杂志》第 4 期上刊出《再谈差不多》一文,坚持认为他"触着了""一个中国新文学运动发展上值得注意的问题",并进一步强调:

> 要中国新文学有更好的成绩,在民主式的自由发展下,少受凝固的观念和变动天时风气所控制,成就也许会更大些。并且当朝野都有人只想利用作家来争夺政权的情势中,作家若欲免去帮忙帮闲之讥,想选一条路,必选条限制最少自由最多的路。换言之,作家要救社会还得设法自救。自救之道第一别学人空口喊叫,作应声虫,第二别把强权当作真理,作磕头虫。若说信仰是必需的,也得有点真信仰,别随风气压力自己老是忽左忽右,把近十年来新文学在读者间建设的一点点信用完全毁去。③

再次,按"为民族百年立国"创造经典的要求重造文学运动。1939 年 1

---

① 沈从文:《作家间需要一个新运动》,《沈从文全集》第 17 卷,北岳文艺出版社 2002 年版,第 101 页。

② 沈从文:《一封信》,《沈从文全集》第 17 卷,北岳文艺出版社 2002 年版,第 130—131 页。

③ 沈从文:《再谈差不多》,《沈从文全集》第 17 卷,北岳文艺出版社 2002 年版,第 149—150 页。

月22日,沈从文在《今日评论》第1卷第4期发表了《一般或特殊》一文,发起了一场怎样看待抗战"文化人"的论争。在该文中,他对于重庆、桂林、长沙、昆明的许多从事抗日宣传的"文化人"表示了一种轻视态度:"现在我们一提起用文字作宣传工作时,真像是早已由少数专家的特殊知识,进步到多数人的一般化知识了。想证实它并不难,许多地方'文化人'忽然加多,便是一例。另外给人一种意义是凡拿笔的通可称为'文化人',社会进步战争支持全少不了他们。理由是他们会宣传,正在用笔战斗,若让他们说真话,多数拿笔的朋友们,对于这一项知识,应当说实在太薄弱了。'抗战八股'与'自我批判'两句话近来在刊物上常可见到,说明这薄弱的存在。"他强调,在这种氛围下,应特别重视这样的作家:"这些人好像很沉默,很冷静,远离了'宣传'空气,远离了'文化人'的身份,同时也远离了那种战争的浪漫情绪,或用一个平常人资格,从炮火下去实实在在讨生活,或作社会服务性质,到战区前方后方,学习人生。或更抱负一种雄心与大愿,向历史和科学中追究分析这个民族的过去当前种种因果……目的只一个,对于中华民族的优劣,作更深刻的探讨,更亲切的体认,便于另一时用文字来说明它,保存它。"①

　　1942年10月25日,沈从文在《文艺先锋》第1卷第2期上发表了《文学运动的重造》一文,又发起了一场关于"文学运动重造"的争论。他认为自1926年至抗战期间,文学创作一直与商业"结了缘",并与"政治派别发生了关系","一个作家在拿笔时既得兼顾'商业作用'与'政治效果',文学运动的逐渐堕落,可说是必然的,无可避免的。"②因此,他提出"文学运动重造"的任务,认定"文学运动有待于重造":

　　　　文学运动成为学术一部门,一面可防止作品过渡商品化与作家纯粹清客化……使文学作家一支笔由打杂身份,进而为抱着个崇高理想,浸透人生经验,有计划的来将这个民族哀乐与历史得失加以表现。且在作品中铸造一种博大坚实富于生气的人格,使异世读者还可从作品

---

①　沈从文:《一般和特殊》,《沈从文全集》第17卷,北岳文艺出版社2002年版,第262—263页。

②　沈从文:《文学运动的重造》,《沈从文全集》第17卷,北岳文艺出版社2002年版,第289页。

中取得一点做人的信心和热忱的工作,使文学作品价值,从普通宣传品而变为民族百年立国的经典。①

沈从文还在《新的文学运动与新的文学观》一文中批评了一些作家"或因在官从政,或因名列某籍,在国内各处用'文化人'身份参加各种组织,出席会议",为"凑趣帮闲","趋时讨功"②。

第四,用"爱与合作"、"理性"和"知识"黏合"民族的新的生机"。1946年6月,沈从文从云南回到北平。他在北京大学任教的同时,担任了天津《益世报》副刊《文学周刊》、北平的《经世报》与《平明日报》文学副刊、《大公报》文艺副刊等四大报文学副刊的编辑工作。他出于担心大规模内战可能造成的民族灾难,产生了强烈的反战情绪,因而于10月20日发表了《〈文学周刊〉编者言》,其中写道:

> 若有人问我,在你这个理想发展中,二十年努力,即可产生百十个有头脑有成就的作家,百十本有内容有分量的新著,用来和这个乱糟糟的现实社会对面,有什么作用? 我不必思索即可回答,希望它能有作用,即在多数人情感观念中能消毒、能免疫。不至于还接受现代政治简化人头脑的催眠,迷信空空洞洞"政治"二字可以治国平天下,而解决国家一切困难与矛盾。却明白一个国家真正的进步,实奠基于吃政治饭的越来越少,而知识和理性的完全抬头。为的是到目前为止,我们对于在朝在野伟人政客的信念,事实上都已完全动摇,尽管有多数人生活都依赖它,可早已失去信仰意义。……一个真正有头脑有成就的作家,他的工作虽无从重造这个社会全体,却容易给未来一代负责者在生命最重要的青年阶段中消毒免疫。能使之消毒免疫,这国家明日的命运,很可能便不同多了!③

1946年11月10日,沈从文又在《从现实学习》中阐明了自己对文学与

---

① 沈从文:《文学运动的重造》,《沈从文全集》第17卷,北岳文艺出版社2002年版,第296—297页。

② 沈从文:《新的文学运动与新的文学观》,《沈从文全集》第12卷,北岳文艺出版社2002年版,第48页。

③ 沈从文:《编者言》,《沈从文全集》第16卷,北岳文艺出版社2002年版,第450—451页。

政治的关系及对政治本身的看法,一个最突出的思想是对蒋介石发动内战表示不满,认为那将是"自相残杀","很可能什么都会变成一堆灰","剩下些寡妇孤儿",这是"民族自杀的悲剧",甚至表示对国民党的统治已完全绝望,当然也表现出对共产党缺乏正确的认识,使他更加对"政治"产生反感,并希望青年一代的作家能检讨现实,敢于怀疑和否定,用"爱与合作"、"理性"和"知识",促进国家的"新生,进步与繁荣"①。

　　沈从文还于 1947 年 10 月 21 日在天津《益世报》发表了《一种新希望》一文,提出"三种新的发展,作为对于当前的否定以及转机的企图",即"一是政治上的第三方面的尝试,二是学术独立的重呼,三是文化思想运动更新的综合"。但是,他已看到"第一种尝试遭遇挫败,人事黏合不得清,本身脆薄而寄托希望又过大,欲收绥靖时局均衡两大之功,当然不易见功";对"第三方面的尝试"②也不抱着希望。于是他希望非党派的学有专长、有"理性"和"知识"的知识分子黏合"民族的新的生机",重造"国家",使他的思想跟"第三种力量"的思潮有贴近。当然,他不愿意也没有参加任何形式的派别活动。当萧乾与钱昌照等人倡议"第三条道路",要沈从文签名参加《新路》杂志的筹办时,他断然表示"我不参加"③,因而他并不是"第三种力量"中人。

### 三、沈从文自由主义的思想特征

　　沈从文的自由主义思想有多种多样的表现,其主要特征有以下方面:

　　首先,超越现实政治是沈从文自由主义的基本表现。作为一名作家,沈从文始终反对文学与政治结盟,强调对现实政治的超越。他在谈及文学运动的得失时,特别提出了两件事:文学运动和上海商业资本结了缘,新文学作品成为大老板商品之一种;文学运动与政治派别发生了关系,文学作家成为在朝在野工具的一部分。他认为:有了这两种结合,如从表面观察,好像

---

①　沈从文:《从现实学习》,《沈从文全集》第 13 卷,北岳文艺出版社 2002 年版,第 373 页。

②　沈从文:《一种新希望》,《沈从文全集》第 14 卷,北岳文艺出版社 2002 年版,第 279 页。

③　凌宇:《沈从文传》,十月文艺出版社 1988 年版,第 413 页。

活泼热闹,值得令人乐观。可是细加分析,就可看出堕落倾向。这堕落倾向首先是对于问题的探讨失去了应有的素朴,而多了点包庇性,持论牵牵绊绊,即远不如"五四"初期的勇敢天真。其次是写作态度从无报偿的玩票身份转而为职业和事业,自然也不能再保持那点原来的诚实。一些已有成就的作者在新的环境中也因不习惯于商品竞卖、政治争宠的方式而不得不搁笔。他认为:文学运动和这些活动纠缠成一片,原来那点庄严性,那种优秀作品从各方面来说明人生,来煽起这个民族自尊心或自信心的一点崇高理想,那个引诱读者向深处追寻向远处看的企图,就完全被摧毁了。所以,"事实照例是乏味的,因此叙述及这点使人痛苦的事实时,有些人出于情感上的护短,或地位上的自省,将不免颈胀面赤,恼羞成怒。然而它还是事实,还是目前好好存在的事实!"他还从政治家的角度分析说,政治家缺少主意,与其收容 180 个嘴大头小的空头文人,还远不如给国内三五个特有成就的优秀作家一点应有的尊重,这对于民族品德的提高、对文学的正常发展都有作用有意义。这点认识如在民国 20 年(1931 年)左右即可成为事实,到民国 26 年(1937 年)抗战时,中国文学运动的发展,就必然会比社会任何一部门事业更富于建设性,更容易与国家向前的理想一致。①

其次,坚持不为章法约束的自由主义精神。沈从文的自由主义思想是基于对中国近现代社会,特别是五四运动的反思得来的。他津津乐道地说,蔡元培当北大校长把"学术自由"运用到北大,在学术自由空气中酝酿培养了社会改造民族解放种子。因学术自由,语体文运动抬了头,使中国文学从因袭、空洞、虚饰、陈腐俗套中得到了一个面目一新的机会,这是 20 年来这个民族向上挣扎的主力。② 正是基于这种自由,沈从文坚持了一种不为章法所约束的自由主义精神。

他在《从文自传》中说,他是个不想明白道理却永远对现象倾心的人。他看一切,却并不把那个社会价值掺加进去估定他的爱憎;他不愿问价钱多少来为百物做一个好坏批评,却愿意考查它在官觉上使人愉快不愉快的分

---

① 参见沈从文:《文学运动的重造》,《沈从文全集》第 17 卷,北岳文艺出版社 2002 年版,第 289—290、293—294 页。

② 参见沈从文:《白话文问题》,《沈从文全集》第 12 卷,北岳文艺出版社 2002 年版,第 54 页。

量;他永远不厌倦的是"看"一切①;宇宙万物在运动中、在静止中、在印象里,他都能抓定它的最美丽与最调和的风度,他没有所谓固定的"伦理的美"及"道德君子的感情",他以"艺术家的感情"接近人生,体现的是"各种无固定性的流动的美,德性的愉快,责任的愉快"。所以"我有计划,得自己照我自己的计划做去"②。他说,我只平平地写去,到要完了就止。事情完全是平常的事情,既不夸张也不剪裁地把它写下来了。一个读者若一定要照什么规则说来,这是失败,我是并不图在这失败事业上加以一言辩解的。在我其他任何一本著作上,我想都不免有这种毛病,虽然如《雨后》这一本书,有人说过如何好,但那也不过是吃点心的人,为书铺方面写写广告的话罢了,那类批评,相信不得。"我还没有写过一篇一般人所谓小说的小说,是因为我愿意在章法外接受失败,不想在章法内得到成功。"③他在这一问题上的提问是:"文学应怎样算对? 怎样就不对? 文学的定则又是怎样? 这个我全不能明白的。不读过什么书,与学问事业无缘的我,只知道想写的就写,全无所谓主义,也不是为我感觉以外的某种灵机来帮谁说话,这非自谦也不是自饰,希望有人相信。我为了把文学当成一种个人抒写,不拘于主义、时代,与事物伦理的东西,故在通常标准与规则外,写成了几本书。"④依据这一原则,他评价自己说:

> 在一种旧观念下,我还可断定我是一个坏人,这坏处是在不承认一切富人专有的"道德仁义"。在新的观念下看我,我也不会是个好人,因为我对一切太冷静,不能随到别人发狂。但我并不缺少一个人的特

---

① 在这里,"看"也就是一种意向性的过程,正如马克思所说:"眼睛变成为人的眼睛,正像眼睛的对象成为社会的、人的、由人并为了人创造出来的对象一样。因此,感觉在自己的实践中直接成为理论家。"马克思:《1844 年经济学哲学手稿》,《马克思恩格斯全集》第 3 卷,人民出版社 2002 年版,第 304 页。

② 沈从文:《从文自传》,《沈从文全集》第 13 卷,北岳文艺出版社 2002 年版,第 323 页。

③ 沈从文:《〈石子船〉后记》,《沈从文全集》第 5 卷,北岳文艺出版社 2002 年版,第 318 页。

④ 沈从文:《〈阿丽思中国游记〉第 2 卷序》,《沈从文全集》第 3 卷,北岳文艺出版社 2002 年版,第 145 页。

有趣味,也并不缺少那平凡人的个性美处。①

他对自己有一个自画像:不适宜于经营何种投机取巧事业,也不能成为某种主义下的信徒;不能为自己宣传,也就不崇拜任何势力;选定的事业是为了寄托自己的身心,并无与人争正统较嫡庶的余裕;不在文学招牌下叫卖,不贩卖西洋大陆文学主张,不干时行主义下注册的文学家做的事;对帝国主义者与伪绅士有所攻击,但不是要好于某种阶级而希望从此类言行上得人捧场叫好;对弱者被侮辱觉得可悲可恨,然而自己也缺少气力与学问找到比用文字还落实的帮忙办法;为图清静起见,愿意别人莫把他下蛮列在什么系什么派,或什么主义之下,还不曾想到他真能为某类人认为"台柱"、"权威"或"小卒";不会因为别人不把他放在眼里,就不再来作小说,更不会因为几个自命"革命文学家"的青年把他称为"该死的"以后,就不来为被虐待的人类畜类说话。

> 总之我是我自己的我,一切的毁誉于我并无多大用处,凡存了妒心与其他切齿来随意批评我的聪明人,他的聪明真是白用了。②

再次,超越"一般"而成就有独特个性的"特殊"。一般和特殊的问题,在20世纪30年代是中国理论界讨论的重要问题,毛泽东在《矛盾论》中对这个问题作了总结性阐明,强调"共性个性、绝对相对的道理,是关于事物矛盾的问题的精髓,不懂得它,就等于抛弃了辩证法"③。也正是在这个大背景下,沈从文讨论了这一问题,写下了《一般或特殊》一文,并把这个问题放在自由主义的框架下进行讨论。

在沈从文看来,人类认识、人类理想,都是一个不断从特殊走向一般,又不断从一般回复到特殊的过程,如人类发明文字后,文字的使用,最先只是少数人有这个权利。因此凡用文字保存的知识,多具特殊性,少数人能运用它,多数人可不能享受它。直到后来发明了印刷术,而且发明的主要原因便是印行经典,力求普遍。多数人虽因此能享受经典,还是不能自由使用文

---

① 沈从文:《〈阿丽思中国游记〉后序》,《沈从文全集》第3卷,北岳文艺出版社2002年版,第5页。

② 沈从文:《〈阿丽思中国游记〉第2卷序》,《沈从文全集》第3卷,北岳文艺出版社2002年版,第146—147页。

③ 毛泽东:《矛盾论》,《毛泽东选集》第一卷,人民出版社1991年版,第320页。

字。这限制自然是由上而下的。多数人能够享受文字的用处，已算得到一般化的意义了。照理想说来，社会组织从帝王的极端专制，到民主政治的人类原则平等，知识学问的特殊性必然渐归消灭，一般化必然渐次可以实现。可是，人类求生技术越进步，社会越复杂，一切必分工进行，各有所守，各有所专，种种知识学问又会自然而然趋向于专门化、特殊化。一般性日少，特殊性日多。

在对于一般和特殊的这种转化关系进行阐明以后，沈从文强调了处理好这一关系对于一个民族的重要意义。

> 一个民族的文化或文明，重在一般事情能够特殊化，同时这特殊化的东西又能应用于一般生活。能够这样，是进步。不能够这样，是堕落。这是"必需"的，也是"必然"的。①

他还举例说，昆明地方城乡转运的交通工具，大部分还是牛车，若有人能设法使牛车行动较轻便，或甚至于造出一种木牛流马来代替，就是一般的特殊化。这种费力少效用大的交通工具，每人都能用、都能有，就是特殊的一般化。

在有了关于一般与特殊的基本认识后，沈从文将自己的论述转到了"文学方面"也有的"特殊与一般问题"。不过，沈从文认为：在文学艺术界的这种一般与特殊有了某种被曲解的意味。在沈从文看来，文学创造、理论宣传应是很严肃的事情，如果被当成一种"跟风"，那就是可悲的了，但当时的确忽然有许多读书人都被称或自称为"文化人"，这对"宣传"好像极有意义，因为宣传与热闹本来不可分开。文化人一多，事情就热闹起来了。② 为此，他在批评这种"一般"以后，对"特殊"进行了肯定，即他们只重在尽职，尽一个中国国民身当国家存亡忧患之际所能尽的本分。他们在沉默中所需要的坚忍毅力，和最前线的兵士品德，完全一致。这种人和"文化人"比起来，在当前是个"少数"。这种人的产生增多，并不靠"宣传"，火用火可以接引，这种人当前看来少，战争若持久，此后会加多。不拘是作家，是专家，将

---

① 沈从文:《一般和特殊》,《沈从文全集》第 17 卷,北岳文艺出版社 2002 年版,第 260 页。

② 参见同上书,第 260、262—263 页。

个人能力参加到战争方面时,毫无可疑,这是一个贡献生命最切实最合理的方式。但这种人的态度很容易被人轻视与忽视,且常常不免被某种"文化人"奚落。好在这一切是无妨碍的,战争一延长,举凡冷静而坚实的工作,就会见出它的意义和效果,如一些作家,写点东西出来,对普遍社会所见的"愚"与"诈"、"虚伪"与"自大"进行认识、进行指责,且提出方式来改善它,与战事好像并无关系,与政治好像并无关系,与宣传好像更无关系,可是这作品若写好,它倒与这个民族此后如何挣扎图存、打胜仗后建国、打败仗后翻身大有关系,他教育的或者只是一小部分读书人,为的是这些人真正爱重这个国家,有了觉悟,很谦虚地需要接受这种教育。这作品不特内容能启迪他们,文字也能启迪他们。最后,沈从文总结说:

> 据我个人看法,对于"文化人"知识一般化的种种努力,和战争的通俗宣传,觉得固然值得重视,不过社会真正的进步,也许还是一些在工作上具特殊性的专门家,在态度上是无言者的作家,各尽所能来完成的。中华民族想要抬头做人,似乎先还得一些人肯埋头做事,这种沉默苦干的态度,在如今可说还是特殊的,希望它在未来是一般的。①

> 因为创作的成功,是文字的普遍性,从越具有普遍性的文字中看出作者自己的个性来,这才是创作的价值。②

> 经典的意义和价值,所不同处只是前者重在"永远",后者重在"普遍"。前者作用是纵的,后者作用是横的,空间的。③

第四,现代自由人的自由主义政治追寻。关于沈从文的自由主义政治理想,只需看看他在《长河》中对国民党政府新生活运动的调侃就可见一斑。小说中有一段写湘西人对"新生活"的嘲弄:譬如走路要靠左,衣扣得扣好,不许赤脚赤背膊,凡事要快,要清洁……如此或如彼,这些事由水手说

① 沈从文:《一般和特殊》,《沈从文全集》第17卷,北岳文艺出版社2002年版,第264页。
② 沈从文:《北京之文艺刊物及作者》,《沈从文全集》第17卷,北岳文艺出版社2002年版,第21页。
③ 沈从文:《文学界联合战线所有的意义》,《沈从文全集》第17卷,北岳文艺出版社2002年版,第109页。

来,不觉得危险可怕,倒是麻烦可笑。请想想,这些事情若移到乡下来,将成个什么。走路必靠左,乡下人怎么混在一处赶场?不许脱光一身怎么下水拉船?凡事要争快,过渡船大家抢先,不把船踏翻吗?船上滩下滩,不碰撞打架吗?事事物物要清洁,那人家怎么做霉豆腐和豆瓣酱?浇菜用不用大粪?过日子要卫生,乡下人从哪里来卫生丸子?纽扣要扣好,天热时不闷人发痧?在作品中,沈从文回避了自己对"新生活"的直接判断而让湘西世界的公共舆论空间自行呈现对"新生活"的认知和想象。但是小说中叙事者讽喻的口吻却还是透露了作者对"新生活"运动的调侃与嘲弄态度。沈从文的政治关怀通过对新生活运动的调侃得到了充分的传达。在《长河》中多次出现的《申报》在 20 世纪 30 年代初期批评政府,抨击时政,遭到了国民党政府的查禁,从 1932 年 7 月 16 日起全部被上海警备司令部扣在市邮政局的地下室内,一律不准邮往外地。这从一个侧面反映了他的政治态度,而这份报纸也正是他接触较早的报纸。①

　　沈从文的自由主义政治理想可从以下途径获得认识:

　　——他不以某一主导阶级的代言人发言,而以文化边缘的乡下人发言。这乡下人,有时也称为"农人",因为"灵魂却是一个地道农人的灵魂"②。有学者曾指出:"大众媒体为不同群体理解其他群体的生活提供了手段。他们的理解是通过建构社会不同阶层的形象来进行的;这些形象总是从主导阶级的视角来界定的。"③而沈从文与此不同,他并非一般意义上的乡下人。他所拥有的现代理性,使他已经实现了对自己曾置身其中的乡下人的超越,这是他当年独自离开湘西、进入都市寻求知识与理性的必然结果。但他也不是从某主导阶级的视角来看社会,当他用具有现代特征的知识、理性

---

　　①　据《从文自传》中回忆,沈从文在军队中受一个司令官的秘书的影响,"同另一个老书记约好,三人各出四毛钱,订一份《申报》来看。报纸买成邮花寄往上海后,报还不曾寄来,我就仿佛看了报,且相信他的话,报纸是了不得的东西,我且俨然就从报纸上学会许多事情了"。参见沈从文:《从文自传》,《沈从文全集》第 13 卷,北岳文艺出版社 2002 年版,第 316—317 页。

　　②　沈从文:《记丁玲续集》,《沈从文全集》第 13 卷,北岳文艺出版社 2002 年版,第 221 页。

　　③　[美]戴安娜·克兰著,赵周新译:《文化生产:媒体与都市艺术》,译林出版社 2001 年版,第 90 页。

观察都市文明时,他得到的只是失望,使他在情感层面上与乡下人认同;可当他从深处凝视乡下人的生存方式时,他获得的也同样是失望。也许,归根到底,沈从文是一个文化边缘人。正是这种边缘处境,加深了沈从文心里的孤独。

——他不是以某一群体的身份发言,而是以一个孤独的自由人发言,既不"左"倾也不右倾。他认为文学运行已受商业与政治两种分割,尤其是政治引诱性大,使一些作家"朝秦暮楚"、"东食西宿"①。他自己则不以"倾向"作为阿其所私的工具,他只愿意尽其所能进行自己喜爱的工作而不被左右。② 他不轻视"左"倾,却也不鄙视右翼,只信仰"真实",而不问"左"右。他反对那种骂来骂去、嘲笑来嘲笑去的不正常情况,觉得这种情况真不必要。③ 他要求青年作者关心现实,以用严正的方式作有建设性的努力,而不要进行无意义的属于个人的盲目攻击、咬文嚼字的杂耍④;要求有思想的作家应出一点有思想的作品,引起读者注意,推动社会产生变革。"人类高尚的理想,健康的理想,必须先融解在文字里,这理想方可成为'艺术'。无视文字的德性与效率,想望作品可以作杠杆、作火炬、作炸药,皆为徒然妄想。"⑤他认为:文学应以生活作为根据,不应缺少最宽泛的自由,能容许感情到一切现象上去散步。什么人他愿意飞到过去的世界里休息,什么人他愿意飞到未来的世界里休息,还有什么人又愿意安顿到目前的世界里,都不必为一个时代的趣味拘束到自己的行动:

> 若觉得在"修正这个社会的一切制度"的错误,而把意识坚固,做一点积极的事情,他也仍然不缺少那个权利。他有一切的权利,却没有

---

① 沈从文:《新的文学运动与新的文学观》,《沈从文全集》第 12 卷,北岳文艺出版社 2002 年版,第 49 页。

② 参见沈从文:《记胡也频》,《沈从文全集》第 13 卷,北岳文艺出版社 2002 年版,第 31 页。

③ 参见沈从文:《记丁玲续集》,《沈从文全集》第 13 卷,北岳文艺出版社 2002 年版,第 207—208 页。

④ 沈从文:《对于这新刊诞生的颂词》,《沈从文全集》第 17 卷,北岳文艺出版社 2002 年版,第 122 页。

⑤ 沈从文:《论技巧》,《沈从文全集》第 16 卷,北岳文艺出版社 2002 年版,第 473 页。

低头于一时兴味的义务。他可称赞处只是在他自己对于那个工作的诚实同他努力的成就。①

——他不以传统乡下人身份，而以现代自由人身份谈政治。沈从文常自称是乡下人，他在小说中经常建构的也是乡下人与城里人的二元格局。这种二元格局背后隐含的语义并非是少数民族和现代国家之间的对立，而是乡土与都市的对峙、传统与现代的冲突。小说中叙述者有这样的声音："虽说民国以来五族共和，城里人，城里事情，总之和乡下人都太隔远了。"②作者在肯定和认同"五族共和"的前提下把问题转化为"乡下人"与"城里人"的距离。这种"乡下人"与"城里人"的距离，也许揭示的是现代中国历史进程中所遭遇的更本质的问题。对乡土与都市、传统与现代始终如一的关注，使沈从文成为自觉思索现代性问题的作家，并且是站在民族角度来思考这一问题的，而"这个社会这个民族正需要的是这种人，朴素、单纯、结实、坚强，不在物质下低首，也不在习气下低首"③。

沈从文夫人张兆和说："他特别喜欢用惊叹号。"这正反映他丰富的情感世界。特别是从 20 世纪 40 年代以后，"沈从文的创作发生了很大变化，他的注意力转向内心，注重精神探索。他在那时的一系列文章里都提到，他的精神的双重性，说他自己很难给内心的矛盾找到出路，说他自己怕控制不住会自杀。"④这反映在整个国家的关键时刻，他已经没有办法思考出路了。在一定程度上说，《长河》计划写 4 卷而最终只写了 1 卷，与对国家前途的无法把握是有极大关系的，也在事实上宣告了沈从文"自由主义"的终结。黄永玉曾在其书中对此有所提问。⑤

① 沈从文：《记胡也频》，《沈从文全集》第 13 卷，北岳文艺出版社 2002 年版，第 31 页。
② 沈从文：《长河》，《沈从文全集》第 10 卷，北岳文艺出版社 2002 年版，第 25 页。"虽说民国以来五族共和"一句，《沈从文全集》无，此据单行本、网络版加。
③ 沈从文：《记丁玲续集》，《沈从文全集》第 13 卷，北岳文艺出版社 2002 年版，第 225 页。
④ 刘洪涛：《张兆和谈沈从文》，《吉首大学学报》1997 年第 1 期。
⑤ 参见黄永玉：《这些忧郁的碎屑》，三联书店 2003 年版，第 50 页。

## 第三节　传统与现代:沈从文的
## 保守主义文化理想

沈从文的自由主义思想是与其文化保守主义倾向结合在一起的,这种结合使他区别于胡适等西化派自由主义;同样"退返民间",他也因这种结合而区别于鲁迅等"左翼"作家,可以说是沈从文特色的自由主义与文化保守主义。

### 一、沈从文与中国文化保守主义传统

"文化保守主义"是一个区别于极力维护社会政治现状的"社会政治保守主义"的概念,主旨是指那种立足于传统文化,力图融合古今,也有选择地吸纳外来文化,以适应时代需要的思想倾向或思想派别。他们在政治上可以很进步、很革命,甚至十分激进,但是对待民族文化传统却很谨慎、很保守,温情脉脉,谨守先业,唯恐"弃我故常"。正如李维武所论:"'保守'二字,其实可以据中文字意作保持和守护解。也就是说,他们是面对自19世纪以来的以西方文化为中心的全球化运动,而力图来保持和守护中华民族的自身的文化传统,从而使我们的民族能在这个全球化的大潮中不至于失却自己的心灵、思想和精神,不至于失却自己立足于世界民族之林的根基。"①从这个意义上说,所谓"文化保守主义",更确切的叫法应该是"中国文化本位主义",例如早期的东方文化派,尤其是直到今天仍然在活动的现代新儒家,他们在政治上未必保守,有时甚至显得颇为激进,不亚于自由主义者。他们作为"保守主义"或者"守成主义"主要是从文化立场上讲的,是强调以中国文化传统为本位。

"文化保守主义"本来是一个描述西方文化思潮的概念。当人们以这种概念描述中国现代化进程中的文化保守主义时,就明显地感到了意义变性:在西方文化语境中,文化保守主义形成的基础是基于理性主义而完成的

① 李维武:《交融与会通——李维武先生笔谈录》,《中国文化月刊》第239期,2000年2月。

社会文化的现代化,意义只在于从文化的层面对西方文化现代化的反动;在中国文化语境中,文化保守主义兴起于中国现代化发展的危难之中,目标是谋求在民族文化向近现代转型的过程中妥善处理古今中西的文化关系,它并不是简单地厚古薄今,而是坚持对传统有意识地有选择性地进行解释。两者的相似之处仅在于对各自传统文化的某种认肯,不同之处则在于中国作为后发现代化国家,中国的文化保守主义除了站在现代而对传统有所保守、认同传统文化而外,还有站在中西关系中对中国文化的保守而对西方文化有所批判。换言之,中国的文化保守主义是从传统—现代、本土文化—外来文化、中国—西化等比较中产生的,具有民族主义与传统主义的双重意蕴。① 所以,当西方学者从西方学理特征方面来界定中国文化保守主义时,中国学者显然应有中国的态度。

中国的文化保守主义可以与文化激进主义相对。文化激进主义在中国现代化进程中,强调充分西化,成为自由主义西化派思潮的同路。与此相对,文化保守主义则主张认同传统文化,并因认同程度不同而有区分。并且,文化保守主义也有主张认同西方文化的。而且,正是在五四新文化运动中,在共同启蒙与救亡的崇高目标下才明显地产生了类似的思想分野。文化激进主义和文化保守主义是一对互相反动、互相抗衡的思潮。文化激进主义曾经作为中国启蒙运动的主导思潮而对 20 世纪中国的文化运动影响深刻而巨大。严格来说,文化激进主义的生成是中国现代化运动长期演化的结果,它启端于晚清洋务时代的"中体西用"思潮。"中体西用"论的重心与其说是守中学而卫道,不如说是采西学而开新。因此,"中体西用"具有开新和保守的双重性质,它既启现代化变革之端绪,又开文化保守之先河。如果说《新青年》开启的新文化运动承继了世纪之交严复、梁启超启蒙之余绪,那么其"打倒孔家店"的反传统运动则标志着一个激进的文化批判时代的到来。随着新文化运动演变为政治救亡的五四运动和李大钊、陈独秀等转变为马克思主义,终于导致了新文化运动的分化。

沈从文是从新文化运动的余音中走出来的,他的祖上是从曾国藩的湘军起家的,其亲戚中也不乏维新人物,使本就有在开放中求新的湘西民族文

---

① 参见高瑞泉主编:《中国近代社会思潮》第八章,华东师范大学出版社 1996 年版。

化传统有了更丰富的内涵,同时也使他具有了对待传统文化的双重性格:开放求新与含蕴传统。20世纪20年代初,湘西自治运动在培育他的自主自由精神,使他心中原有湘西民族的自主自由精神自觉化的同时,也给了他以"五四"新文化的影响,并从此构成了他自由主义、文化保守主义的思想基础。到北京后,一方面是北京的文化自由精神与丰厚传统文化的涵养,使他有了"京派"风度;另一方面是自己生活的困苦,加上湘西人的固执,又使他形成了"乡下人"的精神气质。正是这二者的结合,使他的自由主义与文化保守主义更紧密地结合在一起,甚至使他成为"京派重镇"。因此,沈从文的文化保守主义,更多的是针对文化激进主义而又侧重于"退返民间"的理路。

自由主义本身具有一定的保守性,英国传统的自由主义更是这样。沈从文的文化保守主义本身也有来自英国式自由主义本身的保守性传统。"依照自由的真正定义,自由永远意味着某种保守。"[1]比如胡适,他当然是自由主义者,但在他的文学观念与创作中就烙下了某种保守印记,他的《文学改良刍议》中之"改良",与陈独秀《文学革命论》中的"革命"一比较,就可以发现这种保守意味。陈独秀使用的是激进彻底的"革命",而且没有任何讨论、"刍议"的余地。胡适虽然也使用过"文学革命"的词语,可是"当我第一次要把我们一年多讨论的结果,和我自己的结论,撰写成文章,送到国内发表的时候,为考虑到那无可怀疑的老一辈保守分子的反对,我觉得我要把这一问题写得温和而谦虚。所以我用这个题目,说明是改良而非革命,同时那只是个'刍议',而非教条式的结论"[2]。事实上,胡适的思想,不只是一种策略考虑而有英国式自由主义的一般特征,即尽可能避免突然的巨大变动,又很热心一些有用的变革,因而有某种保守而不是保守主义。胡适自己曾对自己的这种保守性进行过认定:"我并且必须先说明,由于我个人的历史观念很重,我可以说我经常是一个很保守的人。"[3]沈从文认同了并接受了胡适的自由主义,并因自由主义的保守性而发生了文化保守主义,其基

① [美]G.桑迪拉纳编著,周建漳译:《冒险的时代》,光明日报出版社1989年版,第1、4页。

② 胡适口述,唐德刚译注:《胡适口述自传》,华文出版社1989年版,第167页。

③ 胡适:《胡适自传》,江苏人民出版社1995年版,第227页。

本取向是认同中国传统文化,反对全盘西化。对此,他在谈到胡适时说:"他的哲学思想我并不觉得如何高明,政治活动也不怎么知道,所提倡的全盘西化崇美思想,我更少同感。但是以为二十年来私人有情谊,在工作上曾给过我鼓励,而且当胡也频、丁玲前后被捕时,还到处为写介绍信营救,总还是个够得上叫做自由主义者的知识分子,至少比一些贪污狼藉反复无常的职业官僚政客正派一些。所以当蒋介石假意让他组阁时,我还以为是中国政治上一种转机。直到解放,当我情绪陷于绝望孤立中时,还以为他是我一个朋友。"①

### 二、沈从文文化保守主义的价值意蕴

沈从文的文化保守主义与他的国家和民族重造理想紧密相联:

一个伟大作品,总是表现人性最真切的欲望——对于当前黑暗社会的否认,于未来光明的向往。②

我只想造希腊小庙。选山地作基础,用坚硬石头堆砌它。精致,结实,匀称,形体虽小而不纤巧,是我理想的建筑。这神庙供奉的是"人性"。③

这个时代一切事业皆需要硬汉,需要心热脑冷实事求是的硬汉。文学艺术方面希望产生一点点站得住的成绩,帮助这个民族在衰落和灭亡中挣扎支持,而且使那个真正多数人获得竞争生存的勇气,也就得这种人来干。④

应该说,这就是沈从文文化保守主义的思想意蕴。他从民族重造的目标出发,探索自然的"人性",从文化启蒙的角度,走一条赞颂自然人性→恢复被"现代"扭曲了的人性→实现民族重造的启蒙之路,承继的正是新文化运动

---

① 沈从文:《沈从文自传》,《沈从文全集》第27卷,北岳文艺出版社2002年版,第152页。

② 沈从文:《给志在写作者》,《沈从文全集》第17卷,北岳文艺出版社2002年版,第413页。

③ 沈从文:《习作选集代序》,《沈从文全集》第9卷,北岳文艺出版社2002年版,第2页。

④ 沈从文:《谈话剧创作》,《沈从文全集》第17卷,北岳文艺出版社2002年版,第396页。

的"文学革命"之路;与这条道路区别的是通过社会改造(革命或改良)→人的解放→鞭笞现实社会的"革命文学"之路。救亡道路的不同选择,使沈从文的文化保守主义既区别于文化激进主义,也区别于新儒家等其他的文化保守主义。发掘自然人性美与追求民族品德重造这两个层面交相渗透,既出于沈从文对民族品德的消失充满深厚的忧患而陷于文化保守主义;又出于他把重构民族理想人性美作为毕生的追求、不愿别人干涉而具有了自由主义的"积极"与"消极"的双重品格。正是这种否定与向往、忧患与追求的双重情感纠葛使沈从文的自由主义文学追求与保守主义的价值选择具有了现代性。

沈从文的文化保守主义是与"京派"的某种保守性相结合的。20世纪30年代,上海是中国现代的大都市、大商埠,西方文化和革命思潮的影响特别大,整个文化氛围包括文坛的状况,比起北京和其他地区来更显开放、求新、多变。上海文坛很复杂,既有典型商业化的流行文学、堕落的文学,也有新感觉派之类的前卫文学,有张爱玲之类很传统又很现代的文学,更有富于使命感而深受青年仰赖的左翼文学。相对而言,"京派"作家的文学旨趣互相较为接近,并且在20世纪30年代还比较沉闷。但经过新文化运动洗礼后的北京,因深厚的文化积淀及比较宽容豁达的风气,加上远离时代的中心,写作心态比较雍容、恬静、扎实,在价值取向上较少商业的或党派的味道,比较守成和稳健。总的来说,"京派"创作群体的基本倾向是自觉地区别于当时左翼文学,与各种商业化和流行的文学保持距离;看重文学的独立价值,脱离时代变革的主流。京派作家都很自由,各自的写作路线和风格不尽相同,但创作精神、心态和审美追求有相对的一致性,那就是因政治意识的淡化与艺术独立意识的增强而具有自由主义特征;因关注乡土与平民文化、带有古典式审美旨趣、较为厚重的小说文体等而具有保守倾向,沈从文自然也不例外,其保守性表现在多写乡土中国和平民现实、从容节制的古典式审美趋向、比较成熟的小说样式。[①]

到北京后,沈从文曾与关心他的姐夫田真一有一次对话,结论是:"我

---

① 参见温儒敏、赵祖谟主编:《中国现当代文学专题研究》,北京大学出版社2002年版,第113—114页。

厌恶了我接触的好的日益消失坏的支配一切那个丑恶现实。若承认它，并好好适应它，我即可慢慢升科长，改县长，作厅长。但我已因为厌恶而离开了。"①由此可见，沈从文本身是因民间文化的失落而到北京的。他依照当时《新青年》等刊物所提出的文学运动、社会运动的原则意见，以为社会必须重造，这工作得由文学重造起始。"文学革命后，就可以用它燃起这个民族被权势萎缩了的情感，和财富压瘪扭曲了的理性。两者必须解放，新文学应负责任极多。我还相信人类热忱和正义终必抬头，爱能重新黏合人的关系，这一点明天的新文学也必须勇敢担当。我要那么从外面给社会的影响，或从内里本身的学习进步，证实生命的意义和生命的可能。"②但当时，他是连标点符号都用不好，只是相信一个人肯勤学总有办法。因而开始在北京去承担民族重造的责任，并坚持"既为信仰而来，千万不要把信仰失去！因为除了它，你什么也没有"的奋斗精神。③

到北京后不久，沈从文就已耳闻目睹了城市文明的黑暗，看到的是在个人之外的社会，代表武力的有大帅、巡阅使、督军等，代表文治的有内阁及其所属大小官吏；武人的理想就是多讨几个女戏子，想方设法扩充自己的实力，向人民作威作福。至于高级官僚和那个全民代表，则高踞病态社会组织最上层，不外三个享受娱乐开心：一是游窑子，二是上馆子，三是听乐子。最高理想是讨几个小婊子，找一个好厨子。那些某某军阀驻京代表处，实即政治性的俱乐部，唱戏、赌钱，随心所欲。在这样腐败的政权之下，必然是民穷财尽。于是，上面卖国求荣，下面则是管市政的卖城砖；管庙坛的卖柏树；管宫殿的因偷盗过多了，干脆放火一烧，无可对证；管教育的就把京师图书馆的善本书抵押给银行，为部员发薪；连大兵们也撬起圆明园附近路面的黄麻石，一块块卖给地方造房子……，卖来卖去，政府当然就卖倒了。④ 总之，现实给沈从文总的印象是："由小城市到北京，当时凡骑在人民头上的统治者，不论大帅或大少，多只知有己，却对人民极端无情。大伙儿醉生梦死昏

①　沈从文:《从现实学习》,《沈从文全集》第 13 卷,北岳文艺出版社 2002 年版,第375 页。

②　同上。

③　参见同上书,第 375 页。

④　参见同上书,第 377 页。

天黑地活下来,一切都若在腐烂状态中。"①并且,政治圈内的腐败风气已开始蔓延到学界文坛,使文坛成了庄严和猥亵的奇异混合。②

理想与现实的冲突使沈从文立志探索民族重造的新路径,他清理了自己的信仰,抱定了"五四"初期启蒙主义的路向。对于"五四"初期的那些知识分子,美国学者史华慈曾指出:"五四时代出现的这些知识分子,我们必须发明一个新的词汇去指称他们,并把他们和什么'守旧派'区别开来,这就是'文化保守主义'。"③在一定程度上也可用费景汉的"文化民族主义"指称,但这种文化民族主义远远超越了狭隘的政治民族主义,也不具有科恩笔下"文化民族主义"那样的病理学意义。④ 可以说,马克思主义与社会主义思潮对资本主义阴暗方面的揭露和批判、俄国十月革命的成功等都是"五四"前后文化保守主义者批判地看待西方文化并要求保持固有文化优秀成分的重要历史背景。⑤ 当然,这时的文化保守主义思潮表现形态也很多样:梁漱溟、张君劢等为代表的现代新儒家;旅欧归来发表《欧游心影录》、鼓吹东方文化救世思想的梁启超;积极参加东西文化论战、主张折衷调和论的《东方杂志》主编杜亚泉等;提倡新旧文化调和,反对道德革命的《甲寅杂志》主编章士钊;以"昌明国粹,融化新知"为宗旨的"学衡派"人士吴宓、梅光迪等,都在当时文化反省中力图用西方学理来维护中国传统的价值,互相唱和,同声相应,但又属于互不统属的系统。沈从文显然属于这种文化民族主义的另一支属,其思想的本质是多中心的,他承认并宣传民族现象的多样性,并通过参照他所能知的所有民族所共有的特征来论证各民族的优劣⑥,从而谋求民族品德的重造,这也是学术界研究沈从文

① 沈从文:《〈沈从文小说选集〉题记》,《沈从文全集》第 16 卷,北岳文艺出版社 2002 年版,第 373 页。

② 参见沈从文:《从现实学习》,《沈从文全集》第 13 卷,北岳文艺出版社 2002 年版,第 378 页。

③ [美]杜维明:《人性与自我修养》,和平出版社 1988 年版,第 204—206 页。

④ 参见[以]耶尔·塔米尔著,陶东风译:《自由主义的民族主义》,上海译文出版社 2005 年版,第 79 页。

⑤ 参见陈来:《人文主义的视野》,广西教育出版社 1997 年版,第 41 页。

⑥ 参见[以]耶尔·塔米尔著,陶东风译:《自由主义的民族主义》,上海译文出版社 2005 年版,第 76 页。

思想来源时会有不同结论的原因,如说他是自由主义、实证主义、人道主义、象征主义、印象主义等。在一定程度上说,这也是一种从边地出发的文化选择。

如果加以对比,沈从文的文化保守主义与熊十力的文化保守主义倒是有不少相似的品格。他们都出生成长于两湖文化的大环境,都由农村走进城市、走进大学讲坛;他们都有过从军的经历且都属对辛亥革命的"成就"表示失望,从而走上学术或文学创作之路,成为各自领域的"重镇";他们都以中国传统文化优秀精神的守护者自居而固持中国传统优秀文化,特别是"彰显庶民在穷苦中志气与品德"①;他们都有强烈的民族思想甚至于将国家民族利益高于一切,是在国家民族处于内忧外患过程中敢于奋斗牺牲的爱国志士;他们对中国文化的守护在一定程度上都来自于"多由实际生活之体验而出"②,因而认为守护民族文化也就是维护和守持民族的根基;他们一生都反对抛却自我、失所依归的"海上逐臭之夫",面对菲薄固有、一意袭外人肤表、"追随外人时下浅薄风会"的全盘外化倾向和浮浅芜杂、转手稗贩、自贱自戕、奴颜媚骨的所谓"思想界"作狮子之吼,强调思想独立、学术独立、精神独立。③ 总之,这些学术品德正好可以看成是沈从文自由主义与文化保守主义性格与熊十力的相通之处。

## 三、沈从文文化保守主义的思想特征

沈从文虽然对革命一直有一种误读,但这种误读并没有磨去他的社会责任感。"我们需要的是一分信仰,和九分从'试验'取得'经验'的勤勉,来迎接新的历史。恰如走路,能去到什么地方,不是我们所能预想,也许如此走去到达一个预定的终点,还是毫无所得,必将继续走去,到死为止。正因为对人生命言,死才是一个真正的终点,才容许一个有理想有思想的生命获

---

① 徐复观:《熊十力大师未完成的著作——〈先世述要〉》,引见李维武《徐复观学术思想评传》,北京图书馆出版社 2001 年版,第 288 页。

② 徐复观:《重印〈佛家名相通释〉序》,见李维武编《徐复观文集》第 2 卷,湖北人民出版社 2002 年版,第 355 页。

③ 参见郭齐勇:《天地间一个读书人——熊十力传》序言,上海文艺出版社 1994 年版,第 1—3 页。

得真正休息！"①"我是个欢喜秩序的乡下人，我同意一切真正对于这个民族健康关心的处置。"②他能够认同民间传统文化，坚持文化返乡，也正在于这种责任。对此，有学者认为沈从文实质上是触及到历史行进中伦理主义和历史主义的二律背反，即人类社会的历史进步是以伦理的相对退步为代价的，而人类的理性精神又恰恰要求在新的历史发展阶梯上的伦理主义复归。"五四"时期，当人们痛感中国面临的生存危机，不能不张扬历史主义，宣告与传统文化的断裂。但是，作为后发现代化国家，又不得不关注"现代文明"畸形发展带来的人的本质的失落和伦理沦丧，这使他无论是从历史主义角度，还是从伦理主义角度都感到的精神困扰，不能回避这一贯串整个20世纪的"中国问题"③。

首先，退返民间。沈从文以城市文明来观照农村，因而始终以乡下人自况：

> 我只是一个乡巴佬吧。我原本不必在乡巴佬的名称下加以否认的，思想与行为与衣服，仿佛全都不免与时髦违悖，这缺陷，虽明白也只有尽其缺陷过去，并不图设法补救，如今且有意来作乡巴佬了。④

——从城乡两面领受文化缺失的痛苦，使沈从文甘愿做乡下人。关于乡下人与城里人的区别，沈从文说得很尖锐：我们虽然共同住在一个都市里，有时还有机会同在一节火车上旅行，一张桌子上吃饭，可是我们原是两路人，我们应当分开，因为我们有一段很长的时期过的日子太不相同了，我们的生活、习惯、思想都太不相同了。我实在是个乡下人，说乡下人我毫无骄傲，也不自贬，乡下人照例有根深蒂固永远是乡巴佬的性情，爱憎和哀乐自有它独特的式样，与城市中人截然不同！他保守、顽固、爱土地，也不缺少机警却不甚懂诡诈。他对一切事照例十分认真，似乎太认真了，这认真处某

① 沈从文：《一种新文学观》，《沈从文全集》第17卷，北岳文艺出版社2002年版，第173页。
② 沈从文：《禁书问题》，《沈从文全集》第17卷，北岳文艺出版社2002年版，第62—63页。
③ 凌宇：《沈从文传》，十月文艺出版社1988年版，第348页。
④ 沈从文：《〈阿黑小史〉序》，《沈从文全集》第7卷，北岳文艺出版社2002年版，第231页。本书所引沈从文《全集》与范桥等编《沈从文散文》（中国广播电视出版社1994年版）有较大出入，见该书第三集，第346—347页。）

一时就不免成为"傻头傻脑"。这乡下人又因为从小漂流江湖,各处奔跑、挨饿、受寒,身体发育受了障碍,另外却发育了想象,而且储蓄了一些人生经验。即或这个人已经来到大都市中,同你们做学生的生活在一处,过了十来年日子;也各以因缘多少读了一点你们所读的书,某一时且居然到学校里去教书;也每天照例阅读报纸,对时事发生愤慨,对汉奸感觉切齿;也常常同朋友争论,使我们的表面生活已经差不多完全一样了。"可是试提出一两个抽象的名词说说,即如'道德'或'爱情'吧,分别就见出来了。"他要大家从他的作品里找出两个短篇对照看看,从《柏子》同《八骏图》看看,就可明白对于道德的态度,城市与乡村的好恶,知识分子与抹布阶级的爱憎,一个乡下人之所以为乡下人,如何显明具体反映在作品里。① 事实上,正是这种对城市与乡村两面的认识给他大量的苦恼,这冲突、这不调和的生命,使他永远同幸福分手了。实在相宜的生活,还是坐自己的房间数数对墙的蜂窠过着日子,因为这才是一个农村培养长大的人转到大都会中生存的当然的结局。②

——沈从文自认是从另一国度爬过来的文化孤独者。正由于沈从文始终强调"我是个乡下人",因而具有了乡下人的孤独感。他认为自己是太拙劣的一人,到这人海中,他正如一个从另外的什么国度里爬过来的人,一切陌生,一切不能习惯,形成了现在的自己。③ 他感觉异常孤独,认为乡下人太少了。倘若多有两个乡下人,当时的"文坛"会热闹一些。目前中国虽也有血管里流着农民血的作者,但为了"成功",却多数在体会别人的兴味、阿谀别人的情趣、博取别人的注意。自愿做乡下人的实在太少。虽然如此,他还预备继续这个工作,且永远不放下。到时,"会越过那条间隔城乡的深沟,从一个乡下人的作品中,发现一种燃烧的感情,对于人类智慧与美丽永远的倾心,康健诚实的赞颂,以及对愚蠢自私极端憎

① 参见沈从文:《习作选集代序》,《沈从文全集》第9卷,北岳文艺出版社2002年版,第2—4页。
② 参见沈从文:《〈生命的沫〉题记》,《沈从文全集》第16卷,北岳文艺出版社2002年版,第306页。
③ 参见同上书,第307页。

恶的感情。"①

　　沈从文认肯自己是"乡下人",一个重要的原因是他对家乡文化的眷顾,这是沈从文永远的心结。他说他常常生活在那个家乡小城过去给他的印象里。并且,正是这种"乡下人"情感,使他常有另一种感觉,这就是"别一国度"的感觉。"我就在这些情形中,以为人家全不知道我身份,感到一点秘密的快乐。且在这些情形中,仿佛同别个世界里的人也接近了一点。我需要的就是这种接近。事实上却是十分孤独的。""我以为我是读书人,不应当被别人厌恶。可是我有什么方法使不认识我的人也给我一分尊敬?"沈从文的城乡二元对立观念,也正是从"别一国度"看城市的。当他初始接触现代文明时,总觉得真怪②,并把城市与乡村的区别从一个方面加以表现③。在1929年前后的作品即通过对城乡两种不同文化的现有存在对比,把两种文化的对立显示给读者:地方的习惯是消灭了,民族的热情是下降了,女人也慢慢地像汉族女人,把爱情移到牛羊金银虚名虚事上来了,爱情的地位显然已经堕落,美的歌声与美的身体同样被其他物质战胜成为无用的东西了。④ 他还在《写在〈龙朱〉一文之前》描述了自己的堕落。⑤ 1932年,沈从文写了《凤子》,这是通过一位城里人应邀去乡下作客的所见、所闻、所感、所争论而凸显的两种文化:城市中由庙宇、和尚、信徒组连起来的迷信崇拜与乡下的巫祝文化,城市是神已经完全解体,乡下则"神之存在,依然如故"。1934年,沈从文出版了《边城》,两种文化的深层对话更加清楚,除有"这些人既重义轻利,又能守信自约,即便是娼妓,也常常较之讲道

---

　　① 沈从文:《习作选集代序》,《沈从文全集》第9卷,北岳文艺出版社2002年版,第6页。

　　② 参见沈从文:《从文自传》,《沈从文全集》第13卷,北岳文艺出版社2002年版,第246、320、315页。

　　③ 同上书,第306页。

　　④ 参见沈从文:《媚金·豹子·与那羊》,《沈从文全集》第5卷,北岳文艺出版社2002年版,第356页。

　　⑤ 参见沈从文:《龙朱》,《沈从文全集》第5卷,北岳文艺出版社2002年版,第323页。

德知羞耻的城市中人还更可信任"①一类断语外,还有由车路—马路、碾坊—渡船两组意象标志的文化对立与冲突。"车路"即"父母之命,媒妁之言","马路"即"以歌为媒,自由婚姻";"碾坊"即"企业与雇工","渡船"即原始真情、只是"一个人"。两种文化的对立与冲突很明显。

——沈从文发愿从民间发现中国文化的活力。有了这种乡下人情感,沈从文即把自己的根深入到中国民间。在这里,"民间"主要是指处于国家权力中心控制范围边缘区域的农村村落及城市世俗社会,沈从文作品主要就是从这两个方面发现中国文化的优秀品质,以此来对抗现代文明引起的伦理倒退。

在沈从文作品中,读者看到的是一条民间优秀文化抗争的线索,这就是城市题材中以《泥涂》、《失业》、《道德与智慧》等为代表,直接描绘都市下层社会被剥削被压迫者的生活困境以及他们在痛苦挣扎中显露出来的正直、善良、相互扶持的道德品质。在乡村题材作品中,以《神巫之爱》、《龙朱》、《月下小景》、《媚金·豹子与那羊》等为代表,通过人物的爱情、婚姻及两性关系,再现了湘西古老的文化习俗、美丽蛮荒的自然环境以及人们原始的生命形态,乡民们单纯、热烈、自由、奔放、重承诺、轻生死,敬神守法而又粗犷豪直;而以《阿黑小史》、《雨后》等为代表,则描绘了湘西这个带有原始色彩的文化环境中,山村小儿女们拥有的那份自由、活泼、纯乎自然的娇恋形态;至其作品《长河》则"是他与故乡父老子弟秉烛夜谈的第一本知心书"②。从中不难看出沈从文紧紧握住的是近现代中国自五四运动以来的平民主义思想,他的文化保守主义之根也就在这里。沈从文对都市文明的某种偏激,实质上是对"上层"人性的偏激,这同他的"乡下人"立场一致,在他看来,这些乡下人,"他们也是个人,但与我们都市上的所谓'人'却相离很远!一看到这些人说话,一同到这些人接近,就使我想起一件事情,我想好好来写他们一次。"他自认为:"一个中国人对他们发生特别兴味,我以为

---

① 沈从文:《〈边城〉题记》,《沈从文全集》第8卷,北岳文艺出版社2002年版,第59页。

② 黄永玉:《这些忧郁的碎屑》,三联书店2003年版,第50页。

我可以算第一位。""我多爱他们,五四以来用他们作对象我还是唯一的一人。"①相反,上流社会、绅士阶级等"社会中坚"的虚伪、自私、肮脏、庸鄙等,正好是同都市下层的正直、善良、相互扶持的道德品质相对。如果仔细清理,这正同从陈独秀倡导针对贵族文学传统的"国民文学"主张,到周作人提倡"平民文学",再到毛泽东提出文艺的工农兵方向的平民主义倾向保持了高度一致,并因而符合中国现代文学的主流趋势。

在沈从文看来,"小地方的光、色、习惯、观念,人的好处同坏处,凡接触到它时,无一不使你十分感动。便是那点愚蠢、狡猾,也仿佛使你城市中人非原谅他们不可。"②

> 我同任何一个下等人就似乎有很多方面的话可谈,他们那点感想,那点观念,也大多数同我一样,皆从实生活取证来的。③

> 我是不会变成另外一种人的,好的女人不能使我变成孩子,好的生活也不能使我变成城市中人。④

在沈从文的作品中,描写乡村与描写都市题材的小说几乎占了全部作品的半数,这使他成为现代中国作家中自觉地将艺术触角延伸到现代中国城乡两大社区、两类文化板块并给以同等关注的唯一者,这一自觉使沈从文能横跨城乡,从两种文化的互补中探讨中国的文化问题,这是沈从文文化保守主义的基本特征。当然,在总的倾向上,他似乎更钟情于"乡村":"在他人看来,也许有点不可解,因为我觉得这种(乡下人的)寂寞的死,比在城市中同一群莫名其妙的人热闹的生,倒有意义得多。"⑤

——认肯农村民间文化是民族品德重造的根本基地。"礼失而求诸野",沈从文的创作主流就是退返民间去发现那里保留的原始人性美:柏子与相好妓女在遇合前戏谑激将相互检测对方的诚意,遇合中狂热粗野,无一

① 沈从文:《湘行书简》,《沈从文全集》第11卷,北岳文艺出版社2002年版,第129、132—133页。
② 同上书,第146—147页。
③ 沈从文:《从文自传》,《沈从文全集》第13卷,北岳文艺出版社2002年版,第330页。
④ 沈从文:《记胡也频》,《沈从文全集》第13卷,北岳文艺出版社2002年版,第8页。
⑤ 沈从文:《烛虚》,《沈从文全集》第12卷,北岳文艺出版社2002年版,第15页。

处不显示出粗犷原始的爱；四狗进而与情人在野地里毫不遮羞地撒野；神巫虽担任了神职，但这并不妨碍他勇敢地追求纯洁的爱情。他们勇敢淳朴、热情四射，胜过了城市中一切"阉鸡式"的男子，在他们身上寄托了沈从文民族品格重建的理想，正如苏雪林所说，沈从文是"想借文字的力量，把野蛮人的血液注射到老迈龙钟颓废腐败的中华民族身体里去使他兴奋起来；年青起来，好在廿世纪舞台上与别个民族争生存权利"①。

由于沈从文把民间作为他重构民族品德的文化基地，故而他与鲁迅及20世纪20年代乡土小说作家着意于描绘农村颓败、陋风恶习、农民愚昧等落后文化不同，沈从文重在颂美、重构民间人性美，他笔下的农民、水手、兵士、商人甚至土娼大多淳朴善良富有人情味。若把小说《黄金》与《长河》加以比较便能体认出这两种不同的价值取向：王鲁彦小说渲染了农人的势利丑陋，小有产者如史伯伯仅仅因为年关儿子没寄钱回来，便遭乡人冷眼歧视落井下石，不但乞丐无礼敲诈而且小偷明目张胆烧门破墙而入；沈从文笔下的农村则不同，那里的人际关系充满温情，同样是破产，老水手想募资打一条船重振旗鼓，众人热心帮他责无旁贷，桔子园主人滕长顺甚至劝他"倒不如歇下来，爽性到我家里去住，粗茶淡饭总有一口"②。这两种截然相反的世态人情与其说是地域性的差异，倒不如说是两种文化价值观照下的文化追求更为恰当。鲁迅及其追随者以现代启蒙眼光反视农村，发现了它的封闭落后；沈从文则恰恰相反，他以"乡下人"的眼光重新审视城市，对城市唯实唯利的市侩哲学和浮华贪鄙的虚伪市风大加鄙夷，故而对"五四"以"现代化"启蒙农村的传统反其道而行之。他在小说《乡城》中便站出来说："想教育乡下人，或者还得先跟乡下人学学，多明白一点乡下是什么，与城市里有多少不同的地方。"③

其次，反思现代文明的道德失落。在沈从文的思想星空里，"城市"与"乡村"同"现代"与"传统"、"农业文明"与"商业文明或工业文明"、"乡下

① 苏雪林：《沈从文论》，见王珞编《沈从文评说八十年》，中国华侨出版社2004年版，第189页。
② 沈从文：《长河》，《沈从文全集》第10卷，北岳文艺出版社2002年版，第48页。
③ 沈从文：《乡城》，《沈从文全集》第10卷，北岳文艺出版社2002年版，第293—294页。

人"与"城里人"有可置换的意义。从社会学的角度,这是两种社区文化;从文化学或历史学的角度,这是两种历史时代的文化;从经济学的角度,这又是两种或多种不同的经济形态。沈从文关注这两种形态,有极深刻的原因,这就是"我们从事的工作,原来也可以看得很轻易,以为是制造饽饽食物必需现作现卖的;也可以看得比较严重,以为是种树造林必需相当时间的。我希望我的工作,在历史上能负一点儿责任,尽时间来陶冶,给它证明什么应消灭,什么宜存在"①。这是沈从文的自我规划,反映了他在"乡下"与"城里"、"传统"与"现代"的关系上是如何体认的。

　　或者还有人,厌倦了热闹城市,厌倦了眼泪与血,厌倦了体面绅士的古典主义,厌倦了假扮志士的革命文学,这样人,读我这本书时,能得到一点趣味。我心想这样人大致总还有。②

　　沈从文把中国社会半殖民地化过程中民族品德的消失认作是自己忧患意识的主流,始终感到一种价值失落和解体的痛苦。这种痛感主要是城市文明的伦理惰性,是都市上流社会的"绅士淑女"、"社会中坚"、"学者名流"的虚伪、自私、怯懦的性格特征以及他们庸俗、卑鄙的日常行为。《绅士的太太》揭露绅士与太太相互欺骗各自在外通奸,旨在为上层人"造一面镜子";《八骏图》揭露道貌岸然的教授表面上庄严老成,骨子里却变态庸俗,或在蚊帐里挂一幅半裸体的美女画,或盯着爱神裸体照片像是在寻觅些什么。在乡村,从《七个野人与最后一个迎春节》、《顾问官》、《丈夫》、《牛》、《新与旧》、《菜园》等作品中,也看到的是在近、现代文明的侵袭下,由于"点缀都市文明的奢侈品大量输入",加上普通民众遭受的官、商、兵、匪和地方权势者们的精神压榨、肉体剥削,使人们失去了原来的朴质、勤俭、和平、正直的型范,呈现出来的种种"堕落"迹象,如《七个野人与最后一个迎春节》

---

　　① 沈从文:《习作选集代序》,《沈从文全集》第9卷,北岳文艺出版社2002年版,第7页。

　　② 沈从文:《〈阿黑小史〉序》,《沈从文全集》第7卷,北岳文艺出版社2002年版,第231页。按:范桥等编《沈从文散文》(中国广播电视出版社1994年版)第3集第346—347页有较大出入,其文曰:"或者还有人,厌倦了热闹城市,厌倦了不诚实的眼泪与血,厌倦了体面绅士的'古典主义',厌倦了新旧乔装的载道文学,这样人,读我这本书时,或能得到一点趣味。我心想这样人大致目前和未来总还不会缺少。"

中那逃入山洞躲避官府横征暴敛的七个野人最终逃脱不了被官府剿杀的悲剧;《菜园》中那走出湘西到北京寻求人生理想的善良正直的王少琛及其妻子,在回家省亲时竟被地方恶势力作为"共产党"而杀害;《牛》中承负着农民老牛伯全部希望的一条耕牛突然间被官府"征发到一个不可知的地方去了";《新与旧》中的刽子手杨金标,在被迫杀害了两名"共产党"后,终因接受不了国民党的凶残现实,"痰迷心窍"惊吓而死;《丈夫》中从穷困的农村来到水码头的妓船上做皮肉生意的老七,最终也在不堪忍受的蹂躏中恢复了做人的尊严,跟着丈夫回到了毫无希望的悲惨农村等。

正是在这种强烈的现实照射下,沈从文认识到,一般人喜用教育、身份来测量这个人的道德程度,尤其是有关乎性的道德。可事实上,有些人是我们应当嘲笑的,社会却常常给以尊敬;有些人是我们应当赞美的,社会却认为罪恶。多数人所表现的观念,照例是与真理相反的。多数人都乐于在一种虚伪中保持安全或自足心境。因此,他厌恶社会,厌恶伪君子。①

问题在哪里?他以为,随着"现代"的到来,事事物物自然都有了极大进步,试仔细注意,但也见出在变化中的堕落趋势。最明显的是农村社会所保有的那点正直素朴人情美也几乎快要消失无余,代替而来的却是近20年实际社会培养成功的一种唯实唯利庸俗人生观。敬鬼神畏天命的迷信固然已经被常识所摧毁,然而做人时的义利取舍是非辨别也随同泯没了。"现代"二字已到了土家族地区,可是具体的东西,不过是点缀都市文明的奢侈品大量输入,是流行政治中的公文八股和交际世故。幸好还有地方上年事较长、体力日渐衰竭、情感近于凝固、有不可免的保守性者多少保留了一些治事做人的优美崇高风度。而所谓时髦青年,便只能给人痛苦印象,这些人都共同对现状表示不满,可是国家社会问题何在,进步的实现必须如何努力,照例全不明白。一面不满现状,一面用求学名分,向大都市里跑去,在上海或南京,武汉或长沙从从容容住下来,挥霍家中前一辈的积蓄,享受腐烂的现实,并用时代轮子、帝国主义一类空洞字句,写点现实论文和诗歌,情书或家信。末了是毕业、结婚、回家,回到原有那个现实里做新一代绅士完事。

---

① 参见沈从文:《生命》,《沈从文全集》第12卷,北岳文艺出版社2002年版,第44页。

就中少数真有志气,有理想,无从使用家中财产,或不屑使用家中财产,想要好好地努力奋斗一番的,也只是就学校读书时所得到的简单文化概念,以为世界上除了"政治",再无别的事物。对历史社会的发展,既缺少较深刻的认识,对个人生命的意义,也缺少较深刻的理解。个人出路和国家幻想,都完全寄托在一种依附性的打算中,结果到社会里一滚,自然就消失了。①

边鄙的湘西是这样,城市就更是如此。他对城里人因为现代社会造成的"病"进行了分析。认为"城市中人生活太匆忙、太杂乱,耳朵眼睛接触声音光色过分疲劳,加之多睡眠不足、营养不足,虽俨然事事神经异常尖锐敏感,其实除了色欲意识以外,别的感觉官能都有点麻木不仁。这并非你们的过失,只是你们的不幸,造成你们不幸的是这一个现代社会"②。

不仅城市人有病、乡下人有病,而且各行各业的人都有病。所以,沈从文处处以批评现实为己任,认为这有利于民族。他说,我不能把深一点的社会沉痛情形融化到一种纯天真滑稽里成为全无渣滓的东西,讽刺露骨乃所以成其为浅薄,我实当真想过另外起头来补救的。③ 我们还得认识清楚,一个作家在写作观念上,能得到应有的自由,作品中浸透人生的崇高理想,与求真的勇敢批评态度,方可望将真正的时代精神与历史得失加以表现。能在作品中铸造一种博大坚实富于生气的人格,方能启发教育读者的心灵。这种作家与作品,从表面言来,也许与某一时某一种政治真理相去甚远,事实上不过是与一小部分政客政策稍稍不同罢了。也许把这个民族的弱点与优点同时提出,好像大不利于目前抗战,事实上我们要建国,便必需从这种作品中注意,有勇气将民族弱点加以修正,方能说到建国。④ 总之,为了国

---

① 参见沈从文:《长河》,《沈从文全集》第 10 卷,北岳文艺出版社 2002 年版,第 3—4 页。

② 沈从文:《习作选集代序》,《沈从文全集》第 9 卷,北岳文艺出版社 2002 年版,第 4 页。

③ 参见沈从文:《〈阿丽思中国游记〉后序》,《沈从文全集》第 3 卷,北岳文艺出版社 2002 年版,第 3—4 页。

④ 参见沈从文:《新的文学运动与新的文学观》,《沈从文全集》第 12 卷,北岳文艺出版社 2002 年版,第 51—52 页。

家，"我希望看到一点别人有理性很诚实的意见。"①

再次，以旧观新与以常统变。沈从文虽然把价值失落的原因归结为"现代社会"，但他并未简单了事，而是进行了一系列认真的分析，体现出他以旧观新与以常统变的分析思路。

新与旧的矛盾与冲突是沈从文时代的尖锐冲突。他认为：中国思想界新旧的矛盾对立与冲突及不自然的混合，形成了文学运动的一种新要求，并相应地在北方产生了若干小文学团体②；教育界新与旧的矛盾交织也异常突出，新的没有，旧的不读；在女子教育上，俨然只尊重一个空洞名词"男女平等"，从不曾稍稍从身心两方面对社会适应上加以注意"男女有别"，因此教育出的女子很容易成为一种庸俗平凡的类型，生命无性格、生活无目的、生存无幻想，一切都表现出生物学上的退化现象，在上层社会妇女中的退化现象尤其显著触目。③

沈从文以诗歌为例来说明新与旧的矛盾冲突。他认为：中国诗歌趣味对"新"带着一个类乎宗教的倾心，以为可以用海舶运输而流行，故19世纪末，中国虽一切还是古旧的中国，中国的新诗，便有了机械动力的声音。然而数数稍前一时的式样，反使人对那业已为人忘却的"人生文学"倍增感慨了。"京样"的"人生文学"，提倡自于北京，而支配过一时节国内诗歌的兴味，诗人以一个绅士或荡子的闲暇心情，窥觑宽泛的地上人事，平庸、愚卤、狡猾、自私，一切现象使诗人生悲悯的心，写出不公平的抗议，"虽文字翻新，形式不同，然而基本的人道观念，以及抗议所取的手段，仍俨然是一千年来的老派头，所以老杜的诗歌，在精神上当时还为诸诗人崇拜取法的诗歌。"④也许正因如此，沈从文不读新诗，也不写新诗。⑤ 如果说与胡适有区

① 沈从文:《关于"海派"》,《沈从文全集》第17卷,北岳文艺出版社2002年版,第60页。
② 参见沈从文:《湘人对于新文学运动的贡献》,《沈从文全集》第17卷,北岳文艺出版社2002年版,第162页。
③ 参见沈从文:《烛虚》,《沈从文全集》第12卷,北岳文艺出版社2002年版,第4页。
④ 沈从文:《窄而霉斋闲话》,《沈从文全集》第17卷,北岳文艺出版社2002年版,第37—38页。
⑤ 王亚蓉编:《沈从文晚年口述》,陕西师范大学出版社2003年版,第111页。

别,这也应算其一吧。

在谈到新文人与新文学时,他对"新文人"的新旧矛盾进行了更为辛辣的讽刺。"一个新文人的特征是:'活下来比任何种人做人的权利皆特别多,做人的义务皆特别少。'""他们既在那里'玩'文学,认为文学只宜那么玩下去,又潇洒,又自由,还必须如此方不至于失去它的庄严。总仿佛国家社会皆不能缺少这种消闲文学同游荡分子,若稍稍苛刻他们,希望他们在生活态度上与作品上负上一点儿小小责任时,就亵渎了文学,误解了文学,因此一来,文学就再不成其为文学,国家社会同时也就再不成其为国家社会了。"与此相应,他提出了二者的区别:

> 我们这个社会真正所希望的文学家呢,无论如何应当与新文人是两种人。第一,他们先得承认现代文学不能同现代社会分离,文学家也是个"人",文学决不能抛开人的问题反而来谈天说鬼。第二,他们既得注意社会,当前社会组织不合理处,需重造的,需修改的,必极力在作品中表示他的意见同目的,爱憎毫不含糊。第三,他们既觉得文学作家也不过一个人,就并无什么比别人了不起的地方,凡作人消极与积极的两种责任皆不逃避。他们从事文学,也与从事其他职业的人一样,贡献于社会的应当是一些作品,一点成绩,不能用其他东西代替。①

新旧冲突的症结在于国家和"民族的新陈代谢工作"在沈从文那里具有十分重要的意义。他的创作,考虑的主题即"主要的是这个民族战胜后要建国,战败后想翻身。那么,这种作品必然成为民族文学最根本的形式或主题"②。因此,"时代变化了,支持新社会得用一个新思想。若所用的依然是那个旧东西,便得修正它,改造它。"③

"常"与"变"的"两相乘除"是沈从文文化保守主义的重要命题,也是沈从文以旧观新的必然结果,反映了沈从文的哲学态度。在沈从文看来,"道德"、"社会思想"、"政治倾向"、"恋爱观念"等一类名词,在各个阶级、

---

① 沈从文:《新文人与新文学》,《沈从文全集》第17卷,北岳文艺出版社2002年版,第83、85—86页。

② 沈从文:《烛虚》,《沈从文全集》第12卷,北岳文艺出版社2002年版,第8、9页。

③ 沈从文:《中国人的病》,《沈从文全集》第14卷,北岳文艺出版社2002年版,第86页。

各种时间、各种环境里具有极大的伸缩性，这是我们必须加以注意并承认的。① 也就是说，他要从"常"与"变"的"两相乘除"来理解社会文化现象。他描写湘西，就是要从沅水流域人事琐细处，以它的过去、当前和发展中的未来作证明，希望它能给外来者一种比较近实的印象，更希望的还是可以燃起青年学生一点克服困难的勇气和信心！他以辰河流域一个小小的水码头作背景，写他所熟悉的人事，写这个地方一些平凡人物生活上的"常"与"变"，以及在两相乘除中所有的哀乐。问题在分析现实，所以忠忠实实和问题接触，虽心中不免痛苦，但还是特意加上一点牧歌的谐趣，取得人事上的调和。作品写的是习惯下的种种存在，是事事都受习惯控制，是这一片小小地方活动流转时所形成的各种生活式样与生活理想，是它们在一个无可避免的情形中的"发展"与"宿命"②。

正是基于此，沈从文在作品设计上注重将常与变错综，写出"过去"和"当前"与那个发展中的"未来"。因此，其作品中所能见到的，一方面是自然景物的明朗和生长于这个环境中几个小儿女性情上的天真纯粹，还可见出一点希望；另一方面则是写出另一些人和事的黯淡无光，尤其是叙述到地方特权者时，一支笔即再残忍也不能写下去。虽然这只是湘西一隅的事情，其实它和全国好些地方情形相差不多。虽然这些现象的存在，似乎被对外战争淹没了，可是和这些类似的问题，却随时在别的地方发生。所以，即使"战争已当真完全净化了中国，然而把这点近于历史陈迹的社会风景，用文字好好的保留下来，与'当前'崭新的局面对照，似乎也很可以帮助我们对社会多有一点新的认识，即在战争中一个地方的进步的过程，必然包含若干人情的冲突与人和人关系的重造"。所以，"一个有良心的读者，是会承认这个作品不失其为庄严与认真的"③。

沈从文看到，世界在变动中，一切都必然得变，政治或社会，法律与道德似乎都值得有心人给予一种新的看法，至少是比较新些的看法。文学自然不在例外，也需要一种较新的看法。文学运动要有个较好的"明日"，得从

---

① 参见沈从文：《文学者的态度》，《沈从文全集》第 17 卷，北岳文艺出版社 2002 年版，第 51 页。

② 沈从文：《长河》，《沈从文全集》第 10 卷，北岳文艺出版社 2002 年版，第 6 页。

③ 同上书，第 7 页。

"过去"和"当前"知道些问题。这些问题平时照例是为一般人忽略过了的。① "在战时,或又因为投鼠忌器,讳疾讳医,更不常为人道及的。"②但是,从这些变化中,还是可以看到地方上年事较长的尚保留的一些治事做人的优美崇高风度。

---

① 参见沈从文:《新的文学运动与新的文学观》,《沈从文全集》第12卷,北岳文艺出版社2002年版,第46页。

② 沈从文:《文学运动的重造》,《沈从文全集》第17卷,北岳文艺出版社2002年版,第289页。

# 主要参考文献

## 一、土家族哲学研究的基础文献

### （一）历史文献·土家族部分

1. 鹤峰县史志编纂办公室等编:《容美土司史料汇编》,内部资料 1983 年版。

2. 鄂西土家族苗族自治州民族事务委员会编:《鄂西少数民族史料辑录》,内部资料 1986 年版。

3. 四川省涪陵地区川东南民族资料编辑委员会编:《川东南民族资料汇编》,四川人民出版社 1986 年版。

4. 贵州省志民族志编委会编:《民族志资料汇编》第 9 集(土家族),内部资料 1989 年版。

5. 中国人民政治协商会议石柱土家族自治县委员会文史资料委员会编:《石柱土司史料辑录》,内部资料 1989 年版。

6. 王承尧、罗午、彭荣德辑录:《土家族土司史录》,岳麓书社 1991 年版。

7. 黔江地区民族事务委员会编:《川东南少数民族史料辑》,四川民族出版社 1996 年版。

8. 黄柏权主编:《历史的见证　土家族确认前后》,内部资料 1999 年版。

9. 彭继宽选编:《湖南土家族社会历史调查资料精选》,岳麓书社 2002 年版。

10. 顾彩著,吴柏森校注:《容美纪游校注》,湖北人民出版社 1999 年版。

11. 沈阳选注:《土家族地区竹枝词三百首》,民族出版社 2003 年版。

12. 张兴文等校注:《卯峒土司志校注》,民族出版社 2001 年版。

13. 傅一中校注：《清道光〈建始县志〉校注》,内部资料 2000 年版。

14. 傅一中编：《建始县晚清至民国志略》,内部资料 2002 年版。

15. 袁艳梅编：《古僮史料·湖北方志卷》,中央民族大学出版社 2003 年版。

16. 湘西土家族苗族自治州《民族志》编纂小组编：《民族志》,湖南人民出版社 1999 年版。

17. 鄂西土家族苗族自治州民族事务委员会编：《鄂西土家族苗族自治州民族志》,四川民族出版社 1993 年版。

18.《石柱县志》编撰委员会编：《石柱县志》,四川辞书出版社 1994 年版。

19.《来凤县志》编纂委员会编：《来凤县志》,湖北人民出版社 1990 年版。

20. 秀山土家族苗族自治县县志编撰委员会编：《秀山县志》,中华书局 2001 年版。

21.《黔江土家族苗族概况》编写组：《黔江土家族苗族概况》,内部资料 1984 年版。

22. 白新民：《酉阳——酉阳土家族苗族自治县成立纪念》,内部资料 1983 年版。

23.《酉阳土家族苗族自治县概况》编写组：《酉阳土家族苗族自治县概况》,民族出版社 1986 年版。

24. 长阳民族宗教事务委员会等编：《长阳宗谱资料初编》,内部资料 2001 年版。

25. 嘉靖《湖广图经志书》；万历《湖广总志》；乾隆《湖广通志》、《鹤峰州志》、《永顺县志》、《永顺府志》；雍正《湖广通志》；道光《施南府志》。

26. 嘉庆《龙山县志》、《重修一统志·酉阳直隶州》、嘉庆《湖北通志》。

27. 同治《来凤县志》、《建始县志》、《咸丰县志》、《宣恩县志》、《恩施县志》、《长乐县志》、《保靖县志》、《沅陵县志》、《酉阳直隶州总志》、《彭水县志》、《黔江县志》、《鹤峰州志》、《沅陵县志》、《宜昌府志》。

28. 光绪《利川县志》、《龙山县志》。

29. 民国《鹤峰州志》、《咸丰县志》、《永顺县志》、《涪陵县续修涪州志》。

30. 胡朴安编：《中华全国风俗志》,上海书店 1986 年版。

## (二)历史文献·中域部分

1. 二十五史中下列诸史的相关部分：司马迁：《史记》,班固：《汉书》,范晔：

《后汉书》,陈寿:《三国志》,魏征:《隋书》,刘昫:《旧唐书》,欧阳修:《新唐书》,脱脱:《宋史》,薛居正:《旧五代史》,张廷玉:《明史》,赵尔巽:《清史稿》。

2. 下列文献中的相关部分:《左传》,《战国策》,《山海经》,《礼记》,《论语》,《荀子》,《说文解字》,《论衡》,《东观汉纪》,《蜀都赋》,《文心雕龙》,《酉阳杂俎》,《苗防备览》,《西园闻见录》,《太平寰宇记》,《太平御览》,《资治通鉴》,《王文成公全书》,《筹海图编》,《读四书大全说》,《宋元学案》,《十六国春秋》,《大明一统志》,《明实录》,《清实录》。

3. 张维屏辑:《国朝诗人征略》第 43 卷,北京图书馆出版社 2004 年版。

4. 张惠言:《茗柯文编》,上海古籍出版社 1984 年版。

5. 龚自珍:《龚自珍全集》,上海古籍出版社 1975 年版。

6. 杨国桢选注:《林则徐选集》,人民文学出版社 2004 年版。

7. 曾国藩:《曾国藩全集》第 16、30 卷,中国致公出版社 2001 年版。

8. 梁廷枬:《夷氛闻记》,中国近代史资料丛刊:《鸦片战争》第 6 册,神州国光社 1954 年版。

9. 徐素华选注:《筹洋刍议——薛福成集》,辽宁人民出版社 1994 年版。

10. 胡希伟选编:《论世变之亟——严复集》,辽宁人民出版社 1994 年版。

11. 康有为:《康有为政论集》,中华书局 1981 年版。

12. 王利器等注:《康有为选集》,人民文学出版社 2004 年版。

13. 湖南省哲学社会科学研究所编:《唐才常集》,中华书局 1980 年版。

14. 王蘧常选注:《梁启超选集》,人民文学出版社 2004 年版。

15. 梁启超:《饮冰室合集》专集,中华书局 1936 年版。

16. 冯小琴评注:《邹容〈革命军〉》,华夏出版社 2002 年版。

17. 朱仲颐评注:《陈天华〈猛回头〉、〈警世钟〉》,华夏出版社 2002 年版。

18. 章太炎:《章太炎全集》第 4 卷,上海人民出版社 1985 年版。

19. 吴晓明:《德赛二先生与社会主义——陈独秀文选》,上海远东出版社 1994 年版。

20. 鲁迅:《鲁迅杂文小说散文全集》,中国致公出版社 2001 年版。

21. 孙中山:《孙中山全集》第 1—2 卷,中华书局 1982 年版。

22. 梁濑溟:《朝话》,教育科学出版社 1988 年版。

23. 冯友兰:《三松堂自序》,三联书店 1984 年版。

24. 冯友兰:《冯友兰学术论著自选集》,北京师范学院出版社 1992 年版。

## （三）土家族民间口承文献资料

1. 归秀文编：《土家族民间故事选》，上海文艺出版社 1989 年版。

2. 鄂西土家族苗族自治州民族事务委员会等编：《鄂西民间故事集》，中国民间文艺出版社 1989 年版。

3. 鄂西土家族苗族自治州民族事务委员会等编：《鄂西谚语集》，四川民族出版社 1991 年版。

4. 刘黎光编：《中国民间故事集成·湖南省卷·自治州分卷》，内部资料1989 年版。

5. 恩施市文化馆等编：《恩施市民族民间故事传说集》，内部资料 1988年版。

6. 黔江县民间文学三套集成编委会编：《黔江土家族苗族自治县民间故事》，内部资料 1987 年版。

7.《容美》编辑室编：《细柳城——鹤峰民族民间故事·传说续集》，内部资料 1983 年版。

8. 宋玉鹏、彭林绪、萧田编：《土家族民歌》，四川民族出版社 1987 年版。

9. 刘黎光编：《湘西歌谣大观》，湖南文艺出版社 1990 年版。

10. 湘西土家族苗族自治州群艺馆编：《湘西民间文学资料》第 1 辑，内部资料 1980 年版。

11. 龚发达主编：《长阳土家族自治县歌谣分册》，内部资料 1988 年版。

12. 萧国松整理：《孙家香故事集》，长江文艺出版社 1998 年版。

13. 恩施市文化馆等编：《恩施市歌谣分册》，内部资料 1989 年版。

14. 宣恩县文化局等编：《宣恩县歌谣分册》，内部资料 1989 年版。

15. 利川市民族民间文学三套集成编委会编：《利川市民族民间歌谣集》，内部资料 1990 年版。

16. 马学良主编：《中国少数民族文学作品选》，上海文艺出版社 1982年版。

## （四）土家族研究的一般文献

1. 徐中舒：《论巴蜀文化》，四川人民出版社 1982 年版。

2. 吴永章：《中国土司制度渊源与发展史》，四川民族出版社 1988 年版。

3. 彭继宽等:《土家族文学史》,湖南文艺出版社1989年版。

4. 周集云:《巴族史探微》,四川省社会科学院出版社1989年版。

5. 张良皋等:《武陵土家》,三联书店2001年版。

6. 李绍明:《川东西水土家》,成都出版社1993年版。

7. 孟立军等:《嬗变·互动·重构——土家族文化现象研究》,民族出版社1993年版。

8. 田荆贵:《中国土家族历史人物》,民族出版社1993年版。

9. 李星星:《曲折的回归——四川酉水土家文化考察札记》,三联书店1994年版。

10. 李幹等:《土家族经济史》,陕西人民教育出版社1996年版。

11. 杨昌鑫:《土家族风俗志》,中央民族学院出版社1989年版。

12. 祝注先:《中国古代民族诗论》,广西人民出版社1989年版。

13. 田发刚、谭笑:《鄂西土家族传统文化概观》,长江文艺出版社1998年版。

14. 陈国安:《土家族近百年史(1840—1949年)》,贵州民族出版社1999年版。

15. 邓辉:《土家族区域的考古文化》,中央民族大学出版社1999年版。

16. 胡炳章:《土家族文化精神》,民族出版社1999年版。

17. 周兴茂:《土家族的传统伦理道德与现代转型》,中央民族大学出版社1999年版。

18. 董珞:《巴风土韵——土家文化源流解析》,武汉大学出版社1999年版。

19. 萧洪恩:《土家族口承文化哲学研究》,中央民族大学出版社1999年版。

20. 彭英明:《土家族文化通志新编》,民族出版社2000年版。

21. 段超:《土家族文化史》,民族出版社2000年版。

22. 邓红蕾:《道家与土家族文化》,民族出版社2000年版。

23. 田敏:《土家族土司兴亡史》,民族出版社2000年版。

24. 邓红蕾:《道家与土家族文化》,民族出版社2000年版。

25. 石亚洲:《土家族军事史研究》,民族出版社2003年版。

26. 曹毅:《土家族民间文化散论》,中央民族大学出版社2002年版。

---

27. 傅冠群主编:《土家族百年实录》,中国文史出版社2002年版。

28. 胡济民等:《土家族革命斗争史略》,中央民族大学出版社2002年版。

29. 萧洪恩:《土家族仪典文化哲学研究》,中央民族大学出版社2002年版。

30. 杨铭:《土家族与古代巴人》,重庆出版社2002年版。

31. 萧洪恩主编:《巴文化研究》,北京出版社2002年版。

32. 谭宗派:《鱼木寨研究》,国际文化出版公司2001年版。

33. 周兴茂:《土家学概论》,贵州民族出版社2004年版。

34. 胡茂成等主编:《巴文化研究》,湖北人民出版社2005年版。

35. 湘西自治州民委编:《土家族历史讨论会论文集》,内部资料1983年版。

## 二、土家族哲学研究

### (一)原典文献
#### Ⅰ 传统哲学

1. 常璩著,刘琳校注:《华阳国志校注》,巴蜀书社1984年版。

2. 彭勃、彭继宽整理:《摆手歌》,岳麓书社1989年版。

3. 彭荣德、王承尧整理:《梯玛歌》,岳麓书社1989年版。

4. 彭勃、祝注先选注:《历代土家族文人诗选》,岳麓书社1992年版。

5. 陈湘锋等评注:《〈田氏一家言〉诗评注》,中央民族大学出版社1999年版。

6. 杨发兴等注:《彭秋潭诗注》,中国三峡出版社1997年版。

7. 田泰斗著,田登云整理:《望鹤楼诗抄》,内部资料1998年版。

8. 周平波选:《晚秋堂诗词选》,岳麓书社1992年版。

9. 马国翰:《玉函山房辑佚书·〈周易蜀才注〉》,广陵书社2005年版。

10. 黄怀信:《鹖冠子汇校集注》,中华书局2004年版。

#### Ⅱ 辛亥革命

1. 朱和中:《欧洲同盟会纪实》,《辛亥革命回忆录》第6集,文史资料出版社1981年版。

2. 朱和中:《革命思想在湖北的传播与党人活动》,武汉大学历史系中国近代史教研室编:《辛亥革命在湖北史料选辑》,湖北人民出版社1981年版。

3. 黔江县志办公室、咸丰县志办公室合编:《温朝钟反正·资料辑录》,内部资料1986年版。

4. 席正铭:《冷冷山人集》,中国人民政治协商会议沿河土家族自治县委员会文史资料研究委员会编:《沿河文史资料》第2辑,内部资料1990年版。

5. 周万国、敬克基整理:《席正铭函电选载》,中国人民政治协商会议沿河土家族自治县委员会文史资料研究委员会编:《沿河文史资料》第2辑,内部资料1990年版。

6. 席少丹:《席正铭革命事略》,《贵州文史丛刊》1996年第5期。

7. 邓玉麟:《邓玉麟革命小史》,《武昌起义档案资料选编》中卷,湖北人民出版社1982年版。

8. 黄元吉:《辛亥武昌首义真象》,《辛亥首义回忆录》第3辑,湖北人民出版社1958年版。

9. 梁钟汉:《我参加革命的经过》,《辛亥首义回忆录》第2辑,湖北人民出版社1957年版。

10. 中国人民政治协商会议湘西土家族苗族自治州委员会文史资料委员会编:《湘西文史资料》1992年第2、3辑,总第25、26辑合刊:《李烛尘资料专辑》,内部资料1992年版。

11. 中国人民政治协商会议湘西土家族苗族自治州委员会文史资料委员会编:《湘西百年大事记》,《湘西文史资料》第14—15合刊,内部资料1989年版。

12. 张枏、王忍之编:《辛亥革命前十年间时论选集》第1—3卷,三联书店1963年版。

13. 中国人民政治协商会议全国委员会文史资料委员会编:《辛亥革命回忆录》第6集,文史资料出版社1981年版。

14. 武汉大学历史系中国近代史教研室编:《辛亥革命在湖北史料选辑》,湖北人民出版社1981年版。

15. 政协湖北省委员会编:《辛亥革命回忆录》第3辑,湖北人民出版社1958年版。

16. 贺觉非:《辛亥武昌首义人物传》上、下册,中华书局1982年版。

17. 中国人民政治协商会议鄂西州委员会文史资料委员会编:《鄂西文史

资料》第 4 集,内部资料 1986 年版。

18. 中国人民政治协商会议黔江土家族苗族自治县委员会文史资料委员会编:《黔江文史资料》第 9 辑,内部资料 1996 年版。

19. 中国人民政治协商会议黔江土家族苗族自治县委员会文史资料委员会编:《黔江文史资料》第 7 辑,内部资料 1994 年版。

20. 中国人民政治协商会议湘西土家族苗族自治州委员会文史资料委员会编:《湘西文史资料》第 6 辑,内部资料 1992 年版。

21. 佚名:《世界实业一斑》,《湖北学生界》1903 年第 1 期。

22. 麦孟华:《总论·民主第一》,载《时务报》第 28 册。

23. 张难先:《湖北革命知之录》,商务印书馆 1946 年版。

24. 周恩来:《首都万人集会纪念辛亥革命五十周年大会上的开幕词》,《人民日报》1961 年 10 月 10 日。

### Ⅲ 马克思主义

1. 曾成贵主编:《中国革命史人物研究综述》,河南人民出版社 1989 年版。

2. 李盛平主编:《中国近现代人名大辞典》,中国国际广播出版社 1989 年版。

3. 巴胡母木主编:《西南少数民族人物志》Ⅲ,四川民族出版社 1993 年版。

4. 王战英等编:《近现代中国少数民族英名录》,华夏出版社 1994 年版。

5. 中国革命博物馆等编:《新民学会资料》,人民出版社 1980 年版。

6. 向警予:《向警予文集》,湖南人民出版社 1985 年版。

7. 刘茂舒:《向警予传记 纪念与回忆·论述·资料》,武汉出版社 1995 年版。

8. 蔡和森:《蔡和森文集》,人民出版社 1980 年版。

9. 赵世炎:《赵世炎选集》,四川人民出版社 1984 年版。

10. 中共中央党史研究室科研管理部:《赵世炎百年诞辰纪念集》(其中有赵世炎佚文多篇),中共党史出版社 2001 年版。

11. 赵世炎:《一个无政府党和一个共产党的谈话》,《少年》第 7、8、10、11 期,人民出版社 1982 年影印版。

12. 卓炯:《罗加诺公约的废弃与法苏协定的订立》,《劳动季报》1936 年总第 9 期。

13. 卓炯:《日德意同盟的前瞻》,《国华半月刊》1936 年第 1 卷第 2 期。

14. 卓炯:《奴隶制度之理论基础》,《劳动季报》1937 年总第 10 期。

15. 卓炯:《国民经济建设之理论与实际》,《劳动季报》1937 年总第 11 期。

16. 卓炯:《日本议会解散的检讨》,《国华半月刊》1937 年第 1 卷第 10 期。

17. 卓炯:《关于抗战的认识及其他》,《救亡呼声》1938 年第 1 卷第 2 期。

18. 钝夫(卓炯笔名,下同):《与汪精卫先生论寻求与国与团结民众》,《救亡呼声》1938 年第 2 卷第 1 期。

19. 钝夫:《抗战时期的青年失学问题》,《救亡呼声》1939 年第 2 卷第 2 期。

20. 钝夫:《超党派,超阶级,超经济吗?》,《救亡呼声》1939 年第 2 卷第 3 期。

21. 钝夫:《从斗争中学习》,《救亡呼声》1939 年第 3 卷第 3 期。

22. 卓炯:《论三民主义的本质》,《新建设》1939 年总第 3 期。

23. 卓炯:《论三民主义的实践》,《新建设》1940 年总第 4 期。

24. 卓炯:《论三民主义的建国方略》,《新建设》1940 年总第 5 期。

25. 卓炯:《论三民主义的历史意义》,《新建设》1940 年总第 6、7 期合刊。

26. 中国人民政治协商会议广州市委员会文史资料委员会编:《广东文史资料》第 32 辑,广东人民出版社 1981 年版。

27. 何干之:《何干之文集》第 1 卷,北京出版社 1994 年版。

28. 谌小岑:《五种汉奸理论》,《救亡呼声》1938 年第 2 卷第 1 期。

29. 李大钊:《李大钊文集》第 1—5 卷,人民出版社 1999 年版。

30. 李达:《李达文集》第 1—2 卷,人民出版社 1980 年版。

31. 艾思奇:《艾思奇文集》第 1 卷,人民出版社 1981 年版。

32. 陈独秀:《马克思学说》,《新青年》第 9 卷(1922 年)第 6 期。

33. 陈独秀:《马克思的两大精神》,《广东群报》1922 年 5 月 23 日。

34. 刘少奇:《刘少奇选集》上、下卷,人民出版社 1981 年版。

35. 贺龙:《贺龙军事文选》,解放军出版社 1989 年版。

36. 龚育之等:《毛泽东的读书生活》,三联书店 1986 年版。

37. 中共中央党校中共党史教研室编:《中共党史学习文献简编》,中共中央党校出版社 1983 年版。

## Ⅳ 自 由 主 义

1. 沈从文:《沈从文全集》(1—27 卷),北岳文艺出版社 2002 年版。

2. 范桥等:《沈从文散文》(1—4 集),中国广播电视出版社 1994 年版。

3. 王亚蓉编:《沈从文晚年口述》,陕西师范大学出版社 2003 年版。

4. 王珞编:《沈从文评说八十年》,中国华侨出版社 2004 年版。

5. 舒芜:《周作人的是非功过》,人民出版社 1993 年版。

6. 周作人:《雨天的书》,北京新潮社 1925 年版。

7. 胡适口述,唐德刚译注:《胡适口述自传》,华文出版社 1989 年版。

8. 胡适:《胡适文存》,上海亚东图书馆 1924 年版。

9. 欧阳哲生编:《胡适文集》第 12 卷,北京大学出版社 1998 年版。

10. 胡适:《胡适自传》,江苏人民出版社 1995 年版。

## V　神兵运动

1. 湖北省档案馆:《鄂西神兵专卷》。

2. 恩施自治州图书馆藏:《湖北省第七区年鉴》。

3. 中国人民政治协商会议利川市委员会文史研究委员会:《利川文史资料·第 3 辑·神兵专集》,内部资料 1990 年版。

4. 中国人民政治协商会议德江县委员会文史资料委员会:《德江县文史资料·第 3 辑·黔东北神兵》,内部资料 1988 年版。

5. 中国工农红军第二方面军战史委员会编:《战史资料选编》(一、二),中国人民解放军出版社 1996 年版。

## (二)研究文献
### I　研究论文

1. 向达等:《湘西北、鄂西南、川东南的一个兄弟民族——土家》,《人民日报》1957 年 3 月 24 日。

2. 潘光旦:《湘西北的"土家"与古代的巴人》,见潘乃谷等编《潘光旦选集》Ⅱ,光明日报出版社 1999 年版。

3. 萧洪恩:《巴·巴人·巴文化释名》,《湖北民族学院学报》1991 年第 1—2 期合刊。

4. 谭其骧:《近代湖南人中之蛮族血统》,见《长水粹编》,河北教育出版社 2000 年版。

5. 何介钧:《从考古发现看先秦湖南境内的民族分布》,《求索》1983 年第 4 期。

6. 曹毅:《土家族社会形态历史分期管见》,《民族论坛》1995 年第 3 期。

7. 熊家良、陈正慧:《1993 年土家族文化研究综述》,《湖北民族学院学报》1994 年第 4 期。

8. 陈正慧、熊家良:《1994 年土家族文化研究综述》,《湖北民族学院学报》1995 年第 4 期。

9. 杨效斯:《荷马神话对西方家庭道德的影响》,《哲学评论》(2001 年卷),湖北人民出版社 2002 年版。

10. 陈立浩:《试论少数民族神话思维特征》,《贵州民族研究》1989 年第 1 期。

11. 李世愉:《清雍正改土归流善后措施初探》,《民族研究》1984 年第 3 期。

12. 黄柏权:《鄂西土家族地区改土归流的必要性和进步性》,《湖北少数民族》1985 年第 2 期。

13. 苏晓云:《土家族地区"改土归流"之我见》,《中央民族大学学报》1997 年第 4 期。

14. 段超:《改土归流后汉文化在土家族地区的传播及其影响》,《中南民族大学学报》2004 年第 6 期。

15. 段超:《元至清初汉族与土家族文化互动探析》,《民族研究》2004 年第 6 期。

16. 满益德:《外来文化对早期土家族文化的影响》,见胡茂成等主编《巴文化研究》,湖北人民出版社 2005 年版。

17. 萧洪恩:《土家族传统和谐思想与当代和谐社会的构建》,《传统文化与和谐社会》,天马出版有限公司 2005 年版。

18. 谭必友:《流官群体与 19 世纪民族地方志描述视角的变迁——以乾隆、道光、光绪本〈凤凰厅志〉比较研究为例》,《清史研究》2005 年第 4 期。

19. 萧洪恩:《明代土家族文人思想的趋新动向》,载胡茂成等主编《巴文化研究》,湖北人民出版社 2005 年版。

20. 萧洪恩:《脱蛮入儒:19 世纪土家族的文化认同与社会转型》,《中南民族大学学报》2006 年第 5 期。

21. 虞和平:《清末民初经济伦理的资本主义化与经济社团的发展》,《近代史研究》1996 年第 4 期。

22. 丁长清:《试析商人会馆、公所与商会的联系和区别》,《近代史研究》

1996 年第 3 期。

23. 萧洪恩:《中国少数民族哲学:可能与现实》,《江汉论坛》2004 年第 10 期。

24. 萧洪恩:《土家族哲学成立的可能与现实》,《湖北民族学院学报》2004 年第 5 期。

25. 萧洪恩:《土家族哲学研究现状述评》,《土家学刊》1998 年第 1 期。

26. 雷安平:《土家先民哲学思想初探》,《湘潭大学学报》1985 年第 3 期。

27. 吴善茂、黄清茹:《从〈开天辟地与伏羲姊妹〉看古代土家族的朴素哲学思想》,《吉首大学学报》1986 年第 2 期。

28. 萧洪恩:《浅谈土家先民的哲学思想》,《湖北少数民族》1987 年第 2 期。

29. 萧洪恩:《日常的、家常的、平常的哲学——鄂西民间传说中的哲学问题》,《鄂西大学学报》1988 年第 1 期。

30. 田清旺:《土家族神话传说中的哲学思想初探》,中国南方少数民族哲学及社会思想史学会第三次学术讨论会论文,1988 年 5 月。

31. 杨昌鑫:《浅析土家族"贺生"、"哭嫁"、"歌丧"的哲理性》,《中央民族学院学报》1991 年第 1 期。

32. 张应斌:《土家族的古代哲学》,《民族论坛》1993 年第 2 期。

33. 张应斌:《盐神与清江蛇族探秘》,《陕西师范大学学报》1994 年访问学者专辑。

34. 张应斌:《土家族天地再造及其哲学观念》,《湖北民族学院学报》1994 年第 3 期。

35. 萧洪恩:《史前期土家先民哲学思维的萌芽》,《湖北民族学院学报》1995 年第 1 期。

36. 胡炳章:《论土家族居住文化中的空间价值观念》,《湖北民族学院学报》1995 年第 1 期。

37. 萧洪恩:《论"还坛神"无神——"还坛神"的神人关系试说》,《湖北民族学院学报》1996 年第 3 期。

38. 张应斌:《清江古文化论》,《湖北民族学院学报》1996 年第 3 期。

39. 萧洪恩:《土家族〈摆手歌〉的哲理思维初论》,《土家学刊》1997 年第 2 期。

40. 萧洪恩:《土家族〈梯玛歌〉的哲理思维初论》,《湖北民族学院学报》1997 年第 4 期。

41. 萧洪恩:《先秦至汉晋时期土家族哲学的核心价值观研究》,《湖北民族学院学报》2007 年第 6 期。

42. 萧洪恩:《土家族火葬的流变及思想内涵初析》,《恩施州党校学报》1995 年第 1 期。

43. 曹毅:《土家族的机智人物故事》,《湖北民族学院学报》2002 年第 5 期。

44. 李学勤:《马王堆帛书与〈鹖冠子〉》,《江汉考古》1983 年第 2 期。

45. 杜宝元:《〈鹖冠子〉研究》,见《中国历史文献研究集刊》第 5 集,岳麓书社 1984 年版。

46. 谭家健:《〈鹖冠子〉试论》,《江汉论坛》1986 年第 2 期。

47. 萧洪恩:《巴族古代思想家鹖冠子研究综述》,见《巴文化研究》,北京出版社 2002 年版。

48. 萧洪恩:《鹖冠子研究概述》,《湖北民族学院学报》2002 年第 3 期。

49. 潘俊杰:《〈鹖冠子〉为先秦杂家著作考》,《延安大学学报》2007 年第 6 期。

50. 〔比利时〕戴卡琳:《西方人对〈鹖冠子〉的兴趣——自然法的普遍性》,见陈鼓应主编《道家文化研究》第 15 辑,三联书店 1999 年版。

51. 刘河:《席正铭及其〈冷冷山人集〉》,《贵州文史丛刊》1987 年第 4 期。

52. 潘顺福:《清末土家族革命诗人温朝钟和席正铭》,《中南民族学院学报》1988 年第 3 期。

53. 〔日〕寺广映雄:《关于欧洲同盟会的成立及意义》,《中州学刊》1996 年第 2 期。

54. 陈国安:《试论土家族人民对辛亥革命的贡献》,《贵州民族研究》2001 年第 4 期。

55. 周建超:《论辛亥时期资产阶级革命派与秘密会党的联合》,《社会科学研究》2001 年第 2 期。

56. 郭若平、朱金先:《"五四时期"的涵界及其时限》,《党史研究与教学》1994 年第 1 期。

57. 朱光潜:《从沈从文先生的人格看他的艺术风格》,《花城》1980 年第

5 期。

58. 董易:《试谈沈从文部分小说思想倾向的复杂性》,《文学评论》1983 年第 6 期。

59. 凌宇:《从苗汉文化和中西文化的撞击看沈从文》,《文艺研究》1986 年第 2 期。

60. 赵学勇:《沈从文创作的哲学意识和审美选择》,《中国文学研究》1989 年第 4 期。

61. 吴东胜:《生命即美——试论沈从文的生命学说》,《南京社会科学》1991 年第 6 期。

62. 吴曦云:《沈从文的创作与民族意识》,《贵州民族研究》1992 年第 1 期。

63. 陈剑文:《沈从文文学评论的印象主义特色》,《吉首大学学报》1993 年第 4 期。

64. 马小彦:《沈从文创作与实证主义》,《河南大学学报》1995 年第 6 期。

65. 王学富:《沈从文与基督教文化》,《中国现代文学研究丛刊》1996 年第 1 期。

66. 张兆和等:《张兆和谈沈从文》,《吉首大学学报》1997 年第 1 期。

67. ［日］城谷武男:《沈从文与中上健次对比研究试论》,《吉首大学学报》1997 年第 3 期。

68. 侯运华:《论沈从文的文化选择》,《河南大学学报》1997 年第 3 期。

69. 凌宇:《沈从文创作的思想价值论——写在沈从文百年诞辰之际》《文学评论》,2002 年第 6 期。

70. 萧洪恩:《沈从文的自由主义与文化保守主义》,《武汉大学学报》2007 年第 5 期。

71. 熊军平等:《向警予研究中的几个问题》,《求索》1985 年第 5 期。

72. 李卫平:《向警予论妇女运动的统一战线》,《求索》1985 年第 5 期。

73. 何鹄志:《向警予早期思想初探》,《求索》1987 年第 4 期。

74. 夏蓉:《向警予的妇女观》,《毛泽东思想论坛》1995 年第 2 期。

75. 雷国珍:《论向警予的人生价值取向》,《中华女子学院学报》1996 年第 1 期。

76. 周亚平:《向警予女子教育思想探微》,《吉首大学学报》1996 年第

2 期。

77. 韩未名：《论向警予的妇女解放思想》，《湖南社会科学》1996 年第 3 期。

78. 莫建兵等：《向警予马克思主义观的形成、发展及其特点》，《求索》1996 年第 5 期。

79. 刘华清：《试论向警予妇女解放思想的体系》，《中华女子学院学报》1997 年第 1 期。

80. 洪春：《向警予妇女解放运动的理论与实践》，《学海》1999 年第 5 期。

81. ［韩］尹美英：《论向警予的妇女解放思想》，《济宁师专学报》2001 年第 2 期。

82. 彭秀珍：《论向警予由教育救国论者向马克思主义者转变的原因》，《湘潭大学学报》2001 年第 4 期。

83. 张萍：《试论向警予女子教育思想》，《深圳大学学报》2001 年第 4 期。

84. 张利民：《向警予对中国妇女解放运动的理论贡献》，《西南交通大学学报》2002 年第 2 期。

85. 陈文联：《向警予在妇女解放运动中的理论贡献》，《船山学刊》2003 年第 2 期。

86. 尹旦萍：《西方思想的传入与中国女性主义的崛起——新文化运动时期女性主义的思想来源》，《武汉大学学报》2004 年第 4 期。

87. 萧洪恩：《向警予的妇女文化解放思想研究》，见胡茂成等主编《巴文化研究》，湖北人民出版社 2005 年版。

88. 徐胜萍：《赵世炎与上海工人三次武装起义》，《东北师范大学学报》1998 年第 2 期。

89. 李鹏：《在纪念赵世炎同志诞辰 100 周年座谈会上的讲话》，《人民日报》2001 年 4 月 14 日。

90. 田雪梅等：《论勤工派与蒙达尼派的论争及联合》，《社会科学研究》2001 年第 6 期。

91. 鲜于浩等：《赵世炎与旅欧党团组织的建立》，《四川大学学报》2002 年第 4 期。

92. 刘伟等：《赵世炎在留法勤工俭学期间对中国革命的贡献》，《毛泽东思想研究》2002 年第 6 期。

93. 萧洪恩:《论赵世炎的文化哲学研究》,《武汉大学学报》2005 年第 3 期。

94. 萧洪恩:《论赵世炎哲学思想的基本特征》,《重庆邮电大学学报》2007 年第 4 期。

95. 雷以常:《卓炯研究商品经济的方法论对探讨社会主义市场经济问题的启示》,《广东教育学学报》1995 年第 3 期。

96. 何国文:《对卓炯在商品经济理论中运用一般与特殊辩证关系原理的探讨——卓炯经济思想研究之三》,《学术研究》1997 年第 1 期。

97. 何国文:《关于卓炯运用一般与特殊研究方法的几个问题——卓炯经济思想研究之七》,《南方经济》2001 年第 6 期。

98. 李享善等:《近代鄂西土家苗汉各族农民发动的神兵起义》,《湖北少数民族》1984 年第 3 期。

99. 梅兴无:《鄂西"神兵"起义》,《中央民族学院学报》1985 年第 4 期。

100. 梅兴无:《湘鄂西党组织和红军争取"神兵"概述》,《湖北大学学报》1987 年第 3 期。

101. 胡飞扬:《河南红枪会在湖北的发展及其与神兵融合的概况》,《地方革命史研究》1988 年第 6 期。

102. 柏贵喜:《现代鄂川黔湘边区的神兵运动》,《中南民族学院学报》1995 年第 6 期。

103. 萧国松:《巴文化中的龙、虎崇拜说略》,《巴楚文化研究》,中国三峡出版社 1997 年版。

104. 郑晓容:《黔东特区创建的历史动因浅析》,《中南民族学院学报》1999 年第 1 期。

105. 胡飞扬:《川鄂黔湘"神兵"起义》,《文史精华》1999 年第 6 期。

106. 宋斌:《神兵"联英会"的兴与衰》,《湖北文史资料》2002 年第 3 期。

107. 李春远等:《早期革命武装与农村秘密社会》,《贵州社会科学》2002 年第 4 期。

108. 刘学雄:《湘鄂川黔"神兵"探秘》,《湖北档案》2002 年第 4 期。

109. 龚晓康:《道教咒术中的主客体思想》,《中国道教》2002 年第 1 期。

110. 雷翔:《"佛教道士"的度职仪式》,见胡茂成等主编《巴文化研究》,湖北人民出版社 2005 年版。

111. 萧洪恩:《20 世纪上半叶鄂西南神兵运动的现代性诠释》,《湖北民族学院学报》2006 年第 6 期。

## Ⅱ 研 究 专 著

1. 陈久金等:《彝族天文学史》,云南人民出版社 1984 年版。

2. 应劭著,张澍编辑补注:《风俗通义·姓氏篇》,中华书局 1985 年版。

3. 陈明远、汪宗宪著:《中国姓氏大全》,北京出版社 1987 年版。

4. 蔡靖泉:《楚文学史》,湖北人民出版社 1996 年版。

5. 徐文武:《楚国哲学史》,湖北人民出版社 2003 年版。

6. 吴光:《黄老之学通论》,浙江人民出版社 1985 年版。

7. 张兴徵:《伪书通考》,中华书局 1954 年版。

8. [比利时]戴卡林著,杨民译:《解读〈鹖冠子〉——从辩论学的角度》,辽宁教育出版社 2000 年版。

9. 孙以楷等:《道家文化寻根——安徽两淮道家九子研究》,安徽人民出版社 2001 年版。

10. 孙福喜:《〈鹖冠子〉研究》,陕西人民出版社 2002 年版。

11. 杨兆贵:《〈鹖冠子〉研究》(2003 年博士论文),北京图书馆藏。

12. 凌宇:《从边城走向世界》,三联书店 1985 年版。

13. 凌宇:《沈从文传》,北京十月文艺出版社 1988 年版。

14. 赵学勇:《沈从文与东西方文化》,兰州大学出版社 1990 年版。

15. 吴立昌:《沈从文——建筑人性神庙》,复旦大学出版社 1991 年版。

16. 王继志:《沈从文论》,江苏教育出版社 1992 年版。

17. 贺兴安:《"楚天凤凰不死鸟"——沈从文评论》,成都出版社 1992 年版。

18. 吴立昌:《人性的治疗者·沈从文传》,上海文艺出版社 1993 年版。

19. 韩立群:《沈从文论——中国现代文化的反思》,天津人民出版社 1994 年版。

20. 彭晓勇:《边城圣手沈从文》,中国青年出版社 1994 年版。

21. 凌宇:《长河不尽流》,湖南文艺出版社 1994 年版。

22. 李辉:《往事苍老·沈从文与丁玲》,花城出版社 1998 年版。

23. 凌宇:《湘西秀士》,东方出版中心 1998 年版。

24. [美]金介甫:《凤凰之子·沈从文传》,中国友谊出版社 2000 年版。

25. 黄永玉:《这些忧郁的碎屑》,三联书店 2003 年版。

26. 戴绪恭:《向警予传》,人民出版社 1981 年版。

27. 何鹄志:《向警予传》,上海人民出版社 1990 年版。

28. 纪学、吴忧著:《向警予》,中国青年出版社 1994 年版。

29. 吴家林:《赵世炎传》,《不屈的共产党人》(三),人民出版社 1982 年版。

30. 彭承福:《赵世炎》,重庆出版社 1983 年版。

31. 彭承福:《赵世炎》,《中共党史人物传》第 7 卷,陕西人民出版社 1983 年版。

32. 沈国凡:《血染的爱河——赵世炎革命春秋》,上海文艺出版社 1989 年版。

33. 沈国凡:《啼血的杜鹃——赵世炎传》,江苏人民出版社 1998 年版。

34. 姚仁隽:《赵世炎传》,中共党史出版社 1998 年版。

35. 任贵祥等:《周恩来邓小平在法兰西》,吉林人民出版社 1999 年版。

36. 官祥、黄自贵著:《革命教育家赵君陶》,四川人民出版社 1997 年版。

37. 杨永华:《卓炯传》,广东经济出版社 2003 年版。

38. 胡飞扬:《中国神兵》,中国文联出版社 1999 年版。

## 三、一般研究文献

### (一)经 典 著 作

1.《马克思恩格斯选集》(1—4 卷),人民出版社 1995 年版。

2.《马克思恩格斯全集》第 1 卷,人民出版社 1995 年版。

3.《马克思恩格斯全集》第 3 卷,人民出版社 1995 年版。

4.《马克思恩格斯全集》第 20 卷,人民出版社 1971 年版。

5.《马克思恩格斯全集》第 30 卷,人民出版社 1995 年版。

6.《马克思恩格斯全集》第 45 卷,人民出版社 1985 年版。

7.《列宁选集》(1—4 卷),人民出版社 1995 年版。

8.《列宁全集》第 23 卷,人民出版社 1990 年版。

9.《列宁全集》第 55 卷,人民出版社 1990 年版。

10.《毛泽东选集》(1—4 卷),人民出版社 1991 年版。

11.《毛泽东哲学批注集》,中央文献出版社1988年版。

12.《毛泽东文集》第1—8卷,人民出版社1993年版。

13.《毛泽东早期文稿》,湖南人民出版社1990年版。

14.《邓小平文选》第1—3卷,人民出版社1994年版。

## (二)研 究 专 著
### Ⅰ 哲学、思想、思潮

1.[德]黑格尔著,贺麟等译:《哲学史讲演录》第1—4卷,三联书店1956年版。

2.[德]文德尔班著,罗达仁译:《哲学史教程》上、下卷,商务印书馆1997年版。

3.[英]罗素著,马元德译:《西方哲学史》上、下卷,商务印书馆1997年版。

4.[英]彼得·沃森著,朱进东等译:《20世纪思想史》,上海译文出版社2005年版。

5.[英]布莱恩·麦基编,周穗明等译:《思想家——当代哲学的创造者们》,三联书店1987年版。

6.[德]黑格尔著,贺麟译:《小逻辑》,商务印书馆2004年版。

7.[德]黑格尔著,朱光潜译:《美学》第1—3卷,商务印书馆1979年版。

8.[匈]G.卢卡契著,徐恒醇译:《审美特征》,中国社会科学出版社1986年版。

9.[德]黑格尔著,范扬、张企泰翻译:《法哲学原理》,商务印书馆1962年版。

10.[德]恩斯特·卡西尔著,沉晖等译:《人文科学的逻辑》,中国人民大学出版社1991年版。

11.[德]恩斯特·卡西尔著,甘阳译:《人论》,上海译文出版社1985年版。

12.[德]马克斯·韦伯著,李秋零等译:《社会科学方法论》,中国人民大学出版社1999年版。

13.[德]马克斯·韦伯著,韩水法等译:《韦伯文集》上、下,中国广播电视出版社2000年版。

14.[德]H.李凯尔特著,涂纪亮译:《文化科学和自然科学》,商务印书馆1986年版。

15.[意]维柯著,朱光潜译:《新科学》,商务印书馆1997年版。

16.［意］安·拉布里奥拉著,杨启潾等译:《关于历史唯物主义》,人民出版社 1984 年版。

17.［意］安东尼奥·葛兰西著,葆煦译:《狱中札记》,人民出版社 1983 年版。

18.［德］马克斯·霍克海默著,李小兵译:《批判理论》,重庆出版社 1989 年版。

19.［法］爱弥尔·涂尔干著,梁栋译:《社会学与哲学》,上海人民出版社 2002 年版。

20.［美］乔治·桑塔亚那著,华明译:《诗与哲学:三位哲学诗人卢克莱修、但丁及歌德》,广西师范大学出版社 2002 年版。

21. 胡适:《中国哲学史大纲》,东方出版社 1996 年版。

22. 冯友兰:《中国哲学史》上、下册,中华书局 1961 年版。

23. 冯友兰:《中国哲学史新编》,人民出版社 1982 年版。

24. 冯契:《中国近代哲学的革命进程》,华东师范大学出版社 1997 年版。

25. 任继愈主编:《中国哲学发展史》先秦卷,人民出版社 1983 年版。

26. 韦政通:《中国历代哲学思想简编》,载《中国哲学思想批判》,台北水牛出版社 1988 年版。

27. 朱光潜:《西方美学史》,人民出版社 1979 年版。

28. 宋林飞:《西方社会学理论》,南京大学出版社 1997 年版。

29. 萧萐父:《中国哲学史史料源流举要》,武汉大学出版社 1998 年版。

30. 蔡尚思主编:《中国现代思想史简编》第 1—3 卷,浙江人民出版社 1982、1983 年版。

31. 中国社会科学院哲学研究所中国哲学史研究室编:《中国哲学史资料选辑:近代之部》上、下,中华书局 1959 年版。

32. 徐复观著,李维武编:《徐复观文集》第 1—5 卷,湖北人民出版社 2002 年版。

33. 余英时著,沈志佳编:《余英时文集》,广西师范大学出版社 2004 年版。

34. 陈哲夫等著:《20 世纪中国思想史》,山东人民出版社 2002 年版。

35. 陈修斋、萧萐父主编:《哲学史方法论研究》,武汉大学出版社 1984 年版。

36. 葛兆光:《中国思想史·导论·思想史的写法》,复旦大学出版社 2001

年版。

37. 李维武:《20 世纪中国哲学本体论问题》,湖南教育出版社 1991 年版。

38. 吕希晨等:《中国现代唯物史观史》,天津人民出版社 2003 年版。

39. 余玉花:《瞿秋白学术思想评传》,北京图书馆出版社 2000 年版。

40. 陶德麟:《当代哲学前沿问题专题研究》,武汉大学出版社 1999 年版。

41. 孙正聿:《哲学的目光》,吉林人民出版社 2007 年版。

42. 孙正聿:《哲学通论》,复旦大学出版社 2005 年版。

43. 李维武:《人文科学概论》,人民出版社 2007 年版。

44. 陈来:《人文主义的视野》,广西教育出版社 1997 年版。

45. 王守常:《20 世纪的中国学术与社会·哲学卷》,山东人民出版社 2001 年版。

46. 李维武:《长江流域文化与近代中国哲学》,湖北教育出版社 2005 年版。

47. 萧汉明:《道家与长江文化》,湖北教育出版社 2005 年版。

48. 唐明邦、汪学群:《易学与长江文化》,湖北教育出版社 2004 年版。

49. 王惠岩:《政治学原理》,高等教育出版社 1999 年版。

50. 李维武:《徐复观学术思想评传》,北京图书馆出版社 2001 年版。

51. 成中英:《论中西哲学精神》,东方出版中心 1991 年版。

52. 高瑞泉:《中国现代精神传统》,东方出版中心 1999 年版。

53. 高瑞泉主编:《中国近代社会思潮》,华东师范大学出版社 1996 年版。

54. 李泽厚:《中国思想史论》,安徽文艺出版社 1999 年版。

55. 李泽厚:《中国近代思想史论》,安徽文艺出版社 1999 年版。

56. [韩]宋荣培:《中国社会思想史》,中国社会科学出版社 2003 年版。

57. 郑大华:《民国思想史论》,社会科学文献出版社 2006 年版。

58. 吴雁南等:《中国近代社会思潮》第 1 卷,湖南教育出版社 1998 年版。

59. 俞祖华等:《中国近代社会思潮研究通览》,山东大学出版社 2005 年版。

60. 何萍:《马克思主义哲学与文化哲学》,武汉大学出版社 2002 年版。

61. 何萍、李维武:《马克思主义中国化探论》,人民出版社 2002 年版。

62. 郭齐勇:《天地间一个读书人——熊十力传》,上海文艺出版社 1994 年版。

63. 吕希晨、何敬文:《中国现代唯物史观史》,天津人民出版社 2003 年版。

64. 吴根友:《自由的表演与魅力——中国人的自由观》,广西人民出版社 2002 年版。

65. 胡文生:《向西方学习:走进胡适》,中国社会科学出版社 2005 年版。

66. 阎玉刚:《改造国民性:走近鲁迅》,中国社会科学出版社 2005 年版。

67. [美]格里德著,鲁奇译:《胡适与中国的文艺复兴》,江苏人民出版社 1989 年版。

68. 刘昌元:《文学中的哲学思想》,联经出版公司 2002 年版。

69. [以]耶尔·塔米尔著,陶东风译:《自由主义的民族主义》,上海译文出版社 2005 年版。

70. [英]戴维·赫尔德著,燕继荣译:《民主的模式》,中央编译出版社 1998 年版。

71. [美]本杰明·史华兹著,叶凤美译:《寻求富强:严复与西方》,江苏人民出版社 1989 年版。

72. [美]魏菲德著,郑大华译:《历史与意志:毛泽东思想的哲学透视》,贵州人民出版社 1994 年版。

73. [美]杜维明:《人性与自我修养》,和平出版社 1988 年版。

74. 萧万源、伍雄武、阿不都秀库尔主编:《中国少数民族哲学史》,安徽人民出版社 1992 年版。

75. 佟德富:《中国少数民族哲学概论》,中央民族大学出版社 1997 年版。

76. 民族院校公共哲学课教材编写组:《中国少数民族哲学和社会思想资料选编》,天津教育出版社 1988 年版。

77. 潘百齐编著:《全唐诗精华分类鉴赏集成》,河海大学出版社 1989 年版。

## Ⅱ　历史、文化

1. [英]H. G. 威尔斯著,冰心译:《世界史纲》,人民出版社 1982 年版。

2. 乔明顺:《简明世界史》,北京大学出版社 1993 年版。

3. [德]诺贝特·埃利亚斯著,袁志英等译:《文明的进程》,三联书店 1998 年版。

4. [美]斯塔夫理阿诺斯著,吴象婴等译:《全球通史:1500 年后的世界》,上海社会科学院出版社 1999 年版。

5. [英]E. 克洛特著,俞松笠译:《世界幼稚时代》,商务印书馆1932年版。

6. 宋兆麟等:《中国原始社会史》,文物出版社1983年版。

7. 贾兰坡等:《中国历史的童年》,中华书局1983年版。

8. 向绪成:《中国新石器时代考古》,武汉大学出版社1993年版。

9. 翦伯赞:《中国史纲要》,人民出版社1965年版。

10. 万绍华等:《中国历史简编》,湖北人民出版社1988年版。

11. [美]费正清等编:《剑桥中国晚清史》,中国社会科学出版社1985年版。

12. [美]费正清等编:《剑桥中华民国史》,中国社会科学出版社1994年版。

13. [德]奥斯瓦尔德·斯宾格勒著,吴琼译:《西方的没落》,上海三联书店2006年版。

14. [美]伊曼纽尔·沃勒斯坦著,尤来寅等译:《现代世界体系》第1卷,高等教育出版社1998年版。

15. [美]伊曼纽尔·沃勒斯坦著,路爱国、丁浩金译:《历史资本主义》,社会科学文献出版社1999年版。

16. [美]卡尔·A.魏特夫著,徐式谷等译:《东方专制主义》,中国社会科学出版社1989年版。

17. 郭沫若:《中国古代社会研究》,人民出版社1953年版。

18. 侯外庐:《中国古代社会史论》,人民出版社1955年版。

19. 吕振羽:《殷周时代的中国社会》,三联书店1962年版。

20. 吕振羽:《史前期中国社会研究》,河北教育出版社2002年版。

21. 钱穆:《国史大纲》,商务印书馆1997年版。

22. [英]汤因比著,曹未风译:《历史研究》,上海人民出版社1959年版。

23. 田汝康等选编:《现代西方史学流派文选》,上海人民出版社1982年版。

24.《学习时报》编辑部:《落日的辉煌——17、18世纪全球变局中的"康乾盛世"》,中共中央党校出版社2001年版。

25. 陈国庆主编:《晚清社会与文化》,社会科学文献出版社2005年版。

26. 陈旭麓:《近代中国社会的新陈代谢》,上海人民出版社1992年版。

27. 李长莉等编:《中国近代社会文化变迁录》第1—3卷,浙江人民出版社

1998 年版。

28. ［美］杜赞奇著，王宪明译：《从民族国家拯救历史：民族主义话语与中国现代史研究》，社会科学文献出版社 2003 年版。

29. ［美］张信著，岳谦厚、张玮译：《二十世纪初期中国社会之演变》，中华书局 2004 年版。

30. ［澳大利亚］费约翰著，李恭忠等译：《唤醒中国：国民革命中的政治、文化与阶级》，三联书店 2004 年版。

31. ［美］史景迁著，黄纯艳译：《追寻现代中国 1600—1912 年的中国历史》，远东出版社 2005 年版。

32. 张仲礼等：《长江沿江城市与中国近代化》，上海人民出版社 2002 年版。

33. 庄锡昌等编：《多维视野中的文化理论》，浙江人民出版社 1987 年版。

34. ［美］露丝·本尼迪克著，何锡章等译：《文化模式》，华夏出版社 1987 年版。

35. ［法］列维-斯特劳斯著，于秀英译：《种族与文化》，中国人民大学出版社 2006 年版。

36. ［英］雷蒙德弗思著，费孝通译：《人文类型》，华夏出版社 2002 年版。

37. 董晓萍：《说话的文化——民俗传统与社会生活》，中华书局 2002 年版。

38. ［英］F. R. 利维斯著，袁伟译：《伟大的传统》，三联书店 2002 年版。

39. ［英］戴维·钱尼著，戴从容译：《文化转向：当代文化史概览》，江苏人民出版社 2004 年版。

40. ［美］戴安娜·克兰著，赵周新译：《文化生产：媒体与都市艺术》，译林出版社 2001 年版。

41. ［罗马尼亚］亚·泰纳谢著，杨雅彬等译：《文化与宗教》，中国社会科学出版社 1984 年版。

42. ［法］保·拉法格著，王子野译：《宗教与资本》，三联书店 1963 年版。

43. ［英］马林诺夫斯基著，李安宅译：《巫术科学宗教与神话》，中国民间文艺出版社 1986 年版。

44. ［英］凯伦·阿姆斯特朗著，蔡昌雄译：《神的历史》，海南出版社 2001 年版。

45.［美］休斯顿·史密斯著,刘安云译:《人的宗教》,海南出版社 2001 年版。

46.［美］摩耳著,李小峰译:《蛮性的遗留》,海南出版社 1994 年版。

47. 靳凤林:《窥视生死线——中国死亡文化研究》,中央民族大学出版社 1999 年版。

48.［法］米歇尔·沃维尔著,高凌瀚等译:《死亡文化史》,中国人民大学出版社 2004 年版。

49.［英］Harry Cutner 著,方智弘译:《性崇拜》,湖南文艺出版社 1988 年版。

50.［法］列维-斯特劳斯著,李幼蒸译:《野性的思维》,中国人民大学出版社 2006 年版。

51.［英］詹·乔·弗雷泽著,徐育新等译:《金枝》上、下,新世界出版社 2006 年版。

52.［法］保·拉法格著,王子野译:《思想起源论》,三联书店 1963 年版。

53.［法］克洛德·列维-斯特劳斯著,周昌忠译:《神话学:餐桌礼仪的起源》,中国人民大学出版社 2007 年版。

54. 何兆武等:《中国印象——世界名人论中国》,广西师范大学出版社 2001 年版。

55. 钱穆:《中国文化史导论》,商务印书馆 1994 年版。

56. 张新颖:《20 世纪上半期中国文学的现代意识》,三联书店 2001 年版。

57. 冯天瑜:《新语探源——中西日文化互动与近代汉字术语生成》,中华书局 2004 年版。

58.［美］洪长泰著,董晓萍译:《到民间去:1918—1937 年的中国知识分子与民间文学运动》,上海文艺出版社 1993 年版。

59.［美］何天爵著,鞠方安译:《真正的中国佬》,光明日报出版社 1998 年版。

60.［美］E. A. 罗斯著,公茂虹、张皓译:《变化中的中国人》,时事出版社 1998 年版。

61. 辜鸿铭著,黄兴涛等译:《中国人的精神》,广西师范大学出版社 2001 年版。

62.［日］长谷川启之著,郑树清等译:《亚洲经济发展和社会类型》,文汇出版社 1997 年版。

63. ［法］保·拉法格:《拉法格文学论文选》,人民文学出版社 1962 年版。

64. ［俄］高尔基:《论文学续集》,人民文学出版社 1979 年版。

### Ⅲ 专 论

1. ［英］彼德·卡尔佛特著,张长东译:《革命与反革命》,吉林人民出版社 2005 年版。

2. ［英］艾瑞克·霍布斯鲍姆著,王章辉等译:《革命的年代》,江苏人民出版社 1999 年版。

3. ［美］G. 桑迪拉纳编著,周建漳译:《冒险的时代》,光明日报出版社 1989 年版。

4. 张宝明著:《忧患与风流——世纪先驱的百年心路》,东方出版中心 1999 年版。

5. 章开沅:《辛亥革命与近代社会》,天津人民出版社 1985 年版。

6. 林增平:《资产阶级与辛亥革命》,湖南出版社 1991 年版。

7. 陈万雄:《"五四"新文化的源流》,三联书店 1997 年版。

8. 许祖华:《五四文学思想论》,华中师范大学出版社 2002 年版。

9. 高力克:《五四的思想世界》,学林出版社 2003 年版。

10. 雍涛:《马克思主义哲学中国化的历史进程》,武汉大学出版社 2006 年版。

11. 陈建华:《"革命"的现代性:中国革命话语考论》,上海古籍出版社 2000 年版。

12. 刘曼容:《中国国民革命探微》,广东人民出版社 1997 年版。

13. 陶希圣:《中国社会与中国革命》,新生命书局 1929 年版。

14. 中共中央党史资料征集委员会编:《共产主义小组》,中共党史资料出版社 1987 年版。

15. 郝镇华编:《外国学者论亚细亚生产方式》,中国社会科学出版社 1981 年版。

16. 罗荣渠:《现代化新论》,商务印书馆 2004 年版。

17. 罗荣渠主编:《从"西化"到现代化》,北京大学出版社 1990 年版。

18. 孙津:《打开视域——比较现代化研究》,社会科学文献出版社 2004 年版。

19. ［美］唐纳德·西尔著,涂欣等译:《全球化思维的艺术》,新华出版社

2004 年版。

20. ［以］S. N. 艾森斯塔德著，张旅平等译：《现代化：抗拒与变迁》，中国人民大学出版社 1988 年版。

21. ［匈］阿格尼斯·赫勒著，李瑞华译：《现代性理论》，商务印书馆 2005 年版。

22. ［英］安东尼·吉登斯著，田禾译：《现代性的后果》，译林出版社 2000 年版。

23. ［美］C. E. 布莱克著，景跃进、张静译：《现代化的动力：一个比较史的研究》，浙江人民出版社 1989 年版。

24. ［美］罗兰·罗伯森著，梁光严译：《全球化：社会理论与全球文化》，上海人民出版社 2000 年版。

25. ［澳］霍尔顿著，倪峰译：《全球化与民族国家》，世界知识出版社 2006 年版。

26. 中国社会科学杂志社编：《社会转型：多文化多民族社会》，中国社会科学文献出版社 2000 年版。

27. ［德］乌尔里希·贝克等著，赵文书译：《自反性现代化》，商务印书馆 2001 年版。

## （三）研　究　论　文

1. 李维武：《马克思主义哲学与中国传统哲学的结合之路》，《学术月刊》2000 年第 7 期。

2. 李维武：《1919：李大钊的思想足迹》，《马克思主义哲学研究》2001 年卷，武汉大学出版社 2001 年版。

3. 李维武：《从 20 世纪中国哲学的视域看马克思主义哲学中国化》，《学术月刊》2003 年第 11 期。

4. 李维武：《李达所赋予马克思主义哲学的中国特色的性格——为纪念武汉大学 110 周年校庆而作》，《武汉大学学报》2003 年第 6 期。

5. 李维武：《拓展 20 世纪中国哲学研究的思维空间——李维武教授访谈》，《学术月刊》2004 年第 4 期。

6. 李维武：《形态、问题与思潮：20 世纪中国哲学研究的方法论思考》，《学术月刊》2004 年第 4 期。

7. 李维武:《20世纪中国哲学传统与21世纪中国哲学发展》,《学术月刊》2006年第3期。

8. 李维武:《交融与会通——李维武先生笔谈录》,《中国文化月刊》第239期,2000年2月。

9. 李宗桂:《二十世纪中国哲学研究的审视和新世纪的展望(上)(下)》,《学术界》2002年第1、2期。

10. 李文阁等:《生活世界观:马克思主义哲学的生长点》,《哲学动态》1999年第12期。

11. 李文阁:《遗忘生活:近代哲学之特征》,《浙江社会科学》2000年第4期。

12. 邱军:《马克思主义在中国的传播》,《党史研究》1983年第2期。

13. 王奇生:《取径东洋转道入内——留日学生与马克思主义在中国的传播》,《中共党史研究》1989年第6期。

14. 张立文:《中国哲学:从"照着讲"、"接着讲"到"自己讲"》,《中国人民大学学报》2000年第2期。

15. 蒙培元:《20世纪中国哲学的回顾与展望》,《泉州师范学院学报》2001年第3期。

16. 景海峰:《20世纪中国哲学的发展阶段及其特点》,《深圳大学学报》2001年第3期。

17. 陈坚:《中国哲学何以能成立——四位学者对中国哲学成立的证明》,《中国哲学史》1999年第3期。

18. 高秀昌:《"中学西范"仍然是治中国哲学史的基本模式》,《光明日报》2004年3月2日。

19. 陈卫平:《西方哲学东渐的历史总结》,《中华读书报》2006年5月29日。

20. 曾凡跃:《略论哲学的民族性》,《广西社会科学》2003年第8期。

# 后　记

"各一性情各一才，化工无样万花开。好题大抵天安定，佳句都因命换来。出色须空千古有，成章要使百家该。华严界拟飞身上，莫遇罡风打便回。"这首清嘉、道年间土家族诗人田泰斗的《作诗》，事实上反映了这本《土家族哲学通史》的写作方法与写作过程。在诗人看来，诗应是诗人探索精神的体现和探索结果的再现，一个人的性灵不同，其创作方法也就应不同，这正像大千世界"化工无样万花开"一样，试想，倘大千世界只按一个标准，还有万花竞放的美景吗？虽然好的题材是天然生成的，但好的字句、文章却必须有艰苦探索，即"佳句都因命换来"；虽然文章出自性灵，但并不是说不要吸取别人成就，而恰好应"出色须空千古有，成章要使百家该"，也就是说，要站在别人肩上前进。同时，还要有战胜各种困难的决心，即"华严界拟飞身上，莫遇罡风打便回"。

结合到本书的讨论，首先即是"各一性情"的哲学观问题，哲学观的多样性会产生不同的哲学史著作，土家族哲学史研究也一样。虽然土家族哲学史研究是一个好的题材，但同样对于这土家族的民族文化积累却未必都会做出高水平的成果，一方面是"各一才"的差异，另一方面也是因为用功程度，即是否是"佳句都因命换来"。我目前还活脱脱地生活着，这本身即说明在"出色须空千古有，成章要使百家该"方面还有局限，在"华严界拟飞身上，莫遇罡风打便回"方面还要努力。因此，这本《土家族哲学通史》显然只能算是初步成果。

1983年秋季，我在武汉大学攻读中国哲学史的硕士学位，业师萧萐父在讲庄子"鼓盆而歌"时说这是庄子在庆祝辩证法的胜利，当时我就在想，土家族的"跳丧"不正是这样吗？更进一步考察发现，土家族文化都具有这种哲学智慧。同年寒假回家过春节，恰恰又见识了土家族的"过赶年"，当时即因袭乡民的"诗

歌"传统,写下了十首《竹枝词·赶年》,其中即肯定了土家族过"辩证年":

（一）时间

三更造饭五更行,树兜火旁待鸡鸣。幽森静夜频敲箸,遥指星空见启明。

（二）地点

过年团圆只为家,山中聚筵费堪察。洞中田里梅树下,可曾追忆旧时家?

（三）杀猪

杀猪过年本不凡,藏猪门后更难堪。既道人间桃源路,大壑藏舟为哪般?

（四）望风

鸣角吹灶但竹筒,临战如戈拟剑锋。堂前屋后频吹奏,胜过唐朝火头工。

（五）饮食

镰肉合菜具简装,只为方便赴沙场。回应倭奴战鼓紧,荡剑湖海忧庙堂。

（六）座位

烈祖传家自为雄,过年常闻炮声隆。盛情待客为保密,虚位洞门顾敌踪。

（七）伐椿

伐椿取皮作号筒,鸣角情深隐雄风。横树为兵衣板楯,神武军旅祖姓赟。

（八）历史

虎皮衣盾蕴风烟,江湖之忧驱赶年。千古神兵著巴渝,吾辈岂敢让先贤。

（九）哲思

食待天明崇乡贤,历史沉思慧顶传。福祸相倚存古训,圣哲才过辩证年。

（十）期望

悠悠往事越千年,铜铁炉中铸盛传。当年土家之何处,再造特色护雄关。

此后,我就开始思考着土家族哲学的问题,虽然到如今已二十多年,但真正来说,拿出这本《土家族哲学通史》还是颇感困惑:我写的这些东西能反映土家族的哲学思维水准吗?虽然并不是十分自信,但总可以说十之八九是准确的。原因就在于在这二十多年中,我自己对土家族哲学的思考就已发生了三次大的转换。

从 1984 年萌生研究土家族哲学开始,即逐渐收录以前的一些口承文化材料,如民歌、传说、故事一类,但当时只是用某种哲学去分析现有材料,即如用"哲学上的两个对子"去分析以得出结论一般,典型的表现是笔者的土家族研究处女作《浅谈土家先民的哲学思想》一文。后受委托编写《土家族文化志》中的哲学部分,也仍然沿用了这一研究方法,虽然写出了一个初稿,也交了稿,但到如今也没有看到《土家族文化志》一书,不知我的研究成果沦落何方。但也正是在这一研究过程中,随着研究的深入,日益感到这种研究范式不能达到土家族先民的思维水准,故从 20 世纪 90 年代初即开始从文化精神的角度去探讨,当时即写了一篇《论土家族文化精神》的长文参加 1990 年 10 月在湖北民族学院召开的"巴文化研讨会"。对于我来说,这一转向的真正意义在于,不先带某种框框而直接从文化本身去揭示土家族的哲学智慧,后又直接到民众中去体验。直到 2002 年,全部研究即着眼于口承文化、仪典文化、行为文化、物态文化等的探讨,也时不时地像乡民那样用"诗歌"来表达自己的历史沉思,如 1992 年在鹤峰顶坪即得到了一种很深刻的"道心"体验,因为按照列宁所说,"要理解,就必须从经验开始理解、研究,从经验上升到一般"①。正是这类体验为我理解土家族哲学,从而也为我理解土家族与道家文化的关系提供了直接心灵依归,1994 年在为业师萧萐父 70 大寿而举行的学术会上,我曾就此思考作了一个发言,但因实际工作的拖累而未把这一工作进行下去,不过,这几首诗却正说明土家族地区本身就是一个仙风道气十足的地区,因而土家族地区的"道化"信仰十分普遍:

(一)

足踩青溪渡关河,目眺白云梯芸萝。松筠寄情臆仙源,误疑避秦还

① 列宁:《列宁全集》第 55 卷,人民出版社 1990 年版,第 175 页。

伐柯。

（二）

野色晴云驱宦情，探奇幽景步顶坪。拾级蹬蹬平蜀道，松风浙浙降芳芬。

（三）

春风习习满棠荫，甸里村村动乡邻。山门洞开知铁壁，子规啼血道红军。

（四）

白云漠漠隐杜鹃，山花浓浓伴农筵。峰头寻路云中觅，松涛虚拟海潮传。

（五）

竹隐山居白云梢，范蠡舟中醉村醪。欲伴猿声月下闻，醉骑野鹤蕴逍遥。

（六）

村农构屋山为绸，松风微扶范蠡舟。别道武陵桃源路，仙境即在此中求。

这样的体验使我写成了一系列土家族哲学方面的文章与著作，如《史前期土家先民哲学思维的萌芽》、《土家族口承文化哲学研究》、《土家族仪典文化哲学研究》等，并计划写出《土家族行为文化哲学研究》、《土家族物态文化哲学研究》，现在看来，后两书已成了我对土家族所负的民族债务，因至今还未出稿。

2001年的中国民族学学术年会促成我从哲学的民族性出发研究土家族哲学，2002年负笈游学于武汉，师从李维武师攻读博士学位，更进一步拓宽了我的研究视阈。为了清理20世纪土家族哲学转型何以发生，并因学界对土家族是否有哲学的疑问，笔者从土家族的生存状态来理解土家族哲学，从土家族的历史与现实、生产与生活、自性与自信等方面进行全面清理，真正把哲学作为文化的核心、作为各民族文化相互区别的关键进行梳理，从而深化了上一阶段的工作，形成了自己的一种哲学观及研究方法，从而以《土家族哲学通史》的形式来表达我的这一探索。

应特别提到的是，本书作为中国"南方少数民族研究中心"、"中国土家族研究中心"及湖北省民族宗教事务委员会的研究项目,在此得以顺利完成,也算是本人尽了一份特殊的民族责任。

"学海深哉,'不打紧'一言混了半世;日梭逝矣,'且慢些'三字误却一身。"这是多年前在土家族民间采风时所录牟承武训海门徒的格言,用来形容我当下的心情是再贴切不过的了。用了二十多年时间才有《土家族哲学通史》的初成,这"不打紧"、"且慢些"的确是罪不容赦的。可是,哲学家维特根斯坦却又分明说:"慢慢来",因为"在哲学上,竞赛的获胜者是能够跑得最慢的人。或者:最后到达终点的人"①。还好的是,在土家族哲学的殿堂里,我听了哲学家的话,因而"学得称意时,谷口溪花都觉和声添味;看到会心处,松风罗月依然见景生情"。于是在转眼间,二十多年时光瞬即逝去,其中太多的人和事都一一浮现,"心心常是在场时,何须翻书问字",唯有向我崇尚的哲学事业心存无限感念,向我的师、友和家人致以衷心的感谢。同时,《土家族哲学通史》得以促成,与人民出版社方国根编审的鼓励分不开,如果没有他的督促与鼓励,现在恐怕还是一些残篇断简,故万分感激方编审及人民出版社;《土家族哲学通史》得以比较"健康",与尹选波编审的认真负责是分不开的,正是他的仔细推敲,促成了我的再次详读,并因此而使该书得到了新的提升,在此,我诚恳地对尹编审表示感谢!

最后,我要感谢湖北省博物馆、广东省博物馆、重庆黔江区民族博物馆、湖北民族学院与吉首大学图书馆等文博单位的大力支持,感谢华中师范大学中国近代史研究所的支持,是他们给我提供了查阅资料的方便;感谢龙先琼、成臻铭、胡炳章、段超、田敏、雷翔、杨光宗、陈川、向渊泉、萧国松等土家族研究专家对我的支持与帮助! 同时,还应感谢我的家人、妻子刘玉珍女士、女儿萧潇及萧菁在此期间所给予的充分理解、无私奉献和鼎力支持。

萧 洪 恩

2009 年 1 月于武汉南湖荒斋

---

① ［奥］维特根斯坦:《思想札记》,吉林大学出版社、吉林音像出版社 2005 年版,第 194—195 页。

责任编辑:方国根
封面设计:曹　春
版式设计:顾杰珍

**图书在版编目(CIP)数据**

土家族哲学通史/萧洪恩 著.-北京:人民出版社,2009.6
ISBN 978-7-01-007665-2

Ⅰ.土… Ⅱ.萧… Ⅲ.土家族-哲学史-研究-中国 Ⅳ.B2

中国版本图书馆 CIP 数据核字(2009)第 011817 号

**土家族哲学通史**
TUJIAZU ZHEXUE TONG SHI

萧洪恩　著

人民出版社 出版发行
(100706　北京朝阳门内大街 166 号)

北京新魏印刷厂印刷　　新华书店经销

2009 年 6 月第 1 版　2009 年 6 月北京第 1 次印刷
开本:710 毫米×1000 毫米 1/16　印张:52
字数:790 千字　印数:0,001-3,000 册

ISBN 978-7-01-007665-2　　定价:99.00 元

邮购地址 100706　北京朝阳门内大街 166 号
人民东方图书销售中心　电话 (010)65250042　65289539